与世界相交　与时代相通

"十四五"时期国家重点出版物出版专项规划项目
"一带一路"交通运输国际工程建设与管理丛书

法汉—汉法
铁路工程词典

中国土木工程集团有限公司 主编

DICTIONNAIRE
DES TRAVAUX FERROVIAIRES
FRANÇAIS-CHINOIS ET CHINOIS-FRANÇAIS

人民交通出版社股份有限公司
北 京

图书在版编目(CIP)数据

法汉—汉法铁路工程词典／中国土木工程集团有限公司主编. — 北京：人民交通出版社股份有限公司，2022.9

ISBN 978-7-114-17962-4

Ⅰ.①法… Ⅱ.①中… Ⅲ.①铁路工程—词典—法、汉 Ⅳ.①U2-61

中国版本图书馆 CIP 数据核字(2022)第 080755 号

书　　名：	法汉—汉法铁路工程词典
著　作　者：	中国土木工程集团有限公司
责任编辑：	张　晓　李学会
责任校对：	席少楠　魏佳宁
责任印制：	张　凯
出版发行：	人民交通出版社股份有限公司
地　　址：	(100011)北京市朝阳区安定门外外馆斜街 3 号
网　　址：	http://www.ccpcl.com.cn
销售电话：	(010)59757973
总　经　销：	人民交通出版社股份有限公司发行部
经　　销：	各地新华书店
印　　刷：	北京印匠彩色印刷有限公司
开　　本：	720×960　1/16
印　　张：	64.75
字　　数：	1914 千
版　　次：	2022 年 9 月　第 1 版
印　　次：	2022 年 9 月　第 1 次印刷
书　　号：	ISBN 978-7-114-17962-4
定　　价：	368.00 元

(有印刷、装订质量问题的图书,由本公司负责调换)

Dictionnaire
des Travaux Ferroviaires
Français-Chinois et Chinois-Français

编审组织委员会
Comité éditorial

组织委员会

主　　任：赵佃龙　陈思昌

委　　员：胡社忠　郭光照　费建华　郭重凤
　　　　　钟本峰　陈振河

编审委员会

主　　编：费建华

副 主 编：韩　信

编　　委：耿道锦　郝晓帆　曾春辉　张　琪
　　　　　刘皓宇　郑丽君　张成亭　俞渊善
　　　　　高丙胜　罗曼玲　罗宇航　于鹏楠

主　　审：胡社忠　常德成

Dictionnaire
des Travaux Ferroviaires
Français-Chinois et Chinois-Français

前言
Avant-propos

  自 2013 年共建"一带一路"倡议提出以来，中国对外承包工程涉及的铁路项目越来越多。为便于涉外工程技术及翻译人员正确使用有关专业词汇，编者对来源于国外铁路项目实施和标书中出现的法文专业词汇进行了收集和整理，并对照我国铁道工程专业用书中的汉语用法进行翻译，编撰而成本词典。

  《法汉—汉法铁路工程词典》共收集词汇约 7.5 万条，采用法汉双解，涵盖铁路工程各专业名词和术语，涉及设计、施工、线下、线上、四电、机车、车辆、运输、调度、控制、设备制造、线路养护、机务维修、高速铁路动车等各个方面，可供涉外铁路工程专业技术人员、大专院校师生和工程翻译人员参照使用。

  在编辑、翻译、出版本词典过程中，得到了中国铁建股份公司科技研究开发计划项目的资助，以及中国土木阿尔及利亚有限公司、中土集团福州勘察设计院有限公司、人民交通出版社股份有限公司、阿尔及利亚铁路投资局、法籍专家 PAUL BROSSIER 的大力支持与帮助，在此谨致以诚挚的感谢！

  由于铁路工程涉及的面很广，在收集相关词条时难免有遗漏之处，在翻译相关技术词条时可能还存在瑕疵，敬请广大读者批评指正。

编 者
2021 年 6 月

Dictionnaire
des Travaux Ferroviaires
Français-Chinois et Chinois-Français

目录
Table des matières

PART Ⅰ 法汉部分

A	3
B	52
C	71
D	142
E	174
F	216
G	236
H	247
I	251
J	268
K	271
L	272
M	288
N	319
O	326
P	335
Q	394
R	397
S	435
T	472
U	511
V	514
W	529
X	531
Y	532
Z	533

PART Ⅱ 汉法部分

A	539
B	542
C	560
D	593
E	632
F	634
G	651
H	691
J	715
K	759
L	772
M	802
N	810
O	816
P	817
Q	831
R	851
S	858
T	899
W	919
X	930
Y	957
Z	985

Dictionnaire
des Travaux Ferroviaires
Français-Chinois et Chinois-Français

PART I
法汉部分

PART I

古文語分

abaissement 下降;降低
abaissement artificiel de la nappe d'eau souterraine 人工降低地下水位
abaissement de carter de contre-rail 下降护轨罩
abaissement de charge 降低荷载
abaissement de concentration 浓度降低
abaissement de consommation 消耗下降
abaissement de flux de marchandises 货流下降
abaissement de flux de trafic 交通流量下降
abaissement de flux des voyageurs 客流下降
abaissement de force dynamique 动力下降
abaissement de force physique 体力下降
abaissement de frais de transport 运费下降
abaissement de fret ferroviaire 铁路运费下降
abaissement de glissement 滑动减缓
abaissement de hauteur 降低高度
abaissement de l'activité 活力下降
abaissement de l'avancement 进度下降
abaissement de l'eau 降低水位
abaissement de l'eau souterraine 降低地下水位
abaissement d'élasticité de voie 轨道弹性下降
abaissement de l'efficacité 效率下降
abaissement de l'effort 应力下降
abaissement de nappe d'eau 降低地下水位
abaissement de nappe phréatique 降低潜水面
abaissement de niveau d'eau 水位下降
abaissement de pantographe 下降受电弓
abaissement de plan d'eau 地下水位下降
abaissement de plaque de charrue à ballast 下降道砟侧犁板
abaissement de poids mort 减少自重
abaissement de pression 降压;减压
abaissement de pression du vent de boyau 管风压下降
abaissement de pression du vent de queue du train 列尾风压下降
abaissement de production 产量下降
abaissement de quantité de transport 运量下降
abaissement de rendement 产量下降
abaissement de résistance 强度降低
abaissement de risque 降低风险
abaissement des droits de douane 降低关税
abaissement des impôts 减税
abaissement des indices 指数下降
abaissement des prix 降价
abaissement des prix de revient 降低成本
abaissement des prix de transport 降低运费
abaissement de support 支撑力下降
abaissement de tassement 沉降减缓
abaissement de température 温度下降
abaissement de température d'essieu 轴温下降
abaissement de température de l'huile 油温下降
abaissement de température de rail 轨温下降
abaissement de teneur 含量下降
abaissement de tension 张力下降
abaissement de toit 顶板沉降
abaissement de vitesse 速度下降
abaissement de voie 轨道放低;落道
abaissement élastique 弹性性能下降
abaissement permanent 永久沉降
abaissement provisoire 临时沉降
abandon 放弃
abandon de candidature 放弃资格

abandon de contrat　放弃合同
abandon de créance　放弃债权
abandon de droit　放弃权利
abandon de ligne　线路废弃
abandon de participation　放弃参与
abandon de possession　放弃所有权
abandon de pouvoir　放弃权力
abandon de réclamation　放弃索赔
abandon de soumission　放弃投标
abandon de voie ferrée　铁路废弃
abaque　列线图解；计算图表
abaque barométrique　气压曲线图
abaque du centrage　重心图
abat　砍伐
abat-son　隔音板
abat-vent　障风装置
abattage　砍伐
abattage à la main　手工采掘
abattage à la poudre　爆破采掘
abattage à l'eau　水力开采
abattage à l'explosif　爆破开采
abattage au tir　爆破开采
abattage de bois　森林采伐
abattage de grands pans　大规模台阶爆破
abattage de roche　采石
abattage des anciennes souches　伐老树桩
abattage des arbres　伐树
abattage des arbustes　砍伐小灌木
abattage des broussailles　砍伐灌木
abattage des haies　砍伐篱笆
abattage d'essai　试验采伐
abattage en carrières　石料场开采；露天矿作业
abattage en gradin court　短台架工法
abattage en gradin long　长台架工法
abattage en mini-gradin　微型台架工法
abattage hydraulique　水力开采
abattage mécanique　机械化开采
abattage montant　中央断面(隧道施工)
abattage souterrain　地下爆破采掘
abat(t)is　开采的石块；砍下的树木
abat(t)is d'arbres　伐倒的木堆
abat(t)is de roches　采下的石堆
about　端头
about de châssis　车架端部
about de poteau　柱端头
about de poutre　梁端头
about de rail　钢轨端头
about de traverse　轨枕端

about fileté　螺纹接头
aboutement　桥台；桥座
aboutement à coque mince　薄壳桥台
aboutement à demi-gravité　半重力式桥台
aboutement à enterrement　埋式桥台
aboutement à gravité　重力式桥台
aboutement à l'aile　翼形桥台；U形桥台
aboutement à l'arc　拱脚
aboutement à nervure　肋板式桥台
aboutement à squelette　骨架桥台
aboutement ancré　锚固桥台
aboutement cellulaire　格间式桥台
aboutement composé　组合式桥台
aboutement concave　凹进桥台
aboutement creux　空心桥台
aboutement de colonnes　柱式桥台
aboutement de contrefort　扶壁式桥台
aboutement de mur en aile　U形桥台；八字形桥台；翼形桥台
aboutement de palplanche　板桩式桥台
aboutement de poids　重力式桥台
aboutement de ressort　弹簧支座
aboutement de support　支座
aboutement élastique　弹性支承
aboutement en arc　拱形桥台
aboutement en béton　混凝土桥台
aboutement en caisson　箱形桥台
aboutement en châssis　框架式桥台
aboutement en pieux　桩式桥台
aboutement en pilotis　桩台
aboutement en T　T形桥台
aboutement enterré　埋置式桥台
aboutement en U　U形桥台
aboutement fermé　闭合桥台
aboutement intégral　整体式桥台
aboutement levé　高置式桥台
aboutement perdu　埋置式桥台
aboutement saillant　突出式桥台
aboutement solide　实体桥台
aboutement terrestre　陆上桥台
aboutement trapézoïdal　梯形桥台
aboutement type léger　轻型桥台
aboutement type supportant　支撑式桥台
about-trou　连接孔
abrasif　磨料
abrasif aggloméré　黏结磨料
abrasif artificiel　人造磨料
abrasif enrobé　涂层磨料
abrasif lié　固结磨料

abrasif naturel 天然磨料
abrasiomètre 磨耗测量仪
abrasion 磨损；研磨
abrasion éolienne 风蚀
abrasion fluviale 水蚀
abrasion glaciaire 冰蚀
abrasion marine 海蚀
abrasion superficielle 表面磨损
abrasivité 磨损；磨蚀度；耐磨性
abri 棚；站台顶棚
abri bétonné 混凝土掩体
abri contre le vent 避风所
abri de chantier 工棚
abri de gare 站台棚
abri de mécanicien 司机室
abri de passerelle 天桥雨棚
abri de pelleteur 挖土机驾驶棚
abri de personnel 人员掩蔽所
abri de pluie 雨棚
abri de pompes 水泵房
abri de quais 站台雨棚
abri des armatures 钢筋棚
abri des voyageurs 旅客站台雨棚
abri en béton armé 钢筋混凝土掩体
abri en niche 洞形掩蔽所
abri pour voiture 车棚
abri souterrain 地下掩体
abscisse 横坐标
abscisse curviligne 曲线横坐标
abscisse rectiligne 直线横坐标
absence 缺少
absence d'armature 无钢筋
absence de ciment 无水泥
absence de compactage 无碾压
absence de compression 无压缩
absence de défaut 无缺陷
absence de documents 缺少资料
absence de gravité 失重
absence d'emballage 无包装
absence de pression 无压力
absence de preuves formelles 缺乏证据
absence de ressources 缺少资源
absence de soudure 无焊接
absence de travail 缺勤
absorbant 吸收剂
absorbant acoustique 吸声材料
Académie chinoise des sciences ferroviaires
  中国铁道科学研究院
accélérateur 加速剂；速凝剂

accélérateur chimique de durcissement
  水泥化学速凝剂
accélérateur de durcissement 固化速凝剂
accélérateur de prise 速凝剂
accélérateur de wagon 车辆加速器
accélérateur précoce 早熟剂
accélérateur solide 固体加速剂
accélération 加速
accélération au sol 地面加速度
accélération centrifuge 离心加速度
accélération constante 等加速率；稳定速率
accélération critique 临界加速度
accélération de boîte d'essieu 轴箱加速度
accélération de circulation 运行加速
accélération de circulation de train
  加速列车运行
accélération de démarrage 起动加速度
accélération de drainage 加速排水
accélération d'entrée 进入加速
accélération de gravité 重力加速度
accélération de train 列车加速
accélération de vibration 振动加速
accélération de vieillissement 加速老化
accélération de vitesse 加速
accélération de vitesse passée de la voie
  提高线路通过速度
accélération initiale 初始加速度
accélération résiduelle 剩余加速度
accélération temporisée 定时加速
accélération uniforme 均匀加速
accélérographe 加速度记录仪
acceptation 接受
acceptation de conditions 接受条件
acceptation de dossiers 接受文件
acceptation de l'offre 接受标书
acceptation de méthodologie d'exécution
  接受施工方案
acceptation de notification 接受通知
acceptation de piquets
  接受标桩；标桩验收通过
acceptation de plans
  接受图纸；图纸验收通过
acceptation de prix 接受价格
acceptation de prix de soumission
  接受投标书价格
acceptation de proposition 接受建议
acceptation de soumission 接受投标书
acceptation de terrain 接受场地
acceptation de variante 接受优化方案

A

acceptation de variante de tracé 接受线路比选方案
accès 进口；入口；进路
accès à distance 远程接入
accès à l'aiguille 道岔入口
accès à la voie de gare 站区线路入口
accès à la zone d'aiguillage 道岔区入口
accès à l'emprise du chemin de fer 铁路管界入口
accès au dépôt 机务段入口
accès au dévers de la voie 进入线路弯道超高段
accès au lieu de dépôt 堆料场入口
accès au point d'eau 取水点入口
accès au quai 站台入口；进站口
accès au quai avec barrière 带护栏进站口
accès au réseau 入网接口
accès au site 场地入口
accès contrôlé 受控出入口；门禁
accès d'air 进气口
accès de chantier 工地入口
accès de connexion 进路连接
accès de constructions 建筑物出入口
accès de gare 进站口
accès de l'aire à matériaux 材料场入口
accès de l'aire de mise des poutres 桥梁堆放场入口
accès de l'aire de préfabrication 预制场入口
accès de l'aire de service 服务区入口
accès de l'autoroute 高速公路入口
accès de l'ouvrage 构造物出入口
accès de parking 停车场入口
accès de péage 收费站入口
accès de piste de chantier 工地便道入口
accès de rencontre 合流匝道
accès de route 道路入口
accès de secours 应急入口；救援通道
accès de tunnel 隧道入口
accès de véhicules 车辆入口
accès de viaduc 高架桥引道；高架入口
accès de voie 进车道；入口引道
accès de voie d'arrivée 铁路到达线入口
accès de voie de branchement 支线入口
accès de voie de desserte 连接线入口
accès de voie de garage 铁路停车线入口
accès de voie de maintenance SMR 机务段线路入口
accès de voie de remisage 机车入库线入口
accès de voie de transition 铁路渡线入口
accès de voie en alignement 直线段入口
accès de voie en courbe 曲线段入口
accès de voie ferrée 铁路入口
accès de voie urbaine 市区道路入口
accès principal 主要出入口
accès prioritaire 接入优先
accessoire 配件；配套设备
accessoires à bord 车载部件
accessoires à côté de voie 轨旁部件
accessoires amovibles 可拆卸配件
accessoires amovibles de wagon 车辆可拆卸配件
accessoires de caisse 车体配件
accessoires de canalisation 管配件
accessoires de carrière 碎石场配套设备
accessoires de caténaire 接触网配件
accessoires de centrale de béton 混凝土搅拌站配套设备
accessoires de fixation 固定配件
accessoires de freinage 制动配件
accessoires de joints de rail 钢轨接头配件
accessoires de locomotive 机车配件
accessoires de matériel roulant 车辆配件
accessoires de raccordement 连接配件
accessoires des appareils électriques 电力设备配件
accessoires des appareils de signalisation 信号设备配件
accessoires des équipements d'aiguillage 线路设备配件；道岔设备配件
accessoires de signal 信号附属机
accessoires de télécommunication 通信设备配件
accessoires de traction 牵引配件
accessoires de véhicule 车辆配件
accessoires de voie 线路附属设备
accessoires embarqués 车载部件
accident 事故
accident au passage à niveau 平交道口事故
accident automobile 车祸
accident avec morts et blessés 伤亡事故
accident causé par le chemin de fer 铁路责任事故
accident causé par le défaut de signal 信号错误事故
accident corporal 人身事故
accident corporal de la circulation (ACC) 交通伤亡事故

accident corporal mortel 人身伤亡事故
accident de chantier 工地事故
accident de chemin de fer 铁路事故
accident de chemin de fer avec pertes
　铁路人身伤害事故
accident de circulation 交通事故
accident de collision entre deux trains
　列车相撞事故
accident de dépassement de signal
　信号冒进事故
accident de déraillement 脱轨事故
accident de manœuvre
　操作事故;调车事故
accident de production 生产事故
accident de réseau thermique 热网事故
accident de responsabilité 责任事故
accident de saut de voiture 翻车事故
accident de trafic 交通事故
accident de trajet 路程事故
accident de train 列车事故
accident de train au passage de niveau
　列车道口事故
accident de train renversé 列车倾翻事故
accident de transport 运输事故
accident de travail 生产事故
accident d'exécution 施工事故
accident d'exploitation ferroviaire
　铁路运营事故
accident du personnel 人身伤害事故
accident environnemental 环境事故
accident fatal 死亡事故
accident grave 重大事故
accident imprévu 意外事故
accident mécanique 机械事故
accident mortel 伤亡事故
accident percutant par l'arrière
　列车追尾事故
accident routier 公路交通事故
accident secondaire 二次事故;继发事故
accident technique 技术事故
accidentologie 事故分析
accord à court terme 短期协议
accord à long terme 长期协议
accord additionnel 追加协议/附加协议
accord annexe 附属协议
accord bilatéral 双边协议
accord cadre 框架协议
accord commercial 贸易协议
accord complémentaire 补充协议

accord concernant le transport international
　des marchandises par chemin de fer
　国际铁路货运输协定
accord concernant le transport international
　des voyageurs par chemin de fer
　国际铁路旅客运输协定
accord contractuel 和约协议
accord d'agent 代理协议
accord d'arbitrage 仲裁协议
accord de coopération 合作协议
accord de garantie 担保协议
accord de livraison 交货协议
accord de paiement 付款协议
accord de prêt 贷款协议
Accord de Schengen 申根协议
accord d'intégration régionale(AIR)
　地区一体化协议
accord douanier 海关协议
accord intergouvernemental 政府间协议
Accord international de transport
　de marchandises 货物运输国际协定
accord préalable 预先许可
accord spécifique 特殊许可
accord supplémentaire 附加协定
accord sur la double imposition
　双向征税协议
accord sur les transferts 转让协议
accord sur le transport direct par voie ferrée
　铁路联运协定
accord tacite 默许
accord tarifaire 关税协议
accordéon 车厢连接处折棚
accore 斜撑;木排架
accotement 侧道;路肩
accotement bitumé 沥青路肩
accotement continu 连续式路肩
accotement d'approche 引道路肩
accotement de ballast 砟肩
accotement de dévers 超高路肩
accotement dérasé 平路肩
accotement de remblai 填方路肩
accotement de roche 岩石路肩
accotement de route 公路路肩
accotement de voie 路肩
accotement drainant 排水路肩
accotement (épaulement) du lit de ballast
　道床路肩
accotement dur 硬路肩
accotement en ballast 道砟路肩

accotement en béton 混凝土路肩
accotement en béton armé 钢筋混凝土路肩
accotement en béton bitumineux
　沥青混凝土路肩
accotement en ciment 水泥路肩
accotement en dalle 板式路肩
accotement en gravier 砾石路肩
accotement en maçonnerie 砌石路肩
accotement en pierres concassées 碎石路肩
accotement en terre 土路肩
accotement étroit 窄路肩
accotement large 宽路肩
accotement non-stabilisé
　不稳定路肩；未加固路肩
accotement pavé 铺石路肩
accotement pour vélos 路边自行车道
accotement renforcé 加固路肩
accotement stabilisé 稳定路肩
accoudoir 椅子扶手
accouplement 连接器；车钩
accouplement à cardan 万向接头
accouplement à clabots 爪形离合器
accouplement à dents 齿轮离合器
accouplement à disque de friction
　圆盘摩擦离合器
accouplement à griffes 爪形离合器
accouplement articulé 活动联轴节
accouplement à vis 螺杆连接器；螺旋车钩
accouplement d'arbre 联轴器
accouplement d'arbre de transmission
　传动轴连接器；联轴器
accouplement d'axes 联轴器
accouplement d'eau alimentaire
　车厢供水连接管
accouplement de boyau 软管连接器
accouplement de boyau d'air et d'eau
　气水软管连接
accouplement de boyau de freinage
　制动软管连接
accouplement de chauffage
　车厢采暖连接管
accouplement de fibre optique 光纤耦合器
accouplement de frein 制动风管连接器
accouplement de l'attelage 车钩连挂
accouplement démultiplicateur 减速耦合
accouplement de rame 列挂连接
accouplement de véhicule 车钩；车钩连接
accouplement de wagons 车厢连挂
accouplement direct 直接耦合
accouplement duplex
　两用车钩；旋转式自动车钩
accouplement élastique 弹性联轴器
accouplement élastique par ressort en hélice
　螺旋弹簧式弹性连接装置
accouplement électromagnétique
　电磁耦合器
accouplement en unités multiples 多节重联
accouplement flexible 软管连接器
accouplement hydraulique 液压联轴节
accouplement magnétique 磁耦合
accouplement mécanique 机械耦合
accouplement pneumatique
　气动连接；气动联轴器
accouplement semi-élastique 半弹性连接器
accouplement serré 旋紧式耦合
accouplement transversal 横向连接器
accourcie 近道；捷径
accourcissement 变短；缩短
accourcissement de temps de parcours
　缩短行程时间
accourcissement de temps de transport
　缩短运输时间
accrochage 联接
accroche 挂钩
accrochement 悬挂
accroissement 增长
accroissement absolu 绝对增长
accroissement de charge 荷载增量
accroissement de circulation 交通增量
accroissement de consommation 消费增量
accroissement de demande 需求增长
accroissement de dureté 硬度提高
accroissement de l'intensité de trafic
　交通量增长
accroissement de poids 增加重量
accroissement de population 人口增长
accroissement de pression 压力增大
accroissement de productivité 提高生产率
accroissement de recette 收入增加
accroissement de rendement 产量增加
accroissement de réserve 储量增加
accroissement de résistance 强度增加
accroissement des affaires 扩大业务
accroissement des agglomérations
　périurbaines 城市周边人口增长
accroissement de teneur 含量增加
accroissement de trafic 交通量增加
accroissement de transport 运量增加

accroissement de transport de fret   铁路货运量增加
accroissement de transport des marchandises   货运量增加
accroissement de transport des voyageurs   旅客运量增加
accroissement de volume   体积增加
accroissement négatif   负增长
accroissement positif   正增长
accumulateur   蓄电池
accumulateur acide   酸性蓄电池
accumulateur alcalin   碱性蓄电池
accumulateur au nickel-cadmium   镍镉蓄电池
accumulateur au plomb   铅蓄电池
accumulateur d'eau   集水器
accumulateur d'itinéraires   进路存储
accumulateur électrique   蓄电池
accumulateur hydraulique   液压蓄力器
accumulateur portatif   携带式蓄电池
accumulation   聚集;堆积
accumulation d'air   积气
accumulation d'eau   积水
accumulation de boue   积泥
accumulation de chaleur   积热
accumulation de contrainte   应力增大
accumulation de données   数据积累
accumulation de fonds   资金积累
accumulation de marchandises   货物堆积
accumulation de matériaux   材料堆积
accumulation de poussière   积灰
accumulation de pression   积压
accumulation de wagons   车辆积压
accusé   收据;回执
accusé de réception   回执
acétylène   乙炔
achat   采购
achat à crédit   赊购
achat au détail   零购
achat CAF   按到岸价购买
achat CIF   按到岸价购买
achat de devises   购外汇
achat de matériaux   材料采购
achat de matériaux et de matériels   物资采购
achat de matières consommables   耗材采购
achat en gros   批量采购
achat en liquide   现金购买
achat FAB   按离岸价购买
achat FOB   按离岸价购买
achat sur Internet   网上购买
achat sur place   就地采购
acheminement   路径
acheminement à contre-sens   进错方向
acheminement à contre-voie   进入异线
acheminement de communication   交通路线
acheminement de conducteurs   导线敷设路径
acheminement par voie ferrée   铁路运送
achèvement   完工;落成
achèvement de ballastage   铺砟完工
achèvement de construction   建造完工
achèvement de l'installation de chantier   工地进场完工
achèvement de pose de rails   铺轨完工
achèvement des études   设计完工
achèvement des travaux   工程竣工
achèvement de véhicule   车辆落成
achèvement de wagon   车辆落成
achèvement d'exécution   施工结束
acide   酸
acide acétique   乙酸;醋酸
acide chlorhydrique   盐酸
acide nitrique   硝酸
acide oxalique   草酸
acide phosphorique   磷酸
acide sulfurique   硫酸
acier   钢筋;钢材
acier à aimant   磁性钢
acier à bas carbone   低碳钢
acier à basse teneur de carbone   低碳钢
acier à béton   混凝土钢筋
acier à carbone   碳素钢
acier à carbone de haute qualité   优质碳素钢
acier à carbone élevé   高碳钢
acier à carbone moyen   中碳钢
acier acide   酸性钢
acier adouci   退火钢
acier à faible alliage   低合金钢
acier à faible teneur en alliage   低合金钢
acier à faible teneur en carbone   低碳钢
acier à forte alliage   高合金钢
acier à forte teneur en carbone   高碳钢
acier à haute carbone   高碳钢
acier à haute résistance   高强度钢
acier à haute ténacité   高强度钢
acier à haute teneur en carbone   高碳钢

acier à haute teneur en chrome 高铬钢
acier à haute teneur en manganèse 高锰钢
acier allié 合金钢
acier antiacide 耐酸钢
acier antirouille 不锈钢
acier à rails 钢轨钢
acier à ressort 弹簧钢
acier à roulement 轴承钢
acier à teneur moyenne en carbone 中碳钢
acier au carbone 碳素钢
acier au carbone à haute teneur 高碳钢
acier au convertisseur 转炉钢
acier au four électrique 电炉钢
acier au manganèse 锰钢
acier au nickel 镍钢
acier basique 碱性钢
acier brut 原钢;粗钢
acier brut de forage 锻钢毛坯
acier carboné 碳钢
acier carré 方钢
acier centrifugé 离心浇铸钢
acier circulaire 圆钢
acier cornier 角钢
acier coulé 铸钢
acier courant 普通钢
acier d'alliage 合金钢
acier d'armature 钢筋
acier de compression 受压钢筋
acier de construction 建筑钢;结构钢
acier de construction faiblement allié à haute résistance 低合金高强度结构钢
acier de ferraillage 钢筋
acier de fonte 铸钢
acier de forge 锻钢
acier demi-doux 半软钢;低碳钢
acier demi-dur 半硬钢
acier de précontrainte 预应力钢筋
acier de qualité supérieure 优质钢
acier de réparation 分布钢筋
acier de roulement 碾钢
acier de structure 结构钢
acier détrempé 退火钢
acier doux 低碳钢;软钢
acier dur 硬钢;高碳钢
acier durci 硬钢;高碳钢
acier dur précontraint 预应力钢筋
acier écroui 冷煅钢
acier en attente 接茬钢筋;预留钢筋
acier en barres 钢条;棒钢
acier en double T 工字钢
acier enfoncé 埋置钢筋
acier en I 工字钢
acier en lingot 钢锭
acier en maille 网状钢筋
acier en planches 钢板
acier en plate-bande 带钢
acier en T T形钢
acier en tôles 钢板
acier en tôles fortes 厚钢板
acier en U U形钢
acier étiré à froid 冷拉钢
acier faiblement allié 低合金钢
acier filant 冷拉钢材
acier fondu 铸钢
acier forgé 锻钢
acier fortement allié 高合金钢
acier fritté 烧结钢
acier galvanisé 电镀钢
acier HA(à haute adhérence) 螺纹钢筋
acier hexagonal 六角钢
acier homogène 锭钢
acier inoxydable 不锈钢
acier laissé en attente 预留钢筋
acier laminé 轧钢
acier laminé à chaud 热轧钢
acier laminé à froid 冷轧钢
acier lisse 光筋
acier longitudinal 纵向钢筋
acier malléable 锻钢
acier Martin 平炉钢
acier mi-dur 中碳钢
acier moyennement allié 中合金钢
acier naturel 原钢
acier non allié 非合金钢
acier normalisé 正火钢
acier ondulé 波纹钢
acier ordinaire 普通钢
acier plat 扁钢
acier pour ancrage 锚固钢筋
acier pour construction 建筑钢
acier précontraint 预应力钢筋
acier pressé à froid 冷压钢
acier profilé 型钢
acier raffiné 优质钢
acier recourbé 弯曲钢筋
acier réfractaire 耐热钢
acier résistant à la corrosion atmosphérique
    耐大气腐蚀钢

acier rond　圆钢筋；盘条
acier soudable　可焊钢
acier soudé　焊接钢
acier spécial　特种钢
acier structurel au carbon de haute qualité
　优质碳素结构钢
acier Thomas　托马氏钢
acier Tor　螺纹钢
acier tréfilé　冷拉钢
acier trempé　淬火钢
acompte　部分付款；分期付款；预付款
acompte à la commande　订货部分付款
acompte à la livraison　交货部分付款
acompte provisionnel　暂付款
acompte sur approvisionnement
　材料部分付款
acquisition　获得；获取
acquisition à titre gratuit　无偿获得
acquisition à titre onéreux　有偿获得
acquisition de brevets de production
　获得生产专利
acquisition de devises par escroquerie　套汇
acquisition de marché　获得合同（中标）
acquisition de terrain　获得场地
acquisition des données　数据采集
acquisition des explosifs　炸药获取
acquisition des informations　信息采集
acquit　收据
acquit-à-caution　免税转运单
acquit de douane　海关收据
acquit de franchise　免税单
acquit de paiement　付款收据
acte　契约
acte administratif　行政文书
acte authentique　公署证书
acte constitutif de propriété　产权证
acte constitutif d'hypothèque　抵押文书
acte contraignant　有约束力文件
acte d'accusation　起诉书
acte d'agréage　验收证书
acte d'appel　上诉书
acte de cautionnement　担保书
acte de décès　死亡证
acte de faillite　破产证书
acte de naissance　出生证
acte de nantissement　抵押契约
acte d'engagement　承诺书
acte de réception　验收证书
acte de remise　交接证书

acte d'état civil　身份证
acte général　总议定书
acte hypothécaire　抵押证书
acte juridique　法律文书
acte notarié　公证书
acte ratificatif　批准书
actif　资产
actif acyclique　非周转资金
actif amortissable　可摊销资产
actif circulant　流动资产
actif circulant d'exploitation
　经营性流动资产
actif circulant hors exploitation
　非经营性流动资产
actif commercial　商业资产
actif comptable　账面资金
actif corporel　有形资产
actif de roulement　流动资产
actif disponible　可支配资产；流动资产
actif disponible à court terme
　短期可支配资产
actif donné en garantie　抵押资产
actif douteux　不良资产
actif immatériel　无形资产
actif immobilisé　固定资产
actif immobilisé amortissable
　可折旧固定资产
actif immobilisé du transport ferroviaire
　铁路运输固定资产
actif incorporel　无形资产
actif légal　合法资产
actif matériel　有形资产
actif monétaire　货币资金
actif net　净资产
actif permanent　永久资产
actif réalisable　可变卖资产
actif réel　实有资产
actif social　社会资产
actif titre　证券资产
action　作用
action abrasive　磨耗作用
action absorptive　吸附作用
action aérodynamique　气动作用
action capillaire　毛细作用
action catalytique　催化作用
action centrifuge　离心作用
action chimique　化学作用
action combinée　综合作用
action compensatrice　补偿作用

action composée 复合作用	action émulsifiante 乳化作用
action corrosive 腐蚀作用	action éolienne 风力作用
action cyclique 循环作用	action érosive 腐蚀作用
action d'affouillement 冲刷作用;侵蚀作用	action excentrique 偏心作用
action d'altération 风化作用	action extérieure 外部作用
action d'amortissement 减振作用	action géologique 地质作用
action d'appui 支撑作用	action glaciaire 冰川作用
action de chaleur 热作用	action indirecte 间接作用
action de choc 冲击作用	action judiciaire 诉讼
action de cisaillement 剪切作用	action juridique 诉讼行为
action de compensation 补偿作用	action liante 黏结作用
action de corrasion 风蚀作用	action locale 局部作用
action de diffusion 扩散作用	action mécanique 机械作用
action de dissipation 扩散作用	action mutuelle 相互作用
action de dissolution 溶解作用	action nocive 有害作用
action de fatigue 疲劳作用	action oxydante 氧化作用
action de flexion 弯折作用	action partielle 局部作用
action de fluage du béton 混凝土徐变作用	action permanente 永久作用
action de force 力的作用	action perturbatrice 扰动作用
action de frein 制动作用	action physique 物理作用
action de freinage 制动作用	action plastique 塑化作用
action de gravité 重力作用	action réciproque 相互作用
action de l'accumulation 积累作用	action réductrice 还原作用
action de l'effort 力作用	action refroidissante 冷却作用
action démagnétisante 消磁作用	action retardée 延迟作用
action de pétrissage 揉搓作用	action secondaire 二次作用
action de pluie 雨水冲刷作用	action sismique 地震作用
action déposante 沉积作用	action statique 静力作用
action de pression 压力作用	action successive 持续作用
action de purification 净化作用	action thermique 热力作用
action de réglage 调整作用	action urgente 紧急行动
action de retrait du béton 混凝土收缩作用	action variable 可变作用
action d'érosion 腐蚀作用;侵蚀作用	activimètre 放射性测定仪
action désémulsionnante 去乳化作用	activité 活动;活性;业务
action de soleil 阳光照射作用	activité commerciale 商业活动
action de surface 表面作用	activité de chaux 石灰活性
action de tampon 缓冲作用	activité de ciment 水泥活性
action de tassement 沉降作用	activités clés 主要工作
action de tension 张力作用	activité d'exploitation 经营活动
action de traction 牵制作用	activité de production 生产活动
action de tricot 交织作用	activité économique 经济活动
action de vent 风力作用	activité hydraulique 水凝性
action d'expansion 膨胀作用	activité interfaciale 界面活度
action différée 延迟作用	activité lucrative 赢利活动
action directe 直接作用	activité principale 主业;主营
action dissolvante 分解作用	activité professionnelle 业务活动
action dynamique 动力作用	activité saisonnière 季节性活动
action dynamique de roue-rail 轮轨动力作用	activité secondaire 副业;兼营
	activité sociale 社会活动

activité technique 技术活动
actualisation 更新；刷新
actualisation de données 数据更新
actualisation de l'étude 设计更新
actualisation de l'offre 报价更新
actualisation de plan 图纸更新
actualisation de plan d'entretien
　养护计划更新
actualisation de plan de manœuvre
　作业计划更新；调车计划更新
actualisation de plan de marche des trains
　列车运行图更新
actualisation de plan de transport
　运输计划更新
actualisation de planning 进度计划更新
actualisation des prix 价格调整
adapteur 匹配器；适配器
addenda 补录；补遗
additif 添加剂
additif anti-acide 抗酸添加剂
additif anti-corrosion 防腐添加剂
additif antigel 防冻剂
additif anti-mousse 去沫剂
additif antioxydant 防氧化附加剂
additif budgétaire 预算追加额度
additif cationique 阳离子添加剂
additif d'adhésivité 黏合剂
additif de béton 混凝土添加料
additif de bitume 沥青添加料
additif de l'asphalte 沥青添加料
additif dispersif 弥散剂；分散剂
additif d'onctuosité 润滑添加剂
adducteur 供水管道
adduction 引水
adduction d'eau 上水；供水
adduction et évacuation d'eau 给排水
adhérence 黏附
adhérence de ciment 水泥结合力
adhérence de colle 胶水粘力
adhérence de contact 接触黏着力
adhérence de locomotive 机车黏着力
adhérence de peinture 油漆黏着力
adhérence des armatures au béton
　钢筋与混凝土之间的握裹力
adhérence électromagnétique 电磁附着力
adhérence électrostatique 静电附着力
adhésif 胶黏剂；黏合剂
adhésif imperméable 耐水黏合剂
adhésion 黏着力

adhésion de roue-rail 轮轨黏着力
adhésion routière 路面与轮胎间的黏着力
adiabaticité 绝热性
adiabatisme 绝热状态
adjoint 副手；助理
adjonction 添加
adjonction de bitume 掺沥青
adjonction de chaux 掺石灰
adjonction de ciment 掺水泥
adjonction de l'eau 掺水
adjonction de sable 掺砂
adjudicataire 得标人
adjudication 招标项目的裁定；招标
adjudication à forfait 承包招标
adjudication au rabais 廉价拍卖
adjudication de travaux 工程招标
adjudication forcée 强制拍卖
adjudication judiciaire 法定拍卖
adjudication libre 自由拍卖
adjudication ouverte de travaux
　工程项目公开招标
adjudication partielle 部分拍卖
adjudication publique
　公开拍卖；公开招标
adjudication publique de travaux
　工程项目公开招标
adjudication-concours
　单项工程招标；单项设计招标
adjudication restreinte 有限拍卖；有限招标
adjudication volontaire 自愿拍卖
adjuvant 催化剂；添加剂
adjuvant accélérateur de prise
　混凝土促凝添加剂
adjuvant de béton 混凝土添加剂
adjuvant déshydratant 脱水剂
adjuvant pour béton 混凝土添加剂
administration 行政管理部门
administration civile 民政局
administration compétente 相关部门
administration créditrice 债权管理局
administration débitrice 债务管理局
administration de construction 建设局
administration de construction ferroviaire
　铁路建设管理局
administration de devises 外汇管理局
administration de la gestion de l'industrie
　et du commerce 工商管理局
Administration de normalisation de Chine
　中国国家标准化管理委员会

administration des autoroutes 高速公路管理局
administration des chemins de fer 铁路局
administration des mines 矿山局
administration des routes 公路管理局
administration de transport ferroviaire 铁路运输局
administration des travaux 工程管理局
Administration d'Etat de contrôle du marché 国家市场监督管理总局
administration d'immigration 移民局
administration douanière 海关总署
administration ferroviaire 铁路局
Administration Nationale de Régulation des Marchés 国家市场监督管理总局
Administration Nationale des chemins de fer 国家铁路局
administration portuaire 港务局
admission 接纳
admission au transport 承运
admission au transport sous certaines conditions 有条件承运
admission d'air 进气
admission d'eau 供水
admission de l'oxygène 供氧
admission du premier coup de freinage 开始制动
admission en exonération des droits 获准免税
admission en franchise 免税进口
admission maximum 最大供给量
admission temporaire 临时免税进口
admission temporaire des équipements 设备进口临时免税
adoption 采用
adoption de nouvelles technologies 采用新技术
adoption de procédés technologiques avancés 采用先进工艺技术
adoucissement 使软化
adoucissement de l'eau 软化水
adoucissement de talus 削坡；使坡度变缓
adresse 地址
adresse commerciale 商业地址
adresse complète 全称地址
adresse de correspondance 联系地址
adresse de gare 站址
adresse de l'entrepreneur 承包商地址
adresse de liquidateur 清算人地址
adresse de maître d'ouvrage 业主地址
adresse de siège social 总部地址
adresse postale 邮政地址
adsorbant 吸附剂
aérage 通风
aérage artificiel 人工通风
aérage ascendant 上向通风
aérage ascensionnel 上向通风
aérage aspirant 抽出式通风
aérage central 中央式通风
aérage de construction 施工通风
aérage de front 工作面通风
aérage de quartier d'extraction 采区通风
aérage descendant 下向通风
aérage de secours 辅助通风
aérage de tunnel 隧道通风
aérage diagonal 对角式通风
aérage direct 直流通风
aérage distinct 单独通风
aérage en boucle 中央(并列)式通风
aérage en rabat-vent 下向通风
aérage en retour 循环式通风
aérage en série 串联通风
aérage indépendant 单独通风
aérage intensif 强化通风
aérage mécanique 机械通风
aérage naturel 自然通风
aérage négatif 抽出式通风
aérage par diffusion 扩散通风
aérage parallèle 并联式通风
aérage positif 压入式通风
aérage principal 主通风
aérage secondaire 辅助通风
aérage soufflant 压入式通风
aérateur 通风机
aérateur de toiture 车顶通风器
aération 通风
aération artificielle 人工通风
aération de construction 施工通风
aération de galerie 隧道通风
aération mécanique 机械通风
aération naturelle 自然通风
aération par aspiration (隧道)强迫通风
aérification 气化
aérocâble 架空索道
aérographie 大气状况图表
aéromètre 气体比重计
aéromoteur 风力发动机
aérophotométrie 航空摄影(测量)

aérotriangulation　空中三角测量
aéro-vue　鸟瞰图
affaiblissement　衰减
affaiblissement de débit　流量降低
affaiblissement de glissement　滑坡减速
affaiblissement de production　生产衰减
affaiblissement de l'économie　经济衰退
affaiblissement dynamique　动力衰退
affaissement　下陷；下沉；地质沉陷
affaissement à la clé　拱顶下沉
affaissement au cintre　拱架下沉
affaissement au cône d'Abrams
　　锥体坍落度试验
affaissement d'adaptation　匹配衰减
affaissement de berge　陡坡下沉
affaissement de champ　场衰变
affaissement de charge　荷载降低
affaissement de chaussée　路面下沉
affaissement de culée　桥台下沉
affaissement de dégel　解冻下沉
affaissement de fondation　基础下陷
affaissement de gradins　梯级下沉
affaissement de la plateforme de voie
　　路床下沉
affaissement de l'assise de voie　路基下沉
affaissement de l'effort　作用力下降
Affaissement de l'ouvrage d'art
　　构造物下沉
affaissement de pieux　桩基下沉
affaissement de pont　桥梁下沉
affaissement de poutre　梁体下垂
affaissement d'équilibrage　平衡衰变
affaissement de résistance　强度下降
affaissement de surface　表面下沉
affaissement de voie　线路沉陷；轨道沉降
affaissement de voûte　拱顶下沉
affaissement de radier　底板下陷
affaissement de rail　钢轨下沉
affaissement de remblai　路堤下陷
affaissement de rive　岸边沉陷
affaissement des appuis　支座下沉
affaissement de semelle　基础下陷
affaissement de sol　地基下沉
affaissement de soutènement　支护下沉
affaissement des prix　价格下跌
affaissement de talus　边坡沉降
affaissement de terrain　地面下陷；地面下沉
affaissement de sommet de l'arc　拱顶下垂
affaissement de tablier　桥面沉降

affaissement dû au dégel　解冻下陷
affaissement dûe à la consolidation
　　固结下陷
affaissement différentiel　不均匀沉降
affaissement du lit de ballast　道床下陷
affaissement effectif　工作衰耗；效率衰耗
affaissement en gradins　阶梯式下沉
affaissement final　最终沉降
affaissement invisible de voie ferrée
　　轨道暗坑
affaissement latéral de remblai　路堤下陷
affaissement linéaire　线性衰变
affaissement minier　矿坑下沉
affaissement partiel　局部下沉
affaissement périodique　周期下沉
affaissement tardif　缓慢沉降
affectation　用途
affectation budgétaire　预算款
affectation de capital　资本配置
affectation de coûts　费用调拨
affectation de fonds　资金调拨；资金用途
affectation de l'équipage de conduite
　　乘务组配备
affectation de locomotive　机车配置
affectation de matériaux　材料用途
affectation de matériel　设备用途
affectation de ressources　资源配置
affectation de tâche　分配任务
affectation de traction　牵引配置
affectation de personnel　人员配备
affectation de wagons　车辆配置；车辆调拨
affectation de wagons de voyageurs
　　客车车底配置
affectation de wagons vides　空车调拨
affermissement　加固；稳定
affichage de numéro de train　列车车次显示
affichage des informations de trafic des trains
　　列车运行状况显示
affluent　支流
afflux　涌入；流入
afflux d'air　气流；进气量
afflux d'argent　现金流
afflux d'eau　水流；进水量
afflux de circulation　交通流量
afflux de marchandises　货物流量
afflux de trafic　交通流量
afflux de transport　运输流量
afflux de véhicules　车流量
affouillement　冲刷；侵蚀

affouillement de fondation 基础侵蚀
affouillement de la plateforme de voie 路床冲刷
affouillement de l'assise de voie 路基冲刷
affouillement de rive 岸边冲刷
affouillement de talus 边坡冲刷
affouillement de terre 土壤冲刷
affouillement du lit de ballast 道床冲刷
affouillement local 局部冲刷
affouillement partiel 局部冲刷
affût 凿岩台车;凿岩支架
affût à chenille 履带式凿岩台车
affût automatique 自行式钻机
affût pneumatique 风动支架
affût roulant 行走式凿岩台车
affût-colonne 凿岩机支柱
agarice 岩乳
âge 寿命;年限
âge actif 就业年龄
âge de béton 混凝土龄期
âge de boue 泥龄
âge de chaussée 路龄;路面使用年数
âge de formation 生成年代
âge de matériels 设备(使用)年限
âge de pavement 路面使用年限
âge de prise 凝固期
âge de retraite 退休年龄
âge des engins 机龄(购置年限)
âge de voie 路龄;股道使用年限
âge géologique 地质年代
âge légal 法定年龄
âge moyen de matériels 设备平均使用年限
agence 代理;所
agence à la vente 代销处
agence architecturale 建筑事务所
agence de distribution 经销代理处
agence de placement 职业介绍所
agence de protection de l'environnement 环境保护管理处
agence de publicité 广告社
agence de transport 运输(代理)行
agence de vente 销售处
agence de voyage 旅行社
agence en douane 报关行
Agence Nationale des Ressources Hydrauliques (ANRH) 国家水利资源局
Agence Nationale d'Etudes et de Suivi de la Réalisation des Investissements Ferroviaires (ANESRIF) 国家铁路投资设计监督局
Agence Nationale du Patrimoine Minier (ANPM) 国家矿产资源局
agenda 手册;记事本
agenda électronique 电子记事本
agenda technique 技术手册
agent 代理人;介质剂
agent abrasif 磨料
agent accélérateur 催化剂
agent actif 活化剂
agent activateur 活化剂
agent agressif 侵蚀剂
agent anti-corrosif 抗腐蚀剂
agent anti-gélifiant 抗凝剂;抗冻剂
agent antistatique 抗静电剂
agent chimique 化学试剂
agent commercial 代理商
agent comptable 会计人员
agent conservateur 防腐剂
agent contractuel 合同代理人
agent conventionnel 合同代理人
agent d'absorption 吸收剂
agent d'adhésion 黏着剂
agent d'adoucissement 软化剂
agent d'affaires 代理人
agent d'assurances 保险代理人
agent d'avarie 海损代理人
agent de brevets 专利代理人
agent de bureau 管理人员
agent de conduite 列车员
agent de contrôle 检查人员
agent de douane 海关人员
agent de guichet 售票员
agent de l'organisme de l'Etat 国家机构工作人员
agent de maintenance de la ligne 线路维护人员
agent de manœuvre de train 调车员
agent de mesure 测量员
agent d'entretien de voie 线路养护人员
agent de plastification 增塑剂
agent de police 警察
agent de police ferroviaire 铁路警察
agent de remplissage 填充剂
agent de sécurité 保安人员
agent désoxydant 脱氧剂
agent de train 乘务员
agent de transport 运输代理
agent de transport de marchandises 货运代理

agent de vente 代销人;经销人
agent d'exploitation 运营人员
agent d'exportation 出口代理人
agent d'importation 进口代理人
agent dissolvant 溶剂
agent durcissant 硬化剂
agent émulsif 乳化剂
agent émulsionnant 乳化剂
agent en douane 关务代理人
agent épaississant 增稠剂
agent exclusif 独家代理人
agent fondant 熔剂
agent gonflant 膨胀剂
agent humectant 增湿剂
agent hydrofuge 防水剂
agent liant 黏合剂
agent lubrifiant 润滑剂
agent maritime 海运代理人
agent mouillant 增湿剂
agent moussant 起泡剂
agent oxydant 氧化剂
agent pour essai 试剂
agent ramollissant 软化剂
agent réducteur 还原剂
agent réfrigérant 冷却剂
agent siccatif 干燥剂
agent siccativant 干燥剂
agent stabilisant 稳定剂
agent technique 技术人员
agent transitaire 货物代理人;货运代理
agglo 矿渣水泥砖;水泥空心砖
agglomérant 黏合料
agglomérat 集块岩
agglomération 居民点
agglomération dense 密集居民区
agglomération trop peuplée
　　人口稠密居民区
aggloméré 混凝土砌块
aggloméré creux 空心砌块
aggloméré de béton 混凝土砌块
aggloméré de ciment 水泥砌块
aggloméré de laitier 矿渣砖
agglutinant 黏合剂
agglutination 凝结
agitateur 搅拌器
agitateur à ailettes 叶片式搅拌机
agitateur à émulsionner 乳化搅拌器
agitateur à hélice 螺旋搅拌器
agitateur de béton 混凝土搅拌机

agitateur de bitume 沥青搅拌器
agitateur de boue 泥浆搅拌机
agitateur de mortier 砂浆搅拌器
agitateur électrique 电动搅拌机
agitateur manuel 手动搅拌器
agitateur mécanique 机械搅拌器
agitateur vertical 立式搅拌器
agrégat 骨料;集料;粒料
agrégat à béton 混凝土骨料
agrégat à béton enrobé 沥青混凝土骨料
agrégat à granulométrie étalée
　　开级配集料
agrégat à granulométrie fermée
　　密级配集料
agrégat à granulométrie grosse 粗级配集料
agrégat absorbant 吸水粒料
agrégat angulaire 有棱角集料
agrégat arrondi 圆角集料;卵石集料
agrégat artificiel 人工集料
agrégat calcaire 石灰石集料
agrégat combiné 混合集料
agrégat composé 混合集料
agrégat concassé 轧碎集料
agrégat concassé par machine 机碎集料
agrégat conventionnel 传统集料
agrégat de ballast 道砟;石砟
agrégat de béton armé 钢筋混凝土骨料
agrégat de béton bitumineux
　　沥青混凝土骨料
agrégat de ciment 水泥集料
agrégat de concassage 轧碎集料
agrégat de couverture 盖面集料
agrégat de fer 铁屑集料
agrégat de gravier concassé 碎砾石集料
agrégat de laitier 矿渣骨料
agrégat dense 密级集料
agrégat de pierre concassée 碎石集料
agrégat de qualité 优质集料
agrégat de sable gravier 砂砾集料
agrégat de terre 土块集料
agrégat élémentaire 基本骨料
agrégat en feuilles 片状集料
agrégat enrobé 沥青混合料
agrégat enrobé avec du goudron
　　柏油混合料
agrégat fin 细骨料
agrégat fritté 烧结料
agrégat granulaire 粒料
agrégat gros 粗集料

agrégat grossier 粗集料
agrégat hydrophile 亲水集料
agrégat hydrophobe 憎水集料
agrégat inerte 惰性集料
agrégat léger 轻骨料
agrégat lourd 重骨料
agrégat manufacturé 人造集料
agrégat menu 细集料
agrégat minéral 矿质集料
agrégat mixte 混合集料
agrégat mouillé 湿集料
agrégat naturel 天然集料
agrégat non tamisé 未筛选集料
agrégat ordinaire 普通集料
agrégat pierreux 碎石集料
agrégat plat 扁形集料
agrégat pré-mélangé 预拌集料
agrégat résistant 高强度集料
agrégat rond 圆角集料
agrégat roulé 圆角集料
agrégat routier 路用集料
agrégat rugueux 粗面集料
agrégat sableux 砂质集料
agrégat sec 干集料
agrégat stable à l'eau 水稳性集料
agrégat synthétique 合成集料
agrégat tout venant 统货集料
agrégat volcanique 火成岩集料
agrégation 凝结；聚合
agrément 同意；批准
agrément de contrat 合同批准
agrément définitif 最终批准
agrément de maître d'ouvrage 业主批准
agrément d'exploitation de gisement 准许料场开发
agrément d'utilisation de matériaux 准许材料使用
agrément préalable 预先批准
agrément provisoire 临时批准
agressivité 腐蚀；侵蚀
agressivité de l'eau 水侵蚀性
aide-chauffeur 副驾驶
aide-comptable 助理会计
aide-conducteur 副驾驶
aide-ingénieur 助理工程师
aide-maçon 辅助瓦工
aiguillage 转辙(器)；扳道岔
aiguillage à déviation 道岔转辙器
aiguillage à galets 滚道转辙器

aiguillage à manœuvre conjuguée 联动道岔
aiguillage à manœuvre en cisaille 非联动道岔
aiguillage aérien 接触网线叉
aiguillage croisé 交叉转辙器
aiguillage de jonction 连接道岔
aiguillage en courbe 曲线转辙器；曲线道岔
aiguillage rapide 快速转辙机
aiguillage sans joint 无缝道岔
aiguillage semi-indépendant 半连锁道岔
aiguillage simple 单开道岔
aiguillage sous carter de protection 带防护罩的道岔转辙器
aiguillage unique 单动道岔
aiguille 道岔；转辙器
aiguille à âme large 宽腰尖轨
aiguille accouplée 联动道岔；双动道岔
aiguille à cœur de croisement mobile 可动心轨道岔
aiguille à commande manuelle 手动道岔
aiguille à écartement combiné 四线道岔
aiguille aérienne 风动道岔
aiguille aérodynamique 气动道岔
aiguille à grande vitesse 高速道岔
aiguille à lames flexibles 弹簧道岔
aiguille à manœuvre double 双重控制道岔
aiguille à manœuvre manuelle 手动控制道岔
aiguille à manœuvre mécanisée 机械控制道岔
aiguille à moteur 电动道岔
aiguille anglaise 英国式道岔；复式交分道岔
aiguille à ouverture droite 右开道岔
aiguille à ouverture gauche 左开道岔
aiguille à position déviée 反位道岔
aiguille à ressort 弹簧道岔
aiguille à talon flexible 弹簧尖轨道岔
aiguille automatique 自动转辙机
aiguille bâillée 不密贴道岔；半开道岔
aiguille bien disposée 尖轨在密贴位置
aiguille bloquée 锁闭道岔
aiguille cadenassée 锁闭道岔
aiguille centralisée 集中道岔
aiguille combinée 组合道岔
aiguille conjuguée 联动道岔
aiguille courbe 弯道岔；曲线尖轨
aiguille courte 短道岔
aiguille croisée 交叉道岔
aiguille d'accès 进入道岔

aiguille de bifurcation 分路道岔
aiguille de bretelle 渡线道岔
aiguille de Californie 浮放道岔
aiguille décentralisée
　　分散式道岔;非集中道岔
aiguille de communication 连接道岔
aiguille de croisement 交分道岔
aiguille de croisement à trois voies
　　三开交分道岔
aiguille de croisement de deux côtés
　　复式交分道岔;多开道岔
aiguille de croisement d'un seul côté
　　单式交分道岔
aiguille de croisement losangé
　　菱形交叉道岔
aiguille de dédoublement
　　从单线进入双线的道岔
aiguille de déraillement 脱轨道岔
aiguille de franchissement de voie 渡线道岔
aiguille dégagée 未被占用道岔
aiguille de jonction 连接道岔
aiguille de ligne droite 直线道岔;直线辙岔
aiguille de ligne en courbe
　　曲线道岔;曲线辙岔
aiguille de manœuvre du train 调车道岔
aiguille d'entrée 进场道岔;进站道岔
aiguille de plaque tournante 转盘道岔
aiguille de point de changement de voie
　　线路变点道岔
aiguille de point de raccordement
　　接轨点道岔
aiguille de prise en pointe 逆向道岔
aiguille de prise en talon 顺向道岔
aiguille de prise par le talon 顺向道岔
aiguille de profil ordinaire 钝头道岔
aiguille de protection 防护道岔
aiguille de raccordement 衔接道岔
aiguille de rail lourd 重轨道岔
aiguille de régulation 调车道岔
aiguille de retour 返回道岔
aiguille de retournement 折返道岔
aiguille de section spéciale 特殊断面道岔
aiguille de sortie 出站道岔
aiguille de sortie du dépôt 出机库线道岔
aiguille de sûreté 防护道岔
aiguille d'évitement 避让线道岔
aiguille de vitesse accélérée 提速道岔
aiguille d'itinéraire 进路道岔
aiguille double 复式道岔

aiguille double bilatérale 异侧复式道岔
aiguille double conversion 双开道岔
aiguille double de deux côtés 异侧复式道岔
aiguille double d'un seul côté
　　同侧复式道岔
aiguille double unilatérale 同侧复式道岔
aiguille droite 直道岔;直尖轨
aiguille élastique 弹性尖轨;弹性辙轨
aiguille enclenchée 联锁道岔
aiguille en pointe 迎面辙尖
aiguille en position droite 直线位置道岔
aiguille en position normale 正位道岔
aiguille en position régulière 定位道岔
aiguille en position renversée 反位道岔
aiguille entraînée 带动道岔
aiguille entrebâillée 不密贴道岔
aiguille fermée 道岔闭合
aiguille fixe 固定道岔
aiguille flexible 弹性尖轨;弹性辙轨
aiguille indépendante
　　独立道岔;非联锁道岔
aiguille individuelle 独立道岔;非联锁道岔
aiguille inoccupée 未占用道岔
aiguille mal disposée 错位道岔
aiguille manœuvrée à distance
　　远程控制道岔
aiguille manœuvrée à la main 手动道岔
aiguille manœuvrée à pied d'œuvre
　　就地操作道岔
aiguille manœuvrée automatiquement
　　自动控制道岔
aiguille mobile 活动道岔
aiguille motorisée 机动道岔
aiguille non enclenchée 非联锁道岔
aiguille occupée 已占用道岔
aiguille ouverte 开口道岔;离轨道岔
aiguille par le talon 顺向辙尖
aiguille plaquée 密贴道岔
aiguille principale d'entrée 主进站道岔
aiguille renversée 道岔在反向位置
aiguille sans cœur 无心道岔
aiguille semi-indépendante 半联锁道岔
aiguille serrée contre rail
　　密贴尖轨;密贴道岔
aiguille simple 单开道岔;单式道岔
aiguille soudée 焊接道岔
aiguille spéciale 特殊道岔
aiguille symétrique 对称道岔
aiguille tangente 切线形道岔

aiguille télécommandée 电控道岔
aiguille verrouillée 闭锁道岔
aiguille verrouillée à crochet 钩锁锁闭道岔
aiguilles accouplées 联动道岔
aiguilles libres 非联动道岔
aiguilles semi-indépendantes 半联锁尖轨
aiguilleur 扳道工
aile 侧翼；翼板；桥台护板
aile annulaire 环形翼缘
aile basse 下翼缘
aile-caisson 箱形翼板
aile convexe 凸起翼板
aile-coque 壳体翼板
aile courbe 弧形翼缘
aile de pont 桥头护坡
aile de poutre 梁翼缘
aile en flèche 起拱翼缘
aile en flèche inversée 倒拱翼缘
aile garde-boue 挡泥板
aile latérale 侧翼
air 空气
air atmosphérique 大气
air carburé 燃料和空气混合气
air comprimé 压缩空气
air d'entrée 进（风）气
air frais 新鲜空气
air froid 冷空气
air occlus 气泡
air usé 废气
air vicié 污浊空气
air vif 新鲜空气
aire 场地；区段
aire active 净面积；有效面积
aire à matériaux 材料场
aire annexe 附属场地
aire d'affaissement 沉降面积；沉降区域
aire d'alimentation 汇水面积；补给区
aire d'ancrage 锚定区
aire d'assemblage de châssis de voie 轨排拼装场
aire d'assemblage des poutres métalliques 钢梁拼装场
aire de captage 径流面积
aire de chargement 装货区
aire de chargement et déchargement de matériaux 材料装卸地
aire de conflit （车流交汇）冲突区
aire de construction 建筑场地
aire de crue 淹水区

aire de dégagement 腾空场地
aire de dépôt 弃土场；堆放场地
aire de dépôt de ballasts 道砟堆放场
aire de dépôt de bitume 沥青存放场地
aire de dépôt de ciment 水泥堆放场地
aire de dépôt de déblais 挖渣（弃土）堆放场地
aire de dépôt définitif 永久堆放场地
aire de dépôt de graviers 碎石堆放场地
aire de dépôt de matériaux 材料堆放场地
aire de dépôt de matériels 设备堆放场地
aire de dépôt de poutres 存梁场
aire de dépôt de sable 砂堆场
aire de dépôt des armatures 钢筋堆放场地
aire de dépôt provisoire 临时堆放场地
aire de diffusion 扩散区
aire de drainage 疏干面积
aire de fabrication 生产场地
aire de garage 停车场
aire de glissement 滑动地带
aire de graviers 石料场
aire de l'approvisionnement 供货料场
aire de lavage 冲洗场地
aire de l'environnement 环境区
aire d'embarquement 装货区
aire de mise des poutres 桥梁堆放场
aire de moment 力矩面积
aire d'ennoyage 水淹面积；淹没区
aire dense 密集区
aire d'entretien 维修场地
aire de parking 停车场
aire de précontrainte 预应力施工场地
aire de préfabrication de poutres 制梁场
aire de préfabrication de produits finis en béton armé 钢筋混凝土成品预制场
aire de remisage 机库区
aire de sable 砂料场
aire de service 高速公路服务区
aire des inondations 洪泛面积；洪泛区
aire de stationnement 停车场
aire de stockage 储存场；堆场
aire de stockage de ballasts 道砟存储场
aire de stockage de chantier 工地储料场
aire de stockage de matériaux 材料堆放场
aire de stockage de matériels 设备堆放场
aire de stockage de poutres 存梁场
aire de travail 工作场地
aire de vidange 排空场地
aire d'extension 分布范围

aire d'extraction   采掘区
aire d'habitation   居住区
aire d'influence   影响面积
aire d'opération   作业面积
aire effective   有效面积
aire en argile   黏土场地
aire en béton   混凝土场地
aire explorée   已勘探面积
aire forestière   森林地带
aire inondée   洪泛面积;洪泛区
aire protégée   保护区
aisselier   支撑;斜撑
aisselle   拱腋;拱腹
ajoupa   棚房
ajournement   延期;展期
ajouts   附加剂
ajustage   调整;调节;校正
ajustage de voie   线路调整;轨道调整
ajustage grossier de la voie   轨道粗调
ajustage précis de la voie   轨道精调
ajustement   调整;调节
ajustement à la baisse   下调
ajustement à la hausse   上调
ajustement approprié   适当调整
ajustement budgétaire   预算调整
ajustement de cadence   调整节奏
ajustement de capital   资金调整
ajustement de cote de fondation
    调整基础标高
ajustement de cote de la plateforme de voie
    调整路床标高
ajustement de cote de niveau   调整标高
ajustement de cote de rail   调整轨面高程
ajustement de cote du terrain
    调整场地标高
ajustement de coupe transversale
    调整横断面
ajustement de courbe   调整曲线
ajustement de délai   调整期限
ajustement de délai contractuel
    调整合同工期
ajustement de délai d'assurance
    调整保险期限
ajustement de délai des travaux
    调整工期
ajustement de densité   密度调整
ajustement de dévers   调整超高
ajustement de dimension   调整尺寸
ajustement de distance   调整距离

ajustement de distance de freinage
    调整制动距离
ajustement de distance des poutres
    调整梁间距
ajustement de distance en ligne droite
    调整直线距离
ajustement de dosage   调整配合比
ajustement de dosage de granulats
    调整碎石料配量
ajustement de dosage eau-ciment
    调整水灰比
ajustement de dosage en eau   调整用水量
ajustement de dosage en poids
    调整质量配比
ajustement de dosage volumétrique
    调整体积比
ajustement de fil d'eau   调整流水坡度
ajustement de flux de trafic   车流调整
ajustement de fréquence   调整频率
ajustement de hauteur   调整高度
ajustement de joint de rails   轨缝调整
ajustement de l'aménagement   调整布置
ajustement de l'aménagement
    de réseau ferroviaire   调整铁路网规划
ajustement de l'aménagement de verdure
    调整绿化布置
ajustement de largeur   调整宽度
ajustement de l'arrangement   调整安排
ajustement de l'écartement de voie
    线距调整
ajustement de l'épaisseur   调整厚度
ajustement de l'épaisseur de ballast
    调整道砟厚度
ajustement de l'épaisseur de couche
    de forme   调整垫层厚度
ajustement de l'épaisseur de couche
    de surface   调整面层厚度
ajustement de l'épaisseur de revêtement
    调整衬砌厚度
ajustement de l'étude   调整设计
ajustement de ligne   线路调整
ajustement de l'intervalle de circulation
    des trains   调整行车间距
ajustement de l'offre   调整报价
ajustement de longueur   长度调整
ajustement de l'ordre   调整顺序
ajustement de matériel   调整设备
ajustement de méthode   调整方法
ajustement de pente   调整坡度

ajustement de personnel 人员调整
ajustement de plan d'aménagement de tracé 调整线路布置方案
ajustement de plan de construction 调整施工计划
ajustement de plan d'entretien 调整养护计划
ajustement de plan de mouvement de terre 调整土方调配计划
ajustement de plan de production 调整生产计划
ajustement de plan de transport 调整运输计划
ajustement de plan d'exploitation 调整运营方案
ajustement de planning 计划调整
ajustement de planning d'avancement des travaux 调整工程进度计划
ajustement de position 调整位置
ajustement de précision 调整精度
ajustement de précision de fermeture 调整闭合精度
ajustement de prix 调整价格
ajustement de procédé 调整施工方法
ajustement de programme 调整程序
ajustement de profils en long 调整纵断面
ajustement de profils en travers 调整横断面
ajustement de profondeur 调整深度
ajustement de projet 调整方案
ajustement de projet type 调整定型设计
ajustement de proportion 调整比例
ajustement de quantité 调整数量
ajustement des appareils 校准仪器
ajustement des axes 轴线调整
ajustement de structure 调整结构
ajustement de talus 调整边坡
ajustement de tarifs 调整价目表
ajustement de technologie 调整工艺
ajustement de tracé 调整线路走向
ajustement de tracé définitif 定线调整
ajustement de train à charge lourde 重车调整
ajustement de train sans charge 空车调整
ajustement de travée 调整跨度
ajustement de travée de pont 调整桥梁跨度
ajustement de variante de proposition 调整优化方案
ajustement de vitesse 调整速度

ajustement de voie 线路调整
ajustement d'exécution 施工调整
ajustement du salaire selon indice 按指数调整工资
ajustement horizontal 水平校正
ajustement linéaire 线性调整
ajustement ordinaire de voie 线路粗调
ajustement précis de voie 线路精调
ajustement technique 技术调整
alarme 报警
alarme automatique de passage à niveau 道口(平交道口)自动报警器
alarme d'approche de train 列车接近报警器
alarme de mise à la terre 接地报警
alarme de niveau 水位报警器
alarme de panne 故障报警
alarme de passage à niveau 平交道口报警器
alarme de surchauffage de boîte d'essieu 轴温过热报警
alarme de survitesse de train 列车超速报警
alarme de talonnage d'aiguille 挤岔报警
alarme d'incendie 火警
alarme d'intrusion 入侵报警
alarme de train 列车报警
alarme lumineuse 报警信号灯
alarme pour anormalie de pression du vent de queue du train 列尾风压异常报警
alarme sonore 音响报警器
albâtre 方解石
albâtre calcaire 方解石
aléa 偶然性
aléa de crue 发生洪水可能性
alerte 报警;警戒
alésage 扩孔
aléseur 扩孔钻头
aléseuse 镗床
aléseuse de tunnel 隧道盾构机
alidade 照准仪器
alidade à lunettes 平板仪
alidade de relèvement 方位仪;探向仪
alidade holométrique 平板仪
alidade plongeante 平板仪
alignement 划线;建筑红线
alignement d'approche 桥头引线
alignement de bâtiment 建筑红线
alignement de direction 走向线
alignement de poutre 梁线

alignement de voie 轨道线形
alignement droit 直线;直线轨道
alignement ferroviaire 铁路线形
alignement horizontal 水平线
alignement intercalaire 直线插入段
alignement longitudinal 纵向定线
alignement opposé 对向定线
alignement précis 精确定线
alignement transversal 横向线路
alignement vertical 纵面线形
alimentation 供给
alimentation bilatérale 双边供电
alimentation continue 不间断供给
alimentation continue de courant
 不间断供电
alimentation de chaleur 供热
alimentation de courant sans interruption
 不间断供电
alimentation de l'air 供气
alimentation d'énergie de traction
 牵引供电
alimentation électrique 供电
alimentation électrique à l'aiguille
 道岔供电
alimentation en air comprimé
 压缩空气供给
alimentation en combustible 燃料供给
alimentation en eau 供水
alimentation en eau d'incendie
 消防用水供应
alimentation en eau potable 饮用水供应
alimentation en électricité 供电
alimentation en électricité dispersée
 分散式供电
alimentation en énergie à distance
 远程供电
alimentation externe 外接电源
alimentation multilatérale 多边供电
alimentation outrepassant la zone
 越区供电;跨区供电
alimentation régulée 稳压电源
alimentation stabilisée 稳压电源
alimentation stabilisée non-interrompu
 稳压电源
alimentation transzonale
 越区供电;跨区供电
alimentation unilatérale 单边供电
allaise 沙洲
allée 小径;巷道
allée de circulation 运输通道
allée de desserte 运输通道
allée de havage 掘进机通道
allée de piéton 行人道路
allée de roulage 运输通道
aller et retour 往返
aller simple 单程
alliage 合金
alliage corroyé 锻接合金
alliage d'aluminium 铝合金
alliage de fonderie 铸造合金
alliage de forge 锻造合金
alliage dur 硬质合金
alliage en cuivre 铜合金
alliage ferreux 铁合金
alliage ferrométallique 铁合金
alliage léger 轻合金
alliage lourd 重合金
allocation 补助;津贴
allocation de logement 住房津贴
allocation de nuit 夜班补助
allocation familiale 家庭补助
allocation supplémentaire 额外补助
allongement 延长
allongement de couche 地层走向
allongement de ligne 线路延长
allongement de longueur 延长长度
allongement de longueur d'aiguille
 延长道岔长度
allongement de longueur d'attelage
 延长连挂长度
allongement de longueur de formation
 de train 延长列车编组长度
allongement de longueur de ligne exploitée
 延长运营线长度
allongement de longueur de pente
 延长坡道长度
allongement de longueur de quai
 延长站台长度
allongement de longueur de tunnel
 延长隧道长度
allongement de longueur de voie principale
 延长正线长度
allongement de rail 钢轨加长
allongement de rame automotrice
 动车组列加长
allongement de traverses 轨枕加长
allongement de traverses d'aiguille
 岔枕加长

allongement de voie 线路延长
allongement de voie d'arrivée et de départ
　延长到发线
allongement de voie en courbe 延长曲线段
allongement de voie électrifiée
　延长电气化线路
allongement de voie de gare 站线延长
allongement d'itinéraire d'acheminement
　延长交路
allongement d'itinéraire de circulation
　延长运行路线
allongement linéaire 线性延长
allongement longitudinal 纵向延伸
allongement par tension 拉伸
allongement par traction 拉伸
allongement proportionnel 比例延长
allongement transversal 横向伸长
allongement uniforme 均匀延伸
alluvion 冲积层
alluvion continentale 大陆冲积层
alluvion éolienne 风积层
alluvion fluviatile 河积层
alluvion lacustre 湖积层
alluvion marine 海积层
alluvionnement 冲积;淤积
altération 风化
altération à l'atmosphère 风化作用
altération complète 全风化
altération de roche 岩石蚀变;岩石风化
altération descendante 下行蚀变
altération faible 弱风化
altération intense 强风化
altération légère 微风化
altération remontante 上行蚀变
altération subaérienne 风蚀作用
altération superficielle 表面风化
altération superficielle de roches 岩石风化
alternance 交替;轮作;轮换
alternance de 3×8 工作三班倒
alternance de changement 交替更换
alternance de l'équipe de conduite
　乘务组交替班
alternance de l'équipe d'exécution
　施工班组轮换
alternance de locomotive 机车轮换
alternance de locomotive de traction
　牵机轮换
alternance de manœuvre de maintenance
　交替维修操作

alternance de réparation 轮修
alternance de travail 工作轮班
alternance d'exécution 交替施工
alternance d'opération 交替作业
alternance d'utilisation 交替使用
alternateur 交流发电机
altimètre 测高仪
altimétrie 高程测量
altitude 海拔高度
altitude absolue 绝对高度
altitude barométrique 气压高度
altitude d'adaptation 适用高度
altitude de chaussée 路面高程
altitude de conception 设计高程
altitude de la plateforme de voie
　路床高程
altitude d'équilibre 平衡高度
altitude de terrain 地表高程
altitude d'utilisation 利用高度
altitude moyenne 平均高度
altitude normale 正常高
altitude orthométrique 正高
altitude réelle 实际高度
altitude réelle de mesure 实测高度
altitude relative 相对高度
altitude-pression 气压高程
alumine 氧化铝;矾土
aluminite 矾石
aluminium corroyé 锻压铝
aluminium extrudé 挤压铝材
aluminium moulé 铸铝
alvéole 岩石洞穴;腔区
amas 堆
amas de ballast 砟石堆
amas de bloc 乱石堆
amas de déblais 废石堆
amas de minerai 矿石堆
amas de sable 砂堆
âme 芯;腹板
âme de câble 电缆芯线
âme de poutre 梁腹
âme de rail 轨腰;腹板
âme de roue 轮心
amélioration 改善;提高
amélioration continue 持续改善
amélioration de capacité de paiement
　提高支付能力
amélioration de capacité de passage de section
　提高区间通过能力

amélioration de circulation ponctuelle
　　提高正点运行率
amélioration de concurrence　提高竞争力
amélioration de condition de circulation
　　改善运行条件
amélioration de condition de travail
　　改善工作条件
amélioration de confort du train
　　de voyageurs　提高旅客列车舒适性
amélioration de confort en marche
　　提高行驶舒适性
amélioration de forme de voie　线形修整
amélioration de gabarit　限界改善
amélioration de l'environnement écologique
　　改善生态环境
amélioration de l'état de circulation du train
　　改善列车运行状况
amélioration de l'état financier
　　改善财务状况
amélioration de l'état de voie
　　改善线路状况
amélioration de qualité　质量改进
amélioration de qualité d'entretien
　　提高养护质量
amélioration de qualité de produit
　　提高产品质量
amélioration de qualité des travaux
　　提高工程质量
amélioration de sécurité de train
　　改善列车安全性
amélioration de service après vente
　　改善售后服务
amélioration de stabilité de circulation du
　　train　提高列车运行稳定性
amélioration de stabilité de l'assise de voie
　　提高路基稳定性
amélioration de stabilité de talus
　　提高边坡稳定性
amélioration de stabilité de voie
　　提高线路稳定性
amélioration de sol　土壤改良
amélioration de sol à la chaux
　　用石灰改良土壤
aménagement　整治；布置
aménagement au fil d'eau　排水坡度治理
aménagement centralisé　集中治理
aménagement d'assise de la voie　修整路基
aménagement de carrefours interurbains
　　城市间交叉路口治理

aménagement de chantier　工地布置
aménagement de chantier-gare　站场布置
aménagement de cours d'eau　河道整治
aménagement de faisceau de voies
　　铁路线群布置
aménagement de gare　车站整治
aménagement de la géométrie de la voie
　　轨道几何状态整治
aménagement de l'aiguille　道岔布置
aménagement de la plateforme de forage
　　钻井平台修整
aménagement de la plateforme de voie
　　道床整治
aménagement de l'emprise de voie ferrée
　　铁路限界场地治理
aménagement de l'estuaire　河口整治
aménagement de nœud ferroviaire
　　铁路枢纽整治
aménagement de passage à niveau
　　整修道口
aménagement de profil en travers
　　横截面布置
aménagement de réseau ferroviaire
　　铁路网整治
aménagement de rivière　河流整治
aménagement des accès généraux
　　主要进出工地便道布置
aménagement des eaux　河道治理
aménagement de sillon de circulation de train
　　安排列车运行空闲间隔；留出天窗时间
aménagement des installations de drainage
　　修整排水设施
aménagement de site de dépôt　堆土场治理
aménagement de site d'emprunt
　　借土场清理
aménagement de surface　表面治理
aménagement de système d'énergie
　　供电系统整治
aménagement de système de signalisation
　　信号系统整治
aménagement de système d'évacuation
　　排水系统整治
aménagement de terrain　场地治理
aménagement de territoire　国土治理
aménagement de verdure　绿化布置
aménagement de voies　股道整理
aménagement du lit de ballast　整理道床
aménagement esthétique du chemin de fer
　　铁路美观整治

aménagement ferroviaire 铁路治理
aménagement fluvial 河流整治
aménagement hydraulique 水利工程
aménagement paysager 景观治理
aménagement plan 平面布置
aménagement provisoire 临时整治
aménagement régional 地区整治
amende 罚款
amenée 进场
amenée à pied d'œuvre 运至现场
amenée à pied d'œuvre de béton
　混凝土运至现场
amenée à pied d'œuvre de poutres
　桥梁运至现场
amenée de matériels 设备进场
amenée de réseau 管网引入
amenée et repli(repliement) de matériels
　设备的进场与撤场
amenée sur site 进场
ameublissement 松土；耙松
amiante 石棉
amiante-béton 石棉水泥
amiante-ciment 石棉水泥
amiante en feuilles 石棉板
amiante en fibres 纤维石棉
ammoniac 氨水
amollissement 变软
amollissement de bitume 沥青变软
amollissement de tuf 凝灰岩变软
amont 上游；上流
amont de cantonnement 闭塞段上游
amont de circulation 线路运行上游段
amont de rivière 河流上游
amont de section bloquée 封闭段上游
amont de signal 信号上游区段
amont d'itinéraire 进路上游段；前方进路
amorce 引线；导火索
amorce à intervalle 延发雷管
amorce à percussion 触发雷管
amorce à retard 迟发雷管
amorce d'allumage 雷管
amorce d'allumage électrique 电雷管
amorce d'allumage retardé 迟发雷管
amorce de tension 电雷管
amorce électrique 电起爆器
amorce instantanée 瞬发雷管
amorce mise à feu 燃烧导火线
amorce percutante 触发雷管
amortissement 折旧；衰减

amortissement absolu 绝对阻尼
amortissement accéléré 加速折旧
amortissement à l'unité 单件折旧
amortissement central
　中央减振器；摇枕减振器
amortissement constant 固定分期折旧
amortissement conventionnel 惯例折旧
amortissement critique 临界阻尼
amortissement cumulé 累计折旧
amortissement de bruit 消音
amortissement de choc 冲击缓和
amortissement décroissant 递减折旧
amortissement dégressif 递减折旧
amortissement de matériels 设备折旧
amortissement de matériels importés
　进口设备折旧
amortissement de matériels importés de façon
　temporaire 临时进口设备折旧
amortissement de matériels importés
　en admission temporaire
　临时免税进口设备折旧
amortissement de moyens de production
　生产资料折旧
amortissement des équipements 设备折旧
amortissement des immobilisations
　固定资产折旧
amortissement de structure 结构减振
amortissement de vibration 减振
amortissement différé 延期折旧
amortissement direct 直接折旧
amortissement indirect 间接折旧
amortissement optimal 最佳阻尼
amortissement par an 按年折旧
amortissement par mois 按月折旧
amortissement partiel 部分折旧
amortissement progressif 递增折旧
amortisseur 减振器
amortisseur à boîte d'essieu 轴箱减振器
amortisseur à disque 盘形缓冲器
amortisseur à huile 油压减振器
amortisseur à inertie 惯性式减振器
amortisseur à piston 活塞减振器
amortisseur à friction 摩擦减振器
amortisseur anti-lacet 横摆减振器
amortisseur à ressort 弹簧减振器
amortisseur à tampon 盘形缓冲器
amortisseur central 中央缓冲器
amortisseur contre le mouvement de lacet
　抗蛇形减振器

amortisseur de bruit 消音器
amortisseur de choc 减振器
amortisseur de choc de l'attelage
　　车钩缓冲器
amortisseur de friction 摩擦减振器
amortisseur de pantographe
　　受电弓减振器
amortisseur de ressort 弹簧减振器
amortisseur d'essieu 车轴减振器
amortisseur de support central du bogie
　　摇枕减振器
amortisseur de suspension 悬挂式减振器
amortisseur de traverse danseuse
　　摇枕减振器
amortisseur de traverse du bogie
　　摇枕弹簧减振器
amortisseur de véhicule ferroviaire
　　铁道车辆缓冲器
amortisseur de vibration 减振器
amortisseur élastique 弹性减振器
amortisseur en caoutchouc 橡胶缓振块
amortisseur hydraulique 液压减振器
amortisseur par frottement 摩擦减振器
amortisseur pneumatique 气压缓冲器
amortisseur rebondissant 回弹式减振器
amortisseur transversal 横向减振器
amortisseur vertical 垂向减振器
ampélite 板岩;片岩
ampère 安培
ampère-heure(AH) 安培小时
ampèremètre 电表
ampèremètre de moteur de traction
　　牵引电机电流表
amphibole 闪石
amphibolite 角闪岩
ampleur 规模
ampleur absolue 绝对幅度
ampleur d'ajustement 调整幅度
ampleur de construction 建设规模
ampleur des travaux 工程规模
ampleur de virage 转弯宽度
ampleur relative 相对规模;相对幅度
amplification 放大
amplification de son 音量放大
amplification de tension 电压放大
amplification linéaire 直线放大
amplification paramétrique 参数放大
amplitude 广度;幅度
amplitude angulaire 角振幅

amplitude de braquage 转向量
amplitude de déformation 变形幅度
amplitude de déviation 偏移幅度
amplitude de fluctuation 波动幅度
amplitude de relevage de voie 起道量
amplitude de ripage de voie 拨道量
amplitude de vibration 震幅
amplitude d'impulsion 脉冲振幅
amplitude d'onde 波幅
amplitude d'oscillation 振(摆)幅
amplitude d'oscillation de circulation
　　行车摆动幅度
amplitude d'oscillation de lacet
　　左右摆动幅度
amplitude maximum 最大幅度
analyse 分析
analyse aréométrique 液体比重分析
analyse au laboratoire 实验室分析
analyse chimique 化学分析
analyse chromatique 比色分析
analyse colorimétrique 比色分析
analyse combinatoire 组合分析
analyse comparative 比较分析
analyse contradictoire 对照分析
analyse d'activation 活性分析
analyse d'adhésivité 黏附性分析
analyse d'agressivité 蚀性分析
analyse de candidature 资格分析
analyse de capacité 能力分析
analyse de carotte 岩芯试样分析
analyse de cause d'accident
　　事故原因分析
analyse de charge 荷载分析
analyse de contrainte 应力分析
analyse de contrôle 检验分析
analyse de coûts 成本分析
analyse de coûts de construction
　　造价分析
analyse de déformation 变形分析
analyse de demande 需求分析
analyse de demande du transport
　　运输需求分析
analyse de documents 资料分析
analyse de faisabilité 可行性分析
analyse de flux de trafic 交流量分析
analyse de fréquences 频率分析
analyse de gaz 气体分析
analyse de gravité 重力分析
analyse de l'accident 事故分析

A

analyse de l'accident de collision entre deux trains 列车相撞事故分析
analyse de l'accident de déraillement 脱轨事故分析
analyse de la granulométrie 粒径分析
analyse de l'avancement 进度分析
analyse de l'eau 水质分析
analyse de l'effet thermique 热效应分析
analyse de l'image 图像分析
analyse de limite 极限分析
analyse de liquidité 流性分析
analyse de l'offre financière 财务标分析
analyse de l'offre technique 技术标分析
analyse de matériaux 材料分析
analyse densimétrique 密度测量分析
analyse de paramètres 参数分析
analyse de précontrainte 预应力分析
analyse de prix 价格分析
analyse de prix unitaire 单价分析
analyse de probabilité de risque 风险概率分析
analyse de qualité 质量分析
analyse de résistance 强度分析
analyse de résistance de wagon 车辆强度分析
analyse de résultat 结果分析
analyse de risque 风险分析
analyse des agrégats 集料分析
analyse des données 数据分析
analyse des informations 信息分析
analyse de situation financière 财务状况分析
analyse de sol 土壤分析
analyse de sous-prix 单价构成分析
analyse de stabilité 稳定性分析
analyse de stabilité de talus 边坡稳定性分析
analyse des trains en circulation ponctuels et en retard 列车运行正晚点分析
analyse de tamisage 筛分
analyse de tassement 沉降分析
analyse de teneur 含量分析
analyse de trafic 交通分析
analyse du terrain 地形分析
analyse dynamique 动力分析
analyse économique 经济分析
analyse financière 财务分析
analyse graphique 图解分析
analyse hydrologique 水文分析
analyse linéaire 线性分析
analyse microscopique 显微分析
analyse multicritère 多标准分析
analyse numérique 数值分析
analyse optique 光学分析
analyse par mesure 测量分析
analyse pétrographique 岩石分析
analyse physique 物理分析
analyse plastique 塑性分析
analyse pondérale 重量分析
analyse qualitative 定性分析
analyse quantitative 定量分析
analyse spectrale 光谱分析
analyse statique 静态分析
analyse statistique 统计分析
analyse structurale 构造分析
analyse systématique 系统分析
analyse technique 技术分析
analyse tensiométrique 张力测定
analyse thermique 热分析
analyse thermopondérale 热量分析
analyse titrimétrique 滴定分析
analyse vectorielle 矢量分析
analyse volumétrique 体积分析
anamorphose 变形图像,失真图像
ancienneté 年资;年数
ancienneté de l'engin 设备已使用年限
ancienneté de service 服务年数
ancienneté de travail 工作年数
ancrage 锚定;锚固
ancrage à expansion 涨壳式锚杆
ancrage actif 主动锚固
ancrage ajusté 可调端锚具
ancrage aveugle 封闭锚固
ancrage de chaîne 链索锚固
ancrage de fixation 固定锚栓
ancrage de l'arc 拱的锚固
ancrage de l'extrémité 端部锚固
ancrage de l'extrémité de poutre 梁端锚固
ancrage de parement rocheux 岩面锚固
ancrage de pieu 桩锚固
ancrage de précontrainte 预应力锚头
ancrage de rails 防爬器
ancrage de rails à chenilles 穿销式防爬器
ancrage de roches 岩石锚固
ancrage des câbles en acier 钢缆锚固;钢绞线锚固
ancrage de scellement 锚固
ancrage de structure 结构锚定装置

ancrage en fers ronds 圆钢锚杆
ancrage horizontal 水平锚固
ancrage par frottement 摩擦锚固
ancrage passif 被动锚固
ancrage scellé au rocher 与岩石锚固
ancre 锚
andésite 安山岩
anémographe 风速计
anémomètre 风速测量仪
anémométrie 风速测定法
anémoscope 风向仪
anfractuosité 坑洼
angle 角；隅
angle abattu 倒棱角
angle adjacent 邻角
angle aigu 锐角
angle arrondi 圆角
angle azimutal 方位角
angle convexe 凸角
angle critique 临界角
angle croisé 交叉角
angle curviligne 曲线角
angle d'admission 入（射）角
angle d'altitude 仰角
angle d'anode 阳极角
angle d'appui 支撑角
angle d'assiette 纵倾
angle d'attaque 冲击角
angle d'attaque de boudin 轮缘冲击角度
angle de basculement de wagon 车厢倾翻角度
angle de cabrage 仰角
angle de coordonnée 坐标角
angle de croisement 交叉角；辙叉角
angle de coude 弯折角
angle de déblai 挖方角度
angle de dévers 超高角
angle de gîte 横倾
angle droit 直角
angle de fermeture 闭合角
angle de friction 摩擦角
angle de frottement 摩擦角
angle de frottement interne 内摩擦角
angle de l'aiguille 转辙角
angle de mur 墙角
angle de remblai 填方角度
angle de renforcement 加固角
angle de repos 安息角

angle de repos de marchandises 货物安息角
angle de rotation 旋转角；转角
angle de talus 堤坡坡角
angle de virage 转弯角；转辙角
angle de vision 视角
angle de vue 视角
angle d'inclinaison 倾斜角
angle d'inclinaison de boudin de roue 轮缘倾角
angle d'intersection 交叉角
angle d'ouverture 开角
angle ébréché 缺角
angle externe 外角
angle horizontal 水平角
angle interne 内角
angle négatif 阴角；负角
angle oblique 斜角
angle obtus 钝角
angle opposé 对角
angle optique 视角；光轴角
angle plan 平面角
angle plat 平角
angle polygonale 导线角
angle positif 阳角；正角
angle rentrant 阴角；暗角
angle saillant 阳角
angle vertical 垂直角
angle vif 锐角；尖角
angle visuel 视角
angledozer 侧铲推土机；斜角推土机
angledozer caterpillar （卡特皮勒）履带式侧铲推土机
angledozer hydraulique 液压侧铲推土机
anglomètre 量角器；测角器
angularité 棱角性
angularité axiale 轴向棱角
angularité circonférentielle 环向棱角
angularité de ballast 砟石棱角性
angularité de l'agrégat 集料棱角性
anneau 环；圈
anneau d'ancrage 锚索环
anneau d'arc 拱环
anneau de béton 混凝土管环
anneau de renforcement 加筋环
année 年限
année budgétaire 预算年度
année courante 本年度
année de construction 建造年代

année de fabrication 制造年代
année de l'emploi 使用年限
année de mise en service 交付使用年度
année financière 财务年度
année précédente 上年度
année prochaine 下年度
annexe 附属工程；附录
annexe de bâtiment 附属建筑物
annexe de contrat 合同附件
annexe des travaux 附属工程
annexe normative 规范性附录
annonce 公告
annonce automatique du train
　列车自动预报
annonce dans la presse 报纸广告
annonce d'arrivée du train
　列车到达确报
annonce de l'approche du train
　列车接近通知
annonce de quai 站台广播
annonce des trains 列车预报
annonce par affiche 张贴式启事
annonce par cloches électriques
　发出电铃信号
annonce préalable d'arrivée du train
　列车到达预报
annonce préalable de retard du train
　列车晚点预报
annonce publicitaire 广告
annonce publique 公告
annonce sonore 广播预告
annonce sur le journal 报刊启事
annonce visuelle 视觉信息
annoncer à haute voix de l'offre 唱标
annulation 取消
annulation d'arrangement 取消安排
annulation de candidature 取消资格
annulation de commande 取消订货
annulation de contrat 取消合同
annulation de contrat de construction
　取消建造合同
annulation de contrat de transport
　取消运输合同
annulation de décision 取消决定
annulation de demande d'enregistrement
　取消登记申请
annulation de demande d'itinéraire
　取消进路申请
annulation de l'appel d'offres 取消招标

annulation de l'appel d'offres avec publicité
　préalable 取消公开招标
annulation de l'appel d'offres restreint
　取消有限招标
annulation de l'attribution du marché
　restreint 取消合同授予
annulation de programme de maintenance
　取消维修计划
annulation de programme de révision
　取消大修计划
annulation de programme d'opération
　取消操作程序
annulation de projet 取消计划
annulation de projet du tracé
　取消线路方案
annulation de projet technique
　取消技术方案
annulation des conditions limitées
　取消限制条件
annulation de soumission 取消投标
annulation de visite sur site
　取消现场参观
annulation d'exigence spéciale
　取消特殊要求
annulation d'itinéraire 取消进路
anspect 撬棍
antenne 天线
antenne de GSM-R
　铁路移动通信系统天线
antenne de locomotive 机车天线
antenne de radar 雷达天线
antenne réceptrice 接收天线
anticheminant 防爬器
anticheminant calé 穿销式防爬器
anticheminant ferré de l'aiguille
　转辙器防爬铁撑
anti-cheminement 防爬器
anti-contaminant 防污
anti-corrosif 防腐剂
anti-corrosion 防腐蚀
anti-corrosion de matériau 材料防腐
anti-corrosion de traverse en bois
　木枕防腐
anti-déconnexion 防断开连接
anti-déconnexion aérienne de contact de
　fil de caténaire 防接触网空中断开连接
anti-dérailleur 防脱轨装置
anti-dérailleur de voie 轨道防脱轨装置
anti-desserrage 防松动

anti-desserrage de l'attelage 防止车钩松动
anti-détachement 防脱落
anti-enrayeur 防滑装置
anti-putride 防腐剂
anti-rouille 防锈剂
APA(avant-projet approfondi)
　深化初步设计
APD(avant-projet détaillé) 详细设计
aperçu 概述
aperçu des travaux 工程概述
aplanissement 压平
aplanissement de l'assise de voie 路基平整
aplanissement de la plateforme de voie
　路床平整
aplanissement de sol 地面平整
aplanissement de terrain 场地平整
aplanissement de voie 线路平整
aplanissement du lit de ballast 道床平整
aplatissage 整平
aplatissage au mastic 腻子刮平
aplatissage au mortier 砂浆抹平
aplatissement 压平
appareil 仪器;装置
appareil à calculer 计算器
appareil à cintrer le rail 平轨器
appareil à couteau vibrant 振动切缝机
appareil à crible 筛分装置
appareil à densité 密度计
appareil à dresser le rail 直轨机
appareil à exsudation 渗出仪
appareil à grenailler 喷丸机
appareil à injection de ciment 水泥灌浆机
appareil à jet de sable 喷砂机
appareil à joints bloqués 轨头固定装置
appareil à pendulaire 锤式破碎机
appareil à percer le rail 钢轨钻孔机
appareil à poser les traverses 轨枕铺设设备
appareil à rayon X　X光设备
appareil à secousse 振动筛
appareil à signaux 信号装置
appareil à tamiser 筛选机
appareil à tendre le rail 钢轨拉伸机
appareil à tondre les proéminences de rail
　钢轨推凸器
appareil automatique 自动仪器
appareil automatique de ventilation
　自动通风装置
appareil auxiliaire 辅助设备
appareil bloqueur 闭塞机
appareil classeur 粒度分级机
appareil cribleur 筛分机
appareil d'aiguille hydraulique 液压转辙机
appareil d'analyse 分析仪
appareil d'appui 支座
appareil d'appui à pot 盆式支座
appareil d'appui en caoutchouc
　桥梁橡胶支座
appareil d'appui en élastomère fretté
　弹性支座;弹性铁箍支撑设备
appareil d'appui fixe 固定支座
appareil d'appui mobile 可移动支座
appareil d'arc 拱形砌体
appareil d'attelage 车钩装置
appareil d'auscultation 探测仪器
appareil d'avertissement 报警器
appareil d'avertissement de l'approche
　de train 列车接近报警器
appareil de battage 冲击式钻机
appareil de block 闭塞机
appareil de block semi-automatique
　半自动闭塞机
appareil de cantonnement 闭塞机
appareil de changement de vitesse
　速度交换器
appareil de changement de voie 道岔转辙机
appareil de classement 粒度分级机
appareil de commande 控制器
appareil de commande d'aiguille 转辙机
appareil de compression 压缩机
appareil de contrôle 检测仪器;监控仪表
appareil de coupure 断路设备
appareil de criblage 筛分机
appareil de déneigement 扫雪机
appareil de déneigement rotatif
　旋转式扫雪机
appareil de dépannage 故障检测器
appareil de dépoussiérage 除尘设备
appareil de déraillement 脱轨器
appareil de déversement de wagons 翻车机
appareil de dilatation de l'aiguille
　道岔扩张器
appareil d'éclairage 照明设备
appareil de forage 钻机
appareil de gravillonnage 碎石摊铺机
appareil de laboratoire 实验室仪器
appareil de lavage 洗涤设备
appareil de levage 起重机械;吊装机械
appareil de levage électrique 电动葫芦

appareil de mesure 测量仪器
appareil de mesure de déformation 变形测量仪
appareil de mesure de la vitesse de train 列车速度检测仪
appareil de mesure de l'essieu 轮对检测仪
appareil de mesure de profil de rail 钢轨磨损检测仪
appareil de mesure de voie 轨道检测仪
appareil de mesure d'inclination de trous de forage 钻孔偏移测定仪
appareil de mesure électrique universel 万能电表
appareil de mesure nucléaire 核子测定仪
appareil de meulage 打磨设备
appareil de mise en tas 堆料机
appareil d'enclenchement 联锁装置
appareil d'enregistrement 记录仪
appareil d'enrobage à marche continue 连续式沥青混合料拌和设备
appareil d'enrobage à marche discontinue 间歇式沥青混合料拌和设备
appareil de pointage 对点器
appareil de préchauffage 预热设备
appareil de précision 精密仪器
appareil de prélèvement 取样器
appareil de prise d'échantillon 取土器
appareil de prise d'échantillon de sable 砂样采集器
appareil de prospection électrique 电探仪
appareil de protection 防护装置
appareil de réception 接收器
appareil de réglage de joint de rail 轨缝调整器
appareil de relevage et de ripage 起拨道器
appareil de remise à place correcte de traverses 方枕器
appareil de répartition 布料机
appareil de reprise 取料机
appareil de ripage de voie 拨道器
appareil de sécurité 安全装置
appareil de serrage 夹具
appareil de sondage 探测器
appareil d'espacement de traverses 方枕器
appareil d'essai 测试仪器
appareil d'essai pour béton 混凝土测试仪器
appareil d'essai d'étanchéité 防水测试仪器
appareil d'essai de traction 拉力测试仪器
appareil de sûreté 保护装置
appareil de surveillance 监视器
appareil d'étalon 校准用仪器
appareil de tamisage 筛分设备
appareil de tamisage mécanique 机动筛
appareil de télécommande 遥控仪器
appareil de traction 牵引设备
appareil de transfert pour régulation de train par radio 列车无线电调度转接分机
appareil détecteur 探测仪
appareil de voie 线路设备;道岔
appareil d'extraction de l'argile 黏土采掘机
appareil d'inspection de l'usure de rail 钢轨磨损检查仪
appareil d'inspection et de mesure de voie 线路检测设备
appareil d'interface homme/machine (AIHM) 人机接口设备
appareil d'inversion du sens de marche 换向器;变向装置
appareil d'optique 光学仪器
appareil électroménager 家用电器
appareil électrique 电器
appareil électronique 电子仪器
appareil électronique des installations de signal à côté de la voie 轨旁信号设施电子设备
appareil élévateur 提升机
appareil enregistreur de mesure 测量记录仪
appareil enregistreur de vitesse 速度记录仪
appareil indicateur 指示器
appareil photocopieur 复印机
appareil pour gonfler les tuyaux 膨管器
appareil pour l'enfoncement des palplanches 板桩打桩机
appareil pour l'entretien des accotements 路肩养护机
appareil pour les émulsions de bitume 沥青乳化装置
appareil protecteur 防护装置
appareil ralentisseur 减速装置
appareil récepteur 接受器
appareil répandeur de produits contre le verglas 防冰滑材料撒布机
appareil rotatif 旋转式钻机
appareil sanitaire 卫生器材

appareil scientifique 科学仪器
appareil sismique 地震仪
appareil soufflant 鼓风机
appareil tendeur 紧固调节装置
appareil tendeur automatique
　自动调节装置
appareil totalisateur 全站仪
appel 呼唤
appel à la concurrence 竞标
appel à multi-adresses 多址呼叫
appel d'alarme 警告信号
appel de détresse 求救呼叫
appel de fonds 募集资金
appel de secours 紧急呼叫
appel de sol-train 地-车呼叫
appel de train 列车呼叫
appel d'offres(AO) 招标
appel d'offres avec publicité préalable
　公开招标
appel d'offres gré à gré 议标
appel d'offres infructueux 招标作废
appel d'offres international 国际招标
appel d'offres limité 有限招标
appel d'offres national 国内招标
appel d'offres ouvert 公开招标
appel d'offres restreint 有限招标
appel d'urgence 紧急呼叫
appel en attente 呼叫等待
appel en groupe 组呼叫
appel général 全呼
appel point à point 点呼叫
appel sélectif 选择性呼叫
appendice 附录;补编
applicabilité 可用性
application 执行;运用
application de charge 加载;充电;施加负荷
application de clause 履行条文
application de contrat 履行合同
application de force 施力
application de freinage manuel
　采用人工制动
application de freinage pneumatique
　采用空气制动
application de l'effort 施加负荷;加力
application de locomotive 机车应用
application de locomotive de manœuvre
　调车机车应用
application de l'ordre de circulation
　执行行车指令

application des dispositions de la loi
　执行法律条款
application des droits 法律应用
application de nouvelle technique
　新技术使用
applications ferroviaires
　铁路运用;铁路规范
appointements 薪水
appointement 栈桥码头
appointement de chargement
　装卸栈桥;装卸码头
appointement flottant 浮码头
appointement pétrolier 石油码头
apport complémentaire et damage de ballast
　道砟补充夯实
appréciation 评价;鉴定
appréciation complète 全面评估
appréciation de l'actif immobilisé
　固定资产评估
appréciation de l'aspect extérieur
　外观评价
appréciation de mesure 估测
appréciation de prix 估价
appréciation de projet 项目评价
appréciation de qualité 质量鉴定
appréciation de qualité de sol
　地基质量鉴定
appréciation de risque 风险评估
appréciation des travaux 工程评估
appréciation de variante 论证比选
appréciation du maître d'ouvrage sur la
　qualité d'exécution
　业主对工程质量的评价
appréciation quantitative 数量评估
apprenti 徒工
approbation 允许;同意
approbation administrative 行政审批
approbation au cas par cas 逐项予以批准
approbation d'application 批准实施
approbation d'arrêt de travaux 批准停工
approbation de bétonnage
　批准浇筑混凝土
approbation de conception 设计批准
approbation de construction 批准建造
approbation de contrat 批准合同
approbation de coulage 批准浇筑
approbation de creusement 批准挖掘
approbation de démolition 批准拆除
approbation de déplacement 批准移位

approbation de distribution de chantier 批准工地布置
approbation de forage 批准钻探
approbation finale 最终批准
approbation de l'étude 批准设计
approbation de l'installation de base-vie 批准营地安置（计划）
approbation de livraison 批准交付
approbation de livraison anticipée 批准提前交付
approbation de marché 批准合同
approbation de matériaux à utiliser 批准拟使用材料
approbation de matériel à utiliser 批准拟使用设备
approbation de mise en service 批准投入使用
approbation de mise en vigueur 批准生效
approbation de montage 批准安装
approbation de plan d'application 批准实施计划
approbation de plan d'exploitation 批准运营计划
approbation de plan de mouvement de terre 批准土方调运计划
approbation de plan de transport 批准运输计划
approbation de pose 批准架设
approbation de préfabrication 批准预制
approbation de prise de terre 批准取土
approbation de prix 批准价格
approbation de quantités des travaux 批准工程量
approbation de répandage 批准摊铺
approbation de reprise des travaux 批准复工
approbation de réception 批准验收
approbation de réception définitive 批准最终验收
approbation de réception provisoire 批准临时验收
approbation de réclamation 批准索赔
approbation des travaux complémentaires 批准补充工程
approbation des travaux supplémentaires 批准追加工程
approbation de variante 批准比选方案
approbation d'excavation 批准开挖
approbation d'exécution 批准施工
approbation d'exploitation 批准开采
approbation d'opération 批准操作
approbation d'utilisation 批准使用
approbation tacite 默许
approche 靠近；引道
approche de l'aiguille 接近道岔区
approche de pont 引桥；桥头引道
approche de route 公路引道
approche de tunnel 隧道引道
approche de viaduc 高架引桥
approvisionnement 供应
approvisionnement à pied d'œuvre 把供料运至现场
approvisionnement d'armature 钢筋供应
approvisionnement de ballast 道砟供应
approvisionnement de bitume 沥青供应
approvisionnement de carburant 燃油供应
approvisionnement de charbon 燃煤供应
approvisionnement de ciment 水泥供应
approvisionnement de graviers 碎石料供应
approvisionnement de locomotive 机车供应
approvisionnement de matériaux 材料供应
approvisionnement de rails 钢轨供应
approvisionnement de terre 土方供应
approvisionnement de traverses 轨枕供应
approvisionnement de wagons 车辆供应
approvisionnement des aiguilles 道岔供应
approvisionnement des attaches de rails 钢轨扣件供应
approvisionnement d'huile 供油
approvisionnement en magasin 库存物资供应
approvisionnement en matériel 器材供应
approvisionnement en matière 材料供应
approvisionnement en pièces détachées 零配件供应
approvisionnement logistique 后勤保障
appui 支护；支撑
appui à arc 拱支撑
appui à encastrement 嵌入拱脚
appui à galet 辊式支架；辊轴支座
appui à glissement 滑动支架
appui à l'articulation 铰支点
appui ancré 锚定支承
appui à ressort 弹簧支座
appui à ressort de poteau de guide 弹簧导柱座
appui à rotule 铰支点
appui arrière 后支撑

appui à rouleaux	滑动支点；滚轴支座
appui articulé	铰支点
appui bombé	凸形支座
appui caoutchouteux en cuvette	盆式橡胶支座
appui caoutchouteux en pot	盆式橡胶支座
appui central	中心支点；中心支承
appui circulaire	圆形支座
appui consolidé	锚座；加强支座
appui cylindrique	圆柱形支座
appui d'ancrage	锚支承；锚支座
appui de côté ancré	梁固定端支座
appui de côté de dilatation	梁活动端支座
appui de dilatation	伸缩支座
appui de friction	摩擦支座
appui de guide	导向支承
appui de joints	接缝支座
appui de l'arbre à articulation	铰轴支座
appui de lissoir	旁承支撑
appui de moteur	发动机支承
appui de pont	桥梁支座
appui de pont en arc	拱桥支座
appui de pont roulant	天车支承
appui de poutre	梁支座
appui de rail auxiliaire	辅轨垫座
appui de ressort de boîte d'essieu	轴箱弹簧支座
appui de translation libre	滑动承座
appui de voûte	拱脚
appui d'extension	伸缩支座
appui double	铰支点
appui élastique	弹性支座
appui en acier	钢支座
appui en caoutchouc	橡胶支座
appui en caoutchouc laminé	板式橡胶支座
appui en caoutchouc sur sabot à plat	板式橡胶支座
appui en castré	嵌入拱脚；固定支座
appui en cuvette	盆式支座
appui en élastomère fretté	套箍弹性支座
appui en pot	盆式支座
appui extrême	尽端承座
appui financier	财政支持
appui fixe	固定支座
appui glissant	滑动支座
appui horizontal	水平支撑
appui intérieur	内侧支座
appui intermédiaire	中间支座；中间桥墩
appui latéral	边支座；旁支承
appui libre	滑动支点；活动支座
appui longitudinal	纵向支撑
appui médian	中心支撑
appui mobile	活动支座；移动支架
appui mobile oscillant à rotule	球链摆动支座
appui mobile tangentiel	切向活动支座
appui mol	柔性支承
appui permanent	永久支座
appui plan	平面支座
appui provisoire	临时支承
appui rectangulaire	矩形支座
appui réglable	可调支承
appui rigide	固定支点；刚性支座
appui semi-encastré	半固定支点
appui simple	简支座；简支点
appui sphérique	球形支座
appui sur rotule	铰接支承
appui sur sabot à plat	平板支座
appui tangentiel	切向承座
appui-tête	头枕
appui-tête réglable	可调节头枕
appui transversal	横向支撑
appui triple	固定支点
appui uni	平面支座；板面支承
appui vertical	垂直支柱
aptitude	能力；性能
aptitude à décomposition	分解能力
aptitude à la contraction thermique	热收缩能力
aptitude à la corrosion	腐蚀能力
aptitude à la déformation	变形能力
aptitude à la diffusion	扩散能力
aptitude à la dilatation	膨胀能力
aptitude à la mise en forme	成形能力
aptitude à l'écoulement	流动性
aptitude à l'emboutissage	受冲压能力
aptitude au broyage	可磨性
aptitude au démarrage	启动能力
aptitude au façonnage	和易性
aptitude au fluage	蠕动能力；徐变能力
aptitude au foisonnement	膨胀能力
aptitude au formage	成形能力
aptitude au fractionnement	可破碎性
aptitude au remoulage	重塑性
aptitude au retrait	收缩能力
aptitude au serrage	挤压能力
aptitude au soudage	可焊性能
aptitude au travail	工作能力

aptitude aux usages multiples　多用途性能
aptitude d'adaptation　适应能力
aptitude de gonflement　膨胀能力
aptitude de passage du train en courbe　车辆通过曲线的能力
apurement　审核账目
aqueduc　引水渠；高架渠
aqueduc à ciel ouvert　明渠
aqueduc apparent　明渠
aqueduc à planche métallique　钢板涵洞
aqueduc au sol　地面引水渠
aqueduc à vanne　有闸门引水渠
aqueduc couvert à plan d'eau libre　自由水面暗渠
aqueduc dallé　盖板箱涵；盖板式水道桥
aqueduc de ceinture　环形渠
aqueduc de refoulement　加压输送管道
aqueduc de remplissage　填料沟
aqueduc de sassement　水闸涵洞
aqueduc en basses eaux　低水位涵洞
aqueduc en béton préfabriqué　预制混凝土涵洞
aqueduc en siphon　虹吸涵洞
aqueduc en tôle ondulé　金属波纹管涵
aqueduc ferroviaire　铁路涵洞
aqueduc latéral　边涵
aqueduc longitudinal　纵向涵洞
aqueduc rectangulaire　矩形涵洞
aqueduc souterrain　地下引水渠
aqueduc submergé　漫水涵洞
aqueduc tubulaire　管涵
aqueduc voûté　拱涵
aquifuge　不透水岩层
arasement　整平
arasement de crête　脊线；顶线
arasement de poteaux　桩群找平线
arasement de talus　坡边整平；坡顶整平
arbitrage　仲裁
arbitrage de litige　争端仲裁
arbitrage international　国际仲裁
arbitre　仲裁人
arbre　轴
arbre à cames　凸轮轴
arbre à cardan　万向轴
arbre à rotule　铰接轴
arbre articulé　万向轴
arbre coudé　曲轴；曲柄轴
arbre creux　空心轴
arbre cylindrique　圆柱轴
arbre de cardan　万向轴
arbre de commande　主动轴
arbre de couche　传动主轴
arbre de distribution　分配轴
arbre d'entraînement　传动轴
arbre de roue　轮轴
arbre de transmission　传动轴
arbre flexible　软轴；弹性轴
arbre intermédiaire　中间轴
arbre longitudinal　纵轴
arbre moteur　动轴
arbre plein　实心轴
arbre primaire　原动轴
arbre secondaire　从动轴
arbre vertical　垂直轴
arbrisseau　灌木
arbuste　小灌木
arc　拱
arc à âme pleine　实腹拱
arc à charnière　铰接拱
arc à deux articulations　双铰拱
arc à deux centres　双心拱
arc à deux charnières　双铰拱
arc à deux rotules　双铰拱
arc à l'envers　反拱；倒拱
arc à multicentres　多心拱
arc à paroi pleine　实腹拱
arc à plate bande　平弧拱
arc à seule articulation　单铰拱
arc à trois articulations　三铰拱
arc à trois centres　三心拱
arc à trois rotules　三心拱；三铰拱
arc à tympan plein　实肩拱
arc aigu　锐拱；尖拱
arc angulaire　角拱
arc aplani　坦拱
arc assemblé　组合拱
arc avec appuis encastrés　固定端拱
arc avec appuis fixes　固定端拱
arc avec articulation　铰接拱
arc berceau　半圆拱
arc biais　斜拱
arc bombé　弓形拱
arc brisé　折线拱；桃尖拱
arc circulaire　圆弧（拱）
arc composé　组合拱
arc concentrique　同心弧
arc continu　连续拱

arc creux 腹拱
arc cylindrique 筒拱
arc de balance 平衡拱
arc de bras axial 正心拱
arc de cercle 弧线；圆弧形
arc de chaîne 悬链拱；垂曲线
arc de charpente en bois 木拱架
arc de chevalement 高低脚拱
arc de décharge 卸压拱
arc de fondation 仰拱；倒拱
arc de front 前拱
arc demi-circulaire 半圆拱
arc de mur 墙拱
arc de pont 桥拱
arc de pression 压力拱
arc de radier 桥墩拱形分水墙
arc de renforcement 加强拱
arc de travée 跨拱
arc déprimé 扁平拱
arc doubleau 扶拱
arc droit 平拱；正拱
arc électrique 电弧
arc elliptique 椭圆形拱
arc embrassé 束带拱
arc en anse de panier 三心拱
arc en berceau 筒形拱
arc en béton 混凝土拱
arc en briques 砖拱
arc en carène 四心拱
arc en castré 固定端拱
arc en coque 薄壳拱
arc en couronne 环形拱
arc en demi-cercle 半圆拱
arc en fer à cheval 马蹄拱
arc en lamelles collées 胶合木拱
arc en maçonnerie 圬工拱
arc en ogive 尖拱
arc en plein cintre 半圆拱
arc en treillis 拱形桁架
arc en voile mince 薄壳拱
arc en voûte pleine 实体拱
arc évidé 空腹拱
arc exhaussé 超半圆拱
arc fixé 固定拱
arc intermédiaire 中间拱
arc isostatique 等压拱
arc linteau 平拱
arc lumineux 光弧
arc mixte 混合拱

arc naturel 天然拱
arc oblique 斜拱
arc outrepassé 马蹄形拱
arc ouvert 明拱
arc ovale 椭圆形拱
arc parabolique 抛物线拱
arc quinconcial 梅花形拱
arc rampant 斜拱
arc renversé 反拱；倒拱；仰拱
arc rigide 刚性拱
arc sans articulation 无铰拱
arc solide 实体拱
arc surbaissé 弧形拱
arc surhaussé 超半圆拱
arc symétrique 对称拱
arc tracé à trois centres 三心拱
arc tréflé 三叶形拱
arc triangulaire 三角形拱
arc trilobé 三叶形拱
arc triplé 三叶拱
arcade 拱孔；拱廊
arcade aveugle 盲拱
arcade plein cintre 半圆拱
arcade quaternée 四连拱
arcade simple 单拱
arcade ternée 三连拱
arc-boutant 拱形支架
arc-boutement 拱形支架
arc-boutement en voûte 拱扶垛
arc-doubleau 横向突拱；横向肋拱
arceau 小拱
arche 拱；桥拱
arche à deux articulations 两铰拱
arche à trois articulations 三铰拱
arche biaise 斜拱
arche circulaire 圆弧拱
arche de tunnel 隧道拱圈
arche de pont 桥拱
arche encastré 无铰拱
arche maîtresse 主拱
arche marinière 通航桥拱
archée 拱跨度
archéologie 考古学
archet de pantographe 受电弓头
architecte 建筑师
architecte-conseil 顾问建筑师
architecte en chef 总建筑师
architecture des ouvrages d'art 桥隧建筑设计

A

architecture des ouvrages d'art courant 标准桥梁建筑设计
architecture des ouvrages d'art non courant 非标准桥梁建筑设计
architecture des têtes de tunnel 隧道洞口建筑设计
archivage 存档
archives 档案
archives techniques 技术档案
archives techniques des équipements 设备技术档案
ardoise 板岩
ardoise adhésive 黏板岩
ardoise argileuse 泥质板岩
ardoise argileuse calcaire 灰质黏土板岩
ardoise d'amiante 石棉板
ardoise d'amiante-ciment 石棉水泥板
ardoise d'asbeste 石棉板
ardoise de construction 建筑用片岩
ardoise marneuse 泥灰质板岩
areine 排水沟
arène 风化粗砂;砂砾
arène granitique 花岗砂砾
arène schisteuse 砂质页岩
arénière 采砂场
arénite 砂质岩
arényte 砂粒岩
arête 山脊
arête de rabot 刨刃
arête de talus 坡顶
argile 黏土
argile à blocaux 泥砾土
argile à grès cérame 陶土
argile à silex 硬质黏土
argile active 活性黏土
argile adsorbante 白黏土
argile aigre 瘦黏土
argile alluviale 冲积黏土
argile altérée 风化黏土
argile alunifère 明矾黏土
argile argilite 页岩黏土
argile bentonitique 膨胀黏土;膨润土
argile blanche 高岭土
argile bleue 青泥
argile brute 生黏土
argile calcaire 石灰质黏土
argile calcique 含钙黏土
argile colloïdale 胶质黏土
argile colorée 有色黏土

argile commune 一般黏土
argile compactée 密实黏土;板结黏土
argile courte 亚黏土
argile crue 生黏土
argile de brique 制砖黏土
argile de craie 泥灰土;泥灰
argile dense 密实黏土
argile de poterie 陶土
argile durcie 硬黏土
argile dure 硬黏土
argile en bande 带状黏土
argile en calcium 钙质黏土
argile expansée 膨胀土
argile extinguible 水解黏土
argile ferme 板实黏土
argile ferrugineuse 铁质黏土
argile feuilletée 页岩
argile figuline 陶土
argile fine 细黏土
argile glaciaire 冰川黏土
argile glaciale 冰川黏土
argile glaise 可塑黏土
argile gonflante 膨胀黏土
argile gonflée 膨胀黏土
argile grasse 肥黏土
argile graveleuse 砾石土
argile humide 湿黏土
argile kaolinique 高岭土
argile latérite 红黏土
argile latéritique 红黏土
argile légère 轻黏土
argile limoneuse 黏质土
argile lourde 重黏土
argile marne 泥灰黏土
argile marneuse 泥灰黏土
argile molle 软黏土
argile onctueuse 油性黏土
argile ordinaire 普通黏土
argile organique 有机黏土
argile plastique 塑性陶土
argile pure 纯黏土
argile raide 硬黏土
argile réelle 天然黏土
argile réfractaire 耐火黏土
argile rouge 红黏土
argile sableuse 砂泥;砾石土
argile sablonneuse 砂泥;砂质黏土
argile saline 含盐黏土
argile saturée 饱和黏土

argile schisteuse 泥质黏土
argile sèche 干硬黏土
argile sédimentaire 沉积黏土
argile solide 硬质黏土
argile soufflée 膨胀黏土
argile vaseuse 淤泥黏土
argile visqueuse 胶黏土
argile volcanique 火山黏土
argilite 黏土岩;泥岩
argilite bitumineuse 沥青泥岩
argilocalcite 泥灰岩
armature 钢筋;电枢
armature à cisailles 剪力筋
armature active 普通钢筋
armature additionnelle 附加钢筋
armature à haute adhérence
　高附着力钢筋;螺纹钢筋
armature à la torsion 受扭钢筋
armature auxiliaire 附加钢筋
armature comprimée 受压钢筋
armature d'architecture 建筑钢筋
armature de béton 混凝土钢筋
armature de compression 受压钢筋
armature dense 密置钢筋
armature de distribution 分布钢筋
armature de frettage 箍筋用钢筋
armature de l'étrier 箍筋
armature de liaison 连接钢筋
armature de moment négatif 负力矩钢筋
armature de moment positif 正力矩钢筋
armature de pantographe 受电弓座
armature de précontrainte adhérente
　黏着预应力钢筋
armature de renfort 附加钢筋;加强筋
armature de répartition 分布钢筋
armature de revêtement définitif
　二次衬砌钢筋
armature de revêtement de tunnel
　隧道衬砌钢筋
armature de traction 受拉钢筋
armature de torsion 受扭钢筋
armature diagonale 斜角钢筋
armature double 双重钢筋;复筋
armature droite 直钢筋
armature en acier galvanisé 镀锌钢筋
armature en attente 预留筋
armature en cercle 环形筋
armature en fils soudés 焊接钢筋网
armature en quadrillage 双向钢筋

armature en grillage 网状钢筋
armature en grillage métallique
　网状钢筋
armature en hélice 螺旋钢筋
armature en maille 网状钢筋
armature en nappe 钢筋层
armature en treillis 钢筋网
armature en treillis soudée 焊接钢筋网
armature hélicoïdale 螺旋钢筋
armature lâche 非预应力钢筋
armature latérale 侧向钢筋
armature lisse 光筋
armature longitudinale 纵向钢筋
armature maîtresse longitudinale
　纵向主钢筋
armature ordinaire 普通钢筋
armature passive 预应力钢筋
armature pliée 弯起钢筋
armature post-contrainte
　后加应力钢筋;后张法预应力钢筋
armature pour béton armé à haute adhérence
　高强混凝土螺纹钢筋
armature précontrainte
　预应力钢筋;先张法预应力钢筋
armature prétendue 预应力钢筋
armature principale 主钢筋
armature ronde 圆钢筋
armature secondaire 次要钢筋;辅筋
armature simple 单筋
armature soudée 焊接钢筋
armature spirale 螺旋钢筋
armature structurale 结构钢筋;构造筋
armature tendue 受拉钢筋
armature transversale 横向钢筋
armoire 柜;箱
armoire à outils 工具箱
armoire de commande 控制柜
armoire de distribution 配电柜
armoire de séchage 干燥箱
armoire électrique 电力柜
arpentage 土地丈量
arpentage cadastral 地籍测量
arpentage de terrain 土地丈量
arpenteur 测量员
arrachage 拔除
arrachage de broussailles 拔除灌木
arrachage de pieux 拔桩
arrachage de souches 拔除树根
arrachage de taillis 拔除矮林

A

arrachage des anciennes souches 拔除老树桩
arrachage des arbres 拔除树木
arrachage des haies 拔除篱笆
arrache-carotte 岩芯钻头
arrache-clou 撬棍;起钉钳
arrachement 拔除
arrachement des broussailles 拔除荆棘
arrachement des haies 拔除树篱
arrachement des herbes 除草
arrachement par eaux courantes 河水冲刷
arrachement par le glacier 冰川冲刷
arrache-crampon 起道钉机
arrache-tube 挖管机
arrache-tuyaux 挖管机
arracheur 起拔器
arracheur de pieu 拔桩机
arracheur diesel 柴油(内燃)拔桩机
arrangement 整理;布置;处理
arrangement de l'appareil de voie 道岔布置
arrangement de lignes 线路布置
arrangement de l'itinéraire 排列进路
arrangement de recouvrement de joint de dilatation 收缩缝盖顶处理
arrangement de rotation de locomotive 机车周转安排
arrangement de transport de marchandises 货运受理
arrangement de voies 股道布置;线路整理
arrangement des armatures 钢筋布置
arrangement des barres 钢筋布置;配筋
arrangement des essieux 轴列式
arrangement en forme de passage 纵列式
arrangement en quinconce 交错排列
arrangement longitudinal 纵列式
arrangement symétrique 对称布置
arrangement transversal 横列式布置
arrêt 停止;汽车站
arrêt accidentel 因事故停车
arrêt à la gare intermédiaire 中间站停车
arrêt à la station en avant 前方站停车
arrêt au point prévu 定点停车
arrêt automatique 自动停车
arrêt brusque 紧急停车;突然停车
arrêt de cheminement 防爬器
arrêt de circulation 中断交通;停驶
arrêt de circulation de train 列车停运
arrêt de courant 停电
arrêt de distancement 间隔停车
arrêt de fonctionnement 停止运行
arrêt de paiement 停止付款
arrêt de production 生产停止
arrêt de trafic 中断交通
arrêt d'escale 中途停车
arrêt des comptes 决算;结账
arrêt des travaux 工程停工
arrêt d'exploitation 停止运营
arrêt d'urgence 紧急制动
arrêt du train 列车停车
arrêt en cours de circulation 途中停车
arrêt en desserrage 缓解停车
arrêt facultatif 随意停车
arrêt forcé 强迫停车;强迫停止
arrêt intermédiaire 中途停车
arrêt provisoire de l'exécution 暂停施工
arrêt rapide 快速停车
arrêt selon les règles 按规定停车
arrêt vif 紧急停车
arrière 尾端
arrière à gradins 防冲护挡
arrière de pile 桥墩尾端
arrière en enrochements 背部防冲石
arrière en maçonnerie 背部圬工防冲铺砌
arrière-bec 桥墩尾端
arrière-guide 后视镜
arrière-plage 背顶撑
arrière-radier 下游防冲铺砌
arrière-taille 填筑杂土
arrivée 入口;到达
arrivée d'eau 进水口;进水
arrivée de câble 电缆引入
arrivée descente 急流槽
arrondi 削平
arrondi de crête de talus en déblai 挖方边坡坡顶整削工程
arrondissement 倒角;倒棱;圆滑
arrosage 洒水
arrosage contre poussières 降尘洒水
arrosage convenable 适当洒水
arrosage pour éviter l'émission de poussières 防扬尘洒水
arrosage sous pression 加压洒水
arrosage sur la couche de forme 垫层洒水
arroseuse 洒水车
arroseuse automobile 洒水车

arroseuse de chantier	工地洒水车
arroseuse-balayeuse	喷水清扫车
art	工法
art de construction	建造技术
art de foreur	钻井工艺
art de maçonnerie	圬工技术
art de posage	铺架工法
art de pré-tension	预应力张拉工艺
art d'exécution de tunnel	隧道施工工艺
artère	交通干线;铁路干线
artère à double voie	复线干线
artère à gros trafic	大运量干线
artère de circulation	交通干线
artère de grande communication	大流量干线
artère de télécommunication	通信干线
artère de transport	运输干线
artère de voie ferrée	铁路干线
artère existante	现有干线
artère express	快速干道
artère longitudinale	纵向干线
artère nationale	国家干线公路
artère numérique de transmission	数字传输干线
artère principale	干线;动脉
artère principale à fibre optique	光缆干线
artère provisoire	临时干线
artère radiale	辐射式交通干线
artère transversale	横向干线
artère urbaine	城市干道
artérite	脉状片麻岩
article	条款;科目
article de caisse	现金科目
article de compte	记账科目
article de contrat	合同条款
article fini	成品
articulation	铰接
articulation à naissance	拱脚铰
articulation à rotule	铰接接头;万向节
articulation d'appui	桥支铰
articulation de culée	桥台座铰
articulation de pied	拱脚铰
articulation des voitures(wagons)	车辆铰接
articulation en béton	混凝土铰接承座
articulation plane	平铰
articulation provisoire	临时铰接
ascenseur	升降机
ascenseur à cage	罐笼提升机
ascenseur de construction	建筑用升降机
ascenseur de construction à cage	建筑用罐笼提升机
ascenseur électrique	电梯
ascenseur en duplex	双联电梯
ascenseur en simplexe	单联电梯
ascenseur panoramique	观光电梯
ascenseur sur voie	轨道升降机
ascenseur vertical	垂直升降机
ascenseur-patenôtre	斗式提升机
aspect	外观
aspect architectural	建筑外观
aspect de carrosserie	车体外观
aspect de gare	车站外观
aspect de locomotive	机车外观
aspect de wagon	车辆外观
aspérité	粗糙度
asphaltage	铺沥青;浇沥青
asphalte	沥青;沥青混合料
asphalte à chaud	热铺沥青
asphalte à froid	冷铺沥青
asphalte artificiel	人造地沥青
asphalte bloc	地沥青块
asphalte caoutchouté	掺橡胶沥青
asphalte ciment	膏体地沥青;地沥青胶
asphalte comprimé	压制地沥青块
asphalte concret	沥青混凝土
asphalte coulé	流体沥青
asphalte coulé sablé	地沥青砂胶
asphalte de houille	焦油沥青
asphalte de pétrole	石油沥青
asphalte de qualité inférieure	低质沥青
asphalte de roche	岩沥青
asphalte dur	硬地沥青
asphalte émulsifiant	乳化沥青
asphalte en roche	沥青岩
asphalte épuré	精制沥青
asphalte fluxé	溶剂沥青
asphalte lacustre	湖沥青
asphalte liquide	液态沥青
asphalte lourd	重沥青
asphalte macadam	柏油碎石路
asphalte mastic	油灰沥青
asphalte mou	软沥青
asphalte natif	天然地沥青
asphalte naturel	天然沥青;岩沥青
asphalte original	原生地沥青;天然地沥青
asphalte oxydé	氧化沥青
asphalte porphyrique	斑岩沥青

asphalte posé à chaud 热铺地沥青混合料
asphalte pour câble 钢缆油
asphalte raffiné 精制沥青
asphalte solide 固体沥青
asphalte sulfuré 硫化沥青
asphalte synthétique 合成沥青
asphalteur 沥青喷洒车；沥青摊铺工
asphaltite 沥青混合物
aspiration d'aiguille 道岔吸起
aspiration d'excitation 励磁吸起
assainissement 排水
assainissement à l'intérieur de tunnel
　隧道内排水
assainissement au niveau de têtes de tunnel
　隧道洞口处排水
assainissement concentré 集中排水
assainissement de berme 沟肩排水
assainissement de chantier-gare 站场排水
assainissement de chaussée 路面排水
assainissement de fosse 基坑排水
assainissement de fouille 基坑排水
assainissement de l'assise de voie 路基排水
assainissement de l'autoroute
　高速公路排水
assainissement de parking 停车场排水
assainissement de route 公路排水
assainissement de surface 表面排水
assainissement de talus 边坡排水
assainissement de voie ferrée 铁道排水
assainissement dispersé 分散排水
assainissement gravitaire 重力排水系统
assainissement hydrique 排水系统
assainissement longitudinal 纵向排水
assainissement organisé 组织排水
assainissement transversal 横向排水
assainissement urbain 城市下水工程
assèchement 排干；翻晒
assèchement de fouille 基坑排水
assèchement par drainage 疏干
assèchement par évaporation 蒸发变干
assemblage 组装
assemblage à cantilever 旋臂拼装
assemblage à chanfrein 斜边对接
assemblage à charnière 铰接
assemblage à chaud 加热装配
assemblage à clin 搭接
assemblage à corniche 角接
assemblage à couvre-joint 搭板连接
assemblage à entaille 槽口连接
assemblage à entailles à mi-bois
　十字交叉连接
assemblage à entailles biaises 十字交叉连接
assemblage à entailles droites
　十字交叉连接
assemblage à enture 对头连接
assemblage à languette 企口对接
assemblage à plate-bandes boulonnées
　带铁夹板和螺栓接头
assemblage à queue d'aronde 燕尾接头
assemblage à recouvrement 搭接
assemblage à rivets 铆接
assemblage à tenon et mortaise 卯榫接头
assemblage avec goujon 带钢销接头
assemblage avec tourillon 带钢销接头
assemblage boulonné 螺栓连接
assemblage bout à bout 对头接头
assemblage d'atelier 工厂组装
assemblage de châssis 底架组装
assemblage de châssis de voie 轨排组装
assemblage de l'aiguille 道岔组装
assemblage de l'équipement 设备组装
assemblage d'embrèvement 斜榫对接
assemblage de moellons 毛石砌铺
assemblage des attaches de rails
　组装钢轨扣件
assemblage de travée de voie 轨排组装
assemblage de wagons 车辆组装
assemblage en about 对接
assemblage en adent 锁接
assemblage en angle 角接
assemblage en biseau 斜对接
assemblage en série 串行连接
assemblage par articulation 铰接
assemblage par boulons 螺栓连接
assemblage par chevilles 销钉连接
assemblage par clavette 键销连接
assemblage par embrèvement 齿槽连接
assemblage par rivets 铆钉连接
assemblage par soudure 焊接
assemblage riveté 铆钉连接
assemblage soudé 焊接
assemblage sur chantier 工地组装
assemblage sur place 现场组装
assemblage sur site 现场组装
asservissement 随动装置
asservissement de frein 制动联锁
asservissement électrique 电器联锁
asservissement mécanique 机械联锁

assiette 路基
assiette améliorée 改良路基
assiette de berme 护肩路基
assiette de déblai 挖方路基
assiette de joint de rail 钢轨接头垫板
assiette de l'autoroute 高速公路路基
assiette de la voie 路基;路床
assiette de la voie ferrée 铁路路基
assiette de rails 钢轨槽
assiette de remblai 填方路基
assiette de remblai-déblai
   半填半挖路基
assiette de retombée 起拱层
assiette de sol ordinaire
   普通土填筑路基
assiette de sondage 钻探平台
assiette de travail 工作平台
assiette de traverses 轨枕槽
assiette du lit de ballast 道床底层
assiette dure 硬路基
assiette en maçonnerie 砌石路基
assiette en perré 砌石路基
assiette en sable éolien 风化砂筑路基
assiette en sol mou 软土路基
assiette forte 硬路基
assiette inférieure 护脚路基
assiette initiale 原路基
assiette mauvaise 劣质路基
assiette monolithe 整体式路基
assiette ordinaire 普通路基
assiette originale 原土路基
assiette remblayée 回填路基
assiette rigide 刚性路基
assiette riveraine 沿河路基
assiette rocheuse 基岩
assiette sableuse 砂质路基
assiette sédimentaire 沉积岩层
assiette séparée 分离式路基
assiette tendre 软路基
assignation de canal de signalisation
   信道指配
assignation de locomotive de traction
   牵机指配
assignation de l'occupation de voie
   占道分配
assignation de trafic 交通分配
assignation de wagons 车辆分配
assise 基础;底层;路基层
assise améliorée 改良路基

assise de béton
   混凝土砌层;混凝土底板
assise de caniveau 排水沟垫层
assise de chaussée 路面下层;路面底层
assise de couronnement 冠状基础
assise de la plateforme de voie
   路床底基
assise de remblai
   回填基层;填方底面层
assise de terrassement 土基层
assise de voie 路线底层;路基
assise de voie défavorable 不良路基
assise de voie de pergélisol
   多年冻土路基
assise de voie en sol dilatable
   膨胀土路基
assise de voie en sol gelé 冻土路基
assise de voie ferrée 铁路路基
assise de voie karstique 溶岩路基
assise du lit de ballast 道床底基
assise drainante 浸水路基;排水层
assise en grave naturelle
   天然砾石底基层
assise en sol mou 软土路基
assise en terrain meuble 软土路基
assise gravier composé 级配砂石底层
assise isolante en asphalte
   沥青隔层;沥青防水层
assise rocheuse 基岩层
assise submergée 浸水路基
assistance 援助
assistance économique 经济援助
assistance financière 财政援助
assistance internationale 国际援助
assistance judiciaire 司法援助
assistance technique 技术支持
assistant 助理;助手
association 协会
association d'employeurs 雇主联合会
association d'entrepreneurs
   承包商协会
association d'entreprises 企业联合会
association de participation 合伙;合股
association de travailleurs 劳工协会
Association des Fabricants Européens
   d'Equipements Ferroviaires(AFEDEF)
   欧洲铁路设备制造商协会
Association des Industries Electroniques(AIE)
   电子工业协会

Association des Industries de Télécommunication(AIT) 电信工业协会
Association européenne des chambres de commerce et d'industrie 欧洲工商联合会
Association Française de Normalisation (AFNOR) 法国标准化协会
Association Internationale des Constructeurs de Matériel Roulant(AICMR) 国际机车车辆制造商协会
Association Nationale pour la Standardisation(ANS) 国家标准化协会
associé 合伙人;合作者
assurance 保险
assurance-accidents 事故保险
assurance accidents causés par les véhicules automobiles 意外车祸险
assurance accidents de chemin de fer 铁路意外险
assurance à terme fixe 定期保险
assurance automobile 汽车保险
assurance avarie particulière 单独海损险
assurance catastrophes naturelles 自然灾害保险
assurance-chômage 失业保险
assurance commerciale 商业保险
assurance contre la responsabilité civile à l'égard du tiers 第三者责任民事险
assurance contre le vol 盗窃险
assurance contre les accidents 意外伤害险
assurance contre les accidents de travail 意外工伤险
assurance contre les inondations 水灾保险
assurance contre les risques de mer 海险
assurance contre les risques de transport 运输保险
assurance contre les risques des opérations extérieures 室外作业险
assurance contre les risques particuliers du secteur de construction 建筑行业特殊险
assurance contre l'incendie 火灾保险
assurance corporelle et sécurité sociale 人员社会保险
assurance couvrant les risques de chantier 工地事故全险
assurance couvrant tous risques d'accidents de travail 工伤事故全险
assurance décennale 十年保修
assurance de l'équipement 设备保险
assurance de l'exploitation 保障运营
assurance de marchandises 货物保险
assurance de qualité 质量保证
assurance de responsabilité civile aux tiers 第三者民事责任险
assurance de responsabilité décennale 十年责任险
assurance de sécurité 安全保障
assurance de transport ferroviaire 铁路运输保险
assurance de transport maritime 海运保险
assurance de transport tous risques 运输全险
assurance des travaux 工程保险
assurance-dommages 财产损失险
assurance-maladie 疾病保险
assurance maritime 海上保险
assurance pour le personnel 人员保险
assurance sécurité des voyageurs 旅客安全险
assurance sociale 社会保险
assurance tous risques chantier 工地全险
assurance-vie 人寿保险
assurance vieillesse 养老保险
assureur 保险人;承保人
atelier 车间;工场
atelier auxiliaire 辅助车间
atelier d'affûtage 铁磨车间
atelier d'ajustage 钳工车间
atelier d'alimentation électrique 供电车间
atelier d'assemblage 装配车间
atelier de broyage 粉碎车间
atelier de charpentier 木工车间
atelier de classement(triage) 分选车间
atelier de construction 建筑车间
atelier de coulée 浇铸车间
atelier de coupe 裁料车间
atelier de criblage 筛选工场
atelier de dépôt 机务修理场
atelier de dessablage 清砂车间
atelier de fabrication 生产车间
atelier de fabrication du béton 混凝土生产车间
atelier de façonnage du bois 木材加工车间
atelier de finissage 装修车间
atelier de fonderie 铸造车间
atelier de fonte 铸铁车间
atelier de forgeron 锻工车间

atelier de fraisage   铣工车间
atelier de galvanisation   镀锌车间
atelier de galvanoplastie   电镀车间
atelier de laminage   轧钢车间
atelier de laminage à chaud   热轧车间
atelier de laminage à froid   冷轧车间
atelier de lavage   洗涤车间
atelier de la voie   工务段修配车间
atelier de maintenance   维修车间
atelier de maintenance des trains
  列车修理站
atelier de malaxage   搅拌车间
atelier de menuiserie   细木车间
atelier de métallurgie   金工车间
atelier de montage   装配车间
atelier de moulage   铸造车间
atelier d'emballage   包装车间
atelier d'emboutissage   冲压车间
atelier d'entretien   维修车间
atelier d'entretien de locomotives
  机车维修车间
atelier d'entretien de la voie   工务修配厂
atelier d'entretien des installations fixes
  固定设备维修车间
atelier d'entretien des wagons
  车辆维修车间
atelier de peinture   油漆车间
atelier de perçage   钻孔车间
atelier de préfabrication   预制车间
atelier de préparation des moules   制模车间
atelier de presse   冲压车间
atelier de production   生产车间
atelier de réglage   调机库
atelier de remisage   机务车间
atelier de réparation   修理车间
atelier de réparation générale   大修车间
atelier de réparation mécanique   机修车间
atelier de révision de wagons   车辆检修车间
atelier de révision générale   大修车间
atelier de rivetage   铆工车间
atelier des essais   试验车间
atelier de soudage   焊接车间
atelier de soudure   焊接车间
atelier des outils   工具车间
atelier de télécommunication et signalisation
  通号车间
atelier de traitement thermique   热处理车间
atelier de triage   选分车间
atelier de zingage   镀锌车间

atelier d'usinage   机械加工车间
atelier électrique   电气车间
atelier électromécanique   机电车间
atelier mécanique   机械加工车间
atelier pilote   试验车间
atlas des courbes   曲线图
attache   扣件
attache à clip   扣板式扣件
attache de jointure   对接扣件
attache de rails   钢轨扣件
attache de refoulement   回转扣件
attache de ressort   弹簧扣件
attache de sécurité   保险扣件
attache de U   U形扣件
attache élastique   弹簧扣件
attache en croix   十字扣件
attache-fil   线夹
attache isolante de rail   钢轨绝缘扣件
attache rigide   刚性扣件
attachement   施工日志；施工报表
attachement contradictoire   合同计价单
attachement d'approvisionnement
  供料报表
attachement de quantité   工程数量报表
attachement des travaux
  工程施工日志；工程施工报表
attachement journalier   日报表；施工日志
attacheur   施工日志编写人
attaque   冲击
attaque de freinage   制动冲击
attaque de roue contre le bout de rail
  车轮对轨接头冲击
attaque destructive de véhicule
  车辆有害冲击
attelage   车钩
attelage à chaîne   链式车钩
attelage à connexion étanche   密接式车钩
attelage à griffes   爪形车钩
attelage à l'enclenchement   联锁式车钩
attelage à l'opération en bas du train des
  voyageurs   客车下作用式车钩
attelage à l'opération en haut du train des
  marchandises   货车上作用式车钩
attelage à tampon   缓冲车钩；圆盘式车钩
attelage automatique   自动连接车钩
attelage automatique à mâchoires
  自动咬合式挂钩
attelage à vis   螺旋车钩
attelage central   中心连接器

attelage de compression 压缩车钩
attelage de locomotive 机车车钩;机车连挂
attelage de locomotive seule 单机挂车
attelage de matériel roulant 车辆挂钩
attelage de secours 备用车钩
attelage de traction 牵引挂车
attelage de tuyaux 管链
attelage de véhicule 车钩
attelage de wagons 挂车
attelage non rigide 非刚性车钩
attelage poussé 推进连挂
attelage principal 主车钩
attelage rapide 快速挂车;快速钩车
attelage rigide 刚性车钩
attelage semi-automatique 半自动车钩
attelage stable 平稳连挂
atténuation 减轻;减弱
atténuation de force de traction 牵引力衰减
atténuation de force dynamique 动力衰减
atténuation de force motrice 驱动力衰减
atténuation de poussière 降尘
atténuation de tassement de l'assise de voie
 路基下沉减缓
atténuation générale 总衰耗
atterrissement 冲积层;冲积地
attestation 证明;证明书
attestation bancaire 银行证明
attestation de bonne exécution
 完工证明;竣工证明
attestation de chargement sur voie ferrée
 铁路装运证明
attestation de conformité 符合性证明
attestation de juridiction non criminelle
 无刑事犯罪证明
attestation de maître d'ouvrage 业主证明
attestation de non-faillite 未破产证明
attestation de non redressement judiciaire
 未受司法破产管理的证明
attestation de qualification 资质证明
attestation de retenue de marché
 中标证明
attestation de transport 运输证明
attestation d'immatriculation fiscale
 税务登记证明
attestation fiscale 完税证明;税务证明
attestation fiscale de l'organisme de sécurité
 sociale 缴纳社会保险的完税证明
attestation justifiant la visite sur site
 现场踏勘证明

attestation pour exemption des droits
 d'entrée 进口免税证明
attestation professionnelle 从业证明
attributaire 合同授予者;得标人
attributaire de marché 合同中标人
attribution 授予
attribution de canal de signalisation
 信道分配
attribution de fréquences 频率分配
attribution de marché 合同授予
attribution de régulation de trains
 列车调度分配
attribution des offres 授标
attribution de tâche de chargement
 装车任务分配
attribution de tâche de transport
 运输任务分配
attribution de voies de chantier-gare
 站场股道分配
attribution de wagons 车辆分配
aubier 边材
audit 审计
audit de qualité 质量审核
audit de rapport financier 财务报告审计
audit financier 财务审计
audit indépendant 独立审计
augmentation 增加
augmentation d'afflux de circulation
 交通流量增加
augmentation d'afflux de marchandises
 货物流量增加
augmentation d'afflux de voyageurs
 旅客流量增加
augmentation de densité de trafic
 加大行车密度
augmentation de prix 涨价
augmentation de quantité 数量增加
augmentation de quantité de travaux
 增加工程数量
augmentation de tarifs de transport
 提高运价
augmentation de trafic 交通量增长
augmentation de volume 体积增大
auscultateur 超声探测仪
auscultation 探伤;检测
auscultation de fondation 基础检测
auscultation de pieux enfoncés
 沉桩检测
auscultation de pont 桥梁检测

auscultation de poutres précontraintes 预应力梁检测
auscultation de rails 钢轨探伤
auscultation de roues 车轮探伤
auscultation de tunnel 隧道检测
auscultation des ouvrages d'art 构造物检测
auscultation dynamique de béton 混凝土动力技术检测
auscultation sonique 声测
auscultation ultrasonore 超声波检测
auscultation vibratoire de béton 混凝土超声波振动检测
auto-ancrage 自锚
auto-chargement 自动装卸设备
auto-chargeur 自动装卸汽车
auto-citerne 液罐车
autocommande 自动控制
autocommutateur 自动交换机
autocontrôle 自动控制
autocorrection 自动校正
auto-détection 自动检测
autofinancement 自筹资金；经济核算
autofinancement de programme 项目经济核算；项目自筹资金
auto-fonceuse 自动钻井机
auto-grue 汽车式起重机
auto-grue à trois essieux par pneumatique 三轴轮胎式起重机
auto-grue sur chenilles 履带式汽车起重机
autoguidage 自动导航
automate de conduite de sécurité(ACS) 安全驾驶自动装置
Automatic Train Control(ATC) 列车自动控制系统
Automatic Train Operation(ATO) 列车自动驾驶系统
Automatic Train Protection(ATP) 列车自动保护系统
Automatic Train Supervision(ATS) 列车运行监控系统
automatisation 自动化
automatisation de contrôle de la circulation de train 行车控制自动化
automatisation de contrôle et de suivi de la circulation de train 行车控制和追踪自动化
automatisation de production 生产自动化

automobile roulante sur rail 轨道车；工况车
automotrice 内燃动车；内燃轨道车
automotrice à accmulateurs 电瓶轨道车
automotrice à grande vitesse(AGV) 高速动车；高速动车组
automotrice à plateforme mobile 架空线维修车；接触网线维修车
automotrice d'extrémité 两端驱动车
automotrice diesel 内燃动车
automotrice électrique 电力动车
automotrice intermédiaire 中间驱动车
automotrice pour trafic à courte distance 区间轻便机车
automotrice-grue 汽车式起重机
auto-multicaisson 多用翻斗车
auto-patrol 养路用平地机；自动巡路平地机
auto-pelle 软土淤泥挖运机；斗式装载机
auto-pelle sur pneus 轮胎式挖土机
auto-protection 自动保护
auto-protection de train 列车自动保护
autorail 内燃动车；轨道车
autorail panoramique 观光列车
auto-remorque 汽车挂车
autorisation 许可；同意
autorisation d'application 允许实施
autorisation d'arrêt à la gare intermédiaire 允许中间站停车
autorisation d'arrêt à la station en avant 允许前方站停车
autorisation d'arrêt de trafic 允许中断交通
autorisation d'arrêt en cours de circulation 允许途中停车
autorisation d'arrêt provisoire de l'exécution 允许暂停施工
autorisation de circulation 通行许可
autorisation de conduire 驾驶许可证
autorisation de construction 建造许可
autorisation de démarrage des travaux 开工许可
autorisation de démolition 拆除许可
autorisation de départ de train 发车允可
autorisation de dételage de wagons 允许车辆摘挂
autorisation de forage 钻探许可
autorisation de montage 安装许可
autorisation d'entrée 允许进入
autorisation d'entrée en gare 允许进站

autorisation de passage 允许通过
autorisation de préfabrication 预制许可
autorisation de prise de terre 取土许可
autorisation de reprise des travaux
　复工许可
autorisation de réception 验收许可
autorisation de retournement de locomotive
　允许机车折返
autorisation de retournement et réattelage
　允许掉头换挂
autorisation de signal 信号许可
autorisation de sondage 钻探许可
autorisation de sortie de gare 允许出站
autorisation de traction à deux locomotives
　允许双机牵引
autorisation de transport 运输许可
autorisation d'excavation 开挖许可
autorisation d'exécution 施工许可
autorisation d'exploitation 开采许可
autorisation d'itinéraire 进路许可
autorisation d'utilisation 允许使用
autorisation spéciale 特许
autorité 权力;权力机关
autorité compétente 主管当局
autorité de contrôle 监管当局
autorité douanière 海关
autorité fiscale 税务机关
autorité intéressée 有关当局
autorité judiciaire 司法机关
autorité locale 地方当局
autorité portuaire 港务局
autorité supérieure 上级机关
autoroute 高速公路
auto-sableuse 自动铺砂车
auto-scripteur 自动记录仪
auto-surveillance 自动监督
auto-surveillance de circulation des trains
　列车运行自动监督
auto-surveillance de vitesse du train
　列车速度自动监督
auvent 挡雨板
aval 下游
aval de cantonnement 闭塞段下游
aval de circulation 线路运行下游段
aval de rivière 河流下游
aval de section bloquée 封闭段下游
aval de signal 信号机后方
aval de voie 线路下游;线路后方
aval d'itinéraire 进路下游段

avalanche 雪崩;泥石流
avalanche boueuse 泥流
avalanche de cendres 灰流
avalanche de montagne 山区泥石流
avalanche de pierres 石流;岩屑崩塌
avalanche de terre 坍坡;坍方
avalanche en masse 大坍方
avalanche volumineuse 大坍方
avaleresse 凿井
avaliseur 担保人
à-valoir 部分付款
avaloir 落水洞;排水洞
avaloir de pluie 雨水落水洞
avaloir de pont 桥梁落水洞
avance 预付款
avance consentie 同意预付金额
avance de dépilage 工作面推进
avance des frais 费用垫付款
avance de taille 工作面推进
avance de trésorerie 财政预支
avance exceptionnelle 特殊预付款
avance forfaitaire 承包预付款;工程预付款
avance journalière 日推进速度
avance linéaire 直线行程
avance sur approvisionnement
　设备或材料预付款
avance sur le salaire 预支工资
avancement 进展;进度
avancement à grande vitesse 快速掘进
avancement de ballastage
　道砟铺设进度
avancement de changement de rails
　换轨进度
avancement de chantier 工地进度
avancement de chargement et déchargement
　装卸进度
avancement de compactage 碾压进度
avancement de composition des wagons
　列车编组进度
avancement de conception 设计进度
avancement de construction 工程进度
avancement de coulage 浇筑进度
avancement de creusement 掘进进度
avancement de décapage 清表进度
avancement de décomposition des wagons
　列车解编进度
avancement de démolition 拆除进度
avancement de forage 钻进进度
avancement de galerie 平巷掘进

avancement de l'actualisation de l'étude 设计更新进度
avancement de l'actualisation des plans 图纸更新进度
avancement de l'aplanissement 平整进度
avancement de l'arpentage 丈量进度
avancement de l'arrachage 拔除进度
avancement de l'auscultation 检测进度
avancement de l'épandage 摊铺进度
avancement de malaxage 搅拌进度
avancement de mélange 搅拌进度
avancement de mesure 测量进度
avancement de mise en œuvre 施工进度
avancement de mise en place 铺设进度
avancement de mise en remblai 回填进度
avancement de montage 安装进度
avancement de paiement 付款进度
avancement de pose 铺架进度
avancement de pose de l'aiguille 道岔安装进度
avancement de pose de châssis de voie 轨排铺设进度
avancement de pose de fil de caténaire 接触网架线进度
avancement de pose de rails 铺轨进度
avancement de pose des poutres 架梁进度
avancement de préfabrication 预制进度
avancement de projet 项目进度
avancement de remblai 回填进度
avancement de répandage 摊铺进度
avancement de rétablissement 恢复进度
avancement de réparation 维修进度
avancement de ripage de voie 拨道进度
avancement des études 设计进度
avancement de soudage de rails 焊轨进度
avancement des ouvrages d'art 构造物进度
avancement des travaux 工程进度
avancement de traitement 处理进度
avancement de travail 工作进度
avancement de végétalisation 绿化进度
avancement d'excavation 挖掘进度
avancement d'exécution 施工进度
avancement d'exploitation 开采进度
avancement d'exploration 勘探进展
avancement d'extraction 采掘进度
avancement d'installation 安置进度
avancement hebdomadaire 周进度
avancement journalier 日进度
avancement mensuel 月进度
avancement par cric 顶进
avancement par pénétration 贯入推进
avancement pilote 超前工作面
avancement rapide 快速推进
avancement réel 实际进度
avant 前端
avant-bec （桥墩）分水角
avant-bras 前臂
avant-fossé 外壕沟
avant-garde 桥墩前端
avant-métré 估算工程量
avant-métré récapitulatif des quantités 工程数量汇总表
avant-pieu 桩帽
avant-plan 初步方案
avant-projet 初步设计
avant-projet approfondi(APA) 深化初步设计
avant-projet de l'ouvrage d'art courant 标准桥梁设计方案
avant-projet de l'ouvrage d'art non courant 非标准桥梁设计方案
avant-projet des déviations provisoires 临时改道初步设计
avant-projet des ouvrages souterrains 地下通道设计方案
avant-projet détaillé(APD) 详细方案;深化设计
avant-projet élargi 扩大初步设计
avant-projet simplifié(APS) 简明初步设计
avant-radier 上游防冲铺砌;上游护床
avant-trou 导孔;预钻孔
avarie 损坏
avarie accidentelle 意外故障
avarie commune 共同海损
avarie de mer 海损
avarie en cours de transport 运输途中损坏
avarie grave 严重损坏
avarie légère 轻微损坏
avenant 附加条款;补充合同
avenant de contrat 合同附加条款
avenant de convention 协议附加条款
avenue 林荫大道
averse 暴雨
averse intense 倾盆大雨
averse torrentielle 倾盆大雨
avertissement 通告

avertissement d'approche 接近警示
avertissement d'approche de tunnel
　接近隧道警示
avertissement d'avalanche de pierres
　崩石警示
avertissement de chute de roches　落石警示
avertissement de danger　危险警示
avertissement de freinage　制动警示信号
avertissement de l'accident　事故警示
avertissement de passage à niveau
　道口警示
avertissement de roches surplombantes
　危石坠落警示
avertissement de section à vitesse limitée
　限速区段警示
avertissement de section dangereuse
　危险区段警示
avertissement de section en cours
　de réalisation　区段正在施工警示
avertissement de signal　信号警示
avertissement de voie en cul-de-sac
　尽头线警示
avertisseur　警报器
avilissement　贬值
avilissement de l'équipement　设备贬值
avilissement de monnaie　货币贬值
avis　通知
avis consultatif　参考意见
avis d'accident　事故通告
avis d'annulation de l'attribution provisoire
　de marché　取消临时授标通知
avis d'expédition　发货通知单
avis d'appel d'offres　招标公告
avis d'appel d'offres international restreint
　国际有限招标通知
avis d'appel d'offres national restreint
　国内有限招标通知
avis d'arrivée de marchandises　到货通知
avis d'attribution　授标通知
avis d'attribution définitive de marché
　合同最终授标通知
avis d'attribution provisoire de marché
　合同临时授标通知
avis d'avarie　海损通告
avis de consultation　咨询通知
avis de crédit　贷方通知单
avis de débit　借方通知单
avis de déclaration d'appel d'offres
　infructueux　流标通知

avis de dénonciation　解约通知
avis de douane　海关通知单
avis d'embarquement des marchandises
　货物装车通告
avis favorable pour la réception définitive
　最后验收通过
avis de licenciement　辞退通知
avis de l'inspection de travail
　工作检查通知
avis de livraison　交货通知
avis de manœuvre d'accostement du train
　调车作业通知单
avis de paiement　付款通知
avis de perte　丢失通知单
avis de présélection(de préqualification)
　资格预审通知
avis de prorogation de délai　延期通知
avis de réception　签收回单
avis de règlement　结算通知单
avis de résiliation　解约通知
avis de transition de locomotive　交接车通知
avis de virement　转账通知
avis d'expertise　鉴定书
avis d'infructuosité　无结果通知
avis par écrit　书面通知
avis préalable　预告
avis technique　技术意见
axe　轴线；中心线
axe central　中轴(线)
axe coudé　曲轴
axe de balancement　对称轴线
axe de châssis　底架中心线
axe de courbure　曲率轴
axe de gravité　重心轴
axe de ligne　线路中心线
axe de l'appui　支座轴线
axe de l'arc　拱轴
axe de l'entrevoie　线间距轴心线
axe de moment　力矩轴
axe de pile　桥墩中心线
axe de pont　桥位中线(桥轴线)
axe de poutre en caisson　箱梁中心线
axe de projet　设计中线
axe de référence　参照轴线
axe de répétition　对称轴线
axe des abscisses　横坐标轴
axe des coordonnées　坐标轴
axe des ordonnées　纵坐标轴
axe d'essieu　车轴

axe d'essieu couplé   联动轮轴销
axe d'essieu moteur   主动轮轴销
axe d'essieu-monté de guidage   导向轮轴销
axe d'essieu porteur   从动轮轴销
axe de support   支座中心线
axe de suspension   悬挂销
axe de symétrie   对称轴线
axe de tracé   线路轴线
axe de tunnel   隧道中心线
axe de voie   线路中心线
axe de voûte   拱轴(线)
axe de wagon   车辆中心线
axe du chemin de fer   铁路中心线
axe électrique   电轴
axe fixe   固定轴
axe géométrique   几何轴线
axe horizontal   水平轴
axe longitudinal   纵轴线；纵向中心线
axe longitudinal du pont   桥纵轴线
axe neutre   中性轴；中和轴
axe principal   主轴
axe provisoire   临时中心线
axe radical   根轴
axe routier   道路中心线
axe transversal   横向轴线
axe vertical   垂直轴
axe X   X 轴；横坐标轴
axe Y   Y 轴；纵坐标轴
axes symétriques   对称中心线
azimut   方位角

B

bac transbordeur 火车渡轮
bâche 篷布
bâche à eau 水池
bâche de protection 防护罩
bâche de wagon 车辆篷布
bâche en nylon 尼龙篷布
badge 胸牌；出入牌
badigeon 粉刷
badigeonnage 粉刷
badigeonnage de parois de mur 墙壁粉刷
badigeonnage de réseau de drainage
　排水管网刷油
badigeonnage des parties enterrées
　埋地部分防水刷漆
baguage 轴衬
bague 环；套圈
bague de goupille de sabot 闸瓦销环
baguette 条；护条
baguette anti-dérapante 防滑条
baguette au mortier de sable d'émeri
　金刚砂防滑条
baguette de protection 护条
baguette de soudure 焊条
baguette d'étanchéité 止水条；密封条
baguette électrique 电焊条
bail 租约；租金
bail à construction 建筑用地租约
bail de matériel 设备租赁
baisse 下降；降低
baisse de débit 流量下降
baisse de niveau 水平下降；水位差
baisse de pression 压力下降；减压
baisse de prix 价格下跌
baisse de prix d'acquisition 降低购置价格
baisse de prix de réparation 降低修理费用
baisse de prix de transport 运费下调
baisse de prix de vente 降低售价
baisse de qualité 质量下降
baisse de sensibilité 灵敏度下降
baisse de température 温度下降
baisse de teneur 含量降低
baisse de tension 电压降低
bajoyer 桥台翼墙；支撑墙
bakélite 电石
balai 扫帚；电刷
balai de moteur de traction 牵引电机电刷
balai de retour de courant 接地回流电刷
balai de rouleau 压路机滚筒刷
balai en charbon de pantographe
　受电弓碳刷
balai mécanique 机械刷
balance 天平；磅秤
balance à bascule 台称；磅秤
balance à romaine 提秤
balance commerciale 贸易平衡
balance de l'actif et du passif
　资产负债平衡表
balance de précision 精密天平
balance d'essieux 车轴轨道衡
balance dynamique 动平衡
balance écologique 生态平衡
balance hydraulique 水力平衡
balance mensuelle 月决算平衡表
balance statique 静力平衡
balance symétrique 对称平衡
balancement de wagon 车辆摆动
balancement transversal des wagons
　车辆横向摆动
balayage 打扫；扫描
balayage de compartiment 打扫车厢
balayage de profil 断面扫描
balayage de profil de rail 钢轨断面扫描
balayage de quai 清扫站台
balayage du fond de puits 清洗井底

balayage électronique 电子扫描
balayage infrarouge thermique 热红外扫描
balayage par l'air 空气吹除
balayeur 扫路工
balayeuse 扫路机
balayeuse-arroseuse 清扫洒水车
balayeuse-ramasseuse automobile
　路面清扫车
bale à pistolet 铆钉
balèvre 凸边
balisage 设路标；设航标
balisage de chenal 航道标志
balisage de port 港口信标系统
balisage de terrain 地面指示标
balisage permanent 常设路标
balise 路标；电信标；航标；标杆
balise à réflecteurs 反光标志
balise de déclivité 坡度标
balise de l'aérodrome 机场航标灯
balise de rampe 坡度标
balise de relevé de ligne 线路测量标杆
balise de relevé de polygonale
　导线测量标杆
balise d'obstacles 障碍指示标
balise d'orientation 定向标
balise en fer 铁塔信标
balise en maçonnerie 圬工信标
balise lumineuse 灯塔
balise repère 指点标
balisement 路标
ballast 道砟；石砟
ballast anguleux 碎石道砟
ballast concassé 碎石道砟
ballast criblé 筛分过的道砟
ballast de mâchefer 熔渣道砟
ballast de pierres 碎石道砟
ballast de pierres cassées en roche dure
　硬岩碎石道砟
ballast de radier 底砟
ballast en cailloux 卵石道砟
ballast en gravier 砾石道砟
ballast fin 细砟
ballast moyen 中砟
ballast neuf 新道砟
ballast recyclé 旧道砟；循环使用道砟
ballast rondi 磨圆的道砟
ballast sous-jacent 底砟
ballast standard 标准砟
ballast subjacent 底砟
ballast susjacent 面砟
ballastage 铺道砟
ballastage complémentaire 补砟作业
ballastage dans les espaces de tête de traverses 在枕木端头间隙处铺道砟
ballastage de l'approche de pont 桥头备砟
ballastage de radier 底砟摊铺
ballastage des cases entre les traverses 在轨枕枕木间铺道砟
ballastage de voie 线路铺砟作业
ballastage et relevage de la voie 上砟起道
ballastage par couche 分层铺砟
ballastage sous-jacent 底砟摊铺
ballastage subjacent 底砟摊铺
ballastage susjacent 面砟摊铺
ballastière 采砾场；道砟采石场；铺砟机
balle 捆包货物
balourd 不平衡度
banalisation
　机车连续多班行驶(制)；双向行车
banc 地层；矿层；长凳
banc blanc 粗石灰岩
banc calcaire 灰石层；石灰岩层
banc d'argile 黏土层
banc de charpentier 木工台
banc de gravier 砾石层
banc de grès 砂石层
banc d'épreuve 试验台
banc de quai 站台长凳
banc de roche 岩层
banc de rouleaux 辊道
banc de sable 沙洲；砂层
banc d'essai 试验台
banc d'essai pour vibration de wagon
　车辆振动试验台
banc dur 坚固层
banc rocheux 岩层
banc supérieur 上部层
banc tendre 疏松层；软岩层
banche 泥灰岩
bandage 轮箍
bandage de roue 车轮轮箍
bande 带
bande adhésive 胶带
bande centrale 中间带
bande d'accélération 加速车道
bande d'arrêt 停车带
bande d'arrêt d'eau 拦水带

bande d'arrêt d'urgence (BAU) 紧急停车带
bande de barrière 栏式分隔带
bande de bordure 路缘带
bande de bordure droite 右侧路缘带
bande de bordure gauche 左侧路缘带
bande de circulation 行车道
bande de décélération 减速车道
bande de droite 右路缘带
bande de joint élastomère 弹性接缝带
bande de nappe drainante 隔水层止水带
bande de renforcement 加固带
bande d'étanchéité 密封带
bande de terrain 狭长地带
bande de transmission 传输带
bande de transport 传送带
bande d'isolement 隔离带
bande d'obturation en caoutchouc 橡胶密封带
bande d'urgence 紧急停车带
bande drainante 过水带
bande élastique 弹性带;绷带
bande en acier 钢带
bande hydrophile 止水带
bande porteuse 传送带
bande séparée 分隔带
banque 银行
banque domiciliataire 开户行
banque domiciliée 开户行
banque de données 数据库
banque de données de système 系统数据库
banquette 挡水埝;铁路护坡道
banquette de câbles 电缆桥架
banquette de fossé 沟渠护道
banquette de voie 护道挡墙
banquette du lit de ballast 挡砟墙
banquette en béton 混凝土路沿挡水
banquette en pierres sèches 干砌石护道
banquette-terrasse 台地;阶地
bar 巴(压强单位)
baraque 木棚
baraque de chantier 工棚
baraque de façonnage des armatures 钢筋加工棚
baraquement 板房
baraquement de base-vie 营地板房
barbacane 出水洞;墙面出水孔
barbacane de mur de revêtement en maçonnerie 砌石挡墙出水孔
barbacane de mur de soutènement 挡土墙排水孔
barbacane de paroi de tunnel 隧道墙壁出水孔
barbacane en PVC PVC 管排水孔
barbelés 刺铁丝网
barbotine 稀泥浆
barcasse 大型驳船
bardage 壁板
barème 价格表;费率表;换算表
barème de location de matériel 机械租用表
barème de salaire 工资结算表
barème de salaire à la tâche 计件工资计算表
barème des prix 价格计算表
barème des prix de transport 运费表
barème par wagon 每节车皮费率表
barographe 气压表
baromètre 气压表
barrage 水坝;阻止通行
barrage à arc 拱形坝
barrage à arches multiples 连拱坝
barrage à contreforts 垛坝;扶壁式坝
barrage à crête déversante 滚水坝
barrage à cylindre 滚水坝
barrage à dérivation 分水坝
barrage à dôme 穹窿坝
barrage à dômes multiples 连穹坝
barrage à fermettes 支墩坝
barrage à gravité 重力坝
barrage à remplissage rocheux 填石坝
barrage arqué 拱形坝
barrage à secteur 扇形拦坝
barrage à segment 弓形坝
barrage à trop-plein 溢流坝
barrage à voûte multiples 连拱坝
barrage carrossable 拦水坝
barrage cylindrique 碾压坝
barrage d'accumulation 蓄水坝
barrage de contrôle routier 公路检查站
barrage de dénivellation 挡水坝
barrage de retenue 拦水坝
barrage-déversoir 溢水坝
barrage en béton 混凝土坝
barrage en caoutchouc 橡胶坝
barrage en enrochement 堆石坝
barrage en maçonnerie 圬工坝
barrage en pierre 石坝
barrage en voile 薄拱坝

barrage entonnoir 漫水坝
barrage-frein 过水式堤坝
barrage mobile 活动坝
barrage perméable 渗水坝
barrage plan 平坝
barrage-poids 重力坝
barrage-poids déversoir 溢流式重力坝
barrage-poids en béton 混凝土重力坝
barrage-poids massif 重力实心坝
barrage principal 主坝
barrage provisoire 临时堰
barrage-réservoir 蓄水坝
barrage routier 路障
barrage voûte 拱坝
barre 杆;钢筋
barre comprimée 受压钢筋
barre coudée 斜钢筋
barre croisée 交叉杆
barre d'accouplement 连杆;车辆牵引杆
barre d'acier 钢筋;圆钢
barre d'acier laminée à chaud 热轧钢棒
barre d'acier rond 圆钢筋
barre d'ancrage 锚杆
barre d'anspect 撬棍
barre d'appui 安全栏杆;支承杆
barre d'attelage 连杆;车辆牵引杆
barre de commande 操作杆;控制杆
barre de commande d'aiguille 道岔操作杆
barre de connexion 连接杆
barre de contreventement 风撑
barre de direction 操作杆
barre de distribution 配力钢筋
barre de guide 导杆
barre de liaison 系杆
barre de membrure 弦杆
barre d'enclenchement 联锁杆
barre d'enclenchement longitudinale
 纵向联锁杆
barre d'enclenchement mécanique
 机械联锁杆
barre d'enclenchement transversale
 横向联锁杆
barre de répartition 分布钢筋
barre de retour traction 牵引回路导电线棒
barre de scellement 锚固钢筋
barre de soutènement 支撑钢筋
barre de structure 构造钢筋
barre de suspension 悬索拉杆
barre de terre en cuivre 铜质接地棒

barre de tirage 拉杆
barre de traction 拉力杆;牵引杆
barre de verrouillage d'aiguille
 道岔锁闭杆
barre d'intersection 交叉杆
barre en attente 预留钢筋
barre en fer 铁条
barre étirée à froid 冷拉钢筋
barre laissée en attente 预留钢筋
barre laminée à froid 冷轧钢筋
barre lisse 光面钢筋
barre longitudinale 纵向钢筋
barre précontrainte 预应力杆件
barre relevée 弯起钢筋
barre structurale 构造钢筋
barre tendue 受拉钢筋
barre torsadée 螺纹钢筋
barre transversale 横向钢筋
barres équipotentielles 等电位棒
barrette 条形桩;短钢筋
barrette moulée 条形桩
barricade 路障;街垒
barrière 栅;栏杆;隔离墩
barrière à lisse （道口）滑动栏木
barrière à poste d'appel 电话控制道口
barrière basculante 升降式栏木
barrière commandée à distance 遥控栏木
barrière de béton 混凝土隔离墩
barrière de béton extrudé
 滑模浇筑的混凝土隔离墩
barrière de contrôle de trafic 交通管理路栏
barrière de ligne 车道分隔护栏
barrière de passage à niveau 平交道口栏木
barrière de péage 收费站栏木
barrière de protection 护栏
barrière de sécurité 安全隔离墩;安全护栏
barrière de sécurité routière
 公路安全隔离墩;公路安全护栏
barrière de terre-plein central
 中央分隔带护栏
barrière de voie ferrée 铁路道口栏木
barrière en acier 金属护栏
barrière en béton extrudé
 滑模混凝土隔离墩
barrière en plastique 塑料隔离墩
barrière glissante 滑动栅门
barrière intermédiaire 中间分隔栏
barrière latérale de la route 路侧护栏
barrière mobile 移动式分隔栏

barrière non physique
　无形障碍;人为设置的壁垒
barrière para-choc　防撞护栏
barrière pour piétons　人行道护栏
barrière relevable pour accès au chantier
　工地入口升降栏杆
barrière roulante　滑动栅门
barrière rustique　简易栏木;简易路障
bas　下端
basalte　玄武岩
bas-champs　泥沼地;洼地
bas-côté　低于路基的人行道;侧道
bas-côté de voie ferrée　紧邻铁路人行道
bascule　台称;磅秤
bascule à rail　轨道衡
bascule automatique　自动衡器
bascule à wagons　货车地磅
bascule de pesage　称重地磅
bascule pour camion　汽车地磅
bascule pour wagons　车辆地磅;轨道衡
basculement　翻转;倾翻
basculeur　翻斗车
basculeur arrière　后向翻斗车
basculeur de déversement de wagons
　翻车机
basculeur de wagons　翻车机
bas de ballast　砟底
bas de pente　坡脚
base　基础;基线
base à longs rails soudés
　长钢轨焊接基地
base compactée　压实基层
base d'assemblage de châssis de voie
　轨排组装基地
base de calage　定位基准
base de calage topographique
　地形测量定位基准
base de calcul　计算基准;计算依据
base de chantier　施工营地
base de creusement　开挖基线
base de données　数据库
base de fondation　基层;底基
base de fondation en sol mou　软土地基
base de forage　钻孔底部
base de laitier　矿渣基层
base de levé　测量基线
base de maintenance　维护基地
base de mur　墙基
base de nivellement　基准面;水准面

base d'entretien mécanisée de voie
　机械化养路基地
base de pente　坡底;坡脚底宽
base de pile　桥梁墩座
base de posage des rails　铺轨基地
base de pose de voies ferrées　铺轨基地
base de prix　价格基础;底价
base de prix de l'offre　标底
base de pylône　铁塔基础;天线塔基
base de règlement de compte　结账依据
base de sol　土基层
base des wagons　车辆基地
base des wagons de réserve　备用车基地
base de talus　坡脚;坡底
base de tour　塔基
base d'excavation　开挖基线
base d'opération　基线(测量)
base du lit de ballast　道床基础
base en galet　卵石基层
base en gravier　粒料基层
base en macadam　碎石基层
base en matériaux graveleux
　砾石料基础;砾石料基层
base en pierre sèche　干石基层;干石基础
base en terre　土基
base étroite　窄基础
base flexible　柔性基础
base mécanisée pour entretien de voie
　机械化养路基地
base mixte　混合基础;混合基层
base reliée　连接基础
base rigide　刚性基础
base sol-ciment　土-水泥稳定基层
base solide　坚实基层
base souple　柔性基础
base stabilisée　稳定基层
base technique　技术基地
base-vie　营地;生活营地
bas-fond　低地;洼地
bas-pays　低平地;低原
bas-prix　低价
basses-eaux　低水位;低潮
basse pression　低压
basse tension(BT)　低压
bassin　水池;盆地
bassin à circulation　循环池
bassin accumulateur　集合盆地
bassin alluvial　冲积流域;冲积层盆地
bassin d'activation　活化池

bassin d'affaissement 下沉区	bassin fluvial 河流流域
bassin d'alimentation	bassin géologique 地质盆地
汇水面积；水源补给区	bassin homogénéisé 均匀池
bassin d'amortissement 消力池；静水池	bassin hydraulique 汇水区；蓄水库
bassin d'attente 蓄水池	bassin hydrographique 流域
bassin d'eau de pluie 雨水池	bassin inondé 洪泛区
bassin de boue 泥浆池	bassin orographique 山间盆地
bassin de boue activée 活性污泥池	bassin provisoire 临时水池
bassin de clarification 澄清池	bassin sédimentaire 沉积盆地
bassin de clarification finale 清水池	bassin tectonique 构造盆地
bassin de coagulation 混凝池	bassin versant 洼地；汇水盆地
bassin de collection d'eau 集水水池	batardeau 围堰
bassin de compensation 调节水库	batardeau à pilotis 桩围堰
bassin de crue 泛滥盆地	batardeau de palplanches 板桩围堰
bassin de cueillage 汇集区；采集池	batardeau de terre glaise 黏土围堰
bassin de décantation 沉淀池	batardeau en amont 上游围堰
bassin de décantation provisoire	batardeau en aval 下游围堰
临时沉淀池	batardeau en caissons 套箱围堰
bassin de dépollution 消除污染池	batardeau en palplanches métalliques
bassin de dépôt de pâte 贮浆池	pour piles 桥墩钢板围堰
bassin de déshuilage 油水分离池；除油池	batardeau métallique 钢围堰
bassin de dessablement 沉沙池	batholite 岩基
bassin de drainage 排水洼地	bâti de pantographe 受电弓承槽
bassin de filtration 滤池	bâtiment de contrôle d'aiguillage
bassin de floculation 混凝池	道岔控制楼
bassin de fontaine 喷水池	bâtiment de gare de voyageurs et
bassin de mélange 混合池	de marchandises 客运和货运大楼
bassin d'emmagasinement 蓄水池	bâtiment de PCC 集中控制站站房楼
bassin d'entreposage 贮存池	bâtiment de service 旅客服务大楼
bassin de précipitation 沉淀池	bâtiment de SMR 机务段列车维修厂房
bassin de pré-traitement 预处理池	bâtiment des voyageurs 车站旅客大楼
bassin d'épuration 净化池	bâtiment de télécommunication et de
bassin de réception 受水区；集水区	signalisation 通号综合楼
bassin de récupération 回收池	bâton à signaux 信号指挥棒
bassin de refroidissement 冷却池	bâton pilote 路签
bassin de réserve 蓄水池	bâton pilote à clé 钥匙路签
bassin de rétention 蓄水池	bâton pilote auxiliaire 辅助路签
bassin de retenue 水库	bâton pilote divisible 旋分路签
bassin de retenue des crues 蓄洪区	bâton pilote électrique 电气路签
bassin de sédimentation	bâton pilote électronique 电子路签
沉积盆地；沉淀池	bâton pilote ordinaire 普通路签
bassin d'essai 试验池	battage 打桩
bassin de traitement 处理池	battage de palplanche 打板桩
bassin de traitement de l'eau usée	battage de pieux 打桩
污水处理池	battage de pilotis 打桩
bassin d'homogénéisation 中和池	battage rapide 冲击凿岩
bassin d'infiltration 渗透池	batte 捣棒
bassin d'orage 暴雨池	batte de crampon 道钉锤
bassin éolien 风蚀盆地	batte de maçon 圬工锤；捣棒

battement de rail sur traverse 钢轨对轨枕的冲击
bavette 石屑撒布机；防水压条
bavette en élastomère 弹胶体防水压条
bec 桥墩分水
bêche 锹；铲
bêche à terre 掘土铲
bêche d'ancrage 锚固支架
bêcheuse 挖掘机
bêchoir 大方铲
bélier 打桩机；打桩锤
bélier à pilotage 打桩机；打桩锤
bélier à vapeur 蒸汽打桩机
bénéfice 利润
bénéfice après impôt 税后利润
bénéfice avant impôt 税前利润
bénéfice brut 毛利
bénéfice comptable 账面利润
bénéfice de l'année 年度盈利
bénéfice d'exploitation 经营利润
bénéfice distribué 分配利润
bénéfice espéré 预期利润
bénéfice net 净利润
bénéfice réalisé 实现利润
benne 桶；吊斗；铲斗
benne à béton 混凝土灰斗
benne à chargement 装料斗
benne à charnière 开合式抓斗
benne à griffe 抓斗
benne à patins 底托式翻斗
benne automatique 自动翻斗
benne automotrice à pans inclinés 自动侧卸翻车
benne basculant vers l'arrière 后倾车斗
benne basculante 翻斗车
benne culbutante 翻斗
benne décapeuse 铲斗；刮斗
benne de terrassement 铲土机的铲斗
benne d'extraction 铲斗；挖斗
benne élévatrice 提升斗
benne preneuse 抓斗，集料铲运机
benne racleuse 铲斗；铲运机土斗
benne racleuse pour le marinage 挖泥用铲斗
benne rétro （挖土机）反铲
benne rétro-terrassement （挖土机）反铲
benne rétro-tranchée （挖沟机）反铲
benne surbaissée 轮胎刮土机
benne suspendue 吊斗

benne type excavatrice 挖土机挖斗
benne universelle 多用途挖掘装载机
benne-tranchée （挖沟机）挖斗
bentonite 膨润土；皂土
berceau 筒形拱；吊架
berceau de construction 吊架
berceau de manutention 摇篮形操作台
berceau de wagon 车辆半圆形筒仓
bercelonnette 吊篮；吊笼；工作吊盘
berge 陡坡
berme 渠肩；沟肩；土路肩；护坡道
berme centrale 中部土台；中部土堤
berme conique 锥形护坡（桥台两侧）
berme de déblai 挖方路肩
berme de remblai 填方路肩
berme de talus 斜坡路肩；护坡道
berme de terre 土路肩
berme maçonnée 浆砌路肩
besoin 需求
besoin croissant du trafic 交通量上升需要
besoin de capitaux 资金需求
besoin de confortabilité et de sécurité 舒适性和安全性需要
besoin de construction 建设需要
besoin de fonctionnement 运转需要
besoin de la main-d'œuvre 劳动力需求
besoin de production 生产需要
besoin de projet 项目需要
besoin des travaux 工程需要
besoin de transport 运输需求
besoin de travail 工作需要
besoin d'exécution 施工需要
besoin en approvisionnement 材料供求需要
bétoire 污水井；阴沟口
béton 混凝土
béton à agrégats 集料混凝土
béton à base de bitume 沥青混凝土
béton à base de goudron 焦油沥青混凝土
béton à durcissement accéléré 快硬混凝土
béton à durcissement rapide 快硬混凝土
béton à faible affaissement 低坍落度混凝土
béton à faible densité 低密度混凝土
béton à forte consistance 干硬性混凝土
béton à gaz 加气混凝土
béton à grains fins 细骨料混凝土
béton à grains moyens 中骨料混凝土
béton à granulats légers 轻集料混凝土
béton à gros éléments 粗骨料混凝土
béton à haute consistance 干硬性混凝土

béton à haute densité　高密度混凝土
béton à haute résistance　高强度混凝土
béton à haute résistance initiale　早强混凝土
béton à pores　多孔混凝土;气泡混凝土
béton à prise rapide　速凝混凝土
béton aéré　加气混凝土
béton aggloméré　混凝土制块
béton antiacide　耐酸混凝土
béton armé　钢筋混凝土
béton armé coulé sur place
　现浇钢筋混凝土
béton armé léger　轻型钢筋混凝土
béton armé ordinaire　普通钢筋混凝土
béton armé préfabriqué　预制钢筋混凝土
béton au goudron-asphalte　沥青混凝土
béton autoclave　蒸压(加气)混凝土
béton bitumineux(BB)　沥青混凝土
béton bitumineux à chaud　热拌沥青混凝土
béton bitumineux à froid　冷拌沥青混凝土
béton bitumineux à module élevé(BBME)
　高模量沥青混凝土
béton bitumineux de gravillons
　细粒碎石沥青混凝土
béton bitumineux de mâchefer
　熔渣沥青混凝土
béton bitumineux fins　细集料沥青混凝土
béton bitumineux mince(BBM)
　薄层沥青混凝土
béton bitumineux semi-granulé(BBSG)
　半细料沥青混凝土
béton bitumineux très mince(BBTM)
　特薄层沥青混凝土
béton caverneux　大孔隙混凝土
béton centrifugé　离心浇筑混凝土
béton chauffé　加热混凝土
béton coloré　有色混凝土
béton compacté　捣实混凝土
béton conservé à l'air humide
　湿气养护混凝土
béton conservé à la vapeur
　蒸汽养护混凝土
béton conservé à l'eau　水中养护混凝土
béton coulant　稀混凝土
béton coulé en masse　整体浇筑混凝土
béton coulé sous l'eau　水下现浇混凝土
béton coulé sur place　现浇混凝土
béton creux　多孔混凝土
béton cyclopéen　块石混凝土
béton d'agrégats légers　轻骨料混凝土

béton d'agrégats minéraux　矿集料混凝土
béton d'agrégat moyen　中集料混凝土
béton d'amiante　石棉混凝土
béton d'asphalte　沥青混凝土
béton d'assise　基层混凝土
béton de barrage　大坝混凝土
béton de cendres frittées　熔渣混凝土
béton de centrale　集中搅拌混凝土
béton de fibres　纤维混凝土
béton de fondation　基础混凝土
béton de goudron　焦油沥青混凝土
béton de graviers　卵石混凝土
béton de gravillons　细砾石混凝土
béton de laboratoire　实验室混凝土
béton de laitier　矿渣混凝土
béton de latex　乳化沥青混凝土
béton de limonite　重混凝土
béton de mâchefer　炉渣混凝土
béton de mignonnettes　小豆石混凝土
béton de mousse　泡沫混凝土
béton d'enrobage　混凝土保护层
béton de parement　饰面混凝土
béton de pénétration　灌入混凝土
béton de petits gravillons　细砾石混凝土
béton de pierrailles　碎石混凝土
béton de pierres cassées　碎石混凝土
béton de pierres concassées　碎石混凝土
béton de ponce　浮石混凝土
béton de pouzzolane　火山灰混凝土
béton de propreté　素混凝土
béton de protection　混凝土保护层
béton de radier　垫层混凝土;底板混凝土
béton de remplissage　填充混凝土
béton de revêtement　衬砌混凝土
béton de scorie　炉渣混凝土
béton des ouvrages d'art　构造物混凝土
béton de structure　结构混凝土
béton dur　干硬混凝土
béton écumeux　泡沫混凝土
béton étanche　防水混凝土
béton étuvé　蒸养混凝土
béton exceptionnel　特制混凝土
béton expansif　膨胀混凝土
béton fermé　干硬性混凝土
béton fluant　塑性混凝土
béton foisonné　膨胀混凝土
béton-gaz　加气混凝土
béton gonflé　泡沫混凝土
béton goudronneux　焦油沥青混凝土

béton goudronneux à chaud
　热铺焦油沥青混凝土
béton goudronneux à froid
　冷铺焦油沥青混凝土
béton hydraulique　水硬性混凝土
béton hydrocarboné　沥青混凝土
béton hydrofuge　防水混凝土
béton imperméable　防水混凝土
béton isolant　隔热混凝土
béton manufacturé　预制混凝土
béton mélangé en route　路拌混凝土
béton micro-poreux　微孔混凝土
béton monolithe　整体混凝土
béton non armé　素混凝土
béton pilonné　捣实混凝土
béton pompé　泵送混凝土
béton poreux　多孔混凝土；气泡混凝土
béton précontraint　预应力混凝土
béton préfabriqué　预制混凝土
béton pré-manufacturé　预制混凝土
béton pré-mélangé　预拌混凝土
béton projeté　喷射混凝土
béton réfractaire　耐热混凝土
béton résineux　树脂混凝土
béton routier　道路混凝土
béton serré　压实混凝土
béton simple　普通混凝土
béton solidifié　凝固混凝土
béton spécial　特殊混凝土
béton submergé　水下灌注的混凝土
béton traité à l'autoclave　蒸压混凝土
béton traité à la vapeur　蒸压混凝土
béton vermiculite　蛭石混凝土
béton volcanique　火山灰混凝土
bétonnage　浇筑混凝土
bétonnage-à-cantilever　混凝土悬臂浇筑
bétonnage continu　混凝土不间断浇筑
bétonnage de fossés trapézoïdaux
　梯形排水沟混凝土浇筑
bétonnage de poutre　浇筑混凝土梁
bétonnage de radier　浇筑混凝土底板
bétonnage de semelle en béton
　浇筑混凝土垫层
bétonnage en porte-à-faux　悬臂浇筑
bétonnage sous l'eau　水下浇筑混凝土
bétonneur　混凝土工
bétonneuse　混凝土浇筑机
bétonnière　混凝土搅拌机
bétonnière malaxeuse　砂浆搅拌机

bétonnière mobile　混凝土摊铺机
bétonnière motorisée　混凝土摊铺机
bielle　连杆；传动杆
bielle d'accouplement　连杆
bielle d'aiguille　道岔连杆
bielle de coussinet　道岔移位板拉杆
bielle de guidage　导向传动杆
bielle de roues　车轮传动杆
bielle de traction　拉杆
bielle-manivelle　曲柄连杆
bien-fondé　法律依据
bien-fonds　不动产
biens corporels　有形资产
biens de chemin de fer　铁路资产
biens d'équipement　设备资产
biens d'investissement　投资性资产
biens immeubles　不动产
biens immobiliers　不动产
biens incorporels　无形资产
biens meubles　动产
biens mobiliers　动产
bifréquence　双频
bifurcation　分叉点
bifurcation d'autoroute　高速公路岔口
bifurcation de champ de mise des poutres
　存梁场岔线
bifurcation de rivière　河道分叉口
bifurcation de voie ferrée　铁路分岔
bifurcation routière　道路口岔线；道路岔口
bifurquer　列车转入岔道
bilan　资产负债表
bilan actif　收支顺差表
bilan annuel　年终决算表
bilan clôture　决算表
bilan consolidé　合并资产负债表
bilan définitif　年终决算表
bilan de fin d'année　年终决算表
bilan de la faillite　资产清算表
bilan final　决算表
bilan intermédiaire　中期决算表
bilans des trois dernières années
　近三年资产负债表
bilatéralité　距离前方交会法
billet　票；票据
billet à demi-tartif　半价票
billet collectif　团体票
billet d'adulte　成人票
billet d'aller et retour　往返票
billet de couchette　卧铺票

billet d'enfant	儿童票
billet de première classe	头等车厢票
billet de quai	站台票
billet de seconde classe	二等车厢票
billet de train	火车票
billettique	票房
bissel	机车导轮转向架
bitumage	浇沥青
bitume	沥青
bitume à chaud	热沥青
bitume à froid	冷底子油
bitume à module élevé	改性沥青;高模量沥青
bitume armé	沥青油毡
bitume armé en toile de jute	麻布油毡
bitume armé en feuille d'aluminium	铝皮油毡
bitume artificiel	人造沥青
bitume asphaltique	地沥青
bitume asphaltique dur	硬地沥青
bitume asphaltique fluide	稀释地沥青
bitume asphaltique natif	天然地沥青
bitume asphaltique primaire	天然地沥青
bitume asphaltique pur	纯地沥青
bitume asphaltique routier	铺路用地沥青
bitume caoutchouté	掺橡胶沥青
bitume clair	明色沥青
bitume coulé à chaud	热铺石油沥青
bitume de pétrole	石油沥青
bitume dur	硬沥青;块状沥青
bitume émulsif	乳化沥青
bitume émulsionnable	可乳化沥青
bitume épuré	纯沥青
bitume fluidifié	液体沥青
bitume fluidifié à séchage lent	慢凝稀释沥青
bitume fluidifié à séchage moyen	中凝稀释沥青
bitume fluidifié à séchage rapide	快凝稀释沥青
bitume fluidifié courant	普通液体沥青
bitume fluxé	液体沥青;稀释沥青
bitume glutineux	土沥青
bitume lacustre	湖沥青
bitume liquide	液体沥青
bitume lourd	重质沥青;稠沥青
bitume modifié	改性沥青
bitume mou	软沥青
bitume naturel	天然沥青
bitume pur	纯沥青
bitume raffiné	精制沥青
bitume résiduel	残余沥青
bitume routier	铺路沥青
bitume shell	页岩沥青
bitume solide	硬沥青
bitumier	沥青路面工
bivoie	双路的(指道岔)
blanc de chaux	石灰水
blanc de titane	钛白粉
blanc de zinc	氧化锌
blanc gélatineux	白色明胶
blessure striée de rail	钢轨擦伤
blindage	隧道支架;板桩
blindage de fouille	基坑支护
blindage de puits	井筒;套管
blindage de talus	边坡加固
blindage de tunnel	隧道衬砌
blindage provisoire	临时支护
bloc	混凝土块;垫块
bloc aggloméré	黏结块
bloc antidérapant	防滑块
bloc batteries	电池组块
bloc brise-chute	消力石块
bloc cyclopéen	巨石块
bloc d'ancrage	锚墩;锚块
bloc d'appui	垫块
bloc d'appui de poutre	梁垫块
bloc d'asphalte	沥青块
bloc de béton	混凝土砌块
bloc de bitume	沥青块
bloc de caoutchouc	橡胶块
bloc de choc	冲击座
bloc de ciment	水泥块
bloc de clé	拱顶石
bloc de conglomérats	砾岩块
bloc de construction	建筑砌块
bloc de distance	定距块
bloc d'écartement	间距块
bloc d'écartement de traverses	轨枕间距顶石
bloc de garde	挡块
bloc de maçonnerie	砌块
bloc de naissance	拱座;拱底石
bloc de pierre	石块
bloc de sol	土块
bloc d'essai	试块

bloc glissant de fil de contact de caténaire
接触网触线滑块
bloc instable 松动石块
bloc perché 土锥；土棱锥体
bloc préfabriqué 预制块
bloc rocheux 石块；岩块
blocage 封闭；闭塞
blocage automatique 自动闭塞
blocage d'aiguilles 锁闭道岔
blocage de canton 区间封锁
blocage de déformation 锁定变形
blocage de frein 制动抱死
blocage de parcours 进路锁闭
blocage de section 区间封锁；区段封锁
blocage d'essieux 抱轴
blocage de talonnage d'aiguilles 道岔挤死
blocage de tronçon de voie 线路区段封闭
blocage de voie 线路封闭
blocage de voie pour entretien
因维护线路封闭
blocage de voie pour exécution
因施工线路封闭
blocage d'itinéraire 进路锁闭
blocage manuel 人工闭塞
blocage par radio 无线闭塞
blocage semi-automatique 半自动闭塞
blocaille 碎砖石
blochet 轨枕块
blochet en béton 混凝土轨枕块
block 闭塞
block à compteur d'essieux 计轴闭塞
block à deux sens 双向闭塞
block à sens unique 单向闭塞
block automatique 自动闭塞
block automatique à deux sens
双向自动闭塞
block automatique de double voie à sens unique 双线单向自动闭塞
block automatique de voie unique à deux sens
单线双向自动闭塞
block automatique lumineux(BAL)
灯光自动闭塞
block à voie unique 单线闭塞
block d'alimentation électrique 供电闭塞
block de bâton pilote électrique
电气路签闭塞
block de bâton pilote électronique
电子路签闭塞
block de canton 区间闭塞

block de cantonnement 分区间闭塞
block de ligne 线路闭塞
block de plaque pilote électrique
电气路牌闭塞
block de section 区段闭塞
block de voie 线路闭塞
block par radio 无线闭塞
block par téléphone 电话闭塞
block semi-automatique 半自动闭塞
block-système 自动闭塞系统
block-système par téléphone 电话闭塞系统
blocométrie 石块尺寸测量；块径测量
blocométrie des matériaux 材料粒径测量
blondin 架空索道
blouse 工作服
blutage 过筛；筛分
bluteau 筛子；筛分机
blutoir 筛子；筛分机
bobine 线圈
bobine auto-fermée 自闭线圈
bobine de fermeture 闭合线圈
bobine de moteur électrique 电机线圈
bobine d'exitation 励磁线圈
bobine inductrice 感应线圈
bocard 破碎机
bogie 转向架
bogie à châssis intérieur 内构架转向架
bogie à châssis monobloc 一体构架转向架
bogie à cinq essieux 五轴转向架
bogie à deux essieux 二轴转向架
bogie à deux essieux avec les suspensions à ressort primaire et secondaire
二轴转向架两系弹簧悬挂
bogie à lissoirs 旁承支重转向架
bogie à multi-essieux 多轴转向架
bogie à poutre courbe 曲梁式转向架
bogie à quatre essieux 四轴转向架
bogie arrière 后转向架
bogie à soudure monobloc
焊接一体式转向架
bogie à suspension 悬挂式转向架
bogie à suspension central 中心悬挂转向架
bogie à suspension extérieure
外侧悬挂式转向架
bogie à suspension intérieure
内侧悬挂式转向架
bogie à trois essieux 三轴转向架
bogie auxiliaire 辅助转向架
bogie avant 前转向架

bogie combine　组合式转向架
bogie de guidage automatique
　　自导向转向架
bogie de guidage forcé　追导向转向架
bogie de locomotive　机车转向架
bogie de métro　地铁转向架
bogie de rame automotrice　动车组转向架
bogie de remorque　拖车转向架
bogie de soudure　焊接转向架
bogie de tige de traction　拉杆转向架
bogie de train　列车转向架
bogie de train à grande vitesse
　　高速列车转向架
bogie de train de marchandises　货车转向架
bogie de train de voyageurs　客车转向架
bogie de type balance
　　摆动式转向架;摇枕转向架
bogie de type balance de rame automotrice
　　摆动式动车组转向架
bogie de type balance de train de circulation
　　摆动式运行转向架
bogie de type balance de train de voyageurs
　　摆动式客车转向架
bogie de type contrôlé　控制型转向架
bogie de type en treillis　构架式转向架
bogie de wagon　车辆转向架
bogie dynamique　动力转向架
bogie en treillis　框架式转向架
bogie flexible　柔性转向架
bogie monomoteur　单电机转向架
bogie moteur　动轮转向架;动力转向架
bogie moteur de partie roulante
　　走行部驱动转向架
bogie normal　标准转向架
bogie porteur　从轮转向架;承重转向架
bogie radial　径向转向架
bogie sans plaque de garde
　　无导框式转向架
bogie sans plateforme mobile
　　无摇动台式转向架
bogue　挖泥铲
bois　木材
bois carré　方木
bois corroyé　方材
bois d'aubier　边材
bois d'avivé　锯材
bois de chevron　方材
bois de construction　建筑用木材
bois de fer　硬木
bois demi-rodin　半圆木段
bois demi-rond　半圆木
bois de mine　坑木
bois de soutènement　坑木
bois d'étais　坑木
bois en grume　原木
bois plaqué　板材
bois plein　实木
bois rond　圆木
bois tendre　软木
boisage　木支撑
boisage à méthode belge
　　比利时隧道支撑法
boisage anglais　英国式隧道支撑法
boisage au poussages　板桩支撑
boisage de galerie　巷道支撑
boisage de tunnel　隧道支撑
boisage horizontal　水平支撑;水平支架
boisement　植树;造林
boisement au long de voie　沿线绿化
boisement au talus　边坡植树
boisement routier　公路绿化
boîte　闸;箱;盒
boîte à bifurcation　分线盒
boîte à bornes de câbles　电缆箱
boîte à bourrage　填料盒
boîte à câble　电缆分线盒
boîte à côté de la voie　轨旁盒
boîte à coussinet　滑动轴承轴箱
boîte à glissière　导框式轴箱
boîte à graissage mécanique
　　机械润滑式轴箱
boîte à huile　油箱
boîte à outils　工具箱
boîte à pont　电桥箱
boîte à relais　继电器盒
boîte à rouleaux　滚柱轴箱
boîte à sable　沙箱
boîte chaude　热轴
boîte d'accouplement　分线盒
boîte d'attelage　车钩箱
boîte de block　闭塞机盒
boîte de branchement　接线盒
boîte de câbles　电缆盒
boîte de câbles électriques de bifurcation
　　分向电缆盒
boîte de câbles électriques de l'aiguillage
　　道岔电缆盒
boîte de capacité　电容箱

boîte de carottes 岩芯盒
boîte de connexion de câbles 电缆连接箱
boîte de connexion de voie 轨道连接箱
boîte de contrôle de génératrice d'essieu
　车轴发电机控制箱
boîte de contrôle intégral 一体化控制盒
boîte de dérivation 分线盒
boîte de distribution 配线盒
boîte de jonction 接电盒
boîte de jonction de fibres optiques
　光缆接线盒
boîte de l'amortisseur à ressort
　弹簧减振器盒
boîte de manivelle 拐轴箱
boîte de mise à terre 接地盒
boîte d'enclenchement 联锁箱
boîte d'engrenage 齿轮箱
boîte d'engrenage d'essieu 车轴齿轮箱
boîte de raccordement 接线盒
boîte de résistance 电阻箱
boîte des éprouvettes 取样试件盒
boîte de signal 信号箱
boîte d'essieu 轴箱
boîte d'essieu à biellettes 悬杆式轴箱
boîte d'essieu à glissière 导框式轴箱
boîte d'essieu de roue motrice 动轮轴箱
boîte d'essieu de roulement à billes
　滚珠轴承轴箱
boîte d'essieu surchauffée 燃轴
boîte de vitesses 变速箱
boîte de voie 轨道箱
boîte d'inductance à commutateur
　旋钮式电感箱
boîte d'inductance à fiches 插销式电感箱
boîte d'interrupteur 开关盒
boîte en deux pièces 对开轴箱
boîte extérieure 外轴箱
boîte intérieure 内轴箱
boîte isotherme pour conservation des
　éprouvettes sur le chantier
　现场养护试块用的等温箱
boîte terminale 终端盒
boîtier 箱子;盒子
boîtier d'autorisations d'aiguilles
　道岔许可控制箱
boîtier de commande 操作指令盒
boîtier de contrôle d'alimentation
　电源控制箱
bombement 凸起;隆起;鼓包

bombement de chaussée 路面隆起
bombement de l'assise de voie
　路基隆起
bombement de radier de tunnel
　隧道底板隆起
bon 票据;凭单
bon de commande 订货单
bon de livraison 发货单
bon de transport 运输单据
bon d'exportation 出口凭单
bon d'importation 进口凭单
bon pour exécution(BPE)
　同意施工;施工许可
bonde 下水口;排水孔
bonification 改进;改良;优惠
bonification à l'exportation 出口优惠
bonification de terre 土壤改良
bonification d'intérêt 贴息
bonification fiscale 税费补贴
bonus 奖励
bonus en espèces 现金分红
bonus en fin d'année 年底分红
bonus pour l'achèvement anticipé de
travaux 提前竣工奖励
boracite 方硼石
bord 边缘;线脚
bord d'attaque 坑道工作面
bord de charge 荷载边缘
bord de la plateforme de voie 路床边缘
bord de remblai 路堤边缘
bord de rivière 河边
bord de voie 线路边缘
bord de wagon 车辆边缘
bord en biseau 斜削边
bord extérieur de rail 钢轨外侧
bord extrême de chaussée 路面边缘
bord inférieur de plaque centrale
　中腹板底缘
bord intérieur de rail 钢轨内侧
bord rabattu 飞边
bordage 定界线;划界
bordereau 清单
bordereau d'achat 购货清单
bordereau de chargement 装货清单
bordereau de factage 运费清单
bordereau de livraison 交货清单
bordereau d'envoi 铁路运单
bordereau de paie 工资单
bordereau de quantité 数量表

bordereau de quantité pour les travaux　工程数量表
bordereau de quantité pour les travaux de terrassement　土方工程数量表
bordereau de salaire　工资单
bordereau des frais　费用清单
bordereau des prix　价格清单;价格表
bordereau des prix unitaires(BPU)　单价清单;单价表
bordereau de vente　销售清单
bordereau d'expédition　发货清单
bordure　路缘石
bordure à barrière　栏式路缘石
bordure arasée　平道牙;平路缘石
bordure arrondie　波形路缘石
bordure basse　低路缘石
bordure basse ancrée　锚固式路缘石
bordure basse ancrée en béton préfabriqué　预制混凝土低路缘石
bordure de l'autoroute　高速公路路缘
bordure de route　路缘石
bordure de sécurité　安全缘石;安全侧石
bordure de trottoir　人行道路缘石
bordure de pavé　路缘石;侧石
bordure de voie　路缘石
bordure d'îlot　行人安全岛路缘石
bordure en béton　混凝土路缘石
bordure en béton pour îlots de circulation　岛状分隔带混凝土路缘石
bordure enterrée en moellons　埋设式干砌片石;路缘边石
bordure haute　高路缘石;立道牙
bordure haute en béton préfabriqué　预制混凝土高路缘石
bordure haute normalisée　标准高路缘石
bordure inclinée　倾斜路缘石;斜道牙
bordure intégrale　整体式路缘石
bordure monolithe　整体式路缘石
bordure normale　标准路缘石
bordure préfabriquée　预制路缘石
bordure réfléchissante　反光路缘石;反光道牙
bordure saillante　立道牙;立路缘石
bordure séparée　分式路缘
bordure verticale　直立式路缘石
bordurette　窄路缘石
bornage　定界;分界石;标桩;定线

bornage de pente　坡度标桩
bornage de polygonale　导线标桩;多边形标桩
bornage de relevage de voie　标定起道桩
bornage de tracé　控制线位桩
bornage d'installation　安装界标
bornage provisoire de voie en courbe　临时曲线标
borne　界石;界标;路程标;里程碑
borne de butoir　警冲标
borne de construction　工程限界
borne de courbe　曲线标
borne démarcative　界石
borne de mise à terre　接地端子
borne d'emprise　管界标;占地标界
borne d'emprise ferroviaire　铁路管界标
borne de polygonale　导线测量标石
borne de polygonale de base　基础控制点桩
borne de polygonale du tracé　控制线位桩
borne de polygonale principales　主要导线桩
borne de polygonale secondaire　次要导线桩
borne de pont　桥梁标
borne de prise　接线端子
borne de rampe　坡道标
borne de repère　水准基点;标界石
borne de sommet de polygonale　导线顶点表示桩
borne de sortie　输出端子
borne de tunnel　隧道标
borne de vitesse limitée　限速标
borne de voie ferrée　铁路沿线标志
borne d'incendie　消防栓
borne frontière　国界碑
borne géodésique　大地测量点;大地测标
borne hectométrique　百米路标
borne kilométrique　公里里程碑;公里标
borne limitante　分界标;境界标
borne limite de gare　站界标
borne pentakilométrique　五公里标石
bossage　垫块
bossage d'appui　支承垫块;支座垫石
bossage inférieur pour appareil d'appui　支座下部垫块
bosse　垫块;驼峰
bosse automatique　自动化驼峰
bosse de triage　编组站驼峰
bosse de triage double　双驼峰

bosse de triage mécanique
　机械化驼峰
bosse de triage non-mécanisée
　非机械化驼峰
bosse de triage simple　单驼峰
bosse due au gel　冻胀隆起
bosse mécanisée　机械化驼峰
bouchardage　拉毛；凿毛；凿石
boucharde　凿石锤
bouchardeur　凿石工
bouche　口；孔
bouche-avaloir　阴沟集水孔
bouche d'accès　检查孔；出入口
bouche d'aération　通风口
bouche d'eau　水龙头
bouche d'eau de train　列车加水栓
bouche d'égout　阴沟集水孔
bouche d'entrée　进水口；进风口
bouche d'évacuation　排水口；排风口
bouche de prise d'air　进气口
bouche de sortie　排出口
bouche de soufflage　通气孔
bouche de ventilation　通风口
bouche d'incendie　消防栓
bouche d'introduction d'air　进气口
bouchon　塞子
bouchon d'ancrage　锚塞
bouchon de traverse en bois　枕木塞
bouchon de valve　阀门塞
boucle　带扣；铁路回转线
boucle d'ancrage　锚箍；锚圈
boucle de nivellement　水准环
boucle de retournement　折返环路
boucle de terre　接地环
boucle extérieure　外侧道
boucle intérieure　内侧道
bouclier　隧道盾构机；盾构
bouclier à pleine section　全断面掘进盾构机
bouclier d'avancement　掘进盾构机
bouclier de tunnel　隧道盾构机
bouclier en béton armé　钢筋混凝土盾构
bouclier frontal　正面盾构
bouclier hydraulique　液压盾构机
bouclier latéral　侧护板
bouclier léger　轻型盾构
bouclier lourd　重型盾构
boudin　轮缘
boudin de roue　轮缘
boue　泥浆；污泥
boue à base d'eau　水基泥浆
boue activée　活性污泥
boue bentonique　润滑泥浆
boue bleue　青泥
boue brute　生污泥
boue cuite　熟污泥
boue de forage　钻探泥浆
boue de forage à l'argile　钻孔用黏土泥浆
boue de forage à l'eau salée
　钻探用盐水泥浆
boue de forage à l'huile　采油用泥浆
boue de forage pour pieux forés
　灌注桩钻孔泥浆
boue de grands fonds　基底淤泥
boue de mer　海泥
boue de retour　回流泥浆
boue de rivière　河泥
boue déshydratée　脱水污泥
boue de sondage　探孔泥浆
boue dure　干污泥
boue fluente　软泥
boue glaciaire　冰川泥
boue granuleuse　粒状污泥
boue humide　湿污泥
boue hydrophile　亲液污泥
boue liquide　泥浆
boue marine　海泥
boue molle　软泥
boue mûre　熟化污泥
boue neuve　新泥浆
boue recyclée　回流污泥
boue sèche　干污泥
boueur　道路清洁工
bouillon　水泡；气泡
bouldozeur　推土机
boulevard　林荫大道
boulon　螺栓
boulon à ancrage　锚杆
boulon à ancrage par gonflement
　膨胀式锚杆
boulon à clavette　带销螺栓
boulon à coquille d'expansion　膨胀螺栓
boulon à crochet　带钩螺栓
boulon à expansion　膨胀螺栓
boulon à haute résistance　高强度螺栓
boulon à vis de l'éclisse　鱼尾板螺栓
boulon d'ancrage　锚固栓；锚栓
boulon d'ancrage à haute résistance(BHR)
　高强锚杆

boulon d'ancrage auto-perforant 自攻锚固栓
boulon d'assemblage 连接螺栓
boulon d'éclisse 鱼尾板螺栓；接头螺栓
boulon de connexion 连杆螺栓
boulon de fondation 地脚螺栓
boulon de jumelage de traverse 双块轨枕连接螺栓
boulon de montage 安装螺栓
boulon de scellement 锚栓
boulon de tirant d'ancrage 锚杆
boulon de traverse 轨枕螺栓
boulon en acier 钢螺栓
boulon en acier inoxydable 不锈钢螺栓
boulon en fibre de verre(BFV) 玻璃纤维锚杆
boulon expandeur 膨胀螺栓
boulon galvanisé 镀锌螺栓
boulon tire-fond 道钉螺栓
boulonnage 螺栓连接
boulonnage de calotte 拱顶锚杆支护
boulonnage de front de taille 超前锚杆
boulonnage de roches 岩石锚定；岩石锚杆支护
boulonneuse 螺栓紧固机
bourbe 淤泥；河泥
bourbier 泥坑
bourrage 填充；捣固
bourrage au béton 混凝土充填
bourrage au mortier 水泥砂浆填实
bourrage de ballast 道砟捣固
bourrage des interstices au mortier 砂浆填塞隙缝
bourrage de traverses 轨枕捣固
bourrage de voie 线路捣固
bourrage du lit de ballast 砟床捣固；捣固道床
bourrage lourd hydraulique 重型设备液压捣固
bourrelet 挡水路缘；拦水缘石
bourrelet coulé en place 现浇路缘挡水
bourrelet en béton bitumineux 沥青混凝土挡水
bourrelet en béton extrudé 滑模混凝土挡水
bourrelet en enrobé 沥青混合料路缘挡水
bourrelet préfabriqué 预制路缘挡水
bourreuse 道床作业机；起枕机；捣固机
bourreuse d'aiguillage 道岔捣固车
bourreuse de traverses 起枕机；起道机

bourreuse de voie 线路捣固车
bourreuse hydraulique 液压捣固车
bourreuse légère hydraulique 轻型液压捣固机
bourreuse mécanique lourde 重型机械作业车
bourreuse mixte 重型混合作业车
bourreuse pneumatique 风压捣固机
bourriquet 卷扬机；绞车
bourroir 捣棒
boussole 罗盘；指南针
bout 端部
bout à queue de carpe 护栏燕尾形端头
bout articulé 铰接端
bout de câble 电缆端头
bout de raccordement de dilatation 伸缩接头
bout de raccordement de rail 钢轨接头
bout de rail 钢轨轨端
bout de traverse 轨枕端头
boutée 桥基；桥台
bouteroue 护柱；护轨；护轮轨
bouteur 推土机
bouteur à pneus 轮胎式推土机
bouteur biais 侧铲推土机
bouteur inclinable 可倾斜推土机
bouteur oblique 斜角推土机；侧铲推土机
boutoir 推土机；线路尽头止挡墩
bouton 按钮
boyau d'accouplement 连接软管
boyau d'accouplement de chauffage 暖气连接软管
boyau d'accouplement de l'air et d'eau 气水连接软管
boyau d'accouplement pneumatique 气动连接软管
bouton d'alarme de l'incendie 火灾报警钮
bouton d'appel 呼叫按钮
boyau d'air comprimé 压缩空气软管
boyau d'air de train 列车风管
boyau de freinage de train 列车制动软管
boyau de raccordement 连接软管
bouton de signal 信号按钮
brancard 担架；车辕
brancard de châssis 车底架纵梁
branche 支线；支路
branche de bifurcation 分支岔线
branche de connexion 连接支线
branche de desserte 连接

branche de pied　架腿
branche de route　公路支线
branche déviée　道岔侧线;弯股
branche de voie ferrée　铁路支线
branche directe　道路直线;直股
branchement　分支;道路支线;道岔
branchement à deux voies　双开道岔
branchement à deux voies symétrique
　　对称单开道岔
branchement à déviation à droite　右开道岔
branchement à déviation à gauche
　　左开道岔
branchement à droite　右开道岔
branchement à gauche　左开道岔
branchement à l'écartement combiné
　　套轨道岔;套线道岔
branchement à l'emboîtement
　　套轨道岔;套线道岔
branchement asymétrique　不对称道岔
branchement à trois voies　三开道岔
branchement de connexion　连接支线
branchement de l'autoroute　高速公路支线
branchement des drains　排水接管
branchement de tuyaux　支管
branchement de voie　道岔
branchement d'itinéraire　经路道岔
branchement double　复式道岔
branchement en courbe　曲线道岔
branchement ferroviaire　铁路岔线
branchement simple　单开道岔
branchement symétrique　对称道岔
branchement type　标准道岔
bras　臂;支杆
bras avec tourelle de boulonnage
　　锚杆安装支臂
bras d'ancrage　锚固杆
bras de forage　钻臂;凿岩支臂
bras de poteau d'éclairage　灯杆挑架
bras de rappel　接触网悬臂
bras de sémaphore　信号机臂架
bras de support de fil de contact
　　接触线支架
bras de suspension　悬臂架
bras de suspension de caténaire
　　接触网悬臂架
brèche　角砾岩
brèche sédimentaire　沉积角砾岩
bretelle　道路连接线;交叉渡线;渡线岔道
bretelle bidirectionnelle　双向连接线

bretelle bidirectionnelle d'échangeur
　　互通双向连接线
bretelle de canton　区间渡线
bretelle de croisement　立交引道
bretelle de diffusion　放射状道路连接线
bretelle de l'autoroute　高速公路连接线
bretelle de l'échangeur　立交连接线
bretelle d'entrée et de sortie
　　入口和出口连接线
bretelle de raccordement　道路连接线
bretelle de route　公路连接线
bretelle de voie ferrée　铁路连接线
bretelle double　双渡线
bretelle en losange　菱形渡线
bretelle opposée　对向渡线
bretelle parallèle　平行渡线
bretelle principale　主要连接线
bretelle symétrique　剪形渡线
bretelle unidirectionnelle　单向连接线
bretelle unidirectionnelle d'échangeur
　　互通单向连接线
brevet　专利证;合格证书
brevet d'apprentissage　满师证书
brevet de spécialité　专业证书
brevet de technicien supérieur(BTS)
　　高级技师证书
brevet d'études professionnelles
　　职业研修证书
brevet d'invention　发明专利证书
brevet professionnel　专业合格证书
brevet technique　技术专利
bride　法兰
brigade　工班
brigade de cantonniers　养路工班
brin　股线
brique　砖
brique creuse　空心砖
brique creuse en terre-cuite　陶土空心砖
brique crue　砖坯
brique d'argile　黏土砖
brique de ciment　水泥砖
brique de scorie　矿渣砖
brique émaillée　釉面砖
brique en béton de laitier　矿渣砖
brique en béton de mâchefer　炉渣砖
brique en bois　木砖
brique en verre　玻璃砖
brique lisse　光面砖
brique ordinaire en terre-cuite　普通黏土砖

brique perforée　空心砖
brique perforée en terre-cuite
　多孔承重黏土空心砖
brique pleine　实心砖
brique réfractaire　耐火砖
brique silico-calcaire　灰砂砖
brique vernissée　釉面砖
briquetage　制砖;砌砖
briqueterie　砖厂
brise-béton　混凝土破碎锤
brise-glace de pile　桥墩冰挡
brise-lames　防波堤
brise-mottes　土块破碎机
brise-pierres　碎石机
brise-roche　碎石锤;岩石破碎机
brise-roche hydraulique　液压破碎锤
brise-soleil　遮阳板
brise-vent　风障
briseur　破碎机
briseur de béton　混凝土破碎机
briseur de chaussée　路面破碎机
briseur de roche　岩石破碎机
brocaille　废料碎石
broche　扦
brosse　刷子
brosse carbonique　碳刷
brosse en acier　钢丝刷
brosse métallique　钢丝刷
brouette　手推车
broussailles　荆棘
broyage　捣碎;磨碎
broyage du ciment　水泥研磨
broyeur　破碎机
broyeur à ciment　水泥研磨机
broyeur à cône　圆锥碎石机
broyeur à cylindres　辊式破碎机
broyeur à dents　齿辊式破碎机
broyeur à deux cylindres pour le concassage
　双滚筒破碎机
broyeur à galets　卵石破碎机
broyeur à mâchoires　颚式破碎机
broyeur à marteaux　锤式破碎机
broyeur à marteaux articulés　铰接式锤碎机
broyeur à percussion　冲击式破碎机
broyeur à rouleaux　滚磨机
broyeur à sable　碾砂机
broyeur de pierres　碎石机
broyeur hydraulique　液压破碎机
bruit　声音;噪声

bruit ambiant　环境噪声
bruit anormal　异响
bruit d'accélération　加速噪声
bruit de chaussée　路面噪声
bruit de circulation　交通噪声
bruit de construction　施工噪声
bruit de frottement　摩擦噪声
bruit de l'autoroute　高速公路噪声
bruit de machine　机器噪声
bruit de pluie　雨声
bruit de route　公路噪声
bruit de trafic　交通噪声
bruit de transport　运输噪声
bruit de travaux　施工噪声
bruit de véhicules　车辆噪声
bruit de vent　风声
bruit d'exécution　施工噪声
bruit ferroviaire　铁路噪声
budget　预算
budget additionnel　追加预算
budget administratif　行政预算
budget annexe　附加预算
budget annuel　年度预算
budget d'approvisionnement
　材料供应预算
budget d'austérité　紧缩性预算
budget de construction　施工预算
budget des coûts　成本预算
budget des dépenses　支出预算
budget d'Etat　国家预算
budget de travaux　工程预算
budget d'exécution　施工预算
budget du projet　项目预算
budget financier　财政预算
budget préliminaire　初步预算
budget provisoire　临时预算
budget public　公共预算
budget supplémentaire　追加预算
budgétisation　编入预算
Build-Operate-Transfert(BOT)
　建设经营转让
buisson　灌木丛;荆棘丛
bulldozer　推土机
bulldozer à chenille　履带式推土机
bulldozer à pneus　轮胎式推土机
bulldozer-chargeur　推土装载机
bulldozer hydraulique　液压推土机
bulle　水泡;气泡
bulle d'air　气泡

bulletin 公报;通报
bulletin d'abonnement 订购单
bulletin d'analyse 化验单
bulletin d'analyse des accidents corporels
 伤亡事故分析报告
bulletin de bagages 行李单
bulletin de chargement 铁路装运单
bulletin de commande 订单
bulletin de déclaration 海关申报单
bulletin de garantie 保单
bulletin de l'essai 试验报告单
bulletin de livraison 交货通知
bulletin de paie 工资单
bulletin de pesage 过磅单
bulletin de statistique 统计公报
bulletin de transport 运输单据
bulletin d'expédition 发运单
bulletin météorologique 气象简报
bure 暗井;盲井
bure à cage 罐笼盲井
bure à skip 箕斗盲井
bure d'aérage 通风井
bure de faisceaux 盲井;暗井
bure de pompe 排水盲井
bure de recherche 勘探盲井
bure verticale 竖井
bureau 办公室
bureau d'achat 采购部
bureau d'administration 管理处
bureau d'administration pour l'industrie et
 le commerce 工商行政管理局
bureau d'audit 审计事务所
bureau de cadastre 土地规划局
bureau de change 货币兑换处
bureau de chantier 工地办公室
bureau de chef de gare 站长办公室
bureau de conseiller économique
 经济参赞处
bureau de contrôle 业主监理办公室
bureau de contrôle et de suivi
 业主监理办公室
bureau de douane 海关办公室
bureau de marchandises 货运室
bureau d'équipage 乘务室
bureau de régulation des trains 列车调度室

bureau de renseignements 问讯处
bureau de représentant commercial
 商务代表处
bureau de service après-vente 售后服务部
bureau des inscriptions 注册处
bureau d'études 设计事务所
bureau de transport de chemin de fer
 铁路运输局
bureau de travail 劳动局
bureau technique 技术局
buse 管子;圆管;路基管涵
buse-arche 拱形涵
buse circulaire 圆管
buse d'aérage 通风管
buse d'écoulement 出水口;出水管
buse de traversée 交叉管涵
buse en béton 混凝土圆管涵
buse en béton armé 钢筋混凝土圆管
buse métallique 钢管
buse métallique en tôle ondulée galvanisée
 镀锌波纹钢涵管
buse préfabriquée 预制圆管
butanoduc 石油气输送管道
butée 拱墩;桥台;止挡
butée à gravité 重力式墩台
butée à pleine ouverture 全开位止挡
butée creuse 空心桥墩
butée d'arrêt 停车车挡;止轮器
butée de blocage 限位块
butée de choc 冲击座
butée de terre 土拱墩
butée en béton 混凝土墩;混凝土拱墩
butée en colonne 柱式桥墩
butée en pieux 桩式桥墩
butée en pilotis 排架桩墩
butée légère 轻型墩台
butoir 车挡;停止器;警冲墩
butte 小土包;驼峰
butte automatique 自动化驼峰
butte de débranchement 驼峰调车场
butte de gravité 驼峰
butte de terre 土墩
butte de triage 编组站驼峰
butte mécanisée 机械化驼峰
butte paysagère 景观土堆

C

cabine 机舱
cabine d'aiguillage 道岔控制室
cabine de commande 控制室；操纵室
cabine de conduite 控制室；驾驶室
cabine de conduite de train 列车驾驶室
cabine de contrôle 操纵室
cabine de distribution électrique 配电室
cabine de mécanicien 火车司机室
cabine d'équipage 乘务室
cabine de régulation 调度室
cabine d'escorte 押运间
cabine d'escorte de wagon fret 货车押运间
cabine de signalisation 信号房
cabine des transformateurs 变电间
cabine téléphonique 电话间
cabinet 室
cabinet de travail 工作室
cabinet terminal 终端控制室
câblage 布线
câble 绳索；钢缆；电缆
câble à basse tension 低压电缆
câble à fibre optique 光缆
câble à grande distance 长途电缆
câble à grandes profondeurs 深海底电缆
câble à haute température 耐高温电缆
câble à haute tension 高压电缆
câble adhérent tendu avant le bétonnage
 混凝土浇筑前预张钢索
câble aérien 架空电缆；架空电线
câble aérien de transport 架空运输索道
câble ancré non injecté 未经灌浆的锚索
câble armé 铠装电缆
câble auxiliaire 辅助索
câble biphasé 双心电缆
câble blindé 绝缘电缆；铠装电缆
câble coaxial 同轴电缆
câble d'acier 钢丝绳；钢绞线
câble d'ajustement 调索
câble d'alimentation 供电电缆
câble d'alimentation à basse tension
 低压供电电缆
câble d'alimentation à haute tension
 高压供电电缆
câble d'amenée 引入电缆
câble d'ancrage 锚索
câble de blocage 闭塞电缆
câble de communication 通信电缆
câble de contrôle 控制电缆
câble de feeder 馈电电缆
câble de forage 钻机钢缆
câble de grue 起重机索
câble de halage 牵引索
câble de haubanage 拉索
câble d'électricité 电缆线
câble de levage 吊索；起重索
câble de ligne aérienne 架空电缆
câble de moment négative 负力矩钢索
câble de monte-charge 提升机钢索
câble d'énergie 电力电缆
câble d'énergie de traction 牵引电力电缆
câble de perforatrice 钻孔机索
câble de pontage de voie 轨道跨接电缆
câble de pose 施工索
câble de précontrainte
 预应力钢缆；预应力钢绞线
câble de protection aérienne 架空保护索
câble de remorque 拖缆
câble de retour 回路电缆
câble de retour de traction 牵引回流电缆
câble de sécurité 安全索
câble de signal 信号电缆
câble de stabilité 稳定索
câble de suspension 悬索；吊索
câble de télécommunication 通信电缆

câble de terre enterré 埋地电缆
câble de traction 牵引索
câble de treuil 绞车索
câble d'exécution 施工索
câble d'extraction 牵引缆绳
câble diagonal 紧索;斜拉索
câble divisé 多芯电缆
câble de pont 桥缆;桥索
câble électrique 电缆线
câble électrique à haute fréquence
　高频电缆
câble électrique de signal 信号电缆
câble en acier 钢丝绳;钢缆
câble en corde de sonnette 打桩机提升缆绳
câble en cuivre 铜心电缆
câble hertzien 无线电中继通信线路
câble immergé 海底电缆
câble interurbain 长途电缆
câble isolé 绝缘线
câble métallique 钢绞线;钢缆
câble moyenne tension 中压电缆
câble multifilaire 多芯电缆
câble nu 裸电缆
câble porteur 承重索;承力索
câble précontraint 预应力钢缆
câble secondaire 次钢索
câble souterrain 地下电缆
câble sous caoutchouc 橡皮绝缘电缆
câble sous-marin 海底电缆
câble téléphonique 电话电缆
câble tendeur 紧索;斜拉索
câble tête 主绳;牵引绳
câble tracteur 牵引索
câble transporteur 运输缆车索道缆索
câbleau 缆绳
câble-chaîne 链索;锚链
cabrette 架空索道的支架
cache 旁洞
cachet 印章
cachet de contrôle 检验章
cachet de poste 邮戳
cachet en plomb 铅封
cachet officiel 公章
cachetage 密封
cadence 节奏
cadence de frappe 冲击频率
cadence de livraison 交付节奏
cadence de production 生产节奏
cadence de travail 生产进度

cadence d'exécution 施工节奏
cadre 框架;框架涵;箱涵
cadre à centrer les châssis 砂箱定心箱
cadre d'appui 支架;支座;主井框
cadre d'appui de câble 电缆支架
cadre d'appui de ligne d'alimentation
　馈线支架
cadre d'assainissement 箱涵
cadre de base 底架
cadre de fondation 基础构架
cadre d'entonnoirs 漏斗架
cadre d'essai 试验架
cadre d'évacuation d'eau 箱涵
cadre de faisabilité 可行性范围
cadre d'intervention 涉及范围
cadre en castré 固定框架
cadre en fonte 铸铁框
cadre en fonte de bouche avaloir
　落水口铸铁框
cadre en fonte de regard 检查井口铸铁框
cadre fermé 闭合框架
cadre ouvert 开放框架
cadre rigide de pont 桥门架
cadres de rangées d'assemblage de châssis de
　voie 轨排组装架
cage 罐笼;吊篮
cage d'armature 钢筋笼
cage d'ascenseur 升降机井
cage de Faraday 法拉第笼
cage de ferraillage 钢筋笼
cage de gabion 石笼
cage de mine 提升罐笼
cage d'extraction 提升罐笼
cage en grillage 铁丝笼;石笼
cahier 簿子
cahier de chantier 工地记录本
cahier des charges 施工细则;技术规范
Cahier des Clauses Administratives Générales
　(CCAG) 通用行政条款
Cahier des Clauses Administratives Particulières
　(CCAP) 专用行政条款
Cahier des Clauses Techniques Générales
　(CCTG) 通用技术条款
Cahier des Clauses Techniques Particulières
　(CCTP) 专用技术条款
Cahier des Prescriptions Communes (CPC)
　通用细则
Cahier des Prescriptions Générales et
　Spéciales (CPGS) 一般和特殊细则

cahier des prescriptions spéciales (CPS) 特殊说明手册
Cahier des Prescriptions Spéciales-Clauses Administratives (CPS-CA) 行政条款说明手册
Cahier des Prescriptions Spéciales-Spécifications Techniques Générales (CPS-STG) 通用技术条款说明手册
Cahier des Prescriptions Spéciales-Spécifications Techniques Particulières (CPS-STP) 特殊技术条款说明手册
Cahier des Prescriptions Techniques (CPT) 技术手册
caillasse 砾石泥灰岩;铺路碎石
caillebotis 格子板;格子盖板
caillebotis carré 方形格子盖板
caillebotis de marchepied 脚蹬格子板
caillebotis de puisard 集水井格子盖板
caillebotis rectangulaire 矩形格子盖板
caillou 碎石;砾石;卵石
caillou côtier 海滩卵砾石
caillou éolisé 风磨卵石
caillou gros 大卵石;中砾石
caillou roulé 圆砾石;圆卵石
caillou roulé fluviatile 河卵石
cailloutage 铺碎石
cailloutis 碎石堆
cailloutis de reg 荒漠砾石
cailloutis de plateau 台地碎石层
cailloutis sableux 砂质碎石
caisse 路基箱涵;车体
caisse à deux étages 双层客车车体
caisse à lest 压载箱
caisse à outils 工具箱
caisse à outils de fibres optiques 光纤工具箱
caisse carénée 流线型车体
caisse conique 圆锥形车体
caisse-coque 筒形车体
caisse d'ancrage 锚具箱
caisse de carottage 岩芯箱
caisse de chargement 装料箱
caisse de crédit 信贷所
caisse de dépôt 储蓄银行
caisse de dosage 量斗
caisse d'épargne 储蓄银行
caisse de lestage 压载箱
caisse de pelle 挖掘机挖斗
caisse de pierres 装石料箱
caisse de véhicule 车体
caisse de voiture 车体
caisse de wagon couvert 棚车车体
caisse de wagon de marchandises 货车车体
caisse de wagon de voyageurs 客车车体
caisse de wagon ouvert 敞车车体
caisse de wagon plat 平车车体
caisse flottante 浮箱
caisse inclinable 倾侧车体
caisse standard 标准车体
caisson 沉箱;箱体结构
caisson amovible 可移动沉箱
caisson carré 方形沉箱
caisson cellulaire 框格式沉箱
caisson cylindrique 圆筒形沉箱
caisson d'ancrage 锚定沉箱
caisson d'échouage 出水沉箱;搁浅沉箱
caisson de pont 桥用沉箱
caisson de protection 安全沉箱
caisson géant 大型沉箱
caisson hyperbare 高压仓
caisson immergé 沉箱
caisson monolithique 整体沉箱
caisson ouvert 开口沉箱
caisson pneumatique 气压沉箱
caisson rectangulaire 长方形沉箱
caisson télescopique 套筒式沉箱
caisson terrestre 陆上沉井
calage 楔住;垫住;锁闭
calage à l'intérieur des coffrages 模板内放置垫块
calage d'aiguille 道岔锁闭
calage de coussinet de glissement 锁闭滑床板
calage de ligne rouge 定红线
calage de plaque d'appui 楔固垫板
calage de position 定位锁闭
calage des couples 定向制图
calage de section 区段锁闭
calage des traverses 固定轨枕
calage des tuyaux 涵管定位楔固
calage de vérification 查证锁闭
calage d'itinéraire 进路锁闭
calage électrique 电气锁闭
calage en bois 用木楔楔住
calage mécanique 机械锁闭
calamité 灾害
calamité naturelle 自然灾害

calamité nuisible de la géologie
　不良地质灾害
calcaire　石灰岩
calcaire à bancs fissurés　开裂石灰岩
calcaire arénacé　砂质石灰岩
calcaire argileux　黏土石灰岩
calcaire asphaltique　沥青石灰岩
calcaire caverneux　蜂窝状石灰岩
calcaire conchylien　贝壳石灰岩
calcaire coquillier　贝壳石灰岩
calcaire corallien　珊瑚石灰岩
calcaire cristallin　晶体石灰岩
calcaire de corail　珊瑚石灰岩
calcaire dolomitique　白云质石灰岩
calcaire dur　硬石灰岩
calcaire ferrugineux　含铁石灰岩
calcaire fétide　沥青石灰岩
calcaire feuilleté　板状石灰岩
calcaire granulaire　粒状石灰岩
calcaire grossier　粗粒石灰岩
calcaire grossier parisien　淡水石灰岩
calcaire hydraulique　水成灰岩
calcaire lithographique　板状;灰岩
calcaire marneux　泥灰质灰岩
calcaire massif　块状灰岩
calcaire mélangé　杂砂岩
calcaire minéralisé　矿化灰岩
calcaire pisolithique　豆状灰岩
calcaire portlandien
　波特兰灰岩;硅酸盐石灰石
calcaire pulvérisé　粉状石灰岩
calcaire pulvérulent　粉末状石灰岩
calcaire récifal　礁相石灰岩
calcaire réticulé　细脉状石灰岩
calcaire rubané　板状灰岩
calcaire sableux　砂质石灰岩
calcaire sapropélique　腐殖泥石灰岩
calcaire siliceux　硅质灰岩
calcaire silico-argileux　硅黏土石灰岩
calcaire tendre　软石灰岩
calcaire teslacé　层状灰岩
calcite　方解石
calcite friable　易碎方解石
calcul　计算
calcul à la rupture　极限荷载计算
calcul analogique　模拟计算
calcul approché　近似计算
calcul approximatif　估算
calcul automatique　自动计算
calcul automatique par l'équipement de comptage d'essieux　计轴设备自动计算
calcul d'ajustement　平差计算
calcul de barrage　坝体计算
calcul de barrage-voûte　拱坝计算
calcul de canevas　控制网计算
calcul de caractéristique géométrique
　几何特性计算
calcul de charges　荷载计算
calcul de construction　结构计算
calcul de construction en béton
　混凝土结构计算
calcul de construction hyperstatique
　超静定结构计算
calcul de contrainte de charge constante
　恒载应力计算
calcul de contrainte de charge mobile
　活载应力计算
calcul de charge de voie　线路荷载计算
calcul d'éclairage　照明设计
calcul de contrainte de poutre maîtresse
　主梁应力计算
calcul de courbure de voie　线路曲率计算
calcul de contrôle　检验计算
calcul de débit de crue　计算涨水流量
calcul de déformation　变形计算
calcul de dimension de l'ouvrage d'art
　构造物尺寸计算
calcul de distribution de charge transversale
　荷载横向分布计算
calcul de dosage　配合比计算
calcul de fil d'eau　水流计算
calcul de filtration　渗滤计算
calcul de flux de fret　货流量计算
calcul de flux des marchandises
　货流量计算
calcul de flux des voyageurs
　客流量计算
calcul de force interne de poutre maîtresse
　主梁内力计算
calcul de fractions　分数计算
calcul de fréquence de crue
　洪水频率计算
calcul de fréquence de passage des trains
　过车频率计算
calcul de fréquence de vibration
　振动频率计算
calcul de l'analyse　分析计算
calcul de longueur　长度计算

calcul de longueur de ligne d'arrivée et départ 到发线长度计算
calcul de longueur de ligne de gare 站线长度计算
calcul de longueur de rail 轨道长度计算
calcul de longueur de voie 线路长度计算
calcul de longueur de voie principale 正线长度计算
calcul de l'ouverture de fissure 裂缝宽度计算
calcul de paramètre de voie 轨道参数计算
calcul de performance 性能计算
calcul de période de crue 洪水周期计算
calcul de portance de la fondation 地基承载力计算
calcul de poutre isostatique 静定梁计算
calcul de pression du sol 土压力计算
calcul de prix 价格计算
calcul de prix de revient 成本计算
calcul de probabilité 概率计算
calcul de proportion de mélange 配料计算
calcul de quantité 量值计算
calcul de rentabilité 经济效益计算
calcul de répartition de charge transversale 荷载横向分布计算
calcul de résistance 强度计算
calcul de résistance de la plateforme de voie 道床强度计算
calcul de résistance de rail 钢轨强度计算
calcul de résistance de voie 轨道强度计算
calcul de revêtement flexible 柔性路面计算
calcul d'erreur 误差计算
calcul des amortissements 折旧计算
calcul des coordonnées 坐标计算
calcul des cubatures 方量计算
calcul des efforts 应力计算
calcul des frais 费用计算
calcul des intérêts 利息计算
calcul des ouvrages 构造物计算
calcul d'espacement des trains 列车间隔计算
calcul de stabilité 稳定性计算
calcul de stabilité de talus 边坡稳定性计算
calcul de structure 结构计算
calcul de structure à la résistance de séisme 结构抗震强度计算
calcul de surface 面积计算
calcul de tarifs 费率计算
calcul de tassement 沉降计算
calcul de taxe 税费计算
calcul de tonnage de traction 牵引吨位计算
calcul de tour de crue 洪水周期计算
calcul de traction 牵引计算
calcul de transformation 转换计算
calcul de travée 计算跨径
calcul de vérification 验算
calcul de volume de transport de marchandises 货运量计算
calcul de volume de transport de voyageurs 客运量计算
calcul fonctionnel 函数计算
calcul géotechnique 土工力学计算
calcul graphique 图解计算
calcul hydraulique 水利计算
calcul hydrologique 水文计算
calcul mathématique 数学计算
calcul matriciel 矩阵计算
calcul mécanique 力学计算
calcul numérique 数值计算
calcul préliminaire 初步计算
calculatrice 计算器
cale 垫块;垫板
cale d'arrêt 制动块
cale de fixation en tube 管垫
cale d'espacement 保护层垫块
cale en béton 混凝土垫块
cale en bois 垫木
calendrier 日历
calendrier de l'étude 设计任务进度(表)
calendrier des paiements 付款进度表
calendrier d'exécution 施工进度(表)
calendrier prévisionnel de l'ensemble des travaux 工程总体预计进度表
calfeutrage 填空
calfeutrage au mortier 砂浆堵严
calfeutrage étanche 防水嵌缝
calibrage 定口径;测定内径
calibrage de fossé 确定排水沟尺寸
calibration 标定
calibre 卡规;卡钳
calibre à bouchon 塞规
calibre à coulisse 卡规
calibre à mâchoires 卡规
calibre à rayons 半径规
calibre d'angle 角规
calibre de concassés 碎石规格
calibre de conicité 锥度规
calibre de forme 样板

calibre de granulats 碎石规格
calibre de la voie 道尺;轨距卡尺
calibre d'épaisseur 厚度规
calibre de profondeur 深度规
calibre de tuyau 管径
calibre normal 标准规板
calibre vernier 游标卡尺
calibre vernier à hauteur 高度游标卡尺
calibre vernier à profondeur 深度游标卡尺
calorimétrie 测热法
calorifuge 绝热材料;保温材料
calotte 帽状拱顶;拱穹;上台阶
calotte demi-section supérieure
　上台阶(隧道)
calotte de tunnel 隧道拱顶;隧道上台阶
calquage 描图
calque 底图
calqueur 描图员
cambrage 向上弯曲;上拱
cambrure 弓形弯曲;路拱;上拱度
cambrure de chaussée 路面拱度
cambrure de l'arche de pont 桥拱拱度
cambrure de l'arche de tunnel
　隧道拱圈拱度
cambrure de treillis 桁架拱度
came 凸轮
caméra de télésurveillance 监视摄像机
caméra de télévision 电视摄像机
caméra numérique 数码摄像机
caméra pour sondages 探测摄像机
caméra vidéo couleur 彩色摄像机
camion 卡车
camion à benne 自卸卡车
camion à benne basculante 翻斗自卸卡车
camion à benne basculante de côté
　侧卸卡车
camion à benne basculante en arrière
　尾卸卡车
camion à déversement 自卸卡车
camion agitateur 汽车搅拌机
camion à hautes ridelles 高栏板载重卡车
camion à plate-forme 平板载重卡车
camion à remorque 带挂车的卡车
camion arroseur 洒水车
camion-atelier 流动修理车
camion autodéchargeur 自卸汽车
camion automobile 载重车
camion aux agrès 带起重设备的汽车
camion avec malaxeur 混凝土搅拌运输车

camion avitailleur 加油(加水)汽车
camion bâché 有篷载重汽车
camion basculant 自卸卡车
camion chasse-neige 除雪车
camion chenillé 履带式载重卡车
camion-citerne 油罐车;液罐卡车
camion de carrière 石场载重卡车
camion de charge moyenne
　中吨位载重卡车
camion de dépannage 工程抢险车;救援车
camion de fosse d'aisance 环卫清粪车
camion de grande capacité 大吨位载重车
camion de mine 矿石重型卡车
camion de modèle lourd 重型载重卡车
camion de moyenne capacité 中型载重卡车
camion d'enlèvement des ordures
　垃圾清理车
camion dépanneur 工程抢险车;救援车
camion de petite capacité 小型载重卡车
camion de pompe à béton 混凝土泵车
camion de réparation 工程修理汽车
camion dérouleur 放缆车
camion de vidange 环卫清粪车
camion dragueur de boue à pompe aspirante
　泥浆泵汽车
camion en carburant 加油车
camion épandeur de sable 撒砂车
camion extra-lourd 超重型载重汽车
camion frigorifique 冷藏车
camion gadoue-ménagère 垃圾清理车
camion gravillonneur
　汽车撒布机;石屑摊铺车
camion gros porteur 大容量载重汽车
camion-grue 汽车式起重机
camion grumier 原木运输卡车
camion isotherme 保温车
camion laboratoire 工程实验车
camion léger 轻型卡车
camion lourd 重型卡车
camion-malaxeur 混凝土运输车
camion mélangeur 混凝土搅拌车
camion-plateau 平板载重车
camion poids-lourd 重型载重卡车
camion répartiteur 铺料汽车
camion-réservoir 水槽车
camion-silo 散装水泥车
camion-toupie 混凝土罐车
camion-treuil 自动绞车
camionnage 卡车运输

camionnette 小型卡车
campagne 工作；场地
campagne de forage 钻探工作；钻探场地
campagne d'entretien 养护作业
campagne de reconnaissance
　　勘查工作；勘探场地
campagne de sondage 勘探工作
campagne d'injection 压浆工作
campagne géotechnique
　　勘探工作；勘探场地
canal 渠道；运河
canal à ciel ouvert 露天管道；露天明渠
canal adducteur 引水渠
canal collecteur 集水渠
canal côtier 沿海运河
canal crue 排洪渠
canal d'accès 引渠；接入信道
canal d'accès au réseau 入网信道
canal d'air frais 通风道
canal d'alimentation 供水渠
canal d'amenée 引水渠
canal d'assainissement 排水渠
canal de contrôle 控制信道
canal d'écoulement 排水渠
canal de décharge 排水沟（路边）
canal de dérivation 导水渠；分洪道
canal de déversement de terrasse
　梯级式排水渠
canal de division de temps 时分信道
canal de drainage 排水渠
canal déférent 输水渠
canal de fond 冲泥管渠
canal de fuite 溢水道；尾水渠
canal de marais 沼泽排水渠
canal de navigation 通航运河
canal de navigation intérieure 内陆运河
canal de raccordement 连接渠
canal de signalisation 信令信道
canal de télécommunication 通信信道
canal de transmission 传输渠道
canal de transport pneumatique
　　风动运输管道
canal de vidange 排水道；排空槽
canal d'irrigation 灌溉渠
canal en déblai 开挖沟渠
canal en remblai 筑堤沟；填方筑堤
canal en tranchée 挖沟渠；挖方筑堤
canal évacuateur de crue 排洪渠
canal maritime 港口河道；通海运河

canal naturel 天然渠道
canal ouvert 明渠
canal rectangulaire 矩形渠
canal transporteur pneumatique
　　风动运输管道
canal trop-plein 溢水沟
canalicule 小凹槽；小沟
canalisation 管道
canalisation à boues 污泥管道
canalisation aérienne 架空管道
canalisation aérienne d'irrigation
　　架空灌溉管道
canalisation à haute pression 高压管道
canalisation d'adduction d'eau 引水管
canalisation d'air 空气管道
canalisation d'air comprimé 压缩空气管道
canalisation d'assainissement 排水管
canalisation d'eau 水管
canalisation d'eau de ville
　　城市水道；城市供水管网
canalisation de chauffage à eau chaude
　　温水供暖管
canalisation de chauffage central 采暖管道
canalisation de drainage longitudinale de
　　tunnel 隧道纵向排水沟
canalisation de gaz 燃气管道
canalisation de gaz naturel 天然气管道
canalisation de gazoduc 天然气管道
canalisation d'égout 排水沟
canalisation de pétrole 石油管道
canalisation de pipe-line 输油管道
canalisation de retour 回流管道
canalisation des eaux de rebut 污水管道
canalisation des eaux de pluies 雨水管道
canalisation des eaux usées 污水管道
canalisation d'évacuation 排水管道
canalisation d'évacuation des eaux pluviales
　　排雨水管道
canalisation d'huile 油管
canalisation d'oléoduc 输油管道
canalisation en tube 管线
canalisation en tuyaux 管道
canalisation principale 主管道
canalisation principale d'adduction d'eau
　　主供水管道
canalisation sans pression 无压管道
canalisation sous pression 压力管道
canalisation souterraine 地下管线
candélabre 路灯灯杆

candélabre avec boule sphérique　球形灯杆
canette　取样器；烧瓶
canevas　测量网络；方格网
canevas de base　控制点；基线网
canevas de levé　三角测网
canevas des détails　图根测量网
canevas de triangulation　三角网
canevas topographique　测网
canevas trigonométrique　三角网
caniveau　排水沟；边沟；明沟；电缆沟
caniveau à câbles　电缆沟；电缆槽
caniveau à câbles électrique de tunnel
　隧道电缆沟
caniveau à câble de réserve　备用电缆沟
caniveau à ciel ouvert　明沟
caniveau à eaux de tunnel　隧道集水沟
caniveau à fente　带泄水口排水沟
caniveau à fente en béton extrude
　带泄水口混凝土滑模排水沟
caniveau à grille　带滤网排水沟
caniveau avec couverture　有盖板地沟
caniveau avec pavage latéral　侧铺砌沟渠
caniveau bétonné　混凝土排水沟
caniveau couvert　暗沟
caniveau d'assainissement　排污沟
caniveau de câbles en béton　混凝土电缆沟
caniveau de chaussée　路面排水沟
caniveau d'écoulement　排水沟
caniveau d'écoulement des eaux pluviales
　雨水沟
caniveau de déblai　路堑边沟
caniveau demi-circulaire　半圆形排水沟
caniveau de pluie　雨水沟
caniveau des câbles de pavillon　车顶电缆槽
caniveau de tranchée　路堑边沟
caniveau d'évacuation à ciel ouvert
　排水明沟
caniveau d'évacuation des eaux　排水沟
caniveau en béton armé　钢筋混凝土排水沟
caniveau en béton coulé sur place
　现浇混凝土排水沟
caniveau en éléments préfabriqués
　预制排水沟
caniveau latéral　侧沟；边沟
caniveau longitudinal　纵沟
caniveau maçonné　砖砌排水沟
caniveau ouvert　明沟
caniveau rectangulaire　矩形排水沟
caniveau semi buse　半圆管排水沟

caniveau trapézoïdal　梯形边沟
caniveau trapézoïdal en béton armé
　梯形钢筋混凝土边沟
caniveau trapézoïdal en terre
　梯形土质边沟
cannelure de ballast　道砟槽
canon　套筒；导套；衬套
canon à ciment　水泥浆喷枪
cantilever　腕臂；悬臂梁；肩架
cantilever de caténaire　接触网悬臂架
canton　公路养路段；信号闭塞区间
canton à capacité limitée
　通过能力限制区间
canton auto-bloqué　自动闭塞区间
canton à voie double　双线区间
canton à voie unique　单线区间
canton bloqué　闭塞区间
canton court　短闭塞区间
canton de l'assise de voie　路基工区
canton de maintenance de voie　养路工区
canton demi-bloqué　半闭塞区间
canton de pose　线路安装闭塞区段
canton de régulation　调度区间；调度区段
canton de signal　信号闭塞区间
canton évacué　区间空闲
canton intermédiaire　中间闭塞区段
canton occupé　区间占用；闭塞区段
canton surveillé à distance　遥信分区
cantonnement　闭塞
cantonnement de block　闭塞分区
cantonnement de signal　信号分区
cantonnier　养路工人
caoutchouc　橡胶
caoutchouc artificiel　人造（合成）橡胶
caoutchouc brut　生（天然）橡胶
caoutchouc butyle　丁基橡胶
caoutchouc d'amiante　石棉橡胶
caoutchouc de synthèse　合成橡胶
caoutchouc entoilé　帆布橡胶
caoutchouc mousse　泡沫橡胶
caoutchouc naturel　天然橡胶
caoutchouc synthétique　合成橡胶
capacité　容量；容积
capacité absolue　绝对容量
capacité autoroutière　高速公路通行能力
capacité commerciale　商务能力
capacité d'absorption　吸收容量；吸收率
capacité d'accès　接入能力
capacité d'accrochage　黏着性

capacité d'alimentation électrique 供电能力
capacité d'alimentation transzonale 越区供电能力
capacité d'alimentation unilatérale 单边供电能力
capacité d'ancrage 锚固能力
capacité d'approvisionnement de rame automotrice 动车组整备能力
capacité d'arrêt 止动能力
capacité d'eau 水容量
capacité de canal 信道容量
capacité de canton 区间通过能力
capacité de charge 载重能力;承重能力
capacité de charge de l'assise de voie 路基承载力
capacité de chargement 装载量
capacité de circulation 通行能力
capacité de collage 黏附力
capacité de concurrence 竞争能力
capacité de conduite 驾驶技能
capacité de convergence de voie 合流车道通行能力
capacité de coordination 协调能力
capacité d'écoulement 排水能力
capacité de coupe 切削能力
capacité de création 创造力
capacité de croisement 交叉口通行能力
capacité de cuiller 斗容量(挖土机等)
capacité de déchargement 卸车能力
capacité de descente en roue libre (车辆)滑行能力
capacité de détour 转弯性能
capacité de drainage 排水能力
capacité de fermeture 闭合容量
capacité de formation du train 列车编组能力
capacité de franchissement 跨越能力
capacité de gestion 管理能力
capacité de godet 铲斗容量
capacité de grimpade 爬坡能力
capacité de la voie 道路通过能力;道路容量
capacité de l'échangeur 互通立交通行能力
capacité de l'entrepreneur 承包商能力
capacité de l'environnement 环境容量
capacité de levage 起重能力;起重量
capacité de manœuvre de gare de triage 编组站作业能力
capacité de montée 爬坡能力
capacité d'entretien de voie 线路养护能力
capacité de paiement 支付能力
capacité de parking 停车场容量
capacité de passage 通行能力
capacité de passage à la gare 车站通过能力
capacité de passage à la gorge 咽喉通道通过能力
capacité de passage à la zone d'aiguille 道岔区通过能力
capacité de passage à l'interface de démarcation 分界口通过能力
capacité de passage au canton 区间通过能力
capacité de passage au goulet de chantier et de gare 站场咽喉区通过能力
capacité de passage de section 区间通过能力
capacité de passage projeté 设计通过能力
capacité de pelle 铲斗容量
capacité de pieu 桩承载能力
capacité de pliage 弯曲能力
capacité de poche 挖斗容量
capacité de ponceau 涵洞水流容量
capacité de pont 桥通行(载重)能力
capacité de portance 承载能力
capacité de production 生产能力
capacité de production par jour 日产量
capacité de protection contre les crues 防洪能力;蓄洪能力
capacité de régulation 调度能力
capacité de remboursement 偿还能力
capacité de rendement 生产率
capacité de réparation 维修能力
capacité de réseau 网络流通量
capacité de réservoir d'eau 水箱容积
capacité de réservoir de carburant 油箱容积
capacité de résistance 抗力强度
capacité de retention de poussière 容尘量
capacité de roulement 运行能力
capacité de route 道路通行能力
capacité de saturation 饱和能力
capacité de section 路段通行能力
capacité des équipements d'aiguillage 道岔设备通过能力
capacité de service 服务能力
capacité de soubassement 地基承载力
capacité de stabilité 稳定性
capacité de stockage 储存能力

capacité de surcharge 过载能力
capacité de tournage 转弯性能
capacité de traction 牵引能力
capacité de traction de locomotive
　　机车牵引能力
capacité de trafic 交通容量
capacité de trafic potentielle 交通潜能
capacité de transmission 传输能力
capacité de transport 运输能力
capacité de transport des marchandises
　　货运能力
capacité de transport des voyageurs
　　客运能力
capacité de transport fret 货运能力
capacité de travail 工作能力
capacité de tuyau 管道通过能力
capacité d'évaporation 蒸发量
capacité de véhicule 车辆载重量
capacité de virage 转弯性能
capacité de voie d'accès 匝道通行能力
capacité d'excavation 挖掘能力
capacité d'exploitation 运营能力
capacité d'infiltration 渗透量;渗水强度
capacité effective 有效容量
capacité électrique 电容
capacité émulsive 乳化能力
capacité en air 含气量
capacité en eau maximum 最大含水量
capacité financière 财力
capacité horaire 小时生产率;小时交通量
capacité installée 安装容量
capacité maximale 最大能量
capacité mécanique 机动能力
capacité montante 爬坡能力
capacité moyenne de production
　　平均生产能力
capacité normale 标准功率
capacité opérationnelle 操纵能力
capacité portante du sol 地基承载能力
capacité possible 可能通行能力
capacité potentielle 潜在通行能力
capacité pratique 实际交通量
capacité professionnelle 专业能力
capacité réfléchissante 反射能力
capacité spécifique 比容量
capacité technique 技术能力
capital 资本;资金
capital actif 流动资本
capital circulant 流动资本

capital d'apport 原始资本
capital de registre 注册资本
capital disponible 流动资本
capital financier 金融资本
capital fixe 固定资本
capital initial 原始资本
capital juridique 注册资本
capital liquide 流动资本
capital mobile 流动资本
capital propre 自有资金
capital social 社会资本
capot 罩;盖
capot de protection du moteur de l'aiguille
　　道岔电机防护罩
capot métallique 金属防护罩
captage 截断
captage des eaux 截水
captage des eaux souterraines 截取地下水
captage de venues d'eau 来水截流
capteur 传感器
capteur au bord de la voie 轨旁传感器
capteur de boîte chaude 热轴感应器
capteur de chaleur 热量传感器
capteur de courant
　　电流传感器;电流互感器
capteur de fibre 光纤传感器
capteur de fumée 烟雾传感器
capteur de l'unité électronique du sol
　　地面电子单元感应器
capteur de LEU 地面电子单元感应器
capuchon de pieu en acier 钢桩帽
capteur de pression 压力传感器
capteur de roues 车轮传感器
capteur des essieux 车轴传感器
capteur de température 温度传感器
capteur de vibration 拾振器
capteur de vitesse 速度传感器
capteur de voie ferrée 轨道传感器
capteur d'inertie 惯性传感器
capteur par terre 地面感应器
capuchon 桩帽
caractère 性质;特征;属性
caractère chimique 化学性能
caractère confidentiel 保密性
caractère de disponibilité 可用性;适用性
caractère forfaitaire 承包性质
caractère géométrique 几何特性
caractère lithologique 岩性;岩石特征
caractère local 局部特点

caractère naturel 本性
caractère physique 物理性能
caractère régional 区域特点
caractère spécifique 特征
caractéristique 特征;特点
caractéristique chimique 化学性能
caractéristique complémentaire 补充性能
caractéristique de base 基本特性
caractéristique de chaussée autoroutière
    高速公路路面特征
caractéristique de compactage de sol
    土壤压实性能
caractéristique de compression 抗压性能
caractéristique de construction 构造特性
caractéristique de courbe 曲线特征
caractéristique de fabrication 生产性能
caractéristique de fluage 蠕变性能
caractéristique de fonctionnement
    工作特性
caractéristique de fondation de sol
    路基特点
caractéristique de granulats 粒料性能
caractéristique de la géométrie de voie
    线路几何特征
caractéristique de la plateforme de voie
    路床特征
caractéristique de l'emploi 使用特性
caractéristique de l'environnement
    环境特征
caractéristique de ligne 线路特征
caractéristique de locomotive 机车特征
caractéristique de matériel 设备特征
caractéristique de matériel roulant
    铁道车辆特点
caractéristique de pieux 基桩特点
caractéristique de pont 桥梁特点
caractéristique de produit 产品性能
caractéristique de profil en long
    纵断面特征
caractéristique de profil en travers
    横断面特征
caractéristique de profilage 流线型特征
caractéristique de profilage de locomotive
    机车流线型特征
caractéristique de projet 项目特征
caractéristique de qualité 质量特性
caractéristique de roche 岩石特征
caractéristique de sécurité 安全特性
caractéristique de service 工作特性
caractéristique de sol 土壤特性
caractéristique de stabilité 稳定特征
caractéristique des travaux 工程特点
caractéristique de surface 表面特征
caractéristique de technologie
    工艺特征
caractéristique de tracé 线路走向特征
caractéristique de tracé de tunnel
    隧道线路走向特征
caractéristique de traction 抗拉性能
caractéristique de trafic dans les
    zones urbaines 城市交通特征
caractéristique de train Maglev
    磁悬浮列车特征
caractéristique de tunnel 隧道特征
caractéristique de voie 线路特征
caractéristique de voie ferrée 轨道特征
caractéristique de voie non ballastée
    无砟线路特征
caractéristique de voie sur dalle
    板式轨道特征
caractéristique d'usage 使用性能
caractéristique dynamique 动态特性
caractéristique en charge 负荷特性
caractéristique fixe de wagons
    车辆固定特征
caractéristique géologique 地质特征
caractéristique géométrique 几何特征
caractéristique géométrique de voie
    线路几何特征
caractéristique géotechnique
    土工学特征
caractéristique hydraulique 水利性能
caractéristique intrinsèque 固有特性
caractéristique linéaire 线性特征
caractéristique mécanique
    机械性能;力学特征
caractéristique mécanique du sol
    土壤力学特征
caractéristique météorologique
    气象学特征
caractéristique naturelle 固有性能
caractéristique normalisée 标准化性能
caractéristique particulière 特殊性能
caractéristique physico-chimique
    物理化学性能
caractéristique physique 物理性能
caractéristique statique 静态特性
caractéristique technique 技术特征

caractéristique technique de tunnel
　　隧道技术标准特征
caractéristique technique du pont
　　桥梁技术特征
caractéristique technologique　工艺特征
caractéristique variable de wagons
　　车辆变化特征
carburant　燃料;碳氢燃料
carcasse　骨架;构架
carcasse d'armatures　钢筋骨架
carcasse d'armatures ligaturées
　　绑扎钢筋骨架
carcasse d'armatures soudées
　　焊接钢筋骨架
carcasse de caisse　车体构架
carcasse de carrosserie　车体构架
carcasse de charpente métallique
　　钢结构框架
carcasse de tablier　桥面系
carcasse de wagon　车辆构架
carcasse d'immeuble en béton armé
　　钢筋混凝土屋架
cardan　万向节
carénage　流线型车身;整流罩
carénage de l'autorail　动车流线型机身
carénage de rame automotrice
　　动车组流线型机身
carénage en polyester　聚酯纤维整流罩
cariste　凿岩台车司机
carottage　岩芯钻探;岩芯取样
carottage à tarière　螺钻取样法
carottage de courts intervalles　密孔钻探
carottage de pieux　桩基岩芯取样
carottage de sondage　钻探岩芯
carottage électrique　电探;电法勘探
carottage géophysique　地球物理法钻探
carottage géothermique　地热勘探
carottage mécanique　钻机取样
carottage sonique　岩芯声测试验
carotte　岩芯;土样
carotte cylindrique de sondage
　　钻取圆柱体样心
carotte de forage　钻探岩芯
carotte de sondage　钻采岩芯
carotte-échantillon　试样柱
carotte orientée　定向岩芯
carotte suintante　淌水岩芯
carotte témoin　核定岩芯
carotteuse　取芯机;岩芯采集器

carottier　岩芯提取器;岩心管
carré　铁路方形信号牌
carrefour　十字路口;交叉路口
carrefour à niveau　平面交叉路口
carrefour à plusieurs niveaux
　　多层立体交叉
carrefour dénivelé　立体交叉
carrefour en étoile　星形枢纽
carrefour giratoire　环形(转盘式)交叉
carrefour hydraulique　水流交汇处
carrefour plan　平交叉路口
carrière　采石场;碎石场
carrière à ballast　道砟采石场
carrière à chaux　采石灰场
carrière à ciel ouvert　露天采石场
carrière à granite　花岗岩采石场
carrière d'ardoise　板岩采石场
carrière de calcaire　石灰石采石场
carrière de gravier　采砾场;采石场
carrière de grès　砂岩采石场
carrière de marbre　大理石采集场
carrière de matériaux à concasser
　　骨料采集场
carrière de matériaux de viabilité
　　筑路骨料采集场
carrière d'emprunt　借土场
carrière d'enrochements　大块石采石场
carrière de pierre　采石场
carrière de roche　石料场
carrière de roches massives　片石采石场
carrière de sable　采砂场
carrière de terre　取土坑
carrière mécanisée　机械化采石场
carrosserie　车体
carrosserie à deux étages　双层客车车体
carrosserie de wagon marchandises
　　货车车体
carrosserie de wagon voyageurs　客车车体
carroyage　坐标格网
carte　地图
carte à circuit　电路板
carte à échelle moyenne　中比例尺图
carte aérienne　航测图
carte à grande échelle　大比例尺图
carte à petite échelle　小比例尺图
carte à puce　智能卡
carte d'arpentage　土地测量图
carte de base　底图
carte de circulation　交通图;路线图

carte de convergence 等厚图
carte de levé 测量图
carte de marche des trains 列车运行图
carte de réseau ferroviaire 铁路网图
carte de signal 信号卡
carte des lignes équipotentielles 等位线图
carte de terrain projeté 投影地图
carte d'exploration 勘探图
carte d'immatriculation fiscale 税务登记卡
carte d'index 索引图
carte d'isobathes 等深线图
carte en courbes de niveau 等高线图
carte en courbes isobathes 等深线图
carte en relief 地貌图
carte géographique 地图
carte géologique 地质图
carte géologique générale 总地质图
carte hydrographique 水文测量图
carte isochronique 等时图
carte isohyète 等雨量图
carte isométrique 等值线图
carte-mère 母板
carte-relief 地形图
carte routière 公路图
carte schématique 草图
carte schématique des lignes 线路示意图
carte séismique 地震图
carte statistique 统计图表
carte tectonique 地质构造图
carte topographique 地形图
carter 罩;壳
carter de commutateur de mise à la terre
  接地开关防护罩
carter de contre-rail 护轨罩
carter de liquide 聚液窝
carter de liquide au fond de la citerne
  罐体底部聚液窝
carter de machine 机壳
carter de moteur de voie
  轨道电机防护盒
carter de protection 防护罩
carter de protection de poussière
  防尘罩
cartographie 地图绘制术
cartouche 保险管
cartouche de circuit 电路保险管
cas 情况
cas d'accident 发生事故
cas de déraillement 脱轨事故

cas de déraillement de pantographe
  受电弓掉线故障
cas de force majeure 不可抗力情况
cas d'urgence 紧急情况
cas exceptionnels 特殊情况
cas fortuit 偶然事件
cas imprévisible 意外事件
cas imprévu 意外事件
case 格子
case à ballast 道砟箱
case de carottage 岩芯箱
case des échantillons 标本盒
case de traverse 枕木盒
case entre traverses 轨枕盒
cash 现金
cash-flow 现金流
casier 记录
casier judiciaire 犯罪记录
casque 头盔
casque antichoc 安全帽
casque de protection 安全帽
casque de sécurité 安全帽
casse-motte 碎泥块机;松软岩石破碎机
casse-pierre(s) 破石锤;碎石机
cassis 横向水沟
cassure 断口;裂缝
cassure au bout de rail 轨端崩裂
cassure de l'âme de rail 轨腰劈裂
cassure de l'âme de roue 轮心裂缝
cassure de patin de rail 轨底崩裂
cassure de pression 压溃
cassure de pression de rail 轨底崩裂
cassure de pression ondulatoire
  波浪形压溃
cassure de rail 钢轨断口
catadioptre 反射器
catadioptre rouge en arrière
  车尾红色反光器
catalogue 目录;册
catalogue d'échantillons 样品目录
catalogue de dossiers 文件目录
catalogue de pièces détachées 配件目录
catalogue de plans 图纸目录
catalogue de volumes 卷目
catalogue illustré 图示目录
catalyseur 催化剂
catalyseur de prise 催凝剂
catalyseur d'hydratation 水化催化剂
catégorie 类别;级别

catégorie de circulation de trains 列车运行等级
catégorie de granulats 骨料分类
catégorie de l'artère 干道等级
catégorie de niveau de service 服务水平等级
catégorie d'entreprise 企业类别
catégorie de risque 风险类别
catégorie de route 公路等级
catégorie de traction 牵引种类
catégorie de trafic 交通类别
catégorie de wagons 车种类型
catégorie d'inspection de pont 桥梁检查类别
catégorie ferroviaire 铁路等级
catégorie minimale de résistance en compression 最小抗压等级
catégorie para-choc 防撞等级
catégorie technique 技术等级
caténaire 接触网
caténaire à tendeur automatique 全补偿接触网
caténaire composite 复合接触网
caténaire escamotable 可收接触网架
caténaire inclinée 斜链形悬挂
cause d'accident 事故原因
cause d'arrêt du train 停车原因
cause de collision des trains 火车碰撞原因
cause de déraillement 脱轨原因
cause de suspension de circulation 线路中断运行原因
cause de suspension de livraison 中止交货原因
cause de suspension des travaux 工程中断原因
cause d'incendie 火灾原因
caution 担保;保函
caution bancaire 银行担保
caution de bonne exécution 履约保函
caution de bonne fin 履约保函
caution de contre-garantie 反担保
caution de garantie 质量保证金
caution de restitution 可归还保函
caution de restitution d'avance 可归还预付款保函
caution de soumission 投标保函
caution de soumissionnaire 投标人保函
caution légale 法定担保
caution solidaire 连带担保
cautionnement 保证金
cautionnement de bonne exécution 履约保证金
cautionnement de crédit 信用担保
cautionnement déposé 交付保证金
cautionnement douanier 海关保证金
cautionnement hypothécaire 抵押担保
cautionnement solidaire 连带担保
cave 穴;洞
cave d'asile 避难洞
caverne 蜂窝(混凝土缺陷);岩洞
caverne karstique 喀斯特溶洞
cavité 穴;洞
cavité de contraction 收缩孔
ceinture 带;环绕物;环城线
ceinture anti-collision 防撞带
ceinture à outil 电工皮带
ceinture de liaison 圈梁
ceinture extérieure 外环(路)
ceinture intérieure 内环(路)
ceinture intermédiaire 中环(路)
ceinture verte au long de voie 沿线绿化带
ceinture verte autour de ville 环城绿化带
cellule 基层单位;部门
cellule de contrôle chargée de qualité 质量检查部门
cellule géotechnique 土工格室
cendre 灰烬;火山灰
cendre volante 粉灰;粉煤灰
cendres volcaniques 火山灰
centigramme(cg) 厘克
centimètre(cm) 厘米;公分
centimètre carré(cm^2) 平方厘米
centimètre cube(cm^3) 立方厘米
centrale 发电厂;发电站
centrale à béton 混凝土拌和站
centrale atomique 原子能发电厂
centrale à tour 塔式搅拌站
centrale d'air comprimé 压缩空气站
centrale de bétonnage 混凝土拌和站
centrale de bitume 沥青拌和站
centrale de concassage 破碎站;石料场
centrale de criblage 筛选厂
centrale d'électricité 发电厂
centrale de malaxage 拌和站;搅拌站
centrale de mélange 拌和站;搅拌站
centrale d'enrobage bitumineux 沥青混合料拌和站
centrale de secours 备用拌和站

centrale diesel 柴油发电厂
centrale électrique 发电厂
centrale éolienne 风力发电厂
centrale géothermique 地热发电厂
centrale héliothermique 太阳能发电厂
centrale hydraulique 水力发电厂
centrale hydroélectrique 水电站
centrale marémotrice 潮汐发电厂
centrale nucléaire 核电站
centrale principale 主拌和站
centrale solaire 太阳能发电厂
centrale thermique 热电厂;火力发电厂
centre 中心
centre d'aménagement de trafic
　交通管理中心
centre de blocage par radio
　无线闭塞中心
centre de calcul 计算中心
centre de commande à distance
　远程控制中心
centre de commande à distance de l'énergie
　de traction(CCDET)
　牵引动能远程控制中心
centre de commande des moteurs
　机电控制中心
centre de commande de transmission du
　courant électrique 输电调度中心
centre de commande et de contrôle de trafic
　运输调度控制中心
centre de communication 交通中枢
centre de contrôle 控制中心;监控中心
centre de contrôle de l'exploitation
　运营控制中心
centre de contrôle de signalisation
　信号控制中心
centre de contrôle de trafic ferroviaire
　铁路运输控制中心
centre de formation professionnelle
　职业培训中心
centre de gestion d'automatisation de trafic
　ferroviaire 铁路运输自动化管理中心
centre de gestion de circulation et
　maintenance 运行维护管理中心
centre de gravité 重心
centre de maintenance 维护中心
centre de maintenance des matériels roulants
　车辆维修中心
centre de moments 力矩中心
centre d'entretien 维修中心

centre de pression 压力中心
centre de projection 投影中心
centre de qualité 质量中心
centre de recherche 研究中心
centre de régulation des trains
　列车调度中心
centre de roue 车轮轮心
centre de service 服务中心
centre de service des informations de voyage
　旅行信息服务中心
centre de signalisation 信号控制中心
centre de torsion 扭转中心
centre de traitement 处理中心
centre de transit 换乘中心
centre de transport 运输中心
centre d'exploitation
　开发中心;运营中心
centre d'informations 信息中心
centrifugation 离心分离
cerce 环形钢筋
cerceau 箍;钢筋箍
cercle 圆;箍;圈
cercle concentrique 同心圆
cercle d'ancrage 锚索环;锚圈
cercle de puits en béton 混凝土井圈
cercle extérieur 外环
cercle intérieur 内环
certificat 证书
certificat d'acceptation 接受证书
certificat d'accident de travail
　工伤证明
certificat d'acquisition d'explosifs
　炸药获取证明
certificat d'aptitude professionnelle(CAP)
　职业证书
certificat d'aptitude technique
　技术鉴定书
certificat d'avarie 海损证明
certificat de chargement 装载证明
certificat de classification professionnelle
　专业等级证明
certificat de conformité 合格证书
certificat de douane 海关证明书
certificat de garantie 保证书
certificat d'épreuve 试验合格证书
certificat de produit 产品证明书
certificat de propriété 产权证明
certificat de provenance 来源地证明
certificat de qualification 资格证明

certificat de qualification et de classification professionnelle 资质等级证明
certificat de qualification professionnelle 专业资质证明
certificat de qualité 质量证明
certificat de réception 验收证书
certificat de santé 健康证明
certificat de scolarité 学历证明
certificat d'essais 试验证书
certificat d'étalonnage 校准证明
certificat d'exécution 施工证明
certificat d'existence 存在证明
certificat d'exploitation 开采证明
certificat d'habilitation des conducteurs d'engins 机械驾驶员资格证书
certificat d'inspection 检查证明
certificat d'origine 产地证明书
certificat médical 健康证明书
certification 认证;确认
certification de qualité 质量认证
certification de qualité ISO 9001 ISO 9001 质量管理体系认证
certification de signature 签字确认
certification de système de management de qualité à la norme ISO 9001 ISO 9001 质量管理体系认证
cessation 终止;中断
cessation d'activité 停业
cessation de circulation 中断运行
cessation de paiement 停止支付
cessation de production 停止生产
cessation de travail 停止工作
chaille 卵石;碎石
chaînage 拉条;拉圈
chaînage anti-sismique 抗震带
chaînage armé 配筋带
chaînage de l'arc 拱拉固
chaînage général 腰箍;圈梁
chaîne 链;流水线;流水作业
chaîne d'ancre 锚链
chaîne d'arbre 轴链
chaîne d'assemblage 组装流水线
chaîne d'assemblage de locomotive 机车组装流水线
chaîne d'assemblage des wagons 车辆组装流水线
chaîne d'attelage 提钩链
chaîne de fabrication 生产流水线
chaîne de freinage 制动链
chaîne de montage 装配流水线
chaîne de production 生产流水线
chaîne de rail 轨节
chaîne de rail assemblée 组装轨节
chaîne de rail unitaire 单元轨节
chaîne de tige d'attelage 提杆链
chaîne de triangulation 三角锁
chaîne de tirant 拉杆链
chaîne d'évacuation 弃土堆送机
chaîne de vente 销售链
chaîne d'isolateurs à série de suspension 悬式绝缘子串
chaîne industrielle 产业链
chaîne mécanique 机械传送带
chaîne porteur 承重索链
chaînette 悬索线
chaînon 链环;环节;网眼
chaînon manquant 尚缺路段
chaleur 热量
chalumeau 焊枪
chalumeau coupeur 射吸式割矩
chalumeau soudeur 射吸式焊矩
chambre 室
chambre à air 内胎
chambre avaloire 落水井
chambre à vapeur 蒸汽养护室
chambre d'ancrage 锚具室
chambre de chute d'eau 跌水井
chambre de commerce 商会
chambre de commerce et d'industrie 工商会
chambre de cure 养护室
chambre de décantation 沉淀室
chambre de distribution électrique 配电房
chambre de drainage 排水井
chambre de malaxage 拌和间
chambre de pompage 水泵房
chambre de raccordement 管件连接室
chambre de séchage 干燥室
chambre de tirage 检查井;管网井;电缆井
chambre de tirage à l'entrée 引入口检查井
chambre de tirage des câbles 电缆线检查井
chambre de tirage des câbles à fibre optique 光缆检查井
chambre de traitement 养护室;处理间
chambre de travail 工作间
chambre de ventilation 通风室

chambre de visite 检查室
chambre de visite de câbles électriques
    电缆检查井
chambre frigorifique 冷库
chambre froide 冷藏室
champ 场;区域;范围
champ d'action 活动范围
champ d'activité 业务范围
champ d'application 应用范围
champ d'application des dispositions
    条款适用范围
champ de circulation impaire 下行场
champ de contraintes 应力场
champ de déplacement 移位场
champ de dépôt 堆放场
champ de dépôt des conteneurs
    集装箱堆场
champ de dépôt des marchandises
    货物堆场
champ de gaz 气田
champ de gravité 重力场
champ de pétrole 油田
champ de pétrolifère 油田
champ de stockage de conteneurs
    集装箱堆场
champ de stockage de poudres
    桥梁存放场
champ de stockage des essieux
    轮对存放场
champ de vecteurs 矢量场
champ de départ 出发场
champ magnétique 磁场
champignon 轨头
champignon de rail 轨头
chanfreinage 倒角;倒棱
chanfreinage au bout de rail 轨端削角
chanfreinage d'extrémité de rail 轨端削角
changement 更换;变化
changement climatique 气候变化
changement d'adresse 地址变更
changement d'aiguille 更换道岔
changement de ballast 更换道砟
changement de courbure 曲率变化
changement de déclivité 变坡
changement de dévers 超高变化
changement de dimension géométrique
    de voie 轨道几何尺寸变化
changement de direction 变向
changement de flux de trafic 车流量变化

changement de fréquence 变频
changement de l'écartement de voie
    轨距变化
changement de lieu de l'entrecroisement
    des trains 改变会车地点
changement de locomotive de traction
    principale 更换主牵引机车
changement de numéro de train
    变更列车车次
changement de pente 变坡
changement de pente à concavité
    凹形变坡点
changement de pente à convexité
    凸形变坡点
changement de profil 调整断面尺寸
changement de rail 更换钢轨
changement de rail endommagé
    更换损伤钢轨
changement des appareils d'appui
    支座更换
changement des arrêts des stations
    变更停靠站点
changement de section 截面改变
changement de sens 换向
changement des essieux 更换轮对
changement des études 设计变更
changement de structure 结构变化
changement de température de boîte d'essieu
    轴箱温度变化
changement de température de caténaire
    接触网温度变化
changement de temps 气候变化
changement de traction 换乘牵引
changement de train des voyageurs
    列车换乘
changement de traverse 更换轨枕
changement de traverse endommagée
    更换损伤轨枕
changement de vitesse 变速
changement de voie 分路器;道岔
changement de voie de circulation 转变车道
changement de voie en sens inverse
    反向变轨
changement de voie en sens inverse de
    locomotive 机车反向变轨
changement de volume 体积变化
changement de wagons 更换车辆
changement de wagons-voyageurs 更换车底
changement dimensionnel 尺寸变化

C

changement directionnel de l'équipage de
　conduite　乘务组定向换乘
changement d'itinéraire
　进线改变；变更经路
changement d'itinéraire d'acheminement
　更换交路
changement d'itinéraire de trafic　更换交路
changement en croix　直角交叉
changement individuel de traverse
　个枕更换
changement périodique de l'équipage
　de conduite　乘务组定时换乘
changement qualitatif　质变
changement quantitatif　量变
chanterelle　（木工用）活动角尺
chantier　工地
chantier à charbon　卸煤场
chantier d'avancement　掘进工地
chantier de béton préfabriqué
　混凝土预制工地
chantier de bétonnage　混凝土施工工地
chantier de bétonnage des éléments
　préfabriqués　混凝土预制件工地
chantier de canalisation　管道铺设工地
chantier de cavage　挖掘工地
chantier de chargement　装车场
chantier de circulation impaire　下行场
chantier de circulation paire　上行场
chantier de compactage　碾压工地
chantier de construction　建筑工地
chantier de coulée　浇筑场地
chantier de creusement　掘进工作面
chantier de décharge des débris　排土场
chantier de déchargement　卸车场
chantier de découverte　剥离工作面
chantier de départ des trains　发车场
chantier de dépôt　排土场；堆放场
chantier de dragage　疏浚工地
chantier de forage　钻场；钻井工地
chantier de formation　编组场
chantier de formation et de départ　编发场
chantier de génie-civil　土建工地
chantier de marchandises　货场
chantier de marchandises du chemin de fer
　铁路货场
chantier de matériels roulants　车场
chantier de montage　装配工地
chantier de passage　通过车场
chantier de pont　桥梁(架设)工地

chantier de préfabrication　预制件场
chantier de recherches　勘探工作面
chantier descendant　下行场
chantier des essais de pieux　试桩场
chantier d'essai　试验场
chantier des wagons　车场
chantier de terrassement　土方工地
chantier de transbordement　换装场
chantier de travail　工作面；工地
chantier de triage　编组场
chantier de triage à la gravité　驼峰编组场
chantier de viaduc　高架桥工地
chantier d'excavation　采掘场；挖掘场
chantier d'injection　灌浆工地
chantier en activité　生产工作面
chantier en remblayage　回填工作面
chantier-gare　站场
chantier montant　上行场
chape　罩；防水面层
chape au mortier de ciment　水泥砂浆面层
chape anti-évaporante
　保湿层；混凝土养护薄膜
chape d'attelage　尾钩框
chape de couronnement　抹灰压顶
chape de propreté　素混凝土防水层
chape de protection d'étanchéité
　防水层；防水罩
chape d'étanchéité　防水面层；防水面罩
chape d'étanchéité courante　防水面罩
chape d'étanchéité de pont　桥面防水面罩
chape de voûte　拱帽
chape en béton　混凝土面层
chape étanche　防水面层；防水面罩
chape souple　油毡防水
chape souple hydrofuge　油毡
chapeau　帽；顶
chapeau d'aboutement (culée)　桥台台帽
chapeau de pieu　桩帽
chapeau de protection　防护罩
chapeau de ventilation　通风帽
chapeau préfabriqué　预制压顶
chaperon　压顶；盖顶
chaperon de pieu　桩顶
chaperon en béton　混凝土压顶
chaperon en dalle　石板压顶
chaperon en pierre　石条压顶
chaperon en tôle galvanisée　镀锌钢板压顶
chaperon préfabriqué　预制压顶
chapiteau　柱头；罩

chapiteau de ventilation 通风机罩
charbon 炭
charbon actif(activé) 活性炭
charbon cokéfiable 焦煤
charbon de bois 木炭
charbon de brut 原煤
charge 负荷;开支
charge accrue 附加荷载
charge active 有效荷载
charge adaptée 匹配荷载
charge additionnelle 附加荷载
charge admissible 容许负荷
charge à la torsion 扭转荷载
charge à la traction 张拉荷载
charge à l'essieu 轴重
charge alternative 交变荷载
charge anormale 不规则荷载
charge appliquée 作用荷载
charge aux appuis 墩台荷载;支承压力
charge aux nœuds 节点荷载
charge axiale 轴压;轴载
charge brute 毛重
charge brute remorquée 牵引总重量
charge brute totale du train 列车总重量
charge cantilever 悬臂荷载
charge centrale 中心荷载
charge centralisée de plaque central
　中心盘集中荷载
charge centrifuge 离心荷载
charge combinée 组合荷载;混合荷载
charge complète 满载
charge composée 组合荷载
charge concentrée 集中荷载
charge concentrée de crapaudine supérieure
　上心盘集中荷载
charge constante 永久荷载;恒载
charge continue 连续荷载
charge critique 临界负载
charge d'action 作用荷载
charge d'eau 水压
charge de bogie 转向架荷载
charge de calcul 计算荷载
charge décentrée 偏心受压
charge de châssis 车架荷载
charge de choc 冲击荷载
charge de choc du train 列车冲击力
charge de circuit 电路负荷
charge de circulation 交通负荷
charge de cisaillement 剪切荷载

charge de coke 焦煤含量
charge de compression 压缩荷载
charge de conception 设计荷载
charge de consolidation 固结荷载
charge de construction 施工荷载
charge de conversion 换算负载
charge de crapaudine 心盘荷载
charge de crapaudine de bogie
　转向架心盘荷载
charge de culée 支承压力;拱脚压力
charge de dépôt 堆放荷载
charge de distribution uniforme 均布荷载
charge de fluage 蠕变荷载
charge de freinage 制动荷载
charge de gravité 自重
charge de l'accumulateur 蓄电池充电
charge de l'assise de voie 路基荷载
chargé de l'environnement
　环境保护负责人
chargé de l'éxécution 施工负责人
charge de l'heure de pointe 高峰负荷
charge de lissoir d'appui 支座旁承荷载
charge de lissoir de bogie 转向架旁承荷载
charge de lissoir latéral 旁承负荷
charge de longrine 纵梁负荷
charge de longrine de châssis 车架底梁负荷
charge de longrine intermédiaire 中梁负荷
chargé de mise à la précontrainte
　预应力施工负责人
charge de passage 通过荷载
charge de pénétration 贯入荷载
charge de période 周期荷载
charge de pieux 桩荷载
charge de pointe 高峰负荷
charge de pont 桥梁荷载
charge de poussée 推力荷载
charge de poutre 梁荷载
charge d'épreuve 试验荷载
chargé de projet 项目负责人
chargé de qualité 质量负责人
charge de rail 钢轨负载
charge de réseau d'électricité 电网负荷
charge de roue 轮压
charge de rupture 断裂荷载
charge de rupture à la traction
　牵引断裂荷载
charge de rupture au choc 冲击断裂荷载
charge de sécurité 安全负载
charge d'essai 试验荷载

chargé des études 设计负责人
chargé des ouvrages d'art 桥隧工程负责人
chargé de techniques 技术负责人
charge de traction 牵引荷载
charge de trafic 交通负荷
charge de train 列车荷载
charge de travail 工作负荷
charge de traverse 横梁负荷
charge d'étude 设计荷载
charge de vent 风载
charge de voie 车道荷载;线路荷载
charge de wagon 车辆荷载
charge d'impact 冲击荷载
charge d'impulsion 脉冲荷载;冲击荷载
charge d'inertie 惯性负荷
charge directe 直接荷载
charge disponible 有效荷载
charge dissymétrique 不对称荷载
charge distribuée 分布荷载
charge due à la neige 雪荷载
charge due à la poussée de vent 风荷载
charge due à l'emmagasinage 堆放荷载
charge due au vent 风荷载
charge dynamique 动载
charge dynamique de pont 桥梁活载
charge dynamique de train 列车活载
charge dynamique verticale 垂直动荷载
charge élastique 弹性荷载
charge électrique 电荷
charge électrique de système de traction 牵引系统用电负荷
charge électrostatique 静电荷
charge en excès 过载
charge en circulation 循环负荷
charge équilibrée 均衡荷载
charge excentrée 偏心受压
charge exceptionnelle 特殊荷载
charge extrême 极限负荷
charge fixe 恒载
charge flexible 柔性荷载
charge horizontale 水平荷载
charge hydraulique 水力负荷
charge indirecte 间接荷载
charge initiale 初始负荷
charge insuffisante 荷载不足
charge intermittente 间隙荷载
charge inverse 反向荷载
charge latérale 侧向荷载
charge légale 法定荷载

charge limite 限定负荷;极限荷载
charge limite de l'attelage 车钩极限负载
charge limite de voiture 车辆极限负载
charge limite du pont 桥梁限载
charge localisée 集中荷载
charge lourde 重荷载
charge maximale 极限负载
charge maximale de calcul 最大计算荷载
charge maximum 最大荷载
charge maximum admissible 最大容许负荷
charge maximum de roue 最大轮压
charge minimum 最小负荷
charge mobile 动荷载
charge momentanée 瞬时负荷
charge monoaxiale 单轴荷载
charge morte 静荷载
charge moyenne 平均负荷
charge nette 净荷载
charge nominale 标定荷载;额定负荷
charge normale 标准负荷
charge nulle 零荷载
charge optimum 最佳荷载
charge oscillatoire 摆动荷载
charge par essieu 轴重
charge par roue 轮重
charge partielle 局部荷载;部分荷载
charge partielle de crapaudine 心盘部分荷载
charge par unité de longueur 单位长度荷载
charge permanente 永久荷载;恒定荷载
charge pleine 满载
charge polygonale 多边形荷载
charge ponctuelle 点荷载
charge portante limite 极限承重量
charge portée 承载
charge pratique 工作荷载
charge préliminaire 初荷载
charge prévue 预定负载
charge principale 主要荷载
charge progressive 递增荷载
charge provisoire 临时荷载
charge radiale 径向荷载
charge régulière 均布荷载
charge répartie 分布荷载
charge résiduelle 剩余荷载
charge rigide 刚性荷载
charge roulante 行载
charge roulante de train 列车活载
charge spéciale 特殊荷载

charge spécifique 单位荷载	chargement par wagon complet 整车装载
charge standard 标准荷载	chargeur 装载机;装料机
charge statique 静载	chargeur à bascule 翻斗装料机
charge statique de train 列车静载	chargeur à benne frontale 正面铲斗装载机
charge statique horizontale 水平静荷载	chargeur à chaîne 链板式上料机
charge statique verticale 垂直静荷载	chargeur à chenille 履带式装载机
charge superficielle 表面荷载	chargeur à fourche 叉式装载机
charge supplémentaire 附加荷载	chargeur à godet 斗式装载机
charge sur essieu 轴载	chargeur basculeur 翻斗装载机
charge sur roues 车轮负荷	chargeur basculeur de ballast 翻斗装砟机
charge symétrique 对称荷载	chargeur de ballast 装砟机
charge tangentielle 切向荷载	chargeur hydraulique 液压装载机
charge temporaire 临时荷载	chargeur-pelleteur 斗式装载机
charge théorique 理论荷载	chargeur sur pneus 轮胎式装载机
charge totale 总荷载	chargeur-transporteur 铲运机
charge transitoire 瞬载	chargeuse 装载机;装料机;铲车
charge transversale 横向荷载	chargeuse automatique 自动装载机
charge trapézoïdale 梯形荷载	chargeuse de ballast 装砟机
charge type 标准荷载	chargeuse de ballast à déversement par le côté 侧卸式装砟机
charge ultime 极限应力	chargeuse de ballast à griffe verticale 立爪式装砟机
charge uniforme 均布荷载	
charge uniformément répartie 均布荷载	
charge unitaire 单位负荷	chargeuse à bande 带式装载机
charge utile 有效负载	chargeuse à bras ramasseur 抓臂式装载机
charge utile remorquée de train 列车牵引净重	chargeuse à godet 斗式装料机
	chargeuse à disque 圆盘式装载机
charge variable 变化荷载	chargeuse à godet 斗式装载机
charge verticale 垂直荷载	chargeuse à godet sur bras rotatif 斗式转臂装载机
charge vibrante 振动荷载	
charge vibrante de train 列车振动荷载	chargeuse à pinces de homard 蟹爪式装载机
chargé 负责人	chargeuse à raclettes 刮板式装载机
chargement 装载;负荷	chargeuse à racloir 耙斗式装载机
chargement à bord （货物）装车	chargeuse à roue à godet 轮胎铲斗式装载机
chargement à la main 人工装料	
chargement concentré 集中装车	chargeuse au rocher 装岩机
chargement de poutres 装梁	chargeuse-benne 翻斗装载机;抓斗装运机;自装斗式矿车
chargement et déchargement 装卸作业	
chargement/déchargement des wagons de marchandises 货车装卸	chargeuse chenillée 履带式装载机
	chargeuse de traçage 掘进用装岩机
chargement/déchargement manuel 人工装卸	chargeuse hydraulique 液压装载机
	chargeuse-pelleteuse 斗式装载机
chargement/déchargement mécanisé 机械装卸	chargeuse sur camion 卡车装载机
	chargeuse sur chenilles 履带式装载机
chargement en vrac 散货装载	chargeuse sur pneus 轮胎式装载机
chargement et transport de ballast 装运道砟	chargeuse sur rails 轨道式装载机
chargement et transport de châssis de voie 装运轨排	chargeuse sur roues 轮胎式装载机
	chargeuse-transporteuse 铲运机
chargement mécanique 机械装料	chariot 小车

chariot à bagages　行李搬运车
chariot à main　手推车
chariot d'auscultation des rails
　钢轨超声波探伤车
chariot de détection ultrasonique du rail
　钢轨超声波探伤车
chariot de doublure　衬砌台车
chariot de forage　凿岩台车
chariot de mesure d'écartement de voie
　轨距测量车
chariot de mine　矿车
chariot d'enregistrement des paramètres
　géométriques de voie　线路几何参数测量车
chariot de perforateur　凿岩台车
chariot de pont-roulant　桥式吊机
chariot de sondage　凿岩台车
chariot de soudure de rails　焊轨车
chariot de transport　搬运小车
chariot d'inspection de voie　轨道检查车
chariot élévateur　叉车
chariot foreur　凿岩台车
chariot mobile　移动台车
chariot-perforatrice　凿岩台车
chariot porte-perforation　钻机车
chariot porteur　起重小车
chariot pour chantier de construction
　建筑工地用小推车
chariot répartiteur de béton
　混凝土摊铺机
chariot stockeur à fourche
　叉式起重车；铲车
charnière　铰链
charnière universelle　万向节
charpente　屋架；构架
charpente d'ancrage　锚定构架
charpente de chevalement　支撑架
charpente de voûte　拱架
charpente en acier　钢屋架；钢结构
charpente en treillis du pont　桥梁桁架
charpente métallique　钢屋架；钢结构
charpente métallique de tablier　桥面钢结构
charpente portante　承重结构
charpentier　架子工
charroi　大车运输
charrue　犁；铲土机
charrue à ballast　道砟犁
charrue à disque　圆盘犁
charrue défonceuse　松土犁
charrue de fossé　挖沟犁

charrue-taupe　掘壕机；挖沟机
chasse-corps　护板；挡泥板
chasse-neige　扫雪机
chasse-neige à étrave　犁式除雪车
chasse-neige à fraise　旋转式除雪车
chasse-neige à turbine　转子除雪车
chasse-neige rotatif　旋转式除雪车
chasse-pierres　（机车）铲石护轮挡板
chasse-roue　路边护栏
chasse-terres　推土机
châssis　底架；车架
châssis d'aiguilles　道岔底架
châssis de bogie　转向架座；转向架构架
châssis de caisse　车体底架
châssis de carrosserie　车体底架
châssis de voie　轨排；轨节
châssis de wagon　车辆底架
châssis en tôle　板式车架
châssis latéral de bogie　转向架侧架
châssis monobloc de soudure
　焊接一体式构架
châssis principal　主车架
château d'eau　水塔
chaudière　锅炉
chaudière à charbon　燃煤锅炉
chaudière à goudron　柏油熔化炉
chaudière à haute pression　高压锅炉
chaudière à mazout　燃油锅炉
chaudière à vapeur　蒸汽锅炉
chaudière de bitume　沥青加热炉
chaudière de l'asphalte　沥青加热炉
chaudière de locomotive　机车锅炉
chauffage　加热
chauffage de bitume　沥青加热
chauffage de l'eau　水加热
chauffage préalable　预热
chauffage progressif　逐渐加热
chauffe-eau　热水器
chauffe-eau électrique　电热水器
chauffeur de locomotive　火车司机；司炉
chaussée　路面
chaux　石灰
chaux aérienne　气硬性石灰
chaux anhydre　生石灰
chaux artificielle　水硬性石灰
chaux blanche　熟石灰
chaux calcinée　生石灰
chaux en vrac　散装石灰
chaux éteinte　熟石灰

chaux fondue　熟石灰
chaux grasse　富石灰
chaux hydratée　熟石灰
chaux hydraulique　水硬性石灰
chaux maigre　贫石灰
chaux vive　生石灰
chef de canton　道路养护队长
chef de gare　站长
chef d'équipe　施工队长
chef de train　列车长
chemin　道路
chemin d'accès　引道；入口道路；专用线
chemin de câbles　电缆桥架
chemin de chantier　施工道路
chemin de desserte　专用道路
chemin de drainage　排水流径
chemin de fer　铁道
chemin de fer abandonné　废弃铁路
chemin de fer à capitaux mixtes　合资铁路
chemin de fer à charge lourde　重载铁路
chemin de fer à crémaillère　齿轨铁路
chemin de fer à double voie　复线铁路
chemin de fer aérien　高架铁路
chemin de fer à grande vitesse　高速铁路
chemin de fer à l'écartement standard
　标准轨距铁路
chemin de fer à rail unique　单轨铁路
chemin de fer Asie-Europe　亚欧铁路
chemin de fer à voie étroite　窄轨铁路
chemin de fer à voie large　宽轨铁路
chemin de fer à voie normale　标准轨距铁路
chemin de fer de Congo-Océan(CFCO)
　刚果大洋铁路
chemin de fer de 1ère classe　一级铁路
chemin de fer de 2ème classe　二级铁路
chemin de fer de 3ème classe　三级铁路
chemin de fer de banlieue　市郊铁路
chemin de fer de ceinture　环形(城)铁路
chemin de fer de montagne　山区铁路
chemin de fer départemental　省际铁路
chemin de fer d'Etat　国有铁路
chemin de fer de réseau ferroviaire
　路网铁路
chemin de fer d'intérêt général　干线铁路
chemin de fer d'intérêt local　地方铁路
chemin de fer Djibouti-Ethiopie(CDE)
　吉布提埃塞俄比亚铁路
chemin de fer électrifié　电气化铁路
chemin de fer électrique　电气铁路

chemin de fer en circulation　运行铁路
chemin de fer en exploitation　运营铁路
chemin de fer en ligne droite　直线铁路
chemin de fer existant　既有铁路
chemin de fer forestier　森林铁路
chemin de fer funiculaire　缆索铁路
chemin de fer intercontinental　跨洲铁路
chemin de fer international　国际铁路
chemin de fer inter-urbain　城际铁路
chemin de fer léger　轻便铁路
chemin de fer local　地方铁路
chemin de fer métropolitain　地铁
chemin de fer minier　矿山铁路
chemin de fer Mombasa-Nairobi　蒙内铁路
chemin de fer monorail　单轨铁路
chemin de fer national　国家铁路
chemin de fer portuaire　港口铁路
chemin de fer principal　干线铁路
chemin de fer privé　私营铁路
chemin de fer souterrain　地下铁路；地铁
chemin de fer spécial　专用铁路
chemin de fer surélevé　高架铁路
chemin de fer Tanzanie-Zambie　坦赞铁路
chemin de fer transnational　跨国铁路
chemin de fer transsibérien
　西伯利亚大铁路
chemin de fer urbain　市郊铁路
chemin de fer voyageurs et marchandises
　客货共线铁路
chemin de freinage　(列车)制动距离
chemin de roulement　行车道路
chemin forestier　林间道路
chemin muletier　大车道
chemin piétonnier　人行道
chemin privé　专用道路
chemin provincial　省级公路
chemin rural　乡村道路
cheminée　通风筒；竖井
cheminée ascendante　提升竖井
cheminée cylindrique verticale　通风竖井
cheminée d'accès　人上下的竖井
cheminée d'aérage　通风井；出气筒
cheminée d'aération　通风井
cheminée d'air　风井
cheminée d'appel　通风井
cheminée d'approvisionnement　供应通道
cheminée d'ascension de câbles
　电缆直墙管道
cheminée d'échappement　排气管；排出口

cheminée de puits 井筒
cheminée de recherche 探井
cheminée de visite 检查井
cheminée en béton armé 钢筋混凝土烟囱
cheminement 导线测量；布线
cheminement altimétrique 高程导线
cheminement de cœur d'aiguille 心轨爬行
cheminement de l'aiguille 道岔爬行
cheminement de nivellement 水准导线
cheminement de nivellement fermé
　闭合水准导线
cheminement de rail 轨道爬行
cheminement de rail dû au refroidissement
　钢轨冷缩爬行
cheminement de rail dûe à la chaleur
　钢轨热胀爬行
cheminement de rail pointu 尖轨爬行
cheminement de tachéométrie 测距导线
cheminement de voie 轨道爬行
cheminement en arrière de l'aiguille dû au
　refroidissement 低温尖轨后爬行
cheminement en avant de l'aiguille dûe à
　la chaleur 高温尖轨前爬行
cheminement fermé 闭合导线测量
cheminement fixe 附合导线
cheminement graphique 图根导线测量
cheminement graphique principal
　主要图根测量
cheminement graphique secondaire
　次级图根导线测量
cheminement ouvert
　附合导线；非闭合导线测量
cheminement photogrammétrique
　空中三角测量
cheminement planimétrique 平面导线测量
cheminement polygonal 导线测量
cheminot 铁路工人
chemisage 涂保护层；涵管涂沥青防水层
chemise 衬管；文件夹
chemise perdue 埋式套管
chemise provisoire 临时衬砌；临时衬管
chéneau 檐沟；天沟
chèque 支票
chèque à ordre 记名支票
chèque au porteur 不记名支票
chèque bancaire 银行支票
chèque barré 划线支票
chèque certifié 确认支票
chèque de caution 保证金支票

chèque de virement 转账支票
chèque de voyage 旅行支票
chèque en blanc 空白支票
chèque endossé 背书支票
chèque nominatif 记名支票
chèque non barré 不划线支票
chèque ouvert 普通支票
chèque postal 邮政支票
chèque sans provision 空头支票
chèque visé 确认支票
chevalement 井架；滑车架
chevalement à portique 龙门式支架
chevalement à tour 塔式支架
chevalement en béton armé
　钢筋混凝土支架
chevalet 道岔机；道岔扳手
chevalet de manœuvre 道岔机
chevauchement 搭接；重叠
chevêtre 托梁；盖梁；墩帽
chevêtre de culée 桥台墩帽
cheville 销钉
cheville d'ancrage 锚销
cheville d'attelage 车钩销
cheville en bois 木销
cheville métallique 钢销
chèvre 三角支架
chiffre 数字
chiffre d'affaires 营业额
chiffre de bruit 噪声指数
chiffre de circulation des trains à vide
　空列车开行数
chiffre de circulation des trains en charge
　重列车开行数
chiffre net 净数
chignole 手电钻；手摇钻
Chinese Train Control System（CTCS）
　中国列车运行控制系统
chignole à main 手钻
choc 冲击；撞击
choc accidentel 事故撞击
choc de côté 侧向冲击
choc de freinage 制动冲击
choc de matériel roulant 机车车辆冲击
choc de roue-rail 轮轨冲击
choc de wagons 车辆冲击
choc frontal 正面冲击
choc latéral 侧面相撞
choc longitudinal 纵向冲击
choc transversal 横向冲击

choix 选择
choix de fournisseur 选择供应商
choix de l'adresse 选址
choix de l'entrepreneur 选择承包商
choix de ligne ferroviaire 铁路选线
choix de matériaux 选择材料
choix de mode de trafic 选择交通方式
choix de mode de traction 选择牵引方式
choix de partenaire 选择合伙人
choix de points pour sondage 踏勘选点
choix de rails 选配钢轨
choix des aiguilles 选择道岔
choix de soumissionnaire 选择投标人
choix de sous-traitant 选择分包商
choix de système 选择系统
choix de tracé 选线;选择线路走向
choix de tracé de chemin de fer 铁路选线
choix de type de locomotive 选择机车类型
choix de type de l'ouvrage d'art 选择桥梁类型
choix de type de pieux 选择桩类型
choix de type de pont 选择桥型
choix de type d'équipement 设备选型
choix de type de wagon 选择车辆类型
choix de voie 车道选择
choix d'itinéraire 进路选择
chômage 失业
chômage des ouvriers 工人失业
chômage partiel 部分失业
chômage saisonnier 季节性失业
chromatographe 色谱分析仪
chromatomètre 色度计
chronomètre 秒表;马表
chute 降落;下跌
chute d'eau 落水
chute de béton 混凝土溜槽
chute de neige 降雪
chute de pierres 落石;坠石
chute de pluie 降雨
chute de pression 压力下降
chute de puissance 功率下降
chute de roches 岩石崩塌
chute de température 温度下降
chute de toit 冒顶
ciment 水泥
ciment à base de silicate 硅酸盐水泥
ciment à base teneur en alcali 低碱水泥
ciment à durcissement lent 缓凝水泥
ciment à durcissement rapide 快凝水泥
ciment à entraînement d'air 加气水泥
ciment à faible basicité 低碱水泥
ciment à haute dégagement de chaleur 高热量水泥
ciment à haute résistance 高强度水泥
ciment à haute résistance initiale (CHRI) 高强快硬水泥
ciment à l'épreuve de l'eau 防水水泥
ciment alumineux 铝酸盐水泥;高铝水泥
ciment à maçonner 低强度等级水泥;砌砖水泥
ciment antiacide 耐酸水泥
ciment à prise hydraulique 水硬性水泥
ciment à prise instantanée 速凝水泥
ciment à prise lente 缓凝水泥
ciment à prise rapide 快凝水泥
ciment à résistance initial 早强水泥
ciment asphaltique 地沥青水泥
ciment aux cendres pouzzolaniques 火山灰水泥
ciment aux cendres volantes 粉煤灰水泥
ciment aux pouzzolanes 火山灰水泥
ciment blanc 白水泥
ciment calcium-alumineux 钙铝水泥
ciment chaux-laitier 石灰矿渣水泥
ciment-colle 水泥黏结剂
ciment coloré 彩色水泥
ciment composé 多组分水泥
ciment d'aluminate 铝酸盐水泥
ciment d'amiante 石棉水泥
ciment d'asbeste 石棉水泥
ciment de bauxite 矾土水泥
ciment de clinker 熟料水泥
ciment de haut-fourneau (CHF) 矿渣硅酸盐水泥
ciment de laitier 矿渣水泥
ciment de laitier à la chaux (CLX) (熟料)矿渣水泥
ciment de laitier au clinker (CLC) 矿渣硅酸盐水泥
ciment de mâchefer 矿渣水泥
ciment de qualité 高强度等级水泥
ciment de scorie 矿渣水泥
ciment de silicate 硅酸盐水泥
ciment de trass 火山灰水泥
ciment d'expansion élevée 高膨胀水泥
ciment d'injection 灌浆水泥
ciment en sac 袋装水泥
ciment en vrac 散装水泥

ciment exothermique 高热水泥
ciment expansif 膨胀水泥
ciment ferreux 高铁水泥
ciment grossier 粗磨水泥
ciment hydraté 水化水泥
ciment hydraulique 水硬水泥
ciment hydrofuge 防水水泥
ciment incolore 白色水泥
ciment mixte 混合水泥
ciment mortier 水泥砂浆
ciment naturel(CN) 抹灰水泥
ciment net 纯水泥
ciment portland
　波特兰水泥;普通硅酸盐水泥
ciment Portland avec cendres volantes actives
　(CPAC) 掺烟灰硅酸盐水泥
ciment Portland avec constituants
　secondaires 混合硅酸盐水泥
ciment Portland avec laitier(CPAL)
　掺矿渣硅酸盐水泥
ciment Portland avec laitier et pouzzolanes
　(CPAZ) 掺矿渣和火山灰硅酸盐水泥
ciment Portland avec pouzzolanes actives
　(CPAP) 掺火山灰硅酸盐水泥
ciment Portland de fer(CPF)
　矿渣硅酸盐水泥
ciment Portland sans constituants secondaires
　纯熟料水泥
ciment pour route 路用水泥
ciment pouzzolanique 火山灰质水泥
ciment prompt 快硬水泥
ciment pur 纯水泥
ciment rapide 快硬水泥
ciment sans clinker 无熟料水泥
ciment solide 硬化水泥
ciment spécial 特种水泥
ciment super-artificiel 高强快硬水泥
ciment superfin 超细磨水泥
ciment sursulfaté 硫酸盐水泥
ciment très résistant 高强水泥
ciment volcanique 火山灰水泥
cimentage 水泥浇筑
cimentation 水泥灌浆;抹灰泥
cimenterie 水泥厂
cinérite 火山凝灰岩
cintrage 弯曲;成拱形
cintrage des armatures 弯钢筋
cintre 拱;拱架;衬架
cintre d'arc 拱圈

cintre de forme 模板拱圈
cintre de pont 桥梁拱架
cintre de soutien 拱架支撑
cintre de voûte 拱圈
cintre en acier 钢拱架
cintre en fonte 铸铁拱架
cintre lourd 型钢拱架
cintre réticulaire de tunnel 网状隧道拱架
cintre réticulé de soutènement
　网状隧道支撑拱架
cintre roulant 移动式拱架
cintre tubulaire 钢管拱架
cintreuse 弯管机;弯板机
cintreuse à moteur 电动钢筋弯折机
cintreuse à rail 平轨器
cintreuse hydraulique 液压钢筋弯折机
cintreuse pour fer 弯筋机
circonférence 圆周
circonstance 情况
circonstance climatique 气候情况
circonstance de chantier-gare 站场情况
circonstance de présence de canalisation
　管道布局情况
circonstance de niveau de rivière
　河流水位情况
circonstance de voie immergée
　线路浸水情况
circonstance météorologique 气象情况
circuit 环路;电路
circuit auto-fermé 自闭电路
circuit auxilaire 辅助回路
circuit basse tension 低压电路
circuit combiné 组合电路
circuit d'alimentation 供电电路
circuit d'éclairage 照明电路
circuit de commande 控制电路
circuit de commande des aiguilles
　道岔控制电路
circuit de commande des signaux
　信号控制电路
circuit de communication 通信电路
circuit de commutation 开关电路
circuit de courant de pantographe
　受电弓受流
circuit de décalage 解锁电路
circuit de démarrage 启动电路
circuit de démarrage de l'aiguille
　道岔启动电路
circuit de haute tension 高压电路

circuit de l'aiguille 道岔电路
circuit de l'équipement de voie
　轨道设备电路；道岔电路
circuit de long rail 长轨道电路
circuit de moteur d'aiguille 转辙机电路
circuit d'enclenchement 联锁电路
circuit électrique de protection 保护电路
circuit électrique de protection automatique
　自动保护电路
circuit de rail 轨道电路
circuit de relais 继电器电路
circuit de retour de courant 电流回路
circuit de retour de traction
　牵引电力回路
circuit de signal 信号电路
circuit de traction 牵引电路
circuit de verrouillage 闭锁电路
circuit de voie 轨道电路
circuit de voie à boucle fermée
　闭路式轨道电路
circuit de voie à boucle ouverte
　开路式轨道电路
circuit de voie à codes de comptage
　计数电码轨道电路
circuit de voie à courant alternatif
　交流轨道电路
circuit de voie à courant codé
　电码轨道电路
circuit de voie à courant continu
　直流轨道电路
circuit de voie à courant pulsé
　脉冲轨道电路
circuit de voie de surveillance
　监视电路
circuit de voie en parallèle
　并联轨道电路
circuit de voie en série 串联轨道电路
circuit de voie sur deux rails
　双轨条式轨道电路
circuit d'excitation 励磁电路
circuit d'impulsion 脉冲电路
circuit d'indication 表示电路
circuit électrique 电路
circuit en série 串联电路
circuit fermé 闭合电路
circuit imprimé 印刷电路
circuit induit 感应电路
circuit intégré 集成电路
circuit ouvert 开电路

circulaire 通报；通函
circulaire administrative 行政通报
circulaire interministérielle 部委间通函
circulateur 循环泵
circulation 循环；交通
circulation à combinaison de train
　列车合并运行
circulation à deux sens 双向行驶
circulation à direction opposée
　对向行驶
circulation à droite 靠右行驶
circulation aérienne 空中交通；风流循环
circulation à gauche 靠左行驶
circulation à grande vitesse 高速交通
circulation à l'heure de pointe
　高峰时间交通
circulation alternée 交错通行
circulation à sens unique
　单行道；单向通行
circulation au sol 地面交通
circulation automatique de train
　列车自动运行
circulation à vide 空车运行
circulation à vitesse prescrite
　按规定速度运行
circulation de capitaux 资金流动
circulation de chantier 工地交通
circulation de franchissement de section
　跨越运行
circulation de traction en avant et de poussée
　en arrière 前拉后推式运行
circulation de trafic 交通运转；车流
circulation de train 列车运行
circulation de véhicules 车辆通行
circulation en charge
　负载运行；重车运行
circulation en défilé 成列运行；纵向运行
circulation en double sens 双向交通
circulation en navette
　往返交通；穿梭式交通
circulation en sens unique 单向交通
circulation ferroviaire 铁路运行
circulation forcée 强迫循环
circulation giratoire 环形交通
circulation intense 繁忙交通
circulation interdite 禁止行驶
circulation inverse 反方向行驶
circulation légère 轻交通量
circulation lente 低速交通

circulation longitudinale
　成列运行；纵向运行
circulation modérée　中等交通量
circulation naturelle　自然循环
circulation nocturne　夜间行驶
circulation normale　正常行驶
circulation opposée　对向交通
circulation ouverte　开放交通
circulation par méthode de block par
　téléphone　电话闭塞法行车
circulation piétonnière　行人通行
circulation ponctuelle　正点运行
circulation publique　公共交通
circulation routière　公路交通
circulation sans charge　空载行驶
circulation séparée　分隔交通；分隔行驶
circulation serrée　高密度运行
circulation simple file　单线交通
circulation sur double voie　双车道行驶
circulation sur voie unique　单车道行驶
circulation urbaine　市内交通
circulations verticales　垂直交通系统
cisaille　交叉渡线
cisaillement　剪切；线路交叉
cisaillement de voies　线路交叉
cisaillement de voies ferrées　铁路线交叉
ciseau　凿子
citerne　油罐；水罐
citerne à eau　水箱
citerne à essence　汽油罐
citerne à gasoil　柴油罐
citerne de carburant　燃油罐
clapet anti-retour　止回阀
clarck　叉车；铲车
clarification　澄清；净化
classe　等级；水泥强度等级
classe de béton　混凝土强度等级
classe de ciment　水泥强度等级
classe de granulats　骨料分类；骨料粒径
classe de l'artère　干道等级
classe de l'environnement　环境分级
classe de matériau　材料等级
classe de niveau de service　服务水平等级
classe de précision　精准度等级
classe de protection　防护等级
classe de qualité　质量等级
classe de résistance　强度等级
classe de résistance de béton
　混凝土强度等级
classe de risque　风险等级
classe de route　道路等级
classe de sécurité　安全等级
classe de tarif　费率等级
classe granulométrique　粒度级
classe para-choc　防撞等级
classe technique　技术等级
classement　等级；分类
classement de dimension　尺寸分类
classement de niveau de service
　服务水平等级
classement des bois　木材等级分类
classement des ciments　水泥等级分类
classement des matériaux　材料分类
classement des sols et roches
　土壤和岩石分类
classement en grosseur　粒度分级
classement granulométrique
　粒度分级；颗粒级配
classement par teneur　品位分级
classement selon l'indice de performance
　按性能指标分类
classement technique　技术等级
classification　划分
classification de ballast　道砟级配
classification de bogies　转向架分类
classification de chaussée　路面分级
classification de danger　危害等级分类
classification de danger à des
　substances toxiques　毒物危害程度分级
classification de gares　车站分类
classification de grosseur de grain　粒度分级
classification de locomotives　机车分类
classification de marchandises　货物分类
classification de matériaux de remblais
　填料划分
classification de matériel roulant
　铁道车辆分类
classification de poutres　梁分类
classification de ponts　桥分类
classification de rails　钢轨分类
classification de roches　岩石分类
classification des aciers　钢材分类
classification des aiguilles　道岔分类
classification de sols　土壤分类
classification de trafic　交通分类
classification de transport sur rail
　轨道交通分类
classification de voies　股道分类

classification de wagons fret 货车编组
classification d'exploration 探查分类
classification géotechnique 工程地质分类
classification granulométrique 粒度分级
clause 条款
clause abusive 强加条款
clause accessoire 附加条款
clause additionnelle 追加条款
clause administrative générale
　　一般管理条款;通用行政条款
clause annexe 附加条款
clause commune 共同条款
clause complémentaire 补充条款
clause compromissoire 仲裁条款
clause conditionnelle 附带条款
clause d'actualisation des prix
　　价格更新条款
clause d'arbitrage 仲裁条款
clause d'assurance 保险条款
clause de contrat 合同条款
clause de nantissement 抵押条款
clause de paiement 支付条款
clause de qualité 质量条款
clause de règlement des litiges
　　争议解决条款
clause de réservation 保留条款
clause de révision des prix 价格调整条款
clause de variation 变更条款
clause limitative 限制性条款
clause pénale 惩罚条款
clause restrictive 限制性条款
clause spéciale 特别条款
clausoir 拱顶石
claustrât 石拦;花墙
clavage 拱顶石制作;拱顶石修筑
clavette de sabot 闸瓦插销
clavier 键盘
clé,clef 拱顶石;扳手
clé à douille 套筒扳手
clé à ergot 钩形扳手
clé à fourche 开口扳手
clé à molette 活动扳手
clé à œil 梅花扳手
clé à pipe 套筒扳手
clé à tube 套筒扳手
clé de locomotive 机车钥匙
clé de taraud 丝锥扳手
clé de voûte 拱顶石;销石;拱销
clé dynamométrique 扭力扳手

clé hydraulique 液压扳手
climat 气候
climat continental 大陆性气候
climat de la Méditerranée 地中海式气候
climat de mer 海洋性气候
climat de mousson 季风气候
climat de prairie 草原气候
climat de prairie tropicale 热带草原气候
climat désertique 沙漠气候
climat équatorial 赤道性气候
climat humide 潮湿性气候
climat marin 海洋性气候
climat maritime 海洋性气候
climat océanique 海洋性气候
climat polaire 极地气候
climat saharien 撒哈拉气候;沙漠气候
climat sec 干燥性气候
climat semi-aride 半干旱气候
climat semi-désertique 半沙漠性气候
climat tempéré 温带气候
climat tropical 热带气候
climat tropical sec 干热带气候
climatiseur 空调
climatiseur split système 分体式空调
climatiseur type fenêtre 窗式空调
cloison 隔墙;隔板
cloison amovible 活动隔墙
cloison démontable 活动隔墙
cloison de séparation 隔墙;隔板
cloison en béton armé 钢筋混凝土隔墙
cloison en briques pleines 实心砖隔墙
cloison en briques posées de champ
　　立砖隔墙
cloison légère 轻质隔墙
cloison mobile 活动隔墙
cloison vitrée 玻璃隔墙
clothoïde 回转曲线
clôture 围墙;篱笆
clôture anti-intrusion 隔离栅;防盗围墙
clôture de base-vie 生活营地围墙
clôture de chantier 工地围墙
clôture de comptes 结账
clôture de dépôt des offres 投标截止日
clôture de l'exercice 年终结账
clôture de protection 栅栏
clôture en fil de fer 铁丝网围墙
clôture en lattis 栅栏墙
clôture grillagée 网格围墙;网栅
clôture provisoire 临时围墙

clou 钉
clou à crochet 钩钉
clou à pistolet 铆钉枪钉
clou de sol en acier 钢路钉
clou en acier 钢钉
clouage 用钉加固
clouage de talus rocheux
　　边坡岩石打钉锚固
clouage des traverses en bois 钉连枕木
coassocié 合伙者；合作者
coassurance 共同保险
coaxial 同轴线；同轴电缆
cocontractant 契约签订方；乙方
codage 编码
codage de canal 信道编码
codage de données 数据编码
codage de locomotives 机车编码
codage des aiguilles 道岔编码
codage des gares 车站编码
codage des signals 信号机编码
codage de voies 线路编码
codage de wagons 车辆编码
codage numérique 数字编码
code 法典；码
code bidimentionnel 二维码
code civil 民法
code de banque 银行代码
code de bloc 分组码
code de commerce 商法
code de douane 海关法
code de gare 车站代码
code de la route 交通规则
code de la sorte de wagon 车辆车种代码
code de l'enregistrement 登记税法
code de numéro de train 列车车号代码
code de numérotage de formation du train
　　列车编组顺位代码
code de position 位置代码
code de série de fabrication 制造序列代码
code de série de fabrication de
　　rame automotrice 动车组制造序列代码
code de série de production 生产批次代码
code de série de production de rail
　　钢轨生产批次代码
code des impôts 税法
code des impôts directs 直接税法
code des impôts indirects 间接税法
code des marchés 合同法
code des marchés publics 公共合同法

code de trafic routier 公路交通法
code de train 列车代码
code de wagon 车辆代码
code d'identification 识别码
code d'identification de caisses 车体识别码
code d'identification de châssis
　　车底架识别码
code d'identification des barres
　　条形识别码
code d'identification des wagons
　　车辆识别码
code digital 数码
code du travail 劳动法
code numérique 数码
code postal 邮政编码
code secret 密码
code télégraphique 电报电码
codification 编码
coefficient 系数
coefficient constant 恒定系数；常系数
coefficient d'abondance 流量系数
coefficient d'abrasion 磨耗系数
coefficient d'absorption 吸收系数
coefficient d'accouplement 耦合系数
coefficient d'adhérence 黏着系数
coefficient d'adhésion 黏着系数
coefficient d'adhésion de chaussée
　　路面附着系数
coefficient d'adhésion entre roue et rail
　　轮轨附着系数
coefficient d'affaiblissement 衰减系数
coefficient d'agrandissement 放大系数
coefficient d'ajustement 调节系数
coefficient d'allongement 伸长系数
coefficient d'amortissement
　　折旧系数；阻尼系数
coefficient d'amortissement linéaire
　　线性阻尼系数
coefficient d'amplification 放大系数
coefficient d'assurance 保险系数
coefficient d'atténuation 衰减系数
coefficient de bruit 噪声系数
coefficient de capacité spécifique 比容系数
coefficient de capacité spécifique de wagon
　　车辆比容系数
coefficient de charge 荷载系数
coefficient de charge dynamique 动荷系数
coefficient de chargement 装载系数
coefficient de choc 冲击系数

coefficient de classification 分级系数
coefficient de compacité 压实系数
coefficient de compressibilité 压缩系数
coefficient de compression 压缩系数
coefficient de concentration 凝聚系数
coefficient de conductibilité 传导系数
coefficient de conductibilité calorifique
　导热系数
coefficient de conformité 均匀系数
coefficient de consolidation 固结系数
coefficient de consommation 消耗系数
coefficient de contraction 收缩系数
coefficient de convection 交换系数
coefficient de conversion 转换系数
coefficient de correction 修正系数
coefficient d'écoulement 径流系数
coefficient de couplage 耦合系数
coefficient de courbe 曲率系数
coefficient de crue 洪水系数
coefficient de débit 流量系数
coefficient de déformation 变形系数
coefficient de déraillement 脱轨系数
coefficient de diffusion 扩散系数
coefficient de dilatation 膨胀系数
coefficient de dilution 稀释系数
coefficient de dispersion 扩散系数
coefficient de distribution 分布系数
coefficient de dosage 配合比
coefficient de dureté 硬度系数
coefficient d'efficience 有效系数
coefficient d'effort 应力系数
coefficient de filtration 渗透系数
coefficient de finesse 细度系数
coefficient de fissure 裂隙系数
coefficient de flambement longitudinal
　纵向弯曲系数
coefficient de flexibilité de wagon
　车辆柔度系数
coefficient de flexion
　弯矩/弯曲矩/弯曲系数
coefficient de fluage 徐变系数
coefficient de fluctuation 波动系数
coefficient de foisonnement 膨胀系数
coefficient de force centrifuge 离心力系数
coefficient de force longitudinale
　纵向力系数
coefficient de force transversale
　横向力系数
coefficient de fragmentabilité 碎性系数
coefficient de freinage 制动率
coefficient de freinage de véhicule
　车辆制动率
coefficient de friabilité 易碎性系数
coefficient de friction 摩擦系数
coefficient de friction interne 内摩擦系数
coefficient de friction limitée 极限摩擦系数
coefficient de frottement 摩擦系数
coefficient de glissement 滑动系数
coefficient de gonflement 膨胀系数
coefficient d'élasticité 弹性系数
coefficient de l'homogénéité 均匀系数
coefficient de liquidité 液化系数
coefficient d'hétérogénéité 不均匀系数
coefficient de minoration 减少系数
coefficient de moment 力矩系数
coefficient de moment fléchissant 弯矩系数
coefficient d'emprise au sol 占地密度
coefficient d'encastrementc 固定系数
coefficient de partage 分配系数
coefficient de pénétration 渗透系数
coefficient de perméabilité 渗透系数
coefficient de perte 损耗系数
coefficient de plasticité 塑性系数
coefficient de pluie 降雨系数
coefficient de poids propre 自重系数
coefficient de poids propre de wagon
　车辆自重系数
coefficient de pointe 峰值系数
coefficient de pondération 加权系数
coefficient de poussée 推力系数
coefficient de pression 压力系数
coefficient de pression du sol 土压力系数
coefficient de proportion 比例系数
coefficient de pureté 纯系数
coefficient d'équivalence 换算系数
coefficient de radiation 辐射系数
coefficient de raideur 刚度系数
coefficient de ramollissement 软化系数
coefficient de rebondissement 回弹系数
coefficient de rectification 修正系数
coefficient de réduction 折减系数
coefficient de réflexion 反射系数
coefficient de réfraction 折射系数
coefficient de régularité 均匀系数
coefficient de remplissage 填充系数
coefficient de répartition 分配系数
coefficient de résilience 回弹系数
coefficient de résistance 阻力系数

C

coefficient de résistance de circulation 运行阻力系数
coefficient de résistance de l'air 空气阻力系数
coefficient de retrait 收缩系数
coefficient de révision 修正系数
coefficient de rigidité 刚度系数
coefficient de risque 风险率
coefficient d'érosion 冲刷系数
coefficient d'erreurs 误差率
coefficient de roulement 滚动系数
coefficient de rugosité 粗糙度
coefficient de ruissellement 径流系数
coefficient de rupture 断裂系数
coefficient de sécurité 安全系数
coefficient de sinuosité 弯曲率
coefficient de stabilité 稳定系数
coefficient de striction 收缩系数
coefficient de structure 结构系数
coefficient de sûreté 可靠(安全)系数
coefficient de suspension 悬挂系数
coefficient de tassement 下沉系数
coefficient de température 温度系数
coefficient de torsion 扭转系数
coefficient de traction 牵引系数
coefficient de transfert 转移系数
coefficient de transfert thermique 传热系数
coefficient de transmission 传导系数
coefficient de variation 变化系数
coefficient de viscosité 黏度系数
coefficient de volume 体积系数
coefficient d'expansion 膨胀系数
coefficient d'extension 伸长系数
coefficient d'impact 冲击系数
coefficient d'importance 严重度系数
coefficient d'impulsion 冲击系数
coefficient d'inertie 惯性系数
coefficient d'infiltration 渗透系数
coefficient d'influence 影响系数
coefficient d'isolation 绝缘系数
coefficient d'occupation 占用率
coefficient d'occupation du sol 建筑密度
coefficient d'uniformité 均匀系数
coefficient d'usure 磨损度;磨耗系数
coefficient d'utilisation 使用系数
coefficient dynamique 动力系数
coefficient pratique 适用系数
coefficient thermique 温度系数
coefficient utilisable 适用系数
cœur d'aiguille 岔心;心轨;辙叉
cœur d'aiguille combinée 组合辙叉
cœur d'aiguille fixe 固定辙叉心
cœur d'aiguille mobile 活动岔心;活动心轨道岔
cœur d'aiguille soudée 焊接辙叉
cœur de croisement 道岔辙心;辙叉心轨
cœur de croisement central 中央辙岔心
cœur de croisement court 短心轨
cœur de croisement en losange 菱形岔心
cœur de traversée 分道交叉密集区
coffrage à béton 混凝土模板
coffrage absorbant 吸水模板
coffrage à recouvrement 搭接模板
coffrage assemblé 拼装式模板
coffrage central 中模
coffrage de base 底模
coffrage de béton 混凝土模板
coffrage de béton de revêtement 混凝土衬砌模板
coffrage de caniveau 边沟模板
coffrage de chaussée 路面模板
coffrage de colonne 柱模板
coffrage de coulage 浇铸模板
coffrage de fond 底模
coffrage de fossé 排水沟模板
coffrage de fouille 基坑模板
coffrage de galerie 廊道支模
coffrage de l'élément en béton armé 钢筋混凝土构件模板
coffrage de l'élément de construction 构件模板
coffrage de l'élément de construction préfabriquée 预制构件模板
coffrage de l'exécution 施工模板
coffrage de l'exécution de coulage 浇筑施工模板
coffrage de l'exécution des travaux 工程施工模板
coffrage de poteau 柱模板
coffrage de poutre 梁模板
coffrage de préfabrication 预制模板
coffrage de préfabrication de poutre en T T梁预制模板
coffrage de préfabrication légère 轻型预制模板
coffrage de préfabrication lourde 重型预制模板

coffrage de revêtement en béton
　混凝土衬砌模板
coffrage de travée　桥跨模板
coffrage de tunnel　隧道模板
coffrage de voûte　拱模板
coffrage d'extrusion　滑模板
coffrage en acier　钢模板
coffrage en alliage léger　轻合金模板
coffrage en bois　木模板
coffrage en contreplaqué　胶合板模板
coffrage en planche de bambou　竹模板
coffrage étanche　防水模板
coffrage extérieur　外模板
coffrage fin　精模板
coffrage fixe　固定式模板
coffrage glissant　滑模
coffrage gonflable　膨胀模板
coffrage grimpant　爬升模板
coffrage intérieur　内模板
coffrage latéral　侧模板
coffrage métallique　钢模板
coffrage mobile　活动模板
coffrage mobile horizontal　水平移动模板
coffrage monobloc　整体安装模板
coffrage normal　普通模板
coffrage ordinaire　普通模板
coffrage pliant　折叠式模板
coffrage pneumatique　充气模板
coffrage raboté　刨光模板
coffrage soigné　精细模板
coffrage spécial　特种模板
coffrage standard　定型模板
coffre　箱；盒
coffre à lest　压载箱
coffre à outils　工具箱
coffre de bâton pilote à clé　钥匙路签器
coffre de commutateurs　开关盒
coffre de lestage　压载箱
coffret　盒；柜
coffret de disjoncteurs　自动保护开关柜
coffret de distribution électrique　配电柜
coffret des interrupteurs　开关柜
cohésion　黏结力
cohésion de sol　土黏性
coke　焦炭
colis de détail　零担货物
collage aspiré　吸合
collage de lame d'aiguille　道岔贴合
collecte　收集

collecte de puissance　功率收集
collecte des déchets liquides　液体垃圾收集
collecte des déchets toxiques　有毒弃物收集
collecte des données　采集数据
collecte des données de base　采集基础数据
collecte des données environnementales
　环境数据收集
collecte des données pluviométriques
　雨量数据收集
collecte des eaux superficielles　地表水收集
collecte des eaux usées　污水收集
collecte d'informations　收集信息
collecteur　集水管
collecteur circulaire　圆形集水管
collecteur d'alimentation　供水总管
collecteur d'eau　集水器
collecteur de ballast　收砟机
collecteur de boues de retour　回流污泥池
collecteur de dépôt　沉淀汇集槽
collecteur des égouts　下水总管
collecteur de surface　地面上集水管
collecteur de tuyaux en béton armé
　钢筋混凝土排水干管
collecteur d'huile　集油器
collecteur drainant　集水管；集流管
collecteur en béton　混凝土集水管
collecteur en béton armé
　钢筋混凝土集水管
collecteur en fonte　铸铁集水管
collecteur en PVC　PVC集水管
collecteur enterré　地下集水管
collecteur métallique　金属集水管
collecteur principal　集水干管
collection　收集
collection d'eau　汇水；汇流
collection de documents　资料收集
collection de données　数据收集
collet　凸缘
collet de fusée　轴颈防尘板座
collet d'essieu　轴肩
collier　卡箍；卡圈
collier de ferraillage　箍筋
collier de fixation　卡子
collier de serrage　卡圈
collimateur　准直仪；视准仪
colline　丘陵
collision　碰撞
collision de flanc　侧面碰撞
collision des trains　火车碰撞

collision frontale　正面相撞
collision frontale des deux trains
　　两列火车正面相撞
colmatage de voie ferrée　道床尘囊板结
colmatage du lit de ballast
　　道床脏污(板结)
colonne　柱;圆柱;支柱;纵行
colonne à couplage　双柱
colonne à section uniforme　等截面柱
colonne à section variable　变截面柱
colonne ballastée　纵向铺设道砟
colonne combinée　组合柱
colonne composée　组合柱;混合柱
colonne composite　组合柱;混合柱
colonne creuse　空心柱
colonne de direction　指向柱
colonne de criblage　筛分塔
colonne de forage　钻杆柱
colonne de pile　墩柱
colonne de soutènement　支柱
colonne de soutien　支柱
colonne de support　支柱
colonne disposée en gradins　阶形柱
colonne en béton armé　钢筋混凝土柱
colonne en fonte　铸铁圆柱
colonne en tube　管柱
colonne en tube bétonnée　混凝土填塞管柱
colonne encaissée　箱形柱
colonne longue　长柱
colonne préfabriquée　预制柱
colonnes accouplées　并列对柱
colonnes jumelles　并置柱
colonnes stratigraphiques　钻孔柱状图
combe　山脊
combinaison　组合;配合
combinaison de croisement des aiguilles
　　道岔组合
combinaison de rame automotrice
　　动车组组合
combinaison des marchandises　货物组合
combinaison des wagons à marchandises
　　货车车辆组合
combinaison des wagons à voyageurs
　　客车车底组合
combinaison de traction　牵引组合
combinaison de voies　线路组合
combinaison libre des wagons
　　车辆自由组合
combinaison linéaire　线性组合

combinaison optimale des facteurs
　　de production　生产要素最佳组合
comble métallique　钢屋盖结构
comblement　填实
comblement de bassin　填池
comblement de fossé　填沟
comblement de puits　填井
comblement des cours d'eau
　　填河;围堰
comblement des vides　填平坑穴
combustible　燃料
combustible fossile　矿物燃料
combustible gazeux　气体燃料
combustible liquide　液体燃料
combustible minéral　矿物燃料
combustible nucléaire　核燃料
combustible solide　固体燃料
comité　委员会
comité consultatif　咨询委员会
comité d'arbitrage　仲裁委员会
comité de conciliation　调解委员会
comité de coordination　协调委员会
comité de coordination technique
　　技术协调委员会
comité de gestion　管理委员会
comité de préparation　筹备委员会
comité d'experts　专家委员会
comité d'organisation　组织委员会
Comité Européen du Béton(CEB)
　　欧洲混凝土委员会
Comité Européen de Normalisation(CEN)
　　欧洲标准化委员会
Comité Européen pour la Normalisation
　　Electrotechnique(CENELEC)
　　欧洲电工标准化委员会
comité exécutif　执行委员会
Comité Français pour les Techniques
　　Routières(CFTR)　法国公路技术委员会
comité spécial　特别委员会
commande　订购;控制
commande à bord　车上控制;列车自主控制
commande à distance　遥控
commande annulée　取消订货
commande anticipée　预订货
commande à temps-fixes　定时控制
commande automatique de signaux
　　信号自动控制
commande automatique des itinéraires
　　进路自动控制

commande automatique de température
　温度自动控制
commande centrale　集中控制
commande centralisée　集中控制
commande confirmée　确认订货
commande d'aiguille
　道岔控制;道岔转换
commande de ciments　订购水泥
commande de circulation du train
　列车运行控制
commande de direction　方向操纵装置
commande de l'éclairage　照明控制
commande de machine
　订购机器;机器控制
commande de matériaux　订购材料
commande de programme　程序控制
commande de rails　订购钢轨
commande de régulation de circulation
　行车调度指挥
commande des aciers　订购钢筋
commande des bois　订购木材
commande des équipements
　订购设备;设备控制
commande de signaux　信号控制
commande de trafic centralisée(CTC)
　运输集中调度;列车运行集中控制
commande d'itinéraire du train
　列车进路控制
commande électrique　电力控制
commande électronique　电子控制
commande locale　局地控制
commande manuelle　手操纵
commande numérique　数控
commande par la gare　车站控制
commande par le régulateur　调度控制
commande par bouton　按钮控制
commande par tringle　拉杆控制
commande par radio　无线电控制
commande terrestre　地面控制
commandement de circulation des trains
　列车运行指挥
commandement de distribution des véhicules
　车辆调配
commandement de régulation des trains
　列车调度指挥
commencement　开始;开工
commencement de la course　行程始点
commencement des travaux　工程开工
commentaire　注释;批注

commentaire des plans
　图纸注释;图纸批复意见
commerce　商业;贸易
commerce bilatéral　双边贸易
commerce de service　服务贸易
commerce d'exportation
　出口贸易
commerce d'importation
　进口贸易
commerce en(de)détail　零售贸易
commerce en(de)gros　批发贸易
commerce libre　自由贸易
commerce par échanges　易货贸易
commission　委员会;佣金;手续费
commission consultative　咨询委员会
commission d'arbitrage　仲裁委员会
commission de banque　银行手续费
Commission de l'administration publique de
　normalisation de Chine
　中国国家标准化管理委员会
commission de l'intermédiaire　佣金
commission de normalisation
　标准化委员会
commission d'enquête　调查委员会
commission de représentant
　代理人佣金
commission des marchés　合同委员会
commission d'évaluation des offres
　评标委员会
Commission d'Innovation Routière(CIR)
　(法国)道路新技术咨询委员会
commission d'ouverture des plis
　开标委员会
Commission économique pour l'Afrique
　(CEA)　非洲经济委员会
Commission Electrotechnique Internationale
　(CEI)　国际电工技术委员会
Commission Nationale des Marchés(CNM)
　国家合同委员会
commission permanente　常设委员会
commissionnaire　代理人;经纪人
commissionnaire-chargeur　装运代理人
commissionnaire en douane　通关代理人
commissionnaire-expéditeur　发运代理人
commissionnaire-exportateur　出口代理
commissionnaire-importateur　进口代理
commissionnaire-transitaire　过境代理人
commissionnaire-vendeur　销售代理人
communauté　社团;共同体

Communauté Economique de l'Afrique de l'Ouest (CEAO)　西非经济共同体
Communauté Economique des Etats de l'Afrique Centrale (CEEAC)　中非国家经济共同体
Communauté Economique Européenne (CEE)　欧洲经济共同体
communication　联络;交通;交通线
communication aérienne　空中交通
communication de secours　应急通信
communication de section　区段通信
communication de voies　线路连接
communication d'ondes courtes à bord　车载短波通信
communication entre le chef du train et le régulateur　车长与调度员之间的联系
communication ferroviaire　铁路交通;铁路通信
communication ferroviaire par radio　铁路无线通信
communication interurbaine　长途电话;城市(间)交通
communication maritime　海上交通
communication mobile de chemin de fer mondial　全球铁路移动通信
communication par micro-onde　微波通信
communication par radio　无线电通信
communication par satellite　卫星通信
communication par satellite du chemin de fer　铁路卫星通信
communication pour les services de secours　应急服务的通信
communication publique　公共交通
communication relayée　中继通信
communication relayée de micro-onde　微波中继通信
communication relayée de micro-onde à bord　车载微波中继通信
communication relayée de micro-onde du chemin de fer　铁路微波中继通信
communication relayée de micro-onde du sol　地面微波中继通信
communication routière　公路交通
communication sol-train　地—车联系
communication téléphonique　电话通信
communication terrestre　陆路交通
communiqué　公告;公报
communiqué de l'appel d'offre　招标公告
communiqué de presse　新闻公告
commutateur　转换开关;转换器
commutateur automatique　自动转换器
commutateur de données　数据转换器
commutateur de protection　保护开关
commutateur de protection de mise à la terre　接地保护开关
commutateur de roulement　走行开关
commutation　转换
commutation de l'aiguille　道岔转换
commutation de circuit　电路交换
commutation de données　数据转换
commutation de messages　信息转换
commutation numérique　数字交换
compacité　密实性;密实度
compacité à giration　回转压实度
compacité de béton　混凝土密实性
compacité de l'assise　底面密实性
compacité de roche　岩石密度
compacité de terrain　地面压实度;土壤密度
compactage　压实
compactage à couche　分层压实
compactage à sec　干压实
compactage au choc　冲击压实
compactage au dameur　夯实
compactage au pétrissage　揉合压实
compactage au profondeur　深部压实
compactage au rouleau　滚碾压实
compactage complémentaire　补充压实
compactage de ballast　道砟压实
compactage de berme　沟肩压实
compactage de couche supérieure　表层压实
compactage définitif　终压
compactage de fond de déblai　挖方底部压实
compactage de fond de décaissement　箱体开挖底部压实
compactage de fond de forme　路基顶面层压实
compactage de fond de fouille　基坑底部压实
compactage de l'accotement　路肩压实
compactage de l'assise de voie　路基碾压
compactage de remblai　填方压实
compactage de sol　素土夯实;土壤压实
compactage des remblais　压实充填
compactage d'essai　试验压实
compactage de talus　边坡碾压
compactage de terrain　场地夯实
compactage dynamique　强夯

compactage en remblai 填方压实
compactage faible 弱压实
compactage final 末次碾压；终压
compactage giratoire 旋转压实
compactage intense 高密度压实
compactage moyen 中密度压实
compactage manuel 人工捣实
compactage par arrosage 洒水压实
compactage par couches 分层碾压
compactage par cylindrage 滚碾压实
compactage par roulage 滚碾压实
compactage par roulement de train 列车走压
compactage préliminaire 初压
compactage statique 静力压实
compactage superficiel 表面压实
compactage uniforme 均匀压实
compactage vibrant 振动压实
compacteur 压路机
compacteur à percussion 冲击式压路机
compacteur à plaque vibrante 振动平板压实机
compacteur à pneus 轮胎式压路机
compacteur à pneus lisses 光轮轮胎式压路机
compacteur à roues 轮式压路机
compacteur automatique sur pneus 轮胎式自动压路机
compacteur automoteur 自动压路机
compacteur jante lisse 光滑轮毂压路机
compacteur léger 轻型压路机
compacteur lourd 重型压路机
compacteur tandem 双轮压路机
compacteur tracté à pneus 轮胎式牵引压路机
compacteur vibrant 振动压路机
compaction 压实
compactomètre 密实度计
compagnie 公司
compagnie d'assurance 保险公司
compagnie multinationale 跨国公司
compagnie nationale 国有公司
comparaison 比较
comparaison de la proposition de variante du tracé 线路优化方案比较
comparaison de performance de locomotives 机车性能比较
comparaison de performance des équipements 设备性能比较
comparaison de plans 比较方案
comparaison de plans des études 设计方案比较
comparaison de plans du transport 运输方案比较
comparaison des appareils électriques 电器设备比较
comparaison des couleurs 比色
comparaison des coûts 成本比较
comparaison des modes de traction 牵引方式比较
comparaison des multinormes 多标准比较
comparaison des offres 标书比较
comparaison des prix 价格比较
comparaison des projets 方案比较
comparaison des têtes architecturales de tunnels 隧道洞口美观造型比较
comparaison des types des ouvrages 构造物类型比较
comparaison des types des wagons 车辆类型比较
comparaison des variantes 备选方案比较
compartiment 车厢；包厢
compartiment à bagages 行李车厢
compartiment de service 公务车厢；乘务员室
compartiment intermédiaire 连接车厢
compartiment-lits 卧铺包厢
compartiment pour dames 女士包厢
compas 圆规；卡钳
compatibilité des appareils électriques 电器兼容
compatibilité des équipements 设备兼容
compatibilité électro-magnétique (CEM) 电磁兼容
compensation 补偿；折减
compensation de charge 负荷平衡
compensation de déclivité 坡度折减
compensation de démolition 拆除赔偿费
compensation de déplacement 迁移赔偿费
compensation de moisson 青苗赔偿费
compensation de pente longitudinale 纵坡折减
compensation de pression 压力补偿
compensation de risque 风险补偿
compensation des arbres 树木砍伐赔偿费
compensation des pertes 损失补偿
compensation des plantes 种植物赔偿费
compensation des prix 价格补偿

compensation d'expropriation 动迁赔偿费
compensation dynamique 动力补偿
compensation entre les gains et les pertes
　盈亏相抵
compensation entre recettes et dépenses
　收入和支出相抵
compensation optimum 最佳补偿
compensation statique 静力平衡
compensation thermique 温度补偿
compétence 权限;能力
compétence de courant d'eau
　水流冲刷能力
compétence de travail 工作能力
compétence professionnelle 职业技能
compétence publique 公共管辖权
compétence technique 技术能力
compétence technique certifiée
　认证技术能力
compétition 竞争
compétition au travail 劳动竞赛
compétition de prix 价格竞争
compétition d'offres 竞标
compétitivité 竞争力
complément 补充部分
complément de la main-d'œuvre 补充劳力
complément de preuves 补充证据
complément des dossiers 补充资料
complément des stocks 补充库存
complexe 联合企业;大型联合企业
complexe absorbant 吸收性复合体
complexe argilo-humique
　黏土—腐殖土复合体
complexe d'étanchéité 防水复合体
complexe étanche 复合防水
complexe pétrochimique 石油化工联合企业
complexe sidérurgique 钢铁联合企业
complexité 复杂性
complexité de structure 结构复杂性
complexité de terrain 场地复杂性
comportement 行为;态度
comportement de l'entrepreneur
　承包商行为
comportement de travail 工作态度
composant 部件;组件;成分
composants de béton 混凝土成分
composants de bogie 转向架构件
composants de caisse 车体构件
composants de caténaire 接触网构件
composants de châssis 底架构件

composants de dispositif de freinage
　制动装置构件
composants de l'aiguille 道岔组件
composants de moteur 发动机部件
composants d'essieu 车轴部件
composants de suspension 悬挂构件
composants de voie 轨道组件
composants de wagon 车辆构件
composants fixés 紧固件
composants suspendus 吊件
composition 组成;构成
composition architecturale 建筑布局
composition chimique 化学成分
composition de béton 混凝土成分
composition de bogie 转向架组成
composition de chaussée 路面组成
composition de circulation 交通组成
composition de documents 文件组成
composition de dossiers 文件组成
composition de dossiers de l'appel d'offres
　招标文件组成
composition de dossiers de recolement
　竣工文件组成
composition de force intérieure 内力组合
composition de matériel roulant
　铁道车辆组成
composition de mélange 混合料成分
composition de pont 桥梁组成
composition de profil en travers de
　l'autoroute 高速公路横断面组成
composition de rame automotrice 动车组成
composition de rame de wagons 车厢组列
composition des aiguilles 道岔组合
composition des agrégats 集料组成
composition des équipements 设备组成
composition de sol 土成分
composition des prix 价格组成
composition de structure de chaussée
　路面结构组成
composition des wagons 车辆编组
composition des wagons de fret 货车编组
composition de trafic 交通组成
composition de train 列车编组
composition de train à charge lourde
　重车编组
composition de train automoteur
　动车组编组
composition de voies 线路组成
composition en ordre dispersé 分散布局

composition granulaire du béton　混凝土骨料级配
composition granulométrique　粒度级配
compressage　压实
compresseur　压路机；压缩机
compresseur d'air　空气压缩机
compresseur statique des pieux　静力压桩机
compressibilité　可压缩性
compressibilité de sol　土压缩性
compression　压缩；最小抗压等级
compression axiale　轴压
compression budgétaire　压缩预算
compression de lissoir élastique　弹性旁承压缩
compression des charges　压缩费用
compression des coûts　压缩成本
compression des dépenses　压缩开支
compression des investissements　压缩投资
compression des paliers latéraux　旁承压缩量
compression de vent　风压力
compression directe　直接压力
compression élastique　弹性压缩
compression exercée par la circulation　车辆压实路面
compression giratoire　旋转压实
compression initiale　初始压缩
compression latérale　侧压力
compression longitudinale　纵向压力
compression résiduelle　残余压力
compression secondaire　次压密
compression volumétrique　压缩比
comptage　计数
comptage automatique　自动计数
comptage de circulation　交通流量统计
comptage de classification　分类计数
comptage des essieux　计轴
comptage de trafic　计算交通流量
compte　账户；台账
compte à découvert　透支账
compte bancaire　银行账户
compte courant　往来账户；活期账户
compte créditeur　贷方账
compte d'appareillage　设备台账
compte d'attente　暂记账户
compte débiteur　借方账
compte de caisse　现金账户
compte de chèque　支票户
compte de crédit　信贷账户
compte définitif　决算
compte définitif des travaux　工程决算
compte d'épargne　储蓄账户
compte des résultats　盈亏账
compte d'immobilisation　固定资产台账
compte final　决算
compte journalier　台账
compte ouvert　未结算账目
compte ouvert au nom du groupement　联合体名义账户
compte de séquestre　保管账目
compte-rendu　汇报；报告
compte-rendu de réunion de chantier　工地会议报告
compte-tours　转速表
compteur　计算器；表
compteur à gaz　煤气表
compteur d'eau　水表
compteur de courses　里程表
compteur de distance　计距器
compteur d'électricité　电表
compteur d'essieux(CE)　计轴器
compteur de vitesse　计速器
compteur électrique　电表
compteur totalisateur kilométrique　公里计数器
Comité Européen de Normalisation(CEN)　欧洲标准化协会
Comité Européen de Normalisation Electrotechnique(CEN ELEC)　欧洲电工标准化委员会
computer based interlocking(CBI)　计算机联锁系统
concassage　轧碎；破碎
concassage mécanique　机械破碎
concassage premier　初碎
concassage primaire　初碎
concassage secondaire　二次破碎
concassé　碎石
concassé de basalte　玄武岩碎石
concassé de fermeture　填充石屑
concassé d'épandage　撒布碎石
concassé raffiné　精选碎石料
concassé sec　干碎石
concasseur　碎石机
concasseur à percussion　移动式破碎机
concasseur à impact　冲击式破碎
concasseur à mâchoires　颚式破碎机
concasseur à marteaux　锤式破碎机

concasseur de pierres 碎石机
concasseur giratoire 旋回破碎机
concasseur secondaire giratoire à cône 二级圆锥破碎机
Constructeurs Européens des Locomotives Thermiques et Electriques(CELTE) 欧洲热力和电力机车制造商协会
concentrateur de systèmes informatiques (CSI) 信息系统集中器
concentrateur des informations de circulation des trains 列车运行信息集中器
concentration 集中;浓度
concentration de trafic 交通集中
concentration permissive 允许浓度
conception 设想;设计
conception acceptable 合格设计
conception APA 高速公路设计
conception APD 详细设计;深化设计
conception APS 简明初步设计
conception architecturale 建筑设计
conception architecturale de tête de tunnel 隧道洞口建筑装饰设计
conception avancée 初步设计
conception comparative 比较设计
conception complémentaire 补充设计
conception composite 组合设计
conception composite à niveaux différents 立体线形组合设计
conception composite en plan et longitudinale 平纵线形组合设计
conception courante 标准设计;定型设计
conception d'aiguille 道岔设计
conception d'alignement 线形设计
conception d'appui 支护设计
conception d'appui de tunnel 隧道支护设计
conception d'assainissement 排水设计
conception d'assainissement des ouvrages hydrauliques 水利构造物排水设计
conception d'assainissement de tunnel 隧道排水设计
conception d'assise de voie ferrée 铁路路基设计
conception d'assise de voie ferrée avec ballast 有砟轨道路基设计
conception d'assise de voie ferrée sans ballast 无砟轨道路基设计
conception d'avant-projet détaillé 详细设计
conception d'avant-projet sommaire 初步设计
conception de bassins versants 汇水设计
conception de bâtiment 房建设计
conception de bâtiment de gare 站房设计
conception de caniveau 排水沟设计
conception de chantier-gare 铁路站场设计
conception de circuit de voie 轨道电路设计
conception de composition de circulation 交通组织设计
conception de composition de voie 线路组合设计
conception de conformité 吻合性设计
conception de construction en acier 钢结构设计
conception de creusement 开挖设计
conception de creusement de tunnel 隧道开挖设计
conception de croisement 交叉口设计
conception de croisement à niveaux différents 立体交叉设计
conception de croisement en plan 平面交叉设计
conception de débit 流量设计
conception de détail de pont 桥梁细部设计
conception de détail de projet 方案细部设计
conception de dévers de la courbe de voie 轨道弯道超高设计
conception de dimension de travée 跨度尺寸设计
conception de dimension de tunnel à creuser 隧道开挖尺寸设计
conception de drainage 排水设计
conception de drainage de l'assise de voie 路基排水设计
conception de drainage de tunnel 隧道排水设计
conception de faisabilité 可行性设计
conception de fatigue 疲劳设计
conception de ferraillage 配筋设计
conception de fiabilité 可靠性设计
conception de flux de trafic 交通流量设计
conception de forage 钻探设计
conception de formulation 配比设计
conception de gare 车站设计
conception de garde-corps 防护栏设计
conception de géométrie ferroviaire 铁路几何形状设计

conception de géométrie linéraire　线形设计
conception de glissière　防护栏设计
conception de la fonction　功能设计
conception de la forme　形状设计
conception de la forme des échangeurs
　互通立交形式设计
conception de la forme de locomotive
　机车形状设计
conception de la forme des ouvrages d'art
　构造物形式设计
conception de la forme de tête de tunnel
　隧道洞口形式设计
conception de l'aiguille　道岔设计
conception de la plateforme de voie ferrée
　铁路道床设计
conception de l'assise de voie ballastée
　有砟轨道路基设计
conception de l'assise de voie sans ballast
　无砟轨道路基设计
conception de l'éclairage　照明设计
conception de ligne　线路设计
conception de l'intersection　交叉设计
conception de mouvement de terre
　土方调配设计
conception d'ensemble　总体设计
conception d'ensemble de voie　线路总体设计
conception de passage à niveau　道口设计
conception de passage inférieur　下部通道设计
conception de passage supérieur
　上部通道设计
conception de paysage　景观设计
conception de paysage au long de voie
　铁路沿线景观设计
conception de pente　坡度设计
conception de point　点位设计
conception de pont　桥梁设计
conception de profil　断面设计
conception de profil en long　纵断面设计
conception de profil en long de voie
　轨道线路纵断面设计
conception de profil en travers　横断面设计
conception de profil en travers de pont
　桥梁横断面设计
conception de profilage de locomotive
　机车流线型设计
conception de projet　方案设计
conception de protection　防护设计
conception de protection contre la foudre
　防雷设计
conception de protection de talus
　边坡防护设计
conception de quai　站台设计
conception de réseau ferroviaire
　铁路网设计
conception de résistance　强度设计
conception de résistance de voie ferrée
　轨道强度设计
conception de résistance du wagon
　车辆强度设计
conception de revêtement　铺面设计
conception des échangeurs　互通立交设计
conception de sécurité　安全设计
conception des équipements de signalisation
　信号设备设计
conception des galeries transversales
　de tunnel　隧道横洞设计
conception de signal　信号设计
conception de signalisation　信号设计
conception des installations fixes de
　l'exploitation　运营固定设施设计
conception des intersections des voies
　线路交叉设计
conception de SMR　机务段设计
conception de sondage　钻探设计
conception des ouvrages d'art　构造物设计
conception des plans d'exécution
　施工图设计
conception de station　车站设计
conception de structure　结构设计
conception de structure de pont
　桥梁结构设计
conception de système　系统设计
conception de système de communication
　ferroviaire　铁路通信系统设计
conception de système dynamique
　动力系统设计
conception de talus　边坡设计
conception de talus de voie　线路边坡设计
conception de tracé　选线设计
conception de tracé de voie　线路走向设计
conception de tracé en plan
　线路平面走向设计
conception de traction　牵引设计
conception de trafic　交通流量设计
conception de trafic sur rails　轨道交通设计
conception de tunnel ferroviaire
　铁路隧道设计
conception de ventilation　通风设计

conception de verdure 绿化设计
conception de viaduc ferroviaire
　铁路高架桥设计
conception de vitesse 速度设计
conception de voie électrifiée
　电气化线路设计
conception de voie ferrée 轨道设计
conception de volume 体积设计
conception de volume de trafic
　交通容量设计
conception d'exécution 施工设计
conception d'impact sur l'environnement
　环境影响设计
conception d'ingénierie d'homme-machine
　人机工程设计
conception d'optimisation 优化设计
conception d'organisation d'exécution
　施工组织设计
conception dynamique 动力设计
conception dynamique de traction
　牵引动力设计
conception en plan 平面设计
conception en plan de voie ferrée
　铁路平面设计
conception esthétique 美学设计
conception esthétique de portail de tunnel
　隧道洞口美学设计
conception esthétique des ouvrages d'art
　构造物美学设计
conception ferroviaire 铁路设计
conception finale 最终设计
conception générale 总体设计
conception générale du projet
　项目总体设计
conception géométrique 几何设计
conception gravimétrique 重力设计
conception hydrologique 水流设计
conception linéaire 线形设计
conception linéaire du chemin de fer
　铁路线形设计
conception modulaire 模块化设计
conception optimisée de structure
　结构优化设计
conception parcellaire 分块设计
conception préliminaire 初步设计
conception sommaire 初步设计
conception spéciale 特殊设计
conception spécifique 专项设计
conception standard 标准设计

conception statique 静力设计
conception synthétique 综合性设计
conception systématique 系统设计
conception technique 技术设计
conception tridimensionnelle 三维设计
concertation 商议
concertation égale 平等协商
concession 特许;特许权
concession des immobilisations
　固定资产转让
concession d'exploitation de carrière
　石料场特许开采权
concession d'exploitation de l'autoroute
　高速公路特许经营权
concession d'exploitation de mine
　矿山开采特许经营权
concession d'exploitation de péage de
　l'autoroute 高速公路收费站特许经营权
concession d'exploitation de port
　港口特许经营权
concession d'exploitation ferroviaire
　铁路特许经营权
concession d'exploitation routière
　公路特许经营权
concessionnaire 特许权享有者
concessionnaire de canalisation
　管道特许经营者
conciliateur 调解人
conciliation 调解
conciliation de conflits du travail
　调解劳动纠纷
conclusion 缔结;结论
conclusion de contrat 订立合同
conclusion de l'expert 专家结论
conclusion d'expertise 鉴定结论
conclusion préliminaire 初步结论
concrétion 凝固;凝结
concurrence 竞争
concurrence commerciale 商业竞争
concurrence déloyale 不正当竞争
concurrence de prix 价格竞争
concurrence de qualité 质量竞争
concurrence illicite 不正当竞争
concurrence libre 自由竞争
concurrence loyale 公平竞争
concurrent 竞争者
condensateur 冷凝器;电容器
condition 条件
condition acceptable 可接受条件

condition additionnelle 附加条件
condition applicable 适用条件
condition atmosphérique 气候条件
condition avantageuse 优惠条件
condition climatique 气候条件
condition complémentaire 补充条件
condition critique 临界条件
condition d'appel d'offres 招标条件
condition d'arbitrage 仲裁条件
condition de base 基本条件
condition de calcul 计算条件
condition de circulation 通行条件
condition de conservation 养护条件
condition de construction 建设条件
condition de déraillement 脱轨条件
condition défavorable 不利条件
condition de financement 融资条件
condition de l'environnement 环境条件
condition de livraison 交付条件
condition de marché 合同条件
condition de mise enœuvre 实施条件
condition de mise en tension 施加应力条件
condition d'entretien 保养条件
condition de paiement 付款条件
condition de participation 参加条件
condition de pression 压力条件
condition de production 生产条件
condition de réception 验收条件
condition de réclamation d'indemnité 索赔条件
condition de recyclage 循环使用条件
condition de règlement 支付条件
condition de relief 地形条件
condition de réparation 修理条件
condition de résiliation 解约条件
condition de route 路况
condition de sécurité 安全条件
condition de service 服务条件
condition de sol 土况
condition de soumission 投标条件
condition de soutien 支持条件
condition de stabilité 稳定条件
condition de stockage 存放条件
condition de température 温度条件
condition de terrain 地形条件
condition de transport 运输条件
condition de travail 工作条件
condition d'exécution 施工条件
condition d'intersection 交线条件

condition d'observation 观察条件
condition d'opération 作业条件
condition d'utilisation 利用条件
condition fondamentale 基本条件
condition géographique 地理条件
condition géologique 地质条件
condition hostile 恶劣条件
condition locale 当地条件
condition météorologique 气象条件
condition naturelle 自然条件
condition nécessaire 必要条件
condition préalable 先决条件
condition requise 要求条件
condition sévère 苛刻条件
condition statique 静力条件
condition technique 技术条件
conducteur 驾驶员;导线
conducteur de protection aérien 架空保护导线
conducteur de terre enterré 入地导线
conducteur de train 列车驾驶员
conducteur de travaux 领工员
conduit 导管;管道
conduit d'aération 风管
conduit d'air 通风管
conduit d'amiante-ciment 石棉水泥管
conduit d'eau 水管
conduit d'eau de pluie 雨水管
conduit de drainage 排水管
conduit de précontrainte 预应力管
conduit de ventilation 通风管
conduite 管道;管线;驾驶
conduite automatique 自动驾驶
conduite automatique de train 列车自动驾驶
conduite d'adduction 供水管道
conduite d'aération 通风管道
conduite d'alimentation 供水管
conduite d'eau 水管
conduite d'eau principale 主水管
conduite de câble 电缆线;电缆线管
conduite de chauffage urbain 城市供暖管
conduite de chute 落水管
conduite de drainage 排水管
conduite de frein 制动风管
conduite de gaz 煤气管
conduite d'électricité 电线
conduite de locomotive 机车驾驶
conduite d'embranchement 支管

conduite de nuit 夜间行驶
conduite de pression 压力管
conduite de refroidissement 冷却管
conduite des travaux 工程控制
conduite de trop-plein 溢流管
conduite d'évacuation 排泄管
conduite de véhicule 车辆驾驶
conduite de ventilation 通风管道
conduite en acier 钢管
conduite en ligne droit 直线行驶
conduite en PVC PVC 管
conduite enterrée 地下管道
conduite forcée 承压管道
conduite générale de train 列车管
conduite imprudente 冒失行为
conduite manuelle 人工驾驶
conduite par temps de brouillard 雾天行驶
conduite par temps de neige 下雪天行驶
conduite par temps de pluie 下雨天行驶
conduite principale de freinage 制动主管
conduite principale de pression 主压力管
conduite principale de vapeur 蒸汽干管
conduite souple 软管
conduite souterraine 地下管道
cône 锥;锥体
cône circulaire 圆锥
cône d'Abrams 坍落度测量锥
cône d'affaissement 坍落度测量锥
cône d'ancrage 锚固锥
cône de base 基圆锥
cône de boue 泥锥
cône d'éboulis 锥形料堆
cône de débris 岩屑锥
cône de vidange 出料口
confection 加工;制作
confection de mélange sur place 现场拌和
confection d'éprouvettes 混凝土试块制作
confidentialité 保密;保密性
configuration 地形;地势
configuration de pont 桥梁外形
configuration de terrain 地形
configuration naturelle 天然地形
configuration symétrique 对称图形
confirmation 确认
confirmation d'alarme 报警确认
confirmation de signal 信号确认
confirmation d'instruction 指令确认
confirmation d'itinéraire 进路确认
conflit 冲突;争议

conflit de croisement 交叉冲突
conflit de trafic 交通冲突
conflit d'intérêts 利益冲突
conflit du travail 劳动纠纷
confluence 汇合处;合流;汇集
confluent 合流点
conformité 一致性;吻合性
conformité au règlement technique
　符合技术条件
conformité aux lois 合法
conformité des clauses 条款一致性
confort 舒适
confort de siège 座位舒适性
confort des voyageurs 旅客舒适度
confort du train de voyageurs
　旅客列车舒适性
confort en marche 行驶舒适性
confortabilité 舒适性
confortement 加固
confortement de talus rocheux
　石质边坡的加固
congélation 冻结
congère 雪害
congestion de canton 区间阻塞
congestion de circulation 交通拥堵
congestion de voie 线路拥堵
conglomérat 砾岩
congloméré 结块
conicité 圆锥形
connaissance 了解
connaissance des documents de
　l'appel d'offre 熟悉招标材料文件
connaissance des lieux et conditions de travail
　了解施工现场和施工条件
connaissances professionnelles 专业知识
connaissement 提单
connaissement ferroviaire 铁路货运提单
connaissement maritime 海运提单
connecteur coaxial 同轴连接器
connecteur de nœud 节点机
connecteur de rail 钢轨连接器
connexion 连接;衔接
connexion à clin 搭接
connexion à multiples points 多点连接
connexion aux équipements de traction
　与牵引设备连接
connexion boulonnée 螺栓连接
connexion bout à bout 对接
connexion croisée 交叉连接

connexion de bogie　转向架连接
connexion de câbles　缆线连接
connexion de circuit　电路连接
connexion de circuit de voie　轨道电路连接
connexion de lignes　线路连接
connexion de prises de terre　接地连接
connexion de rail　钢轨连接
connexion de rivet　铆钉连接
connexion des voies ferrées　轨路连接
connexion d'Internet　互联网连接
connexion électrique des rails
　　轨道电力连接
connexion en cascade　串行连接
connexion en parallèle　并排连接
connexion en série　串行连接
connexion rigide　刚性连接
connexion soudée　焊接
conseil d'administration　董事会
conseil ferroviaire　铁路咨询
conseiller　顾问
conseiller commercial　商务参赞
conseiller économique　经济顾问
conseiller financier　财务顾问
conseiller fiscal　税务顾问
conseiller juridique　法律顾问
conseiller technique　技术顾问
consensus　共识
conservation　保存;存储;保管
conservation à l'air　自然养护
conservation à l'air humide　湿空气养护
conservation dans l'eau　水中养护
conservation de béton　混凝土养护
conservation de la masse　质量守恒
conservation de l'énergie　能量守恒
conservation de matériaux　材料保管
conservation des éprouvettes
　　混凝土试样保存
conservation des hypothèques　抵押物保管
conservation des matériaux de construction
　　建材保管
conservation des matériels　设备保管
conservation de sol　土壤保持
conservation de sol et de l'eau　水土保持
conservation et protection du
　　patrimoine culturel national
　　保护国家文物
conservation sèche　干养护
conservation sous anti-évaporant
　　防蒸发养护

consigne　规定;行李寄存处
consigne à libre-service　自助行李寄存处
consigne à petits bagages　小件行李寄存处
consignes de sécurité　安全规定
consignes de transport　运输规定
consignes d'exécution　施工规定
consistance　内容;稳定性
consistance de dossiers　文件内容
consistance de dossiers d'appel d'offres
　　招标文件内容
consistance de PAQ　质量保证计划内容
consistance de programme　项目内容
consistance de sol　土壤密实度
consistance des épontes　围岩稳定性
consistance des études　设计内容
consistance des travaux　工程内容
consistance physique des travaux　工程实体
console　托座;托架
console de câble porteur de caténaire
　　接触网承力索支架
console de commande centrale　中控台
console de commande de gare　车站控制台
console de fixation de position　定位座
console de machine　机座
console de ressort　弹簧托架
consolidation　加固
consolidation accélérée　加速固结
consolidation de couche en béton
　　projeté pour tunnel　隧道喷浆薄层加固
consolidation de fondation　基础加固
consolidation de fossé　基坑加固
consolidation de l'assise de voie　路基加固
consolidation dense　密实
consolidation de sable　固沙
consolidation des appuis　支撑加固
consolidation de sol　土壤固结
consolidation des rives　河岸加固
consolidation des rochers　岩方加固
consolidation de talus　边坡加固
consolidation de toit　顶板加固
consolidation de toit de tunnel
　　隧道顶板加固
consolidation manuelle　人工捣实
consolidation moyenne　中密实
consolidation secondaire　次固结
consommable　消耗品;耗材
consommation　消耗
consommation d'aciers　钢材消耗
consommation d'eau　耗水量

consommation de bois 木材消耗
consommation de carburant 燃料消耗
consommation de chaleur 耗热量
consommation de ciment 水泥消耗
consommation de combustible 燃料消耗
consommation de courant 电力消耗量
consommation de force 力消耗
consommation d'électricité 电消耗
consommation de l'explosif 炸药消耗
consommation de matières 材料消耗
consommation de matières premières
　原料消耗
consommation d'énergie 能耗
consommation de pointe 峰值耗量
consommation de puissance 功率消耗
consommation des graves 碎石消耗
consommation des graviers 碎石消耗
consommation en eau 耗水量
consommation horaire 小时消耗量
consommation moyenne 平均消耗
consommation nominale 额定消耗
consommation par heure 每小时耗量
consommation thermique 耗热量
consortium 联合体;合同集团
consortium de banques 银团
consortium de construction 建筑企业集团
consortium financier 财团;金融财团
consortium industriel 工业财团
constance 恒定;稳定性
constat 证明;记录
constat d'accident de circulation
　交通事故笔录
constat de visite des lieux 现场勘查记录
constatation 验证;确认
constituant 碎石料
constitution 组成;构成
constitution de chaussée 路面结构组成
constitution de la couche de forme
　垫层材料
constitution de l'appareil de voie
　轨道设备组成
constitution de la plateforme de voie
　路床构筑
constitution de rame automotrice 动车组成
constitution de trafic 交通组成
constitution de voie 线路组成
constitution de volume de transport
　运量组成
constructeur 建筑商

construction 建造;结构
construction à damer
　夯筑土工程;夯实工程
construction à murs porteurs 承重墙结构
construction annexe 附属工程
construction anti-sismique 抗震结构
construction anti-vibratile 抗震结构
construction à ossature en béton armé
　钢筋混凝土框架结构
construction à ossature en bois 木框架结构
construction à ossature métallique
　钢框架结构
construction à ossature portante 框架结构
construction asymétrique 非对称结构
construction à tunnelier 盾构法施工
construction boulonnée 螺栓结构
construction cachée 隐蔽工程
construction cantilever 悬臂施工;悬臂结构
construction cellulaire 格形构造
construction civile 民用建筑
construction civilisée 文明施工
construction combinée 混合结构
construction continue 连续施工法
construction Culmann
　库尔曼图解法(土压法)
construction de barrage 修建水坝
construction de base 基础建设
construction de base-vie 生活营地建设
construction de bassin 修建水池
construction de cadre 框架结构
construction de canal 修建水渠
construction de chemin de fer 修建铁路
construction de clôture 修建围墙
construction de culée 建造桥台;桥台施工
construction de dalot 修建过水涵洞
construction de digue contre les inondations
　修建防洪堤
construction de fondation 基础建设
construction de fossé 修建排水沟
construction de galerie 坑道工程
construction de gare 修建火车站
construction de génie-civil 土木建筑
construction de hangar des matériaux
　搭建材料棚
construction de hangar pour façonnage des
　armatures 搭建钢筋加工棚
construction de laboratoire
　修建实验室
construction de l'accotement 筑路肩

construction de l'aire de garage
　修建停车场
construction de la plateforme de voie
　路床填筑
construction de l'aqueduc　修建引水渠
construction de l'entrepôt　修建库房
construction de l'épaulement de bordure
　路缘施工
construction de l'épaulement de chaussée
　路肩施工
construction de logement　住宅建设
construction de l'ouvrage　工程建造
construction de nouvelle ligne ferroviaire
　铁路新线建设
construction de paroi mince　薄壁结构
construction de passage　修建通道
construction de passage inférieur
　修建下部通道
construction de passage supérieur
　修建上部通道
construction de passerelle　修建天桥
construction de pont　桥梁建造
construction de pont par méthode de pivotement　转体架桥法
construction de portail de tunnel
　修建隧道洞门
construction de poste et de linteau
　抬梁式构造
construction de puits tubulaire　管井施工
construction de radier　修筑承台
construction de remblai　填方施工
construction de remblayage　填土施工
construction de renforcement　加固工程
construction de revêtement　衬砌施工
construction de route　公路建设
construction des appuis
　支护搭建;支座施工
construction des bâtiments　房屋建造
construction des bâtiments de gare
　站房建造
construction des échangeurs　修建立交桥
construction de signal　信号施工
construction de soutènement en gabion
　修建石笼挡墙
construction des quais et bâtiments de gare
　修建站台和站房
construction de station de base　修建基站
construction de station de base de signal
　修建信号基站

construction de station de communication relayée par micro-onde
　修建微波通信中继站
construction de station de distribution
　修建配电所
construction de station de maintenance
　修建维修站
construction de station de métro
　修建地铁站
construction de station motrice de traction
　修建牵引动力站
construction de station souterraine
　修建地下车站
construction des travaux　工程建设
construction de tablier　桥面施工
construction de tablier poutres-dalles
　板梁桥面施工
construction de tunnel　修建隧道
construction de viaduc　建造高架桥
construction de voie ferrée　建造铁路
construction d'infrastructure
　基础设施建设;铁路线下工程
construction discontinue　间断施工法
construction en acier　钢结构
construction en béton　混凝土结构
construction en béton armé
　钢筋混凝土结构
construction en béton précontraint
　预应力混凝土结构
construction en blocs　砌块结构
construction en bois　木结构
construction en caisson　箱式结构
construction en charpente métallique
　钢框架结构
construction en cours　在建工程
construction en éléments préfabriqués
　预制构件结构
construction en été　夏季施工
construction en grande masse　大面积施工
construction en hiver　冬季施工
construction en maçonnerie　砌体结构
construction en maçonnerie ordinaire
　普通砌体结构
construction en poutre creuse　空心梁结构
construction en profilé d'acier　型钢结构
construction en tôles pliées　薄壁型钢结构
construction en tubes d'acier　钢管结构
construction ferroviaire　铁道建筑
construction fluviale　河道工程

construction fondamentale　基本建设
construction illicite　违章建筑;非法建筑
construction industrielle　工业建筑
construction légère　轻型结构;简易建筑
construction lourde　重型结构
construction métallique　钢结构
construction métallique tubulaire　钢管结构
construction mixte　混合构造
construction monolithique　整体式构造
construction neuve　新建工程
construction ordinaire　普通建筑
construction par bouclier　盾构法施工
construction par étapes　分期施工
construction par méthode de pénétration
　　贯入法施工
construction par méthode de poussée
　　顶推法施工
construction parallèle　平行施工
construction parasismique　抗震结构
construction portante　承重结构
construction précontrainte　预应力结构
construction préfabriquée　预制结构
construction progressive　渐进式施工(法)
construction provisoire　临时建筑
construction rigide　刚性结构
construction rivée　铆接结构
construction sèche　干性结构
construction sérielle　连续施工
construction soudée　焊接结构
construction souterraine　地下工程
construction symétrique　对称结构
construction travée par travée
　　逐跨施工法
construction tubulaire　管状结构
construction urbaine　城市建设
consultant　顾问
consultation　咨询
consultation d'expert　专家咨询
consultation en ligne　线上咨询
consultation ferroviaire　铁路咨询
consultation juridique　法律咨询
consultation sélective　选择性咨询
consultation technique　技术咨询
contact　接触;触头
contact à fermeture　闭合触头
contact à ouverture　开启触头
contact à pétale　踏板接点
contact à pont　桥接式触点
contact à ressort　弹簧接点

contact de collage de l'aiguille
　　尖轨密合接点
contact défectueux　接触不良
contact de fil aérien　架空线接触
contact de fil d'alimentation en
　　énergie électrique　牵引动力线接触
contact de fil conducteur　导线接触
contact de fil de connexion　连接线接触
contact de freinage　制动接触
contact d'enclenchement　联锁触头
contact de point　点接触
contact de rail　钢轨接触
contact de relais　继电器触点
contact de roue-rail　轮轨接触
contact fermé　触点闭合
contact fixe　固定触头
contact jumelé　双触头
contacteur　接触器
contacteur alternatif　交流接触器
contacteur d'alarme　报警接触器
contacteur de caténaire　接触网接触器
contacteur de freinage　制动接触器
contacteur de voie　轨道接触器
contacteur par terre　地面接触器
containérisation　集装箱化;用集装箱运输
contamination　污染
contamination d'eau et de sol　水土污染
conteneur　集装箱
conteneur à marchandises　货物集装箱
conteneur de transport　运输集装箱
conteneur frigorifique　冷藏集装箱
conteneur isotherme　恒温集装箱
contentieux　诉讼;争执
contentieux administrative　行政诉讼
contentieux commercial　商事诉讼
contentieux des assurances　保险诉讼
contestation　争议
contestation de contrat　合同争议
contestation de la validité　有效性争议
contestation de paiement　支付争议
contestation entre les deux parties
　　contractantes　缔约双方间争议
contexte démographique　人口状况
contexte de travail　工作背景
contexte géologique　地质结构
contexte géotechnique　工程地质结构情况
continuité de coulage　连续浇筑
continuité de validité　连续有效性
continuité de voie　轨道延展

contour 轮廓；外形尺寸
contour d'accouplement 连接轮廓
contour d'accouplement de l'attelage
　车钩连接轮廓
contour de caisse de véhicule 车体轮廓
contour de carrosserie 车体轮廓
contour de compartiment 车厢外形
contour de coupleur 连接器轮廓
contour de gabarit de l'équipement de
　signalisation du train
　列车信号装置限界轮廓
contour de l'attelage 车钩轮廓
contour de locomotive 机车轮廓
contour de matériel roulant 车辆轮廓
contour de profil en long 纵断面轮廓
contour de profil en travers 横断面轮廓
contour de wagon 车辆轮廓尺寸
contour fondamental de gabarit de matériel
　roulant 机车车辆限界基本轮廓
contractant 契约签订人；甲方
contracteur 承包者
contraction 收缩
contraction à long terme 长期收缩
contraction de béton 混凝土收缩
contraction de fissure 裂缝收缩
contraction latérale 侧面收缩
contraction linéaire 线性收缩
contraction locale 局部收缩
contraction longitudinale 纵向收缩
contraction par refroidissement 冷却收缩
contraction superficielle 表面收缩
contraction thermique 热收缩
contraction transversale 横向收缩
contraction volumétrique 体积收缩
contrainte 约束；限制；应力
contrainte additionnelle 附加应力
contrainte admissible 许可应力
contrainte admissible de sol
　地基许可承载力
contrainte à l'heure de pointe 高峰限制
contrainte alternative 交替应力
contrainte appliquée 应用应力
contrainte axiale 轴向应力
contrainte biaxiale 双轴应力
contrainte centrifuge 离心应力
contrainte circulaire 环向应力
contrainte combinée 复合应力
contrainte critique 临界应力
contrainte cyclique 交变应力

contrainte d'accès de chantier
　进入工地限制
contrainte d'adhérence 黏着应力
contrainte d'ancrage 锚固应力
contrainte d'appui 支承应力
contrainte de barres 杆件应力
contrainte de béton 混凝土应力
contrainte de calcul 计算应力
contrainte de charge de pression 承压应力
contrainte de circulation de chantier
　工地交通限制
contrainte de circulation sur la voie publique
　公共道路交通限制
contrainte de cisaillement 剪应力
contrainte de compression 压缩应力
contrainte de compression principale
　主压应力
contrainte de conception 设计应力
contrainte de construction 施工应力
contrainte de contact 接触应力
contrainte de contact de rail
　钢轨接触应力
contrainte de contraction 收缩应力
contrainte de crête 峰值应力
contrainte de déformation 变形应力
contrainte de déplacement des réseaux
　管网迁移限制
contrainte de fatigue 疲劳应力
contrainte de flambage 纵向弯曲应力
contrainte de flexion 弯曲应力
contrainte de flexion de voie 轨道弯曲应力
contrainte de fluage 蠕变应力
contrainte de longs rails soudés 长焊轨应力
contrainte de pointe 峰值应力
contrainte de pression 压应力
contrainte de profil en long 纵断面应力
contrainte de rail 钢轨应力
contrainte de rebondissement 回弹应力
contrainte de retrait 收缩应力
contrainte de rupture 断裂应力
contrainte de rupture en flexion
　弯曲断裂应力
contrainte de rupture en torsion
　扭转断裂应力
contrainte de section 截面应力
contrainte de section nette 净截面应力
contrainte de sécurité 安全应力
contrainte de tablier 桥面应力
contrainte de tension 张拉应力

contrainte de torsion 扭应力
contrainte de tracé en profil 线路剖面应力
contrainte de traction 拉应力
contrainte de vibration 振动负载
contrainte de voie ferrée 轨道应力
contrainte d'extension 拉应力
contrainte directe 直接应力
contrainte du lit de ballast 道床应力
contrainte due au contact entre la roue et le rail 轮轨接触应力
contrainte dynamique 动荷应力
contrainte dynamique de fondation 路基动应力
contrainte effective 有效应力
contrainte élastique 弹性应力
contrainte environnementale 环境制约
contrainte exercée 施加应力
contrainte extrême 最大应力
contrainte financière 资金制约
contrainte géologique 不良地质条件
contrainte imposée au chantier 工地施工约束
contrainte indirecte 间接应力
contrainte initiale 初应力
contrainte interne 内应力
contrainte inverse 反向应力
contrainte latente 潜应力
contrainte latérale 侧向应力
contrainte liée à la sécurité de travail 劳动安全限制
contrainte liée à l'environnement 环保限制
contrainte liée aux réseaux 管网限制
contrainte limite 极限应力
contrainte limite de fatigue 疲劳极限应力
contrainte locale 局部应力
contrainte longitudinale 纵向应力
contrainte mécanique 机械应力
contrainte moyenne 平均应力
contrainte nominale 标称应力
contrainte normale 法向应力
contrainte particulière 特殊限制
contrainte plane 平面应力
contrainte préalable 预加应力
contrainte principale 主应力
contrainte propre 内应力
contrainte radiale 径向应力
contrainte résiduelle 残余应力
contrainte secondaire 次应力
contrainte spatiale 空间限制

contrainte statique 静应力
contrainte superficielle 表面应力
contrainte tangentielle 切向应力
contrainte technique 技术制约
contrainte tectonique 构造应力
contrainte transversale 横向应力
contrainte uniaxiale 单轴应力
contrainte uniforme 均布应力
contrainte unitaire 单位应力
contrainte variante 变化应力
contrainte verticale 垂直应力
contrat 合同
contrat à court terme 短期合同
contrat à délai déterminé 定期合同
contrat à délai indéterminé 不定期合同
contrat additionnel 附加合同
contrat à forfait 承包合同;包工合同
contrat à long terme 长期合同
contrat annexe 补充合同
contrat à prix unitaire 单价合同
contrat bilatéral 双边合同
contrat clé en main 交钥匙合同
contrat collectif 集体契约
contrat commercial 商业合同
contrat complémentaire 补充合同
contrat d'assurance 保险合同
contrat d'assurance maritime 海运保险合同
contrat de bail 租赁合同
contrat de construction 建造合同
contrat de consultation 咨询合同
contrat de location 租赁合同
contrat de louage 租借合同
contrat de nantissement 抵押合同
contrat d'entreprise 包工合同
contrat de prix fixe 固定价合同
contrat de prix total 总价合同
contrat de sous-traitance 分包合同
contrat de travail 工作合同
contrat d'installation 安装合同
contrat économique 经济合同
contrat forfaitaire 承包合同
contrat formel 正式合同
contrat frauduleux 假合同
contrat gré à gré 议标合同
contrat initial 原合同
contrat invalide 无效合同
contrat par écrit 书面合同

contrat passé par l'appel d'offres 招标合同
contrat principal 主合同
contrat-programme 框架合同
contrat renouvelable 可续签合同
contrat valide 有效合同
contrat verbal 口头契约
contravention 违章;违约
contravention de circulation 交通违章
contravention ferroviaire 铁路违章
contre-aiguille 基本轨
contre-aiguille de branchement de voie 道岔基本轨
contre-aiguille de voie principale 正线基本轨
contre-arbre 对轴
contre-boutant 扶垛
contre-canal 边沟
contreclef 拱顶石发圈石
contre-courbe 反曲线;反向曲线;反拱
contre-dévers 外轨反超高
contre-écrou 防松螺母
contre-éprouvette 对比试样
contre-essai 对比试验
contre-façon 假冒
contre-façon de produits de marque 假冒品牌
contre-flèche 反挠度
contre-force 反作用力
contre-fossé 天沟;截水沟
contre-garde （桥墩）中空部分
contre-hausse 护板
contre-incendie de tunnel 隧道防火
contre-mur 支撑墙
contre-pente 背坡
contre-plaqué 胶合板
contre-plaqué à 3 plis 三夹板
contre-plaqué à 5 plis 五夹板
contre-plaqué à parement en matière plastique 塑料面胶合板
contre-poussée 反推力
contre-pression 反压力
contre-rail 护轨;护轮轨
contre-rail d'aiguille 道岔护轨
contre-rail de cœur d'aiguille 心轨护轨
contre-rail de de rail pointu 尖轨护轨
contre-rail intérieur 内侧护轨
contre-remblai 护堤
contrée 地方;地区

contrée désertique 沙漠地区
contrée nue et stérile 不毛之地
contrée rocheuse 多岩石地区
contrée sablonneuse 多沙地区
contrée très pluvieuse 多雨地区
contrée vallonnée 丘陵地带
contrefort 扶垛;墙垛
contrefort en arc 拱扶垛
contremaître 工头
contremarche 梯级高度
contrepoids 平衡块;配重
contre-terrasse 次层平台
contre-traction 反拉力
contre-valeur 等值
contre-vapeur 逆汽制动
contrevent 抗风斜撑
contreventement 风撑
contreventement horizontal 水平支撑
contreventement longitudinal 纵向支撑
contreventement supérieur 上支撑
contreventement vertical 垂直支撑
contre-visite 复查
contre-voie 反向线路
contre-voûte 仰拱
contrôle 检查;控制
contrôle à bord 车上控制
contrôle acoustique 音质检查;声控
contrôle actif 主动控制
contrôle à distance 远程控制;遥控
contrôle à l'accès de branchement 进岔口控制
contrôle à la charge de l'entrepreneur 乙方负责检查
contrôle à la charge du maître d'ouvrage 甲方负责检查
contrôle altimétrique 高程检查
contrôle analogique 模拟控制
contrôle annuel 年度检查
contrôle au niveau de gare 车站级控制
contrôle automatique 自动控制
contrôle automatique de la circulation du train 列车运行自动控制
contrôle automatique du train 列车自动控制
contrôle avant la mise en place 施工前检查
contrôle bilatéral 双向控制
contrôle central 中央控制
contrôle centralisé 集中控制
contrôle continu 全过程控制;全过程监督

contrôle d'accès　进口控制
contrôle d'appel　呼叫检查
contrôle d'approvisionnement　供料检查
contrôle de billet　查票
contrôle de bruit　噪声控制
contrôle de bruit de trafic　交通噪声控制
contrôle de budget　预算控制
contrôle de caractéristique des matériaux
　　材料性能检测
contrôle d'échappement　排放控制
contrôle de charge　控制荷载
contrôle de charpente métallique de tablier
　　桥面钢结构检查
contrôle de cheminement　导线测量控制
contrôle de cheminement altimétrique
　　高程导线控制
contrôle de cheminement fermé
　　闭合导线测量控制
contrôle de circulation　车流量控制
contrôle de circulation à condition
　　d'intempéries　恶劣天气条件下交通管制
contrôle de circulation en cas d'accident
　　事故交通管制
contrôle de circulation sur le chantier
　　de construction　作业现场交通管制
contrôle de circulation ferroviaire
　　列车运行控制
contrôle de comptabilité　财务检查
contrôle de conduite　驾驶控制
contrôle de conformité　符合性检查
contrôle de constituants　配料检查
contrôle de construction
　　工程检查;工程监理
contrôle de cote de la plateforme de voie
　　路床标高控制
contrôle de cote de niveau　标高控制
contrôle de cote de projet　设计高程控制
contrôle de cote de terrain　场地标高控制
contrôle de couloir ferroviaire
　　铁路通道检查
contrôle de couplage du train　机车联控
contrôle de débit　流量控制
contrôle de déblai　挖方控制
contrôle de déformation　变形控制
contrôle de densité　密实度控制
contrôle de dépense　控制开支
contrôle de déplacement　移动控制
contrôle de dimension　尺寸控制
contrôle de direction　方向控制
contrôle de distance　间距控制
contrôle de documents　文件控制
contrôle de dosage　配合比控制
contrôle de durée de stationnement
　　停车时间控制
contrôle de fabrication　生产控制
contrôle de flux de trafic　交通流控制
contrôle de freinage　制动控制
contrôle de glissement　滑坡控制
contrôle de granularité　粒径检查
contrôle de granulats　碎石料检查
contrôle de hauteur　高度控制
contrôle de jonction　交汇点控制
contrôle de l'acier　钢筋检查
contrôle de l'aiguille　道岔控制
contrôle de l'ampleur des travaux
　　工程规模控制
contrôle de largeur　控制宽度
contrôle de l'aspect　外观检查
contrôle de l'avancement　进度控制
contrôle de l'avancement de conception
　　设计进度控制
contrôle de l'avancement d'exécution
　　施工进度控制
contrôle de l'eau souterraine　控制地下水
contrôle de l'eau superficielle　控制地表水
contrôle de l'éboulement　塌方控制
contrôle de l'écart angulaire　角偏差检查
contrôle de l'épaisseur
　　厚度控制;厚度检查
contrôle de l'étude　设计控制
contrôle de l'exécution　施工控制
contrôle de ligne　线路控制
contrôle de ligne principale　主线控制
contrôle de marché　审查合同
contrôle de matériaux　材料控制(检查)
contrôle de matériel　设备检查;设备控制
contrôle de mélange　混合料检查
contrôle de mesure　测量控制(检查)
contrôle de nature des matériaux
　　检验材料性质
contrôle de niveau　高度控制
contrôle de niveau d'eau　水位控制
contrôle de niveau de crue　洪水位控制
contrôle de niveau de remblai
　　回填高度控制
contrôle de niveau du sol
　　地面标高控制
contrôle de niveau liquide　液面控制

contrôle de norme d'application 应用标准检查
contrôle de norme environnementale 环境规范检查
contrôle de norme technique 技术标准检查
contrôle d'entrée 进口控制
contrôle d'entrée à la gare 进站控制
contrôle de pantographe 受电弓控制
contrôle de passage 通道控制
contrôle de passage à niveau 道口控制
contrôle de pente 坡度控制
contrôle de performance 性能检查
contrôle de piquets de relevage de voie 检查起道标桩
contrôle de piquets complémentaires 检查补充标桩
contrôle de plan 图纸检查
contrôle de planéité 平整度控制
contrôle de planéité de voie 轨道平整度控制
contrôle de planning 进度计划控制
contrôle de plasticité 塑性控制
contrôle de pollution 污染监控
contrôle de pollution de l'environnement 环境污染控制
contrôle de polygonale 导线控制
contrôle de polygonale fermée 闭合导线控制
contrôle de polygonale nivelée 水准导线控制
contrôle de portance 承载力检查
contrôle de position 位置控制
contrôle de poussière 扬尘控制
contrôle de précontrainte de tablier 桥面预应力检测
contrôle de pression du vent 风压检查
contrôle de pression du vent des appareils à queue du train 列尾装置风压检查
contrôle de processus 过程控制；工艺控制
contrôle de production 生产检查
contrôle de profil d'écoulement 水流截面控制
contrôle de profil en long 纵断面检查
contrôle de profil en travers 横断面检查
contrôle de profilage géométrique 几何线形控制
contrôle de profilage de talus 边坡整形控制
contrôle de profondeur 深度控制
contrôle de programme 程序控制
contrôle de proportion 比例控制
contrôle de qualité 质量检查；质量控制
contrôle de quantité 数量控制
contrôle d'équilibre 平衡控制
contrôle de rail 钢轨检查
contrôle de réception 验收检查
contrôle de réception du lit de ballast 道床检查验收
contrôle de réchauffement 加热控制
contrôle de recompactage 重新压实检查
contrôle de remblai 填方控制
contrôle de remplissage 填料检查
contrôle de répandage 摊铺检查
contrôle de répartition de l'effort de compactage 压实力分布检查
contrôle de réseau de drainage 排水系统监控
contrôle de résistance 强度控制
contrôle de risque 风险控制
contrôle de risque de faillite 破产风险控制
contrôle de risque de qualité 质量风险控制
contrôle de risque de sécurité 安全隐患控制
contrôle de risque géologique 地质风险控制
contrôle de risque potentiel 潜在风险控制
contrôle de risques de taux d'intérêt 利率风险控制
contrôle de risque technique 技术风险控制
contrôle de roues 车轮检查
contrôle de routine 例行检查
contrôle des appareils d'appui 检查支座
contrôle des armatures 配筋检查
contrôle des billets 检票
contrôle des coordonnées 坐标控制
contrôle des coordonnées du tracé 线路坐标控制
contrôle des coûts 费用控制
contrôle des coûts de revient 成本控制
contrôle des coûts de transport 运输费用控制
contrôle des coûts des travaux 工程费用控制
contrôle des coûts d'exploitation 运营费用控制
contrôle des coûts d'investissement 投资成本控制
contrôle de sécurité 安全检查
contrôle de signal 信号控制
contrôle de signal de trafic 交通信号控制

contrôle de sondage 钻探检查
contrôle de sortie 出口控制
contrôle de sortie de la gare 出站控制
contrôle de soudure 焊接检查
contrôle des travaux 工程监理
contrôle de suivi 跟踪控制
contrôle de suivi des travaux 工程监理
contrôle de surcharge 过载控制
contrôle de système 系统控制
contrôle d'étanchéité 密封检查
contrôle de tassement 下沉控制
contrôle de température 温度控制
contrôle de teneur 控制(检查)含量
contrôle de tolérance 控制允许误差
contrôle de tracé 走向控制
contrôle de tracé de voie 线路走向控制
contrôle de tracé de voie ferrée
　　铁路走向控制
contrôle de trafic 交通检查；交通管制
contrôle de trafic routier 公路交通检查
contrôle de trafic urbain 城市交通控制
contrôle de transport sur rails
　　轨道交通控制
contrôle de tutelle 监督检查
contrôle de végétalisation 绿化检查
contrôle de véhicule 车辆控制
contrôle de vibration 振动控制
contrôle de vitesse 速度控制
contrôle de vitesse de circulation
　　行车速度控制
contrôle de vitesse de lancement
　　溜放速度控制
contrôle de vitesse en voie de courbe
　　弯道速度控制
contrôle de vitesse variable 可变车速控制
contrôle de voie 车道控制
contrôle de voie d'accès 匝道控制
contrôle de voie de passage 通道控制
contrôle de volume de trafic
　　交通流量控制
contrôle d'implantation 放线检查
contrôle d'injection 压浆检查
contrôle d'intersection 交叉点控制
contrôle d'investissement 投资控制
contrôle d'itinéraire 进路控制
contrôle du sol 地面控制
contrôle du temps 控制时间
contrôle en courbe de voie 弯道控制
contrôle en cours 过程控制

contrôle en cours d'exécution
　　施工过程中的控制
contrôle environnemental 环境检查
contrôle extérieur 外部检查
contrôle externe 外部检查；第三方检查
contrôle externe au chantier 工地外部监督
contrôle externe des études 设计外部监督
contrôle externe des travaux 工程外部监督
contrôle géométrique 几何测量检查
contrôle horaire 时间控制
contrôle horizontale 水平控制
contrôle hydraulique 液压控制
contrôle impératif 强制控制
contrôle impératif de fermeture des signaux
　　信号关闭强制控制
contrôle impératif des aiguilles
　　道岔强制性控制
contrôle indépendant 独立控制
contrôle inopiné 抽查
contrôle in situ 现场检查
contrôle in situ de l'armature dans le
　　coffrage 现场检查模板内钢筋
contrôle intégral 全面检查
contrôle intérieur 内部检查；自检；自控
contrôle interne 内部检查；自检；自控
contrôle interne des travaux
　　工程内部检查；工程内部自检
contrôle journalier 日检查
contrôle linéaire 线路控制；线性控制
contrôle locale 就地控制
contrôle longitudinal 纵向控制
contrôle manuel 人工控制(检查)
contrôle non destructif des soudures
　　焊缝无损检测
contrôle non destructif par rayons
　　射线无损检测
contrôle non destructif par ultrasons
　　超声无损检测
contrôle optimal 优化控制
contrôle par division de trajet 分程控制
contrôle par laboratoire 实验室检查
contrôle par l'ordinateur 计算机控制
contrôle par magnétoscopie 磁性(粉)检测
contrôle par radiographie X光探伤检查
contrôle par rayon X X光探伤检查
contrôle par ressuage 渗透检测
contrôle par satellite 卫星监测
contrôle par télévision 电视控制
contrôle par terre 地面控制

contrôle par ultra-son 超声波检测
contrôle partiel 局部检查;局部控制
contrôle passif 被动控制
contrôle perdu 失去控制
contrôle périodique 定期检查
contrôle permanent 经常性检查
contrôle physique 物理检查
contrôle pneumatique de l'attelage
　车钩气动控制
contrôle préalable 预先控制
contrôle préliminaire 初步检查
contrôle prioritaire 优先控制
contrôle quotidien 日检查
contrôle radiographique X光探伤检查
contrôle régulier 定期检查
contrôle régulier de train 列车例行检查
contrôle renouvelé 翻修检查
contrôle routinier 常规控制
contrôle spécial 专项检查;专门检查
contrôle statique 静态检查
contrôle statique de compactage
　碾压静态检查
contrôle statique de locomotive
　机车静态检查
contrôle sur la forme de barres
　钢筋外形检查
contrôle sur place 现场检查;现场控制
contrôle synthétique 综合控制
contrôle systématique 系统控制
contrôle technique 技术控制;技术检查
contrôle topographique 地形控制
contrôle ultra-sonique 超声波检测
contrôle ultrasonore 超声波检测
contrôle visuel 直观检查
contrôleur d'aiguille 道岔控制器
contrôleur de la présence des wagons
　车辆存在监测器
contrôleur de passage à niveau
　道口控制器
contrôleur d'interface de voie
　线路接口控制器
contrôleur d'objets 目标控制器
contrôleur principal 主控器
convenance 适应性,适配,试配
convenance de béton 混凝土配方
convenance technique 技术适用范围
convention 协议
convention à l'amiable 和解协议
convention collective 劳资协议
convention de contrat-programme
　框架协议
Convention de Genève 日内瓦公约
Convention de Schengen 申根协定
convention douanière 关税协定
Convention Internationale concernant le
　Transport des Marchandises par Chemin
　de fer(CITMC) 国际铁路货运协议
Convention Internationale concernant le
　Transport en Transit par Chemin de fer
　(CITTC) 国际铁路联运公约
Convention Internationale pour faciliter le
　franchissement des frontières aux
　marchandises transportées par voie ferrée
　便利铁路货运过境国际公约
Convention relative aux transports
　Internationaux ferroviaires
　国际铁路运输公约
Convention sur la double imposition
　避免双重征税公约
convention technique
　技术条款;技术管理规程
convention verbale 口头协议
conversion 换算
conversion de devise 外币换算
conversion de monnaie 货币转换
conversion des acquis technologiques en force
　productive 科技成果转化成生产力
conversion des normes chinoises en normes
　françaises 中国规范转换法国规范标准
convertisseur de puissance 变流机
conversion des signaux 信号转换
convertisseur de traction 牵引变流器
conversion d'opération 操作转换
conversion en espèces 兑换现金
conversion industrielle 工业转产
convertisseur d'interface 接口转换器
convoi de marchandises 货车
convoi de voyageurs 客车
convoyeur 传送带;输送带;押运员
coobligation 共同债务;共同义务
coopérateur 合作者
coopération 合作
coopération à long terme 长期合作
coopération économique 经济合作
Coopération Economique de la Zone
　Asie-Pacifique 亚太经合组织
coopération en prestation de services
　服务合作

coopération internationale　国际合作
coopération Sud-Sud　南南合作
coopération technique　技术合作
coordinateur　协调人
coordination　协调；配合
coordination de chargement
　des marchandises　货运装车协调
coordination de production　生产调配
coordination de rotation de locomotive
　协调机车运转
coordination des effectifs　生产人员调配
coordination des travaux　工程协调
coordination du projet　项目协调
coordinatographe orthogonal　直角坐标仪
coordonnateur　协调人
coordonnées　坐标
coordonnées absolues　绝对坐标
coordonnées angulaires　角坐标
coordonnées cartésiennes　直角坐标
coordonnées connues　已知坐标
coordonnées curvilignes　曲线坐标
coordonnées cylindriques　圆柱坐标
coordonnées de l'intersection de l'axe
　du pont　桥梁轴线交叉坐标
coordonnées de point clef　控制点坐标
coordonnées de point clef de la voie
　线路控制点坐标
coordonnées de point d'interconnexion
　连接点坐标
coordonnées de tracé　线路坐标
coordonnées de voies　线路坐标
coordonnées elliptiques　椭圆坐标
coordonnées généralisées　广义坐标
coordonnées géodésiques　大地坐标
coordonnées géographiques　地理坐标
coordonnées graphiques　图解坐标
coordonnées hyperboliques　双曲线坐标
coordonnées normales　法坐标
coordonnées obliques　斜角坐标
coordonnées ordinaires　普通坐标
coordonnées paraboliques　抛物线坐标
coordonnées parallèles　平行坐标
coordonnées polaires　极坐标
coordonnées projectives　投影坐标
coordonnées rectangulaires　直角坐标
coordonnées rectilignes　直线坐标
coordonnées relatives　相对坐标
coordonnées sphériques　球面坐标
coordonnées tangentielles　切线坐标
coordonnées triangulaires　三角坐标
coordonnées trilinéaires　三线坐标
copie　副本
copie conforme(C/C)　与原文相符的副本
copie de contrat　合同副本
copie électronique　电子版
copie légalisée　经认证的副本；复本
corbeau　梁托
corbeau d'appui　梁托；支撑托架
cordage　缆绳；粗绳
corde　绳子
corde d'acier　钢丝
corde d'amiante　石棉绳
corde de chanvre　麻绳
corde de chanvre bitumé　沥青麻绳
corde de chanvre goudronné　沥青麻绳
corde plastique　塑料绳
corde souple　软绳
cordeau　拉线；墨线
cordon　细绳
cordon d'allumage　导火索
cordon de soudure　焊缝；焊线
cordon de soudure de citerne　罐体焊缝
cordon de soudure de rail　钢轨焊线
corniche　檐口；挑檐
corniche avec caniveau　带排水沟挑檐
corniche coulée sur place　现浇排水口
corniche de l'ouvrage d'art　桥面排水口
corniche en béton　混凝土排水口
corniche préfabriquée　预制排水口
cornière　角钢
cornière à ailes égales　等边角钢
corps　主体
corps d'aboutement　桥台台身
corps d'ancrage　锚定体
corps de bâtiment　建筑物主体
corps de boîte d'essieu　轴箱体
corps de boulon　螺栓杆
corps de citerne　罐体
corps de minerai　矿体
corps de pile　桥墩体
corps de pont　桥体
corps de poteau　柱身
corps de poutre　梁体
corps de pylône　塔身
corps de remblai　填方体
corps de roue　车轮体
corps de route　路体
corps d'essieu　轴身

corps de voiture　车体
corps élastique　弹性体
corps lumineux　发光体
corps propre de voie　线路主体
corps rigide　刚体
corps solide　固体
corps symétrique　对称体
corrasion　风蚀
correction　矫正
correction angulaire　角度矫正
correction de calcul　计算校正
correction d'écart　纠正偏差
correction d'écart angulaire　纠正角偏差
correction d'écart de conversion
　　纠正转换差
correction d'écart de fermeture
　　纠正闭合差
correction d'écart en hauteur
　　纠正高度偏差
correction d'écart statistique
　　纠正统计误差
correction d'écartement de voie
　　矫正轨距
correction de coordonnée　坐标校正
correction de couloir de voie
　　线路走廊校正
correction de courbure　曲率校正
correction de croisement　交叉校正
correction de dévers　超高校正
correction de dévers de rail extérieur
　　外轨超高校正
correction de dimension　矫正尺寸
correction de direction　方向校正
correction de gabarit　矫正限界
correction de hauteur　矫正高度
correction de hauteur d'attelage
　　矫正车钩高度
correction de hauteur de la plateforme
　　de voie　矫正路床高度
correction de hauteur de l'assise de voie
　　矫正路基高度
correction de hauteur de pont
　　桥梁高度校正
correction de hauteur de viaduc
　　高架桥高度校正
correction de largeur　宽度校正
correction de largeur de chaussée
　　路面宽度校正
correction de l'axe　轴线校正

correction de longueur　校正长度
correction de longueur de poutre
　　梁长度校正
correction de longueur de recouvrement
　　纠正搭接长度
correction de pente　坡度校正
correction de position　位置校正
correction de position d'aiguille
　　道岔位置校正
correction de position de l'échangeur
　　互通立交桥位置校正
correction de position de forage
　　钻孔位置校正
correction de position de gare
　　车站位置校正
correction de quantité　数量校正
correction de quantité des travaux
　　工程数量校正
correction des erreurs　勘误
correction de sphéricité　曲率改正
correction de temps　时间校正
correction de tracé　线路走向校正
correction de tracé définitif　定线修正
correction de voie　线路校正
correction d'inclinaison de rail　矫正轨底坡
correction géométrique　几何纠正
correction horizontale　水平修正
correction linéaire　线形修正
correction relative　相对正确
correction topographique　地形测量校正
corridor　走廊；狭长通道
corridor de la ligne　线路走廊
corridor de l'autoroute　高速公路通道
corridor des animaux　动物通道
corridor de trafic ferroviaire　轨道交通走廊
corridor de transport　运输通道；运输走廊
corridor ferroviaire　铁路通道；铁路走廊
corridor radial　辐射通道
corridor rail-route　铁路—公路走廊
corrosion　腐蚀；侵蚀
corrosion atmosphérique　大气腐蚀
corrosion complète　完全腐蚀
corrosion de rail par la rouille　轨道锈蚀
corrosion de traverse en bois　木枕腐蚀
corrosion locale　局部腐蚀
cotation　开价；标注尺寸
cotation de hauteur d'attelage
　　标注车钩高度
cotation de sommet de rail　标注轨顶高度

cotation des devises 外汇标价
cotation officielle 官方牌价
cote 标高;牌价
cote absolue 绝对标高
cote à l'intersection de deux voies
　线路交叉点标高
cote conceptionnée 设计高程
cote d'alerte 警戒水位
cote d'altitude 海拔(高度)
cote définitive 最终尺寸
cote de fondation 基础标高
cote de la banque 银行牌价
cote de la plateforme de voie 路床标高
cote de l'assise de voie 路基标高
cote de niveau 标高
cote de niveau absolue 绝对高度
cote de niveau d'accotement 路肩标高
cote de niveau de conception 设计标高
cote de niveau du sol naturel 自然地面标高
cote de niveau relative 相对标高
cote de nivellement 水准标高
cote de recépage (桩)切头处标高
cote de sondage 钻孔标高
cote de sous-poutre 梁底标高
cote de terrain 场地标高;地面高程
cote de voie ferrée 轨道高程
cote du sommet de ballast subjacent
　底砟顶面标高
cote effective 实际尺寸
cote limite 极限尺寸
cote maximum 最大尺寸
cote minimum 最小尺寸
cote nominale 标称尺寸
cote réelle 实际标高
cote réelle de mesure 实测标高
cote relative 相对标高
côté 侧;面
côté adjacent 邻端
côté au vent 向风面
côté extérieur 外侧
côté intérieur 内侧
couche 层;地层;土层
couche à gros cristaux 粗晶体结构层
couche alluvionnaire 冲积层
couche anti-contaminante 防污层
couche anti-corrosion 防腐层
couche anti-rouille 防锈层
couche anti-vibratile 抗震层
couche aquifère 含水层

couche argileuse 黏土层
couche basaltique 玄武岩层
couche bitumineuse 沥青层
couche calorifuge 保温层
couche compressible 可压缩层
couche d'accrochage 黏结层;连接层
couche d'altération 风化层
couche d'amélioration 改善层
couche d'apprêt 底漆;底涂层
couche d'arase 找平层
couche d'argile 黏土层
couche d'asphalte 沥青层
couche d'assise 基层;底层
couche d'assise de voie 路基层
couche d'assise en graves concassées
　碎石底基层
couche de badigeonnage 涂刷层
couche de ballast 道砟层
couche de base 基层
couche de base bitumineuse 沥青基层
couche de béton bitumineux 沥青混凝土层
couche de béton de propreté 素混凝土层
couche de cailloux 卵石层
couche de charbon 煤层
couche de circulation 行驶层
couche de collage 黏结层
couche de couverture 覆盖层
couche de drainage 排水层
couche de dressage 找平层
couche de finissage 罩面
couche de finition 罩面
couche de fond 底层
couche de fondation 底基层
couche de fondation du lit de ballast
　道床底基层
couche de fondation en grave 砾石底基层
couche de forme de traverse 轨枕垫层
couche de forme élastique au-dessous de rail
　轨下弹性垫层
couche de forme élastique au-dessus
　de traverse 枕上弹性垫层
couche de forme hydraulique 浸水垫层材料
couche de frottement 磨耗层
couche de galets 卵石层
couche d'égalisation 整平层
couche de géotextile 土工布层
couche de granulats 粒料层
couche de graves 碎石层;砾料层
couche de graves bitumeux 沥青碎石层

couche de graves non-traités 级配碎石底层	couche horizontale 水平层
couche de graviers 砾石层;砂石层	couche hydratante 保湿层
couche de graviers aquifères 含水砾石层	couche hydrofère 含水层
couche de lave 熔岩层	couche hydrofuge 防水层
couche de liaison 结合层;连接层	couche imperméable 不透水层
couche de marne 泥灰岩层	couche inclinée 倾斜层
couche de minerai 矿层	couche inférieure 下层;底层
couche de mortier 砂浆层	couche intermédiaire 中间层
couche d'enduit 涂层	couche limite 界层
couche de partie supérieure de terrassement 路基上部换土层	couche limon 淤泥层
	couche mince 薄层
couche de peinture 油漆层	couche mouvante 活动层
couche de propreté 防污层	couche moyenne 中厚层
couche de protection 保护层	couche neutre 中性层
couche de réglage en sable 沙子找平层	couche obturatrice 封闭含水层
couche de remblais 回填层	couche pavée de trottoir 人行道铺装层
couche de reprise 砂浆结合层	couche pavée de roulement des véhicules 行车道铺装层
couche de revêtement 面层;覆盖层	
couche de roche 岩石层	couche perméable 透水层
couche de roulement 行驶层	couche pétrolifère 含油层
couche de sable 铺沙层	couche portante 承压层
couche de séparation 分隔层	couche protectrice 保护层
couche de sol 土层	couche redressée 垂直层
couche de sol gelé 冻土层	couche rigide 刚性层
couche de soutènement 承托层	couche rocheuse 岩层
couche de surface 表层	couche sous-jacente 下层
couche de surface souple 柔性面层	couche structurale 结构层
couche d'imprégnation 透层	couche superficielle 表面层
couche d'imprégnation sablée 砂石渗透层	couche supérieure 上层
couche d'impression 底漆层	couche supérieure de remblais 上部回填层
couche d'isolement thermique 保温层	couche supérieure en enrobé 沥青混合料上层
couche drainante 排水层;透水层	
couche dure 坚硬层	couches de chaussée 路面层
couche d'usure 磨耗层	couchis 砂土垫层
couche d'usure en béton 混凝土磨耗层	coude 弯管
couche d'usure en béton bitumineux 沥青混凝土磨耗层	coudeuse de rail 弯轨机
	coudeuse de tuyau 弯管机
couche en exploitation 开采层	coulage 浇铸;浇灌
couche étanche 密封层;防水层	coulage centrifuge 离心浇筑
couche étanche en feutre bitumé 油毡防水层	coulage de béton 混凝土浇筑
	coulage de béton sous l'eau 水下浇筑混凝土
couche étanche inférieure 下封层	
couche étanche supérieure 上封层	coulage de joint au mortier 接缝灌浆;砂浆灌缝
couche faillée 断层	
couche filtrante 过滤层	coulage de lit de voie monolithique 整体道床浇筑
couche filtrante en graviers 砾石过滤层	
couche géologique 地质层	coulage discontinu de béton 混凝土间断浇筑
couche géotechnique 工程地质分层	
couche granulaire 粒料层	coulage en porte-à-faux 悬臂浇筑

coulage sur place　现场浇筑
coulage sur site　现场浇筑
coulée　流;浇筑
coulée boueuse　泥流
coulée centrifuge　离心浇铸
coulée continue　连续浇筑
coulée d'acier　熔钢流
coulée de béton　混凝土浇筑
coulée de blocs　块状熔流
coulée de boue　泥流
coulée de boue et de pierres　泥石流
coulée de lave　熔岩流
coulée volcanique　火山熔岩流
couleur　颜色
couleur chaude　暖色
couleur de fond　底色
couleur froide　冷色
coulis　灰浆;砂浆
coulis d'ancrage　锚定灌浆
coulis d'argile　黏土浆
coulis d'argile-ciment　黏土水泥浆
coulis de béton　混凝土浆
coulis de bitume　沥青砂浆
coulis de ciment　水泥浆
coulis d'injection　注浆;灌浆
coulis pour câble de précontrainte
　预应力钢索灌注浆
coulis spécial　特殊水泥浆
coulisse　月牙板
couloir　通道;线路走廊
couloir central　中央过道
couloir d'autoroute　高速公路走廊
couloir de compartiment　车厢走道
couloir de ligne aérienne à haute tension
　高压架空线路走道
couloir de voie ferrée　铁路走廊
couloir latéral　侧走道
couloir latéral de compartiment
　车厢侧走道
coupage　切割
coupage à chaud　热割;热切
coupage à froid　冷割;冷切
coupage autogène　气割
coupage automatique　自动切割
coupage de rail　切割钢轨
coupage des armatures　切断钢筋
coupage des palplanches　截板桩
coupage des pieux　截桩
coupage manuel　人工切割

coupe　剖面;剖面图
coupe-circuit　熔断器
coupe de câble　切割钢缆
coupe de carotte　岩芯剖面图
coupe de forage　钻井剖面;钻孔柱状图
coupe de gisement　矿床剖面(图)
coupe de rail　切轨
coupe de sondage　地质钻探剖面(图)
coupe des aciers　切割钢筋
coupe de terrain　地层剖面图
coupe en long　纵断面(图)
coupe en travers　横断面(图)
coupe générale　综合地质剖面(图)
coupe géologique　地质剖面(图)
coupe géologique de forage
　钻孔地质剖面(图)
coupe géologique du sol　地层剖面(图)
coupe géologique du terrain
　地形地质剖面(图)
coupe géométrale　实测剖面(图)
coupe géotechnique　工程地质剖面(图)
coupe horizontale　水平剖面(图)
coupe horizontale de voie
　线路水平剖面(图)
coupe hydrologique　水文剖面(图)
coupe-joint　混凝土接缝切割机
coupe lithologique de sondage
　岩性钻探剖面(图)
coupe longitudinale　纵剖面(图)
coupe radiale　径向切割(图)
coupe sismique　地震断面(图)
coupe stratigraphique　地层剖面(图)
coupe transversale　横剖面图
coupe transversale de chaussée
　道路横剖面(图)
coupe transversale de double voie de chemin de fer　双线铁路横剖面(图)
coupe transversale de tunnel
　隧道横剖面(图)
coupe-tubes　切管机
coupe verticale　垂直剖面(图)
coupeur　切割机
coupeur d'arbres　伐木机;伐木工
coupeur de barres　钢筋切割机
coupeur de verre　玻璃割刀
couplage d'attelage　连钩
couplage de circuit　电路耦合
couplage des wagons　车辆连接
couplage d'interrupteur　电闸耦合

couple de forces	力偶
couple d'encastrement	固端力偶
couple de serrage	紧固力矩
couple de torsion	扭转力偶
coupleur	锚杆连接件；锚具；车钩
coupleur aspiratoire	吸合连接器
coupleur d'ancrage	锚具
coupleur d'armature	钢筋锚具
coupleur de boyau air et eau	气/水软管连接器
coupleur de boyau de freinage	制动软管连接器
coupleur de câble en acier	钢丝索锚具
coupleur de conduite d'air principal	主风管连接器
coupleur de freinage	制动连接器
coupleur de tige d'ancrage	锚杆连接件
coupleur de toron métallique	钢绞线锚具
coupleur de traction	牵引钩
coupleur électrique	电气连接器
coupleur extrudé	挤压锚具
coupleur gravé	压花锚具
coupleur imprimé	压花锚具
coupleur pneumatique	气动连接器
coupon de rail	轨道段
coupure	切断
coupure de caténaire	接触网断线
coupure de courant	断电
coupure de liaison	断开连接
coupure de rail	切轨
coupure des armatures	切断钢筋
coupure de trafic	切断交通
coupure d'exploitation	中断运营
courant	水流；气流；电流
courant alimenté de traction	牵引供电
courant alternatif (CA)	交电流
courant atmosphérique	大气气流
courant continu	直流电
courant d'air	气流；穿堂风
courant d'eau	水流
courant de choc	冲击电流
courant de court-circuit	短路电流
courant de crête	峰值电流
courant de fermeture	闭合电流
courant de frottement	摩擦电流
courant de fuite	漏流；迷流
courant de modulation	调制电流
courant de retour par le rail	轨道回流
courant de traction	牵引电流
courant de voie code	电码轨道电路电流
courant de voie pulse	脉冲轨道电路电流
courant déwatté	无功电流
courant électrique	电流；输电调度中心
courant faible	弱电
courant fort	强电
courant impétueux	激流
courant induit	感应电流
courant instantané	瞬时电流
courant intense	强电流
courant inverse	反向电流
courant limite	极限电流
courant monophasé	单项电流
courant nominal	额定电流
courant porteur	载波电流
courant pulsatoire	脉动电流
courant surchargé	过载电流
courant triphasé	三相电流
courant vagabond	游离电流
courant watté	有功电流
courbe	曲线；弯道
courbe admissible	允许曲线
courbe à gradins	阶梯式曲线
courbe à la même direction	同向曲线
courbe analytique	解析曲线
courbe anormale	非正态曲线
courbe ascendante	上升曲线
courbe asymptotique	渐近曲线
courbe atténuée	缓和曲线
courbe au profil en long	竖曲线
courbe au profil en travers	横曲线
courbe bathymétrique	等深线
courbe bitangentielle	双切曲线
courbe brusque	急弯曲线；突变曲线
courbe caractéristique	特征曲线
courbe circulaire	圆曲线
courbe combinée	复合曲线
courbe composée	复合曲线
courbe continue	连续曲线
courbe corrigée	校正曲线
courbe critique	临界曲线
courbe croissante	递升曲线
courbe cumulative	累积曲线
courbe d'accélération	加速(度)曲线
courbe d'aiguille	道岔曲线
courbe d'affaiblissement	阻尼曲线
courbe d'affaissement	下沉曲线
courbe d'ajustage	调整曲线
courbe d'allongement	延伸曲线

courbe d'allure parabolique 抛物线
courbe d'altitude 等高线
courbe d'amortissement 阻尼曲线
courbe d'approximation 近似曲线
courbe d'avancement des travaux
　工程进展曲线
courbe de calcul 计算曲线
courbe de calibrage 校准曲线
courbe de cambrure 路拱曲线
courbe de charge 负荷曲线
courbe de charge-déformation
　荷载—应变曲线
courbe de charge-glissement
　荷载—滑移曲线
courbe de charge-pénétration
　荷载—贯入曲线
courbe de charge-tassement
　荷载—沉降曲线
courbe de chauffage 加热曲线
courbe de circulation 运行曲线
courbe de compactage 压实曲线
courbe de compression 压缩曲线
courbe de confinement 封闭曲线
courbe de consolidation 固结曲线
courbe de contrainte-déformation
　应力—应变曲线
courbe de contraintes 应力曲线
courbe de convergence 收敛曲线
courbe de correction 校正曲线
courbe d'écoulement 流量曲线
courbe de couleurs 等色曲线
courbe de couple 扭矩曲线
courbe décroissante 递降曲线
courbe de crues 洪水曲线
courbe de débit 流量曲线
courbe de décantation 沉淀曲线
courbe de décomposition 分解曲线
courbe de déflexion 挠度曲线
courbe de déformation 变形曲线
courbe de demande 需求曲线
courbe de détente 膨胀曲线
courbe de déviation 变向曲线
courbe de dimensions des grains 粒径曲线
courbe de distribution de charge
　荷载分布曲线
courbe de distribution de dimensions des
　grains 粒径分布曲线
courbe de faible rayon 小半径曲线
courbe de fatigue 疲劳曲线
courbe de flèche 挠度曲线
courbe de fluage 蠕变曲线
courbe de fluctuation 波动曲线
courbe de fond 等深线
courbe de fréquence 频散曲线
courbe de gonflement 膨胀曲线
courbe de grand rayon 大半径曲线
courbe de guidage 导曲线
courbe de limite 极限曲线
courbe de limite inférieure 下限曲线
courbe de limite supérieure 上限曲线
courbe de moment 力矩曲线
courbe de moment fléchissant 弯矩曲线
courbe d'endurance 疲劳曲线
courbe d'enfoncement 沉降曲线
courbe de niveau 等高线
courbe de niveau de la nappe aquifère
　地下水位等高线
courbe de niveau de la nappe phréatique
　地下水位等高线
courbe de niveau de terrain 地形等高线
courbe de niveau intercalaire 间曲线
courbe de niveau maîtresse 主等高线
courbe d'enregistrement 记录曲线
courbe de partage 分布曲线
courbe de performance 性能曲线
courbe de petit rayon 小半径曲线
courbe de poussée 推力曲线
courbe de pression 压力曲线
courbe de pression égale 等压曲线
courbe de prise 凝结曲线
courbe de production 生产曲线
courbe de profondeur 水下等高曲线
courbe de puissance 功率曲线
courbe de raccord 缓和曲线
courbe de raccordement
　连接曲线;连接弯道
courbe de raccordement de profil en long
　纵向连接曲线;纵向连接弯道
courbe de rebondissement 回弹曲线
courbe de répartition 分布曲线
courbe de résistance 阻力曲线
courbe d'erreur 误差曲线
courbe de saturation 饱和曲线
courbe de sens unique 同向曲线
courbe des hauteurs d'eau 水位图
courbe des prix 价格曲线
courbe d'essai 试验曲线
courbe d'étalonnage 校准曲线

courbe de tassement 沉降曲线
courbe de température 温度曲线
courbe de temps 时间曲线
courbe de temps de voie 线路时间曲线
courbe de tracé de voie 线路走向曲线
courbe de tracé en plan 平面线路曲线
courbe de traction 拉伸曲线
courbe de transition 回旋缓和曲线
courbe de valeur de pointe 峰值曲线
courbe de variation de température 温度变化曲线
courbe de vitesse 速度曲线
courbe de vitesse de voie 线路速度曲线
courbe de voie 线路曲线
courbe de voie ferrée 铁路弯道
courbe diamétrale 径向曲线
courbe d'intensité 强度曲线
courbe d'intrados 拱腹面曲线
courbe élastique 弹性曲线
courbe elliptique 椭圆曲线
courbe en plan 平面曲线
courbe enregistrée 记录曲线
courbe équidistante 等距曲线
courbe étroite 狭窄曲线
courbe expérimentale 试验曲线
courbe extérieure 外侧弯道
courbe externe 外曲线
courbe fermée 闭合曲线
courbe géométrique 几何曲线
courbe granulométrique 级配曲线
courbe graphique 图解曲线
courbe hélicoïdale 螺旋曲线
courbe horizontale 水平曲线;等高面曲线
courbe hyperbolique 二次抛物线;等曲线
courbe hypsographique 等高线
courbe intérieure 拱腹面曲线;内曲线
courbe interne 内曲线
courbe inverse 反向曲线
courbe irrégulière 不规则曲线
courbe isobathe 水下等高曲线
courbe isohyète 等雨量线
courbe isopluviale 等雨量线
courbe isostatique 等压线
courbe isothermique 等温线
courbe isovitesse 等速曲线
courbe limite 极限曲线
courbe métrique 米制曲线
courbe moyenne 平均曲线
courbe ovale 卵形曲线

courbe parabolique 抛物线
courbe paramétrique 参数曲线
courbe plane 平面曲线
courbe plate 平顺曲线
courbe simple 单曲线
courbe solide 实曲线
courbe surbaissée 平面曲线
courbe surhaussée 超高曲线
courbe temps-consolidation 时间—固结曲线
courbe temps-espace 时距曲线
courbe verticale 竖曲线
courbe verticale concave 凹形竖曲线
courbe verticale convexe 凸形竖曲线
courbe verticale de butte 驼峰竖曲线
courbes parallèles 平行曲线
courbure 弯曲;曲率;曲度
courbure anormale 非正态曲线
courbure approximative 近似曲线
courbure caractéristique 特征曲线
courbure circulaire 圆曲线
courbure circulaire inverse 反向圆曲线
courbure concave 凹曲线
courbure concave verticale 凹形竖曲线
courbure continue 连续曲率
courbure cumulative 累积曲线
courbure d'accumulation 积累曲线
courbure d'aiguille 道岔曲率
courbure d'ajustement 缓和曲线
courbure de câble 缆索曲线
courbure de calcul 计算曲线
courbure de circulation 运行曲线
courbure de compactage 压实曲线
courbure de compression 压缩曲线
courbure de connexion 连接曲线
courbure de consolidation 固结曲线
courbure de correction 弯道计算修正值
courbure de couverture 覆盖曲线
courbure de demande 需求曲线
courbure de dévers 超高曲线
courbure de distribution 分布曲线
courbure de fatigue 疲劳曲线
courbure de flexion 挠度曲线
courbure de fluage 蠕变曲线
courbure de flux 流量曲线
courbure de flux-densité 流量—密度曲线
courbure de fréquence 频率曲线
courbure de grain 粒径曲线
courbure de moment 力矩曲线

courbure de rebondissement 回弹曲线
courbure de résistance 阻力曲线
courbure d'erreur 误差曲线
courbure descendante 下降曲线
courbure d'essai 试验曲线
courbure de tassement 下沉曲线
courbure de température 温度曲线
courbure de tracé 线路弯曲度
courbure de variation 变化曲线
courbure de variation de température 温度变化曲线
courbure de vie 寿命曲线
courbure de vitesse 速度曲线
courbure de voie ferrée 轨道曲线
courbure d'expansion 膨胀曲线
courbure du plan vertical 垂直面弧度
courbure dynamique 动力曲线
courbure élastique 弹性曲率
courbure en plan horizontal 水平面弧度
courbure externe 外曲线
courbure interne 内曲线
courbure inverse 反向曲线
courbure latérale 旁弯
courbure latérale de longeron 侧梁旁弯
courbure latérale de longrine intermédiaire 中梁旁弯
courbure linéaire 线形曲线
courbure maximum 最大曲率
courbure montante 上升曲线
courbure moyenne 平均曲线
courbure normale 正态曲线
courbure ouverte 开曲线
courbure parabolique 抛物线
courbure pleine 实曲线
courbure Proctor 葡氏曲线
courbure relative 相关曲线
courbure solide 实曲线
courbure spirale 螺旋曲线
courbures parallèles 平行曲线
couronnement 压顶;台帽
couronnement de culée 桥台顶帽
couronnement de mur 墙压顶
couronnement de pile （桥）墩帽
couronnement en briques 砖压顶
courroie 皮带;橡胶带
courroie de transmission 传输带
courroie de transport 传输带
cours 河流
cours d'eau 河流
cours d'eau à sec 季节河流;干沟
cours d'eau naturel 天然河道
cours de formation 培训课程
cours d'essais 试验过程
cours inférieur 下游
cours moyen 中游
cours rapide 急流
cours supérieur 上游
course 行程;路程
course d'aiguille 道岔动程
course de circulation 行程
course de compactage 碾压行程
course de locomotive 机车行程
course de perçage 钻孔深度
course de piston 活塞行程
course de pompe 水泵扬程
course de retour 返程
course de travail 工作行程
course longitudinale 纵行程
course maximum 最大行程
course transversale 横向行程
course verticale 垂直行程
court-circuit 短路
court-circuit à la terre 接地短路
court-circuit de l'appareil électrique 电器短路
coussinet 钢轨垫板;轴承
coussinet à ressort 弹簧垫板
coussinet de boîte d'essieu 轴箱轴承
coussinet de crapaudine 心盘垫板
coussinet de l'aiguille 心轨拉板
coussinet de glissement 滑板座;滑床板
coussinet de glissement de l'aiguille 道岔滑床板
coussinet de glissement à rouleau 辊轴式滑床板
coussinet de rail 钢轨垫板
coussinet en caoutchouc sous traverse 轨枕橡胶垫板
coût 成本;费用
coût additionnel 额外费用;追加费用
coût affecté à la production 生产费用
coût au kilomètre 公里造价
coût aux usagers 用户使用费
coût constant 不变成本
coût d'achat 买价
coût d'achat de matériels roulants 机车车辆购价
coût d'achat de rails 钢轨购价

coût d'achat des équipements　设备购价
coût d'acquisition de terrain　土地征用费
coût de conception　设计费用
coût de construction　造价费用
coût de fabrication　制造费用
coût de formalité　手续费
coût de fonctionnement　运行成本
coût de gestion　管理费
coût de l'accident　事故费用
coût de l'ouvrage　工程造价
coût de maçonnerie　圬工费用
coût de main-d'œuvre　劳动力成本
coût d'entretien　维护费用
coût de production　生产成本
coût de renouvellement　翻新费用
coût de réparation　维修成本
coût de revient　成本
coût de revient de transport　运输成本
coût de rotation de locomotive
　机车运转成本
coût des consommations　耗材费用
coût des équipements　设备费
coût de terrassement　土方工程费
coût de transport　运输成本
coût de travail　工作费用
coût de travaux　工程费用
coût d'étude　设计费用
coût d'exploitation　运营费用
coût d'expropriation　动迁费用
coût d'expropriation des emprises
　征地动迁费用
coûts de maintenance de la ligne
　线路维护费用
coût d'installation　安装费
coût d'investissement　投资成本；投资费用
coût direct　直接费用
coût d'organisation　筹备费
coût du personnel　人员费
coût d'usage　使用费
coût du terrain　土地成本
coût et fret(CF)　成本加运费
coût global　总费用
coût indirect　间接费用
coût machine-équipe　台班费
coût opérationnel　运营费用
coût réel　实际成本
coût total　总造价
couvercle　顶盖；桥梁拱圈
couvercle bombé　拱形罩
couvercle de boîte d'essieu　轴箱盖板
couvercle de caniveau　管沟盖板
couvercle de cylindre　气缸盖
couvercle de regard　检查井盖板
couvercle de regard en béton armé
　混凝土检查井盖板
couvercle de regard en fonte
　铸铁检查井盖板
couvercle de trou de visite　检查孔盖板
couvercle de trou d'homme　人孔盖板
couvercle de visite　检查井盖板
couvercle de wagon　棚车盖板
couvercle en béton　混凝土盖板
couvercle étanche　密封盖
couverture　覆盖
couverture cintrée　筒形屋顶
couverture de boue　泥层
couverture de quai　站台雨棚
couverture de regard　检查井盖
couverture de risque de l'assurance
　保险覆盖范围
couverture de station　车站站台顶棚
couverture de tôle d'aluminium　铝板屋顶
couverture de tunnel　明挖隧道上盖
couverture en coques　壳体屋顶
couverture en feuilles métalliques　铁皮屋面
couverture en planches　木屋面
couverture en plaques ondulées　波形瓦屋面
couverture en terre végétale　覆盖腐殖土
couverture en voiles minces　壳体屋顶
couverture en voûtes　拱式屋顶
couverture légère　轻型覆盖
couverture lourde　重型覆盖
couverture par voûtes　拱盖；拱形结构
couverture rocheuse　岩石顶板
couvre-amorce　（雷管）爆帽
couvre-joint　盖缝板
couvre-radiateur　水箱保温套
crampillon　U形钉
crampillon d'attache　U形固件
crampon　扣钉；防松道钉
crampon à ressort　弹簧道钉
crampon à vis　防松道钉
crampon de rail　道钉
crampon de traverse en bois　枕木道钉
cran　凹口；切口；槽口
crapaud　轨条扣件；防扒器
crapaud de rail　钢轨扣件
crapaud élastique　钢轨弹簧扣件

crapaudine 承窝;端面轴承
crapaudine de bogie 转向架支承;转向架心盘
crapaudine de pivot de bogie 转向架支承座;转向架心盘
crapaudine de plaque tournante 转车台转向支承
crapaudine supérieure 上心盘
crayon en ardoise 石笔
crédit 信用;信贷
crédit à court terme 短期信贷
crédit à la construction 建筑信贷
crédit à l'exportation 出口信贷
crédit à l'importation 进口信贷
crédit à long terme 长期信贷
crédit à moyen terme 中期信贷
crédit bancaire 银行信用;银行信贷
crédit cautionné 有担保信贷
crédit commercial 商业信用
créditeur 债权人
crémaillère 齿轨
crémaillère à dents 齿轨
créneau d'entretien de voie 线路维护预留时间
créneau d'interception de voie 线路中断预留时间
crépi 底灰层
crépi moucheté 水泥拉毛墙面
crépissage 粉刷;抹灰
crêt 陡坡
crête 分水岭;顶部
crête de barrage 坝顶
crête de bosse de triage 编组站驼峰峰顶
crête de montagne 山脊
crête de pente 坡顶
crête de remblai 路堤顶
crête de talus 边坡顶面
crête de voûte 拱背
creusage 挖掘;开凿
creusement 挖掘;开凿
creusement à l'eau 水力掘进
creusement à l'explosif 爆破掘进
creusement à méthode pilote 导洞开挖法
creusement à pleine section 全断面开挖
creusement à section entière 全断面开挖
creusement à terre nue 无支护掘进
creusement au rocher 岩层掘进
creusement avec cloison centrale 双侧壁开挖
creusement avec cloison simple 单侧壁开挖
creusement avec support 支撑开挖
creusement conventionnel 传统方法掘进
creusement d'approche 引道开挖;引道挖方
creusement de base 开挖基线
creusement de calotte 隧道拱顶开挖
creusement de fondation 基础开挖
creusement de fosse 挖坑
creusement de fossés 挖沟
creusement de galerie 巷道掘进
creusement d'emprunt 借土开挖
creusement de niche 开凿旁硐
creusement de puits 掘井
creusement de radier 隧道底板开挖
creusement de rocher dur 坚石开挖
creusement de rocher semi-dur 软岩开挖
creusement de tranchée 挖沟
creusement de tunnel 隧道开挖
creusement en demi section 半断面开挖;(隧道)上下台阶开挖
creusement en descendant 下向掘进
creusement en gradins 阶梯式开挖
creusement en grande masse 大面积开挖
creusement en montant 上向掘进
creusement en pleine section 全断面开挖
creusement hydraulique 水利冲方;水利开挖
creusement mécanique 机械掘进
creusement mécanique de tranchée 机械挖沟
creusement ouvert 明挖
creusement par cimentation 注浆法掘进
creusement par congélation 冻结法掘进
creusement par tranche 全断面开挖
creusement partiel 局部开挖
creusement rapide 快速掘进
creusement rocheux 岩方开挖
creusement sans support 无支撑开挖
creusement souterrain 地下挖掘
creuseur 挖掘机
crevasse 裂缝;裂隙
crevasse de glacier 冰隙
crevasse de rocher 岩缝
crevasse de sol 地面裂缝
crevasse longitudinale 纵向裂缝
crevasse marginale 边缘裂缝
crevasse transversale 横向裂缝
crevasse verticale 垂直裂缝

criblage 筛分;筛选
criblage à chaud 热筛分
criblage à froid 冷筛分
criblage à sec 干筛
criblage de ballast 清筛道砟
criblage de ballast solidifié 清筛板结
criblage du lit de ballast 道床清筛
criblage fin 细筛
criblage final 最终筛分
criblage humide 湿式筛分
criblage-lavage 道砟筛洗
criblage sous eau 湿式筛分
criblage préalable 预先筛分
criblage primaire 初筛
crible 筛子
crible à balourd 振动筛
crible à barreaux 格筛
crible à bascule 摇动筛
crible à choc 冲击筛
crible à commande par excentrique 偏心筛
crible à commande par manivelle 偏心筛
crible à cuve 跳汰筛
crible à deux caisses équilibrées 双层均衡摇动筛
crible à deux étages 双层筛
crible à deux plateaux 双层筛
crible à disque 圆盘筛
crible à fentes transversales 长缝筛
crible à fil fin 细丝筛网
crible à grilles fixe 固定格筛
crible à grilles mobile 活动格筛
crible annulaire 圆环筛
crible à percussion 振动筛
crible à pied 斜筛
crible à rouleaux 辊筛
crible à plusieurs étages 多层筛
crible à sec 干筛
crible à secousse 振动筛
crible à tamis multiples 多层筛
crible à trous ronds 圆孔筛
crible à un plateau 单层筛
crible avec grille à fissures 栅板筛;条格筛
crible bi-plan 双层筛
crible circulaire 圆盘筛
crible continu 连续跳汰筛
crible de contrôle 检查筛
crible de dégouttage 脱水筛
crible dépoussiéreur 除尘筛
crible de triage 分级筛

crible double 双层筛
crible épierreur 选石筛
crible galopant 吊筛;摆动筛
crible mécanique 机械筛
crible oscillant 振动筛
crible plat 平筛
crible rotatif 转筒筛
crible trembleur 振动筛
crible vibrant 振动筛
crible vibreur 振动筛
cribles à tamis vibrant 振动筛
cribleuse 清筛机
cribleuse à ballast 道砟清筛机
cribleuse à ballast de pleine section 全断面道砟清筛机
cribleuse à ballast de talus 坡砟清筛机
criblure 筛屑
cric 千斤顶
cric à vis 螺旋起重器
cric d'automobile 车辆千斤顶
cric de bouclier 盾构千斤顶
cric de levage de wagon 架车机
cric de poussée 顶推器
cric de voie 起道器
cric hydraulique 液压千斤顶
crise 危机
crise de confiance 信任危机
crise de crédit 信用危机
crise de l'énergie 能源危机
crise écologique 生态危机
crise économique 经济危机
crise financière 财政危机;金融危机
critère 标准;准则
critère d'acceptation 接受标准
critère d'analyse 分析标准
critère d'application 执行标准
critère d'attribution du marché 合同授予标准
critère de ballastage 铺砟要求
critère de base 基本标准
critère de bourrage de voie 捣固作业要求
critère de calcul 计算标准
critère de calcul ferroviaire 铁路计算标准
critère de choix des entrepreneurs 选择承包商标准
critère de classification 分类标准
critère de collage d'aiguille 道岔密贴标准
critère de compactage 压实标准
critère de conception 设计标准

critère de confort tympanique　耳鼓舒适标准
critère de contrôle de bruit　噪声控制要求
critère de contrôle de surpression　超压控制标准
critère d'éclairage　照明标准
critère de dimension　尺寸标准
critère de dimension de portail de tunnel　隧道洞门尺寸标准
critère de fabrication　制造标准
critère de fabrication de wagon　车辆制造标准
critère de gabarit ferroviaire　铁路限界标准
critère de hauteur　高度要求
critère de hauteur de l'attelage　车钩高度要求
critère de largeur　宽度要求
critère de largeur de l'assise de voie　路基宽度要求
critère de l'assiette de l'impôt　税基标准
critère de l'espacement entre les deux voies　两线间距标准
critère d'entretien de voie　线路养护标准
critère de performance　性能标准
critère de processus　工艺制造标准
critère de production　生产标准
critère de qualité　质量标准
critère de relevage de voie　起道作业要求
critère de relevé de la ligne　线路测量标准
critère de relevé de polygonale　导线测量标准
critère de réparation　维修标准
critère de sécurité　安全标准
critère de sélection des entreprises　选择承包商标准
critère de soudage　焊接标准
critère de tension　电压标准
critère de tension de traction　牵引电压标准
critère d'évaluation　评估标准
critère de voie　线路标准
critère de voie électrifiée　电气化线路标准
critère de wagon　车辆标准
critère d'installation　安装标准
critère d'installation de l'équipement　设备安装标准
critère d'installation de signal　信号安装标准
critère d'utilisation　使用标准
critère dynamique de traction　牵引动力标准
critère environnemental　环境标准
critère ferroviaire　铁路标准
critère granulométrique　颗粒级配标准
critère sanitaire　卫生标准
critère scientifique　科学标准
critère technique　技术标准
critère technique d'interaction　相互作用技术标准
critère technique d'interaction entre le pantographe et la ligne aérienne de contact　受电弓和架空接触网线相互作用技术标准
critère technologique　工艺标准
critère usuel　惯用标准
croc　钉耙；铁耙
crochet　挂钩；吊钩
crochet à air comprimé　压缩车钩；气压式车钩
crochet à chaîne　链式车钩
crochet-agrafe　固定钩
crochet à l'opération en bas du train des voyageurs　客车下作用式车钩
crochet à l'opération en haut du train des marchandises　货车上作用式车钩
crochet avec piton　风钩
crochet à vis　螺旋车钩
crochet de fixation　固定钩
crochet de l'armature　拧钢筋钩
crochet de position　定位钩
crochet de suspension　托钩
crochet de traction　牵引钩
croisée　交叉点；十字标线
croisement　交汇点；会车；岔辙
croisement à angle droit　直角交叉
croisement à deux niveaux　立体交叉
croisement à niveau　平面交叉
croisement à niveaux différents　立体交叉
croisement à niveaux en anneau　环形立体交叉
croisement à niveaux séparés　立体交叉路口；立体交叉
croisement à patte de lièvre mobile　可动翼轨辙叉
croisement assemblé　组合交叉；组合辙叉
croisement avec aménagement de gare　进出站道岔
croisement circulaire à trois directions　三路环形立体交叉
croisement contrôlé　管制交叉口

croisement de circulation des trains
　　列车行车交会
croisement de conducteurs　导线相交
croisement de lignes　线路交叉
croisement de passage inférieur
　　下穿式立体交叉
croisement de passage supérieur
　　上穿式立体交叉
croisement de réseau de canalisation
　　管网交叉
croisement de route　道路交叉
croisement de route et de chemin de fer
　　公路与铁路交叉
croisement des trains　列车交会;错车
croisement des véhicules　会车
croisement des voies　交叉道;线路交叉
croisement de tracés　线路交叉
croisement de trafic　交通量增长
croisement de traversée　分道交叉
croisement de voie ferrée
　　铁路线交叉;铁路辙叉
croisement différent　立体交叉
croisement différent à quatre directions
　　四路互通式立体交叉
croisement différent composé
　　组合式立体交叉
croisement d'itinéraires　进路交叉
croisement élevé　高越道口
croisement en anneau　环形交叉
croisement en feuille de trèfle
　　叶式交叉;苜蓿叶式交叉
croisement en losange　菱形交叉
croisement en trèfle　梅花形立体交叉;
　　苜蓿叶式立体交叉;四叶形立体交叉
croisement en triangle　三角形交叉
croisement en trompette　喇叭形立交交叉
croisement ferroviaire　铁路交叉;铁路岔线
croisement giratoire à trois directions
　　三路环形立体交叉
croisement inférieur de route　公路下穿交叉
croisement losangé　菱形交叉
croisement mobile　可动辙叉
croisement monobloc　整铸辙叉
croisement oblique　斜交
croisement pavé　铺砌式道口
croisement plan　平面交叉
croisement rampant　接坡交叉口
croisement sans cisaillement　立体交叉
croisement simple　单开道岔;单式道岔

croisement supérieur　上跨交叉
croisement supérieur de route
　　公路上穿交叉
croisement type séparé　分离式立体交叉
croisement type viaduc　高架式立体交叉
croquis　草图
croquis de repérage　标志略图
croquis panoramique　全景草图
croquis perspectif　透视图
croquis pour le calcul　计算草图
croquis schématique　示意图
croulement　倒塌;陷塌
crue　涨水
crue annuelle　年洪水量
crue de pointe　洪峰
crue de projet　设计洪水量
crue des oueds　河谷暴发洪水
crue historique　历史洪水位
crue maximum　最大洪水
crue régionale　区域性洪水
crue saisonnière　季节性洪水
cryopédologie　冻土学
cubage　方量
cubage de béton　混凝土方量
cubage de déblais　挖方方量
cubage de remblais　填方方量
cube　立方体;立方
cube d'air　空气体积
cube de déblai　挖方数
cube de remblai　填方数
cube d'essai　立方体试块
cuillère de drague　挖掘机铲斗
cuillère pour prélèvement des échantillons
　　取土(样)筒
cuivre　铜
cuivre blanc　白铜
cuivre jaune　黄铜
cuivre rouge　紫铜
culbuteur　翻斗车;翻车机
culbuteur de wagon　翻车机
cul-de-sac de sécurité　安全线
culée　桥台;支座;承台
culée à contrefort　扶壁式桥台
culée à coque mince　薄壳桥台
culée à demi-gravité　半重力式桥台
culée à enterrement　埋式桥台
culée à gravité　重力式桥台
culée à l'aile　翼形桥台;U形桥台
culée à l'arc　拱脚

culée ancrée 锚固桥台
culée à nervure 肋板式桥台
culée arquée 拱形桥台
culée à squelette 骨架桥台
culée avec les murs 墙墩桥台
culée avec les murs en retour 墙墩桥台
culée cellulaire 格间式桥台
culée composée 组合式桥台
culée concave 凹进式桥台
culée creuse 空心桥台
culée de colonnes 柱式桥台
culée de l'arc 拱脚
culée de mur en aile U形桥台；八字形桥台
culée de palplanche 板桩式桥台
culée de poids 重力式桥台
culée de voûte 岸边拱座
culée en arc 拱形桥台
culée en béton 混凝土桥台
culée en caisson 箱形桥台
culée en châssis 框架式桥台
culée en pieux 桩式桥台
culée en pilotis 桩台
culée en retour 墙墩桥台
culée en T T形桥台
culée enterrée 埋置式桥台
culée en U U形桥台
culée en voile mince 薄壳桥台
culée fermée 闭合桥台
culée intégrale 整体式桥台
culée légère 轻型桥台
culée levée 高置式桥台
culée perdue 埋式桥台
culée saillante 突出式桥台
culée solide 实体桥台
culée supportante 支撑式桥台
culée terrestre 陆上桥台
culée trapézoïdale 梯形桥台
cumul 合并；累计
cumul de calcul 计算合并
cunette 小排水沟
cunette en béton 混凝土排水沟
cunette engazonnée 植草排水沟
cunette enherbée 植草排水沟
cunette en terre 土质排水沟
cunette préfabriquée 预制小排水沟
cunette triangulaire 三角形排水沟
cupule 小坑
curage 清淤
curage de forage 钻孔清理

curage de fossé 清沟
cure 养护
cure à l'air humide 湿气养护
cure à la vapeur 蒸汽养护
cure alternative 交替养护
cure à température normale 常温养护
cure dans l'eau 水中养护
cure de béton 混凝土养护
cure étuvée 蒸汽养护
cure par arrosage 湿润养护
cure par humidification 加湿养护
cure par l'autoclavage 高压蒸汽养护
curriculum vitae (CV) 履历
curriculum vitae des cadres 干部履历表
curviamètre 弯沉仪
curvimètre 曲线尺；铁道弯尺
cuve 筒；缸；槽；池
cuve d'hydrocarbure 燃料库
cuve en vrac 散料仓
cycle 周期；循环
cycle d'activité 作业周期
cycle de capital 资本循环
cycle de construction 建造周期
cycle de contrôle 检查周期
cycle de cure 养护周期
cycle de fabrication 生产周期
cycle de maintenance 维修周期
cycle d'entretien 养护周期
cycle de production 生产周期
cycle de réchauffement 加热循环
cycle de réfrigération 制冷循环
cycle de réparation 检修周期
cycle de réparation à l'élévation 架修周期
cycle de réparation de locomotive 机车检修周期
cycle de réparation intermédiaire 中修周期
cycle de répétition 重复周期
cycle de révision ferroviaire 铁路大修周期
cycle des opérations d'entretien 保养作业周期
cycle de stockage 库存周期
cycle de travail 工作周期
cycle de vie 生命期
cycle d'exploitation 运营周期
cycle d'inspection du pont 桥梁检查周期
cycle d'utilisation 使用周期
cycle hydrologique 水文周期
cycle optimal 最佳周期
cycle saisonnier 季节性循环

cyclomagie 旋流分离
cyclone 狂风;飓风
cylindrage 辊压;滚压
cylindrage à chaud 热轧
cylindrage à froid 冷轧
cylindrage de chaussée 路面碾压
cylindrage de la plateforme de voie 路床碾压
cylindrage de l'assise de voie 路基碾压
cylindre 圆柱体;滚筒压路机
cylindre à air 风缸
cylindre à air de ressort 弹簧储风缸
cylindre à jante lisse 平轮式压路机
cylindre à piston 活塞缸
cylindre à pneus 轮胎式压路机
cylindre à vapeur 蒸汽缸
cylindre à vide 真空缸
cylindre commandé 拖辊
cylindre compresseur 滚筒式压路机
cylindre compresseur à deux roues 两轮滚筒式压路机
cylindre compresseur tandem 串联式(双轮)压路机
cylindre de compaction 碾压轮
cylindre de frein 制动缸
cylindre de frein à piston 活塞制动缸
cylindre de frein de l'unité 单元制动缸
cylindre de laminoir 轧机的轧辊
cylindre de rouleau compresseur 压路机滚筒
cylindre lissé 滚筒式压路机;光面滚筒
cylindre tandem 双轮(光面)压路机
cylindre trijante 三轮压路机
cylindre vibrant 振动压路机
cylindre vibrant lourd duplex 双工重型振动压路机
cylindre vibratoire monojante 单轮振动路碾
cylindreur 辊轧工;滚压工

D

dallage 铺砌石板
dallage de béton 混凝土铺路面
dallage en asphalte 沥青铺地面
dallage en bitume 沥青铺地面
dalle 石板
dalle à caisson 箱涵盖板
dalle armée 钢筋混凝土板
dalle continue 连续轨枕板
dalle creuse 空心板
dalle creuse préfabriquée 空心预制板
dalle d'asphalte 地沥青板
dalle de caniveau 槽沟盖板
dalle de chaussée 路面板
dalle de chaussée en béton 混凝土路面板
dalle de ciment 水泥板
dalle de compression 受压板
dalle de couverture 盖板
dalle de couverture de caniveau à câbles 电缆沟盖板
dalle de fondation 基础板
dalle de granit 花岗石板
dalle de granito 水磨石板
dalle de marbre 大理石板
dalle de passage à niveau 道口板
dalle de recouvrement 盖板
dalle de rigole 沟盖板
dalle de roulement de véhicules 行车道板
dalle de tablier 桥面板
dalle de transition 搭板；过板
dalle de trottoir 人行道板
dalle en béton armé 钢筋混凝土板
dalle en béton armé de traverse 钢筋混凝土轨枕板
dalle en béton armé préfabriquée 预制钢筋混凝土板
dalle en béton de regard 检查井混凝土盖板
dalle en béton préfabriquée 预制混凝土板
dalle en corps creux 空心板
dalle nervurée à section en U U形槽板
dalle pleine préfabriquée 实心预制板
dalle précontrainte 预应力混凝土板
dalle préfabriquée 预制板
dalle supérieure 顶板
dalleur 铺路工人
dalot, daleau 排水沟；过水涵；涵洞；箱涵
dalot à forme de cascades 跌水式涵洞
dalot apparent 明涵
dalot à section rectangulaire 矩形涵洞
dalot avec dalle de couverture 盖板涵
dalot cadre 框架式箱涵
dalot couvert 暗涵；盖板涵
dalot couvert en béton armé 钢筋混凝土盖板涵
dalot de descente d'eau en escalier 跌水式涵洞
dalot en arc 拱涵
dalot en béton armé 钢筋混凝土涵洞
dalot en béton préfabriqué 预制混凝土箱涵
dalot encastré 暗涵
dalot en siphon 虹吸涵洞
dalot longitudinal 纵向涵洞
dalot ordinaire 普通涵洞；普通箱涵
dalot ouvert 明涵
dalot rectangulaire 矩形涵洞
dalot tubulaire 管涵
damage 夯实；捣实
damage de l'assise de voie 夯实路基
damage de la plateforme de voie 夯实路床
damage de talus 边坡拍实
damage du lit de ballast 夯实道床
damage fort 强夯
damage manuel 人工夯实
damage par couches successives 分层夯实
damage par vibration 振动夯实

dame 夯;桩锤
dame à moteur 电动打夯机
dame mécanique 机械打夯机
dame percutante 冲击打夯机
dame plate 平底打夯机
dame pour remblai 回填土夯
dame sauteuse 跳跃式打夯机;蛤蟆夯
dame vibrante 振动打夯机
dame vibreuse 混凝土振动压实器
dameur 夯击式压路机
dameur à moteur 动力打夯机
dameur vibrant 振动夯实机
DAS(Driver Assistance System)
 车辆辅助驾驶系统
date 日期
date d'achèvement des travaux
 工程完工日期
date d'acquisition 购置日期
date d'arrêt 截止日期
date d'arrivée 到达日期
date de clôture des travaux 工程完工日期
date de commande 订购日期
date de commencement 开始日期
date de commencement des travaux
 工程开工日期
date de coulage 灌注日期
date de création 建立日期
date de début 起始日期
date de démarrage 启动日期
date de démarrage des travaux
 工程开工日期
date de départ 出发日期
date de dépôt des offres 标书递交日期
date de fabrication 生产日期
date de fin des travaux 工程完工日期
date de fourniture des matériaux
 材料供货日期
date de livraison 交货日期
date de livraison de wagon 车辆交付日期
date de mise en service 使用日期
date d'envoi 寄出日期
date de paiement 付款日期
date de remise 交付日期
date de retour 回程日期
date de signature 签字日期
date d'établissement 编制日期
date d'exécution 实施日期
date d'expédition 发货日期
date d'expiration 期限

date d'inscription 登记日期
date d'inscription au registre du commerce
 商业登记日期
date d'origine 开始日期
date d'ouverture des offres 标书开标日期
date limite 截止日期
date limite de dépôt des offres
 标书提交截止日期
date limite de validé de l'offre
 标书有效截止日
date prévue de fin des travaux
 预计工程完工日期
déballage 开箱;拆包
débarquement 卸货
débit 流量;输出量
débit critique 临界流量
débit de bassin versant 汇水面流量
débit de circulation 交通量
débit de courant 电流量
débit de crue 洪水流量
débit de crue centennale 百年一遇洪水流量
débit de crue décennale 十年一遇洪水流量
débit de décharge d'eau 排水量
débit de déversement des crues 泄洪流量
débit d'eau 水流量
débit d'eau de la pompe 泵出水率
débit d'eau maximum 最大水流量
débit d'eau souterraine 地下水流量
débit d'eau usée 污水流量
débit d'écoulement 流量
débit d'écoulement pérenne 持续流量
débit de fleuve 河水流量
débit de marchandises 货流量
débit de passage 通过能力
débit de pointe 最大流量
débit de pompage 水泵排水量
débit de puits 水井出水量
débit de source 泉水流出量
débit d'étiage 枯水期流量
débit disponible 出水量
débit horaire 小时流量
débit journalier 日流量
débit moyen 平均流量
débit nominal 额定流量
débit prévu 设计流量
débit réel 实际流量
débit spécifique 单位流量;输出率
débit unitaire 单位流量
débit versant 汇入流量

débiteuse 破碎机;碎石机
débiteuse à mâchoires 颚式破碎机
débiteuse primaire 初轧破碎机;初碎机
débiteuse primaire à mâchoires 颚式初碎机
débiteuse primaire double effet 双动式初碎机
débitmètre 流量计;流量表
déblai 路堑;挖方;挖渣
déblai à grande profondeur 深挖方
déblai à l'explosif 爆破挖方
déblai à réutiliser 再利用挖方
déblai à zone d'échangeur 互通区挖方
déblai d'abattage 废石(方)
déblai de ballast 挖砟;弃砟
déblai de ballasts abandonnés 弃砟
déblai de bassin 水池开挖;水池挖方
déblai de bordure 路缘挖方
déblai de décharge 弃土堆
déblai de forage 钻孔挖方
déblai de fossé en terre 土沟挖方
déblai de fouille 基槽挖方
déblai de grande profondeur 深挖方;高挖方;深路堑
déblai de l'assise de voie 路基挖方
déblai de l'autoroute 高速公路挖方
déblai de purge 换土挖方;清淤
déblai de roc à l'explosif 爆破石方
déblai de terre meuble 软土挖方
déblai de terre rocheux 岩石挖方
déblai de toutes natures 各类性质挖方
déblai de tunnel 隧道弃渣;隧道挖方
déblai en grande masse 大面积土方开挖
déblai en roche 石挖方
déblai excavé à l'explosif 爆破开挖
déblai excavé manuellement 人工开挖
déblai excavé mécaniquement 设备开挖
déblai excavé sans explosif 非爆破开挖
déblai meuble 松土挖方
déblai mis en dépôt 开挖堆放;弃方
déblai mis en dépôt définitif 弃方
déblai mis en remblai 以挖作填
déblai non réemployé 弃方
déblai ordinaire 普通挖方
déblai par explosif 爆破挖方
déblai peu profond 浅挖
déblai permanent 永久性挖方
déblai réemployé en remblai 随挖随填;利用方
déblai-remblai 利用方;挖—填方
déblai rocheux 岩石挖方
déblai semi-dur 半硬土质挖方
déblai temporaire 临时挖方
déblaiement 清理;挖方
déblaiement de ballast 道砟清理
déblaiement de ballast de la plateforme de voie 道床砟石清理
déblaiement de détritus 废土清理
déblaiement de fondation 基础挖方;基础清理
déblaiement de fouille 基坑挖方;清理基坑
déblaiement de l'assiette du lit de ballast 清理道床基底
déblaiement de tranchée 路堑挖方;路堑清理
déblaiement de tunnel 隧道挖方;隧道清土
déblaiement de voie 线路出清
déblaiement hydraulique 水力出砟
déblayage 清理
déblocage 解除闭塞;解除封闭
déblocage automatique 自动解除
déblocage automatique à temps 自动限时解锁
déblocage d'aiguille 道岔解除锁闭
déblocage de plage d'interception de voie 开放线路中断的区段
déblocage de plage horaire 解除封闭线路作业时间;解除天窗时间
déblocage de plage pour les travaux 开放线路施工封闭的区段
déblocage de section partielle de voie 解除线路部分区段的封闭
déblocage de signal 信号封闭解除
déblocage de verrouillage 解锁
déblocage manuel 人工解锁
déblocage manuel à temps 限时人工解锁
déblocage manuel d'aiguille 道岔人工解锁
déblocage manuel d'itinéraire 进路人工解锁
déblocage manuel par l'opérateur 人工解锁
déboisement 伐树
débouché 出口;桥孔
débouché de petits ouvrages 小型构造物排泄口;小桥涵孔径
débouché de pont 桥孔
débouché de tunnel 隧道洞口
débourrage de ballast 扒砟
débours 垫款

déboursement 支付;付款
débranchement 列车解体;调车作业
débranchement de rame automotrice
　动车组车底解列
débranchement des wagons
　车辆解钩
débranchement des wagons vides
　空车解编
débris 碎片
débris de béton 混凝土碎片
débris de brique 碎砖
débris de construction 建筑垃圾
débris de rocher 岩屑
débris de tamisage 筛余
débroussaillage 清除灌木
débroussaillement 清除丛枝灌木
début 开端
début d'alignement 直线起点
début de branchement 道岔始端
début de courbe verticale(DCV)
　竖曲线起点
début de la ligne 线路起点
début de prise de béton 混凝土初凝
début des travaux 工程起点
début du travail 作业开始
décaissage 开箱
décaissement de la plateforme de voie
　路基箱体开挖
décaissement pour élargissement de chaussée
　路面加宽底基开挖
décalage 偏差
décalage de joints 错缝
décalage des joints de raccord
　接头错缝
décalage des prix 价格差异
décalage horaire 时差
décalage transversal 横向偏差
décamètre 十米;十米卷尺
décantation 沉淀
décapage 铲锈;铲漆;清理
décapage d'assiette de déblai
　挖方路基清表
décapage de l'acier 钢材除垢
décapage de l'assise de voie 路基清理
décapage de terre végétale
　路基清表;清除腐殖土
décapage de tête de pieux 桩头清理
décapeuse 铲运机;刮土机
décapeuse à roues 轮式铲运机(刮土机)

décapeuse automotrice
　自行式铲运机(刮土机)
decauville 轻便狭轨铁路
décélérateur 减速器;缓速器
décélération 减速
décélération de freinage 刹车减速
décentrage 偏心;中心偏移
décharge 卸载;卸货
décharge de ballast à zone d'aiguille
　道岔区卸砟
décharge de ballast sur voie de gare
　站线卸砟
décharge de contrainte 释放应力
décharge de pression 释放压力
décharge électrique 放电
décharge industrielle 工业垃圾
décharge publique 公共垃圾场
décharge 垃圾场
déchargement 卸载;卸货
déchargement de ballast 卸砟
déchargement de marchandises 卸货
déchargement de wagon 车辆卸载
déchargement en marche 边走边卸
déchargement manuel 人工卸货
déchargement mécanique 机械卸货
déchargement par gravité
　重力式卸车
déchargeoir 排泄管;出水口
déchet 垃圾
déchets dangereux 危险垃圾;有害垃圾
déchets de chantier 工地垃圾
déchets domestiques 家庭垃圾
déchets industriels 工业废料
déchets liquides 液体垃圾
déchets ménagers 家庭垃圾;生活废料
déchets solides 固体垃圾
déchets toxiques 有毒弃物
décimale 小数
décimètre 分米
décintrage, décintrement
　拆拱鹰架;拱下拆模
déclaration 申报;声明
déclaration à souscrire 拟签署声明
déclaration de candidature
　投标人资格声明
déclaration de dommage 损失申报
déclaration de faillite 破产申报
déclaration de l'exportation 出口申报
déclaration de l'importation 进口申报

déclaration d'engagement d'assurances 承诺按期完工声明
déclaration d'engagement sur l'acquisition d'assurances 承诺购买保险声明
déclaration d'engagement sur le délai de réalisation 承诺按期完工声明
déclaration de probité 廉洁声明
déclaration de qualification 资格声明
déclaration des journées d'intempéries 恶劣天气申报
déclaration de sous-traitant 分包商声明
Déclaration de Transit Routier Inter-Etats (DTRIE) 跨国公路货物中转申报
déclaration d'expédition 运单
déclaration douanière 海关申报;报关单
déclaration d'utilité publique 征用声明
déclaration fiscale 税务申报
déclaration publique 公开声明
déclenchement 跳闸;断开联锁
déclenchement de disjoncteur électrique 电开关跳闸
déclenchement de verrouillage électrique 解除电气锁闭
déclivité 倾斜;坡度
déclivité de surface de roulement 踏面斜度
déclivité de voie en courbe 弯道倾斜
déclivité longitudinale 纵向倾斜
déclivité maximale 最大倾斜度
décoffrage 拆模;脱模
décoffrage de béton 混凝土拆模
décoffrage prématuré 过早拆模
décomposition 分解
décomposition chimique 化学分解
décomposition de rame 列车解列
décomposition de rochers 岩石风化
décomposition des frais de construction 建筑费用分析
décomposition des prix 价格分析
décomposition des wagons 列车解列;列车脱挂
décomposition des wagons vides 空车解列;空车脱挂;空车解编
décomposition de tampon d'attelage 车钩脱挂
décomposition électrolytique 电解
décompression 减压;降压
décompte 扣除数;细账
décompte de commission 扣除佣金
décompte définitif 最终结账单
décompte de frais 扣除费用
décompte des journées d'intempéries 刨除恶劣天气
décompte final 最终结账单
décompte général 总结账单
décompte mensuel 月结账单
décompte mensuel définitif 最终月结账单
décompte mensuel provisoire 临时月结账单
décompte provisoire 临时结账单
décongélation 解冻
découpage 切开
découpage de carottes cylindriques 钻取岩芯;钻取试样
découpage de chaussée 路面切割
découpage de joints 切缝
découpage de pieux 截桩
découpeuse 切割机
découpeuse de rail 钢轨切割机
découpeuse électrique 电动切割机
découpeuse iso-ionique 等离子切割机
découpure 切割
découverte 发现;发现物
découverte archéologique 考古发现
découverte de vestige archéologique 发现古代文物
découverte de vestige d'intérêt culturel 发现文化遗存
découverte de vestige d'intérêt historique 发现历史遗存
décrochage 摘开;脱钩
décrochage d'attelage 摘钩
décrochage de locomotive 机车解钩;牵机脱挂
décrochage de train 列车解钩
décrochage de wagons 列车脱挂
décrochement 断层;脱钩
décrochement de la voie 卸除道床枕木和钢轨
décrochement de terrain 地质断层
décrottage 清除表面
décrottage de marquage 清除标志线
décrue 洪水下降
dédommagement 赔偿;补偿
dédommagement en argent 现金赔偿
dédommagement en nature 实物赔偿
dédommagement selon la valeur de dommage 按损失价值如数赔偿
dédouanement 办理报关手续;清关
dédouanement de marchandises 货物清关

dédouanement de matériaux et de matériels 物资清关
dédouanement des équipements importés 进口设备清关
dédoublement 道路拓宽;增加车道
dédoublement de train 加开列车
dédoublement de voie 双行车道;复线
dédoublement de voie ferrée 铁路单线改复线
dédoublement initiale 初步推断
défaillance 失灵;故障
défaillance de freinage 制动失灵
défaillance de gestion 管理疏忽
défaillance de ligne 线路故障
défaillance de locomotive 机车故障;机破
défaillance de surveillance et de contrôle 监控疏忽
défaillance de traction 牵引力不足
défaut 缺陷
défaut apparent 明显缺陷
défaut caché 隐蔽缺陷
défaut d'aiguille 道岔缺陷
défaut de bogie 转向架缺陷
défaut de chaussée 路面缺陷
défaut de compactage 碾压缺陷
défaut de conception 设计缺陷
défaut de construction 施工缺陷
défaut de drainage 排水缺陷
défaut de fabrication 制造缺陷
défaut de fondation 基础缺陷
défaut de gestion 管理缺陷
défaut de la plateforme de voie 路基缺陷
défaut de l'équipement 设备缺陷
défaut de l'ouvrage d'art 构造物缺陷
défaut de matériel 设备缺陷
défaut de matière 材料缺陷
défaut de pile 桥墩缺陷
défaut de pont 桥梁缺陷
défaut de procédé 制作过程缺陷
défaut de protection 防护缺陷
défaut de qualité 质量缺陷
défaut de qualité des travaux 工程质量缺陷
défaut de rail 钢轨缺陷
défaut de réalisation 施工缺陷
défaut de résistance 强度不够
défaut de service cocontractant 乙方过失;乙方错误
défaut de service contractant 甲方过失;甲方错误
défaut de signal 信号缺陷
défaut des travaux 工程缺陷
défaut de structure 结构缺陷
défaut de support 支撑缺陷
défaut de système 系统缺陷
défaut de tablier 桥面缺陷
défaut de traction 牵引缺陷
défaut de tunnel 隧道缺陷
défaut de verticalité 垂直误差
défaut de viaduc 旱桥缺陷;高架桥缺陷
défaut de voie 线路缺陷
défaut de voie ferrée 轨道缺陷
défaut d'exécution 施工缺陷
défaut d'isolement de rail 钢轨绝缘不良
défaut dynamique 动力不足
défaut technique 技术缺陷
défaut technologique 工艺缺陷
défectoscope 探伤仪
défectoscope de rail 钢轨探伤仪
défectoscope de voie ferrée 轨道探伤仪
déficience 不足;缺陷
déficit 亏损
déficit annuel 年度亏损
déficit budgétaire 预算赤字
déficit d'exploitation 经营亏损
déficit financier 财政赤字
défilé 行驶车队
définition 定义
déflecteur de courant 导流板
définition de force majeure 不可抗力定义
définition de marché 合同定义
définition de mode 确定方式
définition des normes de référence 确定参照执行标准
déflecteur de sortie du vent de climatiseur 空调风口调节板
définition des paramètres 确定参数
définition des prestations envisagées à sous-traiter 拟分包工程内容说明
définition des priorités 优先权确定
définition des prix 价格定义;价格说明
définition des tâches 任务说明;任务范围
définition des termes employés 使用术语定义
définition de tracé 确定线路走向
déflecteur de trémie en béton 混凝土漏斗导流板
déflection 弯沉;偏斜
déflection de voie 线路偏差

déflectomètre 弯沉仪
déflexion 弯沉
déflexion à la poutre 梁弯沉
déflexion de chaussée 路面弯沉
déflexion de colonne 柱纵向弯曲
déflexion de longeron de bogie 转向架侧梁弯沉
déflexion de longeron de châssis 构架侧梁弯沉
déflexion de longeron en tôle 板梁弯沉
déflexion de longeron intermédiaire 中梁弯沉
déflexion de longrine 纵梁弯沉
déflexion de longrine d'attelage 车钩牵引梁弯沉
déflexion de longrine de caisse 车体侧梁弯沉
déflexion de longrine en béton armé 钢筋混凝土枕梁弯沉
déflexion de pavement 路面弯沉;路面挠度
déflexion élastique 弹性挠度
déflexion longitudinale 纵向挠曲
déflexion permissive 允许挠度
déflexion transversale 横向挠度
déflexion verticale 竖向挠度
défluent 支流
défonceuse 松土机;深耙机
déforestage 伐木
déforestation 砍伐森林
déformation 变形
déformation à chaud 热变形
déformation à court terme 短期变形
déformation à long terme 长期变形
déformation chargée 荷载变形
déformation d'appui 支撑变形
déformation de cadre 框架变形
déformation de châssis 车架变形
déformation de chaussée 路面变形
déformation de cisaillement 受切变形
déformation de coffrage 模板变形
déformation de compression 受压变形
déformation de contraction 收缩变形
déformation de fatigue 疲劳变形
déformation de flexion 弯曲变形
déformation de fluage 蠕变变形
déformation de l'aiguille 道岔变形
déformation de la plateforme de voie 路床变形
déformation de l'assise 底层变形
déformation de l'assise de voie 路基变形
déformation de pont 桥梁变形
déformation de pression 压缩变形
déformation de rail 钢轨变形
déformation de retrait 收缩变形
déformation de roue 车轮变形
déformation de structure 结构变形
déformation de tension 张拉变形
déformation de torsion 扭转变形
déformation de vibration 振动变形
déformation de voie 线路变形
déformation de voie ferrée 轨道变形
déformation de wagon 车辆变形
déformation diagonale 对角变形
déformation due à la charge 承载变形
déformation due à la compression 受压变形
déformation due à la consolidation 固结变形
déformation due à la flexion 弯曲变形
déformation due à la précontrainte 受力变形
déformation due à la torsion 扭转变形
déformation due à la traction 拉伸变形
déformation due à l'effort tranchant 受切变形
déformation due au cisaillement 受切变形
déformation due au tassement du lit de ballast 道床沉陷变形
déformation élastique 弹性变形
déformation éternelle 永久变形
déformation initiale 初始变形
déformation locale 局部变形
déformation longitudinale 纵向变形
déformation longitudinale de voie 轨道纵向变形
déformation permanente 永久变形
déformation plane 平面变形
déformation plastique 塑性变形
déformation radiale 径向变形
déformation résiduelle 残余变形
déformation résiduelle de voie 轨道残余变形
déformation sous charge 荷载变形
déformation structurale 结构变形
déformation superficielle 表面变形
déformation tangentielle 切向变形
déformation thermique 热变形
déformation transversale 横向变形

déformation transversale de voie 轨道横向变形
déformation verticale 垂直变形
déformation verticale de voie 轨道垂向变形
défrichement 开垦
dégagement 清理
dégagement de chantier 工地清理
dégagement de chantier-gare 站场清理
dégagement de circulation 疏导交通
dégagement de déblais 清渣
dégagement de déblais de ballast 弃砟出清
dégagement d'emprise 占用场地清理
dégagement de poussière 除尘
dégagement de site d'accident 清理事故现场
dégagement de surface de la plateforme 清理路基表面
dégagement de voie d'entrée et de sortie 进出站线路疏解
dégarnissage 扒砟;清道砟
dégarnisseuse 扒砟机;清砟机
dégarnisseuse de ballast 道砟清筛机
dégât 损坏;损害
dégât de rail 钢轨损坏
dégât des attaches de rails 钢轨扣件伤损
dégât de traverse 轨枕损坏
dégât dû au vieillissement 老化损坏
dégradabilité 损坏度
dégradation 损坏;降解
dégradation de l'assise de voie 路基破坏
dégradation de l'isolation 绝缘损坏
dégradation de plastique 塑料降解
dégradation de rail 钢轨损坏
dégradation de rocher 岩石分化
dégradation des ouvrages ferroviaires 铁路建筑物损坏
dégradation de voie 线路损坏
dégradation du lit de ballast 道床破坏
dégradation du sol 土壤退化
dégradation du sol sableux 土壤沙化
dégradation d'usure 磨耗损伤
dégradation par choc 冲击破坏
dégraissage 除油
degré 等级;级别
degré Celsius 摄氏温度
degré d'altération 风化程度
degré d'angle 角度
degré d'aveuglement 眩目程度
degré de bruit 噪声度

degré de charge 荷载程度
degré de classement 分选度
degré de compactage 压实度
degré de complexité 复杂程度
degré de compression 压缩程度
degré de concentration 浓度
degré de cône 锥度
degré de confort 舒适度
degré de courbure 曲度
degré de consolidation 固结度
degré de contamination 污染程度
degré de dégradation 损坏程度
degré de différenciation 分化程度
degré de dureté 硬度
degré de fissuration 开裂度
degré de fractionnement 破碎程度
degré de fragmentation 破碎比
degré de nivellement 平整度
degré de pénétration 贯入度
degré de porosité 孔隙度
degré de précision 准确度
degré de propreté 洁净度
degré de pulvérisation 粉碎程度
degré de qualification 熟练程度
degré de qualité 质量等级
degré de retrait 收缩度
degré de risque 风险级别
degré de saturation 饱和度
degré de saturation du sol 土壤饱和度
degré de ségrégation 离析程度
degré de sensibilité 敏感程度
degré de spécialisation 专业化程度
degré de standardisation 标准化程度
degré de tassement 紧密度;收缩度
degré de transparence 透明度
degré d'exactitude 精确程度
degré d'expansion 膨胀度
degré d'homogénéité 均质度
degré d'homogénéité du mélange 混合料均匀度
degré d'humidité 含水率;湿度
degré d'inclinaison 倾斜度
degré d'intégration 整合度
degré d'irrégularité 不均匀度
degré d'ouverture 开度
degré d'usure 磨损程度
degré Fahrenheit 华氏温度
degré hygrométrique 湿度
degré séismique 地震烈度

dégrossissage 初步整形；初加工
délai 期限
délai contractuel 合同工期
délai convenable 适合期限
délai d'achèvement 竣工期限
délai d'ajournement 延期期限
délai d'approvisionnement 供应期限
délai d'assurance 保险期限
délai d'attente 等候期
délai d'avertissement 通知期限
délai de chargement 装车期限
délai de clôture 截止期限
délai de commande 订货期限
délai de conservation 保存期限
délai de construction 建设工期
délai de contrat 合同工期
délai de déchargement 卸车期限
délai de dépôt 贮存期
délai de dépôt des offres 标书提交期限
délai de garantie 保修期；质保期
délai de grâce 宽限期
délai de livraison 交货期
délai de l'ouverture 开通期限
délai de mise à disposition 提供使用期限
délai de mise en service 通车期限
délai de paiement 支付期限
délai de planche au chargement 装货期限
délai de planche au déchargement
    卸货期限
délai de préavis 预先通知期限
délai de préparation 准备期限
délai de règlement 结算期限
délai de résiliation 解约期限
délai des travaux 工期
délai de transport 运输期限
délai de validité 有效期
délai de validité de l'offre 标书有效期
délai d'exécution 施工工期
délai d'utilisation 使用期限
délai résiduel 剩余期限
délai supplémentaire 延期
délégataire 受托人；被委托人
délégation 委托；授权；委托书
délégué de maître d'ouvrage 业主代表
délégué d'entreprise 企业代表
délégation de pouvoir 委托授权书
délégation de signature 授权签字
délégué 代表
délégué officiel 官方代表；正式代表
délégué syndical 工会代表
délestage 卸载；清除石渣
délimitation 划界限；分界
délimitation de corridor ferroviaire
    铁路走廊定线
délimitation de route 道路定线
délimitation de terrain 场地分界
délimitation de voie ferrée 铁路场地定线
délimitation de zone exploitable
    开采区域界限
délinéament 轮廓；轮廓线
délinéament de wagon 车辆轮廓
délinéateur 车道反光导标
déliteur 破碎机；轧碎机
délivrance 发放；交付
délivrance de bâton pilote 发放路签
délivrance de carte de résidence
    发放居住证
délivrance de passeport 发放护照
délivrance de permis de construire
    发放施工许可证
délivrance de plaque pilote 发放路牌
délivrance de visa 发放签证
demande 申请；要求
demande d'agrément de matériaux
    材料批准申请
demande d'annulation 申请撤销
demande d'appel 通话请求
demande d'arrêt du train 要求停车
demande de bâton pilote 申领路签
demande de commencement des travaux
    开工申请
demande de dépassement de gare
    请求跳站通行
demande de fonction 功能需求
demande de l'avancement 进度要求
demande de licence d'importation
    申请进口许可证
demande d'enregistrement 登记申请
demande de paiement 请求支付
demande de participation 要求参加
demande de plaque pilote 申领路牌
demande de plaque pilote électronique
    申领电子路牌
demande de prix 询价
demande de secours 请求救援
demande de trafic 交通需求
demande de transport de marchandises
    货运需求

demande de transport de voyageurs 客运需求
demande de transport fret 铁路货运需求
demande de travail 请求工作
demande de wagons 货车需求;车皮需求
demande d'indemnité 要求赔偿
demande d'intervention 请求干预
demande d'itinéraire 进路申请
demande d'itinéraire de sortie du dépôt 请求出段进路
demande élastique 弹性需求
demande par écrit 书面申请
demande par oral 口头申请
demande potentielle 潜在需求
démantèlement 拆除;拆卸
démantèlement de gabarit 拆除限界
démantèlement des installations 设施拆除
démarcation 分界
démarcation d'administration ferroviaire 路局分界
démarcation d'emprise 线界占地
démarcation de voie 线路分界
démarcation ferroviaire 铁路分界
démarrage 开工;启动
démarrage de moteur 发动机启动
démarrage de projet 项目启动
démarrage de réparation 开始修理
démarrage des travaux 工程开工;项目启动
démarrage de train 列车开动
démarrage en rampe 在坡道上启动
déménagement 迁居
déménagement et relogement 拆迁安置
demi-barrière 道口半栏木
demi-cercle 半圆
demi-colonne 半圆柱
demi-diamètre 半径
demi-élévation 半立面图
demi-fret 半价运费
demi-litre 半升
demi-période 半周期
demi-plan 半平面图
demi-produit 半成品
demi sous-sol 半地下室
demi-tarif 半价
demi-tour 向后转;半转
demi-tube 半截管
démolition 拆除
démolition de bâtiment 拆除房屋
démolition de bordures 拆除路缘石
démolition de câbles 拆除电缆
démolition de chaussée abandonnée 拆除废弃路面
démolition de chaussée revêtue 拆除路面
démolition de clôture 拆除围墙
démolition de construction 拆除建筑
démolition de fondation 拆除基础
démolition de gabion 拆除石笼
démolition de gazoduc 拆除输气管道
démolition de l'accotement 拆除路肩
démolition de l'aiguille 拆除道岔
démolition de l'ancienne voie 旧线路拆除
démolition de l'appareil de signal 拆除信号设备
démolition de l'appareil de voie 拆除轨道设备;拆除道岔
démolition de logement 拆除房屋
démolition de pont 拆除桥梁
démolition de quai existant 拆除现有站台
démolition de rails usés 旧轨拆除
démolition de réseau abandonné 拆除废弃管网
démolition des appuis provisoires 拆除临时支撑
démolition des conduites 拆除水管
démolition des maçonneries 拆除圬工工程
démolition des ouvrages 拆除构造物
démolition des ponceaux 拆除涵洞
démolition de traverses 拆除轨枕
démolition de voie 线路拆除
démolition de voie abandonnée 弃线拆除
démolition de voie existante 既有线拆除
démontage 拆卸;拆除
démontage accidentel 意外拆卸
démontage complet 全部拆卸
démontage de bogie 转向架拆卸
démontage de caisse 机箱拆卸
démontage de l'aiguille 拆卸道岔
démontage de l'essieu 车轴拆卸;轮对拆卸;落轮
démontage de poteau en acier 拆除钢柱
démontage de roue 车轮拆卸;落轮
démontage des appuis 拆除支撑
démontage des équipements 拆卸设备
démontage des installations 拆卸设施
démontage partiel 部分拆卸
démonte-pneu 轮胎撬棒
démoulage 脱模;出模;拆模
déneigement 除雪;扫雪

dénivelée 两点间高程差；水准差
dénivelée au tachéomètre 视距高差
dénivelée de levé de coordonnées
　坐标测量高差
dénivelée de levé de cote de voie
　线路标高测量高差
dénivelée de levé de voie ferroviaire
　铁路测量高差
dénivelée de levé par cheminement
　导线测量高差
dénivellation 水准差；高差
dénivellation de levé à la polygonation
　导线测量高差
dénivellation de levé à la trilatération
　三边测量高差
dénivellation de levé d'exploration
　踏勘测量高差
dénivellation de levé géodésique
　大地测量高差
dénivellation de levé trigonométrique
　三角测量高差
dénivellation de rail 钢轨不平顺
dénivellation de route 道路不平整
dénivellation de support 支座板平面高差
dénivellation de surface de rail 轨面不平顺
dénivellation de voie 线路不平顺
dénivellement 水准差；高差；不平
dénivellement de direction 方向不平顺
dénivellement de niveau 水平不平顺
dénivellement de voie
　线路不平顺；线路三角坑
dénivellement du terrain 场地高差
dénivellement horizontal 水平不平顺
dénivellement partiel 局部不平顺
dénomination 名称
dénomination de chantier 工点名称
dénomination de groupement 联合体名称
dénomination de poste 职位名称
dénomination de projet 工程名称
dénomination de société 公司名称
densimètre 密度计；比重计
densimétrie 密度测定
densité 密度
densité absolue 绝对密度
densité accumulée 堆积密度
densité anormale 反常密度
densité à poids sec 干容量
densité critique 临界密度
densité d'accident 事故高发率

densité d'armature 配筋率
densité de ballast 道砟密度
densité de charge 荷载密度
densité de circulation 行车密度
densité de distribution 分布密度
densité de ferraillage 配筋率
densité de gares 车站密度
densité de pieux 桩密度
densité de population 人口密度
densité de remblai 填方密度
densité de remplissage 填充密度
densité de réseau ferroviaire 铁路网密度
densité de tassement 振实密度
densité de tirants d'ancrage 锚杆密度
densité de trafic 行车密度
densité de trafic ferroviaire 铁路运行密度
densité de trafic journalier 日交通密度
densité de voies 线路密度
densité d'occupation de voie 车流密度
densité du fond de couche 层底密实度
densité du sol 土壤密度
densité efficace 有效密度
densité électrique 电荷密度
densité gazeuse 气体密度
densité humide 湿密度
densité massique 质量密度
densité optimum 最佳密度
densité Proctor 葡氏密度
densité Proctor modifiée 葡氏修正密度
densité réelle 实际密度
densité relative 相对密度
densité sèche 干密度
densité spécifique 比密；比重
densité standard 标准密度
densité superficielle 表面密度
densité tassée 振实密度
densité théorique 理论密度
densité volumétrique 体积密度
densitomètre 密度计
dépannage 排除故障
dépannage de voie 线路抢修
dépannage d'urgence 紧急抢修
dépannage électrique 电力抢修
dépanneuse 工程抢险车
départ de fissure 裂缝起点
départ du train 发车
départ sur ordre 按指令发车
département 部门
département de construction 建筑部门

département de routes　公路管理处
dépassement　超过；越行
dépassement de délai　超期
dépassement de démarcation　跨界越行
dépassement de gabarit　超越限界
dépassement de gare　列车越站；跳站
dépassement de limite de voyageurs　超乘
dépassement de signal　冒进信号
dépassement de train　列车超行
dépavage　拆除铺石路面
dépendance　附属部分；附属建筑
dépense　开支
dépense additionnelle　追加费用
dépense courante　日常开支
dépense d'acquisition　购置费
dépense de construction　建筑费用
dépense de gestion　管理开支
dépense de la main-d'œuvre　人工费
dépense de matériel　设备开支
dépense d'entretien　维修开支
dépense de production　生产费用
dépense d'équipement　设备费
dépense de remise en état　修复费
dépense de réparation　修理费用
dépense de renouvellement　翻修费
dépense de transport international
　　国际旅费
dépense d'exploitation　运营费
dépense directe　直接开支
dépense encourue du fait de l'appel d'offres
　　投标产生的费用
dépense en devise　外汇开支
dépense fixe　固定费用
dépense imprévue　不可预见费
dépense indirecte　间接开支
dépense supplémentaire　追加开支
déperdition　消耗
déperdition de chaleur　热量消耗
déperdition d'énergie　能量消耗
déperdition de pression　压力损失
déperdition du sol et des eaux　水土流失
déphasage　相位差
déplacement　迁移；挪动
déplacement axial　轴向位移
déplacement de centre de gravité　重心移位
déplacement de chantier à chantier
　　工地转移
déplacement de coussinet de glissement
　　滑床板移动

déplacement de coussinet de l'aiguille
　　心轨拉板移动
déplacement de joint　节点位移
déplacement de l'aiguille　道岔移动
déplacement de l'appui　支承移动
déplacement de lit de rivière　河床改移
déplacement de locomotive sur la voie
　　机车转线
déplacement de masse d'essieu　轴荷载转移
déplacement de pont　桥梁位移
déplacement de rail courbe　曲轨移动
déplacement de réseau　网线迁移
déplacement de train　列车移动
déplacement de voie　线路位移
déplacement des voyageurs　旅客出行
déplacement du personnel
　　人员移动；人员出差
déplacement du terrassement　土方搬运
déplacement dynamique　动态位移
déplacement et dépôt des poutres　移梁存放
déplacement horizontal　水平位移
déplacement latéral　侧向位移
déplacement longitudinal　纵向位移
déplacement longitudinal de traverse
　　轨枕纵向位移
déplacement parallèle　平行位移
déplacement positif　正向位移
déplacement relatif　相对移位
déplacement transversal　横向位移
déplacement transversal de traverse
　　轨枕横向位移
déplacement transversal de voie　轨道横移
déplacement vertical　垂直移动
déplafonnement　取消限额
dépose　拆卸
dépose de caténaire　拆除接触网架线
dépose de glissière de sécurité
　　拆除安全防护栏
dépose de l'aiguille　拆除道岔
dépose de panneaux de signalisation
　　拆除信号牌
dépose de rails　拆卸钢轨
dépose des appareils de voie existants
　　既有线路设备拆除
dépose de traverses　拆卸轨枕
dépose de voie　线路拆除
dépose de voie existante　既有线拆除
dépose de voie métrique　米轨线路拆除
dépôt　安放；堆放；存款

dépôt alluvial 冲积沉积
dépôt alluvionnaire 冲积层
dépôt aqueux 水成沉积
dépôt contre récépissé 递交并领取回执
dépôt d'approvisionnement de rame automotrice 动车组整备库
dépôt d'archives 档案库
dépôt de bagages 行李房
dépôt de carburant 燃料库
dépôt de cendres 灰场
dépôt de charbon 煤场
dépôt de ciments 水泥存放(场)
dépôt de déblais abandonnés 弃砟堆放场
dépôt de détonateurs 雷管存放
dépôt définitif 最终堆放
dépôt de lacustre 湖泊沉积
dépôt de limon 淤积
dépôt de locomotive 机库; 机务段
dépôt de machines lourdes pour l'entretien de la voie 大型养路机械段
dépôt de maintenance 机务段
dépôt de maintenance intégrée 综合维修段
dépôt de marchandises 货栈
dépôt de matériaux 材料堆放
dépôt de matériaux non réutilisables 不可利用料渣场
dépôt de matériaux réutilisables 可利用料渣场
dépôt de matériels 设备堆放
dépôt de matériels roulants 列车段; 车辆段
dépôt d'énergie de voie 电务段
dépôt d'entretien de locomotive 机车检修段
dépôt de pierres concassées 碎石堆放
dépôt de produits de décapage 清表土堆放
dépôt de produits dégagés 清障料堆放
dépôt de rebroussement de locomotive 机务折返段
dépôt de réparation à l'élévation 架修段
dépôt de réparation des caisses 车体整修段
dépôt de réparation intermédiaire 中修车辆段
dépôt de réparation provisoire 临修车辆段
dépôt de révision périodique 定修车辆段
dépôt de sable 砂存放
dépôt des agrégats 集料场
dépôt des armatures 钢筋存放(场)
dépôt des explosifs 炸药库; 炸药储存
dépôt des graviers 碎石堆放
dépôt des motrices 动车段
dépôt des offres 递交标书
dépôt des outils 工具库
dépôt des pièces de détail 零件库
dépôt d'essence 汽油库
dépôt des wagons 车辆段
dépôt de télécommunication et de signalisation 通信信号段
dépôt de terre 土堆
dépôt de terre végétale 腐殖土堆放
dépôt de transport des marchandises 货运段
dépôt de transport des voyageurs 客运段
dépôt détritique 碎屑沉积
dépôt diagénétique 成岩矿床
dépôt diluvial 洪积
dépôt d'objets 存物处
dépôt éolien 风积
dépôt fluvial 河流沉积
dépôt glacial 冰川沉积
dépôt granulaire 粒状沉积
dépôt marécageux 沼泽沉积
dépôt marin 海相沉积
dépôt néritique 浅海沉积
dépôt provisoire 临时堆放
dépôt provisoire de terre végétale 腐殖土临时堆放
dépôt rocheux 岩石堆
dépôt sédimentaire 沉积层
dépression 下陷; 凹陷; 负压
dépression de chaussée 路面下沉
dépression de fondation 基础下沉
dépression de radier 底板下沉
dépression du sol 土壤沉陷; 地面下沉
dépression du terrain 地面下沉
dépression due au vent 空气负压
dérailler 脱轨
déraillement 脱轨
déraillement du train 火车脱轨
déraillement du train en courbe 火车弯道脱轨
dérailleur 脱轨器
dérapage 侧滑
dérasement d'accotement 刨削路肩
dérasement de chaussée 刨削路面
dérivation 改道
dérivation de circulation 疏导交通; 交通分流
dérive 偏差; 偏移

dérochage 石方
dérochement 岩石挖方
dérochement-enrochement 岩方工程
dérocheuse 挖石机
déroctage 岩石开挖
dérocteuse 切石机;碎石机
dérogation 违背;违反
dérouillage 除锈
derrick 转臂起重机;人字起重机
derrick de forage 钻架;井架
désaccouplement des rames 摘车;断开车节
désaccouplement des wagons
 摘车;车辆脱钩
désaccouplement des wagons vides
 空车解编
désaffleurement 差错量
désaffleurement du joint bout à bout
 对口错边量
désaffleurement du joint bout à bout
 de soudure 焊接对口错边量
désaffleurement du joint bout à bout de tôle
 d'acier 钢板对口错边量
descellement 标车启封;开封
descenderie 斜井
descenseur 升降机
descente 下坡道;落水管
descente apparente 明管
descente dangereuse 危险下坡
descente d'eau 落水;落水管
descente d'eau en béton armé
 钢筋混凝土落水管
descente d'eau en escalier 阶梯形跌水槽
descente d'eau en tuiles 瓦形跌水槽
descente d'eau pluviale 雨水落水管
descente d'eau préfabriquée 预制落水管
descente de côte 坡度
descente encastrée 暗管
descente enrobée 暗管
descente extérieure 外管
descente intérieure 内管
description 描述;说明;说明书
description de conception 设计说明
description de construction 建造说明
description de drainage 排水说明
description de fonctionnement
 工作原理说明书
description de montage 安装说明
description de plan 图纸说明
description de pose 铺架说明
description de projet 设计说明;项目说明
description des ouvrages 工程描述
description des travaux 工程描述
description des travaux par lot
 分项工程描述
description détaillée des travaux
 工程详细描述
description d'étude 设计说明
description d'excavation 挖掘说明
description d'exécution 施工说明
description d'instrument 器械说明书
description du tracé 线路走向描述
description générale 总说明
description technique 技术说明书
désembattage 拆卸轮箍
désenclavement 解除闭塞状态
désenclavement de la zone de pauvreté
 解除贫困地区闭塞状态
désenclenchement 解锁
désenclenchement de blocage automatique
 自动闭塞解锁
désenclenchement de blocage d'aiguilles
 道岔锁闭解锁
désenclenchement de block-système
 自动闭塞系统解锁
désenclenchement de blocage de parcours
 进路锁闭解锁
désenclenchement d'itinéraire 进线解锁
désenrayeur 缓解装置
désert 沙漠;荒漠
désert de reg 砾质荒漠
désert de sable 砂质荒漠
désert rocheux 石质荒漠
désert terrestre 内陆沙漠
désétaiement 风撑拆除;支撑拆除
désherbage 除草
déshydrateur 脱水剂;干燥剂
design 设计
désignation 名称;指定
désignation de corps de métier 工种名称
désignation de matériau 材料名称
désignation de matériel 设备名称
désignation de producteur
 生产商名称;指定生产商
désignation de sous-traitant 指定分包商
désignation de spécialité 专业名称
désignation des travaux 工程名称
désignation de tâche 任务名称
designer 设计师

désistement 退出竞标
désistement de l'attributaire provisoire de marché 临时中标人退出竞标
désœuvrement 窝工
désœuvrement des travaux 工程窝工
désœuvrement en exécution 施工窝工
désordre 混乱；无秩序
désordre de chantier 工地管理混乱
dessalement 脱盐；淡化
dessalement de l'eau de mer 海水淡化
desserrage 缓解
desserrage de crochet 松钩
desserrage de frein 缓解制动；松闸
desserrage de frein de locomotive 缓解机车制动
desserrage d'attache 松开扣件
desserrage d'attache de rails 松开钢轨扣件
desserrage d'attache élastique 松开弹簧扣件
desserrage d'attelage 缓解车钩
desserrage d'attelage à vis 松开螺旋车钩
desserrage de tendeur 松开紧固装置
desserrage de tendeur à vis 松开紧固螺杆
desserrage de tendeur de coupleur 松开车钩紧固器
desserrage de tendeur de hauban 缓解缆索紧固器
desserte 通达；连接
dessin 图纸；制图
dessin abréviatif 简图
dessinateur 绘图员
dessin d'architecture 建筑图
dessin d'armature 钢筋图
dessin d'assemblage 装配图
dessin d'atelier 车间图
dessin de béton armé 钢筋混凝土图
dessin d'échangeur 互通立交图
dessin de chantier-gare 站场图
dessin de construction métallique 钢结构图
dessin de coupe de section 剖面图
dessin de détail 详图；大样
dessin de fondation 基础图
dessin d'ensemble 总体图
dessin de pieux 桩图
dessin de pont 桥型图
dessin de poutre 梁图
dessin de référence 参考图
dessin des appareils électriques 电器图
dessin d'études 设计图
dessin de tunnel 隧道图
dessin d'exécution 施工图
dessin du tracé 线路走向图
dessin en plan 平面图
dessin par projection 投影图
dessin schématique 示意图
dessin topographique 地形测量图
dessouchage 树根清除
déstabilisation 不稳定
destination 目的地
destination de financement 融资用途
destination de marchandises 货物目的地
destination de matériel 设备用途
destination de terre végétale 腐殖土用途
destination de train 列车目的地
destination de voyageurs 旅客目的地
destruction 毁坏
destruction de barrage 水坝毁坏
destruction de bogie 转向架损坏
destruction de bordure 路缘石毁坏
destruction de caisse 车体损坏
destruction de caniveau 排水沟毁坏
destruction de chaussée 路面毁坏
destruction de construction 建筑物毁坏
destruction de corps de chaussée 路体毁坏
destruction de dalot 涵洞毁坏
destruction de digue 堤坝毁坏
destruction de drain 排水沟毁坏
destruction de garde-corps 防护栏毁坏
destruction de glissière 防护栏毁坏
destruction de l'aiguille 道岔损坏
destruction de la plateforme de voie 路基毁坏
destruction de l'assise de voie 路基毁坏
destruction de l'environnement 环境破坏
destruction de locomotive 机车损坏
destruction de l'ouvrage d'art 构造物毁坏
destruction de panneau de signalisation 信号牌毁坏
destruction de perré 桥墩护坡毁坏
destruction de pile 桥墩毁坏
destruction de pont 桥梁毁坏
destruction de rail 钢轨损坏
destruction de roue 车轮损坏
destruction des appareils de voie 轨道设备损坏
destruction des équipements de signal 信号设备损坏

destruction des équipements de traction 牵引设备损坏
destruction de tablier 桥面板毁坏
destruction de traverse 轨枕损坏
destruction de voie 线路损坏
destruction de wagon 车辆损坏
destruction par choc 冲击毁坏
destruction par crue 洪水冲毁
détail 细节
détail de construction 结构详图;施工详图
détail de projet 设计详图
détail d'exécution 施工详图
détail en grandeur 足尺大样图
détail estimatif 明细费用预算
détail standard 统一详图;标准详图
détail topographique 细部测量
détail-type 统一详图;标准详图
détaxation 免税;减税
détaxe 免税;减税
détecteur 探测器;检测器
détecteur à fluorescence de la poudre magnétique 荧光磁粉探伤机
détecteur à haute fréquence 高频检波器
détecteur à ultrasons 超声波检测仪
détecteur automatique 自动探测器
détecteur d'accélération de train 列车加速度检测仪
détecteur de boîtes chaudes(DBC) 热轴箱探测器
détecteur de boîtes chaudes et de freins bloqués 轴箱发热和制动抱死探测器
détecteur de chaleur 感温探测仪
détecteur de courant de fuite 漏电探测仪
détecteur de criques à ultra-sons 超声波探伤仪
détecteur de défaut 探伤仪
détecteur de défaut à ultra-son 超声波探伤仪
détecteur de défaut ultra-soniques 超声波探伤仪
détecteur de direction et de vitesse de l'air 风速风向检测器
détecteur de fer 金属探伤仪
détecteur de fuite 探漏仪
détecteur de fumée 烟雾探测器
détecteur de fumée optique 光学烟雾探测器
détecteur de grisou 瓦斯探测器
détecteur de l'environnement 环境检测器

détecteur de l'oxyde de carbone 一氧化碳探测仪
détecteur de pièces traînantes 配件拖拉触轨探测器
détecteur de roulement de train 行车探测器
détecteur de signal de contrôle 控制信令检波器
détecteur des métaux 金属探伤仪
détecteur de température fixe 固定温度探测器
détecteur de température de fusée d'essieu 轴温探测器
détecteur de température de la voie 线路感温器
détecteur de véhicules 车辆检测器
détecteur de véhicules par vidéo 视频车辆检测器
détecteur de visibilité 能见度检测器
détecteur de vitesse 测速器
détecteur de vitesse et orientation du vent 风速风向检测器
détecteur d'ondes 检波器
détecteur électromagnétique de rail 电磁钢轨探伤仪
détecteur météorologique 气象检测器
détecteur optique 光学探测器
détecteur par infrarouge de la température des essieux 红外线轴温探测器
détecteur séismique 地震检波器
détecteur thermométrique 温度感应器
détecteur thermovélocimétrique 温度感应器
détecteur ultra-sonique 超声波探伤仪
détection 探测;检测
détection automatique 自动检测
détection automatique des données de l'infrastructure ferroviaire 铁路基础设施数据自动检测
détection de boîte chaude 热轴探测
détection de charge 荷载检测
détection de criques à ultra-sons 超声波检测
détection de crue 涨水检测
détection de défaut 故障检测
détection de fumée 烟雾探测
détection de l'accident 事故检测
détection de l'environnement 环境检测
détection de l'équipement 设备检测

détection de position du train
　列车位置探测
détection de rails　轨道检测
détection de rupture de rails　断轨检测
détection de rupture d'essieu　断轴检测
détection des défauts de roues　车轮探伤
détection de séisme　地震监测
détection des équipements ferroviaires
　铁路设备检测
détection des signaux par ordinateur
　信号微机检测
détection des trains　列车探测
détection d'incendie　火灾检测
détection par infrarouge de la température
　des essieux　红外线轴温探测
détection par la méthode des ultra-sons
　des fissures　超声波裂缝探伤
détection par la méthode des ultra-sons
　de voie　轨道超声波探伤
détection par radar　雷达探测
détection par rayons X　X 射线探测
détection ultra-sonique des défauts
　超声波探伤
dételage　摘钩;脱钩;车钩分解
dételage de locomotive de traction
　机车摘头
dételage des wagons　摘钩;摘车
dételage des wagons de marchandises
　货车甩挂
dételage individuel de wagon　零摘车辆
détérioration　损坏
détérioration d'aiguille　道岔损坏
détérioration de bogie　转向架损坏
détérioration de condition de transport
　运输条件恶化
détérioration de l'état de voie
　线路状况恶化
détérioration de planéité de rail
　轨面平整度下降
détérioration des appareils de voie
　轨道设备损坏
détérioration des équipements de signal
　信号设备损坏
détérioration d'essieu　车轴损坏
détérioration d'essieu-monté　轮对损坏
détérioration de structure　结构损坏
détérioration de traverse　轨枕损坏
détérioration géométrique de la voie
　轨道几何形状变差

détermination　确定;测定
détermination de cause d'accident
　确定事故原因
détermination de classe de la plateforme
　de voie　确定路基等级
détermination de composition de béton
　确定混凝土配合比
détermination de conformité des offres
　标书符合性确定
détermination de degré de compactage
　压实度测定
détermination de densité　密度测定
détermination de dimension de poutre
　确定桥梁尺寸
détermination de granulométrie　粒度确定
détermination de hauteur　确定高度
détermination de hauteur d'attelage
　确定车钩高度
détermination de hauteur de la plateforme de
　voie　确定道床高度
détermination de hauteur de relevage de voie
　确定抬道高度
détermination de hauteur de structure
　确定结构高度
détermination de la portance du sol
　土地承载力测定
détermination de l'épaisseur　确定厚度
détermination de l'humidité　湿度测定
détermination de l'indice de rebondissement
　回弹指数测定
détermination de longueur de rail
　确定钢轨长度
détermination de mode de traction
　确定牵引方式
détermination de paramètre de calcul
　确定计算参数
détermination de paramètre de charge
　确定荷载参数
détermination de paramètre dynamique
　确定动力参数
détermination de paramètre technique de
　la voie　确定轨道技术参数
détermination de point clef　确定关键点
détermination de point de changement
　de déclivité　确定变坡点
détermination de points de contrôle de
　la ligne　确定线路控制点
détermination de points de démarcation
　确定分界点

détermination de points de gares 确定站点
détermination de points de jonction de la voie 确定轨道连接点
détermination de points de raccordement des rails 确定接轨点
détermination de point de rupture 确定断裂点
détermination de pourcentage de défaut 损坏度确定
détermination de qualification 资格确定
détermination de qualité 确定质量
détermination de quantité des travaux exécutés 确定已完工程数量
détermination de quantité de traverses à changer 确定需换枕数量
détermination de résistance 强度测定
détermination des prix 定价
détermination de teneur en eau 含水量测定
détermination de tracé 确定线路走向
détermination de type d'aiguille 确定道岔类型
détermination de type de wagon 确定车辆类型
détermination de vitesse 确定速度
détermination de volume 体积测定
détermination graphique 图表测定
détermination qualitative 定性
détermination quantitative 定量
détonateur 雷管
détonateur à court retard 微差电雷管
détonateur à long retard 普通延发雷管
détonateur à mèche 雷管
détonateur à micro-retard 微延迟雷管
détonateur à milliretard 微延迟雷管
détonateur anti-grisouteux 安全电雷管
détonateur à retard 迟发雷管
détonateur électrique 电雷管
détonateur hydrostat 水下爆破用电雷管
détonateur instantané 瞬发雷管
détonateur intermédiaire 中继雷管
détonateur milliseconde 毫秒雷管
détonateur ordinaire 普通雷管
détonateur retardé 迟发雷管
détonateur secondaire 中继雷管
détournement 绕行道路；改变方向
détournement de circulation 绕道行驶
détournement de trafic 交通改道
détritage 轧碎
détritus 岩屑；碎屑

développement 发展；开发
développement de courbe 曲线长度
développement de performance 改善性能
développement de trafic 交通量增加
développement de vitesse 提高速度
développement d'exploitation 运营开发
développement durable 可持续发展
développement économique 经济发展
développement horizontal 横向发展
développement hydraulique 水利开发
déverrouillage 解锁
déverrouillage de l'aiguille 道岔解锁
déverrouillage de l'itinéraire 进路解锁
dévers 超高
dévers de chaussée 路面弯道超高
dévers de courbe 弯道超高；曲线超高
dévers de courbure en plan 平曲线超高
dévers d'équilibre 平衡超高
dévers de rail en courbe 曲线超高
dévers de rail extérieur 外轨超高
dévers de voie ferrée 铁路弯道（外轨）超高
déversement 倾翻
déversement de déchargement （货车）翻车卸货
déversement de wagon 翻车
dévers inverse 反超高
dévers maximal 最大超高
dévers réel 实际超高
déversoir 溢洪道；溢流口
déviation 绕道；绕行；改道
déviation absolue 绝对偏差
déviation d'appel 呼叫转移
déviation définitive 永久改道
déviation de forage 钻孔偏斜
déviation de largeur 宽度容差
déviation de l'envergure 幅度容差
déviation de mesure 测量误差
déviation de réseau d'eau 水网改道
déviation de réseau de gaz 燃气管网改道
déviation de réseau d'électricité 电网改道
déviation de rivière 河流改道
déviation de travée 跨度容差
déviation de trou 钻孔偏斜；洞口偏斜
déviation de voie 线路改道
déviation d'itinéraire 列车转线
déviation provisoire 临时改道
dévidoir 绞线盘
devis 概算书；估价单
devis de calcul 计算书

devis de poids　重量负荷表
devis descriptif　施工说明书
devise　外币;外汇
devise convertible　可兑换外币
devise de règlement　结算外汇
devise étrangère　外汇
devise libre　自由外汇
devis estimatif　工程概算书
devis préliminaire　工程估算书
devis quantitatif　工程数量单
devis quantitatif complet
　完整工程数量估价单
devis quantitatif et estimatif(DQE)
　工程数量概算书
devis technique　工程技术说明书
dévolution　转让
dévolution des travaux　工程转让
diabase　辉绿岩
diaclase　地质断裂
diagnostic　诊断
diagnostic à distance　远程诊断
diagnostic de ligne existante　既有线诊断
diagnostic de panne　故障诊断
diagnostic des données　数据判断
diagnostic des données socio-économiques
　社会经济数据判断
diagnostic environnemental　环境诊断
diagnostic sur site　现场诊断
diagonale　对角线
diagonale de bogies　转向架对角线
diagonale de wagon　车辆对角线
diagramme　曲线图
diagramme charge-course
　荷载行程关系曲线
diagramme d'accélération　加速度曲线图
diagramme de circulation des trains
　列车运行图
diagramme de connexion　接线图
diagramme de contraintes　应力图形
diagramme de contrôle　控制图形
diagramme de courbes　曲线图
diagramme de déplacement　移位图
diagramme de dilatation　膨胀曲线图
diagramme de distance parcourue
　实际行程曲线图
diagramme d'écoulement　径流图
diagramme de distribution　分布曲线图
diagramme de flexion　挠度图
diagramme de flux de trafic　交通流量图

diagramme de force　力图
diagramme de gabarit　限界图
diagramme de Gantt　横道图;甘特图
diagramme de moment　力矩图
diagramme de moment fléchissant　弯矩图
diagramme de moment fléchissant de poutre
　简支梁弯矩图
diagramme de mouvement　运行图
diagramme de niveaux　等高线地形图
diagramme de pression　压力图
diagramme de résistance　阻力图
diagramme des efforts　应力图
diagramme des efforts tranchants　剪力图
diagramme de tassement　下沉曲线图
diagramme de tassement en fonction
　des charges　负载沉降曲线图
diagramme de tassement en fonction
　du temps　沉降随时间渐止曲线图
diagramme d'état　状态图
diagramme de temps de la ligne
　线路时间曲线图
diagramme de translation　位移图
diagramme de travail　工作图表
diagramme de vitesse　速度曲线图
diagramme en bâtons　柱状图
diagramme indicateur　指示图
diagramme pour calcul des poutres mixtes
　混合梁计算曲线
diagramme triangulaire　三角形曲线
diagramme vecteur　矢量图
diagramme vectoriel　矢量图
diamant　金刚石
diamètre　直径
diamètre de barre　钢筋直径
diamètre de branchement　支管直径
diamètre de conduit　管径
diamètre de creusement　掘进直径
diamètre de forage　钻孔直径
diamètre de grain　粒径
diamètre de passage　通道直径
diamètre de perçage　孔径
diamètre de pieux tubulaires　管桩直径
diamètre de roue　车轮直径
diamètre de trou　孔径
diamètre de tube　管子直径
diamètre de tube ondulé　波纹管直径
diamètre de tunnel　隧道洞径
diamètre externe　外径
diamètre interne　内径

diamètre intérieur nominal 标称内径
diamètre maximal 最大直径
diamètre minimal 最小直径
diamètre moyen 平均直径
diamètre moyen de filetage 螺纹中径
diamètre nominal 标称直径
diastimomètre 激光测距仪
diastométrie 测距
diesel 柴油机
diesel-électrique 电传动内燃机车
diésélification 内燃动车化
diésélisation 内燃动车化
différence 差别;差异
différence admissible de tassement
　允许沉降差
différence commune 公差
différence de change 汇率差别
différence de dimension 尺寸差别
différence de hauteur 高差
différence de niveau 水位差;水平差
différence d'épaisseur 厚度差
différence d'épaisseur de la plateforme
　de voie 道床厚度差
différence de pente 坡度差
différence de phase 相位差
différence de poids 重量差别
différence de potentiel 电位差
différence de pression 压差
différence de prix 价格差别
différence de qualité 质量差别
différence de température 温差
différence de vitesse 速度差
différence de volume 体积差别
différence entre sol naturel et la voie
　线路与自然地面标高差
différend 纠纷
différend de travail 劳动纠纷
digue 堤;坝;堰
digue arrière 后围堰
digue contre les eaux 防水坝
digue contre les inondations 防洪堤
digue convergente 汇合堤坝
digue de canal 渠堤
digue de crête à sauter 溢洪坝;过水坝
digue de dérivation 分水堤;引水堰
digue de fleuve 江堤
digue d'enclôture 围堰
digue de protection 护堤
digue de retenue 蓄水坝

digue de séparation 分水堤
digue en caissons 套箱围堰
digue en gabion 石笼堤
digue en terre 土堤
digue maritime 海堤
digue roulée 碾压堤
dilatation 膨胀
dilatation de rail 钢轨膨胀
dilatation de voie 线路膨胀
dilution 稀释
dimension 体积;尺寸
dimension approximative 大概尺寸
dimension brute 毛尺寸
dimension critique 临界尺寸
dimension de boyau d'accouplement flexible
　软管连接尺寸
dimension de buse 圆管涵尺寸
dimension de caisse 车体尺寸
dimension de châssis 车体底架尺寸
dimension de chaussée 路面尺寸
dimension de connexion 连接尺寸
dimension de connexion des bouts de rails
　轨端连接尺寸
dimension de contour 轮廓尺寸
dimension de cordonnées 坐标尺寸
dimension de creusement 掘进尺寸
dimension de dalot 箱涵尺寸
dimension de fondation 基础尺寸
dimension de forage 凿岩尺寸
dimension de fouille 基坑尺寸
dimension de gabarit 限界尺寸
dimension de grain 粒径
dimension de gravier 碎石粒径
dimension de la maille 筛孔尺寸
dimension de la plateforme de voie
　道床尺寸
dimension de l'assise de voie 路基尺寸
dimension de l'écartement de voie
　轨距尺寸
dimension de l'espacement des deux voies
　两条线路间隔尺寸
dimension de l'espacement des traverses
　轨枕间隔尺寸
dimension de l'interface 接口尺寸
dimension de l'interface de wagon
　车辆接口尺寸
dimension de l'ouvrage d'art 构造物尺寸
dimension de matériel 设备尺寸
dimension d'encombrement 外形尺寸

dimension de pont 桥梁尺寸
dimension de portail de tunnel
　隧道洞门尺寸
dimension de poutre 梁尺寸
dimension de profil 断面尺寸
dimension de profil de rail 钢轨断面尺寸
dimension de profil en travers de voie ferrée
　轨道横断面尺寸
dimension de radier 底板尺寸
dimension de recouvrement 搭接尺寸
dimension de section 截面尺寸
dimension de section de la plateforme de voie
　道床断面尺寸
dimension des éléments 构件尺寸
dimension de structure 结构尺寸
dimension de tablier 桥面板尺寸
dimension de tunnel 隧道尺寸
dimension de voie 线路尺寸
dimension de wagon 车辆尺寸
dimension d'installation 安装尺寸
dimension d'ouverture 洞口尺寸;孔径
dimension du sommet de la plateforme
　de voie 道床顶面尺寸
dimension effective 有效尺寸
dimension en centimètre 以厘米计尺寸
dimension en finition 完工尺寸
dimension en plan 平面尺寸
dimension exacte 准确尺寸
dimension extérieure 外包尺寸;外围尺寸
dimension finale 最终尺寸
dimension géométrique 几何尺寸
dimension inférieure 内尺寸
dimension initiale 原始尺寸;最初尺寸
dimension intermédiaire 中间尺寸
dimension limite 极限尺寸
dimension linéaire 直线尺寸
dimension moyenne 平均尺寸
dimensionnement 按尺寸加工;定尺寸
dimensionnement de caisse 确定车体尺寸
dimensionnement de gabarit de voie
　确定线路限界尺寸
dimensionnement de l'écartement de voie
　确定轨距尺寸
dimensionnement de wagon
　确定车辆尺寸;车辆定距
dimension nominale 额定尺寸
dimension normale 标准尺寸
dimension principale 主要尺寸
dimension réelle 实际尺寸

dimension standard 标准尺寸
dimension structurale 结构尺寸
dimension transversale 横向尺寸
dimension transversale de wagon
　车辆横向尺寸
dimension variable 可变尺寸
dimension verticale 垂向尺寸
dimension verticale de wagon
　车辆垂向尺寸
diminution 缩小;降低
diminution de bruit 减少噪声
diminution de demande 需求减少
diminution de bénéfice 利润减少
diminution de dépense 开支减少
diminution de frais 费用减少
diminution de sensibilité 灵敏度下降
diminution de poussière 降尘;除尘
diminution de quantité 减少数量
diminution de quantité des travaux
　工程量减少
diminution de risque 减少风险
diminution de taxes 减税
diorite 闪长岩
dioxyde de carbone 二氧化碳
diplôme 文凭
directeur 经理
directeur de chantier 工地经理
directeur de production 生产经理
directeur de projet 项目经理
directeur de régulation des trains
　列车调度主任
directeur de technique 技术经理
directeur de travaux 工程经理
direction 方向;经理部;指挥部
direction de circulation de train
　列车行进方向
direction de circulation impaire de train
　列车单数行进方向
direction de circulation paire de train
　列车双数行进方向
direction de glissement 滑动方向
direction de guidage 引导方向
direction de l'aiguille de prise en pointe
　逆向道岔方向
direction de l'aiguille de prise en talon
　顺向道岔方向
direction de liaison 连接方向
direction de pendage 倾斜方向
direction de ripage de voie 拨道方向

direction descendante 下行方向
direction descendante du train
　列车下行方向
direction de tracé 线路走向
direction de traction 牵引方向
direction de vent 风向
direction de voie 轨道方向
direction indicative de signal 信号指示方向
direction initiale 初始方向
direction montante 上行方向
direction montante du train 列车上行方向
direction passante d'aiguille 道岔开通方向
directive 指令;规定
directive de circulation de train 行车指令
directive de réception de l'ouvrage
　工程验收规定
directive de régulation de train 调度指令
directive ministérielle 部令
directive pour réalisation des
　travaux ferroviaires 铁道工程施工规程
discipline 纪律
discipline de travail 工作纪律
discontinuation 不连续
discontinuation de chemin de fer
　铁路不连续
discontinuation de voie ferrée 轨线不连续
discontinuation du corridor de transport
　运输走廊不连续
discordance d'aiguillage 道岔错误
discordance de rames de wagons
　车底配置不整合
discordance de signal 信号错误
discordance de traction 牵引不匹配
disjoncteur 自动断路器;保护开关
disjoncteur à air 空气保护开关
disjoncteur à manque de tension
　欠载电压断路器
disjoncteur à maximum de courant
　过载电流断路器
disjoncteur à pont 桥式断路器
disjoncteur à vide 真空断路器
disjoncteur de protection 保护开关
disjoncteur de protection de tension
　ondulatoire de l'onduleur
　逆变器浪涌电压保护开关
disjoncteur de protection de surtension
　过压保护开关
disjoncteur principal 主断路器
dislocation 断层;错动;错位

dispatcher 调度员
dispatching 调度室
dispatching central 集中调度
dispersement 分散;散开
dispersion 扩散;散开
dispersion de circulation 交通分散
dispersion de distribution 布局分散
dispersion de poussière 灰尘扩散
dispersion dynamique 动力分散
dispersion dynamique de traction
　牵引动力分散
disponibilité 可支配
disponibilité de la main-d'œuvre
　劳动力可支配量
disponibilité de locomotives 机车保有量
disponibilité de pièces détachées
　配件保有量
disponibilité de wagons 车辆保有量
dispositif 装置
dispositif à bord 车上设备;车载设备
dispositif amortisseur à ressort
　弹簧减振装置
dispositif amortisseur hydraulique
　液压减振装置
dispositif amortisseur parasismique
　抗震装置
dispositif analogique 模拟装置
dispositif anti-blocage de frein
　制动防抱死装置
dispositif anti-cheminement 防爬装置
dispositif anti-déraillement
　防脱轨装置
dispositif anti-dérailleur 防脱轨装置
dispositif anti-dérapant 防滑装置
dispositif anti-détachement 防脱落装置
dispositif anti-éblouissant 防眩装置
dispositif anti-fumées de tunnel
　隧道防烟雾装置
dispositif anti-patinants 防滑装置
dispositif anti-poussière 防尘装置
dispositif anti-vibration 防振装置
dispositif auto-réglable 自动调整装置
dispositif avertisseur 预警装置
dispositif d'abrasion 磨耗装置
dispositif d'accouplement 连接装置
dispositif d'admission de l'air 进气装置
dispositif d'aération 通风装置
dispositif d'aiguillage 道岔转辙装置
dispositif d'alarme 报警装置

dispositif d'alarme automatique de
　passage à niveau　道口自动报警装置
dispositif d'alimentation en eau　供水装置
dispositif d'alimentation en eau chaude
　供热水装置
dispositif d'alimentation en eau froide
　供冷水装置
dispositif d'amortissement　减振装置
dispositif d'amortissement hydraulique
　液压减振装置
dispositif d'ancrage　锚固装置
dispositif d'ancrage de mise à la terre
　接地固定装置
dispositif d'annonce de passage à niveau
　道口通知设备
dispositif d'appui de pont
　桥梁支撑装置；桥梁支座
dispositif d'arrêt automatique du train
　列车自动停车装置
dispositif d'arrêt du train en cas d'urgence
　列车紧急停车装置
dispositif d'attelage　车钩装置
dispositif de basculement　倾翻装置
dispositif de blocage　锁定装置
dispositif de blocage d'aiguille
　道岔锁定装置
dispositif de blocage des cintres
　拱架固定装置
dispositif de calage　锁闭装置；锁闭设备
dispositif d'écartement　间隔装置
dispositif décélérateur automatique du train
　en cas de survitesse
　列车超速自动减速装置
dispositif d'échappement　排气装置
dispositif d'échappement de poussière
　卸灰装置
dispositif de chargement　装载装置
dispositif de chauffage　采暖装置
dispositif d'éclairage　照明装置
dispositif de commande　控制装置
dispositif de commande automatique des
　itinéraires des trains
　列车进路自动控制装置
dispositif de commande centralisée
　集中控制装置
dispositifs de commande de guidage
　导向控制装置
dispositif de commande de trafic centralisée
　列调集中控制装置

dispositif de communication intégrée
　de locomotive　机车综合通信设备
dispositif de compensation　补偿装置
dispositif de connexion　连接装置
dispositif de contrôle　控制装置
dispositif de contrôle automatique de train
　列车自动控制装置
dispositif de déblocage　开锁装置
dispositif de décharge de pression　泄压装置
dispositif de déchargement　卸载装置
dispositif de décrochage　脱钩装置
dispositif de déflecteur　导流装置
dispositif de demande de secours　求助装置
dispositif de démarrage　启动装置
dispositif de démontage des roues
　车轮拆卸设备
dispositif de démontage d'essieu-monté
　车轴拆卸设备；轮对拆卸设备
dispositif de déraillement　防脱轨装置
dispositif de désaccouplement　解钩装置
dispositif de désenclenchement　解锁装置
dispositif de détection d'aiguille
　道岔探查设备
dispositif de détection d'incendie
　火灾检测装置
dispositif de détection par infra-rouge de
　température des essieux
　红外线轴温探测装置
dispositif de dilatation　收缩装置
dispositif de ditribution de l'eau　输水设备
dispositif de drainage　排水设施；排水设备
dispositif de dressage de poutre　调梁设备
dispositif de fixation　固定装置
dispositif de fixation de marchandises
　货物固定装置
dispositif de fixation de rail de contact
　接触轨固定装置
dispositif de fluidisation　流化装置
dispositif de freinage　制动装置
dispositif de freinage automatique
　自动制动装置
dispositif de freinage manuel　人力制动装置
dispositif de freinage pneumatique
　空气制动装置
dispositif de graissage des boudins
　轮缘润滑器
dispositif de guidage　导向装置
dispositif de lavage du train　列车清洗设备
dispositif de levage　起重设备

dispositif de limitation de vitesse　限速装置
dispositif de malaxage　拌和装置
dispositif de mesure　测量装置；计量装置
dispositif de mesure de vibration
　振动测量装置
dispositif de mise à la terre　接地装置
dispositif de montage　安装设备；架铺设备
dispositif d'enclenchement　联锁装置
dispositif d'enclenchement centralisé par
　contrôle électronique
　电子控制集中联锁装置
dispositif d'entretoisement des cintres
　拱架横撑装置
dispositif de pantographe　受电弓装置
dispositif de pontage　桥接装置
dispositif de positionnement　定位装置
dispositif de positionnement de boîte d'essieu
　轴箱定位装置
dispositif de préchauffage　预热装置
dispositif de précontrainte　预应力设备
dispositif de pré-signalisation　预警信号装置
dispositif de protection　防护装置
dispositif de protection automatique
　embarqué　车载自动保护装置
dispositif de protection contre la surtension
　过电压自动保护装置
dispositif de protection contre le court-circuit
　短路保护装置
dispositif d'épuisement　排水设备
dispositif de raccordement　连接装置
dispositif de rappel d'attelage
　车钩复原装置
dispositif de réchauffement　加热装置
dispositif de réchauffement d'aiguille
　道岔加热装置
dispositif de récupération　回收装置
dispositif de récupération des eaux
　d'infiltration　渗水回收装置
dispositif de recyclage d'air　空气循环装置
dispositif de réduction de bruit　减噪装置
dispositif de réfroidissement　制冷装置
dispositif de registration d'aiguille
　道岔定位装置
dispositif de réglage du chauffage
　暖气调节装置
dispositif de régulation des trains
　列车调度设备
dispositif de remorque　牵拉装置
dispositif de renforcement　加固装置
dispositif de renforcement des charges
　装载加固装置
dispositif de retenue　防护设施；护栏
dispositif de retenue en béton
　混凝土防护设施
dispositif de roulement　行走装置
dispositif de sablage　撒砂装置
dispositif de sécurité　安全装置
dispositif désenrayeur　防滑装置
dispositif de service　服务设施
dispositif de signalisation　信号装置
dispositif de suivi des trains
　列车运行跟踪装置
dispositif de sûreté　安全装置；保险装置
dispositif de surveillance　监视装置
dispositif de suspension　悬挂装置
dispositif de tamisage　筛分装置
dispositif de tampon contre choc de wagon
　车辆防撞装置
dispositif d'étanchéité　密封装置
dispositif de tension　张拉装置
dispositif de traction　牵引装置
dispositif de traction et de traverse danseuse
　牵枕装置
dispositif de traction et de traverse pivotante
　牵枕装置
dispositif de trafic　运输设备
dispositif de traitement des eaux
　水处理装置
dispositif de transmission　传输设备
dispositif d'évacuation de poussière
　卸灰装置
dispositif de ventilation　通风装置
dispositif de verrouillage　闭锁装置
dispositif de verrouillage d'aiguille
　道岔锁闭装置
dispositif d'identification des trains
　列车识别装置
dispositif d'indication du niveau de liquide
　液位显示装置
dispositif d'isolation thermique　隔热装置
dispositif électrique　电气装置
dispositif existant　现有设施
dispositif hydraulique　液压装置
dispositif indicateur de l'ouverture des
　itinéraires　线路开通显示装置
dispositif parafoudre　避雷装置
dispositif préalable d'alerte　预警装置
dispositif réfléchissant　反光装置

dispositif spécifique de surveillance
　监视监控设备
dispositif stabilisateur　稳定设备
disposition　安排；布局；条款
disposition à défilade　纵列布置
disposition architecturale　建筑布局
disposition centralisée　集中布设
disposition compacte　集中布局
disposition constructive　结构布置
disposition d'aiguillage
　道岔布置；道岔配列
disposition d'ancrage　锚定布置
disposition de carrefour　交叉口设置
disposition de chantier-gare　站场布置
disposition de chantier-gare en forme de défilade　站场纵列式布置
disposition de colonnes　柱排列
disposition de contrôle　检验装置
disposition de corridor ferriviaire
　铁路走廊布局
disposition de couloir du chemin de fer
　铁路走廊布局
disposition de croisement　交叉口设置
disposition de débouché du pont　桥孔布置
disposition de double couloir　双走道布局
disposition de gares　车站布置
disposition de gares entre les sections
　区间车站设置
disposition de gares et bâtiments
　车站和站房布置
disposition de nervures　加强筋排列
disposition d'ensemble　总体布置
disposition de pont　桥梁布置
disposition de poutre maîtresse　主梁布置
disposition de réseau ferroviaire
　铁路网布局
disposition de section en courbe
　曲线段布置
disposition des équipements de réparation de locomotives　机务设备设置
disposition des gares de triage　编组站布置
disposition des ouvrages　构造物布置
disposition de système de ressort
　弹簧系统布置
disposition de travée du pont　桥孔布置
disposition de trous de sautage　爆破孔布置
disposition de voies d'arrivée et de départ de gare　车站到发线布置
disposition de voies de gare　车站股道布置
disposition de voie principale　正线布置
disposition de voies de réception et de départ de gare　车站到发线布置
disposition disperée　分散布置
disposition en ordre dispersé　分散布局
disposition en parallèle　并联布置
disposition en plan　平面布置
disposition en série　串联布置
disposition inverse　逆向布置
disposition linéaire　线性布置
disposition longitudinale　纵向布置
disposition sur place　现场布置
disposition symétrique　对称排列
disposition transversale　横向布置
disposition transversale de pont
　桥梁横向布置
disposition transversale de superstructure
　上部结构横向布置
disposition verticale　垂直布置
dispositions complémentaires　补充条款
dispositions contractuelles　合同条款
dispositions générales　总则
dispositions générales des technologies de sécurité des wagons de marchandises
　货车安全技术一般规定
dispositions financières　财务条款
dispositions impératives　强制性条款
dispositions particulières
　特殊条款；特殊安排
dispositions préliminaires　预备性条款
dispositions restrictives　限制性条款
dispositions techniques　技术规则
disque　盘；盘状物
disque abrasif　砂轮
disque amovible　可移动硬盘
disque de frein　制动盘
disque d'embrayage　离合器圆盘
disque de signal　信号圆板
disque dur　硬盘
disque d'usure　磨耗盘
disque d'usure de plaque centrale
　心盘磨耗盘
disque local　本地磁盘
disque magnétique　磁盘
disque mobile　移动硬盘
dissipateur　消力池
dissipateur d'énergie　消力池
dissipateur d'énergie en enrochement
　抛石消力池

dissociation 分解
dissociation par l'action de l'humidité
　受潮分解
dissolubilité 溶解性
dissolvant 溶媒；溶剂
dissymétrie 不对称
distance 距离；间距
distance apparente 视距
distance cantilever 悬臂距
distance centrale 中心距
distance d'accélération 加速距离
distance d'action de frein 制动距离
distance d'ancrage 锚距
distance d'approche 接近距离
distance d'arrêt de sécurité 安全停车距离
distance d'arrêt de train 停车距离
distance d'arrêt en alignement
　直线制动距离
distance d'arrêt en courbe 弯道制动距离
distance d'attraction 吸引距离
distance d'avertissement 警示距离
distance de cheminement de voie
　轨道爬行距离
distance de freinage 制动距离
distance de freinage de sécurité
　安全制动距离
distance de freinage d'urgence
　紧急制动距离
distance de ligne 线路距离
distance de mise en vitesse 加速行程
distance de parcours continu 续行距离
distance de protection 防护间距
distance de rampement 爬坡距离
distance de réaction 反应距离
distance de roulement total 全周转距离
distance des armatures au paroi de coffrages
　钢筋与模板面间距（保护层）
distance de sécurité 安全距离
distance de séparation 分离距离
distance de séparation des wagons
　车辆分离距离
distance de signal 信号距离
distance d'essieux 轴距
distance de sûreté 安全间距
distance de tiroir de manœuvre
　机务折返线距离
distance de tiroir de refoulement
　牵出线距离
distance de transport 运距

distance de visibilité 视距
distance de visibilité d'arrêt 制动视距
distance de visibilité de dépassement
　超车视距
distance en ligne droite 直线距离
distance en plan 平面距离
distance entre appuis 墩台间距
distance entre axes des traverses
　轨枕中心线距离
distance entre axes de pont et de pieu
　桥轴线桩间距离
distance entre cales en bois 垫木间距
distance entre deux traverses 两枕间距
distance entre deux voies 两线间距
distance entre les barres 钢筋内距
distance entre les gares 站间距离
distance entre les postes 所间距
distance entre les poutres 梁间距
distance entre les traverses 轨枕间距
distance entre les voies 股道间距
distance entre pivots de bogies 转向架轴距
distance entremêlée 车辆交织距离
distance entre véhicules 行车间距
distance fixe des essieux 固定轴距
distance fixe des essieux de bogie
　转向架固定轴距
distance focale 焦距
distance horizontale 水平距离
distance inclinée 斜距
distance intérieure 内间距
distancemètre 测距仪
distance moyenne de transport 平均运距
distance moyenne de voyage 平均乘距
distance nette 净距
distance optimale 最佳距离
distance parcourue 行驶里程
distance par mesurage parallactique
　视差法距离测量
distance partielle 间距
distance principale 主距
distance réduite à horizon 平距
distance réduite à la projection
　平面投影距离
distance suivant la pente 斜距
distance totale entre essieux 全轴距
distance visuelle 视距
distance visuelle de conduite 行车视距
distance visuelle de dépassement 超车视距
distance visuelle de stationnement 停车视距

distance visuelle de voie en courbe 路线弯道视距
distillation 蒸馏
distillation fractionnée 分馏
distributeur 分配器；配电盘
distributeur automatique des billets (DAB)
　自动售票机
distributeur automatique des tickets (DAT)
　自动售票机
distributeur d'allumage 点火分配器
distributeur d'asphalte 沥青洒布机
distributeur de ballast 分砟器
distributeur de bâton pilote 路签机
distributeur de béton 混凝土摊铺机
distributeur de béton à bac
　斗式混凝土摊铺机
distributeur de béton à lame de va-et-vient
　往返刮板式混凝土摊铺机
distributeur de béton à vis sans fin
　涡杆式混凝土摊铺机
distributeur de bitume 沥青洒布机
distributeur de ciment 水泥洒布机
distributeur de concasseur
　破碎机配料器
distributeur de concasseur de pierres
　轧石机配料器
distributeur de gravillons 石屑洒布机
distributeur de scorie 石屑洒布机
distributeur de vapeur 汽阀
distributeur vidéo 视频分配器
distribution 分配；布局
distribution anormale 非正态分布
distribution cumulative 积分分布曲线
distribution de ballast 配砟
distribution de ballast de base 散布底砟
distribution de ballast de voie 线路配砟
distribution de ballast par voiture
　regarnisseuse 整形车配砟
distribution de bitume 沥青喷洒
distribution de câbles 缆索分布
distribution de chantiers 工地分布
distribution de charge 荷载分布
distribution de combustible 燃油分配
distribution de contraintes 应力分布
distribution de courant 电力分配
distribution de délai 工期分布
distribution de densité 密度分布
distribution de fonds 资金分配
distribution de force dynamique 动力分布

distribution de gare de formation
　编组站布局
distribution de gare de triage 编组站布局
distribution de gravité 重力分布
distribution de l'aiguille 道岔布局
distribution de la main-d'œuvre 劳力分配
distribution de l'asphalte 沥青喷洒
distribution de l'eau 配水
distribution de l'intensité 强度分布
distribution de l'intervalle 间隔分布
distribution de longs rails au long de voie
　长轨放散作业
distribution de matériaux 材料分配
distribution de personnel 人员分配
distribution de pieux 桩分布
distribution de piles 桥墩分布
distribution de ponceaux 涵洞布置
distribution de pont 桥梁布置
distribution de population 人口分布
distribution de poteaux 柱分布
distribution de précontrainte 预应力分布
distribution de pression 压力分布
distribution de rails 散轨
distribution de réseau 网线分布
distribution des armatures 钢筋分布
distribution des efforts 应力分布
distribution des engins 机械分配
distribution des équipements 设备分配
distribution des gares 车站分布
distribution des gares de formation
　编组站布局
distribution des gares de TGV 高铁站布局
distribution des lignes 线路分布
distribution des ouvrages d'art 构造物布置
distribution de temps 时间分配
distribution de terrassement 土方分配
distribution de trafic 交通分布
distribution de travail 工作分配
distribution de traverses au long de voie
　轨枕放散作业
distribution de vitesse cumulative
　累积速率分布曲线
distribution de voies 车道分布；轨道分配
distribution de volume de trafic
　交通量分配
distribution écologique 生态分布
distribution granulométrique 粒径分布
distribution linéaire 线性分布
distribution longitudinale 纵向分布

distribution rectangulaire 矩形分布
distribution symétrique 对称布置
distribution transversale 横向分布
distribution verticale 垂直分布
divergence 偏差
divergence de mesure 测量偏差
divergence d'implantation 定位偏差
diversification 多样化;多种化
diversification de produits 产品多样化
diversification des activités 经营多样化
diversification de transport 运输多样化
diversité 多样性
diversité de choix 选择多样性
diversité de produits 产品多样性
diversité des équipements 设备多样性
diversité des types des aiguilles
  道岔不同型号
diversité des types de wagons
  车辆不同类型
division 划分
division de canton 划分闭塞段
division de circuit de voie 轨道电路分割
division de codes 编码划分
division de construction 建筑段
division de fréquence 分频
division de la section 区段划分
division de la section de galerie
  导坑断面分割
division de maintenance de voie
  工务段;工务部
division de matériels roulants 车务段
division de mode de trafic 交通方式划分
division d'énergie de voie 电务段
division d'entretien 养路段;养路工区
division de régulation de trains 行车调度科
division des risques 风险划分
division de télécommunication 通信段
division de télécommunication et signalisation
  通信信号段;通号组
division de temps 时间划分
division de travail 分工
division de travail en groupes 作业分组
division de travail entre les chantiers de matériels roulants 车场分工
division de travailselon spécialité
  按专业分工
division de voie 工务段;轨道部
division de wagons 车辆科
document 文件

document administratif 行政文件
document approuvé 批准文件
document cité normatif 规范性引用文件
document complémentaire 补充文件
document complet 全套文件
document confidentiel 机密文件
document constituant l'offre
  标书组成文件
document consultatif 咨询文件
document contractuel 合同文件
document contractuel constituant le contrat
  合同组成文件
document d'adjudication 招标文件
document d'agrément 批准文件
document d'appel d'offres 招标文件
document d'appréciation de
  l'environnement 环评文件
document d'archive 档案文件
document d'Avant-projets détaillés(APD)
  详细设计文件
document d'Avant-projets ferroviaire
  铁路前期设计文件
document d'Avant-projets sommaires(APS)
  初步设计文件
document de base 基础文件
document de calcul 计算资料
document de candidature 候选人资料
document de conception 设计文件
document de crue 洪水资料
document de dédouanement 清关文件
document de demande d'admission temporaire
  设备临时进口申请文件
document de forage 钻探资料
document de gestion 管理文件
document de gestion des ouvrages
  工程管理文件
document de guide 指导文件
document de l'avant-projet 初步设计文件
document de l'entrepreneur 承包商文件
document de l'étude 设计文件
document de l'étude analytique des coûts
  造价分析文件
document de l'étude de faisabilité
  可行性研究资料
document de l'étude d'ensemble de voie
  线路总体设计文件
document de maintenance 维修资料
document d'embarquement 装车单据
document de niveau d'eau 水准资料

document d'enregistrement　注册文件
document déposé　提交文件
document de qualification　资质文件
document de réception　验收资料
document de réclamation d'indemnité
　索赔文件
document de récolement　竣工资料
document de référence　参考文献
document des équipements　设备资料
document des essais　试验资料
document des offres　标书文件
document de sondage　钻探资料
document de soumission　投标文件
document de soutien　支持文件
document des ouvrages d'art　构造物资料
document des ouvrages exécutés
　已完工工程文件
document des plans　图纸文件
document de statistique　统计文件
document des wagons　车辆资料
document de trafic　交流量资料
document de transfert　移交文件
document de transport　运数单据
document de travaux　工程文件
document d'exécution　施工文件
document d'exploitation　运营资料
document électronique　电子文件
document en papier　纸书文件
document financier　财务文件
document géologique　地质文件
document graphique　图表文件
document hydraulique　水文资料
document hydrogéologique　水文地质资料
document justifiant le transfert de devise
　外汇汇出证明材料
document météorologique　气象资料
document photographique　图片文件
document refusé　拒收文件
document retiré　撤回文件
document sur l'environnement　环境资料
document technique　技术文件
document topographique　地形资料
domaine　领域；范围
domaine d'activités　业务范围
domaine d'application　适用范围
domaine de mesure　测定范围
domaine d'emploi　使用范围
domaine de production　生产领域
domaine de recherche　研究范围

domaine des études　设计范围
domaine des travaux publics　公共工程领域
domaine de validité　有效范围
domaine d'influence　影响范围
domaine d'utilisation　使用范围
domaine élastique　弹性区域
domaine technique　技术领域
domicile　住所
domicile commercial　营业地址
domicile de l'entrepreneur　承包商住址
domicile fiscal　纳税地址
domicile légal　法定住所
domiciliation bancaire
　工程款接受银行地址
dommage　损失
dommage au cours de transport
　运输中造成的损失
dommage causé à la suite de collision
　碰撞造成的损失
dommage corporel et matériel
　人身或物质损失
dommage de guerre　战争损失
dommage de roue　车轮损坏
dommage d'incendie　火灾损失
dommage direct　直接损失
dommage évalué　估算损失
dommage indirect　间接损失
dommage matériel　物质损失
dommage partiel　部分损失
donnée　数据
données brutes　原始数据
données caractéristiques　技术参数
données cartographiques　地图绘制数据
données climatiques　气象数据
données de base　基础数据
données de calcul　计算数据
données de référence　参考数据
données de site　现场数据
données des prix　价格数据
données de surveillance　监控数据
données de surveillance à distance
　远程监视数据
données de trafic　车流量数据
données d'étude　设计数据
données économiques　经济数据
données environnementales　环境数据
données géologiques　地质数据
données géotechniques　土工力学数据
données hydrauliques　水文数据

données hydrologiques 水文资料
données lithologiques 岩性资料
données météorologiques 气象数据
données morphologiques 地貌数据
données originales 原始数据
données pluviométriques 雨量记录资料
données socio-économiques 社会经济数据
données statistiques 统计数据
données statistiques de circulation 运行统计数据
données techniques 技术数据
données topographiques 地形数据
dos 背部；脊
dosage 配量；配合比
dosage colorimétrique 比色分析
dosage de béton 混凝土配量
dosage de ciment 水泥用量
dosage de constituants 配制剂量
dosage de mélange 混合料配合比
dosage de mélange en poids 混合料重量比
dosage de mélange en volume 混合料体积比
dosage des fines d'apport 添加细料配量
dosage des granulats 碎石料配量
dosage eau-ciment 水灰比
dosage en bitume 沥青配量
dosage en eau 用水量
dosage en poids 重量配比
dosage en volume 体积比配料法
dosage parfait 最佳混合比
dosage par pesée 称重配料法
dosage pondéral 重量配料法
dos d'âne 路脊；减速坎；驼峰
dos d'âne de chantier-gare 站场驼峰
dos d'âne de chaussée 路面减速坎
dose 配量
dossier 案卷；文件
douane 海关
double bosse 双驼峰
double couche 双层
double écartement 双轨距
double itinéraire 双进路
doublement de voie 铺设复线
double traction de locomotives 双机牵引
double voie 双线；复线
double voie électrifiée 双线电气化铁路
doublure d'âme 腹板加劲板
doublure de toit de wagon 车顶内衬
douche 淋浴

doucine 反曲线；双弯曲线；浪纹线脚
doucine de voie 线路双弯曲线
douelle 拱腹
dragage 疏浚；挖泥
dragage de rivière 河道疏浚
dragline 拉铲挖土机
drain 排水；盲沟
drain à agrégat 集料盲沟
drainage 排水
drainage accéléré 加速排水
drainage à ciel ouvert 明沟排水
drainage à gravité 重力排水
drainage à la surface 地面排水
drainage annulaire 环形排水系统
drainage au niveau des têtes de tunnel 隧道洞口处排水
drainage de chantier-gare 站场排水
drainage de chaussée 路面排水
drainage de fondation du sol 路基排水
drainage de fouille 基坑排水
drainage de l'assise de voie 路基排水
drainage de la plateforme de voie 路基排水
drainage de l'interface 界面排水
drainage de massif de voie 路基排水
drainage de pavement 路面排水
drainage de surface 地面排水
drainage de tunnel 隧道排水
drainage de voie 线路排水
drainage extérieur des deux côtés de tunnel 隧道外两侧排水
drainage inorganisé 无组织排水
drainage intérieur de tunnel 隧道内排水
drainage latéral 侧向排水；路边排水
drainage longitudinal 纵向排水
drainage naturel 自然排水
drainage oblique 斜向排水
drainage ouvert 明沟排水
drainage par collecteur 集水沟排水
drainage par dessiccation 疏干排水
drainage par fossé 明沟排水
drainage parallèle 平行排水
drainage périodique 周期性排水
drainage principal 主排水
drainage profond 地下排水
drainage profond d'interception 截水盲沟
drainage radial 辐射形排水系统
drainage rectangulaire 矩形排水
drainage souterrain 地下排水

drainage souterrain longitudinal
　地下纵向排水
drainage souterrain transversal
　地下横向排水
drainage spécial　特殊排水
drainage superficiel　地面排水
drainage sur le tablier　桥面排水
drainage temporaire　临时排水
drainage transversal　横向排水
drainage vertical　垂直排水
drain agricole　农田排水暗沟
drain annulaire　环形排水沟
drain circulaire　环形排水沟
drain cylindrique　圆形排水沟
drain d'accotement　路肩盲沟
drain de chaussée　路面排水沟
drain de contrefort　扶垛排水沟
drain de fondation　基础排水沟
drain de gravier　砾石排水沟
drain de sable vertical　砂井
drain de surface　地表排水沟
drain de tablier　桥面排水
drain de tunnel　隧道排水
drain en acier　钢制排水管
drain en béton poreux　多孔混凝土排水沟
drain en caisson　箱形排水沟
drain en maçonnerie　砌石排水沟
drain en pierre sèche　干砌石排水沟
drain en tuiles　瓦沟
drain en zone courante　驻水区域排水
drain latéral　侧向排水盲沟
drain longitudinal　纵向排水沟
drain métallique　金属排水管
drain ouvert　排水明沟
drain ouvert de voie　线路排水明沟
drain parallèle　平行排水沟
drain perforé　带孔排水管
drain préfabriqué　预制排水管
drain principal　主下水道
drain semi-circulaire　半圆形排水暗沟
drain souterrain　盲沟;地下排水沟
drain transversal　横向排水沟
draisine　工务车;巡道车;轻型轨道车
draisine avec Nacelle et Bras-Grue
　带机舱和起重机臂的机动巡道车
draisine de chantier　工地轨道车
draisine d'inspection　轨道巡查车
draisine lourde　重型轨道车
drapeau de signalisation　信号旗

dressage de rail　矫直钢轨
dressage de voie　线路矫直;拨道
dressage de voie en alignement　直线轨道调
dressage de voie en courbe　曲线轨道调整
dressement de talus　边坡整形
dresseuse　矫直机;直轨器
dresseuse de barres　钢筋矫直机
dresseuse de rail　直轨器
drille　手钻;陀螺钻
droit　权利;税
droit d'accès　进路权;进入权
droit de brevet　专利权
droit de consommation　消费税
droit de décision　决定权
droit de disposition　支配权
droit de douane　关税
droit d'enregistrement　登记税
droit de passage　道路通行权
droit de recours　上诉权
droit de timbre　印花税
droit de transbordement　转运费
droit de transit　过境税
droit d'exploitation　经营权
droit d'extraction　开采权
droite　直线
droites orthogonales　正交直线
droites parallèles　平行直线
dromomètre　列车速度测量表
dromoscope　列车速度告示牌
ductilité　延性
dune　沙丘
dune mobile　流动沙丘
dune morte　固定沙丘
dune mouvante　流动沙丘
duplex　双工
duplicata　副本
durabilité　耐久性
durabilité de chaussée　路面耐用性
durabilité de l'ouvrage d'art
　构造物耐久性
durabilité de pont　桥梁耐久性
durabilité de structure　结构耐久性
durcissement　硬化
durcissement de ballast　道床板结
durcissement de ciment　水泥硬化
durcissement du lit de ballast　道床板结
durcissement local　局部硬化
durcissement naturel　自然硬结
durcissement superficiel　表面硬化

durée 期间；期限
durée contractuelle 合同期
durée de chaussée 路面寿命
durée de conception 设计期限
durée de conservation 保管期
durée de construction 建造期限
durée de décantation 沉淀时间
durée de durcissement 硬化时间
durée de fermeture 闭合时间
durée de formation 培训期
durée de garantie 担保期
durée de l'amortissement 折旧期
durée de l'assurance 保险期
durée de l'étude 设计期限
durée de location 租赁期
durée de mélange 混合时间
durée d'emploi 工作期限
durée de parcours 行驶时间
durée de persistance 衰变时间
durée de précipitations 降雨时间；雨期
durée de préparation 准备期限
durée de présence sur le projet 在本项目上任职时间
durée de prise 凝固时间
durée de production 生产时间
durée de réaction 反应时间
durée de réalisation 建造期限
durée de refroidissement 冷却时间
durée de rétablissement 恢复时间
durée de révision 检修时间；大修时间
durée de rotation 周转期
durée de service 服务期限
durée de stockage 存放时间
durée de transport 运输期限
durée de travail 工作期限
durée de validité 有效期
durée de validité de contrat 合同有效期
durée de validité de l'offre 报价有效期
durée de vie 使用期限/寿命
durée d'exécution 施工期限
durée d'observation 观测时间
durée d'usage 使用期限
durée d'utilisation 使用期限
durée prévisible 预计期限
dureté 硬度；刚度
dureté à la bille 布氏硬度
dureté Brinell 布氏硬度
dureté de l'acier 钢硬度
dureté de roche 岩石硬度
dureté de sommet de rail 钢轨顶面硬度
dureté superficielle 表面硬度
dynamique 动力学
dynamique de l'air 空气动力学
dynamique de rail 轨道动力学
dynamique de voie 轨道动力(学)
dynamique ferroviaire 铁路动力学
dynamitage 爆破
dynamitage de rochers 石方爆破
dynamite 炸药
dynamitière 炸药库
dynamo 发电机
dynamo à courant continu 直流发电机
dynamo d'éclairage 照明发电机
dynamo-électrique 直流发电机
dynamoteur 电动发电机

E

eau 水位	eau de rebut 废水
eau active 活性水	eau de refroidissement 冷却水
eau agressive 浸蚀性水	eau de restitution 循环水
eau ammoniaque 氨水	eau de retour 回水
eau buvable 饮用水	eau de rinçage 洗涤水
eau calme 死水	eau de ruissellement 流水
eau chaude 热水	eau de source 泉水
eau/ciment 水灰比	eau dessalée 蒸馏水
eau claire 净水	eau de surface du terrain 地表水
eau clarifiée 澄清水	eau détendue 废水；污水
eau condensée 冷凝水	eau d'évacuation 排泄水
eau courante 流水	eau d'infiltration 滤水；渗透水
eau crue 生水	eau distillée 蒸馏水
eau d'alimentation 供水	eau dormante 死水
eau d'aval 下游水；尾水	eau douce 淡水
eau de carrière 采石场积水	eau dure 硬水
eau de chaux 石灰水	eau épurée 净化水
eau de chute 降水	eau excédentaire 过剩水
eau de circulation 循环水	eau filtrée 过滤水
eau de colature 渗水	eau fossile 共生水
eau de compactage 碾压用水	eau gravifique 游离水
eau de condensation 冷凝水	eau impure 浊水
eau de conservation 养护用水	eau industrielle 工业用水
eau de couche 含水层；地下水层	eau interstitielle 空隙水
eau de cycle 循环水	eau libre 游离水
eau de décharge 废水；污水	eau lourde 重水
eau de diaclases 缝隙水	eau minérale 矿泉水
eau de fond 地下水；坑底水	eau morte 死水
eau de fontaine 泉水	eau oxygénée 双氧水
eau de gâchage 拌和水	eau phréatique 地下水
eau de galerie 坑道水	eau pluviale 雨水
eau d'égout 污水	eau polluée 污染水
eau de lavage 洗涤水	eau potable 饮用水
eau de mer 海水	eau profonde 深水
eau de pluie 雨水	eau pure 净水
eau de précipitation 降水	eau recyclée 循环水
eau de puits 井水	eau réfrigérante 冷凝水

eau résiduaire 废水
eau résiduelle 残留水
eau salée 盐水
eau séléniteuse 含硫酸盐水
eau souterraine 地下水
eau superficielle 地表水
eau thermale 温泉水
eau traitée 中水
eau usée 污水；废水
eaux-vannes 粪水
ébarboir 凿子
ébardoir 三角刮刀
éblouissement 目眩
éblouissement occasionné par l'éclairage de voiture 汽车灯光造成的目眩
éboulement 坍塌；泥石流
éboulement de plafond 冒顶
éboulement des roches 岩崩
éboulement de terrain 滑坡
éboulement de toit 冒顶
éboulement de tunnel 隧道塌方
éboulement du sol 塌方
éboulis 成堆崩塌物
éboulis de roches 崩塌岩石
écaillage 剥落
écaillage de champignon de rail 轨头剥落
écart 间距；偏差
écart admissible 允许误差
écart angulaire 角偏差
écart de conversion 转换差
écart de fermeture 闭合差
écart de fermeture angulaire de cheminement 导线角度闭合差
écart de fermeture de cheminement en abscisse et ordonnée 线纵横坐标闭合差
écart de fermeture des coordonnées 坐标闭合差
écart de fermeture longitudinal 长度闭合差
écart de jonction de tunnel 隧道贯通误差
écart de norme 偏离标准
écart de prix 差价
écart de qualité 质量差距
écart de température 温差
écart de vitesse 速度范围
écart d'implantation 定位误差
écart effectif 实际误差
écartement 间距；轨距
écartement des appuis 支承点间距
écartement des cintres 拱跨

écartement des essieux 车轴距
écartement des pieux 桩距
écartement des pivots de bogies 转向架轴距
écartement des rails 轨距
écartement de voie 轨距
écartement de voie ferrée 铁路轨距
écartement entre axes 中心距
écartement étroite 窄轨距
écartement large 宽轨距
écartement métrique 米轨距
écartement normal 标准轨距
écartement standard 标准轨距
écartement UIC 国际铁联标准轨距
écart en hauteur 高度偏差
écart entre le résultat des essais 试验结果偏差
écart entre les poteaux 柱间距离
écart extrême 最大误差
écart horizontal 水平误差
écart limite 极限偏差
écart maximal 最大差异
écart minimal 最小差异
écart moyen 平均误差
écart moyen quadratique 中误差
écart probable 公标偏差；概率偏差
écart relatif 相对误差
écart statistique 统计误差
écart type 标准差
échafaud 脚手架
échafaudage 脚手架
échafaudage arqué 拱形脚手架
échafaudage d'arc 拱架
échafaudage de construction 建筑脚手架
échafaudage de forage 凿岩架台
échafaudage de montage 安装用脚手架
échafaudage de pont 桥梁脚手架
échafaudage en alliage léger 轻合金脚手架
échafaudage en bois 木制脚手架
échafaudage en fer 钢制脚手架
échafaudage en tubes 钢管脚手架
échafaudage extérieur 外脚手架
échafaudage intérieur 内脚手架
échafaudage léger 轻便脚手架
échafaudage métallique 金属脚手架
échafaudage mobile 移动式脚手架
échafaudage pour voûtes 拱架
échafaudage préfabriqué 预制脚手架
échafaudage roulant 轮式脚手架
échafaudage suspendu 悬式脚手架

échafaudage temporaire 临时脚手架
échafaudage tubulaire 钢管脚手架
échafaud fixe 固定式脚手架
échafaud roulant à coulisse 移动式脚手架
échafaud volant 悬吊式脚手架
échalier 栅栏;篱笆
échange 交换;交流
échange d'air 换气
échange de bâton pilote 路签交换
échange de données informatisées
  计算机数据交换
échange de lettres 信函往来
échange de locomotive 机车替换;换机头
échange de locomotive de traction principale
  主牵引机车交换
échange de norme 标准互交
échange de signal 信号替换
échange de wagon 车辆替换
échange d'expériences 经验交流
échange d'informations 信息交换
échange international 国际贸易
échangeur 公路互通;立体交叉
échangeurs à niveaux multiples
  多层互通立交
échangeur à quatre directions
  四路互通立交
échangeur automatique de bâton pilote
  路签自动授收机
échangeur automatique de plaque pilote
  路牌自动授收机
échangeur autoroutier 高速公路立交桥
échangeur de route 公路立体交叉
échangeur directionnel 定向立交
échangeur en demi-trèfle 半苜蓿叶形互通
échangeur en losange 菱形互通
échangeur en trèfle 苜蓿叶形互通
échangeur en trompette 喇叭形互通
échangeur giratoire 环形互通
échangeurs composés 组合式立体交叉
échangeurs successifs 连续式立体交叉
échangeur thermique 换热器
échantillon 标本;样本
échantillon au hasard 抽查样品
échantillon carotté 岩芯样
échantillon cubique 立方体试件
échantillon cylindrique 圆柱体试件
échantillon d'argile 黏土试件
échantillon d'eau 水样
échantillon de béton 混凝土试件

échantillon de carotte 岩芯取样
échantillon de laboratoire 实验室试样
échantillon de roche 岩石标本
échantillon de sable 砂样
échantillon d'essai 试件
échantillon de terre 土样
échantillon du sol 土样
échantillon étalonné 标准试块
échantillon humide 湿试样
échantillon intact 原状样品
échantillonnage 取样;抽样
échantillonneur 取样器
échantillonneur de terre 取土器
échantillon obtenu par sondage 钻探试样
échantillon pris à la tarière
  螺钻提取(土)试样
échantillon remanié 扰动试样
échantillon standard 标准样品
échantillon type 标准试样
écharpe 斜撑;角拉条
échauffement 加热
échauffement de bitume 沥青加热
échauffement de l'eau 水加热
échelle 梯子;比例尺
échelle absolue 绝对标度
échelle à crochet 挂梯
échelle adéquate 适当比例
échelle amplifiée 放大比例尺
échelle à vernier 游标(尺)
échelle de corde 绳梯;软梯
échelle de hauteur 高度比例尺
échelle de longueur 长度比例尺
échelle de mesure 比例尺
échelle de proportion 比例尺
échelle de réduction 缩小比例;缩尺
échelle de sauvetage des pompiers
  消防救生梯
échelle d'escalade 蹬梯
échelle des eaux 水位标尺
échelle de secours 防火(逃生)梯
échelle de service 工作爬梯
échelle des marées 潮位标尺
échelle de thermomètre 温度计刻度
échelle d'étiage 水位标
échelle de véhicule 车辆扶梯
échelle d'extrémité 端梯
échelle d'extrémité de wagon 车辆端梯
échelle d'incendie 消防梯
échelle double 人字梯

échelle en vraie grandeur　足尺
échelle extérieure　外梯
échelle graphique　显示比例尺
échelle intégrée　一体式扶梯
échelle intérieure　内梯
échelle latérale　侧梯
échelle logarithmique　对数表
échelle réduite　缩尺比例
échelle visuelle　可视比例尺
échelon　梯级;等级
échelon catégoriel　分类等级
échelon ministériel　部级
échelon national　国家级
échelonnement　分期付款
échelonnement de paiement　分期付款
échelonnement des travaux
　施工程序;分阶段施工
écholocation　回声定位;超声波定位
échomètre　回声勘定器
échométrie　测回声法
échosondeur　回声探测器
éclairage　照明
éclairage de base-vie　生活营地照明
éclairage de champ de dépôt　堆放场照明
éclairage de champ de dépôt des conteneurs
　集装箱堆场照明
éclairage de champ de dépôt des
　marchandises　货物堆场照明
éclairage de chantier　工地照明
éclairage de chantier de chargement
　装车场照明
éclairage de chantier de construction
　建筑工地照明
éclairage de chantier de déchargement
　卸车场照明
éclairage de chantier de marchandises
　货场照明
éclairage de chantier des wagons　车场照明
éclairage de chantier de triage　编组场照明
éclairage de chantier-gare　站场照明
éclairage de compartiment　车厢照明
éclairage de gare　车站照明
éclairage de gares et bâtiments　站房照明
éclairage de hall des voyageurs
　旅客大厅照明
éclairage de pont　桥面照明
éclairage de projecteur　探照灯照明
éclairage de quai　站台照明
éclairage de route　道路照明

éclairage de secours　应急照明
éclairage de secours de tunnel
　隧道应急照明
éclairage de secours en cas d'accident
　事故应急照明
éclairage des travaux nocturnes
　工程夜间照明
éclairage de tunnel　隧道照明
éclairage extérieur　室外照明
éclairage intérieur　室内照明
éclairage nocturne　夜间照明
éclaircissement　澄清
éclaircissements relatifs au dossier d'appel
　d'offres　招标文件澄清说明
éclatement　爆裂
éclatement de citerne　罐体炸裂
éclatement de pneu　轮胎爆裂
éclimètre　测斜器
éclissage　(用鱼尾板)接轨
éclissage électrique　轨道电路连接装置
éclissage provisoire avant soudure
　轨道焊接前鱼尾板临时固定连接
éclisse　楔形木片;鱼尾(夹)板
éclisse à double cornière　双头鱼尾板
éclisse à flexion en bas　下弯夹板
éclisse à flexion en haut　上弯夹板
éclisse angulaire　角形鱼尾板
éclisse au bout du rail　轨端接续板
éclisse cornière　角形鱼尾板
éclisse d'amortissement　减振夹板
éclisse de morue　轨端接续板;轨端夹板
éclisse de raccord　鱼尾板;轨头夹板
éclisse de rail　鱼尾板;轨缝连接夹板
éclisse en caisson　箱形鱼尾板
éclisse inférieure　下夹板
éclisse JIC　轨端胶合绝缘连接器
éclisse plate　平鱼尾板
éclisse plate à double céphale　平型双头夹板
éclisse supérieure　上夹板
économie　经济
économie collective　集体经济
économie culturelle　文化经济
économie de marché　市场经济
économie de quasi-marché　准市场经济
économie nationale　国民经济
économie planifiée　计划经济
économie recyclique　循环经济
économie réelle　实体经济
économie virtuelle　虚拟经济

économie visée à l'extérieur 外向型经济
économie visée à l'intérieur 内向型经济
écoperche 脚手架柱;吊货杆
écoperche horizontale 脚手架横杆
écorcheuse 平土机;铲土机
écosystème 生态系统
écosystème agricole 农业生态系统
écosystème de prairie 草原生态系统
écosystème forestier 森林生态系统
écosystème initial 原生态系统
écoulement 流出;溢出
écoulement de champignon de rail
   轨头肥边
écoulement de crue 洪水径流
écoulement de l'eau 水流
écoulement de pointe 最大流量
écoulement de sable 流砂;砂流
écoulement des eaux 排水
écoulement des eaux sur pente en tuiles
   边坡瓦盆跌水
écoulement de sol 泥流
écoulement de surface 地面径流
écoulement de talus 坍方
écoulement d'orage 暴雨流量
écoulement en décrue 退水径流
écoulement naturel 自然排水
écoulement par filtration 渗透
écoulement pérenne 常年径流
écoulement périodique 周期性径流
écoulement plastique de béton 混凝土塑流
écoulement souterrain 地下水流
écran 屏;幕
écran acoustique 隔音板
écran à cristaux liquides 液晶电视
écran anti-bruit 隔音屏;隔音墙;防噪声板
écran anti-éblouissant 防眩板
écran anti-éblouissement 防眩板
écran contre le vent 挡风板
écran d'eau 水幕;水帘
écran de protection contre le bruit 隔音屏
écran de visualisation 显示屏
écran d'observation 观察屏
écran en palplanches 板桩墙
écran en palplanches en acier 钢板桩墙
écran en palplanches en béton
   混凝土板桩墙
écran en palplanches en bois 木板桩墙
écran en palplanches en tôle emboutie
   冲压钢板桩墙

écran étanche 密封层
écran pare-brise 遮光板
écran pare-lumière 遮光板
écran para-neige 防雪栅
écran pare-soleil 遮阳板
écran pare-vent 挡风板
écran protecteur 保护板
écran réflecteur 反射屏
écran thermique 隔热板
écrasement 破碎;路面的压坏
écrasement de champignon de rail
   轨头压溃
écrasement de l'âme de roue 轮心压溃
écrasement de l'âme du rail 轨腰压溃
écrasement d'éprouvette de béton
   混凝土试块压碎
écrêtement 削低(山顶);路面拉平
écrêtement de traverse en bois 枕木削平
écrou 螺母;螺母
écrou à forme papillon 翼形螺母
écrou à forme spéciale 异形螺母
écrou borgne 帽盖螺母
écrou carré 方螺母
écrou de blocage 防松螺母
écrou de réglage 调节螺母
écrou de serrage 扣紧螺母;锁紧螺母
écrou Hard Lock 防松螺母
écrou hexagonal 六角螺母
écroulement 塌陷;坍倒;崩塌
écroulement de barrage 大坝崩塌
écroulement de pont 桥梁倒塌
écroulement de rocher 岩石崩塌
écroûtage, écroûtement 松碎表土
écrou tendeur 缆索紧固器
écrou usuel 普通螺母
écurage 疏通
effacement 清除;去掉
effacement de marquage 标志线清除
effacement de marquage par grenaillage
   用喷丸方式清除标志线
effacement de marquage par
  solvant chimique 用化学溶剂清除标志线
effacement de marque 清除标记
effacement de peinture 清除油漆
effectif 人员
effectif de chantier 工作面人员
effectif des cadres 管理人员
effectif des experts 专家人员
effectif inscrit 在册人数

effectif des ouvriers 工人人数
effectif des ouvriers qualifiés
  技工人数
effet 效力；效应；作用
effet absorbant 吸引作用
effet à court terme 短期效应
effet adhésif 黏着作用
effet adverse 反作用
effet à long terme 长期效应
effet architectural 建筑效果
effet calorifique 热效应
effet chimique 化学作用
effet contraint de long rail soudé
  长焊轨应力效应
effet d'accumulation de circuit de voie
  轨道电路蓄电现象
effet d'action 作用效应
effet d'amortissement 缓冲作用
effet d'arc 成拱作用
effet d'attraction de croisement des trains
  会车风吸效应
effet de chaleur 热效应
effet de charge 荷载效应
effet de charge du train 列车荷载作用
effet de choc 冲击作用
effet de contrôle 控制作用
effet de coup 冲击作用
effet d'écurage 冲刷作用
effet de fatigue 疲劳效应
effet de formation 生成效应
effet de frottement 摩擦作用
effet de gravitation 重力作用
effet de groupe de pieux 群桩作用
effet de l'alcool 酒精作用
effet de levier 杠杆作用
effet de marée 潮汐作用
effet de masse 质量效应
effet de percussion 冲击作用
effet de pression 压力作用
effet de prise de ciment 水泥凝固作用
effet de proximité 邻近效应
effet de séisme 地震作用
effet de surface 表面效应
effet de suspension 悬浮作用
effet de tassement 下沉作用
effet de température 温度影响
effet de temps 时间效应
effet de vent 风力作用
effet de voûte 成拱效应

effet d'îlot thermique urbain
  城市热岛效应
effet d'inertie 惯性作用
effet direct 直接作用
effet Doppler 多普勒效应
effet dynamique 动力作用
effet dynamique de roue-rail 轮轨动力作用
effet explosif 爆炸作用
effet horaire 时间效应
effet indirect 间接作用
effet local 局部作用
effet mécanique 机械作用
effet négatif 负面效应
effet nuisible 有害作用
effet optimum 最佳效果
effet parasite 干扰作用
effet physique 物理效应
effet positif 正面效应
effet protecteur 保护作用
effet répétitif 反复作用
effet secondaire 副作用
effet sismique de l'explosion 爆炸振动影响
effet superficiel 表面效应
effet thermique 热效应
efficacité de circulation 行车效率
efficacité de drainage 排水能力
efficacité de freinage 制动效率
efficacité de sous-sol 基层土承载能力
efficacité de transport 运输效率
efficacité de travail 工作效率
efficacité d'exploitation 运营效率
efficacité thermique 热效率
efficience 效率
efficience de fonctionnement 运转效率
efficience de manœuvre d'accostement du train 调车作业效率
efficience d'entretien 维修效率
efficience de travail 工作效率
efficience d'utilisation 使用效率
efficience d'utilisation de l'équipement
  设备使用效率
efficience d'utilisation de locomotive
  机车运用效率
effondrement 倒塌；崩塌
effondrement de l'échafaudage 脚手架倒塌
effondrement de l'ouvrage 工程倒塌
effondrement de pont 桥梁倒塌
effondrement de rocher 岩石崩塌
effondrement de toit 冒顶

effondrement de tunnel 隧道塌方
effort 应力；力
effort axial 轴向力
effort d'ancrage 锚固力
effort décentré 偏心受压
effort de cisaillement 切力
effort de compactage 压实力
effort de compression 压力
effort de contraction 压缩力
effort d'écrasement 压碎力
effort de crête 峰值应力
effort de fatigue 疲劳应力
effort de flambage 纵向弯曲应力
effort de flexion 弯曲应力
effort de fluage 蠕变应力
effort de frein 制动力
effort de freinage 制动力
effort de frottement 摩擦力
effort de pointe 峰值应力
effort de poussée 推力
effort de poussée horizontale 水平推力
effort de précontrainte 预应力
effort de pression 压力
effort de renversement 倾覆力
effort de rupture 破坏力
effort de soulèvement 举升力
effort de tension 张力
effort de torsion 扭力
effort de traction 拉力
effort de traction au démarrage 启动牵引力
effort de traction d'attelage 车钩牵引力
effort de traction de locomotive 机车牵引力
effort de travail 工作应力
effort de vent 风载
effort d'explosion 爆炸力
effort d'extension 拉应力
effort d'impulsion 推力
effort d'inertie 惯性力
effort élastique 弹力
effort excentré 偏心受压
effort externe 外力
effort horizontal 水平应力
effort interne 内力
effort longitudinal 纵向应力
effort longitudinal de freinage 制动纵向作用力
effort mécanique 机械应力
effort mobile 活动负载
effort normal 法向受力
effort principal 主应力
effort radial 径向力
effort répété 重复荷载
effort résistant 阻力
effort résultant 合力
effort secondaire 次应力
effort statique 静应力
effort subit 附加应力
effort supplémentaire 附加应力
effort tangentiel 切向受力
effort thermique 热应力
effort tranchant 剪力
effort transversal 横向力
effort transversal sur la voie 线路横向作用力
effort uniforme 均匀负载
effort unitaire 单位载荷
effort vertical 垂直力
effritement 分化(岩石)；细屑
égalité 平整；平等
égalité de terrain 土地平整
égalité de vitesse de chute 等速沉降
égout 阴沟
égout à ciel ouvert 明污水道
égout circulaire 圆形污水道
égout collecteur 污水干管
égout collecteur ordinaire 普通污水干管
égout collecteur principal 污水总干管
égout combiné 污水和雨水合流下水管
égout commun 普通污水下水管
égout des eaux de pluie 雨水下水道
égout des eaux usées 污水管
égout des eaux vannes 粪水管
égout en béton 混凝土下水道
égout en béton armé coulé sur place 现浇钢筋混凝土下水道
égout en briques 砖砌污水道
égout général 污水干管
égout pluvial 雨水下水道
égout principal 污水干管
égout séparatif 分流式污水管
égout souterrain 地下排水道
élaboration 制订；制定
élaboration de budget de construction 编制施工预算
élaboration de plan 编制计划
élaboration de plan de formation des trains 编制车辆编组计划

élaboration de plan de transport
编制运输计划
élaboration de programme 编制计划
élaboration de programme des études
编制设计计划
élaboration de programme des travaux
编制施工计划
élaboration de projet 方案设计；方案起草
élaboration de règles d'emploi
编制使用规则
élaboration de règles d'exécution
编制施工规则
élaboration de règles d'organisation
de circulation des trains
编制行车组织规则
élaboration de réglementation du transport
ferroviaire 编制铁路运输管理条例
élaboration de règlements techniques
编制技术规程
élaboration des dossiers 资料编制
élaboration des dossiers d'exécution
施工资料编制
élaboration des dossiers d'exploitation
运营资料编制
élaboration des plans 绘制图纸
élaboration des variantes 制订比选方案
élaboration du plan de chargement
编制装车计划
élancement 细长比
élargissement 加宽；扩大
élargissement de base 基础加宽
élargissement de canal 水道加宽；信道扩展
élargissement de chaussée 路面加宽
élargissement de coefficient de sécurité
加大安全系数
élargissement de couloir de voie
拓宽线路走廊
élargissement de courbe 弯道加宽
élargissement de dimension 加宽尺寸
élargissement de dimension de l'assise
de voie 加宽路基尺寸
élargissement de dimension de voie
加宽线路尺寸
élargissement de fondation 扩大基础
élargissement de gabarit 扩大限界
élargissement de gorge de passage
拓宽咽喉通道
élargissement de goulet de voie
拓宽线路咽喉区

élargissement de la plateforme de voie
加宽路床
élargissement de largeur de chantier-gare
加宽站场宽度
élargissement de l'assise de voie
加宽路基
élargissement de l'écartement de voie
加宽轨距
élargissement de l'efficacité de circulation
扩大行车效率
élargissement de l'efficacité de transport
扩大运输效率
élargissement de l'efficience d'utilisation
de l'équipement 扩大设备使用效率
élargissement de l'efficience d'utilisation
de locomotive 扩大机车运用效率
élargissement de l'espace d'isolement
加宽间隔距离
élargissement de l'espacement des balises
扩大信标间距
élargissement de l'espacement des voies
扩大线路间距
élargissement de l'espacement de sécurité
扩大安全间距
élargissement de l'espacement des
voies ferrées 扩大股道间距
élargissement de l'espace vert 加宽绿地
élargissement de l'excavation 扩大开挖
élargissement de l'intervalle des trains
扩大列车间隔
élargissement de voie 线路加宽
élargissement de volume de citerne
扩大罐体容积
élargissement de volume des données
扩大数据容量
élargissement de volume de transport
扩大运量
élargissement de volume de voie
扩大线路容量
élargissement de volume de wagon
扩大车辆容积
élargissement du lit de ballast 加宽道床
élargissement du trou de forage 扩大钻孔
élargissement en courbe 弯道加宽
élasticimètre 弹性测量仪
élasticimétrie 弹性测量
élasticité 弹性；弹力
élasticité au choc 冲击弹性
élasticité de ballast 道砟弹性

élasticité de caoutchouc 橡胶弹性
élasticité de compression 压缩弹性
élasticité de l'aiguille 道岔弹性
élasticité de rebondissement 反弹弹性
élasticité de suspension 悬挂弹性
élasticité de suspension de caténaire
　接触网悬挂弹性
élasticité de torsion 扭转弹性
élasticité de traverse 轨枕弹性
élasticité de voie 轨道弹性
élastomère 弹料;弹性体
élasto-joint 弹性填料;弹性填缝材料
élatérite 弹性沥青
élatéromètre 压力计
électricien 电工
électricité 电
électricité à haute tension 高压电
électricité de friction 摩擦电
électricité induite 感应电
électricité négative 负电
électricité positive 正电
électricité statique 静电
électrification 电气化
électrification de ligne principale
　干线铁路电气化
électrification ferroviaire 铁路电气化
enquête de capacité d'alimentation électrique
　供电能力调查
électrode 电极;焊条
électrode à arc 电焊条
électrode de graphite 石墨电极
électrode de soudure 焊条
électrode métallique nue 光面焊条
électrode négative 负极
électrode positive 正极
électrodynamomètre 电功率表
électroforeuse 冲击电钻
électrogénérateur 发电机
électrolyse 电解
électromécanicien 机电技工
électromètre 静电计
électrométrie 量电法
électromoteur 电动机
électropompe 电动泵
électropompe immergée 潜水泵
électroprospection 电探
électrosémaphore 电动臂板信号机
électrosoudure 电焊
électrotechnicien 电工技术员

électrovalve 电动阀
électrovanne 电动阀门
élément 组成部分;要素;构件
élément accessoire 附属零件
élément à la compression de béton armé
　钢筋混凝土受压构件
élément à la flexion 受弯构件
élément à la flexion de béton armé
　钢筋混凝土受弯构件
élément à la torsion 受扭构件
élément à la traction 受拉杆件
élément anti-vibration 减振元件
élément chimique 化学元素
élément comprimé 受压构件
élément coulé d'avance 预制构件
élément coulé en place 现浇构件
élément d'âme 钢梁腹杆
élément d'ancrage 锚具
élément d'assemblage 组合构件
élément de caténaire 接触网构件
élément de construction de grande dimension
　大型构件
élément de construction préfabriquée
　预制构件
élément de contreventement 风撑构件
élément de fixation 固定件
élément de glissière 防护栏构件
élément de locomotive 机车构件
élément de pont 桥梁构件
élément de précontrainte 预应力构件
élément des appareils de voie 轨道设备构件
élément de structure 结构构件
élément de support 支撑构件
élément de voie ferrée 铁路构件
élément élastique 弹性元件
élément élastique de suspension
　弹性悬挂元件
élément élastique en caoutchouc
　橡胶弹性元件
élément en acier 钢构件
élément en béton armé 钢筋混凝土构件
élément en béton précontraint
　预应力混凝土构件
élément en bois 木构件
élément en caoutchouc 橡胶元件
élément encastré 预埋件
élément enfoncé 预埋件
élément fin du sol 土壤细料
élément métallique 金属构件

élément normalisé 定型构件；标准构件
élément noyé 预埋件
élément porteur 承重构件
élément préfabriqué 预制构件
élément préfabriqué en béton armé
　钢筋混凝土预制件
élément standard 标准构件；定型构件
élément tendu 受拉杆件
élément type 定型构件
éléments constitutifs 组件
éléments constitutifs de béton 混凝土成分
éléments constitutifs de dossier
　文件组成要素
éléments de conception 设计要素
éléments de mélange 混合物成分
éléments de production 生产要素
éléments linéaires 线形要素
élévateur 提升机
élévateur à fourche 叉车
élévateur de fosse du dépôt
　机务段坑道抬车；坑道维修提升机
élévateur de poutres à roues 轮式提梁机
élévateur de poutres sur rails 轨式提梁机
élévation 立视图；高程
élévation au-dessus de niveau de mer
　海拔高度
élévation de bâtiment 建筑物立面图
élévation de la ligne 线路高程
élévation de la plateforme de voie 路床高程
élévation de l'indice 指标上升
élévation de pantographe 受电弓抬升
élévation de pression de cylindre à air
　风缸压力升高
élévation de pression de frein
　制动压力升高
élévation de pression de l'air 气压升高
élévation de pression de l'eau 水压升高
élévation de pression de l'huile 油压升高
élévation de pression hydraulique 液压升高
élévation de température 升温
élévation de température de l'eau
　水温升高
élévation de température de l'huile
　油温升高
élévation de voie 轨道高程
élévation du lit de ballast 道床高程
élévation partielle 局部立面图
élévation postérieure 背立面图
élévation principale 正立面图

éligibilité 被选资格
éligibilité de candidat 拟投标人资格
éligibilité de soumissionnaire 投标人资格
élimination 消除；淘汰
élimination de contrainte 消除应力
élimination de défauts 消除缺陷
élimination de fournisseur de l'équipement
　淘汰设备供应商
élimination de fumée et de poussière
　消除烟尘
élimination de gaz 除气
élimination de neige 除雪
élimination de phosphore 除磷
élimination de pollution 消除污染
élimination de risque 消除风险
élimination de soufre 除硫
élimination de soumissionnaire 淘汰投标人
élimination de verglas 除冰
ellipse 椭圆(形)
éluvion 残积层
émanation 散发
émanation de bruit 噪声扩散
émanation de fumée 烟雾散发
émanation de poussière 扬尘
embarcadère 码头；站台
embarquement 装船；装车
embarquement de ballasts 装道砟
embarquement de marchandises 装货
embarquement de passagers 旅客登车
embarquement de poutres 装梁
embarquement de voyageurs 旅客登车
embarras 交通阻塞；困惑
embarras de choix 选择困难
embarras de choix de fournisseur
　供应商选择困难
embarras de choix de l'équipement
　设备选择困难
embarras de circulation 交通阻塞
embase 凸缘；基座
embase de bogie 转向架底座
embase de châssis 车架底座
embase de crapaudine de bogie
　转向架支承底座
embase de cylindre 汽缸座
embase de pivot d'essieu 轴销底座
embauchage 雇用；招聘
embauche 雇用；招工
embauche de la main-d'œuvre 劳务招聘
embauche du personnel 人员招聘

embout 桩套；套管
embouteillage 交通阻塞
embouteillage de l'accident 事故阻塞
embouteillage des véhicules 车辆拥挤
embouteillage de trafic 交通堵塞
embranchement 支线
embranchement droit 直线进线
embranchement ferroviaire 铁路专用线
embranchement particulier 专用线
embrayage 离合器
émeri 金刚砂
émission 散发；发射
émission de charbon sur lit de ballast
　道床煤灰遗撒
émission de la radio 无线电发射
émission de messageries 发布短消息
émission de micro-onde 微波发射
émission de poussière 扬尘
émission de signal 信号发射
émotteur 钉耙；齿耙
émotteuse 松土机
empattement 轴距
empattement de bogie 转向架轴距
empattement de camion-grue
　汽车式起重机悬轮板式承力架
empattement des essieux 轴距
empattement fixe 固定轴距
empattement fixe de roues 车轮固定轴距
empierrement 铺石子；碎石层
empierrement à l'eau 水结碎石路面
empierrement asphaltique
　铺沥青碎石(层)；沥青碎石路面
empierrement au goudron 柏油碎石路面
empierrement calcaire 石灰石路面
empierrement de ciment 水泥碎石路面
empierrement en bitume 沥青碎石路面
empierrement en terre ajoutée de chaux
　加石灰土碎石路面
empierrement en terre traitée
　加筋土碎石路面
empierrement silicaté 硅化碎石路面
emplacement 场地；位置
emplacement de carrière 采石场位置
emplacement de centrale à béton
　混凝土搅拌站位置
emplacement de centrale de bitume
　沥青拌和站位置
emplacement de chantier 工地位置
emplacement de chargement 装车场地
emplacement de culée 桥台位置
emplacement de déchargement 卸车场地
emplacement de démarcation 分界位置
emplacement de dépôt 存放场地
emplacement de fixation 固定位置
emplacement de gare 车站位置
emplacement de la ligne 线路位置
emplacement de l'aire de poutres
　存梁场位置
emplacement de l'échangeur 互通位置
emplacement de montage 安装位置
emplacement d'emprunt 借土地点
emplacement de pieux 桩位
emplacement de piles 桥墩位置
emplacement de point des accidents fréquents
　事故多发地点位置
emplacement de pont 桥位
emplacement de portail de tunnel
　隧道洞口位置
emplacement de pose 安放场地
emplacement de pose des rails 铺轨场地
emplacement de prélèvement 采样位置
emplacement de projet 项目位置
emplacement de puits 凿井位置
emplacement de quai 站台位置
emplacement de reconstruction 重建位置
emplacement des équipements déposés
　设备存放场地
emplacement de signal 信号位置
emplacement de signal double 并置信号点
emplacement de sondage 钻探位置
emplacement des ouvrages d'art
　构造物位置
emplacement de stationnement 停车场地
emplacement de stockage 存放场地
emplacement des travaux 工程场地
emplacement de tunnel 隧道位置
emplacement de voie 线路位置
emplacement pour installation de chantier
　工地建点位置
emplissage 装满；充满
emploi 使用；职业
emploi de l'appareil 使用仪器
emploi des explosifs 使用炸药
emploi des outils 使用工具
emploi temporaire 临时工作
employé 职员；雇员
employeur 雇主
empoutrerie 梁结构

emprise 占地;路界
emprise de construction 建筑范围
emprise de projet 项目用地
emprise de route 道路管界
emprise des emprunts 借土用地
emprise des installations du chantier
　　工地实施占用场地
emprise des ouvrages 工程用地
emprise des ouvrages d'art 桥梁用地
emprise des pistes de chantier
　　工程便道用地
emprise des travaux 工程用地
emprise de terrassement 土方用地
emprise de voie ferrée 铁路路界
emprise de voie dans les grandes
　　agglomérations 人口稠密区铁路路界
emprise de voie dans les zones rurales
　　乡村地区铁路路界
emprunt 借款;借方
emprunt de côté 侧向取土
emprunt de terre en exécution 施工取土
emprunt en pente 山坡取土
emprunt mise en remblai 借土填方
émulsibilité 乳化性
émulsibilité de bitume 沥青乳化能力
émulsibilité de l'asphalte 沥青乳化能力
émulsion 乳状液;沥青乳液
émulsion à rupture rapide 快裂沥青乳液
émulsion asphaltique 地沥青乳液
émulsion bitumineuse 乳化沥青
émulsion cationique 阳离子乳化沥青
émulsion cationique à rupture rapide
　　快裂阳离子乳化沥青
émulsion de bitume 乳化沥青
émulsion de goudron 柏油乳化液
émulsion rapide 快裂乳液
émulsion routière 道路沥青乳化液
émulsion sur-stabilisée 超稳定乳化液
encadrement 干部;管理人员
encadrement de chantier 工地管理人员
encastrement 嵌入
enceinte 围墙;围篱
enceinte en béton armé 钢筋混凝土围墙
enceinte en palplanches 板桩围堰
enclenchement 联锁;锁闭
enclenchement centralisé 集中联锁
enclenchement d'aiguillage 道岔联锁
enclenchement d'approche
　　临近进入段联锁

enclenchement de canton 闭塞区段联锁
enclenchement de parcours 行程联锁
enclenchement de poste à poste 站到站联锁
enclenchement des aiguilles par zone isolée
　　分隔区域道岔联锁
enclenchement de section 区段锁闭
enclenchement de signal 信号锁闭
enclenchement des itinéraires 进路联锁
enclenchement des signaux de sémaphore
　　électrique 臂板信号联锁
enclenchement des signaux de zone de
　　protection 保护区信号联锁
enclenchement de verrou électrique de signal
　　lumineux 色灯电锁器联锁
enclenchement de voie 线路锁闭
enclenchement de voie d'approche
　　接近线路锁闭
enclenchement de zone d'aiguille
　　道岔区锁闭
enclenchement d'ouverture différée
　　分时开放联锁
enclenchement électrique 电器联锁
enclenchement électrique dans la zone de
　　régulation des trains 调车区电气联锁
enclenchement libéré 联锁解除
enclenchement non centralisé 非集中联锁
enclenchement normal 定位联锁
enclenchement par verrou électrique
　　电锁器联锁
encollage 上胶;涂胶
encombrement 阻塞;交通阻塞
encombrement de circulation 交通阻塞
encombrement des wagons sur la voie
　　车辆阻塞线路
encombrement de voie de réception de
　　la gare 进站线阻塞
encombrement de voie de remisage
　　机库线阻塞
encombrement urbain 城市交通阻塞
endiguement 筑堤坝;筑堤工程
endommagement 损害;损坏
enduit 涂料
enduit à chaud 热涂料
enduit à froid 冷涂料
enduit à la chaux 石灰抹面
enduit antirouille 防锈涂层;防锈漆
enduit à parement bouchardé
　　水泥拉毛墙面
enduit à parement grésé 水泥拉毛墙面

enduit à parement raclé 水泥拉毛墙面
enduit argileux 黏土覆盖层
enduit asphaltique 道路沥青涂层
enduit au mastic 腻子
enduit au mortier de ciment 水泥砂浆抹面
enduit au plâtre 石膏抹面
enduit bitumineux 沥青涂层
enduit d'accrochage 黏结料
enduit d'application à chaud à base de bitume 热沥青
enduit d'application à froid 冷底子油
enduit d'asphalte 沥青膏;道路沥青涂层
enduit de fond 底漆
enduit de protection 涂保护层
enduit en contact avec les aliments 食品接触用涂料
enduit extérieur 室外抹灰
enduit imperméable 防水涂层
enduit intérieur 室内抹灰
enduit poudre 腻子粉
enduit réfléchissant 反光涂料
enduit thermoplastique 塑性涂料
enduit thermoplastique à chaud 热塑性涂料
enduit tyrolien 水泥拉毛墙面
endurcissement 凝固;硬化
endurcissement de béton 混凝土硬化
endurcissement initial 初凝
énergie 能量
énergie atomique 原子能
énergie cinétique 动能
énergie d'absorption 吸收能量
énergie de locomotive électrique 电力机车动能
énergie de traction 牵引动能
énergie de traction de caténaire 接触网牵引动能
énergie de traction pour la ligne électrifiée 电气化线路牵引动力
énergie électrique 电能
énergie éolienne 风能
énergie géothermique 地热能
énergie hydraulique 水能
énergie mécanique 机械能
énergie potentielle 势能
énergie solaire 太阳能
énergie thermique 热能
énergie verte 绿色能源
enfilage 穿线

enfilage des câbles 穿钢绞线
enfoncement 插入
enfoncement de bout de rail 轨接头下沉
enfoncement de l'assise de voie 路基下沉
enfoncement de palplanche en acier 打钢板桩
enfoncement de pieu par jet d'eau 射水沉桩
enfoncement de pieu par vibration 振动沉桩
enfoncement de pilotis 打排桩;打基桩
enfoncement des pieux 沉桩
enfoncement de traverse 轨枕下沉
enfoncement de voie 线路下沉
enfoncement moyen 平均贯入度
engagement 承诺;义务
engagement conditionnel 有条件承诺
engagement contractuel 履约义务
engagement d'honneur 名誉保证
engagement de rapatriement 离境担保
engagement écrit 书面承诺
engagement financier du marché 合同财务保证
engagement solidaire 连带保证
engazonnement 铺草皮;植草坪
engazonnement accéléré 快速植草皮
engazonnement de talu de remblai 路堤边坡植草皮
engin 机械
engin à chenille 履带式机械
engin à pneus 轮胎式机械
engin à semelle vibrante 振动板压实机械
engin chenillé 履带式机械
engin de bétonnage 混凝土施工机械
engin de carrière 采石机械
engin de chasse-neige 除雪机
engin de compactage 碾压机械
engin de compactage du sol 土壤压实机械
engin de concassage 碎石设备
engin de construction 施工机械
engin de construction routière 筑路机械
engin de chargement 装载机械
engin de contrôle 检查机械
engin de creusement 掘进机械
engin de forage 钻孔机械
engin de forage à câble 索钻
engin de foration 钻机
engin de gravillonnage 碎石摊铺机
engin de l'aplanissement 土方整平机械
engin de levage 起重设备;吊装设备

engin de malaxage 搅拌设备
engin de manutention 搬运设备;装卸设备
engin de marinage 挖泥机械;清土机械
engin de marquage 划线设备
engin de mesure de voie 轨道测量设备
engin de nettoiement automobile
　自行式道路清扫机
engin d'enregistrement de la géométrie
　de voie 线路几何尺寸检查记录车
engin d'entretien de voie 轨道养护机械
engin d'épandage de liants
　结合料撒布机械
engin de perforation 钻孔机械
engin de pose des revêtements
　铺装机械;衬砌机械
engin de rail-route 铁路公路两用机械
engin de réglage de talus 边坡修整设备
engin de répandage 撒布设备;摊铺设备
engin de scarification 耙松机械
engin de serrage pour remblai
　填土压实机械
engin de sondage 钻探设备
engin de terrassement 土方机械
engin de terrassement automoteur
　自行式土方机械
engin de terrassement en surface
　土方整平机械
engin de terrassement tracté 拖式土方机械
engin de traction 牵引设备
engin de transport 运输设备
engin de transport des déblais
　土石方运输设备
engin de voie 线路设备;线路机械
engin de voie ferrée 轨道机械
engin d'humidification 加湿机械
engin d'inspection de voie ferrée
　轨道检测设备
engin d'opération 作业机械
engin gravillonneur
　石屑撒布机;碎石摊铺机
engin nautique 水上机械;水上设备
engin percutant 钻孔冲锤;凿岩机
engin polyvalent 多用途机械
engin rail/route 公铁两用车
engin routier 筑路机械
engin terrestre 陆地机械;陆地设备
engin tireur pousseur 拉推设备
enherbement 植草
enherbement d'accotement 路肩植草

enherbement de cunette 排水沟植草
enherbement de talu en remblai ou en déblai
　填挖边坡植草
enherbement de TPC 中央隔离带植草
enlèvement 清除
enlèvement après l'abattage 采伐后清理
enlèvement de ballast 清理道砟
enlèvement de butoir de roue 撤除止轮器
enlèvement de l'anti-roulement 撤除放溜
enlèvement de neige 除雪
enlèvement de poussière 除尘
enlèvement de roche dangereuse 清除危石
enlèvement de sabot 撤除铁鞋
enlèvement des arbustes 清除灌木
enlèvement des boues 除泥
enlèvement des broussailles 清除荆棘
enlèvement des déblais 出渣;清岩
enlèvement des débris 出渣;清岩
enlèvement des herbes 清除植被
enlèvement de site de l'accident
　清理事故现场
enlèvement des matériaux déposés sur
　le chantier 清理工地上堆放材料
enlèvement des matériaux en excédent
　多余材料清理
enlèvement des matériaux inutilisables
　无用材料清理
enlèvement des matériaux non utilisables
　无用材料清理
enlèvement des ordures 清除垃圾
enlèvement des produits de démolition
　拆除物清理
enlèvement des rails usés 旧轨拆除
enlèvement des traverses 起枕;拆除枕木
enlèvement de terre de recouvrement
　剥离表土
enlèvement de terre excédentaire
　多余土方清理
enlèvement de voie 线路拆除
enlèvement et pose 拆铺
enlignement 连接成直线
énoncé 要求;强制要求
énoncé des exigences 强制要求
énoncé des exigences du maître de l'ouvrage
　业主强制要求
enquête 调查
enquête auprès des riverains
　沿线情况调查
enquête de cadastre 地籍调查

enquête de capacité de paiement
支付能力调查
enquête de capacité de passage
通行能力调查
enquête de capacité de production
生产能力调查
enquête de capacité de travail
工作能力调查
enquête de capacité professionnelle
专业能力调查
enquête de capacité technique
技术能力调查
enquête de carrière 石料场调查
enquête de crue 洪水量调查
enquête de défaut de construction
工程缺陷调查
enquête de défaut d'exécution
施工缺陷调查
enquête de demande de transport
　de marchandises 货运需求调查
enquête de demande de transport de
　voyageurs 客运需求调查
enquête de disponibilité de locomotives
机车保有量调查
enquête de disponibilité de wagons
车辆保有量调查
enquête de faisabilité 可行性调查
enquête de flux de marchandises
货流调查
enquête de flux de passagers 客流调查
enquête de l'accident 事故调查
enquête de l'accident au passage à niveau
平交道口事故调查
enquête de l'accident causé par le défaut de
　signal 信号错误事故调查
enquête de l'accident de collision entre deux
　trains 列车相撞事故调查
enquête de l'accident de déraillement
脱轨事故调查
enquête de l'accident de train
列车事故调查
enquête de l'accident du chemin de fer
铁路事故调查
enquête de l'arrêt des travaux 停工调查
enquête de l'avancement des travaux
工程进度调查
enquête de l'environnement 环境调查
enquête de l'état de détérioration de voie
轨道劣化状态调查

enquête de l'état de la voie 线路状态调查
enquête de l'état technique de locomotive
机车技术状态调查
enquête de parc de wagons
车辆保有量调查
enquête de performance 性能调查
enquête de performance de l'équipement
设备性能调查
enquête de performance dynamique
动力性能调查
enquête de performance dynamique
　de locomotive 机车动力性能调查
enquête de performance technique
技术性能调查
enquête de possession 权属调查
enquête de qualité 质量调查
enquête de responsabilité d'accident
事故责任调查
enquête de risque 风险调查
enquête de terrain 野外调查
enquête de trafic 交通量调查
enquête de vice de qualité
质量缺陷调查
enquête de vice de voie 线路缺陷调查
enquête de volume de trafic
交通量调查
enquête de volume du transport
　des marchandises 货物运输量调查
enquête de volume du transport
　des voyageurs 旅客运输量调查
enquête économique 经济调查
enquête foncière 地产调查
enquête préliminaire 初步勘查
enquête sociale 社会调查
enquête socio-économique 社会经济调查
enquête sur place 现场调查
enquête synthétique 综合调查
enrailleur 复轨器
enregistrement 登记；注册
enregistrement d'alarme 报警记录
enregistrement d'annulation 撤销登记
enregistrement d'annulation de position
位置撤销登记
enregistrement d'annulation d'itinéraire
进路撤销登记
enregistrement d'appel 呼叫记录
enregistrement d'avancement 进度记录
enregistrement de chargements/déchargements
装卸车记录

enregistrement de communication téléphonique 电话通信记录
enregistrement de conduite 行驶记录
enregistrement de conversation 通话记录
enregistrement de conversation sol-train 地—车通话记录
enregistrement de déformation 变形记录
enregistrement de délivrance des colis 包裹承运处
enregistrement de libération d'itinéraire 进路释放登记
enregistrement d'enclenchement d'itinéraire 进路联锁登记
enregistrement d'enclenchement de voie 道路联锁登记
enregistrement de pendage 倾角测井记录
enregistrement de pénétration 贯入记录
enregistrement de position de train 列车位置登记
enregistrement des bagages 行李托运处
enregistrement des paramètres 参数记录
enregistrement de station météorologique 气象站记录
enregistrement de surveillance 监控记录
enregistrement détaillé 详细记录
enregistrement de talonnage de l'aiguille 道岔跟部密贴登记
enregistrement de verrouillage de l'aiguille 道岔锁闭登记
enregistrement digital 数字记录
enregistrement sismique 地震记录
enregistrement vierge 原始记录
enregistreur 记录仪
enregistreur de circulation du train 行车记录仪
enregistreur de conversation sol-train 地—车通话记录仪
enregistreur de courbure 弯度记录仪
enregistreur de l'événement 事件记录仪
enregistreur de l'incident 事故记录仪
enregistreur de mouvement d'aiguillage 道岔移位记录器
enregistreur de pression 压力记录仪
enregistreur des heures de travail 工时记录器
enregistreur des itinéraires 进路记录器;进路储存器
enregistreur des paramètres de rodage des roues 车轮参数记录仪
enregistreur des paramètres géométriques de la voie 轨道几何参数记录仪
enregistreur de température 温度记录仪
enregistreur de trafic 交通记录仪
enregistreur de vitesse 速度记录仪
enregistreur graphique 曲线记录仪
enrobage 包;裹
enrobage à chaud 热涂料
enrobage à module élevé(EME) 改性沥青路面
enrobage au bitume dur 硬沥青涂料
enrobage des armatures 钢筋保护层
enrobage des tuyaux 管道保护层
enrobage des tuyaux en béton 管道混凝土保护层
enrobage des tuyaux en grave naturelle 管道上方铺碎石保护层
enrobage des tuyaux en sable 管道铺砂保护层
enrobage en contact avec les aliments 食品接触用涂层
enrobé 沥青混合料
enrobé à base de goudron 柏油混合料
enrobé à chaud 热拌料沥青混合料
enrobé à froid 冷拌沥青混合料
enrobé à module élevé(EME) 高模量沥青混合料
enrobé de chaussée 路面沥青混合料
enrobé dense 密级配沥青混合料
enrobé dense à chaud 热拌密级配沥青混合料
enrobé dense à froid 冷拌密级配沥青混合料
enrobé de surface 面层沥青混合料
enrobé fin 密级配沥青混合料
enrobé hydrocarbonés 沥青混合料
enrobé ouvert 开级配沥青混合料
enrobé préparé en station 厂拌沥青混合料
enrobé stockable 储存沥青混合料
enrobeur 沥青拌和机
enrochage 填石
enrochement 抛石
enrochement de digue 堤坝防冲抛石
enrochement de jetée 防波堤抛石
enrochement de pile de pont 桥墩防冲堆石
enrochement de protection 乱石护坡;乱石护面
enrochement libre 抛石;砌石工程
enrochement lié 铺石;浆砌块石工程

enrochement lourd　大块重抛石
enrochements compactés　压实堆石体
enrouillement　生锈
ensemble　整体；总成
ensemble architectural　建筑群
ensemble complet pour bétonnage
　混凝土浇筑全套设备
ensemble d'appareils　成套设备
ensemble de forage　成套钻探设备
ensemble de freinage　成套制动组件
ensemble de perforation　凿岩台车
ensemble des pompes　泵组
ensemble de voie　线路总体
ensemble de wagon　整车
ensemble du tracé　线路总体
entité　实体
entonnement　汇流；汇水
entonnement en amont　上游汇流；上游汇水
entonnement en aval　下游汇流；下游汇水
entonnoir　漏斗
entraînement　驱动；传动装置
entraînement de moteur à combustion interne
　内燃机驱动
entraînement de moteur à courant alternatif
　交流电机驱动
entraînement de moteur à courant continu
　直流电机驱动
entraînement de moteur diesel　柴油机驱动
entraînement de moteur de traction
　牵引电机驱动
entraînement de moteur électrique
　电机驱动
entraînement hydraulique　液压驱动
entraînement par engrenage　齿轮驱动
entraînement pneumatique　气压驱动
entraxe　线间距离；中心距；轴距
entraxe de caisse　车厢中心距
entraxe de châssis　车底架中心距
entraxe de conception　设计中心线
entraxe des bogies　转向架中心距
entraxe des essieux　车轴中心距
entraxe des fusées　轴颈中心距
entraxe des pivots　中心销间距
entraxe des pivots de bogies　车轮定距
entraxe des rails　轨道中心间距离
entraxe des voies　轨道中心线；线间距
entrebâillement　缝隙；轨道不密贴
entrebâillement de rail pointu et le coussinet
　de glissement　尖轨与滑床板不密贴
entrebâillement des aiguilles　道岔不密贴
entrebâillement de talon de l'aiguille
　道岔跟部不密贴
entrecroisement　交错
entrecroisement des lignes　线路交错
entrecroisement des trains　会车
entrecroisement des voies ferrées
　铁路线交错
entrée　入口
entrée à l'aiguille　进岔
entrée analogique　主模拟输入
entrée au croisement　进岔
entrée au dépôt de locomotive　机车入库
entrée d'air　进气口
entrée d'air principale　主进气口
entrée d'eau　进水口
entrée d'eau de pluie　雨水口
entrée de base-vie　生活营地入口
entrée de câble　电缆引入口
entrée de chantier　工地入口
entrée de dépôt de machine　机库入口
entrée de galerie　坑道入口
entrée de la gare　车站入口
entrée de l'autoroute　高速公路入口
entrée de l'emprise ferroviaire
　铁路管界入口
entrée de l'intersection　交叉道入口
entrée de piste de chantier　工地便道入口
entrée de puits　矿井入口
entrée de route　公路入口
entrée de tunnel　隧道入口
entrée de viaduc　高架桥入口
entrée de voie de SMR　机务维修线入口
entrée digitale　数字输入
entrée en gare　进站
entrée en gare à vitesse lente　缓速进站
entrée en service　投入使用
entrée en vigueur　开始生效
entrée latérale　侧门
entrée postérieure　后门
entrée principale　主入口
entrée secondaire　次入口
entremise　调解
entrepôt　仓库
entrepôt à combustible liquide　油库
entrepôt de carburant　燃料库
entrepôt de ciments　水泥库
entrepôt de dégel　解冻库
entrepôt de détonateurs　雷管库

entrepôt des explosifs 炸药库	entreprise "Top" de construction
entrepôt des matériaux 材料库	顶级建筑企业
entrepôt des matériels 器材库	entre-rail 轨距
entrepôt des matières inflammables	entretien 维护；保养
易燃品库	entretien à bitume 浇油养护
entrepôt des matières premières 原料库	entretien à long terme 长期养护
entrepôt des outils 工具库	entretien annuel 年度维修
entrepôt des produits chimiques 化学品库	entretien courant 日常维护
entrepôt des produits demi-finis 半成品库	entretien constant 日常维护
entrepôt des produits finis 成品库	entretien de l'accotement 路肩养护
entrepôt d'essence 汽油库	entretien de l'aiguille 道岔养护
entrepôt de transit 中转仓库	entretien de l'assise de voie 路基养护
entrepôt d'outillage 工具库	entretien de locomotive 机车保养
entrepôt frigorifique 冷藏库	entretien de plate-forme 路基养护
entrepôt sous douane 保税库	entretien de pont 桥梁养护
entrepreneur 承包商	entretien de routine 常规养护
entrepreneur adjudicataire 中标承包商	entretien des appareils 仪器保养
entrepreneur de bâtiments 房建承包商	entretien des appareils de voie
entrepreneur de forfaitaire 总承包商	轨道设备维修
entrepreneur de transport 运输承包人	entretien des bords de chaussée 路侧养护
entreprise 企业	entretien des bordures 路缘石养护
entreprise à capitaux mixtes 合资企业	entretien des échangeurs 互通立交维护
entreprise adjudicataire 得标企业	entretien des engins 机械保养
entreprise à forte intensité de main-d'oeuvre	entretien des engins d'exécution
劳动密集型企业	施工机械保养
entreprise associée 联营企业	entretien des équipements 设备保养
entreprise attributaire de marché	entretien des équipements de signal
合同中标企业	信号设备维修
entreprise combinée 联合企业	entretien des équipements de ventilation
entreprise d'assurance 保险企业	通风设备维修
entreprise de construction 建筑企业	entretien des fossés 排水沟维护
entreprise déficitaire 亏损企业	entretien des installations 设施维修
entreprise de forage 钻探公司	entretien des machines 机器保养
entreprise de service 服务性企业	entretien des ouvrages d'art 桥隧养护
entreprise des travaux du chemin de fer	entretien des ouvrages d'assainissement
铁道工程建筑企业	排水工程维护
entreprise de taille colossale 特大型企业	entretien des ouvrages ferroviaires
entreprise d'Etat 国企	铁道建筑物养护
entreprise de transformation 加工企业	entretien des pistes de chantier
entreprise de transport 运输公司	工地施工便道维护
entreprise industrielle 工业企业	entretien des signaux 信号维修
entreprise mixte 合营公司	entretien des wagons 车辆保养
entreprise nationale 国有公司	entretien de tablier 桥面板维护
entreprise pilote 牵头公司	entretien de talus 边坡维护
entreprise privée 私营企业	entretien de tunnel 隧道养护
entreprise productive 生产性企业	entretien de viaduc 高架桥维护
entreprise retenue du marché 中标企业	entretien de voie 线路养护；工务维修
entreprise spécialisée 专业公司	entretien de voie en courbe 曲线养护
entreprise titulaire 中标企业	entretien de voie ferrée 铁道养护

entretien électrique 电务维修
entretien en ligne 一线维护
entretien et maintenance 维护保养
entretien général 大修
entretien général des installations
　通常设施维护
entretien initial 初期养护
entretien intermédiaire 中修
entretien journalier 日常保养
entretien manuel 人工养护
entretien mécanisé 机械化养护
entretien périodique 定期维修
entretien permanent 长期维护
entretien préventif 预防性维护
entretien régulier 定期维护
entretien sur place 一线维护
entretien temporaire 临时维修
entretoise 横向联杆;轨枕扁担;轨枕连杆
entretoise de l'écartement de voie
　轨距撑杆
entretoise de pont en treillis
　桁架桥横向斜撑
entretoise des rails 钢轨轨撑
entretoise de tablier 桥面系横梁
entretoise de traverses biblocs
　双块式轨枕连杆
entretoise intermédiaire 中间横撑
entretoise métallique de traverse
　轨枕金属横担
entre-voie 线间距离
envasement 淤塞
enveloppe 外壳;信封
enveloppe de cylindre 汽缸套
enveloppe protectrice 防护罩
enveloppe scellée et cachetée
　密封和盖印信封
envergure 规模
envergure de construction 建造规模
envergure de crédit 信贷规模
envergure de gare 车站规模
envergure de production 生产规模
envergure des travaux 工程规模
envergure d'investissement 投资规模
environnement 环境
environnement acceptable 容许环境
environnement acoustique 声音环境
environnement d'investissement
　投资环境
environnement écologique 生态环境

environnement économique et social
　经济及社会环境
environnement fiscal 税收环境
environnement général 一般环境
environnement spécifique 特定环境
envoi 寄;送
envoi de bordereau 发送清单
envoi de consignes 发送指令
envoi des messages 发布消息
éolisation 风蚀作用
épaisseur 厚度
épaisseur centrale de chaussée
　路面中心厚度
épaisseur compactée 压实厚度
épaisseur d'altération 风化厚度
épaisseur d'application 适用厚度
épaisseur de ballast 道砟厚度
épaisseur de ballastage 铺砟厚度;上砟厚度
épaisseur de ballast sous-jacent 底砟厚度
épaisseur de béton 混凝土厚度
épaisseur de calcul 计算厚度
épaisseur de chaussée 路面厚度
épaisseur de conception 设计厚度
épaisseur de cordon de soudure 焊缝厚度
épaisseur de couche 层厚
épaisseur de couche de base 基层厚度
épaisseur de couche de fondation 底基层厚度
épaisseur de couche de forme 垫层厚度
épaisseur de couche de surface 面层厚度
épaisseur de cylindrage 碾压厚度
épaisseur de décapage 清表厚度
épaisseur de fondation 基础厚度
épaisseur de fondation défavorable
　不良地基厚度
épaisseur de fondation de sol gelé
　冻土路基厚度
épaisseur de fondation en sol mou
　软土基础厚度
épaisseur de l'âme de poutre 梁腹板厚度
épaisseur de l'âme de rail
　轨腹厚度;轨腰厚度
épaisseur de la plateforme de voie
　道床厚度
épaisseur de longrine d'attelage
　车钩牵引梁厚度
épaisseur de matériau 材料厚度
épaisseur d'épandage 摊铺厚度
épaisseur de paroi 壁厚
épaisseur de plaque d'appui 垫板厚度

épaisseur de plaque de couverture   盖板厚度
épaisseur de plaque supérieure   顶板厚度
épaisseur de plaquette de frein   制动片厚度
épaisseur de poutre   梁厚度
épaisseur de radier   底板厚度
épaisseur de remblai   填料厚度
épaisseur de remplissage de terre   填土厚度
épaisseur de revêtement   衬砌厚度
épaisseur de tablier   桥面板厚度
épaisseur de terre végétale   腐殖土厚度
épaisseur de toit   顶板厚度
épaisseur du lit de ballast   道床厚度
épaisseur équivalente   换算厚度
épaisseur maximale   最大厚度
épaisseur minimale   最小厚度
épaisseur nominale   额定厚度
épaisseur réelle   实际厚度
épandage   铺设
épandage de bitume   浇沥青
épandage de la terre   铺设土料
épandage uniforme en marche
   （筑路机）行驶中均匀摊铺粒料
épandeur   摊铺器；撒布器
épandeur de sable   撒砂机
épandeur-régleur-dameur   摊铺机
épandeur-reprofileur automoteur
   沥青路面摊铺机
épandeuse   沥青摊铺机
épandeuse centrifuge de sable   离心撒砂机
épandeuse de gravillons automotrice
   碎石摊铺机
épandeuse de pierres concassées
   碎石撒布机
épandeuse de sable   撒砂机
épaulement   台肩；路肩
épaulement de ballast   道砟路肩
épaulement de bordure   路缘
épaulement de chaussée   路肩
épaulement de remblai   填筑路肩
épaulement de terre   土路肩
épaulement de voie ferrée   铁道路肩
épaulement dur   硬路肩
épaulement pavé   铺砌路肩
éperon   分水角（桥墩）；支沟
éperon de pont   桥墩分水角
éperons et épis drainants   排水支沟
épi   修坝；挑水坝
épi drainant   排水丁坝
épinçage   修凿（铺路石）
épingle   钢箍
épis-drain   排水支渠
époussetage   除灰
époxy   环氧树脂
époxyde   环氧；环氧化物
épreuve   检验
épreuve à la compression   抗压试验
épreuve à la flexion   受弯试验
épreuve à la traction   抗拉试验
épreuve à l'écrasement   抗压试验
épreuve au choc   冲击试验
épreuve d'appui du sol   土壤承载力试验
épreuve d'échantillon du sol   土样试验
épreuve de charge   荷载试验
épreuve de chargement   承载试验
épreuve de charge statique   静载试验
épreuve de cisaillement   剪切试验
épreuve de compactage   压实试验
épreuve de comparaison   比较试验
épreuve de contrôle   检验试验
épreuve de convenance   适用性检验
épreuve de déformation   变形试验
épreuve de durée   寿命试验
épreuve de fatigue   疲劳试验
épreuve de fendage   劈裂试验
épreuve de fiabilité   可靠性试验
épreuve de fluage   蠕变试验
épreuve de fonctionnement   运行试验
épreuve de freinage   制动试验
épreuve de l'équilibre   平衡试验
épreuve de performance d'accélération
   加速性能试验
épreuve de pression   压力试验
épreuve de puissance   功率测试
épreuve de réception   验收试验
épreuve de résistance   强度试验
épreuve des ouvrages   工程检验
épreuve de stabilité   稳定性试验
épreuve de surcharge   超载重试验
épreuve d'étanchéité   密封试验
épreuve de traction   牵引试验
épreuve de traction de locomotive
   机车牵引试验
épreuve de vérification   检验试验
épreuve d'expansion   膨胀试验
épreuve dynamique   动力试验
épreuve hydraulique   液压试验
épreuve pressiométrique   旁压试验

épreuve statique 静力试验;静态试验
épreuve technique 技术试验
éprouvette 混凝土试块
éprouvette de béton 混凝土取样
éprouvette de carotte 岩芯试块
éprouvette d'échantillon 取样
éprouvette de compression 抗压试块
éprouvette de référence 标准试件
éprouvette intacte 原状土样
épuisement 排水;排干
épurateur 净化器;过滤器
épuration 净化
épuration de l'air 空气净化
épuration des eaux usées 污水处理
épure de produit 产品图样
équerre 角尺
équerre à coulisse 测径规
équerre à dessiner 三角尺
équerre d'arpenteur 直角器
équerre droite 铁三角
équerre en T 丁字尺
équidistance 等高线距;等距
équilibrage 平衡;均衡
équilibrage de charge 负载平衡
équilibrage de pression 压力平衡
équilibrage des moments 力矩平衡
équilibrage dynamique 动平衡
équilibrage hygrométrique 湿度平衡
équilibrage longitudinal 纵向平衡
équilibrage statique 静平衡
équilibre 平衡
équilibre de charge 荷载平衡
équilibre de distribution 分布平衡
équilibre des forces 力量平衡
équilibre dynamique 动态平衡
équilibre général 总体稳定
équilibre statique 静态平衡
équipage 机组人员
équipage de rame automotrice 动车乘务组人员
équipe 工班;组
équipe au laboratoire 实验组
équipe chargée de contrôle externe 外部监理小组
équipe chargée de contrôle interne 内部监理小组
équipe d'abattage 采石组
équipe d'assistance technique 技术顾问小组
équipe d'avancement 掘进班
équipe de bétonnage 混凝土浇筑小组
équipe de caténaire 接触网维护组
équipe de compactage 碾压组
équipe de contrôle 监理小组
équipe de creusement 掘进小组
équipe de ferraillage 钢筋组
équipe de forage 钻探组;凿岩班
équipe de jour 日班
équipe de maintenance de l'assise de voie 路基养护工队
équipe de maintenance mécanisée 机械化维修工队
équipe de mesure 测量小组
équipe de montage 安装组
équipe d'entretien 维修班
équipe de nuit 夜班
équipe de perforation 凿岩组
équipe de pont 架桥组
équipe de pose 铺设组
équipe de pose de canalisation 管道铺设组
équipe de production 生产小组
équipe de prospection 勘探队
équipe de recherche 研究小组
équipe de réparation 检修工班
équipe de signalisation 信号组
équipe de soudure 焊轨作业队
équipe de spécialité 专业小组
équipe de train 乘务组
équipe des experts 专家组
équipe de terrassement 土方组
équipe de travail 施工队伍
équipe de tunnel 隧道组
équipe de voie 道路养护组;道班
équipe d'exécution 施工小组
équipe géologique 地质队
équipe professionnelle 专业队
équipe spécialisée 专业队
équipe spécialisée de réparation générale 专业大修队
équipe topographique 地形测量组
équipe triple 三班制工作组
équipement 设备
équipement à bord 车载设备
équipement accessoire 附属设备
équipement accessoire de voie 轨道附属设备
équipement additionnel 辅助设备
équipement à louer 出租设备

équipement aplanisseur 平整设备
équipement au bord de voie ferrée
　轨旁设备;线路沿线设备
équipement au sol 地面设备
équipement automobile de manutention
　自行式装卸设备
équipement automoteur
　机动车辆;自行式装备
équipement auto-réglable 自动调节设备
équipement auxiliaire 辅助设备
équipement auxiliaire pour chantiers de
　construction 施工辅助设备
équipement B. T de commande
　低压控制设备
équipement chenillé 履带式设备
équipement contre l'incendie 消防设备
équipement d'accès 接口设备;接入设备
équipement d'aiguillage 道岔设备
équipement d'alarme 报警装置
équipement d'alimentation sans interruption
　不间断电源设备
équipement d'ancrage 锚固设备
équipement d'application 应用设备
équipement d'auto-contrôle 自控设备
équipement d'avertissement 预警设备
équipement de balayage 清扫设备
équipement de battage 打桩设备
équipement de battage à vapeur
　蒸汽打桩设备
équipement de béton 混凝土设备
équipement de bétonnage
　混凝土浇筑设备
équipement de blocage
　闭塞设备;闭锁设备
équipement de broyage
　研磨装置;破碎设备
équipement de canalisation 管道设备
équipement de carrière 采石设备
équipement de caténaire 接触网装置
équipement de changement de voie
　转轨作业设备
équipement de chantier 工地设备
équipement de chantier-gare 站场设备
équipement d'échantillonnage
　取样设备
équipement de chargement 装载设备
équipement de chauffage et de ventilation
　采暖通风设备
équipement de chaussée 路面设备
équipement de circulation du train
　列车运行设备
équipement d'éclairage 照明设备
équipement de classement des matériaux
　材料选分设备
équipement de collection 采集设备
équipement de commande à bord
　车上控制设备;列车自主控制设备
équipement de commande à distance
　遥控设备
équipement de commande à programme
　程序控制设备
équipement de commande à temps-fixes
　定时控制设备
équipement de commande automatique
　de signaux 信号自动控制设备
équipement de commande automatique de
　température 温度自动控制设备
équipement de commande centralisée
　集中控制设备
équipement de commande d'itinéraire
　des trains 列车进路控制设备
équipement de commande locale
　局地控制设备
équipement de commande manuelle
　手操纵设备
équipement de commande terrestre
　地面控制设备
équipement de communication pour
　régulation de train par radio
　列车无线调度通信设备
équipement de communication sol-train
　地—车通信设备
équipement de compactage 碾压设备
équipement de compactage par vibration
　振动压实设备
équipement de compensation 补偿设备
équipement de compensation de caténaire
　接触网补偿装置
équipement de comptage d'essieux
　计轴设备
équipement de concassage 碎石设备
équipement de console de voie
　线路底座设备
équipement de construction 建筑设备
équipement de construction routière
　筑路设备
équipement de contrepoids 配重设备
équipement de contrôle 控制设备

équipement de contrôle à distance　遥控设备
équipement de courant faible　弱电设备
équipement de courant fort　强电设备
équipement de creusement　开挖设备
équipement de criblage　筛分设备
équipement de curage d'égout　清污沟设备
équipement de dégel　除冰装置
équipement de démontage des essieux　落轮设备
équipement de déneigement　除雪装置
équipement de dessiccation　干燥设备
équipement de distribution　铺洒设备
équipement de dosage　配料设备
équipement de dragage　挖泥设备
équipement de fabrication　制造设备
équipement de fixation　固定设备
équipement de fonçage　下沉设备
équipement de forage　钻探设备
équipement de freinage　制动设备
équipement de gare　车站设备
équipement de l'entrepreneur　承包商设备
équipement de levage　起重设备
équipement de locomotive　机车设备
équipement de l'usine　工厂设备
équipement de malaxage　搅拌设备
équipement de manœuvre　操纵设备
équipement de manutention　搬运设备
équipement de matériel roulant　车辆设备
équipement de mélange　搅拌设备
équipement de mesure　测量设备
équipement de mesure et d'enregistrement　线路测量记录设备
équipement de mine　矿山设备
équipement d'enclenchement　联锁设备
équipement d'enregistrement de surveillance　监控记录装置
équipement d'enregistrement de surveillance de circulation du train　列车运行监控记录装置
équipement d'enrobage　沥青拌和设备
équipement d'entretien　养护设备
équipement d'entretien des voies　线路维护设备
équipement d'épandage　摊铺设备
équipement de perforation　钻孔设备
équipement de pesage　称量设备
équipement de pont　桥梁设备
équipement de pose　铺架设备

équipement de poste d'aiguillage　道岔信号站设备
équipement de préfabrication　预制设备
équipement de protection　防护设备
équipement de protection à basse tension　低压保护装置
équipement de protection à haute tension　高压保护装置
équipement de protection contre le déraillement　防脱轨装置
équipement de protection de sécutité　安全保护装置
équipement d'épuisement　排水设备
équipement d'épuration　净化设备
équipement de réchauffement　加热装置
équipement de refroidissement　制冷装置
équipement de réfrigération et de réchauffement　制冷加热设备
équipement de réglage　平整机械
équipement de régulation et de suivi informatisé des trains　车辆调度和信息化跟踪设备
équipement de remisage　机务设备
équipement de renforcement de l'assise de voie　路基加固设备
équipement de répandage　撒布设备
équipement de réparation　修理设备
équipement de réseau　网络设备
équipement de révision des wagons　车辆检修设备
équipement de roulement　行走设备
équipement dérouleur　放线设备
équipement de route/rail　公/铁两用设备
équipement de sécurité　安全设备
équipement de signalisation　信号设备
équipement de signalisation de trafic　交通信号装置
équipement de signalisation ferroviaire　铁路信号设备
équipement de sondage　钻探设备
équipement de sonorisation　扩音设备
équipement de soudage　焊接设备
équipement d'essai　试验设备
équipement de stockage　存储设备
équipement de superstructure de voie　线上设备
équipement de surveillance　监视设备
équipement de suspension　悬挂设备
équipement d'étaiement　支撑设备

équipement d'étanchéité 密封设备
équipement de télécommunication 通信设备
équipement de terminal 终端设备
équipement de terrassement 土方设备
équipement de tirage et poussage 拉推设备
équipement de traction 牵引设备
équipement de traitement 处理设备
équipement de transport 运输设备
équipement de transport ferroviaire
　铁路运输设备
équipement de tunnel 隧道设备
équipement de ventilation 通风设备
équipement de verrouillage 闭锁设备
équipement de verrouillage de l'aiguille
　道岔锁闭装置
équipement de verrouillage de rail pointu
　尖轨锁闭装置
équipement de visualisation 显示装置
équipement de voie 线路设备;轨道设备
équipement de wagon 车辆设备
équipement d'excavation 开挖设备
équipement d'exécution 施工设备
équipement d'exhaure 排水设备
équipement d'exploitation 运营设备
équipement d'implantation 定线设备
équipement d'infrastructure de voie
　线下设备
équipement d'occasion 旧设备;二手设备
équipement du côté de rails 轨旁设备
équipement du dépôt des wagons
　车辆段设备
équipement du maître de l'ouvrage
　业主设备
équipement du système de caténaire
　接触网系统设备
équipement électrifié 电气化设备
équipement électrique 电气装置
équipement électromagnétique 电磁设备
équipement électromécanique 机电设备
équipement électronique 电子装备
équipement embarqué 车载设备
équipement en propre 自有设备
équipement excavé 挖方设备;挖掘机
équipement exceptionnel 特殊设备
équipement existant 既有设备
équipement ferroviaire 铁路设备
équipement fixe 固定设备
équipement frigorifique 制冷设备
équipement générateur 发电设备

équipement H.T de commande
　高压控制设备
équipement hydraulique 液压设备
équipement industriel 工业设备
équipement léger de maintenance
　轻型维护设备
équipement loué 租赁设备
équipement lourd 重型设备
équipement lourd de maintenance
　重型维护设备
équipement mécanique 机械设备
équipement neuf 新设备
équipement professionnel 专业设备
équipement provisoire 临时设备
équipement ralentisseur 减速装置
équipement roulant 车辆;运行设备
équipement sanitaire 卫生设备
équipement sous pression 承压设备
équipement technique 技术设备
équipement usagé 旧设备;二手设备
équivalent de l'essieu 轴当量
équivalent de sable 砂当量
ergot 凸销;止销
érosion 侵蚀
érosion accélérée 加速侵蚀
érosion de l'assise de voie 路基冲刷
érosion de l'eau 水蚀
érosion de pente 边蚀
érosion de pluie 雨水冲刷
érosion de rivière 河流侵蚀
érosion de talus 边坡冲蚀;边坡冲刷
érosion du sol 水土流失
érosion éolienne 风蚀
érosion géologique 地质侵蚀
érosion hydrique 水蚀
érosion locale 局部冲刷
érosion locale de pile 桥墩局部冲刷
érosion superficielle 地表冲刷
erreur 错误;误差;偏差
erreur absolue 绝对误差
erreur accidentelle 偶然误差
erreur admissible 允许误差
erreur admissible de géométrie de la voie de
　branchement
　道岔轨道几何形态允许偏差
erreur admissible de géométrie de la voie
　principale 正线轨道几何形态允许偏差
erreur altimétrique 高程测量误差
erreur apparente 视差

erreur arithmétique 算术错误
erreur constante 常差；恒差
erreur cumulative 累积误差
erreur cyclique 周期误差
erreur d'accumulation 累计误差
erreur de battage 打桩误差
erreur de calcul 计算错误
erreur de calibrage 标定误差
erreur d'écartement de voie 轨距误差
erreur de comptabilité 账目错误
erreur de conception 设计错误
erreur de connexion 连接误差
erreur de construction 施工误差
erreur de correction 矫正误差
erreur de courbure 曲率误差
erreur de détection 检测误差
erreur de distance 距离误差
erreur de distribution 分布误差
erreur de fermeture 闭合差
erreur de hauteur 高程误差
erreur de jonction 接点误差
erreur de l'épaisseur 厚度误差
erreur de longueur 长度误差
erreur de l'opération 操作失误
erreur de mesure 测量误差
erreur de polygonation 导线测量误差
erreur de position 位置误差
erreur de recouvrement 搭接误差
erreur de signal 信号错误
erreur de statistique 统计误差
erreur de voie 轨道误差
erreur d'implantation 放线误差
erreur d'observation 观测误差
erreur graphique 图解误差
erreur grossière de virgule
　因粗心造成的小数点错误
erreur limite 极限误差
erreur linéaire 线性误差
erreur locale 局部误差
erreur longitudinale 纵向误差
erreur maximum 最大误差
erreur minimum 最小误差
erreur moyenne 平均误差
erreur permissive 允许误差
erreur proportionnelle 比例误差
erreur relative 相对误差
erreur résiduelle 残余误差
erreur statistique 统计误差
erreur systématique 系统误差

erreur triangulaire 三角闭合误差
ERTMS niveau 1
　欧洲铁路1级运输管理系统
ERTMS niveau 2
　欧洲铁路2级运输管理系统
escale 中途站；中途停靠
escalier roulant 自动扶梯
escompte 贴现
escompte bancaire 银行贴现
escompte des effets 票据贴现
escompte des traites 汇票贴现
escorte 护送；列车押运
espace d'isolement 间隔距离
espace libre 空地；净空
espace métrique 度量空间
espace des points de nivellement
　水准点间距
espacement 中距；开度；列车间隔
espacement de circulation 行车间隔
espacement de construction 建筑间隔
espacement d'entrée en gare des trains
　列车进站间隔
espacement de quai 站台间距
espacement des aiguilles 道岔间距
espacement des balises 信标间距
espacement des barres en acier 钢筋间距
espacement des bornes 界标间距
espacement des bornes kilométriques
　里程标间距
espacement des boulons 螺栓间距
espacement des colonnes 柱间距
espacement de sécurité 安全间距
espacement des gares 车站间距
espacement des lignes 线路间距
espacement des marchepieds 脚蹬间距
espacement des marches 台阶间距
espacement des pieux 桩距
espacement des points 点距
espacement des signaux 信号灯间距
espacement des trains 列车间隔
espacement des traverses des aiguilles
　岔枕间隔
espacement des véhicules 车距
espacement des voies ferrées 股道间距
espacement de suivi des trains
　列车追踪间距
espacement de travée 跨间距
espacement de travée de chantier-gare
　站场跨距

espacement de travée de voie 线路跨距
espacement du départ des trains
　列车发车间隔
espacement horizontal 水平间距
espacement latéral 侧向间距
espacement minimal entre deux trains
　adjacents 相邻两车最小间距
espace nuisible 有害空间
espace nuisible de l'aiguille 道岔有害空间
espace productif 生产场地
espace verdoyant 绿地;绿化区
espace vert 绿地
espèce 种类;品种
espèce arborescente 乔木类品种
espèce caractéristique 特征类型
espèce d'aiguille 道岔类型
espèce de ciment 水泥类型
espèce de mortier 砂浆种类
espèce de rail 钢轨种类
espèce de traverse 轨枕种类
espèce dominante 主要类型
esquisse 草图
essai 试验
essai à charge constante 恒载试验
essai à la bille 布氏硬度试验
essai à la compression 抗压试验
essai à la fatigue 抗疲劳试验
essai à la flexion 受变试验
essai à la table 承台式土压试验
essai à la traction 抗拉试验
essai à l'écrasement 抗压试验
essai analytique 分析试验
essai au banc 试验台试验
essai au bleu 亚甲蓝试验
essai au bleu de méthylène 亚甲蓝试验
essai au choc 冲击试验
essai au compressimètre 钎探
essai au drainomètre 透水试验
essai au drainomètre de chantier
　现场透水试验
essai au flotteur 浮标试验
essai au laboratoire 实验室试验
essai au moulinet 十字板试验
essai au moyen de l'appareil à palettes
　十字板试验
essai au pénétromètre 贯入度试验
essai au pressiomètre 旁压试验
essai au scissomètre 十字板剪力试验
essai au tamis 筛分试验

essai Brinell 布氏硬度试验
essai calorimétrique 热量测定试验
essai centrifuge 离心试验
essai chimique 化学实验
essai colorimétrique 比色试验
essai comparatif 对比试验
essai d'abrasion 磨耗试验
essai d'accélération 加速试验
essai d'adhérence 黏结力试验
essai(test) d'affaissement 坍落度试验
essai d'affaissement au cône
　混凝土坍落度试验
essai d'allumage 点火试验
essai d'analyse 分析试验
essai d'ancrage passif 锚杆施工试验
essai d'appréciation 鉴定试验
essai d'appui du sol 土壤承载力试验
essai d'aptitude au compactage par vibration
　振动压实试验
essai d'assemblage de l'aiguille 道岔试拼
essai d'attelage des wagons du train
　列车挂车试验
essai d'auscultation sonique 声测试验
essai d'autoclave 蒸压试验
essai de battage 打桩试验
essai de béton 混凝土试验
essai d'écaillage des surfaces de béton durci
　已凝固混凝土表面剥离试验
essai de carotte 岩芯试验
essai d'échantillon du sol 土样试验
essais de chaque sous-système
　分项系统测试
essai de(en)charge 承载试验
essai de charge de pieu 基桩承载试验
essai de charge dynamique 动载试验
essai de charge in situ 现场承载试验
essai de chargement 承载试验
essai de chargement de pieu 基桩承载试验
essai de charge statique 静载试验
essai de charge statique de pont
　桥梁静载试验
essai de charge statique de poutre à caisson
　箱梁静载试验
essai de charge sur plaque 承载板试验
essai de circuit de voie 轨道电路测试
essai de circulation de voie 线路运行测试
essai de cisaillement 剪切试验
essai de classification 分类试验
essai de compactage 压实试验

essai de compactage au laboratoire
　实验室压实试验
essai de compactage de Proctor
　葡氏密实度试验
essai de compactage du sol　土壤压实试验
essai de comparaison　对比试验
essai de composition de béton
　混凝土成分试验
essai de compression　压缩试验
essai de compression axiale　轴压力试验
essai de compression uniaxiale
　单轴压力试验
essai de cône d'Abrams
　混凝土坍落度试验
essai de consolidation　固结试验
essai de contrôle　检验试验
essai de convenance　适应性试验
essai de corrosion　腐蚀试验
essai d'écoulement　排水试验
essai de course　运行试验
essai d'écrasement　压碎试验
essai d'écrasement des éprouvettes de béton par compression
　混凝土试块加压破碎试验
essai de déflexion de poutre　梁弯沉试验
essai de déformation　变形试验
essai de densité　密度试验
essai de durée　持久性试验
essai de dureté　硬度试验
essai de dureté à la bille　布氏硬度试验
essai de dureté Brinell　布氏硬度试验
essai de fatigue　疲劳试验
essai de fendage　劈裂试验
essai de fiabilité　可靠性试验
essai de fiabilité de l'aiguille
　道岔可靠性试验
essai de flambage　纵弯试验
essai de flexion　折弯试验
essai de fluage　蠕变试验
essai de fonctionnement　运行试验
essai de fonctionnement de locomotive
　机车试运转
essai de forage　钻孔试验
essai (test) de formulation　配比试验
essai de formulation de tout-venant de carrière　采集场材料试验
essai de fragilité de bitume　沥青断裂点试验
essai de fragilité de rail　钢轨断裂点试验
essai de fragmentation　压碎试验

essai de fragmentation dynamique
　集料冲击破碎试验
essai de freinage　制动试验
essai de freinage à air comprimé
　空气压缩制动试验
essai de freinage de rail magnétique
　磁轨制动试验
essai de freinage de train　列车制动试验
essai de frottement　耐磨试验
essai de fusion　熔化试验
essai de glissement　滑动试验
essai de gonflement　膨胀试验
essai de gonflement-consolidation
　膨胀—固结试验
essai de granulométrie　颗粒度试验
essai d'élasticité　弹性试验
essai de l'équilibre　平衡试验
essai de l'équilibre dynamique d'essieu-monté　轮对动平衡试验
essai de l'équilibre dynamique de véhicule
　车辆动平衡试验
essai de l'équipement d'aiguille
　转辙设备试验
essai de maintenabilité de système
　系统维持性能测试
essai de matériaux　材料试验
essai de matériaux routiers　道路材料试验
essai de mise en courant　通电测试
essai de mise en marche　试车
essai de mise en service　试运行
essai de mise sous tension
　电力设备通电测试
essai de module　模数试验
essai de mouillage-séchage　干湿试验
essai d'émulsion　乳化试验
essai d'émulsion de bitume　沥青乳化试验
essai de pénétration　贯入度试验
essai de pénétration au cône　圆锥贯入试验
essai de pénétration dynamique
　动力触探试验
essai de pénétration statique　静力触探试验
essai de perçage　钻孔试验
essai de performance　性能测试
essai de performance de freinage
　制动性能测试
essai de performance de l'équipement
　设备性能测试
essai de performance de locomotive
　机车性能测试

essai de performance de système
系统性能测试
essai de performance de traction
牵引性能测试
essai de performance dynamique
动力性能测试
essai de perméabilité 渗透性试验
essai de perméabilité de l'assise de voie
路基渗水试验
essai de perméabilité de l'eau 渗水试验
essai de perméabilité du sol 土壤渗水试验
essai de plaque 平板试验
essai de plaque chargée 承载板试验
essai de portance 承载试验
essai de pression 压力试验
essai de pression d'eau 水压试验
essai d'épreuve 检查试验
essai de prise 凝固试验
essai de Proctor 葡氏试验
essai de Proctor modifié 修正葡氏试验
essai de Proctor normal 标准葡氏试验
essai de puissance 功率测试
essai de puissance de traction
牵引功率测试
essai de qualité 质量试验
essai de rail au marteau-pilon
钢轨落锤试验
essai de rame automotrice 动车组试验
essai de ramollissement de l'asphalte
沥青软化点测定
essai de réception 验收试验
essai de réception des matériaux
材料验收试验
essai de réception sur site 现场验收测试
essai de réception en usine 工厂验收测试
essai de recherche 研究试验
essai de réglage 调试试验
essai de réglage de vitesse 调速试验
essai de remplissage 灌浆试验
essai de rencontre des deux trains
车辆交汇试验
essai de résistance 强度试验
essai de résistance à l'abrasion 抗磨损试验
essai de résistance à la compression
抗压强度试验
essai de résistance à la fatigue
疲劳强度试验
essai de résistance à la traction
抗拉强度试验

essai de résistance à l'usure 耐磨损试验
essai de résistance au frottement
耐磨性试验
essai de résistance de rail 钢轨强度试验
essai de résistance de wagon 车辆强度试验
essai de résistance statique 静强度试验
essai de résistance statique de caisse
车体静强度试验
essai de rétraction 收缩试验
essai de retrait 收缩试验
essai de retrait linéaire 线性收缩试验
essai de rigidité 刚性试验
essai de rigidité de caisse 车体刚度试验
essai de rippabilité 一、二类土界定试验
essai de routine 常规试验
essai de rupture 断裂试验
essai de rupture de rail 钢轨断裂试验
essai de sable équivalent 砂当量试验
essai des aciers à la traction 钢筋拉力试验
essai des aciers au pliage à froid
钢筋冷弯试验
essai de sédimentation 沉淀试验
essai des roches 岩石试验
essai de stabilité de marche
运行平稳性测试
essai de stabilité de système
系统稳定性测试
essai des trains attelés 列车连挂试验
essai de surcharge 超载重试验
essai destructif 破坏性试验
essais de système 系统测试
essais de système de freinage
制动系统测试
essais de système de traction
牵引系统测试
essais de système dynamique
动力系统测试
essai de tamisage 筛分试验
essai de tamisage de ballast 道砟筛分试验
essai d'étanchéité 密封试验
essai d'étanchéité à l'air 气密性试验
essai de teintes 调色试验
essai de teneur en eau 含水量试验
essai de tension 张力试验
essai de tirage 试拉
essai de tirage après réattelage
重新连挂后试拉
essai de tire après l'attelage 连挂后试拉
essai de titrage 滴定试验

essai de traction 拉力试验；牵引试验
essai de traction à deux locomotives
  双机牵引试验
essai de traction de charge lourde
  重载牵引试验
essai de traction de locomotive
  机车牵引试验
essai de traction de multi-locomotive
  多机牵引试验
essai de train à charge lourde
  重载列车试验
essai de train à grande vitesse
  高速列车试验
essai de train automoteur à grande vitesse
  高速动车组列车试验
essai de train à vide 列车空载试验
essai de train Maglev 磁悬浮列车试验
essai Deval 道瑞磨耗试验
essai de validation du système de transport
  运输系统有效性试验
essai de vibration 振动试验
essai de vitesse extrême 极速试验
essai de vitesse uniforme 匀速试验
essai de voie de rails 轨道试验
essai de wagon complet 整车试验
essai d'expansion 膨胀试验
essai d'exploitation 开采试验
essai d'hydrophilicité 亲水试验
essai d'identification du sol 土壤分类试验
essai d'injection d'eau 注水试验
essai d'installation sur site 现场安装测试
essais d'intégration de l'ensemble
  des systèmes 整系统一体化试验
essai d'intégration dynamique de
  rame automotrice 动车一体化动态试验
essai d'intégration statique sans mouvement
  de train 止车一体化静态试验
essai d'orniérage 车辙试验
essai drainant à la chaussée
  路面透水性试验
essai drainé 排水试验
essai Duriez 多列士试验（测定混凝土强度）
essai du sol 土壤试验
essai d'usure 磨损试验
essai dynamique 动力试验
essais dynamique d'intégration
  一体化动力试验；整车动力试验
essai en courbe du train 机车弯道试验
essai en ligne 线上试验；上线试验

essai en poste fixe 定位试验
essai en rampe du train 列车爬坡试验
essai en roulement 滚动试验
essai en usine 工厂测试
essai équivalent de sable 砂当量试验
essai facultatif 随机性试验；抽查试验
essai géotechnique 地质工程试验
essai géotechnique in situ
  现场地质工程试验
essai granulométrique 颗粒度试验
essai hydrostatique 静水压力试验
essai in-situ 现场试验
essai in-situ pressiométrique 现场旁压试验
essai Los Angeles 洛杉矶磨耗试验
essai Marshall 马歇尔试验
essai mécanique 力学试验；机械性能试验
essai Micro-Deval humide
  微—狄法尔湿度试验
essai non destructif 无损检测
essai par extraction 提取试验
essai pénétrométrique 贯入度试验
essai physique 物理试验
essai préalable de fabrication 生产前试验
essai préliminaire 初步试验
essai préliminaire de réglage 初步调试试验
essai pressiométrique 旁压试验
essai scientifique 科学试验
essai sédimentaire 沉淀试验
essai sonique 声纳试验
essai standard de compacité 标准压实试验
essai statique 静力试验；静态试验
essai statique de mise en charge
  静力荷载试验
essai statique de train 静车试验
essai structural du pont 桥梁结构试验
essai sur chantier 工地试验
essai sur fluidité du coulis d'injection
  喷射灰浆流动性试验
essai sur place 现场试验
essai sur site 现场试验
essai sur voie 线上试验
essai témoin 标准试件
essai vibratoire 振动试验
essartage 采伐后清理；烧荒
essence 汽油
essence solide 固体汽油
essieu 车轴；轮对
essieu accouplé 连动轴
essieu à fusée extérieure 外侧轴颈轴

essieu à fusée intérieure 内侧轴颈轴
essieu arrière 后轴;后桥
essieu avant 前轴;前桥
essieu bloqué 抱轴
essieu coudé 曲轴
essieu conducteur 导轴
essieu couplé 合轴;联轴
essieu creux 空心轴
essieu de freinage 制动轴
essieu de guidage 导向轮对
essieu d'entraînement 传动轴
essieu de roue de commande 动向轴
essieu de roulement à billes 滚动轴承车轴
essieu de traction 牵引轴
essieu de transmission 传动轴
essieu de wagon de marchandises 货车轴
essieu de wagon de voyageurs 客车轴
essieu de wagon lourd 重车轴
essieu d'extrémité 端轴
essieu directeur 导轴
essieu indépendant 自由轴
essieu-kilomètre 轴公里
essieu médian 中轴
essieu-monté 轮对
essieu moteur 主动轴;动力轮对
essieu orientable 导向轮对
essieu plein 实心轴
essieu plein en profil circulaire
 圆截面实心轴
essieu porteur 承重轴;从动轴
essieu suspendu 吊轴
essieu suspendu de traverse danseuse
 摇枕吊轴
essieu vide 空心车轴
essieu vide en profil circulaire 圆截面空心轴
essieux à écartement variable 变距轮对
essieux de formation de train 列车编组轴数
essieux entrants 进入(区段)轮轴
essieux sortants 移出(区段)轮轴
essouchage 清除树根
essouchement 清除树根
essuie-glace 刮水器
essuie-vitre 刮水器
estampille 验讫章;收讫章
esthétique 美学
esthétique architecturale 建筑美学
esthétique de construction 建造美学
esthétique de pont 桥梁美学
estimation 估计

estimation budgétaire 概算
estimation de degré de dégradation de
 digue de voie 路堤破坏等级估算
estimation de degré de déformation de voie
 路线变形等级估算
estimation de l'avancement 进度估计
estimation de l'investissement 投资估算
estimation de prix de revient 成本估计
estimation de quantités des travaux
 工程量估算
estimation de risque 风险估计
estimation des coûts 费用估算
estimation des dépenses 费用估算
estimation du projet 项目概算
estimation préliminaire 初步估计
estrade à éclipse 升降台
établissement 建立;编制
établissement d'appel 呼叫建立
établissement d'attachement
 制订验工计价单
établissement de budget 预算编制
établissement de devis estimatif 编制概算书
établissement de l'itinéraire 进路建立
établissement de règlement 编制规程
établissement de réglementation du
 chemin de fer 编制铁路条例
établissement de règlement de l'entretien de
 la voie 编制线路维修规则
établissement de règlement d'exploitation
 编制运营规则
établissement de règlement technique
 编制技术规程
établissement de règles de l'entretien de
 locomotive 编制机车保养规则
établissement des archives techniques
 des équipements 编制设备技术档案
établissement des canevas
 控制网的建立
établissement des documents 文件编制
établissement des documents administratifs
 编制行政文件
établissement des documents contractuels
 编制合同文件
établissement des documents d'appel
 d'offres 编制招标文件
établissement des documents de l'étude
 编制设计文件
établissement des documents de récolement
 编制竣工文件

établissement des documents de voie ferrée
编制铁路文件
établissement des documents techniques
编制技术文件
établissement des dossiers   资料编制
établissement de sécurité   安全机构
établissement des normes   标准制定
établissement des paramètres   参数设定
établissement des priorités de construction
制定优先建设项目
établissement des services d'urgence
设置应急部门
établissement du plan de circulation
制订行车计划
établissement du plan de transport
编制运输计划
établissement du projet des installations de chantier   编制工地建点计划
établissement du projet d'exécution
编制施工方案
étagement   叠放
étagement de châssis de voie   轨排叠放
étagement de matériels   设备堆放
étagement de rails   钢轨堆放
étagement des éléments préfabriqués
预制件叠放
étagement de traverses   轨枕叠放
étai   支柱；支撑
étaiement   支撑；固定
étai en acier   钢支撑
étai en bois   木支撑
étai de coffrage   模板支撑
étai de galerie   导坑支柱
étai de mine   矿井坑木
étai métallique   金属支柱
étai provisoire   临时支撑；临时支护
étai tubulaire   管支撑
étalage   铺设；摊铺
étalement   摊铺；涂抹
étalement de ballast sur la plateforme de voie
道床砟石摊铺
étalement de graviers   摊铺碎石
étalement de pièces attachées au long de voie
沿线散放扣件
étalement de rails au long de voie
沿线散放钢轨
étalement de traverses au long de voie
沿线散放轨枕
étaleur   摊铺器

étaleur d'asphalte   地沥青摊铺机
étaleur de béton   混凝土摊铺机
étaleur de béton bitumineux
沥青混凝土摊铺机
étaleur de bitume   沥青摊铺机
étalon   标准；标准器；计量单位
étalonnage   标定；校准
étalonnage de l'équipement   设备校准
étalonnage des appareils
仪器标定；仪器校准
étanchéité   密封性
étanchéité à l'air   气密性
étanchéité à l'eau   水密性
étanchéité asphaltique   沥青防水
étanchéité bitumineuse   沥青防水
étanchéité de citerne   罐体密封性
étanchéité de conduit d'eau   水管密封
étanchéité de couverture   顶棚防水
étanchéité de cylindre à air   风缸密封性
étanchéité de joint   接缝防水
étanchéité de la chaussée   路面防水
étanchéité de l'obturateur   堵头密封
étanchéité de roulement à billes   轴承密封
étanchéité de valve   气门密封性
étanchéité de wagon-citerne à gaz liquéfié
液化气体铁路罐车密封性
étanchéité de wagon couvert   棚车防水
étançon   支柱
étançon à lamelles   板状支撑
étançon à vis   螺旋式支柱
étançon de fondation   基础支撑
étançon de friction   摩擦支柱
étançon de mine   坑道支撑
étançon en acier   钢支柱
étançon oblique   斜支柱
étançon tubulaire   管支柱
étançonnement   支撑
étape   阶段
étape d'accélération de vitesse   提速阶段
étape d'analyse   分析阶段
étape d'assemblage   组装阶段
étape de APD   详细设计阶段；深化设计阶段
étape de APS   初步(简单)设计阶段
étape de compactage   碾压阶段
étape de comparaison   比选阶段
étape de conception   设计阶段
étape de conception préliminaire
初步设计阶段
étape de consolidation   加固阶段

étape de construction 施工阶段
étape de creusement 挖掘阶段
étape de décapage de l'assise de voie 路基清表阶段
étape de discussion 讨论阶段
étape de forage 钻孔阶段
étape(phase) de montage 安装阶段
étape de montage de fil de caténaire 接触网架线阶段
étape d'entretien 维修阶段
étape de pose de ballasts 铺砟阶段
étape de pose de la superstructure de la voie 线上设备安装阶段
étape de pose de rails 铺轨阶段
étape de préparation 准备阶段
étape de réalisation 施工阶段
étape de réception 验收阶段
étape de recherche 研究阶段
étape de renouvellement 更新阶段
étape de soumission 投标阶段
étape d'essai 试验阶段
étape d'essai de traction 牵引试验阶段
étape d'étude 设计阶段
étape d'étude des plans d'exécution 施工图设计阶段
étape d'exécution 施工阶段
étape d'exécution des travaux 施工步骤
étape d'exploitation 运营阶段
étape d'optimisation 优化阶段
étape du mouvement de terre 土方调配阶段
étape initiale 初始阶段
état 状态;状况
état actuel 现状
état à l'importation 进口时状态
état bloqué 封锁状态
état critique 临界状态
état d'accélération de vitesse 提速状态
état d'arrêt 停止状态
état d'attente 等待状态
état d'attente de l'attelage 待挂状态
état d'avancement de l'ouvrage 工程进展情况
état de baîllement d'aiguille 道岔不密贴状态
état de block 闭塞状态
état de chaussée 路面状况
état de circulation 运行状态
état de circulation du train 列车运行状态

état de collage d'aiguille 道岔密贴状态
état de compression 压实度
état de dégradation de voie 轨道劣化状态
état de démarrage 启动状态
état de déplacement 移动状态
état de déraillement 脱轨状态
état de dételage 脱钩状态
état de détérioration de voie 轨道劣化状态
état de faillite 破产状态
état de fermeture 闭合状态
état de fonctionnement 工况
état de l'aiguille 道岔状态
état de l'assise de voie 路基状态
état de l'équipement 设备状态
état de lieu préalable 场地预先状态
état de liquidation 清算状态
état de livraison 交付情况
état de marche 运行状态
état d'enclenchement 联锁状态
état d'entretien 维修状态
état de paiement 支付状况
état de pause 静止状态
état de pavement 路面状况
état de présence 产状
état de production 生产状况
état d'équilibre 平衡状态
état de rail 钢轨状态
état de règlement juridique 司法清算状态
état de repos 休止状态
état de saturation 饱和状态
état de séparation 分离状态
état de service 工作状态
état de signal 信号状态
état des matériels 设备状况
état des matériels entrés sur le chantier 进场设备状况
état de stabilité 稳定程度
état de stationnement 停车状态
état de structure 结构状态
état de surface 表面状态
état de tension 受力状态;张力状态
état de trafic 交通状况
état de traverse 轨枕状态
état de verrouillage 锁闭状况
état de voie 线路状况
état de voie ferrée 轨道状态
état de wagon 车辆状态
état du mouvement 运动状态
état du personnel 人员状况

état du personnel entré sur le chantier
　进场人员状况
état du sol　土壤状态
état dynamique　动态
état en marche　运行状态
état estimatif des dépenses en devises
　外汇开支估算清单
état financier　财务状况
état gazeux　气态
état hydrique　含水状态
état initial　最初状态
état libre　空闲状态
état limite　极限状态
état limite de service　工作极限状态
état liquide　液态
état naturel　自然状态
état normal　正常状态
état ouvert　开放状态
état plastique　塑性状态
état récapitulatif　情况汇总
état récapitulatif mensuel des
　matériaux utilisés　每月材料使用情况汇总
état récapitulatif mensuel du personnel
　employé　每月人员投入情况汇总
états financiers　财务报表
état solide　固态
état sous pression　承压状态
état stable　稳定状态
état stable de la plateforme de voie
　道床稳定状态
état technique de locomotive　机车技术状态
étau　虎钳
étau à main　手虎钳
étau de machine　机用虎钳
étau d'établi　台虎钳
étau plat　平口钳
étau tendeur　拉线钳
étau universel　万向虎钳
étayage　支护
étayage de mur de soutènement
　挡土墙支护
ETCS embarqués　车载欧洲列车控制系统
ETCS niveau 1　欧洲列车 1 级控制系统
ETCS niveau 2　欧洲列车 2 级控制系统
étendue　范围
étendue d'eau　水域线
étendue de chantier-gare　站场范围
étendue de gare　车站范围
étendue de l'impact　受影响范围

étendue de prestations des travaux
　工程范围
étendue des travaux　施工范围
étendue de surface　表面积
éthernet　以太网
éthyne　乙炔
étiquetage　做标记
étiquette　标签
étiquette de qualité　质量检验标签
étiquette de valise　行李标签
étrier　紧固器；箍
étrier d'armature　钢筋箍
étrier d'attelage　钩尾框
étrier de guidage　导框
étude　研究；设计
étude analytique des coûts　造价分析研究
étude APA　高速公路设计
étude APD　详细设计；深化设计
étude APS　简明初步设计
étude architecturale　建筑设计
étude architecturale de tête de tunnel
　隧道洞口建筑装饰设计
étude comparative　设计比选方案
étude complémentaire　补充设计
étude courante　标准设计；定型设计
étude d'alignement　线形设计
étude d'alignement ferroviaire
　铁路线形设计
étude d'appui　支护设计
étude d'appui de tunnel　隧道支护设计
étude d'assainissement　排水设计
étude d'assainissement de tunnel
　隧道排水设计
étude d'avant-projet détaillé　详细设计
étude d'avant-projet sommaire　初步设计
étude de bassins versants　汇水设计
étude de bâtiment　房建设计
étude de bâtiment de gare　站房设计
étude de béton　混凝土设计
étude de béton armé　钢筋混凝土设计
étude de bogie　转向架设计
étude de caisse　车体设计
étude de cantonnement
　信号闭塞区段设计
étude de carénage　流线型设计
étude de carrefour　交叉路口设计
étude de circuit　电路设计
étude d'éclairage　照明设计
étude de composition　组合设计

étude de composition de circulation 交通组织设计
étude de composition du béton 混凝土配方设计
étude de conception 概念设计
étude de conformité 吻合性设计
étude de construction des bâtiments 房建设计
étude de construction en acier 钢结构设计
étude de creusement 开挖设计
étude de creusement de tunnel 隧道开挖设计
étude de croisement 交叉设计
étude de croisement à niveaux différents 立体交叉设计
étude de croisement en plan 平面交叉设计
étude de dalot 涵洞设计
étude de débit 流量设计
étude de détail du pont 桥梁细部设计
étude de dévers de voie en courbe 线路弯道超高设计
étude de dimension 尺寸设计
étude de dimension de travée 桥跨尺寸设计
étude de dimension de tunnel à creuser 隧道拟开挖尺寸设计
étude de dimension de wagon 车辆尺寸设计
étude de drainage 排水设计
étude de dynamique 动力设计
étude de dynamique de locomotive 机车动力设计
étude de dynamique de traction 牵引动力设计
étude de faisabilité 可行性研究
étude de faisabilité des travaux 工程可行性研究
étude de faisabilité de voie ferrée 铁路可行性研究
étude de faisabilité du projet 项目可行性研究
étude de faisabilité préliminaire 预可行性研究
étude de fatigue 疲劳设计
étude de ferraillage 配筋设计
étude définitive 最终设计
étude définitive du tracé 最终线路走向设计
étude de flux de trafic 交通流量设计
étude de fonction 功能设计
étude de forage 钻探设计
étude de forme 形式设计
étude de forme de portail de tunnel 隧道洞口形式设计
étude de forme des échangeurs 互通立交形式设计
étude de forme des ouvrages d'art 构造物形式设计
étude de formulation 配比设计
étude de galerie perpendiculaire de tunnel 隧道横洞设计
étude de galerie transversale de tunnel 隧道横洞设计
étude de garde-corps 防护栏设计
étude de gare 车站设计
étude de géométrie de voie ferrée 铁路几何设计
étude de jonction 连接点设计
étude de jonction de tunnel 隧道贯通点位设计
étude de l'aiguille 道岔设计
étude de l'attelage 车钩设计
étude de l'ingénierie d'homme/machine 人机工程设计
étude de l'intersection 交叉设计
étude de locomotive 机车设计
étude de longueur de voie 线路长度设计
étude de mise à niveau 吻合性设计
étude de mur de soutènement 挡土墙设计
étude de niveau d'eau 水位设计
étude d'ensemble 总体设计
étude d'ensemble de voie 线路总体设计
étude d'ensemble de wagon 车辆总体设计
étude de passage inférieur 下部通道设计
étude de passage supérieur 上部通道设计
étude de paysage 景观设计
étude de pente longitudinale de voie 线路纵坡设计
étude de point 点位设计
étude de pont 桥梁设计
étude de portail de tunnel 隧道洞口设计
étude de position 位置设计
étude de préfaisabilité 预可行研究
étude de probabilité 概率设计
étude de profil 断面设计
étude de profilage 流线型设计
étude de profilage de locomotive 机车流线型设计
étude de profil en long 纵断面设计
étude de profil en travers 横断面设计

étude de progression des crues 洪水推算
étude de projet 方案研究
étude de protection 防护设计
étude de protection de l'environnement 环境保护设计
étude de qualité 质量设计
étude de remblai aux abords de portail de tunnel 隧道洞口回填设计
étude de remblai de grande hauteur 高填方设计
étude de remise en état initial 复原设计
étude de remise en état initial du terrain 场地复原设计
étude de rétablissement 恢复设计
étude des appareils mécaniques et électriques de tunnel 隧道机电设计
étude des caniveaux 排水沟设计
étude des échangeurs 互通立交设计
étude de section 断面设计
étude de sécurité 安全设计
étude de signalisation 信号设计
étude de sondage 钻探设计
étude de soutènement de tunnel 隧道支护设计
étude des ouvrages 建筑物设计
étude des ouvrages d'art 构造物设计
étude des ouvrages hydrauliques 水流构造物设计
étude des plans d'exécution 施工图设计
étude des plans généraux 通用图设计
étude des précipitations 研究降水量
étude de structure 结构设计
étude de structure de pont 桥梁结构设计
étude de système 系统设计
étude de tablier 桥面板设计
étude de talus 边坡设计
étude de talus de voie 线路边坡设计
étude de tête de tunnel 隧道洞口设计
étude de tracé 线路走向设计
étude de tracé direct 直线走向设计
étude de tracé en plan 线路平面走向设计
étude de trafic 交通流量设计
étude de tunnel 隧道设计
étude de ventilation 通风设计
étude de verdure 绿化设计
étude de viaduc 高架桥设计
étude de vitesse 速度设计
étude de voie 线路设计

étude de voie à grande vitesse 高速铁路设计
étude de voie de rails 轨道设计
étude de voie électrifiée 电气化铁路设计
étude de voie en courbe 曲线设计
étude de volume de trafic 交通容量设计
étude de wagon 车辆设计
étude d'exécution(EXE) 施工设计;施工图设计
étude d'exécution de ligne ferroviaire 铁路施工设计
étude d'exécution des ouvrages d'art 桥隧施工设计
étude d'impact sur l'environnement 环境影响设计
étude d'ingénierie d'homme-machine 人机工程设计
étude d'optimisation 优化设计
étude d'optimisation du tracé en plan 线路平面优化设计
étude d'optimisation du tracé de profil en long 线路纵断面优化设计
étude d'organisation d'exécution 施工组织设计
étude économique et financière 经济和财务研究
étude élastique 弹性设计
étude électrique 电气设计
étude en plan 平面设计
étude esthétique 美学设计
étude esthétique de construction 建筑美学设计
étude esthétique de portail de tunnel 隧道洞口美学设计
étude finale 最终设计
étude générale 总体设计
étude générale du projet 项目总体设计
étude géologique 地质勘测;地质调查
étude géométrique 几何设计
étude géométrique de voie 轨道几何设计
étude géotechnique 工程地质研究
étude graphique 图解分析
étude gravimétrique 重力勘探
étude hydraulique de tunnel 隧道排水设计
étude hydrogéologique 水文地质设计;水文地质研究
étude hydrologique 水流设计;水利研究
étude initiale 初始设计
étude linéaire 线形设计

étude magnétométrique 磁法勘探
étude modifiée 变更设计
étude non courante 非标准设计
étude parcellaire 分块设计
étude préalable 方案设计；初步设计
étude préliminaire 最初设计；线路初测
étude sommaire 初步设计
étude spéciale 特殊设计
étude spécifique 专项设计
étude standard 标准设计；定型设计
étude statique 静力设计
étude sur terrain 外业勘测；现场调查
étude synthétique 综合性设计
étude systématique 系统设计
étude technique 技术设计
étude théorique 理论研究
étude topographique 地形测量研究
étuvage 蒸汽养护
étuvage de béton 混凝土蒸汽养护
étuve 干燥箱；恒温器
Eurobalise 欧洲应答器
Eurobitume 欧洲沥青协会
Eurocode(EC) 欧洲规范
Europe 欧洲
European Rail Traffic Management System (ERTMS) 欧洲铁路运输管理系统
Europe Train Control System(ETCS) 欧洲列车控制系统
évacuation 排放；排出
évacuation de blocs rocheux 清理大块岩石
évacuation de croisement 交叉疏解
évacuation d'eau de fouille 基坑排放
évacuation d'eau de tablier 桥面排水
évacuation d'eau de voie 线路排水
évacuation d'eau pluviale 雨水排放
évacuation de fossé d'entonnement 集水坑排水
évacuation de fumée 排烟
évacuation de glace 除冰
évacuation de neige 除雪
évacuation de poussière 除尘
évacuation de produits de démolition 拆除物清理
évacuation de rochers 清运石块
évacuation des crues 排洪
évacuation des déblais 清渣；清砟
évacuation des débris 除屑
évacuation des déchets 垃圾清运
évacuation des eaux 排水
évacuation des eaux usées 污水排放
évacuation des éboulements 坍塌土方清理
évacuation des éboulits 坍塌物清理
évacuation de terrassement 土方清理
évacuation extérieure 外部排水
évacuation intérieure 内部排水
évacuation provisoire 临时排放
évaluation 评估；评审
évaluation de charge 荷载估算
évaluation de dommage 损失评估
évaluation de dommage par expertise 鉴定事故损失
évaluation définitive 最终评定
évaluation de l'appel d'offres 评标
évaluation de l'avancement des travaux 工程进展评估
évaluation de l'environnement 环境评估
évaluation de l'état de voie existante 现有线路状况评价
évaluation de performance dynamique 动力性能评定
évaluation de performance dynamique de véhicule 车辆动力性能评定
évaluation de projet 项目评估
évaluation de qualité 质量评估
évaluation de risque 风险评价
évaluation des actifs 资产评估
évaluation des effets sur l'environnement 影响环境因素评估
évaluation des effets sur la faune 对动物造成影响的评估
évaluation des effets sur la flore 对植被造成影响的评估
évaluation des effets sur les sites et paysages 对风景和景观造成影响的评估
évaluation des impacts prévisibles 对可预见影响的评估
évaluation des offres 评标
évaluation des offres financières 财务标评估
évaluation des offres techniques 技术标评估
évaluation de stabilité 稳定性评定
évaluation de stabilité de fondation du pont 桥基稳定性评定
évaluation de technologie 工艺评定
évaluation économique 经济评估
évaluation finale 最终评定
évaluation financière 财务评价

évaluation par expertise 专家鉴定评估
évaluation préliminaire 初步评估
évaluation quantitative 定量评价
évaluation sociale 社会评价
évaluation technique 技术评估
évaporation 蒸发
évent 出气孔；通气孔
évitement 会让
examen 检查
examen d'aptitude 性能检验
examen de candidature 资格审查
examen de l'éligibilité des soumissionnaires
　投标人资格审查
examen de qualification 资格审查
examen du sous-sol 地基勘查；下层土勘探
examen géologique 地质勘查；地质调查
examen visuel 目测检查
examen visuel de wagon 车辆目测检查
examination des appareils de voie
　线路设备检查；道岔检查
examination des limites 界限检查
examination de voie 线路检查
excavateur 挖掘机
excavateur à air comprimé 压气掘凿机
excavateur à argile 黏土挖土机
excavateur à benne preneuse 抓斗式挖土机
excavateur à benne traînante
　索斗铲；索斗挖土机
excavateur à câble 索斗铲；索斗挖土机
excavateur à chenille 履带式挖掘机
excavateur à godet 单斗式挖土机
excavateur à godets 多斗式挖土机
excavateur à grappin 抓斗式挖土机
excavateur à griffes 抓斗式挖土机
excavateur à moteur diesel 内燃挖掘机
excavateur à patins 步行式挖土机
excavateur à roche 岩石挖掘机；挖岩机
excavateur à section entière
　全断面掘进机；盾构机
excavateur à tunnel 隧道挖掘机
excavateur de fossé 挖沟机
excavateur de terrassement 土方挖掘机
excavateur de tranchée 挖沟机
excavateur hydraulique 液压挖掘机
excavateur pivotant 旋转式挖掘机
excavateur rotatoire 旋转式挖掘机
excavateur sur rails 轨道式挖掘机
excavateur tournant 全回转式挖土机
excavateur universel 多功能挖土机

excavation 挖掘；开挖；掘进
excavation à ciel ouvert 明挖
excavation à l'excavateur 挖掘机开挖
excavation à l'explosif 爆破开挖
excavation à l'explosif de tunnel
　隧道爆破开挖
excavation à méthode pilote 导洞开挖法
excavation à pleine section 全断面开挖
excavation à section entière 全断面开挖
excavation avec boisage 支撑挖掘
excavation avec support 支撑开挖
excavation dans l'eau 湿挖；水中挖掘
excavation de base 开挖基线
excavation de calotte 上导掘进
excavation de caniveau 排水沟开挖
excavation de déblais 挖方作业
excavation de fondation 基础开挖
excavation de fondation de culée
　桥台基础开挖
excavation de fondation de pile
　桥墩基础开挖
excavation de fossé 边沟开挖
excavation de fouille 基坑开挖
excavation de gradin médian 开挖中台阶
excavation de pente 放坡开挖
excavation de radier 隧道底板开挖
excavation de rocher demi-dur 软岩开挖
excavation de rocher dur 坚石开挖
excavation de roc vif 坚石开挖
excavation de rocher 岩方开挖
excavation de talus 边坡开挖
excavation de terre 挖土
excavation de tranchée 挖沟；挖堑
excavation de tunnel 隧道开挖
excavation en demi section 半断面开挖
excavation en gradins 阶梯式开挖
excavation en grande masse 大面积开挖
excavation en talus 斜坡开挖
excavation haute 深挖
excavation horizontale de tunnel
　隧道工程横向开挖
excavation humide 湿挖
excavation hydraulique
　水利冲方；水利开挖
excavation latérale 侧向开挖；堤旁借方
excavation lourde 深挖
excavation mécanique de tranchée
　机械挖沟
excavation ordinaire 普通挖方

excavation ouverte　明挖
excavation ouverte de tunnel　明挖隧道
excavation par couches　分层开挖
excavation par étape　分期开挖
excavation par jets d'eau　水利冲方
excavation partielle　局部开挖
excavation sans boisage　无支撑挖掘
excavation sans support　无支撑开挖
excavation souterraine　地下开挖
excavation supplémentaire　补挖
excédent　超额；过量
excédent de bagages　行李超重
excédent de l'énergie électrique　余电
excédent des travaux　超出工程量
excédent de terrassement　土方超量
excédent d'excavation　超挖
excentrage de roue　车轮偏心
excentricité　偏心
excentricité additionnelle　附加偏心
excentricité de charge　负载偏心
excentricité de rotation　旋转偏心
excès　超出量
excès de dévers　超高过度
excès d'électricité　余电
excès de longueur　多余长度
excès de métal de soudure　焊缝余高
exclusion　排除
exclusion des entreprises étrangères
　排除外国公司
exclusion des intermédiaires　排除中间人
exécution　执行；施工
exécution aux abords de voie　线路周边施工
exécution d'ancrage　锚固施工
exécution de ballastage　铺砟施工
exécution de batardeau　围堰施工
exécution de battage des pieux　打桩施工
exécution de béton　混凝土施工
exécution de bourrage de voie
　线路捣固施工
exécution de bretelle de voie ferrée
　铁路连接线施工
exécution de canalisation　管道铺设
exécution de caniveau　排水沟施工
exécution de changement de rail　换轨施工
exécution de chevêtre　墩帽施工
exécution de compactage　碾压施工
exécution de consolidation de voie
　稳定线路施工
exécution de coulage　浇筑施工

exécution de creusement　挖掘施工
exécution de culée　桥台施工
exécution de déblai　挖方施工
exécution de déblai-remblai　以挖作填施工
exécution de décapage　清表施工
exécution de déviation　改道施工
exécution de drainage　排水施工
exécution de fondation　基础施工
exécution de forage　钻孔施工
exécution de fossé　排水沟施工
exécution de fouille　基坑施工
exécution de galerie d'approche　导坑施工
exécution de génie-civil　土建施工
exécution de la plateforme de voie
　路床施工
exécution de l'assemblage　拼装施工
exécution de l'assiette de voie　路基施工
exécution de l'échangeur　互通立交施工
exécution de métro　地铁施工
exécution de mur de butée　挡砟墙施工
exécution d'entretien　维修施工
exécution de passage à niveau
　平交道口施工
exécution de passage de faune
　动物通道施工
exécution de passage de quai souterrain
　站台地下过道施工
exécution de passage inférieur　下跨线施工
exécution de passage souterrain
　地下通道施工
exécution de passage supérieur　上跨线施工
exécution de pieux　桩基施工
exécution de pile　桥墩施工
exécution de pont de chemin de fer
　铁路桥施工
exécution de pont-rail　铁路桥施工
exécution de pont rail-route
　铁路—公路两用桥施工
exécution de pose de châssis de voie
　轨排施工
exécution de pose de l'aiguille
　道岔铺设施工
exécution de pose des rails　铺轨施工
exécution de poussage des dalots ou des
　cadres préfabriqués　预制涵顶进施工
exécution de préfabrication　预制施工
exécution de projet　项目施工
exécution de remblai　填方施工
exécution de renforcement　加固施工

exécution de renforcement de pont
桥梁加固施工
exécution de renouvellement de
  ligne existante 既有线路更新改造施工
exécution de renouvellement de voie
  线路翻新施工
exécution de renouvellement de voie métrique
  米轨线路更新改造施工
exécution de répandage 摊铺施工
exécution de reprofilage de talus
  边坡整形施工
exécution de reprofilage de voie
  线路整形施工
exécution de ripage de voie 拨道施工
exécution de section de test 试验段施工
exécution des essais 进行试验
exécution de signal 信号施工
exécution des instructions 执行指令
exécution de sondage 钻探施工
exécution des travaux 工程施工
exécution des travaux en deux postes
  两班倒施工
exécution des travaux en été 夏季施工
exécution des travaux en hiver 冬季施工
exécution des travaux en trois postes
  三班倒施工
exécution des travaux travée par travée
  逐跨施工
exécution de tamisage de ballast
  清筛道砟清筛施工
exécution de terrassement 土方施工
exécution de tranchée 路堑施工
exécution de tronçon raccordé
  合龙段施工
exécution de tunnel 隧道施工
exécution de tunnel à deux trous
  双洞隧道施工
exécution de tunnel à deux voies
  双线隧道施工
exécution de tunnel de métro 地铁隧道施工
exécution de tunnel ferroviaire
  铁路隧道施工
exécution de tunnels jumelés 双隧道施工
  exécution de tunnel sous-fluvial
  河底隧道施工
exécution de viaduc 高架桥施工
exécution de voies ferrées 股道施工
exécution d'excavation 开挖施工
exécution de zone d'aiguille 道岔区施工

exécution du lit de ballast concassé
  碎石道床施工
exécution du lit de ballast monolithique
  整体道床施工
exécution en plusieurs couches successives
  分层筑填施工
exécution en porte à faux 悬臂施工
exécution manuelle 人工施工
exécution mécanique 机械施工
exécution nocturne 夜间施工
exécution par méthode de poussée 顶推施工
exécution selon les règles de l'art
  按技术规范施工
exécution sérielle 连续施工
exfoliation 剥落；掉块
exfoliation de champignon de rail 轨头掉块
exfoliation de l'enveloppe de câble
  缆套剥落
exigence 要求
exigence constructive 施工要求
exigence d'arrêt du train 停车要求
exigence de chargement 装车要求
exigence de circulation de train 行车要求
exigence de compatibilité 兼容性要求
exigence de compatibilité de l'équipement
  设备兼容性要求
exigence de conception 设计要求
exigence de conformalité 符合性要求
exigence de contrat 合同要求
exigence de dimension 尺寸要求
exigence de distance 间距要求
exigence de distance d'arrêt de train
  停车距离要求
exigence de distance de freinage de sécurit
  安全制动距离要求
exigence de distance de voie 线路间距要求
exigence de drainage 排水要求
exigence de fabrication 制造要求
exigence de freinage 制动要求
exigence de gabarit 限界要求
exigence de gabarit ferroviaire
  铁路限界要求
exigence de hauteur 高度要求
exigence de hauteur de l'attelage
  车钩高度要求
exigence de hauteur de passage
  通行高度要求
exigence de largeur 宽度要求
exigence de largeur de caisse 车体宽度要求

exigence de l'exécution 施工要求
exigence de longueur 长度要求
exigence de longueur de l'aiguille
　道岔长度要求
exigence de maître de l'ouvrage 业主要求
exigence de matériaux 材料要求
exigence de métrologie 计量要求
exigence de montage 安装要求
exigence de norme 规范要求
exigence de peinture 涂装要求
exigence de performance 性能要求
exigence de planéité 平整度要求
exigence de planéité de joint de rail
　钢轨接头平整度要求
exigence de planéité de voie
　线路平整度要求
exigence de planéité du plan de rail
　轨面平整度要求
exigence de pression 压力要求
exigence de pression de fonctionnement du tuyau principal de train
　列车主管工作压力要求
exigence de procédé 工艺要求
exigence de qualité 质量要求
exigence d'équipement 设备要求
exigence de recouvrement de soudure
　焊接搭接要求
exigence de relevage de caisse pour démontage d'essieu 抬车落轮作业要求
exigence de résistance 强度要求
exigence de résistance à la corrosion
　耐腐蚀要求
exigence de résistance à la fatigue
　抗疲劳要求
exigence de résistance au choc 抗冲击要求
exigence de rigidité 刚度要求
exigence de sécurité 安全要求
exigence de soudure 焊接要求
exigence de stationnement 驻车要求
exigence de structure 结构要求
exigence d'étanchéité 密封要求
exigence de technologie 工艺要求
exigence dimensionnelle pour les interfaces
　接口尺寸要求
exigence dynamique 动力要求
exigence dynamique de traction
　牵引动力要求
exigence environnementale 环境要求
exigence générale 一般要求

exigence particulière 特殊要求
exigence spéciale 特殊要求
exigence statique 静态要求
exigence structurelle de wagon
　车辆结构要求
exigence technique 技术要求
exigence technique de renforcement de chargement sur le wagon fret
　铁路货物装载加固技术要求
exigence technique de sécurité des véhicules
　车辆安全技术要求
exigence technique générale pour le wagon-citerne 罐车通用技术要求
exigence technique pour la sécurité des wagons marchandises
　铁道货车安全技术要求
exigence technique pour les autres types de wagon 其他车种技术要求
exigence technique pour le wagon couvert
　棚车技术要求
exigence technique pour le wagon frigorifique mécanique 机械冷藏车技术要求
exigence technique pour le wagon ouvert
　敞车技术要求
exigence technique pour le wagon plat
　平车技术要求
existence de travail 使用年限
exonération 免除;减免
expansion 膨胀
expansion à chaud 热膨胀
expansion calorifique 热膨胀
expansion de volume 体积膨胀
expansion élastique 弹性变形
expérience 经验;经历
expérience de construction 施工经历
expérience de soumissionnaire 投标人经历
expérience de travail 工作经验
expérience générale 综合经验
expérience négative 反面经验
expérience positive 正面经验
expérience professionnelle 职场经验
expérience suffisante 足够经验
expert 专家
expert-comptable 会计师
expert en géologie 地质学专家
expert environnemental 环境专家
expert géotechnique 土工学专家
expertise 鉴定;鉴定书
expertise d'accident 事故鉴定

expertise de fissure de roue　车轮裂缝鉴定
expertise d'équipement　设备鉴定
expertise de rail　钢轨鉴定
expertise d'évaluation　估价鉴定
expertise du sol　土质鉴定
expertise judiciaire　司法鉴定
expertise technique　技术鉴定
expiration　到期
expiration de contrat　合同到期
expiration de validité　有效截止期
explication　说明；解释
explication schématique　简略说明
exploitant　运营商
exploitant de ligne　线路运营商
exploitant de réseau　网络运营商
exploitant ferroviaire　铁路运营商
exploitant portuaire　港口运营商
exploitation　开发；经营
exploitation à ciel ouvert　露天开采
exploitation de carrière　碎石开采
exploitation de circulation　交通运营
exploitation de gisement minier　矿产开采
exploitation de ligne　线路运营
exploitation de l'insfrastructure
　基础设施运营
exploitation de mine　矿山开采
exploitation de réseau ferroviaire
　铁路网运营
exploitation de sable　采砂
exploitation des actifs　资产经营
exploitation des emprunts　借土场开采
exploitation des matériels roulants
　车辆运营
exploitation des trains en phase d'essai
　试验阶段列车运营
exploitation des trains en phase des travaux
　施工阶段列车运营
exploitation ferroviaire　铁路运营
exploitation transnationale　跨国运营
exploration　勘探；调查
exploration de fondation　地基勘测
exploration de gisements miniers　矿产勘探
exploration de sous-sol　地下土层勘探
exploration de terrain　场地勘测
exploration de tracé de voie　线路勘测
exploration électrique　电探
exploration en profondeur　测深
exploration ferroviaire　铁路勘测
exploration géologique　地质勘探

exploration géophysique　地球物理勘探
exploration géotechnique　工程地质勘察
exploration océanique　海洋勘探
exploration par sondage　钻探
exploration séismique　地震探勘
explosif　炸药
explosif acceptable　合格炸药
explosif au chlorate　盐酸炸药
explosif au rocher　岩石炸药
explosif brisant　烈性炸药
explosif de roche　岩石炸药
explosif détonant　烈性炸药
explosif gélatineux　胶质炸药
explosif industriel　工业炸药
explosif insensible à l'eau　防水炸药
explosif liquide　液体炸药
explosif minier　开矿炸药
explosif nitraté　硝酸炸药
explosif nitré　硝酸炸药
explosif nitro-ammoniacal　硝酸炸药
explosif noir　黑炸药
explosif ordinaire　普通炸药
explosif plastique　塑性炸药
explosif puissant　烈性炸药
explosif pulvérulent　粉状炸药
explosif spécial　特殊炸药
explosion　爆破
explosion à ciel ouvert　露天爆破
explosion à micro-retard　微延迟爆破
explosion à multiples points　多点爆破
explosion à retardement　定时爆破
explosion de gaz　瓦斯爆炸
explosion de rochers　石方爆破
explosion directionnelle　定向爆破
explosion lâchée　松动爆破
explosion localisée　定位爆破
explosion milliseconde　毫秒爆破
explosion orientée　定向爆破
explosion repérée　定位爆破
explosion sous l'eau　水下爆破
exportation　出口；输出
exportation de locomotive　出口机车
exportation des équipements ferroviaires
　铁路设备出口
exportation des matériels roulants
　出口车辆
exportation des wagons　出口车辆
exposé　陈述；报告
exposé de situation　情况报告

exposé écrit 笔述
exposé oral 口述
exposé sommaire 简要说明
exposé technique 技术报告
express 快车
express de TGV 高铁快递
express interurbain 城际快车
expropriation 征用;征购
expropriation de terrain 征地
extension 伸长;扩展
extension de chantier-gare 站场扩展
extension de fondation 扩大基础
extension de l'emprise ferroviaire
 扩大铁路管界
extension de ligne 线路伸长
extensomètre 伸缩测量规
extincteur 灭火器
extincteur à mousse 泡沫灭火器
extincteur à poudre 干粉灭火器
extincteur de feu 灭火器
extincteur portable 便携式灭火器
extracteur 排风机;抽风机
extracteur d'air 抽风机
extraction 采掘
extraction à ciel ouvert 露天开采
extraction à l'explosif 炸药开采
extraction d'air 换气
extraction d'argile 采掘黏土
extraction de boue 挖泥
extraction de déblai 挖方
extraction de matériau en carrière
 采料场开采
extraction de matériau en provenance
 de tunnel 隧道挖方量
extraction de matériaux 材料采掘
extraction de pierre 石料开采
extraction de pieu 拔桩
extraction de roches 开挖石方
extraction de sable 采砂
extraction de terre 挖土
extraction de vapeur 排出蒸汽
extraction d'informations 信息提取

extrados 拱外皮;拱背
extrados de portail de tunnel 隧道洞门拱顶
extrados de tablier 桥面板拱背
extrados de voûte 拱背
extrait 提取物;摘要
extrait de casier judiciaire 犯罪记录摘录
extrait de casier judiciaire vierge
 无犯罪记录证明
extrait de compte 银行对账单
extrait de naissance 出生证明
extrait de rôle 完税证明;纳税证明
extrémité 顶端;尽头
extrémité《A》de la caisse 车体 2 位端
extrémité《A》de wagon 车辆 2 位端
extrémité alimentée 受电端
extrémité《B》de la caisse 车体 1 位端
extrémité《B》de wagon 车辆 1 位端
extrémité d'aspiration 吸气端
extrémité de bras suspendu 悬臂端部
extrémité de câble 电缆终端
extrémité de compartiment 车厢端头
extrémité de connexion 连接端
extrémité de glissière métallique
 金属护栏端头
extrémité de pont 桥头
extrémité de poutre 梁端
extrémité de quai 站台尽头
extrémité de rail 轨端
extrémité de refoulement 推气端
extrémité de tablier 桥面板端头
extrémité de tunnel 隧道洞口
extrémité de voie 线路尽头
extrémité de wagon 车辆端头
extrudage de ballast 道砟挤落
extrudage de champignon de rail 轨头肥边
extrudage de fonte 铸造肥边
extrudage de l'aiguille 道岔肥边
extrudage de rail 轨道肥边
extrudage de rail pointu 尖轨肥边
extrudeuse 滑模机
exutoire 边坡泄水沟;泄水口
exutoire naturel 天然排水沟

F

fabrication 制造；制作	face de friction 摩擦面
fabrication à la chaîne 流水作业	face de glissement 滑移面
fabrication à la machine 机器制作	face de pente 坡面
fabrication à la main 手工制作	face de prise en pointe de l'aiguille 道岔迎辙面
fabrication de béton 混凝土制作	
fabrication de locomotive 机车制造	face de prise en talon de l'aiguille 道岔岔跟迎辙面
fabrication de poutres 制梁	
fabrication d'éprouvettes 试样准备	face de rail 轨面
fabrication d'équipement 设备制造	face de référence 基准面
fabrication des armatures 钢筋加工	face de roulement 车轮踏面
fabrication des éléments préfabriqués 预制构件制作	face de talus 坡面
	face d'excavation 开挖面
fabrication des équipements ferroviaires 铁路设备制造	face d'extrémité 端面
	face externe 外面
fabrication d'essai 试制	face finie 完成面
fabrication de traverses 轨枕制作	face frontale 正面
fabrication de tuyaux 管道制作	face inclinée 斜面
fabrication de wagon 车辆制造	face inférieure 下面；底面
fabrication en grande masse 大批量生产	face interne 内面
fabrication en masse 大批生产	face latérale 侧面
fabrication en série 成批生产	face lisse 光面
fabrication en usine 工厂制作	face polie 光面
fabrication sur le chantier 工地制作	face portante 承重面
façade 正面	face postérieure 后面
façade latérale 侧立面	face réfléchissante 反射面
façade postérieure 背立面	face rugueuse 粗糙面
façade principale 正立面	face supérieure 顶面
face 面	face tampon 缓冲面
face apparente 表面	face terminale 端面
face brute 毛面	face vue 正面；正视图
face d'abattage 开挖面	face vue de signal 信号正立面
face d'action 作用面	façonnage 制作；加工
face d'amortissement 缓冲面	façonnage à chaud 热加工
face d'appui 支承面	façonnage à froid 冷加工
face de chargement 承载面	façonnage de coffrage 模板制作
face de compression 受压面	façonnage des armatures 钢筋加工
face de contact 接触面	façonnage en usine 工厂制作

façonnage sur place　现场加工
facteur　因素；系数
facteur antidérapant　抗滑因素
facteur climatique　气候因素
facteur critique　临界因素
facteur de bruit　噪声因素
facteur d'échelle　比例系数
facteur de compactage　压实系数
facteur de compressibilité　压缩系数
facteur de concentration　集中系数
facteur de conception　设计要数
facteur de contraction　收缩率
facteur de conversion　交换率
facteur de correction　修正系数
facteur de débit　流量系数
facteur de densité　密度系数
facteur de dilatation　膨胀系数
facteur de dilution　稀释率
facteur de dimension　尺寸系数
facteur de distribution　分配率
facteur de distribution des charges
　荷载分配系数
facteur de drainage　排水系数
facteur d'effort　应力系数
facteur de finesse　细度系数
facteur de force majeure　不可抗力因素
facteur de friction　摩擦系数
facteur de fuite　渗漏系数
facteur de glissement　滑动因素
facteur de gonflement　膨胀系数
facteur de gradation　分级系数
facteur de l'environnement　环境因素
facteur de portance　承载力因素
facteur de production　生产要素
facteur de puissance　功率因素
facteur d'équilibre　平衡常数
facteur d'équivalence　换算因素；当量系数
facteur de réduction　缩减因素
facteur de réflexion　反射因素
facteur de régulation　调节因素
facteur de rendement　效率
facteur de rétrécissement　收缩系数
facteur de rigidité　刚性系数
facteur de risque　风险系数
facteur d'erreurs　误差系数
facteur de rugosité　粗糙度
facteur de saturation　饱和系数
facteur de similitude　近似系数
facteur de simulation　模拟系数

facteur de stabilité　稳定系数
facteur de surcharge　超载系数
facteur de tassement　沉陷系数
facteur de temps　时间因素
facteur de température　温度因素
facteur de traction　拉力系数
facteur de trafic　交通因素
facteur de variation　变化系数
facteur de ventilation　通风系数
facteur d'expansion　膨胀系数
facteur d'homogénéité　均匀系数
facteur d'imperméabilité　不透水系数
facteur d'influence　影响因素
facteur d'interférence　干扰因素
facteur dynamique　动力系数
facteur géométrique　几何系数
facteur granulométrique　粒度分级系数
facteur imprévisible　不可预测因素
facteur linéaire　线形要素
facteur mécanique　机械因素
facteur météorologique　气候因素
facteur négatif　消极因素
facteur positif　积极因素
facteur proportionnel　比例因素
facteur saisonnier　季节性因素
facture　发票
facture d'avance de matériaux
　材料预付款账单
facture des travaux　工程发票
facture de TVA　增值税发票
facture originale　原始发票
facture-pro forma　形式发票
faille　断层
faille active　活动断裂
faille à gradins　阶状断层
faille anormale　异常断层
faille auxiliaire　副断层
faille conjonctive　挤压断层
faille de compression　挤压断层
faille d'effondrement　下陷断层
faille de refoulement　挤压断层
faille de tassement　下陷断层
faille diagonale　斜断层
faille directe　正断层
faille en escalier　阶状断层
faille étagée　阶状断层
faille horizontale　水平断层
faille intersectée　交错断层
faille inverse　逆断面

F

faille longitudinale 纵断层
faille non active 非活动断裂
faille normale 正断层
faille oblique 斜断层
faille ouverte 开口断层
faille perpendiculaire 垂直断层
faille plane 断层面
faille radiale 径向断层
faille séismique 地震断层
faille structurale 结构断层
faille transformée 转换断层
faille transversale 横断层
faille verticale 垂直断层
faillite 破产
faillite de l'entrepreneur 承包商破产
faisabilité 可行性;可能性
faisabilité de projet 项目可行性
faisabilité économique 经济可行性
faisabilité technique 技术可行性
faisceau 线群;车场
faisceau de départ 出发场
faisceau de fibres optiques 光缆线束
faisceau de formation 编组场
faisceau de réception des trains 列车到达场;接车场
faisceau des aiguilles 道岔群
faisceau des branchements 道岔群
faisceau de toron d'acier 钢绞线线束
faisceau de triage des wagons 调车编组场
faisceau de voies 铁路线群;编组站车场
faisceau de voies de garage 停车场线群
falot 机车头灯;列车尾灯
famille 系;类
famille des granites 花岗岩类
famille de sols 土系
fanal 手提信号灯
fanal de l'aiguilleur 扳道工手提信号灯
fardeaux-lourds 大吨位载重汽车;重型汽车
fascicule 分册;分卷
fascicule technique 技术分册
fatigue 疲劳
fatigue auditive 听觉疲劳
fatigue calorique 热疲劳
fatigue de béton 混凝土疲劳
fatigue de conduite 驾驶疲劳
fatigue de contact 接触疲劳
fatigue de matériau 材料疲劳
fatigue de métal 金属疲劳
fatigue de rail 钢轨疲劳
fatigue de travail 工作疲劳
fatigue de voie ferrée 轨道疲劳
fatigue de voyage 旅途疲劳
fatigue d'impact 冲击疲劳
fatigue élastique 弹性疲劳
fatigue excessive 过度疲劳
fatigue mécanique 机械疲劳
fatigue thermique 热疲劳
fatigue visuelle 视觉疲劳
fauchage 割草
fauchage de voie 线路除草
faux-arc 盲拱;假拱
faux-lit 断层
faux-pieu 接桩
faux-plafond 吊顶
faux-puits 盲井
faux-radier 防冲铺砌
Fédération Internationale Des Ingénieurs-Conseils (FIDIC) 国际咨询工程师联合会
feeder 馈线
feeder aérien 架空馈线
feeder enterré 入地馈线
feeder négatif 负馈线
feeder positif 正馈线
fenêtre coulissante 推拉窗
fente 裂缝;裂口
fente à boue 污泥裂缝
fente bilatérale 夹缝
fente d'aération 通风口
fente d'affaissement 沉降裂缝
fente de champignon de rail 轨头裂缝
fente de chauffage 热裂缝
fente de cisaillement 剪切裂缝
fente de l'âme du rail 轨腹裂缝;轨腰劈裂
fente de porte 门缝
fente de rail 钢轨裂缝
fente de refroidissement 冷缩裂缝
fente de retrait 干缩裂缝
fente de roue 车轮裂缝
fente de sécheresse 干缩裂缝
fente de traverse en bois 木枕开裂
fendillement 开裂;产生裂纹
fer 铁;钢材;钢筋
fer à cornière 角钢
fer à double T 工字钢
fer à T 丁字钢;T形钢
fer blanc 马口铁;镀锡铁皮
fer brut 生铁

fer carré 方钢
fer cru 生铁
fer d'ancrage 锚固铁件
fer d'angle 角铁
fer de construction 建筑用钢
fer de fonte 铸铁
fer de scellement 锚固钢筋
fer doux 软铁；熟铁
fer en attente 预留钢筋
fer en U 槽钢
fer étamé 镀锡铁皮；马口铁
fer façonné 型钢；型铁
fer fondu 铸铁
fer galvanisé 镀锌铁皮；白口铁
fer plat 扁铁
fer profilé L L形钢
fer profilé T T形钢
fer rond 圆铁；圆钢筋
fer rouverain 次铁
fer triangulaire 三角铁
fermeture 关闭；闭合
fermeture automatique 自动关闭
fermeture de canal de signal 信道关闭
fermeture de canal de télécommunication 通信信道关闭
fermeture de canton 区间封锁
fermeture de circuit 电路闭合
fermeture de circuit de retour de traction 牵引回路闭合
fermeture de contact 接点闭合
fermeture de coordonnées 坐标闭合
fermeture de coordonnées de voies 线路坐标闭合
fermeture de cote 标高闭合
fermeture de couloir 通道关闭
fermeture de l'accès 进入口关闭
fermeture de l'accès au quai 站台入口关闭
fermeture de l'accès d'aiguille 进岔口关闭
fermeture de l'accès de gare 进站口关闭
fermeture de l'aiguille 道岔闭合
fermeture de la ligne 线路停运
fermeture de l'altitude 标高闭合
fermeture de l'interface 接口关闭
fermeture de passage 通道关闭
fermeture de polygonale 导线闭合
fermeture de polygonale nivelée 水准导线闭合
fermeture de section 区间关闭
fermeture de signal 信号关闭
fermeture de tronçon accidenté 出事路段关闭
fermeture de tronçon des travaux 施工路段关闭
fermeture de vanne 关闭阀门
fermeture de vanne de distribution d'air 关闭空气分配阀
fermeture de vanne de sécurité 关闭安全阀
fermeture de voie de réparation 维修线路关闭
fermeture d'itinéraire 进路关闭
fermeture rapide 快速闭合
fermeture totale 全封闭
ferraillage 钢筋；配筋
ferraillage de béton armé 钢筋混凝土配筋
ferraillage de poutre préfabriquée 预制梁配筋
ferrailleur 钢筋工
ferroutage 铁路公路联运
feu 火；灯光
feux avertisseurs 警示灯
feux blancx 白色灯
feux clignotants 闪光灯
feux de brouillard 雾灯
feux de chenal 航道指示灯
feux de circulation 交通信号灯
feux de délimitation 示界灯
feux de détresse 故障灯；双闪灯
feux de freinage 刹车灯
feux de gabarit 限界提示灯
feux de navigation 航标灯
feux de nuage 灯塔闪光灯
feux de piste 跑道灯
feux de position 位置指示灯；示宽灯
feux de signal 信号灯
feux d'indication 指示灯
feux indicateurs de direction 方向指示灯
feux intermittents 间隙灯光
feux jaunes 黄灯
feux rouges 红色灯
feux tricolores 三色信号灯
feux verts 绿灯
feuille 薄板；薄片
feuille d'acier 钢板
feuille d'acier galvanisé 镀锌钢板
feuille d'aluminium 铝皮；铝板
feuille d'amiante 石棉板
feuille de contre-plaqué 胶合板
feuille de cuivre 铜皮

feuille de fer-blanc 白铁皮
feuille de plomb 铅皮
feuille de zinc 锌皮
feuille en feutre synthétique 合成毡膜
feuille étanche plastique 塑料密封膜
feuille métallique 金属板
feuillure 条形角槽
feutre 毡;毛毡
feutre asphalté 沥青油毡
feutre asphaltique 沥青油毡
feutre bitumé 油毡
feutre bitumé en aluminium 铝箔油毡
feutre bitumineux 油毡
feutre d'amiante 石棉毛毡
feutre de fibre de verre 玻璃纤维毡
feutre goudronné 柏油毛毡
feutre protecteur 保护毡;土工布
feutre synthétique 合成毛毡
fiabilité 可靠性
fiabilité de circulation 运行可靠性
fiabilité de compatibilité des équipements 设备兼容可靠性
fiabilité de conception 设计可靠性
fiabilité de dynamique 动能可靠性
fiabilité de freinage 制动可靠性
fiabilité de l'appareil 仪器可靠性
fiabilité de l'équipement 设备可靠性
fiabilité de l'étanchéité 密封可靠性
fiabilité de matériau 材料可靠性
fiabilité de matériel 设备可靠性
fiabilité de performance 性能可靠性
fiabilité de résistance 强度可靠性
fiabilité de sécurité 安全可靠性
fiabilité de système 系统可靠性
fiabilité technique 技术可靠性
fibre 纤维;纤维材料
fibre artificielle 人造纤维
fibre d'amiante 石棉纤维
fibre d'asbeste 石棉纤维
fibre de carbone 碳纤维
fibre de laitier 矿纤维
fibre de polyester 聚酯纤维
fibre de verre 玻璃纤维
fibre de vinylique 聚乙烯纤维
fibre optique 光纤
fibre optique de communication 通信光纤
fibre sensible de chaleur 感温光纤
fibre synthétique 合成纤维
fibre textile 纺织纤维

fibre thermométrique 感温光纤
fibrociment 石棉水泥
ficelle 细绳
ficelle de chanvre 麻绳
ficelle de coton 线绳
fiche 卡片
fiche de battage 打桩记录卡片
fiche de carottes 岩芯卡片
fiche de contrôle 检查表
fiche de matériaux 材料卡片
fiche de renseignement 信息卡
fiche d'essai 试验记录卡
fiche de stock 库存卡片
fiche de suivi 跟踪记录卡
fiche d'exécution 施工记录卡
fiche technique 技术卡片
fichier 文件
fichier électronique 电子文档
fichier technique 技术文档
figure 图形;数值
figure caractéristique 特征图
figure curviligne 曲线图
figure géométrique 几何图形
figure plane 平面形
figure rectiligne 直线图形
figure schématique 草图
figure schématique de calcul 计算草图
figure symétrique 对称形
figure topographique 地形图形
fil 纱;线
fil aérien 架空线
fil à haute résistance 高强度钢丝
filasse 麻丝
filasse bitumée 沥青麻丝
filasse de chanvre 麻丝
filasse goudronnée 沥青麻丝
fil barbelé 刺铁丝
fil conducteur 导线
fil conducteur aérien 架空导线
fil conducteur de compensation 补偿导线
fil conducteur de mise à terre 接地导线
fil conducteur de rail 轨道导线
fil conducteur de retour de circuit 电回路导线
fil d'acier 钢丝
fil d'alimentation en énergie électrique 牵引动力线
fil d'amenée 引入线
fil d'amenée de rail 钢轨引接线

fil d'ancrage 锚线	film 塑料薄膜
fil d'attache 扎丝	film d'isolation 防水薄膜
fil d'eau 流水线	film plastique 塑料薄膜
fil de connexion de masse 接地地桩连接线	film polyéthylène 聚乙烯薄膜
fil de contact 接触线	filtrage 过滤
fil de contact de caténaire 电力牵引接触线	filtration de boue sous pression 污泥压滤
fil de contact de croissement 交会接触线	filtration de l'assise de voie 路基渗流
fil de contact de croissement de caténaire 接触网交会接触线	filtration de l'eau de tunnel 隧洞渗流
fil de contact de locomotive électrique 动力机车动力线	filtre 滤器;滤筛
	filtre à air 空气滤清器
fil de feeder 馈线	filtre à huile 油筛
fil de fer 铁丝	filtre à sable 砂筛
fil de fer barbelé 刺铁丝	filtre aspirateur d'air 空气过滤器滤筛
fil de fer galvanisé 镀锌铁丝	fin 结束
fil de masse aérien de caténaire 接触网架空接地线	fin d'approche 引道尽头;接近端
	fin de conception 设计完工
fil de retour 回流线	fin de courbe en plan(FCP) 平曲线终点
fil de retour de traction 牵引回流线	fin de courbe verticale(FCV) 竖曲线终点
fil de ronce 刺铁丝	fin de ligne 线路终点
fil de sondage 探测线	fin de parcours 行程终点
fil de soudure 焊丝	fin de prise 终凝
fil de terre 接地线	fin de raccordement parabolique(FRP) 抛物线连接终点
file 纵列	
file de faisceau de voies 纵向铁路线群	fin de réparation 维修完工
file de palplanches 板桩墙	fin de sortie de croisement 道岔跟部
file de pieux 桩排	fin des travaux 工程完工
file de poteaux 排柱	fin de tracé 线路终点
file de pylônes 纵列铁塔	fin de voie 线路终点
file de pylônes de fil à haute tension 纵列高压线铁塔	finesse 细度
	finesse d'agrégat 集料细度
file de rail 轨条	finesse de broyage 碾磨细度
file de rame automotrice 动车组列	finesse de ciment 水泥细度
file d'étançons 排柱	finesse de dispersion 分散细度
file de véhicules 车队	finesse de grain 颗粒细度
fil électrique 电线	finesse de mesure 测量精度
fil en acier galvanisé 镀锌钢丝	finissage 精加工;修整
filet 网	finissage de la plateforme de voie 道床整理
filet de protection 保护网	
filet de sécurité 安全护网;网罩	finissage de soudure 焊接打磨
filet protecteur contre chute 防坠石护网	finissage de talus 边坡整理
filet protecteur métallique 金属护网	finisseur 沥青摊铺机
fil fusible 保险丝	finisseur à bras 手扶式修整机
fil métallique 金属丝	finisseur asphalteur 沥青摊铺机
fils de ligature 绑扎钢丝	finisseur de chaussée 路面修整机
fil supplémentaire de caténaire 接触网附加导线	finisseur de fréquence élevée 高频混凝土修整机
	finisseur de l'accotement 路肩修整机
fil téléphonique 电话线	finisseuse 修整机
filiale 子公司;分公司	finisseuse de béton 混凝土修整机

finition 装修
finition de bâtiment 建筑装修
finition de déblai 挖方修理
finition de l'arase de fond de déblai
　挖方底部修理刮平
finition de l'arase de remblai de pente de
　risberme 梯台腰坡填方修理刮平
finition de talus 边坡修理
firme 公司
firme de construction 建筑公司
firme spécialisée 专业公司
fissuration 裂缝；裂纹
fissuration à la fatigue 疲劳裂缝
fissuration à l'orifice du boulon 螺孔裂纹
fissuration de cylindre 缸裂缝
fissuration de poutre 梁裂纹
fissuration de rail 钢轨裂纹
fissuration de traverse 轨枕裂缝
fissuration de revêtement 衬砌裂纹
fissuration en toile d'araignée
　龟裂；网状裂缝
fissuration longitudinale 纵向裂缝
fissuration sous retrait 收缩裂缝
fissuration transversale 横向裂缝
fissure 裂缝；裂痕；裂纹
fissure capillaire 细裂纹
fissure de béton 混凝土开裂
fissure de chaleur 热裂缝
fissure de chaussée 路面裂缝
fissure de cisaillement 剪切裂缝
fissure de compression 压缩裂缝
fissure de contraction 收缩裂缝
fissure de déformation 变形裂缝
fissure de dessiccation 干缩裂缝
fissure de dilatation 膨胀裂缝
fissure de faille 断层裂缝
fissure de fatigue 疲劳裂缝
fissure de l'âme du rail 轨腰劈裂
fissure de la plaque d'acier 钢板裂缝
fissure de l'éclisse 夹板裂纹
fissure de poteau 柱裂缝
fissure de poutre 梁裂缝
fissure de radier 底板裂缝
fissure de rail 钢轨裂纹
fissure de retrait 收缩裂缝
fissure de roue 车轮裂缝
fissure de soudure 焊接裂缝
fissure de stratification 层痕
fissure de tablier 桥面板裂缝
fissure de tectonique 构造裂缝
fissure de température 温度裂缝
fissure de tension 张拉裂缝
fissure de trou de boulon 螺孔裂纹
fissure de tunnel 隧道裂缝
fissure due à la chaleur 热开裂
fissure due à l'expansion 膨胀开裂
fissure élastique 弹性裂缝
fissure en réseau 网状裂缝
fissure horizontale de champignon de rail
　轨头水平劈裂
fissure interne 内部裂缝
fissure longitudinale 纵向裂缝
fissure oblique 斜向裂缝
fissure profonde 深裂缝
fissure radiale 放射裂缝
fissure superficielle 表面裂纹
fissure transversale 横向裂缝
fissure verticale de champignon de rail
　轨头垂直劈裂
fissure visible 可见裂缝
fixation 固定
fixation à boulon 螺栓固定
fixation à clavette 销键固定
fixation d'écartement de voie 锁定轨距
fixation de connexion 连接固定
fixation de conteneur 集装箱固定
fixation de coût de construction 固定造价
fixation de date 固定日期
fixation de délai 固定工期
fixation de l'aiguille 固定道岔
fixation de l'éclisse de rail
　固定轨缝连接夹板
fixation de l'équipage de conduite
　固定乘务组人员
fixation de marchandises sur le wagon
　车辆货物固定
fixation de montant 固定金额
fixation de montant plafonné 固定封顶金额
fixation de plan de conception
　固定设计方案
fixation de point 定点
fixation de prix 固定价格
fixation de prix forfaitaire 固定总包价
fixation de prix unitaire 固定单价
fixation de processus 固定程序
fixation de sable 固沙
fixation des attaches 固定扣件
fixation des attaches de rails 固定钢轨扣件

fixation des dunes　沙丘固定
fixation des rails　固定钢轨
fixation de soudure　焊接固定
fixation de support　固定支点
fixation de tarif du transport　固定运价
fixation de talus　固定边坡
fixation de temps　锁定时间
fixation de température de rail　锁定轨温
fixation de tracé　定线；确定线路走向
fixation du personnel　定员
flache　凹陷；瑕疵
flambement　纵向弯曲
flambement à la compression　受压弯曲
flambement au cours de l'établissement de précontrainte　施加预应力引起的压曲
flambement de longeron　侧梁弯曲
flambement de longrine de caisse　车体侧梁弯曲
flambement de poutre　梁弯曲
flambement de rail pointu　尖轨弯曲
flambement élastique　弹性压曲
flambement excentré　偏心弯曲
flambement latéral　侧向弯曲
flambement transversal　横向挠度
flanc　肋部；侧面
flanc de bogie　转向架侧架
flanc de la plateforme de voie　道床路肩
flanc de tranchée　路堑边坡
flanc de wagon　车辆外侧
flèche　箭头标志；挠度
flèche admissible　允许挠度
flèche d'abaissement　挠度；下垂度
flèche de câble porteur　承力索弛度
flèche de déformation　变形挠度
flèche de direction　方向箭头
flèche de l'arc　拱矢高
flèche de pont　桥梁挠度
flèche de rabattement　转向箭头标志
flèche de ressort　弹簧挠度
flèche de ressort suspendu　悬挂弹簧挠度
flèche de voûte　拱高
flèche directionnelle　导向箭头
flèche dynamique　动挠度
flèche dynamique de ressort　弹簧动挠度
flèche maximale　最大挠度
flèche minimale　最小挠度
flèche négative　上拱度；上挠度
flèche négative préfabriquée　预制上挠
flèche permanente　永久挠度

flèche statique　静挠度
flèche statique de ressort　弹簧静挠度
flèche totale　总挠度
flèche tolérée　允许挠度
flèchissement de longeron　侧梁下垂
flèchissement de poutre　梁下垂
flèchissement de traverse d'attelage　牵引梁下垂
fleuve　河流
flexibilité　柔韧性
flexibilité de ressort　弹簧柔度
flexible　软管
flexible à vapeur　蒸气软管
flexible de chauffage　加热软管
flexible de frein　制动软管
flexible de l'eau alimentaire　供水连接软管
flexible de vidange　排空软管
flexion　弯曲；弯曲度
flexion composée　组合弯曲
flexion de l'aiguille　钢轨挠度；钢轨弯曲度
flexion de rail　钢轨挠度；钢轨弯曲度
flexion de rail pointu　尖轨弯曲
flexion de ressort　弹簧挠度
flexion de tuyau　管挠度
flexion élastique　弹性挠度
flexion en bas　下弯曲
flexion en haut　上弯曲
flexion latérale　侧弯；旁弯
flexion latérale de longrine　侧梁旁弯
flexion latérale de poutre centrale　中梁旁弯
flexion transversale de longrine　侧梁甩头
flexion transversale de traverse d'attelage　牵引梁甩头
flintkot　冷底子油
fluage　徐变；蠕变
fluage à court terme　短期徐变
fluage à long terme　长期徐变
fluage de béton　混凝土徐变
fluage de chaussée bitumineuse　沥青路面蠕变
fluage de voie　线路蠕变
fluage saisonnier　季节性蠕变
fluctuation　起伏；波动
fluctuation de charge　承载力变化
fluctuation de courant électrique　电流不稳
fluctuation de fréquence　频率起伏
fluctuation de pression　压力变化
fluctuation de prix　价格波动
fluctuation de prix de pétrole　油价波动

fluctuation de taux de change　汇率波动
fluctuation de taux de vitesse　速率波动
fluctuation de tension　电压波动
fluctuation de trafic　交通量变化
fluide　液体；流体
fluide de forage　钻孔泥浆
fluide de refroidissement　冷却液
fluidifiant　稀释剂；塑化剂
fluidité　流塑性
fluidité de béton　混凝土流塑性
fluidité de circulation　交通流畅
fluidité de ligne　线路流畅性
fluidité de liquide　液体流动性
fluidité de trafic　交通流畅性
flux　流
flux à l'heure de pointe　高峰时段车流
flux continu　连续车流；不间断车流
flux d'air　气流
flux d'air à la queue du train　列车尾流
flux d'air de circulation de train
　列车运行空气流
flux de chaleur　热流
flux de circulation　交通流量
flux de circulation maximum
　最大交通流量
flux de contraintes　应力流
flux de crue　洪流
flux de filtration　渗流
flux de fret　铁路货流
flux de l'intersection　交叉流量
flux de liquidité　现金流量
flux de marchandises　货流
flux de passage　通过流量
flux de pointe　高峰流量
flux de rencontre　交汇车流
flux des voyageurs　旅客流量
flux de trafic　交通流量；车流
flux de trafic à l'heure de pointe
　高峰车流量
flux de trafic bidirectionnel　双向车流量
flux de trafic entremêlé　交织交通流
flux de trafic potentiel　潜在交通流量
flux de trafic principal　主要交通流量
flux de trafic unidirectionnel　单向车流量
flux de trains à court trajet
　小运转列车车流
flux de trains de section　区段列车车流
flux de trains directs　直达列车车流
flux de transport　运输流量
flux de voie　车道车流
flux discontinu　不连续车流；间断车流
flux entremêlé　交织流
flux inverse　反向车流
flux libre　自由车流
flux libre de trafic　自由交通流
flux Marshall　马歇尔流动值
flux mixte　混合车流
flux monétaire　资金流量
flux périphérique　周边流
flux routier　公路交通流量
flux saisonnier　季节性车流
flux saturé　饱和车流
flux stable　稳定车流
FOB　离岸价
foisonnement　膨胀
foisonnement de boue　污泥膨胀
foisonnement du sol　土体膨胀
foisonnement dû à l'humidité　湿胀
fonçage　下沉；沉陷
fonçage à niveau bas　降低水位法掘进
fonçage à niveau vide　降低水位法掘进
fonçage au jet d'eau　射水沉桩
fonçage au poussage　板桩法掘进
fonçage de caisson　沉箱下沉
fonçage de pieu　沉桩
fonçage de pilotis　沉桩
fonçage de puits　打井
fonçage mécanisé　机械掘进
fonction　功能；作用
fonction administrative　行政职能
fonction anti-acheminant　防爬功能
fonction anti-déraillement　防脱轨功能
fonction anti-détachement　防脱功能
fonction d'alarme automatique
　自动报警功能
fonction de charge　荷载作用
fonction de circulation　运行功能
fonction de commande　控制功能
fonction de commande à bord
　车上控制功能
fonction de commande à distance
　远程控制功能
fonction de commande automatique
　自动控制功能
fonction de cumul　累积功能
fonction de cumul du temps de
　fonctionnement　运转时间累积功能
fonction de décharge　释放功能

fonction de décharge électrostatique 静电释放功能
fonction de détection 检测功能
fonction de détection automatique 自检功能
fonction de filtration 过滤功能
fonction de fixation 固定作用
fonction de guidage 导向作用
fonction de l'aiguille 道岔功能
fonction de libération 释放功能
fonction de protection 保护作用
fonction de protection automatique
　自动保护作用
fonction de production 生产职能
fonction de réaction mutuelle 相互作用功能
fonction de rétablissement automatique
　自动恢复功能
fonction de signal 信号功能
fonction de suivi et de surveillance
　automatique 自动跟踪和监视功能
fonction de support 支撑功能
fonction de système 系统功能
fonction de traction 牵引作用
fonction de voie 线路功能
fonction exercée 担任的职务
fonction locale 局部功能
fonction publique 公职
fonctionnement 运行;运转
fonctionnement à pleine charge 满负荷运转
fonctionnement automatique 自动运转
fonctionnement de circulation 交通运行
fonctionnement de double traction de
　locomotive 双机运行
fonctionnement de l'équipement 设备运转
fonctionnement de locomotive unique
　单机运行
fonctionnement de machine 机器运转
fonctionnement des capitaux 资本运作
fonctionnement des essais 调试
fonctionnement des matériels roulants
　车辆运行
fonctionnement de système 系统运行
fonctionnement de système de gestion
　管理系统运行
fonctionnement de système de voie ferrée
　铁路系统运行
fonctionnement manuel 手动操作
fonctionnement silencieux 静运行
fonctionnement stable 平稳运行
fond 底部

fondation 基础;底座
fondation à air comprimé 气压沉箱基础
fondation à hérisson 毛石基础
fondation anti-vibration 抗震基础
fondation à pieux rigides 刚性桩基础
fondation à redans(redents) 阶梯形基础
fondation à section rectangulaire 矩形基础
fondation à section trapézoïdale 梯形基础
fondation au ciment comprimé 灌浆基础
fondation au-dessous de rail 轨下基础
fondation carrée 方形基础
fondation circulaire 圆形基础
fondation combinée 组合基础
fondation composite 复合基础
fondation continue 带形基础;连续基础
fondation dallée 板式基础
fondation de colonnes 柱基础
fondation défavorable 不良地基
fondation de frottement 摩擦桩基
fondation de la plateforme de voie ferrée
　铁路路基
fondation de l'ouvrage 建筑物基础
fondation de l'ouvrage d'art 构造物基础
fondation de piles 桥墩基础
fondation déployée 扩大基础
fondation déployée excavée à ciel ouvert
　明挖扩大基础
fondation de pont 桥基
fondation des appuis 墩台基础
fondation de socle de machine 机座基础
fondation de sol gelé 冻土路基
fondation de voie ferrée 轨道基础
fondation directe 底脚基础
fondation distributrice 扩展基础
fondation double 双层基础
fondation élastique 弹性基础
fondation élongée 阶梯形基础
fondation en bloc de béton 混凝土块基础
fondation en caisson 沉箱基础
fondation en dalle 板式基础
fondation en forme d'escalier 阶梯形基础
fondation en gradins 阶梯形基础
fondation en gravier 砾石基础
fondation en matériaux graveleux
　砾石料基础
fondation en moellons 毛石基础
fondation en pieux de béton 混凝土桩基
fondation en pieux tubulaires 管桩基础
fondation en piles 墩式基础

fondation en puits 沉井基础
fondation en radeau 筏基
fondation en roche 岩石基础
fondation en sol mou 软土基础
fondation en surface 浅基础
fondation fichée 打桩基础;墩式基础
fondation flexible 柔性基础
fondation indépendante 独立基础
fondation isolée 单独基础
fondation lourde 重型基础
fondation par ballast encoffré 石笼基础
fondation par encaissement 箱形基础
fondation par fonçage 沉箱基础
fondation par fonçage de puits 沉井基础
fondation par havage 重力沉井基础
fondation peu profonde 浅基础
fondation pour poteaux 桩基础
fondation profonde 深基础
fondation raide 刚性基础
fondation rectangulaire 矩形基础
fondation rigide 刚性基础
fondation superficielle 浅基础
fondation sur pieux 桩基础
fondation sur pieux inclinés 斜桩基础
fondation sur piles 墩式基础
fondation sur piles-caissons 井筒基础
fondation sur piles-colonnes 井柱基础
fondation sur piliers 深柱基础;桩基
fondation sur piliers tubulaires 管桩基础
fondation sur pilotis 排桩基础
fondation sur radier général 满堂基础
fondation sur rigoles 带形基础;槽形基础
fond de forme 底层
fond de fossé 沟底
fond de fouille 基坑底部
fond de fouille en cote négative 基坑超挖
fond de fouille en cote positive 基坑欠挖
fond de l'assise de voie 路基底部
fond de navire 船底
fond de puits 井底
fond de sable 砂底层
fond de sondage 钻孔底部
fond de tunnel 隧道深处
fond de vallée 谷底
fond du lit de ballast 道床底部
fondé de pouvoir 代理人;被授权人
fonderie 铸造车间
fondoir-malaxeur 加热拌和机
fondoir-malaxeur à asphalte
  沥青加热拌和机

fond rocheux 岩基
fonds 资金
fonds budgétaire 预算资金
fonds circulant 流动资金
fonds d'accumulation 积累资金
fonds de consommation 消费基金
fonds de garantie 保证金
fonds de prévoyance 意外准备金
fonds de réserve 准备金;储备金
fonds de roulement 流动资金
fonds de terre 地产
fonds d'investissement 投资资金
fonds d'investissement ferroviaire
  铁路投资资金
fonds disponible 流动资金
fonds fixe 固定资金
Fonds Monétaire International
  国际货币基金组织
fond solide 坚硬地基
fonds productif 生产基金
fontaine 喷泉
fontaine d'eau potable 饮水喷头
fontaine intermittente 间歇泉
fontaine jaillissante 喷泉
fontaine périodique 季节泉
fonte 铸造;铸铁
fonte aciérée 刚性铸铁
fonte à graphite sphéroïdal 球墨铸铁
fonte brute 生铁
fonte d'acier 铸钢
fonte d'affinage 铸铁
fonte de moulage 铸铁
fonte de neige 融雪
forage 穿孔;钻孔;钻井
forage à abattage 冲击钻进
forage à air 空气钻孔;气钻
forage à boue 泥浆钻探
forage à grande profondeur 钻深井
forage à grenaille en acier 钢砂钻井
forage à la main 手工凿岩
forage à rotation 回转钻进
forage à sec 干式钻井
forage à tarière 螺钻钻探
forage à tige 钻杆钻进
forage à turbine 涡轮钻进
forage carottant 岩芯钻进
forage carotté 岩芯钻进
forage de contrôle 定向凿岩

forage de pans 梯级钻探;梯段打眼
forage de percussion 冲击钻井
forage de percussion-rotation
　旋转冲击钻孔
forage de pieux 基桩钻孔;灌注桩钻孔
forage de puits 钻井
forage de puits à rotation 回旋钻井
forage de puits vertical 打直井
forage de recherche 普查钻探
forage de reconnaissance 勘探钻探
forage de rotation-percussion
　冲击旋转钻孔
forage d'essai 试钻
forage dévié 斜井
forage d'exploration 钻探
forage d'injection de coulis 注浆钻孔
forage dirigé 定向凿岩
forage en direction 定向凿岩
forage en grand diamètre 大口径钻井
forage en profondeur 深钻孔
forage en roche 岩层钻探
forage en terrain meuble 软地基钻探
forage en terrain rocheux 岩石地基钻探
forage géologique 地质钻探
forage géophysique 地球物理钻探
forage humide 湿式钻孔
forage hydraulique 液压钻孔
forage incliné 斜孔钻进
forage manuel 手工凿岩
forage mécanique 机械钻进
forage par battage 冲击式钻井
forage par méthode de vibration
　振动法钻进
forage par pression hydraulique 液压钻孔
forage par rotary 回转钻进
forage par sondage 钻探;探孔
forage pneumatique 风动凿岩
forage primaire 初钻
forage profond 深钻
forage rapide 快速钻进
forage rotatif 旋转式钻进;旋转钻孔
forage rotatif avec injection d'air
　回转射流钻进
forage rotatif percutant 旋转冲击钻进
forage roto-percutant 回转冲击钻进
forage thermique 热力钻进
forage vertical 垂直钻进;立式钻井
forage vibrateur 振动钻进
force 力

force accélératrice 加速力
force additionnelle 附加力
force appliquée 作用力
force axiale 轴向力
force axipète 向心力
force concentrée 集中力
force centrale 中心力
force centrifuge 离心力
force centrifuge de l'équilibre 平衡离心力
force centrifuge de voie en courbe
　弯道离心力
force centripète 向心力
force composée 合力
force concentrée 集中力
force constante 恒力
force d'action 作用力
force d'adhérence 黏着力
force d'adhésion 黏着力
force d'ancrage 锚固力
force d'appui 支撑力
force d'appui du sol 地基支承力
force d'arrachement 拔力
force d'attraction 吸引力
force de cavage 挖掘力
force de cheval 马力
force de choc 冲击力
force de choc contre le joint de raccord
　接头部位冲击力
force de choc de roue contre le bout de rail
　轮缘对接轨端头的冲击力
force de cisaillement 剪切力
force de cohésion 附着力
force de cohésion de roue sur le rail
　轮轨附着力
force de collage 胶合力
force de compression 压缩力
force de contraction 收缩力
force d'écrasement 压碎力
force de déviation 偏向力
force de filtration 渗透力
force de flambement 纵向压曲力
force de flexion 弯曲力
force de freinage 制动力
force de friction 摩擦力
force de friction de glissement 滑动摩擦力
force de frottement 摩擦力
force de frottement du sabot de frein
　闸瓦摩擦力
force de gonflement 膨胀力

force de gonflement du sol　地基膨胀力
force de gravité　重力
force de gravité de câble porteur
　承力索下垂力
force de lacet du train　列车横向摇摆力
force de levage　提升力
force d'élévation　升力
force de liaison　黏结力
force de loi　法律效力
force de masse　惯性力
force de masse de matériel roulant
　车辆惯性力
force de pénétration　贯入力；穿透力
force de percolation　渗透力
force de percussion　冲击力
force de perforation　击穿力
force de pesanteur　重力；地心吸力
force de portance　承重力
force de poussée　推力
force de précontrainte　预应力
force de pression　压力
force de prise　凝聚力
force de résistance　阻力
force de retrait　收缩力
force de retrait de béton　混凝土收缩力
force de serrage　握力
force de serrage de béton　混凝土握力
force de tension　张力
force de tirage　拉力
force de torsion　扭力
force de torsion de l'attache　扣件扭力
force de torsion de boulon　螺栓扭力
force de torsion de déraillement　脱轨扭力
force de traction　牵引力
force de traction de locomotive　机车牵引力
force de travail　劳动力
force déviante　偏向力
force de vibration　振动力
force d'excitation　激发力
force d'expansion　膨胀力
force d'explosion　爆炸力
force d'impact　冲击力
force d'impact contre le joint de rail
　轨接头冲击力
force d'impulsion　冲力
force d'inertie　惯性力
force d'inertie de freinage　制动惯性力
force dissipative　扩散力
force distribuée　分布力

force du vent　风力
force dynamique　动力
force élastique　弹力
force équilibrée　平衡力
force excentrique　偏心力
force explosive　爆炸力
force extérieure　外力
force externe　外力
force horizontale　水平力
force hydraulique　液力
force intérieure　内力
force interne　内力
force latente　潜在力
force latérale　侧向力
force longitudinale　纵向力
force majeure　不可抗力
force mécanique　机械力
force motrice　驱动力
force motrice concentrée　集中式动力
force motrice de locomotive　机车动力
force motrice de traction　牵引动力
force motrice dispersée　分散式动力
force normale　法向力
force opposée　反向力
force passive　从动力
force pénétrante　穿透力
force perpendiculaire　垂直作用力
force physique　体力
force ponctuelle　集中力
force portante　承重力
force principale　主力
force productive　生产力
force propulsive　推力
force radiale　辐射力；径向力
force réactive　反作用力
force répulsive　斥力
force résistante de circulation　行车阻力
force secondaire　次力
force statique　静力
force superficielle　表面力
force tangentielle　切向力
force tangentielle de l'interface de rail/roue
　轮轨界面切向力
force thermique　热力
force tirante　拉力
force transversale　横向力
force transversale de roue-rail　轮轨横向力
force transversale d'essieu-monté
　轮轴横向力

force unitaire 单位力
force verticale 垂直力
force vive 活力
foret 钻;钻头
foret à bras 手摇钻
foret aléseur 扩孔钻;冲钻
foret à terre 取土钻
foret de percussion 冲击钻
foret électrique 电钻
foret hélicoïdal 麻花钻
foret long 深孔钻
foret pneumatique 风钻
foret spiral 螺旋钻
foreuse 钻机;凿岩机
foreuse à air comprimé 风动凿岩机
foreuse à carottes 岩芯钻进机
foreuse à jambes 支架式凿岩机
foreuse à main 手持式钻机
foreuse à marteau 冲击机
foreuse à percussion 冲击式钻机
foreuse à rotation 旋转式钻机
foreuse à sec 干式钻机
foreuse à témoin 取芯钻机
foreuse-défonceuse 钻探扩孔机
foreuse d'établi 台式钻机
foreuse horizontale 水平钻机
foreuse humide 湿法钻机
foreuse légère 轻型钻机
foreuse lourde 重型钻机
foreuse percutante 冲击式钻机
foreuse pneumatique 风动式钻机
foreuse rotative 旋转式钻机
foreuse roto-percutante 回转冲击钻机
foreuse-sol 地螺钻
foreuse verticale 立钻
foreuse vibratoire 振动凿岩机
forfait 承包;包工
forfait global 总承包
formalité 手续;程序
formalité d'approbation 审批手续
formalité de circulation de train 行车手续
formalité de douane 海关手续
formalité d'enregistrement 注册手续
formalité de vérification 复核手续
format de CV du personnel 人员简历格式
format de tableau 图表格式
formation 形成;培训
formation à bosse de triage 驼峰站编组
formation adjacente 围堰

formation alternative 轮训
formation aquifère 含水层
formation de la plateforme de voie 路基成形
formation des aiguilles 道岔组合
formation des images 图像生成
formation des itinéraires 进路生成
formation de tableau 图表生成
formation de train 列车编组
formation de wagons fret 货车编组
formation de wagons unifiés 货车统一编组
formation de wagons voyageurs 客车编组
formation du personnel 人员培训
formation géologique 地质构造
formation lacustre 湖积层
formation par le triage 调车编组
formation professionnelle 职业培训
formation technique 技术培训
formation tufacée 凝灰岩地层
forme 形状
forme carrée 方形
forme circulaire 圆形
forme concave 凹形
forme conique 锥形
forme cylindre 圆柱形
forme d'attelage 车钩形状
forme de ballasts 砟石形状
forme de caisson 箱形
forme de cascades 跌水方式
forme de distribution 分布形式
forme de distribution de force dynamique 动力分配形式
forme de disposition d'aiguillage 道岔布置形式
forme de disposition de chantier-gare 站场布置形式
forme définie 定形
forme de grains 颗粒形状
forme de l'aiguille 道岔形状
forme de l'arc 弧形
forme de pente 找坡层
forme de profilage 流线型形状
forme de quai 站台形式
forme de relief 地貌形态
forme de section 断面形状
forme de talus 边坡形状
forme de terrain 地形
forme de tête de locomotive 机车车头形状
forme de traction 牵引形式

forme de voie 线路形状
forme de wagon 车辆形状
forme durcie 硬结层
forme échelonnée 阶梯形
forme ellipsoïdale 椭圆形
forme en béton 混凝土垫层
forme en plan 平面形状
forme en sable 砂子垫层
forme finale 最终形状
forme géométrique 几何形状
forme hélicoïdale 螺旋形
forme irrégulière 不规则图形
forme juridique 法律形式
forme lamellaire 片状；板状
forme linéaire 线形
forme ovale 椭圆形
forme rectangulaire 长方形
forme ronde 圆形
forme sphérique 球形
forme standard 标准形式
forme structurale 结构形式
forme trapézoïdale 梯形
forme triangulaire 三角形
formeret 侧向拱肋
formulation 配比
formulation de béton 混凝土配合比
formule 公式；格式；表格
formule applicable 采用公式
formule approximative 近似公式
formule d'actualisation 更新公式
formule de calcul 计算公式
formule de contrat 合同格式
formule de conversion 换算公式
formule de défilé de faisceau de voies
　铁路线群纵列式
formule de dimensionnement 确定尺寸公式
formule de mélange 混合配料公式
formule d'enrobage 沥青混合料配方
formule de révision 调整公式
formule de révision de prix des travaux
　工程价格调整公式
formule d'essieux 轴列式
formule de variation des prix
　价格变更公式
formule granulométrique 粒度测定公式
fosse 坑；地沟
fosse à fond perdu 渗井
fosse à sable 沙坑
fosse aux cendres 炉灰池

fosse de contrôle sur les pilotis 立柱检查坑
fosse d'écoulement 排水沟
fosse de dissipation 消力池
fosse de fondation 基坑
fosse de garage 修车地沟
fosse de goudron 柏油池
fosse de graissage 修车地沟
fosse de réparation 修理地沟
fosse de réparation du dépôt 车辆段机修坑
fosse de SMR 机务段机修坑
fosse d'essieux 落轮坑
fosse d'essieux de bogie 转向架落轮坑
fosse de visite 检修坑
fosse de visite sur les pilotis 立柱检查坑
fosse en terre 土坑
fosse en terre de récupération de l'eau
　集水土坑
fosse réservée contre l'incendie 消防管沟
fosse septique 化粪池
fossé 排水沟；边沟
fossé à ciel ouvert 明沟
fossé annulaire 环形排水沟
fossé au bas de remblai 路堤边沟
fossé avec éléments préfabriqués
　预制件排水沟
fossé aveugle 盲沟
fossé bétonné 混凝土排水沟
fossé bétonné avec brise charge
　带消力石的混凝土排水沟
fossé collecteur 集水沟
fossé coulé en place 现浇排水沟
fossé d'arrivée d'eau 引水沟
fossé de berme 坡腰排水沟
fossé de captage 截水沟
fossé de crête 天沟
fossé d'écoulement 排水沟
fossé de décharge 排水沟
fossé de décharge latérale 侧向排水沟
fossé de drainage 排水沟
fossé de l'assise de voie 路基边沟
fossé d'entonnement 集水坑
fossé de pied de remblai 填方坡底排水沟
fossé de risberme 坡腰排水沟
fossé des eaux usées 污水沟
fossé d'infiltration 渗水沟
fossé d'interception 截水沟
fossé drain d'assèchement 排水沟
fossé empierré 碎石铺砌边沟
fossé en béton 混凝土排水沟

fossé enherbé　植草边沟
fossé en pleine terre　露天截水沟
fossé en terre　土质边沟
fossé latéral　侧沟
fossé longitudinal　纵向排水沟
fossé maçonné　浆砌边沟
fossé non revêtu　敞开式排水沟
fossé ouvert　明沟
fossé pavé　砖石铺砌边沟
fossé préfabriqué　预制沟槽
fossé principal　主干沟
fossé revêtu　带盖截水沟
fossé souterrain de drainage
　暗沟；地下排水沟
fossé transversal　横向排水沟
fossé trapézoïdal　梯形排水沟
fossé triangulaire　三角排水沟
fossé végétalisé　植被边沟
fouille　基坑；挖槽
fouille à l'épuisement　排水开挖
fouille blindée　板桩护坡开挖
fouille de fondation　基坑；基槽
fouille d'emprunt　取土坑
fouille en grande masse　基坑大开挖
fouille en puits　井式深基坑
fouille en rigole　地沟式浅基坑
fouille en terrain meuble　松软土质基坑
fouille en terrain rocheux　岩石场地基坑
fouille en tranchée　基坑开挖；槽沟开挖
fouille étrésillonnée　支撑基坑
fouille ouverte　明堑；明开挖
fouille par compartiments　分格开挖
fouilleuse　反铲装土机
four　炉
four à acier　炼钢炉
four à arc　电弧炉
four à bitume　沥青炉
four à bitume à réchauffage
　沥青加热炉
four à bitume chauffé　沥青加热炉
four à brique　砖瓦窑
four à ciment　水泥窑
four à coke　炼焦炉
fourche　岔路口
fourchette de ballast　道砟叉
fourchure　岔口；岔路口
fourgon à bagages　行李车
fourgon à bagages de queue du train
　列车尾部行李车

fourgon à bestiaux　牲口车
fourgon-générateur　发电车
four Martin　马丁灶
fournisseur　供货商
fournisseur de locomotive　机车供应商
fournisseur de matériaux de construction
　建材供应商
fournisseur des matériels roulants
　车辆供应商
fournisseur des équipements des aiguilles
　道岔设备供应商
fournisseur des équipements de signal
　信号设备供应商
fournisseur des équipements de voie
　线路设备供应商
fournisseur désigné　指定供应商
fournisseur des rails　钢轨供应商
fournisseur des wagons　车辆供应商
fourniture　供应；提供
fourniture à pied d'œuvre　供货至现场
fourniture de ballast　道砟供应
fourniture de bitume　沥青供应
fourniture de canalisation　管道供应
fourniture de canalisation circulaire en béton
　混凝土圆管供应
fourniture de chaux　石灰供应
fourniture de ciment　水泥供应
fourniture de dossiers　提供资料
fourniture de l'eau　供水
fourniture de locomotive　机车供应
fourniture de matériaux de voie
　线路材料供应
fourniture de matériel de voie
　提供线路设备
fourniture de matériel roulant　车辆供应
fourniture de matières consommables
　耗材供应
fourniture de notes de calcul　提供计算书
fourniture de perrés　护坡片石供应
fourniture de pièces attachées　配件供应
fourniture de pièces de rechange　配件供应
fourniture de plans　提供图纸
fourniture de plans de récolement
　提供竣工图纸
fourniture de produity 提供产品
fourniture de rails　提供钢轨
fourniture des appareils anticheminants
　防爬设备供应
fourniture des attaches de rails
　供应轨道扣件

fourniture des équipements 设备供应
fourniture des équipements d'exploitation 提供运营设备
fourniture des métrés 提供工程数量
fourniture des wagons 提供车辆
fourniture de traverses 提供轨枕
fourniture d'explosif 炸药供应
fourreau 轴筒；套筒
fourreau d'ancrage 锚定套管
fourreau de cables 电缆套管
fourreau de réservation 预留套管
fourreau de réservation pour passage de réseau 管网通道预留套管
fourreau de télécommunication 电信套管
fourreau en nylon 尼龙套管
fourreau en PEHD 高密度聚乙烯套管
four solaire 太阳灶
fraction 破碎；碎石级配
fraction 25-50 25-50碎石级配
fractionnement 破碎；破裂；分段
fractionnement de gros bloc 破碎大块岩石
fractionnement des travaux 工程分段
fragilité de glace 玻璃易碎性
fragilité des écosystèmes 生态系统脆弱性
fragment 碎块；断片
fragment cubique de roche 碎石块
fragment de roche 岩石碎块
fragmentation 破碎度
fragmentation de ballast 砟石破碎度
fragmentation de matériau 材料破碎度
frais 费用；开支
frais accessoires 杂费；附加费
frais complémentaires 补充费用
frais d'acheminement des engins 机械转场费
frais d'acquisition 获取费
frais d'acquisition du terrain 场地获取费
frais d'affectation 调遣费
frais d'affectation du personnel 人员调遣费
frais d'alimentation en eau et en électricité 水电费
frais d'aménagement 治理费用
frais d'aménagement de terrain 场地治理费用
frais d'amenée 进场费用
frais d'amenée des équipements 设备进场费用
frais d'amortissement 折旧费

frais d'amortissement des immobilisations 固定资产折旧费
frais d'assurance 保险费
frais d'assurance de chantier 工地保险费
frais de bureau 办公费
frais de caution 保函费用
frais de chargement et déchargement 装卸费
frais de combustible 燃油费
frais de construction 建设费用
frais de contrôle 检查费用
frais de contrôle externe 第三方监理费用
frais de creusement 挖掘费用
frais de déménagement 搬迁费
frais de démolition 拆除费用
frais de douane 海关费用
frais de fabrication 制造费用
frais de fonctionnement 运行费用
frais de forage 钻探费用
frais de formalités 手续费
frais de formation 培训费
frais de gardiennage 保安费用
frais de gestion 管理费
frais de justice 诉讼费
frais de la main-d'œuvre 人工费
frais de location 租赁费
frais de location d'équipement 设备租赁费
frais de magasinage 仓储费
frais de manutention 搬运费
frais de matériaux 材料费用
frais de matériels 设备费用
frais d'emballage 包装费
frais de mobilisation 动员费
frais de montage 安装费
frais d'emploi 使用费
frais d'entreposage 仓储费
frais d'entretien 维修费
frais de plans 制图费
frais de production 生产费用
frais de prospection 勘探费用
frais de protection 保护费
frais de protection de l'environnement 环保费用
frais de reconnaissance 勘探费用
frais de rédaction des plans 绘图费
frais de remise en état de lieu 场地复原费
frais de renouvellement 更新改造费用
frais de réparation 修理费

frais de reprise de matériaux　材料二次搬运费
frais de rétablissement des documents d'exécution　施工文件编制费用
frais de rétablissement des plans　图纸绘制费用
frais de service　服务费
frais de soumission　投标费用
frais d'essais　实验费用
frais de stockage　储存费
frais de surveillance　监督费用
frais de tirage des documents　文件打印费
frais de tirage des plans　出图费
frais de traitement　处置费
frais de transport　运输费
frais de transport ferroviaire　铁路运费
frais d'études　设计费
frais de voyage　旅费
frais d'exécution　施工费用
frais d'exploitation　运营费
frais d'identification　鉴定费
frais d'installation　安置费
frais d'installation du chantier　工地设置费
frais d'investissement　投资费用
frais directs　直接费
frais divers　杂费
frais d'occupation de terrain　土地占用费
frais financier　财务费用
frais généraux de construction　建设管理费
frais généraux du siège social　总部管理费
fraisil　煤渣
frais indirects　间接费
frais portuaires　港口费用
frais supplémentaires　附加费用
franc de droits de douane　免纳关税
franchise　免税
franchissement　跨越
franchissement de lignes électriques　电缆线跨越
franchissement de pont　桥梁跨越
frane　地层滑移
fraude　偷税;走私
fraude à la douane　偷漏关税
fraude dans l'exécution des travaux　偷工减料
fraude fiscale　偷税漏税
frein　制动器;制动
frein à air　空气制动闸
frein à air comprimé　空压制动器

frein à disque　盘式制动器
frein aérodynamique　气压车闸
freinage à air comprimé　空气压缩制动
freinage à disque　圆盘制动
freinage à friction　摩擦制动
freinage à main　手制动
freinage à niveau　水平制动
freinage à sabot　闸瓦制动
freinage à vide　真空制动
freinage d'arrêt du train　停车制动
freinage de rail magnétique　磁轨制动
freinage de ralentissement　减速制动
freinage de service　工作制动
freinage de stationnement　驻车制动
freinage de train　列车制动
freinage d'immobilisation en ligne　在线停车制动
freinage d'urgence　紧急制动
freinage dynamique　动力制动
freinage électrique　电气制动
freinage hydraulique　液压制动
freinage mécanique　机械制动
freinage par récupération　再生制动
freinage par surface de roulement　踏面制动
freinage pneumatique　气压制动
freinage unitaire de surface de roulement unilatérale　单侧踏面单元制动
frein à main　手制动机
frein à main de wagon de marchandises　货车手制动机
frein à pied　脚制动闸
frein à vide　真空制动闸
frein brusque　突然制动
frein d'arrêt　制动闸
frein de rail de wagon　车辆制动器
frein de rail magnétique　磁轨制动器
frein de service　行车正常制动
frein de stationnement　驻车制动器
frein de voie　线路减速顶
frein d'urgence　紧急制动闸
frein hydraulique　液压制动器
frein pneumatique　气压制动闸
fréquence　频率
fréquence acoustique　声频
fréquence audible　音频
fréquence critique　临界频率
fréquence cumulative　累积频率
fréquence d'accidents　事故频率
fréquence d'alarme　报警频率

fréquence de balayage 扫描频率
fréquence de battage de pieu 打桩频率
fréquence de bourrage du lit de ballast
　道床捣固频率
fréquence de choc 冲击频率
fréquence de circulation à direction
　opposée de rame automotrice
　动车组对向行驶频率
fréquence de de chute de mouton 落锤频率
fréquence de contrôle 检查频率；控制频率
fréquence de crues 洪水周期
fréquence de départ de train 发车频率
fréquence d'émission 发射频率
fréquence d'émission de radio
　无线电发射频率
fréquence d'emploi 使用频率
fréquence de frappe 打击频率
fréquence de freinage 制动频率
fréquence de l'intensité de pluie
　强降雨频率
fréquence de modulation 调制频率
fréquence d'entretien de voie
　线路维修频率
fréquence de passage 通过频率
fréquence de passage des trains
　列车通过频率
fréquence de percussion 冲击频率
fréquence de précipitations 降雨频率
fréquence de radiation 辐射频率
fréquence de radio 电台频率
fréquence de référence 参考频率
fréquence de réparation 维修频率
fréquence de rotation 旋转频率
fréquence de roulage 碾压频率
fréquence de travail 工作频率
fréquence de variation 变化频率
fréquence de vibration 振动频率
fréquence de vibration automatique
　自振频率
fréquence de vibration naturelle 自振频率
fréquence d'impulsion 脉冲频率
fréquence fixée 固定频率
fréquence horaire par le même sens
　同方向发车时间频率
fréquence maximale 最大频率
fréquencemètre 频率计
fréquence minimale 最小频率
fréquence nominale 额定频率
fréquence porteuse 载波频率

fréquence propre 固有频率
fréquence standard 标准频率
fréquence ultra-haute 超高频
fréquence variable 变频
fret 运费
fret ferroviaire 铁路运费
friabilité 易碎性
friction 摩擦
friction de roue-rail 轮轨摩擦
friction de roulement 滚动摩擦
friction sèche 干摩擦
frigorifère 冷风机
front 正面；掌子面
front d'abattage 回采工作面
front d'attaque 开挖面；工作面
front d'avancement 掘进工作面
front d'avancement de galerie
　隧道开挖工作面
front de carrière 采石场开挖面
front de creusement 掘进工作面
front de creusement de tunnel
　隧道掘进工作面
front de pose de rail 铺轨工作面
front de tunnel 隧道工作面
front de voûte 拱面
frontière 边界；国境
frottement 摩擦；摩擦力
frottement cinétique 动摩擦
frottement cinétique de roue-rail
　轮轨动摩擦
frottement de battage de pieu 打桩摩擦
frottement de fil de contact 接触线摩擦
frottement de glissement 滑动摩擦
frottement de l'air 空气摩擦
frottement de pantographe 受电弓摩擦
frottement de pieu enfoncé 沉桩摩擦
frottement de pivotement 旋转摩擦
frottement de roulement 滚动摩擦
frottement des appuis 支撑摩擦
frottement interne 内摩擦
frottement latéral 侧向摩擦
frottement latéral de rail 钢轨侧摩擦
frottement périphérique 周围摩擦
frottement roulant de train 列车动摩擦
frottement superficiel 表面摩擦
frotteur 滑动件；摩擦件
frotteur à patin 滑块；滑板
frotteur à sabot 滑瓦
frotteur de contact 接触网触靴；触板

frotteur de pantographe 受电弓滑板	**funiculaire** 缆索铁道
fuite 漏;流失	**fusée** 轴颈
fuite d'air 漏气	**fusée de bogie** 转向架轴颈
fuite de courant 漏电	**fusible** 保险丝
fuite d'eau 漏水	**fusible à tube** 保险管
fuite de gaz 漏气	**fût** 柱身
fuite d'électricité 漏电	**fût de pile** 墩身
fuite d'huile 漏油	**fût de poteau de caténaire** 接触网柱杆
fulminant 雷管	**fût de poteau électrique** 电灯柱杆
fulminant à micro-retard 微延迟雷管	**fût de pylône d'antenne** 天线塔柱
fulminant à retard 迟发雷管	**fût de pylône de blondin** 架空索道架柱
fulminant électrique 电雷管	**fût de pylône d'éclairage** 灯柱
fulminant instantané 瞬发雷管	**fût de pylône électrique** 电线塔柱
fulminant milliseconde 毫秒雷管	**fût de rancher de wagon plat** 平车插柱柱身
fulminant retardé 迟发雷管	

F

G

gabarit 限界;样板
gabarit à déviation mobile 动偏移限界
gabarit à déviation statique 静偏移限界
gabarit à rayon 半径样板
gabarit au bas de matériel roulant
　机车车辆下部限界
gabarit avertisseur 警告限界
gabarit avertisseur de passage supérieur
　上跨线警告限界
gabarit de caisse 车体外廓尺寸
gabarit de caténaire 接触网限界
gabarit de chargement 装载限界
gabarit de chargement de marchandises
　货物装载限界
gabarit de chargement de surdimension
　超限货物装载限界
gabarit de chemin de fer 铁路限界
gabarit de circulation 行车限界
gabarit de construction 建筑限界;建限
gabarit de construction fondamentale
　基本建筑限界
gabarit de construction le long de voie
　沿线建筑限界
gabarit de contrôle 检验样板
gabarit de courbe 曲线规
gabarit d'écartement de voie 轨距尺
gabarit de hauteur libre 净空限界
gabarit de haut de matériel roulant
　机车车辆上部限界
gabarit de libre des ouvrages d'art
　构造物间距限界
gabarit de ligne électrifiée
　电气化线路限界
gabarit de l'interface
　接口限界;端口限界
gabarit de l'ouvrage d'art 构造物限界
gabarit de matériel 设备限界
gabarit de matériel roulant 车辆限界
gabarit de matériel roulant ferroviaire
　铁路机车车辆限界
gabarit de montage 安装样板
gabarit de navigation 通航净空高度
gabarit d'encombrement 装载限界;量载规
gabarit de passage 通过限界
gabarit de passage des véhicules
　车辆通行限界
gabarit de pont 桥梁净空
gabarit de pose 安装尺寸
gabarit de protection 限界保护装置
gabarit de sabotage de traverses 轨枕槽规
gabarit de sécurité 安全限界
gabarit d'espace libre 建筑间距限界
gabarit de supérieur de wagon
　车辆上部限界
gabarit de tirant d'air 通航净空
gabarit de tunnel 隧道限界
gabarit de voie 线路限界
gabarit de voiture 车辆外廓尺寸
gabarit de wagon 车辆限界;车辆外廓尺寸
gabarit de wagon de voie métrique
　米轨车辆限界
gabarit d'exécution 施工限界
gabarit d'inférieur de wagon
　车辆下部限界
gabarit d'installation 安装限界
gabarit d'obstacle 限界
gabarit ferroviaire 铁路限界;车限
gabarit fileté 螺纹样板
gabarit latéral de voie 线路侧向限界
gabarit mobile 动态限界
gabarit pour passage des véhicules
　车辆通过限界
gabarit routier 公路限界
gabarit sans déviation 无偏移限界

gabarit statique 静态限界
gabion 石笼
gabion en acier 钢笼
gabion en bambou 竹笼
gabion en fil de fer 铁丝石笼
gabion métallique 铁丝石笼
gabionnage 设石笼防护;设置桩堰
gabionnage à la digue contre les inondations 防洪堤石笼防护
gabionnage à la digue de protection 护堤石笼防护
gabionnage au pied de talus 边坡坡脚石笼防护
gâchage 拌和;搅拌
gâchis 灰浆;砂浆
gaine 套管;钢绞线管道
gaine d'aération 通风道
gaine d'ancrage 锚定套管
gaine d'ascenseur 电梯井
gaine de câble 电缆套管
gaine de conducteur 导线保护套
gaine de poutre précontrainte 预应力梁绞线套管
gaine de protection 防护套管
gaine de ventilation 通风道
gaine d'extraction de fumée 排烟道
gaine en caoutchouc 橡胶护套
gaine en matière plastique 塑料管
gaine en tôle d'acier 铁皮管
galerie 走廊;地下通道
galerie à flanc de coteau 半山腰开坑道
galerie à hangar 棚洞
galerie à niveaux multiples 多层导坑
galerie à pente 斜井
galerie ascendante 竖井
galerie au jour 明洞;明挖廊道
galerie au rocher 岩石隧洞
galerie auxiliaire 辅助导坑
galerie avec radier 带底板坑道
galerie centrale 中央导坑
galerie circulaire 回廊
galerie d'abattage 采掘巷道
galerie d'accès 进出坑道;连接坑道
galerie d'aérage 通风道
galerie d'aération 送风道
galerie d'air frais 通风道
galerie d'approche 导坑
galerie d'assèchement 排水平巷
galerie d'assise 下导坑
galerie d'avancement 导坑
galerie de base 基坑道
galerie de câbles 电缆廊道
galerie de communication 隧道连接廊道
galerie de contournement 迂回坑道
galerie de contrôle 检查廊道
galerie de côté 侧导坑
galerie de décharge 泄水洞
galerie de dérivation 分支坑道
galerie de dérivation provisoire 导流隧洞
galerie de détente 辅助运输平巷
galerie de drainage 排水廊道;泄水洞
galerie de faîte 上导坑
galerie de fond 底部坑道;下导坑
galerie de fond de décharge 排水下导坑
galerie de fuite 泄水隧洞
galerie de jonction d'urgence 应急贯通巷道
galerie de prospection 勘探巷道
galerie d'épuisement 排水隧洞
galerie de puits 井筒
galerie de reconnaissance 勘探坑道
galerie de refuge 避难坑道
galerie de réparation 检修坑道
galerie de service 辅助巷道
galerie de sondage 勘探坑道
galerie de transport 运输平巷
galerie de tuyaux 管廊
galerie d'évacuation 排水隧洞
galerie d'évacuation de crues 排洪隧洞
galerie de ventilation 通风道
galerie de visite 检查坑道
galerie d'exploration 勘探坑道
galerie d'extraction 运输平巷
galerie d'injection 灌浆孔道
galerie en haut 顶导坑
galerie fenêtre 傍(横)洞
galerie horizontale 水平坑道
galerie inclinée 斜井
galerie latérale 傍洞
galerie longitudinale 纵向平巷
galerie maîtresse 主坑道;工作走廊
galerie oblique 斜井
galerie ouverte 明洞;明挖廊道
galerie perpenculaire 横洞
galerie pilote 导洞
galerie pour canalisation 管廊
galerie pour piétons 行人廊道

galerie pour piétons de tunnel　隧道行人廊道
galerie principale　主巷；工作走道
galerie sans radier　不带底板坑道
galerie souterraine　地下廊道
galeries parallèles　平行导坑
galerie tournante　回廊
galerie transversale　横洞；横导坑
galerie transversale de tunnel　隧道横洞
galerie transversale pour piétons de tunnel　隧道行人横通道
galerie verticale　竖井
galerie voûtée　拱形坑道
galet　卵石；滚轮
galet anguleux　角砾石
galet arrondi　圆砾石
galet de grève　粗砾石
galet de mer　海砾石
galet de plage　粗砾石
galet de plaque tournante　转车台滚轮
galet de roulement　轴承滚柱
galet roulé　圆砾石
galet tracteur　牵引滚轮
gallon　加仑
galvanisation　镀锌
galvanisation à chaud　热浸镀锌
gamma-densimètre　核子密度仪
gamme　等级；类别；范围
gamme couverte　覆盖范围
gamme de dimension　尺寸范围
gamme d'effort　应力范围
gamme de l'appareil　仪器刻度
gamme de mesure　测量范围
gamme de proportion　比例范围
gamme de proportionnalité　比例范围
gamme de réglage　调整范围
gamme de température　温度范围
gamme de thermomètre　温度计刻度
gamme de travail　工作范围
gamme de vitesse　速度范围
gamme d'onde　波段
gamme d'utilisation　应用范围
gant　手套
garage　修理厂；停车线
garage de locomotives　机车修理站；机务段线路
garage des engins ferroviaires lourds　铁路重型机械修理厂
garage de sous-sol　地下车库
garage de véhicules　车辆修理厂
garage franc　警冲点；警冲标；安全驻车区
garantie　担保
garantie bancaire　银行担保
garantie décennale　十年保证（期）
garantie commerciale　商务保证
garantie de bonne exécution　履约担保
garantie de nature financière　财政性质担保
garantie de nature gouvernementale　政府性质担保
garantie de qualité　质量担保
garantie de remboursement d'avance　归还预付款担保
garantie de soumissionnaire　投标人保证书
garantie d'exécution　施工担保
garantie effective　有效担保
garantie en aval　第三方担保
garantie financière　财务担保
garantie hypothécaire　抵押担保
garantie légale　法定担保
garantie nulle　无效担保
garantie quinquennale　五年保证（期）
garantie solidaire　连带担保
garantie technique　技术保证
garantie triennale　三年保证（期）
garde　看管；警卫
garde-barrière　道口值班人员
garde-boue　车轮挡泥板
garde-corps de sécurité　安全栏杆
garde-corps　护栏
garde-corps de piétons　行人护栏
garde-corps de pont　桥梁护栏
garde-corps de toit　车顶护栏
garde-corps latéral de voie　路侧护栏
garde-corps para-chocs　防撞护栏
garde-crotte　车轮挡泥板
garde de nuit　巡夜
garde-fou　栏杆
garde-grève　台背墙；拦砂障
garde-ligne　巡道工
garde-magasin　仓库管理员
garde-voie　巡道工
garde-vue　遮光帽沿
gardiennage　看管；警卫
gardiennage de chantier　工地警卫
gardiennage des ouvrages de voie　线路桥隧看守
gare　火车站
gare à abri couvert　有棚车站

gare à alimentation en eau 上水站
gare à conteneurs 集装箱车站
gare à faisceau pondéreux 多股道线路车站
gare centrale 中央火车站
gare d'arrêt 中途停车站
gare d'arrivée 到达站
gare d'autobus 汽车站
gare de bifurcation 枢纽站
gare d'échange 交接站
gare de chemin de fer 火车站
gare de correspondances 通勤站;换乘站
gare de départ 始发站
gare de dépassement 越行站
gare de formation 编组站
gare de grande vitesse 快车站
gare de jonction 枢纽站;衔接站;分界站
gare de jonction de rail 接轨站
gare de livraison de bagages 行李提取站
gare de manœuvre 编组站
gare de manœuvre de locomotives 机车作业站
gare de manœuvre de wagons 列车摘挂作业站
gare de marchandises 货运站
gare d'embranchement 枢纽站
gare de passage 中途站
gare de prise d'eau 取水站
gare de ravitaillement 补给站
gare de rebroussement 折返站
gare de réception des trains 接车车站
gare de retournement 调头站
gare d'escale 中间站
gare de section 区段站
gare de TGV 高铁站
gare de transbordement 货物换转站
gare de transit 中转站
gare de transition 交接站
gare de transport de marchandises 货运站
gare de transport de voyageurs 客运站
gare de transport fret 货运站
gare de triage 编组站
gare de triage manuelle 人工编组站
gare de triage mécanisée 机械化编组站
gare d'évitement 会让站
gare de voyageurs 客运站
gare d'extrémité 尽头站;终点站
gare en cul-de-sac 尽头站;线路汇集站
gare en forme de passage 通过式车站
gare en forme de tête 尽头式车站

gare en forme longitudinale 纵列式车站
gare en forme transversale 横列式车站
gare en plein air 露天车站
gare expéditrice 始发站
gare frontière 国境站
gare intermédiaire 中间站
gare maritime 港口(火车)站
gare mixte 混合站
gare principale 主站
gare régulatrice 调度站
gare routière 汽车站
gare souterraine 地下车站
gare surélevée 高架车站
gare technique 技术作业站
gare terminus 终点站
gare tête de lignes 尽头站;线路汇集站
gargouille 排水口
gargouille de tablier 桥面排水口
garniture 轴封装置;衬片;配套件
garniture de frein 制动摩擦片
garniture de joint 接头配件
garniture d'embrayage 离合器衬片
garniture de roue 轮子配套件
gauchissement 上翘;鼓曲
gauchissement de chaussée 路面鼓曲
gauchissement de poutre 梁体上翘
gauchissement de rail 钢轨鼓曲;胀轨
gauchissement de voie 线路鼓曲;线路三角坑
gaz 气体
gaz à l'eau 水煤气
gaz asphyxiant 窒息性毒气
gaz carbonique 二氧化碳
gaz comprimé 压缩气体
gaz des houillères 煤矿瓦斯
gaz des marais 沼气
gaz en bouteille 钢瓶煤气
gaz inertes 惰性气体
gaz intoxicant 毒气
gaz naturel 天然气
gaz nocif 有害气体
gaz nuisible 有害气体
gazoduc 煤气管道
gazomètre 煤气表
gazon 草皮;草坪
gazon artificiel 人工草皮
gazonnement 植草皮
gazonnement d'accotement 路肩植草
gaz perdus 废气

gaz toxique 毒气
gélatine 明胶
gélivure 经向裂缝
générateur 发生器
générateur de signal 信号发生器
générateur de signal de vitesse 速度信号发生器
générateur de secours 备用发电机
génératrice 发电机
génératrice à bord 车载发电机
génératrice à courant alternatif 交流发电机
génératrice à courant continu 直流发电机
génératrice auxiliaire 辅助发电机
génératrice de secours 应急发电机;备用发电机
génératrice d'essieu 车轴发电机
génératrice embarquée 车载发电机
génératrice embarquée de locomotive diesel 内燃机车车载发电机
génératrice principale 主发电机
génie 工程学
génie-civil 土木建筑
génie-civil de bâtiment 房屋土建
genou 弯管
géodésie 大地测量学
géogrille 土工格栅;土工网
géogrille de talus 边坡土工格栅
géogrille de terrain meuble 软土场地格栅加筋
géogrille de tranchée 路堑土工格栅
géogrille renforcée 土工格栅加筋
géogrille renforcée de remblai 填方格栅加筋
géoïde 大地水准面
géologie 地质;地质学
géologie catastrophique 灾害地质学
géologie mécanique 地质力学
géologie technique 工程地质
géomécanique 地质力学
géomembrane 地膜
géomembrane PEHD 高强度土工膜
géométral 实测平面图
géomètre 测量员;土地丈量员
géomètre topographe 地形测量员;土地丈量员
géométrie 几何学;几何设计
géométrie analytique 解析几何
géométrie dans l'espace 立体几何
géométrie de chaussée 路面几何尺寸
géométrie de l'aiguille 道岔几何尺寸
géométrie de projet 项目测量
géométrie descriptive 绘制几何
géométrie de tracé 线路几何线形
géométrie de voie 线路几何尺寸;轨道线形
géométrie de voie de branchement 道岔轨道几何形态
géométrie de voie principale 正线轨道几何形态
géométrie linéaire 线形
géométrie plane 平面几何
géométrie projective 投影几何
géomorphologie 地貌学
géophysique 地球物理学
géosynthétique 土工合成材料
géosynthétique alvéolaire 土工格室
géotechnicien 岩土工程师
géotechnique 土工学
géotextile 土工布;土工织物
géotextile alvéolaire 土工格室
géotextile anti-contaminant 抗菌土工布
géotextile anti-poinçonnement 防刺破土工布
géotextile composite 复合土工织物
géotextile de renforcement 加筋土工布
géotextile de séparation 隔离土工布
géotextile drainant 防水土工布
géotextile filtrant 渗水土工布
géotextile non-tissé 无纺土工布
géotextile synthétique 合成土工布
géothermétrie 地热测量法
géothermie 地热
gerbage 堆;叠放
gerbage de marchandises 捆货堆放
gerce 经向裂缝
gerçure 经向裂缝
geste 手势;手信号
gestion 管理;经营
gestion administrative 行政管理
gestion automatique du trafic 交通自动化管理
gestion classifiée 分级管理
gestion d'avancement 进度管理
gestion d'avancement des travaux 工程进度管理
gestion de billetterie 票务管理
gestion de chaussées 路面管理
gestion de circulation 运行管理

gestion de circulation alternée
　交通交错运行管理
gestion de circulation des trains　行车管理
gestion de circulation ferroviaire
　铁路行车管理
gestion de confort　舒适性管理
gestion de confort du train de voyageurs
　旅客列车舒适性管理
gestion de construction　建设管理
gestion de contrat　合同管理
gestion de distribution en énergie électrique
　电能分配管理
gestion de gare　车站管理
gestion de gares des voyageurs
　旅客车站管理
gestion d'équipements　设备管理
gestion de l'entreprise　企业管理
gestion de l'information des voyageurs
　旅客信息管理
gestion de maintenance　维护管理
gestion de maintenance de voie
　线路维护管理
gestion de matériaux　材料管理
gestion de matériels　设备管理
gestion de plan　计划管理
gestion de prix de revient　成本管理
gestion de procédure　程序管理
gestion de production　生产管理
gestion de projet　项目管理
gestion de qualité　质量管理
gestion de régulation des trains　列调管理
gestion de réseau　网络管理
gestion de restriction de vitesse
　速度限制管理
gestion de restriction de vitesse de train
　列车限速管理
gestion de risque　风险管理
gestion de risque d'accidents
　事故风险管理
gestion de risque de transport
　运输风险管理
gestion des activités　业务管理
gestion de sécurité　安全管理
gestion de sécurité de trafic　交通安全管理
gestion des installations　设施管理
gestion des tables horaires des trains
　列车运行规划管理
gestion de statistique　统计管理
gestion des travaux　工程管理

gestion de système　制度管理;系统管理
gestion de trafic　交通管理
gestion d'exécution　施工管理
gestion d'exploitation　运营管理
gestion d'exploitation de l'autoroute
　高速公路运营管理
gestion d'exploitation de réseau
　网络运营管理
gestion d'exploitation ferroviaire
　铁路运营管理
gestion d'interfaces　接口管理
gestion d'opération　操作管理
gestion du transport ferroviaire
　铁路运输管理
gestion ferroviaire　铁路管理
gestion financière　财务管理
gestion informatique　信息管理
gestionnaire　管理人
gestion technique　技术管理
gilet　背心
gilet rétro-réfléchissant　反光背心
giration　回转;回旋
girophare　旋转警灯
gisement　矿脉;矿床
gisement de graviers　砾石料带(层)
gisement d'huile　油层
gisement houiller　煤田
gisement minier　矿床
gîte　矿脉;矿床
gîte à matériaux　材料场地
gîte d'emprunt　取土场;借土场;石料场
glace　玻璃
glace armée　夹丝玻璃
glace bombée　弧形玻璃
glace colorée　有色玻璃
glace feuilletée　夹层玻璃
glace teintée　有色玻璃
glace trempée　钢化玻璃
glacis　平坡;平坦地面
glissade　滑动
glissement　滑坡;滑动
glissement à froid　冷滑
glissement d'aiguille　道岔滑移
glissement de base　基础滑动
glissement de cisaillement　剪切滑坡;土崩
glissement de fluage　蠕滑
glissement de lit　层面滑移
glissement de montagne　山体滑动
glissement de remblai　路堤滑动

glissement de roche 岩滑
glissement de roue 车轮滑动
glissement de talus 滑坡
glissement de terrain 滑坡;塌方
glissement de wagon 车辆溜逸
glissement du sol 土滑/土体滑移
glissement en masse 土块(岩块)崩塌
glissement horizontal 平行滑移
glissement latéral 侧滑
glissement linéaire 线性滑动
glissement transversal 横向移动
glissière 公路防护栏;滑板
glissière de sécurité 安全护栏
glissière de sécurité métallique 金属安全护栏
glissière de sécurité ondulée 波形梁护栏
glissière de sécurité para-chocs 防撞护栏
glissière en béton armé(GBA) 钢筋混凝土护栏
glissières en béton 混凝土护栏
glissière latérale de route 路侧护栏
glissière métallique 金属护栏
glissière rigide 刚性护栏
glissières de sécurité souple 柔性安全护栏
glissière souple 缆索护栏
Global Positioning System(GPS) 全球定位系统
Global System for Mobile communications (GSM) 全球移动通信系统
Global System for Mobile communications Railways(GSM-R) 全球移动铁路通信系统
gneiss 片麻岩
gobi 戈壁
godet basculant 翻斗
godet basculé 翻斗
godet caveur 铲斗
godet chargeur 装料斗
godet de pelle 挖土机铲斗
godet de pelle fouilleuse 挖土机反铲
godet d'excavateur 挖土机斗
godet doseur 量斗
godet en fouilleuse de terrassement 挖土斗
godet inversé de terrassement 挖土机反铲
godet puiseur 挖土斗
godet racleur 铲土斗
godet rétro 挖土机反铲
godet rétro de terrassement 反铲挖土斗
gondolement 翘曲;鼓胀

gondolement de rail 钢轨胀曲
gondolement de voie 胀轨跑道
gonflement 鼓起;膨胀
gonflement de base 基底隆起
gonflement de béton 混凝土膨胀
gonflement de boue 污泥膨胀
gonflement de boue activée 活性污泥膨胀
gonflement de l'âme de rail pointu 尖轨拱腰
gonflement de radier 底板隆起
gonflement de terrain 地面隆起
gonflement de voie 轨道鼓曲
gonflement dû au gel 冻胀
gonflement dû au gel de voie 线路冻起
gonflement du sol 土壤膨胀
gonflement volumétrique 体积膨胀
goniographe 测角器;量角仪
goniomètre 测角器;量角仪
gorge 咽喉;峡道
gorge de croisement 辙叉咽喉
gorge d'entrée à hangar du dépôt 入库咽喉
gorge de passage 咽喉通道
gorge descendante 下行咽喉
gorge de sortie de hangar du dépôt 出库咽喉
gorge de voies 汇线入口
gorge technique 技术瓶颈
goudron 柏油;焦油沥青
goudron à chaud 热浇柏油
goudron à froid 冷用柏油;乳化焦油沥青
goudron à vieillissement 常规老化焦油
goudron brut 生柏油
goudron d'asphalte 软地沥青
goudron de basse température 低温柏油
goudron de coke 焦炉柏油
goudron de houille 煤焦油沥青
goudron de pétrole 石油沥青
goudron de schiste 页岩柏油
goudron fluide 液态柏油
goudron minéral 天然沥青;地沥青
goudron modifié 改性沥青
goudron primaire 低温柏油
goudron pur 块状沥青;胶体物
goudronnage 浇柏油
goudronneuse 柏油喷洒机
goujon 销钉
goulet 狭道
goulot 咽喉区

goulot de chantier-gare 站场咽喉区
goulot d'entrée à hangar du dépôt
　入库咽喉
goulot d'entrée en gare du train
　列车进站咽喉区
goulot de passage 通行瓶颈
goulot de sortie de hangar du dépôt
　出库咽喉
goulot de voie 线路瓶颈
goulot de voie d'arrivée et de départ
　到发线咽喉区
goupille 销
goupille conique 圆锥销
goupille de position 定位销
goupille de sabot 闸瓦销
goupille d'essieu 轴销
goupille fendue 开口销;开尾销
gousset 节点板
goutte d'eau 滴水槽
gouttière 天沟;檐槽
GPS différentiel 差分定位
gradation 粒级;筛分
gradation mécanique 机械筛分
gradation optimum 最佳级配
gradin 阶梯;台阶
gradin de faille 断层阶梯
gradin de glissement 滑坡台阶
gradin d'empattement 墙基台阶(大方脚)
gradin de tunnel 隧道上台阶
gradin droit 俯采(正台阶)工作面
gradin inférieur 下台阶
gradin médian 中台阶
gradin renversé 仰采(侧台阶)工作面
gradin supérieur 上台阶
graduation de l'appareil 仪器刻度
grain 颗粒
grain de sable 砂粒
grain de sol 土粒
grain fin 细颗粒
grain moyen 中等颗粒
graissage 涂油;擦油
graissage de l'éclisse 鱼尾板涂油
graissage de pivot de bogie 转向架支轴涂油
graissage de roulement à billes
　滚珠轴承涂油
graissage de roulement à galets
　滚轴轴承涂油
graissage des équipements d'entraînement
　驱动设备涂油

graissage des pièces de roulement
　走行件涂油
graissage des pièces détachées
　零配件涂油
graisse 油脂
graisse de bogie 转向架润滑脂
graisse de roulement 轴承润滑脂
graisse de roulement de wagon
　车辆轴承润滑脂
gramme 克
gramme-force 克重;克力
gramme-poids 克重
granit 花岗岩
granito 水磨石
granularité 级配;粒度
granularité à haute densité
　高密度级配
granularité de béton
　混凝土颗粒度
granularité de mélange 混合料粒径
granularité de sables 沙粒径
granularité des agrégats 集料粒度
granularité maximale 最大粒径
granularité minimale 最小粒径
granularité optimale 最佳级配
granularité ouverte 开级配
granularité-type 标准粒径
granulat 骨料
granulats acides 酸性碎石料
granulats concassés 机轧碎石料
granulats criblés 筛选骨料
granulats cubiques 立方体碎石料
granulats de ballast ferroviaire
　铁路道砟石料
granulats de béton 混凝土骨料
granulats de drainage 排水砾石骨料
granulats fins 细骨料
granulats gros 粗骨料
granulats légers 轻集料
granulats lourds 重集料
granulats moyens 中骨料
granulats plaquettes 片状碎石料
granulats quartzeux 石英碎石料
granulats répandus 铺撒小石粒
granulats ronds 圆形碎石料
granulats roulés 圆角碎石料
granulats siliceux 硅质碎石料
granulométrie 粒度测定;级配
granulométrie continue 连续颗粒级配

granulométrie de granulats　集料级配
granulométrie de matériaux filtrants
　　滤料级配
granulométrie dense　密级配
granulométrie de sables et graviers
　　混凝土骨料级配
granulométrie des agrégats
　　混凝土骨料级配
granulométrie discontinue　间断级配
granulométrie fermée　密级配
granulométrie fine　密级配
granulométrie grossière　粗级配
granulométrie naturelle　天然级配
granulométrie optimum　最佳级配
granulométrie ouverte　开级配
granulométrie pleine　密级配
granulométrie reconstituée　重组级配
granulométrie serrée　密级配
granulométrie uniforme　均匀级配
granulosité　颗粒性
graphique　图表
graphique constat d'exécution
　　施工确认图表;施工记录图表
graphique de compression　压缩图
graphique de débit　流量图
graphique de déformation　应变图
graphique de flexion　弯矩图
graphique de moments　力矩图
graphique de performance　性能曲线图
graphique de précontraintes　应力图
graphique de puissance　功率曲线图
graphique des efforts　应力图
graphique schématique　示意图
graphique sommaire　简图
graphisme　绘图
graphite　石墨
graphomètre　测角器
grappin　登杆器;脚扣子
grattage　刮;凿毛
grattoir　刮刀;刮板
grattoir à roues　轮式铲运机;轮式刮土机
grattoir à terre　刮土机
grattoir triangulaire　三角刮刀
grave　砾石;砂砾混合料
grave anguleuse　角砾
grave argileuse　黏土质砂砾料
grave bitume(GB)　碎沥青石
grave bitume à module élevé(GBME)
　　耐磨沥青碎石

grave bitume mélangée à chaud
　　热拌沥青碎石
grave bitume mélangée à froid
　　冷拌沥青碎石
grave-ciment　水泥碎石
grave de fondation　垫层碎石
grave de laitier　炉渣砾料
grave-émulsion　砂砾乳液
grave gréseuse　砂岩砾料
grave hydraulique　水硬骨料
gravelage　铺砂
grave limoneuse　粉土质砂砾料
grave naturelle　天然砂砾料
grave quartzeuse　石英砂砾
grave recomposée　重组石料
grave ronde　圆砾
grave roulée　卵石
grave sableuse　砂质砾料
graves concassées　碎石
grave traitée　稳定砾料
gravier　砂砾;砾石
gravier à béton　混凝土砾石
gravier anguleux　角砾石
gravier carrière　山砾石
gravier composé　级配碎石
gravier concassé　机轧砾石
gravier côtier　海岸砾石
gravier d'alluvion　冲击砾石
gravier de concassage　机轧砾石
gravier de rivière　河卵石
gravier d'oued　干谷砾石
gravier filtrant　滤水砾石
gravier fin　细砾石
gravier glaiseux　含黏土砾石
gravier grossier　粗砾石
gravier marin　海砾石
gravier moyen　中砾石
gravier naturel　天然砾石
gravier quartzeux　石英砾石
gravier rond　圆砾石
gravier roulé　豆砾石
gravier sableux　夹砂砾石
gravier volcanique　火山砾石
gravillon　细砾石
gravillon asphaltique　沥青石屑
gravillon bitumineux　沥青石屑
gravillon calcaire　灰质细砾石
gravillon concassé　机轧碎石
gravillon enrobé au goudron　柏油砾石

gravillon enrobé de bitume 沥青碎石	grillage de protection 护网
gravillon goudronné 沥青石屑	grillage en fil de fer 铁丝网
gravillon mignonnette 小豆石;石屑	grillage métallique 金属栅格
gravillon moyen 中细砾石	grille 栅栏;格栅;雨水箅子
gravillonnage 石屑摊铺	grille d'accrochage 挂网
gravillonneur 石子破碎机	grille d'aération 通风箅子
gravimétrie 重力测定	grille d'alimentation 进气格板
gravisphère 引力范围;引力区域	grille d'avaloir 落水盖板
gravité 重力	grille de filtre 滤网
gravité spécifique 比重	grille d'égout 阴沟箅子盖板
gravure de rail 啃轨	grille d'entrée 入口箅子盖板
gravure de rail au petit rayon de voie en courbe 曲线小半径啃轨	grille de revêtement de tunnel 隧道衬砌护网
gré 意愿;意向	grille de ventilation 风扇网
gré à gré 议标	grille d'horaires de trains 火车运行图
grenouille 蛤蟆夯;跳跃式打夯机	grille en acier fondu 铸铁箅子
grenouille à moteur 动力打夯机	grille en fonte 铸铁箅子
grès 砂岩	grille géotechnique 土工格栅
grès à grains grossiers 粗砂岩	grille porteuse 离水格子
grès à gros grains 粗砂岩	gros agrégat 粗骨料
grès argileux 泥质砂岩	gros béton 贫混凝土(垫层)
grès asphaltique 沥青砂岩	gros caillou 粗卵石
grès bitumineux 沥青砂岩	gros gravier 粗卵石
grès calcaires 钙质砂岩	gros joint 宽缝
grès coquiller 贝壳砂岩	gros-œuvre 主体工程
grès dur 粗砂岩	gros plâtre 粗石膏
grès en blocs 块状砂岩	gros sable 粗砂
grès fin 细砂岩	groupe 组
grès gris 灰砂岩	groupe d'aiguilles 道岔组
grès grossier 粗砂岩	groupe de codes 码组
grès limoneux 粉质砂岩	groupe de compactage 碾压组
grès marneux 泥灰砂岩	groupe de concassage 破碎机组
grès mélangé 杂砂岩	groupe de creusement 掘进组
grès micacé 云母砂岩	groupe de criblage 筛分组
grès quartzeux 石英砂岩	groupe de documentation 文整小组
grès siliceux 硅砂岩	groupe de forage 钻探组
grève 粗砂	groupe de malaxage 搅拌组
griffe 爪形工具;登杆器	groupe d'entreprises 企业集团
gril-express 自助餐车	groupe d'entretien 维修组
grillage 铁丝网;金属网	groupe de perforation 凿岩组
grillage à maille carrée 方眼铁丝网	groupe de pieux 群桩
grillage à maille hexagonale 六角铁丝网	groupe de pose 铺架组
grillage avertisseur de câble de fibre optique (下有)光缆警示网	groupe de précontrainte 预应力小组
grillage avertisseur de canalisation 管道警示网	groupe de préfabrication 预制小组
	groupe de revêtement 衬砌组
grillage avertisseur de gazoduc 燃气管道警示网	groupe de sécurité 安全小组
	groupe des experts 专家组
	groupe de sondage 勘探组
grillage de géotextile 土工网	groupe de terrassement 土方小组

groupe de travail 工作小组
groupe d'étude 设计组
groupe de tunnel 隧道小组
groupe d'exécution 施工组
groupe diesel 柴油机组
groupe électrogène 发电机组
groupe électrogène de secours 备用发电机组
groupe électrogène diesel 柴油发电机组
groupe électrogène diesel domestique 生活用柴油发电机组
groupe électrogène diesel de secours 应急柴油发电机组
groupe électrogène diesel principal 主柴油发电机组
groupe électrogène fixe 固定发电机组
groupe électrogène mobile 移动发电机组
groupe frigorifique 制冷机组
groupe générateur 发电机组
groupe holding 控股集团
groupe industriel 工业集团
groupe technique 技术小组
groupe technique spécialisée 专业技术组
groupement 联合体
groupement d'entreprises 合同集团
groupement professionnel 专业组织
gruau 小型起重机；小吊车
grue 起重机；吊车
grue à charbon 煤吊机
grue à longue portée 伸臂式架桥机
grue à plate-forme 平板吊车
grue à portique 龙门式起重机；龙门吊车
grue à pylône 塔式起重机
grue à tour 塔式起重机
grue automobile 汽车式起重机
grue-console 悬臂式起重机
grue de manutention des conteneurs 集装箱吊机
grue-dépanneuse ferroviaire 铁路救援起重机
grue élévatrice à moteur diesel 内燃起重机
grue flottante 起重船
grue-marteau 塔式起重机；塔式吊车
grue mobile 移动式吊车
grue portique 龙门式起重机；龙门吊车
grue-rail 轨道吊车
grue rail route 铁路公路两用起重机
grue rotative 旋转式起重机
grue roulante 架桥机；天车
grue sur camion 汽车式起重机
grue sur chenilles 履带式起重机
grue sur rail 轨道吊车
grume 原木
guérite 岗亭；哨所
guérite de contrôle 检查岗亭
guérite de garde barrière 护栏道口岗亭
guérite de passage à niveau 平交道口岗亭
gueulard 出水口；出水管
gueule-de-loup 风帽；圆形槽
guichet 窗口
guichet de billets 售票窗口
guidage 引导；导航
guidage de sens automatique 自行导向
guide 指南
guideau 泄水台
guide de chantier 工地指南
guide de dépannage 故障排除指南
guide de gestion technique 技术管理指南
guide de maintenance spécifique 特殊维护指南
guide d'entretien 养护指南
guide d'installation 安装指南
guide technique 技术指南
guidon 手持信号牌；信号指挥棒
guitoune 营帐；帐篷
guinde 手摇起重机
gunitage 喷浆；喷射水泥浆
guniteuse 水泥喷浆射机
gypse 石膏
gyrophare 旋转灯
gyrophare avertisseur 警示旋转灯
gyroscope 陀螺仪

H

hachure 剖面线;斜线;影线
haie 树篱;篱笆
haie broussaille 荆棘篱笆
haie d'arbres 树篱
haie de verdure 绿篱
haie végétale 树篱
haie vive 树篱;绿篱
hall central 中央大厅
hall de billets 票务厅
hall de gare 火车站候车大厅
hall de marchandises 货物站房
hall de voyageurs 旅客大厅
hall d'exploitation 营业厅
halte 停车点;铁路小站
halte de voie ferrée 铁路沿线小站
hangar 货棚;库房
hangar à marchandises 货库
hangar de concassage 破碎车间
hangar de façonnage des armatures
　钢筋加工棚
hangar de matériaux 料棚
hangar de pièce détachée 配件库房
hangar de réparation 维修车库
hauban 支索;稳索;缆索
haubanage 拉紧
haubanage provisoire 临时索固
hausse 提升
hausse de pantographe 受电弓升高;升弓
haussette 加高板
haussette d'extrémité de wagon plat
　平车端板
haussette latérale de wagon plat 平车侧板
haussette rabattable de wagon plat
　平车翻板
haussoir 沉箱围井
haut remblai 高路堤
haute fréquence(HF) 高频

haute pression 高压
haute résistance 高强度
haute-sécurité 高安全度
haute tension(HT) （电）高压
hauteur 高度
hauteur absolue 绝对高度
hauteur à clé 矢高;拱顶高度
hauteur calculée 计算高度
hauteur contrôlée 控制高度
hauteur critique 临界高度
hauteur d'accès 入口高度
hauteur d'aspiration de l'eau 吸水高度
hauteur d'attaque 挖掘高度
hauteur d'attelage 车钩高度
hauteur d'attelage au-dessus du rail
　轨面至车钩高度
hauteur de ballastage 铺砟高度
hauteur de bordure 路缘高度
hauteur de caisse 车体高度
hauteur de cambrure de voie 路拱高度
hauteur de caténaire 接触网高度
hauteur de châssis de bogie
　转向架底座高度
hauteur de chaussée 路面高程
hauteur de chute 下落高度
hauteur de chute d'eau 跌水高度
hauteur de centre de gravité 重心高度
hauteur de chute de mouton 桩锤下落高度
hauteur de chute libre 自由下落高度
hauteur de conception 设计高度
hauteur de conception de l'assise de voie
　路基设计高度
hauteur de construction 建筑高度
hauteur de construction de pont
　桥梁建筑高度
hauteur de construction de voies
　轨道建筑高度

hauteur de couche 层高
hauteur de culée 桥台高度
hauteur d'élévation 扬程
hauteur de fil de contact 接触线高度
hauteur de front 工作面高度
hauteur de gabarit 限界高度
hauteur de gradin 梯段高度
hauteur de la plateforme de voie 道床高度
hauteur de l'assise de voie 路基高度
hauteur de l'axe 中心线高度
hauteur de l'axe de l'attelage
　车钩中心线高度
hauteur de levage 提升高度
hauteur de levage de rail 提轨高度
hauteur de levage de traverses 提枕高度
hauteur de limite 限制高度
hauteur de locomotive 机车高度
hauteur de l'ouvrage 构造物高度
hauteur de montée 提升高度
hauteur de naissance de voûte 起拱高度
hauteur d'encombrement 净空高
hauteur de niveau d'eau 水位高度
hauteur de passage 净空高度
hauteur de pente 坡高
hauteur de pile 桥墩高度
hauteur de poignée de caisse 车体把手高度
hauteur de pont 桥梁高度
hauteur de poteau 柱高
hauteur de poutre 梁高
hauteur de pression d'eau 水压高度
hauteur de projection 喷射高度
hauteur de protection 防护高度
hauteur de pylône 塔架高度
hauteur de quai 站台高度
hauteur de rancher de wagon plat
　平车插柱高度
hauteur de remblai 路堤高度
hauteur de remblai de l'assise de voie
　路基填土高度
hauteur de remplissage 填充高度
hauteur de retenue 蓄水高度
hauteur de section 截面高度
hauteur de sécurité 安全高度
hauteur de structure 结构高度
hauteur de surface de rail 轨面高度
hauteur de tablier 桥面板高度
hauteur de talus 边坡高度
hauteur de toit 顶高
hauteur de toit de locomotive 机车顶高

hauteur de tranchée 路堑高度
hauteur de travail 作业高度
hauteur de traverse d'attelage 牵引梁高度
hauteur de traverse de caisse 车厢横梁高度
hauteur de viaduc 高架桥高度
hauteur de voie 线路高程
hauteur de wagon 车辆高度
hauteur d'installation 安装高度
hauteur du bord de wagon 车帮高度
hauteur du châssis de wagon 车辆底架高度
hauteur du fond 深度
hauteur du lit de ballast 道床高度
hauteur du plancher de wagon
　车辆地面板高度
hauteur effective 有效高度
hauteur efficace 有效高度
hauteur efficace de section 截面有效高度
hauteur libre 净空;净空高度
hauteur maximale 最大高度
hauteur minimale 最小高度
hauteur moyenne 平均高度
hauteur navigable 通航高度
hauteur nette 净高
hauteur pratique 实际高度
hauteur réelle 实际高度
hauteur relative 相对高度
hauteur remblayée 填土高度
hauteur sous plafond 空间净高
hauteur théorique 理论高度
hauteur totale 总高度
hauteur utile 有效高度
hauteur verticale 垂直高度
haut-parleur 扬声器
havage 潜挖;重力沉箱法
hectare(ha) 公顷
hectomètre(hm) 百米
hélicoagitateur 螺旋搅拌器
héliopile 太阳能电池
hérisson 刺钢丝;毛石基础
hérissonnage 拉毛
herse 钉齿耙;路耙
herse norvégienne 滚耙
hétérogénéité 不均匀;不均质
heure 时间
heure d'affluence 高峰时间
heure d'arrivée 到达时间
heure d'attente 等候时间
heure d'attente moyenne 平均等候时间
heure de crête 高峰期

heure de départ 出发时间
heure de fermeture 闭合时间
heure de fonctionnement 运行时间
heure de la main-d'œuvre 人工工时
heure d'entretien de voie 线路维护时间
heure de pic 高峰期
heure de pointe 高峰时间;高峰时段
heure de pointe de circulation 通行高峰时间
heure de pointe de trafic 交通高峰时间
heure de pointe du soir 晚间高峰时段
heure de réparation 维修时间
heure de rotation 周转时间
heure de rotation de compartiments des voyageurs 旅客车底周转时间
heure de roulement 周转时间
heure de roulement de locomotive 列车周转时间
heure de service 办公时间
heure d'été 夏令时间
heure de travail 工作时间
heure d'exploitation 运营时间
heure d'hiver 冬令时间
heure d'interception de circulation 中断运行时间
heure d'interception de voie 线路中断运行时间
heure d'interception temporaire de circulation 线路临时中断运行时间
heure grave 严峻时刻
heure légale 法定时间
heure locale 地方时
heure supplémentaire 加班时间
heurtoir 止冲器;尽头线车挡
heurtoir en béton à absorption 带缓冲装置的混凝土止冲车挡
heurtoir en béton armé équipé d'absorbeur 带缓冲装置的钢筋混凝土止冲墩
hie 夯
hiement 打夯
histogramme 柱式图解
histogramme de densité 强度柱状图
histogramme de trafic 交通图量
homme d'affaire 商人
homme d'équipe 作业班人员
homme de poste 值班人员
homme-jour 人—日
homogénéité 均质性
homogénéité de matériau 材料均质性
homogénéité du sol 土壤均质性
homopolaire 单极电机
horaire 时刻表
horaire de départ 发车时间
horaire de service 行车时刻表
horaire des trains 火车时刻表
horaire de travail 工作时间表
horizontale 水平线
horizontalité 水平度;水平状态
horloge de gare 车站大钟
hors catégorie 级品
hors classe 特级
hors de ligne 离线;脱线
hors d'emprise de voie 路界外
hors des travaux 超出工程外
hors gabarit 超高超宽
hors période prévisible de crue 超出洪水预计周期
hors série 特制
hors taxe(HT) 免税
hors-ligne 路界外土地
hotte d'aspiration 吸风罩
hotte d'évacuation d'air 排气罩
huilage 浸油;涂油
huile 油
huile à moule de béton 混凝土模板油
huile combustible 燃料油
huile de base asphaltique 沥青基石油
huile de bois de Chine 桐油
huile de décoffrage 脱模油
huile de démoulage 脱模油
huile de goudron 焦油
huile de graissage 润滑油
huile de transformateur 变压器油
huile diesel 柴油
huile légère 轻油
huile lourde 重油
huile lubrifiante 润滑油
huile minérale 矿物油
huile solaire 防晒油
humidification 加湿
humidité 湿度;水分
humidité absolue 绝对湿度
humidité critique 临界湿度
humidité de l'air 空气湿度
humidité du sol 土壤水分;土壤湿度
humidité naturelle 自然湿度
humidité normale 正常含水率

humidité optimum 最佳含水率	**hydrostat** 潜水作业箱
humidité relative 相对湿度	**hygiène** 卫生
humidité relative maximale 最大相对湿度	**hygiène de l'environnement** 环境卫生
humidité relative minimale 最小相对湿度	**hygromètre** 湿度计;湿度表
humus 腐殖土;黑土	**hygro-thermomètre** 温湿度计
hydratation 水合作用	**hyperbole** 双曲线
hydratation de chaux 石灰水化作用	**hypsométrie** 高度测量法;高程测量法
hydrate 水合物	**hypothèque** 抵押
hydrate de carbone 碳水化合物	**hypothèque conventionnelle** 协议抵押
hydraulique 水利学	**hypothèque en capitaux** 资金抵押
hydrocarbure 碳氢化合物	**hypothèque immobilière** 不动产抵押
hydroélectricité 水电	**hypothèque judiciaire** 司法抵押
hydrofuge 防水剂	**hypothèque légale** 法定抵押
hydrogène 氢	**hypothèque mobilière** 动产抵押
hydrogéologie 水文地质;水文地质学	**hypothèque spéciale** 专门抵押
hydrogramme 水流测量图;水文图	**hypothèse** 假定;假设
hydrogramme d'écoulement 流量图	**hypothèse d'approximation** 近似假定
hydrographie 水文地理学	**hypothèse de calcul** 计算假定
hydrologie 水文;水文学	**hypothèse de condition** 假设条件
hydrolyse 水解	**hypsographie** 高程标绘
hydropelle 液压挖掘机	**hypsométrie** 高度测量;测量法

I

icône 光电图
identification 鉴定；识别
identification automatique 自动识别
identification automatique de signal
　　信号自动识别
identification automatique des wagons
　　车辆自动识别
identification chimique 化学鉴定
identification d'accès de l'aiguille
　　道岔入口识别
identification de balise 信标识别
identification de boîte chaude 热轴识别
identification de l'accident 事故鉴定
identification de couche rocheuse 岩层鉴定
identification de dégradation de rail
　　钢轨损坏鉴定
identification de dégradation de voie
　　线路损坏鉴定
identification de fissure de rail
　　钢轨裂缝鉴定
identification de numéro de l'aiguille
　　道岔号识别
identification de numéro de train 车号识别
identification de position 位置识别
identification de qualité 质量鉴定
identification de risque 风险识别
identification de signal 信号识别
identification de trains en marche
　　行进列车识别
identification de voiture 车厢标识
identification de wagon 车辆识别
identification d'identité 身份识别
identification d'interférence 干扰识别
identification d'itinéraire 进路识别
identification du sol 土壤鉴定
identification et suivi des trains
　　列车识别与跟踪
identification fiscale(IF) 税务证明材料
identification géologique de terrain
　　地质鉴定
identification géotechnique 工程地质鉴定
identification rapide 快速鉴定；快速识别
identification technique 技术鉴定
île 岛
île artificielle 人工筑岛
île centrale 中心岛
île de direction 方向岛
île de refuge 安全岛
île de sécurité 安全岛
île de trafic 交通岛
île giratoire 环岛
illustration 图
îlot 安全岛
îlot de circulation 交通岛
îlot de dérivation 导流岛
îlot de déviation 导流岛
îlot de refuge 安全岛
îlot de sécurité 安全岛
îlot de séparation 分隔岛
îlot thermique 热岛
image 图像
image corrigée 修正图像
image stéréoscopique 立体图像
immatriculation 登记；注册
immatriculation à la sécurité sociale
　　社会保险登记
immatriculation au registre du commerce
　　营业执照登记
immatriculation des trains 列车记录号
immobilisation 不动产
immobilisations d'entreprise 企业固定资产
immobilisations ferroviaires 铁路固定资产
immobilité 固定；静止
immobilité de l'air 空气不流通

immobilité de la main-d'œuvre　劳动力不流动
immobilité de l'eau　水不流动
immobilité des facteurs de production
　生产要素不流动
impact　撞击;冲击;影响;制约
impact acoustique　噪声影响
impact de bruit　噪声影响
impact de bruit de circulation du train
　列车噪声影响
impact de l'environnement　环境影响
impact de trafic　行车冲击
impact négatif　负面影响
impact positif　正面作用
impact potentiel　潜在影响
impact socio-économique　社会经济影响
impact sur la vie des riverains
　对沿线居民生活的影响
impact sur le délai des travaux
　对工期的影响
impact sur l'environnement　对环境的影响
impact sur l'exécution des travaux
　对工程施工的影响
impair　单数;奇数
impartition　委托加工
impasse　死路;死胡同
impédance　阻抗
impédance à boucle ouverte　开路阻抗
impédance de circuit　电路阻抗
impédance de conduite thermique　热导阻抗
impédance de la ligne　线路阻抗
impédance de rail　钢轨阻抗
impédance de transmission　传输阻抗
imperfection　缺陷
imperméabilisation　防水处理
imperméabilisation par enduit
　用涂料进行防水处理
imperméabilité　不透水性
implantation　定桩;放线
implantation complémentaire　补充定位
implantation de base-vie　设立生活营地
implantation de clôture　围墙放样
implantation de construction　施工放样
implantation de l'axe de tunnel
　隧道轴线定位
implantation de l'axe de voie
　线路轴线定位
implantation de ligne　放线
implantation de l'ouvrage　工程放线
implantation de mise à terre　接地埋设
implantation de pieux　标桩;桩基定位
implantation de piquets de talus　边桩放样
implantation de polygonale de base
　基础导线定位
implantation de polygonale de levé
　测量定位
implantation de poteaux　柱杆架设
implantation de route　道路定线
implantation des équipements　设备安装
implantation des ouvrages d'art　桥梁定位
implantation de tracé　线路走向定线
implantation de tunnel　隧道定线
implantation de ventilateur　风机布置
implantation d'exécution　施工放样
implantation sur site　现场放线
implantation topographique　测量定位
importance　重要性;数量
importance de contrôle　监理重要性
importance de gisements de matériaux
　utilisables　可用料储量
importance de prestations en volume
　承担工程的体量
importance des travaux　工程数量
importateur　进口商
importation　进口
importation de ciments　水泥进口
importation définitive　最终进口
importation de marchandises　商品输入
importation de produits　产品进口
importation permanente　永久进口
importation temporaire　临时进口
importation temporaire de matériels
　设备临时进口
import-export　进出口
imposition　征税
imposte　拱墩
impôt　税
impôt dégressif　累退税
impôt direct　直接税
impôt et taxe sur les salaires dans le pays
　d'origine　派遣国人员的工资所得税费
impôt foncier　地产税
impôt indirect　间接税
impôt local　地方税
impôt progressif　累进税
impôt régressif　累退税
impôt sur le chiffre d'affaires　营业税
impôt sur le revenu　所得税

impôt sur le revenu de l'entreprise
　企业所得税
impôt sur le revenu personnel　个人所得税
impôt sur les bénéfices des sociétés(IBS)
　公司利润税
impôt sur les bénéfices industriels
　et commerciaux　工商利润税
impôt sur les bénéfices prélevés(IBP)
　预提利润税
impôt sur les salaires　工资税
imprégnabilité　渗透性
imprégnation　浸透
imprégnation de bitume　浇沥青
imprégnation de bois　木材(防腐)浸渍
imprimante à impact　点阵打印机
imprimante à jet colorié　彩喷打印机
imprimante à laser　激光打印机
imprimante de réseau　网络打印机
imprimante reçu　袖珍手持票据打印机
impureté　杂质;混杂物
imputation　列入;记入
imputation de payement　记入付款
imputation de somme au crédit de compte
　款项记入账户贷方
imputation de somme au débit de compte
　款项记入账户借方
inaccomplissement　未履行
inaccomplissement des clauses de traité
　未履行条约某些条款
inachèvement　未完成
inadaptation　不适应
inadaptation au milieu　对环境不适应
inaptitude　无能力
inaptitude au travail　无工作能力
inauguration　开幕仪式
inauguration de lancement des travaux
　工程开工典礼
inauguration de nouvelle ligne ferroviaire
　铁路新线通车典礼
incapacité　无能力
incendie　火灾
incinération　焚化;焚烧
incinération de produits de déboisement
　焚烧伐木物
incitation　煽动;唆使
incitation à la grève　煽动罢工
inclinaison　倾斜;倾斜度
inclinaison de pieux　基桩倾斜度
inclinaison de rail　轨底坡

inclinaison en avant　前倾
inclinaison vers l'extérieur　外倾斜
inclinaison vers l'intérieur　内倾斜
inclinaison vers l'intérieur de champignon
　de rail　轨头内倾
inclination　倾斜;倾斜度
inclination de canalisation　管道坡度
inclination de chaussée　路面坡度
inclination de ligne　线路倾角
inclination de patin de rail　轨底坡
inclination de plan　平面倾角
inclination de pose de rail　轨道铺设倾斜度
inclination de talus　边坡
inclination de trous de forage　钻孔斜度
inclination de voies ferrées　轨道坡度
inclination limite　限制坡度
inclination locale　局部倾斜
inclination moyenne de talus　平均坡角
inclination sur l'horizontale　坡度
inclinomètre　倾斜仪;测斜仪
incompétence　不胜任;无能力
incompressibilité　不可压缩性
inconditionnalité　无条件
incorporation　掺和;混合
incorporation de ciment　掺入水泥
incurvation　内曲;弯曲
indemnisation　赔偿;补偿
indemnisation de population　对居民补偿
indemnisation de population touchée par
　l'expropriation　对征地拆迁居民补偿
indemnisation des dommages de guerre
　战争损失赔偿
indemnité　赔款;补贴
indemnité à la culture　青苗赔偿费
indemnité à la démolition des bâtiments
　房屋拆迁赔偿费
indemnité d'accident du travail
　工伤赔偿费
indemnité de déplacement　出差津贴
indemnité d'exécution　施工赔款
indemnité d'expropriation　拆迁补偿
indemnité locale　当地补助
indexation　指数调整;按指数计算
indicateur　指示器;显示器
indicateur d'avertissement　预告标;警示器
indicateur de départ de train　发车指示器
indicateur de gabarit　限界指示器
indicateur de gare destinataire
　到达终点站显示器

indicateur de kilométrage 里程指示器
indicateur de l'aiguille 道岔标志
indicateur de l'arrivée du train
　列车到达指示器
indicateur de l'heure de départ
　发车时间显示器
indicateur de parcours 行程计
indicateur de pression 压力表
indicateur de pression d'huile 机油压力表
indicateur de profondeur 深度计
indicateur de retard du train
　列车晚点显示器
indicateur de sécurité 安全标志
indicateur de signal 信号显示器
indicateur de talonnage d'aiguille
　道岔贴位显示器
indicateur de température 温度计
indicateur de vitesse 速度显示器；速度表
indicateur de voie de circulation
　车道指示器
indicateur de voie ferrée 铁路行车标志牌
indicateur des voies 车道表示器
indication d'état de l'opération
　作业状态显示
indicateur d'itinéraire 进路指示器
indicateur d'occupation de voie
　股道占用显示器
indicateur électronique 电子指示器
indication 指示；说明
indication à la zone de chute de rochers
　表示进入落石区段
indication à la zone haute accidentée
　表示进入事故多发地段
indication automatique 自动显示
indication d'approche 接近表示
indication de changement automatique
　自动变换显示
indication de changement automatique de
　signal 信号自动变换显示
indication de chantier-gare 站场显示
indication de coupe 剖面线
indication de déblocage de voie
　线路解锁表示
indication de densité de trafic de voie
　线路列车密度显示
indication de départ 出发显示
indication de dépasser la vitesse limitée
　显示超速
indication de ligne ouverte 线路开放表示

indication de limitation de vitesse 限速指示
indication de mouvement d'aiguillage
　道岔移位显示
indication de nombre de transition des trains
　列车交接数量显示
indication d'enregistrement de
　l'enclenchement d'itinéraire
　进路联锁登记显示
indication d'enregistrement de libération
　d'itinéraire 进路释放登记显示
indication d'enregistrement de talonnage de
　l'aiguille 道岔跟部密贴登记显示
indication d'enregistrement de
　verrouillage de l'aiguille
　道岔锁闭登记显示
indication d'entrée en gare 进站显示
indication de numéro de train 车次表示
indication de panne 故障显示
indication de panne en amont
　上游故障显示
indication de paramètres géométriques de
　voie 显示轨道几何参数
indication de passage à niveau
　道口状况显示
indication de position d'aiguille
　道岔位置显示
indication de position du train
　列车位置显示
indication de repérage 定向标记
indication de retard 晚点表示
indication de signal 信号显示
indication de signal fermé 信号关闭表示
indication de signal ouvert 信号开通表示
indication de sources de matériaux
　材料来源说明
indication de surcharge 过载显示
indication de surchauffe de boîte d'essieu
　轴箱过热显示
indication de surveillance de régulation
　调度监控显示
indication de survi des trains 列车跟踪显示
indication de talonnage d'aiguille
　道岔贴位表示
indication de température 温度显示
indication de tunnel en avant
　表示将进入隧道
indication de verrouillage d'aiguille
　道岔锁闭表示
indication de vitesse 速度显示

indication de voie en courbe 表示进入弯道
indication de voie occupée 线路占用表示
indication d'itinéraire 进路显示
indication d'occupation de ligne 占线表示
indication d'occupation de section
   区段占用显示
indication d'occupation de voie
   股道占用显示
indication d'ordre de fonctionnement
   运行秩序显示
indication fausse 错误指示
indice 指数；指标
indice abrasif 磨蚀指数
indice d'achat 购买指数
indice d'activité 活性指数
indice d'aplatissement 扁平指数
indice d'application 应用指标
indice d'eau-ciment 水灰比
indice de base 基础指数
indice de caillou 碎石指数
indice de choc 冲击指数
indice de ciment 水泥指标
indice de compression 压缩指数
indice de concassage 破碎指数
indice de consistance 稠度系数
indice de consolidation 固结系数
indice de consommation 消费指数
indice d'écoulement 径流指数
indice de courbure 曲率指数
indice de dilatation 膨胀指数
indice de dureté 硬度值；硬度指数
indice de finesse 细度指数
indice de fluidité 流动指数
indice de friction 摩擦系数
indice de frottement 摩擦系数
indice de gonflement 膨胀系数
indice de groupe 分组指数
indice de liquidité 液性指数
indice de niveau 水位标
indice d'épaisseur 厚度指数
indice de pénétration 贯入度指数
indice de performance 性能指标
indice de plasticité 塑性指数
indice de portance 承载指数
indice de précipitation 沉淀值
indice de prise 凝结指数
indice de prix 价格指数
indice de production 生产指数
indice de qualité 质量指标
indice de quantité 数量指标
indice de rebondissement 回弹指数
indice de référence 参照指数
indice de réflexion 反射率
indice de réfraction 折射率
indice de résistance 强度指数
indice de ressort 弹簧指数
indice de rugosité 粗糙性指数
indice de rupture 断裂指数
indice de saturation 饱和指数
indice de sensibilité 敏感指数
indice de stabilité 稳定指数
indice de tassement 下沉指数
indice de traction 牵引指标
indice de viabilité 能通车程度概率
indice d'hydraulicité 水凝性指数
indice d'infiltration 渗透指数
indice directionnel 定向指数
indice d'usure 磨耗系数
indice d'utilisation de locomotive
   机车运用指标
indice économique 经济指标
indice élastique 弹性指数
indice financier 财务指标
indice pluvial 雨量指数
indice quantitative 数量指标
indice technique 技术指标
indisponibilité 缺勤
industrie à haute densité de main-d'oeuvre
   劳动密集型产业
industrie de base 基础产业
industrie de bâtiment 建筑业
industrie de fabrication 制造业
industrie de fabrication très avancée
   高端制造业
industrie de haute et nouvelle technologie
   高新技术产业
industrie légère 轻工业
industrie lourde 重工业
industrie primaire 第一产业
industrie secondaire 第二产业
industrie tertiaire 第三产业
inégalité 不平等；不均
inégalité de chaussée 路面不平
inégalité de compactage 碾压不均
inégalité de droits 权力不平等
inégalité de planéité 不平
inégalité de planéité de direction
   方向不平顺

inégalité de planéité de niveau 水平不平顺
inégalité de planéité horizontal 水平不平顺
inégalité de planéité partiel 局部不平整
inégalité de terrain 地面不平
inégalité d'obligation contractuelle
  合同义务不平等
inégalité d'ouverture de l'aiguille
  道岔开程不均匀
inégalité d'usure 磨损不均匀
inégalité du terrain 场地高差
inéligibilité 无被选资格
inexécution 未实施;未实行
inexistence 不存在
inexpérience 无经验
infiltration 渗透
infiltration d'eau 渗水
infiltration de terrain 地面渗水
inflexion 弯曲
influence 影响
influence climatique 气候影响
influence de bruit 噪声干扰
influence de choix de type d'équipement
  设备选型影响
influence de circulation 交通干扰
influence de l'eau 水影响
influence de l'environnement 环境影响
influence de température 气温影响
influence d'étude 设计影响
influence de typhon 台风影响
influence de vice de conception
  设计缺陷影响
influence d'exécution 施工干扰
influence mutuelle 相互影响
influence négative 负面影响
influence positive 正面影响
influence potentielle 潜在影响
infographie 计算机制图
information 信息
informations administratives 管理信息
informations analogiques 模拟信息
informations complémentaires 补充信息
informations d'accidents 事故信息
informations de chaussée 路面信息
informations de circulation des trains
  列车运行信息
informations de circulation ponctuelle et
  en retard des trains 列车运行正晚点信息
informations de contrôle 校验信息
informations de flux de circulation
  交通流信息
informations de gestion du transport
  ferroviaire 铁路运输管理信息
informations de l'arrivée du train
  列车到站信息
informations de l'état routier 路况信息
informations d'embouteillage de voie
  道路拥堵信息
informations détaillées 具体信息
informations de trafic 交通信息
informations de wagons 车辆信息
informations d'identification 识别信息
informations d'itinéraires 进路信息
informations d'occupation 占用信息
informations d'occupation de voie
  线路占用信息
informations du temps d'arrivée et de départ
  到发时间信息
informations ferroviaires 铁路信息
informations météorologiques 气象信息
informations réelles de parcours de
  circulation 途中运行动态信息
informations scientifiques 科学情报
informations sol-train 车—地信息
informations techniques 技术情报
informations techniques ferroviaires
  铁道技术信息
informations variables 动态信息
informations voyageurs 旅客信息中心
informatisation 信息化
infraction 违反
infraction aux règlements de la circulation
  违反交通规则
infrarouge 红外线
infrastructure 下部结构;基础设施
infrastructure de ligne à grande vitesse
  高速铁路基础设施
infrastructure de l'ouvrage 工程下部结构
infrastructure de pont 桥梁下部结构
infrastructure de transport 交通基础设施
infrastructure de travaux publics
  公共工程基础设施
infrastructure de voie 线下工程
infrastructure de voie en dalle
  平板轨道下部结构
infrastructure ferroviaire
  铁路基础设施;线下工程
infrastructure portuaire 港口地面设施
infrastructure routière 道路基础设施

infructuosité 无结果；无人中标
ingénierie 工程
ingénierie de construction ferroviaire 铁道建筑工程
ingénierie de construction métallique 钢结构工程
ingénierie de génie-civil 土建工程
ingénierie de pont 桥梁工程
ingénierie de tunnel 隧道工程
ingénieur 工程师
ingénieur assistant 助理工程师
ingénieur chargé de contrôle 监理工程师
ingénieur-conseil 咨询工程师
ingénieur consultant 顾问工程师
ingénieur d'alimentation et d'évacuation d'eau 给排水工程师
ingénieur de conception 设计工程师
ingénieur de contrôle externe 外部监理工程师
ingénieur de contrôle interne 内部监理工程师
ingénieur de forage 钻探工程师
ingénieur de matériaux 材料工程师
ingénieur de mesure 测量工程师
ingénieur de pont 桥梁工程师
ingénieur de précontrainte 预应力工程师
ingénieur déqualifié 不称职工程师
ingénieur des équipements 设备工程师
ingénieur d'essais 试验工程师
ingénieur de structure 结构工程师
ingénieur de supervision des travaux 监理工程师
ingénieur de surveillance 监理工程师
ingénieur de surveillance et de suivi 监理工程师
ingénieur de technologie 工艺工程师
ingénieur de tracé 线路工程师
ingénieur de trafic 运输调度工程师
ingénieur d'études 设计工程师
ingénieur d'exécution 施工工程师
ingénieur d'exploitation 运营工程师
ingénieur dirigeant 主任工程师
ingénieur du projet 项目工程师
ingénieur économiste et d'évaluation des coûts 经济及造价工程师
ingénieur électricien 电气工程师
ingénieur électromécanique 电机工程师
ingénieur électronique 电子工程师
ingénieur électrotechnique 电工工程师
ingénieur en chef 总工程师
ingénieur en génie-civil 土建工程师
ingénieur en météorologie 气象工程师
ingénieur en méthodes 工艺工程师
ingénieur enregistré 注册工程师
ingénieur expert 专家工程师
ingénieur géologique 地质工程师
ingénieur géologue 地质工程师
ingénieur géotechnique 地质工程师
ingénieur hydraulique 水利工程师
ingénieur in situ 现场工程师
ingénieur mécanicien 机械工程师
ingénieur polygonal 地形测量工程师
ingénieur principal en transport 主管运输工程师
ingénieur professionnel 专业工程师
ingénieur projecteur 设计工程师
ingénieur qualifié 资深工程师
ingénieur-qualité 质量工程师
ingénieur résident 驻地工程师
ingénieur supérieur 高级工程师
ingénieur sur chantier 工地工程师
ingénieur sur place 现场工程师
ingénieur sur site 工地工程师
ingénieur topographe 地形测量工程师
injection 喷射；注入
injection à air comprimé 压气灌浆
injection à haute pression 高压喷注
injection d'eau 注水
injection de bentonite 皂土灌注
injection de béton 注入混凝土
injection de béton de tunnel 隧道混凝土喷射
injection de bitume 灌注沥青
injection de bitume chaud 热沥青灌注
injection de boue 泥浆灌注
injection de ciment 水泥灌注
injection de collage 压浆连接
injection de consolidation 压浆固结
injection de coulis sous pression 压力灌浆
injection de gaz 注气
injection de mortier 灌注砂浆
injection de remplissage 压浆充填
injection de scellement 锚固注浆
injection des gaines 封注预应力钢缆套管
injection des gaines de précontrainte 预应力管道压浆
injection des joints 接缝灌浆
injection pneumatique 压气喷射

injection profonde 深部灌注
injection sous pression 压气喷射
innovation 创新;改革
innovation technique 技术创新
innovation technologique 工艺创新
inscription 登记
inscription commerciale 商业登记
inscription des aiguilles 道岔登记
inscription des wagons 车辆注册
insertion 嵌入;插入
insertion dans la circulation 汇入到车流
insertion de tableau 插入图表
insertion de wagon à la rame de train
　　列编插挂车辆
insertion d'une voie dans le corridor existant
　　在现有道路走廊中插入一条线路
insonorisation 隔音
insonorisation des engins 减少机器噪声
inspection 检查;视察
inspection ambulante 巡察
inspection au chantier 工地视察
inspection automatique 自检
inspection de condition de voie 路况检查
inspection de construction 施工检查
inspection de douane 海关查验
inspection de fiscalité 税务检查
inspection de gabarit 限界检查
inspection de géométrie de voie
　　线路线形尺寸检测
inspection de limite 限界检测
inspection d'entretien 维修检查
inspection de pont 桥梁检查
inspection de premier train 首列车检查
inspection de qualité 质量检验
inspection de routine 例行检查
inspection de sécurité 安全检查
inspection d'essieu 轴检
inspection d'essieu-monté 轮对检查
inspection de train 列检
inspection de travail 劳动监察
inspection de travaux 工程监理
inspection de véhicule 车辆检查
inspection de voie 道路巡查
inspection en construction 施工中检测
inspection et réparation 检修
inspection géologique 地质勘察
inspection hebdomadaire 每周检查
inspection journalière 日检查
inspection mensuelle 月检

inspection périodique 定期检查
inspection réglementaire 定期检查
inspection régulière 定期检查
inspection technique 技术检查
installation 安置;安装
installation à cantilever 悬臂架设
installation à méthode flottante 浮运架桥法
installation à méthode rotative 转体架桥法
installation aérienne 架空敷设
installation de base-vie 生活营地安置
installation de bétonnage
　　混凝土搅拌设备安装
installation de câbles 电缆铺设
installation de canalisation 管道铺设
installation de cantilever 肩架安装
installation de carrière 采石场设置
installation de cassage 破碎设备安置
installation de caténaire 接触网安装
installation de centrale à béton
　　混凝土搅拌设施安装
installation de centrale de mélange
　　集中拌和站安装
installation de centrale d'enrobage
　　沥青搅拌设施安装
installation de chantier 工地设置
installation de fil de contact 接触线架设
installation de glissières 安装护栏
installation de laboratoire 实验室设置
installation de laboratoire de chantier
　　工地实验室设置
installation de l'aiguille 道岔安装
installation de lignes électriques
　　电力线路安装
installation de matériels 设备安装
installation de mise à terre 接地安装
installation de moteur électrique 电机安装
installation de pont 桥梁架设
installation de production de béton préfabriqué 设置混凝土预制构件厂
installation des anticheminants 安装防爬器
installation des équipements 设备安装
installation des équipements électriques
　　电器设备安装
installation des équipements de signalisation
　　信号设备安装
installation des équipements de voie
　　轨道设备安装;道岔设备安装
installation de signalisation horizontale
　　水平信号设置

installation de signalisation verticale
垂直信号安装
installation de signaux
信号灯安装
installation de sous-système de contrôle
d'accès　门禁子系统安装
installation de sous-système de sonorisation
扩音子系统安装
installation de sous-système
vidéo-surveillance　视频监控子系统安装
installation de soutènement　支撑安装
installation de structure　结构安装
installation de superstructure de pont
桥梁上部安装
installation de tablier　桥面铺装
installation de tuyaux　铺管
installation électrique　电气安装
installation et repliement de chantier
工地安置与撤场
installation segmentale à cantilever
分段悬臂拼装
installation souterraine　地下敷设
installation sur place　现场安装
installations　设施
installations à basse tension　低压设备
installations à haute tension　高压设备
installations à moyenne tension　中压设备
installations annexes　附属设施
installations anti-poussières　除尘装置
installations au long du tracé　沿线设施
installations auxiliaires　附属设施
installations complètes　全套设备
installations contre l'incendie　消防设备
installations d'aération　通风装置
installations d'alarme d'urgence
紧急报警设备
installations d'alerte　报警装置
installations d'alerte au feu　火警装置
installations de caténaire　接触网设施
installations d'échantillonnage　取样装置
installations de charge　装载设备
installations d'échauffement　加热装置
installations d'éclairage　照明设施
installations d'éclairage de tunnel
隧道照明设施
installations d'éclairage extérieur
室外照明设施
installations d'éclairage public
公共照明设施

installations de communication　通信设施
installations de compensation　补偿设施
installations de concassage　碎石设备
installations de contrôle　控制设备
installations de contrôle de trafic
交通控制设施
installations de coulage de béton
混凝土灌注设备
installations de coulée　浇灌设备
installations de criblage　筛分装置
installations de dépôt　机务段设施
installations de dépoussiérage　除尘装置
installations de distribution de carburants
加油设施
installations de distribution des eaux
供水设施
installations de drainage　排水设施
installations de durcissement par la vapeur
sous haute pression　高压蒸汽养护装置
installations de fabrication　生产设备
installations de filtration　过滤设备
installations de forage　钻探设备
installations de gare　车站设施
installations de l'aiguille　道岔设备
installations de lavage　清洗设备
installations de levage　起重设备
installations de maintenance　维护设备
installations de malaxage　拌和设备
installations de manutention　装卸设备
installations de mélange　拌和设备
installations de mesure　测量设备
installations de mise à la terre　接地设备
installations d'énergie de traction
牵引供电设施
installations d'épuisement　排水设施
installations d'épuration　净化设施
installations de raclage　耙运设备
installations de réception terrestres
地面接收设备
installations de refroidissement
制冷设备
installations de réserve　存储设备
installations de sécurité　安全设施
installations de service　服务设施
installations de signalisation　信号设备
installations de site　现场设备
installations de SMR　机务段设施
installations de soudage　焊接设备
installations de stockage　存储设备

installations de supervision 监视装置
installations de surveillance 监控设施
installations de tamisage 筛分设备
installations de traction 牵引设备
installations de traction électrique
 电力牵引设备
installations de traitement des matériaux
 材料加工设备
installations de transbordement
 货物转运设备
installations de trans-ligne 跨线设备
installations de transport 运输设备
installations de tunnel 隧道设备
installations d'évacuation 排放设备
installations de ventilation 通风装置
installations de vidéosurveillance
 视频监控设备
installations de voie 线路设备
installations d'exploitation 运营设施
installations d'extraction 采掘设备
installations d'information aux voyageurs
 旅客信息设备
installations d'injection 灌浆设备
installations dissimulées 隐蔽装置
installations électriques 电气设施
installations électriques BT 低压电气设备
installations électriques HT 高压电气设备
installations embarquées du train
 车载设备
installations fixes 固定设施
installations fixes de traction électrique
 (IFTE) 电力牵引固定设备
installations hydrauliques 水利设施
installations logistiques des chantiers
 工地后勤设施
installations mécaniques 机械设备
installations militaires 军事设施
installations parafoudres 避雷装置
installations permanentes de contresens
 (IPCS) 反向固定装置
installations portuaires 港口设施
installations provisoires 临建设施
installations sanitaires 卫生设施
installations techniques 技术装备
installations temporaires 临时设施
installations temporaires de chantier
 工地临时设施
installations type 定型设备
Institut de Recherche des Standards et de la
 Métrologie 标准计量研究所
Institut de Recherche
 Ferroviaire Européenne 欧洲铁路研究所
Institut des Ingénieurs Electriques et
 Electroniques 电气电子工程师协会
Institut Européen des Normes de
 Télécommunication 欧洲电信标准组织
Institut Européen pour la Normalisation de
 Télécommunication 欧洲电信标准化协会
Institut National de Standard et de
 Tehnologie 国家标准和技术研究所
instruction 指示；指令
instruction d'arrêt de travaux 停工指令
instruction d'arrêt du train 停车指令
instruction de centre de contrôle de
 l'exploitation 运营控制中心指令
instruction de centre de régulation des trains
 列调中心指令
instruction de circulation de train
 列车运行指令
instruction de démarrage de travaux
 开工指令
instruction de libération 释放指令
instruction de l'ingénieur chargé de contrôle
 监理工程师指令
instruction de manœuvre de train 调车指令
instruction d'emploi 使用说明
instruction d'emploi d'instrument
 机具使用说明
instruction de programme 程序指令
instruction de régulateur de trafic
 行车调度员指令
instruction d'interruption 中断指令
instruction d'opération 操作说明
instruction d'ouverture 开放指令
instruction du maître de l'ouvrage
 业主指令
instruction d'utilisation 使用说明
instruction orale 口头指示
instruction par écrit 书面指示
instructions aux soumissionnaires
 投标人须知
instructions de sécurité 安全条例；安全规程
instructions de soumission 投标须知
instructions techniques 技术说明
instrument 工具；机具；仪器
instrument de contrôle 控制仪表
instrument de détection 检测仪器
instrument de haute précision 高精度工具

instrument de mesure　测量仪表；量具
instrument de nivellement　水准器；水平仪
instrument d'enregistrement　记录仪
instrument de précision　精密仪器
instrument électronique　电子仪器
instrument topographique　地形测量仪器
insuffisance　不足
insuffisance d'abattage　欠挖
insuffisance d'action　缺少行动
insuffisance de chargement　装载不足
insuffisance de combustible　燃料不足
insuffisance de compactage　压实不足
insuffisance de dévers　超高不足；欠超高
insuffisance de distance de freinage
　制动距离不足
insuffisance de documents　文件材料不足
insuffisance de données　数据不足
insuffisance de dossiers　资料不足
insuffisance de dynamique　缺少动力
insuffisance de fonds　缺少资金
insuffisance de hauteur　高度不足
insuffisance de hauteur de conception
　设计高度不足
insuffisance de hauteur de levage
　提升高度不足
insuffisance de hauteur libre　净空高度不足
insuffisance de la main-d'œuvre
　劳力投入不足
insuffisance de largeur　宽度不足
insuffisance de largeur de chantier-gare
　站场宽度不足
insuffisance de largeur de conception
　设计宽度不足
insuffisance de largeur de ligne à double voie
　复线宽度不足
insuffisance de largeur d'ouvertue de
　l'aiguille　道岔开度不足
insuffisance de largeur effective
　有效宽度不足
insuffisance de l'eau　缺水
insuffisance de l'élasticité　弹性不足
insuffisance de l'élasticité de voie
　轨道弹性不足
insuffisance de l'électricité　电力不足
insuffisance de l'équipement　缺少设备
insuffisance de l'expérience　经验不足
insuffisance de longueur d'aiguille
　道岔长度不足
insuffisance de longueur de ligne d'arrivée et
　départ　到发线长度不足

insuffisance de matériaux　材料不足
insuffisance de matériels　设备投入不足
insuffisance d'énergie de traction
　牵引动能不足
insuffisance de personnel　缺少人员
insuffisance de plans　缺少图纸
insuffisance de pression　缺少压力
insuffisance de puissance de machine
　机器动力不足
insuffisance de puissance de traction
　牵引动力不足
insuffisance de rayon courbé de voie
　线路弯道曲率半径不足
insuffisance de remblai
　填方不足；路堤高度不够
insuffisance de réparation　缺乏维修
insuffisance de repos　缺少休息
insuffisance de résistance　强度不够
insuffisance de ressources　资源不足
insuffisance de rigidité de rail
　钢轨刚度不够
insuffisance de soutien　支持力度不够
insuffisance de temps　缺少时间
insuffisance de tension　电压过低
insuffisance de traction sur la voie de
　poids lourds　重车道牵引力不足
insuffisance de traction sur la voie rampante
　爬坡车道牵引力不足
insuffisance de volume de citerne
　罐体容积不足
insuffisance de volume du transport des
　marchandises　货运量不足
insuffisance de volume du transport
　des voyageurs　客运量不足
intégralité　全部
intégration　一体化
intégration de fabrication　制造一体化
intégration de l'économie　经济一体化
intégration de l'environnement　环境兼容
intégration de l'ouvrage dans le paysage
　工程与自然景观融为一体
intégration de nouveaux équipements avec
　la ligne existante　新设备与既有线路兼容
intégration des équipements　装备集成
intégration de signalisation　信令互通
intégration des systèmes　系统集成
intégrité　完整性
intégrité de documents　资料完整性
intégrité de données　数据完整性

intempérie 恶劣天气
intempérie prévisible 可预见恶劣天气
intensité 强度
intensité absolue 绝对强度
intensité calorifique 热值；热效率
intensité d'agitation 晃动强度
intensité de bruit 噪声强度
intensité de calcule 计算强度
intensité de champ magnétique 磁场强度
intensité de charge 荷载强度
intensité de circulation des trains 车流密度
intensité d'éclairage 照明强度
intensité d'éclairement 亮度
intensité de combustion 燃烧强度
intensité de compactage 压实强度
intensité de conception 设计强度
intensité de courant 电流强度
intensité de l'averse 暴雨强度
intensité de l'orage 暴风雨强度
intensité de pluie 降雨强度
intensité de pollution 污染强度
intensité de précipitations 降雨强度
intensité de pression 压力强度
intensité de radiation 辐射强度
intensité de rayonnement 辐射强度
intensité d'érosion 侵蚀强度
intensité de séisme 地震强度
intensité de signal 信号强度
intensité de tension 张力强度
intensité de trafic 交通密度
intensité de travail 劳动强度
intensité de tremblement de terre 地震强度
intensité d'étude 设计强度
intensité de vent 风力强度
intensité d'interférence 干扰强度
intensité efficace 有效强度
intensité macro-séismique 地震烈度
intensité relative 相对强度
interaction 相互作用
interaction de roue/rail 轮轨相互作用
interaction des aiguilles 道岔联动
interaction quantité-prix 数量—价格相互影响
interattraction 相互吸引
intercalaire 卡垫
intercalaire isolant 绝缘卡垫
interception 中断；阻断
interception de circulation 中断运行
interception de voie 线路中断
interception temporaire de circulation (ITC) 线路临时中断运行
intercirculation 列车车厢的互通
intercommunication 互通
intercommunication à bord 车辆与机车之间联系
intercommunication des réseaux 网络互通
intercommunication entre le centre de contrôle terrestre et le train 地控中心与列车相互联系
intercommunication sol-train 地面与列车间相互联系
interconnexion 相互连接
interconnexion de chemin de fer Asie-Europe 亚欧铁路相互连接
interconnexion des réseaux 网络互联
interconnexion des réseaux ferroviaires 铁路网互联
interconnexion de voies ferrées 铁路线互联
interdépendance 相互依赖；相互并存
interdépendance des modes ferroviaire et routier 铁路公路运输方式相互并存
interdiction 禁止
interdiction de circulation 禁止通行
interdiction de dépasser 禁止超车
interdiction de faire demi-tour 禁止调头
interdiction de lancement des wagons 禁止溜车
interdiction de passage 禁止通行
interdiction de prise de terre 禁止取土
interdiction de remplissage de ballast 禁用道砟填塞
interdiction de stationner 禁止停车
interdiction des tirs de mine à proximité des ouvrages d'art 禁止在桥梁附近进行爆破
interdiction des tirs de mine à zone d'habitation 禁止在居民区进行爆破
interdiction de tout rejet polluant 禁止抛弃各种有污染的物品
interdiction d'extraction 禁止开采
inter-distance 相互间距
inter-distance des deux rails de voie 线路轨距
inter-distance des essieux 轮对相互距离
inter-distance des gares 车站间相互距离
inter-distance entre deux profils en travers 横断面相互间距离
inter-distance entre deux voies 两线路相互间距离

inter-distance gardée entre deux rames automotrices 动车组相互间保持的距离
intérêt 利息;利益
intérêt de retard 延误利息
intérêt moratoire 延期付款利息
intérêt respectif 各自利益
intérêt supérieur 最高利益
interface 界面;接口
interface de communication 通信接口
interface de connexion 连接接口
interface de contrôleur 监控器接口
interface de coordination 协调界面
interface de délimitation 分界口
interface de démarcation 分界口
interface de données 数据接口
interface de ligne à distance 远程线路接口
interface de module 模块接口
interface de programme 程序接口
interface de rail/roue 轮轨界面
interface de réseau 网络接口
interface de séparation 分界口
interface de système 系统接口
interface de travail 工作界面
interface de travaux 工程接口
interface d'installation 安装接口
interface d'usagers 用户接口
interface élastique 弹性界面
interface fonctionnelle 功能接口
interface homme/machine(IHM) 人机接口
interface interne 内部接口
interface physique 有形界面
interface technique 技术接口
interface temporelle 时间分界
interférence 干扰
interférence de bifurcation 岔线干扰
interférence de bruit 噪声干扰
interférence de changement 变化干扰
interférence de circulation 交通干扰
interférence de communication 通信干扰
interférence de conduite 传导干扰
interférence de croisement 交叉干扰
interférence de foudre 雷电干扰
interférence de fréquence 频率干扰
interférence de gabarit 限界干扰
interférence de l'accident 事故干扰
interférence de ligne aérienne 架空线干扰
interférence de ligne à haute tension 高压线干扰
interférence de ligne existante 既有线干扰
interférence de ligne voisine 邻线干扰
interférence de limite 限制干扰
interférence de panne 故障干扰
interférence de radio 无线电干扰
interférence de route 公路干扰
interférence de signal 信号干扰
interférence de transmission 传输干扰
interférence de voie adjacente 邻线干扰
interférence de voie ferrée 铁路干扰
interférence d'exécution des travaux 施工干扰
interférence d'intersection 交叉干扰
interférence électrostatique 静电干扰
interférence entre les sections de travail 作业区间相互干扰
interférence judiciaire 司法干扰
intermédiaire 中间人
intermédiaire de projet 项目中间人
International Railway Industry Standard (IRIS) 国际铁路行业标准
International Standardization Organization (ISO) 国际标准组织
internaute 互联网网民;上网者
Internet 互联网
interphone 对讲机;内线电话
interprétation 解释;说明
interprétation de mesures 测量结果分析
interprétation de photos par satellite 卫片判读
interprétation de résultat 结果注释
interprétation des épreuves 检测说明
interprétation géologique 地质解释
interprétation géométrique 几何解释
interprétation initiale 初步推断
interprétation photographique 航摄照片判读
interprétation quantitative 定量解释
interrupteur 断路器;隔离开关
interrupteur à action différée 延时断路器
interrupteur à action retardée 延时开关
interrupteur à air 空气断路器
interrupteur aérien 空气断路器
interrupteur à couteau 闸刀开关
interrupteur à haute tension 高压开关
interrupteur à haute tension de caténaire 接触网高压隔离开关
interrupteur automatique 自动开关
interrupteur BT 低压开关

interrupteur de contrôle 控制开关
interrupteur d'enclenchement 连锁开关
interrupteur de protection 保护开关
interrupteur double allumage 双开开关
interrupteur électromagnétique 电磁开关
interrupteur horaire 定时开关
interrupteur HT 高压开关
interrupteur inverseur 转换开关
interrupteur MT 中压开关
interrupteur principal 主断路器
interrupteur rotatif 旋转开关
interrupteur simple allumage 单开开关
interrupteur va-et-vient 双控开关
interruption 阻断;中止
interruption de circuit 切断电路
interruption de circulation 交通中断
interruption de circulation ferroviaire
 铁路交通中断
interruption de communication 通信中断
interruption de conversation 通话中断
interruption de courant 供电中断
interruption de l'appel 呼叫中断
interruption de liaison 联络中断
interruption de ligne 线路中断
interruption de procédure 程序中断
interruption de service 中断使用
interruption de signal 信号中断
interruption des travaux 工程停工
interruption de trafic 交通中断
interruption de transmission 传输中断
interruption de voie 线路中断
interruption d'exploitation 中断运营
intersection 相交;交叉;叉点
intersection adjacente 相邻交叉口
intersection à angle droit 直角交叉
intersection à multiples étages 多层交叉
intersection à multiples ponts 群桥交叉
intersection à niveau 平面交叉
intersection à niveaux différents 立体交叉
intersection à niveaux en anneau 环形交叉
intersection composée 复式交叉
intersection contrôlée 管制交叉口
intersection de branchement
 分支交叉;道岔
intersection de circulation 行车交叉
intersection de l'artère 干道交叉口
intersection de même direction 顺向交叉
intersection de tracé 线路交叉
intersection de voie 线路交叉

intersection différente 立体交叉
intersection directionnelle 定向交叉
intersection en avant 前方交会
intersection en croix 十字交叉
intersection en feuille de trèfle 叶式交叉
intersection en trèfle 梅花形立体交叉
intersection en triangle 三角形交叉
intersection en trompette 喇叭形立交交叉
intersection giratoire 环形交叉
intersection inverse 逆向交叉
intersection latérale 侧向交会
intersection multiple 复式多线交叉
intersection oblique 斜交叉
intersection pavée 铺砌式道口
intersection plane 平面交叉
intersection principale 主要交叉口
intersection régulière 普通交叉口
intervalle 间距;间隔;天窗
intervalle d'arrivée des rames automotrices
 动车组到达间隔时间
intervalle de calcul 计算间隔
intervalle de circulation 行车间距
intervalle de classement 分级范围
intervalle de construction 建筑间距
intervalle de fréquence 频程
intervalle de parcours 行程间距
intervalle de pieux 桩间距
intervalle de piles 桥墩间距
intervalle de portails des deux tunnels
 两个隧道洞口的距离
intervalle de poutres 梁间距
intervalle de réception des trains en gare
 列车进站间隔
intervalle de relais de micro-onde du chemin de
 fer 铁路微波中继站间隔距离
intervalle de repos 休息间隔时间
intervalle de service de l'équipage de
 conduite 乘务组人员轮班间隔时间
intervalle des ouvrages d'art 构造物间距
intervalle des trains 火车间隔
intervalle de temps 时间间隔
intervalle de tracés 线路间距
intervalle de voies 线路间距
intervalle d'expédition des rames
 automotrices 动车组发车间隔
intervalle d'expédition des trains fret
 货车发车间隔
intervalle d'expédition des trains
 de marchandises 货车发车间隔

intervalle d'expédition des trains de voyageurs　客车发车间隔
intervalle du départ des trains　火车发车间隔
intervalle entre deux trains　两车间隔
intervalle entre les lignes de transmission à haute tension　高压输电线间距
intervalle entre stations de communication　通信站间距
intervalle entre traverses　枕木间距
intervalle maximale　最大间隔
intervalle réservée pour maintenance　维修天窗
intervalle réservée pour travaux　施工天窗
intervention　介入;处置
intervention en cas d'accident　交通事故处置
intervention particulière　特殊处理
intervention technique　技术干预
intervertissement　次序颠倒;次序错乱
intrados　拱腹线;拱外皮
intranet　区域网;局域网
introduction　引进;输入
introduction de fonds　引入资金
introduction de techniques avancées　引进先进技术
intrusion　侵占;场地占用;浸入
intrusion du domaine ferroviaire　侵占铁路范围场地
intrusion de neige　雪水浸入
intrusion de pluie　雨水浸入
invalidité　无效
invalidité de contrat　合同无效
inventaire　财产清单
inventaire des contraintes de réseaux　管网迁移清单
inventaire d'expropriation de terrain　征地清单
investigation　勘查;勘测
investigation complémentaire　补充勘测
investigation complète　全面调查
investigation de condition de voie　路况调查
investigation de construction　施工勘测
investigation de fondation　地基勘查
investigation de travaux　工程勘察
investigation de tunnel　隧道地质勘察
investigation de voie　线路勘察
investigation du sol　土质勘探
investigation du sous-sol　下层土勘探
investigation du terrain　场地勘察
investigation géologique　地质勘查
investigation géologique du sol　土壤地质勘查
investigation géotechnique　地工力学调查;地勘
investigation hydrogéologique　水文地质勘查
investigation in-situ　现场勘探
investigation préliminaire　初步勘查
investigation spécifique　专业调查
investigation sur place　现场勘探
investigation sur site　现场勘探
investissement　投资
investissement à court terme　短期投资
investissement à long terme　长期投资
investissement à moyen terme　中期投资
investissement de ligne électrifiée　电气化线路投资
investissement de ligne spéciale de marchandises　货运专线投资
investissement de ligne spéciale de voyageurs　客运专线投资
investissement de l'infrastructure　基础设施投资
investissement de nouvelle ligne ferroviaire　新线铁路投资
investissement de projet　项目投资
investissement de renouvellement de voie　线路改造投资
investissement de renouvellement de voie existante　既有线改造投资
investissement de rénovation des équipements de signalisation　信号设备更新投资
investissement des équipements　设备投资
investissement des travaux　工程投资
investissement des travaux de génie-civil　土建工程投资
investissement d'expansion　扩大生产投资
investissement direct　直接投资
investissement ferroviaire　铁路投资
investissement indirect　间接投资
investissement total　总投资
irrégularité　不规则;不齐
irrégularité de mouvement　不规则运动
irrégularité de rail　钢轨不平顺
irrégularité de tassement　不规则下沉
irrégularité de voie　轨道不平顺
isobase　等基线

isocline 等向线
isohypse 等高线
isolant 绝缘体；绝缘材料
isolant acoustique 隔音层
isolant thermique 隔热材料
isolateur 绝缘体；绝缘子
isolateur à barre 棒式绝缘子
isolateur à capot 盘式绝缘子
isolateur à cantilever 悬架式绝缘器
isolateur à fût massif 支柱绝缘子
isolateur à tige 棒式绝缘子
isolateur de courant 电流绝缘子
isolateur de fil aérien 架空线绝缘子
isolateur de fil conducteur 导线绝缘子
isolateur de fil de contact 接触线绝缘子
isolateur de fil de feeder 馈线绝缘子
isolateur de ligne à suspension caténaire 悬挂接触导线绝缘子
isolateur de massif de groupe électrogène 发电机基座防振垫
isolateur de pantographe 受电弓隔离开关
isolateur de poteau électrique 电杆绝缘子
isolateur de section 分段绝缘器
isolateur de section neutre 分相绝缘器
isolateur de séparation de phase 分相绝缘器
isolateur de silicone 硅酮绝缘子
isolateur de support 支撑绝缘子
isolateur de support pour feeder aérien 架空馈线支撑绝缘子
isolateur de transformateur 变压器绝缘体
isolateur de vibration 隔振垫
isolateur en barre 棒式绝缘子
isolateur en caoutchouc 橡胶绝缘体
isolateur en porcelaine 陶瓷绝缘体
isolateur en verre 玻璃绝缘子
isolateurs à série 绝缘子串
isolateurs à série de suspension 悬式绝缘子串
isolation 隔离
isolation acoustique 隔音
isolation calorifique 隔热
isolation contre l'humidité 防潮
isolation de borne 端子绝缘
isolation de chaleur 热绝缘
isolation de circuit de voie 轨道电路绝缘
isolation de l'éclisse 鱼尾板绝缘
isolation de moteur électrique 电机绝缘
isolation de rail 钢轨绝缘
isolation des joints de rails 钢轨接头绝缘
isolation de voie 轨道绝缘
isolation électrique 电气绝缘
isolation en caoutchouc 橡胶绝缘
isolation sonore 隔音
isolation thermique 隔热
isolation vibratoire 隔振
isolement 隔离
issue de secours 逃生出口
itinéraire 路线；进路；交路
itinéraire bidirectionnel 双向交路
itinéraire confirmé 确认进路
itinéraire d'accès au chantier 进入工地线路
itinéraire d'acheminement 交路
itinéraire d'acheminement circulaire 循环交路
itinéraire d'acheminement court 短交路
itinéraire d'acheminement de l'équipe de conduite 乘务交路
itinéraire d'acheminement de locomotive 机车交路
itinéraire d'acheminement de locomotive des marchandises 货运机车交路
itinéraire d'acheminement de locomotive des voyageurs 客运机车交路
itinéraire d'acheminement de traction 牵引交路
itinéraire d'acheminement direct 直通交路
itinéraire d'acheminement long 长交路
itinéraire d'acheminement ordinaire de locomotive 一般机车交路
itinéraire d'alignement 直线形交路
itinéraire de circulation 运行路线；交路
itinéraire de contournement 迂回路径
itinéraire de flux de trafic 车流经路
itinéraire de gare 车站线路
itinéraire de manœuvre du train 作业线路；调车线路
itinéraire de manœuvre antagoniste 反向调车线路
itinéraire de manœuvre aveugles 盲调线路
itinéraire de manœuvre sécurisés 安全调车线路
itinéraire de passage 通过线路
itinéraire de protection 保护进路
itinéraire de réception de train 接车进路
itinéraire désenclenché 解锁进路
itinéraire de sens direct 正方向进路

itinéraire de sens impair　下行方向进路
itinéraire de sens inverse　反方向进路
itinéraire de sens opposé　反方向进路
itinéraire de sens pair　上行方向进路
itinéraire de sens rétrogradé　逆向进路
itinéraire de sortie　出口线路
itinéraire détourné　迂回进路
itinéraire de trafic circulaire
　循环运转制交路
itinéraire de transport　运输交路
itinéraire déverrouillé　解锁进路
itinéraire d'évitement　绕行线路
itinéraire d'évitement de chantier
　工地绕行线路
itinéraire de voie de remisage　机务段线路
itinéraire direct　直通进路
itinéraire enclenché　连锁进路
itinéraire établi　已创建进路
itinéraire inverse　反交路
itinéraire libéré　释放进路；解锁进路
itinéraire mis en service　开通的进路
itinéraire multi-directionnel　多向交路
itinéraire normal　正常进路
itinéraire ouvert　开放进路
itinéraire partiel　部分线路
itinéraire polygonal　多边形交路
itinéraire préétabli　预创建线路
itinéraire principal　主要线路
itinéraire prioritaire　优先进路
itinéraire selectionné　选择进路
itinéraire verrouillé　锁闭进路
itinéraires combinés　组合进路
itinéraires compatibles　平行进路
itinéraires voisins　相邻线路

J

jaillissement 喷射;涌出
jaillissement au toit 冒顶
jaillissement d'eau 涌水
jaillissement de boue 冒泥;翻浆
jalon 标杆;标桩;路标
jalon d'annonce de sortie 出口提示路标
jalon d'axe 中线桩
jalon de distance cumulée 桩号
jalon de mire 水准标尺;标杆
jalon de pente 坡度标
jalon de référence 参考桩
jalon de talus 边坡桩
jalon du tracé de voie 线路走向标桩
jalon topographique 地形测量标桩
jalonnage 定标
jalonnement 立标杆;设桩
jalonnement de bornage 定界标桩
jalonnement de borne hectométrique 设定百米路标
jalonnement de borne kilométrique 设定公里标
jalonnement de borne limitante 设定分界标
jalonnement de borne limite de gare 设定站界标
jalonnement de polygonale 导线测量标桩
jalonnement de route 公路标桩
jalonnement de terrain 地面标桩
jalonnement de tracé 线路走向标桩
jalonnement de voie ferrée 铁路标桩
jalonnement d'itinéraire 线路标桩
jalonnette 标杆;测杆
jambage 拱脚
jambe 支柱
jambe de force 支撑
jambe de force de rail 轨支撑
jambe de grue automobile 汽车式起重机支脚

jambe de trépied 三角支架
jante 轮缘
jauge 吨位;卡规;标尺
jauge brute 总吨位
jauge d'écartement de voie 轨距规
jauge de déformation 变形测量规
jauge de mesure 测量规
jauge d'épaisseur 厚度规
jauge de volume 容积标尺
jauge nette 净吨位
Jauge standard 标准量规
jaugeur 测量员;测量器
jaugeur de combustible 燃料计量表;油表
jetée 堤
jetée de port 港口防波堤
jeu 间隙
jeu admissible 容许间隙
jeu axial de roulement 轴承轴向游间
jeu bâillé des aiguilles 道岔密贴间隙
jeu d'attelage 车钩间隙
jeu de bout de rail 轨头间隙
jeu de contact 接触间隙
jeu de coordination 配合游隙
jeu de dilatation 收缩缝隙
jeu de disque de frein 制动盘间隙
jeu de disque d'usure 磨耗盘间隙
jeu de lissoir élastique 弹性旁承间隙
jeu de mouvement 游间
jeu de mouvement transversal 横向游动量
jeu de paliers latéraux 旁承间隙
jeu de roulement à billes 轴承游间
jeu d'essieu-monté 轮对间隙
jeu de travail 工作游间
jeu entre boudin et rail 轮轨游间
jeu entre les bouts de rail 轨缝
jeu entre rail de base et rail mobile 基本轨与动岔间隙

jeu initial　原始游间
jeu latéral entre boudin et rail
　轮轨侧游间;轮轨横动量
jeu latéral des essieux
　轮对侧游间;轮对横动量
jeu radial de roulement　轴承径向游间
joint　接头;接缝;密封圈
joint à bride　法兰盘连接
joint à mortaise　企口接缝
joint annulaire　环形密封圈
joint à recouvrement　搭接头
joint au coulis de ciment　水泥浆填缝
joint aveugle　暗缝
joint aveugle longitudinal　纵向暗缝
joint aveugle transversal　横向暗缝
joint bourré de mortier　砂浆灌缝
joint coulé　浇筑接缝
joint de bétonnage　混凝土施工缝
joint de bordure　路缘接缝
joint de boulon　螺栓垫圈
joint de cardan　万向节
joint de chaussée　路面接缝
joint de construction　施工缝
joint de contraction　伸缩缝
joint de culée　桥台接缝
joint de dessiccation　干缩缝
joint de dilatation　收缩缝
joint de dilatation de rail　钢轨收缩缝
joint de dilatation de tablier　桥面伸缩缝
joint de faille　断层缝
joint de laitier　灰缝
joint de raccord　接头
joint de raccord en bas　低接头
joint de rail　钢轨接头;轨接缝
joint de remplissage　填缝
joint de reprise　新浇混凝土接口
joint de retrait　收缩缝
joint de rupture　断裂缝
joint de soudure　焊接缝
joint de soudure de rail　钢轨焊接缝
joint des rails　钢轨接缝;钢轨接头
joint des rails de base　基本轨接缝
joint de structure　结构缝
joint de tablier　桥面接缝
joint d'étanchéité　防水缝
joint de tassement　沉降缝
joint d'exécution　施工缝
joint d'expansion　膨胀缝
jointement　接合;连接

joint en bande extensible　可收缩密封带
joint en biseau　斜缝
joint en caoutchouc　橡皮垫
joint entre le quai et le train
　站台与列车间隙
joint étanche　防水缝
joint flexible　柔性接头
joint glissant　滑动接缝
joint homocinétique　等速万向节
joint horizontal　水平接缝
joint isolant　绝缘接头
joint isolant collé (JIC)
　胶绝缘接轨夹板;胶绝缘接轨装置
joint isolé de voie
　轨道绝缘连接;轨道绝缘接头
joint large　宽缝
joint longitudinal　纵向接缝
joint montant　垂直接缝
joint ouvert　露缝接头;明缝
joint plat　平缝
joint plein　平缝
joint radial　径向缝
joint riveté　铆接缝
joint rompu　断裂缝
joint sismique　抗震缝
joint spécial　异型接头
joint transversal　横向接缝
joint universel　万向节
joint vertical　垂直灰缝
joint water stop　止水胶带
jointoiement　勾缝
jointoiement au mortier　砂浆勾缝
jointoiement des enrochements　砌石勾缝
jointure　接缝;接头
jointure étanche　密封接头
jointure soudée　焊缝
jonction　相交;贯通;道路交叉口;道路枢纽
jonction adjacente　相邻交叉口
jonction de communication　交通枢纽
jonction de croisement　交汇点;岔路口
jonction de ligne　线路交汇
jonction de rail　接轨;接轨点
jonction de trafic　车流汇合
jonction de tunnel　隧道贯通
jonction de voies　轨道交汇;轨道枢纽
jonction par attache　绑扎接头
jonction principale　主要交叉口
jonction soudée　焊接接头
jour　日

jour calendaire	自然日
jour de travail	工作日
jour férié	节假日
journal	报纸；日志
journal de chantier	工地日志
journal de construction	施工日志
journalier	日工
joystick	操纵杆
joystick de contrôle à distance	遥控操纵杆
joystick de l'excavateur	挖掘机操纵杆
joystick de locomotive	机车驾驶操纵杆
jugement	判决
jugement absolu	主观判断
jugement de l'accident	事故判定
jugement des offres	判标
jumbo	凿岩台车；钻车
jumbo à deux bras	双臂凿岩台车
jumbo à plateforme élévatrice	升降平台钻孔台车
jumbo à trios bras	三臂钻孔台车
jumbo à un bras	单臂钻孔台车
jumbo automoteur	自行式钻孔台车
jumbo d'abattage	回采台车
jumbo de boulonnage	锚杆台车
jumbo de fonçage	掘进钻孔台车
jumbo de forage	凿岩台车
jumbo de perforation	掘进钻孔台车
jumbo de perforation rotative hydraulique	液压旋转凿岩台车
jumbo de tirant d'ancrage	锚杆台车
jumbo hydraulique	液压钻孔台车
jumbo hydraulique pour revêtement	液压衬砌台车
jumbo pour creusement de tunnel	隧道开挖台车
jumbo sur chenilles	履带式钻孔台车
jumbo sur roues	轮式钻孔台车
jupe	裙板
justification	证明
justification de provenance	来源证明
justification de provenance des matériaux	材料来源证明
justification de provenance des matériels	设备来源证明

K

kaolin 高岭土
karst 喀斯特;溶岩
karst profond 深层岩溶
karst sous-jacent 地下岩溶
karst superficiel 表层岩溶
kérosène 煤油
kilogramme(kilo) 公斤
kilogramme-force 公斤力
kilogramme-poids 公斤重
kilohertz(kHz) 千赫
kilométrage 里程
kilométrage annuel(KA) 年行驶里程
kilométrage de circulation 通车里程
kilométrage de ligne 线路里程
kilométrage de parcours 行驶里程
kilométrage de réseau ferroviaire 铁路网里程
kilométrage ferroviaire 铁路里程
kilométrage routier 公路里程
kilométrage mesuré 测量里程
kilométrage parcouru du train 列车行驶里程
kilomètre 公里
kilomètre carré 平方公里
kilomètre-heure 公里/小时
kilomètre-locomotive journalier 日车公里
kilomètre parcouru(KP) 行驶里程
kilomètre-tonne 吨公里
kilomètre-véhicule 车辆公里
kilomètre-voyageur 人公里
kilotonne(kt) 千吨
kilovolt 千伏
kilovoltampère(kVA) 千伏安
kilovoltampèreheure(kVAh) 千伏安小时
kilowatt(kW) 千瓦
kilowatt-heure(kWh) 千瓦小时
kit 套件
kit complet 整套设备
kit de coupleur d'ancrage 锚具套件
kit de coupleur de boyau d'accouplement de freinage 制动软管连接套件
kit des équipements de caténaire 接触网设备套件
kit des équipements de signalisation 信号设备套件
kit des équipements de télécom 电信设备套件
kit de soudure à voie 线路焊接设备套件
kit pour l'installation des équipements de signalisation 信号设备安装套件

L

laboratoire 实验室
laboratoire à ciment 水泥实验室
laboratoire chimique 化学实验室
laboratoire d'analyse 化验室
laboratoire de béton 混凝土实验室
laboratoire de biologie 生物实验室
laboratoire de chantier 工地实验室
laboratoire de génie-civil 土建实验室
laboratoire de l'entrepreneur
　承包商实验室
laboratoire de matériaux 材料实验室
laboratoire de matériaux blancs 白色材料
　实验室
laboratoire de matériaux noirs
　黑色材料实验室
laboratoire de ponts 桥梁实验室
laboratoire de recherches 研究实验室
laboratoire de route 公路实验室
laboratoire des sols 土壤实验室
laboratoire dynamique 动力实验室
laboratoire hydraulique 水利实验室
laboratoire géotechnique 土工实验室
laboratoire mobile 流动实验室
laboratoire physique 物理实验室
lac 湖泊
lac à faible profondeur 浅水湖
lac amer 咸水湖
lac artificiel 水库
lac d'accumulation 蓄水库
lac d'eau douce 淡水湖
lac de barrage 堰塞湖
lac de cratère 火山口湖
lac de delta 三角洲湖
lac de dépression 下陷湖
lac de doline 沉陷湖
lac de dune 沙丘湖
lac de retenue 水库
lac des oiseaux 湿地
lac d'origine volcanique 火山湖
lac salé 咸水湖
lac salifère 咸湖
lagune 泻湖
laine de laitier 矿棉
laine de roche 岩棉
laine de verre 玻璃棉
laine minérale 矿渣棉
lait 浆
lait de chaux 石灰浆
lait de ciment 水泥浆
laitier 炉渣；砂浆
laitier composé 混合砂浆
laitier concassé 轧碎矿渣
laitier de ciment 水泥砂浆
laitier de forge 炉渣
laitier de haut fourneau 高炉炉渣
laitier de maçonnerie 圬工砂浆
laitier expansé 膨胀矿渣
laitier granulé 粒状熔渣
laitier ordinaire 普通灰浆
lame 整平刮板；片
lame d'aiguille 道岔扁头；道岔尖轨
lame de fer 铁片
lame de frein 闸片
lame de neige 铲雪板
lame de niveleuse 平地机整平刮板
lame de persienne 百叶窗片
lame de schite 板岩片
lame de scie 锯条
laminage 轧制钢材
laminage à chaud 热轧
laminage à froid 冷轧
laminé 轧制钢材
laminé à chaud 热轧
laminé à froid 冷轧

lampadaire 落地灯；路灯
lampe 灯
lampe à alcool 酒精灯
lampe à arc 弧光灯
lampe à huile 油灯
lampe à incandescence 白炽灯
lampe à iode 碘钨灯
lampe amplificatrice 放大管
lampe à néon 氖灯；霓虹灯
lampe à vapeur de mercure 水银灯
lampe à vapeur de sodium 钠光灯
lampe à vapeur de sodium à haute pression 高压钠灯
lampe d'alarme 报警灯
lampe d'avertissement 警示灯
lampe de bâton 路签灯
lampe d'éclairage 照明灯
lampe de compartiment 车厢指示灯
lampe de guidage 诱导灯
lampe de halogénure 金属卤化物灯
lampe de mine 矿灯
lampe d'encombrement 示宽灯
lampe de phare 探照灯
lampe de poche 手电筒
lampe de queue 尾灯
lampe de radio 电子管
lampe de repère 标志灯
lampe de signal 信号灯
lampe de sodium 钠光灯
lampe de sûreté 安全灯
lampe de TSF 电子管
lampe d'indication 指示灯
lampe diode 二极管
lampe-éclair 闪光灯
lampe électrique 电灯
lampe étanche 防水灯
lampe fluorescente 荧光灯
lampe frontale 前照灯
lampe frontale de locomotive 机车前照灯
lampe iodure 碘钨灯
lampe mobile 移动照明灯
lampe triode 三极管
lampe-tube 管形灯
lampe tubulaire 管灯
lance 喷嘴；管嘴
lance à eau 喷水嘴；水龙头
lance à huile 喷油嘴
lancement 开工

lancement de butte de débranchement 驼峰编组溜车
lancement de caisson 沉箱下水
lancement de châssis de voie 轨排落放
lancement de panneau de voie 轨排落放
lancement de pierres 抛石
lancement de pont 架桥
lancement de pose 开始铺设
lancement des travaux 工程开工
lancement de wagons 车辆放溜
lanceur 架桥机
langue de contrat 合同语言
langue de l'offre 标书使用语言
langue dominante 主导语言
lanterne 信号灯
lanterne d'aiguille 道岔信号灯
lanterne de chantier 工地信号灯
lapilli 火山砾
laque 生漆
largeur 宽度
largeur admissible 容许宽度
largeur d'accotement ballasté 砟肩宽度
largeur d'aile 翼缘宽度
largeur de bande 带宽
largeur de bande de bordure 路缘带宽度
largeur de bande du tracé 线路规划带宽度
largeur de BAU 道路紧急停车带宽度
largeur de BDD 道路右侧带宽度
largeur de BDG 道路左侧带宽度
largeur de berme en déblai 挖方护坡道宽度
largeur de berme en remblai 填方护坡道宽度
largeur de bordure 路缘宽度
largeur de caisse de wagon 车体宽度
largeur de chantier-gare 站场宽度
largeur de chaussée 路面宽度
largeur de compactage 碾压宽度
largeur de conception 设计宽度
largeur de couloir de voie ferrée 铁路走廊宽度
largeur de cylindrage 碾压宽度
largeur de défonçage 扩孔宽度
largeur de distribution 布置宽度
largeur de fissure 裂缝宽度
largeur de gabarit 限界宽度
largeur de gare 站台宽度
largeur de joint 缝宽
largeur de l'accotement 路肩宽度

largeur de l'assise de voie　路基宽度
largeur de la plateforme de voie　道床宽度
largeur de sommet de la plateforme de voie　道床顶面宽度
largeur de sommet de la plateforme de voie double　双线道床顶面宽度
largeur de sommet de la plateforme de voie unique　单线道床顶面宽度
largeur de la surface de roulement du rail　钢轨踏面宽度
largeur de ligne à double voie　复线宽度
largeur de ligne à voie unique　单线宽度
largeur de ligne électrifiée　电气化线宽度
largeur de limite　限制宽度
largeur de locomotive　机车宽度
largeur de matériel roulant　机车车辆宽度
largeur d'épandage　摊铺宽度
largeur de patte de lièvre　辙叉趾宽
largeur d'épaulement de ballast　道床肩宽
largeur d'épaulement de voie ferrée　铁道路肩宽度
largeur de plantation　绿化宽度
largeur de pont　桥宽
largeur de poutre　梁宽
largeur de profil en travers　横断面宽度
largeur de répandage　摊铺宽度
largeur de roue　轮宽
largeur de sécurité　安全宽度
largeur de sommet　顶面宽度
largeur de sommet de rail pointu　尖轨顶宽
largeur de structure　结构宽度
largeur de tablier du pont　桥面板宽度
largeur de terrain　场地宽度
largeur de TPC　道路隔离带宽度
largeur de verdure　绿化宽度
largeur de voie　车道宽度;轨距
largeur de voie à écartement standard　标准轨距线路宽度
largeur de voie de chantier de marchandises　货场线宽度
largeur de voie de chantier des wagons　车场线宽度
largeur de voie de chantier-gare　站场线宽度
largeur de wagon　车辆宽度
largeur d'excavation　开挖宽度
largeur d'ouverte　开度
largeur d'ouverte de l'aiguille　道岔开度
largeur du doigt de croisement　辙叉趾宽
largeur du lit de ballast　道床宽度
largeur du talon de croisement　辙叉跟宽
largeur effective　有效宽度
largeur frontale　正宽
largeur horizontale　水平宽度
largeur longitudinale　纵向宽度
largeur nette　净宽
largeur nette de tablier　桥面净宽
largeur oblique de plaque de toit　顶板斜向宽度
largeur standard　标准宽度
largeur totale　总宽度
largeur transversale　横向宽度
largeur utile　有效宽度
laser　激光
laser de guidage pour l'excavation de tunnel　隧道开挖激光导向
latéral　侧导洞
latérite　红土
lave　熔岩
lecteur de badges　工牌读取器
lecteur de billet　读票机
lecteur de disquette　磁盘读取器
légalisation　认证
légalisation de l'ambassade　使馆认证
légalisation des actes notariés　公证书认证
légende　图例
législation　立法
législation de l'environnement　环境立法
légitimité　合法性
lehm　黄土
lestage　压载
lestage de wagon　装车压载
lettre　函件;证书
lettre anonyme　匿名信
lettre autographe　亲笔信
lettre circulaire　通报
lettre d'acceptation　中标函
lettre d'assurance　货物保险证明书
lettre de change　汇票
lettre de convocation　通知书
lettre de crédit　信用证
lettre de crédit intransmissible　不可转让信用证
lettre de crédit irrévocable　不可撤销信用证
lettre de crédit réciproque　对开信用证
lettre de délégation　授权书
lettre de garantie　保函
lettre de manifestation d'intérêt　兴趣函

lettre de marché　合同书
lettre de pouvoirs　授权书
lettre de réclamation d'indemnité　索赔函
lettre de recommandation　推荐信
lettre de remerciement　感谢信
lettre de soumission　投标书
lettre de voiture　托运单
lettre d'intention　兴趣函
lettre d'invitation　邀请函
lettre ouverte　公开信
lettre recommandée　挂号信
LEU de répondeur　应答器地面电子单元
LEU de répondeur sol-train
　地—车应答器电子单元
LEU dispersé　分散式地面电子单元
levage　吊装
levage de rail　抬轨
levage de rail par le vérin de voie
　起道机抬轨
levage de rail usé　吊旧轨
levage de traverse　抬枕
levage de voie　起道
levage de wagon　架车
levage mécanique　机械吊装
levé　测绘;测量图
levé aérien　航测
levé à planchette　小平板测量
levé à la polygonation　导线测量
levé à la trilatération　三边测量
levé au goniographe　平板测量
levé au stadia　视距测量
levé au tachéomètre　视距仪测量
levé au théodolite　经纬仪测量
levé à vue　目测
levé complémentaire　补充测绘
levé contradictoire　复测
levé d'altitude de voie　线路标高测量
levé de construction　建筑测量
levé de contrôle　检查测量
levé de coordonnées　坐标测量
levé de cote de voie　线路标高测量
levé de déblai　挖方测量
levé de décapage　清表测量
levé de ligne existante　既有线测量
levé de plan　平面测量
levé de précision　精度测量
levé de remblai　填方测量
levé détaillé　详细测量
levé de voie ferroviaire　铁路测量

levé d'exploration　探测
levé direct sur terrain　野外测量
levé d'itinéraire　线路测量
levé du terrain　场地测量;地形图
levé électronique　电子测图
levé expédié　草测
levé géodésique　大地测量
levé géodésique aérien　航空大地测量
levé géologique　地质勘测
levé géométrique　几何测绘
levé géophysique　地球物理测量
levé in situ　现场测量
levé linéaire　线形测量
levé par cheminement　导线测量
levé par triangulation　三角测量
levé photogrammétrique　摄影测量
levé polygonométrique　导线测量
levé souterrain　地下测量
levé sur lecteur de courbes　曲线读数器测量
levé sur place　现场测量
levé tachéométrique　地形测绘
levé terrestre　地面测绘
levé topographique　地形测量
levé trigonométrique　三角测量
lève-roues　车辆千斤顶
levier　操纵杆
levier accélérateur　加速操纵杆
levier coudé　曲柄
levier d'aiguille　道岔操纵杆
levier de blocage　闭塞操纵杆
levier de blocage des aiguilles
　道岔闭塞操纵杆
levier de changement de vitesse　变速杆
levier de commande　操纵杆
levier de conduite　驾驶操纵杆
levier de frein d'urgence　紧急制动杆
levier de signal　信号操纵杆
levier de verrouillage d'aiguille
　道岔闭锁操纵杆
levier d'itinéraire　进路开通操纵杆
lézarde　裂缝
liage　绑捆
liaison　结合
liaison d'accouplement　软连接
liaison d'attelage　车钩连接
liaison de circuit de voie　轨道电路连接
liaison de compartiments　车厢连接
liaison de contrôle pour la circulation
　du train　机车联控

liaison de croisement　十字交叉连接	**libération de contrainte de voie de rails**
liaison de données　数据链接	轨道线路应力释放
liaison de rails　钢轨连接	**libération de frein**　松闸
liaison de réseau ferroviaire　铁路网连接	**libération d'électrons**　电子释放
liaison de voie　线路连接	**libération d'énergie**　能量释放
liaison de wagons　车辆连接	**libération de plage horaire**
liaison en accordéon de l'extrémité des wagons　车厢折棚连接	解除封闭线路作业时间；解除天窗时间
	libération de plage d'interception de la voie
liaison entre le tirant de verrouillage et l'aiguille　锁闭杆与尖轨连接	释放线路中断的区段
	libération de plage travaux
liaison entre les gares　站间联络	解除施工封闭的区段
liaison entre les rails　钢轨连接	**libération des emprises**　限界场地释放
liaison équipotentielle　等电位连接	**libération de signal**　信号释放
liaison longitudinale　纵向连接	**libération de signal de protection**
liaison numérique　数字链接	释放保护信号
liaison par radio　无线电联络	**libération de site**　场地释放
liaison sol-train　地—车联络	**libération de terrain**　场地释放；场地腾空
liaison transversale　横向连接	**libération de transit absolu**　进路一次解锁
liant　结合料；黏合剂	**libération de transit souple**　进路分段解锁
liant à prise lente　缓凝性黏结料	**libération de voie**　股道空闲
liant à prise rapide　快凝性黏结料	**libération d'itinéraire**　线路释放；进路解锁
liant bitumineux　沥青黏结料	**libération fractionnée**　分段解锁；分段释放
liant bitumineux chaud　热沥青黏结料	**libération par excitation séparée**
liant d'accrochage　连接黏结料	分励解锁；分励释放
liant d'argile　黏土结合料	**libération par tronçon**　分段解锁；分段释放
liant de l'acier　钢的弹性	**liberté**　释放
liant d'imprégnation　透层结合料	**liberté de caution**　保函释放
liant goudronneux　柏油黏结料	**liberté de couloir de la route**　开通道路走廊
liant hydraulique　水硬黏结料	**liberté de passage**　通行自由
liant hydrocarboné　沥青结合料	**liberté de ressort**　弹簧自由度
liant hydrophile　亲水结合料	**licence**　许可证；执照
liant hydrosoluble　水溶性黏合剂	**licence d'accès au réseau**　入网许可
liant inorganique　无机黏结料	**licence d'entreprise**　营业证书
liant noir　沥青结合料	**licence d'extraction**　开采许可
liant pulvérulent　粉状结合料	**licence d'extraction de pierre**　采石许可
liant rigide　水硬性砂浆	**licence de transit**　过境许可证
libage　毛石；块石（墙基）	**licence d'exportation**　出口许可证
libération　释放；解除	**licence d'importation**　进口许可证
libération automatique de l'itinéraire	**liège**　软木
进入线路自动释放	**liement**　捆；缚
libération complète d'itinéraire	**lien**　联系；链点
进路一次解锁	**lien de réseau ferroviaire**　铁路网连接
libération d'appel　呼叫释放	**lien de réseau routier**　公路网连接
libération de block　解除闭塞	**lien de signalisation**　信号链路
libération de canton　区间空闲	**lien descendant**　下行链路
libération de caution　保函释放	**lien ferroviaire**　铁路连接
libération de contrainte　应力放散	**lien frontalier**　边境连接
libération de contrainte de longs rails soudés	**lien montant**　上行链路
长焊轨应力放散	**lien régional**　地区间连接

liens manquants　尚缺路段
lieu　地点；场所
lieu d'aboutissement　通达地点
lieu d'adduction d'eau　上水地点
lieu d'approvisionnement　供料地点
lieu de ballastière　道砟采石场地
lieu de carrière　采石场地
lieu de chargement　装载地点
lieu de chute de pierres　坠石地点
lieu de chute de roches　岩石崩塌地点
lieu de chute de toit　隧道冒顶地点
lieu de collision des trains　火车碰撞地点
lieu de conservation　保存地点
lieu de coulée　浇筑地点
lieu de déblais　弃方地点
lieu de décharge de ballast　卸砟地点
lieu de déchargement　卸载地点
lieu de dépôt　堆放地点
lieu de dépôt des offres　标书递交地点
lieu de déraillement du train　火车脱轨地点
lieu de destination　目的地
lieu de déversement　堆置场
lieu de dragage　疏浚地点
lieu de fabrication　生产地点
lieu de l'accident　事故地点
lieu de l'échangeur　互通立交位置
lieu de levage de voie　起道位置
lieu de livraison　交货地
lieu de malaxage　拌和场地；拌和地点
lieu de mise en œuvre　施工地点
lieu d'emploi　使用地点
lieu d'emprunts　借土场；取土地点
lieu de naissance　出生地点
lieu de pont　桥址位置
lieu de prise des échantillons　取样地点
lieu de prise de terre　取土地点
lieu de provenance　来源地
lieu de renversement de train
　列车倾覆地点
lieu de retour de locomotive de manœuvre
　调机折返地点
lieu de retour de locomotive de traction
　牵机折返地点
lieu de ripage de voie　拨道地点
lieu des accidents fréquents　事故多发地点
lieu de signature　签字地点
lieu des ouvrages d'art　构造物位置
lieu de stationnement　停车地点
lieu de stationnement de matériels
　设备存放地点
lieu de stockage　存放地点
lieu des travaux　工程地点
lieu de travail　工作地点
lieu de tunnel　隧道位置
lieu d'exécution　施工地点
lieu d'exploitation　开采地点
lieu d'habitation　居民点
lieu d'implantation　放线地点
lieu d'utilisation　使用地点
ligature　绑扎；捆扎
ligature des armatures　绑扎钢筋
ligature des fils de fer　绑扎铁丝
ligne　线条；线路；车道
ligne abandonnée　弃线
ligne accélérée　加速车道
ligne additionnelle　附加车道
ligne à double voie　复线；双线铁路
ligne à double voie électrifiée
　双线电气化铁路
ligne aérienne　航空线；架空线
ligne à gros trafic　运输繁忙线路
ligne à haute tension　高压电力线
ligne à haute densité de circulation
　大流量线路
ligne à l'écartement métrique　米轨线路
ligne à l'écartement standard
　标准轨距线路
ligne à monorail　单轨线路
ligne amenée　引入线
ligne arasée de terrassement
　土方工程整平线
ligne à sens unique　单行线
ligne à suspension caténaire　悬挂接触导线
ligne à voie étroite　窄轨铁路线
ligne à voies multiples　多轨道线路
ligne à voie normale　标准轨距线路
ligne axiale　轴线
ligne brisée　折线
ligne caractéristique du terrain　地形特征线
ligne centrale　中心线
ligne centrale de route　公路中线
ligne centrale de voie　线路中心线
ligne circulaire　环形线路
ligne close　闭合线
ligne coaxiale　同轴线
ligne continue　连续线
ligne côtière　沿海线
ligne d'accès　引入车道

ligne d'accès pour double voie　双线出入线
ligne d'accouplement de l'attelage
　　车钩连接线
ligne d'action　作用线；施力线
ligne d'alimentation　供电线；馈线
ligne d'alimentation de traction
　　牵引供电线；牵引馈线
ligne d'approche　引线
ligne d'approche du pont　桥头引线
ligne d'approche au dépôt des wagons
　　车辆段出入线
ligne d'arrivée et départ　到发线
ligne d'attente　等待线
ligne d'eau　水位线
ligne de base　基线
ligne de base de talus　坎脚线
ligne de berge　腰坡线
ligne de bifurcation　分岔线
ligne de bord　边线
ligne de bordure　外侧车道；路缘线
ligne de branchement　支线；岔线
ligne de bus　公交专用车道
ligne de caténaire inclinée　倾斜式接触网线
ligne de caténaire verticale　垂直式接触网线
ligne de ceinture　环行线
ligne de centre　中线
ligne de chemin de fer　铁路线
ligne de cisaillement　剪切线
ligne de communication　交通线；联络线
ligne de compression　压缩线
ligne de connaissance de voûte　起拱线
ligne de contact à suspension caténaire
　　接触网接触导线
ligne de contraintes　应力线
ligne de contour　轮廓线
ligne de contour de fabrication　制造轮廓线
ligne de contour de fabrication de wagon
　　车辆制造轮廓线
ligne de contour de référence　基准轮廓线
ligne de contournement　迂回线；绕行线
ligne de contrôle　控制线
ligne de coordonnées　坐标线
ligne d'écoulement　水流线
ligne de coupe　切割线
ligne de courbure　曲线
ligne de crédit　信贷额度
ligne de creusement　开挖线
ligne de croisement　交叉线
ligne de crue　洪水线

ligne de démarcation　分界线
ligne de dérivation　分流线
ligne de direction　走向线
ligne de distribution　分布线
ligne de faille　断层线
ligne de fermeture　闭合线
ligne d'effort tranchant　剪力曲线
ligne de fil d'eau　水流线
ligne de flexion　挠度曲线
ligne de foi　基准线
ligne de force　动力线
ligne de glissement　滑动线
ligne de gravité　重力线
ligne de guidage　控制导线
ligne de haut de talus　坎线
ligne de jonction　连接线
ligne de jonction d'aiguille　道岔连接线
ligne de jonction de bifurcation　岔道连接线
ligne de jonction de voie　股道连接线
ligne de levage synchronisée de wagons
　　机务段车辆同步架升线
ligne de liaison　联络线
ligne de liaison de voie　线路联络线
ligne de marquage　标志线
ligne de mesure　测量线
ligne de métro　地铁线
ligne de montagne　山区铁路
ligne de naissance de voûte　起拱线
ligne de navigation　航线
ligne d'énergie　动力线
ligne de niveau　水准线
ligne de niveau d'alerte de crue
　　洪水警戒线
ligne de nivellement altimétrique
　　高程测量线
ligne de nivellement de voie　线路平整线
ligne de nivellement fermé　闭合水准线
ligne de nivellement par cheminement
　　导线水平测量线
ligne d'entrecroisement des trains　会车线
ligne d'entrée　进线
ligne d'entrée et de sortie　进出线
ligne de passage des piétons　人行横道线
ligne d'épaulement de voie　路肩线
ligne de pente　坡线
ligne de pied du talus　坡脚线
ligne de plaine　平原铁路线
ligne de polygonale　测量导线
ligne de polygonale principale　测量主导线

ligne de poussée 推力线
ligne de pression 压力线
ligne de production 生产线
ligne de profondeur 等深线
ligne de prospection géophysique 物探测线
ligne de puissance 动力线
ligne de raccordement 连接线
ligne de référence 基准线
ligne de relief 地形线
ligne de renouvellement 更新线路
ligne de repère 基准线
ligne de réserve 备用线
ligne de rouleaux 辊道
ligne de saturation 饱和线
ligne de sécurité 安全线
ligne de séparation 分隔线
ligne de séparation centrale 中央分隔线
ligne de stationnement 停车线
ligne de structure 构造线
ligne descendante 下行线
ligne d'essai 测试线
ligne de talus 示坡线
ligne de talus d'excavation 开挖边坡线
ligne de télécommunication 通信线路
ligne détournée 迂回线
ligne de trafic 交通线;车道线
ligne de train 列车线
ligne de transmission électrique 输电线
ligne de transmission à haute tension 高压输电线
ligne de virage 转弯线
ligne d'excavation 开挖线
ligne d'excavation à l'extrados 外拱开挖线
ligne d'expropriation de terrain 征地线
ligne d'extension 扩展线
ligne d'extrados de revêtement 衬砌外拱线
ligne d'intersection 交叉线
ligne d'intersection des plans 平面相交线
ligne directe 直达线
ligne discontinue 间断线
ligne d'observation 观察线
ligne double 复线
ligne droite 直线
ligne élastique 弹性曲线
ligne électrifiée 电气化线路
ligne électrifiée à double voie 双线电气化铁路

ligne électrifiée à voie unique 单线电气化铁路
ligne élevée 高架线路
ligne en arc 弧线
ligne en blocage automatique 自动闭塞线路
ligne en blocage semi-automatique 半自动闭塞线路
ligne en construction 在建施工线路
ligne en courbe 曲线
ligne en panne 故障线路
ligne en projet 计划线路
ligne en zigzag 曲折线路
ligne équidistante 等距离线
ligne existante 既有线
ligne exploitée 运营线路
ligne fermée 封闭线路
ligne ferroviaire 铁路线
ligne ferroviaire à voie unique 单线铁路
ligne ferroviaire de dédoublement de voie 单线改双线铁路
ligne ferroviaire interurbaine 城郊铁路
ligne horizontale 水平线
ligne importante 干线
ligne isobare 等压线
ligne isobathe 等深线
ligne isohyète 等雨量线
ligne isostatique 等静力线
ligne isotherme 等温线
ligne latérale 侧线
ligne limite 限制线
ligne littorale 沿海线
ligne médiane 中心线
ligne minière 矿山线
ligne mixte 混合线;混运线
ligne mixte voyageurs-fret 客货共线
ligne monorail 单轨线
ligne montante 上行线
ligne neutre 中线
ligne normale 法线
ligne nouvelle à double voie 新建双线铁路
ligne oblique 斜线
ligne occupée 占线
ligne ouverte 开通线路
ligne parabolique 抛物线
ligne périphérique 环线
ligne plate 顺平线路
ligne pleine 实线
ligne pointillée 虚线
ligne préoccupée 预占线
ligne principale 主线

ligne principale à double voie
　复线干线铁路
ligne principale de marchandises　货运干线
ligne principale de voyageurs　客运干线
ligne principale électrifiée　电气化干线
ligne privée　专用线
ligne radiale　辐射线路
ligne rapide　快车线
ligne rapide urbaine　城区快行线
ligne reconstruite　重建线路
ligne régionale　铁路支线；地区铁路线
ligne restante　现有线路
ligne rouge　红线
ligne rouge de construction　建筑红线
ligne simple　单线
ligne souterraine　地下线路；地铁
ligne spéciale　专线
ligne spéciale de marchandises　货运专线
ligne spéciale de voyageurs　客运专线
ligne surélevée　高架线路
ligne surélevée de train Maglev
　磁悬浮高架线
ligne tectonique　地质构造线
ligne tracée　划定路线
ligne transversale　贯线；横道线
ligne UIC　标准轨距(1435mm)线路
ligne urbaine　城区线
lignes parallèles　平行线路
lime　锉刀
lime à aiguille　什锦锉
lime à bois　木锉
lime barrette　扁三角锉
lime douce　细齿锉
lime feuille de sauge　椭圆锉
lime grande　大力锉
lime moyenne　钳工锉
lime pignon　菱形锉
lime plate　平板锉；扁锉
lime queue-de-rat　圆锉
limitation　限制
limitation d'accès　限制进入
limitation de charge　荷载限度
limitation de circulation de train
　限制列车通行
limitation de dimension　限制尺寸
limitation de domaine　限制范围
limitation de hauteur　限高
limitation de largeur　限宽
limitation de l'heure d'opération
　限制作业时间
limitation de longueur　限制长度
limitation de passage　限制通行
limitation de pente　限制坡度
limitation de pression　限压
limitation de production　限制生产
limitation de réparation　维修范围
limitation d'erreur　误差范围
limitation des travaux　工程范围
limitation de surcharge　限制超载
limitation de vitesse　速度限制
limitation de vitesse de circulation
　交通速度限制
limitation d'excavation　限制挖掘
limitation d'extraction　限制开采
limitation d'utilisation　限制使用
limitation d'utilisation des explosifs
　限制使用炸药
limitation temporaire　临时限制
limitation temporaire de vitesse　临时限速
limite　边界；范围
limite admissible　容许限度
limite compétente　管界
limite conventionnelle d'élasticité
　弹力常规限值
limite d'allongement　延长限度
limite d'appel　呼叫限制
limite d'Atterberg　阿氏限度
limite de charge　极限荷载
limite de chantier　工地范围
limite de charges roulantes　行载范围
limite de compression　压缩极限
limite d'écoulement Marshall
　马绍尔流动极限
limite de course　行程极限
limite d'écrasement　抗压限度
limite de cycle　周期范围
limite de cycle d'utilisation de wagon
　车辆使用周期限度
limite de déformation　变形限度
limite de fatigue　疲劳极限
limite d'effort　应力极限
limite de flexion　挠度极限
limite de fluage　徐变极限
limite de gare　站界
limite de gradation　颗粒级配范围
limite de gradation de ballast
　道砟粒径范围
limite d'élasticité　弹性极限

limite de liquidité 液限	limiteur de vitesse 限速器
limite de longueur de pente 坡长限制	limon 软泥;河泥
limite de mesure 测量范围	limon alluvial 冲积河泥
limite d'emprise 路界范围;占地范围	limon argileux 黏土质河泥
limite de passage 通行限界	limon à tassement 湿陷性黄土
limite de passage de voie 线路通行限界	limon humide 湿软泥
limite de pénétration 贯入限度	limousinage 乱石砌体;乱石圬工
limite de pente 极限坡度	Lineside Electronic Unit (LEU)
limite de pente longitudinale 纵坡限制	地面电子单元
limite de plasticité 塑限	linsoir 托梁;承接梁
limite de portée 跨度界限	linéarisation 线性化
limite de poste d'aiguille 道岔所分界	linéarité 线性;直线度
limite de poste de signal 信号所分界	linéarité de voie ferrée 铁路线性
limite de prestations entre lots	lingot 锭
分项工程界线	lingot d'acier 钢锭
limite de réception 验收界限	lingot d'aluminium 铝锭
limite d'erreur 误差极限	lingot de cuivre 铜锭
limite de résistance 强度极限	linteau 过梁
limite de retrait 缩性界限	liquéfaction 液化
limite de rupture 破损极限	liquidation 结算
limite de saturation 饱和极限	liquidation de stock 清仓
limite de sécurité 安全限界	liquidation des frais 费用结算
limite de sous-station 变电所分界	liquidation des impôts 税款结清
limite de surcharge 超载极限	liquidation judiciaire 司法清算
limite de surhauteur 超高极限	liquide 液体
limite de surlargeur 超宽极限	liquide inflammable 易燃液体
limite de surlongueur 超长极限	lise 流砂
limite de température 温度上限	lissage 打磨
limite d'étirage 拉伸极限	lissage de bord intérieur de rail
limite de tolérance 允许误差	钢轨内侧打磨
limite de travail 工作极限	lissage de boudin 轮缘打磨
limite de visibilité 可见度	lissage de bout de rail 轨接头打磨
limite de vitesse 速度极限;速度限制	lissage de champignon écoulé 轨头肥边打磨
limite d'expropriation 征地范围	lissage de cordon de soudure 焊缝打磨
limite d'extension 张力极限	lissage de cordon de soudure de citerne
limite d'usure 磨损极限	罐体焊缝打磨
limite du terrain 地界;场地范围	lissage de cordon de soudure de rail
limite élastique 弹性极限	钢轨焊缝打磨
limite inférieure 下限	lissage de longs rails soudés 长焊轨打磨
limite latérale de poteau 支柱侧面限界	lissage de rail 钢轨打磨
limite liquide 液限;流限	lissage de rail ondulatoire 钢轨波纹面打磨
limite maximale 最大限度;最大范围	lissage de soudure 焊接打磨
limite minimale 最小限度;最低范围	lissage de talon d'aiguille
limite permissive 允许限度	道岔贴面跟部打磨
limite quantitative 定量界线	lissage d'extrudage de fonte 铸件肥边打磨
limite stratigraphique 地层界限	lissoir à bloc de centrage 摆块式旁承
limite supérieure 上限	lissoir à galets 滚柱式旁承
limiteur 限制器	lissoir d'appui 支座旁承
limiteur de surtension 限压器	lissoir de bogie 转向架旁承

lissoir élastique　弹性旁承
lissoir élastique à contact constant
　常接触弹性旁承
lissoir hydraulique　液压旁承
lissoir inférieur　下旁承
lissoir supérieur　上旁承
lissure　压光；整平
liste　清单
liste d'aiguillage　道岔目录
liste de chargement　装运单
liste de coordonnées　坐标清单
liste de coordonnées des points d'axe de voie
　线路轴线点坐标清单
liste de coordonnées des points fondamentaux
　基础点坐标清单
liste de documents de suivi　监督文件清单
liste d'enregistrement　登记册
liste d'enregistrement de signals
　信号机登记册
liste de fournisseurs　供货商名册
liste de gares　车站目录
liste de locomotives　机车目录
liste de matériels　设备清单
liste de numéros des aiguilles　道岔编号清单
liste de numéros des trains　列车编号清单
liste de plans　图纸清单
liste de points clefs　控制点清单
liste de présents de réunion　与会人员名单
liste de procédure de contrôle externe
　外部监督程序清单
liste de procédure de contrôle interne
　内部监督程序清单
liste de procédure d'exécution
　施工程序清单
liste de projets prioritaires　优先项目清单
liste de quantités　数量表
liste de quantités des travaux　工程数量表
liste de réparation　维修清单
liste des armatures　钢筋数量表
liste des engins　机械设备清单
liste des entreprises éligibles
　符合资格要求的企业清单
liste des équipements　设备清单
liste des opérations　任务单；作业清单
liste de sous-traitants　分包商名册
liste des outils　工具目录
liste des prix　价目表
liste des produits　产品目录
liste de suivi des documents d'exécution
　施工文件跟踪清单

liste des voies　股道登记表
liste des wagons　车辆目录
liste de tâches　任务单
liste de tâches de réparation　维修任务单
liste détaillée　详细清单
liste de transfert des équipements
　设备移交清单
liste de transition de l'équipe de conduite
　乘务组交接班清单
liste de transition de l'ordre d'exécution
　工序交接清单
liste de transition de train　列车交接清单
liste de variation des travaux　工程变动清单
liste du personnel　人员名单
liste du personnel d'encadrement
　管理人员名单
liste du personnel d'équipage de conduite
　乘务组人员名单
liste nominative des entrepreneurs
　承包商名单
listing　列表
listing des aiguilles　道岔列表
listing des gares　车站列表
listing des outils　工具列表
listing des wagons　车辆列表
lit　河床；层
lit d'argile　黏土层
lit d'assise　垫层
lit de ballast　道床
lit de ballast bitumineux　沥青道床
lit de ballast concassé　碎石道床
lit de ballast en béton　混凝土道床
lit de ballast monolithique　整体道床
lit de ballast pollué　脏污道床
lit de basses eaux　低水位河床
lit de béton　混凝土道床；混凝土基底
lit de cailloutis　碎石道床；卵石垫层
lit de carrière　采石场岩层
lit de cours d'eau　河床
lit de fleuve　河床
lit de fondation de remblai　路堤基床
lit de fondation de tranchée　路堑基床
lit de gravier　砾石层
lit de minerai　矿层
lit de pierraille　碎石道床
lit de pierres concassées　碎石道床
lit de pose　管床；沙垫层
lit de pose en béton　混凝土管座
lit de pose en sable　沙垫层；沙床

lit de rivière 河床
lit de roche 岩床
lit de sable 沙垫层
lit de traverse 枕床;道床
lit de voie 道床
lit de voie à semelle en caoutchouc
　橡胶垫板道床
lit de voie en dalles 板式道床
lit de voie en dalle monolithique
　整板式道床
lit de voie monolithique du métro
　地铁整体道床
lit de voie reflué de boue 翻浆道床
lit fluvial 河床
lit géologique 地层
lit majeur 洪水河槽
lit mélangé 混合层
lit mineur 低水河槽
lit monobloc de voie de rails 整体式道床
lit ordinaire 常水位河床
lit pliant 折叠床
lit sans ballast 无砟道床
lit sans ballast de traverse de bi-bloc
　双块式轨枕无砟道床
lit sans ballast de pont 桥梁无砟道床
lit sans ballast de tunnel 隧道无砟道床
lithologie 岩石学
litige 争议
litige contractuel 合同争议
litige de créance(dette) 债务争议
litige fiscal 税务争议
livraison 交付;交货
livraison anticipée 提前交付
livraison à pied d'œuvre 交付到工地
livraison de locomotive 机车交付
livraison de marchandises 货物交接
livraison de matériaux 材料交货
livraison de matériels 设备交货
livraison de wagons 车辆交接
livraison sur site 现场交付
livre 登记簿;账册
livre de caisse 现金账
livre de compte 台账
livre d'enregistrement 登记簿
livret 手册;技术说明书
local 场所
local de compresseur 压缩机房
local de distribution d'énergie 配电室
local de distribution électrique 配电室
local de garage 车库
local de groupe électrogène 发电机房
local de machines 机房
local de résidence 居民点
local de stockage 储存场所
local de traction 牵引车间
local dynamique 动力车间
local technique de gare 车站技术间
local thermique 热力车间
localisation 定位;本地化
localisation de dépôt 堆放地点
localisation définitive 最终定位
localisation de l'accident 事故地点
localisation de pieu 桩定位
localisation de pile 桥墩定位
localisation des emprunts 借料场位置
localisation de sondage 探测定位
localisation des ouvrages d'art
　构造物位置
localisation des travaux 工程位置
localisation d'exploitation 本地化经营
localisation du projet 项目位置
localisation préliminaire 初步定位
location 出租
location de terrain 场地租赁
location des équipements 设备租赁
locomotive 机车;车头
locomotive à adhérence mixte
　混合黏着力机车
locomotive à bogie 转向架式机车
locomotive à chasse-neige 铲雪机车
locomotive à chauffe au mazout 重油机车
locomotive à combustion interne 内燃机车
locomotive à courant alternatif triphasé
　三相交流机车
locomotive à courant continu 直流机车
locomotive à disposition du dépôt
　机务段支配机车
locomotive à ignitron 引燃管式机车
locomotive à la queue de rame
　列尾助推机车;列尾补机
locomotive allouée 配属机车
locomotive à l'usage personnel 路用机车
locomotive à marchandises 货运机车
locomotive à marchandises pour la
　voie principale 干线货运机车
locomotive à moteur à gaz 燃气机车
locomotive à moteur asynchrone
　异步电机机车

locomotive à moteur diesel 内燃机车
locomotive à turbine 涡轮机车
locomotive à turbine à gaz 燃气轮机机车
locomotive au dépôt 入库机车
locomotive auxiliaire 辅助机车；补机
locomotive à vapeur 蒸汽机车
locomotive à voyageurs 客运机车
locomotive à voyageurs pour la voie principale 干线客运机车
locomotive bi-courant 双电流电力机车
locomotive bi-fréquence 双频率电力机车
locomotive bi-mode 热电混合牵引机车
locomotive carénée 流线型机车
locomotive circulée entre la station technique et les sections adjacentes 小运转机车
locomotive de bosse 驼峰调车机车
locomotive de ligne principale 正线机车
locomotive de ligne voisine 邻线机车
locomotive de manœuvre 调车机车；作业机车
locomotive de manœuvre par gravité 驼峰调车机车
locomotive de métro 地铁机车
locomotive de pousse 后部补机；重联机车
locomotive de rails légers 轻轨机车
locomotive de remise 入库机车；机务段机车
locomotive de renfort 补机；重联机车
locomotive de réserve 备用机车；备勤机车
locomotive de régulation 调车机车；小运转机车
locomotive de secours 救援机车
locomotive de traction principale 主牵引机车；本务机车
locomotive de transport lourd 大牵引机车
locomotive de triage 调车机车
locomotive de voie adjacente 邻线机车
locomotive diesel 内燃机车
locomotive diesel à transmission hydraulique 液力传动内燃机车
locomotive diesel-électrique 内燃电力机车
locomotive diesel-hydraulique 内燃液力机车
locomotive d'itinéraire d'acheminement court 短交路机车
locomotive d'itinéraire d'acheminement long 长交路机车
locomotive électrique 电力机车
locomotive électrique à crémaillère 齿轨电力机车

locomotive électrique synchrone bicourant 交直流同步电力机车
locomotive en adjonction 补机
locomotive en attente de service 待班机车
locomotive en panne 故障列车；机破
locomotive en préparation 整备机车
locomotive en service 运用机车
locomotive en stock 封存机车
locomotive-kilomètre 机车—公里
locomotive légère 轻型机车
locomotive lourde 重型机车
locomotive mixte 客货两用机车
locomotive non-allouée 非配属机车
locomotive pilote 先驱列车；清路机车
locomotive remorqueuse 牵引机车；挂车机车
locomotive retenue 机车滞留
locomotive seule 单机
locomotive sur rails légers 轻便铁路机车
locomotive unique 单机
locomotrice 中型机车
locotracteur 轻型机车
lœss 黄土
lœss argileux 黄土；砂质黏质土
lœss marneux 黄土；泥灰岩质土
lœss primaire 原生黄土
lœss secondaire 次生黄土
lœss silicatisé 黄土
log 钻井记录
log de sondage 钻井记录
logement à ressort 弹簧座
logement à ressort de poteau de guide 弹簧导柱座
logement de choc 冲击座
logement de fixation de position 定位座
logement de la plateforme danseuse de cadre de guidage 导框摇动台座
logement de manivelle de frein à la main 手制动摇臂座
logement de moteur de bogie 转向架电机座
logement de plaque 板座
logement de plaque arrière de l'attelage 车钩后从板座
logement de plaque avant de l'attelage 车钩前从板座
logement de roue 轮座
logement de suspension de traverse danseuse 摇枕吊座

logement de tige d'attelage 提杆座
logement de tige de traction 拉杆座
logement de vibrateur 振动器座
logiciel 软件
logiciel d'application 运用软件
logiciel de bureau 办公软件
logiciel de cartographie 制图软件
logiciel de contrôle 控制软件
logiciel de contrôle de circulation des trains 行车控制软件
logiciel de l'ordinateur 计算机软件
logiciel de système 系统软件
logiciel de système de contrôle des trains 列车控制系统软件
logiciel de système de régulation 调度系统软件
logiciel de système des billets 票务系统软件
logiciel d'établissement de plan de circulation des trains 列车运行图生成软件
logiciel de terminal 终端软件
logiciel d'information 信息软件
logiciel embarqué 车载软件
logiciel professionnel 专业软件
logiciel professionnel de conception 设计专业软件
logigramme 流程;流程图
logigramme de conception 设计流程图
logigramme de construction 建造流程图
logigramme technologique 工艺流程图
logistique 后勤;物流
logistique de chantier 工地后勤服务
logistique ferroviaire 铁路物流
logo 标识
logo de marque 品牌标识
logo d'entreprise 企业标识
logo de production 产品标识
loi 法令;定律
loi d'Abrams 阿勃伦定律
loi de budget 预算法案
loi de conservation 守恒定律
loi de conservation de la masse 质量守恒定律
loi de conservation de l'énergie 能量守恒定律
loi de l'attraction 引力定律
loi de la valeur 价值规律
loi d'inertie 惯性定律
loi d'Ohm 欧姆定律
loi économique 经济规律

loi mécanique 力学定律
lois civiles 民法
lois constitutionnelles 宪法
lois de travail 劳动法
lois fiscales 税法
lois pénales 刑法
longeron 纵梁;主梁
longeron de bogie 转向架侧梁
longeron de châssis 构架侧梁
longeron de pont 桥纵梁
longeron en barres 主筋梁
longeron en tôle 板梁
longeron intermédiaire 中梁
longeron principal 主梁
longeron-boîte 箱形梁
longeron-caisson 箱形梁
longévité 寿命
longévité de matériaux 材料寿命
longévité de pont 桥梁寿命
longévité de travaux 工程寿命
longévité d'utilisation 使用寿命
longitude 经度
longrine 纵梁;侧梁;基础梁
longrine d'attelage 车钩牵引梁
longrine de caisse 车体侧梁
longrine de faîtage 车厢脊梁
longrine de traverse 纵向轨枕
longrine de wagon 车辆纵梁
longrine en béton armé 钢筋混凝土枕梁
longrine intermédiaire 中梁
longrine longitudinale 纵梁
longs rails soudés(LRS) 长焊轨
longueur 长度
longueur approximative 大概长度
longueur critique 临界长度
longueur critique de pente 纵坡临界长度
longueur cumulée 累计长度
longueur d'accouplement de wagons 车辆连挂长度
longueur d'adhérence 附着长度
longueur d'aiguille 道岔长度
longueur d'aiguille courbe 曲线尖轨长度
longueur d'aiguille droite 直向尖轨长度
longueur d'ancrage 锚固长度
longueur d'approche 引道长度
longueur d'assemblage 组装长度
longueur de ballastage 铺砟长度
longueur de base 基线长度
longueur de caisse 车体长度

longueur de calcul 计算长度
longueur de châssis 车架长度
longueur de chaussée 路面长度
longueur de circuit de voie 轨道电路长度
longueur de compensation 补偿长度
longueur de corde 弦长
longueur de cordon de soudure 焊缝长度
longueur de couloir de voie 线路走廊长度
longueur de coupure 下料长度
longueur de courbe 曲线长度
longueur de courbe de raccordement
　缓和曲线长度
longueur de courbe verticale 竖曲线长度
longueur de courbure 曲线长度
longueur de courbure de voie
　线路曲线长度
longueur de course 行程长度
longueur de creusement 掘进长度
longueur de fabrication 制造长度
longueur de fabrication de rails
　钢轨制造长度
longueur de fissure 裂缝长度
longueur de fissure de rail 钢轨裂缝长度
longueur de flambage 压曲长度
longueur de forage 凿岩长度
longueur de formation de train
　列车编组长度
longueur de l'arc de cercle 圆弧长
longueur de l'arc de soudure 焊接弧长
longueur d'élargissement 拓宽长度
longueur de l'axe 轴线长度
longueur de ligne 线路长度
longueur de ligne exploitée 运营线长度
longueur de ligne courbe 弯道线长度
longueur de ligne droite 直线段长度
longueur de locomotive 机车长度
longueur de longs rails soudés 无缝轨长度
longueur de parcours 里程长度
longueur de pente 坡长
longueur de pente descendante 下坡道长度
longueur de pente longitudinale 纵坡长度
longueur de pente montante 上坡道长度
longueur de pivot de bogie 转向架轴距长度
longueur de pont 桥梁长度
longueur de portée 跨距长度
longueur de pose 铺设长度
longueur de pose de rails 铺轨长度
longueur de pose de traverses 铺枕长度
longueur de poutre 梁长

longueur de quai 站台长度
longueur de raccordement parabolique
　抛物线连接长度
longueur de rail 钢轨长度
longueur de rail de base 基本轨长度
longueur de rame automotrice 动车组长度
longueur de rame de train 组列长度
longueur de rampe 上坡道长度
longueur de recouvrement 搭接长度
longueur de réparation 维修长度
longueur de scellement 锚固长度
longueur de section 路段长度
longueur de section atténuée de dévers
　超高缓和段长度
longueur de sondage 钻探长度
longueur de soudure 焊接长度
longueur de talon d'aiguille 岔根长度
longueur de tangente 切线长度
longueur de train 列车长度
longueur de travée 跨度
longueur de traverse 轨枕长度
longueur de traverse d'aiguille 岔枕长度
longueur de tunnel 隧道长度
longueur développée 展开长度
longueur de viaduc 高架桥长度
longueur de voie 线路长度
longueur de voie d'arrivée et de départ
　到发线长度
longueur de voie bloquée 闭锁线路长度
longueur de voie de branchement 支线长度
longueur de voie de chargement
　装车线长度
longueur de voie de la gare 站线长度
longueur de voie de stationnement
　停车道长度
longueur de voie du dépôt 机务段线路长度
longueur de voie principale 正线长度
longueur d'excavation 掘进长度
longueur d'itinéraire d'acheminement
　交路长度
longueur d'onde 波长
longueur effective 有效长度
longueur enterrée 埋入长度
longueur entremêlée 交织长度
longueur équivalente 当量长度
longueur maximum 最大长度
longueur maximum de courbe de transition
　过渡曲线最大长度
longueur moyenne 平均长度

longueur optimale 最佳长度	**lot de tunnel** 隧道部分
longueur réelle 实际长度	**lubrifiant** 机油；润滑油
longueur totale 总长度	**lubrification** 润滑
longueur totale de tunnel 隧道全长	**lubrification des essieux** 轮轴润滑
longueur totale du tracé 线路总长度	**lubrification forcée** 压油润滑
longueur utile 有效长度	**lubrification par bague** 油环抛油润滑
lori 轨道平车；养路小车；运枕车	**lubrification par barbotage** 飞溅润滑
losange 菱形	**lunette** 眼镜
lot 份；分项工程	**lunettes à soudure** 电焊护眼镜
lot de caténaire 接触网部分	**lunettes de protection** 防护眼镜
lot de signalisation 信号部分	**lunettes de soleil** 太阳镜；墨镜
lot de terrassement 土方部分	**lut** 封泥
lot des travaux 分项工程	

M

macadam 碎石路面；碎石路
macadam à base de bitume 沥青碎石路
macadam asphaltique 柏油碎石路
macadam au bitume 沥青碎石路
macadam bitumineux 沥青碎石路
macadam de goudron 柏油碎石路
macadam lié par le sol 土结碎石路
macadam routier 筑路用碎石
mâchefer 炉渣
machine 机器
machine abrasive 磨耗机
machine à air comprimé 空气压缩机
machine à ancrer 锚固机
machine à arracher les pieux 拔桩机
machine à assembler de châssis de voie 轨排组装机
machine à attaque ponctuelle 点击破碎机
machine à ballaster 道砟机械；铺砟机
machine à bâton pilote 路签机
machine à battre les pieux 打桩机
machine à bétonner 混凝土铺筑机
machine à bois 木材加工机械
machine à broyer 磨碎机
machine à calculer 计算机
machine à changement de traverses 轨枕更换机
machine à cintrer 弯曲机
machine à coffrage glissant 滑模机
machine à creuser les tranchées 挖沟机
machine à cribler 筛分机
machine à cribler le ballast 石砟筛分机
machine à curer les fossés 清沟机
machine à compression 压缩机
machine à concasser 破碎机
machine à conduire des torons 穿索机
machine à copier 复印机
machine à couper 切割机
machine à couper les joints 接缝切割机
machine à creuser 掘进机
machine à damer 夯实机；打夯机
machine à défoncer 扩孔机
machine à démouler 脱模机
machine à dresser 矫直机
machine à forer 钻机
machine à meuler 打磨机
machine à meuler le rail 磨轨机
machine à niveler 整平机
machine à parpaing 制砖机
machine à percer 钻孔机
machine à perforer 钻探机
machine à peser 计量器
machine à piloter 打桩机
machine à polir 抛光机
machine à pomper 抽水机
machine à poser les câbles 电缆铺设机
machine à poser les poutres du pont 架桥机
machine à poser les rails 铺轨机
machine à poser les traverses 铺枕机
machine à poser les tubes 铺管机
machine à poser les voies 铺轨机
machine à rainurer 开槽机
machine à régler le sol 平土机
machine à revêtir 衬砌机
machine à riper les voies 拨道机
machine à sabler 喷砂机
machine à scier les rails 锯轨机
machine à sonder 测探机
machine à souder 焊接机
machine à souder à courant continu 直流电焊机
machine à souder les rails 焊轨机
machine à souder mobile 移动电焊机
machine à souder par points 点焊机
machine à tamiser 筛分机

machine à tuyaux centrifugés　离心制管机
machine à vapeur de cure　蒸汽养护机
machine à vapeur de cure de traverse en béton　混凝土轨枕蒸汽养护机
machine centrifuge　离心机
machine chargeuse à godet tournant　回转斗式装载机
machine d'ancrage　锚固机
machine d'assemblage de châssis de voie　轨排组装机
machine de bétonnage　混凝土机械
machine de carrière　采石机械
machine de chargement　装载机
machine de compactage　压实机械
machine de concassage　碎石机
machine de concassage-broyage　破碎—研磨机械
machine de construction de la voie　线路施工机械
machine de déneigement　除雪机械
machine de forage　钻机
machine de levage de poutre　提梁机
machine de mélange de mortier　砂浆搅拌机
machine de nivellement　平地机
machine d'entretien　养护机械
machine d'épuisement　抽水机械
machine de relevage de voie　起道机
machine de ripage de voie　拨道机
machine de secours　救援机械
machine de signal　信号机
machine d'essai　试验机
machine d'essai au choc　冲击试验机
machine de terrassement　土方机械
machine d'excavation　挖掘机
machine d'excavation sur chenilles　履带式挖掘机
machine d'extraction　采掘机
machine d'injection de béton　混凝土喷射机
machine enrouleuse　卷扬机
machine frigorifique　冷冻机
machine foreuse　钻机
machine hydraulique　水利机械
machine intégrée à entretien de voie　综合养路机械
machine légère pour entretien de voie　小型养路机械
machine lourde pour entretien de voie　大型养路机械
machine mélangeuse　搅拌机
machine pilonneuse　打夯机
machine routière　筑路机械
machine vibrante　振动机械
mâchoire　夹子;颚板
mâchoire de concassage　碎石机颚板
mâchoire de frein　闸瓦;制动蹄
maçonnerie　砌石工程
maçonnerie à sec　干砌工程
maçonnerie avec mortier　浆砌体
maçonnerie brute de moellons　毛石圬工
maçonnerie de béton　混凝土圬工
maçonnerie de blocailles　毛石圬工
maçonnerie de moellons secs　毛石干砌工程
maçonnerie de portail de tunnel　隧道洞口衬砌
maçonnerie de revêtement à l'inverse　倒衬砌法施工
maçonnerie de voûte　砌拱工程
maçonnerie en moellons　片石砌体
maçonnerie en pierres　砌石工程
maçonnerie en pierres sèches　干砌块石工程
maçonnerie pleine　满浆砌筑工程
macro-contrôle　宏观控制
macro-économie　宏观经济
madrier　面板
magasin　仓库
magasin à ciment　水泥仓库
magasin des approvisionnements de matériels　设备供应仓库
magasin des matériaux　材料库
magasin des matériels　物资库
magasin des outils　工具库
magasin des pièces détachées　零件库
magasin des pièces de rechange　备品库
magasin des produits finis　成品库
magasinage　存仓
magasinier　仓库管理员
maille de géotextile　土工网格
maille de tamis　筛孔
maille métallique　金属板网
main courante　扶手
main courante de caisse　车体扶手
main courante de marchepied　脚蹬扶手
main courante de toit de wagon couvert　棚车车顶扶手
main courante de wagon　车辆扶手
main-d'œuvre　劳力;劳务
main-d'œuvre expatriée　外籍劳动力

main-d'œuvre locale 当地劳动力
main-d'œuvre qualifiée 熟练工人
main-d'œuvre spécialisée 专业工人
mainlevée 撤销；解除
mainlevée de la caution 保函释放
maintenance 维修；保养
maintenance alternative 轮修
maintenance courante 日常维护
maintenance curative 检修
maintenance cyclique 周期性检修
maintenance de bâtiment de gare 站房维修
maintenance de bogie 转向架维修
maintenance de caténaire 接触网维护
maintenance de chaussée 路面养护
maintenance de gares 车站维修
maintenance de l'accotement 路肩养护
maintenance de l'aiguille 道岔维修
maintenance de l'assise de voie 路基维修
maintenance de l'exploitation 运营维护
maintenance de ligne électrifiée
　　电气化线路维护
maintenance de locomotive 机车维修
maintenance de matériel roulant
　　机车车辆维护
maintenance de niveau 1
　　车辆 1 级维护；日常维护
maintenance de niveau 2-3
　　车辆 2-3 级维护；车辆中修
maintenance de niveau 4-5
　　车辆 4-5 级维护；车辆大修
maintenance de pont 桥梁维护
maintenance de rame automotrice
　　动车维修
maintenance de réseau thermique 热网维护
maintenance de rotation 轮修
maintenance de route 公路养护
maintenance de routine 日常养护
maintenance des engins 机械保养
maintenance des équipements 设备维护
maintenance des équipements de voie
　　线路设备维修；道岔设备维修
maintenance des essieux 车轴维护
maintenance de signal 信号维护
maintenance des infrastructures
　　基础设施维护
maintenance des wagons 车辆维护
maintenance de système 系统维护
maintenance de tablier du pont 桥面维护
maintenance de tunnel 隧道养护

maintenance de voie 线路养护
maintenance de voie de gare 站线维修
maintenance de voie électrifiée
　　电气化线路维修
maintenance de wagon 车辆养护
maintenance en ligne 在线维护
maintenance intégrée 综合维护
maintenance lourde 大修
maintenance périodique 周期性检修
maintenance préventive
　　预防性维护；定期保养
maintenance technique 技术保养
maintenance temporaire 临时保养
maintien 维持；保持
maintien de circulation à direction opposée
　　维持交通对向行驶
maintien de hauteur 保持高度
maintien de l'état actuel 维持现状
maintien de l'état d'attente 维持等待状态
maintien de l'état d'équilibre
　　维持平衡状态
maintien de l'état de service 保持工作状态
maintien de l'état normal 维持正常状态
maintien de l'ordre 维持秩序
maintien de l'ordre de circulation
　　维持行车秩序
maintien de qualité 质量维护
maintien des écoulements 维持水流
maintien de température 保温
maintien de température de wagon
　　frigorifique 冷藏车保温
maison de garde-barrière 道口值班房
maison expropriée 被征用房屋
maisonnette de garde de passage à niveau
　　道口值班房
maître d'ouvrage 业主
maître-ouvrier 工长；领工员
maîtrise 控制
maîtrise d'ouvrage 工程控制
maîtrise d'œuvre 甲方监理
maîtrise des procédés 掌握工艺
maladie de crue 水害
maladie de l'assise de voie 路基病害
malaxage 搅拌
malaxage continu 连续搅拌
malaxage de béton 混凝土搅拌
malaxage de béton en route de transport
　　混凝土运输路途中搅拌
malaxage discontinu 间歇性搅拌

malaxage en centrale　集中搅拌
malaxage en route　运输中搅拌
malaxage in situ　现场搅拌
malaxage sur chantier　工地拌和(料)
malaxage sur place　现场搅拌
malaxation　拌和
malaxeur　搅拌机
malaxeur à asphalte　沥青拌和机
malaxeur à béton　混凝土搅拌机
malaxeur à béton discontinu
　间歇式混凝土搅拌机
malaxeur à chute libre　重力式搅拌机
malaxeur à débit continu　连续式搅拌机
malaxeur à deux tambours　双筒搅拌机
malaxeur à mélange forcé　强制搅拌机
malaxeur à mortier　砂浆搅拌机
malaxeur continu　连续式搅拌机
malaxeur d'argile　黏土拌和机
malaxeur de coulis　灰浆搅拌机
malaxeur-enrobeur　沥青搅拌机
malaxeuse　搅拌机
malfaçon　缺陷
manche　管筒
manche à air　通气管
manche à eau　水带
manche à eau de l'incendie　消防水带
manche anti-poussière　防尘套
manche à vent　通风筒
manche d'accouplement　连接套
manche de câble　索套
manche d'entrée　导入管
manche de remplissage　灌注管
manchon　套筒
manchon conique　异径管
manchon de câble　电缆套管
manchon d'embrayage　离合器
manchon élastique　弹性联轴节
manchon fileté　螺纹套筒
manchon isolant　绝缘套筒
mandant　委托人
mandataire　受委托人
manette　手柄；操纵杆
manette d'aiguille　道岔握柄
manette de frein　制动拉杆
manette de gaz　节气门控制杆
maniabilité　和易性
maniabilité de béton　混凝土和易性
manifeste　报关单
manifeste de douane　报关单

manille　钩环
manille d'attelage　牵引钩
manille de suspension　悬挂吊耳
manille de tendeur d'attelage de locomotive
　机车连接固定钩
manipulation　操作
manipulation à boutons　按钮操作
manipulation à levier　拉杆操作
manipulation au clavier　键盘操作
manipulation de conduite　驾驶操作
manipulation de dosage au laboratoire
　实验室配合比调试
manipulation de machine　机器操作
manipulation de manœuvre du train
　调车作业
manipulation manuelle　人工操作
manipulation mécanique　机械操作
manivelle　曲柄
manivelle d'aiguille　道岔手柄
manivelle de frein　制动手柄
manivelle de frein à la main　手制动摇柄
manœuvre　操纵；作业
manœuvre à distance　远程控制；遥控
manœuvre automatique　自动操作
manœuvre d'accostement du train
　调车作业
manœuvre d'accostement au dépôt
　段内调车作业
manœuvre d'attelage des wagons　联挂作业
manœuvre de chargement　装车作业
manœuvre de compression　加压操作
manœuvre de débranchement des
　wagons vides　空车解编作业
manœuvre de décomposition des wagons
　解编作业
manœuvre de démontage de l'essieu-monté
　轮对拆卸作业；落轮作业
manœuvre de dételage des wagons
　摘车作业
manœuvre de locomotive　机车操作
manœuvre de maintenance　维修操作
manœuvre de poussée de locomotive
　机车推拉操作
manœuvre de réglage　调试作业
manœuvre de remplacement　替换作业
manœuvre de réparation de locomotive
　机务维修
manœuvre de tirage et échange de traverse
　en bois　抽换枕木作业

manœuvre de tirage du train 机车牵拉作业
manœuvre de traction 牵引作业
manœuvre de traction à deux locomotives 双机牵引操作
manœuvre de traction de multi-locomotives 多机牵引操作
manœuvre de traction en avant et de poussée en arrière 前拉后推操作
manœuvre de train 机车操作
manœuvre de triage 调车作业
manœuvre de triage de locomotive 取送调车作业
manœuvre de wagons 调车作业
manœuvre d'inspection du train 列检作业
manœuvre électrique 电务操作
manœuvre manuelle 人工操作
manœuvre mécanique 机械操作
manœuvre pour changement de direction 换向操作
manœuvre semi-automatique 半自动操作
manœuvre sous tension 带电操作
manomètre 气压表
manomètre à air 气压计
manomètre à air comprimé 空气压力表
manomètre à eau 水压表
manomètre à oxygène 氧气压力表
manomètre barométrique 气压表
manomètre d'acétylène 乙炔压力表
manomètre d'admission 进气压力表
manomètre de carburant 燃油压力表
manomètre de cylindre à air 风缸压力表
manomètre de lubrifiant 机油压力表
manométrie 压力测定
manque 缺少
manque d'eau 缺水
manque de carburant 燃料不足
manque de compression 压力不足
manque de matériaux 材料不足
manque de matériel 设备不足
manque de pression 压力不足
manque de puissance 功率不足
manque d'essence 缺油
manteau 覆土;盖层
manteau de cendre 火山灰覆盖层
manteau de lave 熔岩覆盖层
manteau de roche 岩石表层;表皮岩
manteau de sol 土表层;表皮土
manteau sédimentaire 沉积覆盖层
manteau superficiel de débris 浮土;表土

manteau végétal 植被
manuel 手册;指南
manuel d'atelier 修理手册;保养说明书
manuel de conception 设计手册
manuel de construction 施工手册
manuel de dépannage 故障排除手册
manuel de formation 培训手册
manuel de maintenance 维护手册
manuel de maintenance des équipements électriques 电力设备维护手册
manuel d'emploi 使用手册
manuel d'entretien 维修手册
manuel de qualité 质量手册
manuel de réparation 修理手册
manuel de réparation générale 大修手册
manuel de révision générale 大修手册
manuel de soudage 焊接手册
manuel d'instruction 操作手册
manuel d'instruction de locomotive 机车操作手册
manuel d'opération 操作手册
manuel d'utilisation 使用手册
manuel explicatif 说明书
manutention 装卸
manutention de marchandises 装卸货物
manutention de matériaux 材料搬运
manutention de matériels 设备搬运
manutention de poutres 搬运梁
manutention de rails 铁轨搬运
manutention des aiguilles 道岔搬运
manutention des conteneurs 集装箱装卸
manutention de traverses 轨枕搬运
manutention double de remblai 填料二次搬运
manutention double de terrassement 土方二次搬运
manutention manuelle 人工搬运
manutention portuaire 港口装卸
manutention sur pneus 轮胎式搬运
manutentionnaire 搬运工
maquette 模型;沙盘
maquette de chantier-gare 站场模型
maquette de gare 车站模型
maquette de l'ouvrage 建造物模型
maquette de pont 桥梁模型
maquette de projet 项目模型
maquette de rame automotrice 动车模型
maquette de tunnel 隧道模型
maquette de viaduc 高架桥模型

marais 沼泽
marais bas 低洼地
marais boisé 丛林沼泽地
marais calcaire 石灰质沼泽地
marais d'eau douce 淡水沼泽
marais d'eau salée 咸水沼泽
marais doux 淡水沼泽
marais haut 高地沼泽
marais haut tropical 热带高地沼泽
marais noir 泥炭沼泽
marais salant 咸水沼泽
marais tourbeux 泥炭沼泽
marbre 大理石
marchandise 商品
marchandise abandonnée 无主货物
marchandise assurée 投保货物
marchandise avariée 受损货物
marchandise au-dessus de gabarit
　　超限界货物
marchandise dangereuse 危险品
marchandise de détails 零担货物
marchandise de transbordement 换装货物
marchandise de transit 中转货物
marchandise d'exportation 出口货物
marchandise d'importation 进口货物
marchandise en caisses 箱装货物
marchandise encombrante 笨重货物
marchandise en lots brisés 零担货物
marchandise en massif 大宗货物
marchandise en sacs 袋装货物
marchandise en stock 库存商品;库存货
marchandise en vrac 散装货物
marchandise exemptée de douane
　　免纳关税商品
marchandise explosive 易爆品
marchandise fragile 易碎货物
marchandise inflammable 易燃货物
marchandise légère 轻货物
marchandise liquide 液体货物
marchandise lourde 重货物
marchandise périssable 易腐货物
marchandise pondéreuse 散装货物
marchandise prohibée 违禁品
marchandise pulvérulente 粉状货物
marchandise saisonnière 季节性商品
marchandise sèche 干货
marchandise sous douane 保税区货物
marchandise sur roues 轮式货物
marchandise volumineuse 大体积货物

marche 台阶;运行
marche à blanc 空转;空运行
marche à blanc de système 系统空转试运行
marche à blanc de système de transport
　　运输系统试运行
marche à chaud 热滑
marche à froid 冷滑
marche à droite 右侧行驶
marche à gauche 左侧行驶
marche au virage 弯道行驶
marche à vide 空载运行
marche à vide du train 列车空载运行
marche contrôlée 控制运行
marche dérapée 滑行
marche déréglée 失控运行
marche d'essai 试运行
marche de train 行车
marche en arrière 向后行驶;倒行
marche en avant 向前行驶;前行
marche en caillebotis 格子脚踏板
marche en ligne droite 直线行驶
marche glissante 滑行;溜行
marche intermittente 间歇式行进
marche lente 低速运转;慢行
marche rapide 快速行驶
marche sans arrêt 不间断行驶
marche stable 平稳运行
marché 合同;市场
marché à bordereau de prix 单价表合同
marché à ciel ouvert 露天市场
marché à commandes 定购合同
marché à forfait 包干合同
marché à prix unitaire 单价制合同
marché à prix unitaire avec coefficient
　　d'incitation 带激励系数的单价制合同
marché à terme 期货交易
marché d'achat 采购合同
marché d'application 应用合同
marché de construction 建造合同
marché de dépenses contrôlées
　　监督开支合同
marché de fourniture 供应合同
marché de service 服务合同
marché d'études 设计合同
marché d'ingénierie 工程合同
marché financier 金融市场
marché forfaitaire 总价包干合同
marché-gare 货站市场
marché gré à gré 议标合同

marché monétaire 货币市场	marne bitumineuse 沥青质泥灰岩
marché noir 黑市	marne calcaire 钙质泥灰岩
marché public 公共合同	marne calcaire altérée 风化钙质泥灰岩
marchepied 脚踏板;脚蹬	marne cendrée 土状泥灰岩
marchepied de caisse 车体脚蹬	marne compactée 密实泥灰岩
marchepied de wagon 车辆脚蹬	marne consolidée 固结泥灰岩
marécage 沼泽;泥塘	marne de marais 沼泽泥灰岩
marée 潮汐	marne glaiseuse 黏土质泥灰岩
marée basse 退潮	marne gypseuse 石膏质泥灰岩
marée descendante 退潮	marne irisée 红色泥灰岩
marée haute 涨潮	marne lacustre 湖成泥灰岩
marée montante 涨潮	marne marine 海成泥灰岩
marge 界限;边缘;余量	marne sableuse 砂质灰泥
marge de calage 调节范围	marne schisteuse 泥灰板岩
marge de chaussée 路面边缘	marne tendre 软泥灰岩
marge de déplacement 移动幅度	marnière 泥灰岩矿(场)
marge de déplacement transversal vers l'extérieur 横向外移量	marquage 标线;做标记
	marque à la craie 用粉笔标记
marge de déplacement transversal vers l'extérieur d'essieu-monté 轮对横向外移量	marquage à la machine 机器划线;机器打标记
	marquage axial 道路中线
marge de dévers de rail extérieur 外轨超高量	marquage de chaussée 道路划线
	marquage de flèche 道路箭头标志
marge de flèche de ressort 弹簧挠度裕量	marquage de fissure de rail 标注钢轨裂缝
marge de fluctuation 波动幅度	marquage de numéro 标注编号
marge d'équilibre 平衡范围	marquage de position 标注位置
marge de poids 重量范围	marquage de rail 钢轨打标记
marge de préférence 优惠幅度	marquage de signe sur rail 钢轨上标注记号
marge de ressaut du joint de soudure bout à bout de citerne 罐体焊接接头对口错边量	marquage de traverse à changer 标注更换轨枕
	marquage sur rail 钢轨打标记
marge de sécurité 安全幅度;安全边际	marquage sur wagon 车辆打标记
marge de stabilité 稳定系数	marque 标记;商标;唛头
marge de temps disponible 富裕时间	marque artificielle 人工标记
marge de vibration 振幅	marque d'aiguille 道岔标记
marge de vibration du pont 桥梁振幅	marque d'asphalte 沥青标号
marge de voie 路界限	marque de béton 混凝土强度等级
marge de volume 容积裕度	marque de ciment 水泥强度等级
marge préférentielle 优惠幅度	marque de commerce 商标
marinage 清除废土	marque de craie 粉笔标记
marinage d'excavation de tunnel 隧道开挖清土	marque de départ 起点标记
	marque déposée 注册商标
marne 泥灰岩	marque déposée enregistrée 注册商标
marne à gypse 石膏质泥灰岩	marque de direction 方向标记
marne alluviale 漂积黏土	marque de disposition attachée 配属标记
marne altérée 分化泥灰岩	marque de douane 海关检讫标记
marne argileuse 黏土泥灰岩	marque de fabrique 商标
marne argileuse très plastique 极可塑黏土泥灰岩	marque de fissure 裂缝标记
	marque de flèche 箭头标记

marque de la société 公司商标
marque d'entretien 检修标记
marque de point 点位标记
marque de point d'attache 拴接点标记
marque de point de changement de déclivité
　变坡点标记
marque de point de changement de
　l'écartement de voie 轨距变化点标记
marque de point de contact 接触点标记
marque de point de démarcation
　分界点标记
marque de point de fermeture 闭合点标记
marque de point de rupture 断裂点标记
marque de point de tassement 沉降点标记
marque de positionnement de wagon
　车辆定位标记
marque de précaution 警戒标志
marque de réparation auxiliaire 辅修标记
marque de réparation périodique 定修标记
marque de repère 水准标石
marque de signal 信号标志
marque de wagon 车辆标记
marque de wagon de marchandises
　货车标识
marque de wagon de voyageurs 客车标识
marque d'identification 识别标记
marque d'inspection d'essieu 轴检标记
marque d'opération 作业标记
marque d'origine 原产地标记
marque du chemin de fer 铁路标志
marque d'usure 磨损标记
marque enregistrée 注册商标
marque numérique 数码标识
marquise de gare 站台雨棚
marquise de quai 月台挑棚
marteau 锤子
marteau à air comprimé 风动锤
marteau à béton 混凝土破碎锤
marteau à double effet 双动气锤
marteau à granuler 碎石锤
marteau à gravité 重力锤
marteau à injection d'eau 水钻
marteau à main 手锤
marteau à palplanches 钢板桩打桩机
marteau à simple effet 单动气锤
marteau à vapeur 气锤
marteau à vapeur à double effet 双动气锤
marteau bêche 风铲
marteau brise-béton 混凝土破碎锤

marteau de battage 打桩锤
marteau de battage à vapeur 蒸汽打桩锤
marteau de battage diesel 柴油打桩机
marteau débiteur 风动碎石锤
marteau de forage 钻岩机
marteau de mine 风镐
marteau de prospection 地质锤
marteau de sondage des bandages 检车锤
marteau d'exploitation 风镐
marteau diesel 柴油打桩机
marteau fouloir 捣固锤;打夯机
marteau hydraulique 液压锤
marteau léger 轻型凿岩机
marteau lourd 重型凿岩机
marteau perforateur 钻岩机;锤钻
marteau perforateur électrique 电动钻岩机
marteau perforateur piqueur 锤钻;冲钻机
marteau perforeur 锤钻;冲钻机
marteau-pilon 机动锻锤
marteau-pilon à vapeur 蒸汽锤
marteau piqueur 风镐
marteau pneumatique 气锤
marteau pneumatique à simple action
　单动气锤
marteau-poste 凿岩工班
marteau pour le contrôle des roues 检车锤
marteau tombant 落锤
marteau trépideur 振动打桩锤
marteau vibrant 振动锤
marteau vibrant de battage 振动沉桩机锤
marteau vibratoire 振动锤
marteau vibratoire de battage
　振动沉桩机锤
martelet 小铁锤
masque 面罩
masque anti-arc 电焊面罩
masque anti-poussière 防尘面罩
masque anti-toxique 防毒面具
masque de protection 保护面罩
masque de soudeur 焊工面罩
masque de soudure 电焊面罩
masque d'étanchéité 防渗护面
masque drainant 防水罩面
masque en argile 黏土封层
masque en béton 混凝土护面
masque étanche 防渗护面
masque poids 重力罩面
masse 体量;质量
masse adverse 配重;平衡质量

masse à vide 空车质量
masse critique 临界量
masse d'adhérence 黏着质量
masse d'alourdissement 附加质量；压载物
masse d'appui 支承块；垫块
masse de carrosserie 车体质量
masse de charge 荷载质量
masse de déblai 挖方量
masse de formation de rame du train
    列车编组质量
masse de mouton 落锤质量
masse de remblai 填方量
masse de roches 岩方
masse de sable 砂石方
masse des travaux 工程量
masse de terrassement 土方
masse de terre 土方
masse de traction 牵引质量
masse filtrante 滤料
masse glissante 塌滑体
masse spécifique 密度；相对密度
masse spécifique absolue 绝对比重
masse totale 总质量
masse totale de traction de locomotive
    机车牵引总量
masse volumique 密度
massette 大锤
massif 台座；台基
massif bétonné 混凝土台基
massif bétonné monolithe
    整体式混凝土台基
massif d'ancrage 锚固台基
massif d'appui 台基；支撑块
massif d'assise 台基；底座
massif de béton 混凝土台基
massif de fondation 基座
massif de groupe électrogène 发电机基座
massif de mât de signaux 信号柱基座
massif de mise à terre 接地板桩
massif de pylône 铁塔基座
massif de support 支撑台基
massif de tension 张拉台座
massif de terre 土堆
massif de tour en fosse 旋轮机床基座
massif en terre armée 加筋土台
massif rocheux 岩石块
massif sablonneux 砂垫层
mastic 油灰；腻子
mastic bitumineux 沥青砂胶

mastic de résine 树脂胶泥
mastic d'étanchéité 密封胶
mastic étanche 防水油膏
mastic rebondissant 弹性胶泥
masticage 上腻子
mât 信号柱
mât de balise 信标柱
mât de caténaire 接触网立柱
mât d'emprise de voie ferrée 铁路路界柱
mât de polygonale 导线测量立杆
mât de signaux 信号柱
mât en acier 钢柱
mât en béton 混凝土柱
matériau 材料
matériau acoustique isolant 隔音材料
matériau antidérapant 防滑材料
matériau approvisionné 供料
matériau argileux 黏土材料
matériau broyé 粉碎材料
matériau brut 毛料
matériau caillouteux 碎石材料
matériau calorifuge 隔热材料
matériau classé 级配材料
matériau combustible 可燃材料
matériau composite 复合材料
matériau compressible 可压缩材料
matériau corrosif 腐蚀性材料
matériau cru 生料
matériau d'apport 掺和料
matériau d'assise 路基材料
matériau de ballast 道砟材料
matériau de base 基础材料
matériau de caisse 车体材料
matériau de calfeutrement 嵌缝材料
matériau de canalisation 管线材料
matériau de concassage 机轧碎石料
matériau de construction 建筑材料
matériau de déblais 挖方材料
matériau de décapage 清表土料
matériau de décoration 装饰材料
matériau de démolition 拆除材料
matériau de drainage 排水材料
matériau de filtration 滤料
matériau de maçonnerie 圬工材料
matériau d'emprunt 借方料
matériau de qualité 优质材料
matériau de rebut 废料
matériau de recouvrement des joints
    接缝材料

matériau de rejet	废料
matériau de remblais	填料
matériau de remblais de fouille	基坑回填材料
matériau de remblais de substitution	换填材料
matériau de remblais de l'assise de voie	路基填料
matériau de remplissage	填充料
matériau de réparation	修补材料
matériau de revêtement	衬砌材料
matériau de scellement	填嵌材料
matériau de structure	结构材料
matériau de substitution	替换材料
matériau de surface	面料
matériau de terrassement	土方材料
matériau d'installation	安装材料
matériau drainant	排水材料
matériau dur	硬质材料
matériau élastique	弹性材料
matériau en vrac	散料
matériau équivalent	相似材料
matériau évolutif	风化材料
matériau excédentaire	多余材料
matériau existant	既有材料
matériau filtrant	滤料
matériau gonflant	膨胀材料
matériau graveleux	砾石料
matériau hydrofuge	防水材料
matériau ignifuge	阻燃材料
matériau inflammable	易燃材料
matériau imperméable	防水材料
matériau importé	进口材料
matériau insonore	消音材料
matériau inutilisable	废料
matériau isolant	绝缘材料
matériau issus de déblais	挖方作填料
matériau liant	黏结材料
matériau local	当地材料
matériau mélangé	混合料
matériau métallique	金属材料
matériau naturel	天然材料
matériau nocif	有害材料
matériau organique	有机材料
matériau particulier	特殊材料
matériau pierreux	石料
matériau plastique	塑性材料
matériau pollué	污染材料
matériau poreux	多孔材料
matériau radioactif	放射性物质
matériau réfléchissant	反光材料
matériau réfractaire	耐火材料
matériau rigide	刚性材料
matériau rocheux	岩料
matériau sélectionné	精选料
matériau substitué	替换材料
matériau synthétique	合成材料
matériau thermoplastique	热塑性材料
matériau usagé	旧材料
matériel	设备;器材
matériel à louer	出租设备
matériel automoteur	自行式装备
matériel auxiliaire	辅助设备
matériel chenillé	履带式车辆
matériel contre l'incendie	消防设备
matériel d'ancrage	锚固设备
matériel de balayage	清扫设备
matériel de battage	打桩设备
matériel de bétonnage	混凝土浇筑设备
matériel de broyage	研磨装置;破碎设备
matériel de canalisation	管道设备
matériel de carrière	采石设备
matériel d'échantillonnage	取样设备
matériel de chargement	装载设备
matériel de classement	筛分设备
matériel de compactage	碾压设备
matériel de concassage	碎石设备
matériel de construction	建筑设备
matériel de contrôle	控制设备
matériel de criblage	筛分设备
matériel de criblage de ballast	道砟清筛设备
matériel de démontage de roue	落轮设备
matériel de déneigement	除雪设备
matériel de dessiccation	干燥设备
matériel de dosage	配料设备
matériel de dragage	挖泥设备
matériel de fixation	固定设备
matériel de forage	钻探设备
matériel de levage	起重设备
matériel de l'usine	工厂设备
matériel de lutte contre l'incendie	灭火器具
matériel de maintenance de la voie	线路维护设备
matériel de malaxage	搅拌设备
matériel de manutention	搬运设备
matériel de mélange	搅拌设备

matériel de montage　安装设备
matériel d'enrobage　沥青拌和设备
matériel d'entretien de locomotive
　　机车保养设备
matériel d'entretien de pont　桥梁养护设备
matériel d'entretien de voie　线路维护设备
matériel d'entretien général　大修设备
matériel d'épandage　摊铺设备
matériel de perforation　凿岩设备
matériel de pesage　称量设备
matériel de pose　铺架设备
matériel de pose de caténaire
　　接触网架线设备
matériel de pose de poutres　架梁设备
matériel de pose de voie ferrée　铺轨设备
matériel de préfabrication　预制设备
matériel de protection　防护设备
matériel de réglage　平整机械
matériel de répandage　撒布设备
matériel de réparation　修理设备
matériel de réparation au dépôt
　　机务段维修设备
matériel de réparation de l'équipement
　　设备检修机器
matériel de réparation de locomotive
　　机车检修设备
matériel de réparation de secours　抢修设备
matériel de réparation de wagons
　　车辆维修设备
matériel de revêtement　衬砌设备
matériel de soudage　焊接设备
matériel d'essai　试验设备
matériel de stockage　存储设备
matériel de terrassement　土方设备
matériel de test　检验设备
matériel de traitement　处理设备
matériel de transport　运输器材
matériel de voie　线路设备
matériel de voie ferrée　铁路机具
matériel de voirie　筑路设备
matériel d'exécution des travaux　施工设备
matériel d'implantation　定线设备
matériel d'occasion　旧设备；二手设备
matériel électrique　电气设备
matériel électromécanique　机电器材
matériel électronique　电子技术装备
matériel excavé　挖方设备
matériel existant　既有设备
matériel ferroviaire　铁路设备

matériel frigorifique　制冷设备
matériel générateur　发电设备
matériel industriel　工业器材
matériel lourd　重型设备
matériel neuf　新设备
matériel ralentisseur　减速装置
matériel roulant　机车车辆
matériel technique　技术设备
matériel usagé　旧设备；二手设备
matière　物质；材料
matière acoustique　吸音材料
matière additionnelle　附加材料
matière combustible　可燃烧物质
matière crue　生料
matière d'agrégation　结合料
matière dangereuse　危险物质
matière de charge　填充料
matière décantable　可沉淀物质
matière défoncée　破碎材料
matière désagrégée　风化材料
matière dissoute　溶解物质
matière ductile　柔韧材料
matière élastique　弹性材料
matière en grains　粒状物料
matière étrangère　杂质
matière explosive　炸药
matière extensible　柔韧材料
matière fibreuse　纤维材料
matière fragile　脆性材料
matière grasse　油脂
matière hétérogène　非均质材料
matière homogène　均质材料
matière inflammable　可燃
matière inorganique　无机物质
matière minérale　矿物质
matière moussante　加气剂
matière organique　有机物质
matière polluante　污染物质
matière première　原材料
matière résineuse　树脂材料
matière suspendue　悬浮物
matricule　登记册
matricule des employés　雇员花名册
mazout　重油
mécanicien　机械师
mécanique　力学
mécanique de matériaux　材料力学
mécanique de sol rocheux　岩土力学
mécanique de structure　结构力学

mécanique de voie de rails 轨道力学
mécanique d'ingénierie 工程力学
mécanique géotechnique 土工力学
mécanisation 机械化
mécanisation pour chargement et déchargement 装卸机械化
mécanisation pour entretien de voie 养路机械化
mécanisme 机制
mécanisme administratif 行政机制
mécanisme de compensation 补偿机制
mécanisme de compensation de force d'élévation de pantographe 受电弓升力补偿机制
mécanisme de conciliation 调解机制
mécanisme de concurrence 竞争机制
mécanisme de réglage 调节机制
mécanisme de règlement des différends 争端解决机制
mèche 钻头;导火线
mèche à forer 钻头
mèche à torse de foreuse 锥柄麻花钻
mèche de mineur 导火线
mèche de tarière 螺旋钻头
mèche hélicoïdale 螺旋钻
mèche torse 螺旋钻头;麻花钻
médiane 中线
médiatrice 垂直平分线
méga-ohmmètre 摇表(兆欧表)
méga-projet 特大项目
mégohm 兆欧
mégohmmètre 兆欧表
mélange 混合;混合物
mélange à chantier 工地拌和(料)
mélange à chaud 热拌
mélange à main 人工拌和(料)
mélange aqueux 泥浆
mélange à sec 干拌
mélange bitumineux 沥青混合料
mélange boueux 泥浆
mélange de béton 混凝土拌和(料)
mélange de granulation 混合集料
mélange de terre et gravier 土石混合料
mélange dur 干硬性混合料
mélange de l'eau-ciment 水泥浆
mélange en centrale 集中拌和(料)
mélange en route 路拌
mélange explosif 混合炸药
mélange mécanique 机械拌和

mélange par gravité 重力拌和
mélange sol-ciment 土—水泥混合料
mélange sur chantier 工地拌和(料)
mélange sur place 就地拌和
mélangeur 拌和机
mélangeur à asphalte 地沥青拌和机
mélangeur à boues 料浆搅拌器
mélangeur à contre-courant 逆流式拌和机
mélangeur à deux tambours 双筒式拌和机
mélangeur à grande capacité 大容量搅拌机
mélangeur à haute vitesse 高速搅拌机
mélangeur à palettes 桨叶式搅拌机
mélangeur à tambour 鼓筒式拌和机
mélangeur à vis 螺旋混合器
mélangeur à vis sans fin 螺旋式拌和机
mélangeur continu 连续式拌和机
mélangeur de béton 混凝土拌和机
mélangeur de mortier 砂浆拌和机
mélangeur discontinu 间隙式拌和机
mélangeur électrique 电动拌和机
mélangeur oscillatoire 摇摆式拌和机
mélangeur par gravitation 重力式搅拌机
mélangeur-agitateur 拌和机;搅拌机
mélangeur-malaxeur 搅拌机
mélangeuse 拌和机
membrane 薄膜;地膜
membrane anti-évaporante 混凝土养护薄膜
membrane de conservation 混凝土养护薄膜
membrane de cure 养护薄膜
membrane de polyéthylène 聚乙烯薄膜
membrane de protection 保护膜
membrane d'étanchéité 密封膜
membrane drainante 防水膜
membrane en géotextile 土工地膜
membrane plastique 塑料薄膜
membre 成员;构件
membre d'aiguille 道岔构件
membre de caisse 车体构件
membre de caténaire 接触网构件
membre de châssis 车架构件
membre de circuit de voie 轨道电路构件
membre de connexion 连接构件
membre de coupleur d'ancrage 锚具组件
membre de groupement d'entreprise 联合体成员
membre de pont 桥梁构件
membre de wagon 车辆构件

membre tendu 受拉构件
membrure 板梁翼缘
membrure de longeron principal 主梁翼缘
membrure de longrine d'attelage
　　车钩牵引梁翼缘
membrure de longrine de caisse
　　车体侧梁翼缘
membrure de longrine de wagon
　　车辆纵梁翼缘
membrure de pont 桥梁弦杆
membrure de suspension 吊杆
membrure inférieure 下弦
membrure longitudinale 纵梁;大梁
membrure supérieure 上弦
mémoire 存储器
mémoire d'appel 呼叫储存
mémoire de disque dur 硬盘存储器
mémoire de disque magnétique 磁盘存储器
mémoire de disque mobile 移动硬盘存储器
mémoire de machine calculatrice
　　计算机存储器
mémoire d'entente 备忘录
mémoire d'erreurs 差错存储器
mémoire électronique 电子存储器
mémoire externe 外存储器
mémoire interne 内存储器
mémorandum 备忘录
ménagement 管理
ménagement de qualité 质量管理
mensole 拱顶石
mention en marge 批注;备注
mention sur le connaissement
　　提单备注
message de régulation 调度信息
message de sol-train 车—地信息
message ferroviaire 铁路信令
mesurage 测量;测绘
mesure 测量;测定
mesure additionnelle 补充测量
mesure à distance 遥测
mesure aérienne 航测
mesure à la fin des travaux 竣工测量
mesure à multiples points 多点测量
mesure à planchette 平板测量
mesure au juge 目测
mesure complémentaire 补充测量
mesure conjointe 联测
mesure continue 连续测量
mesure d'adhérence 黏着力测量

mesure d'affaissement au cône d'Abrams
　　混凝土坍落度测定
mesure d'altitude 高程测量
mesure d'altitude de voie 线路高程测量
mesure d'amplitude de relevage de voie
　　测量起道量
mesure d'amplitude de ripage de voie
　　测量拨道量
mesure d'auscultation 声波测量
mesure de bruit 噪声测定
mesure de chaussée 路面测量
mesure de circuit de voie 轨道电路测量
mesure de coefficient 系数测量
mesure de coefficient d'aplatissement
　　扁平系数测量
mesure de coefficient de transmission
　　测量传导系数
mesure de compactage 压实检测
mesure de comparaison 比较测量
mesure de construction 施工测量
mesure de contraction 收缩测量
mesure de contraintes 应力测量
mesure de convergence 收敛测量
mesure de courbure 曲线测量
mesure de débit 流量测定
mesure de décantation 沉淀测量
mesure de déflexion 弯沉测量
mesure de déformation 变形测量
mesure de densité 密度测量
mesure de densité de ballast 道砟密度测量
mesure de densité de trafic journalier
　　测量日交通密度
mesure de densité sèche 干密度测量
mesure de déplacement 移位测量
mesure de détermination 定测
mesure de dimension 尺寸测量
mesure de distance 测距
mesure de distance à laser 激光测距
mesure de dureté 硬度测量
mesure de fissure de rail 钢轨裂缝测量
mesure de flèche 挠度测定
mesure de fréquence 频率测量
mesure de gabarit 限界测量
mesure de glissement 测量滑坡
mesure de glissement linéaire
　　线性滑动测量
mesure de hauteur 高程测量
mesure de hauteur de l'attelage
　　车钩高度测量

mesure de kilométrage 里程测量	mesure de puissance 功率测定
mesure de largeur 宽度测量	mesure de pulsation du pont 桥梁脉动测量
mesure de largeur de voie 测量线路宽度	mesure de quantité de déblai 测量挖方量
mesure de l'écartement de voie 测量轨道间距	mesure de quantité de remblai 测量填方量
mesure de l'épaisseur 测量厚度	mesure de quantité de terrassement 测量土方量
mesure de ligne 线路测量	mesure de quantité de travaux 测量工程数量
mesure de ligne de base 基线测量	mesure de remblai 路堤测量
mesure de ligne droite 直线测量	mesure de résistance 测阻
mesure de longueur 测量长度	mesure de résistance de béton 测量混凝土强度
mesure de longueur de ligne en courbe 测量弯道线长度	mesure de résistance de matériau 测量材料强度
mesure de longueur de ligne droite 测量直线段长度	mesure de site du pont 桥位勘测
mesure de longueur de tunnel 测量隧道长度	mesure des angles 角度测量
mesure de longueur de voie 测量线路长度	mesure de sondage 钻孔测量
mesure de l'ouvrage d'art 构造物测量	mesure des paramètres 参数测定
mesure de module de déformation 变形模数测量	mesure de superficie 面积测量
mesure de niveau aquifère 测量地下水位	mesure détaillée 精测
mesure de niveau de ballast 测量道床标高	mesure d'étalonnage 校准测量
mesure de niveau de crue 测量洪水位	mesure de tassement 沉降测量
mesure de niveau de rail 测量轨面标高	mesure de tassement de voie 测量线路下沉
mesure de niveau du terrain 测量地面标高	mesure de température 测温
mesure de nivellement 水准测量	mesure de teneur en eau 含水量测定
mesure de pente longitudinale 纵坡测量	mesure de trigulation 三角测量
mesure de performance 性能测定	mesure de tunnel 隧道测量
mesure de pH 酸碱值测量	mesure de viscosité 黏度测量
mesure de planche 平板测量	mesure de vitesse 测速
mesure de point de contrôle 控制点测量	mesure de vitesse de circulation 测量行车速度
mesure de point de niveau 水准点测量	mesure de vitesse du mouvement de train 测量列车移动速度
mesure de point de nivellement 水准点测量	mesure de vitesse de passage 测量通过速度
mesure de polygonale 导线测量	mesure de vitesse de train 测量车速
mesure de portance 承载力测量	mesure de vitesse du vent 测量风速
mesure de position 测量位置	mesure de voie 线路测量；轨道测量
mesure de poussée 推力测量	mesure de volume 体积测量
mesure de précision 精密测量	mesure directe 直接测量
mesure de pression axiale 测量轴压	mesure d'itinéraire 线路测量
mesure de pression de déformation 测量变形压力	mesure du tracé 定线测量
mesure de pression dynamique 动压力测量	mesure électronique 电子测量
mesure de profondeur 测量深度	mesure finale 竣工测量
mesure de profondeur creusée 测量挖掘深度	mesure géotechnique 土工力学测量
mesure de profondeur de pénétration 测量贯入深度	mesure horizontale 水平测量
mesure de profondeur enterrée 测量埋入深度	mesure hydrologique 水文测量
	mesure hydrométrique 液体比重测定
	mesure in situ 现场测量
	mesure linéaire 长度测量

mesure métrique 米尺计量
mesure par répétition 复测
mesure photogrammétrique 摄影测量
mesure préliminaire 初步测量
mesure spécifique 比重测量
mesure sur place 现场测量
mesure systématique 系统测量
mesure terrestre 地面测量
mesure topographique 地形测量
mesure trilatéral 三边测量
mesure trigonométrique 三角测量
mesure ultrasonique 超声波测量
mesures administratives 行政措施
mesures anticontaminants 防污措施
mesures anti-corrosion 防腐措施
mesures antidérapantes 防滑措施
mesures anti-désserrage 防松动措施
mesures anti-détachement 防脱落措施
mesures anti-glissant 防溜措施
mesures anti-rouille 防锈措施
mesures anti-roulement 防溜措施
mesures anti-sismiques 防震措施
mesures coercitives 强制性措施
mesures constructives 建设性措施
mesures contre l'incendie 防火措施
mesures contre l'incendie dans le tunnel
　　隧道防火措施
mesures correctives 改正措施
mesures correctives de qualité
　　质量改正措施
mesures d'accompagnement 辅助措施
mesures d'ajustement de circulation
　　运行调整措施
mesures d'ajustement de flux de trafic
　　车流调整措施
mesures d'atténuation des poussières
　　降尘措施
mesures de compensation 补偿措施
mesures de conservation 保管措施
mesures de consolidation 加固措施
mesures de contrôle 控制措施
mesures de coordination 协调措施
mesures de correction 纠正措施
mesures de drainage 排水措施
mesures de gestion de circulation
　　行车管理措施
mesures de précaution 预防措施
mesures de prévention contre les risques
　　风险预防措施
mesures de protection 防护措施
mesures de protection de l'environnement
　　环保措施
mesures de renforcement 加固措施
mesures de sécurité 安全措施
mesures d'urgence 紧急措施
mesures drastiques 严厉措施
mesures efficaces 有效措施
mesures générales 通常措施
mesures inactives 无效措施
mesures incitatives 激励措施
mesures nécessaires 必要措施
mesures préventives 预防性措施
mesures provisoires 临时措施
mesures régulières 常规措施
mesures spécifiques 特别措施
mesures techniques 技术措施
mesureur 测量员;检测仪
mesureur de diamètre interne 内径百分表
mesureur de profil de rail 钢轨磨损检测仪
mesureur de résistance de terre 地阻检测仪
mesureur de vitesse du train 列车测速仪
mesureur d'interférence de radio
　　无线电干扰检测仪
mesureur topographique
　　地形测量员;地形测量仪
métal 金属
métal dur 硬金属
métal léger 轻金属
métal non-ferreux 有色金属
métal précieux 贵金属
métal rare 稀有金属
métaux ferreux 黑色金属
météorite 陨石
météorologie 气象学
méthanoduc 沼气输送管
méthode 方法
méthode à bouclier 盾构法
méthode à cantilever 悬臂法
méthode à chaleur spécifique 比热法
méthode à galerie d'approche à deux côtés
　　双侧导坑法
méthode à galerie d'assise 底导坑法
méthode à galerie de base 下导坑开挖法
méthode à galerie centrale 中央导坑法
méthode à galerie de faîte 上导坑开挖法
méthode à galerie pilote 导坑法
méthode alternative 交替法
méthode analytique 解析法

méthode approximative 近似法
méthode à post-tension 后张法
méthode à pré-tension 先张法
méthode à pression pré-chargée 预压法
méthode à tunnelier 盾构施工法
méthode autrichienne
　奥式开挖法;下导坑开挖法
méthode belge 比利时工法;上导坑开挖法
méthode colorimétrique 比色法
méthode compactée couche par couche
　逐层碾压法
méthode d'analyse 分析方法
méthode d'analyse qualitative 定性分析法
méthode d'analyse quantitative
　定量分析法
méthode d'avancement 掘进方法
méthode d'avancement par cric 顶进法
méthode de bas en haut 顺作法
méthode de bétonnage 混凝土浇筑方法
méthode de caisson 沉箱法
méthode de caisson ouvert 开口沉箱法
méthode de calcul 计算方法
méthode de carottage 钻探取样法
méthode de classement de sols 土壤分类法
méthode de compactage 压实方法
méthode de comparaison 比较法
méthode de compensation 补偿方法
méthode de conception 设计方法
méthode de construction 建造方法
méthode de construction souterraine
　地下施工法
méthode de contrôle 控制方法
méthode de coordonnée 坐标法
méthode de déplacement de joint
　节点位移法
méthode de filage aérien
　空中纺线法(悬缆施工)
méthode de fonçage de puits 沉井法
méthode de forage 钻探方法
méthode de gradient 梯度法
méthode d'électrosondage 电探法
méthode de liaison 连接方法
méthode de ligne longue
　长线法(预应力混凝土施工)
méthode de mesure 测量方法
méthode de mesure électrique de profondeur
　电测深法
méthode de neutralisation 中和法
méthode de pénétration 贯入方法

méthode de perforation 钻进方法
méthode de perforation de gros trous
　大口径钻孔法
méthode de pose 铺设方法
méthode de post-contrainte
　后加张力法;后张法
méthode de pose de rails 铺轨方法
méthode de post-tension
　后加张力法;后张法
méthode de poussée 顶推法
méthode de précontrainte
　预施应力法;先张法
méthode de prévision 预测方法
méthode de proportion volumétrique
　体积比配合法
méthode de prospection 勘察方法
méthode de prospection séismique
　地震勘测法
méthode d'équilibre 平衡方法
méthode de recommandation 推荐方法
méthode de réglage 调节方法
méthode de remplissage 填充方法
méthode de réparation 修理方法
méthode de sondage de sol
　土壤探测方法
méthode de sondage électrique 电测探法
méthode de soudure 焊接方法
méthode d'essai 试验方法
méthode d'essai triaxiale 三轴试验法
méthode d'estimation 估算方法
méthode des trois points
　三点法(平板测量)
méthode de superposition 叠加法
méthode de tension postérieure 后张法
méthode de traction 牵引方法
méthode de traction pour pose de traverses
　拖拉法铺轨
méthode de tranches 条分法
méthode de travail à la chaîne
　流水作业法
méthode de triangulation 三角测量法
méthode d'évaluation 评估方法
méthode d'évaluation de risques
　风险评估方法
méthode d'examen magnétique de sous-sol
　地层磁探法
méthode d'excavation 挖掘方法
méthode d'excavation à ciel ouvert
　明挖法

M

méthode d'excavation allemande
　德式开挖法;双下导坑法
méthode d'excavation à section complète
　全断面开挖法
méthode d'excavation à section entière
　全断面开挖法
méthode d'excavation centrale　中心开挖法
méthode d'excavation de calotte
　上导坑开挖法
méthode d'excavation de stross
　中导坑开挖法
méthode d'excavation de terrain
　场地挖掘方法
méthode d'excavation de tunnel
　隧道开挖法
méthode d'excavation en gradins
　阶梯式开挖法
méthode d'excavation ouverte　明挖法
méthode d'excavation souterraine　暗挖法
méthode d'exécution　施工方法
méthode d'exploitation　开采方法
méthode d'identification　鉴别方法
méthode d'île artificielle　人工筑岛法
méthode d'injection　喷射方法
méthode d'intersection　交会方法
méthode d'inversion　逆作法
méthode d'investigation　调查方法
méthode d'investigation de sol
　土壤调查方法
méthode d'observation　观测方法
méthode d'ondes à réflexion　反射波法
méthode d'ondes superficielles　面波法
méthode d'opération normalisé
　标准化操作法
méthode électromagnétique　电磁法
méthode excentrée de corde　弦线支距法
méthode excentrée de tangente　切线支距法
méthode fil à plomb à l'envers　倒锤线法
méthode géométrique　几何方法
méthode graphique　图解法
méthode gravimétrique　重量法
méthode gravitationnelle d'examen de sous-sol　地层勘探重力法
méthode inductive　归纳法
méthode par cône de pénétration
　圆锥贯入法
méthode par rebondissement　回弹方法
méthode par sédimentation　沉积法
méthode pré-chargée　预压法
méthode pré-mélangée　预拌法
méthode statistique　统计方法
méthode symétrique　对称方法
méthode volumétrique　体积比配料法
méthodologie　施工方法
méthodologie de construction　建筑施工方法
méthodologie de construction de fondation du sol　路基施工技术
méthodologie de revêtement de tunnel
　隧道衬砌施工技术
méthodologie d'exécution des travaux
　施工方法
métrage　计量
métrage de ballastage　铺砟长度
métrage de percement　开挖进尺
métrage de voie　测量线路长度
mètre　米;尺
mètre à retrait　缩尺
mètre à ruban　卷尺
mètre carré　平方米
mètre cube　立方米
mètre droit　直尺
mètre linéaire　延米
mètre par seconde　米/秒
mètre pliant　折尺
métré　施工测量;工程量
métré de quantité de terrassement
　土方数量
métré de travaux　工程测量;工程数量单
métrés de tronçons de voie
　各段站线长度会总表
métreur　测量员
métro　地铁
métro de la Mecque　麦加轻轨
métro urbain　城市地铁
meulage　打磨
meulage asymétrique　非对称打磨
meulage asymétrique du profil de champignon de rail
　轨头非对称断面打磨
meulage du bord intérieur de rail
　钢轨内侧打磨
meulage de boudin　轮缘打磨
meulage de bout de rail　轨接头打磨
meulage de champignon de rail　轨头打磨
meulage de champignon écoulé
　轨头肥边打磨
meulage de chanfreinage　倒角打磨
meulage de cordon de soudure　焊缝打磨

meulage de cordon de soudure de rail　钢轨焊线打磨
meulage de l'angularité　棱角打磨
meulage de la voie　线路打磨
meulage de longs rails soudés　长焊轨打磨
meulage de rail　钢轨打磨
meulage de rail ondulatoire　钢轨波纹面打磨
meulage de soudure　焊接打磨
meulage de talon d'aiguille　道岔贴面跟部打磨
meulage d'extrudage de fonte　铸件肥边打磨
meule　砂轮
meule assiette　碟形砂轮
meule à tronçonner　切片砂轮
meule boisseau　碗形砂轮
meuleuse　立式砂轮机
meuleuse à rails　钢轨打磨机
meuleuse de l'aiguille　道岔打磨机
mho　姆欧
micaschiste　云母片岩
microanalyse　微量分析
microbalance　微量天平
microcircuit　微型电路
micromètre　外径千分尺
micro-onde　微波
micron　微米
micro-pieu　短桩
microseconde　微秒
mieux-disant　报价最低标
mi-flèche　半拱
mignonnette　碎石屑;细卵石
mile　英里
milligramme　毫克
millilitre　毫升
millimètre　毫米
millimètre carré　平方毫米
millimètre cube　立方毫米
millimètre de mercure　毫米汞柱
millivolt　毫伏
millivoltmètre　毫伏计
minage　放炮;爆破
minimètre　内径测微计
minimisation　最低限度
minimum　最小量;最低值
minimum absolu　绝对最小值
minimum de frais　最低费用
minimum de risques　最小风险

mire　水准标尺;标杆
mirliton　观察信号
mirliton de voie　线路指示牌
miroir　镜子
miroir concave　凹镜
miroir convexe　凸镜
miroir parabolique　抛物面镜
miroir plan　平面镜
miroir sphérique　球面镜
mise　安放;安装
mise à disposition　供使用
mise à disposition de personnel　提供人员
mise à disposition de terrain　提供场地
mise à jour　更新
mise à jour de programme　计划更新
mise à la terre　接地
mise à la terre de circuit　电路接地
mise à la terre de circuit électrique de protection　保护电路接地
mise à la terre de circuit de voie　轨道电路接地
mise à la terre de circuit principal　主电路接地
mise à l'effet　生效
mise à l'épreuve　检验
mise à niveau　达标;升级改造
mise à niveau de conception　设计达标
mise à niveau de signalisation　信号升级改造
mise à profit　利用
mise au net des documents　文件(图纸)清绘
mise au point　对焦距;调整
mise au profil des talus　边坡成形
mise de câble　铺设电缆
mise de feu　点火
mise de gabarit　设置限界
mise en accusation　起诉
mise en action　开始行动
mise en action de l'aiguille　道岔启动
mise en chantier　开工;施工
mise en charge　装载
mise en circuit　接通电源
mise en circuit de voie　接通轨道电路
mise en circulation　交通投入运行
mise en circulation prioritaire　优先放行
mise en cohérence　关联
mise en commun des bénéfices　利润共享
mise en commun des risques　风险共担

mise en connexion de toute la ligne 线路拉通
mise en décharge 卸倒;卸掉
mise en décharge de ballasts 卸道砟
mise en décharge de déblais 卸渣土
mise en décharge de marchandises 卸货
mise en décharge de rails 卸钢轨
mise en décharge de traverses 卸轨枕
mise en décharge des produits de démolition
　　卸倒拆除物
mise en demeure 催告
mise en demeure préalable 预先催告
mise en dépôt 储存
mise en dépôt en tas 堆放
mise en dépôt de terre végétale 腐殖土堆放
mise en dépôt provisoire 临时堆放
mise en eau 蓄水
mise en eau de barrage 大坝蓄水
mise en état 复原
mise en état de dépôt 堆放场地恢复
mise en état de site d'emprunt
　　借土场地恢复
mise en exécution 实施
mise en exploitation 投入运营
mise en exploitation de voie 线路投入运营
mise en fonctionnement 投入运转
mise en fonctionnement de système
　　系统投入运转
mise en forme 成形;整形
mise en forme de champignon de rail
　　轨头整形
mise en forme de la géométrie de voie
　　轨道几何状态整形
mise en forme de la plateforme de voie
　　道床修整
mise en jonction de toute la ligne 线路拉通
mise en liberté 释放
mise en liberté de voie occupée 占线释放
mise en marche 启动
mise en marche de locomotive 机车启动
mise en mémoire 存储
mise en mémoire des données 数据存储
mise en mémoire des informations
　　信息存储
mise en œuvre 实施
mise en œuvre de béton 浇筑混凝土
mise en œuvre de l'arase 整平施工
mise en œuvre de remblais 填方施工
mise en œuvre des armatures 布筋
mise en ordre 整理;调序

mise en peinture 涂装
mise en peinture des wagons 车辆涂装
mise en place 安放;安装
mise en place de câbles 铺设电缆
mise en place de laboratoire de chantier
　　建立工地实验室
mise en place de l'aiguille 道岔安装
mise en place de pièces 构件安装
mise en place des équipements 设备安装
mise en position 就位;定位
mise en position de l'aiguille 道岔复位
mise en position de poutre 梁体就位
mise en production 投产
mise en programme 编程序;设计程序
mise en remblai 回填
mise en réserve 备用
mise en route 上路
mise en service 投入使用
mise en stock 存放
mise en tas 堆积
mise en température 加热
mise en tension 张拉
mise en vigueur 生效;执行
mise en vitesse 加速
mise sur pied 创建
mission 使命;使团
mission de contrôle 监理任务
mission de contrôle externe 外部监督任务
mission diplomatique 外交使团
mi-travée 半跨
mobilisation 调动;动员
mobilisation de fonds 资金筹措
mobilisation de matériels 调动设备
mobilisation de ressources nécessaires
　　调动需要的资源
mobilisation du personnel 调动人员
modalité 方式
modalité administrative 管理方式
modalité d'amortissement 折旧方式
modalité d'application 执行方式
modalité de calcul 计算方式
modalité de consultation 咨询方式
modalité de contrôle 检查方式;控制方式
modalité de distribution de force motrice
　　动力分布方式
modalité de distribution des numéros
　　des trains internationaux
　　国际列车车号分配方式
modalité de financement 融资方式

modalité de formation des wagons unifiés 统一编组方式
modalité de liquidation 清算方法
modalité de liquidation des cas de force majeure 不可抗力情况下的清算方法
modalité de livraison 交货方式
modalité de manœuvre 作业方式
modalité de paiement 付款方式
modalité de pénalité 罚款方式
modalité de publicité des offres 投标结果公布方式
modalité de réalisation 实施方式
modalité de règlement 结算方式
modalité de remboursement 偿还方式
modalité de révision 修改方式
modalité de révision de prix 价格修改方式
modalité de vérification 审核方式
modalité d'évaluation 评估方式
modalité d'intervention 介入方式
modalité d'octroi 给予方式
modalité de rémunération 报酬方式
mode 方式
mode d'accélération de vitesse 提速方式
mode d'action 作用方式;行动方式
mode d'ajout de locomotive 补机方式
mode d'alimentation électrique 供电方式
mode d'alimentation électrique centralisée 集中供电方式
mode d'alimentation d'énergie de traction 牵引供电方式
mode d'alimentation en électricité dispersée 分散式供电方式
mode d'alimentation en énergie à distance 远程供电方式
mode d'alimentation multilatérale 多边供电方式
mode d'alimentation outrepassant la zone 跨区供电方式
mode d'alimentation transzonale 越区供电方式
mode d'alimentation unilatérale 单边供电方式
mode d'amélioration 改进方式
mode d'appel 呼叫方式
mode d'appel et de réponse 呼叫应答方式
mode d'appui 支撑方式
mode d'appui en pot 盆式支座方式
mode d'assainissement 排水方式
mode d'assainissement dispersé 分散排水方式
mode d'attelage des wagons 挂车方式
mode d'avertissement 预警方式
mode de calcul 计算方式
mode de cantonnement 区间闭塞方式
mode d'échange 交换方式
mode de changement de train 换乘方式
mode de cintrage 衬砌方式
mode de circulation 行驶模式;循环模式
mode d'éclairage 照明方式
mode de commande 操作方式
mode de commande de circulation des trains 行车指挥方式
mode de commande à bord 列车自主控制方式
mode de commande à distance 遥控方式
mode de commande à programme 程序控制模式
mode de commande automatique 自动控制方式
mode de commande automatique des itinéraires 进路自动控制方式
mode de commande centralisée 集中控制模式
mode de commande de circulation du train 列车运行控制模式
mode de commande d'itinéraire du train 列车进路控制方式
mode de commande locale 局地控制方式
mode de commande manuelle 手操纵方式
mode de commande par la gare 车站控制方式
mode de commande par bouton 按钮控制方式
mode de commande terrestre 地面控制方式
mode de communication 通信方式
mode de compactage 压实方法
mode de compactage par couches 分层碾压方式
mode de compensation 补偿方式
mode de compensation de pression 压力补偿方式
mode de compensation des prix 价格补偿方式
mode de compensation dynamique 动力补偿方式
mode de conduite 驾驶模式

mode de conduite automatique　自动驾驶模式
mode de conduite manuelle　人工驾驶模式
mode de confirmation　确认方式
mode de connexion　连接方式
mode de connexion à clin　搭接方式
mode de connexion à multiples points　多点连接方式
mode de connexion boulonnée　螺栓连接方式
mode de connexion bout à bout　对接方式
mode de connexion croisée　交叉连接方式
mode de connexion de circuit　电路连接方式
mode de connexion de l'attelage　车钩连接方式
mode de connexion de rivet　铆钉连接方式
mode de connexion des voies ferrée　轨路连接方式
mode de connexion en parallèle　并排连接方式
mode de connexion en série　串行连接
mode de conservation　保管方式
mode de construction　建造方式
mode de contrôle　检查方式;控制方式
mode de contrôle et de suivi des trains　列车控制跟踪方式
mode de coopération　合作方式
mode de coupage　断开方式
mode de creusement　挖掘方式
mode de cylindrage　碾压方法
mode de décélération de vitesse　减速方式
mode de démontage　拆卸方式
mode de désaccouplement des wagons　摘车方式
mode de désaccouplement des wagons vides　空车解编方式
mode de détection　探测方式
mode de détection à ultra-sons　超声波检测方式
mode de détection automatique　自动检测方式
mode de détection par infrarouge　红外线探测方式
mode de détection par radar　雷达探测方式
mode de dételage des wagons　摘车方式
mode de distribution électrique　配电方式
mode d'emploi　使用说明
mode d'enclenchement　联锁方式
mode d'enclenchement de la section　区段锁闭方式
mode d'enregistrement　登记方式
mode d'enregistrement d'utilisation de l'aiguille　道岔使用登记方式
mode d'entraînement　驱动方式
mode d'entraînement des essieux　轮轴驱动方式
mode d'exploitation　运营模式
mode de fabrication　生产方式
mode de fonctionnement　运转方式;运行模式
mode de formation　培训方式
mode de freinage　制动方式
mode de freinage à air comprimé　空气压缩制动方式
mode de freinage à disque　圆盘制动方式
mode de freinage à friction　摩擦制动方式
mode de freinage à main　手制动方式
mode de freinage à sabot　闸瓦制动方式
mode de gestion　管理方式
mode de gestion classifiée　分级管理方式
mode de gestion de circulation　运行管理方式
mode de gestion de prix de revient　成本管理方式
mode de gestion de projet　项目管理方式
mode de gestion de qualité　质量管理方式
mode de gestion de sécurité　安全管理方式
mode de gestion d'exploitation　运营管理方式
mode de guidage　引导方式
mode de jonction　贯通方式;接点方式
mode de jonction de rail　接轨方式
mode de jonction de tunnel　隧道贯通方式
mode de l'appel d'offres　招标方式
mode de livraison　交付方式
mode de mesurage　测算方法
mode de passage　通过方式
mode de passage d'aiguille　过岔方式
mode de passage de gare　过站方式
mode de passation de l'appel d'offres　招标缔约方式
mode de passation de marché　合同签订方式
mode de passation exceptionnel　特殊缔约方式
mode de passation gré à gré　议标缔约方式
mode de pose　安装方式;铺设方式

mode de pose de rails 铺轨方式
mode de pose de traverses 铺枕方式
mode de positionnement de boîte d'essieu
　　轴箱定位方式
mode de production 生产方式
mode de réception 验收方式
mode de réception anticipée 提前验收方式
mode de réception définitive 最终验收方式
mode de réception de train 接车方式
mode de réception de travaux
　　工程验收方式
mode de réception provisoire 临时验收方式
mode de recrutement 招聘方式
mode de refroidissement 冷却方式
mode de réglage 调节方法
mode de règlement 结算方法
mode de règlement de travaux
　　工程结算方式
mode de régulation 调节方法；调度方式
mode de relais de service
　　（乘务组）轮乘方式；轮班方式
mode de remboursement 偿还方式
mode de remise 移交方式
mode de remise anticipée 提前移交方式
mode de remise définitive 最终移交方式
mode de remise de travaux 工程移交方式
mode de remise provisoire 临时移交方式
mode de rémunération de travaux
　　工程支付方式
mode de répandage 撒布方式
mode de repos à tour 轮休方式
mode de revêtement 覆盖方式；衬砌方式
mode de secours 救援方式
mode de signal 信号方式
mode de signal lumineux coloré
　　色灯信号方式
mode de soudage 焊接方式
mode de soufflage 送风方式
mode de soumission 投标方式
mode de soutènement 支护方式；支撑方式
mode de surveillance 监控方式
mode de système 系统模式
mode d'essai 试验方法
mode d'étanchéité 密封方式
mode de traction 牵引方式
mode de traction à courant alternatif
　　交流牵引模式
mode de traction à courant continu
　　直流牵引模式
mode de traction à deux extrémités du train
　　列车两端牵引模式
mode de traction à deux locomotives
　　双机牵引模式
mode de traction à double locomotive
　　双机牵引方式
mode de traction à multi-locomotives
　　重联机车牵引方式
mode de traction à seule locomotive
　　单机牵引方式
mode de traction à vapeur 蒸汽牵引模式
mode de traction de véhicules
　　车辆牵引方式
mode de traction électrique 电力牵引方式
mode de traction mixte 混合牵引方式
mode de traction thermique
　　热动力牵引方式
mode de trafic 交通方式
mode de traitement 处理方式
mode de transfert 移交方式
mode de transfert des ordres 指令传送方式
mode de transmission 传输方式
mode de transmission de signal
　　信号传输方式
mode de transmission électrique
　　电力传输方式
mode de transmission synchrone
　　同步传输模式
mode de transport 运输方式
mode de transport de conteneurs
　　集装箱运输方式
mode de transport ferroviaire
　　铁路运输方式
mode de transport routier 公路运输方式
mode de travail 工作方法
mode d'évacuation 清理方式
mode d'évacuation d'eau 排水方式
mode d'évaluation 评估方法
mode d'évaluation des offres 评标方法
mode d'évaluation des prix
　　价格评估方法
mode de ventilation 通风方式
mode de ventilation mécanique
　　机械通风方式
mode de ventilation naturelle 自然通风方式
mode de vidange 排空方式
mode de vie 生活方式
mode d'excavation 开挖方式
mode d'exécution 施工方式

mode d'exécution de compactage
　　碾压施工方式
mode d'exécution de l'étanchéité
　　防水做法
mode d'exécution de pieux　桩基施工方法
mode d'exécution des travaux
　　工程施工方法
mode d'explosion　爆破方式
mode d'explosion à multiples points
　　多点爆破方式
mode d'explosion lâchée　松动爆破方式
mode d'explosion orientée　定向爆破方式
mode d'explosion sous l'eau
　　水下爆破方式
mode d'exploitation　运营方式
mode d'exploitation de voie　线路运营方式
mode d'injection　喷射方式
mode d'installation　安装方式
mode d'intersection　交叉方式
mode d'opération　操作方式
mode d'opération de l'équipement
　　设备操作方式
mode d'organisation　组织方式
mode d'ouverture　打开方式
mode d'ouverture d'attelage
　　车钩开启方式
mode d'urgence　应急模式
mode d'utilisation　使用方式
mode bi-directionnel　双向模式
mode électrique　电力方式
mode nominal　额定模式
mode opératoire d'essai　试验规程
mode opératoire sur le chantier
　　现场操作规程
mode thermique　热力方式
modelage　景观造型
modelage paysager　景观造型
modèle　样品;模型
modèle à l'échelle　比例模型
modèle d'acte d'engagement　承诺书格式
modèle de caution de soumission
　　投标保函格式
modèle de chantier-gare　站场模型
modèle de conception　设计模型
modèle de contrat　合同格式
modèle de convention　协议书格式
modèle de croissance　增长模式
modèle de déclaration à souscrire　声明书格式
modèle de dessin　模型

modèle de fonctionnement　运行模式
modèle de garantie de bonne exécution
　　履约保函样式
modèle de garantie de restitution d'avance
　　预付款返还担保格式
modèle de garantie de soumission
　　投标保函担保格式
modèle de gare　车站模型
modèle de gestion　管理模式
modèle de lettre de soumission　投标书格式
modèle de pont　桥梁模型
modèle de rame automotrice　动车模型
modèle de soumission　投标书格式
modèle d'essai　试验样品
modèle de train　火车模型
modèle de wagon　车辆车型
modèle en relief　地形模型
modèle en vrai grandeur　足尺模型
modèle réduit　缩比模型
modèle standard　标准样式
modelé　地表形态
modelé paysager　景观造型
modification　改变
modification de coefficient　修改系数
modification de conception　设计变更
modification de contrat　合同修订
modification de documents　文件修改
modification de documents de l'offre
　　投标文件修改
modification de gabarit　限界尺寸修改
modification de géométrie de voie
　　变更线路几何尺寸
modification de l'offre　修改报价
modification de plan　修改计划
modification de plan d'aménagement
　　du tracé　修改线路布置方案
modification de plan de chantier-gare
　　修改站场平面图
modification de plan de circulation des trains
　　修改列车运行图
modification de plan d'entretien de voie
　　修改线路维护计划
modification de plan de formation des trains
　　修改列车编组计划
modification de tracé　线路改线
modification du sol　土壤改良
modification quantitative　数量变化
modification technique　技术修改
modulateur　解调器

modulateur cellulaire　蜂窝解调器
modulateur de codes　数码解调器
modulateur de fréquences　频率解调器
modulateur de l'ordinateur　计算机解调器
modulateur de signal　信号解调器
modulateur de transition de signal
　　信号转换解调器
modulateur d'ondes d'impulsion
　　脉冲波解调器
modulateur d'ondes sinusoïdales
　　正弦波解调器
modulateur numérique　数字解调器
modulation　调幅;调制
modulation d'amplitude　调幅
modulation de fréquences　调频
module　模数;模量;模块
module à haute élasticité　高弹性模量
module architectural　建筑模数
module d'allongement　伸长模数
module de calculatrice　计算机模块
module de cisaillement　剪切模数
module de communication　通信模块
module de compressibilité　压缩模数
module de compression　压缩模数
module de connexion　连接模块
module de contraintes　应力模量
module de déformation　变形模数
module de déformation linéaire　线变形模数
module de dilatation　膨胀模数
module de finesse　细度模数
module de flambage　压曲模数
module de flux　径流模数
module de fonctionnement　工作模数
module de fondation　基础模量
module de glissement　滑动模量
module de logiciel　软件模块
module de perméabilité　渗透系数
module de perte　损失模量
module de phase　相位模块
module de plasticité　塑性模量
module de prolongation　伸长模量
module de réaction　反应模量
module de réfraction　折射系数
module de résilience　回弹模量
module de résistance　抗力模量
module de rigidité　刚性模量
module de rupture　断裂模量
module de section　断面系数
module de signal　信号模块
module de surface　表面系数
module de système　系统模块
module d'inertie　惯性模量
module d'intégration　集成模块
module d'interface　接口模块
module dynamique　动力模量
module élastique　弹性模量;弹性模数
module fonctionnel　功能模块
module hydraulique　水硬系数
module pressiométrique　压变模量
module statique　静力模数
module statique de déformation
　　静态变形模数
module ultrason de contrôle du rail
　　钢轨超速波检查台车
module virtuel　虚拟模块
moellon　砾石;毛石
moellon brut　毛石;片石
moellon équarri　方整石
moellon gisant　平面毛石
moellonage　砾石工程
moins-disant　报价最低标
moins-perçu　少收款项
moins-value　减值
molarite　磨石粗砂岩
mollisol　冻融层
moment　力矩
moment additionnel　附加力矩
moment centrifuge　离心力矩
moment d'amortissement　缓冲力矩
moment d'appui　支点力矩
moment de charge　荷载力矩
moment de couple　偶矩
moment de flexion au milieu　中心弯矩
moment de flexion négatif　负弯矩
moment de flexion positif　正弯矩
moment de force　力矩
moment de freinage　制动力矩
moment de frottement　摩擦力矩
moment de lacet　偏转力矩
moment de l'heure de pointe　峰值力矩
moment d'encastrement　固端力矩
moment de poutre　梁弯矩
moment de renversement　倾覆力矩
moment de résistance　阻力矩
moment de rotation　旋转力矩
moment de rupture　断裂力矩
moment de section　截面力矩
moment de stabilité　静定力矩

moment de statique	静定力矩
moment de support	支撑力矩
moment de torsion	扭矩
moment de traction	牵引力矩
moment de travée	跨矩
moment d'inertie	惯性矩
moment d'inertie à la flexion	抗弯惯性矩
moment d'inertie de section	截面惯性矩
moment distribué	分布力矩
moment fléchissant	弯矩
moment fléchissant de rupture	破裂弯矩
moment fléchissant en tête de poteau	柱顶弯矩
moment fléchissant maximal	最大弯矩
moment fléchissant maximal à l'appui	最大支座弯矩
moment fléchissant maximal au milieu de poutre	最大跨中弯矩
moment fléchissant négatif	负弯矩
moment fléchissant positif	正弯矩
moment hyperstatique	超静定弯矩
moment initial	初力矩
moment isostatique	静定弯矩
moment latéral	侧向力矩
moment longitudinal	纵向力矩
moment négatif	负弯矩
moment positif	正弯矩
moment primaire	主弯矩
moment résultant	合力矩
moment secondaire	次弯矩
moment simple	简支梁力矩
moment transversal	横向力矩
moment vertical	竖向力矩
monnaie	货币
monnaie convertible	可兑换货币
monnaie de compte	记帐货币
monnaie de l'offre et de règlement	报价和结算货币
monnaie étrangère	外币
monnaie fiduciaire	信用货币
monnaie inconvertible	不可兑换货币
monobloc	整体
monobloc du lit de ballast	整体式道床
monobloc en béton armé	整体式钢筋混凝土结构
monocouche	单层
monocouche d'enrobés	单层沥青层
monocouche d'entretien	单层养护层
monocouche en gravillons	细砾石单层
monocylindre	单滚筒压路机
monofonction	单功能
monofréquence	单频
monophasé	单相电流
monopôle	单极
monorail	单轨铁路
monorail de type à enfourcher	跨座式单轨铁路
monoxyde de carbone	一氧化碳
montage	装配；安装
montage à blanc	试安装
montage à cantilever	悬臂式拼装
montage à méthode flottante	浮运架桥法
montage à méthode rotative	转体架桥法
montage au dessous du wagon	车底安装
montage d'appui	支座安装
montage d'appui caoutchouteux en cuvette	盆式橡胶支座安装
montage d'appui d'ancrage	锚支座安装
montage d'appui de pont	桥梁支座安装
montage d'appui de ressort de boîte d'essieu	轴箱弹簧支座安装
montage d'appui en caoutchouc	橡胶支座安装
montage d'appui en pot	盆式支座安装
montage de caisse	车体安装
montage de canalisation	管道拼装
montage de caténaire	接触网安装
montage de châssis	车底架安装
montage de circuit de voie	轨道电路安装
montage de construction en acier	钢结构安装
montage de fil conducteur aérien	架空导线安装
montage de fil d'alimentation en énergie électrique	牵引动力线安装
montage de fil de contact	接触线安装
montage de glissières métalliques	金属护栏安装
montage de jumelage	并排安装
montage de l'appareil de forage	钻机安装
montage de moteur électrique	电机安装
montage de pantographe	受电弓安装
montage des arceaux	拱顶安装；拱梁组装
montage des échafaudages	脚手架安装
montage des éléments accessoires	附属部件安装
montage des éléments préfabriqués	预制件安装

montage des équipements à bord　车载设备安装
montage des équipements au bord de voie ferrée　轨旁设备安装
montage des équipements au sol　地面设备安装
montage des équipements auxiliaires　辅助设备安装
montage des équipements de commande terrestre　地面控制设备安装
montage des équipements de contrôle　控制设备安装
montage des équipements de signal　信号设备安装
montage des équipements de superstructure de voie　线上设备安装
montage des équipements de surveillance　监视设备安装
montage des équipements de suspension　悬挂设备安装
montage des équipements de voie　轨道设备安装
montage des équipements électrifiés　电气化设备安装
montage des équipements électriques　电气装置安装
montage des essieux　车轴安装
montage de tablier du pont　桥面安装
montage de travées　跨构架设；桥梁拼装
montage de wagon　车辆安装
montage électrique　电气安装
montage en encorbellement　伸臂拼装法
montage en parallèle　并排安装
montage en porte à faux　悬臂拼装法
montage mécanique　机械安装
montage par flottage　浮运架设法
montage par groupes　分组组装
montage progressif　顺序拼装
montage segmental à cantilever　分段悬臂拼装
montage sur échafaudages flottants　浮运架桥法
montage sur place　现场安装
montant　总额；立柱
montant anormalement bas　金额明显偏低
montant anormalement élevé　金额明显偏高
montant cumulé　累计金额
montant d'amortissement　折旧金额
montant d'angle　角柱

montant d'angle de wagon plat　平车角柱
montant de barrière　防护栏立杆
montant de capital social　公司注册资本
montant de contrat　合同金额
montant de dépenses mensuelles　月开支金额
montant de dettes à court terme　短期负债金额
montant de devise　外汇金额
montant de facture　发票金额
montant de frais de transport　运费金额
montant de garde-corps du pont　桥面防护栏立杆
montant d'assurance　保费金额
montant de l'offre　报价金额
montant de paiement　支付金额
montant de pénalité　罚款金额
montant de pénalité journalière　日罚款金额
montant de recettes　收入金额
montant de surcoûts　补偿费用
montant de travaux　工程金额；工程造价
montant de travaux cumulés　累计工程金额
montant de travaux réalisés　已完工程金额
montant de wagon découvert　敞车立柱
montant de wagon plat　平车立柱
montant du marché　合同金额
montant du marché initial　合同初始金额
montant en acier profile　型钢立柱
montant en chiffres　小写金额
montant en devise　外汇金额
montant en lettres　大写金额
montant en lettres fera foi　以大写金额为准
montant en toutes taxes comprises　含税金额
montant estimatif　估算金额
montant fixe　固定金额
montant forfaitaire　承包金额
montant global　总金额
montant hors taxes　不含税金额
montant initial du marché　合同原始金额
montant latéral　侧柱
montant non transférable　不可汇出金额
montant plafonné　封顶总额
montant provisoire　暂定金额
montant total　总金额
montant total de l'offre　报价总金额
montant transférable　可汇出金额
monte-charge　货物升降机

monte-charge à béton 混凝土提升机
monte-charge à câble métallique
　　钢索提升机
monte-charge à chantier 工地提升机
monte-charge à plate-forme 平台式升降机
monte-charge de construction 施工升降机
monte-charge de construction à cage
　　罐笼式施工升降机
montée 坡路；上行
montée abrupte 陡坡
montée de pantographe 受电弓抬升
montée de pression 压力上升
montée de pression axiale 轴压上升
montée de pression de l'air 气压上升
montée de pression de l'eau 水压上升
montée de pression de l'huile 油压上升
montée de pression du transport
　　运输压力上升
montée de pression hydraulique 液压上升
montée de pression nominale de conduite
　　principale 主管定压上升
montée de prix 价格上涨
montée de risque 风险加大
montée de risque de l'accident
　　事故危险性加大
montée de risque financier 财务风险加大
montée des eaux du fleuve 河水上涨
montée de stabilité 稳定性加大
montée de tarif d'assurance 保险费率上涨
montée de tarif du transport 运费上涨
montée de tension 电压上升
montée de voie 线路上坡
montée en pente 上坡道
monte-matériaux 材料升降机
monteur-électricien 安装电工
monteur-mécanicien 安装技师
moratoire 延期偿付；缓期支付
morphologie 地貌
morphologie karstique 喀斯特地貌
morphométrie 地貌测量
mortier 砂浆
mortier à injection 喷浆
mortier à injection à haute pression
　　高压喷注砂浆
mortier à injection de tunnel 隧道喷射砂浆
mortier à injection sous pression
　　压气喷射砂浆
mortier amélioré 改性砂浆
mortier bâtard 混合砂浆

mortier bitumineux 沥青砂浆
mortier colloïdal 胶体砂浆
mortier composé 混合砂浆
mortier d'argile 黏土浆
mortier d'asbeste 石棉砂浆
mortier de bitume 沥青砂浆
mortier de chaux 石灰砂浆
mortier de chaux grasse 气硬性石灰砂浆
mortier de chaux hydraulique
　　水硬性石灰砂浆
mortier de chaux ordinaire 普通石灰砂浆
mortier de ciment 水泥砂浆
mortier de ciment à prise lente
　　慢凝水泥砂浆
mortier de ciment liquide 液体水泥砂浆
mortier de fins éléments 泥灰浆
mortier de forme 面层砂浆
mortier d'enduit 粉刷用浆
mortier de plâtre 石膏浆
mortier de plâtre fluide 稀石膏浆
mortier de pose 砂浆打底
mortier de résine 树脂砂浆
mortier de résine époxydique
　　环氧树脂砂浆
mortier de scellement 封固砂浆
mortier de terre 黏土浆
mortier expansif 膨胀砂浆
mortier hydraulique 水凝砂浆
mortier hydrocarboné 沥青砂浆
mortier hydrofuge 防水砂浆
mortier isotherme 保温砂浆
mortier liquide 薄浆
mortier ordinaire 普通砂浆
mortier plastique 塑性灰浆
mortier projeté 喷浆
mortier réfractaire 耐火砂浆
mortier thermique 保温砂浆
moteur 发动机
moteur à combustion interne 内燃机
moteur à courant alternatif 交流电机
moteur à courant alternatif avec brosse
　　交流有刷电机
moteur à courant alternatif sans brosse
　　交流无刷电机
moteur à courant continu 直流电机
moteur à courant continu à magnétisme
　　permanent 永磁直流电机
moteur à courant continu avec brosse
　　有刷直流电机

moteur à courant continu sans brosse
　直流无刷电机
moteur à excitation　励磁电机
moteur à excitation mixte　复励电机
moteur à excitation série　串励电机
moteur à excitation série monophasée
　单项串励电机
moteur à explosion　内燃机
moteur à induction　感应电机
moteur à induction linéaire　直线感应电机
moteur à magnétisme permanent　永磁电机
moteur alternatif asynchrone　交流异步电机
moteur asynchrone　异步电动机
moteur asynchrone monophasée
　单项异步电动机
moteur asynchrone triphasée
　三相异步电动机
moteur auxiliaire　辅助电机
moteur d'aiguille　道岔电机;转辙机
moteur d'aiguille électrique　电动转辙机
moteur d'aiguille électrohydraulique
　电液转辙机
moteur d'aiguille électropneumatique
　电空转辙机
moteur de bobine d'exitation
　励磁感应电机
moteur de bobine inductrice　转子感应电机
moteur de bogie　转向架电机
moteur de commande d'aiguille
　道岔控制电机;转辙机
moteur de contrôle　控制电机
moteur de contrôle d'aiguille
　道岔控制电机
moteur de frein　制动电机
moteur d'entraînement　驱动电动机
moteur de traction　牵引电机
moteur de traction à courant alternatif
　交流牵引电机
moteur de traction à courant continu
　直流牵引电机
moteur de type à cage d'écureuil
　鼠笼式电机
moteur de ventilation　通风发电机
moteur diesel　柴油机
moteur diesel à couplage　耦合柴油机
moteur diesel à refroidissement par air
　风冷柴油机
moteur diesel à refroidissement par eau
　水冷柴油机

moteur électrique　电动机
moteur électrique de traction　牵引电动机
moteur électrique synchrone à
　aimant permanent　永磁同步电机
moteur électrique tournante　旋转电机
moteur sans brosse　无刷电机
moteur surcomprimé　增压发动机
moteur synchrone　同步电机
moteur synchrone à aimant permanent
　永磁同步电机
moteur synchrone à magnétisme permanent
　永磁同步电机
moteur synchrone à résistance magnétique
　磁阻同步电机
moteur synchrone de traction
　同步牵引电机
moteur synchrone triphasé　三相同步电机
motrice　机车;车头
motrice de traction principale
　主牵引机车;本务机车
motrice distribuée à la queue de la rame
　列车尾部助推机车;列尾补机
motte　土块
motte de gazon　草皮块
motte de terre　土块
mouchetis　水泥拉毛墙面
mouillé　湿地
moulage　铸模;浇铸
moule　模子;模型
moule à cire perdue　失蜡铸模
moule à fonte　铸模
moule cylindrique　圆筒形模具
moule de blocs en béton　混凝土预制块模具
moule de pondeuse　混凝土轨枕机模具
moule des agglomérés en béton
　混凝土预制块模具
moule d'essai　试验模具
moule étuvé　干模
moule en fonte　冷模;生铁模
moule en sable　砂模
moule métallique　金属模
moule pour éprouvettes　试块用模具
moulerie　铸工工厂;翻砂车间
moulinet　绞盘
mousse　泡沫
mousse plastique　泡沫塑料
moustiquaire　蚊帐
mouton　夯锤;打夯机
mouton automoteur à vapeur　蒸汽打桩锤

mouton à vapeur 蒸汽锤
mouton de battage 夯锤；打夯机
mouton de battage diesel 内燃式打桩机
mouton de Lacour 拉氏蒸汽打桩机
mouton de sonnette de marteau à vapeur
　汽锤打桩机
mouton de sondage 冲击式钻杆
mouton pneumatique 空气锤
mouton sec 重力锤；重力式打桩锤
moutonnage 打桩
mouton-pendule 冲击试验机
mouvement 运动；搬运
mouvement accéléré 加速运动
mouvement alternatif 往复运动
mouvement associé 联动
mouvement circulaire 圆周运动
mouvement conjoint 联动
mouvement continu 连续运动
mouvement curviligne 曲线运动
mouvement de balance de tête 摇头运动
mouvement de blocs 块体移动（滑坡）
mouvement de couche 层动；错层
mouvement de coussinet 拉板旷动
mouvement de descente 下降运动
mouvement de flottement et de tassement
　浮沉运动
mouvement de glissement 滑动
mouvement de glissement de talus
　边坡滑动
mouvement de glissement de train 溜车
mouvement de lacet 左右摆动；蛇形运动
mouvement de lacet d'essieu-monté
　轮对蛇形运动
mouvement de lacet du train 列车左右摆动
mouvement de lacet transversal 横摆运动
mouvement de l'eau 水流动
mouvement de manœuvre des trains
　调车作业
mouvement de manœuvre des trains dans la
　section 区间内调车作业
mouvement de marchandises 货物流通
mouvement de matériaux
　材料搬运；材料调配
mouvement de pantographe de caténaire
　接触网受电弓运动
mouvement de prix 价格变动
mouvement de recul 后退
mouvement de roulement latéral 侧滚运动
mouvement de terrassement 土方调配
mouvement de terre 土方调配
mouvement de trafic 交通动向
mouvement de vibration 振动
mouvement d'oscillation de tangage
　前后摆动运动；点头运动
mouvement du personnel 人员调配
mouvement du sol 地壳运动
mouvement du train 列车运行
mouvement du train dans la section
　列车区间往返运行
mouvement du train en permanence
　列车正常速度运行
mouvement en arrière 向后运动
mouvement en avant 向前运动
mouvement en sens des aiguilles de montre
　顺时针方向运动
mouvement en sens contraire des aiguilles de
　montre 逆时针方向运动
mouvement hélicoïdal 螺旋运动
mouvement horizontal 水平运动
mouvement immédiat 瞬时移位
mouvement inverse 逆向移动
mouvement irrégulier 不规则运动
mouvement longitudinal 纵向运动
mouvement opposé 对向运行
mouvement oscillatoire 振荡运行
mouvement périodique 周期运动
mouvement plan 平面运动
mouvement radial 径向运动
mouvement rapide 快速运动
mouvement rectiligne 直线运动
mouvement régularisé 规则运动
mouvement relatif 相对运动
mouvement rotatif 旋转运动
mouvement saisonnier 季节性运动
mouvement sismique 地震
mouvement tectonique 构造运动
mouvement transversal 横向运动
mouvement uniforme 匀速运动
mouvement vertical 垂直运动
mouvement vibratoire 振动
moyen 手段；设备
moyens actuellement mobilisés
　目前资源配置
moyens de béton 混凝土设备
moyens de bétonnage 混凝土浇筑设备
moyens de chargement 装料设备
moyens de communication
　通信手段；通信工具

moyens de compactage 碾压机械
moyens de consommation 消费资料
moyens de contrôle 监控手段
moyens de déplacement 交通工具
moyens de forage 钻井设备
moyens de matériels 机械设备
moyens de pose des éléments préfabriqués
　预制件安装设备
moyens de préfabrication 预制设备
moyens de production 生产设备
moyens de soutènement 支护设施
moyens de stockage 存储设备
moyens de transmission 输送工具
moyens de transport 运输工具
moyens d'existence 生活资料
moyens en personnel d'exécution 施工人员
moyens humains 人力
moyens humains et matériels 人力与物力
moyens licites 合法手段
moyens provisoires 权宜之计
moyens simples et efficaces 简单有效方法
moyens techniques 技术设备;技术手段
moyenne 中数;平均值
moyenne de kilométrage de parcours par an
　年行驶里程平均值
moyenne de précipitations 平均降雨量
moyenne de rotation de locomotive par an
　年机车周转平均值
moyenne de température 平均温度
moyenne de temps de bon fonctionnement
　(MTBF) 平均良好运行时间
moyenne géométrique 几何平均数
moyenne journalière 日平均值
moyenne mensuelle 月平均值
moyenne pondérée 加权平均值
moyenne tension 中压
moyeu 轮毂
moyeu de roue 轮毂
multimètre 万用表
multimètre digital 万用数字式电表
multimètre numérique 万用数字式电表
mur 墙
mur à gravité 重力式墙
mur à jambage 扶撑墙
mur antibruit 隔音墙
mur à redans 阶梯形挡土墙
mur armé 加筋挡墙
mur en aile 翼墙;八字墙
mur bahut 矮围墙

muret 矮围墙
mur cellulaire 格间式挡土墙
mur chargé 承重墙
mur cloué 加钉墙
mur combiné 组合墙
mur continu souterrain 地下连续墙
mur coupe-feu 防火墙
mur crénelé 雉堞墙
mur d'ancrage 固定墙
mur d'appui 支撑墙;挡土墙
mur de barbacane de l'eau 导流墙
mur de butée 挡土墙
mur de butée de ballast 挡砟墙
mur de butée de l'épaulement de ballast
　路肩挡墙
mur de clôture 围墙
mur de contrefort 扶垛墙
mur de façade en maçonnerie de moellons
　毛石砌面墙
mur de fondation 基础墙
mur d'enceinte 围墙
mur de pied 护脚
mur de pilastres 扶撑墙
mur de protection 护墙
mur de remblai 填土墙
mur de soutènement 挡土墙;挡砟墙
mur de soutènement à contreforts
　扶垛挡土墙
mur de soutènement à gravité
　重力式挡土墙
mur de soutènement à redans
　阶梯形挡土墙
mur de soutènement ancré
　锚固挡土墙
mur de soutènement cellulaire
　格间式挡土墙
mur de soutènement de culée
　桥台挡砟墙
mur de soutènement de poids
　重力式挡土墙
mur de soutènement en béton
　混凝土挡土墙
mur de soutènement en éléments
　préfabriqués 预制块挡土墙
mur de soutènement en gabions
　石笼挡土墙
mur de soutènement en pieux 桩基挡土墙
mur de soutènement en rideau de
　palplanches 板桩挡土墙

mur de soutènement en sol renforcé
　加筋挡土墙
mur de soutènement en terre armée
　加筋挡土墙
mur de soutènement monolithique
　整体式挡墙
mur de soutènement par la plaque d'ancrage
　锚定板挡土墙
mur de soutènement particulier　特殊挡墙
mur de soutènement par tirants d'ancrage
　锚杆式挡土墙
mur de soutènement par tirants de scellement
　锚杆挡墙
mur de soutènement rigide　刚性挡土墙
mur de soutènement type L　L形挡土墙
mur de soutènement type T inversé
　倒T形挡土墙
mur de talus　挡土墙
mur de terrasse　挡土墙
mur de terre　土墙
mur de tête　端墙
mur d'extrémité　端墙
mur d'images　监控屏幕墙
mur en aile　翼墙
mur en aile d'aboutement　桥台翼墙
mur en aile　八字形翼墙
mur en béton à gradins　阶梯形混凝土墙
mur en béton armé　钢筋混凝土墙
mur en béton banché　板筑墙
mur en béton damé　夯实混凝土墙
mur en briques　砖墙
mur en gabions　石笼墙
mur en maçonnerie　砌体墙
mur en maçonnerie de moellons
　毛石砌面墙
mur en maçonnerie sèche　干砌墙

mur en palplanches　板桩墙
mur en perrés maçonnés　浆石砌墙
mur en pierres sèches　干垒石墙
mur en pieux　桩墙
mur en pisé　土墙
mur en remblai armé　加筋填方墙
mur en retour　后墙
mur en retour d'équerre　翼墙
mur extérieur　外墙
mur insonorisé　隔音墙
mur intérieur　内墙
mur latéral　侧墙
mur maçonné　砌体墙
mur mitoyen　界墙
mur non-porteur　非承重墙
mur para-fouille　板桩墙；截水墙
mur poids　重力式挡土墙
mur poids massif　重力式挡土墙
mur poids monolithe　整体重力式挡土墙
mur porteur　承重墙
mur retenu par des tirants　锚杆墙
mur rideau　幕墙；板桩墙
mur rigide　刚性墙
mur sonique　音障
mur voûté　拱墙
mur-écran　幕墙
muret d'appui de ballast　挡砟墙
muret en béton　混凝土矮墙
muret en pierre jointoyée　勾缝石砌矮墙
muret en pierre sèche　干垒矮墙
muret maçonné　浆砌矮墙
murette　帽石；矮墙
murette d'appui　地垄墙；承重矮墙
murette de protection en béton armé
　钢筋混凝土矮挡土墙
mur-pignon　山墙

N

nacelle 吊篮
nacelle suspendue 悬空吊篮
naissance 起点
naissance de bruit 产生噪声
naissance de colonne 柱基(座)
naissance de l'arc 拱起点
naissance de voûte 拱起点
nanotechnique 纳米技术
nantissement 抵押
nantissement de fonds 资金抵押
nantissement de marché 合同抵押
nantissement des immobilisations
  固定资产抵押
nappe 层
nappe aqueuse 含水层
nappe aquifère 含水层
nappe aquifère primitive 原含水层
nappe aquifère profonde 深含水层
nappe artésienne 自流含水层
nappe d'eau 含水层;潜水面
nappe d'eau souterraine 地下含水层
nappe de déversement 排水层
nappe de glissement 滑动面
nappe de graviers 砾石层
nappe de lave 熔岩床
nappe déversante 溢出面
nappe d'infiltration 含水层;渗透层
nappe drainante en géotextile
  土工布透水层
nappe phréatique 含水层;潜水面
nappe saisonnière 季节性含水层
nappe souterraine 地下含水层
nappe superficielle 上层
nappe supérieure 浅水层
nappe tectonique 地质构造层
nature 性质;种类
nature chimique 化学性质

nature d'assistance 援助性质
nature de déblais 挖方土质类型
nature de l'acier 钢筋性质;钢材性质
nature de l'eau 水质类型
nature de l'explosif 炸药类型
nature de matériau 材料性质
nature de métal 金属类型
nature de mortier 砂浆种类
nature de roche 岩石类型
nature de travaux 工程类型
nature du sol 土质;土质类型
nature du terrain 场地属性
nature géologique de formation
  地质构成类型
nature hydrophile 亲水性
nature hydrophobe 憎水性
nature minéralogique 矿物性质
nature pétrographique 岩石特性
nature physique 物理性质
nature plastique 塑性
négociation 谈判;协商
négociation de conditions 协商条件
négociation de contrat 合同谈判
négociation de prix 协商价格
négociation de projet 项目谈判
négociation technique 技术谈判
nervure 肋条;加强肋
nervure d'arc 拱肋
nervure de formeret 斜肋;侧向拱肋
nervure de raidissement 加强筋
nervure de renforcement 加强筋
nervure de renfort 加强肋
nervure de voûte 拱肋
nervure longitudinale 纵肋
nervure maîtresse 主肋
nervure torique 环筋
nervure transversale 横肋

nervure verticale 垂直肋
nettoyage 清理
nettoyage à air comprimé 高压气枪清理
nettoyage à la main 手洗
nettoyage à l'eau 水洗
nettoyage à l'intérieur de compartiments
　车厢保洁
nettoyage à l'intérieur de gare 车站保洁
nettoyage à sec 干洗
nettoyage au jet d'eau 水冲洗
nettoyage au jet hydraulique à très
　haute pression 用高压水枪清洗
nettoyage au pistolet 水枪喷洗
nettoyage à vapeur 蒸汽洗涤
nettoyage courant 日常清理
nettoyage de caniveaux 疏通水沟
nettoyage de carrosserie 清洗车体
nettoyage de chantier 工地清理
nettoyage de chaussée 路面清扫
nettoyage de compartiments 清洗车厢
nettoyage de compartiments de
　rame automotrice
　清洗动车组车厢
nettoyage de fondation 基础清理
nettoyage de fossés 沟渠清理
nettoyage de fouille 基坑清理
nettoyage de l'interface de coulage de béton
　混凝土浇筑接口面清理
nettoyage de paroi de tunnel 隧道洞壁清理
nettoyage de quai 清扫站台
nettoyage de radier de tunnel
　隧道底基清理
nettoyage de site d'emprunt 借土场清理
nettoyage des locaux 场地清洗
nettoyage de terrain 打扫场地
nettoyage de tête de pieu 清洗桩头
nettoyage de trou 清孔
nettoyage de wagon 清洗车辆
nettoyage local 局部清理
nettoyage mécanique 机械清理
niche 旁祠
niche d'asile 避难洞
niche de refuge 避洞;避车洞
niche de sécurité 避洞;避车洞
niche de tunnel 隧道避洞
niche pour équipement de surveillance
　de tunnel 隧道监视设备壁室
nid 窝;穴
nids d'abeilles 蜂窝麻面

nids de mortier 砂浆蜂窝
nids de poule 凹坑
nitro-gélatine 明胶炸药;胶质炸药
niveau 水平面;水位;标高
niveau à bulle(d'air) 气泡水准仪
niveau à bulle de voie 轨道水平尺
niveau à bulle transversal 气泡水准仪
niveau à équerre 分度水准仪
niveau à flotteur 浮标水位计
niveau à laser 激光水准仪
niveau à lunette 定镜水准仪
niveau à lunette avec cercle horizontal
　水平度盘水准仪
niveau à lunette fixe 固定视镜水准仪
niveau à lunette pendante 悬式水准仪
niveau à lunette réversible 活镜水准仪
niveau amont 上游水位
niveau aquifère 含水层;地下水位
niveau automatique 自动视距水准仪
niveau aval 下游水位
niveau bas 低水位
niveau critique de crue 洪峰
niveau culturel 文化程度
niveau d'assise de fondation 基础埋深
niveau d'eau 水准仪;水位
niveau d'eau constant 常水位
niveau d'eau croisé 交叉水位
niveau d'eau de construction 施工水位
niveau d'eau en amont 上游水位
niveau d'eau en aval 下游水位
niveau d'eau le plus haut 最高水位
niveau d'eau le plus haut pour la
　crue centennale 百年一遇最高水位
niveau d'eau moyen 平均水位
niveau d'eau permanent 稳定水位
niveau de base 基准面
niveau de base d'érosion 侵蚀基准面
niveau de bordure 路缘标高
niveau de bruit 噪声级
niveau de chaussée 路面标高
niveau de compression 压实水平
niveau de cote d'alerte 警戒线
niveau de crue 洪水位
niveau de crue de conception 设计洪水位
niveau de crue historique 历史洪水位
niveau de crue maximum 最高洪水位
niveau de crue minimum 最小洪水位
niveau de densité 强度等级
niveau de fond 底部标高

niveau de fondation　基础标高
niveau de fondation de tunnel
　隧道基础标高
niveau de luminance　明亮度
niveau de maçon　圬工水平尺
niveau de mer　海平面
niveau de nappe aquifère　地下水位
niveau de nappe phréatique　地下水位
niveau d'énergie　能极
niveau d'enfoncement de pieu　桩埋深
niveau d'opération　操作水平
niveau de pollution　污染程度
niveau de pose de voie　轨道水平尺
niveau de précision　精密水准仪
niveau de pression　压力强度
niveau de prix　价格水平
niveau de qualité　质量水平
niveau de référence　检验用水准仪
niveau de remblai　回填高度
niveau de retenue　壅水位;持水位
niveau de saturation　饱和水平
niveau de sécurité　安全水准;安全程度
niveau de séparation　分层
niveau de service　服务水平
niveau de sondage　孔口标高
niveau de tolérance　宽容度
niveau de voie　轨道水平尺
niveau d'intervention　介入程度
niveau du sol　地面标高
niveau du sol extérieur　室外地坪
niveau du sol intérieur　室内地坪
niveau du terrain　地面标高
niveau du terrain naturel　自然地面标高
niveau électronique　电子水准仪
niveau fondamental　基准面
niveau géodésique　大地基准面
niveau haut　高水位
niveau hydrostatique　静压水面;水平面
niveau inférieur　下部平面
niveau liquide　液面;液位
niveau maximal de crue　最高洪水位
niveau maximum de retenue　最高壅水位
niveau maximum normal　正常高水位
niveau minimum　最低水位
niveau minimum de retenue　最低蓄水位
niveau moyen d'été　夏季平均水位
niveau moyen d'hiver　冬季平均水位
niveau naturel　日常水位
niveau numérique　数字水准仪
niveau optimal　最佳水平
niveau ordinaire　普通水平尺
niveau précis　精密水平尺
niveau professionnel　专业水准
niveau sismique　震级
niveau social　社会地位
niveau sphérique　球面水准仪
niveau statique　静止水位
nivelage　水准测量;测平
nivelage de ballast　平整道砟
nivelage de l'accotement de voie　路肩整平
nivelage de la plateforme de voie　平整道床
nivelage du lit de ballast　平整道床
nivelage de rail　钢轨整平
nivelage de terrain　平整场地
nivelage et mise en forme du lit de ballast
　道床平整成形
niveleuse　平地机;平整机
niveleuse automotrice　自行式平地机
niveleuse motorisée　自行式平地机
niveleuse sur chenille　履带式平地机
niveleuse sur pneus　轮胎式平地机
niveleuse remorquée　牵引式平地机
nivelle　气泡水准仪
nivellement　水平测量;水准测量;平整
nivellement altimétrique　高程测量
nivellement altimétrique contrôlé
　高程控制测量
nivellement à niveau　水准仪抄平
nivellement astronomique　天文水准测量
nivellement au mortier　砂浆找平
nivellement barométrique　气压水准测量
nivellement de base　基准测量
nivellement de finissage　最后找平
nivellement de l'ouvrage terminé
　已完工程水准测量
nivellement de la plateforme de voie
　平整道床
nivellement de précision　精密水准测量
nivellement de repères　水准基点测量
nivellement de retour　对向水准测量
nivellement de section transversale
　横断面水平测量
nivellement de surface　表面水准测量
nivellement de terrain　平整场地
nivellement de voie　线路平整
nivellement direct　直接找平
nivellement double　对向找平
nivellement fermé　闭合水准

nivellement général de sol　场地整平
nivellement géodésique　大地水准测量
nivellement graphique　图根水准测量
nivellement indirect　间接水准测量
nivellement latéral de voie　线路侧向平整
nivellement longitudinal　纵向齐平
nivellement mécanique　机械水准测量
nivellement par cheminement
　　导线水平测量
nivellement par GPS　GPS 水准测量
nivellement tachéométrique　视距水准测量
nivellement topographique　地形水准测量
nivellement transversal　横向齐平
nivellement trigonométrique　三角高程测量
noc　暗渠
nœud　节点；交通枢纽
nœud circulaire　环形枢纽
nœud clé　大节点
nœud combiné　混合枢纽
nœud de circulation　交通枢纽
nœud de changement de train　换乘节点
nœud de communication　交通枢纽
nœud de nivellement　水准网节点
nœud de travaux　工程节点
nœud de voie de branchement　岔线节点
nœud de voie principale　干线枢纽
nœud de voie principale électrifiée
　　电气化干线枢纽
nœud disposé en défilé　纵列式枢纽
nœud disposé en ordre　顺列式枢纽
nœud disposé en parallèle　并列式枢纽
nœud en cul-de-sac　尽头式枢纽
nœud en forme de croix　十字形枢纽
nœud ferroviaire　铁路枢纽
nœud mixte　混合枢纽
nœud routier　公路交叉点
nœud triangulaire　三角形枢纽
nombre　数量
nombre d'acceptation de trains　接车数量
nombre d'accessoires　配件数量
nombre d'accidents　事故次数
nombre d'affectation　配属数量
nombre d'affectation de locomotives
　　机车配属数量
nombre d'affectation de trains
　　列车配属数量
nombre d'affectation de wagons
　　车辆配属数量
nombre d'aller et retour　往返数

nombre d'appels　呼叫次数
nombre de base　基数
nombre de boîtes d'essieux surchauffées
　　燃轴数量
nombre de chargement　装车数量
nombre de chocs　冲击次数
nombre de compactage　碾压次数
nombre de comptage des essieux　计轴数量
nombre de coups　锤击数
nombre de coups de sondage dynamique
　　动探击数
nombre de croisements　交叉路口数量
nombre de déraillements　脱轨次数
nombre de fois　次数
nombre de jour　天数
nombre de jours de précipitations par an
　　年降雨日数
nombre de locomotives　机车数量
nombre de masse transportée　运送数量
nombre de matériaux　材料数量
nombre de matériels　设备数量
nombre d'entrée et de sortie du dépôt de
　　locomotive　机车出入段次数
nombre d'envoi de trains　发车数量
nombre de pannes　故障次数
nombre de passage　通过次数
nombre de passage à niveau　道口数量
nombre de passage de faune　动物通道数量
nombre de passager par jour　日旅客人数
nombre de passes　通过次数；碾压次数
nombre de phases　相数
nombre de places assises　座位数
nombre de places limitées　列车定员数量
nombre de points d'activité　作业点数量
nombre de profilé de rail　轨节根数
nombre de réparation　修理次数
nombre des aiguilles　道岔数量
nombre des engins　机械数量
nombre de sièges　座位数量
nombre d'essais　试验次数
nombre d'essieux　轮对数；车轴数
nombre d'essieux équivalents
　　累计当量轴载
nombre de gares　车站数量
nombre de trafic transfrontalier
　　跨境运输次数
nombre de trafic de transit
　　过境交通次数
nombre de trains　列车数量

nombre de trains à charge lourde
  重载列车数量
nombre de trains à grande vitesse   高铁数量
nombre de trains automoteurs   动车组数量
nombre de trains bis   加开列车数量
nombre de trains de fret   货运列车数量
nombre de trains de long parcours
  长途列车数量
nombre de trains de marchandises affectés au
  service   货车配置数量
nombre de trains descendants
  下行列车数量
nombre de trains de transit   中转列车数量
nombre de trains de voyageurs
  旅客列车数量
nombre de trains de voyageurs affectés
  au service   客车配置数量
nombre de trains directs de voyageurs
  直达旅客快车数量
nombre de trains en gare   到站列车数量
nombre de trains en parcours
  在途列车数量
nombre de trains en retard   晚点列车数量
nombre de trains express de conteneurs
  Chine-Europe   中欧集装箱班列数量
nombre de trains montants   上行列车数量
nombre de trains ponctuels   准点列车数量
nombre de tunnels   隧道数量
nombre de viaducs   高架桥数量
nombre de vibration   捣固数量
nombre de voies ferrées   铁路股道数目
nombre de voyageurs au-dessus de limite
  列车超员数量
nombre de voyageurs transportés   客运人数
nombre de wagons   车辆数量
nombre de wagons de voyageurs   车底数量
nombre d'impulsions   脉冲次数
nombre d'opérations   作业次数
nombre du personnel   人员数量
nomenclature   术语;目录
nomenclature de dessins   图纸目录
nomenclature de gares   站名表
nomenclature de marchandises   货物品名表
nomenclature de matériaux   材料目录
nomenclature de matériel   设备目录
nomenclature de pièces   零件目录
nomenclature des aciers   钢材品名表
nomenclature générale   总目录
nomenclature technique   技术术语

normalisation   标准化
normalisation de gestion   规范化管理
normalisation de l'équipement
  设备标准化
normalisation de procédure   程序标准化
normalisation d'exécution de travaux
  施工规范化
normalisation d'opération   作业标准化
norme   规范;标准
norme allemande   德国标准
norme américaine   美国标准
norme chinoise   中国标准
norme citée   引用标准
norme d'application   应用标准
norme d'application ferroviaire
  铁路执行标准;铁路规范
norme d'assainissement   排水规范
norme d'avancement   掘进定额
norme de calcul   计算标准
norme de calcul ferroviaire   铁路计算标准
norme de chaussée   路面规范
norme de compactage   碾压标准
norme de conception   设计标准
norme de conception de voie   线路设计规范
norme de construction   建筑规范
norme de fabrication   制造标准
norme de gabarit   限界标准
norme d'emploi   使用标准
norme d'entretien   养护标准
norme d'entretien de voie ferrée
  轨道养护标准
norme de peinture   涂装标准
norme de peinture des wagons
  车辆涂装标准
norme de pont   桥梁规范
norme de prix de revient   成本定额
norme de production   生产定额
norme de qualité de réception
  验收质量标准
norme de qualité environnementale
  环境质量标准
norme de réception   验收标准
norme de référence   参照标准
norme de sécurité   安全规范
norme de test   测试标准
norme de tunnel   隧道规范
norme de vidange   排放标准
norme des équipements des ouvrages d'art
  桥梁设备规范

norme d'études 设计规范
norme d'études ferroviaires 铁路设计规范
norme d'exécution 施工规范
norme d'exécution de l'assise de voie
 铁路路基施工规范
norme d'exécution ferroviaire et la réception
 铁路施工及验收规范
norme d'exécution de voie ferrée
 铁路轨道施工规范
norme d'utilisation 使用标准
norme électrique 电器标准
norme en vigueur 现行标准
norme environnementale 环境规范
norme équivalente 同等标准
norme européenne 欧洲标准
norme française 法国标准
norme granulométrique 颗粒级配标准
norme industrielle 产业标准
norme internationale 国际准则
norme internationale de communication ferroviaire par radio
 铁路无线通信国际标准
norme ISO 9001 ISO 9001 标准
norme juridique 法律准则
norme ministérielle 部级标准
norme nationale 国家标准
norme nationale de sécurité alimentaire
 食品安全国家标准
norme nominale 标称定额
norme parasismique 抗震规范
norme professionnelle 行业标准
norme provisoire 暂定标准
norme recommandée 推荐标准
norme routière 道路规范
normes françaises (NF) 法国标准
norme technique 技术标准
norme technique ferroviaire 铁路技术标准
norme UAC 非洲铁路联盟标准
norme UIC 国际铁路联盟标准
nota 附注；备注
nota descriptif 附注说明；注释说明
notation 评估；评标
note 注释；计算书
note complémentaire 补充说明
note de calcul 计算书
note de calcul complémentaire
 补充说明计算书
note de calcul de fondation 基础计算书
note de calcul des ouvrages 工程计算书
note de calcul de stabilité
 稳定性计算文件
note de rédaction 编者按
note descriptive 注释
note explicative 说明
note financière 财务标得分
note globale 总得分
note marginale 旁注
note maximale 最高得分
note méthodologique détaillée
 施工方法详细说明
note minimale 最低得分
note technique 技术标得分；技术说明书
notice 说明书
notice de montage 安装说明书
notice d'entretien 维修说明书
notice descriptive 说明书
notice d'utilisation 使用说明书
notice technique 技术说明书
notification 中标通知；通告
notification d'acceptation 中标通知
notification d'approbation 批准通知
notification de commencement de travaux
 工程开工通知
notification de l'attribution définitive de marché 正式授予合同通知
notification de l'attribution provisoire de marché 临时授予合同通知
notification de marché 中标通知
notification de retrait 撤回通知
notification d'ordre de service
 开工令；开工通知
notification publique 公告
nouveaux matériaux 新材料
nouvelle méthode autrichienne 新奥法
nouvelle technique 新技术
nouvelle technologie 新工艺
nuance 品种；类别
nuance d'acier 钢材规格；钢号
nuance d'acier à rail 钢轨钢材规格
nuance des aciers 钢材规格
nuisance 危害
nuisance acoustique 噪声危害
nuisance de bruit 噪声危害
nuisance de poussière 扬尘危害
nuisance pour les riverains de voie ferrée
 铁路噪声对沿线居民的影响
nuisance sonore 噪声污染
nuisance visuelle 视觉污染

nuisibilité 危害性
numéro 号码
numéro d'aiguille de croisement 辙叉号
numéro de barre d'acier 钢筋号
numéro de bornes 标桩编号
numéro de carte 图号
numéro de compte 账户号
numéro de contrat 合同编号
numéro de croisement 辙叉号
numéro de l'aiguille 道岔号
numéro de l'ouvrage 工程编号
numéro de matériel roulant 机车车辆编号
numéro d'enregistrement d'aiguille
　　道岔登记号
numéro de registre du commerce
　　商业登记号
numéro de pieu 桩号
numéro de plan 图号
numéro de pont 桥梁编号
numéro de référence 索引号
numéro de registre 注册号码
numéro de série 系列号
numéro de train 车次
numéro de voie 股道号；线路编号
numéro de wagon 车号
numéro d'expédition 货物批号
numéro d'identification 标识号
numéro d'identification de train
　　列车识别号
numéro d'identification de wagon
　　车辆识别号
numéro d'immatriculation 登记号码
numéro d'inscription de commerce
　　商业登记号

numéro fiscal 税号
numéro impair 单号
numéro pair 双号
numérotage 编号
numérotage de bâton pilote électronique
　　电子路签编号
numérotage de gares 车站编号
numérotage de pieux 标桩编号
numérotage de points kilométriques
　　公里标编号
numérotage de ponts 桥梁编号
numérotage de rame automotrice
　　动车组车次编号
numérotage de routes 公路编号
numérotage des aiguilles 道岔编号
numérotage des itinéraires 进路编号
numérotage de trains 列车编号
numérotage de train de marchandises
　　货运列车车次编号
numérotage de train de voyageurs
　　旅客列车车次编号
numérotage de tunnels 隧道编号
numérotage de wagon 车辆编号
numérotation 编号
numérotation de l'aiguille 道岔编号
numérotation de mât de caténaire
　　接触网立柱编号
numérotation de mât de signaux
　　信号柱编号
numérotation de message 电文编号
numérotation des sièges de voiture
　　客车座位编号
numérotation de voie 股道编号
numérotation de wagon 车辆编号

N

O

objectif 目标
objectif de qualité 质量目标
objectif de suivi 跟踪目标
objectif de surveillance 监视目标
objet 物品;标的
objet assuré 保险物品
objet de consommation 消费品
objet de contrat 合同标的
objet de contrôle 检查目标
objet de suivi 跟踪对象
objet fabriqué 制成品
objet gênant 障碍物
objet substitutif 代用品
objet surveillé 监视对象
obligation 义务
obligation contractuelle 合同义务
obligation de l'entrepreneur 承包商义务
obligations de maître d'ouvrage 业主义务
obligation solidaire 连带义务
oblique 斜线
obliquité 倾斜度
obliquité de rail 轨道倾斜度
obliquité de talus 边坡倾斜度
observation 观测;备注
observation à distance 远距离观测;遥测
observation à long terme 长期观测
observation astronomique 天文观测
observation de changement de structure 观测结构变化
observation de changement de température 观测温度变化
observation de changement de volume 观测体积变化
observation de changement dimensionnel 观测尺寸变化
observation de conduite 驾驶瞭望
observation de déformation 变形观测
observation de déformation de contraction 观察收缩变形
observation de déformation de l'aiguille 观察道岔变形
observation de déformation de voie 观察线路变形
observation de déplacement 移位观测
observation de fissure 裂缝观测
observation de fluage de voie 观察线路蠕变
observation de glissement 滑坡观测
observation de l'assise de voie 观测路基
observation de l'équipement 设备观测
observation de niveau d'eau 水位观测
observation de point 点位观察
observation de point de contrôle 控制点观测
observation de point de départ de fissure 观测裂缝起点
observation de point d'équilibre 观察平衡点
observation de point de ramollissement 观察软化点
observation de point de rupture 观察断裂点
observation de point tournant 观察拐点
observation de rail 轨道观测
observation de signal 信号瞭望
observation de tassement 沉降观测
observation de tassement de fondation du pont 桥基沉降观测
observation de tassement du terrain 地面沉降观测
observation de voie 线路观测
observation directe 直接观测
observation du terrain 地形观测
observation en altitude 高度观测

observation en groupes 分组观测
observation indépendante 独立观测
observation indirecte 间接观测
observation météorologique 气象观测
observation visuelle 目测
obstacle 障碍
obstacle saillant 凸起障碍物
obstacle sur la voie 轨道障碍物
obstruction 堵塞
obturateur 封门；堵头
occupation 占用
occupation de canton 区间占用
occupation définitive 永久占用
occupation de ligne 线路占用
occupation de l'ouvrage d'art 构造物占用
occupation de section de voie 线路区间占用
occupation de temps 占用时间
occupation de terrain 占用场地
occupation de voie 股道占用
occupation de voie de section 区间股道占用
occupation d'itinéraire 进路占用
occupation périodique 阶段性占用
occupation temporaire 临时占用
octogone 八角形
œdomètre 固结仪
œdométrie 固结
offre 报价
offre administrative 行政标
offre financière 财务标
offre financière alternative 备选财务标
offre financière la moins-disante
　财务最低标
offre la mieux disante
　（技术＋财务）最佳标
offre tardive 逾期递交的标书
offre technique 技术标
offre variante 备选方案报价
ohm 欧姆
ohmmètre 欧姆表
oléoduc 输油管道
onde 波；波纹
ondes acoustiques 声波
ondes aériennes 气波
ondes courtes 短波
ondes d'eau 水波
ondes de chaleur 热波
ondes de choc 冲击波
ondes de cisaillement 剪切波
ondes de compression 压缩波

ondes de compression d'entrecroisement des trains 会车压力波
ondes de compression d'entrecroisement des trains dans le tunnel 隧道内会车压力波
ondes de compression de circulation de train dans le tunnel 列车隧道运行压力波
ondes de crue 洪水波
ondes de micro-pression 微压波
ondes de micro-pression de tunnel
　隧道微气压波
ondes de pulsation 脉冲波
ondes de réflexion 反射波
ondes de réfraction 折射波
ondes de surface 面波
ondes d'impulsion 脉冲波
ondes électriques 电波
ondes électromagnétiques 电磁波
ondes longues 长波
ondes longitudinales 纵波
ondes lumineuses 光波
ondes oscillatoires 振荡波
ondes planes 平面波
ondes porteuses 载波
ondes radio-électriques 无线电波
ondes sinusoïdales 正弦波
ondes sismiques 地震波
ondes sonores 声波
ondes superficielles 面波
ondes transversales 横波
ondes ultra-courtes 超短波
ondes sonores 声波
ondemètre 波长计
ondographe 波形记录器
ondoscope 检波器
ondulation 波动；起伏
ondulation de chaussée 路面不平
ondulation de rail 钢轨不平顺
ondulation de surface de rail 轨面不平顺
ondulations de terrain 地势起伏
ondulations de voie 轨道波形起伏
onduleur 换流器
onduleur de moteur de traction
　牵引电机换流器
onduleur de moteur électrique 电机换流器
onduleur de traction 牵引换流器
opérateur 运营商；操作者
opérateur d'aiguillage 扳道工
opérateur de marche à blanc du train
　列车空载运行测试员

opérateur d'engins 机械操作手
opérateur de réglage 调试员
opérateur d'essai 测试员
opération 操作；工序；作业
opération à distance 远距离操作
opération à stabilité dynamique
  动力稳定作业
opération automatique 自动操作
opération circulaire 循环作业
opération conjointe de réseaux 联网运行
opération continue 连续作业；连续操作
opération d'aménagement de la voie
  整道作业
opération d'amenée 进场操作
opération d'assemblage 装配（工序）
opération d'attaches 扣件作业
opération de ballastage 铺砟作业
opération de carottage 岩芯取样
opération de chargement 装载作业
opération de classement 编组作业
opération de commande 控制操作
opération de confortement 加固作业
opération de construction 施工作业
opération de contrôle 检查作业
opération de criblage 清筛作业
opération de criblage par machine lourde
  大型机械清筛作业
opération de déchargement 卸货作业
opération de déchargement par culbuteur
  翻车机卸载工作
opération de décrochage 脱钩作业
opération de démontage des essieux
  落轮作业
opération de dételage 摘钩作业
opération de distribution de ballast
  配砟作业
opération de drainage 疏浚施工
opération de dressage de voie 顺道作业
opération de formation de wagons
  编组作业
opération de levage de voie 起道作业
opération de levage pour réparation
  架车作业
opération de maintenance 维护作业
opération de maintenance de niveau 1
  1级维护作业
opération de maintenance sur fosse de voie
  在线路轨道坑上维护作业
opération de malaxage 拌和作业

opération de manœuvre du train 调车作业
opération de matériel lourd 大型机械作业
opération de mesures 测量操作
opération de mise en forme 整形作业
opération de mise en forme de voie
  整道作业
opération de nivellement 操平作业
opération d'entretien 养护作业
opération d'entretien de bâtiments de gare
  站房养护作业
opération d'entretien de la plateforme
  de voie 道床养护作业
opération d'entretien des ouvrages d'art
  桥隧养护作业
opération d'entretien de voie
  线路养护作业
opération de peinture 喷漆作业
opération de piquetage 打桩作业
opération de pompage 抽水作业
opération de profilage 整形作业
opération de réchauffage de locomotive
  en hiver 冬季机车打温作业
opération de remblayage 填方作业
opération de remplissage 填筑作业
opération de réparation périodique
  定修作业
opération de repliement 退场操作
opération de reprofilage 路基整修作业
opération de retroussement 铲除表土
opération de révision 检修作业
opération de ripage de voie 拨道作业
opération de routine 常规操作
opération de serrage des pièces attachées
  扣件作业
opération de stabilité 稳定作业
opération de stabilité du lit de ballast
  道床加固作业
opération des wagons 车辆运营
opération d'étalonnage de matériel
  设备校准工作
opération d'étalonnage des appareils
  仪器校准工作
opération de terrassement 土方施工
opération de transport 运输作业
opération de trépannage 环钻操作
opération de triage 编组作业
opération de voie de branchement 岔线作业
opération d'explosion 爆破作业
opération discontinue 间断作业

opération duplex 双工操作
opération d'utilisation de train 机车运用作业
opération du lit de ballast 道床作业
opération électrique 电务操作
opération en ligne 在线作业
opération géodésique 大地测量
opération hydraulique 液压操作
opération individuelle 单独操作
opération industrielle 工业操作
opération intermittente 间歇性操作
opération manuelle 手动操作
opération mécanique 机械操作
opération mécanique de ballastage 机械铺砟作业
opération non réglementée 违章操作
opération parallèle 平行作业
opération par méthode de poussée 顶推作业
opération pendant l'intervalle libre des trains 列车空隙时间作业
opération préliminaire 初步工序
opération préparatoire 整备作业
opération semi-automatique 半自动化操作
opération simplex 单工操作
opération sous tension 带电操作
opération technique 技术操作
opération topographique 地形测量
opération vérifiée 校验操作
optimisation 优化
optimisation complète 全优选法
optimisation de condition 条件优化
optimisation de courbure de vitesse 速度曲线优化
optimisation de procédure 程序优化
optimisation de programme 方案优化
optimisation de réseau 网络优化
optimisation de système 系统优化
optimisation des études 设计优化
optimisation de tracé 线路优化
optimisation de tracé en plan 线路平面优化
optimisation de tracé de profil en long 线路纵断面优化
optimisation de tracé de voies 优化线路走向
optimisation de travaux 工程优化
optimisation linéaire 线性优化
optimisation locale 局部优化
option 取舍

option technique 技术取舍;技术选择
orage 风暴
ordinateur 计算机
ordinateur à bord du train 车载计算机
ordinateur central 主机
ordinateur de centre de commande de trafic centralisé 运调集控中心计算机
ordinateur de contrôle de circulation des trains 行车控制计算机
ordinateur électronique 电子计算机
ordonnée 纵坐标
ordonnée absolue 绝对坐标
ordonnée cartésienne 直角坐标
ordonnée connue 已知坐标
ordonnée d'altitude 高程坐标
ordonnée de courbure 曲线坐标
ordonnée de ligne élastique 弹性线纵坐标
ordonnée de ligne d'influence 影响线纵坐标
ordonnée de ligne parabolique 抛物线坐标
ordonnée de mesure de construction 施工测量坐标
ordonnée de mesure triangulaire 三角测量坐标
ordonnée de mesure trilatéral 三边测量坐标
ordonnée de nivellement trigométrique 三角高程测量坐标
ordonnée de point de repère 基准点坐标
ordonnée de polygonale 导线测量坐标
ordonnée de polygonale fermée 闭合导线坐标
ordonnée de polygone de base 基本导线坐标
ordonnée de polygone nivelé 水准导线坐标
ordonnée de référence 参照坐标
ordonnée de tracé 定线坐标
ordonnée d'implatation de ligne 放线坐标
ordonnée d'itinéraire 线路坐标
ordonnée géographique 地理坐标
ordonnée rectangulaire 直角坐标
ordonnée relative 相对坐标
ordonnée terrestre 地面坐标
ordre 顺序;指令
ordre chronologique 时间顺序
ordre composite de colonnes 混合式柱形
ordre d'allumage 点火顺序
ordre de chargement 装车指令;装载顺序
ordre de circulation 行车指令

ordre de circulation de train 列车运行指令
ordre de commande 控制命令
ordre de commencement de travaux
　开工命令
ordre de débranchement de wagons
　列车解列顺序;调车指令
ordre de décomposition de wagons
　列车解列顺序
ordre de démontage 拆卸程序
ordre de distribution 布置顺序
ordre de distribution de chantier-gare
　站场布置顺序
ordre de distribution de voies
　股道排列顺序
ordre de freinage 制动命令
ordre d'installation 安装顺序
ordre de mise en tension 张拉顺序
ordre de modification 修改指令
ordre d'entrée en gare de trains
　列车进站顺序
ordre de numérotage et d'attelage des
　wagons 车辆编挂顺序
ordre de pose de rails 铺轨顺序
ordre de priorité 优先顺序
ordre de priorité des documents
　文件优先顺序
ordre de priorité des projets
　项目优先顺序
ordre de régulation 调度指令
ordre de relevage de voie 起道顺序
ordre des aiguilles 道岔顺序
ordre de service 开工令
ordre des itinéraires 进路顺序
ordre d'exécution 施工程序;施工令
ordre d'opération 工序
ordre du jour 日程安排
ordre du jour de réunion 会议日程安排
ordre social 社会秩序
ordures 垃圾
ordures ménagères 生活垃圾
ordures industrielles 工业垃圾
organe 机构;装置
organe amortisseur de vibration 减振装置
organe anti-roulement latéral 抗侧滚装置
organe à ressort 弹簧装置
organe à ressort de boîte d'essieu-monté
　轮对轴箱弹簧装置
organe à ressort de traverse centrale
　摇枕弹簧装置

organe à ressort de traverse danseuse de
　bogie 摇枕弹簧装置
organe à ressort pneumatique
　空气弹簧装置
organe à roulement 滚动轴承装置
organe d'aiguillage 道岔装置
organe d'amortissement 阻尼装置
organe de balayage de surface de roulement
　踏面清扫装置
organe de boîte d'essieu 轴箱装置
organe de boîte d'essieu à roulement
　滚动轴承轴箱装置
organe de boîte d'essieu-monté
　轮对轴箱装置
organe de compactage 碾压装置
organe de connexion de traction centrale
　中央牵引连接装置
organe de décélération 减速装置
organe de filtration 过滤装置
organe de freinage 制动装置
organe de freinage de base 基础制动装置
organe de guidage 导向装置
organe d'entraînement 驱动装置
organe de la plateforme danseuse
　摇动台装置
organe de positionnement 定位装置
organe de protection 防护装置
organe de ralentissement de vitesse
　减速装置
organe de réparation 维修装置
organe de roulement 走行装置
organe de sécurité 安全装置;安全机构
organe de signalisation 信号装置
organe de support 支承装置
organe de support de bogie
　转向架支承装置
organe de suspension 悬挂装置
organe de suspension centrale de bogie
　转向架中央悬挂装置;摇枕
organe de suspension élastique
　弹性悬挂装置
organe de système 系统装置
organe de tamponnement 车钩缓冲装置
organe de traction 牵引装置
organe de transmission 传输装置
organe de voie 线路装置
organe d'ouverture et de fermeture
　开闭机构
organe électrique 电力装置

organe mécanique 机械装置
organigramme 组织机构图;流程图
organigramme de ballastage
　道砟摊铺流程图
organigramme de la direction et du personnel de chantier
　工地经理部组织机构图和人员编制
organigramme de l'affaire
　业务结构示意图
organigramme de l'entrepreneur
　承包商组织机构图
organigramme de rotation des matériaux
　材料周转流程图
organigramme de technique 工艺流程图
organigramme nominatif du personnel
　人员配置表
organisation 组织;机构
organisation d'arbitrage 仲裁机构
organisation de circulation combinée de trains 组织列车合并运行
organisation de circulation de trains
　行车组织
organisation de circulation inverse des trains
　组织反方向行车
organisation de circulation serrée
　组织紧交路运行
organisation de construction 施工组织
organisation de contrôles 质量监督机构
organisation de flux de marchandises
　组织货流
organisation de maintenance 维修组织
Organisation de Plan d'Assurance-Qualité
　质量保证计划组织方案
organisation d'entretien 组织养护
organisation d'entretien de voie 养路组织
organisation de production de transport
　组织运输生产
organisation de réunion 会议筹备
organisation des études 组织设计
organisation de transport 组织运输
organisation de transport de marchandises
　货运组织
organisation de transport de voyageurs
　客运组织
organisation de transport ferroviaire
　铁路运输组织
organisation de transport par chemin de fer
　铁路运输组织
organisation de travaux 工程组织

organisation de visite du site 组织现场踏勘
organisation d'exécution de travaux
　施工组织
organisation d'exploitation 组织运营
organisation d'itinéraire d'acheminement de l'équipe de conduite 组织乘务交路
Organisation Internationale de Standards (ISO) 国际标准化组织
Organisation Internationale du Travail (OIT) 国际劳工组织
organisme 组织;机构
organisme collaborant 协作部门
organisme compétent 主管部门
organisme consultatif 咨询机构
organisme d'arbitrage 仲裁部门
organisme de sécurité 安全机构
organisme d'Etat 国家机关
organisme financier 金融机构
organisme intéressé 有关部门
organism similaire 同业机构
orientation 定向;方向
orientation absolue 绝对定向
orientation d'accès de l'aiguille
　道岔入口定向
orientation de changement 变化趋势
orientation de circulation du train
　列车运行走向
orientation de déformation 变形走向
orientation de fissure 裂缝朝向
orientation de front d'attaque
　开挖作业面方向
orientation de front d'attaque de tunnel
　隧道掘进开挖方向
orientation de jet 射流方向
orientation de jonction de tunnel
　隧道贯通定向
orientation de l'aiguille en pointe
　迎面辙尖定向
orientation de prise en talon de l'aiguille
　顺向道岔定向
orientation d'itinéraire 进路定向
orientation d'ouverture de voie
　线路开通方向定向
orifice 开口;孔
orifice d'admission 进气口
orifice d'échappement 排气口
orifice de dérivation 分流口
orifice de drainage 排水口
orifice de mesure 计量口

orifice de mesure de wagon-citerne
　罐车计量口
orifice d'entrée　入口
orifice d'entrée d'eau　注水口
orifice de remplissage de wagon-citerne
　罐车装料口
orifice de sondage　钻孔
orifice de ventilation　通风孔
orifice de visite　检查孔
original　正本
original de connaissement　提单正本
original de contrat　合同正本
original fera foi　正本为准
origine　来源；产地
origine de coordonnée　坐标原点
origine de courbe　曲线起点
origine de financement　资金来源
origine de fourniture de matériaux
　材料供应来源
origine de matériaux　材料来源
origine de matériels　设备来源
origine de produits　商品产地
origine de raccordement parabolique
　抛物线连接起始点
origine séismique　震源
ornière　车辙
ornière de passage à niveau　道口轮缘槽
ornière de passage de boudins　轮缘槽
ornière de voies noyées de revêtement routier
　公路路面轮缘槽
orthophotoplan　正射影像图
oscillateur　振动器
oscillation　摆动；振动
oscillation amortie　阻尼振荡
oscillation de circulation　行车摆动
oscillation de lacet　左右摆动
oscillation de pont　桥梁摆振
oscillation de tangage　前后摆动
oscillation de train　列车摇晃
oscillation de traverse　枕木旷动
oscillation de véhicule　车辆摆动
oscillation de voie　线路旷动
oscillations électriques　电振荡
oscillations électromagnétiques　电磁振荡
oscillations synchrones　同步振荡
oscilloscope　示波器
ossature　骨架
ossature de caisse　车体构架
ossature de pierres maçonnées　浆砌骨架
ossature de tablier　桥面结构
ossature en béton armé　钢筋混凝土骨架
ossature métallique　钢骨架
ossature tubulaire　管结构
ouragan　飓风
ourlet　土埂
outil　工具
outil à percer　复合中心钻
outil à polir　圆锥磨头
outil d'ancrage　锚具
outil de démontage　拆卸工具
outil de levage　起吊机具
outil de polissage　打磨工具
outil de réparation　维修工具
outil de serrage　夹具
outil de soudage　焊接工具
outil de tour　刀头
outil d'exécution　施工机具
outil spécial　专用工具
outils de voie　线路机具
outillage　成套工具
outillage de fixation　固定机具
outillage de maintenance de voie
　线路养护机具
outillage d'entretien　维修机具
outillage de serrage　紧固机具
outillage d'installation　安装机具
ouverture　开口；开度
ouverture accidentelle　意外开启
ouverture au trafic　通车
ouverture d'accès de l'aiguille
　道岔入口开通
ouverture d'angle　角开度
ouverture de balayage　清扫口
ouverture de bordure　路缘开口
ouverture de carrière　料场覆土开挖
ouverture de compte bancaire　银行开户
ouverture de contact　接点断开
ouverture d'écoulement　排水口
ouverture de décharge　排泄口
ouverture de filtration　过滤孔
ouverture de fissure　裂缝宽度
ouverture de fouille　基坑开口
ouverture de l'aiguille　道岔开通
ouverture de l'aiguille de l'itinéraire
　进路道岔开通
ouverture des emprunts　借土开挖
ouverture de l'enveloppe des offres
　拆开标书的信封

ouverture de l'enveloppe financière 拆开财务标的信封
ouverture de l'enveloppe technique 拆开技术标的信封
ouverture de mailles 筛孔
ouverture de pont 桥跨度;桥孔
ouverture de positionnement de l'aiguille 道岔定位开通
ouverture de section 开放区段
ouverture de sens direct de l'aiguille 道岔定位开通
ouverture de sens inverse de l'aiguille 道岔反位开通
ouverture de signal 开放信号
ouverture de signal de block 开通闭塞信号
ouverture de signal de canton 开通区间信号
ouverture de signal d'entrée 开通进入信号
ouverture de signal d'itinéraire 开通进路信号
ouverture de signal lumineux coloré 开通色灯信号
ouverture des offres 开标
ouverture des plis 拆封;开标
ouverture des plis en séance publique 公开开标
ouverture des plis financiers 开财务标
ouverture des plistechniques 开技术标
ouverture de tamis 筛网孔径
ouverture de trémie 漏斗口
ouverture d'évacuation de fumée 排烟孔
ouverture de voie 开放线路
ouverture de voie adjacente 邻道开通
ouverture de voie bloquée 开通闭锁线路
ouverture de voie de gare 站线开通
ouverture de voie de maintenance 开通维修线路
ouverture d'itinéraire 开通进路
ouverture libre 净跨径
ouverture nette 净跨度
ouverture totale 总跨度
ouverture vers l'extérieure 朝外开
ouverture vers l'intérieure 朝内开
ouvrage 工程
ouvrage adjacent 相邻工程
ouvrage annexe 配套工程;附属工程
ouvrage avoisinant 相邻建筑
ouvrage caché 隐蔽工程
ouvrage coulé en place 现浇工程

ouvrage courant 管涵工程
ouvrage couvert 隐蔽工程
ouvrage critique 控制工程
ouvrage d'art(OA) 桥隧工程
ouvrage d'art à travées continues 连跨桥
ouvrage d'art courant 标准桥梁
ouvrage d'art en cadre 框架构造物
ouvrage d'art métallique 钢桥
ouvrage d'art non-courant 非标准桥梁
ouvrage d'assainissement 排水构造物
ouvrage de crue 防洪工程
ouvrage de drainage 排水工程
ouvrage défectueux 有缺陷工程
ouvrage définitif 永久建筑
ouvrage de franchissement 桥梁工程
ouvrage de génie-civil 土建工程
ouvrage d'entonnement 蓄水工程
ouvrage de prise d'eau 取水工程
ouvrage de protection 防护工程
ouvrage de protection contre les avalanches 塌方防护工程
ouvrage de protection contre les crues 防洪工程
ouvrage de reconnaissance 勘探工作
ouvrage de soutènement 支护工程
ouvrage de tête de canalisation 管头端墙
ouvrage d'évacuation des eaux 排水构造物
ouvrage de voûte 拱圬工
ouvrage d'irrigation 灌溉工程
ouvrage dissimulé 隐蔽工程
ouvrage en acier 钢结构工程
ouvrage en béton 混凝土工程
ouvrage en béton armé 钢筋混凝土工程
ouvrage en béton armé précontraint 预应力钢筋混凝土工程
ouvrage en béton massif 大块整浇素混凝土工程
ouvrage en béton précontraint 预应力混凝土工程
ouvrage en cadre 框架构造物
ouvrage en caisson 箱涵
ouvrage en charpente métallique 钢结构工程
ouvrage en éléments préfabriqués 预制件构造物
ouvrage en gabions 石笼防护工程
ouvrage en maçonnerie 砌石工程
ouvrage en palplanches 板桩围堰工程
ouvrage en pierres 毛石砌体

ouvrage enterré　埋入工程；隐蔽工程
ouvrage en voiles minces　薄壳结构工程
ouvrage exceptionnel　特大型工程
ouvrage ferroviaires　铁路工程
ouvrage hydraulique　水利工程
ouvrage par lot　分项工程
ouvrage partiel　分部工程
ouvrage riverain　护岸工程
ouvrage routier　道路工程
ouvrage souterrain　地下工程
ouvrage spécial　特殊构造物
ouvrage-type　定型构造物
ouvrage voûté　拱形构造物
ouvrier　工人
ouvrier à la journée　日工
ouvrier aux pièces　计件工
ouvrier de bâtiment　建筑工人
ouvrier horaire　小时工
ouvrier industriel　产业工人
ouvrier qualifié　技工；熟练工
ouvrier saisonnier　季节工
ouvrier spécialisé　熟练工人；技工
oxycoupage　氧气切割
oxyde　氧化物
oxyde de fer　氧化铁
oxyde de zinc　氧化锌
oxyde indifférent　惰性氧化物

P

paiement 付款
paiement annuel 年支付
paiement anticipé 提前支付
paiement au comptant 付现
paiement d'achèvement 竣工付款
paiement de salaire 支付工资
paiement d'impôt 纳税
paiement échelonné 分期支付
paiement en espèces 现款支付
paiement final 尾款支付
paiement initial 首付款
paiement mensuel 月支付
paiement partiel 部分付款
paiement par virement 划账付款
paiement provisoire 临时支付
paiement retardé 延期支付
paire 对
paire de lignes 线对
paire de trains de marchandises 货列对
paire de trains de voyageurs 客列对
palan 葫芦
palan à chaîne 手动葫芦
palan à levier 手扳葫芦
palan à main 手动葫芦
palan de levage 起重葫芦
palan de levage de conteneurs 集装箱吊具
palan électrique 电动滑车;电葫芦
palan électrique à câble 电葫芦
palan manuel à chaîne 手动葫芦
palanque 围桩
palée 排架;排桩
palée d'appui 排架墩
palée de pilotis 排桩
palée de pont 桥墩
palette 底托;托板
palette de marchandises 货物托板
palier 支座;托架;轴承

palier à glissement 滑动轴承
palier en porte-à-faux 外悬式支承
palier latéral 旁承
palier latéral élastique 弹性旁承
palier latéral élastique à contact constant 常接触弹性旁承
palier latéral supérieur 上旁承
palification 打桩加固
palmer 千分尺;分厘卡
palpeur 量隙规;塞尺
palpeur de rail 轨道塞尺
palplanche 板桩;钢板桩
palplanche ancrée 锚定板桩
palplanche à rainure et languette 企口板桩
palplanche de batardeau 围堰板桩
palplanche de fouille 基坑板桩
palplanche de frottement pour mur de soutènement 挡土墙挡板
palplanche de raccordement 连接板桩
palplanche de tranchée 路堑板桩
palplanche en acier 钢板桩
palplanche en béton 混凝土板桩
palplanche en bois 木板桩
palplanche en coin 楔削板桩
palplanche jumelée 成对板桩
palplanche métallique 钢板桩
palplanche plate 平板桩
pancartage 设置指示牌
pancarte 标语牌;标牌
pancarte d'arrêt 停车标志牌
pancarte d'avertissement 预警标志牌
pancarte de limitation de vitesse 限速标志牌
pancarte lumineuse 灯光标志牌
panier 篮
panier suspendu 吊篮
panne 故障;抛锚

panne d'aiguille 道岔故障
panne d'alimentation électrique 供电故障
panne de boîte chaude 热轴故障
panne de boîte d'essieu surchauffée
　燃轴故障
panne de caténaire 接触网故障
panne de circuit 线路故障
panne de circuit de voie 轨道电路故障
panne de communication 通信故障
panne de courant 电源故障
panne de court-circuit 短路故障
panne d'électricité 断电
panne de locomotive 机车故障;机破故障
panne de matériel roulant 机车车辆故障
panne de mise à la terre 接地故障
panne de moteur électrique 电机故障
panne d'énergie de traction 牵引电力故障
panne de pantographe hors ligne
　受电弓掉线故障
panne d'équipement 设备故障
panne de réseau 网络故障
panne de réseau thermique 热网故障
panne de signal 信号故障
panne de système 系统故障
panne de talonnage d'aiguille 挤岔故障
panne de traction 牵引故障
panne de voie 线路故障
panne de wagon 车辆故障
panne dynamique de traction
　牵引动力故障
panneau 面板;标志牌
panneau absorbant 吸音屏
panneau à cinq plis 五合板
panneau à claire-voie 花格板
panneau aggloméré au ciment 预制水泥板
panneau aggloméré en copeaux de bois
　刨花板
panneau à trois plis 三合板
panneau carré 方形标志牌
panneau circulaire 圆形标志牌
panneau contreplaqué 胶合板
panneau coupe-feu 防火板
panneau d'affichage 公告牌
panneau d'affichage au bâtiment des
　voyageurs 候车厅公告牌
panneau d'annonce de la gare 车站告示牌
panneau d'affichage de trains 列车公告牌
panneau d'avertissement 警示牌
panneau de bifurcation 岔路方向警示牌
panneau de bord 仪表盘
panneau de câblage 接线板
panneau de coffrage 模板
panneau de coffrage en acier 钢模板
panneau de coffrage en bois 木模板
panneau de coffrage en contreplaqué
　胶合板模板
panneau de commande 控制面板
panneau de commutation 交换台
panneau de contresens
　禁止逆向行驶标志牌
panneau de contrôle 控制屏
panneau de contrôle central 中控台
panneau de contrôle de vitesse
　可变限速标志牌
panneau de danger 危险信号标志牌
panneau de direction 方向指示牌
panneau de distribution 分线盘
panneau de gare 站牌
panneau de localisation 地名标志牌
panneau de sortie 出口警示牌
panneau de palplanches 板桩面板
panneau de pente 坡度指示牌
panneau de restriction 限制标志牌
panneau de route 公路标志牌
panneau de signalisation 信号指示牌
panneau de stationnement 停车牌
panneau d'heurtoir 止冲挡标志牌
panneau d'indication 指示牌
panneau d'insonorisation 隔音板
panneau d'interdiction 禁止标志牌
panneau directionnel 方向标志牌
panneau électrique 配电板
panneau indicateur de direction
　方向指示牌
panneau indicateur de rampe 坡道指示牌
panneau indicateur de tunnel 隧道指示牌
panneau indicateur de vitesse limitée
　限速指示牌
panneau octogonal 八角形标志牌
panneau préfabriqué 预制板
panneau publicitaire 公告牌
panneau publicitaire des informations de
　trains 列车信息广告牌
panneau-réclame 广告牌
panneau réfléchissant 反光板
panneau triangulaire 三角形标志牌
panonceau 盾形标志牌;广告牌
pantofore 凿岩台车

pantographe 受电弓	parallaxe absolue 绝对视差
pantographe à courant continu 直流受电弓	parallèle 平行线
pantographe à deux bras 双臂受电弓	parallèle de ligne à double voie 复线平行线
pantographe à un bras 单臂受电弓	parallèle des deux rails 两轨平行线
pantographe d'équipotentialité	paramètre 参数
等电位受电弓	paramètre caractéristique 特性参数
pantographe en losange 菱形受电弓	paramètre climatique 气候参数
pantographe hors ligne 受电弓掉线	paramètre de base 基本参数
pantographe monophasé 单项电流受电弓	paramètre de base de l'aiguille
pantomètre 万能测角仪	轨道基本参数
papier 证件;票据	paramètre de calcul 计算参数
papier à calquer 描图纸	paramètre de charge 荷载参数
papier à calquer translucide 半透明描图纸	paramètre de charge d'essieux 轴载参数
papier à dessin 绘图纸	paramètre de charge de voie
papier à sable 砂纸	线路荷载参数
papier au ferroprussiate 普蓝晒图纸	paramètre de charge du lit de ballast
papier à vue 即期票据	道床荷载参数
papier carbone 复写纸	paramètre de circuit de voie 轨道电路参数
papier collant 胶纸带	paramètre de compactage 碾压参数
papier colorimétrique 变色试纸	paramètre de conception 设计参数
papier cristal 透明纸	paramètre de conception pour la caisse de
papier cyanotype 晒图纸	wagon-citerne 罐车车体设计参数
papier d'affaires 商业票据	paramètre de conception pour la caisse
papier de commerce 商业票据	de wagon couvert 棚车车体设计参数
papier de dessin 图纸	paramètre de conception pour la caisse
papier d'emballage 包装纸	de wagon plat général
papier d'industriel 晒图纸	通用平车车体设计参数
papier-émeri 砂纸	paramètre de conception pour la caisse de
papier-filtre 滤纸	wagon-trémie à charbon
papier glacé 铜版纸	煤炭漏斗车车体设计参数
papier héliographique 晒图纸	paramètre de contrôle 控制参数
papier réactif 试纸	paramètre de déformation 变形参数
papier sablé 砂纸	paramètre de dimension de poutre
papier transparent 透明纸	梁尺寸参数
parabole 抛物线	paramètre de dimension de wagon
parados 背墙	车辆尺寸参数
parados de culée 桥台背墙	paramètre de dimensionnement de wagon
paraffinage 涂石蜡	车辆定距参数
paraffine 石蜡	paramètre de fabrication 制造参数
parafiscalité 附加税	paramètre de fluage 蠕变参数
parafoudre 避雷器;避雷针	paramètre de fonctionnement 运行参数
para-fouille 截水墙;围堰;坑道支护	paramètre de fonctionnement de locomotive
para-fouille en caissons 套箱围堰	机车运行参数
para-fouille en gabions 石笼围堰	paramètre de fondation 基础参数
para-fouille étanche en palplanches	paramètre de l'état de la plateforme de voie
板桩截水墙	道床状态参数
para-fouille métallique 钢围堰	paramètre de l'exploitation 运营参数
para-fouilles verticaux 垂直板墙	paramètre de locomotive 机车参数
parallaxe 视差	paramètre de matériau 材料参数

paramètre de mouvement 运动参数
paramètre d'énergie de traction
　牵引动能参数
paramètre de nivellement 水准测量参数
paramètre de performance 性能参数
paramètre de performance de wagon
　车辆性能参数
paramètre de performance dynamique
　动力性能参数
paramètre de performance dynamique
　du système de traction
　牵引系统动力性能参数
paramètre de population 人口参数
paramètre de programme 程序参数
paramètre de référence 参照参数
paramètre de résistance 强度参数
paramètre de rotation 旋转参数
paramètre de roue 车轮参数
paramètre de séisme 地震参数
paramètre d'essai 试验参数
paramètre de stabilité 稳定参数
paramètre de structure 结构参数
paramètre de tassement 沉降参数
paramètre de voie de rails 轨道参数
paramètre de volume de trafic 交流量参数
paramètre de wagon 车辆参数
paramètre directeur 引导参数
paramètre distribué 分布参数
paramètre du temps 时间参数
paramètre du tracé de voie 铁道线路参数
paramètre dynamique 动力参数
paramètre dynamique de traction
　牵引动力参数
paramètre économique 经济参数
paramètre effectif 有效参数
paramètre environnemental 环境参数
paramètre fondamental 基本参数
paramètre générique 原参数
paramètre géologique 地质参数
paramètre géométrique 几何参数
paramètre mécanique 力学参数
paramètre mécanique de la plateforme
　de voie 道床力学参数
paramètre météorologique 气象参数
paramètre opératoire 操作参数
paramètre optimal 优化参数
paramètre physique 物理参数
paramètre principal 主要参数
paramètre qualitatif 质量参数

paramètre quantitatif 数量参数
paramètre statistique 统计参数
paramètre technique 技术参数
paramètre technique de la voie
　轨道技术参数
paramètre technique de wagon
　车辆技术参数
parapet 栏杆
parapet de pont 桥栏杆
paratonnerre 避雷针
paravalanche 防雪崩设施
paravent 屏风;风挡
paravent sonique 声屏障
parc 公园;停车场;机车车辆数
parc à combustible 燃料堆场
parc automobile 停车场
parc d'automobiles 汽车保有量
parc de locomotives 机车保有量
parc d'emmagasinage 存放场;堆放场
parc de matières premières 原料场
parc de montage 装配场地
parc de pré-montage 预先装配场地
parc de stationnement 停车场
parc de stockage 存放场
parc de wagons 车辆场;车辆保有量
parc écologique 生态公园
parc global de rames 一组列车总组挂数量
parc industriel 工业园区
parc national 国家自然保护区;国家公园
parc public 公园
parc souterrain 地下停车场
parcelle 小块土地
parcellement 分成小块
parcours 行程
parcours aller et retour 往返行程
parcours de drainage 排水路径
parcours de freinage 制动距离
parcours de piston 活塞行程
parcours de sens impaire 下行程
parcours de sens paire 上行程
parcours de trafic 行驶里程
parcours des wagons vides 空车行程
parcours entre gares 站间行程
parcours maximum 最大行程
parcours moyen 平均行程
parcours roulant 动程
pare-boue 挡泥板
pare-brise 挡风玻璃
pare-chocs 防撞杠

pare-clous 内胎衬带
pare-feu 防火墙
parement 砌面;盖面
parement de déblai 挖方盖土
parement de mur 墙面
parement en gros béton 粗骨料混凝土面
parement en pierre maçonnée
　石墙砌面
parement fin 精细砌面
parement ordinaire 普通砌面
pare-poussière 防尘装置
parking 停车场
parking à multiples étages 多层停车场
parking bilatéral 双侧停车
parking souterrain 地下停车场
parking unilatéral 单侧停车
paroi 隔板;隔墙
paroi amovible 活动隔墙
paroi basculante de déchargement
　卸货翻板
paroi d'ancrage 锚固板
paroi d'ascenseur 电梯内壁
paroi de coffrage 模板壁
paroi de cylindre 汽缸壁
paroi de forage 井壁
paroi de soutènement 支护板墙
paroi de tranchée 沟壁
paroi de trou 孔壁
paroi de tunnel 隧道墙壁
paroi de tuyau 管壁
paroi de wagon 货车挡板
paroi en béton armé 混凝土墙壁
paroi interne 内壁
paroi latérale 侧墙
paroi moulée 灌注板墙
paroi rocheuse 岩壁
parpaing 水泥空心砖
partenaire 合作者
partenaire de coopération 合作伙伴
partenaire stratégique 战略伙伴
partenariat 合伙方式
partenariat public-privé(PPP)
　公私合作伙伴方式
particule 颗粒
particule abrasive 磨料颗粒
partie 部分
partie basale 底部
partie composante 组成部分
partie constituante 组成部分

partie contestante 争议方
partie contractuelle 缔约方
partie couverte 隐蔽部分
partie de béton armé 钢筋混凝土部分
partie de construction 建筑部分
partie de croisement 交叉部分
partie démontable 可拆卸部分
partie de réparation 修理部分
partie des éléments 构件部位
partie de tablier 桥面部分
partie de traction 牵引部分
partie enterrée 埋入部分
partie existante 现有部分
partie fixe 固定部分
partie inférieure 下部
partie intégrante 整体
partie intégrante de contrat 合同整体
partie mobile 活动部分
partie rentrante 凹进部分
partie roulante 走行部分
partie saillante 凸出部分
partie soudée 焊接部分
partie souterraine 地下部分
partie supérieure 上部
partie suspendue 悬吊部分
partie terminale 尾端部分
partie tournante 转动部分
partie transférable 可转汇部分
passage 通过
passage à demi-barrière 半栏木道口
passage admissible 允许通过
passage à l'équipement 设备通道
passage à niveau(PN) 平交道口
passage à niveau avec barrières
　有栅栏平交道口
passage à niveau de voie ferrée 铁路道口
passage à niveau gardé 看守道口
passage à niveau non gardé 无看守道口
passage à niveau sans barrière 无栅栏道口
passage à niveau signalé 信号灯道口
passage à voyageurs 旅客通道
passage circulaire 环形通道
passage clouté 人行横道线
passage connecté 连接通道
passage d'eau 排水通道
passage d'eau à deux buses
　两圆涵排水涵洞
passage d'eau à deux tuyaux
　两管排水涵洞

passage d'eau à trois buses
　　三圆涵排水涵洞
passage d'eau à trois tuyaux
　　三管排水涵洞
passage de buse　排水涵洞
passage de chaleur　传热
passage de circulation　通道
passage de conduites pétrolières
　　石油管道通道
passage de faune　动物通道
passage de fluide　液道
passage de gare　列车过站
passage de l'aiguille en pointe
　　通过迎面辙尖;进入对象道岔
passage de l'aiguille par le talon
　　通过顺向辙尖;进入顺行道岔
passage de quai à niveau　站台间地面通道
passage de quai souterrain　站台间地下过道
passage de secours　安全通道
passage de section　区间通过
passage de sécurité　安全通道
passage de service　服务通道
passage de train　列车通行；列车通道
passage de tuyauteries　管道通道
passage direct　直通式
passage en dérivation　分流通道;绕道
passage en dessous　下跨通道
passage en dessous de voie ferrée
　　下穿铁路通道
passage en dessus de voie ferrée
　　上跨铁路通道
passage en saut de mouton
　　铁路立体交叉;铁路跨线桥
passage hydraulique　水利通道
passage inférieur(PI)　下跨线;下部通道
passage inférieur voûté　拱顶式下部通道
passage interdit　禁止通行
passage latéral　侧面通道
passage pavé　铺砌道口
passage pour canalisation　水道桥跨
passage pour piétons(PP)　行人通道
passage public　公共通道
passage souterrain　地下通道
passage souterrain pour piétons
　　人行地下通道
passage supérieur(PS)　上跨线;上部通道
passage zébré　斑马横道线
passant　过筛通过量
passation　签订;移交

passation de contrat　合同签订
passation de dossiers　资料移交
passation de pouvoirs　权力移交
passation de service　交班
passe　通过
passe à gravier　砾石道
passe de compactage　碾压次数
passe d'essai　测试通过
passe déversoir　溢洪道
passe finale　最后验收通过
passe navigable　航道
passerelle　天桥;走板
passerelle à câble　电缆桥(架)
passerelle à conduites　管桥
passerelle anti-dérapante　防滑走板
passerelle à signaux　信号桥
passerelle de gare　车站天桥
passerelle d'entretien　维修天桥
passerelle de passage　通过渡板
passerelle de réparation du dépôt
　　机务修理天桥
passerelle de service　工作便桥
passerelle de toit de véhicule　车顶走板
passerelle de transbordement　转运栈桥
passerelle métallique　钢天桥
passerelle piétonne　人行天桥
passerelle pour piétons　人行桥
passif　负债
passif à court terme　短期负债
passif à long terme　长期负债
pastille　刀头
patente　营业执照
patin　垫块;垫板;轨底
patin d'arrêt　制动块
patin de collection de courant　受电靴
patin de contact　触靴;接触滑块
patin de frein　制动块;刹车块
patin de frottement　摩擦块
patin de joint de raccord　接头垫板
patin de l'échafaudage　脚手架垫板
patin de rail　钢轨轨底
patin de rail de base　基本轨轨底
patin de socle　底座垫板
patin de traverse　轨枕垫板
patinage de roue　车轮打滑
patinage de roueau au moment du démarrage
　　de locomotive　机车起步车轮打滑
patinage de roue motrice
　　驱动轮打滑;驱动轮空转

patinage de roue sur voie montante
　爬坡车道车轮打滑
patrimoine　遗产
patrimoine archéologique　古迹遗产
patrimoine culturel　文化遗产
patrimoine historique　历史遗存
patrimoine naturel　自然遗产
patrouille　巡逻;巡查
patrouille de sécurité　安全巡查
patrouille de voie　巡道
patte　爪;铁钩
patte d'accrochage　固定爪
patte d'ancrage　锚爪
patte de lièvre　道岔短曲轨;辙叉翼轨
patte de lièvre de branchement　道岔翼轨
patte de lièvre de contre-rail　护轨翼轨
patte-fiche　夹钉
pause　小歇
pause-café　喝咖啡的工间休息
pause de midi　午间休息
pause de réunion　会议间休息
pause-repas　用餐工间休息
pavage　铺路;铺砌
pavage de dalles　石板路面
pavage de pierre　石块路面
pavage de talus　坡面铺砌
pavage diagonal　对角铺砌路面
pavage en arête de poisson　人字形铺砌路面
pavage en béton asphalté　沥青混凝土路面
pavage en briques　砖块路面
pavage en ligne　成行铺砌路面
pavé　铺路石;路面
pavé d'asphalte　沥青铺面
pavé de bordure　路缘石;道牙
pavé de grès　砂岩铺路石
pavé en béton　混凝土路面
pavement　铺砌;铺面
pavement d'asphalte　地沥青路面
pavement de l'épaulement　铺砌路肩
pavement de passage à niveau　道口铺装
pavement de trottoir　人行道铺装
pavement du pont　桥面铺装
pavement en béton asphaltique
　沥青混凝土路面
pavement en dalles de ciment　水泥板路面
pavement en grès　砂岩块石路面
pavement en graviers　碎石路面
pavement en macadam　碎石路面
pavement en scorie　熔渣路面

pavement rigide　刚性路面
pays d'origine　来源国
paysage　景观;地形
paysage artificiel　人工景观
paysage de bassin fermé　低洼盆地地形
paysage de collines　丘陵地形
paysage de l'environnement　环境景观
paysage de parcours　沿途景观
paysage humain　人文景观
paysage karstique　岩溶景观
paysage naturel　自然景观
paysage volcanique　火山地貌
péage　收费站
pédale　踏板;轨道接触器
pédale de chasse d'eau de toilette
　卫生间便器冲水踏板
pédale de débrayage　离合器踏板
pédale de frein　制动踏板
pédale d'embrayage　离合器踏板
pédologie　土壤学
pegmatite　伟晶岩
peinture　油漆;涂装
peinture à base de bitume　沥青涂料
peinture à la détrempe　水溶性涂料
peinture à la poudre d'aluminium
　铝粉油漆
peinture à la poudre de zinc　锌粉油漆
peinture à l'eau　水溶性涂料
peinture à l'essence　油溶性涂料
peinture à l'huile　调和漆
peinture alimentaire　食品漆
peinture anti-acide　防酸漆
peinture anti-corrosion　防腐蚀漆
peinture anti-rouille　防锈漆
peinture au silicate　硅酸盐涂料
peinture au vernis　磁漆
peinture bitumineuse　沥青漆
peinture de finition　面漆
peinture de primaire　底漆
peinture de protection　防护漆
peinture de véhicule　车漆
peinture-émail　磁漆
peinture-émulsion　乳化漆
peinture hydrofuge　防水油漆
peinture ignifuge　防火漆
peinture laquée　生漆
peinture mate　亚光漆
peinture mixte　调和漆
peinture protectrice　防护漆

peinture réfléchissante 反光漆
peinture siccative 快干漆
peinture vernissée 磁漆
pelle 铲；锹
pelle à benne à demi-coquilles 蛤斗挖土机
pelle à benne traînante 索斗铲；拖斗铲土机
pelle à commande hydraulique 液压挖土机
pelle à godet 单斗挖土机
pelle à godet sur chenilles
　　履带式单斗挖掘(土)机
pelle bicâble 双缆索挖土机
pelle carrée 方铲
pelle chargeuse 装载机
pelle chargeuse orientale 定向装载机
pelle chargeuse sur chenilles 履带式装载机
pelle chargeuse sur pneus 轮胎式装载机
pelle chargeuse sur roues 轮式装载机
pelle chenillée 履带式挖土机
pelle de base 底座式旋转挖土机
pelle de chargement 装车铲
pelle de galerie 坑道挖掘机
pelle de tranchée 挖沟机
pelle dragline 索铲挖土机
pelle dragueuse 单斗挖泥机
pelle en butte 正铲
pelle en fouille 挖沟机
pelle équipée en butte 正铲挖土机
pelle équipée en rétro 反铲挖土机
pelle excavatrice 挖掘机
pelle excavatrice à godet sur chenilles
　　履带式单斗挖掘机
pelle excavatrice à godet sur pneus
　　轮胎式单斗挖掘机
pelle fouilleuse 挖沟机
pelle giratoire 旋转式挖土机
pelle hydraulique 液压铲
pelle inversée 反铲挖土机
pelle inversée de terrassement
　　反向土方作业铲
pelle inversée rétro-tranchée
　　反向挖沟机
pelle mécanique 机械铲
pelle montée en déporté 旋转式挖土机
pelle niveleuse 平地机
pelle pour carrière 挖石机
pelle racleuse 刮铲
pelle racleuse électrique 电耙
pelle rétrocaveuse 反铲挖土机
pelle sur chenille 履带式挖土机

pelle sur chenille équipé de brise-roche
　　带破碎锤的履带式挖掘机
pelle tournante 回转式挖土机
pelle universelle 多功能(正反)铲挖掘机
pelle-chargeuse 装车机
pelle-pioche 尖镐
pelle-rétro 反铲
pelletage 铲装
pelletage de ballast 铲装道砟
pelletage de rochers brisés 清岩；出渣
pelletage manuel 人工铲装
pelleteur 装车机
pelleteuse 装车机
pelleteuse à godet 单斗装载机
pelleteuse à godets multiples 多斗装载机
pelleteuse à godets racleurs 多斗铲装机
pelleteuse excavatrice 挖土机
pellicule 漆膜
pelouse 草地；草坪
pénalité 罚款
pénalité de retard 误期罚款
pénalité journalière de retard
　　延误工期日罚款金额
pendage 倾斜
pendage élevé 高倾斜
pendage faible 缓倾斜
pendagemètre 测斜仪
pendagemétrie 倾斜测量法
pendule 吊弦
pendule de caténaire 接触网吊弦
pendule de fil de contact 接触线吊弦
pendule de traverse danseuse 摇枕吊杆
pénétration 贯入
pénétration bitumineuse 沥青贯入
pénétration complète 全贯入
pénétration cumulée 累计进尺
pénétration d'eau 透水
pénétration de battage de pieu
　　打桩贯入深度
pénétration de fissure 裂缝深度
pénétration de l'huile 浸油
pénétration de pieu 沉桩
pénétration dynamique 动力触探
pénétration statique 静力触探
pénétromètre 贯入度仪
pénétromètre à battage 锤击贯入仪
pénétromètre de bitume 沥青针入度仪
pénétromètre de l'asphalte 沥青针入度仪
pénétromètre dynamique 动力触探仪

pénétromètre standard 标准贯入度仪
pénétromètre statique 静力贯入度仪
pentagone 五角形
pente 坡度
pente abrupte 陡坡
pente ascendante 上坡
pente atténuée 缓坡
pente brusque 陡坡
pente conique 锥坡
pente conique de protection 锥形护坡
pente continue 连续坡度
pente critique 临界坡度
pente d'accélération 加速坡度
pente d'approche 桥头引线坡度
pente de bordure 路缘坡度
pente de cambrure 路拱坡度
pente de canalisation 管道坡度
pente de chaussée 路面坡度
pente d'écoulement 泛水坡
pente de déversement 泛水坡
pente de fouille 基坑坡度
pente de glissement 滑坡;滑面
pente de la plateforme de voie 路基坡度
pente de l'accotement 路肩坡度
pente de liaison 连接坡度
pente de ligne 线路坡度
pente de ligne courbe 曲线坡
pente de ligne droite 直线坡
pente de profil en long 纵断面坡度
pente de raccordement 连接坡度
pente de remblai 填方坡度
pente descendante 下坡;顺坡
pente de talus 边坡坡度
pente de talus en déblai 路堑边坡
pente de talus en remblai 路堤边坡
pente de traction de locomotive
　　机车牵引坡度
pente de voie 线路坡度
pente douce 缓坡
pente en chevron 人字坡
pente excessive 过大坡度
pente faible 平缓坡
pente forte 陡坡
pente glissante 顺坡
pente limite 极限坡度
pente longitudinale 纵坡
pente longitudinale de courbe 弯道纵坡
pente longitudinale limite 限制纵坡
pente longue 长坡道

pente lourde 陡坡
pente maximale 最大坡度
pente maximale de profil en long
　　纵断面最大坡度
pente minimale 最小坡度
pente modérée 平缓坡
pente montante 升坡
pente moyenne 平均坡度
pente naturelle 自然坡度
pente naturelle du terrain 地面自然坡度
pente raide 陡坡
pente régulière 正常坡度
pente rude 陡坡
pente transversale 横坡
pente uniforme 均匀坡度
pente vers l'extérieur 向外坡
pente vers l'intérieur 向内坡
perçage 钻孔;打眼
perçage de platine 垫板打孔
perçage de rail 钢轨打孔
perce 钻头;冲头
perce d'abrasion 研磨钻孔
perce de perceuse électrique 电钻钻头
perce de perceuse pneumatique 风钻钻头
percement 钻孔;开凿
percement à pleine section 全断面掘进
percement au bouclier 盾构掘进
percement de galerie 巷道掘进
percement de puits 打井
percement de rail 钢轨打眼
percement de tunnel 开凿隧道
percement par section divisée
　　梯段工作面掘进
percement par section entière 全断面掘进
perceur 钻工;隧道工
perceuse 钻;钻床
perceuse à air comprimé 风钻
perceuse à percussion 冲击钻
perceuse à rails 钢轨钻孔机
perceuse d'établi 台式钻床
perceuse de traverse 轨枕钻孔机
perceuse de tunnel 隧道掘进机
perceuse électrique 电钻
perceuse multibroche 多轴钻床
perceuse pneumatique 风钻
perceuse portative 手钻
perceuse verdicale 立式钻床
perforage 钻孔;打眼
perforateur 凿岩机;钻机;穿孔机

perforateur à air comprimé 风动凿岩机;风动钻机
perforateur à colonne 架柱式凿岩机
perforateur à injection 湿式凿岩机
perforateur à injection centrale 中心给水式凿岩机
perforateur à injection latérale 旁侧给水式凿岩机
perforateur à percussion 冲击式凿岩机
perforateur à roches 凿岩机
perforateur à rotation 旋转凿岩机
perforateur creux 空心钻
perforateur électrique 电动钻机
perforateur électro-hydraulique 电动液压钻机
perforateur hydraulique 液压凿岩机
perforateur léger 轻型凿岩机
perforateur lourd 重型凿岩机
perforateur manuel 手持式凿岩机
perforateur monté sur colonne 架柱式凿岩机
perforateur moyen 中型凿岩机
perforateur percutant 冲击式凿岩机
perforateur pneumatique 风动凿岩机
perforation 钻孔
perforation à percussion 冲击式钻进
perforation à rotation 旋转钻进
perforation au rocher 凿岩
perforation dynamique 动力钻孔
perforation électrique 电动钻孔
perforation en éventail 扇形凿岩
perforation en grand diamètre 大直径凿岩
perforation en petit diamètre 小直径凿岩
perforation hydraulique 液压钻进
perforation manuelle 手动钻孔
perforation mécanique 机械钻孔
perforation pneumatique 风动式钻进
perforation rotative 旋转式钻进
perforation roto-percutante 旋转—冲击式钻进
perforation tout hydraulique 全液压凿岩
perforation vibro-rotative 旋转冲击式凿岩
perforatrice 凿岩机
perforatrice à air comprimé 压缩空气钻机;风动凿岩机
perforatrice à grands trous 大孔钻机
perforatrice à main 手钻
perforatrice à percussion 锤钻;冲击钻机
perforatrice à rotation 旋转式凿岩机
perforatrice à sec 干式凿岩机
perforatrice automotrice 自行式凿岩台车
perforatrice de roc 凿岩机
perforatrice de roche 凿岩机
perforatrice humide 湿式凿岩机
perforatrice percutante 锤钻;冲击钻
perforatrice pneumatique 风动凿岩机
perforatrice pneumatique à main 手持风动凿岩机
perforatrice pour boulonnage 锚杆钻孔机
perforatrice robotisée 钻臂台车
perforatrice rotative 螺旋钻机;旋转式凿岩机
perforatrice roto-percutante 旋转冲击式凿岩机
perforatrice sur wagonnette 钻孔台车
perforatrice thermique 热力式凿岩机
perforatrice tout hydraulique 全液压凿岩机
perforatrice vibra-rotative 振动旋转钻机
performance 性能
performance accélératrice 加速性能
performance à la pression 抗压性能
performance à la traction 抗拉性能
performance antisismique 抗震性能
performance de freinage 制动性能
performance de l'équipement 设备性能
performance de locomotive 机车性能
performance de moteur 发动机性能
performance de moteur électrique 电机性能
performance de moteur de traction 牵引电机性能
performance de traction 牵引性能
performance d'utilisation 使用性能
performance dynamique 动力性能
performance dynamique de locomotive 机车动力性能
performance mécanique 机械性能
performance optimale 最佳性能
performance standard 标准效能
performance technique 技术性能
performance technique de locomotive 机车技术性能
périmètre 周长
périmètre de citerne 罐体周长
périmètre de ligne périphérique 环线周长
période 时期;阶段

période d'action 作用期
période d'amortissement 衰减期；折旧期
période d'arrêt de construction 停工期间
période de bétonnage 浇筑混凝土阶段
période de blocage de voie 线路封闭期间
période de calcul 计算阶段
période de conception 设计期
période de conservation 保存期
période de construction 施工阶段
période de contraction 收缩期
période de contrat 合同期限
période de contrôle 控制期
période de crue 洪水期
période de cure 养护期
période de cure de béton 混凝土养护期
période de cycle 循环周期
période de décapage 清表阶段
période de déformation 变形阶段
période de démarrage 启动阶段
période de fabrication 制造阶段
période de fabrication des véhicules
  车辆制造阶段
période de garantie 保证期
période de l'étiage 枯水期
période de maintenance 维护期
période de maintenance de locomotive
  机车维护期
période de maintenance des équipements
  设备维护期
période de maintenance de voie 线路维护期
période de marche d'essai 试运期
période de négociation 协商阶段
période d'entretien 维修期
période de pluie 雨季
période de pointe 高峰时期
période de préparation 准备期
période de réception 验收期
période de récurrence 洪水周期
période de refroidissement 冷却阶段
période de réglage 调试阶段
période de réglage des équipements
  设备调试阶段
période de réglage de système
  系统调试阶段
période de remboursement 偿还期
période de réparation 修理阶段
période de répétition 重复周期
période de révision 检修周期
période de repos 静止期

période de rotation 周转期；轮换期
période de sécheresse 枯水期
période des inondations 洪水期
période d'essai 试验阶段
période de tassement 沉降期
période de trafic à l'heure de pointe
  高峰交通期
période de transition 过渡时期
période de validité 有效期
période d'exécution 施工阶段
période d'exploitation 运营阶段
période d'interception de voie
  线路中断运行期间
période d'observation 观察期
période dormante 潜伏期
période favorable 有利时期
période géologique 地质年代
période initiale 初期
période pointe du transport des marchandises
  货运高峰期
période pointe du transport des voyageurs
  客运高峰期
période responsable de défaut 缺陷责任期
période transitoire 过渡时期
périphérique 环城公路
permanence 值班室
permanence de gare 车站值班室
permanence de régulation de trains
  列调值班室
perméabilité 渗透
perméabilité à l'eau 透水性
perméabilité du sol 土壤渗透性
permis 许可证；执照
permis de conduire 驾驶执照
permis de construire 建筑执照
permis de recherche 勘探许可证
permis de séjour 长期居住证
permis de tir 爆破许可证
permis de travail 工作许可证
permis d'exploitation 开采许可证
permis d'exportation 出口许可证
permis d'explosion 爆破许可证
permis d'importation 进口许可证
permission 批准
perpendicularité 直交；竖直度
perré 石砌护坡
perré à sec 干石护坡
perré de protection 石砌护坡
perré de protection de pont 桥头护坡

perré de talus 边坡护石
perré de talus en maçonnerie de moellons 片石圬工护坡
perré en bloc de béton 混凝土块护坡
perré en pierres sèches 干砌片石护坡
perré maçonné 浆砌护坡
perron 台阶
perron de baisse d'eau 跌水台阶
perron de protection de l'épaulement 路肩防护台阶
perron de protection de tranchée 路堑防护台阶
perron de talus 边坡台阶
perron trapézoïdal 梯形台阶
personne juridique 法人
personne juridique de l'entreprise 企业法人
personnel 人员
personnel administratif 行政人员
personnel affecté au chantier 工地人员
personnel au siège social 总部人员
personnel clé 关键人员
personnel de chantier 工地人员
personnel de contrôle 监理人员
personnel de forage 钻探人员
personnel de garde 值班人员
personnel de gestion 管理人员
personnel de maintenance 维修人员
personnel d'encadrement 管理人员
personnel d'entretien 维修人员
personnel d'équipage de conduite 乘务人员
personnel de sécurité 安全技术人员
personnel de service 在岗人员
personnel de site 场地人员
personnel de sondage 勘探人员
personnel de surveillance 监理人员
personnel de train 乘务员
personnel d'étude 设计人员
personnel d'exécution 施工人员
personnel d'exploitation 运营人员
personnel d'opération 操作人员
personnel du maître de l'ouvrage 业主人员
personnel expatrié 外籍人员
personnel logistique 后勤人员
personnel mécanisé 机械操作人员
personnel non spécialisé 非专业人员
personnel opératoire 操作人员
personnel roulant 列车乘务人员
personnel technique 技术人员
perspective 透视图
perte 损失
perte à la vaporisation 蒸发损失
perte au vol 盗窃损失
perte calorifique 热损耗
perte constante 固定损耗
perte d'abattage 回采损失
perte d'abrasion 磨耗损失
perte de chaleur 耗热量
perte de charge 压力损失
perte de compression 压力损失
perte de connaissance 失去知觉
perte de contrôle 失控
perte de courant 失电
perte de densité 密度损失
perte de données 数据丢失
perte de flux de transport 运量流失
perte de masse 质量损失
perte d'énergie 能量损失
perte de poids 重量损失
perte de pression 失压
perte de puissance 功率损失
perte de résistance 失阻
perte de système 系统损耗
perte de tension 电压损失
perte de transmission 传输损耗
perte de transmission électrique 电力传输损耗
perte de vitesse 失速
perte de vrai 失真
perte directe 直接损失
perte du sol et des eaux 水土流失
perte dynamique 动力损失
perte économique 经济损失
perte en ligne 线路损失
perte indirecte 间接损失
perte matérielle 物质损失
perte mécanique 机械损耗
perte par choc 冲击损耗
perte par compression 压缩损失
perte par fuite 漏损
perte par infiltration 滤损
perte partielle 部分损失
perte spirituelle 精神损失
perturbation 混乱；干扰
perturbation de bruit 噪声干扰
perturbation de circuit 电路干扰
perturbation de circulation 行车干扰

perturbation de communication 通信干扰
perturbation de courant 电流干扰
perturbation de foudre 雷电干扰
perturbation de gestion 管理混乱
perturbation de ligne électrifiée
　电气化线路干扰
perturbation de l'indicateur 显示器紊乱
perturbation de l'ordinateur 计算机紊乱
perturbation de l'ordre 秩序混乱
perturbation de l'organisation d'exécution
　施工组织混乱
perturbation de signal 信号紊乱
perturbation de système 系统紊乱
perturbation de système de signal
　信号系统紊乱
perturbation de voie ajacente 邻道干扰
perturbation du travail 工作干扰
perturbation sur le chantier 工地管理混乱
pervibrateur 混凝土振捣器
pervibration 插入振捣
pervibreur 混凝土振捣器
pesage 称重
pesée hydrostatique 流体静压力
pétardage 爆破
pétardage de roches 岩方爆破
phare 灯塔;灯
phare frontal de locomotive 机车前大灯
phasage 分期;分阶段
phasage d'ajustement 调试阶段
phasage d'ajustement de circuit de voie
　轨道电路调试阶段
phasage d'ajustement de système
　系统调试阶段
phasage de ballastage 铺砟阶段
phasage de conception 设计阶段
phasage de l'appel d'offres 招标阶段
phasage de l'installation 安装阶段
phasage de l'installation de caténaire
　接触网安装阶段
phasage de l'installation des équipements
　设备安装阶段
phasage de l'installation des équipements
　de signal 信号设备安装阶段
phasage de pose de rails 铺轨阶段
phasage de soumission 投标阶段
phasage des travaux 工程步骤
phasage d'étude 设计阶段
phasage d'exécution 施工阶段
phasage d'exécution de déblais
　挖方施工阶段
phasage préparatoire 准备阶段
phase 阶段
phase d'accélération de vitesse 提速阶段
phase de APD 详细设计阶段
phase de APS 简明初步设计阶段
phase de comparaison de plans
　方案比选阶段
phase de conception 设计阶段
phase de conception des plans d'exécution
　施工图设计阶段
phase de construction 施工阶段
phase de durcissement 硬化阶段
phase de fonctionnement 运转阶段
phase de l'avant-projet 初步设计阶段
phase de préparation 准备阶段
phase de réalisation 实施阶段
phase de reconnaissance 踏勘阶段
phase d'enquête préliminaire 初探阶段
phase d'essais 试验阶段
phase des travaux 施工阶段
phase d'étude 设计阶段
phase d'exécution 施工阶段
phase d'exploitation 运营阶段
phase expérimentale 实验阶段
phénomène 现象
phénomène anormal 异常现象
phénomène anormal de force dynamique
　动力异常现象
phénomène anormal de signal
　信号异常现象
phénomène apparent 表面现象
phénomène chimique 化学现象
phénomène d'abaissement de radier
　底板沉降现象
phénomène d'atténuation 衰减现象
phénomène d'atténuation de force
　dynamique 动力衰减现象
phénomène de blocage d'essieux
　抱轴现象
phénomène de déformation 变形现象
phénomène de déplacement 移位现象
phénomène de dilatation 膨胀现象
phénomène de fatigue 疲劳现象
phénomène de fluage 蠕变现象
phénomène de gauchissement de rail
　胀轨现象
phénomène de glissement 滑动现象
phénomène de lacet de coussinet
　滑床板旷动现象

phénomène de lâchement 松动现象
phénomène de lâchement de crampon de rail 道钉松动现象
phénomène de lâchement de crapaud de rail 钢轨扣件松动现象
phénomène de mouvement de lacet 摆动现象
phénomène de mouvement inverse 逆向移动现象
phénomène de mouvement irrégulier 不规则运动现象
phénomène de patinage 打滑现象
phénomène de perte de frein 制动失灵现象
phénomène de perte de vitesse du train 列车失速现象
phénomène de surcharge 过载现象
phénomène de survitesse 超速现象
phénomène d'étincelle de pantographe 受电弓闪花现象
phénomène de tremblement 颤动现象
phénomène d'extrusion de l'aiguille 挤岔现象
phénomène d'insuffisance de traction 牵引力不足现象
phénomène d'insuffisance dynamique 动力不足现象
phénomène local 局部现象
phénomène naturel 自然现象
phénomène normal 正常现象
phénomène objectif 客观现象
phénomène optique 光学现象
phénomène périodique 周期现象
phénomène physique 物理现象
phénomène social 社会现象
phénomène superficiel 表面现象
phosphore 磷酸盐
phosphorite 磷钙土;磷灰岩
photo 照片
photo aérienne 航测图;航拍照片
photo de carotte 岩芯照片
photo de satellite 卫星照片
photocarte 航测图
photographie aérienne 航空摄影测量
photoplan 航空摄影平面图
pic 镐;十字镐
pick-up 皮卡车
pièce 块;部件;文件
pièce à la torsion 受扭部件

pièce à la traction 受拉部件
pièce attachée 扣件
pièce composante 部件
pièce comptable 会计凭证
pièce contractuelle 缔约文件
pièce coulée 铸件
pièce coulée en acier 铸钢件
pièce courte 短件
pièce d'ancrage 锚固件
pièce d'assemblage 紧固件;连接件
pièce d'attache 扣件
pièce de construction 构件
pièce de détail 零件
pièce de fixation 紧固件
pièce de fonderie 铸件
pièce de frein 制动部件
pièce de machine 机器部件
pièce de pression 承压件
pièce d'épreuve 样件
pièce de raccordement 连接件
pièce de rechange 备件
pièce de réserve 备件
pièce de roulement 走行件
pièce détachée 零件;配件
pièce de tuyau 管件
pièce d'usure 磨耗件;易损件
pièce élastique 弹性元件
pièce en caoutchouc 橡胶件
pièce encastrée 嵌入构件;嵌入零件
pièce en fer 铁件
pièce enfoncée 预埋件
pièce finie 成品件
pièce fragile 易损件
pièce incorporée 预埋件
pièce longue 长件
pièce mobile 活动部件
pièce moulée 铸件
pièce noyée 预埋件
pièce précontrainte 预应力构件
pièce préfabriquée 预制件
pièce principale 主要构件
pièce standard 标准件
pièce usagée 旧零件;磨损件
pièces accessoires 配件
pièces complètes 成套部件
pièces constitutives de l'offre 标书组成文件
pièces constitutives de marché 合同组成文件

pièces d'étude géométriques
　几何设计文件
pièces écrites　书面文件
pièces graphiques　图解文件
pièces /km　件/公里(轨枕)
pied　底部;脚
pied de banquette de ballast　道砟床坡脚
pied de colonne　柱脚
pied de fondation　基底
pied de galerie　巷道底板
pied de gradin　梯段底板
pied de l'arc　拱脚
pied d'éléphant　支撑桩
pied de mât　柱脚
pied de pieu　桩脚(尖)
pied de poteau　柱脚
pied de taille　梯段底板;工作面底板
pied de talus　坡脚
pied de talus au fond de tranchée
　路堑底部坡脚
pied d'étançon　柱脚;柱基
pied de tuyau　管基
pied de voûte　拱脚
pied du lit de ballast　道床坡底
piédroit　拱脚柱;拱脚柱石;拱脚
piédroit de pont　桥台墩墙
piédroit de tunnel　隧道拱脚
pierraille　碎石子
pierraille de ballast　碎石道砟
pierraille de chaussée　路面碎石
pierraille tamisée　筛分碎石
pierre　石块;石料
pierre à adoucir　磨石
pierre à bâtir　建筑石料
pierre abrasive　磨石
pierre à chaux　石灰石
pierre à chaux calcaire　石灰石
pierre à fond　基石
pierre à huile　油石
pierre à huile trigone　三角油石
pierre à macadam　碎石
pierre à moellons　毛石
pierre anguleuse　棱角石
pierre à paver　铺路石
pierre à plâtre　生石膏
pierre argileuse　泥板岩;黏土岩
pierre arrondie　圆石
pierre broyée　细碎石
pierre brute　粗石

pierre calcaire　石灰石
pierre cassée　碎石
pierre concassée　碎石
pierre cornée　角岩
pierre cylindre　圆柱磨头
pierre d'aboutement　桥台石;拱座石
pierre d'argile　泥板岩
pierre d'asphalte　油母页岩
pierre de charbon　煤矸石
pierre de clavage　拱顶石
pierre de clé　拱顶石
pierre de construction　建筑石料
pierre de construction modulée　规格石料
pierre de corne　角岩
pierre de culée　桥台石;桥墩石
pierre de fondation　基石
pierre de mine　矿石
pierre de revêtement　砌面石
pierre de tuf　凝灰岩
pierre dure　坚石
pierre fine　小碎石
pierre fondamentale　基石
pierre grosse　大碎石
pierre moyenne　中碎石
pierre naturelle　天然碎石
pierre pelliculaire　片状岩石
pierre plate　片石
pierre ponce　浮石
pierre roulée　卵石;砾石
pierre taillée　琢石
pierrée　垒石
pieu　桩
pieu à base　扩底桩
pieu abattu　打入桩
pieu à chemise récupérée　回收套管灌注桩
pieu à colonne　柱桩
pieu additionnel　加桩
pieu à fourreau récupérée　回收套管灌注桩
pieu à frottement　摩擦桩
pieu à grillage de fondation　格排基础桩
pieu antidérapant　抗滑桩
pieu à pointe　端承桩
pieu battu　打入桩
pieu battu fermé à sa base
　下部闭口式打入桩
pieu battu ouvert　开口式打入桩
pieu battu par marteau　锤击沉桩
pieu battu préfabriqué　预制打入桩
pieu battu tubulaire　管状基桩

pieu biais　斜桩
pieu central　中心桩
pieu central de l'aiguille　道岔中心桩
pieu-clé　控制桩
pieu-clé de la voie　线路控制桩
pieu comprimé　受压桩
pieu conique　锥形桩
pieu contrôlé　控制桩
pieu coulé　灌注桩
pieu coulé en place　就地灌注桩
pieu creusé　挖孔桩
pieu creux　空心管桩
pieu creux en acier　空心钢桩
pieu creux en tubes　空心管桩
pieu cylindrique　圆柱桩
pieu d'ancrage　锚定桩
pieu d'appui　支撑桩
pieu d'attente　接桩
pieu de captage　射水沉桩
pieu de consolidation　加固桩
pieu de direction　定向桩
pieu définitif　定桩
pieu de fondation　基础桩
pieu de guidage　导桩
pieu de l'axe　中线桩
pieu de l'axe central　中线桩
pieu de ligne centrale　中线桩
pieu de mesure　测量桩
pieu de palplanches　钢板桩
pieu de polygonale　导线测量桩
pieu de polygonale fermée　闭合导线桩
pieu de polygonale nivelée　水准导线桩
pieu de point de levé　测量点位桩
pieu d'épreuve　试验桩
pieu de protection　防护桩
pieu de référence　参照桩
pieu de référence de déplacement de rail
　钢轨移位观测桩
pieu de remplissage　灌注桩
pieu de soutènement　支撑桩
pieu de support　支撑桩
pieu de tracé　路线走向桩
pieu d'implatation　放线桩
pieu d'injection　灌注桩
pieu d'observation de déplacement de rail
　钢轨移位观测桩
pieu du pont　桥桩
pieu en acier　钢桩
pieu en béton　混凝土桩

pieu en béton armé　钢筋混凝土桩
pieu en béton armé préfabriqué
　预制钢筋混凝土桩
pieu en béton moulé　混凝土灌注桩
pieu en béton précontraint　预应力混凝土桩
pieu en béton préfabriqué　预制混凝土桩
pieu en bois　木桩
pieu en caisson　沉箱桩
pieu enfoncé　沉桩
pieu enfoncé vibrant　振动沉桩
pieu en H　工字钢桩
pieu en rondins de bois　圆木桩
pieu foré　钻孔桩
pieu Franki　弗朗基桩;沉箱墩
pieu hectométrique　百米桩
pieu horizontal　水平桩
pieu incliné　斜桩
pieu indépendant　独立桩
pieu individuel　单桩
pieu isolé　单桩
pieu métallique　钢桩
pieu moulé　灌注桩
pieu moulé sur place　就地浇筑桩
pieu numéroté　标号桩
pieu par injection　射水沉桩
pieu pénétrant　插桩
pieu perforé　挖孔桩;钻孔桩
pieu plein　实心桩
pieu plein carré　实心方桩
pieu plein obélisque　实心方桩
pieu pneumatique　气压桩
pieu porteur　支承桩
pieu préfabriqué　预制桩
pieu préliminaire　试桩
pieu presseur statique　静力压桩
pieu rigide　刚性桩
pieu supplémentaire　补充桩
pieu tubulaire　管桩
pieu tubulaire en acier　钢管桩
pieu vertical　垂直桩
pieux assemblés　组合桩
pieux composés　组合桩
pieux de pilotis　群桩
pieux en groupe　群桩
pieux en quinconce　梅花桩
pieux rassemblés　群桩
pieu-piédestal　扩底桩
pige　测量尺
pignon　山墙

pilastre 壁柱
pile 墩;桥墩;墩子
pile à coque mince 薄壳桥墩
pile à gravité 重力式桥墩
pile anti-choc 防撞墩
pile à redan 台阶式桥墩
pile auxiliaire 辅助墩
pile carrée 方形桥墩
pile centrale 中墩
pile cylindrique 圆柱桥墩
pile d'aboutement 岸墩;靠岸桥墩
pile d'ancrage 锚墩
pile de contrefort 扶墩
pile de défense 护墩
pile de fondation 基础墩
pile de pont 桥墩
pile de pont en gravité 重力式桥墩
pile de rangée de pieux 排架桩墩
pile de rive 岸墩
pile de tour 塔式桥墩
pile d'extrémité 岸墩;桥台
pile en acier 钢支柱(桥墩)
pile en caisson 沉箱墩
pile en maçonnerie 圬工墩
pile en pilotis 桩式墩
pile en rivière 河中桥墩
pile enterrée 埋入式桥墩
pile gravitaire 重力式桥墩
pile intermédiaire 中间桥墩
pile médiane 中间桥墩
pile métallique 钢桥墩
pile profilée 流线型桥墩
pile rigide 刚性墩
pile submergée 暗墩;水面下桥墩
piles en duplex 双排墩
piles jumelles 双排墩
pilier 柱;支柱
pilier d'ancrage 锚柱
pilier d'arc-boutant 扶垛
pilier de bois 木支柱;坑木
pilier de fer 铁柱
pilier de support 支柱
pilier en briques 砖墩
piliers en groupe 群柱
pilon 夯;木夯
pilon de damage 夯具
pilon de remblai 回填夯具
pilon de tranchée 沟槽打夯机
pilon électrique 电动夯

pilon vibrant 振动夯
pilonnage 振捣
pilonnage à la main 人工夯实
pilonnage du lit de ballast 道床捣固
pilonnage manuel 人工夯实
pilonnage par vibration 振动夯实
pilotage 打桩工程;牵头
pilotage de chantier 工地施工指导
pilotage des travaux 先导工程
pilote 引导;先导
pilote-pieu 引导桩
pilote-trou 超前探孔
pilotis 桩基
pilotis de palplanche en acier 钢板桩
pilotis de plaque courte 短板桩
pilotis des ouvrages d'art 桥梁桩基
pilotis de voie de fosse du dépôt 机务架空维修线立柱
pince 钳
pince à bec plat 平口钳
pince à bec mince allongé 鸭嘴钳
pince à bec rond 圆口钳
pince à cavalier 紧线钳
pince à cosse 套管钳
pince à enlever les clous 羊角起钉钳
pince à mâchoire plate 扁嘴钳
pince à mâchoire ronde 圆嘴钳
pince à rail 轨钳
pince à rivet 铆钉钳
pince à sertir 夹线钳
pince à tordre les fils 紧丝钳
pince à tube 管钳
pince coupante 克丝钳
pince de câble 电缆夹
pince d'électricien 电工钳
pince multiprise 多用虎钳
pince plate 扁嘴钳
pince puissante 大力钳
pince-rail 轨钳
pince ronde 圆嘴钳
pince universelle 万能钳
pince-étau 台虎钳
pioche 十字镐;道镐
pioche à bourrer 捣镐
pioche pneumatique 风镐
piocheuse 松土机;耙土机
piocheuse à ballast 耙砟机
piocheuse scarificatrice 松土机
piocheuse-défonceuse 松土机

piquet 短桩
piquet-clé 控制桩
piquet-clé de voie 线路控制桩
piquet contrôlé 控制桩
piquet contrôlé de tracé 线路控制桩
piquet d'alignement 线路桩
piquet d'ancrage 锚桩
piquet d'axe 轴线桩
piquet d'axe de la voie 线路中线桩
piquet de base de nivellement 水准基点桩
piquet de bois 木桩
piquet de construction 施工标桩
piquet de cote de nivellement 水准基点桩
piquet de polygonale 导线桩
piquet de protection 保护桩
piquet de relevage de voie 起道标桩
piquet de repère 基点桩
piquet de terre 接地桩
piquet d'implantation 定位桩
piquet horizontal 水平桩
piquets croisés 交叉桩
piquetage 立桩
piquetage complémentaire 补充标桩
piquetage de l'adresse du pont 桥址标桩
piquetage de position 位置标桩
piquetage de position des ouvrages d'art 桥隧位置标桩
piquetage du tracé de voie 定线标桩
piquetage par point en avant 前点标桩
piquetage par rapport aux cordes 弦线标桩
piquetage préalable 预先标桩
pissasphalte 软沥青；天然沥青
piste 便道
piste circulaire 环形道
piste cyclable 自行车道
piste d'accès 入口便道
piste d'accès au chantier 工地入口便道
piste de décollage 起飞跑道
piste de desserte 运输便道
piste de desserte de chantier 工地便道
piste de roulement 滑行道
piste de service 施工便道；运输通道
piste de transport des poutres 运梁便道
piste du chantier 施工便道
pistolet 喷(漆)枪；焊枪
pistolet à air comprimé 喷枪
pistolet à peinture 喷漆枪
pistolet de soudage 焊枪
pistolet pneumatique de rivetage 铆钉枪

piston 活塞
piston de moteur 发动机活塞
pivot 销；支承；支轴
pivot central 中心销
pivot de bogie 转向架支轴
pivot de charnière 合页销
pivot de châssis 上心盘
pivot de portière 车门销
pivot d'essieu 轴销
pivot de tige d'attelage 提杆销
pivot suspendu 吊销
pivot suspendu de traverse danseuse 摇枕吊销
place 地点；场地
place de compartiment 车厢座位
place de dépôt 堆放场地
place de dépôt de conteneurs 集装箱堆场
place de dépôt de marchandises 货物堆场
place de la gare 车站广场
place d'exécution 施工地点
place d'installation 安装位置
plafond 顶棚；上限
plafond de crédit 信贷额度
plafond de pénalité 罚款上限
plafond en voûte 拱顶
plafonnement 极限；封顶
plafonnement des avances 预付款限额
plafonnier 顶灯
plage 海滩；时间段
plage de blanc de circulatioin 空车试运行线路段
plage d'essais 试验段
plage d'interception de la voie 线路中断的区段
plage horaire 封闭线路作业时间；天窗时间
plage travaux 施工封闭区段
plaine 平原
plaine alluviale 冲积平原
plaine basse 低平原
plaine côtière 沿海平原
plaine d'alluvion 泛滥平原
plaine deltaïque 三角洲平原
plaine d'érosion 侵蚀平原
plaine d'inondations 洪泛平原
plaine inondable 洪泛平原
plaine littorale 沿海平原
plaine steppique 草原
plan 平面图；计划；方案
plan accumulé 壅水水位

plan actualisé 更新计划
plan à long terme 长期规划
plan annuel 年计划
plan APD 详细设计图
plan approuvé 批准计划
plan APS 简明设计图
plan architectural 建筑平面图
plan axial 轴向平面
plan cadastral 土地测量图
plan choisi 选定方案
plan d'acquisition du terrain 征地图
plan d'action 行动计划
plan d'action de réinstallation
    重新安置行动计划
plan d'ajustement de flux de trafic
    车流调整计划
plan d'ajustement temporaire
    临时调整计划
plan d'allocation de trains 列车分配计划
plan d'aménagement 布置图
plan d'aménagement du tracé
    线路布置方案
plan d'aménagement général
    总体布置图
plan d'aménagement urbain
    城市整治规划
plan d'application 实施计划
plan d'application de locomotive
    机车运用计划
plan d'approvisionnement de matériaux
    材料供应计划
plan d'approvisionnement de matériels
    设备供应计划
plan d'armatures 配筋图
plan d'assainissement 排水系统图
plan d'assemblage 组装图
plan d'assemblage de l'aiguille
    道岔组装图
plan d'Assurance-Qualité
    质量保证计划
plan d'eau 水平面
plan de blocage pour exécution
    施工封锁计划
plan de câblage 钢绞线布置图
plan de câblage de béton précontraint
    预应力混凝土钢绞线布置图
plan de canalisations 管道布置图
plan de carrière de sable et de gravier
    砂石料场地平面布置图

plan de centrale de béton
    混凝土搅拌站平面布置图
plan d'éclairage 照明图
plan de chantier-gare 站场平面图
plan de charge 承载面
plan de chargement 装车计划
plan de circulation 路线图
plan de circulation de trains
    列车运行图；列车开行计划
plan de comparaison 对照图
plan de conception 设计方案
plan de constitution 构造图
plan de construction 施工计划；施工图
plan de contact 接触面
plan de contrôle 检查计划
plan de coordonnées 坐标图
plan de coupe transversale 横断面
plan de courbes de niveau 等高线图
plan de déchargement 卸车计划
plan de détails 详图
plan de détails à grande échelle
    大比例尺施工大样
plan de dételage de wagons en parcours
    途中甩挂计划
plan de dimension 尺寸图
plan de disposition 布置图
plan de disposition de chantier-gare
    站场平面布置图
plan de disposition de circuit de voie
    轨道电路布置图
plan de disposition de faisceau de voies
    铁路线群布置图
plan de disposition de nœud 枢纽布置图
plan de disposition de voies ferrées
    轨道布置图
plan de drainage 排水图
plan de façade 立面图
plan de faille 断层图
plan de ferraillage 钢筋图
plan définitif 竣工图
plan de flexion 挠曲面
plan de flux de trafic 交通流量图
plan de fondation 基础面
plan de forage 钻孔布置图
plan de formation des trains 列车编组计划
plan de front 正平面
plan de gestion 管理计划
plan de gestion de projet 项目管理计划
plan de glissement 滑动面

plan de jonction 接合面
plan de jonction de tunnel 隧道贯通面
plan de la gare 车站平面图
plan d'élévation 立面图
plan de limite 限界图
plan de limite d'emprise 场地边界图
plan de localisation 位置图
plan de management du projet
   项目管理计划
plan de manœuvre 作业计划
plan de manœuvre d'accostement des trains
   调车作业计划
plan de manœuvre de locomotive
   机车作业计划
plan de marche des trains 列车运行图
plan de masse 总平面图
plan de masse géologique 地质平面图
plan de mesure polygonale du terrain
   场地多边形测量图
plan de méthode d'exécution 施工方法图
plan de mise en marche de trains
   列车开行方案
plan de montage 安装图
plan de moutonnage 打桩图
plan de mouvement de terres
   土方调配计划
plan d'emplacement 位置图
plan d'emprise 占地平面图
plan de nivellement 水平测量图
plan d'ensemble 总平面图
plan d'entretien 养护计划
plan d'entretien des équipements
   设备维护计划
plan d'entretien de matériel roulant
   车辆维护计划
plan d'entretien de voie 线路维护计划
plan de phasage des travaux
   工程阶段划分图
plan de pilotage 打桩图
plan de piquetage 标桩图
plan de portiques 门架图
plan de pose 敷设图
plan de position 位置图
plan de premiers départs de trains
   始发列车计划
plan de préparation de l'emprise
   征地准备计划
plan de prévention et de sécurité
   预防安全计划

plan de principe 原理图
plan de procédé technologique 工艺流程图
plan de production 生产计划
plan de production trimestriel
   季度生产计划
plan de produit 产品图样
plan de profil difficile 难点断面图
plan de profil en long 纵断面图
plan de profil en long de tracé
   线路走向纵断面图
plan de profil en long géologique
   地质纵断面图
plan de profil en travers 横断面图
plan de projection 投影图
plan de production 生产计划
plan de protection de talus 边坡防护图
plan de qualité 质量计划
plan d'équipe quotidien 日班计划
plan de rattrapage de retards accumulés
   赶工期计划
plan de réception de trains 接车计划
plan de récolement 竣工图
plan de recommandation 推荐方案
plan de reconstitution 复原图
plan de référence 基准面
plan de remise en état de site d'emprunt
   取土场地复原计划
plan de réparation 维修计划
plan de repérage 平面索引图
plan de réseau 网线平面图
plan de réseau ferroviaire 铁路网平面图
plan de respect de l'environnement
   环保计划
plan de roulement de rail 轨踏面
plan de sécurité active et passive
   主动与被动安全计划
plan de section 截面图
plan de section de forage 钻孔截面图
plan de section de l'assise de voie
   路基断面图
plan de section de voie ferrée
   线路断面图
plan de semi-plaque de toit 半顶板平面
plan de signalisation 信号图
plan de site de pont 桥址平面图
plan de situation 位置图
plan de situation de remblai 填方位置图
plan de sondage 钻探图
plan des équipements d'éclairage
   照明设备图

plan des équipements d'exploitation 运营设备图
plan des lignes 线路图
plan des lignes ferroviaires 铁路线路图
plan des ouvrages annexes 附属工程图
plan des ouvrages provisoires 临时工程图
plan des ouvrages types 标准构造物图
plan d'essai 试验计划
plan de structure 结构图
plan de surveillance 监测计划
plan de surveillance de l'environnement 环境监测计划
plan de synthèse 综合图
plan détaillé 详图
plan de talus 坡面
plan d'état actuel 现状图
plan de terrassement 土方施工图
plan de tir 爆破计划
plan de tracé 线路图
plan de trafic 交通流量图
plan de transition des trains 列车交接计划
plan de transition des trains de la gare de jonction 分界站列车交接计划
plan de transport 运输计划
plan de transport mensuel 月度运输计划
plan de travail 工作计划
plan de travail pour entretien des équipements 设备养护工作计划
plan de tronçons difficiles 难点区段图
plan d'études 设计图
plan de ventilation 通风图
plan de voie 线路平面；线路图
plan de vol d'oiseau 鸟瞰图
plan d'exécution 施工图
plan d'exploitation 运营计划
plan d'expropriation 征地计划
plan d'implantation 放线图
plan d'injection 灌浆图
plan d'installation de chantier 工地安置图
plan d'intégration 整合规划
plan d'interception de circulation 运行中断计划
plan d'intervention de secours 救援方案
plan d'investissement 投资计划
plan d'itinéraire 线路图
plan d'itinéraire de voie ferrée 铁路线路图
plan d'observation 观察计划
plan d'occupation du sol 土地占用计划
plan d'occupation du terrain 占地图
plan d'organisation 组织方案
plan d'organisation de chantier 工地组织图
plan d'organisation de contrôle de qualité 质量检查组织计划
plan d'organisation des travaux 施工组织计划
plan d'urbanisme 城市规划
plan du projet 项目计划
plan d'urgence 应急计划
plan du terrain 场地图
plan du terrain d'emprunt et de rejet du terrassement 取土和弃土场地图
plan financier 财政计划
plan général 总图
plan général de contrôle 总检查计划
plan général de réseau 网线总布置图
plan général de voie 线路总图
plan général d'exploitation 总体开采计划
plan général du transport ferroviaire 铁路运输综合作业方案
plan général géologique 地质总图
plan géodésique 大地测量图
plan géologique 地质图
plan géométrique 几何平面
plan histogramme 矩形统计图
plan horizontal 水平面
plan hyperbolique 双曲面
plan itinéraire 路线图
plan longitudinal 纵断面图
plan mensuel 月度计划
plan opérationnel 作业计划
plan parcellaire 切块图
plan partiel 局部平面图
plan préétabli 预计计划
plan prévisionnel 预计计划
plan préliminaire 初步计划
plan quinquennal 五年计划
plan réflecteur 反射面
plan renouvelé 更新计划
plan schématique 示意图
plan symétrique 对称面
plan synoptique 概要图
plan topographique 地形图
plan transversal 横截面
plan type 标准图
plan vertical 垂直面
planage 整平；削平
planage de l'épaulement de voie 路肩平整

planage de platine 垫板整平
planage de rail 钢轨整平
planage de semelle 垫板整平
planage du lit de ballast 道床整平
planche 板材
planche à dessin 制图板
planche à rainure 企口板
planche brut 毛板
planche d'arc 拱板
planche de cambrure 路拱板
planche d'échafaudage 脚手板
planche de coffrage 模板
planche de convenance 试验段
planche de fond 底板
planche de protection 防护板
planche de référence 参照路段
planche d'essai 路基试验段
planche en béton 混凝土板
planche en béton armé 钢筋混凝土板
planche expérimentale 试验段
planche horaire 施工窗口时间
planche non-rabotée 毛板
planche rabotée 刨光板
planche travaux 封闭施工路段
plancher de pont 桥面板
plancher de voiture 车厢地板
plancher de wagon 货车地板
planéité 平整度
planéité de chaussée 路面平整度
planéité de joint de rail 钢轨接头平整度
planéité de l'aiguille 道岔平整度
planéité de plan de rail 轨面平整度
planéité de rail 轨面平整度
planéité de surface de ballast
　砟面平整度
planéité de terrain 场地平整度
planéité de voie 线路平整度
planéité du lit de ballast 道床平整度
planification 计划制订；规划
planification à long terme 长期规划
planification de construction 建设规划
planification de développement du chemin
　de fer 铁路发展规划
planification de l'entretien de voie
　线路养护计划
planification de l'intégration du chemin de
　fer de l'Afrique 非洲铁路一体化规划
planification de mesures conjointes
　共同措施计划

planification de modernisation
　des équipements 设备升级改造计划
planification de modernisation du réseau
　ferroviaire 铁路网更新改造规划
planification de renouvellement 更新规划
planification de réseau ferroviaire
　铁路网规划
planification des travaux 工程规划
planification de trafic 交通规划
planification d'observation 观察计划
planification générale du projet
　项目总体规划
planification régionale 区域规划
planification routière 道路规划
planification urbaine 城市规划
planimétrie 平面测量
planimétrie de la voie 线路平面测量
planning 进度计划
planning actualisé 更新进度计划
planning d'approvisionnement des
　matériaux 材料供应计划
planning d'avancement 进度计划
planning de construction 施工进度计划
planning de la main-d'œuvre 劳动力计划
planning de l'APA 深化设计进度计划
planning de l'APS 简明初步设计进度计划
planning de mise en place de base-vie
　营地安置计划
planning d'ensemble 总体进度计划
planning de production 生产进度计划
planning détaillé 详细进度计划
planning de transfert 移交计划
planning d'étude 设计进度计划
planning d'exécution 施工进度计划
planning d'ordonnancement de travaux
　工程拨款计划
planning du projet 项目进度计划
planning d'utilisation des installations
　de chantier 工地设施使用计划
planning financier 财务计划
planning général des études
　设计总进度计划
planning général des travaux
　工程总进度计划
planning global du projet 项目总进度计划
planning hebdomadaire d'activité
　周工作进度计划
planning préliminaire 初步计划
planning prévisionnel 预计进度计划

plant　苗木
plantation　种植;植物
plantation d'arbres　种树
plantation d'arbrisseaux　种灌木
plantation d'arbustes　种小灌木
plantation de baliveaux　种小树;种幼苗
plantation de chemin de fer　铁路绿化
plantation d'herbe　植草皮
plantation paysagère le long de voie
　沿线景观绿化
plaque　板;垫板
plaque agglomérée en copeaux de bois
　刨花板
plaque agglomérée en fibres de bois et
　de ciment　木丝板
plaque anti-poussière　防尘板
plaque arrière de l'attelage　后从板
plaque avant de l'attelage　前从板
plaque cantilever　悬臂板
plaque centrale　中腹板;中线板;中心盘
plaque centrale inférieure　下心盘
plaque centrale inférieure de bogie
　转向架下心盘
plaque centrale supérieure　上心盘
plaque d'aluminium　铝板
plaque d'amiante　石棉板
plaque d'ancrage　固定板
plaque d'appui　垫板
plaque d'appui de support　支座垫板
plaque d'appui en néoprène　氯丁橡胶垫板
plaque d'articulation　连接板
plaque d'assemblage　节点板
plaque d'assise　底板;垫板
plaque d'assise de joint de raccord
　接头垫板
plaque de charge　承载板
plaque de charrue à ballast　道砟侧犁板
plaque de compression　承压板
plaque de contact　接触板
plaque de couverture　盖板
plaque de direction　路标;方向指示牌
plaque de glissement　道岔移位板;滑床板
plaque de guidage　引导牌
plaque de jonction　连接板
plaque de métal　金属板
plaque de mise à la terre　接地板
plaque de montage　安装板
plaque de nom de section　区间名牌
plaque de protection　护板;保护板

plaque de raidissement　加强板
plaque de recouvrement　搭接板
plaque de renforcement　加固板
plaque de renfort　加劲板
plaque de renfort du rail pointu
　尖轨补强板
plaque de serrage　紧固板
plaque de signal　信号牌
plaque d'essai　试验板
plaque de support　托板
plaque de support de chape d'attelage
　钩尾框托板
plaque de terre　接地板
plaque de transition　渡板
plaque d'identification de wagons
　(numéro de train)　车厢(车次)标识牌
plaque d'immatriculation　汽车牌照
plaque d'itinéraire　线路名牌;路牌
plaque d'usure　磨耗板
plaque d'usure de crapaudine　心盘磨耗盘
plaque élastique　弹性板
plaque en acier　钢板
plaque en béton préfabriqué　预制混凝土板
plaque indicatrice　指示(路)牌
plaque intégrale　整体板
plaque latérale　侧板
plaque ondulée en amiante-ciment
　波形石棉水泥瓦
plaque ondulée en matière plastique
　波形塑料瓦
plaque perforée　带孔板
plaque pilote　路牌
plaque pilote auxiliaire　辅助路牌
plaque pilote électrique　电气路牌
plaque pilote électronique　电子路牌
plaque portante　支承板
plaque rigide en fibres de bois comprimées
　硬质纤维板
plaque supérieure　顶板
plaque tournante　机车转盘;转车台
plaquette de frein　制动片
plastic　油灰
plasticimètre　塑性计
plasticité　塑性
plastifiant　塑化剂
plastifiant chimique　化学增塑剂
plastifiant de béton　混凝土增塑剂
plastifiant-émulsif　乳化增塑剂
plastique　塑料

plastique expansé 泡沫塑料
plastique mousseux 泡沫塑料
plastique renforcé 增强塑料
plateau 高原
plateau à bascule de voie 轨道衡
plateau à console 悬臂托架
plateau continental 大陆架
plateau d'abattage de tunnel
　隧道掘进平台
plateau de boîte d'essieux 轴箱承台
plateau d'échafaudage 脚手架平台
plateau de chargement 装货托架
plateau de châssis 车架托板
plateau de forage 钻台
plateau de lœss 黄土高原
plateau de support 托台
plateau de suspension 吊盘
plateau de tampon 缓冲盘
plateau de vidange 机修接油盘
plateau diviseur 分度盘
plateau élévateur de construction 施工吊篮
plateforme 路基;路床;站台
plateforme à deux voies 双线道床
plateforme à voyageurs 旅客站台
plateforme autodrainante 自动排水路基
plateforme ballastée 道砟路基
plateforme bétonnée 混凝土道床
plateforme d'accès 进站站台
plateforme de berme 护肩路基
plateforme de chargement/déchargement
　装/卸车站台;货场装/卸车台
plateforme de concassage 轧石平台
plateforme de débarquement
　卸车站台;卸车台
plateforme de déblai 挖方路基
plateforme de forage 钻井平台
plateforme d'épreuve 试验平台
plateforme d'épreuve de train à
　grande vitesse 高速列车试验台
plateforme de remblai 填方路基
plateforme de remblai-déblai 半填半挖路基
plateforme de réparation 修理平台
plateforme de réparation du dépôt
　机务修理平台
plateforme de sondage 钻探平台
plateforme de tassement 沉降平台
plateforme de terrassement 填土路基
plateforme de transbordement
　货物倒装作业站台;移车台
plateforme de transbordement du dépôt
　机务段移车台
plateforme de transmission 传输平台
plateforme de travail 工作平台
plateforme de vidange 卸油栈台
plateforme de visite et d'entretien
　检测维护吊架
plateforme de voie 路床;轨下基础
plateforme de voie à semelle en caoutchouc
　橡胶垫板道床
plateforme de voie refluée de boue
　翻浆道床
plateforme d'opération 操作平台
plateforme dure 硬路基
plateforme élévatrice 升降平台
plateforme en terre 土路基
plateforme entre les voies 线路中间站台
plateforme ferroviaire 铁路站台
plateforme forte 硬路基
plateforme inférieure 护脚路基
plateforme initiale 原路基
plateforme mauvaise 劣质路基
plateforme médiocre 一般路基
plateforme mobile 凿岩台车
plateforme mobile de forage 凿岩台车
plateforme monolithe de voie 整体道床
plateforme ordinaire 一般路基;普通路基
plateforme remblayée 回填路基
plateforme roulante 移车台
plateforme séparée 分离式路基
plateforme tournante 机车转盘;转车台
platelage 铺桥面
platelage de passage à niveau
　平交道口路面板铺设
platelage de plaque métallique 铺设板钢
platelage de pont 铺桥面板
platelage de revêtement de passage à niveau
　平交道口路面铺设
platine 垫板
platine d'ancrage 锚垫板
platine de mise à la terre 接地板
platine de raidissement 加强板
platine de renforcement 加固板
plâtre 石膏
plâtre à prise lente 缓凝石膏浆
plâtre de construction 建筑石膏
plâtre hydraulique 水硬性石膏
plâtre-ciment 泥质灰岩
plein-cintre 半圆拱

plexiglas 有机玻璃
pli 信封;包装
pli de l'offre financière 装财务标的信封
pli de l'offre technique 装技术标的信封
plissement 起皱
plomb 铅;保险丝
plomberie 管道安装工程
plot 反光道钉
plot de chaussée 路面标钉;路钮
plot réfléchissant 反光道钉
plot rétro-réfléchissant 反光路钮
ploutage 耙平土地
pluie 雨
pluie abondante 大雨
pluie annuelle 年降雨量
pluie artificielle 人工降雨
pluie battante 暴雨
pluie courte 短阵雨
pluie cyclonique 气旋性雨
pluie de convection 对流性雨
pluie de longue durée 长时间降雨
pluie d'orage 雷暴雨
pluie efficace 有效降雨
pluie étendue 大面积降雨
pluie fine 毛毛雨
pluie intermittente 间断性下雨
pluie locale 局部降雨
pluie moyenne 中雨
pluie orographique 地形雨
pluie torrentielle 倾盆大雨
plus-value 增值;追加额
plus-value absolue 绝对增量
plus-value de conception 设计追加费用
plus-value de déplacement de réseau
  网线迁移追加费用
plus-value de terrain rocheux
  岩方追加费用
plus-value de transport au-delà de 30 km
  超出30km以外运距追加费用
plus-value de transport pour terrassement
  土方运输追加费用
plus-value de travaux hors du contrat
  合同外工程追加费用
plutonite 深成岩
pluviométrie 雨量测定法
pneu 轮胎
pneu à plat 瘪胎
pneu arrière 后轮胎
pneu avant 前轮胎

pneu plein 实心轮胎
pneu-citerne 油罐车;加油车
poche 袋;坑
poche d'argile 黏土坑
poche d'eau 水囊
poche de la chaussée 路面洼坑
poche pneumatique 气囊
podium 墩座墙
poids 重量;配重
poids absolu 绝对重量
poids autorisé 规定重量
poids brut 毛重
poids constant 恒重
poids de balance 平衡配重
poids de calcul 计算重量
poids de chargement 荷载重量
poids de construction 结构重量
poids de formation des rames du train
  列车编组重量
poids de mouton 桩锤重量
poids de rail 钢轨重量
poids de rail par mètre 每延米钢轨重量
poids de traction 牵引重量
poids en charge 载重
poids en excédent 超重
poids en pleine de charge 整备重量
poids étalon 标准砝码
poids et mesures 度量衡
poids global 总重
poids global de passage 通过总重
poids lourd 重车;重载
poids lourd à droite 载重车靠右行驶
poids maximum 最大重量
poids minimum 最小重量
poids mobile 活载;动荷载
poids mort 静载;自重
poids mort de pont 桥梁自重
poids mort de structure 结构自重
poids mort de wagon 车辆自重
poids moyen 平均重量
poids net 净重
poids par essieu 轴重
poids par essieu d'automotrice 动车轴重
poids par essieu 轴重
poids par rail 轨重
poids par roue 轮重
poids propre 自重
poids spécifique 比重
poids supplémentaire 附加重量

poids total　总重
poids unitaire　单位重量
poids utile　有效重量
poids volumétrique　重度
poids volumétrique sec　干重度
poids volumique　重度
poignée　手柄；把手
poignée de caisse　车体扶手
poignée de levier d'attelage　车钩提杆把手
poignée de porte　门把
poignée de tige de libération　提杆把手
poignée de tige de libération de l'attelage
　车钩提杆把手
poignée de toit　车顶扶手
poignée de véhicule　车辆扶手
poinçonnage de billet　剪票；轧票
poinçonnage de rail　钢轨打眼
point　点
point bas　低点
point central　中点
point clef　控制点；关键点
point clef de l'ouvrage　工程控制点
point connu　已知点
point coté　标高点
point coté altimétrique　高程标注点
point critique　临界点
point critique de travaux　工程控制点
point d'accès　入口处
point d'accès au réseau　网络接入点
point d'accès de la section　区间接入点
point d'accident　事故点
point d'adaptation　适应点
point d'affaissement　软化点
point d'affaissement de bitume
　沥青软化点
point d'ancrage　锚固点
point d'approche　接近点
point d'appui　支点
point d'arrêt　止点；停工点
point d'arrivée　终点
point d'arrivée de cheminement
　测量导线终点
point d'attache　拴接点
point d'attache des câbles tendeurs
　桥梁拉索固定点
point d'attache de wagon de marchandises
　货车车辆拴接点
point d'eau　水眼
point de base　基准点

point de base de levé d'itinéraire
　线路测量基准点
point de base de polygonale
　导线测量基准点
point de bifurcation　分叉点
point d'ébullition　沸点
point de calage　定位点
point de canevas　测点
point de changement　变化点
point de changement de déclivité　变坡点
point de changement de l'écartement de voie
　轨距变化点
point de changement de pente　变坡点
point de choc　撞击点
point d'éclair　热闪点
point de condensation　凝固点；露点
point de conflit　冲突点
point de congélation　冻结点
point de connexion de voie　轨道连接点
point de contact　接触点
point de contact à bifonction　双桥探头
point de contact de commutateur
　转换器接触点
point de contact de pantographe
　受电弓接触点
point de contrôle　控制点
point de contrôle de la ligne　线路控制点
point de contrôle de l'altitude de voie ferrée
　轨道高程控制点
point de contrôle des travaux　工程控制点
point de croisement　交叉点
point de délimitation　分界点
point de démarcation　分界点
point de départ　起点
point de départ de cheminement
　测量导线起点
point de départ de courbe　曲线起点
point de départ de courbe de raccord
　缓和曲线起点
point de départ de ligne　线路起点
point de détection　检测点
point de déviation　偏转点
point de fermeture　闭合点
point de fermeture de cheminement
　测量导线闭合点
point de fixation　固定点
point de flamme　燃点
point de flexion　弯曲点
point de fluage　蠕变点

point de fluidité 流化点
point de forage 钻探点
point de fragilité 破碎点
point de fusion 熔点
point de gare 站点
point de jonction 交点;贯通点
point de jonction de tunnel 隧道贯通点
point de jonction de voie 轨道连接点
point de levé 测量点
point de liaison 连接点
point de mesure 测量点
point de mise à la terre 接地点
point de naissance 起拱点
point de niveau 水准点
point de nivellement 水准点
point d'entrée de ligne de croisement
　　岔线进点
point de passage 通过点
point de pente 坡点
point de polygonation 导线测量点
point de pose 架设点
point de positionnement 定位点
point de pose de rails 铺轨点
point de prélèvement 采样点
point de prise 凝固点;取样点
point de prise d'eau 取水点;列车上水点
point de prospection 勘探点
point d'équilibre 平衡点
point de raccordement 连接点
point de raccordement de lignes
　　线路连接点
point de raccordement de rails 接轨点
point de raccordement de voie 轨道接轨点
point de ramollissement 软化点
point de ramollissement de bitume
　　沥青软化点
point de rebroussement 折返点
point de recoupement 交点
point de référence 基准点
point de refroidissement 冷却点
point de rejet 泄水点
point de rencontre 交汇点
point de repère 方位点
point de repère de tassement 沉降基准点
point de retournement 折返点
point de retournement d'itinéraire
　　d'acheminement de locomotive
　　机车交路折返点
point de rupture 断裂点

point de saturation 饱和点
point de section 截点
point de séparation de limite 分界点
point de série 连测点
point de solidation 固结点
point de solidification 凝固点
point de sommet 顶点
point de sondage 勘探点
point de sortie de ligne de croisement
　　岔线出点
point singulier de tracé
　　线路不良点;线路特定点
point de soudure 焊(接)点
point de station 站点
point de stationnement 停车点
point de stockage 存放点
point de support 支承点
point de surveillance 监测点
point de suspension 悬挂点
point de tangence 切点
point de tassement 沉降点
point de test 测试点
point de tir 爆破点
point de tiroir 列车牵出点
point de traction 牵引点
point de transformation 转变点
point de travail 作业点
point de triangulation 三角网测点
point d'évacuation 泄水点
point d'inflammation 燃点
point d'inflexion 反弯点
point d'intersection 交叉点;交会点
point d'observation 观测点
point d'observation de tassement
　　沉降观测点
point d'observation géologique 地质观测点
point d'observation hydrologique
　　水文观测点
point d'origine 起点
point entre deux lignes 两线交点
point équipotentiel 等位点
point fixe 固定点
point géodésique 大地测量点
point géométrique 几何点
point haut 高点
point inconnu 未知点
point initial 起始点;原点
point kilométrique(PK) 里程标
point nodal 节点
point sur la carte 图上位置

point tangent 切点
point terminal 终点
point tournant 拐点
point trigonométrique 三角测点
points symétriques 对称点
pointage 瞄准;标记号
pointage du personnel 职工考勤记录
pointe 尖头;探头
pointe à bifonction 双桥探头
pointe à monofonction 单桥探头
pointe d'aiguille 辙轨尖;岔尖
pointe de circulation 交通高峰时刻
pointe de cœur de croisement
　道岔辙心尖端
pointe de consommation 高峰消耗量
pointe de courant 电流峰值
pointe de croisement 迎辙岔尖
pointe de crue 洪峰
pointe de débit 最大流量
pointe de lame d'aiguille 道岔岔尖
pointe de pieu 桩尖
pointe de rail 轨尖
pointe de trafic 运输高峰
pointe de vitesse 最大速度
pointeau 打眼器
police 保单
police d'assurance 保单
police d'assurance contre l'incendie
　火险保单
police d'assurance maritime 海运保单
police d'assurance sur les marchandises
　货物保单
police d'assurance《tous risques chantier》
　工地全险
police de chantier 工地保险单
police Incendie 火灾保险单
police terrestre 陆运保单
polissage 抛光
polissage de métal 金属抛光
polissage de rouille 除锈抛光
polisseuse 抛光机
pollution 污染
pollution acoustique 噪声污染
pollution aérienne 空气污染
pollution atmosphérique 大气污染
pollution biologique 生物污染
pollution blanche 白色污染(塑料袋)
pollution chimique 化学污染
pollution de bruit 噪声污染

pollution de l'air 空气污染
pollution de la plateforme de voie 道床污染
pollution de la rivière 河流污染
pollution de la surface 表面污染
pollution de la surface de construction
　建筑物表面污染
pollution de l'atmosphère 大气污染
pollution de l'environnement 环境污染
pollution de lumière 光污染
pollution de matériau 材料污染
pollution de métal lourd 重金属污染
pollution de poussière 尘土污染
pollution des eaux 水污染
pollution des eaux souterraines 地下水污染
pollution des ondes acoustiques 声波污染
pollution des ondes électromagnétiques
　电磁波污染
pollution de source d'eau 水源污染
pollution des résidus médicaux
　医疗废弃物污染
pollution des résidus nocitifs
　固体废弃物污染
pollution des ultra-sons 超声波污染
pollution de trafic 交通污染
pollution de voie 线路污染
pollution du sol 土壤污染
pollution du terrain 场地污染
pollution industrielle 工业污染
pollution lumineuse 光污染
pollution maritime 海洋污染
pollution pétrolière 石油污染
pollution radioactive 放射性污染
pollution secondaire 二次污染
pollution urbaine 城市污染
pollution visuelle 视觉污染
polyèdre 多面体
polyéthylène 聚乙烯
polyéthylène à haute densité(PEHD)
　高密度聚乙烯
polygonale 导线;导线测量
polygonale de base 基本导线(测量)
polygonale fermée 闭合导线(测量)
polygonale nivelée 水准导线(测量)
polygonale principale 主导线(测量)
polygonale rapprochée
　二级控制导线(测量)
polygonale secondaire
　次导线;二级控制导线(测量)
polygonation 导线测量法

polygonation complémentaire
　补充导线测量法
polygone　多边形;导线(测量)
polygone de base　基本导线(测量)
polygone équilatéral　多边形
polygone fermé　闭合导线(测量)
polygone nivelé　水准导线(测量)
polypropylène　聚丙烯
polystyrène　聚苯乙烯
polystyrène expansé　发泡聚苯乙烯
pompage　泵吸
pompage d'eau　抽水
pompage des eaux de la nappe　泵潜水
pompage des eaux de surface　泵地表水
pompe　泵
pompe à air　空气泵
pompe à air comprimé　气压泵
pompe à basse pression　低压水泵
pompe à béton　混凝土输送泵
pompe à béton pour revêtement de tunnels
　隧道衬砌混凝土泵
pompe à boue　泥浆泵
pompe à boue pour sondeuse　钻机泥浆泵
pompe à eau　水泵
pompe à essence　汽油泵
pompe à gaz　气泵
pompe à huile　油泵
pompe à huile de haute pression　高压油泵
pompe à incendie　消防水泵
pompe à lubrifiant　机油泵
pompe à mortier　砂浆泵
pompe à piston　活塞泵
pompe à pneumatique　气泵
pompe à vide　真空泵
pompe accélératrice　加速泵
pompe aspirante　吸入泵
pompe centrifuge　离心泵
pompe d'assèchement　排水泵
pompe de compression　增压泵
pompe de coulis　灌浆泵
pompe de dragage　吸泥泵
pompe de drainage　排水泵
pompe de fond　潜水泵
pompe de forage　钻孔泵
pompe d'épuisement　排水泵
pompe de secours　备用泵
pompe de vidange　排空泵
pompe d'incendie　消防水泵
pompe d'injection　喷射泵

pompe doseur　计量泵
pompe dragueuse　吸泥泵
pompe foulante　压力泵
pompe immergée　潜水泵
pompe pneumatique　气泵
pompe pour eaux usées　污水泵
pompe submersible　潜水泵
pompe verticale　立式泵
pompiste　油站加油工
ponceau　涵洞
ponceau à deux tuyaux　双孔排水涵洞
ponceau à plein cintre　圆拱涵
ponceau à siphon　虹吸涵洞
ponceau à trois tuyaux　三孔排水涵洞
ponceau avec cascades　梯级(排水)涵洞
ponceau avec dalles　盖板涵
ponceau avec dalles accouplées　双孔盖板涵
ponceau de tube rigide　刚性管涵
ponceau en béton　混凝土涵洞
ponceau en béton armé　钢筋混凝土涵洞
ponceau en béton préfabriqué
　预制混凝土涵洞
ponceau en briques　砖构涵洞
ponceau en buse　圆管涵
ponceau en caisson　箱涵
ponceau enterré　暗涵
ponceau en gradins　梯级(排水)涵洞
ponceau en maçonnerie　圬工涵洞
ponceau en tôle galvanisée　镀锌铁皮涵洞
ponceau ouvert　明涵
ponceau trapézoïdal　梯形(排水)涵洞
ponceau tubulaire　管涵
ponceau tubulaire préfabriqué　预制管涵
ponceau voûté　拱涵
ponctualité　准点
ponctualité de trafic　运行准点
pondération　加权;权重
pondération de l'offre　标书权重
pondeuse　打砖机;混凝土轨枕机
pondeuse de parpaing　空心砖制造机
pondeuse de traverses　轨枕机
pondeuse de traverses bi-bloc
　双块式轨枕机
pont　桥梁
pont à âmes pleines　实腹板梁桥
pont à arc cantilever　悬臂拱桥
pont à arc-corde　弦拱桥
pont à arc et à articulations　铰拱桥
pont à balancier　升降桥;杠杆式活动桥

P

pont à bascule 地秤；秤桥
pont à câbles 悬索桥；钢缆桥
pont à câbles à deux étages 双层悬索桥
pont à câbles ancrés 锚定式悬索桥
pont à câbles diagonaux 斜拉桥
pont à câbles en acier 钢缆桥
pont à câbles en caissons métalliques
　钢箱梁悬索桥
pont à chaînes 链式悬桥
pont à charpente portable 轻便构架桥
pont à charpente rigide 刚性构架桥
pont à caissons 箱梁桥
pont à consoles 悬臂桥
pont à contre-fiche 桁架桥
pont à dalle 板桥
pont à dalle de béton 混凝土板桥
pont à dalle participante 组合式板桥
pont à dalle rectangulaire 矩形板桥
pont à deux étages
　双层桥；公路铁路两用桥
pont à deux moitiés basculantes
　双开竖旋桥；双臂开启桥
pont à deux travées 双孔（跨）桥
pont à double voie 双线桥
pont à double usage de route et du chemin de fer 公路铁路两用桥
pont à double voie 复线桥
pont à double voûte en béton armé
　钢筋混凝土双曲拱桥
pont à électro-porteur
　磁力桥式起重机；桥式磁吊
pont à entretoises supérieures 上承桁架桥
pont à faible portée 短跨桥
pont à fil 滑线（变阻）电桥
pont à fléau 杠杆式活动桥
pont à flèche 伸臂桥
pont à flèche orientable 转臂桥式吊车
pont à flèche télescopique 伸臂桥式吊车
pont à haubans 斜拉桥
pont à haubans en béton précontraint
　预应力混凝土斜拉桥
pont à la Colleton 科氏浮桥（英式浮桶桥）
pont à longerons 梁式桥；简支桥
pont amovible 可移动桥架
pont à nervure 肋式板桥
pont à niveaux croisés 跨线桥
pont à ossature mixte 混合结构桥
pont à péage 收费桥
pont à poutrelles plates 上承平板梁桥
pont à poutrelles enrobées 裹复梁桥
pont à poutres 梁式桥
pont à poutres à âme 腹板梁桥
pont à poutres à consoles 悬臂梁桥
pont à poutres continues 连续梁桥
pont à poutres coulées sur place
　支架现浇梁桥
pont à poutres droites 直梁桥
pont à poutres en fonte 铸铁梁桥
pont à poutres en treillis 格构桁架桥
pont à poutres en treillis métalliques
　钢构桁架桥
pont à poutres métalliques 钢梁桥
pont à poutres métalliques participants
　组合钢梁桥
pont à poutres mixtes 组合梁桥
pont à poutres mixtes précontraintes
　预应力组合梁桥
pont à poutres multiples 多梁式桥
pont à poutres sur appuis simples 简支梁桥
pont-aqueduc 引水桥
pont arqué 拱桥
pont arrière 汽车后桥
pont à tabliers comportant des âmes multiples 多腹板式桥
pont à tablier 板桥
pont à tablier inférieur 下承桥
pont à tablier intermédiaire 中承桥
pont à tablier supérieur 上承桥
pont à tabliers doubles
　双层桥；公路铁路两用桥
pont à travée unique 单孔桥
pont à travées continues 连续跨桥
pont à travées multiples 多跨桥
pont à une travée 单跨桥
pont à une voie 单线桥
pont auxiliaire 辅助桥；便桥
pont avant 汽车前桥
pont avec poutre en arc 拱形梁桥
pont à voie inférieure 下承桥
pont à voie supérieure 上承桥
pont à voie unique 单线桥
pont à voussoirs 箱梁桥
pont basculant 竖旋桥；竖升开启桥
pont-bascule 地磅
pont-bascule à wagons 货车地磅
pont-bascule de véhicules 车辆地磅
pont-bascule ferroviaire 轨道衡
pont-bascule routier 汽车地磅

pont biais　斜桥
pont bi-poutres　双梁桥
pont-canal　水渠桥;引水桥
pont cantilever　悬臂桥
pont combiné　组合桥
pont combiné des arcs et des poutres
　　拱梁组合桥
pont courant　标准桥梁
pont d'accès　引桥
pont-dalle　板桥
pont d'approche　引桥
pont d'autoroute　高速公路桥
pont de bateaux　浮桥
pont de cadre　框架桥
pont de cadre fermé　闭合式框架桥
pont de cadres multiples　多孔框架桥
pont de cadre ouvert　开式框架桥;门式桥
pont de cadre simple　单孔框架桥
pont de canalisation　管线桥
pont de chemin de fer　铁路桥
pont de chemin de fer à voie unique
　　单线铁路桥
pont de chemin de fer à double voie
　　双线铁路桥
pont de ligne principale　主线桥梁
pont de manutention　桥式装卸机
pont démontable　轻便桥
pont démouleur　桥式脱模吊机
pont de passage　天桥
pont de pilotis　桩式桥
pont de service　工作便桥
pont de suspension　吊桥
pont de tête　桥头堡
pont de tonneaux à l'anglaise
　　英国式浮桥
pont double　双臂开合桥
pont droit　直线桥
pont d'usage général　通用桥式吊车
pont électrique　电动桥式起重机
pont électrique à deux crochets
　　双吊钩式电动桥式起重机
pont électrique à grappin preneur
　　抓斗式电动桥式起重机
pont élévateur　升降台;平台升降机
pont élévateur à prise sous les essieux
　　托轴举升平台
pont élévateur à prise sous les roues
　　托轮举升平台
pont élévateur à quatre vérins pour poids
　　lourds　重型汽车用四柱塞式升降台

pont élévateur fixe　固定式升降台
pont élévateur hydraulique　液压升降台
pont élévateur rotatif　回转式升降台
pont en acier　钢桥
pont en acier à poutres en treillis
　　钢构桁架桥
pont en arc　拱桥;拱式桥
pont en arc à tubes en béton armé
　　钢管混凝土拱桥
pont en arc avec porte-à-faux　悬臂拱桥
pont en arc avec tirant　系杆拱桥
pont en arc en béton armé　钢筋混凝土拱桥
pont en arches　石拱桥
pont en arches multiples　连拱桥
pont en béton　混凝土桥
pont en béton armé　钢筋混凝土桥
pont en béton constitué d'éléments
　　préfabriqués　混凝土预制构件桥
pont en béton précontraint
　　预应力混凝土桥
pont en bois　木桥
pont en courbe　曲线桥
pont en danger　危桥
pont en encorbellement　悬臂桥
pont en éventail　辐射形桥
pont en fer　铁桥
pont en maçonnerie　圬工桥;石垒桥
pont en pierre　石桥
pont en treillis　桁架桥
pont en tubes　圆管桥
pont exécuté en porte-à-faux　悬臂施工桥
pont existant　现有桥梁
pont ferroviaire　铁路桥
pont fixe　固定桥
pont flottant　浮桥
pont foreur　凿岩吊盘
pont glissant　滑动架
pont-grue　桥式吊车
pont incliné　坡桥
pont léger d'atelier　车间轻型桥式起重机
pont levant　升降桥
pont-levis　吊桥
pont métallique　钢桥
pont mobile　活动桥;开合桥
pont non-courant　非标准桥梁
pont noyé　漫水桥
pont oblique　斜桥
pont ouvert　敞式桥
pont ouvrant　升降桥;吊桥

pont pivotant 旋转桥
pont porteur 承重桥
pont-portique 龙门吊车
pont pour piétons 人行桥
pont précontraint 预应力桥
pont préfabriqué 预制构件桥
pont provisoire 临时桥
pont-rail 铁路桥
pont rail de type cadre ballasté en béton armé 钢筋混凝土铺砟箱涵铁路桥
pont rail de type cadre enterré en béton armé 钢筋混凝土下埋式箱涵铁路桥
pont rail de type dalot en béton armé 钢筋混凝土涵洞铁路桥
pont rail de type portique en béton armé 钢筋混凝土门式铁路桥
pont rail de type tablier à poutres en béton précontraint 预应力混凝土梁板铁路桥
pont rail-route 铁路—公路两用桥
pont renforcé 加固桥
pont riveté 铆接桥
pont roulant 桥式起重机
pont-route 公路桥
pont routier à tablier inférieur 下沉式公路桥
pont-route à tablier monolithique 整体(板)梁公路桥
pont-route de circulation à sens unique 单行公路桥
pont routier/ferroviaire 公路/铁路桥
pont secondaire 次级桥梁
pont submersible 漫水桥
pont supérieur 上甲板
pont super-long 特大桥
pont sur chevalets 栈桥;高脚排架桥
pont surélevé 高架桥
pont sur pieux métalliques 钢桩基础桥
pont suspendu 吊桥;悬索桥
pont suspendu à câbles 索缆吊桥
pont suspendu à chaînes 链式悬桥
pont suspendu ancré 锚式悬桥
pont suspendu en acier 钢构悬索桥
pont suspendu en treillis 格构吊桥
pont tournant 旋转桥
pont transbordeur 活动吊车渡桥
pont volant 吊盘;吊桥
pont-voûte 拱桥
pont voûté en porte-à-faux 悬臂拱桥
ponts jumelés 双桥

pontage 架设桥梁
ponton 浮箱
ponton d'accostage 浮码头
pontonage 过桥税;渡税
ponton-grue 起重船
porosité 空隙率
porosité capillaire 毛细孔隙
porosité cellulaire 蜂窝状孔隙
porosité de béton 混凝土孔隙率
porosité du lit de ballast 道床孔隙性
porosité du sol 土壤孔隙率
porphyre 斑岩
port 港口
port aérien 航空港
port autonome 自治港
port côtier 沿海港
port d'abri 避风港
port de commerce 商港
port de déchargement 卸货港
port de départ 起航港
port de destination 目的港
port de pêche 渔港
port de refuge 避风港
port de salut 避难港;避风港
port d'escale 停靠港
port de transit 转口港
port en eau profonde 深水港
port fluvial 河港
port franc 自由港;免税港
port libre 自由港
port maritime 海港
port militaire 军港
port ouvert 自由港
port pétrolier 石油港
portail 大门;正门
portail à panneaux grillagés 铁丝网大门
portail coulissant électrique 电动滑门
portail de tunnel 隧道洞门
portail de pont 桥塔;桥门柱
portance 承载力
portance admissible 容许承载力
portance de la plateforme de voie 路基承载力
portance de soutènement 支架承载力
portance du sol 地基承载力
portance du sol de forme 路基土壤承载力
porte 门
porte à battants 开扇门
porte à charnière 合页门

porte à deux battants 双开门	porte pivotante 旋转门
porte anti-intrusion 安全门	porte pliante 折页门
porte à persiennes 百叶门	porte pliante d'accordéon de remisage
porte d'accès au quai 站台入口门	机库维修线折页门
porte-bagages 行李架	porte profilée 压型门
porte blindée 铠甲门	porte réversible 双向闸机
porte-câbles 电缆架	porte-rideau 卷帘门
porte centrale 中门	porte roulante 卷帘门
porte centrale à deux vantaux	porte tournante 旋转门
双扇车厢中门	porte-tourniquet 转杆式闸机
porte-char 拖运车;平板车	portée 跨度
porte-clavette d'attelage 钩尾销	portée calculée 计算跨度
porte coupe-feu 防火门	portée critique 临界跨距
porte coulissante 推拉门	portée d'arc 拱跨度
porte coulissante à deux battants opposés	portée de charge 荷载范围
双扇对开拉门	portée de ferme 桁架跨度
porte de cloisonnement 隔门	portée de l'arche d'un pont 桥拱跨度
porte de compartiment 车厢门	portée de mesure 测量范围
porte de contrôle électrique 电控门	portée de piles 桥墩跨度;桥墩间距
porte de contrôle central 中控门	portée de pont 桥梁跨度
porte de fond 底门	portée de portique souple 软横跨度
porte de fond du wagon-trémie 漏斗车底门	portée de poutre 梁跨
porte de protection 防护门	portée de sécurité 安全范围
porte de secours 安全门	portée d'établissement 编制范围
porte de trappe 活门	portée de travail 工作范围
porte de trappe de chargement 装货口活门	portée de travaux 工程范围
porte de trappe de chargement au toit	portée de voûte 拱跨
de véhicule 车顶装货口活门	portée d'impact 影响范围
porte de trappe de déchargement au fond	portée double 双跨
de véhicule 车辆底部卸货口活门	portée équivalente 当量跨距
porte déversée 翻门	portée latérale 旁跨
porte d'extrémité 端门	portée libre 自由跨度
porte d'extrémité à un vantal	portée limite 限制跨度
单扇车厢端门	portée maximum 最大跨度
porte d'extrémité de wagon 货车端门	portée nette 净跨
porte emboîtable-coulissante 塞拉式车门	portée principale 主跨
porte en aluminium 铝合金门	portée profondeur 进深
porte en bois 木门	portée théorique 理论跨度
porte en contreplaqué 胶合板门	portée transversale 横向跨度
porte en métal plastique 塑钢门	portée utile 有效跨度
porte-engins 平板车	portée visuelle 视界范围
porte étanche 密封门	portées multiples 多跨
porte glissante 推拉门	portière 车门
porte insonorisée 隔音门	portière de cabine de conduite 驾驶室车门
porte latérale 侧门	portique 龙门架;龙门式起重机
porte latérale du wagon 货车侧门	portique à signaux
porte métallique 金属门	信号桥架;门式信号架
porte-outil 工具架	portique avertisseur de chaussée
porte-pièce 工件夹具	道路限高门架

portique de caténaire 接触网门形架
portique de chantier-gare 站场门形架
portique de l'autoroute
　高速公路信号牌龙门架
portique de levage de caisse de wagon
　机务落轮提升架
portique de levage de châssis de voie
　轨排提升架
portique de levage de traverse
　轨枕提升架
portique de limitation de gabarit
　限高龙门架；限界门架
portique-grue de maintenance SMR
　机务段维修门架式吊机
portique de manutention de conteneurs
　集装箱装卸龙门架
portique de pont 桥门架
portique de posage 铺排龙门架
portique de pose de châssis de voie
　轨排铺设门架
portique de pose des panneaux de voie
　轨排铺设门架
portique de pose des rails 铺轨门架
portique de protection 限界框架
portique de protection de voie 路界限架
portique-gabarit 限高龙门架；限界门架
portique-gabarit de caténaire
　接触网限界门架
portique rigide 硬横跨
portique roulant pour poser les rails
　龙门式铺轨机
portique souple
　软横跨；接触悬挂横向支持设备
portique terminal du pont 桥头门架
portland 硅酸盐水泥
posage à portique 龙门架铺排
posage à portique de châssis de voie
　龙门架铺设轨排
posage de traverses 摆排轨枕
pose 安装
pose à blanc 试铺
pose à blanc de l'aiguille 试铺道岔
pose à blanc de traverses 试铺枕木
pose à blanc sur plateforme de rails et de
　traverses 把钢轨和枕木试铺到道床上
pose à cantilever 悬臂架设
pose aérienne 架空敷设
pose à grue automatique de poutres du pont
　自行式吊车架梁
pose à grue flottante de poutres du pont
　起重船架梁
pose à grue portique de poutres du pont
　门式吊车架梁
pose à méthode flottante 浮运架桥法
pose à méthode oscillante de poutres du pont
　摆动式架梁
pose à méthode rotative 转体架桥法
pose à portique de poutres du pont
　龙门式架梁
pose correcte de traverse 放正轨枕
pose de buses 铺设管涵
pose de buses en béton armé
　铺设钢筋混凝土管涵
pose de câbles 铺设电缆
pose de câbles de signalisation
　铺设信号电缆
pose de câbles enterrés 埋地电缆铺设
pose de canalisations 铺管
pose de châssis de voie 铺设轨排
pose de cintre 安装拱架
pose de cintre métallique 安装钢拱架
pose de collecteurs 铺设集水管
pose de collecteurs en fonte
　铺设铸铁集水管
pose de conduites 管道铺设
pose de dalles 铺底板
pose de drains 铺设排水管
pose de drains métalliques 铺设金属排水管
pose de faisceau des aiguilles 道岔群铺设
pose de fil de caténaire 接触网架线
pose de fourreaux 安装套管
pose de géotextile 安放土工布
pose de l'aiguille 道岔安装
pose d'enrochements de protection
　铺设石砌护坡
pose de platine 安装垫板
pose de points de repère 设置基准点标记
pose de pont 桥梁架设
pose de poutre 架梁
pose de poutre à caisson 箱梁架设
pose de première pierre 奠基
pose de profilés métalliques 型钢安装
pose de rails 铺轨；轨道线安装
pose de revêtement 铺面
pose de revêtements pavés 铺砌路面
pose de ruban avertisseur 铺设警示带
pose de ruban avertisseur au-dessus
　de canalisation 管道上方铺设警示带

pose de traverses 摆放枕木
pose des aiguilles 线路设备安装;安装道岔
pose des éléments(composants) 安装构件
pose des appuis 安装支座
pose des appuis de pont 安装桥梁支座
pose des attaches de rails 安装钢轨扣件
pose de superstructure de voie
  线上设备安装
pose de tablier 桥面铺装
pose de traverses 铺设轨枕
pose de tubes 铺设管道
pose de tuyaux 铺设管道
pose de tuyaux enterrés 埋地管道铺设
pose de voie ferrée 轨道铺设
pose de voie ferrée sur dalle 底板上铺轨
pose du sable 铺沙
pose en diagonal 斜铺法
pose en plan rectangulaire 平铺法
pose en sable 铺沙
pose et raccordement des rails
  摆放连接钢轨
pose manuelle de rails 人工铺轨
pose mécanique de rails 机械铺轨
pose par couche 分层铺设
pose segmentale à cantilever
  分段悬臂安装
pose sur châssis mobile de poutres du pont
  移动支架式架梁
pose-tubes 管道铺设车
poseur de rails 铺轨工
poseur de la voie 铺轨工
position 位置
position anormale 错位
position d'aboutement 桥台位置
position d'ancrage 锚固位置
position d'appui 支点位置
position d'arrêt 停止位置
position d'attelage 车钩位置
position de base-vie 营地位置
position de butte 驼峰位置
position décalée 错位
position de champ de dépôt
  堆放场位置
position de champ de dépôt des conteneurs
  集装箱堆场位置
position de champ de dépôt de marchandises
  货物堆场位置
position de chantier 工地位置
position de chantier-gare 站场位置

position de chute de pierres 落石位置
position de circulation du train
  列车运行位置
position de courbe de voie 弯道位置
position de croisement 交叉位置
position d'écroulement de rocher
  岩石崩塌位置
position de culée 桥台位置
position de déblais 挖方位置
position de déblais abandonnés 弃砟位置
position de décélération 减速位置
position de déplacement 移动位置
position de dépôt 机务段位置
position de déraillement du train
  列车脱轨位置
position de destination 终点位置
position de détection 检测位置
position de fonctionnement 运行位置
position de fondation 基础位置
position de forage 钻孔位置
position de freinage 制动位置
position de gare 车站位置
position de glissement 滑动位置
position de glissement de la plateforme
  路基滑坡位置
position de glissement de talus 滑坡位置
position de goulet de chantier-gare
  站场咽喉区位置
position de jonction du posage
  铺排合龙位置
position de la plateforme de voie
  路床位置
position de l'accident 事故位置
position de l'aiguille 道岔位置
position de l'aiguille à direction droite
  道岔直向位置
position de l'aiguille à direction inverse
  道岔反向位置
position de l'axe de platine
  垫板中心位置
position de ligne 线路位置
position de l'installation 安装位置
position de l'ouvrage 工程位置
position de marquage 标识位置
position de montage 安装位置
position de pont 桥梁位置
position de phase 相位
position de pièces incorporées 预埋件位置
position de plan de la voie 线路平面位置
position de pieu 桩位

position de pile 桥墩位置
position de points de changement de voie 线路变化点位
position de point de contact 接触点位置
position de point du départ 起点位置
position de pont 桥位
position de pose de voie 线路安装位置
position de poutre 梁位
position de quai 站台位置
position de ralentissement 减速位置
position de référence 参考位置
position de remblai 填方位置
position de section 断面位置
position de sécurité 安全位置
position de signal 信号位置
position des installations 设施位置
position de sondage 钻孔位置
position de soudure 焊接位置
position de stationnement 停车位置
position de suivi 跟踪位置
position de talonnage 道岔密贴位置
position de train 列车位置
position de travail 工作位置
position de véhicules 车辆位置
position déverrouillée 开锁位置
position de viaduc 高架桥位置
position de voie 线路位置
position de wagon 车辆方位
position d'itinéraire 进路位置
position fermée 闭合位置
position fixe 定位
position géographique 地理位置
position géométrique de rail 钢轨几何位置
position horizontale 水平位置
position initiale 起始点位置
position inverse 反位
position médiane 中间位置
position négative 反位
position normale 正常位置
position originale 原始位置
position ouverte 开放位置
position ouverte de l'aiguille 道岔开放位置
position positive 正位
position relative 相对位置
position renversée 反向位置
position réelle de train 列车实际位置
position statique de l'aiguille 道岔静态位置
position verrouillée 闭锁位置
position verrouillée de l'aiguille 道岔闭锁位置
position verticale 垂直位置
positionnement 定位
positionnement à bord du train 车载定位
positionnement absolu 绝对定位
positionnement à coussinet de traction 拉板式定位
positionnement à distance 远程定位
positionnement à friction sèche type de poteau de guidage 干摩擦导柱式定位
positionnement à rotation de bras 转臂式定位
positionnement à tige de traction 拉杆式定位
positionnement de boîte d'essieu 轴箱定位
positionnement de boîte d'essieu type de cadre de guidage 轴箱导框式定位
positionnement de boussole 指南针定位
positionnement de cadre de guide 导框定位
positionnement de chantier-gare 站场定位
positionnement de couloir de voie 线路走廊定位
positionnement de culée 桥台定位
positionnement de direction 拨正方向
positionnement de fixation 固定定位
positionnement de forage 钻孔定位
positionnement de GPS GPS 定位
positionnement de l'aiguille 道岔定位
positionnement de ligne 线路定位
positionnement d'installation 安装定位
positionnement de pieux 定桩
positionnement de pont 桥梁定位
positionnement de ressort en caoutchouc 橡胶弹簧定位
positionnement de tracé de voie 确定线路走向;定线
positionnement de train 列车位置定位
positionnement de voie 线路定位
positionnement de voie en courbe 曲股定位
positionnement d'excavation de tunnel 隧道开挖定位
positionnement élastique de boîte d'essieu 轴箱弹性定位
positionnement et vérification de pieux 放桩
positionnement final 最终定位

positionnement fixe de boîte d'essieu 轴箱固定定位
positionnement par satellite 卫星定位
positionnement précis 精确定位
positionnement relatif 相对定位
positionneur 定位器
possibilité 可能性
possibilité d'action de l'aiguille bâillée 道岔不密贴可能性
possibilité d'action de l'aiguille mal disposée 道岔错位可能性
possibilité d'annulation de l'éligibilité de cantidature 取消投标资格可能性
possibilité de blocage d'essieux 抱轴可能性
possibilité de décrochage 脱钩可能性
possibilité de déformation 变形可能性
possibilité de dégradation de rail 钢轨损坏可能性
possibilité de déraillement 脱轨可能性
possibilité de l'accident 事故可能性
possibilité de l'accident de saut de voiture 翻车事故可能性
possibilité de l'accident du résau thermique 热网事故可能性
possibilité de l'accident percutant par l'arrière 列车追尾事故可能性
possibilité de pantographe hors ligne 受电弓跳线可能性
possibilité de rejet de l'offre 废标可能性
possibilité d'essieu surchauffée 燃轴可能性
possibilité d'inondations 洪涝可能性
post-contrainte 后张拉；后应力
post-portance 后期承载力
post-potentiel 后电位
post-tension 后张拉；后应力
post-traitement 后处理
poste 岗位；站点
poste à changer des bogies 转向架换装所
poste central 混凝土中心拌和站
poste central de régulation 中央调度室
poste d'aiguillage 道岔扳房；道岔信号楼
poste d'aiguillage d'enclenchement 联锁信号楼；道岔联锁控制所
poste d'aiguillage du dépôt des wagons 车辆段道岔所
poste d'aiguillage informatisé (PAI) 信息化道岔控制所
poste d'alarme 报警站
poste d'alimentation MT 中压供电所

poste d'appel d'urgence 紧急呼叫站
poste d'approvisionnement de locomotive 机务整备所
poste d'eau 给水站
poste de bifurcation 道岔扳房
poste de block 闭塞分界点；线路所
poste de block amont 后方线路所
poste de block aval 前方线路所
poste de bosse 驼峰调车信号楼
poste de butte 驼峰调车场控制室
poste de chargement 装料站
poste de commande 控制站
poste de commande centralisé (PCC) 集中控制站
poste de commande centralisé régionale (PCCR) 区域集中控制站
poste de commande locale 就地控制站
poste de commandement de véhicules (PCV) 车辆调度所
poste de commutation 交换站
poste de concassage 碎石场
poste de contrôle 监控站
poste de contrôle de l'énergie 电力控制站
poste de contrôle régionale 地区中心控制站
poste de débranchement des wagons 列车解编组站
poste de dirigeant opérationnel 运营负责人岗位
poste de distribution 配电站；加注站
poste de distribution de carburant diesel 柴油加注站
poste de garde 警卫室
poste de jumbo 凿岩台车
poste de ligne 线路所
poste de malaxage 拌和站
poste d'émetteur 发射台
poste de motrices 动车所
poste d'enclenchement 闭塞信号所
poste d'enrobage 沥青拌和站
poste d'entretien de voie 线路所
poste de nuit 夜班
poste de péage 收费站
poste de péage avec personnel 人工收费站
poste de péage automatique 自动收费站
poste de pesage 磅站
poste de pesée 磅站
poste de préchauffage 预热站
poste de préchauffage de bitume 沥青预热站

poste de préparation de locomotive
　　机务整备所
poste de rames automotrices
　　动车运用所;动车组检修站
poste de rebrousement de locomotive
　　机务折返所
poste de réchauffage d'aiguille　　道岔加热站
poste de redressement de courant　　整流所
poste de régulateur de trafic　　运输调度岗
poste de régulation　　调度室;调度站
poste de régulation de trains　　行车调度所
poste de relais　　中继站
poste de remise　　交接站
poste de réparation de gares　　站修所
poste de réparation de locomotives
　　机车修理站
poste de réparation de voitures　　车检所
poste de révision　　检修所
poste de secours　　救护站
poste de sectionnement　　分区所
poste de sectionnement électrique
　　电务分区所
poste de signalisation　　信号站;信号楼
poste d'essence　　加油站
poste de surveillance de tunnel　　隧道监控站
poste de tiroir de locomotive
　　机务折返所;牵车站
poste de traction　　牵引所
poste de traction électrique　　电力牵引所
poste de transformation du courant　　变电站
poste de transformation MT/BT
　　中压/低压变电站
poste de travail　　工作站
poste de travail d'opérateur
　　操作人员工作站
poste de triage automatique　　自动化编组站
poste d'incendie　　消防站
poste d'inspection du train　　列检所
poste d'observation　　观察站
poste électrique d'enclenchement
　　电气集中联锁信号楼
poste en charge de sûreté　　安全责任岗
poste extrême de block　　闭塞终端站
poste fixe　　固定站
poste gestionnaire des informations de
　　voyageurs　　负责旅客信息管理岗位
poste intermédiaire de bloc
　　线路锁闭控制房
poste local　　就地道岔控制站

poste maître　　主控站
poste pour révision technique des voitures
　　客车技术整备所
poste-radio　　无线电台
poste serveur　　客户端;客户站
poste téléphonique　　电话亭
poste téléphonique en cas d'urgence
　　紧急电话亭
poste terminale de block　　闭塞终端站
poteau　　柱
poteau accolé　　壁柱
poteau à âme évidée　　空腹柱
poteau à âme perforée　　空腹柱
poteau à âme pleine　　实腹柱
poteau à section carrée　　方柱
poteau à section circulaire　　圆形柱
poteau à section constante　　不变断面柱
poteau à section rectangulaire　　矩形柱
poteau à section variable　　变断面柱
poteau court　　短柱
poteau cylindrique　　圆形柱
poteau d'amarrage　　锚杆
poteau d'ancrage　　锚柱
poteau d'angle　　角柱
poteau d'arrêt de locomotive　　机车停位标
poteau d'avertissement de l'approche à
　　la gare　　进站预告标
poteau de bornage　　界桩
poteau de caténaire　　接触网立柱
poteau de courbe　　曲线标
poteau d'éclairage　　灯柱
poteau de fer　　铁柱
poteau de fil électrique　　电线杆
poteau de kilométrage　　里程标
poteau de lampe　　灯柱
poteau de ligne électrique　　电线杆
poteau de signalisation　　信号柱
poteau de sirène　　鸣笛标
poteau de tunnel　　隧道标
poteau d'incendie　　消防栓
poteau d'injection de carburant　　注油柱
poteau d'injection de l'eau　　上水柱
poteau électrique　　电线杆
poteau en acier　　钢柱
poteau en béton　　混凝土柱
poteau en H　　工字柱
poteau en I　　工字柱
poteau en profilé I　　工字柱
poteau frontière　　界桩;界柱

poteau hectométrique 百米标
poteau indicateur 指向柱;路标
poteau indicateur de section 管界标
poteau indicateur de vitesse 速度标
poteau indicateur d'itinéraire 路标
poteau intermédiaire 中间柱
poteau métallique 钢柱
poteau ordinaire 普通杆柱
poteau rectangulaire 矩形柱
poteau téléphonique 电话线杆
poteau tubulaire 管柱
poteau vertical 立柱
potelet 小柱;小支撑
potence 直角形支架;T 字形支架
potence de route 公路信号牌架
potence de signal 直角信号灯架
potentiel 电位;潜力
potentiel d'action 动作电位
potentiel de courant 电位
potentiel de croissance 增长潜力
potentiel de demande 需求潜力
potentiel de pointe 峰电位
potentiel de production 生产潜力
potentiel des voyageurs 潜在旅客量
potentiel de transport 运输潜力
potentiel économique 经济潜力
potentiel en parallèle 并联电位
potentiel en série 串联电位
potentiel équivalent 等电位
potentiel post-négatif 负后电位
potentiel post-positif 正后电位
pouce 英寸
poudingue 圆砾岩
poudre 粉尘;火药
poudre abrasive 研磨粉
poudre de minerai 矿粉
poudre de pierre 石粉
poudre fulminante 雷爆火药
poulie 绞索车;滑轮
pourcentage 百分比
pourcentage achevé 完成百分比
pourcentage cumulatif 累计百分率
pourcentage d'accident 事故率
pourcentage d'allongement 延伸率
pourcentage d'argile 黏土含量百分比
pourcentage d'armatures 配筋率
pourcentage d'eau 含水百分率
pourcentage de chargement 装载率
pourcentage de conformité 合格率

pourcentage de conversion de l'énergie cinétique 动能转换率
pourcentage de participation 参与百分率
pourcentage de passage 通过率
pourcentage de pente 坡度
pourcentage de perte 损失率
pourcentage de prélèvement 岩芯采取率
pourcentage de récupération 回收率
pourcentage d'erreur 误差百分率
pourcentage de saturation 饱和百分比
pourcentage de sous-traitance des travaux 工程分包百分比
pourcentage de vides 空隙率
pourcentage d'humidité 湿度;含水率
pourcentage d'occupation 占比
pourcentage d'usure 磨耗百分比
pourcentage en éléments fins 细粒(含量)百分比
pourcentage en poids 重量百分比
pourcentage en volume 体积百分比
pourcentage pondéral 权重百分比
poussage 推顶
poussage de dalot 顶进涵
poussage de poutre 顶推梁
poussée 推动;推力
poussée de déformation 变形推力
poussée de dilatation 膨胀推力
poussée de faîte 顶板压力
poussée de glissement 滑坡推力
poussée de l'arc 拱推力
poussée de locomotive de renfort 补机推力
poussée de réaction 反推力
poussée de roches 岩石压力
poussée de terre 土推力
poussée de voûte 拱压力
poussée de wagons 车辆推力
poussée de wagons causée par le freinage 制动车辆推力
poussée d'extrémité 端部推力
poussée du vent 风推力
poussée dynamique 动压推力
poussée horizontale 水平推力
poussée inverse 反向推力
poussée latérale 侧向推力
poussée latérale en courbe de voie 弯道侧向推力
poussée longitudinale 纵向推力
poussée relative 相对推力
poussée résultante 合成推力

poussée spécifique 比推力
poussée théorique 理论推力
poussée totale 总推力
poussée utile 有效推力
poussée verticale 垂直压力
poussière 尘土;粉状物
poussière de charbon 煤尘
poussière de chaudière 锅炉粉尘
poussière de circulation 行车扬尘
poussière de route 道路灰尘
poussière d'exécution 施工扬尘
poussière industrielle 工业粉尘
poussière volante 扬尘;飞尘
poussoir 按钮
poutrage 梁结构布置;梁网
poutraison 梁布置;梁网
poutre 梁
poutre à ailes larges 宽缘梁
poutre à âme 腹梁
poutre à âme évidée 空腹梁;空心板梁
poutre à âme mince 薄腹梁
poutre à âme pleine 实腹梁;实心板梁
poutre à appui libre 简支梁
poutre à arcades 连拱梁
poutre à caisson 箱梁
poutre à encorbellement 悬臂梁;挑梁
poutre à goussets 伸臂梁
poutre ancrée 锚固梁
poutre à plusieurs travées 多跨梁
poutre appuyée aux deux extrémités 两端支承梁
poutre à résistance uniforme 等强度梁
poutre articulée 铰接梁
poutre à section constante 等截面梁
poutre à section rectangulaire 矩形梁
poutre à section variable 变截面梁
poutre assemblée 组合梁
poutre à travées égales 等跨梁
poutre à travées solidaires 连续梁
poutre à une travée 单跨梁
poutre à voussoirs 组合平拱梁
poutre à voûte 拱形梁
poutre béquille 斜撑梁
poutre-caisson 箱梁
poutre-caisson coulée en place 现浇箱梁
poutre-caisson préfabriquée 预制箱梁
poutre caisson sur appui simple 简支箱梁
poutre caissonnée 箱梁
poutre caissonnée continue en béton précontraint 预应力混凝土连续箱梁

poutre caissonnée en voûte en béton armé 钢筋混凝土箱形拱梁
poutre cambrée 上拱梁
poutre cantilever 悬臂梁
poutre centrale 中梁
poutre combinée 组合梁
poutre composée 组合梁
poutre composée à âme pleine 板梁
poutre composée en treillis 格构梁
poutre continue 连续梁
poutre continue à deux travées 两跨连续梁
poutre continue à portées égales 等跨连续梁
poutre continue à portées inégales 不等跨连续梁
poutre continue coulée en porte-à-faux 悬浇连续梁
poutre continue en béton 混凝土连续梁
poutre continue métallique 钢连续梁
poutre continue pleine métallique 连续钢板梁
poutre continue précontrainte 预应力连续梁
poutre creuse 空心梁
poutre d'ancrage 锚梁
poutre d'appui 支架梁
poutre de bordure 边梁
poutre de chaînage 圈梁
poutre de chaînage général 圈梁
poutre de chapeau 盖梁
poutre de chapeau de pile 墩顶盖梁
poutre de couronnement 压顶圈梁
poutre de couronnement en béton armé 混凝土压顶圈梁
poutre de fond 底梁
poutre de fondation 基础梁
poutre de grande portée 大跨度梁
poutre de l'assemblage 装配型桥梁
poutre de liaison 连系梁
poutre de nervure 次梁
poutre d'entretoisement 连系梁
poutre de pont 桥梁
poutre de pont-roulant 吊车梁
poutre de post-tension 后张法梁
poutre de rive 纵梁;边梁
poutre de solive 次梁
poutre d'essai 试验梁

poutre de support 托梁	poutre précontrainte 预应力梁
poutre de support du corps d'attelage 车钩托梁	poutre préfabriquée 预制梁
poutre de travée 桥跨梁	poutre principale 主梁
poutre de viaduc 高架梁	poutre prismatique 等截面梁
poutre d'extrémité 端梁	poutre rampante 斜梁
poutre en acier 钢梁	poutre rapportée 组合梁
poutre en acier de tablier inférieur 下承钢梁	poutre rectangulaire 矩形梁
poutre en arc 拱梁	poutre renforcée 加固梁
poutre en arc avec porte-à-faux 悬臂式拱梁	poutre secondaire 次梁
poutre en arc continu 连拱梁	poutre simple 简支梁
poutre en arc renforcé 加强拱梁	poutre simplement appuyée 简支梁
poutre en béton 混凝土梁	poutre sous rail 托轨梁
poutre en béton armé 钢筋混凝土梁	poutre sous traverse 轨枕梁
poutre en cadre 箱梁	poutre sur appui simple 简支梁
poutre en caisson 悬灌梁;箱梁	poutre tirant 拉梁;系梁
poutre encaissée 箱形梁	poutre transversale 横梁
poutre encastrée 固定端梁	poutre uniforme 等截面梁
poutre encastrée aux deux extrémités 两端固定梁	poutre voûtée 拱形梁
poutre en console 悬臂梁	poutrelle 小梁;型钢梁
poutre en fer 钢梁	poutrelle à larges ailes 长翼工字钢
poutre en H 工字梁	poutrelle de pont 桥梁
poutre en I 工字梁	poutrelle en H 工字钢
poutre en parallèle 平行梁	poutrelle métallique 小钢梁
poutre en porte-à-faux 悬臂梁	poutres 龙门式架梁机
poutre en T T形梁	pouvoir 能力;权利
poutre en travers 横梁	pouvoir absorbant 吸收能力
poutre en treillis 桁架梁	pouvoir calorifique 热值
poutre en treillis en béton armé 钢筋混凝土桁架	pouvoir couvrant 覆盖力
poutre évidée 空腹梁	pouvoir d'achat 购买力
poutre fléchie 下垂梁	pouvoir de coupure 阻断能力
poutre inclinée 斜梁	pouvoir de fermeture 闭合能力
poutre inférieure 内梁	pouvoir donné par écrit 书面授权
poutre IPN 型钢梁	pouvoir exécutif 执行力
poutre libre 简支梁	pouvoir isolant 绝缘力
poutre longitudinale 纵梁	pouvoir judiciaire 司法权
poutre longitudinale secondaire 纵辅梁	pouvoir législatif 立法权
poutre maîtresse 主梁	pouvoir opacifiant 遮盖力
poutre marginale 边梁	pouvoir réfléchissant 反射力
poutre métallique 钢梁	pouvoir rigidifiant 固化能力
poutre mixte 混合梁	pouzzolane 火山灰
poutre oblique 斜梁	pouzzolane en pierre 火山凝灰岩
poutre porteuse 承重梁	pouzzolane volcanique 火山灰
poutre posée 简支梁	prairie 牧场;草地
poutre posée à l'assemblage 装配式简支梁	pré-assemblage 预配;预装
	pré-avertissement 预警
	préavis 预先通知
	préavis de fermeture de tronçon des travaux 施工路段关闭通知
	préavis de licenciement 解雇通知

préavis d'entretien de voie 线路养护通知
préavis de redard du train 列车晚点预先通知
préavis de résiliation du contrat 解约通知
préavis d'interception temporaire de circulation 线路临时中断运行通知
pré-ballastage 道砟准备；道砟预铺
précaution 预防
précaution contre le gel 防冻
précaution de l'accident 预防事故
pré-chauffage 预热
précipitation 雨量
précipitation annuelle 年降雨量
précipitation annuelle moyenne 年平均降雨量
précipitation chimique 化学沉淀
précipitations atmosphériques 降雨量
précipitations de poussières 降尘量
précipitations maximum 最大降雨量
précipitations orageuses 暴雨量
précision 精确；精度
précision absolue 绝对精密度
précision centimétrique 厘米级精度
précision d'ajustement 调整精度
précision d'ajustement de cote de rail 轨面高程调整精度
précision d'altitude 高程精度
précision de calcul 计算精度
précision de calibration 标定精度
précision de coupure 切割精度
précision de jonction de tunnel 隧道贯通点准确度
précision de fermeture 闭合精度
précision de l'appareil 仪器精密度
précision de l'installation 安装精度
précision de mesure 测量精度
précision de meulage 打磨精度
précision de perçage de rail 钢轨打孔精度
précision de polygonale 导线测量精度
précision de polygonale fermée 闭合导线精度
précision de pose de l'aiguille 道岔安装精确度
précision de positionnement 定位精度
précision de positionnement de raccordement de voie 轨道对接定位精度
précision de raccordement 对接精度
précision d'implantation 放线精度

précision requise 要求精度
pré-compactage 预碾压
pré-compression 预压；预压力
pré-concassage 初轧（碎石）
précontrainte 预应力
précontrainte de béton armé 钢筋混凝土预应力
précontrainte effective 有效预应力
précontrainte initiale 初始预应力
précontrainte longitudinale 纵向预应力
précontrainte par post-tension 后张预应力
précontrainte par pré-tension 先张预应力
précontrainte provisoire 临时预加应力
précontrainte transversale 横向预应力
précontrainte verticale 竖向预应力
pré-contrôle 预检
pré-contrôle de locomotive 机车预检
pré-criblage 预筛
pré-criblage de ballast 预筛道砟
pré-découpage 预切割
pré-découpage de rail 预截钢轨
pré-découpage de talus 预削边坡
prédiction 预报
prédiction de crues 洪水预报
prédiction de séisme 地震预报
prédiction des orages 暴雨预报
prédiction de typhon 台风预报
prédiction du temps 天气预报
pré-dimensionnement 预定尺寸
pré-dimensionnement de l'assise de voie 路基预定尺寸
pré-dimensionnement de dalot 涵洞预定尺寸
pré-dimensionnement de tunnel 隧道预定尺寸
pré-dimensionnement de wagon 车辆预定尺寸
pré-enrobage 初拌
pré-exploitation 预开发
préfabrication 预制
préfabrication de poutres 预制梁
préfabrication de poutre à caisson 预制箱梁
préfabrication de poutre en T 预制T梁
préfabrication des éléments en béton 预制混凝土构件
préfabrication légère 轻型预制
préfabrication lourde 重型预制
préfabriqué 预制构件

préférence 优先
préférence de choix 优先选择
préférence d'emploi 优先使用
préférence de voie 线路优先通行
pré-flèche de fil de contact 接触线预弛度
pré-flèche de ligne de transmission électrique 输电线预弛度
préformage 预成型
préformation 预培训
préforme 雏形
prélèvement 提取;取样
prélèvement de bitume 提取沥青试样
prélèvement de carburant 提取油样
prélèvement de ciment 提取水泥试样
prélèvement de gravier 提取碎石试样
prélèvement de l'acier 提取钢筋试样
prélèvement de l'eau 提取水样
prélèvement de l'échantillon 取样
prélèvement de l'échantillon carotté 岩芯取样
prélèvement de l'échantillons du sol 土壤取样
prélèvement de l'éprouvette 取试样
prélèvement de mortier 砂浆取样
prélèvement de peinture 取样油漆样品
prélèvement de poussières 尘土取样
prélèvement du béton sur le chantier 工地混凝土取样
prélèvement du sable 砂子取样
prélèvement du sol 提取土样
prélèvement journalier 每日取样
prélèvement périodique 定期取样
pré-marquage 预先划线
pré-mélange 预拌
pré-montage 预安装
pré-nettoyage 预清理
pré-paiement 预支
préparatif 准备工作
préparation 准备
préparation d'attente au dépôt 入库待修
préparation de ballast 备砟
préparation de béton 备制混凝土
préparation d'échantillons 准备试样
préparation de circulation 行车准备
préparation de construction 施工准备
préparation de décapage 清表准备
préparation de départ du train 发车准备
préparation de la terre 备土

préparation de l'équipage de conduite 乘务组出车准备
préparation de locomotive 机务准备
préparation de locomotive de renfort 补机准备
préparation de matériaux 材料准备
préparation d'entrée en gare 进站准备
préparation de programme 程序设计
préparation de réception du train 接车准备
préparation des agrégats du béton 备制混凝土骨料
préparation des armatures 钢筋加工
préparation des dossiers d'études 设计文件准备
préparation de secours 救援准备
préparation de site 场地准备
préparation de site de construction 施工现场准备
préparation des itinéraires 准备进路;预排进路
préparation de soumission 投标准备
préparation de terrain 场地准备
préparation de travail 作业准备
préparation de travaux 工程准备
préparation d'exécution 施工准备
préparation technique 技术准备
pré-qualification 资格预审
pré-qualification de candidature 资格预审
pré-qualification de candidature de soumissionnaire 投标人资格预审
pré-qualification de candidature de sous-traitant 分包商资格预审
pré-renforcement 预加固
pré-renforcement du pied de pente 坡脚预加固
prescription 规定
prescriptions applicables 执行规定
prescriptions applicables aux dépôts provisoires 临时堆放规定
prescriptions communes 通用规定
prescriptions d'emploi des explosifs 炸药使用规程
prescriptions de qualité 质量规定
prescriptions de sécurité 安全规程
prescriptions d'exécution 施工规定
prescriptions d'utilisation 操作手册
prescriptions générales 一般规定
Prescriptions Générales Communes 通用总则

prescriptions normalisées 标准技术规定
prescriptions particulières 特殊规定
prescriptions sur le réemploi des matériaux 材料再利用规定
prescriptions réglementaires 规则
prescriptions spécifiques 专门规定
prescriptions techniques 技术规定
présélection 预选
présélection de candidature 投标资格预选
présélection de matériaux 材料预选
présélection de matériels 设备预选
présentation 介绍；递交
présentation de la société 公司介绍
présentation de projet 项目介绍
présentation des offres 递交标书
préservation 保管
préservation de ciments 水泥保管
préservation de matériaux 材料保管
préservation de matériels 设备保管
préservation des armatures 钢筋保管
presse 压力机
presse à balles 打包机
presse à béton pour les essais de compression 混凝土试验压力机
presse hydraulique 液压机
pression 压力
pression absolue 绝对压力
pression acoustique 声压
pression additionnelle 附加压力
pression admissible 允许压力
pression atmosphérique 大气压
pression axiale 轴压
pression au-dessus de traverse 枕上压力
pression barométrique 大气压
pression concentrée 集中压力
pression constante 恒压力
pression continue 连续压力
pression critique 临界压力
pression d'ancrage 锚固压力
pression d'appui 支承压力
pression de base 基底压力
pression de charge 荷载压力
pression de choc 冲击压力
pression de compactage 碾压力
pression de compression 压缩力
pression de conduit d'air 风管压力
pression de conduit d'air principal pour le déversement 倾翻主管压力
pression de consolidation 固结压力
pression de corroyage 挤压力
pression de culée 桥台压力
pression de cylindre à air 风缸压力
pression de déformation 变形压力
pression de délai des travaux 工期压力
pression de dilatation 膨胀压力
pression de faîte 定板压力
pression de fluage 蠕变压力
pression de flux de marchandises 货流压力
pression de flux de voyageurs 客流压力
pression de fonctionnement 工作压力
pression de fond de sondage 钻井底压力
pression de fondation 基础压力
pression de frein 制动压力
pression de gonflement 膨胀压力
pression de l'air 气压
pression de l'eau 水压
pression de l'huile 油压
pression de la plateforme de voie 路床压力
pression de remblai 填方压力
pression de retrait 收缩压力
pression de saturation 饱和压力
pression de serrage 压缩压力
pression de service 工作压力
pression d'essai 试验压力
pression de surcharge 超载压力
pression de surface 表面压力
pression de trafic 交通压力
pression de travail 工作压力
pression de traverse 轨枕压力
pression de vapeur 蒸汽压力
pression de voie 线路压力
pression de voûte 拱压
pression d'explosion 爆炸压力
pression d'injection 喷浆压力
pression du lit de ballast 道床压力
pression du sol 土压
pression du transport 运输压力
pression du vent 风压
pression du vent à la queue du train 列车尾部风压
pression du vent transversale 横向风压力
pression dynamique 动压力
pression effective 有效压力
pression finale 终压力
pression fixe 固定压力
pression haute 高压
pression horizontale 水平压力
pression hydraulique 液压

pression initiale 初压
pression interne 内压力
pression interstitielle 孔隙水压力
pression latérale 侧压力
pression libre 自由压力
pression limite 极限压力
pression maximale 最大压力
pression maximale de roue 最大轮压
pression minimale 最小压力
pression moyenne 平均压力
pression négative 负压
pression nominale 额定压力
pression nominale de conduite principale
　主管定压
pression normale 正常压力
pression par le haut 顶板压力
pression passive 被动压力
pression positive 正压
pression primaire 初始压力
pression primitive 初始压力
pression radiale 径向压力
pression réduite 降压
pression relative 相对压力
pression résiduelle 剩余压力
pression résultante 合压力
pression spécifique 比压
pression statique 静压力
pression superficielle 表面压力
pression uniforme 均布压力
pression unitaire 单位面积压力
pression variable 可变压力
pression verticale 垂直压力
prestation 服务;工作内容
prestations annexes 附属工程
prestations à réaliser par l'entrepreneur
　承包商工作内容
prestations de service 服务内容
prestations hors contrat 合同外工程
prestations réalisées 已完工作内容
prestations sous-traitées 分包工作内容
pré-tension 先张拉
prêt 贷款
prêt à court terme 短期贷款
prêt à crédit 信用贷款;信贷
prêt à découvert 透支
prêt à intérêt 有息贷款
prêt à long terme 长期贷款
prêt à usage 使用借贷
prêt bancaire 银行借贷

prêt concessionnel 优惠借贷
prêt de consommation 消费借贷
prêt préférentiel 优惠贷款
prêt sans intérêt 无息贷款
prêt sur gages 抵押贷款
prêt sur nantissement 抵押贷款
prêt usuraire 高利贷
prétention 预张拉;预加载
pré-traitement 预处理
prévention 预防
prévention d'accumulation de flux de trafic
　预防车流积压
prévention de bruit 噪声防治
prévention de crue 防洪
prévention des accidents 事故预防
prévention et traitement de pollution
　污染防治
pré-vibration 预振
prévision 预测
prévision de circulation 交通流量预测
prévision de coût de construction 预计造价
prévision de crues 洪水预测
prévision de débit 流量预测
prévision de demande 需求预测
prévision de demande de trafic
　预测交通需求
prévision de dépenses 费用预计
prévision de développement de trafic
　交通发展预测
prévision de flux de trafic 车流预测
prévision de l'environnement 环境预测
prévision de séisme 地震预测
prévision des orages 暴雨预测
prévision de trafic 交通流量预测
prévision de trafic ferroviaire
　铁路运输流量预测
prévision macroéconomique 宏观经济预测
prévision météorologique 天气预报
prime 奖金;补贴
prime à la fin de l'année 年终奖
prime à l'exportation 出口补贴
prime d'achèvement anticipé de travaux
　提前完工奖
prime d'optimisation des études
　设计优化奖
principe 原理;原则
principe analogue 相似原理
principe de base 基本原则
principe de conception 设计原则

principe de distribution 分配原则
principe de fonctionnement 工作原理
principe de prévention 预防原则
principe de prix unique 单一价格原则
principe de proportionnalité 比例原则
principe de superposition 叠加原理
principe directeur 指导原则
principe d'optimisation 优化原则
principe fondamentale 基本原则
principe transparente 透明原则
principes généraux 总则
priorité 优先权
priorité d'accès 接入优先
priorité de documents contractuels 合同文件优先顺序
priorité de passage 通行先行
priorité de train spécial 专列优先
priorité d'itinéraire 进路优先
priorité d'utilisation 优先使用权
prise 凝结
prise accélérée 加速凝结
prise au hasard 抽样
prise d'air （空气）进气孔
prise d'eau 取水
prise de béton 混凝土凝固
prise de ciment 水泥硬化
prise de courant 插座
prise de terre 接地装置
prise en charge 承担；负责
prise femelle 插座
prise finale 终凝
prise force 动力插座
prise initiale 初凝
prise instantanée 瞬时凝固
prise lente 慢凝
prise mâle 插头
prise rapide 快凝
prisme 角柱体
privilège 特权；优先权
privilège d'exploitation 运营优先权
privilège exclusif 专利特许权
prix 价格
prix affiché 标价
prix à l'unité (PU) 单价
prix CAF 到岸价
prix CIF 到岸价
prix contractuel 合同价格
prix convenu 议定价格
prix courant 市价

prix d'achat 购置价
prix d'acquisition 购置价格
prix d'acquisition de l'équipement 设备购置价格
prix de base 基价
prix de catalogue 价目表价格
prix de construction 造价
prix de construction par mètre carré 每平米造价
prix de détail 零售价格
prix de fabrique 出厂价格
prix de gros 批发价格
prix de la journée 日工资
prix de la main-d'œuvre par unité 人工单价
prix de locomotive 机车价格
prix demandé 要价；开价
prix de matériaux 材料价格
prix de matériel roulant 车辆价格
prix d'entretien 养护费用
prix de rachat 回购价
prix de rail 钢轨价格
prix de réparation 修理费用
prix de réservation 保留价格
prix de revient 成本；成本价
prix de revient de la main-d'œuvre 劳动力成本
prix de revient de l'entretien 维修成本
prix de revient de l'exploitation 运营成本
prix de série 同业价格
prix de seuil 最低价格
prix de soumission 投标价格
prix de terrain 土地价格
prix de transport 运费
prix de vente 售价
prix d'objectif 标底
prix d'offres 报价
prix du marché 市场价格
prix en toutes taxes comprises 含全税价格
prix estimatif 估价
prix ferme 不变价
prix fixe 固定价格
prix FOB 离岸价
prix forfaitaire 包干价
prix global 总价
prix global à l'unité 综合单价
prix gré à gré 议标价
prix imposé 统制价格
prix maximum 最高价格

prix moyen par km　每公里平均价格
prix net　净价
prix plafond　最高价格
prix plafonné　封顶价格
prix plancher　最低价格
prix provisoires　临时价格
prix relatif　相对价格
prix révisable　可修改价
prix total　总价
prix unitaire(PU)　单价
prix unitaire de déblai　挖方单价
prix unitaire de la main-d'œuvre　人工单价
prix unitaire de remblai　填方单价
prix unitaire du coût　成本单价
prix unitaire en sous-détails　分项单价
prix unitaire fera foi　以单价为准
prix unitaire par mètre carré
　每平方米单价
prix unitaire par mètre cube　每立方米单价
probabilité　可能性;概率
probabilité absolue　绝对概率
probabilité cumulative　累计概率
probabilité d'accident　事故概率
probabilité d'attribution du marché
　中标概率
probabilité de charge à vide　空载概率
probabilité de déformation　变形概率
probabilité de retard du train
　列车晚点概率
probabilité de risque　风险概率
probabilité d'erreur　错误概率
probabilité d'erreur de calcul
　计算错误概率
probabilité d'occurrence d'incident
　事故发生概率
probabilité d'utilisation　使用概率
procédé　方法;工艺
procédé à battage rapide
　快速打桩法
procédé à bouclier　盾构掘进法
procédé canadien　加拿大钻孔法
procédé chimique　化学方法
procédé d'ancrage　锚固方法
procédé d'assemblage　拼装方法
procédé d'auscultation　听音探伤法
procédé de ballastage　铺砟程序
procédé de boues actives　活性污泥法
procédé de coloration　比色法
procédé de congélation　冻结法
procédé de conservation de béton
　混凝土养护程序
procédé de construction　施工方法
procédé de construction à chaud
　热铺施工法
procédé de construction à froid　冷铺施工法
procédé de coupage de pieux　截桩方法
procédé de dimensionnement
　确定尺寸方法
procédé de fabrication　制造方法
procédé de l'équilibrage de moments
　力矩平衡法
procédé de mélange à chaud　热拌法
procédé de mélange à froid　冷拌法
procédé de mise en œuvre　施工方法
procédé de mise en œuvre de matériaux
　材料使用方法
procédé de modulation　调制方法
procédé d'entretien　养护方法
procédé de positionnement de l'aiguille
　道岔定位方法
procédé de poussée　顶推方法
procédé de prélèvement d'échantillon
　取样方法
procédé de production　生产流程
procédé de sondage　探测方法
procédé de soudage　焊接工艺
procédé d'essai　试验方法
procédé de traitement　处理方法
procédé d'exécution　施工步骤
procédé d'extraction　提取方法
procédé électrique　电法
procédé en mélange en place　现场拌和法
procédé graphique　图解法
procédé pratique　简便方法
procédé technologique　工艺流程
procédure　程序;步骤;工序
procédure administrative　管理程序
procédure d'acceptation　接受程序
procédure d'adjudication　招标程序
procédure d'analyse　分析程序
procédure d'appel d'offres　招标程序
procédure d'application　执行程序
procédure d'approbation　审批程序
procédure d'attribution du marché
　合同授标程序
procédure de ballastage　道砟铺设程序
procédure de circulation de documents
　文件流转程序
procédure de conception　设计程序

procédure de conduite principale
主控程序
procédure de construction 施工程序
procédure de contrôle 检查程序
procédure de contrôle et de suivi
监理程序
procédure de coopération 合作程序
procédure de correction 修改程序
procédure de création 创建程序
procédure de création d'itinéraire de circulation
运行线路创建程序
procédure de creusement 开挖程序
procédure de cure 养护程序
procédure de déblaiement de voie
线路出清程序
procédure de décision 决策程序
procédure de déclaration 申报程序
procédure de demande 申请程序
procédure de façonnage 加工程序
procédure de faillite 破产程序
procédure de l'évaluation des offres
评标程序
procédure de libération d'itinéraire
进路释放程序
procédure de l'inspection 监理程序
procédure de l'installation 安装流程
procédure de l'ouverture des plis des offres
开标程序
procédure de maintenance 维修程序
procédure de maintenance de voie
线路养护程序
procédure de modification 修改程序
procédure de négociation 协商程序
procédure de négociation gré à gré
议标程序
procédure de paiement 支付程序
procédure de passation du marché
合同缔结程序
procédure de planification 规划程序
procédure de planification du réseau ferroviaire 铁路网规划程序
procédure de pose de l'aiguille
道岔铺设步骤
procédure de pose de rails
钢轨铺设步骤
procédure de pose de traverses
轨枕铺设步骤
procédure de préparation 准备程序

procédure de pré-qualification des candidats
投标人资格预审程序
procédure de présélection des candidats
投标人资格预审程序
procédure de présentation des offres
交标程序
procédure de projet 项目程序
procédure de réception 验收程序
procédure de réclamation d'indemnité
索赔程序
procédure de réparation 修理程序
procédure de rétablissement 恢复程序
procédure de rétablissement de circulation
交通恢复程序
procédure de révision 检修程序
procédure de révision de wagon
车辆大修程序
procédure de sécurité 安全程序
procédure de sélection des entrepreneurs
承包商选定程序
procédure de soumission 投标程序
procédure de surveillance 监理程序
procédure de tension 张拉程序
procédure de test 测试步骤
procédure d'études 设计程序
procédure de vérification 审核程序
procédure de vérification de l'attachement des travaux
工程计量审核程序
procédure de vérification de situation mensuelle 工程月支付审核程序
procédure d'examen et d'évaluation des offres 审标评标程序
procédure d'exécution 施工程序
procédure d'identification 鉴定程序
procédure d'installation 安装程序
procédure d'opération 操作程序
procédure judiciaire 司法程序
procédure particulière 特殊程序
procédure régulière 规定手续
procédure spécifique 特定程序
processus 过程
processus cumulatifs 累积过程
processus de conception 设计程序
processus de connaissance 认识过程
processus de construction 施工步骤
processus de fabrication 生产工序
processus de fixation de rail et de traverse
钢轨与轨枕固定工序

processus de réparation 维修工序
processus de réparation de locomotive 机车修程
processus technologique 工艺流程
procès-verbal 笔录；会议纪要
procès-verbal d'acceptation de matériaux 材料接受记录
procès-verbal d'acceptation de matériel 设备接受记录
procès-verbal de contrôle 检查记录
procès-verbal de mise à disposition de terrain 场地交付会议纪要
procès-verbal de réception 验收报告
procès-verbal de réception provisoire 临时验收报告
procès-verbal de reconnaissance 勘查报告
procès-verbal de remise du terrain 场地交接记录
procès-verbal de réunion 会议纪要
procès-verbal de réunion de coordination 协调会议纪要
procès-verbal de réunion du chantier 工地会议纪要
procès-verbal de séance 会议记录
procès-verbal d'essai 实验报告
procès-verbal de vérification 核查记录
procès-verbal d'interrogatoire 讯问笔录
procuration 委托书
production 生产
production à la chaîne 流水作业
production annuelle 年产量
production continue 连续生产
production de masse 成批生产
production en grande série 大批生产
production en série 批量生产
production étagée 分级生产
production globale 总产值
production industrielle 工业生产
production journalière 日产量
production mécanisée 机械化生产
production potentielle 潜产量
production quotidienne 日产量
production spécifique 单位产量
productivité 生产力；生产率
productivité du travail 劳动生产率
productivité par tête 人均生产率
productivité unitaire 单位生产率
produit 产品
produit à base de chaux 石灰制品

produit abrasif 研磨料
produit acceptable 合格产品
produit accessoire 副产品
produit adhésif 黏合剂
produit améliorant la résistance du béton 混凝土增强剂
produit antigel 防冻剂
produit bitumineux 沥青产品
produit blanc 白色材料（石灰、白水泥）
produit brut 粗制品
produit chimique 化学产品
produit cru 原料
produit d'addition 附加剂
produit d'addition du béton 混凝土添加剂
produit d'amiante 石棉制品
produit d'asphalte 沥青制品
produit de broyage 磨碎料
produit de carrière 石料
produit de concassage 碎石料
produit de cure 养护材料
produit décoffrant 脱模材料
produit de démolition 拆除物
produit de garnissage 填充材料
produit de l'industrie 工业产品
produit de marquage 划线产品
produit de marquage routier 道路标线产品
produit de marque 名牌产品
produit démoulant 拆模剂
produit d'entretien 养护产品
produit de plâtre 石膏制品
produit de préservation 防腐剂
produit de qualité 优质产品
produit de réaction 化学反应剂
produit de remplacement 代用品
produit de scellement 封固材料
produit d'étanchéité 防水材料
produit d'incinération 焚烧物
produit dragué 疏浚泥砂
produit en amiante-ciment 石棉水泥制品
produit en béton manufacturé 混凝土制成品
produit en béton traité à l'autoclave 蒸压混凝土制品
produit en émulsion 乳化沥青
produit en solution 溶液
produit entraîneur d'air （混凝土）加气剂
produit en vrac 散装产品
produit étiré 拉制产品
produit fin 细料

produit fini 制成品；成品
produit hydrofuge 防水材料
produit imperméable 防水制品
produit inflammable 易燃品
produit insonorisant 隔音材料
produit intérieur brut(PIB) 国内生产总值
produit laminé 轧制产品
produit local 土产品
produit manufacturé 制造品
produit métallique 金属产品
produit moussant 泡沫剂
produit nanométrique 纳米产品
produit national brut(PNB) 国民生产总值
produit non réutilisable 不能再利用材料
produit oxydant 氧化剂
produit plastique 塑料制品
produit pour faire fondre la glace 融冰材料
produit pour faire fondre la neige 融雪材料
produit réfractaire 耐火材料
produit rétro-réfléchissant 反光材料
produit secondaire 副产品
produit semi-fini 半成品
produit sidérurgique 冶金产品
produit similaire 同类产品
produit synthétique 合成产品
produit tensioactif 表面活化剂
produit thermoplastique 热塑产品
produit transgénique 转基因产品
produits noirs 黑色材料；沥青产品
profession 职业
profession de l'ingénieur 工程师职业
profession libérale 自由职业
profession technique 技术职业
professionnalisation 职业化
professionnalisme 职业道德
professionnel 专业人员
profil 侧面；断面；剖面；剖面图
profil à courbure 曲线剖面
profil bombé 拱形断面
profil circulaire 圆截面
profil de courbure concave 凹曲线剖面
profil d'écoulement 水流截面
profil de la plateforme de voie 路床断面
profil de lit de rivière 河床剖面图
profil de rail 钢轨断面
profil de talus 斜坡剖面
profil de tunnel 隧道纵断面
profil de voie 线路断面图
profil du lit de ballast 道床断面

profil du terrain 地形剖面(图)
profil en long 纵剖面；纵断面
profil en long concave 凹形纵断面
profil en long de chaussée 路面纵断面
profil en long de remblai 填方纵断面(图)
profil en long de tunnel 隧道纵断面(图)
profil en long du tracé 线路纵断面(图)
profil en travers 横剖面；横断面
profil en travers de l'assise de voie 路基横断面
profil en travers de la plateforme de voie 路床横断面
profil en travers de tunnel 隧道横断面图
profil en travers d'exécution 施工横断面
profil en travers type 标准横断面(图)
profil géologique 地质剖面
profil horizontal 水平剖面
profil irrégulier 不规则断面
profil longitudinal 纵剖面；纵断面
profilé mince 薄壁型钢
profil net 净断面
profil normal 标准断面
profil parallèle 平行断面
profil particulier 特殊断面
profil séismique 地震剖面(图)
profil stratigraphique 地层纵断面
profil transversal 横剖面；横断面
profil transversal typique 典型横断面图
profil transversal typique de l'autoroute 高速公路典型横断面图
profil vertical 垂直剖面
profilage 流线型设计；型面整理
profilage de géométrie de la voie 轨道几何线形整修
profilage de la plateforme de voie 道床整形
profilage de locomotive 机车流线型设计
profilage de rail 钢轨线形
profilage des talus 边坡成形
profilage géométrique 几何线形
profilé 型材
profilé d'acier en T T形钢材
profilé d'acier en U U形钢材；槽材
profilé de rail unitaire 单元轨节
profilé en acier 型钢
profilé en alliage d'aluminium 铝合金型材
profilé en aluminium 铝型材
profilé en double T 工字钢
profilé en H 工字钢
profilé en IPN 工字钢

profilé en T　T形钢材
profilé en U　槽钢
profilé laminé à chaud　热轧型材
profilé laminé à froid　冷轧型材
profit　利润
profit après impôt　税后利润
profit avant impôt　税前利润
profit brut　毛利
profit espéré　预期利润
profit maximum　最高利润
profit minimum　最低利润
profit moyen　平均利润
profit net　净利
profit pur　纯利润
profit réalisé　实现利润
profit supplémentaire　附加利润
profit sur vente　销售利润
profondeur　深度
profondeur abattue　打入深度
profondeur admissible　允许深度
profondeur d'affouillement　冲刷深度
profondeur d'ancrage　锚固深度
profondeur d'eau　水深
profondeur de congélation　冻结深度
profondeur de consolidation　固结深度
profondeur de couche　层厚
profondeur de creusement　挖掘深度
profondeur d'écurage　冲刷深度
profondeur de fente　裂缝深度
profondeur de fondation　基础深度
profondeur de forage　钻探深度
profondeur de fouille　基坑深度
profondeur d'enfoncement au sol
　入土深度
profondeur de pénétration　贯入深度
profondeur de pénétration de pieu
　桩贯入深度
profondeur de perçage　钻孔深度
profondeur de sondage　钻探深度
profondeur d'excavation　挖掘深度
profondeur d'investigation　勘测深度
profondeur d'ornière　车辙深度
profondeur effective　有效深度
profondeur enterrée　埋入深度
profondeur enterrée de fondation
　基础埋深
programmation　编程;规划
programmation de circulation des trains
　列车运行编程
programmation de l'étude　设计编程
programmation de l'ordinateur
　计算机编程
programmation prévisionnelle de travaux
　工程预定规划
programme　程序;计划
programme annuel　年度计划
programme annuel de travail
　年度工作计划
programme architectural　建筑计划
programme conjoint d'action
　共同行动计划
programme d'aménagement　整治计划
programme d'approvisionnement
　材料供应计划
programme de base　基本程序
programme de bétonnage
　混凝土施工计划
programme de calcul　计算程序
programme de calculateur　计算机程序
programme de chargement-déchargement
　装卸计划
programme de chargement-déchargement de marchandises　货物装卸计划
programme de chargement-déchargement du terrassement　土方装卸计划
programme de commande　控制程序
programme de construction
　工程计划(进度表)
programme de contrôle　控制程序
programme de contrôle et de suivi
　监控程序
programme de développement économique et social　经济社会发展规划
programme de fabrication　生产规划
programme de formation　培训计划
programme de logiciel d'application
　运用软件程序
programme de logiciel de bureau
　办公软件程序
programme de logiciel de cartographie
　制图软件程序
programme de logiciel de l'ordinateur
　计算机软件程序
programme de logiciel de système des billets
　票务系统软件程序
programme de maintenance　维修计划
programme de mise de contraintes
　施加应力程序

programme de mise en tension
　施加应力程序
programme de mise en tension des
　câbles en acier　钢索施加应力程序
programme de l'ordinateur　电脑程序
programme d'ensemble　总体计划
programme d'entretien　维修计划
programme d'entretien de voie
　轨道维修计划
programme de passation de dossiers
　资料移交计划
programme de politiques de transport
　运输政策计划
programme de pré-dimensionnement
　预定尺寸程序
programme de préparation des travaux
　施工准备计划
programme de priorité　优先程序
programme de production　生产计划
programme de reconnaissance　勘探计划
programme de régulation des trains
　列车调度计划
programme de remise des plans d'exécution
　施工图提交计划
programme de révision　大修计划
programme des épreuves　检验计划
programme d'essai　试验大纲
programme de suivi　跟踪程序
programme de surveillance
　监测计划
programme de test　试验程序;试验大纲
programme de traitement　处理程序
programme de travail　工作程序
programme d'études　设计计划
programme de visite de chantier
　工地参观安排
programme d'exécution　施工计划
programme d'exécution de travaux
　工程施工计划
programme d'exploitation　运营计划
programme d'exploration　勘探计划
programme diagnostique　诊断程序
programme d'interception de voies
　线路中断计划
programme d'investigation géotechnique
　地质勘测计划
programme d'investissement　投资计划
programme directeur　主控程序
programme d'opération　操作程序

programme d'opération de ballastage
　铺砟作业程序
programme d'opération de chargement
　装载作业程序
programme d'opération de levage de voie
　起道作业程序
programme d'opération de levage
pour réparation　架车作业程序
programme d'opération de manœuvre
des trains　调车作业程序
programme d'opération de matériel lourd
　大型机械作业程序
programme d'opération de triage
　编组作业程序
programme d'opération d'explosion
　爆破作业程序
programme d'opération électrique
　电务操作程序
programme du mouvement de terre
　土方调配计划
programme d'utilisation　使用程序
programme dynamique　动态规划
programme exécutif　执行程序
programme financier　财务计划
programme général　总计划
programme général des travaux
　工程总计划
programme général d'exécution des travaux
　工程施工总计划
programme géotechnique　地质勘测计划
programme hebdomadaire des travaux
　工程周计划
programme légal　合法程序
programme mensuel　月计划
programme mensuel des travaux
　工程月计划
programme optimal　最佳程序
programme prévisionnel de rétablissement de
　réseau　路网恢复预计进度计划
programme quinquennal　五年计划
progression　进展;推进
progression d'avancemen　进度
progression d'avancement de tunnel
　隧道掘进进度
progression de conception　设计进展
progression de déformation　变形加速
progression de gauchissement de voie
　线路鼓曲趋重
progression de pénétration　贯入进度

progression de rénovation 改造升级
progression de tassement 沉降加速
progression de tassement de l'assise de voie 路基下沉加速
progression de travaux 工程进展
progression technique 技术升级
projecteur de base-vie 营地探照灯
projecteur de béton 喷射混凝土机
projecteur de chantier 工地探照灯
projection 喷射；投影
projection à haute pression 高压注浆
projection au canon à béton 喷射法浇筑
projection conique 圆锥投影
projection cylindrique 圆柱投影
projection d'abrasif 喷射磨料
projection de béton 喷射混凝土
projection horizontale 水平投影
projection oblique 斜投影
projection orthogonale 垂直投影；正投影
projection perspective 立体投影
projection secondaire 二次注浆
projet 项目
projet clé en main 交钥匙项目
projet d'agrandissement 扩建项目
projet d'agrandissement de gare 车站扩建项目
projet d'aménagement 整治项目
projet d'aménagement de voie 线路整治项目
projet d'aménagement provisoire 临时整治项目
projet de conception 设计项目
projet de consolidation 加固项目
projet de consolidation de plateforme de voie 线路道床加固项目
projet de construction 建设项目
projet de contrat 合同草稿
projet de coopération 合作项目
projet de déviation provisoire 临时改道计划
projet de gare de triage 编组站项目
projet de réhabilitation 恢复改造项目
projet de renouvellement 更新改造项目
projet de rétablissement de réseau 网络重建计划
projet des installations de chantier 工地建点计划
projet des ouvrages provisoires 临时工程计划
projet d'Etat 国家项目
projet de travaux 工程项目
projet de travaux publics 公共工程项目
projet d'exécution 施工方案
projet d'hygiène et de sécurité 卫生与安全计划
projet d'investissement 投资项目
projet du couloir de voie 线路走廊方案
projet du pont 桥梁项目
projet du tracé 线路方案
projet ferroviaire 铁路项目
projet important 重要项目
projet prioritaire 优先项目
projet provincial 省际项目
projet rentable 赢利项目
projet similaire 类似项目
projet technique 技术方案
projet typique 定型设计
projet-clé 关键项目
projet-concours 设计招标
projet-type 定型设计
prolongation 延长
prolongation de délai 期限延长
prolongation de délai de travaux 工期延长
prolongation de délai d'exécution 延长工期
prolongation de délai du contrat 合同延期
prolongation de l'aiguille 道岔加长
prolongation de rail 钢轨加长
prolongation de trajet 行程延长
prolongation de traverse de l'aiguille 岔枕加长
prolongation de validité du contrat 延长合同有效期
prolongation de voie 线路延长
prolongement 延长；延伸
pronostic 预测
pronostic météorologique 气象预报
proportion 比例；比率
proportion centésimale 百分之一比例
proportion d'eau-ciment 水灰比
proportion de devise 外汇比例
proportion de mélange 混合比例
proportion de mélange en poids 重量混合比
proportion de mortier 砂浆配合比
proportion des constituants du mélange 混合料配合比
proportion d'espace vert 绿地率
proportion optimum 最佳比值

proportion volumétrique 体积比
proportionnalité 比例性
proposition 建议；提案
proposition de distribution 分配建议
proposition de l'entrepreneur 承包商建议
proposition d'entretien 维修建议
proposition de mesures d'intégration
　一体化措施建议
proposition de rationalisation 合理化建议
proposition de réparation du pont
　桥梁修复方案
proposition de révision 修正建议
proposition de sous-traitance des travaux
　工程分包建议
proposition de variante optimale
　优化方案建议书
proposition de vérification 复核建议
proposition du projet 项目建议书
proposition recommandée 推荐方案
proposition technique 技术建议
proposition variante 备选方案
propreté 清洁
propreté de ballast 道砟清洁（度）
propreté de base-vie 营地整洁
propreté de chantier 工地整洁（度）
propreté de chantier-gare 站场整洁（度）
propreté de granulats 骨料清洁（度）
propreté de la gare 车站整洁度
propreté de la voie 线路整洁度
propreté de l'équipement 设备整洁度
propreté extérieure 外部整洁
propreté intérieure 内部整洁
propreté superficielle de compartiment
　(wagon) 车厢表面清洁度
propriété 产权；特性
propriété adhésive 黏着性能
propriété caractéristique 特性
propriété chimique 化学性质
propriété collective 集体所有制
propriété commerciale 商业产权
propriété de bien-fonds 不动产所有权
propriété de biens ferroviaires
　铁路资产所有权
propriété de boue 泥浆特性
propriété de compression 受压性能
propriété de fatigue 疲劳特性
propriété de fluage 蠕变特性
propriété de frottement 摩擦性能
propriété de l'équipement 设备所有权

propriété de matériel roulant 车辆所有权
propriété de sol 土质特性
propriété d'Etat 国家所有权
propriété drainante 排水性能
propriété du peuple entier 全民所有制
propriété foncière 土地所有权
propriété géométrique 几何特性
propriété géotechnique 土工力学特性
propriété granulaire 颗粒特性
propriété industrielle 工业产权
propriété industrielle et commerciale
　工商产权
propriété intrinsèque 固有特性
propriété mécanique 机械特性
propriété mobilière 动产所有权
propriété optique 光学性能
propriété physique 物理性质
propriété privée 私有财产
propriété propre 固有特性
propulseur 涡轮通风机
prorata 份额
prorogation 延长
prorogation de validité des offres
　延长报价有效期
prorogation de validité du contrat
　合同有效期延长
prospection 勘探
prospection de gisement 矿床勘探
prospection de sondage 钻探
prospection détaillée 详细勘探
prospection de terrain 场地勘探
prospection de voie ferrée 铁路勘测
prospection électrique 电法勘探
prospection électromagnétique 电磁法勘探
prospection géochimique 地质化学勘探
prospection géologique 地质勘探
prospection géophysique 工程物探
prospection géothermique 地热勘测
prospection gravimétrique 重力勘探
prospection gravitaire 重力勘探
prospection magnétique 磁力勘测
prospection minière 矿山勘探
prospection par mesure de la résistivité
　电阻率勘探
prospection par pénétration 贯入勘探
prospection par spire 回线勘探
prospection par sondage 钻探
prospection pétrolière 石油勘探
prospection préliminaire 初步勘探

prospection primaire 踏勘
prospection sismique 地震法勘探
prospection sismique à réflexion
　地震反射勘探
prospection sismique à réfraction
　地震折射勘探
prospection sommaire 初步勘探
prospection verticale à résistivité
　电阻法垂直勘探
protecteur 保护器;保护装置
protecteur à basse tension 低压保护装置
protecteur à côté de voie 轨旁保护装置
protecteur à haute tension 高压保护装置
protecteur antichoc 防震装置
protecteur anti-vol 防盗装置
protecteur automatique 自动保护装置
protecteur automatique du train
　列车自动保护装置
protecteur contre la foudre 防雷装置
protecteur contre la poussière 防尘装置
protecteur contre la vibration 防振装置
protecteur contre l'explosion 防爆装置
protecteur contre l'incendie 防火装置
protecteur de circuit 电路保护器
protecteur de circuit de voie
　轨道电路保护器
protecteur de déraillement
　脱轨保护装置
protecteur de l'aiguille 道岔保护装置
protecteur de l'appareil électrique
　电器保护装置
protecteur de l'équipement
　设备保护装置
protecteur de mise à la terre
　接地保护装置
protecteur de moteur électrique
　电机保护装置
protecteur de passage à niveau
　道口防护装置
protecteur de production 生产保护装置
protecteur de sécurité 安全保护装置
protecteur de signal 信号保护装置
protecteur de tension 电压保护装置
protecteur de tension à circuit fermé
　闭路电压保护装置
protecteur de tension de crête
　峰值电压保护装置
protecteur de tension instantanée
　瞬时电压保护装置

protecteur de tension ondulatoire
　浪涌电压保护装置
protecteur de tension pulsatoire
　脉动电压保护装置
protecteur provisoire 临时防护装置
protection 保护;防护
protection à basse tension 低压保护
protection à haute tension 高压保护
protection à l'excavation 开挖防护
protection anticorrosive 防腐保护
protection antirouille 防锈保护
protection archéologique 考古保护
protection automatique 自动保护
protection automatique du train
　列车自动保护
protection chimique 化学防护
protection contre la corrosion 防腐保护
protection contre la foudre 防雷
protection contre l'affouillement
　防冲刷保护
protection contre la neige 防雪
protection contre la perte 防止丢失
protection contre la pluie 防雨
protection contre la pollution 防污染
protection contre la poussière 防尘
protection contre la prise en écharpe
　防护道岔斜侧进入
protection contre la surcharge 过载保护
protection contre la surchauffe 过热保护
protection contre la surintensité de courant
　过电流保护
protection contre la surtension 过压保护
protection contre la vibration 防振
protection contre le démontage
　防止拆卸
protection contre le dépassement de signal
　防止冒进
protection contre le déraillement 防脱轨
protection contre le feu 防火
protection contre le flux inverse 逆流保护
protection contre le gel 防冻
protection contre le glissement de wagon
　车辆防溜
protection contre l'ensoleillement
　防晒保护
protection contre le ravinement de talus
　防止边坡冲刷
protection contre l'érosion 防冲刷保护
protection contre les avalanches 防雪崩

protection contre les crues 防洪设施
protection contre les inondations 防洪
protection contre les venues d'eau souterraine 地下渗水防护
protection contre l'explosion 防爆
protection contre l'humidité 防潮
protection contre l'incendie 防火
protection contre l'incendie de tunnel 隧道防火
protection contre l'infiltration 防渗
protection contre l'ouverture 防止开启
protection contre l'ouverture accidentelle 防止意外开启
protection de berge 护坡工程
protection de berge par enrochement 填石防护
protection de câbles 电缆线保护
protection de câble par tube métallique 电缆钢套管保护
protection de chantier 工地保护
protection de chape d'étanchéité 密封防水层保护
protection de conduite 管道保护
protection de construction 建筑物保护
protection de déblais au niveau de portail 隧道入口挖方防护
protection de digue 河堤保护
protection de gazoduc 输气管道防护
protection de la main-d'œuvre 劳工保护
protection de la plateforme de voie 路基防护
protection de l'assise de voie 路基防护
protection de l'environnement 环境保护
protection de l'excavation 开挖防护
protection de l'oléoduc 输油管道保护
protection de l'ouvrage 构造物防护
protection de l'ouvrage exécuté 已完工程防护
protection de mise à la terre 接地保护
protection de passage à niveau 道口防护
protection de patrimoine culturel 文化遗产保护
protection de rail pointu 尖轨防护
protection de remblai 路堤防护
protection de ressources des eaux 水资源保护
protection de rives 护岸工程
protection des ancrages d'extrémité 锚固头保护
protection des armatures 钢筋保护
protection des eaux 水源保护
protection des eaux superficielles 地表水保护
protection de sécutité 安全保护
protection de sécutité vis-à-vis de fausse manœuvre 误操作安全保护
protection des objets anciens souterrains découverts en exécution 施工发现地下文物保护
protection de soutènement 支挡防护
protection de structure conductrice 导电结构防护
protection de support 支撑防护
protection de surface 表面保护
protection de talus 边坡防护
protection de talus de remblai 路堤边坡防护
protection de talus en enrochement 石筑边坡防护
protection de tension 电压保护
protection de tension de pique 瞬时峰值电压保护
protection de tension pulsatoire 脉动电压保护
protection de tête de buse 管头保护
protection de trafic 交通安全措施
protection de travail 劳动保护
protection de végétation 植被保护
protection de vestige culturel 保护文物
protection de voie ferrée 轨道线路保护
protection du personnel 人员保护
protection effective 有效防护
protection parasismique 防震
protection par bouclier 盾构防护
protection par couverture isolante 封盖绝缘保护
protection par éloignement 脱离保护
protection par feutre bitumineux 沥青油毡防护
protection par grillage 网栅防护
protection par renforcement 加固防护
protection partielle 局部防护
protection provisoire 临时防护
protection provisoire contre les eaux 临时防水
protection superficielle 表层保护
protocole 议定书；记录
protocole d'accord 协议书

protocole d'accord du groupement d'entreprises 联合体协议书
protocole de pénétration 贯入记录
protocole de sécurité 安全协议
protocole de service de l'agent 代理服务协议
protocole de sous-traitance 分包协议
protocole de sondage 钻探记录
protocole d'Internet 互联网协议
protocole de transit de marchandises sur voie ferrée 铁路货物转运代理协议
protocole du transport international 国际联运协议书
protocole final 最后议定书
provenance 来源
provenance de ballast 道砟来源
provenance de fonds 资金来源
provenance de l'équipement 设备来源
provenance de terrassement 土方来源
provenance des enrochements 填石来源
provenance des matériaux 材料来源
provenance des matériaux de fourniture extérieure 外供材料来源
psammite 砂屑岩
publication 公告
publication d'addenda 补遗公告
publication de l'attribution provisoire du marché 临时授予合同公告
publication de l'avis d'attribution provisoire 临时授标通知公示
publication de rectificatif 修改通知
publication de retard du train 列车晚点通知
publicité 广告
puisard 渗井；汇水井
puisard carré 正方形集水井
puisard de drainage 排水井
puisard de fosse septique 化粪池渗水井
puisard de vidange 排水井
puisard rectangulaire 矩形渗水井
puissance 功率
puissance absorbée 吸收功率
puissance active 有效功率
puissance au frein 制动功率
puissance consommée 消耗功率
puissance continue 持续功率
puissance débitée 输出功率
puissance de choc 冲击力
puissance de consigne 额定功率
puissance de fonctionnement 运转功率
puissance de franchissement 通过能力
puissance de freinage 制动功率
puissance de locomotive 机车功率
puissance de mélange 拌和功率
puissance d'émission 发射功率
puissance de moteur 发动机功率
puissance de moteur à combustion interne 内燃机功率
puissance de moteur à courant continu 直流电机功率
puissance de moteur d'entraînement 驱动电动机功率
puissance de moteur de traction 牵引电机功率
puissance de moteur diesel 柴油机功率
puissance de motrice de traction principale 主牵引机车功率
puissance d'entrée 输入功率
puissance de pointe 峰值功率
puissance de pression 压缩功率
puissance de production 生产能力
puissance d'équipement 设备功率
puissance de remorquage 牵引功率
puissance de réserve 备用功率
puissance de sortie 输出功率
puissance de traction 牵引功率
puissance de train 列车功率
puissance disponible 可用功率
puissance dissipée 耗散功率
puissance du vent 风力
puissance dynamique 动能
puissance effective 有效功率
puissance électrique 电功率
puissance en service 使用功率
puissance équipée 装机容量
puissance installée 安装功率
puissance limitée 极限功率
puissance maximum 最大功率
puissance minimum 最小功率
puissance moyenne 平均功率
puissance nominale 额定功率
puissance pneumatique 气压功率
puissance normale 标准功率
puissance réelle 实际功率
puissance relative 相对功率
puissance totale 总功率
puissance utile 有效功率
puissance volumétrique 单位容积功率

puits 井
puits abandonné 废井
puits absorbant 吸水井
puits à cages 升降罐笼井
puits à coulisse 沉井
puits adjacent 邻井
puits à grande profondeur 深井
puits à pompage mécanique 机井
puits à sable 砂井
puits auxiliaire 副井
puits borgne 盲井
puits central 主井
puits circulaire 圆形竖井
puits cuvelé 套管护壁水井
puits d'aération 风井
puits d'ancrage 锚固井
puits d'ascenseur 电梯井
puits d'aspiration 吸水井
puits d'eau 水井
puits d'eaux usées 污水井
puits de bouclier 盾构井
puits de collection 集水井
puits de conduite forcée 压力井
puits de contrôle 检查井
puits d'écoulement 排水井
puits de décharge 排水井
puits de direction 导井
puits de drainage 排水井
puits de forage 钻探井
puits de lumière solaire 天井
puits de mine 矿井
puits de pétrole 油井
puits de pluie 雨水井
puits de pompe 泵井
puits de prise d'eau 取水井
puits d'épuisement 抽水井
puits de rabattement 降水位井
puits de recherche 探测井
puits de reconnaissance 探井
puits de retour d'air 回风井
puits de sable 砂井
puits de secours 救援井
puits de service 工作检修井
puits de sondage 钻探井
puits de tunnel 隧道井
puits de valve 阀门井
puits de ventilation 通风井
puits dévié 斜井
puits de visite 检查井

puits de visite à câbles 电缆井
puits d'exploration 探井
puits d'extraction 出渣井
puits d'infiltration 渗井
puits d'observation 观察井
puits droit 竖井
puits élargi 扩孔井
puits en béton 混凝土井
puits en charge 压力井
puits enfoncé 沉井
puits faux 盲井
puits filtrant 滤井
puits forcé 压力井
puits foncé en acier 钢沉井
puits foncé en béton 混凝土沉井
puits foré 钻井
puits géotechnique 地质钻井
puits incliné 斜井
puits intérieur 暗井;盲井
puits jumeaux 双井
puits oblique 斜井
puits perdu 枯井
puits pétrolière 油井
puits principal 主井
puits profond 深井
puits rectangulaire 矩形井
puits rond 圆井
puits salant 咸水井
puits sec 枯井
puits sous pression 压力井
puits tarissant 枯井
puits tubé 套管护壁井
puits tubulaire 管井
puits vertical 竖井
puits-buse 通风天井
puits-buse d'aération 通风井
pulsomètre 气压扬水机
pulvérisateur 喷雾器
pumicite 浮石
pupitre de commande 控制台
pupitre de commande de dispatcher 调度台
pupitre de commande d'enclenchement
　　联锁控制台
pupitre de commande de manœuvre 调度台
pupitre de commande de signal 信号台
pupitre de conduite 司机台
pupitre de contrôle central 中控台
pupitre de manœuvre 操作台;调度台
pupitre de régulateur 调度台

purge 清淤；清理	purge de terre excavée de tunnel
purge au niveau de fondation de l'ouvrage	清理隧道渣土
构造物基底清淤	purge de tranchée 壕沟清理
purge d'eau de l'assise de voie 路基排水	purge de tranchée des câbles 电缆沟清理
purge de ballast dans le fossé au bas de remblais 路堤边沟道砟清理	purge de tranchée de canalisation 管沟清理
purge de ballast rond 圆粒道砟清理	purge de tranchée d'égout 污水沟清淤
purge de blocs instables 清理不稳定岩石	purge du sol 积土清理
purge de boue de sondage 探孔泥浆清理	purification 净化
purge de boue humide 湿污泥清理	purification d'air 空气净化
purge de boue molle 软泥清理	purification d'eau 水净化
purge de déblais 清渣；清砟	pycnomètre 比重计
purge de déblais abandonnés 弃砟清理	pylône 铁塔；索塔
purge de déchet 垃圾清理	pylône articulé 铰式支柱
purge de déchets dangereux 危险垃圾；有害垃圾	pylône d'ancrage 锚座
purge de déchets liquides 液体垃圾清理	pylône d'antenne 天线塔
purge de déchets toxiques 有毒弃物清理	pylône d'appui 索道塔架
purge de fosse aux cendres 炉灰池清理	pylône de blondin 架空索道塔架
purge de fosse d'écoulement 排水沟清理	pylône d'éclairage 灯柱
purge de fosse de fondation 基坑清理	pylône de fer 铁塔
purge de fosse de réparation du dépôt 车辆段机修坑清理	pylône de fil à haute tension 高压线铁塔
purge de fosse septique 化粪池清淤	pylône de forage 钻井塔架
purge de fossé de décharge 排水沟清理	pylône de ligne électrique 电线塔架
purge de fossé de l'assise de voie 路基边沟清理	pylône de pont 桥塔；桥门柱
purge de l'assise de remblais 填方底层清理	pylône de pont suspendu 悬索桥桥塔
purge de l'avalanche boueuse 泥流清理	pylône de soutien 支承塔架
purge de l'avalanche de montagne 山区泥石流清理	pylône de support 支撑塔架
purge de l'avalanche de terre 坍方清理	pylône électrique 电线塔
purge de roche détendue 危岩清理	pylône en treillis 桁架塔
purge de sable mobile du lit de ballast 道床流砂清理	pylône fixe 固定铁塔
purge de terre de mauvaise tenue 清理劣质土	pylône levant 升降(桥)塔
	pylône mobile 活动塔架
	pylône rigide 刚性支柱
	pyramide 金字塔；锥形体
	pyramide de soutien 支承锥形架
	pyramide de support 支承锥形架
	pyramide de terre 锥形土堆

Q

quadrangle 四边形;四角形
quadrilatère 四边形
quadrillage 方格;方格网
qualification 资格
quai 码头;站台
quai à charbon 煤码头;卸煤场
quai à houille 煤码头
quai à marchandises 货物码头;货物站台
quai à marchandises en lots brisés 零担货物站台
quai à marchandises en vrac 散装货物码头;散装货物站台
quai à pétrole 油码头
quai central 中央站台
quai couvert 有棚站台
quai d'accostage 停靠码头
quai d'amarrage 停泊码头
quai d'arrivée 到达站台
quai de chargement/déchargement 装卸站台
quai découvert 露天站台
quai de départ 出发站台
quai de la gare 站台;月台
quai de manutention 装卸站台;装卸码头
quai de marchandises de détails 零担货物站台
quai d'embarquement 装货码头
quai d'entrevoies 线路中间站台;岛形站台
quai de port 港口码头
quai de secours 备用站台
quai de train à grande vitesse 高铁站台
quai de train automoteur 动车组列车站台
quai de train de banlieue 市郊列车站台
quai de train de conteneurs 集装箱列车站台
quai de train en gare 到站列车站台
quai de train international 国际列车站台
quai de train interurbain 城际列车站台
quai de train Maglev 磁悬浮列车站台
quai de transbordement 换装站台
quai de voyageurs 旅客站台;旅客码头
quai d'expédition 发送货物站台
quai en alignement 纵列式货物站台
quai en cul-de-sac 尽头式站台
quai en eau profonde 深水码头
quai entre les voies 线路中间站台
quai extérieur 外站台;外码头
quai ferroviaire 铁路站台
quai flottant 浮码头
quai intermédiaire 中间站台
quai latéral 侧站台
quai longitudinal 纵列式站台
quai principal 主要站台;主要码头
quai provisoire 临时站台;临时码头
quai surélevé 高站台
qualification 资格
qualification d'adjoint technique 技术助理资格
qualification de candidat 竞标人资格
qualification de fabricant 制造商资格
qualification de soumissionnaire 投标人资格
qualification du personnel 人员资格
qualification professionnelle 专业资格
qualité 质量;身份
qualité absolue 绝对质量
qualité acceptable 质量合格
qualité d'acier 钢材质量
qualité d'argile 黏土质量
qualité d'armature 钢筋质量
qualité de ballast 道砟质量
qualité de béton 混凝土质量
qualité de bitume 沥青质量
qualité de bourrage 捣固质量

qualité de canalisation 管道质量
qualité de chaussée 路面质量
qualité de ciment 水泥质量
qualité d'éclairage 照明质量
qualité de coffrage 模板质量
qualité de compactage 压实质量
qualité de conception 设计质量
qualité de construction 建筑质量
qualité de document 文件质量
qualité de fabrication 制造质量
qualité de façonnage 加工质量
qualité de gravier 碎石质量
qualité de l'air 空气质量
qualité de l'appareil 仪器质量
qualité de l'eau 水质
qualité de l'eau potable 饮用水质量
qualité de l'environnement 环境质量
qualité de l'équipement 设备质量
qualité de l'expert 专家身份
qualité de l'image 图像质量
qualité de l'ingénieur de contrôle 监理身份
qualité de l'offre 标书质量
qualité de l'ouvrage 工程质量
qualité de marchandise 商品质量
qualité de matériaux 材料质量
qualité de matériel 设备质量
qualité de montage 安装质量
qualité d'entretien 养护质量
qualité de passage 通行质量
qualité de peinture 油漆质量
qualité de pierres concassées 碎石质量
qualité de plans 图纸质量
qualité de plans de récolement 竣工图质量
qualité de pont 桥梁质量
qualité de pose 安装质量
qualité de poutre en caisson 箱梁质量
qualité de produit 产品质量
qualité de projet 项目质量
qualité de rail 钢轨质量
qualité de réparation 维修质量
qualité de réparation de locomotive 机车维修质量
qualité de service 服务质量
qualité de signal 信号质量
qualité de soudure 焊接质量
qualité de terre 土质
qualité de travaux 工程质量
qualité d'exécution 施工质量
qualité d'usinage 加工质量

qualité du sol 土质
qualité d'usure 耐磨性
qualité exigée 质量要求
qualité géotechnique 土工质量
qualité homogène 同一质量
qualité hydrofuge 防水性能
qualité mécanique 机械性能
qualité médiocre 质量一般
qualité prescrite 质量要求
qualité professionnelle de l'entreprise 企业资质
qualité professionnelle hors classe 特级资质
qualité requise 质量要求
qualité superficielle de rail 钢轨表面质量
qualité supérieure 高质量
quantité 数量
quantité achevée 完成量
quantité alternative 交变量
quantité annuelle de pluie 年降雨量
quantité augmentée 增加数量
quantité constante 常量
quantité continue 连续量
quantité d'approvisionnement 供货数量
quantité d'argile 黏土数量
quantité d'eau 水量
quantité d'eau de pluie 降雨量
quantité d'eau tombée 雨量
quantité de ballast 道砟数量
quantité de bétonnage 混凝土浇筑数量
quantité de bitume 沥青数量
quantité de bois 木材数量
quantité de buse 管涵数量
quantité de canalisation 管道数量
quantité de carrière 采石场数量
quantité de chaleur 热量
quantité de chargement 装车数量
quantité de ciment 水泥数量
quantité de coffrage 模板数量
quantité de creusement 开挖数量
quantité de déblai 挖方数量
quantité de déchargement 卸车数量
quantité de déplacement 迁移数量
quantité de déplacement des réseaux 管网迁移数量
quantité de filtration 渗漏量
quantité de gravier 碎石数量
quantité de l'armature 钢筋数量
quantité d'électricité 电量
quantité de matériaux 材料数量

quantité de matériaux à mettre en œuvre 用料数量
quantité de matériel 设备数量
quantité de matériels loués 租用设备数量
quantité de matériels neufs 新设备数量
quantité de matériels d'occasion 二手设备数量
quantité de matériels propres 自有设备数量
quantité de mouvement 动量
quantité de paiement 付款数量
quantité de pierres concassées 碎石数量
quantité de pluie par jour 日降雨量
quantité de précipitations 雨量
quantité de production 生产数量
quantité de production de ballast 道砟生产数量
quantité de remblai 填方数量
quantité de roche 岩方数量
quantité de sable 砂子数量
quantité des échafaudages 脚手架数量
quantité des équipements 设备数量
quantité des ouvrages 工程数量
quantité des ouvrages d'art 桥隧数量
quantité déterminée 定额
quantité de terrassement 土方数量
quantité de transport 运量
quantité de travaux 工程数量
quantité de travaux réellement exécutés 实际完成工程数量
quantité d'excavation 开挖数量
quantité d'explosifs 炸药数量
quantité en excès 超出数量
quantité exploitable 可开采量
quantité hors du contrat 合同外数量
quantité informatique 信息量
quantité livrée 交付数量
quantité périodique 周期量
quantité principale de travaux 主要工程量
quantité profitable 可开采量
quantité proportionnelle 比例数量

quantité réduite 减少数量
quantité réelle 实际数量
quantité residuelle 残存量
quantité residuelle après le déchargement 卸货残存量
quantité supplémentaire 补充数量
quantité totale 总数量
quantité utilisée 用量
quantité utilisée des matériaux 材料用量
quantité variable 变量
quartz 石英
quartzite 石英岩
questionnaire 调查表
questionnaire de pré-qualification 资审调查表
questionnaire de présélection 资审调查表
queue 尾;末端
queue d'attelage 尾框架
queue de carpe 扣钉
queue-de-morue 鱼尾板;接轨板
queue de rames 车辆尾列
queue de train 列车尾部
queue de wagon 车辆尾部
quittance 收据
quittance valable 有效收据
quota 定额;限额
quota de budget 预算定额
quota d'entretien 养护定额
quota de production 生产定额
quota d'estimation budgétaire 概算定额
quota de tonne/essieu 吨/轴定额
quota de tonne/kilomètre 吨/公里定额
quota de travail 劳动定额
quota d'exportation 出口限额
quota d'importation 进口限额
quota normal 标称定额
quote-part 分配额;份额
quote-part du profit 利润分配额
quotientmètre 电流比(率)计
quotité 限额

R

rabais 减价;折扣
rabais de fret 运费折扣
rabais de liquide 现金折扣
rabais de prix 价格折扣
rabot 刨;刨子
rabot circulaire 圆刨
rabot électrique 电刨
rabotage, rabotement 刨平;刨削
rabotage de chaussée 刨路面
rabotage des parties saillantes
 刨平凸出部分
rabotage de reprofilage
 (道路路基)整形;(道路土方)整平
raboteuse 铣刨机
raboteuse à rail 钢轨刨边机
raboteuse-chanfreineuse à rail
 钢轨刨边机
raboutage 接头
raboutage d'armature 接钢筋
raboutage de rails 接轨
raccord 连接;管管头
raccord d'attelage 车钩连接器
raccord de boyau d'accouplement
 de freinage 制动软管连接器
raccord de boyau flexible 软管连接器
raccord de boyau flexible d'air/eau
 气/水软管连接器
raccord de boyau flexible de frein
 制动软管连接器
raccord de tuyaux 管道接头
raccord en T 三通
raccordement 连接;连接线
raccordement à la voie existante
 与现有线路连接
raccordement à l'éclisse 鱼尾板连接
raccordement aux réseaux 网连接
raccordement de caniveau 排水沟连接

raccordement de circuit de voie
 轨道电路连接
raccordement de courbure 曲线连接
raccordement de déclivité 坡道连接
raccordement de ligne électrifiée
 电气化线路连接
raccordement de pente adjacente
 相邻坡道连接
raccordement de recouvrement 搭接
raccordement de signal 信号连接
raccordement de voie en courbe 弯道连接
raccordement de voie ferrée 铁路连接线
raccordement des voies 线路接驳
raccordement du chemin de fer 铁路连接
raccordement entre rails 轨道连接
raccordement longitudinal 纵向连接
raccordement parabolique 抛物线连接
raccordement transversal 横向连接
raccordement vertical 垂向连接
raccourci 捷径
racine 根
racine de l'arbre 树根
raclage 刮
raclage de boue 刮泥
racleuse 修整机;刮土机
radar 雷达
radiale 辐射式公路
radian 弧度
radiateur 散热器
radiateur de moteur 发动机散热器
radiation 辐射
radiation de micro-onde 微波辐射
radiation électromagnétique 电磁辐射
radiation infrarouge 红外线辐射
radiation solaire 太阳辐射
radiation ultraviolette 紫外线辐射
radier 底板;地基

radier bétonné 混凝土底板
radier de béton 混凝土基础
radier de béton hydrofuge 防水混凝土基础
radier de contre-voûte 隧道仰拱
radier de fondation 基础板
radier de fondation rigide 刚性基础板
radier de passage de piétons 人行道垫板
radier de tunnel 隧洞底板
radier de tunnel en béton armé
　　隧道钢筋混凝土底板（仰拱）
radier en béton 混凝土底板
radier en béton armé 钢筋混凝土底板
radier en traversée 格梁式底座
radier en voûte renversée 仰拱基础
radier fondé sur pieux 柱承基础板
radier général 满堂基础
radier plat 平底板
radier préfabriqué 预制底板
radier préfabriqué de tunnel 隧道预制底板
radier renforcé 加劲底板
radier rigide 刚性基础板
radier souple 柔性基础板
radio 电台
radio à circuit fermé 有线广播
radio-blocage 无线闭塞
radio de communication 交通电台
radio embarqué GSM-R
　　车载铁路通信无线电台
radio sol-train（RST）
　　地面—列车通信电台
radio-train 列车无线电广播通信
radiocommande 无线电指挥
radiocommande de l'arrêt du train
　　无线电指挥列车停车
radiocommande de circulation de train
　　无线电指挥列车运行
radiocommunication 无线电通信
radiocommunication à deux sens
　　双向无线电通信
radiocommunication de régulation
　　调度无线电通信
radiocommunication de sol-train
　　地面—列车无线电通信
radiocommunication de train
　　列车无线电通信
radiocommunication entre les gares
　　站间无线电通信
radiodiffusion 广播
radiodiffusion de la gare 车站广播
radiodiffusion de messages du train
　　列车信息广播
radiostation à bord 列车车载电台
radiostation central 中心电台
radiostation de division detélécommunication
　　通信段电台
radiostation de train 列车电台
radiostation du chef de train 车长电台
radiostation sur locomotive 车载电台
radio-télécommande de train
　　列车无线电遥控
radiotéléphonie de train 列车无线电话
raffinerie 炼油厂
raideur 刚度
raideur à la flexion 抗弯刚度
raideur à la torsion 抗扭刚度
raideur de câble de hauban 拉索绷直度
raideur de câble en acier 钢缆刚度
raideur de câble en acier tendu à mise en tension 钢索张拉绷直度
raideur de pont 桥梁刚度
raideur de rail 钢轨刚度
raideur de serrage 紧固度
raideur de tablier 桥面板刚度
raideur de tendeur d'attelage
　　车钩螺杆紧固度
raideur de tige d'ancrage 锚杆刚度
raidisseur 张紧器；加强筋
raidisseur d'âme 腹板加劲板
raidisseur d'attelage 车钩紧固器
raidisseur de longeron 侧梁加劲板
raidisseur de radier 底板加劲板
raidisseur longitudinal 纵向加劲肋
rail 钢轨
rail à âme large 宽腰轨
rail à double champignon 双头轨
rail à gorge 槽形钢轨
rail à ornière 槽形钢轨
rail à patin 宽底钢轨
rail à patin plat 平底钢轨
rail à rigole 槽形钢轨
rail auxiliaire 辅轨
rail avec joint 接缝钢轨
rail compensateur 调节长度轨
rail conducteur électrique 导电轨
rail connecté 接驳轨
rail contre-aiguille 护岔轨
rail coudé d'aiguille 道岔曲轨；辙叉翼轨
rail courbe 曲轨

rail courbe de guidage à l'intérieur 内导曲轨
rail court 短轨
rail d'accompagnement 道岔防护导轨
rail d'aile 翼轨
rail de base 基本轨
rail déclassé 降级轨
rail de cœur de croisement 岔轨;心轨
rail de contact 接触轨
rail de grande longueur 长轨
rail de guidage 导轨
rail de longueur normale 标准长度轨
rail de raccord 连接轨
rail de raccord courbé 曲导轨
rail de rechange 备用轨
rail de récurrence 周转轨
rail de renfort 补强轨
rail de résistance à la corrosion 耐腐蚀轨
rail de résistance à l'usure 耐磨轨
rail de rotation 周转轨
rail de sécurité 安全轨;护轮轨
rail droit 直轨
rail en acier à faible alliage 低合金钢钢轨
rail en acier allié 合金钢轨
rail en acier au carbone 碳素钢轨
rail en attente 续接轨
rail extérieur 外轨
rail extérieur de voie 股道外轨
rail extérieur de voie en courbe 曲线外股道
rail fixe 道岔基本轨
rail fracturé 断轨
rail-frein 减速器
rail hétéroclite 异型轨
rail intérieur 内轨
rail intérieur de voie 股道内轨
rail intérieur de voie en courbe 曲线内股道
rail intermédiaire de l'aiguille 道岔移动轨;道岔连接轨
rail isolé 绝缘轨
rail léger 轻型轨
rail lourd 重型轨
rail mobile （道岔）活动轨
rail ondulatoire 波轨
rail plat 平轨
rail pointu 尖轨
rail pointu de courbe 曲线尖轨
rail profilé asymétrique 非对称断面轨
rail raccourci 缩短轨
rail réutilisé 再用轨

rail-route 铁路公路联运
rail soudé 焊接轨
rail standard 标准轨
rail standard américain 美标钢轨
rail standard britannique 英标钢轨
rail standard européen 欧标钢轨
rail strié 擦痕轨
rail supérieur en courbe 弯道超高外侧轨
rail symétrique 对称钢轨
rail trempé 淬火轨
rail usé 旧钢轨
rail vignole 阔脚轨
rails de soulèvement de voiture au dépôt 机务修理抬车
rainure 槽
rainure de buée 流水槽
rainure de graissage 油槽
rainure réservée 预留槽
rai(s) 轮辐
raison 原因
raison de santé 身体原因
raison technique 技术原因
rajout 加建部分
rajustement 调整
rajustement de conception 调整设计
rajustement de distance 调整距离
rajustement de jeu 调整间隙
rajustement de largeur 调整宽度
rajustement de l'écartement de voie 调整轨距
rajustement de l'entraxe des essieux 调整车轴中心距
rajustement de l'offre 调整报价
rajustement de longueur 调整长度
rajustement de longueur de voie principale 调整正线长度
rajustement de l'ordre d'entrée en gare de trains 调整列车进站顺序
rajustement de plan 调整方案
rajustement de planning d'exécution 调整施工计划
rajustement de prix 调整价格
rajustement de vitesse 调整速度
rajustement de wagons vides 空车调整
ralentissement 减速
ralentissement automatique de train 列车自动减速
ralentissement d'entrée en gare 进站减速
ralentissement des travaux 放慢施工速度

ralentissement de vitesse 减速
ralentissement de vitesse de véhicule 车辆减速
ralentissement d'urgence 紧急减速
ralentissement en voie courbe 弯道减速
ralentissement en voie de transition 渡线减速
ralentisseur 减速装置;减速坎
ralentisseur de chaussée 路面减速坎
ralentisseur de véhicule 车辆减速器
ramassage 清理
ramassage des arbustes 清理小灌木
ramassage des débris 收拾碎片
ramassage du terrain 清理场地
rambarde 桥面护栏
rame 编组列车;车列
rame à détection intégrée 综合检测车组
rame articulée 编组列车
rame automotrice 动车组
rame automotrice à grande vitesse 高速动车组
rame automotrice articulée 关节动车组
rame automotrice à vitesse normale 常速动车组
rame automotrice de diesel 内燃动车组
rame automotrice type de force motrice dispersée 动力分散式动车组
rame de diesel 内燃车组
rame des wagons 车列
rame des wagons chargés sur le pont à résister au choc de crue 防洪冲击压梁车
rame des wagons de marchandises 货车列
rame des wagons de voyageurs 客车列
rame des wagons-lits 卧铺车车列
ramification 支线
ramification de voie ferrée 铁路支线
ramollissement 软化
ramollissement de bitume 沥青软化
ramollissement de boyau flexible 软管软化
ramollissement de l'assise de voie 路基软化
ramollissement de tuyau d'accouplement de frein 制动连接管软化
ramollissement de tuyau en caoutchouc 橡胶管软化
rampant 斜坡
rampe 坡道;爬行
rampe à connection directe 直连式坡道
rampe à deux sens 双向坡道
rampe à sens unique 单向坡道
rampe consécutive 连续上坡
rampe d'accès 入口坡
rampe d'ajustement 调节坡
rampe d'approche 引坡
rampe de direction descendante 下行坡道
rampe de l'autoroute 高速公路坡道
rampe de raccordement 顺坡
rampe descendante 顺坡
rampe de surhaussement 超高顺坡
rampe de triage des wagons 调车场
rampe de voie 线路坡度
rampe douce 缓坡
rampe forte 陡坡
rampe glissante 顺坡
rampe limite 极限坡度
rampe maximale 最大坡度
rampe minimale 最小坡度
rampe rapide 陡坡
rampe tendue 长上坡道
rampement 爬行
rancher （平车）插柱
rancher amovible 可拆卸插柱
rancher de wagon plat 平车插柱
rancher pivotant 可转向插柱
rangée 排;列
rangée d'arbustes contre l'éblouissement 防眩篱栅
rangée de palplanches 板桩排
rangée de pieux 桩排
rangement de l'itinéraire 排列进路
rangement de l'ordre d'entrée en gare des trains voyageurs 排列客车进站顺序
rangement de l'ordre du départ des trains 排列列车出站顺序
rangement des câbles 排列缆线
rangement des voies du chantier-gare 排列站场股道
rangement et triage des wagons 车辆编组排列
rappel 呼唤;提示
rappel automatique 自动回叫
rappel de l'ordre 重复指令
rappel de ralentissement 提示减速
rappel de régulateur 调度呼叫
rappel de sol-train 地—车呼叫
rappel par radio 电台呼叫
rappel par scintillement 闪光信号

rapport 报告；系数
rapport agrégat-ciment 集料—水泥比
rapport annuel 年度报告
rapport d'accident 事故报告
rapport d'achèvement des travaux
　竣工报告
rapport d'affaiblissement 衰减系数
rapport d'agrandissement
　增加比率；放大率
rapport d'allongement 伸长比
rapport d'amortissement 阻尼系数
rapport d'analyse 分析报告
rapport d'armature 钢筋百分比
rapport d'audit 审计报告
rapport d'avancement 进度报告
rapport de battage 打桩记录
rapport de choc 冲击系数
rapport de compression 压缩比
rapport de conception 设计报告
rapport de construction 施工报告
rapport de contraction 收缩比
rapport de contrainte 应力比
rapport de densité 密度比
rapport de déviation 偏移系数
rapport de dimension 尺寸比例
rapport de faisabilité 可行性报告
rapport de faisabilité économique
　et financière 经济和财务可行性报告
rapport définitif 最终报告
rapport de finesse 细度比
rapport de freinage 制动率
rapport de laboratoire 实验室报告
rapport de l'enquête 调查报告
rapport de l'étude de faisabilité
　可行性研究报告
rapport de l'étude de trafic
　交通流量设计报告
rapport de mélange 混合比
rapport de présentation 说明报告
rapport de pression 压力比
rapport de réception 验收报告
rapport de recherche de gîtes à matériaux
　材料场地研究报告
rapport de reconnaissance 勘探报告
rapport de sondage 钻探报告
rapport d'essai 实验报告
rapport d'essieu vide et plein 空轴满轴比
rapport de suivi environnemental
　环境跟踪报告
rapport de transmission 传动比
rapport d'évaluation 评估报告
rapport d'évaluation de l'environnement
　环境评估报告
rapport d'évaluation de qualité
　质量评估报告
rapport de vitesse 速度比
rapport d'expansion 膨胀比
rapport d'expertise 鉴定报告
rapport d'expertise de qualité
　质量鉴定报告
rapport d'expansion 膨胀比
rapport d'exploitation 运营报告
rapport d'expropriation 征地拆迁报告
rapport d'inspection 检验报告
rapport d'eau-ciment 水灰比
rapport écrit 书面汇报
rapport en poids 重量比
rapport en volume 体积比
rapport explicatif 解释报告
rapport final 最终报告
rapport géologique 地质报告
rapport géologique de tracé 路线地质报告
rapport géométrique 几何比
rapport géotechnique 地质工程报告
rapport journalier 日报告
rapport justificatif 证明报告
rapport mensuel 月报告
rapport mensuel d'avancement des travaux
　月生产进度报告
rapport météorologique 气象报告
rapport optimum 最佳比
rapport paramétrique 参数比
rapport périodique 定期报告
rapport poids-puissance 重量功率比
rapport pondéral 重量比
rapport synthétique 综合报告
rapport technique 技术报告
rapport verbal 口头汇报
rapport vertical 垂直比例
rapport volumétrique 容积比
rasement 铲平
râteau 耙
râteau à ballast 砟耙
râteau à blocs 抓斗机；抓岩机
râteau à disque 盘式耙
râteau à pierres 碎石耙
râteau défricheur-débroussailleur
　松土清杂耙

râteau dégrilleur 清筛耙
râteau mécanique 耙路机
râtelage de ballast 拢砟
ratio 比率
ratio à l'heure de pointe 高峰小时比率
ratio d'amortissement 折旧比率
ratio de finesse 细度比
ratio de l'eau-ciment 水灰比
ratio de pénétration 贯入度比
ratio de porosité 空隙比
ratio de puissance 功率比
ratio de réduction 缩小比例
ratio de résistance 强度比
ratio de résistance/poids 强度与重量比
ratio de retrait 收缩比
ratio de stabilité/flux 稳定度/流值比
ratio de tassement 沉降率
ratio de transmission 传动比
ratio de travaux 工程比率
ratio de vitesse/volume 车速/流量比
ratio d'expansion 膨胀比
ratio volumétrique 体积比
ratissage 耙平
ratissage de surface revêtue 耙平表面
rattrapage 追赶
rattrapage du temps perdu 误时追赶
rattrapage du trajet de circulation
　追赶行程
ravinée 沟
ravinement 冲沟；水沟
rayon 光线；半径；范围
rayon admissible 最小容许半径
rayon admissible en raccordement de profil en long 纵断面连接最小容许半径
rayon concave 凹面半径
rayon convexe 凸面半径
rayon d'action 作用半径
rayon de braquage 转弯半径
rayon de braquage minimal 最小转弯半径
rayon de braquage de roue 车轮转弯半径
rayon de cintrage 弯曲(曲率)半径
rayon de compactage 碾压半径
rayon de contrôle 控制半径
rayon de convergence 收敛半径
rayon de courbe 曲线半径
rayon de courbe circulaire 圆曲线半径
rayon de courbe de guidage 导曲线半径
rayon de courbe de l'aiguille
　道岔曲线半径
rayon de courbe de voie 线路曲线半径
rayon de courbure 曲率半径；弯道半径
rayon de courbure circulaire 圆曲率半径
rayon de courbure de trajectoire
　运动轨迹曲率半径
rayon de courbure de voie 线路曲率半径
rayon de courbure en plan 平弯曲半径
rayon de courbure maximale
　最大弯曲半径
rayon de courbure minimale 最小曲线半径
rayon de courbure moyenne 平均弯曲半径
rayon de cylindrage 碾压范围
rayon de déversement 倾卸半径
rayon de déviation 转弯半径
rayon de diffusion 扩散半径
rayon de flexion 弯曲半径
rayon de franchissement de courbure minimale 通过最小曲线半径
rayon de giration 回转半径
rayon de l'activité 活动范围
rayon de l'arrondi 曲率半径
rayon de manœuvre 作业半径
rayon de passage de courbure minimale
　通过最小曲线半径
rayon de pivotement 回转半径
rayon de pliage 弯曲半径
rayon de profil 断面半径
rayon de protection 保护范围
rayon de référence 参考半径
rayon de rotation 旋转半径
rayon de roue 车轮半径
rayon de torsion 扭转半径
rayon de tracé en plan 平面走向半径
rayon de travail 工作范围
rayon de virage 转弯半径
rayon d'excavation 开挖半径
rayon d'inertie 惯性半径
rayon d'influence 影响半径
rayon effectif 有效半径
rayon en crête 竖曲线半径
rayon en plan 平面半径
rayon en plan au dévers minimal
　最小超高平面半径
rayon en plan non déversé
　无超高平面半径
rayon initial 初始半径
rayon lumineux 光线
rayon maximal 最大半径
rayon minimal 最小半径

rayon minimal de courbe circulaire 圆曲线最小半径
rayon minimal de déviation 最小转弯半径
rayon minimum admissible 最小容许半径
rayon minimum de courbe 最小曲线半径
rayon minimum de courbe horizontale 最小水平曲线半径
rayon minimum de tracé en plan 平面线路最小半径
rayon minimum de tracé du profil en long 纵断面线路最小半径
rayon minimum de la voie 线路最小半径
rayon minimum en courbe 最小曲线半径
rayon minimum limite 极限最小半径
rayon minimum ordinaire 一般最小半径
rayon moyen 平均半径
rayon normal de courbure 曲率公称半径
rayon réfracté 折射光线
rayon séismique 地震范围
rayon utile 有效半径
rayon vecteur 向径；矢径
rayon visuel 视线
rayons infrarouges 红外线
rayons ultraviolets 紫外线
rayure de rail 钢轨擦伤
rayure de surface de roulement de roue 车轮踏面擦伤
réaction 反应；作用
réaction chimique 化学反应
réaction d'appui 支座反力
réaction de condensation 凝结反应
réaction de décomposition 分解反应
réaction de prise 凝结反应
réaction d'hydrolyse 水解反应
réaction d'oxydation 氧化反应
réaction élastique 弹性反应
réaction endothermique 吸热反应
réaction hydrothermique 水热反应
réaction mutuelle 相互作用
réaction nucléaire 核反应
réaction nuisible 有害反应
réaction sur le support 支点反力
réaction synthétique 合成反应
réaction thermique 热反应
réactualisation 再更新
réalimentation 重新供给
réalisation 实施
réalisation de barbacanes 出水洞施工
réalisation de bornes de polygonation 导线桩施工
réalisation de bourrelet 修筑路缘挡水
réalisation de caniveaux en béton 修筑混凝土排水沟
réalisation de chambre de tirage 检查井施工
réalisation de couche antigel 防冻层施工
réalisation de culée 桥台施工
réalisation de cunettes 修筑排水沟
réalisation de descente d'eau 跌水施工
réalisation de fondation profonde 深基础施工
réalisation de fondation profonde de culées 桥台深基础施工
réalisation de fondation profonde de piles 桥墩深基础施工
réalisation de fossés 修筑边沟
réalisation de gaines de réservation pour traversée de voie 穿越线路预留管套施工
réalisation de la partie supérieure de terrassement 路基上部土方施工
réalisation de la signalisation 信号工程施工
réalisation de la télécommunication 电信工程施工
réalisation de l'électrification 电气化施工
réalisation de l'ouvrage d'art 桥隧施工
réalisation de l'ouvrage de drainage 排水工程修建
réalisation de l'ouvrage de tête 修筑端墙
réalisation de murs de soutènement 挡土墙施工
réalisation des études d'exécution 施工（图）设计
réalisation des installations de caténaire 接触网设施施工
réalisation de sondage carotté 岩芯钻探施工
réalisation de sous-station 变电所施工
réalisation des travaux 工程实施
réalisation des travaux de la couche de roulement 道路面层施工
réalisation de terrassement 实施土方工程
réalisation du remblaiement 实施填方
réaménagement 重新整理
réassurance 再保险；分保
réattelage 重新连挂
réattelage des wagons 车辆重新连挂

reboisement 绿化;造林
reboisement au long de voie 沿线绿化
reboisement au talus 边坡绿化
reboisement de l'environnement 环境绿化
reboisement de paysage 景观绿化
rebord 边缘;凸边
rebord de fossé 沟边
rebord de puits 井口边缘
rebord de quai 站台边缘
rebord de roue 轮缘
rebord de voie 路缘
rebouchage 堵塞
rebouchage de trou 填补洞口
rebouchage de tuyau 封管
rebroussement 折返
rebroussement de locomotive de renfort 补机折返
rebroussement de locomotive de triage 调车机车折返
rebroussement de rame automotrice 动车组列车折返
rebroussement de train 列车折返
récapitulatif 汇总表
récapitulation 概括;汇总
récapitulation de quantité des wagons 车辆数量汇总
récapitulation d'essais géotechniques 土工试验汇总
récapitulation de valeurs mécaniques 力学数值汇总
récapitulation de volume du transport annuel 年运输量汇总
recensement 统计;调查
recensement de la population 人口普查
recensement de trafic 交通量调查
recensement de transport 交通运输普查
recensement général 普查
recépage 截头
recépage de béton 混凝土截头
recépage de boulon 螺栓截头
recépage de parois 板墙截头
recépage de pieux 砍桩头
recépage de tête de câble 缆线截头
recépage de tête de rail 钢轨截头
réception 验收
réception anticipée 提前验收
réception après le décapage 清表后验收
réception avant bétonnage 浇筑混凝土前验收

réception d'avance 提前验收
réception de ballastage 铺砟工程验收
réception de base-vie 生活营地验收
réception de canalisation 管道验收
réception de caténaire 接触网工程验收
réception de chaussée 路面验收
réception de circuit de voie 轨道电路验收
réception de conformité 合格验收
réception de document 文件接收
réception de drainage 排水验收
réception de fabrication 制造验收
réception définitive 最终验收
réception de la plateforme de voie 线路道床验收
réception de limites d'emprise 占地边线验收
réception de l'implantation 放线验收
réception de l'implantation de l'ouvrage d'art 构造物放线验收
réception de l'instruction de régulateur 调度指令接收
réception de locomotive 机车验收
réception de l'ordre 命令接收
réception de marchandise 货物验收
réception de matériau 材料验收
réception de matériel 设备验收
réception de matériel roulant 机车车辆验收
réception de notification 接受中标通知(书)
réception de nouvelle ligne 新线验收
réception d'ensemble 整体验收
réception d'entretien 维修验收
réception de partie des travaux 部分工程验收
réception de piquetage 标桩验收
réception de pont 桥梁验收
réception de produit 产品验收
réception définitive de travaux 工程最终验收
réception des appareils de voie 线路设备验收
réception des bornes secondaires 二级导线验收
réception de signal 信号接收
réception des installations 设施验收
réception des ouvrages 工程验收
réception des ouvrages cachés 隐蔽工程验收
réception des ouvrages d'art 桥隧工程验收

réception des ouvrages d'assainissement 排水工程验收
réception des ouvrages dissimulés 隐蔽工程验收
réception des ouvrages enterrés 地下隐蔽工程验收
réception des travaux 工程验收
réception des travaux cachés 隐蔽工程验收
réception des travaux d'écran acoustique 声屏障工程验收
réception des travaux d'assainissement 排水工程验收
réception des travaux de bâtiment-gare 站房工程验收
réception des travaux de caténaire 接触网工程验收
réception des travaux de couverts 雨棚工程验收
réception des travaux de dédoublement de la ligne 单线改复线工程验收
réception des travaux de gare de triage 编组站工程验收
réception des travaux de la plateforme 路基工程验收
réception des travaux d'électrification 电气化工程验收
réception des travaux de l'énergie 电力工程验收
réception des travaux de mise à double voie 复线工程验收
réception des travaux de posage 铺架工程验收
réception des travaux de pose de rails 铁路铺轨工程验收
réception des travaux de quai et annexes 站台和附属工程验收
réception des travaux de rails 轨道工程验收
réception des travaux de reboisement 绿化工程验收
réception des travaux de renouvellement ferroviaire 铁路更新工程验收
réception des travaux de révision 大修工程验收
réception des travaux des équipements mécaniques et électriques de tunnel 隧道机电工程验收
réception des travaux de signalisation 信号工程验收
réception des travaux des installations de traction électrique 电力牵引设施工程验收
réception des travaux des ouvrages d'art 桥隧工程验收
réception des travaux de télécommunication 通信工程验收
réception des travaux de traction électrique 电力牵引工程验收
réception des travaux ferroviaire 铁路工程验收
réception des travaux inférieurs de la voie 铁路线下工程验收
réception des travaux provisoires 临时工程验收
réception des travaux supérieurs de la voie 铁路线上工程验收
réception des wagons 车辆验收
réception de terrassement 土方验收
réception de topographie 测量验收
réception de train 接车
réception de voie 线路验收
réception en usine 工厂验收
réception et départ de train 列车接发
réception par item 分项验收
réception par lot 分项验收
réception partielle 部分验收
réception provisoire 临时验收
réception provisoire des travaux 工程临时验收
réception statique 静态验收
réception synchronique 同步验收
réception topographique 测量验收
recette 收入
recette brute 总收入
recette budgétaire 预算收入
recette cumulée 累积收入
recette de finance 财政收入
recette d'exploitation 运营收入
recette en espèce 现金收入
recette nette 净收入
recette provenant de ventes 销售收入
rechargement 重新装载
réchauffage 加热
réchauffage de l'aiguille 道岔加热
réchauffage de rail 钢轨加热
réchauffement climatique 气候变暖
réchauffeur 暖风机
réchauffeur de l'aiguille 道岔加热器

réchauffeur de rail 钢轨加热器
recherche 研究;调查
recherche alternative 交替搜索
recherche automatique 自动寻找
recherche de blessure 探伤
recherche de fuite 渗漏检测
recherche de laboratoire 实验室研究
recherche de panne 故障检查
recherche de profil en long 纵断面研究
recherche de profil en travers 横断面研究
recherche des erreurs 误差检测
recherche de ressources 资源勘查
recherche de tracé 线路走向研究;选线
recherche de transport 运输研究
recherche du chemin de fer 铁路研究
recherche géologique 地质勘探
recherche géophysique 地球物理勘探
recherche hydrologique 水文勘查
recherche hydroélectrique 水工调查
recherche par fouille 坑探
recherche par sondage 钻探
recherche préliminaire 初步调查
recherche scientifique 科学研究
recherche sur place 现场调查
récipient d'aspirateur 吸尘器盒
récipient de liquide de wagon-citerne 罐车聚液窝
récipient de l'huile 集油盒
récipient de toilette de wagon 车厢卫生间粪水收集器
réclamation 要求;索赔
réclamation d'assurance 保险索赔
réclamation de pertes 损失赔偿要求
réclamation d'indemnité 赔偿要求
réclamation pour avarie 毁损赔偿要求
réclamation pour manquant 货物丢失赔偿要求
réclame 广告
réclame ferroviaire 铁路广告
réclame lumineuse 灯光广告
réclinaison 倾斜
récolement 清点;核对
récolte 收集
récolte des données 收集数据
recommandation 建议
recommandation technique 技术建议
récompense 奖赏
reconduction 展期
reconduction d'accord 延长协定
reconduction de contrat 延长合同
reconnaissance 勘探
reconnaissance aérienne 航空勘测
reconnaissance à pied 踏勘
reconnaissance au sol 地面勘查
reconnaissance complémentaire 补充勘探
reconnaissance contradictoire 双方会同检查
reconnaissance d'affleurements 岩层露头情况勘查
reconnaissance de déblais rocheux 岩石挖方探测
reconnaissance de formation rocheuse 岩层系构探测
reconnaissance de ligne du chemin de fer 铁路线路勘查
reconnaissance de réseaux 管网勘查
reconnaissance de site 场地勘探
reconnaissance de terrain 场地勘探
reconnaissance du sol 地质勘查
reconnaissance du sol de fondation 地基土壤质勘查
reconnaissance géologique 地质勘探
reconnaissance géotechnique 地质工程勘探
reconnaissance par cheminement 踏勘
reconnaissance pédestre 踏勘
reconnaissance préalable 预先勘测
reconnaissance préliminaire 初步调查
reconnaissance sismique 地震勘探
reconnaissance sommaire 初步调查
reconnaissance spécifique 专业调查
reconnaissance sur place 现场勘查
reconnaissance topographique 地形勘测
reconnaissance visuelle 目测
reconstitution 重组
reconstruction 重建
reconstruction de chaussée 路面翻新
reconstruction de gare 车站改建
reconstruction de pavement 路面翻新
reconstruction de pont 桥梁重建
reconstruction de système 体系重建
recoupement 交会法
recouvrement 搭接;铺面
recouvrement de l'armature 钢筋搭接
recouvrement de soudure 焊接搭接
recouvrement de tablier 桥面道路铺面
recouvrement de talus par terre végétale 腐殖土筑边坡
recouvrement de tuyaux 管道保护层

recrutement 招聘
recrutement de la main-d'œuvre 招募劳力
recrutement des ouvriers 招工
recrutement du personnel 招聘人员
rectangle 长方形
rectification 校正;调整
rectification de calcul 更正计算
rectification de compte 改正账目
rectification de courbe 矫正曲线
rectification de l'instrument 校正仪器
rectification de position 矫正方位
rectification de quantité des travaux
　调整工程数量
rectification de tracé 线路调整
rectification de voie 拨道
recueil 收集
recueil de données climatiques
　收集气象数据
recueil des informations 信息收集
recul de circulation 退行
recul de train 列车退行
récupérateur de ballasts 收砟机
régulateur de température du fil conducteur
　导线温度调节器
récupérateur de vidange 集油器
récupération 回收
récupération de ballast 道砟回收
récupération de boue 泥浆回收
récupération de déchets 垃圾回收
récupération de lubrifiant 机油回收
récupération de matériaux 材料回收
récupération de produits 产品回收
récupération de sable 砂子回收
récupération d'huile résiduelle 残油回收
recyclage 回收;循环利用
rédaction 编辑
rédaction de budget de construction
　编制施工预算
rédaction de budget d'exécution
　编制施工预算
rédaction de dossiers de l'appel d'offres
　编制招标文件
rédaction de plans d'exécution 编制施工图
rédaction de Plan d'Assurance-Qualité
　编写质保计划
rédaction de programme 编制计划
rédaction de projet de contrat 拟订合同稿
rédaction de règlement de l'exploitation
　编制运营规程

rédaction graphique 图形编辑
redan 台阶
redan de chute d'eau 跌水台阶
redan de glissement 滑坡台阶
redan de talus 边坡台阶
redoublement 重复;加倍
redoublement de ligne électrifiée
　电气化复线改造
redoublement de voie 单线改双线
redressement 矫正;调直
redressement de barre 调直钢筋
redressement de rail 钢轨调直
redressement de voie 线路矫正
redresseur 矫直机;整流器
redresseur de courant électrique
　电流整流器
redresseur de l'armature 钢筋矫直机
redresseur de rail 钢轨矫直机
redresseur de transformateur
　变压器整流器
réducteur 减速器
réducteur à disque 圆盘减速器
réducteur à roue dentée 齿轮减速器
réducteur de véhicule 车辆减速器
réducteur pneumatique 气压减速器
réduction 减少
réduction de bruit 减少噪声
réduction de charge 减负
réduction de ciment 减少水泥
réduction de déclivité 降坡
réduction de délai 期限缩短
réduction de dépense 减少开支
réduction de frottement 减少摩擦
réduction de gravier 减少碎石
réduction de l'acier 减少钢筋
réduction de pente 降坡
réduction de pression 减压
réduction de prix 减价
réduction des impôts 减税
réduction de surcharge 减少超载
réduction de tassement 减少下沉
réduction de taux de l'accident 减少事故率
réduction de température 降温
réduction de tension 降压
réduction de vibration 减少振动
réduction de vitesse 减速
réduction du personnel 裁员
réemploi 再利用
réemploi de ballast 道砟再利用

réemploi de rail 钢轨再利用
ré-enclenchement 重新联锁
ré-enraillement 复轨
réexpédition 再发运
réexportation 再出口
réévaluation 重新估价
réfection 翻新
réfection de chaussée 路面翻修
réfection de l'ancien pont 旧桥改造
réfection de l'autoroute 高速公路翻修
réfection de la plateforme de voie 路床加固
réfection de voie 线路改建
référence 参照;文函编号
référence académique 学历情况
référence de catalogue 目录索引
référence de dossier 文件编号
référence normative citée 规范性引用文件
référent 参照物
réflecteur 反光器
réflexion 反射
refluement 倒流
refluement de boue du sol 翻浆冒泥
refluement de l'eau 反水
réfraction 折射
refroidissement 冷却
refroidissement à air 空气冷却
refroidissement artificiel 人工冷却
refroidissement de boîte d'essieu 轴箱冷却
refroidissement de l'atmosphère 气温下降
refroidissement de température 温度下降
refroidissement par circulation 循环冷却
refroidisseur 冷却器
refroidisseur d'eau à serpentins 水温盘管冷却器
refroidisseur d'huile à serpentins 油温盘管冷却器
refuge 躲避
refuge central de route 路中安全岛
refuge de croisement 会车道
refus 拒绝
refus de crible 筛上物
refus de pénétromètre 贯入度仪抗沉
refus de pieu 桩止点;桩抗沉
regâchage 重拌
régalage 平整
régaleuse 平整机;平砟机
régalo-vibro-finisseuse 振动式混凝土整面机
regard 检查孔

regard à grille 带篦子检查井
regard carré 方形检查井
regard circulaire 圆形检查井
regard collecteur 干管检查井
regard coulé 现浇检查井
regard d'avaloir 排水口检查孔
regard de connexion des câbles 电缆井
regard de contrôle 检查井
regard de dénivellement 跌落阴井
regard de descente d'égout 下水道检查孔
regard d'égout 阴沟检查孔
regard de jonction 汇流阴井
regard de jonction à couvercle 盖板阴井
regard de nettoyage 清理孔
regard de prise d'eau 地面水栓阴井
regard de tirage 管网井
regard de ventilation 通风检查井
regard de visite 检查井
regard non préfabriqué 非预制检查井
regard préfabriqué 预制检查井
regard siphoïde 虹吸口
regarnis 补植
regazonnement 重铺草皮
régime 状态;制
régime critique 临界状态
régime d'admission temporaire 临时进口税制
régime de charge 荷载状态;充电状态
régime de contrat 合同制
régime de crête 峰值运转状态;高峰工作状态
régime de double équipe 两班制
régime de faveur 优惠制
régime de relais à l'équipe suivante 交接班制
régime de relève 交接班制
régime de responsabilité 责任制
régime de rotation des équipes 工班交替制
régime de roulement 轮班制
régime déséquilibré 不平衡状态
régime de travail 工作制度
régime d'importation temporaire 临时进口税制
régime économique 经济体制
région 地区
région à couverture arbustive maigre 稀疏灌木植被区
région active 活动区;作用区
région agricole 农业区

région à population dense 人口稠密区
région aride 干燥地区
région commerciale 商业区
région compressive 受压区
région côtière 沿海地区
région critique 临界区
région cultivée 耕作区
région d'accélération 加速区
région d'acceptation 接受区域
région d'accumulation 沉积区
région d'affaissement 下沉区
région d'ancrage 锚固区
région de bordure 路缘带
région de collines 丘陵地带
région de conflit 冲突区
région de conservation 水土保持地区
région de conservation des espaces verts
 绿地保护区
région de courbe 弯道区
région de goulot 咽喉区
région de goulot de ligne 线路咽喉区
région de goulot d'entrée à hangar du dépôt
 入库咽喉
région de haute pression 高压区
région d'élevage 牧区
région de marais 沼泽地区
région dense 密集区
région de protection 保护区
région désertique 沙漠地区
région embouteillée 拥堵地区
région engorgée 拥挤地区
région fermée 封闭区域
région habitée 居民区
région humide 潮湿区
région intermédiaire 中间地带
région karstique 岩溶区
région littorale 沿海地区
région lœssique 黄土地区
région marécageuse 沼泽地区
région minière 矿区
région montagneuse 山区
région riveraine 沿江地区
région saturée 饱和区
région semi-aride 半干旱区
région semi-désertique 半荒漠区
région sensible 敏感区
région sinistrée 灾区
région sismique 地震区
région subtropicale 副热带地区
région tropicale 热带地区
région voisine 邻近区域
registre 登记簿
registre d'aiguille 道岔登记器
registre de bord 台账
registre de chantier 工程记录簿
registre de comptabilité 账簿
registre de commerce 商业注册
registre de l'environnement 环保记录
registre de livraison 交货簿
registre de messages 留言簿
registre d'enclenchement 联锁登记
registre de nombre de travailleurs
 劳工数量统计
registre de position 位置登记器
registre de réparation 维修记录
registre des équipements de sécurité
 安全设备登记簿
registre des équipements présents
 投入设备数量统计簿
registre de service 排班记录
registre d'essai 实验台账
registre d'état civil 户籍簿
registre de transition de locomotive
 机车交接簿
registre d'événement 事件录入
registre d'exploitation 运营记录器
registre d'utilisation des explosifs
 使用炸药登记簿
registre journalier du trafic de locomotive
 机车运行日志
réglage 调整
réglage à la niveleuse 平地机找平
réglage automatique 自动调节
réglage d'attelage de rame automotrice
 动车组组节调整
réglage de caténaire 接触网调试
réglage de collage de lame de l'aiguille
 道岔密贴调整
réglage de dévers en voie courbe
 弯道超高调整
réglage de direction 方向调整
réglage de distance 距离调整
réglage de distance de voie 线距调整
réglage de distance du transport 运距调整
réglage de distance entre les gares
 站距调整
réglage de dosage 配合比调整
réglage définitif 最终调整

réglage de formation de rame 组列调整
réglage de fréquence de départs des trains 发车频率调整
réglage de graphique de marche des trains 列车运行图调整
réglage de hauteur 高度调整
réglage de jeu 调整间隙
réglage de joint de rails 调整轨缝
réglage de kilométrage 公里数调整
réglage de l'aiguille 道岔调整
réglage de l'appareil 仪器校准
réglage de largeur 宽度调整
réglage de l'écartement de voie 轨距调整
réglage de l'épaisseur 厚度调整
réglage de l'équipement 设备调试
réglage de l'horaire des trains 调整火车时刻表
réglage de l'intervalle des départs des trains 列车发车间隔调整
réglage de longueur 长度调整
réglage de l'organe suspendu 悬挂装置调整
réglage de niveau au mortier 砂浆找平
réglage de niveau d'eau 水位调节
réglage de pente devant la tête de tunnel 洞口段调坡
réglage de plan d'exploitation 调整运营方案
réglage de plate-forme 路基调整
réglage de poids par essieu 轴重调整
réglage de point de l'arrêt 停车点调整
réglage de position 位置调整
réglage de position de rail 调整钢轨位置
réglage de position de voie 校正线路位置
réglage de pression d'eau 水压调节
réglage de prix 价格调整
réglage de prix unitaire 单价调整
réglage de profondeur 调整深度
réglage de quantité 数量调整
réglage de risberme 护坡梯台修整
réglage de roues 车轮调整
réglage de talus 边坡修整
réglage de température 温度调节
réglage de terre 平整土地
réglage de tracé 线路走向调整
réglage de trafic 运量调整
réglage de traction 牵引调试

réglage de travelage 轨枕数量调整
réglage de type de compartiments des voyageurs 列车车底调整
réglage de vitesse 调速
réglage de voie 线路调整
réglage de volume 音量调节
réglage de wagons vides 空车调整
réglage d'itinéraire 调整线路
réglage final 最后修整
réglage final de remblais 回填最后修整
réglage général 粗调
réglage général de voie 线路粗调
réglage horaire 调整时间
réglage intégré 联调
réglage intégré des équipements 设备联调
réglage intégré de système 系统联调
réglage longitudinal 纵向调整
réglage partiel 局部调整
réglage précis 精调
réglage précis de voie 线路精调
réglage proportionnel 比例调节
réglage qualitatif 定性调整
réglage quantitatif 定量调节
réglage transversal 横向调整
réglage vertical 垂向调整
règle 尺;规则
règle à calcul 计算尺
règle à centrer 中心规
règle à échelle 比例尺
règle à mesurer 量尺
règle à niveler 水平尺
règle avec base immense 宽座角尺
règle à voie 道尺
règle courbe 曲线板
règle d'angle 角度尺
règle de finisseur 整平板
règle de guidage 导板
règle de niveau 水平尺
règle de nivellement 水准尺
règle de retrait 缩尺
règle divisée 比例尺;缩尺
règle en acier 钢直尺
règle graduée 刻度尺
règle métrique 米尺
règle réduite 缩尺
règles d'appel d'offres 招标规则
règles de calcul 计算规范
règles de circulation 行车规则
règles de codage 编码规则

règles de codage pour le type, le modèle et le numéro du matériel roulant 机车车辆车种车型车号编码规则
règles de conception 设计规则
règles de l'art 技术规则
règles d'entretien de locomotive 机车保养规则
règles de profession 职业规则
règles de sécurité 安全条例;安全规程
règles de sécurité de travaux sur voie en exploitation 运营线路上施工安全规程
règles d'exécution 施工规则
règles d'exploitation 运营规则
règles d'opéation de sécurité 安全操作规程
règles d'organisation de circulation des trains 行车组织规则
règles en vigueur 现行规范
règles normales de construction 建筑标准
règles parasismiques 防震规定
règles pour la réception des travaux 施工验收规范
règles pour les bâtiments 房屋建造规范
règles pour les ponts 桥梁计算规范
règles techniques 技术规范
règles techniques de sécurité 安全技术规则
règlement 条例;规范;结算
règlement additionnel 附加条例
règlement administratif 行政条例
règlement à terme 定期结算
règlement au comptant 现金结算
règlement complémentaire 补充规定
règlement de calcul 计算规则
règlement de compte 结账
règlement de construction 建筑规范
règlement de dette 偿还债务
règlement de douane 海关条例
règlement définitif 决算
règlement de l'entretien de voie 线路维修规则
règlement de litige 争端解决
règlement de maintenance 维修规程
règlement de manœuvre de train 机车操作规程
règlement de numérotage des trains 列车车号编制规则
règlement des acomptes 分期付款
règlement de sécurité d'exploitation 运营安全操作规程
règlement des travaux 工程结算
règlements de vérification du volume de wagon-citerne 铁路罐车容积检定规程
règlements de vérification du volume de wagon-citerne à gaz liquéfié 液化气体铁路罐车容积检定规程
règlement d'exploitation 运营规则
règlement d'hygiène 卫生条例
règlement en espèces 现金结算
règlement en vigueur 现行规范
règlement financier 财务条例
règlement général d'exploitation 运营操作规程
règlement judiciaire 司法解决
règlement par compensation 冲账
règlement relatif à la circulations des trains 列车运行规定
règlement relatif à la révision des wagons 车辆维修规程
règlement technique 技术规程
règlement technologique 技术工艺规程
règlement temporaire de sécurité et d'exploitation du réseau ferré(RTSE) 铁路网安全和运营临时规程
réglementation 制定规章;条例
réglementation de l'industrie 工业条例
réglementation de protection de l'hygiène et de la santé 卫生健康保护条例
réglementation de transport ferroviaire 铁路运输管理条例
réglementation du chemin de fer 铁路条例
réglementation en vigueur 现行规定
réglementations ferroviaires du transport des voyageurs 铁路客运规章
régleur 调节器
régolite 浮土;风化层
regonflement 再膨胀
régularisation 合法化
régularité 平顺度;规律
régularité de moteur 发动机平稳性
régularité de mouvement 运动规律
régularité de rail 钢轨平顺度
régularité de terrain 场地平整度
régularité de travail 劳动规律
régularité de vitesse 速度规律
régularité de voie 线路平顺度
régularité horaire 时间规律性
régularité normale de circulation du train 列车正常运行
régulateur 调节器;调度员

régulateur automatique de jeu de sabots
　闸瓦间隙自动调整器
régulateur de débit　流量调节器
régulateur de locomotives　机车调节器
régulateur de poids de balance　平衡配重器
régulateur de pression　压力调节器
régulateur de pression d'air　风压调节器
régulateur de sous-station　电力调节器
régulateur de température　温度调节器
régulateur de tension　电压调节器
régulateur de trafic　行车调度员
régulateur des trains　列车调度员
régulateur de transport des marchandises
　货运调度员
régulateur de transport des voyageurs
　客运调度员
régulateur de vitesse　速度调节器
régulation　调节；调度
régulation automatique　自动调节
régulation d'alimentation transzonale
　越区供电调度
régulation de circulation　行车调度
régulation de circulation des trains par radio
　无线列调
régulation de formation à bosse de triage
　驼峰编组调度
régulation de la gare de section　区段站调度
régulation de la gare de triage　编组站调度
régulation de locomotive de renfort
　补机作业调度
régulation d'énergie électrique　电力调度
régulation de trafic　运输调度
régulation de trafic centralisée
　运输集中调度
régulation de trains　列车调度
régulation de trains par radio
　列车无线电调度
régulation de transport de marchandises
　货运调度
régulation de transport de voyageurs
　客运调度
régulation de transport ferroviaire
　铁路运输调度
régulation de vitesse　调速
régulation de voitures　车辆调度
régulation de wagons　车辆调度
régulation de wagons alloués
　配车调度；车辆配置调度
réhabilitation　翻新

réhabilitation de chaussée　路面翻新
réhabilitation de chemin de fer
　铁路修复改造
réhabilitation de réseau ferroviaire
　铁路网改造
rehaussement　加高
rehaussement de la plateforme de voie
　路床增高
réinstallation de la population
　居民重新安置
rejet　拒绝
rejet de ballast　弃砟
rejet de l'offre　标书不予接受
rejet de polluant　污染废料
rejet des eaux usées　污水排放
rejet solide　固体废物
rejointoiement　勾缝
rejointoiement de mur en perrés maçonnés
　浆石砌墙勾缝
relâchement　松懈
relâchement de boîte d'essieu　轴箱松动
relâchement de boulon　螺栓松动
relâchement de contrainte　应力释放
relâchement de contrainte de longs rails soudés　无缝轨应力释放
relâchement de coussinet de glissement
　滑板座松动
relâchement de crampon de rail　道钉松动
relâchement de fil de contact　接触线松弛
relâchement de l'attache de rails
　钢轨扣件松动
relâchement de l'éclisse　鱼尾板松动
relâchement de pièce de fixation
　固定件松动
relâchement de pression　压力释放
relâchement de tendeur à vis　调松紧固螺杆
relâchement de tendeur de coupleur
　调松车钩紧固器
relâchement de traverse　轨枕旷动
relais　继电器；中继站
relais à action atténuée　缓动继电器
relais à courant alternatif　交流继电器
relais à courant continu　直流继电器
relais à courant inverse　逆流继电器
relais à impulsion　脉冲继电器
relais de bouton de l'aiguille
　道岔按钮继电器
relais de communication par micro-onde
　微波通信中继站

relais de démarrage de l'aiguille
　道岔启动继电器
relais de micro-onde　微波站
relais de micro-onde du chemin de fer
　铁路微波站
relais de protection　保护继电器
relais de signal　信号继电器
relais de transmission　传输继电器
relais de verrouillage　锁闭继电器
relais temporisé　延时继电器
relevage　起道
relevage de bourrage de la voie
　全面起道捣固作业
relevage de caisse pour démontage d'essieu
　抬车落轮作业
relevage de l'unité devoie　抬高轨节
relevage de voie　起道作业
relevage de voie courbe pour le dévers de rail extérieur　弯道外轨超高抬道作业
relevage de voie par ballastage
　垫砟起道作业
relève　交接班
relevé　记录;清单;测量
relevé d'adresses　地址录
relevé de compte　银行对账单
relevé de contraintes　障碍物清单
relevé de dépenses　支出清单
relevé de ligne　线路测量
relevé de polygonale　导线测量
relevé de polygonale fermée　闭合导线测量
relevé de profils en long et en travers
　纵横断面统计表
relevé de polygonale nivelée　水准导线测量
relevé de quantité de travaux effectués
　已完工程量表
relevé de température　温度(测量)记录
relevé géologique　地质记录
relevé mensuel　月报表
relevé piézométrique　水压测量记录
relevé topographique　地形测量记录
relèvement　升高
relèvement de courbe　曲线超高
relèvement de voie　起道
releveuse de voie　起道机
relief　地形
relief calcaire　岩溶地貌
relief de colline　丘陵地形
relief de portail de tunnel　隧道洞口地形
relief faible　平缓地形

relief faillé　断层地形
relief hydrographique　水文地理
relief karstique　喀斯特地貌
relief modéré　平缓地形
relief montagneux　山区地形
relief ondulé　起伏地形
relief physique　物理地形
relief plat　平坦地形
reliquat　余额
reliquat de don octroyé　赠款余额
reliquat de la somme des travaux
　工程款余额
reliquat de prêt　贷款余额
relogement　重新安置
remaniement　改动
remaniement de document　文件改动
remaniement de l'argile　黏土重塑
remaniement du personnel　人员变化
remarque　备注
remarque additionnelle　附加说明
remarque importante　重要提示
remblai　填方;路堤
remblai à l'eau　水力冲填
remblai à main　人工充填
remblai ancien　早期回填土
remblai apporté　外填料
remblai aux abords de dalot
　框架涵台背回填
remblai aux abords de l'ouvrage
　构造物四周回填
remblai coulé　自流充填
remblai compacté　自夯实填方;夯实路堤
remblai contigu　台背回填
remblai contigu aux ouvrages d'art
　桥梁周围回填
remblai courant　普通填方
remblai cylindré　压实填土
remblai damé　回填夯实
remblai d'assise　基底填方
remblai d'assise de culée　桥台基底填方
remblai de comblement　填充
remblai de confinement　封闭填方
remblai demi-dur　半硬土填方
remblai de faible hauteur　低填土;低路堤
remblai de fouille　基坑回填
remblai de galets　卵石填方
remblai de grande hauteur　高填方;高路堤
remblai de la plateforme　路基填方
remblai de ligne à double voie　复线路堤

remblai de ligne à voie unique　单线路堤
remblai de masse　大面积填方
remblai d'emprunt　借方回填
remblai d'emprunt en marne　借泥灰岩填方
remblai d'emprunt en pierre　借石填方
remblai d'emprunt en tuf　借凝灰岩填方
remblai d'ensablage　砂石充填
remblai derrière les culées　桥台后部回填
remblai de scorie　回填矿渣；矿渣路堤
remblai de substitution　换填
remblai de substitution de purge de déblai　清淤换填
remblai de terre　填土；土路堤
remblai de toutes natures　统料填方
remblai de tranchée　路堑回填
remblai de tranchée couverte　盖沟回填
remblai déversé　倾倒填土
remblai drainant　排水填方
remblai dur　硬土填方
remblai élevé　高填方
remblai en argile　黏土填方
remblai en béton　混凝土填方
remblai en couches　分层填土
remblai en gradins　阶梯式充填
remblai en gravier　回填砾石
remblai en limon　粉土路堤
remblai en matériaux sélectionnés　选料回填
remblai en pierres　填石；碎石路堤
remblai en pierres déposées　抛石路堤
remblai en provenance de déblai　挖方回填
remblai en provenance d'emprunt　借方填方
remblai en sable　回填砂
remblai en sol　填土路堤
remblai en terre renforcée　加筋土路堤
remblai en zone inondable　洪泛区填方
remblai extérieur　外部回填
remblai hydraulique　水力冲填
remblai inférieur　下部回填
remblai instable　不稳定路堤
remblai mécanique　机械填方
remblai ordinaire　普通填方
remblai par couches　分层回填
remblai par culbutage　倾倒填土
remblai perméable　透水路堤
remblai pour l'assise de culées　桥台基础回填
remblai provenant d'emprunt　借方填方
remblai rapporté　借土填方
remblai récent　新近回填土
remblai rocheux　岩石填方；石质路堤
remblai roulé　碾压填方
remblai sablonneux　砂质路堤
remblais en matériaux rocheux　岩方回填
remblais en matériaux rocheux évolutifs　分化岩方回填
remblai submergé　浸水路堤
remblayage　填筑
remblayage à la main　人工填土
remblayage autour de fondation　基础四周回填
remblayage autour de l'ouvrage　构造物四周回填
remblayage de terrain avec déblai　弃方造地
remblayage en couches　分层填土
remblayage par couches successives　分层填筑
remboursement　偿还
remboursement de crédit　信贷偿还
remboursement de dette　清偿债务
remboursement des avances　退还预付款
remisage　入库；进库
remisage de locomotive　机车入库
remisage des rames　车列入库
remise　递交；恢复；机库
remise à jour　再更新
remise à machine　机车库
remise circulaire　圆形机车库
remise de dossier　递交文件
remise de locomotives　机车库
remise de plans　递交图纸
remise de réparation　再次维修
remise des offres　递交标书
remise de terre végétale　铺设腐殖土
remise de végétations　恢复植被
remise du dépôt　机务段车库
remise en état de culture　场地复垦
remise en état des abords du chantier　工地邻近场地复原
remise en état des emprunts　取土场地复原
remise en état de signal　信号修复
remise en état de site après repliement　撤场后场地复原
remise en état des lieux　场地复原
remise en état des lieux de dépôt　堆场复原

remise en état de terrain après travaux 工程完工场地恢复
remise en état initial 恢复原状
remise en état initial de terrain occupé temporairement 临时占用场地恢复原状
remise en exploitation 交付使用;投产
remise en forme 整形
remise en forme de champignon de rail 轨头整形
remise en marche 恢复运转
remise en ordre 恢复秩序
remise en service 交付使用
remise sur voie 再次上线
remontée 上坡
remorque 牵引;拖车;挂车
remorque atelier 工程抢修(拖)车
remorque à plateau 平底拖车
remorque à plate-forme 平板拖车
remorque aux poutres 运梁挂车
remorque-citerne 油罐拖车
remorque d'automobile 汽车挂车
remorque de dépannage 故障救援车(拖车)
remorque d'épandage 洒水拖车
remorque de transport des voitures 运载汽车用挂车
remorque déversant par le côté 侧卸挂车
remorque porte-voiture 运装汽车拖车
remplacement 更换
remplacement de ballast 换砟
remplacement de batteries 换电池
remplacement de bogie 更换转向架
remplacement de frotteur à patin de fil de contact 更换接触线滑块
remplacement de l'aiguille 更换道岔
remplacement de l'attache 更换扣件
remplacement de l'équipement 更换设备
remplacement de locomotive 更换机车
remplacement de plaquette de frein 更换制动片
remplacement de rails 换轨
remplacement de réducteur 更换减速器
remplacement de roue 更换车轮
remplacement de signal 更换信号灯
remplacement d'essieu 更换车轴
remplacement de système 更换系统
remplacement de tire-fond 更换道钉
remplacement de traverse 换枕

remplacement de wagon 更换车辆
remplissage 填空;填料
remplissage au mortier 用砂浆填充
remplissage d'argile 填黏土
remplissage de ballast 填砟;串砟
remplissage de béton 填充混凝土
remplissage de ciment 灌水泥
remplissage de coulis 注浆
remplissage de fente 裂缝堵塞
remplissage de fissure 裂缝填充
remplissage de graviers 填充碎石
remplissage de joints 填缝
remplissage de joints au mortier 砂浆填缝
remplissage de sable 填充砂子
remplissage de terre 填土
remplissage en asphalte 用沥青料填充
remplissage en bitume élastomère 用弹胶沥青料填充
remplissage en mortier de ciment 水泥砂浆填充料
remplissage par gravité 重力灌注
remplissage par projection 喷射灌浆
remplissage sous pression 压力充填
rémunération 报酬
rémunération annuelle 年薪
rémunération de contrôle externe 外部检查费用
rémunération de travail 劳动报酬
rémunération du personnel 人员工资
rémunération selon le travail 按劳取酬
rencontre 会合;相交
rencontre des deux bouts de tunnel 隧道贯通
rencontre des polygonales 导线交合
rencontre des trains 列车交会
rencontre des voies 线路交会
rendement 产量;效率
rendement à l'hectare 每公顷产量
rendement annuel 年效率
rendement calorifique 热效率
rendement de homme-machine 人机效率
rendement de travail 工效
rendement du personnel 人员效率
rendement économique 经济效率
rendement en absorption 吸收率
rendement en transmission 传输效率
rendement global 总生产率;总效率
rendement horaire 小时产量
rendement journalier 日产量;日效率

rendement journalier de locomotive fret
　　货运机车日产量
rendement maximum　最高效率
rendement mécanique　机械效率
rendement thermique　热效率
rendez-vous　例会
rendez-vous de chantier　工地例会
renflement　鼓出；隆起
renflement de la plateforme　路基隆起
renflement de rail　轨道鼓曲；胀轨
renforcement　加固
renforcement de chaussée　路面加固
renforcement de culée　桥台加固
renforcement de fondation　基础加固
renforcement de fondation du sol　路基加固
renforcement de l'ancien pont　旧桥加固
renforcement de l'arc　拱加固
renforcement de l'assise de voie　路基加固
renforcement de pente　坡面加固
renforcement de perrés préfabriqués au niveau de talus conique
　　锥坡六角形预制块防护
renforcement de pile　桥墩加固
renforcement de pont　桥梁加固
renforcement de tablier　桥面板加固
renforcement de talus　边坡加固
renforcement de tunnel　隧道加固
renforcement par boulons　锚杆支护
renforcement périodique　定期加固
renforcement substantiel nécessaire
　　加强人员和设备必要投入
renfort　加固；加强件
renfort d'âme　腹板加劲板
renfort de charge d'essieu　补轴
renfort de traction　加强牵引
renfort de trou de boulon　螺栓孔补强
renouvellement　更新；更换
renouvellement de chaussée　路面翻新
renouvellement de l'ancien pont
　　旧桥改造
renouvellement de la route　公路改造
renouvellement de ligne à double voie
　　复线改造
renouvellement de ligne à double voie électrifiée　双线电气化铁路改造
renouvellement de ligne à l'écartement métrique　米轨线路改造
renouvellement de ligne existante
　　既有线路更新改造

renouvellement de ligne principale de marchandises　货运干线改造
renouvellement de ligne principale de voyageurs　客运干线改造
renouvellement de pont　桥梁翻新
renouvellement des équipements de signalisation　信号设备更新
renouvellement de voie　线路改造
renouvellement de voie métrique
　　米轨线更新改造
renouvellement périodique de surface d'usure de chaussée
　　路面磨耗层定期罩面
renouvellement périodique de voie
　　定期轨道更新
rénovation　革新；改造
rénovation de l'aiguille　道岔更新
rénovation de signalisation　信号更新
rénovation de voie　线路更新
rénovation technique　技术革新
rentabilité　收益
rentabilité d'investissement　投资效益
rentabilité économique　经济效益
rentabilité sociale　社会效益
renversement　倾覆
renversement de train　列车倾覆
renversement de train à cause du déraillement　因脱轨造成列车倾覆
renversement de train causé par survitesse à voie courbe　弯道超速造成列车倾覆
répandage　摊铺
répandage de ballast　铺砟
répandage de béton bitumineux
　　沥青混凝土摊铺
répandage de bitume　沥青摊铺
répandage de chaussée　路面摊铺
répandage de concassé　撒布石屑
répandage de sable　撒砂
répandage sous pression d'air
　　压气式摊铺
répandage superficiel　表层摊铺
répandeuse　摊铺机
répandeuse à pompe　泵式摊铺机
répandeuse automotrice
　　自行式撒布机
répandeuse de béton　混凝土摊铺机
répandeuse de bitume　沥青摊铺机
répandeuse de sable　铺砂机
répandeuse en remorque　拖式摊铺机

répandeuse semi-remorque　半拖式摊铺机
réparation　修理
réparation accidentelle　紧急修理
réparation à fond　大修
réparation à fosse de visite　检修坑修理
réparation à la remise du dépôt　入库段修
réparation à l'élévation　架修
réparation à l'usine　厂修
réparation annuelle des wagons
　　车辆年度大修
réparation après débranchement　解体检修
réparation au dépôt　机务段维修
réparation au remisage　入库维修
réparation à voie sur les pilotis　架空维修
réparation capitale　大修
réparation centralisée　集中修理
réparation courante　日常维修
réparation de bogie　转向架修理
réparation de boîte d'essieu　轴箱修理
réparation de caténaire　接触网修理
réparation de fortune　临时修理
réparation de l'aiguille　道岔修理
réparation de l'équipement　设备检修
réparation de l'essieu-monté　轮对修理
réparation de locomotive　机车检修
réparation d'entretien　日常维修
réparation de pont　桥梁维修
réparation de rail　钢轨修补
réparation de roue　车轮修理
réparation des bâtiments de la gare
　　站房维修
réparation des défauts　修复缺陷
réparation de secours　抢修
réparation de secours après des inondations
　　水害抢修
réparation de secours du réseau thermique
　　热网抢修
réparation de signaux　信号维修
réparation des installations　设施维修
réparation de soudure　焊接维修
réparation de soudure de rail　钢轨焊补
réparation de surface　表面修补
réparation de surface de rail　轨面修理
réparation de tunnel　隧道维修
réparation de voie　线路维修
réparation de wagon　车辆维修
réparation d'urgence　紧急抢修
réparation en échange des pièces　换件检修
réparation en ligne　在线修理

réparation éventuelle　预防检修
réparation ferroviaire　铁路中修
réparation fondamentale　大修
réparation fractionnée　分段修
réparation générale　大修；综合维修
réparation générale de voie　轨道大修
réparation grosse　大修
réparation hors de ligne　脱线修理
réparation intégrale　综合维修
réparation intermédiaire　中修；架修
réparation intermédiaire de voie
　　线路中修
réparation légère　小修
réparation menue　零星修理
réparation périodique　定修；周期性修理
réparation permanente　日常维修
réparation provisoire　临时修理
réparation sur ligne　线上修理
réparation temporaire　临时修理
répartiteur　分配器；摊铺机
répartiteur à macadam de grande capacité
　　大功率碎石摊铺机
répartiteur de ballast　砟石摊铺机
répartiteur de béton　混凝土摊铺机
répartiteur de pierres concassées
　　碎石摊铺机
répartiteur traîné　拖式摊铺机
répartition　分配；分布
répartition au sein du groupement
　　联合体内部分工
répartition de bases-vie　营地分布
répartition de chantiers　工地分布
répartition de chantier-gare　站场分布
répartition de charge　荷载分配
répartition de circulation　交通分配
répartition de contraintes　应力分布
répartition de débit　流量分配
répartition de dépôt de carburant
　　燃料库场地布置
répartition de forage　钻孔布置
répartition de fréquence　频率分布
répartition de joints　接缝分布
répartition de l'énergie　能量分配
répartition de l'explosif　炸药分布
répartition de locomotives　机车配置
répartition de matériaux　材料分配
répartition de matériels　设备布局
répartition de matières premières
　　原料分配

répartition de moment 力矩分配
répartition de passage à niveau signalé
　信号道口布置
répartition de pieux 桩分布
répartition de poids 重量分配
répartition de poids sur essieux 轴荷分布
répartition de points de gares 站点分布
répartition de points de sondage 探点分布
répartition de ponts 桥梁分布
répartition de pression 压力分布
répartition de rails au long de la ligne
　钢轨沿线摆放
répartition de réseau 网络布局
répartition des aiguilles 道岔分布
répartition des armatures 钢筋配置
répartition des ateliers 工点分布
répartition des attaches au long de la ligne
　扣件沿线摆放
répartition de signal 信号布置
répartition des lieux de maintenance
　维修场地布置
répartition des ouvrages d'art 构造物分布
répartition des risques 风险共担
répartition de tâche 任务分配
répartition de température 温度分布
répartition de travail 工种划分
répartition de travaux 工程任务分配
répartition de traverses au long de la ligne
　轨枕沿线摆放
répartition de wagons 车辆配置
répartition d'investissement 投资分配
répartition directionnelle 方向分布
répartition du personnel 人员配备
répartition en quinconce 交错排列布置
répartition linéaire 线性分布
répartition longitudinale de charges
　负荷纵向分布
répartition par couches 分层布置
répartition transversale de charges
　同轴车轮多荷分配
répartition uniforme 均匀分布
repérage 定向;标志点;做标记
repérage de bornes 标桩定位
repérage de hauteur 标出高度
repérage de voie 线路标макс
repérage par radar 雷达探测;雷达定向
repérage topographique 地形测位
répercussion 影响;冲击
répercussion environnementale 环境影响

répercussion financière 财政影响
répercussion technique 技术效果
repère 标记;方向标
repère d'altitude 水准基点;海拔基标
repère d'échelle 比例标记
repère de crue 洪水位线
repère de distance 距离标志
repère de navigation 导航标志
repère de niveau d'eau 水位标
repère de niveau horizontal 水准标
repère de nivellement 水准标石
repère d'entrevoie 线路里程间距标
repère de sécurité 安全标志
repère de station 站点
repère de tassement en surface
　表面下沉标志
repère de triangulation 三角测量基点
repère de voie 线路标
repère d'identification 识别标记
repère fixe 固定标记;定位线;水准测量点
repère gradué 刻度标
repère initial 第一基准面
repère kilométrique 公里标
repère matérialisé sur le terrain
　地面固定基准点
repère permanent 永久基准点
repère pour mesure de tassement 沉陷标点
repère secondaire 辅助水准点
repère topographique 测量基点
répertoire 目录;汇编
répertoire de matériaux 材料表
répertoire de types des aiguilles
　道岔型号目录
répertoire des équipements 设备表
replantation 重新种植
repli 撤场
repli de matériaux 材料撤场
repli de matériel et des installations
　de chantier 工地设备及设施退场
repliement 撤退;撤场
repliement de matériel 设备撤场
repliement en fin de chantier
　工程完工后撤场
répondeur 应答器
répondeur à bord du train 车载应答器
répondeur sol-train 地—车应答器
réponse 答复
réponse aux questions de l'entrepreneur
　承包商问题回复

réponse claire　明确回复
réponse d'éclaircissement du maître
　　d'ouvrage　业主答疑文件
réponse de l'aiguille　道岔响应
réponse de locomotive de renfort　补机应答
réponse de régulateur　调度回复
réponse de signal　信号响应
repose　重新安置
repose de ballast　重新铺砟
repose de rails　重新铺轨
repose de traverses　重铺轨枕
représentant　代表
représentant commercial　商务代表
représentant de cocontractant　乙方代表
représentant de l'entrepreneur　承包商代表
représentant de maître d'ouvrage
　　业主代表
représentant de pesonne morale　法人代表
représentant de service contractant
　　甲方代表
représentant de soumissionnaire
　　投标人代表
représentant dûment mandaté
　　正式授权代表
reprise　重新利用；恢复
reprise de bétonnage　混凝土施工缝
reprise de blocage　重新封闭
reprise de compactage　重新碾压
reprise de criblage de ballast　道砟二次清筛
reprise de dépôt provisoire　从存料场取料
reprise de libération　重新释放
reprise de l'ouverture　重新开放
reprise de l'ouverture d'itinéraire
　　进路重新开放
reprise d'entretien　重新维护
reprise de rails　钢轨重新利用
reprise de réparation　重新修理
reprise de stock　从存料场取料
reprise de travaux　恢复施工
reprise de travaux sur le chantier
　　工地恢复施工
reprise de vitesse　重新加速
reprise et mise en service de ballast usé
　　旧道砟重新利用
reprise et mise en service de terre végétale
　　腐殖土重新利用
reproduction　复制
reproduction élargie　扩大再生产
reprofilage　整形

reprofilage de caisse　车体整形
reprofilage de champignon de rail
　　轨头整形
reprofilage de fossé　排水沟整修
reprofilage de l'accotement de voie
　　路肩整修
reprofilage de l'assise de voie　路基整修
reprofilage de locomotive　机车整形
reprofilage de la plateforme　路基整修
reprofilage de la plateforme de voie
　　道床整修
reprofilage de risberme　腰坡整修
reprofilage de talus　边坡整修
reprofilage de voie　线路整形
reprofileur　修整机
reptation　爬行
reptation du sol　土体滑移
réquisition　征用
réquisition de l'emprise de voie ferrée
　　铁路路界地块征用
réquisition de terrain　征用土地
réseau　网
réseau aérien　架空网线
réseau altimétrique　高程网
réseau autoroutier　高速公路网
réseau d'accès　接入网
réseau d'adduction d'eau　供水管网
réseau d'alimentation en électricité　供电网
réseau d'alimentation HT　高压供电网
réseau d'appel d'urgence　紧急呼叫系统
réseau d'assainissement　排水管网
réseau de canalisation　管道网
réseau caché　隐蔽管网
réseau commercial　商业网
réseau d'eau　水网
réseau d'eau d'assainissement　下水管网
réseau d'eau potable courante　上水管网
réseau d'eaux pluviales　雨水管网
réseau d'eaux usées　污水管网
réseau de bas-voltage　弱电系统
réseau de ceinture　环形管网
réseau de chauffage　热力网
réseau de chemin de fer　铁路网
réseau d'éclairage　照明系统
réseau de communication　通信网
réseau de communication radio sol-train
　　地面—列车无线电通信网络
réseau de concessionnaire　特许经营者管网
réseau de conducteurs　导线网

réseau de conduites 管网
réseau de courant 电力网
réseau de distribution 分配系统
réseau de données de fibre optique
    光纤数据网络
réseau de drainage 排水系统
réseau de drainage et d'irrigation 排灌网
réseau de drainage superficiel
    地面排水系统
réseau de fibre optique(RFO) 光缆线网
réseau de force motrice 动力系统
réseau de gazoduc 燃气管网
réseau d'égouts 污水管网
réseau d'énergie de caténaire
    接触牵引供电网
réseau de nivellement 水准测量网
réseau de points d'appui 主控制点网
réseau de points de contrôle principaux
    主控制点网
réseau de points de repère 观察网
réseau de polygonation 导线网
réseau de polygones 多边形网
réseau de poteaux 柱网
réseau de précision 精密网
réseau de rivières 河道水系
réseau de signalisation 信号网络
réseau de télécommunication à transmission
    通信传输网络
réseau de télécommunication à transmission
  synchrone par fibres optiques
    通信光纤同步传输网络
réseau de TGV 高速铁路网
réseau de traction électrique 电力牵引网
réseau de transmission 传输网络
réseau de transport 交通网;运输网
réseau de transport ferroviaire
    铁路运输网络
réseau de triangle 三角形网
réseau de triangulation 三角测量网
réseau de tuyauterie 管系网
réseau de tuyaux souterrains 地下管网
réseau d'évacuation des eaux 排水系统
réseau d'évacuation des eaux pluviales
    雨水排放系统
réseau de voie ferrée 铁路网
réseau de voirie 道路网
réseau d'exploitation 运营网
réseau électrique 电力网
réseau enterré 埋置管网

réseau Ethernet 以太网
réseau existant 现有管网
réseau ferroviaire 铁路网
réseau ferroviaire de l'Etat 国家铁路网
réseau fondamental 基网
réseau géodésique 大地测量网
réseau hydrographique 水系
réseau hydrologique 水系
réseau indépendant 独立网
réseau informatique 信息网络
réseau internet 互联网
réseau local 局域网
réseau multi services(RMS) 多功能服务网
réseau numérique 数字网络
réseau numérique à bande large
    数字宽带网
réseau planimétrique 平面网
réseau polygonal 导线网
réseau principal 主网
réseau provisoire 临时管网
réseau radio du chemin de fer
    铁路无线电网络
réseau radio VHF et HF
    超高频和高频无线电网络
réseau régional 区域网
réseau routier 公路网
réseau souterrain 地下管网
réseau télécom 电信网络
réseau téléphonique 电话网
réseau thermique 热力网
réseau triangulaire 三角网
réseau trigonométrique 三角测量网
réservation 保留;预定
réservation d'appel 呼叫保留
réservation de billet 车票预订
réservation de compartiment 预订包厢
réservation de couloir de tracé
    预留线路走廊
réservation de largeur de ligne à double voie
    预留复线宽度
réservation de largeur de la
  plateforme de voie 预留道床宽度
réservation de l'interface 预留接口
réservation de place 预留位置
réservation de planche horaire
    预留窗口时间
réservation de planche travaux
    预留施工天窗
réservation de voies 预留股道

réservation de wagon fret 预订车皮
réservation d'itinéraire 进路预留
réservation électrique 电缆槽
réservation foncière à deux voies
　预留双线路界宽度
réservation permanente 永久保留
réservation temporaire 临时保留
réserve 保留;储量
réserve de ballast 道砟储存
réserve de bitume 沥青储存
réserve de carburant 燃料储备
réserve de ciment 水泥储存
réserve de droit 保留权力
réserve de matériau 材料储存
réserve de matériel 物资储存
réserve de wagons 车辆储备
réserve naturelle 自然保护区
réserve provisoire 临时储存
réserves de gisement 矿脉储量
réserves de pétrole 石油储量
réserves incertaines 未定储量
réserves industrielles 工业储量
réserves possibles 可能储量
réserves prospectées 查明储量
réserve temporaire 临时储存
réserve zoologique 动物保护区
réservoir 水库;罐
réservoir à ciel 露天水池
réservoir à combustible 储油罐
réservoir à gaz 储气罐
réservoir à l'huile 油库;油罐
réservoir à sable 储砂池
réservoir collecteur 集水池
réservoir d'accumulation 蓄水池
réservoir d'air 储风缸
réservoir d'air auxiliaire 辅助储风缸
réservoir d'air du véhicule ferroviaire
　铁道车辆储风缸
réservoir d'eau 水库;水池
réservoir de boue 泥浆池
réservoir décanteur primaire 初次沉淀池
réservoir de carburant 燃料储罐
réservoir de clarification 沉淀池
réservoir de clarification primaire
　初次沉淀池
réservoir de clarification secondaire
　二次沉淀池
réservoir de compensation 调节水池
réservoir de compression 压力水箱

réservoir de décantation 沉淀池
réservoir de distribution 配水池
réservoir de régularisation 蓄洪水库
réservoir de rétention 蓄洪水库
réservoir de retenue d'eau 蓄水池
réservoir d'essence 汽油箱
réservoir de stockage 储罐
réservoir de vidange 泄水池
réservoir d'hydrocarbure 油库
réservoir d'irrigation 灌溉水库
réservoir liquide 液体储罐
résidu 残渣
résiliation 取消;解除
résiliation de contrat 解约
résiliation unilatérale 单方面解约
résiliement 取消
résilience 回弹
résiliomètre 回弹仪
résine 树脂
résine artificielle 合成树脂
résine époxyde 环氧树脂
résine naturelle 天然树脂
résine polyester 聚酯树脂
résine synthétique 合成树脂
résine thermodurcissable 热固性树脂
résine thermoplastique 热塑性树脂
résistance 阻力;抗力;强度
résistance abrasive 抗磨力
résistance absolue 绝对阻力
résistance à chaud 耐热性
résistance à frottement de limite
　极限磨阻力
résistance à l'abrasion 磨损抗性
résistance à la chaleur 抗热性
résistance à la compression 抗压强度
résistance à la compression de cube d'essai
　混凝土立方试块抗压强度
résistance à la corrosion 抗腐蚀性能
résistance à la corrosion atmosphérique
　耐大气腐蚀性能
résistance à la déchirure 抗裂强度
résistance à la déformation 抗变形强度
résistance à la diffusion 扩散阻力
résistance à la fatigue 抗疲劳强度
résistance à la fatigue à charge vibrante
　振动荷载疲劳强度
résistance à la fatigue par flexion
　弯曲疲劳强度
résistance à la fissuration 抗裂强度

résistance à la flamme 阻燃强度
résistance à la flexion 抗弯强度
résistance à la fragmentation 破碎强度
résistance à la pénétration 贯入阻力
résistance à la perforation 耐击穿强度
résistance à la pression 抗压强度
résistance à la rupture 断裂强度
résistance à la sortie de l'étuvage 出池强度
résistance à la torsion 抗扭强度
résistance à la traction 抗拉强度
résistance à l'attrition 抗磨耗强度
résistance à l'avancement 前进(行驶)阻力
résistance à la vibration 抗震强度
résistance à l'éclatement 抗裂强度
résistance à l'écoulement 流动阻力
résistance à l'écrasement 抗压强度
résistance à l'écrasement axial 轴心抗压力
résistance à l'écrasement radial
　径向抗压力
résistance à l'effort tranchant 剪切强度
résistance à l'endurance 疲劳强度
résistance à l'enfoncement 抗沉力
résistance à l'érosion 抗冲刷强度
résistance à l'extension 抗张拉强度
résistance à l'impact 冲击强度
résistance à long terme 长期阻力
résistance à l'usure 耐磨强度;磨耗强度
résistance au battage 打桩阻力
résistance au braquage de roue
　车轮转向阻力
résistance au choc 抗冲击强度
résistance au cisaillement 抗切强度
résistance au cisaillement du sol
　土抗剪强度
résistance au cône 圆锥贯入阻力
résistance au déboutonnage 抗拉裂强度
résistance au dérapage 抗滑阻力
résistance au flambage 抗纵向弯曲强度
résistance au flambement 抗纵向弯曲强度
résistance au fluage 抗蠕变强度
résistance au frottement 抗磨强度
résistance au moment de décoffrage
　拆模强度
résistance au poinçonnement 抗冲击强度
résistance au rayonnement ultra-violet
　抗紫外线照射
résistance au roulement 滚动阻力
résistance au serrage 黏结强度
résistance au vent 风阻力

résistance aux efforts 应力强度
résistance calculée 计算强度;计算阻力
résistance caractéristique au fendage
　抗劈裂性
résistance cohésive 黏力
résistance composée 复合强度
résistance critique 临界阻力
résistance d'accélération 加速阻力
résistance d'ancrage 锚固强度
résistance d'appui 支座反力;支承阻力
résistance d'arrachage de pieux 拔桩阻力
résistance de béton 混凝土强度
résistance de béton projeté 喷射混凝土强度
résistance de calcul 计算强度
résistance de capacité 容抗
résistance de charge 负荷强度
résistance de chaussée 路面强度
résistance de circulation 运行阻力
résistance de circulation de train
　列车运行阻力
résistance de compactage 压实强度
résistance de compression 压实强度
résistance de conception 设计强度
résistance de courbure 曲线阻力
résistance de démoulage 脱模强度
résistance de fatigue 疲劳强度
résistance de fluage 蠕变强度
résistance de fonctionnement 工作阻力
résistance de freinage 制动阻力
résistance de friction 摩擦阻力
résistance de frottement 摩擦阻力
résistance de frottement latéral 侧磨阻力
résistance de la plateforme de voie
　道床阻力
résistance de l'air 空气阻力
résistance de l'assiette 路基强度
résistance de matériau 材料强度
résistance de mortier 砂浆强度
résistance de pente 坡度阻力
résistance de pieu au battage 打桩阻力
résistance de pointe 锥尖阻力
résistance de poutre 梁强度
résistance de poutre aux charges dynamiques
　梁动载强度
résistance de pression 压力强度
résistance de pression différentielle
　压差阻力
résistance de prise 凝结强度
résistance de profil 断面强度

résistance de projet　设计强度
résistance de rail　钢轨强度
résistance de roche　岩石硬度
résistance de service　工作阻力
résistance de soudure　焊接强度
résistance de soutènement　支撑强度
résistance des ouvrages　构造物强度
résistance des ouvrages en béton
　　混凝土工程强度
résistance de structure　结构强度
résistance de structure de wagon
　　车辆结构强度
résistance de vibration　振动强度
résistance de voie　轨道强度;轨道阻力
résistance d'inertie　惯性阻力
résistance due aux déclivités　上坡阻力
résistance du sol　土壤承载力;土壤抗力
résistance dynamique　动阻力
résistance effective　有效阻力
résistance efficace　有效阻力
résistance élastique　弹阻力
résistance électrique　电阻
résistance en compression　抗压强度
résistance en rampe　坡度;坡道阻力
résistance en traction　抗拉强度
résistance limite　极限强度
résistance locale　局部阻力
résistance longitudinale　纵向阻力
résistance longitudinale de voie
　　轨道纵向阻力
résistance mécanique　机械强度
résistance nominale　标定强度
résistance ohmique　欧姆电阻
résistance relative　相对强度
résistance réservée　保留强度
résistance résiduelle　残余强度
résistance sous pression apicale　压碎强度
résistance spécifique　电阻系数;阻力系数
résistance standard　标准强度
résistance superficielle　表面阻力
résistance sur la pente　上坡阻力
résistance transversale　横向阻力
résistance transversale de voie
　　轨道横向阻力
résistivité　电阻率
résistor　电阻器
résistor à haute tension　高压电阻器
résistor de transformateur de caténaire
　　接触网变压器电阻器
résistor de transformateur principal
　　主变压器电阻器
résolution de contrainte　应力分解
résolution de déformation　应变分解
résolution de force　力分解
résolution de l'équation　方程分解
résolution technique　技术方案
respect　遵守
respect de contrat　遵守合同
respect de l'environnement　环境保护
respect de loi　遵守法律
respect de qualité des travaux
　　保证工程质量
respect du délai　遵守工期
respect du délai contractuel
　　遵守合同工期
respect du délai global　遵守合同总工期
respect du mode opératoire　遵守操作规程
responsabilité　责任
responsabilité civile　民事责任
responsabilité conjointe　共同责任
responsabilité conjointe et solidaire
　　共同和连带责任
responsabilité d'accident　事故责任
responsabilité d'assurance de qualité
　　质保责任
responsabilité décennale　十年责任
responsabilité de département
　　部门职能
responsabilité de l'entrepreneur
　　承包商责任
responsabilité économique　经济责任
responsabilité limitée　有限责任
responsabilité mutuelle　互相责任
responsabilité pénale　刑事责任
responsabilité pour vices　缺陷责任
responsabilité solidaire　连带责任
responsable　负责人
responsable chargé de l'organisation
　　de contrôle　检测工作负责人
responsable d'assurance-qualité
　　质保负责人
responsable de chantier　工地负责人
responsable de laboratoire de chantier
　　工地实验室负责人
responsable de l'affaire　业务负责人
responsable de l'environnement
　　环境负责人
responsable de production　生产负责人

responsable de protection de l'environnement 环保负责人
responsable de qualité 质量负责人
responsable de rédaction 编辑负责人
responsable des études 设计负责人
responsable de suivi et de mise à jour 项目跟踪和资料更新负责人
responsable de topographie 地形测量负责人
responsable général sur le chantier 工地总负责人
ressaut 凸起；断错
ressaut de connexion bout à bout 对接错位
ressaut des joints de raccord 接头错牙
ressort 弹簧
ressort à air 空气弹簧
ressort à boudin 螺旋弹簧
ressort à lames 迭板弹簧
ressort de bogie 转向架弹簧
ressort de boîte d'essieu 轴箱弹簧
ressort de caisse 车架弹簧
ressort de support 支架弹簧
ressort de suspension 悬架弹簧
ressort de traverse danseuse 摇枕减振器
ressort pneumatique 气压弹簧
ressort spiral 螺旋弹簧
ressource 资源
ressources de gisement 矿床资源
ressources en eau 水资源
ressources en matériel 物力
ressources financières 财源
ressources humaines 人力资源
ressources minérales 矿产资源
ressources naturelles 自然资源
ressources récyclables 可循环使用资源
ressources régénérables 可再生资源
ressuage 渗出
ressuage de béton 混凝土表面浮浆
restauration de couvert végétal 植被恢复
restauration de paysage 景观恢复
restauration de signal 信号修复
restauration de système 系统修复
restauration de voie 线路修复
restitution de caution 保函退还
restitution de couples de photographie 航测定向制图
restitution des avances sur approvisionnement 返还材料预付款
restitution photogrammétrique 航测制图

restriction 限制
restriction de charge 限制荷载
restriction de chargement de marchandises 货物装载限制
restriction de circulation 交通限制；交通管制
restriction de courbe 弯道限制
restriction de droit 权力限制
restriction de gabarit 限界限制
restriction de hauteur 限高
restriction de lancement des wagons 车辆溜放限制
restriction de largeur 限宽
restriction de longueur 限长
restriction d'emploi 使用限制
restriction de passage à niveau 道口通行限制
restriction de règlement de circulation 行车规定限制
restriction de règlement d'opération 操作规程限制
restriction de pente 坡度限制
restriction de poids 限重
restriction de tirs de mine 限制爆破
restriction de trafic 交通限制
restriction de transport de marchandises 货物运输限制
restriction de véhicules 车辆限制
restriction de vitesse 速度限制
restriction spéciale 特殊限制
restriction temporaire de vitesse 临时限速
résultat 结果
résultat d'analyse 分析结果
résultat de calcul 计算结果
résultat de densité 密实度结果
résultat définitif 最终结果
résultat de l'enregistrement de vibration 振动记录结果
résultat de mesure 测量结果
résultat de recherche 研究成果
résultat de résistance pour une valeur de maturation （混凝土龄期）强度数据
résultat des essais 试验结果
résultat des essais de portance 承载试验结果
résultat des essais de réception de matériau 材料验收试验结果
résultat des essais géotechniques 土工力学测试结果

résultat des études de formulation
配合比设计结果
résultat d'exploitation　经营成果
résultat du levé　测量结果
résultat final　最终结果
résultat pratique　实际结果
résultat qualitatif　定性结果
résultat réel　实际结果
résultat statistique　统计结果
rétablissement　重建；恢复
rétablissement de bornes　标桩恢复
rétablissement de chaussée　路面修复
rétablissement de circulation　恢复运行
rétablissement de communications
通信恢复
rétablissement de l'élasticité de voie
恢复道床弹性
rétablissement de l'exploitation　恢复运营
rétablissement de pont　修复桥梁
rétablissement de réseaux　网络恢复
rétablissement des écoulements　水系重建
rétablissement de système　系统恢复
rétablissement de système de l'ordinateur
电脑系统恢复
rétablissement de végétation　恢复植被
rétablissement de voie　线路恢复
rétablissement provisoire　临时恢复
retard　延误
retard à cause d'accident　事故晚点
retard à la livraison　交付逾期
retard à la réponse　答复迟缓
retard d'arrivée　到达延误
retard d'arrivée de rame automotrice
动车组到达延误
retard de chargement　装车延误
retard de délai d'exécution de travaux
施工工期滞后
retard de départ du train　发车晚点
retard de l'avancement des travaux
工程进度滞后
retard de l'exécution　施工滞后
retard d'entrée en gare　进站晚点
retard de réaction　反应滞后
retard des travaux　工程滞后
retard de train　列车晚点
retard en temps　延时
rétention　保留；扣留
retenue　扣留；蓄水
retenue au tamis　筛余物

retenue de garantie　保证金
retenue de protection　防护栏
retenue de réservoir　水库蓄水
retombée　拱底石；起拱石
retombée de roches　落石
retombée de voûte　拱底石
retour　返回
retour à la section　区间折返
retour au dépôt　返库；回段
retour d'air　回风
retour d'eau　回水
retour de courant de traction
接触网牵引电力回路
retour de feeder　馈电回流
retour de locomotive au dépôt　单机返段
retour de locomotive de manœuvre
调机折返
retour de locomotive de renfort　补机折返
retour de locomotive de traction　牵机折返
retour de locomotive de triage　调机折返
retour de rame automotrice　动车组返程
retour de traction　牵引回路
retour de trajet　回程
retour en mi-chemin　中途返回
retournement　转向；折返
retournement à plaque tournante
转车台转向
retournement de locomotive　机车折返
retournement de locomotive de manœuvre
作业机车折返
retournement et réattelage　掉头换挂
retrait　收缩
retrait admissible　允许收缩量
retrait à long terme　长期收缩；长期吊销
retrait au séchage　干缩
retrait dans la direction axiale　轴向收缩
retrait dans la direction radiale　径向收缩
retrait de béton　混凝土收缩
retrait de dessiccation　干缩
retrait de dessiccation du béton　混凝土干缩
retrait de fluage　徐变收缩
retrait de l'offre　投标书撤回
retrait de prise　凝固收缩
retrait de solidification　凝固收缩
retrait de volume　体积收缩
retrait du cahier des charges　招标细则领取
retrait horizontal　水平收缩
retrait initial　初缩
retrait linéaire　线性收缩

retrait superficielle 表面收缩
rétro-caveur 反铲
rétro-caveuse 反铲；反铲挖土机
rétro-chargeur 斗式装载机
rétrochargeuse 斗式装载机
rétroflecteur 反光路钮；反光板
rétro-pelle 反铲；反铲挖土机
rétroviseur 后视镜
réunion 会议
réunion avant l'ouverture des plis
    标前会议
réunion consultative 咨询会议；听证会
réunion de chantier 工地会议
réunion de coordination 协调会议
réunion technique 技术会议
réutilisation 再利用
réutilisation de ballast 道砟再利用
réutilisation de déblais de ballast
    弃砟再利用
réutilisation de matériau de déblais
    挖方材料再利用
réutilisation de matériau de déblais
    en remblais 挖方材料再用于回填
réutilisation de rail usé 旧轨重新利用
réutilisation en remblai 回填利用
réverbère 路灯
réverbère à deux crosses 双臂路灯
réverbère à luminaire cylindrique
    立柱式道路照明灯
réverbère à luminaire sphérique
    球形罩道路照明灯
réverbère à luminaire tronconique
    锥形罩道路照明灯
réverbère à une crosse 单臂路灯
réverbère de chantier-gare 站场照明灯
réverbère de l'échangeur
    互通立交桥照明灯
réverbère de parking 停车场照明灯
revers 反面
revêtement 砌面；衬里
revêtement à base de bitume 沥青涂层
revêtement acoustique absorbant 吸音面层
revêtement aggloméré 砌块铺面
revêtement à injection de ciment
    水泥喷浆衬砌
revêtement anti-abrasion 耐磨层
revêtement antidérapant 防滑路面
revêtement antirouille 防锈涂层
revêtement asphaltique 沥青面层

revêtement bétonné 混凝土面层
revêtement bicouche 双层衬砌
revêtement bitumineux 沥青罩面
revêtement bitumineux imperméable
    沥青防水层
revêtement composite 复合涂层
revêtement de béton 混凝土面层
revêtement de chaussée 铺装路面
revêtement de ciment 水泥罩面
revêtement de dalot 涵洞衬砌
revêtement définitif 二次衬砌
revêtement définitif en béton
    混凝土二次衬砌
revêtement de galerie 坑道衬砌
revêtement de galvanisation à chaud
    热镀锌涂层
revêtement de gravité 重力罩面
revêtement de gunite 喷射混凝土支护
revêtement de macadam 碎石面层
revêtement de protection 保护层
revêtement de puits 井壁衬砌
revêtement de surface 罩面
revêtement de tablier 桥面铺装
revêtement de talus 边坡铺盖
revêtement de talus en moellons 片石护坡
revêtement de talus en terre végétale
    用腐殖土铺盖边坡
revêtement d'étanchéité 密封层
revêtement de trottoir 人行道铺面
revêtement de tunnel 隧道衬砌
revêtement de tuyaux 管子衬砌
revêtement de type souple 柔性路面
revêtement de voûte de tunnel 隧道拱衬砌
revêtement dur 硬路面
revêtement du sol 地面铺设
revêtement en acier 钢罩
revêtement en argile 黏土路面
revêtement en béton 混凝土铺面
revêtement en béton armé 钢筋混凝土铺面
revêtement en béton monocouche
    单层混凝土路面
revêtement en béton projeté
    喷浆混凝土衬砌
revêtement en bitume 沥青涂层
revêtement en bitume asphaltique
    地沥青面层
revêtement en claveau 混凝土块砌壁
revêtement en enduit bi-couche
    双层摊铺路面

revêtement en enduit mono-couche　单层摊铺路面
revêtement en gravier　砾石路面
revêtement en maçonnerie　圬工饰面
revêtement en montant　向上砌壁
revêtement en mortier　砂浆饰面
revêtement en pierres　石砌护面
revêtement en pierres sèches　干砌护坡
revêtement en polyester　聚酯涂层
revêtement enrobé　混合料铺面层
revêtement en terre végétale　用腐殖土铺盖
revêtement étanche　防水层
revêtement étanche de tablier　桥面板防水层
revêtement extérieur　外覆盖层
revêtement final　二次衬砌；最终衬砌
revêtement flexible　柔性路面
revêtement goudronné　柏油铺面
revêtement hydrocarboné　沥青铺（路）面
revêtement intégral　整体式衬砌
revêtement intérieur　内衬砌
revêtement intérieur définitif de tunnel　隧道最终衬砌
revêtement intérieur de tunnel　隧道内衬
revêtement intérieur provisoire de tunnel　隧道临时衬砌
revêtement lisse　光面井壁
revêtement mixte　组合罩面
revêtement monocouche　单层摊铺
revêtement monolithique　整体面层
revêtement noir　沥青路面
revêtement organique　有机涂层
revêtement permanent　永久衬砌
revêtement perré　石砌护坡
revêtement préfabriqué　装配式衬砌
revêtement primaire　首次衬砌
revêtement protecteur　保护层
revêtement protecteur de tuyaux　管道保护层
revêtement provisoire　临时铺面
revêtement rectangulaire　矩形衬砌
revêtement réflectorisé　反光涂层
revêtement rigide　刚性路面
revêtement secondaire　二次衬砌
revêtement superficiel　面层铺砌
revêtements multicouches　多层路面
révision　修理；修订
révision à cycle　周期性检修
révision à l'élévation　架修
révision avec changement de pièces　换件修
révision centralisée　集中修理
révision de contrat　合同修改
révision de l'état de voiture　车辆状态检修
révision de locomotive　机车检修
révision de prix　价格修改
révision de projet　方案修订
révision de réglementation　条例修订
révision de signaux　信号检修
révision de voie　线路大修
révision de wagon　车辆检修
révision ferroviaire　铁路大修
révision générale　大修
révision intermédiaire　架修
révision périodique　定修
rhéostat　变阻器
rhéostat à haute tension　高压变阻器
rhéostat de démarrage　启动变阻器
rhéostat de moteur de traction　牵引电机变阻器
rhéostat de transformateur　变压器变阻器
rideau　幕墙
rideau ancré　板桩
rideau anti-renard　防管涌岸墙
rideau d'ancrage　锚墙
rideau d'arbres　树林屏障
rideau d'eau　水幕
rideau de batardeau　挡板围堰；围堰挡水墙
rideau de palplanches　板桩墙
rideau de palplanches en acier　钢板桩墙
rideau de palplanches en béton　混凝土板桩墙
rideau de pieux jointifs　板桩排
rideau de tubes　管排
rideau étanche　防水（渗）幕
rideau sonique　声屏障
ridelle　车辆侧栏
ridelle de wagon　车辆侧栏
rigidité　刚度
rigidité à la compression　抗压刚度
rigidité à la flexion　抗弯刚度
rigidité à la torsion　抗扭刚度
rigidité à la traction　抗拉刚度
rigidité au cisaillement　抗剪刚度
rigidité de caisse　车体刚度
rigidité de carrosserie　车体刚度
rigidité de chaussée　路面刚度
rigidité de courbure　弯曲刚度
rigidité de l'assise de voie　路基刚度

rigidité de la plateforme de voie	路床刚度
rigidité de pont	桥梁刚度
rigidité de rail	钢轨刚度
rigidité de ressort	弹簧刚度
rigidité de roue	车轮刚度
rigidité de tablier	桥面板刚度
rigidité de tire-fond	道钉刚度
rigidité de traverse	轨枕刚度
rigidité du lit de ballast	道床刚度
rigidité longitudinale	纵向刚度
rigidité radiale	径向刚度
rigidité transversale	横向刚度
rigidité transversale du pont	桥梁横向刚度
rigole	流水槽;垄沟
rigole d'assèchement	排水沟
rigole d'assèchement à ciel ouvert	排水明沟
rigole de drainage	排水沟
rigole de pluie	雨水沟
rigole de ruissellement	雨水沟
rigole de talus	边沟
rigole d'évacuation	泄水沟
rigole d'évacuation de banquette	截流排水沟
rigole d'irrigation	灌溉渠
rigole latérale	边沟
rigole souterraine	排水暗沟
rinçage	冲洗
rinçage à haute pression	高压冲洗
rinçage automatique	自动冲洗
rinçage de collecteur d'assainissement	冲洗污水管
rinçage de wagons	车辆冲洗
ringage	煤渣
ripage	拨道
ripage de voie	拨道
ripage et dressage de voie	拨顺轨道
ripage mineur de la voie	小量拨道
ripement	削石
ripper à une dent	单齿松土机
risberme	护坡梯台;护道
risberme conique	锥形护坡
risberme de talus droit	右护坡梯台
risberme de talus gauche	左护坡梯台
risque	危险;风险
risque de blocage d'essieux	抱轴风险
risque de contrat	合同风险
risque d'éboulement	坍塌危险
risque de déformation	变形风险
risque de déraillement	脱轨风险
risque de déversement	倾翻风险
risque de faillite	破产风险
risque de gestion	管理风险
risque de glissement	滑坡风险
risque de l'accident	事故危险性
risque de l'entrepreneur	承包商风险
risque de marché	市场风险
risque de projet	项目风险
risque de rupture	断裂风险
risque de sécurité	安全隐患
risque des inondations	水灾风险
risque de tassement	沉降风险
risque de taux d'intérêt	利率风险
risque d'incendie	火灾风险
risque du maître de l'ouvrage	业主风险
risque économique	经济风险
risque financier	财务风险
risque géologique	地质风险
risque imprévu	意外风险
risque naturel	自然(灾害)风险
risque politique	政治风险
risque potentiel	潜在风险
risque sociale	社会风险
risque technique	技术风险
rive	边沿
rive alluvionnée	冲积岸
rive biaise	斜边
rive concave	凹岸
rive convexe	凸岸
rive d'éboulis	砾石河滩
rive droite	右岸
rive du vent	迎风河岸
rive en face	对岸
rive gauche	左岸
rive opposée	对岸
rive plate	河滩
rive raide	陡岸
rive sous le vent	背风河岸
rivet	铆钉
rivet à tête ronde	圆头铆钉
rivetage	铆合;铆接
rivetage à chaud	热铆
rivetage à froid	冷铆
rivetage d'atelier	厂内铆接
rivetage sur le chantier	工地铆接
riveteuse	铆机
riveteuse pneumatique	气压铆枪
rivière	河流

rivure 铆接	roche de mélange 混杂岩
robinet d'arrêt de frein 折角塞门	roche demi-dure 半硬岩石
robinet d'eau 水龙头	roche d'épanchement 火成岩
robinet de coupe-air 折角塞门	roche de parois 围岩
roc 岩石	roche de précipitation 沉积岩
roche 岩;岩石	roche de profondeur 深成岩
roche abyssale 深成岩	roche de quartz 石英岩
roche abyssique 深成岩	roche désagrégée 风化岩
roche acide 酸性岩	roche détachée 采石
roche alcaline 碱性岩	roche détendue 危岩
roche alcaline-terreuse 碱土岩	roche détritique 碎屑岩石
roche alcalinocalcique 钙碱性岩	roche différenciée 风化岩石
roche altérée 风化岩	roche dolomitique 白云岩
roche amorphe 非晶质岩	roche d'origine 母岩
roche aquifère 水成岩	roche dure 硬质岩石
roche archéenne 太古岩	roche ébouleuse 松散岩石;风化岩石
roche arénacée 砂质岩石	roche encaissante 围岩
roche argileuse 泥质岩;黏土质岩	roche enclavante 围岩
roche aschistique 非页状岩	roche en dalles 板层岩石
roche asphaltique 地沥青岩	roche endogène 内成岩
roche assez dure 中硬岩石	roche englobante 围岩
roche basaltique 玄武岩	roche en gros élément 粗粒岩
roche basique 基性岩	roche en masse 基岩;岩体
roche biogène 生物岩	roche éolienne 风成岩
roche bitumineuse 沥青岩	roche erratique 漂石
roche brute 粗岩	roche éruptive 火成岩
roche calcaire 石灰岩	roche évolutif 分化岩
roche calcaire tendre 软质石灰岩	roche exogène 外成岩
roche calcoalcaline 钙碱性岩	roche extra-dure 极硬岩
roche carbonatée 碳酸盐岩	roche extrusive 喷出岩
roche cassante 脆性岩	roche facile à briser 易破碎岩石
roche caverneuse 多孔穴岩石	roche facile à concasser 易轧岩石
roche compacte 坚质岩石;密实岩	roche facile à exploiter 易采岩石
roche composée 复成岩	roche facile à forer 易钻岩石
roche concassée 碎石	roche facile à sauter 易爆岩石
roche conglomératique 砾岩	roche filonienne 脉岩
roche conglomérée 砾岩	roche fissile 松散岩石;风化岩石
roche cristalline 结晶岩	roche fissurée 裂隙岩石
roche d'agrégation 碎屑岩	roche friable 易碎岩体
roche de base 基岩	roche granitique 花岗岩
roche de bonne qualité 稳定岩石	roche gréseuse 砂岩
roche décomposée 风化岩石	roche hydroclastique 水碎岩
roche de construction 建筑石材	roche hydrogénique 水成岩
roche de demi-profondeur 半深成岩	roche ignée 火成岩
roche de départ 母岩	roche imperméable 不透水岩石
roche de filon 脉岩	roche inaltérées 未风化岩
roche de fond 基岩	roche intermédiaire 中性岩
roche de fondation 基岩	roche magmatique 岩浆岩
roche de massif 基岩	roche massive 深成岩

roche mère	基岩；母岩
roche métamorphique	变质岩
roche meuble	松碎岩石
roche mi-dure	中硬岩石
roche minérogène	成矿岩石
roche mixte	混合岩
roche moellon	软质岩石
roche molle	软质岩石
roche neutre	中性岩
roche noyée	暗礁
roche perméable	透水岩
roche plutonienne	深成岩石
roche plutonique	深成岩石
roche poreuse	多孔岩石
roche pourrie	风化岩石
roche primitive	原生岩石
roche principale	主岩
roche protogène	原生岩石
roche psammitique	砂质岩
roche pséphitique	砾质岩
roche pure	脉岩
roche pyroclastique	火山凝灰岩
roche pyrogène	火成岩
roche quartzifère	石英岩
roche rebelle	极硬岩石
roche régénérée	再生岩
roche résistante	坚硬岩石
roche sableuse	砂岩
roche saine	基岩
roche saline	盐岩
roche secondaire	次生岩
roche sédimentaire	沉积岩
roche siliceuse	硅质岩
roche similaire	同生岩
roche solide	底（基）岩
roche stérile	废石
roche stérile de charbon	煤矸石
roche stratifiée	沉积岩
roche tectonique	构造岩
roche tendre	松软岩石
roche tufière	凝灰岩
roche vacuolaire	多孔岩石
roche verte	绿岩
roche volcanique	火山岩
rocher	岩石
ronce	带刺铁丝
ronces artificielles	带刺铁丝
ronde	巡查；巡视
ronde de nuit	夜间巡逻
rondelle	垫圈；垫片
rondelle à ressort	弹簧垫圈
rondelle Belleville	锥面垫圈；杯形垫圈
rondelle d'attache de rail	钢轨扣件垫圈
rondelle de calage	衬垫
rondelle élastique	弹性垫圈；弹簧垫圈
rondelle en caoutchouc	橡皮垫圈
rondelle en plastique	塑料垫圈
rondelle Grower	弹簧垫圈
rondelle plate	平垫圈
rondelle tailladée	切口环
rond fileté	螺纹圆钢筋
rondin	圆材；原木；圆木
rond lisse	光面圆钢筋
rond-point	环岛；转盘
rotation	旋转
rotation complète de rame automotrice	动车组全周转
rotation de locomotive	机车周转
rotation de marchandises	货物周转
rotation de marchandises par an	年货物周转
rotation de matériaux	材料周转
rotation de matériel	设备周转
rotation de matériel du transport	运输设备周转
rotation de matériels roulants	机车车辆周转
rotation de passagers par le transport sur rails	轨道交通乘客周转（量）
rotation de phase	相位轮换
rotation des équipes	工班交替
rotation des équipes de travail	作业组周转
rotation de service inter-administration de l'équipage de conduite	跨局轮乘
rotation de stocks	库存货物周转
rotation des wagons	车辆周转
rotation de voyageurs par an	年旅客周转（量）
rotation de voyageurs par le transport ferroviaire	铁路旅客周转（量）
rotation du personnel	人员轮班
rotation libre	自由转动
rotonde	圆形机车库
roue	车轮
roue à bandage	带箍车轮
roue à moyeu	轮毂轮
roue à palettes	叶轮

roue arrière du rouleau de cylindrage 压路机后轮
roue avant de cylindre 压路机前轮
roue avant de rouleau 压路机前轮
roue de guidage 导向轮
roue dentée 齿轮
roue dentée motrice 齿动轮
roue de rechange 备用轮
roue de secours 备用车轮
roue de train 列车车轮
roue de voiture 车轮
roue directrice de cylindre 压路机导轮
roue directrice de rouleau 压路机导轮
roue élastique 弹性车轮
roue en acier 钢制车轮
roue en acier de roulement 碾钢车轮
roue en acier fondu 铸钢车轮
roue forgée 锻钢轮
roue hydraulique 水轮机
roue laminée 轧钢轮
roue légère à grande vitesse 高速轻型车轮
roue motrice 主动轮；驱动轮
roue portante 承重轮
roue porteuse 承重轮
roue rigide 刚性车轮
roue tactile 触轮
roue vibrante 振动轮
rouille 铁锈
roulage 滚动；行驶；滚压
roulage de béton 运送混凝土
roulage de voiture 车辆行驶
roulage nocturne 夜间运输
roulants 行车人员；列车乘务人员
roulant-vibrant 振动压路机
rouleau 滚筒；碌子
rouleau à bras 手拉滚筒（路碾）
rouleau à bras vibrant 手扶振动压路机
rouleau à double roue 双轮压路机
rouleau à main 手拉滚筒（路碾）
rouleau à pied dameur 羊角碾
rouleau à pied de mouton 羊足碾
rouleau à pied de mouton type à fouloirs effilés 直脚羊足碾
rouleau à pied de mouton type à fouloirs élargis 扩底式羊足碾
rouleau à plaques 活动板式压路机
rouleau à pneus 轮胎压路机
rouleau à pneus automoteur 自行式轮胎压路机
rouleau à pneus traîné 拖式轮胎压路机
rouleau à rainure 槽纹压路机
rouleau à tambour 滚筒式压路机
rouleau à tambour métallique 钢筒式压路机
rouleau à trois essieux 串联式三轮压路机
rouleau à trois roues 三轮压路机
rouleau automoteur 自行式压路机
rouleau avant 压路机前滚筒
rouleau à vapeur 蒸汽压路机
rouleau balayeur 扫路机
rouleau-brosse 扫路机
rouleau cannelé 带槽辊
rouleau compacteur 夯击式压路机
rouleau compacteur à pneumatique automoteur 自行式轮胎压路机
rouleau compacteur à pneumatique traîné 拖式轮胎压路机
rouleau compresseur 压路机；碾压机
rouleau compresseur à bras 手拉滚筒（路碾）
rouleau compresseur à pneus 轮胎压路机
rouleau compresseur de ballast 道床碾压机
rouleau compresseur tandem 串联式（双轮）压路机
rouleau compresseur trijante 三轮压路机
rouleau dameur 夯实压路机
rouleau d'appui 支撑辊
rouleau de concasseur 破碎机辊子
rouleau de cylindrage 压路机
rouleau de cylindrage à trois essieux 三轮串联式压路机
rouleau de cylindrage tricycle 三轮压路机
rouleau denté 牙轮辊
rouleau diesel 柴油压路机
rouleau directeur 导向滚筒
rouleau en acier 钢辊
rouleau en fonte 铸铁滚筒
rouleau en pierre 石滚筒（碌子）
rouleau lisse 光轮压路机
rouleau lourd 重型压路机
rouleau mixte 混合式压路机
rouleau monoroue 单轮路碾
rouleau monoroue à moteur 自行式单轮压路机
rouleau moteur 自行式压路机
rouleau motorisé 自行式压路机
rouleau plombeur 碌子

rouleau pneumatique lourd　重型轮胎压路机
rouleau pousseur　推式压路机
rouleau presseur　压路机；压辊
rouleau routier　路碾
rouleau tandem à vapeur　蒸汽双轮压路机
rouleau tandem diesel　柴油双轮压路机
rouleau tracté　拖式压路机
rouleau tricycle　三轮压路机
rouleau vibrant　振动压路机
roulement　转动；轴承；周转
roulement à billes　滚珠轴承
roulement à galets　滚轴轴承
roulement conique à billes　圆锥滚珠轴承
roulement de bogie　转向架轴承
roulement de fonds　资金周转
roulement de marchandises　商品流转
roulement de matériel roulant　机车车辆轴承
roulement de moteur électrique　电机轴承
roulement de service　值班表
roulement d'essieu de train à grande vitesse　高速列车车轴轴承
roulement de train　列车行驶
roulement de véhicule　车辆行驶
roulement de wagon　车辆轴承；车辆周转
roulement du personnel　工作人员轮班表
roulis　列车车辆横向摆动
roulis de caisse de véhicule　车体横向摆动
routage　路径指定；路由
routage automatique des trains　列车线路自动指定；列车进线自动指定
routage de l'aiguille　道岔路径指定
routage de signalisation　信路指定
routage d'itinéraire　进路指定
route　公路
route abaissée　低标高路
route abandonnée　废路
route à chaussée bidirectionnelle　双向车道路
route à chaussées séparées　分离行车道路
route à circulation légère　轻交通量道路
route à circulation libre　无交通指挥道路
route à circulation réglementée　有交通指挥道路
route à deux chaussées　双路面道路
route à deux étages　双层道路
route à deux sens　双向行驶道路
route à deux voies　双车道公路
route à double voies　双车道公路
route à faible trafic　小交通量公路
route à flanc de coteau　傍山公路
route à lourde circulation　交通繁忙道路
route alpine　高山道路
route annulaire　环行公路
route à nombre de voies　多车道公路
route à péage　收费站公路
route à plusieurs chaussées　多车道公路
route à quatre voies　四车道公路
route à revêtement de bitume　沥青路面公路
route à revêtement de briques　砖路
route à revêtement dur　硬路面公路
route artérielle　干线公路
route à sens unique　单向车道公路
route asphaltée　柏油路
route asphaltique　柏油路
route à trafic dense　高交通量公路
route à trois voies　三车道公路
route automobile　公路
route auxiliaire　辅助公路
route à voies multiples　多车道公路
route à voie simple　单车道公路
route à voie unique　单车道公路
route barrée　此路不通
route bitumée　沥青路
route bitumée à chaud　热铺沥青路
route bitumée à froid　冷铺沥青路
route bordée d'arbres　绿化带路
route cambrée　拱形路
route circulaire　环路
route continentale Asie-européenne　欧亚大陆公路
route d'accès circulaire　环形匝道
route de banlieue　市郊公路
route de bitume　沥青路
route de bonne viabilité　二级公路(宽7~10.5m)
route de branchement　支路
route de briques　砖砌道路
route de ceinture　环形公路
route de connexion　连接道路
route de défense nationale　国防公路
route de dégagement　疏导道路
route de desserte　连接道路
route de desserte locale　地方公路
route de deuxième classe　二级公路
route de déviation　绕行道路

route de diffusion　放射式道路
route de distribution　交通分散道路
route défoncée　高低不平道路
route de liaison　连接道路
route de montagne　山区公路
route de moyenne viabilité
　三级公路(宽 5~7m)
route départementale　省道
route de plaine　平原公路
route de première classe　一级公路
route de quatrième classe　四级公路
route de rencontre　交汇道路
route de rivage　沿岸公路
route de saison sèche　旱季路
route de seconde classe　二级公路
route de trafic à grande distance
　长途干线公路
route de très bonne viabilité
　一级公路(宽大于 10.5m)
route de troisième classe　三级公路
route de viaduc　高架道路
route de ville　城市公路
route diffusible　放射式道路
route divisée　分隔行驶道路
route double　双幅式公路
route dure　刚性路面公路
route élevée　高架路
route empierrée　碎石路面道路
route en argile　黏土路
route en béton　混凝土道路
route en construction　在建道路
route en gravier　碎石路面道路
route en lacet　曲折道路
route en macadam　碎石道路
route enneigée　积雪道路
route en pente descendante　下坡路
route en pente montante　上坡路
route en rampe　斜坡道路
route en sable-argile　砂黏土路
route en sol stabilisé　稳定土路
route en spirale　螺旋形公路
route en terre　土路
route en tunnel　公路隧道段
route en zigzag　之形道路
route étroite　四级公路(宽度小于 5m)
route existante　既有公路
route express　快速道路
route express élevée　高架快速道
route externe　外环路

route fermée　封闭道路
route forestière　林区公路
route glissante　湿滑路
route goudronnée　柏油路
route gravillonnée　石屑路
route grumière　原木运输道路
route indirecte　迂回道路
route interdépartementale　省际公路
route intérimaire　临时道路
route intermédiaire　中等道路
route internationale　国际公路
route interne　内环路
route interprovinciale　省际公路
route interurbaine　市际道路
route labourée　高低不平道路
route libre　无交管道路
route locale　地方公路
route maritime　海路
route militaire　军事(战略)公路
route mixte　混合交通道路;多功能道路
route montagneuse　山区公路
route montante　上坡公路
route multifonctionnelle　多功能公路
route municipale　城市公路
route nationale(RN)　国道
route non divisée　无分隔带道路
route non revêtue　未铺路面道路
route ondulée　搓板路
route ordinaire　普通公路
route parallèle　平行公路
route périphérique　环城公路
route pittoresque　景观大道
route polyvalente　多功能公路
route pour cyclistes　自行车专用道路
route principale　干道
route provinciale　省道
route provisoire　临时道路
route publique　公路
route radiale　辐射路
route régionale　地区道路
route rigide　刚性路面公路
route revêtue　已铺路面道路
route rigide　刚性路
route rurale　乡村公路
route secondaire　二级公路
route séparée　有分车带公路
route serpentine de chantier　工地盘旋路
route sinueuse　弯曲道路
route sol-chaux　石灰土路

route sur digue	堤道
route surélevée	高架道路
route touristique	旅游公路
route tous temps	全天候公路
route transsaharienne	横穿撒哈拉公路
routeur	路由器
route urbaine	城区道路
routeur d'Internet	互联网路由器
routeur industriel	企业路由器
routeur intellectuel	智能路由器
ruban d'avertissement	警示带
ruban d'étanchéité	防水胶带
rugosité	粗糙度
ruine	毁坏；废墟
ruine de l'assise de voie	路基毁坏
ruine de voie	线路毁坏
ruissellement	流动；流水
ruissellement collective	合流
ruissellement de surface	表面径流
ruissellement pluvial	雨水冲刷(径流)
ruissellement superficiel	地面水流
ruissellement sur le terrain	地面径流
rupture	断裂；中断
rupture à la compression	压断
rupture à la torsion	扭断
rupture à la traction	拉断
rupture au bout de rail	轨端崩裂
rupture de boulon	螺栓断裂
rupture de boulon d'éclisse	接头螺栓折断
rupture de câble	缆索断裂
rupture de champignon de rail	轨头劈裂
rupture de contrat	中断合同
rupture de courant	断电
rupture de crochet de traction	牵引钩断裂
rupture de l'âme de rail	轨腰崩裂
rupture de l'attelage de locomotive	机车车钩断裂
rupture d'endurance	疲劳断裂
rupture de poutre	桥梁断裂
rupture de rail	钢轨断裂
rupture de relation	断绝关系
rupture de roue	车轮压劈
rupture de serre-joints	弹条折断
rupture d'essieu	车轴断裂
rupture de tige d'ancrage	锚杆断裂
rupture de tige de traction	拉杆断裂
rupture de traction	断开牵引
rupture de traverse en béton	混凝土轨枕断裂
rupture de voûte	拱顶断裂
rupture du patin de rail	轨底崩裂
rupture horizontale	水平断裂
rupture verticale	垂直劈裂
rythme	节奏
rythme accéléré	加快节奏
rythme de chantier	工地施工进度
rythme de production	生产进度
rythme de travail	工作节奏

R

S

sable 砂(沙)	sable de rivière 河砂
sable à béton 混凝土用砂	sable détritique 碎屑砂
sable à grains fins 细粒砂	sable dolomitique 白云砂
sable à grains moyens 中粒砂	sable enrobé 沥青拌和砂
sable à gros grains 粗粒砂	sable éolien 风成砂
sable à lapin 黏土质细砂	sable farineux 粉砂
sable alluvionnaire 冲击砂	sable fauve 黄砂
sable à mortier 灰浆砂	sable filtrant 过滤砂
sable argileux 泥砂	sable fin 细砂
sable arrondi 圆粒砂	sable fin argileux 黏土质细砂
sable artificiel 人工砂	sable fluent 流砂
sable asphaltique 沥青砂	sable fluvial 江砂
sable bitumé 沥青砂	sable fort 粗砂
sable bitumineux 沥青砂	sable graveleux 砾沙
sable boulant 流砂	sable gros 粗砂
sable broyé 机制砂	sable grossier 粗砂
sable caillouteux 砾砂	sable homogène 均质砂
sable calcaire 石灰质砂	sable humide 湿砂
sable calcique 石灰质砂	sable jaune 黄砂
sable concassé 轧碎砂	sable lacustre 湖砂
sable consolidé 固结砂	sable limoneux 粉砂
sable côtier 海滩砂	sable limono-argileux 黏土质粉砂
sable coulant 流砂	sable manufacturé 机制砂
sable cru 石英砂	sable marin 海砂
sable de carrière 山砂;料场砂	sable monogranulaire 均质沙
sable de concassage 机轧砂	sable mouvant 流砂;浮沙
sable de dune 沙丘;沙丘砂	sable moyen 中砂
sable de fer 铁矿砂	sable naturel 天然砂
sable de fonderie 型砂	sable propre 净砂
sable de fouille 坑砂	sable quartzeux 石英砂
sable de grève 海滩砂	sable roulé 圆粒砂
sable de laitier 矿渣砂	sable sec 干砂
sable de mer 海砂	sable sédimentaire 沉积砂
sable d'émeri 金刚砂	sable siliceux 硅砂
sable dense 密实砂	sable standard 标准砂
sable de plage 海滩砂	sable tamisé 过筛砂
sable de rivage 岸砂	sable très fin 极细砂

sable vaseux 淤泥砂
sable vierge 山砂
sable volcanique 火山砂
sableuse 撒砂机
sablière 采砂场；砂箱
sablonnière 采砂场
sabot 桩套；闸瓦
sabot d'appui 支承垫块
sabot d'arrêt 制动铁鞋
sabot de frein 闸瓦
sabot de frein de la partie roulante
　行走部制动闸瓦
sabot de friction 刹车块
sabot d'enrayage 制动铁鞋
saboteuse de traverse en bois 枕木开槽机
sac 袋
sac à outils 工具包
sac aux ordures 垃圾袋
sac de ciment 水泥袋
sac de paquets-poste 邮包
sac de sable 砂袋
sac en jute 麻袋
saignée 排水暗沟
saignée latérale 侧向排水暗沟
saignement 水泥浮浆
saillie 突出
saisie 扣押；查封
saisie de caution 扣押保函
saisie des marchandises de contrebande
　扣押走私商品
saisie douanière 海关扣押
saisie-exécution 动产扣押
saisie immobilière 不动产扣押
saisie mobilière 动产扣押
saisie-gagerie 担保扣押
saison 季节
saison de construction 施工季节
saison de crues 汛期；洪峰季节
saison de l'étiage 枯水季节
saison de moisson 收获季节
saison de pluie 雨季
saison de pointe 高峰季节
saison de sécheresse 枯水季节
saison de semailles 播种季节
saison des inondations 汛期
saison morte 农闲季节
saison pluvieuse 雨季
saison sèche 旱季
saisonnalité 季节性

salage 撒盐
salaire 工资
salaire additionnel 附加工资
salaire à la journée 日工资
salaire annuel 年工资
salaire au rendement 效率工资
salaire au temps 计时工资
salaire aux pièces 计件工资
salaire brut 毛工资
salaire de base 基本工资
salaire fixe 固定工资
salaire garanti 保证工资
salaire horaire 小时工资
salaire mensuel 月工资
salaire minimum interprofessionnel garanti
　(SMIG) 行业最低保证工资
salaire moyen 平均工资
salaire national minimum garanti (SNMG)
　国家最低保障工资
salaire nominal 额定工资
salaire réel 实际工资
salaire standard 标准工资
salle 室
salle d'attente 候车室
salle de commande de circulation
　行车控制室
salle de commande de l'éclairage
　灯光控制室
salle de commande de signalisation
　信号控制室
salle de conduite 操纵室
salle de conférences 会议室
salle de contrôle 控制室
salle de dessins 绘图室
salle de dispatching 调度室
salle de distribution électrique 配电室
salle de documentation 资料室
salle de garde 警卫室
salle de gare 站务室
salle de l'équipage 乘务室
salle de machines 机房
salle d'emballage 包装室
salle d'énergie 动力室
salle de pesée 磅房
salle de radiodiffusion de la gare
　车站广播室
salle de réception 接待室
salle de refroidissement 冷却室
salle de régulation des trains 列车调度室

salle de repos de l'équipage
乘务组人员休息室
salle de repos du personnel
工作人员休息室
salle de réunions　会议室
salle des archives　档案室
salle des équipements de signalisation
信号设备间
salle de service　值班室
salle de transformation　变电室
salle de ventilateurs　通风机房
salle d'exposition　展览厅
salle électrique　电力室
salle technique　技术室
sanction　处罚;制裁
sanction économique　经济制裁
sanction pécuniaire　经济处罚
santé et sécurité au travail
职业健康和安全
sapin　松木
sapin blanc　白松木
sapin de Chine　中国松;杉木
sapin pectiné　冷杉
sapin rouge　红松木
sapropel　腐殖泥
sassage　过筛;过滤
sassement　过筛;过滤
saturabilité　饱和度
saturation　饱和
saturation complète　完全饱和
saturation de capacité du transport
运力饱和
saturation de quantité du transport de marchandises　货运量饱和
saturation de quantité du transport de voyageurs　客运量饱和
saturation de trafic de voie
线路交流量饱和
sauf-conduit　安全通行证
saut　跳动
saut de rail pointu　尖轨跳动
saut-de-loup　界沟
saut-de-mouton　跨线桥
sautage　爆破;放炮
sautage à ciel ouvert　露天爆破
sautage à courts intervalles　微差爆破
sautage à retards fractionnés　间断爆破法
sautage aux trous humides　湿孔爆破
sautage contrôlé　控制爆破

sautage de fragmentation　二次爆破
sautage de gradins　梯段爆破
sautage de pans　梯段爆破
sautage de pans multiples　多排爆破
sautage de pans par petits forages
梯段浅眼爆破
sautage par rangées　多排爆破
sautage par séries　顺序爆破
sautage primaire　一次爆破
sautage secondaire　二次爆破
sautage sous l'eau　水下爆破
sautage souterrain　地下爆破
sauterelle　活动道岔
sauvetage　救援
sauvetage de l'accident de chemin de fer
铁路事故救援
sauvetage de l'accident de déraillement
脱轨事故救援
sauvetage de l'accident de trafic
交通事故救援
sauvetage de l'accident du train
列车事故救援
sauvetage de panne　故障救援
sauvetage d'urgence　紧急救援
scarificateur　松土机
scarificateur à dents　齿式松土机
scarificateur pour route
耙路机;路用松土机
scarificateur tournant　旋转式耙路机
scarification　松土
scarification de chaussée　路面刨松
scarification de revêtement routier
路表松土
scarification profonde　深翻
scellement　砌封
scellement au mortier　砂浆固定
scellement bitumineux　沥青封层
scellement d'ancrage　封锚
scellement de trous de forage　钻孔封堵
schéma　示意图
schéma d'aérage　通风示意图
schéma d'aménagement　整治方案
schéma d'assemblage　拼装示意图
schéma de câblage　钢绞线布置图
schéma de charges　荷载图
schéma de circuit de voie　轨道电路图
schéma de circulation　运行示意图
schéma de circulation temporaire
临时交通示意图

schéma de coupe de poutre en caisson 箱梁剖面示意图
schéma de fabrication 生产作业图
schéma de fonctionnement 操作简图
schéma de forage 钻孔图
schéma de montage 安装图
schéma de phasage de chantier 工地施工阶段示意图;工地工序节点示意图
schéma de position 位置图
schéma de position de dalots 箱涵位置图
schéma de position des échangeurs 互通立交桥位置图
schéma de position des ouvrages 工程位置图
schéma de position des ouvrages d'art 构造物位置图
schéma de position de tunnel 隧道位置图
schéma de principe 原理图
schéma de production 生产流程图
schéma de profil en long 纵断面图
schéma de profil en travers 横断面图
schéma de repérage 平面索引图
schéma de tir 炮眼布置图
schéma de ventilation 通风示意图
schéma d'organisation de production 生产加工组织示意图
schéma en plan 平面示意图
schéma en plan de poutre préfabriquée 预制梁平面布置示意图
schéma fonctionnel 工作原理图
schéma général 原理图
schéma opératoire 工作原理图
schéma organisationnel du plan d'assurance-qualité (SOPAQ) 质量保证计划组织方案;施工组织计划
schéma simplifié 简图
schéma statistique 统计图表
schéma technologique 工艺图
schiste 片岩;板岩;页岩
schiste argileux 石板岩
schiste bitumineux 油页岩
schiste gréseux 砂岩质板岩
schiste grossier 砂质页岩
schiste marneux 泥灰石板
schiste micacé 云母片岩
schiste noduleux 斑点板岩
schiste primitif 原生板岩
schiste tacheté 斑点板岩
sciage 锯;锯割
sciage de béton 切割混凝土
sciage de bois 锯木
sciage de chaussée 锯割路面
sciage de joint transversal 切割横向接缝
sciage de rail 切轨
sciage mécanique 机械锯割
scie 锯;锯子
scie à béton 混凝土锯
scie à bois 木锯
scie à chantourner 线锯
scie à métaux 钢锯
scie à rails 轨道锯
scie à ruban 带锯
scie circulaire 圆锯
scie circulaire électrique 电动圆锯
scie en acier 钢锯
scieuse 切割机
scieuse à rails 切轨机
scissomètre 螺旋钻
scléromètre 回弹仪
scléromètre pour béton 混凝土回弹仪
scorie 炉渣;灰渣
scorie de charbon 煤渣
scorie de chaudière 炉渣
scorie de fer 铁屑
scorie susjacente 面渣
scorie volcanique 火山岩渣;火山灰
scraper à roues 轮式铲运机
scraper sur chenilles 履带式铲运机
scraper tracté 拖挂式铲运机
scribe à tracer 划线规
séance 会议
séance de travail 工作会议
séance d'ouverture des plis 开标会议
séance extraordinaire 特别会议
séance publique 公开会议
séance technique 技术会议
séchage 干燥;烘干
séchage à chaud 加热干燥
séchage à l'air chaud 烘干
séchage à l'air libre 晾干
séchage à l'étuve 烘干箱烘干
séchage artificiel 人工干燥
séchage au soleil 晒干
séchage de boue 污泥干燥
séchage naturel 自然干燥
second œuvre 配套工程
secours 求援
secours de déraillement 脱轨救援

secours de l'accident 事故救援	section de cantonnement 闭塞区段(区间)
secours de sinistre 灾害救援	section de chute de roches 落石区段
secours d'urgence 紧急求援	section de circuit de voie 轨道电路区段
secteur 领域;部门	section de circulation 运行区段(区间)
secteur d'aiguille 道岔区	section de clôture 闭合段
secteur de l'infrastructure ferroviaire 铁路基础设施领域	section de conducteur 导线截面
	section de construction 建设区段
secteur d'entretien de voie 线路养护部门	section de contraction 收缩断面
secteur de stockage 仓储区	section de convergence 汇聚路段
secteur des travaux publics 公共工程领域	section de convergence de wagon 车辆汇聚区段
secteur de transport du chemin de fer 铁路运输领域	section d'écoulement 水流断面
secteur d'opération 作业区	section de courbe atténuée 缓和曲线段
secteur primaire 第一产业	section de courbure 曲线区段
secteur privé 私营部门	section de creusement 掘进断面
secteur secondaire 第二产业	section de déblai 挖方区段;挖方断面
secteur tertiaire 第三产业	section de fossé 水沟断面
section 截面;区段	section de l'artère 干道区段
section active 有效截面	section de ligne à double voie 双线区段
section adjacente 邻近区段	section de ligne à voie unique 单线区段
section affaiblie 薄弱断面	section de maintenance 养护工区
section alimentée électrique 电力供区	section de maintenance de voie 养路工区
section assemblée 组合截面	
section atténuée de dévers 超高缓和段	section de maintenance intégrée 综合工区
section à vitesse limitée 限速区段(区间)	section de mise en service 开通区段(区间)
section axiale 轴向剖面	
section battue 凿岩断面	section de modèle 样板路段
section brute 毛截面	section d'entrecroisement 交叉断面
section carrée 正方形截面	section d'entrée et de sortie de locomotive 机车出入段
section circulaire 圆截面	
section combinée 组合断面	section d'entretien 维修区段(区间)
section complète 全断面	section de pente 坡道段
section composée 组合断面	section de posage 铺设区段
section constante 等截面	section de poteau 柱断面
section critique 临界截面	section de poutre 梁截面
section d'abattage 掘进断面	section de référence 基准截面
section d'abattage complet 全断面开挖	section de remblai 填方路段
section d'about 终截面;端面	section de remblai-déblai 半填半挖路段
section d'accélération de vitesse 提速区段	section de rebroussement 折返区段(区间)
section d'alimentation électrique 供电段	
section d'ancrage 锚固段	section de retournement de dépôt 机务折返段(区间)
section dangereuse 危险区段	
section d'approche 邻近区段	section de roches surplombantes 危石区段
section d'appui 支承截面	
section d'avalanche de pierres 崩石区段	section de rotation régulière du trafic de locomotive 机车固定周转区段;机车交路
section de bétonnage 混凝土浇筑面	
section de blocage 封锁区间	
section de block 闭塞区段	section de route 路段
section de block automatique 自动闭塞区段	section de séparation 隔离段

section de test 试验区段
section de tiroir de dépôt
　机务折返段(区间)
section de traction 牵引区段
section de traction de locomotive
　机车牵引区段;机车交路
section de tranchée 沟槽断面
section de transition 过渡区段(区间)
section de tunnel 隧道断面(图)
section de tuyau 管道断面
section de verrouillage 闭锁区段(区间)
section de vitesse restreinte 限速区段
section de vitesse variable 变速区段
section de voie 线路区段;轨道区间
section de voie circulée de locomotive
　机车交路
section de voie courbe 曲线段
section de voie de rebroussement
　折返线区间
section de voie directe 直线段
section de voûte 拱顶截面
section d'excavation complète 全挖式断面
section d'excavation de tunnel
　隧道开挖断面(图)
section d'interpénétration administrative
　车辆跨局区段
section d'itinéraire d'acheminement long
　长交路区段
section d'itinéraire de locomotive entre les gares de dépôt et de rebroussement
　机务站与折返站机车运行区段;机车交路
section d'itinéraire va-et-vient de locomotive
　机车往返运行线路区段;机车交路
section d'ouverture 开放区段(区间)
section drainante 过水断面
section effective 有效截面
section efficace 有效截面
section électrifiée 电气化区段
section en caisson 箱形截面
section en cours de réalisation 在建路段
section en service 运营路段
section entière 全断面
section en travers 横断面
section entremêlée 交织路段
section exemplaire 样板路段
section frontale 正截面
section géologique 地质断面
section géométrique 几何截面(图)
section géotechnique 地质工程分段

section glissante 滑动截面
section horizontale 水平断面(图)
section irrégulière 不规则断面
section longitudinale 纵断面(图)
section longitudinale de voie 线路纵断面
section massive 大面积断面
section montante 坡道段
sectionnement 分段;分割区段
sectionnement de traction électrique
　电力牵引分区
sectionnement de ligne de caténaire
　接触网线路分区
sectionnement des voies de gare
　车站股道分区
sectionnement électrique 电力分区
section nette 净截面
sectionneur 分离器;电流开关
sectionneur de caténaire 接触网隔离开关
sectionneur de mise à la terre 接地开关
sectionneur de protection de ligne
　线路保护隔离器
sectionneur de protection de mise à la terre
　接地保护开关
sectionneur de toiture 车顶电流隔离器
sectionneur électrique 电动隔离开关
sectionneur principal 主断路器
section normale 正截面
section oblique 斜截面
section pilote 先导段
section radiale 径断面
section rectangulaire 矩形截面
section solide 实心断面
section standard 标准断面(图)
section symétrique 对称断面
section tangentielle 弦切面
section transversale 横截面(图)
section transversale type 典型横断面(图)
section trapézoïdale 梯形断面(图)
section type 标准断面(图)
section uniforme 等截面
section utile 有效截面
section variable 可变截面
sécurité 安全
sécurité active 主动安全
sécurité antisismique 防震安全
sécurité au travail 施工期间安全
sécurité de chantier 工地安全
sécurité de circulation de train
　列车行车安全

sécurité de communication 通信安全
sécurité de conduite 驾驶安全性
sécurité de fonctionnement 操作安全
sécurité de l'environnement 环境安全
sécurité d'entretien de voie 养路安全
sécurité de marche 行驶安全
sécurité de passage à niveau 道口安全
sécurité de piétons 行人安全
sécurité de pont 桥梁安全
sécurité de production 生产安全
sécurité de réseau 网络安全
sécurité des engins 设备安全
sécurité des équipements ferroviaires 铁路设备安全
sécurité des équipements intervenant sur terrain 施工现场设备安全
sécurité de signalisation 信号安全
sécurité des installations 设施安全
sécurité des ouvrages d'art 桥隧安全
sécurité des riverains 沿线居民安全
sécurité des travaux 工程安全
sécurité de système 系统安全
sécurité de taille 工作面安全性
sécurité de tir 爆破安全
sécurité de trafic 行车安全
sécurité de train 列车安全性
sécurité de transport 运输安全
sécurité de transport des marchandises 货运安全
sécurité de transport des voyageurs 客运安全
sécurité de tunnel 隧道安全
sécurité de wagon 车辆安全性
sécurité d'exploitation 运营安全
sécurité du chemin de fer 铁路安全
sécurité du personnel 人员安全
sécurité du personnel sur le terrain 施工现场人员安全
sécurité du travail 施工安全
sécurité et gestion d'exploitation du chemin de fer 铁路安全和运营管理
sécurité et l'hygiène sur le chantier 工地安全和卫生
sécurité externe 外部安全
sécurité ferroviaire 铁路安全
sécurité interne 内部安全
sécurité nationale 国家安全
sécurité passive 被动安全
sécurité publique 公共安全

sécurité sociale 社会保险
sécurité sur le lieu de travail 劳动场所安全
sédiment 沉积;沉积物
sédimentation 沉积
sédimentation chimique 化学沉积
sédimentation de boue 泥沙沉积
sédimentation de scorie de charbon 煤渣沉积
sédimentation de scorie de chaudière 炉渣沉积
sédimentation détritique 碎屑沉积
sédimentation secondaire 二次沉淀
sédiment de ballast 道砟囊
sédiment de poussière 尘积物
sédiment de poussière sur la plateforme de voie 道床尘积物
sédiment éolien 风积物
segment 段;部分
segment de clôture 合龙段
segment de piston 活塞环
segment linéaire 线段
ségrégation 离析
ségrégation de béton 混凝土离析
ségrégation de l'huile et de l'eau 油水分离
séisme 地震
sélection 选择
sélection artificielle 人工选择
sélection automatique de canal 自动信道选择
sélection comparative 比选
sélection de fournisseur 选择供应商
sélection de l'adresse 选址
sélection de l'entrepreneur 选择承包商
sélection de point 选点
sélection de programme 程序选择
sélection de routage 路由选择
sélection de site du pont 桥址选择
sélection de soumissionnaires 选择投标人
sélection et distribution de rame des wagons 选分车组
sélection naturelle 自然选择
sélection professionnelle 专业性选拔
sémaphore 臂板信号机
sémaphore lumineux 灯光臂板信号机
semelle 承台;垫层;底板;底座
semelle à redans 阶梯形基础
semelle à section rectangulaire 矩形基础
semelle à section trapézoïdale 梯形基础
semelle cannelée 凹槽式垫板

semelle carrée 方形基础
semelle circulaire 圆形基础
semelle conique 锥形基础
semelle d'appui 垫板
semelle de boisage 坑道底面
semelle de culée 桥墩板状基础
semelle de fondation 基础底座
semelle de fondation de l'ouvrage 构造物基础板
semelle de pantographe 受电弓滑板
semelle de piédroits 垛墙板状基础
semelle de pieux 桩帽；桩基承台
semelle de piles 桥台板状基础
semelle de rail 钢轨座基；轨垫
semelle de tête 帽盖；顶梁
semelle de tunnel 隧道底基
semelle en béton 混凝土垫层
semelle en béton armé 钢筋混凝土基础板
semelle en caoutchouc 橡胶垫板
semelle en caoutchouc de traverse 轨枕橡胶垫板
semelle en caoutchouc sous le rail 轨下橡胶垫板
semelle en gradins 阶梯形基础
semelle en gradins successifs 阶式底座
semelle en redans successifs 阶式底座
semelle filante 带形基础
semelle fondé sur pieux 桩承底脚；承台
semelle isolée 单独基础
semelle monolithe 整体式基础板
semelle pesante 重力式挡土墙基础
semelle polygonale 多边形基础
semelle rectangulaire 矩形基础
semelle superficielle 浅埋扩展基础板
semelle trapézoïdale 梯形基础
semi-buse 半截管；半涵管
semi-produit 半成品
semi-tuyau 半截管
séminaire 讨论会
séminaire professionnel 行业研讨会
sénisse 煤灰
sens 方向
sens conducteur 导向
sens d'avancement 工作面移动方向
sens de circulation 行驶方向
sens de circulation principale 主要行驶方向
sens d'écoulement de l'eau 水流方向
sens de déformation 变形方向
sens de destination 目的地方向

sens de force 力作用方向
sens de kilomètres croissants 里程递增方向
sens de l'aiguille de montre 顺时针方向
sens de marche 行走方向
sens de mouvement 运动方向
sens d'entrée en gare 进站方向
sens de rétrograde 逆向
sens de ripage de voie 拨道方向
sens de rotation 旋转方向
sens descendant 下坡方向；下行方向
sens direct 正方向
sens d'horloge 顺时针方向
sens giratoire 环形交通方向
sens horaire 顺时针方向
sens horizontal 水平方向
sens pair 上行方向；双数方向
sens transversal 横向
sens unique 单向；单行线
sens impair 下行方向；单数方向
sens interdit 此向禁止通行
sens inverse 反方向
sens inverse d'horloge 逆时针方向
sens longitudinal 纵向
sens montant 上坡方向；上行方向
sens normal 正常方向
sens opposé 相反的方向
senseur 感应器
senseur de boîte d'essieu surchauffée 燃轴感应器
senseur de charge d'essieux 轴压感应器
senseur de courant électrique 电流感应器
senseur de fumée 烟雾感应器
senseur de pression 压力感应器
senseur de protection automatique 自动保护感应器
senseur de température 温度感应器
senseur de température de l'huile 油温感应器
senseur de vibration 振动感应器
senseur de voie 轨道感应器
senseur électronique 电子感应器
sensibilité 敏感度
sensibilité de détecteur 探测器敏感度
sensibilité de fuite de courant 漏电感应度
sensibilité de l'appareil de mesure 测量仪器灵敏度
sensibilité de senseur 感应器敏感度
sensibilité électromagnétique 电磁感应度
séparateur 隔离墩；分隔设备

séparateur de hydrocarbures　油水分离装置
séparateur de route　道路隔离墩
séparateur de sens　方向隔离墩
séparateur de voie　道路隔离墩
séparateur d'huile　隔油池
séparateur en béton　混凝土隔离墩
séparateur en béton préfabriqué
　预制混凝土隔离墩
séparateur en plastique　塑料隔离墩
séparateur intérieur　道路内侧隔离墩
séparateur modulable　隔离栏
séparateur provisoire　临时隔离墩
séparateur provisoire en béton
　混凝土临时隔离墩
séparateur temporaire　临时隔离墩
séparation　分开;分隔
séparation de flot des voyageurs　分隔客流
séparation de rame de wagons　车辆解列
séparation de train　列车分离
séparation de train dûe à la rupture de crochet　列车断钩分离
séparation de transport des passagers et des marchandises　客货运输分开
séparation de voitures　车厢分离
séparation de wagons　车辆分离
séparation en groupes　分组
série　系列
série d'aiguilles　道岔系列
série d'appels　呼叫序列
série de documents　成套资料
série de données　数据组;成套资料
série de locomotives　机车系列
série de normes　标准系列
série de normes ferroviaires　铁道标准系列
série de prix　价格系列
série de prix unitaires　单价系列
série de production　生产批次
série de rails　钢轨系列
série des applications ferroviaires
　铁路运用标准系列
série des éléments　预制件批次
série de sols　土系
série des wagons　车辆系列
série de traverses　轨枕系列
série standard　标准系列
serpentin　盘管
serpentin de moteur diesel à refroidissement par air　风冷柴油机盘管
serpentin de moteur diesel à refroidissement par eau　水冷柴油机盘管

serpentin de refroidissement d'eau
　水温冷却盘管
serpentin de refroidissement d'huile
　油温冷却盘管
serrage　紧固
serrage de boulon　紧固螺栓
serrage de coupleur　紧固锚具
serrage de l'attache　紧固扣件
serrage de ressort　压缩弹簧
serrage de tendeur à vis　拧紧紧固螺杆
serrage de tendeur d'attelage
　紧固车钩螺杆
serrage de tendeur de coupleur
　拧紧车钩紧固器
serrage de tendeur de hauban
　拧紧缆索紧固器
serrage de tirant d'ancrage　紧固锚杆
serre-câble　电线夹
serre-écrou　螺母扳手
serre-fils　接线夹
serre-joints　弹条扣件
serrure d'aiguille　道岔锁闭器
serrure d'enclenchement　联锁闭锁器
serrure de verrouillage　联锁闭锁器
serrure électrique　电锁
serveur　服务器
serveur central　中央服务器
serveur d'accès　接入服务器
serveur de communications　通信服务器
serveur de l'ordinateur　计算机服务器
serveur de réseau d'Internet　互联网服务器
serveur de réseau d'Intranet　局域网服务器
serveur de réseau local　局域网服务器
serveur principal　主服务器
service　服务;部门
service administratif　行政部门
service administratif compétent
　主管行政部门
service à guichet unique　一站式服务
service après vente　售后服务
service aux voyageurs　旅客服务部
service classifiée　分类服务
service consultatif　咨询服务
service contractant　甲方;契约签订方
service d'achat　采购部门
service de colis à délivrer　行李托运处
service de comptabilité　会计室
service de dépannage　抢修部门

service de la voie 工务部门
service de l'équipage de conduite 乘务服务
service de l'équipage de conduite de TGV 高铁乘务服务
service de l'intendance 后勤处
service de matériaux de voie 线路材料室
service de matériel 设备处
service d'entretien 维修处
service d'entretien de la voie 养路工区
service de réception 接待处
service de régulation de trains 调度处
service de réparation 修理部
service de réservation 预约服务
service de rotation 轮流值班
service de roulement 轮流值班
service de sécurité 安全技术室
service des marchandises 货运业务
service des voyageurs 客运业务
service de train aux voyageurs 列车旅客服务
service d'hygiène et de sécurité 卫生和安全部门
service d'ingénieur en chef 总工程师室
service du personnel 人事处
service financier 财务处
service logistique 后勤服务
service professionnel 专业服务
service public 公共事业
service routière 公路服务
service sanitaire 卫生部门
service technique 技术部门;技术服务
seuil 门槛;界限
seuil absolu 绝对界限
seuil critique 临界线
seuil d'acceptabilité 承受界限
seuil d'alerte 警告临界点
seuil de changement de pente 坡度变化分界线;变坡点
seuil de coagulation 凝结界限浓度
seuil de débordement 溢流堰
seuil de déséquilibre 失衡临界点
seuil de détection 探测限度
seuil de production 生产限度
seuil de refus 拒绝临界点
seuil de tolérance 公差临界点
seuil de trop-plein 溢流堰
seuil de vibration admissible 允许振动极限
seuil d'imposition 税款起征点
seuil minimum de salaire 最低工资线

siccatif 催干剂
siège 底座;座椅
siège biplace 双人悬座(缆车)
siège de bogie 转向架底座
siège de compartiment 车厢座椅
siège de fixation de position 定位座
siège de machine 机座
siège de rail 轨座
siège de roue 轮座
siège de téléférique 缆车悬座
siège inclinable 可斜躺的座椅
siège monoplace （缆车）单人悬座
siège pivotant 转椅
siège rabattable 折叠式座椅
siège rembourré extensible 可伸展软垫座椅
siège social 总部
sifflet 风笛
sifflet après l'appel 呼唤后鸣笛
sifflet au passage à niveau 道口鸣笛
sifflet d'alarme 警笛
sifflet de locomotive de traction principale 本务机车鸣笛
sifflet de train 火车鸣笛
signal 信号;信号灯
signal acoustique 音响信号
signal à disque 圆盘信号
signal à feux 灯光信号;灯光信号机
signal à feux à l'entrée en gare 进站色灯信号机
signal à feux colorés 色灯信号机
signal à main 手动信号
signal analogique 模拟信号
signal analogue 模拟信号
signal à terre 矮型信号机
signal automatique 自动信号
signal auxiliaire 辅助信号
signal avancé 预告信号;警示信号
signal avertisseur 警示信号;预告信号机
signal avertisseur de passage à niveau 平交道口警示信号
signal avertisseur lumineux 灯光警示信号
signal clignotant 闪光信号
signal d'abaissement de pantographe 降弓信号
signal d'alarme 报警信号
signal d'alerte 事故信号
signal d'annonce 预告信号
signal d'appel 呼叫信号
signal d'arrêt du train 停车信号

signal d'arrêt d'urgence 紧急停车信号
signal d'attelage 连挂信号
signal d'attelage de locomotive
 挂机信号
signal d'avertissement 警示信号
signal d'avertissement de danger
 危险警示信号
signal de bloc 闭塞信号
signal de blocage 闭锁信号
signal de block 闭塞信号
signal de bosse 驼峰信号(机)
signal de canton 区间信号
signal de cantonnement 区间闭塞信号
signal de commande 控制信号机
signal de communication 通信信号
signal de contrôle 控制信号
signal de convocation 召集信号
signal de croisement 交叉口信号
signal de danger 危险信号
signal de démarrage 启动信号
signal de départ 发车信号;出站信号(机)
signal de dépassement 超车信号
signal de dérangement 故障信号
signal de détection 检测信号
signal de détente 缓解信号
signal de détresse 求救信号
signal de direction 方向信号;引导信号
signal de freinage 制动信号
signal de gare 车站信号
signal de jonction 交叉口信号
signal de l'accident 事故信号
signal de lancement 溜放信号
signal de libération 释放信号
signal de limitation de vitesse 限速信号
signal de l'impasse 尽头信号机
signal de locomotive 机车信号
signal de manœuvre du train 调车信号
signal d'entrée 进入信号
signal d'entrée en gare 进站信号(机)
signal d'entrée en gare inverse
 反向进站信号机
signal de nuit 夜间信号
signal de passage 通过信号
signal de passage à niveau
 道口信号(机)
signal de position 位置信号
signal de position d'aiguille
 道岔位置指示器
signal de priorité 优先信号

signal de protection 防护信号
signal de radar 雷达信号
signal de ralentissement 减速信号
signal de réception de train 接车信号
signal de recul 退行信号
signal de régulation de train 调车信号
signal de restriction 限制信号
signal de sécurité 安全信号
signal de sortie 出站信号(机)
signal de sortie de la gare
 出站信号(机)
signal d'essai 试验信号
signal de stop 停车信号
signal de taquet d'arrêt 止车信号
signal détecté 检波信号
signal de tunnel 隧道信号
signal de voie 线路信号
signal de voie en cul-de-sac
 尽头线信号机
signal de voie libre 线路开放信号
signal de voie occupée 线路占用信号
signal d'exécution 执行信号
signal d'identification 识别信号
signal d'interdiction 禁止信号
signal d'interruption 中断信号
signal d'itinéraire 进路信号
signal d'itinéraire d'arrivée du train
 接车进路信号
signal d'itinéraire d'entrée du train
 接车进路信号
signal d'origine 原始信号
signal d'ouverture de l'aiguille
 道岔开通信号
signal d'urgence 紧急信号
signal électrique 电动信号
signal en panne 信号故障
signal en portique 门式支架信号
signal en potence 直角型支架信号
signal fermé 信号关闭
signal ferroviaire 铁路信号
signal fixe 固定信号(机)
signal hertzien 无线电信号
signal horaire 报时信号
signal indicateur 指示信号
signalisation 信号;信号装置
signalisation à blocage centralisé électrique
 电气集中联锁信号
signalisation automatique 自动信号
signalisation continue 信号连续显示

signalisation coordonnée 联动信号
signalisation de balisage des obstacles 障碍物信号设施
signalisation de block automatique lumineux 灯光自动闭塞信号
signalisation de chantier 工地信号标志
signalisation de déviation provisoire 临时改道信号设施
signalisation de direction 方向指示牌
signalisation de l'autoroute 高速公路信号
signalisation de restriction de circulation 限制交通信号
signalisation de sécurité 安全信号
signalisation de trafic 交通信号标志
signalisation d'indication 指示信号
signalisation d'interdictions 禁止信号
signalisation directionnelle 方向信号
signalisation directionnelle sur portique 门式信号架上的方向指示信号
signalisation directionnelle sur potence 直角信号架方向指示信号
signalisation dynamique à l'intérieur de tunnel 隧道内动态信号
signalisation en fermeture 闭合信号
signalisation en ouverture 开放信号
signalisation ferroviaire 铁路信号
signalisation fixe 固定信号设施
signalisation horizontale 水平信号;地面标志线
signalisation lumineuse 灯光信号设备
signalisation nocturne 夜间信号设施
signalisation principale 主信号设备
signalisation provisoire 临时信号
signalisation routière 公路交通信号
signalisation sonore et visuelle 音响和视觉信号
signalisation statique 静态信号
signalisation sur la chaussée 路面信号
signalisation temporaire 临时信号
signalisation urbaine 市内交通信号装置
signalisation verticale 垂直信号
signal lumineux 灯光信号(机)
signal lumineux coloré 色灯信号
signal lumineux coloré à l'entrée en gare 进站色灯信号机
signal lumineux de bosse 驼峰色灯信号(机)
signal lumineux de manœuvre du train 调车色灯信号(机)
signal lumineux de régulation du train 调车色灯信号(机)
signal mécanique 机械信号
signal mobile 移动信号
signal numérique 数字信号
signal occupé 占线信号
signal optique 光学信号
signal ouvert 信号开通
signal par cloche 响铃信号
signal par terre 地面信号
signal permanent 固定信号
signal pilote 引导信号
signal principal 主信号
signal pulsionnel 脉冲信号
signal répéditeur 复示信号
signal répéditeur lumineux 色灯复示信号(机)
signal sonore 听觉信号
signal visuel 视觉信号
signataire 签字人
signataire de contrat 合同签字人
signataire de déclaration 声明签字人
signataire de l'offre 标书签字人
signature 签字
signature de soumissionnaire 投标人签字
signature sur lettre de délégation 授权书签字
signaux 信号灯
signaux blancs 白色信号灯
signaux bleux 蓝色信号灯
signaux jaunes 黄色信号灯
signaux rouges 红色信号灯
signaux verts 绿色信号灯
signe 符号;标志
signe cantilever 悬臂标志
signe conventionnel 常规符号
signe d'aiguille 道岔表示器
signe d'approche 引道标志
signe d'arrêt 停车标志
signe d'avertissement 预告标志
signe de butoir 警冲墩标志
signe de caution 警告标志
signe de chemin de fer 铁道标志
signe de chute de rochers 岩石坠落警示标志
signe de conduire à droite 靠右行驶标志
signe de convergence 汇流标志
signe de courbe 弯道标志
signe de croisement 交叉口标志

signe de danger 危险标志	silo 筒仓;储料仓
signe de descente 下坡标志	silo à céréales 粮食筒仓
signe de déviation 绕行标志	silo à ciment 水泥散装筒仓
signe de diagramme 图形标志	silo à matière crue 生料库;原料库
signe de distance 距离标志	silo ambulant 移动式料仓
signe de dos d'âne 减速坎标志	silo à pâte crue 料浆库
signe de frontière 国境边界标志	silo à pierres concassées 碎石料仓
signe de limite de hauteur 限高标志	silo à sable 储砂塔
signe de limite de largueur 限宽标志	silo conique 锥形料仓
signe de limite de vitesse 限速标志	silo de chaux 石灰筒仓
signe de montée 上坡标志	silo de dosage 量斗;配料器
signe d'entrée 入口标志	silo de stockage 料仓
signe de parking 停车场标志	silo récepteur 集料仓
signe de péage 收费站标志	silo transportable 移动式料仓
signe de pente 坡道标志	simplex 单工
signe de radar 雷达测速区标志	simplex de fréquence différente 异频单工
signe de ralentissement 减速标志	simplex de même fréquence 同频单工
signe de section accidentée 多发事故区段标志	simplification 简化
signe de sifflet 鸣笛标志	simplification de déroulement de validation 简化审批流程
signe de sortie 出口标志	simplification de procédure de validation 简化审批程序
signe de trafic 交通标志	simplification de processus de production 简化工序
signe de trafic à cantilever 悬臂交通标志	simplification de travail 工作的简化
signe de trafic en potence 悬臂交通标志	sinistre 灾害;损失
signe de trafic routier 公路交通标志	sinistre de raz-de-marée 海啸灾难
signe de travaux 施工标志	sinistre de tremblement de terre 地震灾害
signe de tunnel 隧道标志	sinistre maritime 海难
signe de virage 转弯标志	siphon de sol 地漏
signe de zone contre incendie 防火区标志	siphon inverse 倒虹吸
signe de zone de protection 保护区标志	siphon noyé 倒虹吸
signe de zone des animaux 动物保护区标志	siphon renversé 倒虹吸
signe de zone militaire 军事区标志	siphon submergé 倒虹吸
signe d'interdiction 禁止标志	sirène 汽笛;报警器
signe d'interdiction de dépassement 禁止超车标志	sirène d'avertissement 警示鸣笛
signe directionnel 方向标志	sirène de l'approche du train 列车接近鸣笛
signe fixe 固定标志	sirène de réponse de l'appel 应答鸣笛
signe réfléchissant 反光标志	sirène pneumatique 汽笛
signe routier 公路标志	sismographe 地震仪
silencieux 消音器	site 场地;位置
silhouette 轮廓线	site archéologique 古遗址
silicium 硅	site culturel 文化遗址
sillon 空隔时间;天窗时间;线路空闲间隔	site de construction 建筑工地;施工现场
sillon de circulation de train 列车运行空隔时间;天窗时间	site de décharge 弃料场地;卸料场地
sillon d'entretien de voie 线路维修窗口期	site de dépôt 堆放位置
sillon d'exécution des travaux 施工窗口期	

site de l'ouvrage 工程地址
site de maintenance des infrastructures (SMI) 基础设施维护站；工务段
site de maintenance des installations (SMI) 设施维护站；工务段
site de maintenance des rames (SMR) 列车维护站；机务段
site de maintenance des matériels roulants (SMR) 车辆维护站；机务段
site de maintenance et de remisage (SMR) 列车维护站；机务段
site d'emprise provisoire 临时占用场地
site d'emprunt 借土地点；取土场
site de pont 桥址
site de projet 项目地址
site des travaux 施工地点
site d'exécution de déblais 挖方施工现场
site d'exécution de décapage 清表施工现场
site d'extraction 开采地
site d'Internet 互联网址
site patrimonial 遗产保护区
site pittoresque 风景区
site vierge 原始景观
situation 情况；账单；位置
situation actualisée 更新情况
situation anormale 异常情况
situation d'amenée des matériels sur le chantier 设备进场情况
situation d'avancement des travaux 工程进展情况
situation de front d'attaque 开挖作业面位置
situation de l'avance forfaitaire 承包预付款账单
situation délicate 微妙处境
situation de sécurité 安全形势
situation des travaux 工程情况；工程结账单
situation d'urgence 紧急情况
situation économique 经济状况
situation financière 财务状况
situation financière du soumissionnaire 投标人财务状况
situation géographique 地理位置
situation géographique de carrière 采石场地理位置
situation géographique des travaux 工程地理位置
situation initiale 原始状况
situation mensuelle 月工程结账单
situation météorologique 天气情况
situation normale 正常情况
situation provisoire 临时结算（单）
slump-test 坍落度试验
SNCF 法国国有铁路公司
société 公司
société aérienne 航空公司
société anonyme (SA) 股份有限公司
société à responsabilité limitée (SARL) 责任有限公司
société coopérative 合作社
société d'appréciation 评估公司
société d'appréciation de risque 风险评估公司
société de capitaux 资本公司
société de capitaux mixtes 合资公司
société de commerce 贸易公司
société de construction de bâtiments 房屋建筑公司
société de construction ferroviaire 铁道建筑公司
société de consultation 咨询公司
société de crédit 信用公司
société de file 牵头公司
société de gestion 管理公司
société de location des équipements complets 成套设备租赁公司
société de pilote 牵头公司
société de portefeuille 皮包公司
société des travaux 工程公司
société des travaux de génie-civil 土木工程公司
société d'Etat 国有公司
société de transport 运输公司
société d'études 设计公司
société d'import-export 进出口公司
société en nom collectif 合股公司
société financière 金融公司
société immobilière 房地产公司
société maritime 海运公司
société multinationale 多国公司
Société Nationale des Chemins de fer Français (SNCF) 法国国营铁路公司
Société Nationale des Transports Ferroviaires 国家铁路运输公司
société par actions 股份公司
société retenue au marché 中标公司
société transnationale 跨国公司

socio-économie	社会经济
socle	底座；座石；基底
socle bétonné	混凝土基座
socle combiné	联合支座
socle d'ancrage	锚座
socle de colonne	柱基座
socle de pont	桥座
socle de poteau	柱座
socle de pylône	铁塔基座
socle en béton	混凝土基座
socle en caisson	沉箱座
soffite	拱腹；梁腹
sol	地面；土壤
sol à alcalis	碱性土
sol à alcalis noir	黑碱性土
sol absorbant	吸水性土壤
sol acide	酸性土
sol actif	活性土
sol alluvial	冲积土
sol alluvionnaire	冲积土
sol amélioré	改良土
sol amélioré à la chaux	石灰改良土
sol amélioré au ciment	水泥改良土
sol amorphe	非晶质土
sol argileux	黏土
sol argileux léger	轻黏土
sol argileux lourd	重黏土
sol argilo-calcaire	钙质黏土
sol argilo-sableux	砂黏土
sol armé	加筋土
sol asphalté	沥青地面
sol basique	碱性土
sol-bitume	沥青稳定土
sol brut	原生土
sol brut d'inondations	洪积生土
sol brut meuble non consolidé	松散生土
sol calcaire	钙质土壤
sol caillouteux	砾石土
sol-chaux	石灰稳定土
sol-ciment	水泥稳定土
sol cimenté	水泥地
sol cohérent	黏性土
sol compact	密实土
sol complexe	复合土
sol compressible	可压缩性土
sol consolidé	固结土
sol d'altération	风化土
sol damé	夯实地面
sol d'apport	借方土
sol de base	底土；基土
sol décapé	清表土
sol de carrière	料场土
sol de cultive	耕种土
sol de déblai	挖方土；弃土
sol de fondation	底基土
sol de gros gravier	粗砾石土
sol de lœss	黄土
sol de marais	沼泽土
sol de remblai	填方土；回填土
sol de remblai mélangé	杂填土
sol de remblai pur	素填土
sol désagrégé	松(散)土
sol désertique	沙漠土壤
sol de surface	表层土
sol de tourbe	泥炭土
sol dilatable	膨胀土
sol diluvial	洪积土
sol divisé	非固结土；松土
sol dur	硬土
sol dur non rocheux	非石质硬土
sol en ciment	水泥地面
sol en gradins	梯级地面
sol excavé	挖掘土；挖方
sol expansif	膨胀土
sol fin	细粒土
sol foncé	深色土
sol gelé	冻土
sol gonflant	膨胀土
sol gonflant et rocheux	膨胀性岩土
sol gonflant moyen-faible	中弱膨胀土
sol gonflant traité à la chaux	掺石灰处理膨胀土
sol graveleux	砾质土
sol gravillonnaire	细砾石土
sol gréso-argileux	砂岩性黏土
sol homogène	均质土
sol humide	潮湿土
sol humifère	腐殖土
sol humifié	腐殖土；有机土
sol insensibles à l'eau	对水不敏感土
sol in situ	原生土
sol jaune	黄土
sol limoneux	软湿泥土
sol marécageux	沼泽土
sol marneux	泥灰土
sol mauvais	劣质土
sol mélangé	混合土
sol meuble	松软土

sol mou	软土
sol mouillé	湿润土
sol moyen	一般土质
sol naturel	原土;原地面
sol naturel damé	素土夯实
sol neutre	中性土
sol noir	黑土
sol non consolidé	非固结土
sol ordinaire	普通土
sol organique	有机土
sol primaire	原生土
sol pulvérulent	砂性土
sol rapporté	填料土;换土
sol remblayé	回填土
sol remplacé	换土
sol résiduel	残积土
sol rétractable	收缩土
sol rocheux	岩土
sol rouge	红土
sol sableux	砂性土
sol sablonneux	砂质土壤
sol salin	盐渍土
sol saumâtre	盐渍土
sol semi-dur	半硬土
sol stabilisé	稳定土
sol tendre	软土
sol traité à la chaux	石灰改良土
sol traité au ciment	水泥稳定土
sol végétal	耕植土
solde	差额;余额
solde créditeur	贷方差额
solde débiteur	借方差额
solde de caisse	现款余额
solde des travaux	工程尾款
solidarité	连带责任
solidarité légale	法律连带责任
solifluxion	泥流作用
solin	泛水
solubilité	可溶性
solution	解决办法;溶液
solution à l'amiable	友好协商解决
solution alternative	比较方案
solution de polymères	聚合溶液
solution de référence	参考解
solution diluée	稀释液
solution d'urgence	应急方案
solution normale	当量溶液
solution optimale	最佳解决办法
solution pharmaceutique	药物溶液
solution saturée	饱和溶液
solution standard	标准溶液
solution variante	比较方案
solvant	溶剂;稀料
sommaire	摘要;目录
somme	金额
somme d'investissement	投资额
somme globale	总额
somme totale	总额
sommet	顶面;顶点
sommet de ballast	砟顶;道床顶面
sommet de bosse	驼峰峰顶
sommet de courbe	曲线最大值
sommet de la plateforme de voie	道床顶面
sommet de l'arc	拱顶
sommet de l'arche	拱顶
sommet de l'assise de voie	路基顶面
sommet de montagne	山顶
sommet de pente	坡顶
sommet de rail	轨顶;钢轨顶面
sommet de talus	边坡顶面
sommet de traverse	轨枕顶面
sommier	拱石;底座
sommier d'appui	支座
sommier d'arc	拱墩
sommier de solivure	支顶架
sommier de voûte	起拱石;拱墩
sommier en béton	混凝土拱墩
sommier longitudinal	纵梁
sondage	探测;钻探
sondage à air comprimé	风动凿岩
sondage à balancier	平衡杆钻进
sondage à carottage	取岩芯钻探
sondage à cimentation	灌水泥浆钻探
sondage acoustique	回声探测法
sondage aérologique	高空气象探测
sondage à l'aide de plomb	探测锤测深
sondage à la tarière	螺钻钻探
sondage ascendant	向上钻孔
sondage à sec	干式凿岩
sondage à tiges	钎探
sondage à tiges rigides	接杆钻探
sondage au foret	用钻头钻探
sondage au rotary	旋转式钻进
sondage carottant	岩芯钻探
sondage carotté	岩芯钻探
sondage complémentaire	补充勘测
sondage continu	连续钻探
sondage croisé	交叉测探法

sondage de captage 射水钻探
sondage de pénétration statique
　　静力水深测量
sondage de prospection 勘查钻探
sondage de recherche 试钻井
sondage de reconnaissance 勘探
sondage des défauts 探伤
sondage d'essai 试验钻探
sondage de vérification 核实探测
sondage d'exploration 钻探
sondage dirigé 定向凿岩
sondage d'opinion 民意测验
sondage du sol par forage 钻探土质
sondage du terrain 土壤钻探
sondage dynamique 动力触探
sondage économique 经济勘察
sondage électrique 电探
sondage électromagnétique 电磁勘探
sondage électrique à résistivité 电阻勘探
sondage géologique 地质钻探
sondage horizontal 水平钻探
sondage incliné 倾斜钻探
sondage mécanique 机械探测
sondage météorologique 气象探测
sondage par battage 冲击钻探
sondage par choc 冲击钻探
sondage par échos 回声探测
sondage par injection 射水钻探
sondage par percussion 冲击钻探
sondage par puits 井探
sondage par rodage 旋转钻进
sondage par rotation 旋转式钻进
sondage par ultra-sons 超声波探测
sondage percutant 冲击钻探
sondage pilote 超前孔;预设钻孔
sondage préalable 超前孔
sondage profond 深钻
sondage rota-percutant 旋转冲击钻进
sondage rotatif 旋转式钻进
sondage rotatoire 旋转式钻进
sondage roto-percutant 旋转冲击钻进
sondage sismique 地震测井;地震探测
sondage sonore 回声探测
sondage sous-marin 海底探测
sondage statique 静力触探
sondage supersonique 超声探测法
sondage thermique 热探测
sondage tube 下套管钻探
sondage ultrasonique 超声波探测

sondage ultrasonoscopique 超声波探伤法
sondage vertical 垂直探测
sonde 探头;钻头
sonde à carotte 取芯钻
sonde à percussion 冲击式钻头
sonde à piston 活塞式取土器
sonde à tarière 螺旋钻头
sonde au trépan 冲击式钻头
sonde de détecteur 探测器探头
sonde de mesure 测量杆;测量探尺
sonde de recherche 勘探钻机
sonde échantillonneuse 取土器
sonde percutante 冲击式钻头
sonde rotative 旋转式钻头
sondeur 探工;探测器
sondeur acoustique 回声探测器
sondeur altimétrique 测高仪
sondeur à ultra-son 超声波探测器
sondeur autonome 配套探测器
sondeuse 小型钻探机
sondeuse à air comprimé 风动凿岩机
sondeuse à battage 冲击钻探机
sondeuse à carottes 岩芯钻机
sondeuse à percussion 冲击式钻机
sondeuse à rotation 旋转式钻机
sondeuse à trou de mine 爆破孔钻机
sondeuse chenillée 履带式钻探机
sondeuse d'exploration 钻探机
sondeuse électrique 电钻
sondeuse pneumatique 风动钻机
sondeuse pour carottage 取岩芯钻机
sondeuse pour extraction minière
　　采矿钻机;凿岩机
sondeuse pour forage des puits 钻井机
sondeuse rotary 旋转式钻机
sondeuse rotative 旋转式钻机
sondeuse type mobile 移动式钻探机
sondeuse-perforatrice 重型凿岩机
sonnerie 警铃
sonnerie de pré-avertissement
　　道口来车警铃
sonnerie de réception du train en gare
　　车站接车警铃
sonnette 打桩机
sonnette à déclic 机动落锤
sonnette à grue 起重打桩机
sonnette à palplanches 钢板桩打桩机
sonnette à vapeur 蒸汽打桩机
sonnette de battage 打桩机

sonnette de palplanches 板桩打桩机
sonnette diesel 柴油打桩机
sonnette électrique 电动打桩机
sonnette flottante 打桩船
sonnette légère 轻型打桩机
sonnette pivotante 旋转打桩机
sonnette pour file de pieux 排桩打桩机
sonnette universelle 万能打桩机
sonnette vibrante 振动打桩机
sorte 种类
sorte d'aiguille 道岔种类
sorte de locomotive 机车种类
sorte de rail 钢轨种类
sorte de traction 牵引方式
sorte de voie 线路等级
sorte de wagons 车辆种类
sortie 出口
sortie analogue 模拟输出
sortie d'appareil de voie 道岔出口
sortie de buse 涵洞出水口
sortie de croisement 出岔
sortie de dépôt de locomotive 机车出库
sortie de données 数据输出
sortie de drainage 排水出口
sortie de galerie 出洞
sortie de la gare 车站出口
sortie de l'aiguille 出岔
sortie de rotonde de locomotive
  （圆形)机车出库口
sortie de secours 应急出口
sortie de tunnel 隧道出口
sortie d'évacuation 排水口
sortie d'évacuation des eaux pluviales
  雨水出水口
sortie de voie du départ 出发线出口
sortie de voie du dépôt 机务段线路出口
sortie de voie du dépôt de machine
  机库线出口
sortie digitale 数字输出
soubassement 底座
soubassement en béton 混凝土底座
soubresaut 车辆颠簸
soubresaut de circulation 行车颠簸
soudage 焊接
soudage à l'acétylène 气焊
soudage à la main 手工焊接
soudage à l'arc 电弧焊
soudage aluminothermique 铝热焊接
soudage autogène 气焊
soudage automatique 自动焊接
soudage bout à bout 对接焊
soudage d'alliage 合金焊接
soudage de châssis 底架焊接；车架焊接
soudage de rail 钢轨焊接
soudage de rail par étincelage
  钢轨闪光焊接
soudage électrique 电焊
soudage manuel 手工焊接
soudage par points 点焊
soudage par recouvrement 搭接焊接
soudage par résistance 电阻焊
soudeur 电焊工
soudeuse 电焊机
soudeuse à courant alternatif 交流电焊机
soudeuse à l'arc 电弧焊机
soudeuse à rails 焊轨机
soudeuse automatique 自动焊接机
soudeuse électrique 电焊机
soudeuse électrique automatique
  自动电焊机
soudeuse électrique par points 点焊机
soudure 焊接
soudure à bords droits 平接缝
soudure à franc-bord 对头焊缝
soudure à friction 摩擦焊接
soudure à friction d'essieu vide
  空心车轴摩擦焊接
soudure à joint sans chanfrein 平接缝
soudure à l'acétylène 气焊
soudure à l'arc électrique 电弧焊
soudure à l'étain 锡焊
soudure à l'hydrogène atomique 氢原子焊
soudure alternée 对角焊缝
soudure alumino-thermique 铝热焊
soudure à recouvrement 搭接焊缝
soudure autogène 气焊
soudure bout à bout 对头焊缝
soudure continue 连续焊缝；连续焊缝
soudure convexe 凸形焊缝
soudure de rails 钢轨焊接
soudure de rails par aluminothermie
  钢轨铝热焊接
soudure discontinue 断续焊缝
soudure droite 平接缝
soudure électrique 电焊
soudure électrode 电焊条
soudure en croix 十字焊缝
soudure en L L形焊缝
soudure en T T形焊缝

soudure en V　V形焊缝
soudure frontale　正面焊缝
soudure latérale　侧面焊缝
soudure oblique　斜向焊缝
soudure oxyacéthylénique　气焊
soudure par bombardement électronique
　电子束焊接
soudure par étincelles　闪光焊
soudure par fusion à l'arc électrique
　电弧熔焊
soudure par points　点焊
soudure par rapprochement bout à bout
　接触对焊
soudure par recouvrement　搭接焊缝
soudure par résistance　电阻焊
soudure symétrique　对称焊缝
soudure transversale　横向焊缝
soudure verticale　垂直焊缝
soufflante　鼓风机
souffle　道路收缩缝
souffle en caoutchouc　橡胶伸缩缝
soufflerie électrique　电力送风装置
soufflet　车厢连接处折棚
souffleuse　扫雪机
souillard　流水洞;排水孔
souffleur　鼓风机
soulèvement　隆起;上升
soulèvement de plancher en béton
　混凝土底板鼓起
soulèvement de radier de contre-voûte de
　tunnel　隧道仰拱鼓底
soulèvement de radier de souterrain
　隧洞底板鼓底
soulèvement de revêtement du passage à
　niveau　道口铺面鼓起
soulèvement du sol　地面隆起
soumise　提交
soumission　投标;投标单
soumission de l'appel d'offres　投标
soumission du projet　项目投标
soumission internationale　国际投标
soumission nationale　国内投标
soumissionnaire　投标人
soumissionnaire le moins disant
　价格最低投标人
soumissionnaire étranger　外国投标人
soumissionnaire national　本国投标人
soumissionnaire retenu le marché
　中标投标人

soupape　阀门;气门
soupape à vide　真空阀
soupape d'admission d'air　进气阀
soupape de compresseur d'air　压缩机气门
soupape de frein de secours　紧急制动阀
soupape de frein d'urgence　紧急制动阀
soupape de réduction de pression　减压阀
soupape de sécurité　安全阀
soupape de sûreté　安全阀
soupape d'évacuation d'air　排气阀
soupape de vidange　排空阀
soupape sphérique　球阀
source　源头;泉
source d'eau　水源
source d'eau potable　饮用水源
source de bruit　噪声来源
source de contamination　污染源
source de cours d'eau　河流源头
source de décrue　下降泉
source de gravitation　下降泉
source d'électricité　电源
source d'énergie　能源
source d'énergie de réserve　备用电源
source de perturbation　干扰源
source de pollution　污染源
source de risque　风险来源
source d'erreur　误差源
source descendante　下降泉
source de signal　信号来源
source d'interférence　干扰源
source dynamique du déversement
　倾翻动力源
source financière　资金来源
source intermittente　间歇泉
source jaillissante　上升泉
source lumineuse　光源
source minérale　矿泉
source séismique　震源
source sonore　声源
source thermale　温泉
sous-bail　转租
sous-ballast　道砟底层
sous-chantier　工区
sous-circulation　绕行;交通疏导
sous-couche　底基下层
sous-couche anti-capillaire　防毛细作用垫层
sous-couche anti-contaminante　防污染垫层
sous-couche antigel　防冻垫层
sous-couche drainante　排水垫层

sous-couche en sable sectionné
 精选砂质垫层
souscription 签署
sous-détail 细目
sous détail de prix 价格细目；价格构成
sous détail des prix forfaitaires 包干价构成
sous détail des prix unitaires 单价构成
sous-dimensionnement 尺寸不足
sous-enduit 底灰
sous-entrepreneur 分包人；转包商
sous forme de 按……格式
sous forme de garantie bancaire
 按银行担保格式
sous-ingénieur 助理工程师
sous-œuvre 建筑物基础
sous-planning 子计划；分项计划
sous-produit 副产品
sous-puits 盲井
sous réserve 保留
sous-sol 地下室
sous-station 变电站；配电所
sous-station d'alimentation électrique
 供电所
sous-station de dévoltage 降压变电所
sous-station de division d'énergie de voie
 电务段变电所
sous-station de sous-section 分区变电所
sous-station de traction 牵引变电所
sous-station du chemin de fer 铁路变电所
sous-station principale 主变电站
sous-système 子系统
sous-système d'application ferroviaire
 铁路应用子系统
sous-système de billetterie 票务子系统
sous-système de billettique 票务子系统
sous-système de chronométrie 测时子系统
sous-système de circulation et d'entretien
 运行与维护子系统
sous-système de commande centralisée
 集中控制子系统
sous-système de commutation de signal
 信号交换子系统
sous-système de détection d'incendie
 火灾探测子系统
sous-système de maintenance
 opérationnelle 操作维护子系统
sous-système d'enregistrement des
 communications vocales
 语音通话记录子系统

sous-système de radio 广播子系统
sous-système de signalisation ferroviaire
 铁路信号子系统
sous-système de sonorisation 音响子系统
sous-système de télécommunication
 通信子系统
sous-système de téléphonie-interphonie
 电话—内线电话子系统
sous-système de vidéosurveillance
 视频监控子系统
sous-système d'information des voyageurs
 旅客信息子系统
sous-traitance 工程分包
sous-traitant 分包商
sous-traitant de lot des travaux de génie-
 civil 土建工程分包商
sous-traitant de lot de télécommunication et
 signalisation 通号分项工程分包商
sous-traitant de pose de rails 铺轨分包商
sous-traitant des équipements électriques
 电器分包商
sous-traitant désigné 指定分包商
sous-traité 分包合同
soute 库
soute à charbon 存煤库
soute à combustibles liquides 油库
soute à scories 炉渣池
soutènement 支撑；支柱
soutènement à l'excavation 开挖支护
soutènement annulaire 环形支架
soutènement arrière 背面支架
soutènement articulé 铰接支架
soutènement au poussage 板桩支架
soutènement boulonné 锚杆；锚杆支护
soutènement chassant 立面平行支撑
soutènement cintré 弓形支撑（柱）
soutènement définitif 永久支架
soutènement de galerie 巷道支护
soutènement déplaçable 可移动支架
soutènement descendant 沉架；下沉支撑
soutènement de talus de déblai par clouage
 开挖边坡板钉支护
soutènement de tirants d'ancrage 锚杆支护
soutènement de tunnel 隧道支护
soutènement élastique 弹性支架
soutènement en béton 混凝土支柱
soutènement en bois 木支柱
soutènement en gabion 石笼挡墙
soutènement en ligne 排柱；排柱支架

soutènement en maçonnerie 石砌支护
soutènement en porte-à-faux
　悬臂支架
soutènement en taille 工作面支架
soutènement en triangle 三角形支架
soutènement hydraulique 液压支护
soutènement métallique 金属支架
soutènement mixte 混合支柱
soutènement mobile 活动式支架
soutènement par boucliers 盾构支撑
soutènement par boulons d'ancrage
　锚杆支护
soutènement par buttes 支柱
soutènement par cadres 框架式支撑
soutènement par tubes 管支撑
soutènement permanent 永久支护
soutènement polygonal 多边形支架
soutènement préalable 超前支护
soutènement provisoire 临时支护
soutènement provisoire en béton projeté
　喷射混凝土临时防护
soutènement renforcé 加强支架
soutènement temporaire 临时支护
souterrain 隧洞
souterrain à écoulement libre
　自由流水隧洞
souterrain d'égout 污水隧洞;地下排水沟
souterrain en charge 压力隧洞
souterrain exécuté à l'aide de bouclier
　盾构机掘进隧道
souterrain sous-fluvial
　河底隧道;过江隧道
soutier 司炉辅助工
spatule 刮刀
spatule trigone 三角刮刀
spécialisation 专门化;专业化
spécialisation de l'exécution des travaux
　专业化施工
spécialisation de pose ferroviaire
　铁路铺架专业化
spécialisation de réparation des wagons
　修车专业化
spécialiste 专家
spécialiste de laboratoire 实验室专家
spécialiste de terrassement
　土方工程专家
spécialiste en chaussée 道路工程专家
spécialiste en géotechnique
　地质工程专家
spécialiste en ouvrages d'art
　桥梁工程专家
spécialiste en tunnel 隧道工程专家
spécialité 专业
spécialité de construction ferroviaire
　铁道建筑专业
spécialité de construction industrielle et civile
　工业与民用建筑专业
spécialité de l'architecture 建筑专业
spécialité des ouvrages d'art 桥隧专业
spécialité de structure 结构专业
spécialité technique 技术工种
spécification 规范;说明书
spécification de conteneur
　集装箱规格
spécification de dispositifs de signalisation
　信号装置技术要求
spécification de l'opération
　操作规程
spécification de produits 产品规格
spécification des équipements de signalisation
　信号设备技术要求
spécification pour les dispositifs
　d'amortissement 减振装置技术要求
spécification technique 技术说明书
spécifications de béton 混凝土规范
spécifications de compactage
　碾压规程
spécifications de conception 设计规范
spécifications de construction
　工程施工规范
spécifications de la réception
　验收规范
spécifications d'étude de wagons
　车辆设计规范
spécifications pour la conception de résistance du véhicule ferroviaire
　铁道车辆强度设计规范
spécifications techniques de l'équipement de réglage automatique pour le wagon marchandises vide et chargé
　铁道货车空重车自动调整装置通常技术条件
spécifications techniques des matériaux ignifuges pour le matériel roulant
　机车车辆阻燃材料技术条件
spécifications techniques de tunnel(STT)
　隧道技术规范
spécifications techniques d'interopérabilité
　(STI) 可操作性转换技术条件

spécifications techniques générales(STG)
 通常技术规范
spécifications techniques générales des bogies
 转向架通常技术条件
spécifications techniques générales des pièces
 coulées en acier pour le matériel roulant
 机车车辆用铸钢件通常技术条件
spécifications techniques générales des pièces
 élastiques pour le matériel roulant
 机车车辆用弹性元件通常技术条件
spécifications techniques générales des
 wagons de marchandises
 铁道货车通常技术条件
spécifications techniques générales pour
 le rivetage du véhicule ferroviaire
 铁道车辆铆接通常技术条件
spécifications techniques particulières(STP)
 特殊技术条件
spécimen 样本
spécimen de signataire 签字人签字样本
spécimen d'essai 试样
spéculation 投机
spéculation de devises 套汇
sphère 范围
sphère d'action 作用范围
sphère d'activité 业务范围
sphère de production 生产领域
sphère d'influence 影响范围
spicilège 文件汇编
stabilisation de ballast 道砟稳定性处理
stabilisation de dune 沙丘固定
stabilisation de fondation 基础加固
stabilisation de talus 边坡加固
stabilisation de tranchée 路堑加固
stabilité 稳定
stabilité de base 地基稳定
stabilité de bogie 转向架稳定性
stabilité de chaussée 路面稳定性
stabilité de circulation du train
 列车运行稳定性
stabilité de fondation 基础稳定性
stabilité de la plateforme de voie
 道床稳固性
stabilité de l'assise de voie 路基稳定性
stabilité de l'ouvrage 构造物稳定性
stabilité de pente 边坡稳定性
stabilité de pont 桥梁稳固性
stabilité de rails 轨道稳固性
stabilité de structure 结构稳定性

stabilité de talus 边坡稳定性
stabilité de talus en terre 土坡稳定性
stabilité de voie 线路稳定性
stabilité écologique 生态稳定
stabilité en couches 分层稳定
stabilité générale 总体稳定
stabilité latérale 侧向稳定性
stabilité longitudinale 纵向稳定性
stabilité Marshall 马绍尔稳定度
stabilité relative 相对稳固性
stabilité sociale 社会稳定
stabilité thermique 热稳定性
stadia 视距尺
stadimètre 测距仪
stage 实习;培训
stage de perfectionnement 进修培训
stage de pré-emploi 岗前培训
stage en usine 工厂实习
stage professionnel 职业实习
stage sur le chantier 工地实习
stagiaire 实习生
stagnation 积存
stagnation de marchandises 货物积存
standard 标准
standard acceptable 通用标准
standard courant 现行标准
standard d'application ferroviaire
 铁路应用标准
standard de géométrie linéaire 线形标准
standard de granulométrie 级配标准
standard de l'environnement 环境标准
standard de ligne 线路标准
standard de voie 线路标准
standard d'interface 接口标准
standard européen 欧洲标准
standard ferroviaire 铁路标准
standard international 国际标准
standard national 国家标准
standard technique 技术标准
standard technique du chemin de fer
 铁路技术标准
standard temporaire 暂行标准
standard UIC 国际铁路联盟标准
standardisation 标准化;统一化
standardisation de l'écartement de voie
 轨距标准化
standardisation dans la fabrication
 制造标准化
station à béton 混凝土搅拌站

station centrale de béton 混凝土集中搅拌站
station centrale de mélange 集中搅拌站
station d'acétylène 乙炔站
station d'alimentation d'eau 给水站
station d'approvisionnement 供应站
station d'arrivée 到达站
station de base 基站
station de base de signal 信号基站
station de bétonnage 混凝土搅拌站
station de bus 公共汽车站
station d'échantillonnage 取样站
station de chauffage 热力站
station de commande 控制站
station de communication 通信站
station de communication relayée par micro-onde 微波通信中继站
station de concassage 碎石加工场
station de concentration 集中站
station de connexion de voie 接轨站
station de contrôle 控制站
station de criblage 碎石筛分场
station de départ 出发站
station de destination 终点站
station de distribution 配电所
station de force motrice 动力站
station de gravillonnage 破碎厂
station de jonction de rail 接轨站
station de lavage 清洗站
station d'élévation de tension 升压站
station de maintenance 维修站
station de mesure 测量站
station de métro 地铁站
station de nivellement 水平测量站
station d'enregistrement de pluie 雨量站
station de passage 中途站
station de péage 收费站
station de pesage 磅站
station de pompage 泵站
station d'épuisement 排水站
station d'épuration des eaux 水处理厂
station de radar 雷达站
station de relais 中继站
station de relais à micro-onde 微波中继站
station de relais à micro-onde du chemin de fer 铁路微波中继站
station de remplissage de sable 灌砂站
station de répartition 分配站
station de service 加油站;机务服务站点
station d'essai 试验站
station d'essence 加油站
station de surpression 加压站
station de trafic 交通站
station de traitement des eaux 水处理厂
station de traitement des eaux usées 污水处理厂
station de transbordement 货物转运站;换装站
station de transport de marchandises 货运站
station de travail 工作站
station de ventilation 通风站
station d'injection 灌浆站
station d'observation 观测站
station d'oxygène 氧气站
station du sol 地面站
station en avant 前方站
station fixe 固定站
station génératrice 发电站
station hydrométrique 水文测量站
station intermédiaire 中间站
station météorologique 气象站
station mobile 移动站
station motrice 动力站
stationnement 停车;驻车
stationnement d'appel d'urgence 紧急呼叫停车带
stationnement des engins 设备停放
stationnement des wagons 车辆停放
stationnement interdit 禁止停车
stationnement sur la voie d'attente 停车线驻车
stationnement unilatéral 单侧停车
station-service 加油站
station souterraine 地下车站
station technique 技术站
station terrestre 地面站
station terrestre de réception par satellite 卫星地面接收站
station topographique 地形测量站点
station totale 全站仪
statistique 统计
statistique annuelle 年度统计
statistique courante 日常统计
statistique de chargement 装车统计
statistique de flux de trafic 交通流量统计
statistique de flux des marchandises 货流统计

statistique de flux des voyageurs 客流统计	stockage de bitume 沥青存放
statistique de l'avancement 进度统计	stockage de carburant 燃料存放
statistique de masse de remblai 填方量统计	stockage de châssis de voie 轨排存放
statistique de masse des travaux 　工程量统计	stockage de ciments 水泥存放
	stockage de matériaux 材料储存
statistique démographique 人口统计	stockage de matériaux bruts 毛料储存
statistique de quantité des travaux 　工程量统计	stockage de poutres 存梁
	stockage de rails 钢轨存放
statistique des accidents 事故统计	stockage des armatures 钢筋存放
statistique de trafic 车流量统计	stockage des échantillons 样品存放
statistique de transport 运输统计	stockage des explosifs 炸药存放
statistique de volume de terrassement 　土方量统计	stockage en plein air 露天堆放
	stockage sur le site 现场储存
statistique de volume du transport des 　marchandises 货运量统计	strapontin 折叠式座椅
	strapontin de compartiment 　车厢折叠式座椅
statistique de volume du transport des 　passagers 客运量统计	strate 沉积地层
	strate aquifère 含水层
statistique douanière 海关统计	strate argileuse 黏土层
statistique financière 财务统计	strate de couverture 盖层
statistique historique 累年统计	strate perméable 透水层
statistique officielle 官方统计	strate rocheuse 岩层
statistique pluviométrique 降雨量统计	strate superficielle 表层
statistique standard 标准统计	strate tufière 凝灰质地层
statuts 章程	stratigraphie 地层
statuts de la société 公司章程	stratum 地层
statuts de l'entreprise 企业章程	structure 结构;构造
statuts du groupement 联合体章程	structure accidentée 断裂构造
stèle 石碑;纪念碑	structure aérienne 架空结构
stèle commémorative de pose de la 1ère 　pierre 奠基纪念碑	structure antisismique 抗震结构
	structure aquifère 含水构造
stèle commémorative du lancement de 　projet 项目开工纪念碑	structure assemblée 拼装结构
	structure bétonnée 混凝土结构
stéréocomparateur 立体坐标量测仪	structure composite 组合结构
stéréogramme 立体图	structure coulée sur place 现浇结构
stéréomètre 立体测量仪	structure coulissante 推拉式结构
stéréométrie 立体几何	structure d'aiguille 道岔结构
stéréomodèle 立体模型	structure d'appui 支承结构
stéréophotographe 立体镜	structure d'assise 基础结构
stéréoscope 立体镜	structure d'attelage 车钩构造
stéréoscopie 立体观察	structure de bâtiment de la gare 站房结构
stipulation 条款;规定	structure de bogie 转向架构造
stipulation de contrat 合同条款	structure de briques et de béton 砖混结构
stipulation expresse 明文规定	structure de butte 驼峰构造
stock 储备	structure de caisse 车体结构
stock de pièces détachées 配件储备	structure de caisse à longerons 　梁式车体结构
stockage 储存;囤积	
stockage à ciel ouvert 露天堆放	structure de caisse en treillis 　桁架式车体结构
stockage à l'abri 棚内存放	
stockage de ballast 道砟存放	

structure de carrosserie 车体结构
structure de châssis sans longeron intermédiaire 无中梁底架结构
structure de chaussée 路面结构
structure de contre-voûte 仰拱结构
structure de culée 桥台构造
structure de doublure calorifuge 保温内衬结构
structure de fondation 基础结构
structure de fracture 断裂构造
structure de grande portée 大跨度结构
structure de la ligne électrifiée 电气化线路结构
structure de la plateforme danseuse 摇动台结构
structure de la plateforme de voie 路床结构
structure de l'infrastructure de la voie 线下工程结构
structure de locomotive 机车构造
structure de multi-travée 多跨结构
structure dense 密实结构
structure de pavement 路面结构
structure de pile 桥墩构造
structure de pont 桥梁结构
structure de portails de tunnel 隧道洞口结构
structure de poutre en cadre 箱梁构造
structure de poutre en T T形梁构造
structure de profil en long de voie 线路纵断面构造
structure de profil en travers de voie 线路横断面构造
structure de quai 站台结构
structure de roche 岩体结构
structure de route 道路结构
structure de soudure 焊接结构
structure de soutènement 支挡结构
structure de substructure du pont 桥梁下部构造
structure de superstructure de la voie 线上工程结构
structure de superstructure du pont 桥梁上部构造
structure de tablier 桥面结构
structure de tension 拉力结构
structure de tête de tunnel 隧道洞口结构
structure de trafic 交通结构
structure de train automoteur 动车结构
structure de travée 桥跨结构
structure de tunnel 隧道结构
structure de voie 线路构造;轨道结构
structure de voie ballastée 有砟轨道结构
structure de voie de rails 轨道结构
structure de voie de train électrique 电动列车线路结构
structure de voiture 车厢结构
structure de wagon 车辆结构;车辆构造
structure diagénétique 成岩构造
structure d'industrie 产业结构
structure d'organisation 组织机构
structure du lit de ballast 道床结构
structure économique 经济结构
structure élastique de plaque centrale 弹性心盘结构
structure en acier 钢构造
structure en bois 木结构
structure en cadre 框架结构
structure en caisson 箱体结构
structure encastrée coulissante 塞拉式结构
structure en coque 薄壳结构
structure en couches 层状构造
structure en éléments préfabriqués 预制件拼装结构
structure en lamelles 片状构造
structure en maçonnerie 圬工结构;砌体构造
structure en tube d'acier 钢管结构
structure flexible 柔性结构
structure générale de pile 桥墩一般构造
structure générale de culée 桥台一般构造
structure géologique 地质构造
structure granulaire 颗粒结构
structure grenue 粒状结构
structure horizontale 横向结构
structure inférieure 下部结构
structure inférieure du pont 桥梁下部构造
structure légère 轻型结构
structure lithologique 岩性结构
structure lourde 重型结构
structure massive 块状结构
structure métallique 钢结构
structure mixte 混合结构
structure moléculaire 分子结构
structure monolithique 整体结构
structure ouverte 开式结构
structure plane 平面结构
structure plane de voie 线路平面构造
structure portante 承重结构

structure portante monobloc　整体式承重结构
structure préfabriquée　预制构造
structure primaire　主要结构
structure primitive　原始结构
structure principale　主体结构
structure principale de tunnel　
　隧道主体结构
structure résistante　承重结构
structure réticulée　网状结构
structure rigide　刚性结构
structure rivetée　铆接结构
structure rubanée　带状结构
structure soudée　焊接结构
structure souterraine　地下结构
structure sphérique　球状结构
structure statique　静定结构
structure striée　带状结构
structure superficielle　表面构造
structure supérieure　上部结构
structure suspendue　悬挂结构
structure tubulaire　管状结构
structure type de chaussée　路面结构类型
structure type de pont　桥梁结构类型
structure type de voie　轨道结构类型
subsidence　沉陷；下沉
subsidence de bout du rail　轨头下沉
subsidence de chaussée　路面下沉
subsidence de culée　桥台下沉
subsidence de fondation　基础下沉
subsidence de l'assiette　路基下沉
subsidence de la plateforme de voie　
　路床下沉
subsidence de radier de souterrain　
　隧洞底板下沉
subsidence de socle de groupe générateur　
　发电机组底座下沉
subsidence de socle du pont　桥座下沉
subsidence de surface du sol　地表下沉
subsidence de traverse　轨枕下沉
subsidence de terrain　场地下沉
subsidence de voie　线路下沉
subsidence différentielle　不均匀沉陷
subsidence du lit de ballast　道床下沉
subsidence inégale　不均匀沉陷
subsidence naturelle　自然沉落
substance　实体；内容
substance fluide　流体
substance inflammable　易燃物

substance liquide　液体
substance matérielle　物质实体
substance nuisible　有害物质
substance organique　有机物
substance solide　固体
substitution　代替；调换
substitution d'aiguille　替换道岔
substitution de ballast　更换道砟
substitution de bogie　替换转向架
substitution de l'axe　更换轴
substitution de l'équipement　更换设备
substitution de locomotive　替换机车
substitution de locomotive de traction　
　替换牵机
substitution de produit　产品替代
substitution de purge　清淤换料
substitution de rail　更换钢轨
substitution de sol　换土
substitution d'essieu-monté　更换轮对
substitution de tire-fond　更换道钉
substitution de traction　替换牵引
substitution de traverse　更换轨枕
substitution de wagons　更换车辆
substitution de wagons de voyageurs　
　替换车底；更换旅客车厢
substitution temporaire　临时替代
substratum　下层；底层
substratum rocheux　岩石底层
substratum sain　未分化底层
substructure　下部结构；底层结构
substructure de bâtiment de la gare　
　站房下部结构
substructure de la voie　
　轨道下部结构；线下结构
substructure de wagon　车辆下部结构
suivi　跟踪；监督；监理
suivi automatique　自动跟踪
suivi de contrôle　跟踪检查
suivi de différentes phases de travaux　
　工程各施工阶段跟踪（监督）
suivi de fabrication　生产跟踪
suivi de l'avancement des travaux　
　施工进度跟踪
suivi de paiements　付款跟踪
suivi de PAQ　跟踪质量保证计划
suivi de position　位置跟踪
suivi de programme　计划跟踪
suivi de protection de l'environnement　
　环保监理

suivi de qualité 质量跟踪
suivi des études 设计监理
suivi de sous-traitant 监督分包商
suivi des trains 列车跟踪
suivi des trains au temps réel 列车实时追踪
suivi des trains de marchandises 货车追踪
suivi des trains de voyageurs 客车追踪
suivi des travaux 工程监理
suivi d'exécution des travaux 施工监理
suivi environnemental 环境跟踪
suivi et contrôle des dommages de rails
　钢轨损伤跟踪检查
suivi géométrique 测量监理
suivi mensuel 月监理(报告)
sujétion 附属工作；附属工程
sujétion découlant de l'environnement
　环保附属工作
sujétion des travaux 附属工程
sujétion d'exploitation ferroviaire
　铁路运营附属工作
sulfate de baryum 重晶石粉
sulfure 硫化物
superficie 面积
superficie bâtie 建筑面积
superficie couverte 占地面积
superficie cultivée 耕种面积
superficie de bassin tributaire 汇水面积
superficie de bassin versant 汇水面积
superficie décapée 清表面积
superficie de chantier-gare 站场面积
superficie de l'emplacement 场地面积
superficie d'emprise de gare 车站站区面积
superficie du terrain 场地面积
superficie végétalisée 绿化面积
superstructure 上部结构
superstructure de la voie
　线路上部结构；线上工程
superstructure de ligne à grande vitesse
　高铁线路上部结构
superstructure de l'ouvrage
　构造物上部结构
superstructure de pont 桥梁上部结构
superstructure de wagon 车辆上部结构
superviseur 监理
supervision 监督；监管
supervision automatique des trains
　列车自动监控
supervision de chute de roches 落石监视
supervision de circulation des trains 行车监督

supervision de conception 设计监理
supervision d'écroulement de rochers
　塌方落石监视
supervision de distribution d'énergie
　配电监控
supervision de la ligne 线路监控
supervision de l'environnement 环境监管
supervision de l'exécution des travaux
　施工监理
supervision de l'exploitation 运营监视
supervision de régulation 调度监控
supervision de réseau 网络监控
supervision de sécurité 安全监管
supervision des trains 列车监控
supervision de trafic 交通监管
supervision de voie 线路监管
supplément 补充部分
supplément de plan 图纸补充部分
supplément des travaux hors du contrat
　合同外工程
support 支撑
support à arc 拱支撑
support à charnière fixe 铰接固定支座
support à fourche 叉形支架
support à l'excavation 开挖支护
support annulaire 环形支架
support à poutre 梁式支座
support arrière 背面支架
support articulé 铰接支架
support central 中心支柱
support complet 满堂支架
support d'acier 钢支撑
support d'amortisseur 减振器支架
support d'ancrage 锚座
support d'arc 拱座
support d'attelage 车钩托架
support de bogie 转向架托架
support de boîte d'essieu 轴箱托架
support de câble 电缆托架
support de caténaire 接触网支柱
support de cheville d'attelage
　钩尾销托梁
support de cintre 拱架支撑
support d'échafaudage 脚手架支架
support de fil de contact 接触线支架
support de fondation 基础底座
support de fondation du sol 路基支挡
support de galerie 坑道支撑
support de garde-corps 桥面护栏

support de garde-fou 桥面护栏	suppression de block de canton
support de machine 机座	消除区间闭塞
support de panneaux 信号牌立柱	suppression de block de voie 取消线路闭塞
support déplaçable 可移动支架	suppression de bruit 消除噪声
support de platine 垫板支撑	suppression de contrat 合同废除
support de pont 桥梁支撑	suppression de l'instruction 取消指令
support de pont sur anneau à rouleau	suppression de l'instruction d'arrêt du train
桥梁辊轴支座	取消停车指令
support de poutre 梁托	suppression de l'itinéraire 取消进路
support de protection 防护支护	suppression de l'opération 取消操作
support de rail 钢轨垫板	suppression de permis de conduire
support de rambarde 桥面护栏	吊销驾照
support de ressort 弹簧支座	suppression de plan d'application
support de roulement 轴承支座	取消实施计划
support de tige d'ancrage 锚杆支护	suppression de plan de chargement et de
support de tourillon du pont 桥梁枢轴支承	déchargement 取消装卸计划
support de tunnel 隧道支承	suppression de plan de circulation des
support de tuyau 管支承	trains 取消列车运行方案
support élastique 弹性支架	suppression de plan d'entretien du
support en acier 钢支撑	matériel roulant 取消车辆维护计划
support en avance 超前支护	suppression de plan d'entretien de voie
support en bois 木支撑	取消线路维护计划
support en ligne 排柱支架	suppression de plan du transport
support en porte-à-faux 悬臂支架	取消运输计划
support en taille 工作面支架	suppression de plan opérationnel
support financier 财政支持	取消作业计划
support fixe 固定支架	suppression de programme de maintenance
support horizontal 水平支架	取消维修计划
support latéral élastique 弹性旁承	suppression de programme d'investissement
support latéral inférieur 下旁承	取消投资项目
support latéral supérieur 上旁承	suppression de restriction 取消限制
support longitudinal 纵向支撑	suppression de restriction de trafic
support métallique 金属支撑	取消交通管制
support mobile 活动支架	suppression de risque 消除风险
support permanent 永久支护	supraconduction 超导
support primaire 初期支护	supraconductivité 超导性
support provisoire 临时支护	supraconductivité de matériaux
support rigide 刚性支承	材料超导性
support sphérique en acier 球形钢支座	surbétonnage 超量混凝土浇筑
support supérieur 上支承	surbout 起重旋转梁
support technique 技术支持	surcharge 超载;超重;过载
support tournant 旋转支架	surcharge admissible 允许超载
support universel 万用支架	surcharge axiale 轴向超载
support vertical 垂直支撑	surcharge d'essai 试验过载
suppression 取消	surcharge d'essieu 超轴
suppression de danger potentiel 消除隐患	surcharge de marchandises 货物超载
suppression de blocage 取消闭塞	surcharge de travail 超负荷工作
suppression de blocage de section	surcharge de vent 风荷载
取消区间封锁	surcharge de véhicule 车辆超载

surcharge de voie　轨道受力
surchauffe　过热
surcompression　增压
surcoût　增加费用
surécartement　轨距加宽
surécartement de ligne existante
　既有线轨距加宽
surélévation　加高
surélévation de bande extérieure de
　chaussée　公路弯道外侧道超高
surélévation de courbure en plan
　平曲线超高
surélévation de rail extérieur en courbe
　曲线外轨超高
surépaisseur　超厚
sûreté　安全
sûreté de circulation de train　行车安全
sûreté de voie　线路安全
sûreté individuelle　人身安全
surexcavation　超挖
surfaçage　削面；表面加工
surfaçage de béton　混凝土表面处治
surfaçage de rail ondulatoire　波轨表面处治
surface　表面；面积
surface abrasive　磨耗层
surface active　有效面积
surface antidérapante　防滑表面
surface à simple courbure　单曲面
surface asphaltée　沥青铺筑面
surface bâtie　建筑面积
surface bombée　弯面
surface captante　集水面积
surface compactée　压实面积
surface concave　凹面
surface conique　锥面
surface conique de roulement　锥形踏面
surface convexe　凸面
surface courbée　曲面
surface couverte　覆盖面积
surface cylindrique　圆柱面
surface d'action　作用面
surface d'agrégat　集料表面
surface d'appui　支承面
surface d'appui de traverse　轨枕支撑面
surface d'assise　支承面
surface d'assise de fondation　基础支承面
surface d'attaque　工作面
surface de base　基面
surface de bout　端面
surface de captage des eaux　截流面积
surface de champ de dépôt　堆放场面积
surface de champ de dépôt de conteneurs
　集装箱堆场面积
surface de champ de dépôt de
　marchandises　货物堆场面积
surface de champignon　钢轨顶面
surface de chantier-gare　站场面积
surface de chauffage　加热面
surface de connexion　连接面
surface de construction　建筑面积
surface de contact　接触面
surface de courbure　曲面
surface de creusement　开挖面
surface de criblage　筛分面积
surface de crues　洪涝面积
surface de déblai　挖方面积
surface de déposition　沉积面
surface de division　分隔面
surface de faille　断层面
surface de fondation　基础面
surface de forme　成形面
surface de fouille　基坑面积
surface de friction　摩擦面
surface de frontale　正面
surface de frottement　摩擦面
surface de glissement　滑动面
surface de hangar　库房面积
surface de l'eau　水面
surface de liaison　连接面
surface de niveau　水平面；水准面
surface de niveau zéro　零水准面
surface de portée　支承面
surface de poutre　梁面
surface de pression　受压面积
surface de protection　保护面积
surface de quai　站台面积
surface de raccordement　连接面
surface de rail　轨面
surface de référence　基准面
surface de refroidissement　冷却表面
surface de remblai　填方面积
surface d'érosion de terrain　土壤侵蚀面
surface de roulement　行驶面
surface de roulement à l'usure　磨耗型踏面
surface de roulement de rail　轨踏面
surface de roulement de roue　车轮踏面
surface de rupture　断裂面
surface de saturation　饱和面

surface de section 截面积
surface de section transversale 横截面面积
surface de semelle 底部面积
surface de séparation 分界面
surface des espaces verts 绿化面积
surface des inondations 洪泛面积
surface de stockage 堆放面积
surface de support 支承面
surface de tablier 桥面面积
surface de talus 边坡面
surface de terrain 土地面积
surface de terrain occupé 占地面积
surface de terre 地面
surface de tête du pieu 桩顶面
surface de travail 工作面
surface de vaporisation 蒸发面积
surface développée 展开面
surface d'excavation 开挖面
surface de zone de gare 站区面积
surface d'influence 影响面
surface d'usure 磨损面
surface effective 有效面积
surface explorée 勘探面积
surface extérieure 外表面
surface filtrante 过滤表面
surface flexible 柔性面层
surface frontière 分界面
surface horizontale 水平面
surface humide 湿面
surface hydrostatique 静水面
surface imperméable 不透水表面
surface inclinée 斜面
surface inclinée de talus 边坡斜面
surface inférieure 下平面
surface latérale 侧面
surface libre 自由面
surface limite 界面
surface lisse 光滑面
surface nettoyée 清理面积
surface plane 平面
surface polie 光面
surface portante 承压面积
surface primaire 基本面
surface projective 投影面积
surface rectifiante 伸长曲面
surface réelle 实际面积
surface réfléchissante 反射面
surface rigide 刚性面层
surface rigoureuse 粗糙面
surface rocheuse 岩石面
surface rocheuse exposée 暴露岩石面
surface supérieure 上平面
surface sustentatrice 升力面
surface terrestre 地表
surface topographique 地形面
surface totale 总面积
surface transversale 横截面积
surface unie 平整表面
surface utile 有效面积
surface versante 汇水面积
surface verticale 垂直面
surfaceuse-finisseuse 摊铺机
surhaussement 超高
surhaussement de construction 建筑超高
surhaussement de courbure 曲线超高
surhaussement de la plateforme de voie 道床加高
surhaussement de l'assise de voie 路基加高
surhaussement de l'attelage au-dessus de rail 车钩超高
surhaussement de pile 桥墩超高
surhaussement de radier de tunnel 隧道底板超高
surhaussement de rail extérieur en courbe 曲线外轨超高
surhaussement de voie 线路超高
surhaussement du lit de ballast 道床加高
surhauteur 超高
surintensité 过载电流
surlargeur 加宽;超宽
surlargeur de chaussée 路面加宽
surlargeur de couloir de voie 线路走廊加宽
surlargeur de courbure 弯道加宽
surlargeur de courbure en plan 平曲线加宽
surlargeur de gabarit 限界加宽
surlargeur de la plateforme de voie 路床加宽
surlargeur de ligne en courbe 曲线路段加宽
surlargeur du lit de ballast 道床加宽
surplus 剩余;余额
surplus à la compression 抗压裕量
surplus budgétaire 预算结余
surplus de charge axiale 轴载裕量
surplus de chargement 装载裕量
surplus de force motrice 富余动力
surplus de la main-d'œuvre 劳力过剩
surplus de l'électricité 余电

surplus de productivité 生产力过剩
surplus de produits 产品过剩
surplus de stock 库存过剩
surplus de traction 牵引裕量
surpoids 超出重量
surpression 超压
surproduction 生产过剩
surprofondeur 超深度
surtaxe 附加税
surtaxe à l'importation 进口附加税
surtaxe progressive 附加累进所得税
surveillance 监视
surveillance à distance 远程监视
surveillance à l'intérieur de compartiment
　车厢内状态监视
surveillance ambulante 巡回监察
surveillance automatique 自动监视
surveillance automatique des trains
　列车自动监视
surveillance d'acheminement du train
　行车监督
surveillance d'aiguille 道岔监视
surveillance de chantier 工地监理
surveillance de chantier-gare 站场监视
surveillance de chargement/déchargement
　de marchandises 货物装卸监视
surveillance de chute de roches 落石监视
surveillance de l'autoroute 高速公路监视
surveillance de circulation des trains
　列车运行监视
surveillance de construction 施工监理
surveillance de contrôle interne
　内部控制监督
surveillance d'écroulement de rochers
　塌方落石监视
surveillance de la gare 站区监视
surveillance de l'environnement 环境监测
surveillance de l'état 状况监视
surveillance de l'état de circulation des
　trains 列车运行状况监视
surveillance de l'exécution des travaux
　施工监督
surveillance de l'exploitation 运营监督
surveillance de l'occupation de voie
　轨道占用状况监视
surveillance de manœuvre de wagons
　调车作业监视
surveillance de production 生产监督
surveillance de qualité 质量监督

surveillance de sécurité 安全督查
surveillance de sécurité de circulation de
　passage à niveau
　平交道口运行安全监视
surveillance des travaux 工程监理
surveillance de trafic 交通监视
surveillance de train en marche(STEM)
　运行列车监控
surveillance de vidange 排放监视
surveillance de voie 道路巡查
surveillance par caméra 摄像头监视
surveillance sanitaire de chantier
　工地卫生监督
surveillant 监理人员
surveillant de l'environnement
　环境监管人员
surveillant de voie 道路巡查员
survitesse 超速
survitesse de circulation 运行超速
survitesse de circulation en voie de courbe
　弯道行驶超速
suspension 中断;悬挂
suspension à ressort 弹簧悬挂
suspension à ressort en caoutchouc
　橡胶系弹簧悬挂
suspension à ressort primaire
　一系弹簧悬挂
suspension à ressort secondaire
　两系弹簧悬挂
suspension bouclée 环形悬挂
suspension caténaire
　链形悬挂;接触网悬挂
suspension caténaire à tendeur
　automatique 全补偿链形悬挂
suspension caténaire composée
　双链形悬挂
suspension centrale 中心悬挂
suspension de boîte d'essieu 轴箱悬架
suspension de câble de levage 吊索悬挂
suspension de caténaire à cantilever
　接触网悬架
suspension de châssis 底架悬挂
suspension de contact 接触悬挂
suspension de fil de contact 接触线悬挂
suspension de fil de feeder 馈线悬挂
suspension de fil électrique 电线悬挂
suspension de l'application du contrat
　合同中断执行
suspension de livraison 中止交货

suspension d'entretien de voie 线路维护中断
suspension de pendule de fil de contact de caténaire 接触网接触线吊柱悬挂
suspension de production 暂停生产
suspension des travaux 工程中断
suspension de trafic 交通临时中断
suspension de traverse danseuse 摇枕悬挂
suspension élastique 弹性悬挂
suspension en encorbellement 悬挑
suspension en porte-à-faux 悬挑
suspension extérieure 外侧悬挂
suspension latérale 侧悬挂
suspension inférieure 下悬挂
suspension intérieure 内侧悬挂
suspension simple 简单悬挂
suspension supérieure 上悬挂
suspension sur ressort 弹簧悬挂装置
suspension temporaire de circulation 线路临时中断运行
suspension verticale 垂直悬挂
suspensions multiples 多系悬挂
suspente 吊杆;拉杆
suspente de pont à haubans 斜拉桥拉杆
suspente de pont cantilever 悬臂桥吊杆
suspente de pont de suspension 吊桥吊杆
symétrie 对称
symétrie axiale 轴对称
symétrie centrale 中心对称
symétrie de conception 设计对称
symétrie de construction 建筑物对称
symétrie de figure 图形对称
symétrie de pylône de pont 桥塔对称
symétrie plane 平面对称
symétrie structurelle 结构对称
systématisation 成体系;系统化
système 体系;系统
système à bord de ETCS 车载列车控制系统
système analogique 模拟系统
système antidérapant 防滑装置
système automatique 自动化系统
système automatique d'alarme d'incendie 火灾自动报警系统
système automatique de détection 自动探测系统
système automatique de gestion des informations 信息管理自动化系统
système auxiliaire 辅助系统
système à vidéo de détection d'incendie 视频火灾事故监测系统
système CCTV 摄像监视系统
système central de téléaffichage redondé 中央远程显示系统
système chronométrique 计时系统
système collectionneur des informations 信息采集系统
système complet 完整系统
système composé 组合系统
système concentrique 环式系统
système contre l'incendie 消防系统
système d'acquisition 目标探测系统
système d'admission 进气系统
système d'aération 通风系统
système d'affichage 公告系统
système d'aide à l'exploitation (SAE) 运营辅助系统
système d'aiguillage 扳道岔系统
système d'alarme 警报系统
système d'alarme à distance 远程警报系统
système d'alarme de tunnel 隧道警报系统
système d'alerte 报警系统
système d'alimentation de chaleur 供热系统
système d'alimentation de haute tension 高压供电系统
système d'alimentation de traction 牵引供电系统
système d'alimentation électrique 供电系统
système d'alimentation et transformation électrique 供变电系统
système d'amenée d'air 进气系统
système d'ancrage 锚定体系
système d'appel de secours 应急呼叫系统
système d'appel d'urgence 紧急呼叫系统
système d'appel par radio 广播寻呼系统
système d'approvisionnement 供料系统
système d'assainissement 排污系统
système d'assurance-qualité 质量保证体系
système d'autodéclenchement d'itinéraire 线路自动解锁系统
système d'axes coordonnés 坐标轴系
système de billets 票务系统
système de blocage 闭锁系统
système de blocage mobile de messages ferroviaires 铁路移动闭塞信令系统
système de block 闭塞系统

système de câble 索系
système de calcul de flux de trafic
　车流推算制度
système de canalisation d'eau usée
　污水管道系统
système de canalisation d'interception
　截流管道系统
système de cantonnement 闭塞系统
système de captage de courant 受流系统
système de caténaire 接触网系统
système de certification de qualité
　质量保证体系
système d'échappement 排气系统
système de chauffage 供暖系统
système de chemin de câbles
　电缆桥架体系
système de chemin de fer 铁路系统
système de circulation
　循环系统；行车制度
système de circulation automatique du
　train 列车自动运行系统
système d'éclairage 照明系统
système de classification 分类系统
système de climatisation 空调系统
système de collection d'eau 集水系统
système de commande 操作系统
système de commande automatique de
　circulation du train
　列车运行自动控制系统
système de commande centralisée
　集中控制系统
système de commande d'électricité
　电力控制系统
système de commande de régulation des
　trains 列车调度指挥系统
système de commande de sauvetage
　救援指挥系统
système de commandement ferroviaire
　铁路指挥系统
système de combustible 燃油系统
système de communication 通信系统
système de communication global
　全球通信系统
système de communication mobile
　移动通信系统
système de communication mobile du chemin
　de fer 铁路移动通信系统
système de communication par radio
　无线电通信系统

système de communication sol-train
　地—车联络通信系统
système de commutation 交换系统
système de commutation des données
　数据交换系统
système de commutation de signal
　信号交换系统
système de comptage d'essieux
　计轴系统
système de conducteur superconductible
　超导馈线系统
système de conduit des eaux pluviales
　雨水管网
système de contrainte 应力系统
système de contrat 合同制
système de contrôle 控制系统
système de contrôle asynchrone
　异步控制系统
système de contrôle automatique
　自动控制系统
système de contrôle automatique des trains
　列车自动控制系统
système de contrôle central
　中央控制系统
système de contrôle de billets 检票系统
système de contrôle d'éclairage
　照明控制系统
système de contrôle de l'accès
　门禁系统
système de contrôle de l'accès et de détection
　d'intrusion(CADI)
　接口控制与侵入检测系统
système de contrôle des itinéraires
　进路控制系统
système de contrôle des trains
　列车控制系统
système de contrôle de trafic 交管系统
système de contrôle de vitesse
　速度控制系统
système de contrôle par l'ordinateur
　计算机控制系统
système de contrôle synchrone
　同步控制系统
système de coordonnés 坐标系
système de coordonnés de contrainte
　principale 主应力坐标系
système de CTC 列车集中控制系统
système de demande d'itinéraire
　要道制度

système de détection automatique
　自动检测系统
système de détection de boîte chaude
　et de frein bloqué
　轴箱发热和制动抱死探测系统
système de détection de boîte d'essieu
　轴箱探测系统
système de détection de chaleur
　温度探测系统
système de détection de courant de fuite
　漏电探测系统
système de détection de défaut
　故障检测系统
système de détection de fumées
　烟雾探测系统
système de détection de l'environnement
　环境监测系统
système de détection de positionnement à
　bord du train　车载定位检测系统
système de détection de séisme
　地震监测系统
système de détection de température de fusée
　d'essieu　轴温探测系统
système de détection d'incendie
　火灾监测系统
système de détection du pont
　桥梁监测系统
système de détection par infrarouge
　de température des essieux
　红外线轴温探测系统
système de diagnostic de la voie
　线路诊断系统
système de dispatching　调度系统
système de distribution d'eau　配水系统
système de distribution d'électricité
　配电系统
système de distribution d'énergie
　动力分配系统
système de drainage　排水系统
système de drainage annulaire
　循环排水系统
système de drainage de chantier-gare
　站场排水系统
système de drainage de l'assise de voie
　路基排水系统
système de drainage des eaux usées
　污水排放系统
système de drainage de tunnel
　隧道排水系统

système de drainage de voie
　线路排水系统
système de drainage temporaires
　临时排水系统
système de facturation et de billets
　票务系统
système de fonctionnement　运作系统
système de fonctionnement circulaire
　循环运转制
système de fonctionnement de locomotive
　机车运转制
système de fonctionnement semi-circulaire
　半循环运转制
système de forces　力系
système de fourniture des informations
　信息提供系统
système de freinage　制动系统
système de freinage à disque　盘形制动系统
système de freinage de rame automotrice
　动车组制动系统
système de freinage de surface de roulement
　unilatérale　单侧踏面制动系统
système de freinage de wagon de
　marchandises　货车制动系统
système de gare　车站系统
système de gestion　管理体系
système de gestion de voies　线路管理系统
système de gestion des passages à niveau
　平交道口管理系统
système de gestion du réseau　网络管理系统
système de gestion du transport de
　marchandises　货物运输管理系统
système de gestion du transport de voyageurs
　旅客运输管理系统
système de gestion informatique pour les
　chemins de fer　铁路信息管理系统
système d'électrification　电气化系统
système de l'équipage de conduite à rotation
　轮乘制
système de l'équipage de conduite fixe
　包乘制
système de l'équipage de conduite flexible
　随乘制
système de l'équipage de train
　列车乘务制度
système de management de l'environnement
　环境管理体系
système de management de qualité
　质量管理系统

système de management d'hygiène et de sécurité professionnelle 行业卫生和安全质量管理体系
système de messagerie et contrôle à distance (SMC) 远程信息传输及控制系统
système de messages ferroviaires 铁路信令系统
système de mesure 测量系统
système de mise à la terre 接地系统
système de mise en sécurité d'incendie (SMSI) 火灾安全监控系统
système de moteur diesel 柴油机系统
système d'enclenchement centralisé 集中联锁系统
système d'enclenchement d'aiguillage 道岔联锁系统
système d'enclenchement de block (SEB) 联锁闭塞系统
système d'enclenchement de l'ordinateur 计算机联锁系统
système d'enclenchement de signal 信号锁闭系统
système d'enclenchement de voie 线路锁闭系统
système d'enclenchement informatisé (SEI) 信息化闭塞系统
système d'énergie 电力系统
système de mesure et de positionnement 测量定位系统
système de normes techniques 技术标准体系
système de normes techniques ferroviaires 铁路技术标准体系
système de passer le relais à l'équipe suivante 交接班制
système de péage 收费系统
système de péage automatique 全自动收费系统
système de péage manuel 人工收费系统
système de pesage 称量系统
système de pesage au défilé électronique 过车电子称量系统
système de pesage de wagons 车辆称重系统
système de pilotage 控制装置
système de position globale 全球定位系统
système de précontrainte 预应力系统
système de prévision et confirmation du trafic 行车预确报系统

système de prime 奖励制度
système de protection 保护系统
système de protection automatique de train (ATP) 列车自动保护系统
système de protection contre la foudre 防雷保护系统
système de protection contre la survitesse de train 列车超速防护系统
système de rame automotrice assignée à l'équipe de conduite 动车组包乘制
système d'établissement de rapport 报告制度
système d'établissement de rapport oral du train 列车口头报告制度
système de réaction 反应系统
système de réception 接收系统
système de refroidissement 冷却系统
système de régulation 调节系统；调度系统
système de régulation de train par radio 列车无线电调度系统
système de régulation et de commande de circulation des trains 列车调度指挥系统
système de régulation et de suivi informatisé des trains 列车调度和信息跟踪系统
système de relève 交接班制度
système de responsabilité 责任制
système de ronde et d'entretien 巡查养护制
système de rotation des équipes 工班交替制
système de rotation des postes 岗位轮换制
système de roulement 轮班制
système des appuis simples 简支体系
système de secours 应急系统
système de sécurité 安全装置
système de sécurité d'incendie 建筑消防系统
système de sécurité du train 列车安全系统
système de service alternatif de rame automotrice par l'équipage de conduite 动车组轮乘制
système de service à tour de rôle 轮班制
système de service à tour de rôle pour itinéraire d'acheminement long 长交路轮乘制

système de service aux clients 客服系统
système de service du transport fret
　铁路货运服务系统
système de service fixe de rame
　automotrice par l'équipage de conduite
　动车组包乘制
système de signalisation 信号系统
système de signalisation de train
　列车信号系统
système des informations de gestion du
　transport ferroviaire
　铁路运输管理信息系统
système de sonorisation 音响系统
système d'essai de tire après attelage
　des wagons 连挂试拉制度
système de suivi 跟踪系统
système de suivi de nœuds des trains de
　marchandises 货车大节点追踪系统
système de suivi des trains
　列车跟踪系统
système de suivi réel des trains
　列车实时跟踪系统
système de supervision 监视系统
système de supervision de voie occupée
　线路占用监视系统
système de supervision de trafic
　交通运行监视系统
système de support 支撑系统
système de surveillance 监控系统
système de surveillance automatique des
　trains 列车自动监视系统
système de surveillance de l'aiguille
　道岔监视系统
système de surveillance de l'environnement
　环境监测系统
système de surveillance de tunnel
　隧道监视系统
système de surveillance par TV
　电视监视系统
système de surveillance par TV en circuit
　fermé 闭路电视监视系统
système de surveillance vidéo
　视频监视系统
système de suspension 悬吊系统
système d'étanchéité de tunnel
　隧道防水系统
système de technologie 工艺体系
système de télécommunication et de
　signalisation 通信信号系统

système de téléphonie ferroviaire
　铁路电话系统
système de télésurveillance 电视监视系统
système de télésurveillance par caméra
　电视摄像监视系统
système de tension 张拉装置
système de tour et garde 巡守制度
système de traction 牵引系统
système de traction électrique
　电力牵引系统
système de traction de rame automotrice
　动车组牵引系统
système de traitement informatique
　信息处理系统
système de transition 交接制
système de transition de l'ordre d'exécution
　工序交接制
système de transmission 传输系统
système de transmission de signal
　信号传输系统
système de transmission des données
　数据传输系统
système de transmission des
　informations entre les trains
　列车间信息传输系统
système de transmission électrique
　电力传输系统
système de transport 运输系统
système de transport intellectuel
　智能运输系统
système de transport sur rails
　轨道交通系统
système de transmission par engrenages
　齿轮传动系统
système d'évacuation 排水系统
système d'évaluation 评价系统
système de vente et de réservation des billets
　客票发售和预订系统
système de ventilation 通风系统
système de ventilation de tunnel
　隧道通风系统
système de vérification de réponse de l'appel
　呼唤应答确认制度
système de verrouillage 联锁系统
système de vidéosurveillance(SV)
　视频监测系统
système de voltage 电压系统
système d'exploitation 运营体系
système d'identification 识别系统

système d'identification automatique des numéros de wagons 车辆车号自动识别系统
système d'informations 信息系统
système d'informations du transport ferroviaire 铁路运输信息系统
système d'informations aux voyageurs (SIV) 旅客信息系统
système d'instructions de régulation 调度指令系统
système d'intervalle de temps 时间间隔制
système d'irrigation 灌溉系统
système d'opération 操作系统
système d'ordinateur 计算机系统
système d'unités 单位制
système dynamique 动力系统
système écologique 生态系统
système électrique 电力系统
système embarqué de ETCS 车载列车控制系统
système européen de protection des trains de niveau 1 (SEPT) 欧洲列车 1 级保护系统
système européen de référence terrestre 欧洲地球参考系统
système fermé 封闭体系
système ferroviaire 铁路系统
système frigorifique 制冷系统
système GPS 全球定位系统
système GSM-R 铁路通信列调系统
système hydraulique 液压系统
système indépendant 独立系统
système informatique 信息系统
système informatique et de gestion 信息和管理系统
système informatique pour l'aménagement de qualité 质量管理信息系统
système intégré de surveillance de train 列车集成监控系统
système intelligent de circulation 智能交通系统
système intercommunication 内部通信系统
système local 地方系统
système lumineux 灯光系统
système métrique 米制
système monétaire 币制
système planifié de transport 计划运输制度
système principal 主要系统
système sanitaire 卫生系统
système séparatif 分流制
système statique 静态系统
système superviseur 管理系统
système symétrique 对称系统
système triangulé 三角体系
système vidéo 视频系统

T

table 台；目录
table de commande 操控台
table de pile 桥墩顶台
table de régulation 调度台
table de rotation de service 轮流值班表
table de roulement 踏面
table des matières 目录
table des matières de dessins 图纸目录
table de tarifs des billets 车票价目表
table élévatrice 升降台
table élévatrice de réparation
　修理提升台
table périodique 周期表
table rabattable 翻桌
table vibrante 平面振捣器；振捣盘
tableau 图表；牌板
tableau《arrêt》 停车显示牌
tableau《attendre》 等待显示牌
tableau central de commande 中央控制屏
tableau comparatif 比较表
tableau d'abaques 曲线图
tableau d'affichage 告示牌
tableau d'annonce 通告板
tableau d'appareil 仪表盘
tableau d'appui 支承板
tableau d'arrivées des trains
　车次到达显示牌
tableau d'avancement 进度表
tableau d'avancement des travaux
　工程进度表
tableau d'avis 通告栏
tableau de bord 仪表盘
tableau de commande 控制盘
tableau de comptabilité 会计报表
tableau de contrôle 控制盘
tableau de conversion 换算表
tableau de coordonnées 坐标图

tableau de départs des trains
　车次出发显示牌
tableau de dimensionnement
　（尺寸厚度）设计图表
tableau de direction 方向指示牌
tableau de distribution 配电盘
tableau de formation des trains 列车编组表
tableau de matériaux 材料表
tableau de matériels roulants 机车车辆表
tableau de paramètres de calcul
　计算参数表
tableau de paramètres techniques
　技术参数表
tableau de principaux indices techniques
　主要技术指标表
tableau de principaux matériaux
　主要材料表
tableau de prix 价格表
tableau de procédé technologique
　工艺流程图
tableau de références de courbes ou
　rayons de conception de voie
　轨道设计曲线或弯道参数表
tableau des éléments de construction
　建筑构件表
tableau de service 值班表
tableau des itinéraires 进路表
tableau des ouvrages de franchissement
　桥梁工程一览表
tableau de spécification 规格表
tableau de statistique 统计表
tableau de trajet du train 列车行程表
tableau de wagons 车辆表
tableau divisionnaire 分离开关盘
tableau divisionnaire de lignes 分线盘
tableau électrique 配电盘
tableau général 总表

tableau général des armatures 钢筋材料总表
tableau graphique 图表
tableau《heurtoir》 警冲标牌
tableau horaire 火车时刻表
tableau indicateur 显示牌
tableau indicateur d'arrivées et départs des trains 列车到达和发车指示牌
tableau indicateur de direction(TID) 列车方向指示牌;水牌
tableau indicateur de limite de vitesse 限速标志牌
tableau indicateur de retard des trains 列车晚点告示牌
tableau indicateur de train 车次显示牌
tableau indicateur de vitesse(TIV) 列车速度指示牌
tableau informatique des trains voyageurs 旅客列车信息显示牌
tableau moyenne tension 中压配电盘
tableau périodique 周期表
tableau principal de distribution 主配电板
tableau quantitatif 数量表
tableau quantitatif des armatures 钢筋数量表
tableau quantitatif des éléments en béton armé 钢筋混凝土构件数量表
tableau quantitatif des matériaux 材料数量表
tableau récapitulatif 汇总表
tableau《siffler》 鸣笛指示牌
tableau statistique de courbes 曲线统计表
tableau statistique d'essieux 车轴统计表
tableau statistique de passages à niveau 道口统计表
tableau statistique de pentes 坡度统计表
tableau statistique des ouvrages d'art 桥隧统计表
tableau synoptique 一览表
tablette 小桌板
tablette de voiture 车厢小桌板
tablier 桥面;桥面板
tablier à cantilever 悬臂桥面板
tablier à demi-encaissé 半穿式桥面
tablier à deux voies 双车道桥面
tablier à poutres continues en béton armé 钢筋混凝土连续梁桥面
tablier à poutrelles enrobées 裹复梁桥面
tablier à voie unique 单车道桥面

tablier continu 连续桥面
tablier dallé 板式桥面
tablier de ligne à double voie 双线铁路桥面
tablier de l'ouvrage d'art 板面系
tablier d'épaisseur constant 等截面板桥面
tablier d'épaisseur variable 变截面板桥面
tablier de pont 桥面
tablier de pont sans ballast 无砟桥面
tablier de pont suspendu 悬式桥面
tablier de voie électrifiée 电气化铁路桥面
tablier de voie ferrée 铁路桥面;轨道桥面
tablier en acier 钢桥面
tablier en béton 混凝土桥面
tablier en béton armé 钢筋混凝土桥面
tablier en caisson 箱梁桥面
tablier en dalle pleine continue précontrainte 预应力连续实腹板桥面
tablier en tôle d'acier 钢板桥面
tablier inférieur du pont 下承式桥面
tablier intermédiaire du pont 中承式桥面
tablier métallique 金属桥面;钢桥面
tablier mixte 混合桥面
tablier multipoutre 多梁式桥面
tablier séparé 分开式桥面
tablier supérieur du pont 上承式桥面
tablier surbaissé 半穿式桥面
tablier suspendu 悬式桥面
tablier unique 单独式桥面
tâche 任务
tâche de chargement 装载任务
tâche de composition des wagons 列车编组任务
tâche de décomposition des wagons 解体列车任务
tâche de l'entretien de voie 线路养护任务
tâche de l'escorte 列车押运任务
tâche de maintenance de wagon 车辆维修任务
tâche de réparation de locomotive 机车修理任务
tâche de transport 运输任务
tâche de vidange 排空任务
tachéographe 测绘仪
tachéomètre 全站仪;测距仪
tachéométrie 测距法
tachymètre 转速表
taille 工作面;尺寸
taille arrêtée 停止工作面
taille continue 连续工作面

taille cyclique 循环回采工作面
taille de base 基本尺寸
taille de creusement 掘进工作面
taille de l'avancement 掘进工作面
taille de l'ouvrage d'art 构造物尺寸
taille de pile 桥墩尺寸
taille de portail de tunnel 隧道洞门尺寸
taille de production 生产工作面
taille de structure 结构尺寸
taille en activité 生产工作面
taille en gradins 梯段工作面
talc 滑石粉
talon 跟部;尖轨跟部
talon d'aiguille 转辙器跟;尖轨跟部
talon de facture 发票存根
talon de lame d'aiguille
　道岔岔跟;贴轨道岔
talonnage 道岔密贴
talonnage bâillé 挤岔不密贴
talonnage bâillé entre le coussinet et l'aiguille
　滑床板与尖轨不密贴
talonnage d'aiguille 道岔跟贴;挤岔
talonnage élastique 弹性挤开
talonnage électrique 电动挤岔
talus 边坡
talus à grande hauteur 高边坡
talus à redan 阶梯式边坡
talus argileux 黏土边坡
talus artificiel 人工边坡
talus bas 下边坡
talus coulant 滑动面
talus de déblai 路堑边坡;挖方边坡
talus de fossé 排水沟边坡
talus de fouille 基坑边坡
talus de la plateforme de voie 道床边坡
talus de l'assise de voie 路基边坡
talus de morts-terrains 弃土堆边坡
talus de protection 护坡
talus de remblai 路堤边坡;填方边坡
talus de terrassement 土方边坡
talus de tranchée 路堑边坡
talus de tranchée profonde 高路堑边坡
talus de voie 线路边坡
talus doux 平缓边坡
talus du lit de ballast 道床边坡
talus engazonné 植草坡
talus en terrain meuble 软土边坡
talus en terrain rocheux 岩石边坡
talus en terre 土边坡

talus extérieur 外侧边坡
talus fleuri 种花草的斜坡
talus gazonné 草坡;植草边坡
talus haut 上边坡
talus herbé 植草边坡
talus instable 不稳定边坡
talus intérieur 内侧边坡
talus maçonné 圬工边坡
talus naturel 天然斜坡
talus pavé 石砌边坡
talus projeté 设计边坡
talus revêtu 铺砌边坡
talus rocheux 岩石边坡
talus stable naturel 自然稳定边坡
talus trapézoïdal 阶梯形边坡
talus végétalisé 绿化边坡
talus vertical 垂直边坡
talus virtuel 虚坡
talutage 修筑边坡
taluteur 坡面修整机
taluteuse 坡面修整机
taluteuse-compacteuse 边坡成形压实机
tambour 滚筒
tambour avec pieds effilés 直脚羊蹄滚筒
tambour avec pieds élargis 扩底羊蹄滚筒
tambour Alsing 圆筒碾磨机
tambour basculant 倾卸筒
tambour de bétonnière 混凝土机拌和筒
tambour de broyage 碾磨滚筒
tambour de compactage 滚筒压路机
tambour de malaxage 搅拌筒
tambour de rouleau à pieds de mouton
　羊蹄压路机滚筒
tambour de serrage 滚筒式路碾
tambour mélangeur 搅拌鼓筒
tamis 筛子
tamis à ballast 石砟筛
tamis à carrière 石料筛
tamisage 过筛;筛滤
tamisage de ballast 清筛道砟
tamisage de sable 筛砂
tamisage de terre 筛土
tamis à mailles 圆眼网筛
tamis à mailles carrées 方眼网筛
tamis à mailles fines 细孔筛
tamis à mailles rondes 圆孔筛
tamis à main 手摇筛
tamis à sable 砂筛
tamis à toile métallique 金属网筛

tamis de classement 分级筛
tamis en crin 细孔筛
tamis fin 细筛
tamis galopant 振动筛
tamis grossier 粗筛
tamis oscillant 振动筛
tamis plan 平面筛
tamis rotatif 滚筒筛
tamis vibrant 振动筛
tamisation 过筛;筛滤
tampon 圆盘盖板;车钩缓冲器
tampon à ressort 弹簧缓冲器
tampon d'ancrage 锚塞
tampon d'attelage 车钩缓冲器
tampon de choc 缓冲器
tampon de choc d'attelage 车钩缓冲器
tampon de regard 检查井盖
tampon de suspension de l'essieu
　车轴悬架减振器
tampon de visite 检查井盖
tampon de wagon 车辆车钩圆盘连接器
tampon en béton 混凝土井盖
tampon en fonte 铸铁(圆形)井盖
tampon hermétique 密封管塞
tamponnement 圆盘车钩连接器
tangente 切线
tangente commune 公切线
tangente de courbure 曲线切线
tangente de voie de communication
　渡线切线
tangente principale 主切线
tangente simple 单切线
tangente transitoire 缓和切线
tank 罐
tank de carburant 油罐
tapis 层
tapis antidérapant 防滑磨耗层
tapis de drainage 排水层
tapis étanche 不透水层
tapis filtrant 滤水层
tapis imperméable 防渗透层
tapis superficiel 面表层
taquet 挡块
taquet d'arrêt 止车挡块
taquet de déraillement 脱轨止挡
taquet de traverse en bois 枕木塞
taquet préalablement encastré 预埋木砖
tare 车皮自重
tare de wagon 车辆车皮自重

tarière 螺钻
tarière à clapet 取土钻
tarière à double spire 双螺钻
tarif 价目表;费率表
tarif d'assurance 保险费率
tarif de base 基本价格
tarif de chemin de fer 铁路运价
tarif de fret 铁路运价
tarif de jauge brut 总吨位费率
tarif de transport 运费
tarif de transport de marchandises
　货物运价
tarif de wagons complets 整车运价
tarif douanier 海关税则
tarif fixe 固定费率
tarif flottant 浮动价格
tarif forfaitaire 承包价
tarif préférentiel 特惠税率
tarif uniforme 统一费率
tarification 规定费率
tas 堆
tas de ballast 道砟堆
tas de blocs rocheux 石块堆
tas de déblais 挖方堆;弃砟堆
tas de granulats 石料堆垛
tas de matériaux 料堆
tas de matériaux mis en dépôt 存料堆
tas de rejets 废石堆
tas du sol 土堆
tasseau 垫木
tassement 沉降
tassement admissible 允许沉降
tassement à long terme 长期沉降
tassement anormal 不正常沉降
tassement calculé 计算沉降(量)
tassement centrifuge 离心沉降
tassement continu 继续沉降
tassement de barrage 坝体下沉
tassement de caisson 沉箱下沉
tassement de chaussée 路面沉降
tassement de consolidation 固结沉降
tassement de culée 桥台沉降
tassement définitif 最终沉降
tassement de fondation 基础沉降
tassement de l'assise de voie 路基下沉
tassement de la plateforme de voie
　路床下沉
tassement de radier de tunnel
　隧道底板下沉

T

tassement de remblai　填方沉降；路堤下沉
tassement des appuis　支座下沉
tassement de semelle des pieux
　桩基承台下沉
tassement de semelle de tunnel
　隧道底板下沉
tassement de surface　表面沉降
tassement de terrain　地面沉降
tassement de terrassement　土基下沉
tassement de traverse　轨枕下沉
tassement détrimental　有害沉降
tassement de voie　线路下沉
tassement de voie dû à la surcharge axiale
　轴向超载线路下沉
tassement différentiel　不均匀沉降
tassement dû à l'infiltration des eaux
　浸水下沉
tassement du lit de ballast　道床沉降
tassement du sol　地面下沉
tassement élastique　弹性沉降
tassement excessif　过多沉降
tassement inadmissible　不容许沉降
tassement inégal　不均匀沉降
tassement inégal de l'assise de voie
　路基不均匀沉降
tassement inégal de la voie　线路不均匀沉降
tassement initial　初始沉降
tassement libre　自由沉降
tassement local　局部下沉
tassement moyen　平均沉降量
tassement prévisible　预计沉降
tassement primaire　初步沉降
tassement régional　区域性沉降
tassement relatif　相对沉降
tassement réservé　预留沉降
tassement résiduel　残余沉降
tassement secondaire　二次沉降
tassement uniforme　均匀沉降
tasseur　打夯机
tasseuse　打夯机
tas volumineux　大堆
taupe　隧道掘进机
taux　率；比
taux à l'heure ponctuelle　准点率
taux à l'heure ponctuelle de trains
　列车准点率
taux d'absorption　吸收率
taux d'accident　事故率
taux d'accroissement annuel de trafic
　年交通量增长率
taux d'actualisation　折现率
taux d'amortissement　折旧率
taux de bénéfice　利润率
taux de change　兑换比价
taux de change fixe　固定汇率
taux de change flottant　浮动汇率
taux de charge　承载率
taux de compactage　压实率
taux de compression　压缩比
taux de conversion　兑换率
taux de croissance　增长率
taux de déformation　变形程度
taux de détente　膨胀比
taux de dilution　稀释比
taux de distribution　分布率
taux d'échange　交换率
taux de fatigue　疲劳程度
taux de gonflement libre　自由膨胀率
taux de l'impôt　税率
taux de mort d'accident　事故死亡率
taux de participation　参与比率
taux de pénalités　罚款比率
taux de percussion　冲击率
taux de précipitations atmosphériques
　大气降水量
taux de production　生产率
taux de profit　利润率
taux de récupération　回收率
taux de remplacement　置换率
taux de remplissage　填充密度
taux de rendement　收益率
taux de rentabilité　收益率
taux de rentabilité interne　内部收益率
taux de réparation de locomotive
　机车检修率
taux de résistance électrique　电阻率
taux de retard　晚点概率
taux de retrait　收缩率
taux de risque　风险概率
taux de rotation　周转率
taux de rotation de l'équipement
　设备周转率
taux de rotation de fonds　资金周转率
taux de rotation de locomotive　机车周转率
taux de rotation des wagons　车辆周转率
taux de saturation　饱和率
taux d'escompte　贴现率
taux de sécurité　安全系数

taux de tassement 沉降率
taux de travail limite 极限应力
taux de travée 矢跨比
taux d'évaporation 蒸发率
taux de vitesse 速率
taux de volume 容积率
taux d'humidité 含水率;湿度
taux d'intérêt 利率
taux d'intérêt à court terme 短期利率
taux d'intérêt à long terme 长期利率
taux d'intérêt bancaire de crédits à court terme 银行短期贷款利率
taux d'occupation 占有率
taux d'utilisation 利用率
taux optimum d'humidité 最佳含水量
taxe 税
taxe additionnel 附加税
taxe à la consommation 消费税
taxe à la production(TP) 生产税
taxe à la valeur ajoutée(TVA) 增值税
taxe à l'exportation 出口税
taxe d'activité professionnelle 专业业务税
taxe de transit des marchandises 货物过境税
taxe d'exploitation des emprunts 料源开采税
taxe d'exportation 出口税
taxe d'importation 进口税
taxe directe 直接税
taxe foncière 地产税
taxe indirecte 间接税
taxe locale 地方税
taxe percevable 可征税
taxe supplémentaire 附加税
taxe sur la valeur ajoutée 增值税
taxe sur le chiffre d'affaires 营业税
taxe sur le revenu 所得税
taxe sur les bénéfices 利润税
taxi 出租车
té 三通
technicien 技术员
technicien de sécurité 安全技术人员
technicien qualifié 合格技术员
technicien supérieur 高级技术员
technicité 技术性
technique 技术
technique avancée 先进技术
technique d'aération 通风技术
technique d'avant-garde 先进技术

technique de béton précontraint 预应力混凝土技术
technique de commande à distance 遥控技术
technique de contrôle de trafic 交通控制技术
technique de creusement 掘进技术
technique de fabrication 制造技术
technique de force motrice centralisée 动力集中技术
technique de force motrice dispersée 动力分散技术
technique de forage 钻探技术
technique de guidage 导向技术
technique d'installation 安装技术
technique de mesure 测量技术
technique de mesure à bord du train 车载测量技术
technique de mise en position 定位技术
technique de montage 安装技术
technique d'entretien 养护技术
technique de pont 桥梁技术
technique de pose de rails 铺轨技术
technique de positionnement par GPS 全球定位技术
technique de précision 精密技术
technique de production 生产技术
technique de réparation 维修技术
technique de sautage 爆破技术
technique de sécurité 安全技术
technique de sol 土壤工程(学)
technique de sondage 钻探技术
technique de soudure 焊接技术
technique de stabilisation 稳定技术
technique d'étanchéité 防水技术
technique de terrassement 土方工程技术
technique de tir 爆破技术
technique de traitement 处理技术
technique d'excavation 开挖技术
technique d'exploitation 开采技术
technique d'usinage 加工工艺
technique d'utilisation 操作技术
technique dynamique 动力技术
technique ferroviaire 铁路工程学
technique géotechnique 土工技术
technique hydraulique 水利工程技术
technique informatique 信息技术
technique moderne 现代技术
technique opérationnelle 操作技术

technologie 工艺	téléphone de régulation 调度电话
technologie avancée 先进工艺	téléphone de service 业务电话
technologie de bétonnage 混凝土施工工艺	téléphone embarqué 车载电话
technologie de creusement de tunnel 隧道开挖施工工艺	téléphone ferroviaire 铁路电话
	téléphone numérique 数字电话
technologie de fabrication 制造工艺	téléphone sans fil 无线电话
technologie de fabrication de wagon 车辆制造工艺	téléphone télévisé 可视电话
	télescopage 火车撞车
technologie de production 生产工艺	télescopage des trains 火车撞车
technologie de soudage 焊接工艺	télésurveillance 远距电子监控
technologie de traitement 处理技术	télétransmission 远距离传输
technologie de véhicule 车辆工艺	télévision 电视
technologie de vibration 振捣工艺	télévision en circuit fermé 闭路电视
technologie informatique 信息技术	télévision par câbles 有线电视
tectonique 地质构造	telluromètre 激光测距仪
tectonite 构造岩	température 温度
téléaffichage 远程显示	température absolue 绝对温度
téléchargement 远程下载	température ambiante 环境温度
téléchargement de données 数据下载	température ambiante de travail 工作环境温度
téléchargement de dossier 文件下载	
téléchargement de formulaire 表格下载	température apparente 表面温度
télécommande 遥控	température atmosphérique 大气温度
télécommunication 电信	température Celsius 摄氏温度
télécommunication ferroviaire 铁路电信	température centésimale 摄氏温度
télécommunication par l'internet 互联网通信	température constante 恒温
	température contrôlée 控制温度
télécommunication par l'intranet 接入网通信	température critique 临界温度
	température d'aiguille 道岔温度
télécommunication par ondes hertziennes 微波通信	température d'amollissement 软化温度
	température de béton 混凝土温度
télécommunication par satellite 卫星通信	température de bitume 沥青温度
	température de boîte d'essieu 轴箱温度
télédétection 远距离探测	température de chauffage d'aiguille 道岔加热温度
télédétection par radar 雷达远距离探测	
télédiffusion 电视广播	température de chaussée 路面温度
télédistribution 有线电视	température de conservation de béton 混凝土养护温度
télégramme 电报	
téléguidage 遥控;远距离控制	température de coulée 浇筑温度
télémesure 遥测(术)	température de cure 养护温度
télémètre 测距仪	température de cylindre 缸温
téléphérage 架空索道运输	température de Fahrenheit 华氏温度
téléphérique 架空索道	température de fil de contact 接触线温度
téléphérique bicâble 双线索道	température de fonctionnement 工作温度
téléphérique monocâble 单线索道	température de fusée 轴颈温度
téléphone à bord du train 车载电话	température de fusion 熔化温度
téléphone à onde porteuse 载波电话	température de l'eau 水温
téléphone de bureau 办公电话	température de l'huile 油温
téléphone de cabine de conduite 驾驶室电话	température d'emploi 工作温度
téléphone de dispatching 调度电话	température d'enrobage 拌和温度

température de point d'ébullition	沸点温度
température de point d'éclair	热闪点温度
température de point de congélation	冻结点温度
température de point de flamme	燃点温度
température de point de fusion	熔点温度
température de point de ramollissement	软化点温度
température de point de ramollissement de bitume	沥青软化点温度
température de point d'inflammation	燃点温度
température de rail	钢轨温度
température de référence	参考温度
température de répandage	摊铺温度
température de répandage de béton bitumineux	沥青混凝土摊铺温度
température de roulement	轴承温度
température de solidification	凝固温度
température de soudure	焊接温度
température d'essai	试验温度
température d'essieu	轴温
température de tête de pivot	轴头温度
température de travail	工作温度
température d'évaporation	蒸发温度
température d'opération	作业温度
température du sol	地面温度
température élevée	高温
température environnementale	环境温度
température extérieure	室外温度
température extrême	极限温度
température initiale	初始温度
température intérieure	室内温度
température journalière	日温度
température limite	极限温度
température maximale	最高温度
température minimale	最低温度
température moyenne	平均温度
température moyenne annuelle	年平均温度
température moyenne journalière	日平均温度
température moyenne mensuelle	月平均温度
température normale	正常温度
température optimale	最佳温度
température ordinaire	常温
température réelle	实际温度
température résiduelle	余温
température superficielle	表面温度
température superficielle de rail	轨面温度
température théorique	理论温度
tempête	风暴
tempête de neige	暴风雪
tempête de sable	沙尘暴
temps	时间
temps à charge vide	空载时间
temps d'accélération	加速时间
temps d'action	作用时间
temps d'amenée	进场时间
temps d'amenée des matériels	设备进场时间
temps d'arrêt	停车时间
temps d'arrêt à la gare	车站停靠时间
temps d'arrivée	到达时间
temps d'attente	等待时间
temps d'attente de départ	等待发车时间
temps de bétonnage	混凝土浇筑时间
temps de blocage	封锁时间
temps de chargement/déchargement	装卸时间
temps de chauffage	加热时间
temps de chauffage de bitume	沥青加热时间
temps d'échauffement	加热时间
temps de chute	衰变时间
temps de circulation de train	列车运行时间
temps de clôture	关闭时间
temps de compactage	碾压时间
temps de compression	压缩时间
temps de congélation	凝固时间
temps de construction	建造时间
temps de coulage	浇筑时间
temps d'écoulement	流动时间
temps de cycle	周期时间
temps de déblai	挖方时间
temps de décoffrage	拆模时间
temps de démarrage	启动时间
temps de départ	出发时间
temps de dépannage	排障时间
temps de fatigue	疲劳时间
temps de fatigue de conduite	驾驶疲劳时间
temps de fermeture	闭合时间
temps de fonctionnement	运转时间
temps de formation des wagons	编组时间
temps de livraison	交货时间
temps de maintenance	维修时间
temps de maintenance des équipements	设备维修时间

temps de maintenance du pont 桥梁维护时间
temps de malaxage 拌和时间
temps de mise au point 校准时间
temps de montage 安装时间
temps de mouvement 运动时间
temps de mouvement de terre 土方搬运时间
temps d'entretien 维修时间
temps de panne 故障时间
temps de parcours 行程时间
temps de passage 经过时间
temps de passage du train 列车经过时间
temps de pose 安装时间
temps de préparation 准备时间
temps de prise de béton 混凝土凝固时间
temps de réaction 反应时间
temps de réchauffage 加热时间
temps de réchauffage de bitume 沥青加热时间
temps de réglage 调整时间
temps de réglage de fréquence du départ des trains 发车频率调整时间
temps de réglage de prix de transport 运费调整时间
temps de réglage intégré 联调时间
temps de remblai 填方时间
temps de répandage 摊铺时间
temps de repli des installations 设施撤场时间
temps de repli des matériaux 材料撤场时间
temps de repli du laboratoire de chantier 工地实验室拆除时间
temps de repli du matériel et des installations de chantier 工地设备及设施退场时间
temps de repliement du matériel 设备撤场时间
temps de repliement en fin de chantier 工程完工后撤场时间
temps de réponse 响应时间
temps de rétablissement 恢复时间
temps de rétablissement du trafic 交通恢复时间
temps de retard 延误时间
temps de retard du train 列车晚点时间
temps de retenue 停留时间
temps de retenue à la station technique 技术站停留时间

temps de retenue au dépôt 库内停留时间
temps de retour 返程时间
temps de roulement 周转时间
temps de roulement de locomotive 机车周转时间
temps de roulement des matériels roulants 车辆周转时间
temps de roulement des wagons 车辆周转时间
temps de roulement total 全周转时间
temps de sautage 爆破时间
temps de sensation 感觉时间
temps de service 使用寿命
temps de stationnement 停车时间
temps de tir 爆破时间
temps de transbordement des marchandises 货物倒装时间
temps de transit 中转时间
temps de transport 运输时间
temps de travail 工作时间
temps de travail des agents de train 乘务员工作时间
temps d'exploitation 运营时间
temps d'installation 安置时间
temps d'installation de base-vie 营地安置时间
temps d'interception de voie 线路中断运行时间
temps d'interception temporaire de circulation 线路临时中断运行时间
temps d'intervalle 间隔时间
temps d'intervalle des arrivées des trains 列车到达间隔时间
temps d'intervalle des départs des trains 列车发车间隔时间
temps d'intervention 干预时间
temps disponible 可支配时间
temps disponible de matériel 设备可支配时间
temps disponible moyen 平均可用时间
temps d'ouverture 开放时间
temps effectif 有效时间
temps incident 故障时间
temps local 当地时间
temps moyennement pluvieux 平均雨天
temps orageux 暴雨天数
temps pluvieux 雨天
temps réel 实时
temps réservé 预留时间

temps réservé à maintenance de voie
　线路预留维修时间
temps standard　标准时间
temps utile　有效时间
ténacité　韧度
ténacité de ballast　道砟韧度
ténacité de rail　钢轨韧度
ténacité de traverse　轨枕韧度
tendance　趋势
tendance de développement　发展趋势
tendance de l'évolution　演变趋势
tendance de l'intégration　一体化趋势
tendance de spécialisation　专业化趋势
tendance de standardisation　标准化趋势
tendeur　收紧器
tendeur à rail　钢轨矫直机
tendeur à vis　紧固螺杆
tendeur d'attelage　车钩紧固螺杆
tendeur de coupleur　车钩紧固器
tendeur de hauban　缆索紧固器
teneur　含量
teneur de grave　砾粒含量
teneur de limon　软泥含量
teneur de minerai　铁矿石含量
teneur de sable　砂粒含量
teneur en adjuvant　添加剂含量
teneur en alcool　酒精含量
teneur en argile　黏土含量
teneur en bioxyde de titane　二氧化钛含量
teneur en bitume　沥青含量
teneur en calcaires　钙含量
teneur en carbonate　碳酸盐含量
teneur en carbone　碳含量
teneur en cendres　灰含量
teneur en chaux　石灰含量
teneur en chaux libre　游离石灰含量
teneur en chlorure　氯化物含量
teneur en ciment　水泥含量
teneur en eau　含水量
teneur en eau au compactage　碾压含水量
teneur en eau de granulats　碎石料含水量
teneur en eau de limite de liquidité
　流限含水量
teneur en eau de limite de plasticité
　塑限含水量
teneur en eau maximum　最大含水量
teneur en eau optimum　最佳含水量
teneur en fines　细料含量
teneur en ion chlorure　氯离子含量

teneur en ion sulfure　硫离子含量
teneur en liant　结合料含量
teneur en liant d'émulsion
　乳液中沥青含量
teneur en matières organiques
　有机物质含量
teneur en oxygène　含氧量
teneur en paraffine　石蜡含量
teneur en pourcentage　百分比含量
teneur en poussière　含尘量
teneur en sable　含砂量
teneur en sel　含盐量
teneur en silices　二氧化硅含量
teneur en sulfates　硫酸盐含量
teneur en sulfures　硫化物含量
teneur en terre　含泥量
teneur en vide　孔隙率
teneur naturelle en eau　自然含水量
teneur optimale　最佳含量
tension　压力；应力；电压
tension accessible　输入电压
tension à circuit fermé　闭路电压
tension alternative　交流电压
tension d'alimentation de réseau de
　traction　牵引网电压
tension de câbles　拉索张力
tension de caténaire　接触网电压
tension de choc　冲击电压
tension de comptage　表压
tension de contact　接触电压
tension de conversion　换算张力
tension de courant continu　直流电压
tension de courant de retour par le rail
　轨道回流电压
tension de courant de traction
　牵引电流电压
tension de crête　峰值电压
tension de débit　输出电压
tension de flexion　弯曲应力
tension de fonctionnement　工作电压
tension de hauban　缆索拉力
tension de l'eau　土壤水分张力
tension de ligne de transmission électrique
　输电线电压
tension de l'interface　界面张力
tension de pique　瞬时峰值电压
tension de pique admissible
　可接受的瞬时峰值电压
tension de rail-sol　轨—地电压

tension de sécurité 安全电压
tension de service 操作电压
tension de sortie 输出电压
tension de tige d'ancrage 锚杆拉力
tension effective 有效应力;有效电压
tension efficace 有效电压
tension initiale 初始张力
tension instantanée 瞬时电压
tension interne 内应力
tension inverse 反向张力
tension longitudinale 纵向应力
tension maximale 最大张力
tension mécanique 机械受力
tension nominale 额定电压
tension nominale de service 工作额定电压
tension ondulatoire de l'onduleur
　逆变器浪涌电压
tension permanente 永久张力
tension précontrainte de câble en acier
　钢索张拉力
tension principale 主应力
tension pulsatoire 脉动电压
tension superficielle 表面张力
tension tangentielle 剪切应力
tension temporaire 暂时拉力
tension volumétrique 体积张力
tente 帐篷;雨篷
tente-abri 轻便帐篷
tenue 使用寿命;耐久性
tenue à chaud 耐热性
tenue à la corrosion 耐腐蚀性
tenue à l'usure 耐磨性
tenue de service 使用寿命
tenue de talus 边坡稳定性
tenue des épontes 围岩稳定性
terme 期限;术语
terme convenant 约定术语
terme de contrat 合同术语
terme de livraison 交付期
terme de référence 参设考术语
terme de rigueur 最后期限
terme fixe 定期
terme scientifique 科学用语
terme suspensif 暂停期
terme technique 技术术语
terminaison d'entretien de wagon
　车辆维护完毕
terminaison des travaux 工程完工
terminaison de traitement de l'accident
　事故处理完毕
terminal 终点站;终端设备;航站楼
terminal à distance 远程终端
terminal aérien 航站楼
terminal de centre informatique
　信息中心终端
terminal de communication 通信终端
terminal de régulation 调度终端
terminal de réseau 网络终端
terminal des conteneurs 集装箱码头
terminal mobile 移动终端
terminal radio 无线电终端
terminologie 专业词汇
terminus 终点站
terrain 场地
terrain à faible portance 松软土地
terrain à l'utilisation provisoire 临时用地
terrain affouillable 易受冲刷场地
terrain alluvionnaire 冲积场地
terrain aquifère 含水地层
terrain ardent 沥青岩
terrain argileux 黏土地
terrain bas 盆地;洼地
terrain congelé 冻(土)层
terrain cultivé 耕地
terrain d'alluvion 冲积土
terrain d'appui 底土
terrain d'assiette 基础地面
terrain de base-vie 生活营地用地
terrain de bureau et de base-vie
　办公和生活用地
terrain déclive 斜坡
terrain de comblement 充填土
terrain de construction 工程用地
terrain de décharge 垃圾场
terrain de fondation 地基
terrain de mauvaise tenue 不稳定地层
terrain d'emprise 征用土地
terrain d'emprise ferroviaire
　铁路管界用地
terrain d'emprunt 借用场地
terrain de préfabrication 预制场地
terrain d'essai 试验场地
terrain de travaux 工程用地
terrain d'expériences 试验区段
terrain diluvien 洪积土(层)
terrain d'occupation provisoire 临时用地
terrain du projet 项目用地
terrain ébouleux 松软场地

terrain écroulé 沉陷场地
terrain élevé 高地
terrain encaissant 围地
terrain enfoncé 洼地
terrain en pente 坡地
terrain faillé 断裂地层
terrain ferme 坚实土
terrain ferroviaire 铁路用地
terrain gazonné 草地
terrain gelé 冻土
terrain sans consistance 疏松土；松软土地
terrain imperméable 不透水场地
terrain incliné 倾斜地面
terrain inculte 荒地
terrain inondé 水淹场地
terrain libre 空地
terrain limoneux 泥泞土地
terrain mamelonné 丘陵地带
terrain marécageux 沼泽地
terrain meuble 软土地面
terrain mou 软土地面
terrain naturel 自然场地
terrain palustre 沼泽地
terrain perméable 透水场地
terrain pierreux 多石场地
terrain plat 平地
terrain raboteux 高低不平地面
terrain rapporté 回填场地
terrain remblayé 回填场地
terrain remblayé compacté 夯实回填场地
terrain réservé 预留场地
terrain résistant 坚硬地基
terrain rippable 松土地带
terrain riverain 河滨地
terrain rocheux 岩石地带
terrain sablonneux 沙土场地
terrain schisteux 片岩地层
terrain sédimentaire 沉积层
terrain superficiel 地表
terrain tufier 凝灰岩地层
terrain vague 荒地
terrain vaseux 泥泞地
terrain vierge 未开垦地
terrasse 平台；阶地
terrasse d'accumulation 堆积阶地
terrasse d'alluvion 冲积阶地
terrasse de culture 梯田
terrasse de dépôt 冲积阶地
terrasse de glissement 滑坡阶地

terrasse de remblaiement 填土平台
terrasse d'érosion 侵蚀阶地
terrasse en encorbellement 挑平台
terrasse en gradins 梯级阶地
terrasse éolienne 风成台地
terrasse étagée 梯级阶地
terrasse fluviale 河成阶地
terrasse littorale 海岸阶地
terrasse structurale 构造阶地
terrasses parallèles 平行阶地
terrassement 土方工程
terrassement à l'aide mécanique
　机械化土方作业
terrassement à la main 人工土方作业
terrassement à sec de fouilles 干挖
terrassement au niveau de portail de
　tunnel 隧道洞口土方工程
terrassement de déblais 挖方土方
terrassement de déblais-remblais
　以挖作填工程
terrassement de l'assise de voie 路基土方
terrassement de tranchée 路堑土方
terrassement de voie ferrée
　铁路路基土方施工
terrassement en couches 土方分层填筑
terrassement en couches minces
　土方薄层填筑
terrassement en couches successives
　土方分层填筑
terrassement en déblais 挖方土方
terrassement en grande masse
　大土方量工程
terrassement en petite masse 少量土方工程
terrassement en remblai 填方工程
terrassement en roche dure 坚硬石方
terrassement en souterrain 地下挖土作业
terrassement en surface 土方整平
terrassement en terrain ordinaire 普通挖方
terrassement pour ouvrages d'art
　构造物土方施工
terrassement rocheux 石方工程
terrassement sous l'eau 水下挖土工程
terre 土
terre agricole 耕地
terre alcaline 碱性土
terre alluviale 冲积土
terre alunée 明矾土
terre aluneuse 明矾土
terre ancrée 锚定土

terre à porcelaine 高岭(瓷)土
terre à poterie 陶土
terre à potier 陶土
terre aqueuse 含水土
terre arable 可耕地
terre argileuse 黏性土
terre armée 加筋土
terreau 腐殖土
terre basse 盆地
terre battante 雨后沉积砂质土
terre blanche 高岭土
terre bleue 青泥
terre brune 褐土
terre calcaire 石灰质土
terre cohérent 黏质土
terre compacte 板结土
terre compressible 可压缩性土
terre consistant 密实土
terre cultivée 耕地
terre d'alumine 铝矾土
terre d'apport 冲积土
terre de déchets 渣土
terre de groie 脱钙黏土
terre d'emprunt 借土
terre de pipe 高岭土
terre de recouvrement 覆盖土
terre de surface 表层土
terre d'excavation 挖出的土
terre émiettée 细粒土
terre en excès 多余土
terre éolienne 风积土
terre gelée 冻土
terre glaise 黏土;胶泥
terre granuleuse 粒状土
terre grasse 黏土
terre graveleuse 砾质土
terre jaune 黄色黏土
terre labourée 耕地
terre mélangée de chaux/limon/gravier
　　三合土(石灰/黄土/碎石)
terre mélangée de ciment/sable/chaux/laitier
　　四合土(水泥/砂/石灰/炉渣)
terre mélangée de ciment/sable/laitier
　　三合土(水泥/砂/炉渣)
terre meuble 松软土
terre nitreuse 硝土
terre noir 黑土
terre organique 有机土
terre originale 原生土
terre plastique 塑性土
terre-plein 土台;隔离带
terre-plein central(TPC)
　　高速公路中间绿化带或隔离带
terre-plein central concave 凹形中央分隔带
terre-plein central convexe 凸形中央分隔带
terre-plein central gazonné
　　绿化中央分隔带
terre-plein latéral 路边分隔带
terre-plein médian 中间分车带
terre-plein vert 绿化分隔带
terre pourrie 风化土
terre pulvérulente 粉状土
terre rapportée 填土
terre remblayée 填土
terre renforcée 加筋土
terre réutilisable 重新利用土
terre rocheuse 石质土
terre rouge 红土
terre sableuse 沙化土
terre saline 盐渍土
terre semi-dure 半硬土
terre solide 密实土
terre végétale 腐殖土
terre végétale ensemencée 播种植被土
terril 废石堆
test 试验
test à charge constante 恒载试验
test à compression-mètre
　　压缩仪试验;钎探
test à la bille 布氏硬度试验
test à la compression 抗压试验
test à la compression simple 简单抗压试验
test à la flexion 受变试验
test à la table 土压试验;承台式土压试验
test à la traction 抗拉试验
test à l'écrasement 抗压试验
test analytique 分析试验
test au banc 试验台试验
test au bleu 亚甲蓝试验
test au bleu de méthylène 亚甲蓝试验
test au choc 冲击试验
test au compressimètre 钎探
test au drainomètre 透水试验
test au drainomètre de chantier
　　现场透水试验
test au flotteur 浮标试验
test au laboratoire 实验室试验
test au moulinet 十字板试验

test au moyen de l'appareil à palettes 十字板试验
test au pénétromètre 贯入度试验
test au pressiomètre 旁压试验
test au scissomètre 剪力试验
test Brinell 布氏硬度试验
test calorimétrique 热量测定试验
test centrifuge 离心试验
test chimique 化学实验
test colorimétrique 比色试验
test comparatif 对比试验
test d'abrasion 磨耗试验
test d'absorption 吸收试验
test d'accélération 加速试验
test d'adhérence 黏结力试验
test d'affaissement 坍落度试验
test d'affaissement au cône 坍落度试验
test d'analyse 分析试验
test d'ancrage passif 锚杆施工试验
test d'appréciation 鉴定试验
test d'appui du sol 土壤承载力试验
test d'aptitude au compactage par vibration 振动压实试验
test d'auscultation sonique 声测试验
test d'autoclave 蒸压试验
test de battage 打桩试验
test de béton 混凝土试验
test de bruit ambiant 环境噪声测试
test d'écaillage de surface de béton durci 已凝固混凝土表面剥离试验
test de carotte 岩芯试验
test d'échantillon du sol 土样试验
test de charge 承载试验
test de charge de pieu 基桩承载试验
test de charge in situ 现场承载试验
test de charge statique 静载试验
test de charge statique du pont 桥梁静载试验
test de charge sur plaque 承载板试验
test de chargement 承载试验
test de circuit de voie 轨道电路测试
test de circulation 试运行
test de cisaillement 剪切试验
test de classification 分类试验
test de compactage 压实试验
test de compactage de Proctor 葡氏密实度试验
test de compactage du sol 土壤压实试验
test de comparaison 对比试验

test de compatibilité 兼容性测试
test de compatibilité électromagnétique 电磁兼容性测试
test de composition de béton 混凝土成分试验
test de composition et de résistance optimale de béton 混凝土成分及最佳配比试验
test de compression 压缩试验
test de compression longitudinale 纵向压缩试验
test de compression triaxiale 三轴压力试验
test de compression uniaxiale 单轴压力试验
test de cône d'abrams 混凝土坍落度试验
test de connexion 连接试验
test de consolidation 固结试验
test de contrôle 检验
test de convenance 适配试验
test de corrosion 腐蚀试验
test d'écoulement 排水试验
test de course 运行试验
test d'écrasement 压碎试验
test d'écrasement des éprouvettes de béton par compression 混凝土试块加压破碎试验
test de déflexion à la poutre 梁弯沉试验
test de déformation 变形试验
test de densité 密度试验
test de durée 持久性试验
test de dureté 硬度试验
test de dureté à la bille 布氏硬度试验
test de dureté Brinell 布氏硬度试验
test de fatigue 疲劳试验
test de fendage 劈裂试验
test de fiabilité 可靠性试验
test de flambage 纵弯试验
test de flexion 折弯试验
test de fluage 蠕变试验
test de fonctionnement 运行试验
test de forage 钻孔试验
test de formulation 配比试验
test de formulation de tout-venant de carrière 采集场材料试验
test de Fraass 法氏断裂点试验(沥青料)
test de fragilité 断裂点试验
test de fragmentation 压碎试验
test de fragmentation dynamique 集料冲击破碎试验
test de freinage 制动试验

test de frottement 耐磨试验
test de fusion 熔化试验
test de glissement 滑动试验
test de glissement à froid 冷滑试验
test de gonflement 膨胀试验
test de gonflement-consolidation
　膨胀—固结试验
test de granulométrie 颗粒度试验
test d'élasticité 弹性试验
test de locomotive 机车试验
test de matériaux 材料试验
test de minerai 矿石分析
test de module 模数试验
test de mouillage-séchage 干湿试验
test d'émulsion 乳化试验
test d'émulsion de bitume 沥青乳化试验
test de pénétration 贯入度试验
test de pénétration au cône 圆锥贯入试验
test de pénétration dynamique
　动力触探试验
test de pénétration statique 静力触探试验
test de perçage 穿孔试验
test de performance 性能测试
test de performance aérodynamique
　气动力性能测试
test de performance dynamique
　动力性能测试
test de performance dynamique de l'aiguille
　道岔动力性能测试
test de performance dynamique de la
　structure 结构动力性能测试
test de performance dynamique de groupe
　automoteur 动车组动力性能测试
test de performance dynamique de
　la structure de voie
　轨道结构动力性能测试
test de performance dynamique de
　locomotive 机车动力性能测试
test de performance dynamique du pont
　桥梁动力性能测试
test de performance technique
　技术性能试验
test de perméabilité 渗透性试验
test de perméabilité de l'eau 渗水性试验
test de perméabilité du sol 土壤渗透性试验
test de perte linéaire 线性损失试验
test de plaque 平板试验
test de plaque chargée 承载板试验
test de portance 承载试验

test de pression 压力试验
test d'épreuve 检验
test de prise 凝固试验
test de Proctor 葡氏试验；击实试验
test de Proctor modifié 修正葡氏试验
test de Proctor normal 标准葡氏试验
test de qualité 质量检验
test de ramollissement 软化点测定
test de ramollissement de l'asphalte
　沥青软化点测定
test de réactivité à l'eau
　水活化反应性试验
test de réception 验收试验
test de réception de matériaux
　材料验收试验
test de recherche 研究试验
test de réglage 调试试验
test de remplissage 灌注试验
test de réseau 网络测试
test de réseau de transmission
　传输网络测试
test de résistance 强度试验
test de résistance à cisaillement
　抗剪强度试验
test de résistance à l'abrasion 抗磨损试验
test de résistance à la compression
　抗压强度试验
test de résistance à la fatigue 疲劳强度试验
test de résistance à l'usure 耐磨损试验
test de résistance à pression uniaxiale
　单轴抗压强度试验
test de résistance à traction 抗拉强度试验
test de résistance au frottement 耐磨性试验
test de résistance en compression et en
　flexion 抗压和抗弯强度试验
test de résistance en compression triaxiale
　三轴抗压试验
test de résistance optimale de béton
　混凝土最佳配比试验
test de rétraction 收缩试验
test de retrait 收缩试验
test de retrait linéaire 线性收缩试验
test de rigidité 刚性试验
test de rippabilité 土界定试验
test de roches 岩石试验
test de routine 常规试验
test de rupture 断裂试验
test de sable équivalent 砂当量试验
test des aciers à la traction 钢筋拉力试验

test des aciers au pliage à froid 钢筋冷弯试验
test de sécurité 安全试验
test de sédimentation 沉淀试验
test de signal 信号测试
test de SPT 标准贯入试验
test de stabilité 稳定性试验
test de stabilité de circulation du train 列车运行稳定性试验
test de stabilité de pont 桥梁稳固性试验
test de stabilité de rails 轨道稳固性试验
test de stabilité de structure 结构稳定性试验
test destructif 破坏性试验
test de surcharge 超载重试验
test de système d'alimentation électrique 供电系统测试
test de système de billets 票务系统测试
test de système de caténaire 接触网系统测试
test de système de contrôle 控制系统测试
test de système de freinage 制动系统测试
test de système de mise à la terre 接地系统测试
test de système de traction 牵引系统测试
test de système de ventilation 通风系统测试
test de tamisage 筛分试验
test d'étanchéité 密封试验;防水试验
test de teintes 调色试验
test de teneur en eau 含水量试验
test de tension 张力试验
test de titrage 滴定试验
test de traction 抗力试验;牵拉试验
test de tunnel 风洞试验
test Deval 道瑞磨耗试验
test de vibration 振动试验
test de voie 线路试验
test de wagon 车辆测试
test d'expansion 膨胀试验
test d'exploitation 开采试验
test d'hydrophilicité 亲水试验
test d'identification 鉴别试验
test d'orniérage 车辙试验
test drainant à la chaussée 路面透水性试验
test drainé 排水试验
test Duriez 多列士试验
test du sol 土壤试验
test d'usure 磨损试验
test dynamique 动力试验
test équivalent de sable 砂当量试验
test facultatif 随机性试验;抽查试验
test géotechnique 地质工程试验
test géotechnique in situ 现场地质工程试验
test granulométrique 颗粒度试验
test Hubbard-Field 哈费氏稳定度试验
test hydraulique 水压试验
test hydrostatique 静水压力试验
test in-situ 现场试验
test in-situ pressiométrique 现场旁压试验
test Los Angeles 洛杉矶磨耗试验
test Marshall 马歇尔试验
test mécanique 力学试验
test Micro-Deval humide 微—狄法尔湿度试验
test non destructif 无损试验
test par extraction 提取试验
test pénétrométrique 贯入度试验
test physique 物理试验
test préalable de fabrication 生产前试验
test préliminaire 初步试验
test préliminaire de réglage 初步调试试验
test pressiométrique 旁压试验
test scientifique 科学试验
test sédimentaire 沉淀试验
test sonique 声纳试验;声测
test standard de compacité 标准压实试验
test statique 静力试验
test statique de mise en charge 静力荷载试验
test statique de tirants d'ancrage 锚杆静态试验
test structural du pont 桥梁结构试验
test sur chantier 工地试验
test sur cube 立方体(抗碎强度)试验
test sur cube de ciment 混凝土立方块(强度)试验
test sur place 现场试验
test sur site 现场试验
test vibratoire 振动试验
tête 头
tête d'ancrage 锚头
tête de buse 管头;圆管涵端墙
tête de buse double 双管涵端墙
tête de citerne 罐体封头
tête de collecteurs 集水管端墙
tête de colonne 柱头
tête de crochet 钩头
tête de couche 层端

tête de dalot　箱涵端头；箱涵端墙
tête de la ligne　线路起点
tête de mur　端墙
tête d'entonnement pour buse　涵管喇叭口
tête de pieu　桩头
tête de pont　桥头
tête de poutre　梁端
tête de poteau　柱顶
tête de puits　井口
tête des ouvrages　建筑物端部
tête de train　车头
tête de tunnel　隧道洞口
tête de tuyau　管头
tête de voûte　拱顶
tête d'outil　刀头
texte　条文
texte original　原文
textes applicables　适用条例
textes réglementaires en vigueur
　　现行有效法律条文
théodolite　经纬仪
théodolite de construction　施工经纬仪
théodolite de récapitulation　复测经纬仪
théodolite d'ingénieur　工程经纬仪
théodolite électronique　电子经纬仪
théodolite optico-mécanique　光学经纬仪
thermomètre　温度计
thermomètre de précision　精密温度计
thermomètre enregistreur　自动记录温度计
thermométrie　温度测量
tige　杆
tige d'ancrage　锚杆
tige d'assemblage　连接杆
tige de battage　钻杆
tige d'écartement de rail　轨距杆
tige de fleuret　钻杆
tige de forage　钻杆
tige de forage creuse　空心钻杆
tige de foret　钻杆
tige de guidage　导杆
tige de perçage　钻杆
tige de piston　活塞杆
tige de sondage　钻杆
tige de sonde　钻杆
tige de suspension　吊杆
tige de traction　拉杆
tir　爆破
tir à court intervalle de temps　微差爆破
tir à court retard　微差爆破

tir à amorçage sequential　顺序点火爆破
tir à microretard　微差爆破
tir à retard　延发爆破
tir contrôlé　延发控制爆破
tir d'ébranlement　松动爆破
tir défaillant　哑炮
tir d'essai　试验性爆破
tir électrique　电雷管爆破
tir en creusement　掘进爆破
tir en éventail　扇形炮孔爆破
tir en forage　掘进爆破
tir en gradins　梯段爆破
tir en grande masse　大面积爆破
tir en petite masse　小面积爆破
tir en taille　工作面爆破
tir en traçage　巷道掘进爆破
tir instantané　瞬间起爆
tir massif　大面积爆破
tir normal　全工作面一次爆破
tir pneumatique　压气爆破
tir primaire　一次爆破
tir profond　深孔爆破
tir raté　哑炮
tir secondaire　二次爆破
tir sélectionné　选择爆破
tir séparé　分段爆破
tir systématique　系统爆破
tirage　抽出；复印
tirage de cale en bois　抽出垫木
tirage de plans　图纸打印
tirage de train　机车牵拉
tirage et échange de traverse en bois
　　抽换枕木
tirant　拉力构件；拉杆
tirant d'aiguille　道岔拉杆
tirant d'air　净空高度
tirant d'ancrage　锚杆
tirant d'ancrage permanent　永久锚杆
tirant d'ancrage précontraint　预应力锚杆
tirant d'ancrage temporaire　临时锚杆
tirant d'eau de navire　船的吃水线
tirant de ferme　桁架拉杆
tirant de pont à poutres en treillis
　　métallique　钢构桁架桥拉杆
tirant de scellement　锚杆
tirant de verrouillage　锁闭杆
tirant en acier　钢拉杆
tirant horizontal　水平拉杆
tirant inférieur　下拉杆

tirant longitudinal 纵向拉杆
tirant oblique 斜拉杆
tirant supérieur 上拉杆
tirant transversal 横向拉杆
tiraude 吊绳
tire-clou 起钉器
tire-crampon 起道钉机
tire-fond 螺纹道钉
tiroir de maintenance 机务段维修线
tiroir de manœuvre 机务折返线;调头线
tiroir de manœuvre de métro 地铁调头线
tiroir de refoulement 牵出线
tissu 织物
tissu d'amiante 石棉布
tissu hydrofuge 防水布
titre 标题
titre de dessin 图名
titre du transport 运输凭证
titulaire 持有者
titulaire de certificat 证书持有人
titulaire de marché 合同持有人
titulaire de passeport 护照持有人
titulaire de permis de conduire 驾照持有人
toile 帆布
toile d'amiante 石棉布
toile de chanvre 麻布
toile de jute 麻布
toile de lin 亚麻布
toile d'émeri 砂布
toile de tente 帆布
toile en fils de cuivre 铜纱
toile géotechnique 土工布
toile imperméable 防水布;帆布
toile métallique 铁纱
toile moustiquaire 窗纱
toit de voiture 车顶
toit de wagon 车辆顶棚
toit en dôme 半球形屋顶
toiture de quai 站台雨棚
toiture de station 车站站台顶棚
tôle 钢板
tôle à forte épaisseur 厚钢板
tôle d'acier 钢板
tôle d'aluminium 铝板
tôle emboutie 锻压钢板
tôle en acier inoxydable 不锈钢钢板
tôle en acier inoxydable pour le wagon marchandises 铁道货车用不锈钢钢板
tôle en acier rétriculaire 拉网钢板

tôle en alliage d'aluminium 铝合金板材
tôle en fer 铁皮板
tôle galvanisée 镀锌铁皮
tôle métallique 金属板材
tôle mince 薄钢板
tôle moyenne 中钢板
tôle ondulée 瓦楞铁皮
tôle profilée 成型薄钢板
tôle striée 凸细纹钢板
tolérance 公差
tolérance acceptable 允许公差
tolérance admissible 允许公差
tolérance altimétrique 高程允许误差
tolérance de compacité 压实度允许值
tolérance de connexion 连接误差
tolérance de construction 施工允许误差
tolérance de dimension 尺度公差
tolérance de fabrication 制造公差
tolérance de fabrication de wagon 车辆制造公差
tolérance de flèche 允许挠度
tolérance de l'interface 接口误差
tolérance de montage 安装允许误差
tolérance de niveau 标高公差
tolérance de planéité 平整度公差
tolérance de planéité du plan 平面平整度公差
tolérance de poids 重量公差
tolérance de point de fermeture 闭合点误差
tolérance de polygonale nivelée 水准导线误差
tolérance de pose 安装公差
tolérance de pose du pont 桥梁安装允许误差
tolérance de position 位置误差
tolérance de poutre préfabriquée 预制梁允许误差
tolérance d'équilibrage 平衡公差
tolérance de réception 验收公差
tolérance de recouvrement 搭接误差
tolérance de revêtement 衬砌允许误差
tolérance d'erreur 允许偏差
tolérance de soudure 焊接偏差
tolérance de température 温度公差
tolérance de temps 允许时间差
tolérance de tracé en plan 平面线路允许误差
tolérance de verticalité 垂直公差

tolérance d'excavation de radier	底板开挖允许误差
tolérance d'exécution	施工误差
tolérance d'horizontalité	水平误差
tolérance dimensionnelle	尺度公差
tolérance d'usure	允许磨损量
tolérance en planimétrie	平面测量允许误差
tolérance géométrique	几何允许误差
tolérance limitée	限定误差
tolérance maximale	最大误差
tolérance minimale	最小误差
tolérance planimétrique	平面测量允许误差
tolérance standard	标准公差
tolérance sur l'épaisseur	厚度允许误差
tôlier	钣金工
tonnage	吨位
tonnage annuel de fret	货运年吨量
tonnage de traction	牵引吨量
tonnage de transport	运输吨量
tonne	吨
tonne/essieu	吨/轴
tonne-kilomètre	吨公里
tonne/kilométrique	吨/公里
tonne métrique	公吨
topographe	地形测量员
topographie	地形测量
topographie au sol	地面测量
topographie de couloir de voie	线路走廊地形测量
topographie de gisement	矿脉地形
topographie de gîte	矿床地形
topographie de l'assise de voie	路基测量
topographie de site du pont	桥址测量
topographie de tracé de voie	线路走向地形测量
topographie karstique	喀斯特地形
topographie souterraine	坑道测量
topométrie	地形测量
toponyme	地名
tor	螺纹钢筋
tor à béton	螺纹钢
toron	钢缆;钢绞线
toron d'acier	钢绞线
toron d'acier pour poutre précontrainte	预应力梁钢绞线
toron du pont à haubans	斜拉桥钢绞线
torsion	扭曲
torsion de câble	缆线扭拧
torsion de rail	钢轨扭曲
torsion de toron d'acier	钢缆扭绞
tortillement	扭曲;三角坑
tortillement de voie	线路扭曲;线路三角坑
totalisateur	全站仪
tour	塔
tour à fines	焦煤塔
tour d'air	进气塔
tour de béton	混凝土拌和楼
tour de charbon à coke	焦煤塔
tour de contrôle	控制塔
tour de coulage pour béton	混凝土滑槽输送塔
tour de criblage	筛分塔
tour de forage	钻塔
tour de graniture	填料塔
tour d'élimination d'air	排气塔
tour de malaxage	拌和楼
tour d'émission	发射塔
tour d'enrobage	沥青拌和楼
tour de pont	桥塔
tour de réfrigération	冷却塔
tour de refroidissement	冷却塔
tour de sondage	钻塔
tour de sortie d'air	排气塔
tour de télévision	电视塔
tour d'inspection	巡察
tour d'inspection de montagne	巡山
tour d'inspection de rivière	巡河
tour d'inspection de voie	巡道
tour d'observation	瞭望塔
tour élévatoire	升运塔
tour élévatrice à béton	混凝土提升塔
tour en béton armé	混凝土塔
tour en fosse (TEF)	旋轮机床;不落轮旋床
tour en fosse de roue	车轮旋床
tour météorologique	气象塔
tourbe	泥炭
tournevis	螺丝刀
tourniquet	票检辊闸
tourniquet de l'accès au quai	进站检票口转杆闸机
tourniquet de l'accès au quai de métro	地铁检票口转杆闸机
tout-venant	统料
tout-venant argileux	黏土统料
tout-venant de carrière	采石场材料
tout-venant de concassage	未筛分碎石料
tout-venant graveleux	砾石统料
tout-venant naturel	天然统料

tout-venant sableux 砂质统料
toutes taxes comprises(TTC) 含全税
traçage 放样
traçage de ligne 放线
traçage de l'assise de voie 路基放样
traçage de voie 线路放样
tracé 定线;线路走向
tracé autoroutier 高速公路线路走向
tracé de canalisation 管道线路走向
tracé de chemin de fer 铁路线路走向
tracé de figure 图形轮廓线
tracé définitif 定线
tracé de frontière 边界走向
tracé de graphe 曲线线路
tracé de la courbe 曲线图
tracé de ligne 线路走向
tracé de l'ouvrage souterrain
　地下工程路线走向
tracé de métropolitain 地铁线路走向
tracé de profil en long 纵断面线路
tracé de profil en travers 横断面线路
tracé de rails 轨道线路
tracé de réseau de distribution d'eau
　配水管网线路走向
tracé de rives de fleuve 河道边界线
tracé de tunnel 隧道线路走向
tracé de voie ferrée 铁路线路走向
tracé direct 直线走向
tracé du train 列车运行线
tracé en déblai 挖方线路走向
tracé en géométrie imposée 规定线型线路
tracé en plan 路线平面图
tracé en plan de voie 线路平面走向
tracé en plan du projet 项目线路平面走向
tracé en profil 纵断面线路
tracé en remblai 填方线路走向
tracé grandeur 翻样图
tracé pleine courbe 线路完全曲线段
tracé polygonal 测量导线
tracé projeté 设计路线走向
tracé sinueux 弯曲线路
tracé technique de la ligne 技术选线
traceuse 道路划线机
trachyte 粗面岩
tracteur 拖拉机
tracteur avec benne chargeuse
　带铲斗拖拉机
tracteur avec godet rétro
　带反铲拖拉铲土车

tracteur avec pelle frontale 带正铲拖拉机
tracteur avec pelle inversée
　带反铲拖拉铲土车
tracteur avec rétro-caveur 带反铲拖拉机
tracteur de déneigement 除雪拖拉机
tracteur de terrassement 土方工程牵引车
tracteur diesel 柴油拖拉机
tracteur équipé en bulldozer 推土拖拉机
tracteur équipé de dozer 推土拖拉机
tracteur forestier 伐木用拖拉机
tracteur polyvalent 万能牵引车
tracteur pousseur 推式牵引车
tracteur poussoir à chenilles
　履带式牵引车
tracteur routier 公路牵引车
tracteur sur chenilles 履带式拖拉机
tracteur sur chenilles avec bulldozer
　履带式推土机
tracteur sur pneus 轮胎式拖拉机
tracteur-bulldozer 拖拉式推土机
tracteur-chargeur 拖拉式装载车
traction 牵引
traction à courant alternatif 交流牵引
traction à courant continu 直流牵引
traction à deux locomotives 双机牵引
traction à seule locomotive 单机牵引
traction à type poussé 推进式牵引
traction avant 前轴驱动装置
traction à vapeur 蒸汽牵引
traction de câble 缆索牵引
traction de charge lourde 重载牵引
traction de double locomotive 双机牵引
traction de locomotive 机车牵引
traction de locomotive à chauffe au mazout
　重油机车牵引
traction de locomotive à combustion
　interne 内燃机车牵引
traction de locomotive à courant continu
　直流机车牵引
traction de locomotive à marchandises
　货运机车牵引
traction de locomotive à moteur à gaz
　燃气机车牵引
traction de locomotive à moteur diesel
　内燃机车牵引
traction de locomotive à turbine
　涡轮机车牵引
traction de locomotive à vapeur
　蒸汽机车牵引

traction de locomotive de secours 救援机车牵引
traction de locomotive de traction
  principale 本务机车牵引
traction de locomotive électrique
  电力机车牵引
traction de locomotive légère
  轻型机车牵引
traction de locomotive lourde
  重型机车牵引
traction de locomotive unique 单机牵引
traction de multi-locomotive 多机牵引
traction diesel 内燃牵引
traction électrique 电力牵引
traction inerte 惰性拉力
traction mécanique 机械牵引
traction par adhérence 黏着牵引
traction par câble 缆索牵引
traction surchagée de locomotive
  机车超重牵引
tractionnaire 机务段人员
tracto-chargeur 拖拉式装载车
tracto-faucheuse 拖拉式切割机
tracto-faucheuse d'accotement
  牵引式路肩修整机
tracto-pelle 牵引式铲土车
trafic 交通
trafic accumulé 累计交通量
trafic à courte distance 短途运输
trafic à double sens 双向交通
trafic à voie unique 单线交通
trafic aérien 航空运输
trafic aéro-ferroviaire 铁路航空联运
trafic à grande distance 远距离运输
trafic à haute vitesse 高速交通
trafic à l'heure de pointe 高峰小时车流量
trafic à longue distance 长途运输
trafic alternatif 交替运输
trafic anormal 反常交通
trafic à rail léger 轻轨交通
trafic à sens unique 单向交通
trafic barré 封锁交通
trafic brut total 总运输量
trafic combiné 联运
trafic cumulé 累计交通量
trafic de chantier 施工运输
trafic de conflit 冲突车流
trafic de congé 假日交通
trafic de conteneur 集装箱运输
trafic de dérivation 分散交通
trafic de développement 发展交通量
trafic de direction 定向交通
trafic de flanc 侧向交通
trafic de fret 铁路货物运输
trafic de jour 日间交通
trafic de jour férié 假日交通
trafic de l'artère 干道交通
trafic de la section 区段行车量
trafic de marchandises 货运
trafic dense 繁密交通
trafic de nuit 夜间交通
trafic de passagers 旅客运输
trafic de piétons 行人交通
trafic de pointe 高峰车流量
trafic de rencontre 合流交通
trafic de transit 过境交通
trafic de va-et-vient 往返交通
trafic de voyageurs 客运
trafic de week-end 周末交通
trafic direct 直达运输
trafic directionnel 定向交通
trafic en construction 施工期交通
trafic équivalent 换算交通量
trafic existant 现有交通量
trafic ferroviaire 铁路运输
trafic international 国际联运
trafic interurbain 城际交通
trafic interurbain à rail 城际轨道交通
trafic inter-zone 区间交通
trafic journalier 日交通量
trafic journalier maximum par an
  (TJMA) 年最大日交通量
trafic journalier maximum par mois
  (TJMM) 月最大日交通量
trafic journalier moyen par an(TJMA)
  年平均日交通量
trafic journalier moyen par mois(TJMM)
  月平均日交通量
trafic léger 轻交通量
trafic lent(TL) 低速交通量
trafic libre 畅行交通
trafic local 地方交通
trafic lourd 繁忙交通
trafic maritime 海运
trafic maximum de circulation
  最大交通流量
trafic mixte 混合交通量
trafic mixte voyageurs et fret 客货混合运输

trafic mixte voyageurs-marchandises 客货混合运输
trafic moyen journalier annuel (TMJA) 年日均交通量
trafic naturel 自然交通量
trafic nocturne 夜间交通
trafic occupé 繁忙交通
trafic opposé 对向交通
trafic par avion 航空运输
trafic potentiel 潜在交通量
trafic présent 现状交通
trafic prévisible 未来交通
trafic principal 主要交通
trafic quotidien 日交通量
trafic rapide 交通顺畅
trafic restreint 限制交通
trafic retenu 预留交通量
trafic routier 道路交通
trafic saisonnier 季节性交通量
trafic saturé 饱和交通
trafic séparé 分隔式交通
trafic souterrain 地下交通
trafic sur rails 轨道交通
trafic sur site 现场交通
trafic transfrontalier 跨境运输
trafic unidirectionnel 单向交通
trafic urbain 市区交通
trafic urbain à rails 市区轨道交通
train 列车
train à ballast pneumatique 风动道砟列车
train à béton 混凝土路面工程列车
train à charge lourde 重载列车
train à grand poids total 总重大列车
train à grande charge d'essieu 重轴列车
train à grande vitesse (TGV) 高速列车
train à lévitation magnétique 磁悬浮列车
train à l'usage personnel 路用列车
train à monorail 单轨列车
train à nombre de places limitées 定员列车
train à rail léger 轻轨列车
train à sustentation magnétique 磁悬浮列车
train à unités multiples 多节列车
train à vitesse limitée 限速列车
train à vitesse ordinaire 普速列车
train au lest de ballast sur le pont lors de crue 抗洪水冲击压桥车
train automatique 自动列车
train automoteur 动车组列车;动车组
train automoteur à force motrice centralisée 集中动力动车
train automoteur à force motrice dispersée 分散动力动车
train automoteur à grande vitesse 高速动车组列车
train automoteur diesel 内燃动车
train automoteur local 本属动车组列车
train automoteur à motrices aux extrémités de la rame 前后置车头高速动车组列车
train automoteur à transmission électrique 电力传动动车
train automoteur à transmission mécanique 机械传动动车
train automoteur de réserve 备用动车组列车
train automoteur jumelé 双联动车组列车
train automoteur réversible 双向运动动车组列车
train arrière d'automobile 汽车后桥
train avant d'automobile 汽车前桥
train bis 加开列车
train bis de voyageurs 加开旅客列车
train circulé entre la station technique et les sections adjacentes 小运转列车
train combiné 组合列车
train complet 满轴列车
train conforme à l'horaire 正点列车
train d'arrêt à la gare 停站列车
train de ballastage 道砟列车
train de banlieue 市郊列车
train de bétonnage 混凝土路面工程列车
train de construction 工程列车
train de conteneurs 集装箱列车
train de correspondance des ouvriers 通勤列车
train de dépassement de la gare 过站列车
train de dépôt 机务段列车
train de fret 货运列车
train de grand parcours 长途列车
train de grande ligne 干线列车
train de jour 日间列车
train de locomotives multiples 重联列车
train de long parcours 长途列车
train de longueur et de charge exceptionnelle 超长超重列车
train de lots direct 分组直达列车
train de luxe 豪华列车

train de marchandises 货物列车
train de marchandises Chine-Europe
　中欧班列
train de marchandises de détails
　零担货物列车
train de marchandises en lots brisés
　零担货物列车
train de marchandises rapide
　快运货物列车
train de marchandises régional
　管内货物列车
train de masse d'alourdissement sur le pont lors de crue　抗洪水冲击压桥车
train de meulage de rails　轨道打磨车
train de multi-fonction　多功能列车
train de nuit　夜间列车
train de parcours au canton　开行区段列车
train de parcours dans la section
　开行区段列车
train de passage　直通列车
train de passagers　旅客列车
train de petit parcours
　短程列车;小运转列车
train de posage des rails　铺轨列车
train de premier départ de gare　始发列车
train déraillé　脱轨列车
train de ramassage　摘挂列车
train de rame courte　短列车
train de régulation　小运转列车;调车列车
train de régulation à la jonction de voie
　枢纽小运转列车
train de remise　小运转列车
train de réserve　备用列车
train de sauvetage　救援列车
train descendant　下行列车
train de secours　救援列车
train de sens contraire　反方向列车
train de sens pair　上行列车
train de service　公务列车
train des travaux　工程列车
train de suivi　尾行列车
train de surcharge d'essieu　超轴列车
train dételé　摘挂列车
train de tiges　钻杆架
train de trafic à courte distance
　区间短程列车
train de transit　中转列车
train de traverses　轨枕车
train de voie adjacente　邻线列车

train de voyage international　国际旅行列车
train de voyageurs　旅客列车
train dévoyé　错发列车
train de wagons-lits　卧铺列车
train d'excursion　游览列车
train d'inspection de voie　轨道检查车
train direct　直达列车;直通列车
train direct de marchandises　直达货物列车
train direct de premier départ de la gare
　始发直达列车
train direct de voyageurs　直达旅客快车
train direct technique　技术直达快车
train direct transcantonnier
　跨区间直达列车
train électrique　电动列车
train en charge complète
　满载列车;满轴列车
train en charge incomplète　欠轴列车
train en double traction　双机牵引列车
train en gare　到站列车
train en parcours　在途列车
train en retard　晚点列车
train en service de voie　路用列车
train express de conteneurs Chine-Europe
　中欧集装箱班列
train express de marchandises　货物列车
train express régional(TER)
　法国省际列车;区域快线
train impair　单(编)号列车;下行列车
train international　国际列车
train interurbain　城际列车
train-kilomètre　列车公里
train-kilomètre de marchandises
　货物列车公里
train-kilomètre de voyageurs　旅客列车公里
train léger sur rails　轻轨列车
train lent　慢车
train local　区段列车
train local de voyageurs　管内旅客快车
train lourd　重车
train Maglev　磁悬浮列车
train marchandises-voyageurs
　客货混运列车
train meuleur　轨道打磨机
train militaire　军用列车
train mixte　客货混合列车
train montant　上行列车
train-navette　往返列车
train omnibus　慢车

train pair	双(编)号列车
train ponctuel	准点列车
train-poste	邮政列车
train précédent	先行列车
train rapide	快车
train régulier	固定开行列车
train remorqué en double traction	双机牵引列车;双头列车
train RER (Réseau Express Régional)	法国大区快铁;市郊列车
train réversible	双头列车
train sans charge	空列
train spécial	专列
train supplémentaire	加开列车
train voyageurs à grande vitesse	高速旅客列车
train voyageurs à numéro changé	套跑旅客列车
train voyageurs de banlieue	市郊客车
train voyageurs ordinaire	普通旅客列车
trait	线条
trait de montage	安装标记线
trait discontinue	虚线
traité	协定
traitement	处理
traitement à chaleur	热处理
traitement à chaud	热处理;热加工
traitement acoustique	声学处理
traitement à froid	冷处理
traitement à haute température	高温处理
traitement à la chaux	用石灰处理
traitement à l'émulsion	乳化液处理
traitement à l'humidification	加湿处理
traitement antidérapant	防滑处理
traitement à pression	加压处理
traitement architectural	建筑处理
traitement artistique	美化处理
traitement au ciment	用水泥处理
traitement biologique	生物处理
traitement centralisé	集中处理
traitement chimique	化学处理
traitement concentré	集中处理
traitement d'abaissement de l'eau	降低水位处理
traitement d'accotement	路肩处理
traitement d'adoucissement	软化处理
traitement d'altération	风化处理
traitement d'amélioration	改良处理
traitement d'amortissement	折旧处理
traitement d'ancrage	锚固处理
traitement d'aplanissement	压平处理
traitement d'asphalte	沥青处理
traitement d'assainissement	排水处理
traitement de ballast	道砟处理
traitement de berme	路肩处理
traitement de bitume	沥青处理
traitement de caniveau	边沟处理
traitement de chaussée	路面处理
traitement de coffrage	模板处理
traitement de compactage	碾压处理
traitement de concassage	破碎处理
traitement de courbe	曲线处理
traitement de culée	桥台处理
traitement de déblais abandonnés	弃砟处理
traitement de déchets	垃圾处理
traitement de défaut	缺陷处理
traitement de déformation	变形处理
traitement de démolition	拆除处理
traitement de désert	荒漠治理
traitement de dévaluation	贬值处理
traitement de déviation	改道处理
traitement de diminution de poussière	降尘处理
traitement de données	数据处理
traitement de drainage	排水处理
traitement de fissure	裂缝处理
traitement de flèche	挠度处理
traitement de fluage	徐变处理
traitement de fondation	基础处理
traitement de fondation en sol mou	软土基础处理
traitement de formation	造型处理
traitement de forme	形状处理
traitement de fouille	基坑处理
traitement de gerce	经向裂缝处理
traitement de glissement de pentes	滑坡整治
traitement de joints de construction	施工缝处理
traitement de joints de structures	结构缝处理
traitement de l'accident	事故处理
traitement de la façade	立面处理
traitement de l'assiette	地基处理
traitement de l'assise de remblai	回填地基处理
traitement de l'assise de voie	路基处理
traitement de l'eau	水处理

traitement de l'étanchéité 防水处理
traitement de l'incendie 火灾处理
traitement de l'infiltration 渗透处理
traitement de marne 泥灰岩处理
traitement de matériaux de remblai 填料处理
traitement de nids d'abeilles 蜂窝麻面处理
traitement de nids de poule 凹坑处理
traitement de nivelage de rail 平轨处理
traitement de pente longitudinale 纵坡处理
traitement de perré 石砌护坡处理
traitement de portail de tunnel 隧道洞口处理
traitement de protection 防护处理
traitement de réchauffage 加热处理
traitement de réchauffage de l'aiguille 道岔加热处理
traitement de réchauffage de rail 钢轨加热处理
traitement de refroidissement 降温处理
traitement de remblai 填方处理
traitement de remblai de substitution 换填处理
traitement de renforcement 加固处理
traitement de résistance 强度处理
traitement de revêtement 衬砌处理
traitement de roche ébouleuse 松散岩石处理
traitement d'érosion 腐蚀处理
traitement des agrégats 集料处理
traitement des eaux potables 饮用水处理
traitement des eaux usées 污水处理
traitement des effluents 液体排放治理
traitement des effluents industriels 工业废水处理
traitement des informations 信息处理
traitement des interfaces 接面处理
traitement de soudure 焊接处理
traitement de substitution 换置处理
traitement de surcharge 超载处理
traitement de surface 表面处理
traitement de surface d'assise des remblais 回填路基表面处理
traitement de surface de talus 边坡表面处理
traitement de tablier 桥面处理
traitement de talus 边坡处理
traitement de tassement 沉降处理
traitement de terrassement 土方处理

traitement d'évacuation de l'eau 排水处理
traitement de ventilation 通风处理
traitement du sol 土壤处理
traitement du sol remplacé 换土处理
traitement du sol tendre 软土处理
traitement du terrain 场地处理
traitement humide 湿法处理
traitement hydrofuge 防水处理
traitement industriel 工业处理
traitement mécanique 机械加工
traitement numérique 数字处理
traitement optimal 优化处理
traitement par cuvée 分批处理
traitement partiel 部分处理
traitement par pénétration 灌浆处理
traitement par vapeur à haute pression 高压蒸汽养护
traitement physico-chimique 物理化学处理
traitement physique 物理处理
traitement préalable 预先处理
traitement préférentiel 优惠待遇
traitement préliminaire 预先处理
traitement primaire 一级处理
traitement secondaire 二次处理
traitement superficiel 表面处理
traitement symétrique 对称处理
traitement thermique 热处理
trait interrompu 虚线
trait plein 实线
trajectoire 轨迹
trajet 行程;路径
trajet de circulation 行车路径
trajet de locomotive 机车行程
trajet de voyageur 旅客行程
trame 方格网
trame de crible à barreaux 格筛网眼
trame de ville 城市街道网规划
tramway 城市轨道电车
tranchée 路堑;壕沟
tranchée couverte de tunnel 隧道暗堑
tranchée de câbles 电缆沟
tranchée de canalisation 管沟
tranchée de conduite 管沟
tranchée d'écoulement 排水沟
tranchée de drainage 排水沟
tranchée de fondation 基坑
tranchée d'égout 污水沟
tranchée de grande profondeur 深路堑
tranchée de para-fouille 截水槽

tranchée d'interception 截水沟
tranchée drainante 排水沟
tranchée excavée à ciel ouvert 明挖路堑
tranchée ouverte de tunnel 隧道明堑
tranchée profonde 深路堑
transbordement 转装;货物中转
transbordement de marchandises 货物转装
transbordeur 移车台;移车塔
transducteur de courant 电流转换器
transducteur de prise de courant 转换插座
transducteur électrique 电力转换器
transfert 转让;过户
transfert d'appel 呼叫转移
transfert de charge 荷载传递
transfert de contrat 合同转让
transfert de flux de trafic 车流转移
transfert de fonds 资金转移
transfert de l'équipage de conduite 乘务组换乘
transfert de propriété 产业转让
transfert des équipements 设备移交
transfert des ouvrages 工程移交
transfert des travaux 工程转让
transfert de technologie 技术转让
transfert de transport 运输转运
transfert thermique 传热
transformateur 变压器
transformateur de caténaire 接触网变压器
transformateur de courant 电流变压器
transformateur de ligne de transmission à haute tension 高压输电线变压器
transformateur de protection 防护变压器
transformateur de tension inductif 感应式电压稳压器
transformateur de traction 牵引变压器
transformateur principal 主变压器
transformateurre dresseur 整流变压器
transformation 改建;转换
transformation chimique 化学变化
transformation de coordonnées 坐标转换
transformation de déchets en objets valables 变废为宝
transformation de freinage 制动转换
transformation de l'ancien pont 旧桥改造
transformation de la nuisibilité en utilité 化害为利
transformation de puissance 动力转换
transformation du terrain de dépôt 弃土场改造

transgression de vitesse imposée 违反限速
transgression d'itinéraire du train 列车冒进
transit 过境;转口
transit de marchandises 货物中转
transit de voyageurs 旅客中转
transit ferroviaire 铁路过境;铁路中转
transit ferroviaire inter-Etats 国家间铁路中转
transit international routier(TIR) 国际公路过境转运
transitaire 货运代理
transit libre 自由过境
transit routier 公路过境;公路中转
transit terrestre 陆路转运
transit transfrontalier 跨境转运
transition 过渡;转换
transition d'accélération de vitessee 提速段
transition de l'aiguille 道岔转换
transition de la ligne courbe 弯道过渡段
transition de la zone d'aiguille 道岔区过渡段
transition de l'équipe de conduite 乘务组交接班
transition de l'exécution des travaux 施工交接
transition de l'exploitation des trains en phase d'essais 列车试运营阶段过渡期
transition de locomotive 机务转换
transition de locomotive de traction 牵机转换
transition de l'ordre d'exécution 工序交接
transition de signal 信号转换
transition de traction 牵引转换
transition de train 交接列车
transition de train à la gare de jonction 分界站列车交接
transition de voie 线路过渡
transition de wagons 车辆交接
transition en douceur 平滑过渡
transition stable 平稳过渡
translation 平移;移位
transmetteur d'ordres 指令器;指令话筒
transmetteur radio 无线电发射机
transmission 转让;传输
transmission à bande de transport 传送带传送
transmission à canalisation 管道输送

transmission à distance 远距离传送
transmission à pneumatique 气压式输送
transmission de chaleur 传热
transmission de charge 荷载传导
transmission de circuit de voie
　轨道电路传输
transmission de contrainte 应力传导
transmission de courant 输电
transmission de données 数据传输
transmission de force de choc 冲击力传导
transmission de gaz 输气
transmission d'électricité 输电
transmission de lettre 信件传递
transmission de message 信息传输
transmission d'énergie 能量传递
transmission d'énergie de traction
　牵引动力传输
transmission de pouvoirs 权力移交
transmission de pression 压力输送
transmission de signal 信号传送
transmission des images 图像传输
transmission des informations 信息传输
transmission des informations sol-train
　车—地信息传输
transmission des instructions 传达指令
transmission de voix 语音传输
transmission directe 直接传输
transmission dynamique 动能传输
transmission électrique 电传动
transmission funiculaire 缆索传送
transmission hydraulique 液压传动
transmission indirecte 间接传输
transmission mécanique 机械传动
transmission orale d'un ordre
　命令的口头传达
transmission par engrenages 齿轮传动
transmission par roues dentées 齿轮传动
transmission synchrone 同步传输
transpalette 铲车
transparence 透明度
transplantation 移植
transpondeur 应答器
transpondeur à bord du train 车载应答器
transpondeur de dispatching 调度应答器
transport 运输
transport à conteneurs 集装箱运输
transport à courte distance 短距离运输
transport aérien 空运
transport aérien par câble 架空索道运输

transport à grande distance 长距离运输
transport à longue distance 远距离运输
transport à pied d'œuvre 运到现场
transport à pied d'œuvre de l'ouvrage
　运至工程地点
transport à rail léger 轻轨运输
transport au lieu de mise en œuvre
　运至施工现场
transport automobile 汽车运输
transport autoroutier 高速公路运输
transport à wagon couvert 棚车运输
transport à wagon découvert 敞车运输
transport bâché 篷布遮盖运输
transport central 集中运输
transport collectif 公共交通
transport contournable 迂回运输
transport de ballast 道砟运输
transport de béton 混凝土运输
transport de châssis de voie 运送轨排
transport de détail 零担运输
transport de ferroutage 铁路公路联运
transport de fret 货运
transport de graves 碎石运输
transport de liquide 液体运输
transport de longs rails 长轨运输
transport de longs rails soudés
　长焊轨运输
transport de rail-route 铁路—公路联运
transport de rame de wagons 整列运输
transport des échantillons 样品运输
transport des engins 机械设备运输
transport des explosifs 炸药运输
transport des marchandises 货运
transport des marchandises à courte
　distance 短途货物运输
transport des marchandises à longue distance
　长途货物运输
transport des marchandises dangereuses
　危险品运输
transport des marchandises de transit
　中转货物运输
transport des marchandises en caisses
　箱装货物运输
transport des marchandises encombrantes
　笨重货物运输
transport des marchandises en lots brisés
　零担货物运输
transport des marchandises en sacs
　袋装货物运输

transport des marchandises exceptionnelles 特种货物运输
transport des marchandises exploisives 易爆品运输
transport des marchandises fragiles 易碎货物运输
transport des marchandises inflammables 易燃货物运输
transport des marchandises lourdes 重货物运输
transport des marchandises pondéreuses 散装货物运输
transport des marchandises prohibées 违禁品运输
transport des marchandises pulvérulentes 粉状货物运输
transport des marchandises surdimensionnées 大件货物运输
transport des marchandises volumineuses 大体积货物运输
transport des matériaux 材料运输
transport des passagers 旅客运输
transport des poutres 运梁
transport des rails 运轨
transport de terrassements 土方运输
transport de terres 运土
transport de traverses 运轨枕
transport de voyageurs 客运
transport de voyageurs à court trajet 短途旅客运输
transport de voyageurs à l'international 国际旅客运输
transport de wagon complet 整车运输
transport direct 直接运输
transport double de terrassement 土方二次搬运
transport du chemin de fer 铁路运输
transport en commun 公共交通
transport en masse 大宗货物运输
transport en vrac 散装货物运输
transport étanche 封闭运输
transport et déchargement de ballast 运卸道砟
transport exceptionnel 特殊运输
transporteur 传送带
transporteur à bande 带式传送机
transporteur à courroie 带式传送机
transporteur à portique 龙门架式吊运机
transporteur sur rail 轨道搬运车
transport ferroviaire 铁路运输
transport ferroviaire de passagers 铁路旅客运输
transport fluvial 河运
transport hermétique 封闭运输;加盖运输
transport horizontal 水平运输
transport interurbain 城市间运输
transport jusqu'au lieu d'emploi 运输至使用地点
transport maritime 海运
transport mixte 混合运输
transport par câbles 索缆运输
transport par rails 铁路运输
transport parallèle 平行运输
transport par route 公路运输
transport par voie d'eau 水路运输
transport par voie de terre 陆路运输
transport par voie ferrée 铁路运输
transport pneumatique du béton 气压法输送混凝土
transport public 公共运输
transport routier 公路运输
transport sur rails 轨道运输
transport terrestre 陆路运输
transport transversal 横向运输
transport urbain 市内交通
transport vertical 垂直运输
transposition 位置交换;错位
transposition d'attelage des wagons 挂车位置交换
transposition de connexion 连接错位
transposition de formation de rame des wagons 组列位置交换
transposition de formation de rame des wagons de voyageurs 客车组列车底位置交换
transposition de locomotive de traction 牵机换位
transposition de recouvrement 搭接错位
transposition de voie 线路错位
transposition en losange 菱形错位
transversale 贯线;横跨线
trapèze 梯形
trapèze isocèle 等腰梯形
trapèze régulier 正梯形
trappe 活门;洞口
trappe de chargement 装货口

trappe de déchargement au fond de véhicule 车辆底部卸货口
trappe de chargement au toit de véhicule 车顶装货口
trass 浮石凝灰岩
travail 工作；劳动
travail à la chaîne 流水作业
travail à la main 手工劳动
travail à mi-temps 半日工作
travail à plein temps 全日工作
travail bénévole 义务劳动
travail complexe 复杂劳动
travail d'allocation des wagons 配车工作
travail de décrochage 脱钩作业
travail de fouille 开挖工作
travail de gardiennage 看守工作
travail de maintenance 维修工作
travail de manœuvre 非技术性工作；粗活
travail de mesure 测量工作
travail d'entretien 保养工作
travail de nuit 夜间施工
travail de recherche 研究工作
travail de régulation des trains 列调工作
travail de réparation 修理工作
travail de réparation de locomotive 机务维修工作
travail de routine 一贯工作
travail des eaux 水冲刷作用
travail de terrassement 土方作业
travail d'exploration 勘探工作
travail d'inspection de train 列检工作
travail en toit 车顶作业
travail intellectuel 脑力劳动
travail nocturne 夜间施工
travail noir 黑工
travail payé à l'heure 计时工作
travail payé aux pièces 计件工作
travail physique 体力劳动
travail préliminaire 初步工作
travail privé 私人劳动
travail régulier 固定工作
travail salarié 工资雇佣劳动
travail simple 简单劳动
travail social 社会劳动
travail supplémentaire 加班；额外工作
travail sur chantier 现场工作
travail sur terrain 野外工作
travail systématique 有步骤工作
travail utile 有用功

travaux 工程
travaux à ciel ouvert 露天开采工程
travaux accessoires 辅助工程
travaux à forfait 承包工程
travaux à la mer 海上工程
travaux à la mine 爆破工程
travaux ancillaires 掘进工程
travaux annexes 附属工程
travaux à proximité de voies ferrées 邻近铁路工程
travaux auxiliaires 附属工程
travaux cachés 隐蔽工程
travaux clé en main 交钥匙工程
travaux clés 重难点工程
travaux compris dans le marché 合同内工程
travaux contre les inondations 防洪工程
travaux couverts 隐蔽工程
travaux croisés 交叉工程
travaux d'alimentation et d'évacuation d'eau 给排水工程
travaux d'aménagement 整治工程
travaux d'aménagement de réseaux 管网改造工程
travaux d'aménagement de tête de tunnel 隧道洞口整治工程
travaux d'aménagement fluvial 河道整治工程
travaux d'aménagement routier 道路改建工程
travaux d'assainissement 排水工程
travaux de ballastage 铺砟工程
travaux de bâtiment-gare 站房工程
travaux de bétonnage 混凝土浇筑工程
travaux de canalisation 管道工程
travaux de caténaire 接触网工程
travaux de changement de rails 换轨工程
travaux de chantier-gare 站场工程
travaux de chaussée 路面工程
travaux de construction 建筑工程
travaux de construction ferroviaire 铁道建筑工程
travaux de couverts 雨棚工程
travaux de couverture 屋面工程
travaux d'écran acoustique 声屏障工程
travaux de creusement 开挖工程
travaux de déblai 挖方工程
travaux de déblaiement 挖方工程
travaux de décapage 清表工程

travaux de décoration 装饰工程
travaux de dédoublement de la ligne
　单线改复线工程
travaux de dérivation de voie
　改道工程
travaux de déviation de voie ferrée
　铁路绕行改道工程
travaux de dragage 疏浚工程
travaux de drainage 排水工程
travaux défectueux 缺陷工程
travaux de défense 防御工事
travaux de démolition 拆除工程
travaux de déplacement 迁移工程
travaux de déplacement de réseaux
　管网迁移工程
travaux de finition 收尾工程
travaux de fondation 基础工程
travaux de fondation profonde
　深基础工程
travaux de fondation superficielle
　浅基础工程
travaux de forage 钻探工程
travaux de franchissement 跨越工程
travaux de gare de triage 编组站工程
travaux de génie-civil
　土建工程；土木工程
travaux de gros œuvre 主体工程
travaux de jalonnement 标桩工程
travaux d'électrification 电气化工程
travaux de l'environnement 环境工程
travaux de ligne à double voie 复线工程
travaux de ligne à double voie électrifiée
　双线电气化工程
travaux de ligne à écartement métrique
　米轨线路工程
travaux de ligne à écartement standard
　标准轨距线路工程
travaux de ligne électrifiée
　电气化线路工程
travaux de ligne électrifiée à double voie
　双线电气化铁路工程
travaux de ligne électrifiée à voie unique
　单线电气化铁路工程
travaux de ligne ferroviaire nouvelle
　新线铁路工程
travaux de ligne nouvelle à double voie
　新建双线铁路工程
travaux de ligne périphérique
　环线工程

travaux de ligne spéciale de marchandises
　货运专线工程
travaux de ligne spéciale de voyageurs
　客运专线工程
travaux de marquage 标线工程
travaux de même nature 同性质工程
travaux de métro 地铁工程
travaux de mise à double voie 复线工程
travaux de mise en état 恢复工程
travaux de montage 安装工程
travaux d'énergie 电力工程
travaux de nivellement 平整场地工程
travaux de nettoyage 清理工程
travaux d'enlèvement de boues
　污泥清除工程
travaux de nœud ferroviaire
　铁路枢纽工程
travaux d'entreprise 承包工程
travaux d'entretien 维修工程
travaux d'entretien de l'assise de voie
　路基养护工程
travaux d'entretien de voie 线路维护工程
travaux d'entretien des infrastructures
　基础设施养护工程
travaux d'entretien du pont
　桥梁养护工程
travaux de peinture 油漆工程
travaux de perforation 钻探工程
travaux de piquetage 标桩工程
travaux de pont 桥梁工程
travaux de posage 铺架工程
travaux de pose des poutres 架梁工程
travaux de pose des rails 铺轨工程
travaux de projection du béton
　混凝土喷射工程
travaux de protection 防护工程
travaux de protection contre la foudre et de
　mise à la terre 防雷和接地防护工程
travaux de protection de l'environnement
　环保工程
travaux de rails 轨道工程
travaux de reboisement 绿化工程
travaux de reconstruction 重建工程
travaux de réfection 翻新工程
travaux de remblai 填方工程
travaux de remblayage 填筑工程
travaux de remplacement des rails
　换轨工程
travaux de renforcement 加固工程

travaux de renouvellement 翻新工程
travaux de renouvellement de la ligne existante 既有线改造工程
travaux de renouvellement de ligne à double voie 复线改造工程
travaux de renouvellement de ligne à double voie électrifiée 双线电气化铁路改造工程
travaux de renouvellement de ligne à l'écartement métrique 米轨线路改造工程
travaux de renouvellement de ligne existante 既有线路更新改造工程
travaux de renouvellement de pont 桥梁翻新工程
travaux de renouvellement de route 道路翻新工程
travaux de renouvellement des équipements de signalisation 信号设备更新工程
travaux de renouvellement de signalisation 信号更新工程
travaux de renouvellement de voie 线路改造工程
travaux de renouvellement de voie métrique 米轨线路更新改造工程
travaux de renouvellement ferroviaire 铁路更新工程
travaux de réparation 维修工程
travaux de rétablissement 恢复工程
travaux de rétablissement du réseau de gaz 燃气管网恢复工程
travaux de rétablissement du réseau d'électricité 电网恢复工程
travaux de revêtement 铺面工程
travaux de révision 大修工程
travaux de ripage de voie 拨道工程
travaux des bâtiments 房建工程
travaux de signalisation 信号工程
travaux des installations de traction électrique 电力牵引设施工程
travaux de sondage 勘探工程
travaux de sous-traitance 分包工程
travaux de soutènement 支护工程
travaux des ouvrages courants 排水工程
travaux des ouvrages d'art 构造物工程
travaux de structure 结构工程
travaux de structure souterraine 地下结构工程
travaux de superstructure de la voie 铁路线上工程

travaux d'étanchéité 防水工程
travaux de télécommunication 通信工程
travaux de terrassement 土方工程
travaux de terrassement de la plateforme 路基土石方工程
travaux de terrassement en souterrain 地下土方工程
travaux de terrassement sous l'eau 水下土方工程
travaux de terrain 场地工程
travaux de tête de tunnel 隧道洞口工程
travaux de topographie 地形测量工程
travaux de traçage 标线工程
travaux de traction électrique 电力牵引工程
travaux de transformation 改建工程
travaux de transmission électrique 输电线工程
travaux de transport 交通工程
travaux de tunnel 隧道工程
travaux de tunnel à deux trous 双洞隧道工程
travaux de tunnel à deux voies 双线隧道工程
travaux de tunnel à double voie 单洞双线隧道工程
travaux de tunnel à une voie 单线隧道工程
travaux de tunnel à voie unique 单线隧道工程
travaux de tunnel bidirectionnel 双向隧道工程
travaux de tunnel bi-tubes 双管隧道工程
travaux de tunnel de longue distance 长距离隧道工程
travaux de tunnel de métro 地铁隧道工程
travaux de tunnel de monotube 单管隧道工程
travaux de tunnel de montagne 穿山隧道工程
travaux de tunnel ferroviaire 铁路隧道工程
travaux de tunnel sous-fluvial 河底隧道工程
travaux de tunnel sous-marin 海底隧道工程
travaux de tunnel unidirectionnel 单向隧道工程
travaux de végétalisation 绿化工程

travaux de verdure	绿化工程
travaux de voie	线路工程
travaux de voie électrifiée	电气化铁路工程
travaux de voie ferrée	铁道工程
travaux de voirie	道路工程
travaux d'excavation	掘进工程
travaux d'exploration	勘探工程
travaux d'explosif	爆破工程
travaux d'hiver	冬季施工工程
travaux d'infrastructures	基础设施工程
travaux d'infrastrcture de la voie	铁路线下工程
travaux d'infrastructures urbaines	城市基础设施工程
travaux d'installation	安装工程
travaux d'installation de filets de protection contre chute des blocs	防石块塌落保护网安设工程
travaux d'outre-mer	海外工程
travaux d'utilité publique	公益工程
travaux électriques	电力工程
travaux en béton	混凝土工程
travaux en béton armé	钢筋混凝土工程
travaux en béton précontraint	预应力混凝土工程
travaux en cours d'exécution	正在实施工程
travaux en maçonnerie	砌石工程
travaux en régie	政府监管工程
travaux en saison de pluie	雨季施工工程
travaux enterrés	埋地工程；隐蔽工程
travaux existants	既有工程
travaux ferroviaires	铁道工程
travaux géologiques et géotechniques de reconnaissance	地质勘探工程
travaux géotechniques	岩土工程
travaux hors du contrat	合同外工程
travaux hors-profil	超过设计轮廓线的挖方工程
travaux hydrauliques	水利工程
travaux inférieurs de la voie	铁路线下工程
travaux informatiques	信息工程
travaux mécaniques	机械工程
travaux modèles	样板工程
travaux neufs	新建工程
travaux par lots	分项工程
travaux permanents	永久性工程
travaux précontraints	预应力工程
travaux privés	私人工程
travaux productifs	生产性工程
travaux provisoires	临时工程
travaux publics	公共工程
travaux réalisés	已完工程
travaux rocheux	石方工程
travaux routiers	道路工程
travaux secondaires	辅助工程
travaux similaires	类似工程
travaux sous l'eau	水下工程
travaux souterrains	地下工程
travaux spéciaux	特殊工程
travaux supérieurs de la voie	铁路线上工程
travaux supplémentaires	增加工程
travaux supplémentaires hors du marché	合同外增加工程
travaux systématiques de l'environnement	环境系统工程
travaux viciés	有缺陷工程
travailleurs improductifs	非生产劳力；非一线劳力
travée	跨度
travée articulée	铰接跨
travée centrale	中跨
travée continue	连续桥跨结构；连续孔
travée courante	一般跨度
travée d'aboutement	桥台跨度
travée d'ancrage	锚跨
travée d'approche	近岸桥孔
travée de calcul	计算跨径
travée de culée	桥台跨度
travée de nivellement	水准点间距
travée de pont	桥梁跨度
travée de poutre	梁跨
travée de voie	轨排
travée égale	等跨
travée en encorbellement	悬臂跨
travée en porte à faux	悬臂跨
travée extrême	端跨
travée fluviale	河跨
travée globale	总跨径
travée indépendante	独跨
travée inclinée	斜跨
travée intermédiaire	中跨
travée isolée	单跨
travée latérale	旁跨
travée limitante	限制跨度
travée navigable	通航桥孔
travée nette	净跨径
travée principale	主跨

travée simple 单跨
travée standard 标准跨
travée suspendue 悬跨
travée totale 总跨径
travées multiples 多孔跨
travées solidaires 连续跨
travées uniformes 等跨
travelage 轨枕数量;轨枕配置
travelage de traverses par km
　每公里轨枕数量
traverse 横档;轨枕
traverse à deux blochets en béton armé par une entretoise métallique
　扁担式轨枕;双块式轨枕
traverse auxiliaire 副横梁
traverse blanche 素枕
traverse courte 短横梁
traverse d'aiguille 岔枕
traverse danseuse 摇枕
traverse danseuse inférieure 下摇枕
traverse danseuse supérieure 上摇枕
traverse d'attelage 牵引梁
traverse de bi-bloc 双块式轨枕
traverse de bi-bloc en béton armé
　双块式钢筋混凝土轨枕
traverse de caisse 车厢横梁
traverse de croisement 岔枕
traverse d'entretoisement 横梁
traverse de fer 铁(钢)枕
traverse de freinage 制动梁
traverse de garage franc
　岔道轨枕;停车线枕木
traverse de joint 钢轨接头处轨枕
traverse de pivot 枕梁
traverse de pont 桥枕
traverse de pylônes 敞门式框架桥横梁
traverse des ponts-cadres à portique ouvert 敞门式框架桥横梁
traverse des ponts-cadres fermés
　闭合式框架桥横梁
traverse de tête 牵引梁
traverse double 双枕
traverse en acier 钢制轨枕
traverse en béton 混凝土轨枕
traverse en béton armé 钢筋混凝土轨枕
traverse en béton armé monobloc
　整体式钢筋混凝土轨枕
traverse en béton précontraint
　预应力混凝土轨枕

traverse en biais 斜角轨枕
traverse en bois 木枕
traverse en bois à semi-circulaire 半圆枕木
traverse enfoncée 沉陷轨枕
traverse extrême 端梁
traverse imprégnée 浸油枕;防腐枕木
traverse large 宽轨枕
traverse longitudinale 纵向轨枕
traverse longue 长轨枕
traverse métallique 钢枕
traverse mi-ronde 半圆枕木
traverse monobloc 整体轨枕;轨枕板
traverse monobloc précontrainte
　预应力整体轨枕;预应力轨枕板
traverse monolithe 整体轨枕
traverse pivotante 转向枕木
traverse simple 单枕
traverses jumelées
　联结式轨枕;双块轨枕;双块式轨道板
traverses/km 轨枕/公里
traversée 横穿;交叉
traversée à aiguilles 交分道岔
traversée à niveau 平面交叉
traversée de route 公路交叉
traversée de voies 线路交叉
traversée de voie publique
　穿越公共道路
traversée inférieure 下穿
traversée-jonction 交分道岔
traversée-jonction double
　复式交分道岔;双渡线
traversée oblique à double écartement
　斜向双开道岔
traversée ordinaire 普通交叉
traversée supérieure 上穿
traversine 横系杆
travon 纵梁
treillis 金属网;桁架
treillis cantilever 悬臂桁架
treillis de pont 桥梁桁架
treillis de protection de chute des roches
　防坠石金属网
treillis de structure 结构桁架
treillis métallique 金属网
treillis métallique torsion en maille hexagonale 六边形网眼金属网
treillis soudés 焊接网
treillis tubulaire 管桁架
tremblement 抖动;振动

tremblement dû au passage du train
　列车通过产生的振动
tremblement de terre　地震
trémie　料斗；筛
trémie collectrice　集料斗
trémie d'alimentation　供料筛
trémie d'alimentation de
　concasseur primaire　初碎机进料斗
trémie de chargement　装料斗
trémie de décharge　卸料斗
trémie de dosage　计量料斗
trémie de livraison de l'enrobé
　沥青混合料出料斗
trémie de mesure　量斗
trémie des agrégats　集料料筛
trémie de stockage　储料斗
trémie en béton　混凝土漏斗
trémie fixe　固定式料斗
tremplin　跳板
trépan　钻头
trépan à alliage　合金钻头
trépan à deux lames　鱼尾钻头
trépan à diamant　金刚钻头
trépan en croix　十字钻头
trépanage　钻孔；钻井
trépied　三角支架
trépied de niveau　水准仪三角架
trépied de planchette　平板仪三角支架
treuil　绞车；绞盘；卷扬机
treuil à moteur　动力绞车
treuil de bâtiment　建筑卷扬机
treuil de battage　打桩绞车
treuil de levage　卷扬机
treuil de sauvetage　救援绞车
treuil pneumatique　风动绞车
tri　筛选；挑选
triage　编组；调车
triage à bosse　驼峰调车
triage à butte　驼峰调车
triage de wagons　车辆编组
triage du train　调车作业
triage en palier　平路调车
triage par gravité　驼峰调车
triangle　三角形；三角
triangle de bifurcation　转辙角
triangle de présignalisation
　三角信号警示牌
triangle de raccordement
　转向车道；转向线

triangle de retournement　机车转向三角形
triangle de voies　线路三角区
triangle dissymétrique　不等边三角形
triangle équilatéral　等边三角形
triangle isocèle　等腰三角形
triangle rectangle　直角三角形
triangle symétrique　等边三角形
triangulation　三角测量
triangulation aérienne　航空三角测量
triangulation à points focaux
　等角点三角测量
triangulation à points principaux
　主点三角测量
triangulation de détail　细部三角测量
triangulation fondamentale
　第一级三角测量
triangulation graphique　图解三角测量
triangulation nadirale　垂准点三角测量
triangulation primordiale　第一级三角测量
triangulation radicale　辐射三角测量
trible traction de locomotives　三机牵引
tri de ballast　道砟筛选
tri de matériaux　材料筛选
tridimension　三维
trilatération　三边测量法
trimestre　季度
tringle　操纵杆
tringle d'appui de l'aiguille　道岔支撑杆
tringle d'écartement d'aiguille
　道岔轨距操纵杆
tringle d'écartement de rail　轨距拉杆
tringle d'écartement des lames d'aiguille
　尖轨拉杆
tringle de commande　操纵杆
tringle de connexion　连接杆
tringle de connexion d'aiguille　道岔连接杆
tringle de connexion de lame de l'aiguille
　道岔尖轨连杆
tringle de contrôle　控制拉杆
tringle de manœuvre　操纵杆；轨距拉杆
tringle de manœuvre d'aiguille　转辙杆
tringle de verrouillage d'aiguille
　道岔锁闭杆
triquet　人字梯
trompette　喇叭；喇叭形互通
trompette d'ancrage　锚杯；锚定喇叭管
trompette de tunnel　隧道喇叭口
tromplaque　锚固板
tronçon　段；区段

tronçon d'accélération de vitesse	加速段
tronçon d'autoroute	高速公路路段
tronçon de courbe	曲线段
tronçon de courbe de raccord	
缓和曲线路段	
tronçon de déblai de grande profondeur	
高填深挖路段	
tronçon de dévers	超高路段
tronçon descendant	下坡段
tronçon d'essai	试验段
tronçon de surhauteur	超高路段
tronçon de voie	路段
tronçon de voie électrifiée	电气化路段
tronçon de voie en alignement	直线段
tronçon d'insertion de ligne à double voie	
双线插入段	
tronçon d'itinéraire à circulation	
de locomotive de traction	
牵引机车运行区段;机车交路	
tronçon expérimental	试验(路)段
tronçon pilote	先导段
tronçon rampant	上坡段
tronçon rectiligne	直线段
tronçonnage	切段;截断
tronçonnage de joints	路面锯缝
tronçonnage de ligne	线路分段
tronçonneuse	截断机
tronçonneuse à rails	钢轨截断机
trop-plein	溢流口
trottoir	人行道
trottoir à cantilever	悬臂式人行道
trottoir à garde-corps	带护栏人行道
trottoir à garde-corps latéral de voie	
路侧带护栏人行道	
trottoir cyclable	自行车道
trottoir de tunnel	隧道内人行道
trottoir en encorbellement	单臂式人行道
trottoir en gravier	砾石人行道
trottoir en porte-à-faux	悬臂式人行道
trottoir pour piétons	人行道
trottoir sur le pont	桥面人行道
trou	孔;洞
trou alésé	扩大的钻孔
trou circulaire	圆孔
trou d'accès de galerie	坑道洞口
trou d'aérage	通风口
trou d'aération	通风口
trou d'air	通风口
trou d'ancrage	锚孔
trou de boulon	螺栓孔
trou d'éclisse	鱼尾板孔
trou d'écoulement	泻水孔
trou de coulis	灌浆孔
trou de décharge	排泄孔
trou de drainage	排水孔
trou de forage	钻孔
trou de mine	炮眼
trou d'entrée	检查口;检查孔
trou de prospection	探孔
trou de puits	井孔
trou de recherche	探孔
trou de regard	检查孔
trou de serrure	锁眼
trou de sondage	钻孔
trou de sortie de l'eau	泄水孔
trou de tir	爆破孔
trou de tire-fond	道钉孔
trou de tunnel	隧道洞口
trou d'évacuation	泻水孔
trou de ventilation	通风口
trou de vidange	排放口
trou de visite	检查孔
trou d'exploration	勘探钻孔
trou d'homme	人孔;检查口
trou d'injection	灌浆孔
trou d'inspection	检查孔
trou d'inspection de canalisation	
管沟检查孔	
trou d'observation	观察孔
trou foré	炮眼;钻孔
trou latéral de tunnel	隧道侧洞
trou oval	扁孔
trou profond	深孔
trou réservé	预留孔
trou rond	圆孔
trou sec	干孔
trou vertical	竖钻孔
tube	管
tube abducteur	排气管
tube à boue	排泥管
tube à essai	试管
tube à haute pression	高压管
tube à lavage	冲洗管
tube à sablage	撒砂管
tube au néon	氖管;霓虹灯
tube carottier	岩芯管
tube circulaire	圆管
tube collecteur	集水管

tube collecteur préfabriqué en béton
预制混凝土集水管
tube d'air　风管
tube d'alimentation　供给管
tube d'auscultation　超声波检测管
tube d'auscultation pour pieux forés
钻孔灌注桩超声波检测管
tube d'eau　水管
tube de carottage　岩芯管
tube de connexion　连接管
tube d'écoulement　出水管
tube de déviation　导管
tube de dilatation　膨胀管
tube de drainage　排水管
tube de drainage perforé　带孔排水管
tube de fer　铁管
tube de forage　钻孔套管
tube de garde　保护管
tube d'enfoncement　钻孔套管
tube de prélèvement　取样管
tube de raccordement　连接管
tube de réservation　预留管
tube de revêtement　套管
tube de revêtement de forage　钻孔套管
tube de soudure　焊接管
tube détecteur　检波管
tube de tige　套管
tube de tunnel　隧洞
tube d'évacuation　排水管
tube d'évacuation préfabriqué
预制排水管
tube de ventilation　通风管
tube de verre　玻璃管
tube d'injection　喷射管
tube d'insertion　插入管
tube double　双管
tube drainant crépiné　带金属滤网排水管
tube électronique　电子管
tube électrothermique　电热管
tube en acier　钢管
tube en acier galvanisé　镀锌钢管
tube en acier inoxydable　不锈钢管
tube en acier sans soudure　无缝钢管
tube en béton　混凝土管
tube en béton armé　钢筋混凝土管
tube en béton précontraint　预应力混凝土管
tube en béton préfabriqué　预制混凝土管
tube en caoutchouc　橡胶管
tube en cuivre　铜管

tube en fonte　铸铁管
tube en plomb　铅管
tube en zinc　锌管
tube expansif　膨胀管
tube fileté　螺纹管
tube fixe　固定管
tube flexible　软管
tube fluorescent　荧光灯管
tube galvanisé　镀锌管
tube inclinométrique　测斜管
tube métallique　金属管
tube ondulé　波纹管
tube percé　带孔管
tube piézométrique　测压管
tube plastique　塑料管
tube préfabriqué　预制管
tube protecteur　保护套管
tube protecteur de câbles　电缆保护套管
tube rigide　刚性管
tube sans joint　无缝(钢)管
tube serpentin　蛇形管
tube sous pression　压力管
tube soudé　焊接管
tube souple　软管
tue-vent　风障
tuf　凝灰岩
tuf à bloc　石质凝灰岩
tuf à cristaux　结晶凝灰岩
tuf à ponces　浮石凝灰岩
tuf à scories　火山渣凝灰岩
tuf basaltique　玄武凝灰岩
tuf calcaire　泉华;石灰华
tuf chaotique　块状凝灰岩
tuf cristallin　结晶凝灰岩
tuf éruptif　火山凝灰岩
tuf fin　细碎凝灰岩
tuf graveleux　砾质凝灰岩
tuf marneux　泥灰质凝灰岩
tuf mi-dur　半硬凝灰岩
tuf plastique　塑性凝灰岩
tuf ponceux　浮石凝灰岩
tuf sableux　砂质凝灰岩
tuf sédimentaire　沉积凝灰岩
tuf siliceux　硅质凝灰岩
tuf volcanique　火山凝灰岩
tufière　凝灰岩矿;凝灰岩取土场
tunnel　隧道
tunnel à deux trous　双洞隧道
tunnel à deux voies　双线隧道

tunnel à double voie 双线隧道
tunnel à une voie 单线隧道
tunnel à voie unique 单线隧道
tunnel à écoulement libre 无压隧道
tunnel apparent 明洞隧道
tunnel à quatre voies formé de deux tubes 双管4车道隧道
tunnel au roc 岩石(质)隧道
tunnel autoroutier 高速公路隧道
tunnel autoroutier en bitube 高速公路双联拱隧道
tunnel auxiliaire 辅助隧道
tunnel à voie unique 单线隧道
tunnel bidirectionnel 双向隧道
tunnel bi-tubes 双管隧道
tunnel circulaire 环行隧道
tunnel couvert mince 浅埋隧道
tunnel creusé 暗挖隧道
tunnel d'amenée d'eau 引水隧道
tunnel d'assèchement 泄水洞
tunnel de dérivation 分支(导流)隧洞
tunnel de drainage 排水隧道
tunnel de longue distance 长距离隧道
tunnel de métro 地铁隧道
tunnel de monotube 单管隧道
tunnel de montagne 穿山隧道
tunnel de prise d'eau 引水隧洞
tunnel de rebroussement 环线(折返)隧道
tunnel de retour 环线(折返)隧道
tunnel de service 工务维护辅助隧道
tunnel d'évacuation des eaux 排水隧洞
tunnel de ventilation 通风隧道
tunnel d'irrigation 灌溉隧洞
tunnel droit 右隧道;右洞
tunnel du chemin de fer 铁路隧道
tunnel en caisson 箱形隧道
tunnel en charge 压力隧道
tunnel en exploitation 运营隧道
tunnel en maçonnerie 石砌隧道
tunnel en maçonnerie à pierre 石砌隧道
tunnel en roche 岩石隧道
tunnel en terrain tendre 土质隧道
tunnel en tranchée couverte 覆盖式隧道
tunnel en tranchée ouverte 明挖隧道
tunnel excavé à ciel ouvert 明挖隧道
tunnel existant 既有隧道
tunnel ferroviaire 铁路隧道
tunnel gauche 左隧道;左洞
tunnel immergé 沉管隧道;明挖隧道
tunnel percé au bouclier 盾构掘进隧道
tunnel pilote 导挖隧道
tunnel plein cintre en béton 混凝土隧道
tunnel pour automobiles 公路隧道
tunnel précontraint 预应力隧道
tunnel rond 圆形隧洞
tunnel routier 公路隧道
tunnel sans pression 无压隧道
tunnels jumelés 双隧道
tunnel sous-fluvial 河底隧道
tunnel sous la Manche 拉芒什海峡(英吉利海峡)海底隧道
tunnel sous-marin 海底隧道
tunnel sous pression 压力隧道
tunnel souterrain 地下隧道
tunnel standard 标准隧道
tunnel unidirectionnel 单向隧道
tunnel urbain 市区隧道
tunnel voûté 拱形隧道
tunnelier 隧道掘进机;隧道盾构机
tunnelier de pleine section 全断面隧道掘进机
turbine 涡轮机
turbine à gaz 燃气涡轮机
turbine à impulsion 充压式涡轮机
turbine à neige 涡轮扫雪机
turbine à vapeur 气轮机
turbine de forage 涡轮钻探机
turbine hydraulique 水轮机
turbine principale 主燃气机
turbine propulsive 燃气涡轮发动机
turbine radiale 径流式涡轮机
turbine à vapeur 汽轮机
turbogénérateur 涡轮发电机组
turbomoteur 涡轮发动机
turborail 涡轮动车;涡轮轨道车
turboventilateur 涡轮鼓风机组
tuyau 管
tuyau acoustique 声波管
tuyau à manchon 管套
tuyau apparent 明管
tuyau armé 加筋管
tuyau à sable 撒砂管
tuyau circulaire en béton 混凝土圆管
tuyau circulaire en béton armé 钢筋混凝土圆管
tuyau circulaire en fonte ductile 韧性铸铁圆形管
tuyau circulaire en PEHD 高强塑料圆形管

tuyau circulaire en PVC 聚氯乙烯圆形管
tuyau coudé 曲管
tuyau d'accouplement de chauffage
　　暖气连接管
tuyau d'accouplement de frein
　　制动连接管
tuyau d'admission 进水管；进气管
tuyau d'aérage 通风管
tuyau d'aération 通风管
tuyau d'air 通风管
tuyau d'air de train 列车风管
tuyau d'amenée 引水管
tuyau d'arrosage 浇灌引水管
tuyau d'assainissement 下水管
tuyau d'eau 水管
tuyau de battage 打入管
tuyau de branchement 支管
tuyau de caoutchouc 橡胶管
tuyau d'échappement 排水管；排气管
tuyau d'écoulement 排水管
tuyau de décharge 排泄管
tuyau de décharge en fonte 铸铁泄水管
tuyau de décharge métallique 金属泄水管
tuyau de descente 落水管
tuyau de descente d'eau de pluie
　　雨水落水管
tuyau de drainage 排水管
tuyau de fer 铁管
tuyau d'égout 污水管
tuyau de pluie 雨水管
tuyau de protection 管套
tuyau de raccordement 连接管
tuyau de refoulement 增压管
tuyau de refroidissement 冷却管
tuyau de sondage 钻套
tuyau d'évacuation 排水管
tuyau de ventilation 通风管
tuyau drainant en asbeste ciment
　　石棉水泥排水管
tuyau en acier 钢管
tuyau en acier galvanisé 镀锌钢管
tuyau en acier inoxydable 不锈钢管
tuyau en acier ondulé 波纹钢管
tuyau en amiante 石棉管
tuyau en amiante-ciment 石棉水泥管
tuyau en béton 混凝土管
tuyau en béton armé 钢筋混凝土管
tuyau en béton centrifuge 离心混凝土管
tuyau en béton façonné par centrifugation
　　离心法制混凝土管
tuyau en béton précontraint
　　预应力混凝土管
tuyau en béton tourné 旋转混凝土管
tuyau en caoutchouc 橡胶管
tuyau en ciment 水泥管
tuyau en cuivre 铜管
tuyau en fonte 铸铁管
tuyau en plomb 铅管
tuyau en polychlorure de vinyle rigide
　　硬质聚氯乙烯管道
tuyau en PVC 聚氯乙烯管
tuyau en siphon 虹吸管
tuyau en zinc 锌管
tuyau flexible 软管
tuyau métallique 金属管
tuyau noyé 预埋管
tuyau pour bétonnage sous l'eau
　　水下混凝土浇筑管
tuyau perforé 带孔管
tuyau pré-enterré 预埋管
tuyau principal 干管；主管
tuyau serpentin 蛇形管
tuyauterie 管道总称
tuyauterie de chauffage 供暖管路系统
tuyauterie de refroidissement
　　冷却管路系统
tuyauterie en boucle 环状管路系统
tuyauterie générale de châssis
　　车底管路系统
tuyauterie pneumatique 风动机组管道
TV caméra de télésurveillance
　　闭塞监控电视
TV de surveillance 监控电视
type 类型；型号
type cellulaire 多箱式
type courant 常用形式
type couvert 覆盖式
type d'acier 钢筋型号
type d'activités 业务类型
type d'aiguilles 道岔类型
type d'appui 支撑类型；支座类型
type d'attaches 扣件类型
type d'attelage 车钩类型
type de ballast 道砟种类
type de bogies 转向架型式
type de bordure 路缘石类型
type de canalisation 管道类型
type d'échangeur 互通立交桥类型

type de chargement 装货类型	type de projection 投影类型
type de chaussée 路面类型	type de rail 钢轨类型
type de ciment 水泥类型	type de rame automotrice 动车组型号
type de coffrage 模板类型	type de revêtement 面层类型
type de colonne 柱型	type de roche 岩石类型
type de compartiment 车厢类型	type de route 道路类型
type de construction 建筑类型	type des engins 机械型号
type de croisement 交叉类型	type des ouvrages d'art 构造物类型
type de culée 桥台类型	type d'essais 试验类型
type de dalots 涵洞类型	type de suspension 悬挂类型
type de détonateur 爆破段位	type de structure 结构类型
type de devise demandée 要求外汇类型	type de structure de chaussée 路面结构类型
type de document 文件类型	type de tablier 桥面类型
type de fondation 基础类型	type de terrain 场地类型
type de garde-corps 防护栏类型	type de traction 牵引类型
type de glissière 防护栏类型	type de traitement 处理方法
type de la plateforme de voie 路床类型	type de travaux 工程类型
type de ligne 线路类型	type de traverses 轨枕类型
type de lit de voie 道床类型	type de tunnels 隧道类型
type de locomotives 机车类型	type de végétation 植物类型
type de l'ouvrage 工程类型	type de voie 轨道类型
type de luminaire 灯具型号	type de voie de ligne principale 正线轨道类型
type de matériau 材料类型	type de voiture 车辆类型
type de matériel 设备类型	type de wagon de marchandises 货车类型
type de matériel roulant 车辆类型	type d'explosifs 炸药类型
type de mélange 混合方式	type d'opération 操作类型
type d'enclenchement 联锁类型	type du sol 土类
type de panneau 标志牌类型	type et modèle des voitures de rame automotrice 动车组车底类型
type de pieux 桩类型	type et modèle de wagon 车底类型
type de pile 桥墩类型	type encastré 嵌入式
type de pont 桥型	type ouvert 敞开式
type de poteau 柱型	
type de poutres 梁型	
type de profil en long 纵断面类型	
type de profil en travers 横断面类型	

U

udomètre 雨量表
ultra-son 超声波
uniformité 一致性
Union Africaine(UA) 非盟
Union des Industries Ferroviaires Europénnes
 (UNIFE) 欧洲铁路行业协会
Union Européenne(UE) 欧盟
Union Internationale des Chemins de Fer
 (UIC) 国际铁路联盟
Union Internationale des Télécommunications
 (UIT) 国际电信联盟
unité 单位
unité à bord 车载单元
unité absolue 绝对单位
unité administrative 行政单位
unité calorifique 热量单位
unité d'attelage de wagon
 挂车单元;钩车单元
unité d'automoteur à deux motrices situées
 dans deux extrémités de la rame
 双联动动车组
unité d'automotrices articulées
 关节动车组
unité d'automotrices jumelées
 双联动动车组
unité de charge 荷载单位
unité de composition 编组单元
unité de composition des compartiments
 du train 列车车底编组单元
unité de composition du train
 列车编组单元
unité de contrôle 控制单元
unité de courant électrique 电流单位
unité de débit 流量单位
unité de dimensions 尺寸单位
unité de force 力的单位
unité de force motrice 动力单元

unité de force motrice dispersée
 分散式动力单元
unité de formation 组合单元
unité de fréquence 频率单位
unité de longueur 长度单位
unité de manœuvre 调车单元
unité de masse 重量单位
unité de matériau 材料单位
unité de mesure 测量单位
unité de poids 重量单位
unité de pression 压力单位
unité de puissance 功率单位
unité de rail 轨节
unité de rame 车列单元
unité de section 截面积单位
unité de surface 面积单位
unité de suspension 悬挂单元
unité de temps 时间单位
unité de traction 牵引单元
unité de volume 体积单位
unité de wagon 车辆单元;车节
unité électronique du sol
 地面电子单元
unité électronique du sol de répondeur
 应答器地面电子单元
unité embarquée 车载单元
unité en mille 千位符
unité en précontraint 预应力构件
unité géométrique 几何单位
unité internationale 国际单位
unité mécanique 力学单位
unité métrique 米制单位
unité monétaire 货币单位
unité optique 光学单位
unité pilote 试验装置
unité pratique 实用单位
unité terminale 终端设备

unité thermique 热量单位
unité type 定型设备
Uninterrupted Power Supply(UPS)
　不间断电源
urbanisme 城市规划
usage 用途；惯例
usage de langue-système métrique-monnaie
　使用语言—米制—货币
usage de l'équipement 设备使用
usage de l'outil 工具使用
usage de matériel roulant
　铁道车辆用途
usages diplomatiques 外交惯例
usages internationaux 国际惯例
usages locaux 地方习惯
usance 汇票付款期限
usinage 制造
usine 工厂
usine à béton 混凝土厂
usine à béton préfabriqué 混凝土预制厂
usine à chaux 石灰厂
usine à ciment 水泥厂
usine à tour 拌和塔
usine à tour pour mélanges hydrocarbonés
　沥青拌和楼
usine d'eau 水厂
usine de broyage 破碎厂
usine de concassage 轧石厂
usine de criblage 筛石厂
usine de fabrication 制造厂
usine de fabrication de locomotive à
　vapeur 蒸汽机车制造厂
usine de fabrication de locomotives et de
　wagons 机车车辆厂
usine de fabrication de locomotives
　électriques 电力机车制造厂
usine de fabrication des équipements de
　télé-communication et de signalisation
　通号设备制造厂
usine de fabrication des matériels roulants
　机车车辆厂
usine de préfabrication des poutres du
　pont 桥梁预制厂
usine de préfabrication des traverses
　轨枕厂
usine d'éléments préfabriqués en béton armé
　混凝土构件厂
usine d'enrobage 沥青拌和厂
usine de préfabrication 预制厂

usine de produits en amiante-ciment
　石棉水泥制品厂
usine d'épuration 提炼厂
usine de réparation de voie 工务修配厂
usine de réparation des locomotives
　机车修理厂
usine de réparation des matériels roulants
　车辆修理厂
usine de réparation des wagons 车辆修理厂
usine des agrégats 集料加工厂
usine de soudure de rails 焊轨厂
usine de traitement d'eau 水处理厂
usure 磨损
usure d'aiguille 辙叉磨耗；道岔伤损
usure de boudin 轮缘磨损
usure de champignon de rail 轨头磨耗
usure de chaussée 路面磨耗
usure de fil de contact 接触线磨损
usure de rail 钢轨磨损
usure de roue 车轮磨耗
usure de route 道路磨耗
usure de surface de rail 轨面磨耗
usure de voie ferrée 轨道磨损
usure directe 直接磨耗
usure du bord de chaussée 路面边缘损坏
usure inégale du bout de rail
　轨端不均匀磨损
usure irrégulière 不均匀磨损
usure latérale de champignon de rail
　轨头侧面磨损
usure latérale du rail 钢轨侧面磨损
usure mécanique 机械磨损
usure moyenne de roue 车轮平均磨耗
usure ondulatoire 波形磨损
usure ondulatoire de champignon de rail
　轨头波形磨损
usure ondulatoire de rail 钢轨波形磨损
usure par abrasion 磨损
usure par frottement 磨损
usure régulière 均匀磨损
usure spécifique 单位磨损
usure superficielle 表面磨损
utilisation 利用；使用
utilisation de ballast usé 旧道砟利用
utilisation de coffrage 使用模板
utilisation de l'équipement 设备利用
utilisation de ligne abandonnée
　利用废弃线路
utilisation de locomotive 机车使用

utilisation d'engins de forte puissance
使用大功率机械
utilisation d'engins de traction
使用牵引设备
utilisation d'engins de transport
使用运输设备
utilisation des explosifs 使用炸药

utilisation des matériaux 材料使用
utilisation des matériels 设备使用
utilisation de terrassement 土方利用
utilisation de wagon 车辆使用
utilisation préférentielle 优先使用
utilisation préférentielle de matériaux issus des déblais 优先使用挖方材料

U

V

valeur 值
valeur absolue 绝对值
valeur accumulée 累加值
valeur actualisée nette 净现值
valeur admissible de tassement 允许沉降值
valeur approchée 近似值
valeur au bleu 亚甲蓝数值
valeur calculée 计算值
valeur calorifique 热值
valeur caractéristique 特性参数
valeur comparative 比较值
valeur corrigée 修正值
valeur critique 临界值
valeur critique de déraillement 脱轨临界值
valeur cumulée 累计值
valeur d'abrasion 磨耗值
valeur d'allongement de courbure 弯曲伸长值
valeur de calcul 计算值
valeur de charge 荷载值
valeur de commutation 转换值
valeur de comparaison 比较值
valeur de conception 设计值
valeur de contrainte 极限应力
valeur de coordonnée 坐标值
valeur de crête 峰值
valeur de dévers 超高值
valeur de dévers de courbure circulaire 圆曲线超高值
valeur de dureté 硬度值
valeur de fatigue 疲劳极限
valeur de frottement 摩擦值
valeur de glissance 光洁度
valeur de gradient 梯度值
valeur de l'énergie de compactage 压实能量值
valeur de l'indice de plasticité 塑性指数值
valeur de paramètres 参数值
valeur de paramètres fondamentaux 基本参数值
valeur de pointe 峰值
valeur de pointe de résistance 强度峰值
valeur de portance 承载值
valeur de référence 参照值
valeur de saturation 饱和值
valeur de seuil 临界值
valeur de stabilité 稳定值
valeur de surélévation 超高值
valeur déterminée 确定值
valeur d'évaluation 估算值
valeur d'impulsion 冲击值
valeur d'inclinaison 倾斜值
valeur du slump-test 坍落度试验值
valeur d'usure 磨耗值
valeur d'usure de pneus 轮胎磨耗值
valeur économique 经济价值
valeur effective 有效值
valeur équilibre 平衡值
valeur équivalente 等值
valeur expérimentale 经验数值
valeur extrême 极限值
valeur finale 终值
valeur fixe 固定值
valeur fondamentale 基本数值
valeur globale de l'économie nationale 国民经济总产值
valeur globale de production 总产值
valeur imaginaire 虚值
valeur indéterminée 未定值
valeur infinie 无限值
valeur initiale 初值
valeur instantanée 瞬时值
valeur intermédiaire 中间值

valeur limite 限定值
valeur limite de bruit 噪声限值
valeur limite de longueur de pente
　坡长限制值
valeur limite exceptionnelle 特殊限定值
valeur limite normale 正常限定值
valeur maximale 最大值
valeur maximale admise 最大允许值
valeur maximale de moment 最大弯矩值
valeur maximum de contrainte 极限应力值
valeur médiane 平均值
valeur mesurée 测定值
valeur minimale 最小值
valeur minimale du projet 最小设计值
valeur minimum 最小值
valeur momentanée 瞬时值
valeur moyenne 平均值
valeur nette 净值
valeur nette actualisée 净现值
valeur nominale 额定值
valeur numérique 数值
valeur optimale 最佳值
valeur pressiométrique 压力值
valeur quantitative 定量值
valeur quelconque 任意值
valeur réelle 实数值
valeur réglée 调整值
valeur réglementaire 规定值
valeur relative 相对值
valeur représentative 代表值
valeur résiduelle 残值
valeur révisable 修正值
valeur spécifique 比值
valeur standard 标准值
valeur stationnaire 稳定值
valeur théorique 理论值
valeur variable 变化值
valeur volumique 密度值
validation 有效
valideur sans contact 进出站口验票机
valideur《humain》 进出站口人工验票
validité 有效性
validité de contrat 合同有效性
validité de document 文件有效性
validité de l'accord 协议有效性
validité de l'offre 报价有效性
validité du marché 合同有效性
vallée 山谷
vallée à fond plat 平底谷

vallée alluvionnaire 冲积山谷
vallée antécédente 先成谷
vallée à sec 干谷
vallée de faille 断层谷
vallée de montagne 山谷
vallée de rivière 河谷
vallée d'érosion 侵蚀谷
vallée en fond de bateau 平底谷
vallée fluviale 冲刷河谷
vallée longitudinale 纵谷
vallée sèche 干谷
vallée transversale 横谷
valorisation 增值
valve 阀门；气门
valve à air 气阀；折角塞门
valve à boulet 球阀
valve amovible 可拆卸阀门
valve d'aspiration 进气阀门
valve de dépression 减压阀
valve d'échappement d'air 气节门
valve d'échappement d'eau 水节门
valve de freinage 制动阀
valve de freinage automatique 自动制动阀
valve de freinage automatique en cas de
　déraillement 脱轨自动制动阀
valve de pression 压力阀
valve de réglage 调节阀
valve de sécurité 安全阀
valve de sécurité expiratoire 呼吸式安全阀
valve électromagnétique 电磁阀
valve électromagnétique pour balayage
　de surface de roulement de rail
　轨踏面清扫电磁阀
valve pneumatique 气门；折角塞门
valve pneumatique de voiture de décharge
　de ballast 卸砟车风动闸
vanne 阀门
vanne à papillon 蝶阀
vanne de contrôle 控制阀
vanne de décalage de pression 差压阀
vanne de distribution d'air 空气分配阀
vanne de non-retour 止回阀
vanne de pression différentielle 差压阀
vanne de réglage 调节阀
vanne de sécurité 安全阀
vanne d'évacuation d'air 排气阀
vanne de vidange 排放阀
vanne électromagnétique 电磁阀
vanne pneumatique 气压阀

vanne sphérique 球阀
vaporisateur 蒸汽养生炉
varenne 沼泽地
variante 备选方案;优化方案
variante de tracé 线路比选方案
variante du montant de soummission
　投标价格备选方案
variation 变化
variation de change 汇率变更
variation de charge 荷载变化;承载力变化
variation de déclivité 坡度变化
variation de dévers 轨道超高变化
variation de dimension 尺寸变化
variation de dimension géométrique de voie
　轨道几何尺寸变化
variation de flux 流量变化
variation de flux de marchandises 货流变化
variation de flux de trafic 车流量变化
variation de flux de voyageurs 客流变化
variation de flux de wagons lourds
　重车流变化
variation de formule de calcul
　计算公式变化
variation de fréquence 频率变化
variation de l'écartement de voie 轨距变化
variation de limite de gare 站界变化
variation de limite d'emprise
　占地范围变化
variation de limite d'expropriation
　征地范围变化
variation de longueur 长度变化
variation de longueur de caisse
　车体长度变化
variation de longueur de calcul
　计算长度变化
variation de longueur de ligne
　线路长度变化
variation de longueur de pose de rails
　铺轨长度变化
variation de longueur de rail 钢轨长度变化
variation de longueur de tunnel
　隧道长度变化
variation de longueur de voie principale
　正线长度变化
variation de masse des travaux 工程量变化
variation de niveau d'eau 水位变化
variation de pente 坡度变化
variation de portée 跨度变化
variation de position 位置变化
variation de pression 压力变化
variation de prix 价格变更
variation de profil 断面变化
variation de proportion 比例变化
variation de quantité des travaux
　工程数量变化
variation de température 温度变化
variation de teneur en eau 含水量变化
variation de tension électrique 电压变化
variation de trafic 交通流量变化
variation des données 数据变化
variation des indices 指标变化
variation des travaux 工程变化
variation de structure 结构变化
variation de tarifs 费率变化
variation de taux de courbure 曲率变化
variation de valeur 数值变化
variation de vitesse 速度变化
variation de voie 线路变化
variation de volume 体积变化
variation de volume de trafic 交通量变化
variation de voltage 电压变化
variation journalière 日变化
variation linéaire 线性变化
variation linéaire de câbles 缆索线性变化
variation linéaire permanente
　永久线性变化
variation mensuelle 月变化
variation paramétrique 参数变化
variation saisonnière 季节变化
variation thermique 温度变化
vase 污泥
vase active 活性污泥
vase bleue 青泥
vase de fond 淤泥
vase de lac 湖泥
vase de rivière 河泥
vase d'étang 塘泥
vase dure 硬泥
vase molle 软泥
vau 拱架
vecteur 向量
vecteur axial 轴线向量
vecteur composant 合成向量
vecteur d'accélération 加速度矢量
vecteur de ligne de base 基线向量
vecteur glissant 滑动向量
vecteur libre 自由向量
végétalisation 绿化

végétalisation au bord de voie
　线路周边绿化
végétalisation de base-vie　生活营地绿化
végétalisation de chaussée　道路绿化
végétalisation de fossé　边沟绿化
végétalisation de talus　边坡绿化
végétalisation de terrain　场地绿化
végétalisation de terre-plein central
　公路中间隔离带绿化
végétation　植物
végétation alpine　高山植物
végétation de fossé　排水沟植草
végétation naturelle　自然植被
véhicule　车辆
véhicule à chenille　履带车辆
véhicule à marchandises　货运车辆
véhicule à rails　轨道车辆
véhicule automobile　机动车辆
véhicule basculeur　倾卸车辆
véhicule bobineur pour installation de fil
　de contact　接触网架线车
véhicule-citerne　罐车
véhicule-citerne pour liquides　液体罐车
véhicule convoyé　押运车辆
véhicule d'auscultation de rail　钢轨探伤车
véhicule de charge lourde　重车车辆
véhicule de chargement　载重车
véhicule de commandement　指挥车辆
véhicule de lissage des rails　钢轨打磨车
véhicule de maintenance de caténaire
　接触网维修车
véhicule d'entretien　养护车
véhicule de patrouille　巡逻车
véhicule déraillé　脱轨车辆
véhicule de transport　运输车
véhicule du chemin de fer　铁路车辆
véhicule en charge　载重车
véhicule ferroviaire　铁路车辆
véhicule léger　轻型车辆
véhicule militaire　军用车辆
véhicule plein　实车
véhicule-poids lourds　重型车辆
véhicule polyvalent　多用途车辆
véhicule pour transport de ballast
　道砟运输车
véhicule pour transport de châssis de voie
　轨排运输车
véhicule pour transport de ciment en vrac
　散装水泥运输车
véhicule pour transport de longs rails
　soudés　长焊轨运输车
véhicule rail-route　铁路公路两用车
véhicule remorqué　拖车
véhicule sans plaque de couverture
　supérieure　无上盖板车辆
véhicule sur rails　轨道车
véhicule tracteur　牵引车辆
véhicule vide　空车
vélocimètre　测速仪
vent de train　列车风
vent de tunnel　隧道风
vent naturel　自然风
ventilateur　通风机
ventilateur à ailes　离心式风机
ventilateur à conduite de refoulement
　压入式风机
ventilateur à dépression élevée　高负压风机
ventilateur à écoulement axial
　轴流式通风机
ventilateur aérodyne　轴流式风机
ventilateur à flux axial　轴流式通风机
ventilateur à flux radial　径流式通风机
ventilateur à force centrifuge　离心式通风机
ventilateur à hélice　轴流式通风机
ventilateur à jet libre　射流式风机
ventilateur à refoulement　压入式风机
ventilateur aspirant　抽风机
ventilateur à turbine　涡轮式通风机
ventilateur axial　轴流通风机
ventilateur brasseur d'air　循环风机
ventilateur centrifuge　离心式通风机
ventilateur d'alimentation　进气风扇
ventilateur d'aspiration　吸风机
ventilateur de défoncement　矿井通风机
ventilateur de plafond　车顶通风机
ventilateur d'extraction　排气通风机
ventilateur dynamique　离心式通风机
ventilateur électrique　电动鼓风机
ventilateur foulant　压入式风机
ventilateur radial
　辐射式通风机;径向排风机
ventilateur rotatif　离心式通风机
ventilation　通风
ventilation basse　下通风
ventilation d'accident　事故通风
ventilation de chantier　工作面通风
ventilation de construction　施工通风
ventilation descendante　下向通风

ventilation de secours 事故救援通风
ventilation de tunnel 隧道通风
ventilation forcée 强制通风
ventilation haute 上通风
ventilation indépendante 独立通风
ventilation locale 局部通风
ventilation longitudinale 纵向式通风
ventilation longitudinale avec extraction massive 竖井分段纵向式通风
ventilation mécanique 机械通风
ventilation naturelle 自然通风
ventilation semi-transversale 半横向通风
ventilation transversale 全横向式通风
vérification 核查
vérification à la stabilité globale 总体稳定性核实
vérification à postériorité 施工后检查
vérification contradictoire 合同检查
vérification contrainte 强制性检查
vérification d'attelage des wagons 挂车检查
vérification de charge 荷载检查
vérification de charge axiale 轴压检查
vérification de charge de passage 通过荷载检查
vérification de charge de pont 桥梁荷载检查
vérification de charge de wagon 车辆荷载检查
vérification de circuit de voie 轨道电路检查
vérification de codes 电码核实
vérification de conformité 符合性审查
vérification d'écriture 笔迹核对
vérification de dimension de l'aiguille 复核道岔尺寸
vérification de documents remis 核对收到文件
vérification de données topographiques 核实地形数据
vérification de dosage 配量检查
vérification de fond de fouille 验槽
vérification de gabarit 核实限界
vérification de l'attelage 确认连挂
vérification de l'état du wagon 车辆状态检查
vérification d'enlèvement de sabot 确认撤除铁鞋
vérification de notes de calculs 复核计算说明书
vérification de nuances d'acier 钢筋等级复核
vérification de perforation 钻孔检查
vérification de plans 图纸审查
vérification de poids 重量核对
vérification de polygonale 导线复核
vérification de position de l'aiguille 确认道岔位置
vérification de pouvoirs 授权资格审查
vérification de programme 程序检查
vérification de qualification 资质检查
vérification de quantité des marchandises 货物数量核对
vérification des approvisionnements du train 机车整备作业检查
vérification de signal 信号确认
vérification de tableau des piquets d'axe 复核中桩表
vérification de tableau des repères d'altitude 复核水准表
vérification de tracé 线路走向核实
vérification de volume de trafic 交通量核实
vérification d'implantation 放线审核
vérification d'itinéraire 确认进路
vérification d'itinéraire de parcours 确认行走经路
vérification d'itinéraire de sortie 确认出路
vérification du temps de sortie de dépôt 确认出段时间
vérification mensuelle 每月检查
vérification par prélèvement 取样检查
vérification par radiographie 探伤检查
vérification par ultra-son 超声波检查
vérification périodique 定期检查
vérification préliminaire à la mise en tension 张拉前预先核查
vérification sur inventaire 资产清查
vérification sur place 现场核实
vérification systématique 系统核实
vérification technique 技术检查
vérin 千斤顶
vérin à air comprimé 压气千斤顶
vérin à bras 手动千斤顶
vérin à châssis 支点式千斤顶
vérin à main 手动千斤顶
vérin à vis 螺旋千斤顶
vérin à vis spirale 螺旋千斤顶
vérin de tension 张拉千斤顶

vérin de voie　轨道千斤顶
vérin d'huile　油压千斤顶
vérin hydraulique　液压千斤顶
vérin mobile　移动式千斤顶
vérin pneumatique　压气千斤顶
vermiculite　轻石
vernier　游标尺
vernis　清漆
vernis à l'alcool　挥发清漆
vernis à l'huile　油基清漆
vernis à l'huile aux résines artificielles
　合成树脂油基清漆
vernis à l'huile aux résines naturelles
　天然树脂油基清漆
vernis gras　油漆
vernis isolant　绝缘漆
vernis sans huiles　树脂清漆
vernis transparent　清漆
verre　玻璃
verre armé　夹丝玻璃
verre coloré　有色玻璃
verre dépoli　磨砂玻璃
verre feuilleté　夹层玻璃
verre gravé　压花玻璃
verre imprimé　压花玻璃
verre opale　乳化玻璃
verre organique　有机玻璃
verre teinté　有色玻璃
verre trempé　钢化玻璃
verre transparent　透明玻璃
verrou　插销；道岔锁闭器
verrou d'aiguille　道岔锁闭器
verrou électrique　电锁器
verrou fendu　开口锁
verrouillage　锁闭；联锁
verrouillage à crochet　钩式锁闭装置
verrouillage à disque　盘式锁闭装置
verrouillage à distance　远程锁闭
verrouillage automatique　自动锁闭
verrouillage d'aiguille　道岔锁闭
verrouillage de canton　区间锁闭
verrouillage de crochet　锁钩
verrouillage de déplacement　移动锁定
verrouillage de parcours　进路锁闭
verrouillage de plaque tournante
　转车盘锁闭
verrouillage de rail　钢轨锁定
verrouillage de section　区段锁闭
verrouillage de signal　信号锁闭

verrouillage des itinéraires　进路锁闭
verrouillage de voie　锁定线路
verrouillage électrique　电气锁闭
verrouillage électronique　电子锁闭
verrouillage mécanique　机械锁闭
verrouillage temporaire　临时锁闭
versement　付款
versement échelonné　分期付款
versement forfaitaire　包干价付款
verticale　垂线
verticalité　垂直度
viabilité　可通行性
viabrafonçage　振动沉桩
viabrafonceur　振动打桩机
viaduc　高架桥
viaduc à double voies　双线高架桥
viaduc continu　连续高架桥
viaduc courant　标准高架桥
viaduc du chemin de fer　铁路高架桥
viaduc non courant　非标准高架桥
viaduc multiple　多层高架桥
vibrage　振捣
vibrage de béton　混凝土振捣
vibrage du lit de ballast　道床振捣
vibrateur　振捣器
vibrateur à aiguilles　软轴振捣棒
vibrateur à damer　振动打夯机
vibrateur à fréquence élevée　高频振捣棒
vibrateur à plaque　平板振动器
vibrateur à plateau　平板振动器
vibrateur de béton　混凝土振捣棒
vibrateur de poutres à béton préfabriquées
　预制混凝土梁振捣器
vibrateur externe　外部振捣器
vibrateur flottant　振动板；平板振动器
vibrateur interne　内部振捣器
vibration　振捣
vibration automatique　自振
vibration basculante　摇摆振动
vibration centrifuge　离心振动
vibration circulaire　循环式振动
vibration de béton　混凝土振捣
vibration de circulaire du train　行车振动
vibration de compactage　碾压振动
vibration de coulage du béton
　浇铸混凝土振动
vibration de matériel roulant　机车车辆振动
vibration de moteur électrique　电机振动
vibration de ressort　弹簧振动

vibration de tambour de compactage
滚筒压路机振动
vibration de tamisage 过筛振动
vibration de wagon 车辆振动
vibration faible 弱振
vibration forcée 强迫振动
vibration forte 强振
vibration intense 强振
vibration libre 自由振动
vibration par choc 冲击振动
vibration systématique des wagons
车辆系统振动
vibration verticale 垂直振动
vibro-compacteur 振动夯
vibro-crible 振动筛
vibro-dameur 振动夯
vibro-finisseur 振动平整器
vibro-finisseuse 振动平整器
vibroflottation 振浮压实法
vibrofonçage 振动沉桩
vibro-fonceur 振动打桩机
vibro-fonceur pour palplanches
板桩振动打桩机
vibro-surfaceur 振动式整平机
vibro-tamis 振动筛
vibro-trieur 振动筛分机
vice 缺陷
vice de conception 设计缺陷
vice de construction 工程缺陷
vice de l'ouvrage 构造物缺陷
vice de projet 项目缺陷
vice de qualité 质量缺陷
vice de voie 线路缺陷
vice d'exécution 施工缺陷
vidange 排空
vidange de citerne 罐体排空
vidange de déchets liquides 排空液体垃圾
vidange de lubrifiant 排空机油
vidange de train 列车排空
vide de dilation 伸缩缝
vide de soudure 虚焊
vide d'exploitation 采空区
vide sous traverse 空枕；枕木下欠砟
vidéo-surveillance 视频监视
vidéo-transmission 视频传输
vie 寿命
vie de machine 机器使用年限
vie de matériau 材料寿命
vie d'équipement 设备使用年限
vie de roue 车轮寿命
vie de roulement 轴承寿命
vie de travail 使用寿命
vie d'utilisation 使用寿命
vieillissement 老化
vieillissement de barrage 坝体老化
vieillissement de béton 混凝土老化
vieillissement de caoutchouc 橡胶老化
vieillissement de chaussée 路面老化
vieillissement de fil électrique 电线老化
vieillissement de l'équipement
设备老化
vieillissement de l'équipement de signal
信号设备老化
vieillissement de l'isolateur 绝缘体老化
vieillissement de l'isolateur en caoutchouc
橡胶绝缘体老化
vieillissement de matériau 材料老化
vieillissement de matériau élastique
弹性材料老化
vieillissement de voie 线路老化
vieillissement naturel 自然老化
virage 转弯
virage à droite 右拐弯
virage à gauche 左拐弯
virage en épingle à cheveux U形弯
virage pris à grande vitesse 急转弯
virement 转账
virement bancaire 银行转账
virement de compte 转账
virement par câble 电汇
vireur d'essieux 转轴装置；盘车装置
virole 管节；管套
virole de pieu 桩箍
virole de tuyau 管箍
vis 螺钉
vis à bois 木螺钉
vis à tête plate 平头螺钉
vis à tête ronde 圆头螺钉
vis d'ancrage 锚固螺钉
vis femelle 螺母
vis parker 自攻螺钉
visa 签证；检验
visa d'affaires 商务签证
visa de commission des marchés
获得合同委员会批准
visa de consulat 领事馆签证
visa de dessins 图纸审批
visa d'entrée 入境签证

visa de transit　过境签证
visa de travail　工作签证
visa du marché　合同批准
viscosité　黏度
viscosité absolue　绝对黏稠度
viscosité de bitume　沥青黏稠度
viscosité de goudron　沥青黏稠度
viscosité de liquide　液体黏度
viscosité de lubrifiant　机油黏稠度
viscosité émulsive　乳化黏度
viscosité initiale　初始黏度
visibilité　能见度
visibilité de conduite　行车能见度
visibilité de signal　信号能见度
visière　（信号机）帽檐
visite　访问；视察
visite conjointe　共同视察
visite courante　日常检查
visite de bogie　转向架检查
visite de chantier　工地视察
visite de frein　制动检查
visite de lieu　场地勘察
visite d'entretien　养护检查
visite de roue　车轮检查
visite de routine　惯例检查
visite de site　现场踏勘
visite d'essieu　车轴检查
visite détaillée des ouvrages
　构造物详细检查
visite de train　列车检查
visite de voie　线路检查；巡道
visite de wagon　车辆检查
visite en marche　运行检查
visite périodique　定期检查
vitesse　速度
vitesse absolue　绝对速度
vitesse accélérée　加速度；提速
vitesse accélérée de vibration　振动加速度
vitesse accélérée limite　极限加速度
vitesse acceptable　允许速度
vitesse admissible　允许速度
vitesse autorisée　允许速度
vitesse centrifuge　离心速度
vitesse centripète　向心速度
vitesse complémentaire　附加速度
vitesse composée　合成速度
vitesse constante　匀速
vitesse continue　持续速度
vitesse critique　临界速度

vitesse d'affaissement　下沉速度
vitesse d'approche　接近速度
vitesse d'approche du train　列车接近速度
vitesse d'aspiration　吸收速度
vitesse d'attelage　挂车速度；钩车速度
vitesse d'automotrice à grande vitesse
　高速动车速度
vitesse de bande　通过带速度
vitesse de base　基本速度
vitesse de battage　打桩速度
vitesse de calcul　计算速度
vitesse de chargement　装载速度
vitesse de chauffage　加热速度
vitesse de choc　冲击速度
vitesse de chute　落下速度
vitesse de circulation(VC)　行驶速度
vitesse de circulation de l'air
　空气流动速度
vitesse de circulation descendante　下行速度
vitesse de circulation montante　上行速度
vitesse de combustion　燃烧速度
vitesse de commande　控制速度
vitesse de compactage　碾压速度
vitesse de conception　设计速度
vitesse de conduire　驾驶速度
vitesse de congélation　冻结速度
vitesse de contrôle　控制速度
vitesse de coulage　浇筑速度
vitesse de coulée　浇筑速度
vitesse d'écoulement　流速
vitesse d'écoulement de crue de pointe
　洪峰流速
vitesse de coupe　切割速度
vitesse de courant　电流速度
vitesse de courbure　曲线速度
vitesse de course　运行速度
vitesse de creusement　挖掘速度
vitesse de débit　流速
vitesse de décantage　沉淀速度
vitesse de décapage　清表速度
vitesse de décharge　卸载速度
vitesse de décharge de ballast　卸砟速度
vitesse de déformation　变形速度
vitesse de démarrage　启动速度
vitesse de démolition　拆除速度
vitesse de démontage　拆除速度
vitesse de départ　启动速度
vitesse de déplacement　移动速度
vitesse de dépôt　沉淀速度；堆积速度

vitesse de descente	下降速度
vitesse de dételage	摘车速度
vitesse de détonation	起爆速度
vitesse de diffusion	扩散速度
vitesse de filtration	过滤速度
vitesse de fluage	蠕变速度
vitesse de forage	钻进速度
vitesse de formation	形成速度
vitesse de franchissement	渡线速度；过岔速度
vitesse de franchissement de l'aiguille	过岔速度
vitesse de franchissement en voie déviée	转向渡线速度
vitesse de fusion	熔化速度
vitesse de giration	旋转速度
vitesse de glissement	滑动速度
vitesse de gonflement	膨胀速度
vitesse de gravité	重力加速度
vitesse de lancement	溜放速度
vitesse de lecture	读取速度
vitesse de levage	提升速度
vitesse de ligne	线路速度
vitesse de ligne à double voie électrifiée	双线电气化铁路速度
vitesse de ligne de branchement	支线速度
vitesse de ligne directe	直线速度
vitesse de ligne en km/h	公里/小时线路速度
vitesse de ligne principale	正线速度
vitesse de ligne spéciale pour transport des marchandises	货运专线速度
vitesse de ligne spéciale pour transport des voyageurs	客运专线速度
vitesse de l'interface	界面速度
vitesse de l'opération	作业速度
vitesse de marche	运行速度
vitesse de marche sur la fosse d'essieux	落轮坑运行速度
vitesse de mesure	测量速度
vitesse de montage	安装速度
vitesse de montée	提升速度
vitesse de moteur	电动机转速
vitesse de mouvement	运动速度
vitesse d'entraînement	传动速度
vitesse d'entrée et de sortie	进出速度
vitesse de passage latéral de l'aiguille	测向过岔速度
vitesse de passage	通过速度
vitesse de passage à l'aiguille	过岔速度
vitesse de passe	通过速度
vitesse de passe du train	列车通过速度
vitesse de pavage	铺砌速度
vitesse de pénétration	贯入速度
vitesse de pente	坡面速度
vitesse de pente descendante	下坡速度
vitesse de pente montante	上坡速度
vitesse de perforation	钻孔速度
vitesse de perméabilité	渗透速度
vitesse de plafond	极限速度
vitesse de point de changement de voie	线路道岔变点速度
vitesse de pointe	最高速度
vitesse de pose	安装速度
vitesse de préparation	准备速度
vitesse de prise	凝固速度
vitesse de production	生产速度
vitesse de progression	掘进速度
vitesse de rame automotrice	动车组速度
vitesse de rampe	上坡速度
vitesse de réaction	反应速度
vitesse de réception	验收速度
vitesse de référence	参设照速度；参考速度
vitesse de régulation	调车速度
vitesse de rencontre des deux trains	会车速度
vitesse de répandage	撒布速度；摊铺速度
vitesse de restriction	限制速度
vitesse de rotation	旋转速度
vitesse de rotation de roulement à billes	轴承转动速度
vitesse de roulement	行进速度
vitesse de séchage	干燥速度
vitesse de sécurité	安全速度
vitesse de sédimentation	沉淀速度
vitesse de sondage	勘探速度
vitesse de tassement	沉降速度
vitesse de traction	牵引速度
vitesse de trafic	交通速率
vitesse de train	列车速度
vitesse de train automoteur	动车速度
vitesse de train de marchandises	货车速度
vitesse de train de voyageurs	客车速度
vitesse de train Maglev	磁悬浮列车速度
vitesse de transfert	转移速度
vitesse de transformation	转变速度
vitesse de transmission	传输速度
vitesse de transport	运输速度

vitesse de travail 工作速度
vitesse d'évacuation d'eau 排水速度
vitesse de variation 变化速度
vitesse de véhicule 车辆速度
vitesse de vibration 振动速度
vitesse de virage 拐弯速度
vitesse de voie 线路速度
vitesse de voiture individuelle 单车车速
vitesse de voyage 旅行速度
vitesse de voyage de locomotive
　机车旅行速度
vitesse de voyage journalier 日旅行速度
vitesse d'excavation 挖掘速度
vitesse d'exécution 施工速度
vitesse d'expansion 膨胀速度
vitesse d'exploitation 运营速度
vitesse d'impulsion 脉冲速度
vitesse d'installation 安置速度
vitesse d'ondes de cisaillement 剪切波速度
vitesse d'ondes de surface 面波速度
vitesse d'ondes longitudinales 纵波速度
vitesse d'ondes superficielles de prospection
　sismique 地震勘测面波速度
vitesse d'oxydation 氧化速度
vitesse du développement 发展速度
vitesse d'usure 磨耗速度
vitesse du vent 风速
vitesse du vent en circulation 运行风速
vitesse du vent de structure 结构风速
vitesse efficace 有效速度
vitesse en charge 荷载速度
vitesse en voie de courbe
　弯道速度;曲线段速度
vitesse finale 终速
vitesse grimpante 爬坡速度
vitesse/heure(V/H) 时速
vitesse/heure de conception 设计时速
vitesse horaire 时速
vitesse horizontale 水平速度
vitesse idéale 理想速度
vitesse initiale 初速度
vitesse instantanée 瞬间速度
vitesse intermédiaire 中速(率)
vitesse limite 极限速度
vitesse limitée 限制速度
vitesse linéaire 线性速度
vitesse longitudinale 纵向速度
vitesse massique 质量速度
vitesse maximale 最大速度
vitesse maximale de circulation
　最大运行速度
vitesse maximale de marche 最大运行速度
vitesse minimale 最小速度
vitesse minimale de marche 最小运行速度
vitesse moyenne 平均速度
vitesse moyenne d'avancement en mètre/
　heure 以米/小时计算的平均行驶速度
vitesse moyenne de circulation du train direct
　直达列车平均行驶速度
vitesse nominale 额定速度
vitesse normale 正常速度
vitesse ondulée 波动速度
vitesse optimale 最佳速度
vitesse optimum 最佳速度
vitesse périphérique 圆周速度
vitesse plafonnée 极限速度
vitesse réelle 实际速度
vitesse préfixée 预定速度
vitesse prescrite 规定速度
vitesse prévue 预计速度
vitesse propre 自身速度
vitesse radiale 径向速度
vitesse réelle 实际速度
vitesse relative 相对速度
vitesse résultante 合(成)速度
vitesse sonique 声速;音速
vitesse spécifique 比速
vitesse supersonique 超音速
vitesse surmultipliée 超速挡
vitesse sur rail 轨道车速
vitesse sur voie ferrée 轨道车速
vitesse théorique 理论速度
vitesse transversale 横向速度
vitesse transversale de l'eau 水的横向流速
vitesse uniforme 匀速
vitesse unique 匀速
vitesse variable 变化速度
vitesse verticale 垂直速度
voie 车道;线路
voie abandonnée 弃线
voie à circuit de voie 轨道电路股道
voie additionnelle 附加车道
voie à deux étages 双层道路
voie adjacente 邻道
voie à double écartement 双轨距线路
voie à écartement standard 标准轨距线路
voie à haute vitesse 快车道
voie à priorité de circulation 优先车道

voie à sens unique 单行线
voie auxiliaire 辅助车道
voie avec joints de rail 有缝轨道
voie ballastée 有砟轨道
voie bloquée 封闭线路
voie carrossable 行车道
voie centrale 中央车道
voie circulaire 环线
voie d'accélération 加速车道
voie d'accélération de vitesse 加速车道
voie d'accès 入口通道
voie d'accès au dépôt 机务段入口线路
voie d'accès de SMR 机务维修入口线路
voie d'approvisionnement de locomotive 机车整备线
voie d'arrêt d'urgence 紧急停车道
voie d'arrivée 铁路到达线
voie d'arrivée et de départ 到发线
voie d'attelage des wagons 挂车线；钩车线
voie d'attente 停车线
voie d'attente au départ 发车线
voie d'attente de service 机车待班线
voie d'attente du train 列车等待线
voie d'eau 水路
voie de base 下承式公路
voie de bicyclettes 自行车专用车道
voie de branchement 支线；岔道
voie de bus 公交专用车道
voie de ceinture 环行线
voie de ceinture extérieure de la ville 城市外环线
voie de ceinture intérieure de la ville 城市内环线
voie de chantier 施工便道
voie de chantier-gare 站场线
voie de chantier de marchandises 货场线
voie de chantier de matériels roulants 车场线
voie de chantier des wagons 车场线
voie de chargement 装车线
voie de circulation 车道
voie de circulation auxiliaire 辅助车道
voie de circulation des machines 机车行走线
voie de circulation rapide 快车道
voie de communication 连接线；渡线
voie de communication du croisement 交叉渡线
voie de conduite 行车道
voie de connexion 连接线
voie de contournement 绕行线；迂回线
voie de croisement 岔线
voie de crue 分洪道
voie de desserte 连接线；专用线
voie de distribution 分流车道
voie de débord 装卸线
voie de décélération 减速车道
voie du départ 出发线
voie de dépassement 超车道
voie de dépôt 机务段线路；段管线
voie de dépôt de machine 机库线
voie de désenclavement 打破闭塞的道路
voie de droit 法律途径
voie de formation de rame des wagons 编组线
voie de garage 停车线；停留股道
voie de gare 站线
voie descendante 下坡车道；下行线
voie de l'autoroute 高速公路车道
voie de levage 维修升降线路
voie de liaison 连接车道；联络线
voie de ligne principale 正线轨道
voie de longs rails soudés 长焊轨线路；无缝线路
voie de maintenance 维修线路
voie de manœuvre d'accostement 调车作业线
voie de manœuvre de wagons 调车作业线
voie d'embranchement 铁路岔线
voie d'entrecroisement des trains 会车线
voie d'entrée à la gare 进站线
voie d'entrée 进入线
voie d'entrée à la remise 入库线
voie d'entrée à la rotonde 入库线
voie d'entrée au dépôt 入库线
voie d'entrée et de sortie du dépôt 机务段出入线
voie de passage 通道
voie de pied 下承式公路
voie de poids lourds 重车道
voie de préparation de locomotive 机车整备线
voie de raccordement 连接线；接驳线
voie de rails antivibratile 防振轨道
voie de rails ballastée 有砟轨道
voie de rails lourds 重型轨道
voie de rails surélevée 高架轨道
voie de ralentissement de vitesse 减速车道

voie de rebroussement 折返线
voie de rebroussement de locomotive
　机车折返线
voie de réception des trains 接车道；接车线
voie de régulation de locomotive
　机车调运线
voie de remisage 机车入库线；入库股道
voie de remisage de locomotive 机车入库线
voie de remise 机库线；库检线
voie de rencontre 合流车道
voie de réparation de locomotives
　机车备修线
voie de retour 返回车道
voie de retournement 回转线；折返线
voie de rotonde 机库线
voie de roulement de locomotive
　机车行走线
voie de sécurité 安全道
voie de service 服务区道路；站线
voie de service à grue 吊机行走线
voie de service ferroviaire 铁路便线
voie de service pour pose des poutres
　架梁岔线
voie de service pour transport des
　matériaux 运料岔线
voie de sortie 出线；出发线
voie de sortie de la gare 出站线
voie de sortie de remise 出库线
voie de sortie de rotonde 出库线
voie de sortie du dépôt 出库线
voie de stationnement 停车线；停留股道
voie de sûreté 尽头线；安全(避难)线
voie de tête 上承式公路
voie de tiroir 牵出线
voie de tiroir de locomotive 机车牵出线
voie de tiroir du métro 地铁牵出线
voie de transit 过境车道
voie de transition 铁路渡线
voie de transport 运输线
voie de traverses bi-blocs 双块式轨枕轨道
voie de traverse de fer 铁(钢)枕轨道
voie de traverse double 双枕轨道
voie de traverse en béton armé monobloc
　整体式钢筋混凝土轨枕轨道
voie de traverse monobloc 整体轨枕轨道
voie de traverses jumelées 联结式轨枕轨道
voie de triage 调车线；编组线
voie de variation de vitesse 变速车道
voie de vidange 卸油线

voie déviée 绕行线；转向线
voie de vitesse lente 慢车道
voie d'évitement 避车道；会让线
voie diplomatique 外交途径
voie directe 直通线；正线
voie directionnelle 导流车道
voie disponible 空车道
voie divergente 分岔线
voie double 双车道；双线
voie d'urgence 避险车道；紧急停车道
voie éclissée 夹板连接线路；有缝线路
voie électrifiée 电气化线路
voie en alignement 直线轨道；直线段
voie en construction 正施工线路
voie en courbe 曲线轨道；曲线段
voie en cul-de-sac 尽头线
voie en dalle 板式轨道；平板轨道
voie en exploitation 正在运营线路
voie en impasse 尽头线
voie en rampe 爬坡车道
voie enterrée 下沉被埋线路
voie étroite 窄轨
voie exclusive 专用车道
voie express(VE) 道路快行线
voie externe 外侧车道
voie extérieure 外侧车道
voie ferrée 铁路
voie ferrée abandonnée 荒废铁路
voie ferrée délaissée 摒弃铁路
voie ferrée étroite 窄轨铁路
voie ferrée longeant la route 沿公路铁路
voie ferrée normale 标准轨距铁路
voie ferrée UIC 国际铁盟标准线路
voie ferrée voyageurs 客运专线
voie franchie 渡线
voie fret 货运专线
voie interne 内侧车道
voie intérieure 内侧车道
voie large 宽轨线路
voie latérale 外侧车道
voie latérale de dépassement 外侧超车道
voie latérale pour véhicules lents 慢车侧道
voie lente 慢车道
voie libre 空闲线；空车道
voie maîtresse 干线
voie métrique 米轨线路
voie montante 爬坡车道；上行线
voie navigable 航道
voie non ballastée 无砟轨道；无砟线路

voie normale 标准轨距铁路
voie noyée de passage à niveau 道口槽沟线
voie noyée de revêtement routier
　公路槽沟线
voie oblique 斜线
voie occupée 已占用车道
voie opposante 对向交通线
voie optimale 最佳路线
voie ouverte au service 开通运行线路
voie périphérique extérieure de la ville
　城市外环线
voie périphérique intérieure de la ville
　城市内环线
voie plate 顺平线路
voie pour piétons 人行便道
voie pour véhicules lents 慢车道
voie préférentielle 优先车道
voie principale(VP) 干线;主车道
voie principale directe 正直线
voie principale électrifiée 电气化干线
voie privée 专用线
voie publique 公共道路
voie radiale 放射式道路
voie rampante 爬坡车道
voie rapide(VR) 道路快行线
voie rapide urbaine 城区快行线
voie réservée 预留车道
voie réservée aux autobus 公交专线
voie réservée aux véhicules lents
　慢车专用道
voie rétablie 重建道路
voie réversible 可变向车道
voie sans ballast 无砟轨道;无砟线路
voie sans ballast de traverse de bi-bloc
　双块式轨枕无砟线路
voie sans joints 无缝线路
voie secondaire 支线
voie seconde 备用线
voie séparée 分隔式车道
voie simple 单车道
voie soudée 无缝线路
voie sur dalle 板式轨道;无砟轨道
voie surélevée 高架线
voie sur fosse 轨道检查坑线路
voie sur les pilotis
　架空维修线路;立柱式轨道
voie suspendue 架空线;架空索道
voie tournante 转弯车道
voie UIC 国际铁联标准线路

voie unique(VU) 单线;单行线
voie unique électrifiée(VU-Elect)
　单线电气化铁路
voie urbaine 市区道路
voie urbaine prioritaire 市区干线道路
voies multiples 多车道
voilage de roue 车轮跳动
voilement 变形;扭曲
voilement de poutre 梁变形;梁弯曲
voilure 扭曲
voilure de roue 车轮扭曲
voirie 道路
voirie existante 现有道路网线
voiture 车辆;客车
voiture à bagages 行李车
voiture à compartiments 带包厢客车
voiture à nombre de places limitées
　定员车厢
voiture à sièges de 1ère classe 一等座椅车
voiture à sièges de 2ème classe 二等座椅车
voiture à sièges doux 软座车
voiture à sièges durs 硬座车
voiture à sièges rembourrés 软座车
voiture à stabilité dynamique 动力稳定车
voiture à structure monocoque en acier
　全钢整体结构车辆
voiture à voyageurs 客车
voiture à voyageurs à deux étages 双层客车
voiture à voyageurs de 1ère classe 一等客车
voiture à voyageurs de 2ème classe 二等客车
voiture citerne 罐车
voiture climatisée 空调车
voiture-couchettes 卧铺车
voiture d'arrosage 洒水车
voiture de ballastage 铺砟车
voiture de banlieue 市郊客车
voiture de correspondance des ouvriers
　通勤车
voiture de dépannage 修理车;工程抢险车
voiture de dépôt 机务段车辆
voiture de détection de gabarit 限界检测车
voiture de détection de rail 钢轨探伤车
voiture de distribution de ballast et de
　mise en forme 配砟整形车
voiture de funiculaire 缆索铁道车
voiture de mesure de voie 轨道测量车
voiture de police 警车
voiture de première classe 一等车厢
voiture de réparation 维修车

voiture de repos 休息车
voiture de seconde classe 二等车厢
voiture de tête 头节车厢
voiture de transport des rails 钢轨运输车
voiture de transport des traverses
　轨枕运输车
voiture de travaux 工程车
voiture d'excursion 游览车
voiture d'inspection 检查车
voiture d'inspection de voie 轨道检查车
voiture d'inspection de voie à grande
　vitesse 高速轨检车
voiture en panne 故障车
voiture enregistreuse des défauts géométriques
　de la voie 道路几何缺陷记录车
voiture-lit 卧铺车
voiture motrice 动力车
voiture pneumatique de décharge de
　ballast 风动卸砟车
voiture postale 邮车
voiture rapide 快车
voiture rapide interurbaine 城际快车
voiture regarnisseuse 配砟整形车
voiture-restaurant 餐车
voiture sur rail 铁路车辆
voitures articulées 编组连钩车厢；铰接车厢
volant 方向盘
volant de direction 方向操纵盘
volée 起重机悬臂
volet 遮板
volet d'aération 通风调节板
volt 伏特
voltmètre 电压表
volume 体积；容量
volume à l'heure de pointe
　高峰小时交通量
volume à sens unique 单向交通量
volume constant 等容
volume critique 临界体积
volume cubique 立方体
volume cumulé 累计体积
volume cylindrique 圆柱体
volume de ballast 砟石方量
volume de base 基本交通量
volume de béton 混凝土方量
volume de béton de revêtement
　混凝土衬砌方量
volume de citerne 罐体容积
volume de crue 洪量

volume de déblais 挖方(体)量
volume de déblais à l'explosif 爆破挖方量
volume de données 数据容量
volume de flux de marchandises 货流量
volume de flux de pointe 高峰流量
volume de flux de voyageurs 旅客流量
volume de fret 货物运输量
volume de fret et de trafic des passagers
　客货运输量
volume de granulats 碎石量
volume de marchandise 货物体积
volume de matériaux exploitables
　采料方量
volume d'emprunt 借方量
volume de passagers 客流量
volume de piétons 行人交通量
volume de production 总生产量
volume de projet 设计交通量
volume de récipient 容器容量
volume de remblai 填方量
volume des échanges 贸易总额
volume de service maximum
　最大服务车流量
volume de sol compacté 压实土体积
volume de solide 固体体积
volume de terrassement 土方工程量
volume de terre remuée 调配土方量
volume de terre végétale 清表土方量
volume de trafic 交通量
volume de trafic annuel 年交通量
volume de trafic bidirectionnel 双向车流量
volume de trafic de conception 设计交通量
volume de trafic futur 未来交通量
volume de trafic horaire 小时交通量
volume de trafic horaire maximum
　最大小时交通量
volume de trafic journalier 日交通量
volume de trafic potentiel 潜在交通量
volume de trafic prévu 预测交通量
volume de transport 运量
volume de transport des marchandises
　货运量
volume de transport des voyageurs 客运量
volume de travail 工作量
volume des travaux 工程规模
volume d'études 设计总量
volume de véhicules 车流量
volume de voie 线路容量
volume de wagon 车辆容积

volume d'excavation 挖方体积	voûte surhaussée 升高拱
volume effectif 有效容积	voyage à l'international 国际旅行
volume foisonné 松散体积	voyage d'affaires 商务旅行
volume géométrique 几何体积	voyageur à court trajet 短途旅客
volume massique 比容	voyageur à long trajet 长途旅客
volume mensuel de travaux 月工程量	voyageur-kilomètre 旅客—公里
volume saturé 饱和交通量	vue 视线
volume total 总容量	vue aérienne 鸟瞰图
volumétrie 体积测量	vue à vol d'oiseau 鸟瞰图
vousseau 拱石	vue axonométrique 等面透视图
voussoir 拱圈	vue de bas en haut 仰视图
voussoir boulonné 连接拱圈	vue de côté 侧视图
voussure 拱形曲线	vue de dessous 仰视图
voûte 拱	vue de dessus 俯视图
voûte annulaire 环形拱	vue de façade 正立面图
voûte céleste 苍穹	vue de face 正立面图
voûte d'arête 肋拱	vue d'élévation 立面图
voûte de radier de tunnel 隧道仰拱底板	vue d'ensemble 总图
voûte de tunnel 隧道拱圈	vue en coupe 横剖面图
voûte de voie 路拱	vue en coupe longitudinale 纵剖面图
voûte elliptique 椭圆拱	vue en coupe transversale 横剖面图
voûte en berceau 筒形拱顶	vue en plan 平面图
voûte en briques 砖拱顶	vue en profil 纵断面图
voûte en caisson 箱形拱	vue frontale 正面图
voûte en coupole 球拱	vue générale 全视图
voûte en plein cintre 半圆形拱穹	vue générale en plan 总平面图
voûte exhaussée 升高拱	vue latérale 侧视图
voûte parabolique 抛物线拱	vue longitudinale 纵面图
voûte renversée 反拱;仰拱	vue perspective 透视图
voûte sphérique 球拱	vue postérieure 背立面图
voûte surbaissée 降低拱	vulcanite 火山岩

wagon 车厢；车辆
wagon à bagages 行李车
wagon à ballasts 石砟车
wagon à ballasts pneumatique 风动石砟车
wagon à banquettes 硬座车
wagon à banquettes rembourrées 软座车
wagon à bennes basculantes 翻斗车
wagon à bestiaux 牲畜车
wagon à bords 高边车
wagon à bords bas 低边车
wagon à charbon 运煤车
wagon à cinq essieux 五轴车
wagon à citerne 罐车
wagon à claire-voie 板桥车；牲畜车
wagon à compartiments 带包厢的客车
wagon à couvercle 有盖货车
wagon à déchargement par le fond 底卸车
wagon à deux essieux 二轴车
wagon à deux planchers 双层底板车
wagon à déversement par le côté 侧卸车
wagon à essieu 轮轴货车
wagon à étages 双层客车
wagon à haussettes 低边敞车；低边车
wagon ajouté 加挂车
wagon à l'usage spécial 特殊用途货车
wagon à l'usages multiples 多用途货车
wagon à marchandises 货车
wagon à marchandises couvert 货物棚车
wagon à marchandises fermé 货物棚车
wagon à marchandises lourd 重型货车
wagon à minerai 矿车
wagon à multi-essieu 多轴车
wagon à paroi haut 高边车
wagon à plateforme 平车
wagon à plateforme mobile
　接触网升降修理车
wagon à quatre essieux 四轴车

wagon à rails 运轨车
wagon à rail léger 轻轨车辆
wagon à ranchers 有插柱货车
wagon à ridelles 敞篷货车
wagon articulé 铰接车辆
wagon à siège doux 软座车
wagon à toit coulissant 活动车顶棚车
wagon à toit mobile 活动式车顶货车
wagon à toit ouvrant 车顶开启式棚车
wagon à toit pliant 折叠式车顶货车
wagon à trois essieux 三轴车
wagon attelé 连挂车辆
wagon automoteur 动力车厢
wagon à voie normale 标准轨距货车
wagon à volaille 家禽车
wagon ayant porte latérale basculable
　翻式侧门货车
wagon ayant porte latérale basculable vers
　le bas 下翻式侧门货车
wagon ayant porte latérale basculable vers
　le haut 上翻式侧门货车
wagon-bar 酒吧车
wagon basculant 自翻车
wagon chasse-neige 铲雪车
wagon-citerne 罐车
wagon-citerne à fluide corrosif
　运装腐蚀性介质的罐车
wagon-citerne à gaz liquéfié
　液化气体铁路罐车
wagon-citerne à poudre
　粉状类介质罐车
wagon-citerne pour les pulvérulents
　粉状类介质罐车
wagon collecteur 沿途零担车
wagon complet 整车
wagon complet du régime accéléré
　快运整车

wagon complet du régime ordinaire
　　慢运整车
wagon complet en détail　整装零担车
wagon couvert　棚车；有盖货车
wagon couvert ayant capote mobile
　　带活动顶棚的棚车
wagon couvert ayant paroi latérale mobile
　　带活动侧墙的棚车
wagon culbuteur　倾卸车
wagon de charges lourdes　重载车辆
wagon découvert　敞车
wagon de déblais　挖渣运输车
wagon de funiculaire　缆索铁道车
wagon de jaugeage　检衡车
wagon de luxe　高级软卧车
wagon de marchandises　货车
wagon de métro　地铁车辆
wagon de queue　尾列车辆；守车
wagon de réserve　备用车
wagon de service　工况车；公务车
wagon dételé　摘钩车辆
wagon de tête　首列车辆
wagon de transport de bétail(volaile)
　　家畜(禽)运输车
wagon de trappe　翻板活门车；底门车
wagon de voyageurs　客车
wagon distributeur　分卸零担车
wagon dynamomètre　动力试验车
wagon-écurie　运马车
wagon-foudre　酒桶车
wagon frigorifique　冷藏车
wagon frigorifique mécanique
　　机械冷藏车
wagon-grue　轨道吊车
wagon intermédiaire　中间车厢
wagon-lit　卧铺车
wagon-lits à compartiments
　　包间式软卧车
wagon-lits doux　软卧车
wagon-lits durs　硬卧车
wagon lourd　重型车辆
wagon-marchandises　货车
wagon minéralier　矿石车
wagon ouvert　敞车；无盖货车
wagon ouvert à marchandises　货物敞车
wagon plat　平车
wagon plat à fond concave　凹底平车
wagon plat à ranchers　带插柱平车
wagon plat ayant panneau latéral
　　带侧板平车
wagon plat ayant panneau latéral mobile
　　带活动侧板平车
wagon plat commun　共用平车
wagon plat général　通用平车
wagon plat motorisé　机动平车
wagon plat pour transport des poutres
　　运梁车
wagon plein　实车
wagon porte-automobile　小汽车运输车
wagon porte-conteneurs　集装箱平车
wagon porte-conteneurs à deux couches
　　双层集装箱平车
wagon porte-conteneurs à une couche
　　单层集装箱平车
wagon porte-rails　运轨货车
wagon-portique　门式车辆
wagon-portique pour poser les panneaux
　　de voie　轨排吊铺车
wagon-portique pour poser les rails
　　门式铺轨车
wagon-poste　邮车
wagon pour transport de charges lourdes
　　重载货车
wagon privé　自备车辆
wagon réfrigérant　冷藏车
wagon révisé　检修车辆
wagon-réservoir　罐车
wagon-restaurant　餐车
wagon-salon　带客厅车辆
wagon-silo　筒仓货车；运粮车
wagon spécial　特种车；专用货车
wagon standard　标准型货车
wagon surdimensionné　长大货物车
wagon-tombereau　高边敞车
wagon-trémie　漏斗车
wagon-trémie à ballast　石砟漏斗车
wagon-trémie à céréales　粮食漏斗车
wagon-trémie-houillère　煤炭漏斗车
wagon vide　空车
wagonnage　车皮运输
wagonnée　一车皮
wagonnet　轻便轨道车
wagonnier　调车工
watt(W)　瓦(特)
watt-heure(Wh)　瓦特小时

X

xylologie 木材学
xylomètre 木材比重计

xylométrie 木材测容法

Y

yacht 快艇；游艇	**ypérite** 芥子气
yard 码	**ypréau** 白杨树；阔叶榆
youyou 交通艇	

Z

zélith 顶点
zéolithe 沸石
zigzag 之字形曲线
zinc 锌
zingage 镀锌
zircon 锆石
zonation 分区
zonation d'alimentation électrique
　供电分区
zonation de base-vie 营地分区
zonation de chantier-gare 站场分区
zonation de circuit de voie 轨道电路分区
zonation de distribution 布局分区
zonation de gestion 管理分区
zonation d'énergie de traction
　牵引电力分区
zonation d'entretien de voie 线路养护分区
zonation de plantation 种植分区
zonation de signal 信号分区
zonation de stockage des matériaux
　材料堆放分区
zonation de surveillance 监控分区
zonation de traction 牵引分区
zonation de voie 线路分区
zonation d'exécution 施工分区
zonation géotechnique 工程地质分区
zonation sismique 地震分区
zone 地带;区域
zone accidentée 事故多发区
zone à couverture arbustive maigre
　稀疏灌木植被区
zone active 活动区
zone à dégager 拟清除地带;待腾空地区
zone à eau permanente 永久性含水区
zone à entrepôt de douane 保税区
zone affaissée 下沉区
zone agricole 农业区

zone à population dense 人口稠密区
zone à remblayer 拟回填区
zone aride 干旱地区
zone bloquée 封锁区
zone boisée(forestière) 林区
zone cassée 破碎带
zone climatique 气候带
zone commerciale 贸易区
zone comprimée 受压区;压缩带
zone côtière 海岸带
zone cristalline 结晶带
zone critique 临界区
zone cultivée 耕作区
zone d'accélération de vitesse 提速路段
zone d'accès 入口区域
zone d'accumulation 沉积区
zone d'action 作用区
zone d'activité 活动范围
zone d'adaptation 适应区段
zone d'affaissement 下(陷)沉区
zone d'aiguille 道岔区域
zone d'altération 风化区
zone d'alluvionnement 冲积平原
zone d'ancrage 锚固区
zone dangereuse 危险地带
zone d'appareil de voie 道岔区域
zone d'application 使用范围
zone d'approche 接近区段
zone d'approvisionnement 补给区
zone d'attente 等候区
zone d'atténuation de vitesse 减速路段
zone de basse température 低温带
zone de bordure 路缘带
zone de broyage 破碎(断层)区
zone de bruit 噪声区
zone de cantonnement 闭塞区域
zone de captage d'eau 引水区

zone de carrefours 交叉路口区
zone de chantier-gare 站场区
zone de circulation 行驶区
zone de circulation pour les poids lourds
　重型车辆行驶区
zone de cisaillement de voie 线路交叉区
zone de collines 丘陵地带
zone de commande 控制区
zone de compression 受压区
zone de congélation 冻结带
zone de conservation de ressources
　资源保护区
zone de construction 施工区
zone de contrôle 控制区
zone d'écoulement 径流带
zone de courbe 弯道区
zone de courbe étroite 狭窄曲线区域
zone de couverture 覆盖区域
zone de croisement 交叉区；道岔区
zone d'écroulement 陷落带
zone de culture et d'élevage 种植和饲养区
zone de déblai 挖方区
zone de déblais rocheux 岩石挖方区域
zone de décantation 沉淀区
zone de décapage 清表区域
zone de dénivellation 道路起伏地区
zone de dépôt 堆放区域；弃土场
zone de dépression 沉降地区
zone de destination 终点区
zone de développement 开发区
zone de déviation 绕行区
zone de diffusion 扩散区
zone de dilatation 伸缩区
zone de dispersion 扩散区；扩散范围
zone de drainage 排水区
zone de dunes 沙丘带
zone de fabrication 生产区
zone de fatigue 疲劳区域
zone défectueuse 缺陷区域
zone de fluage 蠕变带
zone de fluage en profondeur 深度蠕变带
zone de flux d'air à la queue du train
　列车尾流区
zone de fosse de voie 线路地坑检修区
zone de fraction 破裂带
zone de friction 摩擦区
zone de frottement 摩擦区
zone de gare 站区
zone de garage 停车区

zone de gel 冰冻区
zone de géométrie 几何地形区域
zone de glissement 滑动区
zone de gorge 咽喉区
zone de goulot 咽喉区
zone de goulot de chantier-gare 站场咽喉区
zone de goulot de ligne 线路咽喉区
zone de goulot d'entrée à hangar du
　dépôt 入库咽喉区
zone de haute pression 高压区
zone d'élevage （畜）牧区
zone de libre-échange 自由贸易区
zone de limitation 限制范围；限制区
zone de loisir 休闲区
zone delta 三角区
zone de marais 沼泽地区
zone de mesure 测量区域
zone de montée et de descente 上下区段
zone d'emprise 占用区域
zone d'emprunt 借土区域；取土场
zone d'enclenchement 联锁区
zone d'entrée de tunnel 隧道入口段
zone d'environnement protégé 环境保护区
zone de pénétration 渗水带；渗透区
zone de perméabilité 渗透范围
zone de plaine 平原区
zone de plateau 高原区
zone de plateforme instable
　道床不稳定区域
zone de poutres de fondation 基础梁区域
zone de pré-chargement 预加载地区
zone de précipitations 降雨区
zone de pression 压力区
zone de pression de culée 桥台压力区
zone de pression subie de tête du train
　列车头部挤压区
zone de production 生产区
zone de protection 保护区
zone de protection des animaux 动物保护区
zone de protection des eaux souterraines
　et superficielles 地下和地表水保护区
zone de protection de l'environnement
　环境保护区
zone de raccordement 连接区域
zone du radier 底板区域
zone de remblai 填方区
zone de remblayage 回填区
zone de remisage 机库区域
zone de réserve naturelle 自然保护区

zone de résidence 住宅区	zone fermée 封闭区域
zone de ressources minières 矿产资源区	zone filtrante 过滤带
zone de retournement 调头区域	zone fissurée 断裂带
zone de rupture 断裂带	zone forestière 森林地带
zone de saturation 饱和区	zone franche （海关）免税区;保税区
zone de séchage 干燥带	zone frontière 边境地区;工作面区域
zone de sécurité 安全区域	zone froide 寒冷区
zone désertique 荒漠地带;沙漠地区	zone géotechnique 工程地质分区
zone de sol gelé 冻土地带	zone glaciale 寒带
zone de sortie （隧道）出口段	zone habitée 居民区
zone de soulèvement éventuel 潜在隆起区	zone haute accidentée 事故多发地段
zone de stationnement 停车带	zone humide 潮湿区
zone de stockage 储存区	zone industrielle 工业区
zone de stockage de carburant 燃油储存区	zone inférieure 底层区域
zone de stockage de matériaux 材料储存区	zone influencée 受影响地区
zone de subsidence 下沉带;沉陷地带	zone inondable 洪泛区
zone de tassement 沉陷地带	zone inondée 洪泛区
zone de température 温度范围	zone instable 不稳定区域
zone de tension 张力区	zone intérieure 内部区域
zone de transfert de faune 动物迁移区	zone interdite 禁区
zone de transition 过渡区	zone intermédiaire 中间地带
zone de travail 工作面;施工区	zone isolée 绝缘区段
zone de travaux 工程区域	zone isolée de voie 轨道绝缘区段
zone de tremblement de terre 地震带	zone karstique 岩溶区;喀斯特地区
zone de triage des wagons 车辆编组区	zone libre(ZL) 自由贸易区;未占用区域
zone de variation 变化区域	zone limite 限制区
zone de variation de dévers 超高变化区域	zone littorale 沿海地区
zone de verdure 绿化地带	zone lœssique 黄土地区
zone de vibration 振捣区域	zone marginale 边缘带
zone de wagonnage 接车地区	zone marécageuse 沼泽区
zone d'habitation 居民区	zone marneuse 泥灰岩区
zone d'impact du projet 受项目影响地区	zone militaire 军事区
zone d'influence 影响地区	zone militarisée 军事管制区
zone d'influence des inondations 洪水影响地区	zone minière 矿区
zone d'inondations 洪泛区	zone montagneuse 山区
zone d'installation 安置区域	zone morte 无人区
zone d'interférence 干扰区	zone neutre 中立区;中和区
zone d'observation 观察区	zone occupée 占用区域
zone d'utilisation 使用范围	zone opératoi 操作区
zone économique 经济区	zone plastique 塑性区
zone économique exclusive 专属经济区	zone polaire 极地
zone en déblai 挖方区	zone portuaire 港区
zone en remblai 填方区	zone prioritaire 优先区域
zone envahie 洪泛区	zone protégée 保护区
zone équatoriale 赤道地区	zone protégée de lac des oiseaux 湿地保护区
zone exploitable 开采区	zone publique 公共区域
zone extérieure 外部区域	zone remblayée 回填区
zone faillée 断层(地)带	zone riveraine 沿江地区

zone rocheuse 岩方区
zone sableuse 沙化区
zone semi-aride 半干旱区
zone semi-désertique 半荒漠区
zone sensible 敏感地区
zone sismique 地震区
zone spéciale d'administration
　　特别行政区
zone spéciale économique 经济特区
zone subtropicale 副热带地区
zone-tampon 缓冲地带

zone tampon de sécurité 安全缓冲区域
zone tectonique 构造带
zone tempérée 温带
zone test 试验区
zone torride 热带
zone touchée 受影响地区
zone tropicale 热带
zone urbaine 市区
zone végétalisée 绿化区域
zone voisine 邻近区域
zone volcanique 火山带

Z

Dictionnaire
des Travaux Ferroviaires
Français-Chinois et Chinois-Français

PART II
汉法部分

PART II

汉法语文

a

阿勃伦定律　loi d'Abrams
阿氏限度　limite d'Atterberg

ai

矮墙　murette
矮围墙　mur bahut；muret
矮型信号机　signal à terre

an

安放　dépôt；mise en place
安放场地　emplacement de pose
安放土工布　pose de géotextile
安排　disposition；arrangement
安排列车运行空闲间隔
　　aménagement de sillon de circulation de train
安培　ampère
安培小时　ampère-heure（AH）
安全　sécurité；sûreté
安全保护　protection de sécurité
安全保护装置　équipement de protection de
　　sécutité；protecteur de sécurité
安全保障　assurance de sécurité
安全避难线　voie de sûreté
安全边际　marge de sécurité
安全标志　indicateur（repère）de sécurité
安全标准　critère de sécurité
安全操作规程　règles d'opéation de sécurité
安全侧石　bordure de sécurité
安全沉箱　caisson de protection
安全程度　niveau de sécurité
安全程序　procédure de sécurité
安全措施　mesures de sécurité
安全岛　île de refuge（sécurité）
安全道　voie de sécurité
安全灯　lampe de sûreté
安全等级　classe de sécurité
安全电雷管　détonateur anti-grisouteux
安全电压　tension de sécurité
安全督查　surveillance de sécurité
安全阀
　　valve（vanne）de sécurité；soupape de sûrêté
安全范围　portée de sécurité
安全幅度　marge de sécurité
安全负载　charge de sécurité
安全高度　hauteur de sécurité
安全隔离墩　barrière de sécurité
安全管理　gestion de sécurité
安全管理方式　mode de gestion de sécurité
安全规程
　　règles de sécurité；prescriptions de sécurité
安全规定　consignes de sécurité
安全规范　norme de sécurité
安全轨　rail de sécurité
安全护栏　barrière（glissière）de sécurité
安全护网　filet de sécurité
安全缓冲区域
　　zone tampon de sécurité
安全机构
　　établissement（organe）de sécurité
安全技术　technique de sécurité
安全技术规则　règles techniques de sécurité
安全技术人员
　　personnel de sécurité；technicien de sécurité
安全技术室　service de sécurité
安全驾驶自动装置
　　automate de conduite de sécurité（ACS）
安全间距
　　distance de sûreté；espacement de sécurité
安全监管　supervision de sécurité
安全检查　contrôle（inspection）de sécurité
安全距离　distance de sécurité
安全可靠性　fiabilité de sécurité

安全宽度　largeur de sécurité
安全栏杆
　　barre d'appui;garde-corps de sécurité
安全帽　casque antichoc;casque de protection
　　(sécurité)
安全门　porte anti-intrusion;porte de secours
安全区域　zone de sécurité
安全设备　équipement de sécurité
安全设备登记簿
　　registre des équipements de sécurité
安全设计　conception(étude)de sécurité
安全设施　installations de sécurité
安全试验　essai(test)de sécurité
安全水准　niveau de sécurité
安全速度　vitesse de sécurité
安全索　câble de sécurité
安全特性　caractéristique de sécurité
安全条件　condition de sécurité
安全条例　instructions(règles)de sécurité
安全调车线路
　　itinéraire de manœuvre sécurisée
安全停车距离　distance d'arrêt de sécurité
安全通道　passage de secours
安全通行证　sauf-conduit
安全位置　position de sécurité
安全系数　coefficient(taux)de sécurité
安全限界　gabarit(limite)de sécurité
安全线　cul-de-sac de sécurité;ligne
　　de sécurité
安全小组　groupe de sécurité
安全协议　protocole de sécurité
安全信号　signal(signalisation)de sécurité
安全形势　situation de sécurité
安全巡查　patrouille de sécurité
安全要求　exigence de sécurité
安全隐患　risque de sécurité
安全隐患控制　contrôle de risque de sécurité
安全应力　contrainte de sécurité
安全缘石　bordure de sécurité
安全责任岗　poste en charge de sûreté
安全制动距离
　　distance de freinage de sécurité
安全制动距离要求
　　exigence de distance de freinage de sécurité
安全驻车区　garage franc
安全装置　appareil(dispositif, organe)de
　　sécurité;dispositif de sûreté
安山岩　andésite
安息角　angle de repos

安置　installation
安置费　frais d'installation
安置进度　avancement d'installation
安置区域　zone d'installation
安置时间　temps d'installation
安置速度　vitesse d'installation
安装板　plaque de montage
安装标记线　trait de montage
安装标准　critère d'installation
安装材料　matériau d'installation
安装程序　procédure d'installation
安装尺寸　dimension(gabarit)d'installaton
安装道岔　pose des aiguilles
安装电工　monteur-électricien
安装垫板　pose de platine
安装定位　positionnement d'installation
安装方式　mode d'installation
安装防爬器　installation des anticheminants
安装费　coût d'installation;frais de montage
安装钢拱架　pose de cintre métallique
安装钢轨扣件　pose des attaches de rails
安装高度　hauteur d'installation
安装工程
　　travaux d'installation;travaux de montage
安装公差　tolérance de pose
安装功率　puissance installée
安装拱架　pose de cintre
安装构件　pose des éléments(composants)
安装合同　contrat d'installation
安装护栏　installation de glissières
安装机具　outillage d'installation
安装技师　monteur-mécanicien
安装技术　technique d'installation;technique
　　de montage
安装阶段　étape(phase)de montage
安装接口　interface d'installation
安装界标　bornage d'installation
安装进度　avancement de montage
安装精度　précision de l'installation
安装流程　procédure de l'installation
安装螺栓　boulon de montage
安装桥梁支座　pose des appuis de pont
安装容量　capacité installée
安装设备　dispositif(matériel)de montage
安装时间　temps de montage(pose,
　　installation)
安装顺序　ordre d'installation(montage)
安装说明　description de montage
安装说明书　notice de montage

安装速度　vitesse de montage(installation, pose)
安装套管　pose de fourreaux
安装图　plan de montage;schéma de montage
安装位置　emplacement(position) de montage;place(position) de l'installation
安装限界　gabarit d'installation
安装许可　autorisation de montage
安装样板　gabarit de montage
安装要求　exigence de montage
安装用脚手架　échafaudage de montage
安装允许误差　tolérance de pose;tolérance de montage
安装支座　pose des appuis
安装指南　guide d'installation
安装质量　qualité de montage
安装组　équipe de montage
氨水　ammoniac;eau ammoniaque
岸边沉陷　affaissement de rive
岸边冲刷　affouillement de rive
岸边拱座　culée de voûte
岸墩　pile d'aboutement(extrémité, rive)
岸砂　sable de rivage(rive)
按……格式　sous forme de
按尺寸加工　dimensionnement
按到岸价购买　achat CAF;achat CIF
按规定速度运行　circulation à vitesse prescrite
按规定停车　arrêt selon les règles
按技术规范施工　exécution selon les règles de l'art
按劳取酬　rémunération selon le travail
按离岸价购买　achat FAB;achat FOB
按年折旧　amortissement par an
按钮　bouton;poussoir
按钮操作　manipulation à boutons
按钮控制　commande par bouton
按钮控制方式　mode de commande par bouton
按损失价值如数赔偿　dédommagement selon la valeur de dommage
按性能指标分类　classement selon l'indice de performance
按银行担保格式　sous forme de garantie bancaire
按月折旧　amortissement par mois
按指令发车　départ sur l'ordre
按指数计算　indexation
按指数调整工资　ajustement du salaire selon indice
按专业分工　division de travail selon spécialité
案卷　dossier
暗墩　pile submergée
暗缝　joint aveugle
暗沟　caniveau couvert;fossé souterrain de drainage
暗管　descente encastrée;descente enrobée
暗涵　dalot couvert(encastré);ponceau enterré
暗礁　roche noyée
暗角　angle rentrant
暗井　bure de faisceaux;bure;puits intérieur
暗渠　noc
暗挖法　méthode d'excavation souterraine
暗挖隧道　tunnel creusé

ao

凹岸　rive concave
凹槽式垫板　semelle cannelée
凹底平车　wagon plat à fond concave
凹进部分　partie rentrante
凹进桥台　aboutement(culée) concave
凹镜　miroir concave
凹坑　nids de poule
凹坑处理　traitement de nids de poule
凹口　cran
凹面　surface concave
凹面半径　rayon concave
凹曲线　courbure concave
凹曲线剖面　profil de courbure concave
凹陷　dépression;flache
凹形　forme concave
凹形变坡点　changement de pente à concavité
凹形竖曲线　courbe(courbure) verticale concave
凹形纵断面　profil en long concave
凹形中央分隔带　terre-plein central concave
奥式开挖法　méthode autrichienne

B

ba

八角形　octogone
八角形标志牌　panneau octogonal
八字墙　mur en aile
八字形桥台　aboutement(culée)de mur en aile
八字形翼墙　mur en aile
巴(压强单位)　bar
扒砟　débourrage de ballast;dégarnissage
扒砟机　dégarnisseuse
拔除　arrachage;arrachement
拔除矮林　arrachage de taillis
拔除灌木　arrachage de broussailles
拔除进度　avancement de l'arrachage
拔除荆棘　arrachement des broussailles
拔除老树桩　arrachage des anciennes souches
拔除篱笆　arrachage des haies
拔除树根　arrachage de souches
拔除树篱　arrachement des haies
拔除树木　arrachage des arbres
拔力　force d'arrachement
拔桩　arrachage(extraction)de pieux
拔桩机　arracheur de pieu;machine à arracher les pieux
拔桩阻力　résistance d'arrachage de pieux
把钢轨和枕木试铺到道床上　pose à blanc sur plateforme de rails et de traverses
把供料运至现场　approvisionnement à pied d'œuvre
把手　poignée
坝顶　crête de barrage
坝体计算　calcul de barrage
坝体老化　vieillissement de barrage
坝体下沉　tassement de barrage

bai

白炽灯　lampe à incandescence
白口铁　fer galvanisé
白黏土　argile adsorbante
白色材料(石灰/白水泥)　produit blanc
白色材料实验室　laboratoire de matériaux blancs
白色灯　feux blancs
白色明胶　blanc gélatineux
白色水泥　ciment incolore
白色污染　pollution blanche
白色信号灯　signaux blancs
白水泥　ciment blanc
白松木　sapin blanc
白铁皮　feuille de fer-blanc
白铜　cuivre blanc
白杨树　ypréau
白云砂　sable dolomitique
白云岩　roche dolomitique
白云质石灰岩　calcaire dolomitique
百分比　pourcentage
百分比含量　teneur en pourcentage
百分之一比例　proportion centésimale
百米　hectomètre(hm)
百米标　poteau hectométrique
百米路标　borne hectométrique
百米桩　pieu hectométrique
百年一遇洪水流量　débit de crue centennale
百年一遇最高水位　niveau d'eau le plus haut pour la crue centennale
百叶窗片　lame de persienne
百叶门　porte à persienne
柏油　goudron
柏油池　fosse de goudron
柏油混合料　agrégat enrobé avec du goudron;enrobé à base de goudron
柏油砾石　gravillon enrobé au goudron
柏油路　route asphaltée(asphaltique,goudronnée)

柏油毛毡　feutre goudronné
柏油喷洒机　goudronneuse
柏油铺面　revêtement goudronné
柏油熔化炉　chaudière à goudron
柏油乳化液　émulsion de goudron
柏油碎石路　asphalte macadam; macadam asphaltique; macadam de goudron
柏油碎石路面　empierrement au goudron
柏油黏结料　liant goudronneux
摆动　oscillation
摆动荷载　charge oscillatoire
摆动筛　crible oscillant
摆动式动车组转向架
　bogie de type balance de rame automotrice
摆动式架梁
　pose à méthode oscillante de poutres du pont
摆动式客车转向架
　bogie de type balance de train de voyageurs
摆动式运行转向架
　bogie de type balance de circulation
摆动式转向架　bogie de type balance
摆动现象　phénomène de mouvement de lacet
摆放连接钢轨　pose et raccordement des rails
摆放枕木　pose de traverses
摆块式旁承　lissoir à bloc de centrage
摆排轨枕　posage de traverses

ban

扳道岔　aiguillage
扳道岔系统　système d'aiguillage
扳道工　aiguilleur; opérateur d'aiguillage
扳道工手提信号灯　fanal de l'aiguilleur
斑点板岩　schiste noduleux; schiste tacheté
斑马横道线　passage zébré
斑岩　porphyre
斑岩沥青　asphalte porphyrique
搬迁费　frais de déménagement
搬运费　frais de manutention
搬运工　manutentionnaire
搬运梁　manutention de poutres
搬运设备
　engin (équipement, matériel) de manutention
搬运小车　chariot de transport
板　plaque
板材　bois plaqué; planche
板层岩石　roche en dalles
板房　baraquement
板结黏土　argile compacte
板结土　terre compacte

板梁　longeron en tôle; poutre composée à âme pleine
板梁桥面施工
　construction de tablier poutres-dalles
板梁弯沉　déflexion de longeron en tôle
板梁翼缘　membrure
板面系　tablier de l'ouvrage d'art
板面支承　appui uni
板墙截头　recépage de parois
板桥　pont à dalle; pont à tablier; pont-dalle
板桥车　wagon à claire-voie
板实黏土　argile ferme
板式车架　châssis en tôle
板式道床　lit de voie en dalles
板式轨道　voie en dalle; voie sur dalle
板式轨道特征
　caractéristique de voie sur dalle
板式基础
　fondation dallée; fondation en dalle
板式路肩　accotement en dalle
板式桥面　tablier dallé
板式橡胶支座　appui en caoutchouc laminé; appui en caoutchouc sur sabot à plat
板岩　ampélite; ardoise; calcaire lithographique; schiste
板岩采石场　carrière d'ardoise
板岩片　lame de schite
板筑墙　mur en béton banché
板桩　blindage; palplanche; rideau ancré
板桩打桩机　appareil pour l'enfoncement des palplanches; sonnette de palplanches
板桩挡土墙
　mur de soutènement en rideau de palplanches
板桩法掘进　fonçage au poussage
板桩护坡开挖　fouille blindée
板桩截水墙　para-fouille étanche en palplanches
板桩面板　panneau de palplanches
板桩排　rangée de palplanches; rideau de pieux jointifs
板桩墙　mur para-fouille; écran (mur) en palplanches; file (rideau) de palplanches; mur rideau
板桩式桥台
　aboutement (culée) de palplanches
板桩围堰　batardeau de palplanches; enceinte en palplanches
板桩围堰工程
　ouvrage (travaux) en palplanches

B

板桩振动打桩机
  vibro-fonceur pour palplanches
板桩支撑 boisage au poussages
板桩支架 soutènement au poussage
板状 forme lamellaire
板状灰岩 calcaire rubané
板状石灰岩 calcaire feuilleté
板状支撑 étançon à lamelles
板座 logement de plaque
钣金工 tôlier
办公电话 téléphone de bureau
办公费 frais de bureau
办公和生活用地
  terrain de bureau et de base-vie
办公软件 logiciel de bureau
办公软件程序
  programme de logiciel de bureau
办公时间 heure de service
办理报关手续 dédouanement
半闭塞区间 canton demi-bloqué
半成品
  demi-produit;produit semi-fini;semi-produit
半成品库 entrepôt des produits demi-finis
半穿式桥面
  tablier à demi-encaissé;tablier surbaissé
半地下室 demi sous-sol
半顶板平面 plan de semi-plaque de toit
半断面开挖
  creusement(excavation)en demi section
半干旱气候 climat semi-aride
半干旱区 région(zone)semi-aride
半拱 mi-flèche
半固定支点 appui semi-encastré
半涵管 semi-buse
半横向通风 ventilation semi-transversale
半荒漠区 région(zone)semi-désertique
半价 demi-tarif
半价票 billet à demi-tartif
半价运费 demi-fret
半截管 demi-tube;semi-buse;semi-tuyau
半径 demi-diamètre;rayon
半径规 calibre à rayon
半径样板 gabarit à rayon
半开道岔 aiguille bâillée
半跨 mi-travée
半栏木道口 passage à demi-barrière
半立面图 demi-élévation
半联锁道岔 aiguille semi-indépendante;aiguillage semi-indépendant

半苜蓿叶形互通 échangeur en demi-trèfle
半平面图 demi-plan
半球形屋顶 toit en dôme
半日工作 travail à mi-temps;travail à demi-journée
半软钢 acier demi-doux
半沙漠性气候 climat semi-désertique
半山腰开坑道 galerie à flanc de coteau
半深成岩 roche de demi-profondeur
半升 demi-litre
半弹性连接器 accouplement semi-élastique
半填半挖路段 section de remblai-déblai
半填半挖路基
  assiette(plateforme)de remblai-déblai
半透明描图纸 papier à calquer translucide
半拖式摊铺机 répandeuse semi-remorque
半细料沥青混凝土
  béton bitumineux semi-granulé(BBSG)
半循环运转制
  système de fonctionnement semi-circulaire
半硬钢 acier demi-dur
半硬凝灰岩 tuf mi-dur
半硬土 sol(terre)semi-dur
半硬土填方 remblai demi-dur
半硬土质挖方 déblai semi-dur
半硬岩石 roche demi-dure
半圆 demi-cercle
半圆拱 arc demi-circulaire;arc en plein cintre
半圆管排水沟 caniveau semi-buse
半圆木 bois demi-rond
半圆木段 bois demi-rodin
半圆形拱穹 voûte en plein cintre
半圆形排水暗沟 drain semi-circulaire
半圆形排水沟 caniveau demi-circulaire
半圆枕木 traverse en bois à semi-circulaire;traverse mi-ronde
半圆柱 demi-colonne
半重力式桥台
  aboutement(culée)à demi-gravité
半周期 demi-période
半转 demi-tour
半自动闭塞 blocage semi-automatique
半自动闭塞机
  appareil de block semi-automatique
半自动闭塞线路
  ligne en blocage semi-automatique
半自动操作 manœuvre semi-automatique
半自动车钩 attelage semi-automatique
半自动化操作 opération semi-automatique

拌和	gâchage; malaxage
拌和场地	lieu de malaxage
拌和地点	lieu de malaxage
拌和功率	puissance de mélange
拌和机	mélangeur; mélangeur-agitateur; mélangeuse
拌和间	chambre de malaxage
拌和楼	tour de malaxage
拌和设备	installations de malaxage; équipement (matériel) de malaxage
拌和时间	temps de malaxage
拌和水	eau de gâchage
拌和温度	température d'enrobage
拌和站	centrale de malaxage (mélange); poste de malaxage
拌和装置	dispositif de malaxage
拌和作业	opération de malaxage

bang

绑捆	liage
绑扎	ligature
绑扎钢筋	ligature des armatures
绑扎钢筋骨架	carcasse d'armatures ligaturées
绑扎钢丝	fils de ligature
绑扎接头	jonction par attache
绑扎铁丝	ligature des fils de fer
棒钢	acier en barres
棒式绝缘子	isolateur à (en) barre; isolateur à tige
傍(横)洞	galerie fenêtre; galerie latérale
傍山公路	route à flanc de coteau
磅秤	balance; balance à bascule; bascule
磅房	salle de pesée
磅站	poste (station) de pesage (pesée)

bao

包乘制	système de l'équipage de conduite fixe
包干合同	marché à forfait
包干价	prix forfaitaire
包干价付款	versement forfaitaire
包干价构成	sous détail des prix forfaitaires
包工	forfait
包工合同	contrat à forfait
包裹	enrobage; colis
包裹承运处	enregistrement de délivrance des colis
包间式软卧车	wagon-lits à compartiments
包厢	compartiment
包装车间	atelier d'emballage
包装费	frais d'emballage
包装室	salle d'emballage
包装纸	papier d'emballage
薄板	feuille
薄壁结构	construction de paroi mince
薄壁型钢	profilé mince
薄壁型钢结构	construction en tôles pliées
薄层	couche mince
薄层沥青混凝土	béton bitumineux mince (BBM)
薄腹梁	poutre à âme mince
薄钢板	tôle mince
薄拱坝	barrage en voile
薄浆	mortier liquide
薄壳拱	arc en coque; arc en voile mince
薄壳结构	structure en coque
薄壳结构工程	ouvrage en voiles minces
薄壳桥墩	pile à coque mince
薄壳桥台	aboutement (culée) à coque mince; aboutement (culée) en voile mince
薄膜	membrane
薄片	feuille
饱和	saturation
饱和百分比	pourcentage de saturation
饱和车流	flux saturé
饱和点	point de saturation
饱和度	degré de saturation; saturabilité
饱和极限	limite de saturation
饱和交通	trafic saturé
饱和交通量	volume saturé
饱和率	taux de saturation
饱和面	surface de saturation
饱和能力	capacité de saturation
饱和黏土	argile saturée
饱和区	région saturée
饱和曲线	courbe de saturation
饱和溶液	solution saturée
饱和水平	niveau de saturation
饱和系数	coefficient (facteur) de saturation
饱和线	ligne de saturation
饱和压力	pression de saturation
饱和值	valeur de saturation
饱和指数	indice de saturation
饱和状态	état de saturation
保安费用	frais de gardiennage
保安人员	agent de sécurité
保持	maintien

保持高度	maintien de hauteur
保持工作状态	maintien de l'état de service
保存	conservation
保存地点	lieu de conservation
保存期	période de conservation; délai de conservation
保单	bulletin de garantie; police d'assurance; police
保费金额	montant d'assurance
保管	préservation; conservation
保管措施	mesures de conservation
保管方式	mode de conservation
保管期	durée de conservation
保管账目	compte de séquestre
保函	caution; lettre de garantie
保函费用	frais de caution
保函释放	libération (liberté, mainlevée) de caution
保函退还	restitution de caution
保护板	écran protecteur; plaque de protection
保护层	couche (revêtement) de protection; couche protectrice; revêtement protecteur
保护层垫块	cale d'espacement
保护电路	circuit électrique de protection
保护电路接地	mise à la terre de circuit électrique de protection
保护范围	rayon de protection
保护费	frais de protection
保护管	tube de garde
保护国家文物	conservation et protection du patrimoine culturel national
保护继电器	relais de protection
保护进路	itinéraire de protection
保护开关	commutateur (disjoncteur, interrupteur) de protection; disjoncteur
保护面积	surface de protection
保护面罩	masque de protection
保护膜	membrane de protection
保护器	protecteur
保护区	région (zone) de protection
保护区标志	signe de zone de protection
保护区信号联锁	enclenchement des signaux de la zone de protection
保护套管	tube protecteur
保护网	filet de protection
保护文物	protection de vestige culturel
保护系统	système de protection
保护毡	feutre protecteur
保护桩	piquet de protection
保护装置	appareil de sûreté; protecteur
保护作用	effet protecteur; fonction de protection
保留	réservation; sous réserve
保留价格	prix de réservation
保留强度	résistance réservée
保留权力	réserve de droit
保留条款	clause de réservation
保密	confidentialité
保密性	caractère confidentiel; confidentialité
保湿层	chape anti-évaporante; couche hydratante
保税库	entrepôt sous douane
保税区	zone à entrepôt de douane; zone franche
保税区货物	marchandise sous douane
保温	maintien de température
保温材料	calorifuge
保温层	couche d'isolement thermique; couche calorifuge
保温车	camion isotherme
保温内衬结构	structure de doublure calorifuge
保温砂浆	mortier isotherme (thermique)
保险	assurance
保险代理人	agent d'assurances
保险费	frais d'assurance
保险费率	tarif d'assurance
保险费率上涨	montée de tarif d'assurance
保险覆盖范围	couverture de risque de l'assurance
保险公司	compagnie d'assurance
保险管	cartouche; fusible à tube
保险合同	contrat d'assurance
保险扣件	attache de sécurité
保险期	durée (délai) de l'assurance
保险企业	entreprise d'assurance
保险人	assureur
保险丝	fusible
保险诉讼	contentieux des assurances
保险索赔	réclamation d'assurance
保险条款	clause d'assurance
保险物品	objet assuré
保险系数	coefficient d'assurance
保险装置	dispositif de sûreté
保修期	délai de garantie
保养	entretien; maintenance
保养工作	travail d'entretien
保养说明书	manuel d'atelier

保养条件　condition d'entretien
保养作业周期
　　cycle des opérations d'entretien
保障运营　assurance de l'exploitation
保证工程质量　respect de qualité des travaux
保证工资　salaire garanti
保证金　cautionnement;fonds(retenue)
　　de garantie
保证金支票　chèque de caution
保证期　période de garantie
保证书　certificat de garantie
报酬　rémunération
报酬方式　modalité de rémunération
报告　compte-rendu;rapport
报告制度　système d'établissement de rapport
报关单
　　déclaration douanière;manifeste de douane
报关行　agence en douane
报价　offre;prix d'offres
报价更新　actualisation de l'offre
报价和结算货币
　　monnaie de l'offre et de règlement
报价金额　montant de l'offre
报价有效期　durée de validité de l'offre
报价有效性　validité de l'offre
报价总金额　montant total de l'offre
报价最低标　mieux-disant;moins-disant
报警　alarme;alerte
报警灯　lampe d'alarme
报警记录　enregistrement d'alarme
报警接触器　contacteur d'alarme
报警频率　fréquence d'alarme
报警器　appareil d'avertissement;sirène
报警确认　confirmation d'alarme
报警系统　système d'alerte
报警信号　signal d'alarme
报警信号灯　alarme lumineuse
报警站　poste d'alarme
报警装置　dispositif(équipement) d'alarme
报刊启事　annonce sur le journal
报时信号　signal horaire
报纸广告　annonce dans la presse
刨光板　planche rabotée
刨光模板　coffrage raboté
刨花板　panneau(plaque) aggloméré en
　　copeaux de bois
刨刃　arête de rabot
刨子　rabot
抱轴　blocage d'essieux;essieu bloqué

抱轴风险　risque de blocage d'essieux
抱轴可能性　possibilité de blocage d'essieux
抱轴现象　phénomène de blocage d'essieux
暴风雪　tempête de neige
暴风雨强度　intensité de l'orage
暴露岩石面　surface rocheuse exposée
暴雨　averse;pluie battante
暴雨池　bassin d'orage
暴雨量　précipitations orageuses
暴雨流量　écoulement d'orage
暴雨强度　intensité de l'averse
暴雨天数　temps orageux
暴雨预报　prédiction des orages
暴雨预测　prévision des orages
爆裂　éclatement
爆帽　couvre-amorce
爆破　dynamitage;explosion;minage;
　　pétardage;sautage;tir
爆破安全　sécurité de tir
爆破采掘　abattage à la poudre
爆破点　point de tir
爆破段位　type de détonateur
爆破方式　mode d'explosion
爆破工程
　　travaux à la mine;ouvrage d'explosif
爆破计划　plan de tir
爆破技术　technique de sautage(explosion)
爆破掘进　creusement à l'explosif
爆破开采
　　abattage à l'explosif;abattage au tir
爆破开挖　déblai excavé à l'explosif;
　　excavation à l'explosif
爆破孔　trou de tir
爆破孔布置　disposition de trous de sautage
爆破孔钻机　sondeuse à trou de mine
爆破石方　déblai de roc à l'explosif
爆破时间　temps de sautage(explosion)
爆破挖方
　　déblai à l'explosif;déblai par explosif
爆破挖方量　volume de déblais à l'explosif
爆破许可证　permis d'explosion
爆破作业　opération d'exploision
爆破作业程序　programme d'opération
　　d'exploision
爆炸力　effort(force) d'explosion
爆炸压力　pression d'explosion
爆炸振动影响　effet sismique de l'explosion
爆炸作用　effet explosif

bei

杯形垫圈　rondelle Belleville
贝壳砂岩　grès coquiller
贝壳石灰岩　calcaire conchylien(coquillier)
备件　pièce de rechange(réserve)
备品库　magasin des pièces de rechange
备勤机车　locomotive de réserve
备土　préparation de la terre
备忘录　mémoire d'entente; mémorandum
备选财务标　offre financière alternative
备选方案　proposition variante; variante
备选方案报价　offre variante
备选方案比较　comparaison des variantes
备用　mise en réserve
备用拌和站　centrale de secours
备用泵　pompe de secours
备用车　wagon de réserve
备用车钩　attelage de secours
备用车基地　base des wagons de réserve
备用车轮　roue de secours
备用电缆沟　caniveau à câble de réserve
备用电源　source d'énergie de réserve
备用动车组列车　train automoteur de réserve
备用发电机　générateur(génératrice) de secours
备用发电机组　groupe électrogène de secours
备用功率　puissance de réserve
备用轨　rail de rechange
备用机车　locomotive de réserve
备用列车　train de réserve
备用轮　roue de rechange
备用线　ligne de réserve; voie seconde
备用站台　quai de secours
备砟　préparation de ballast
备制混凝土　préparation de béton
备制混凝土骨料　préparation des agrégats du béton
备注　mention en marge; nota; remarque
背部　dos
背部防冲石　arrière en enrochements
背部圬工防冲铺砌　arrière en maçonnerie
背顶撑　arrière-plage
背风河岸　rive sous le vent
背立面　façade postérieure
背立面图　élévation(vue) postérieure
背面支架　soutènement(support) arrière
背坡　contre-pente
背墙　parados
背书支票　chèque endossé
背心　gilet
被动安全　sécurité passive
被动控制　contrôle passif
被动锚固　ancrage passif
被动压力　pression passive
被授权人　fondé de pouvoir
被委托人　délégataire
被选资格　éligibilité
被征用房屋　maison expropriée

ben

本地磁盘　disque local
本地化　localisation
本地化经营　localisation d'exploitation
本国投标人　soumissionnaire national
本年度　année courante
本属动车组列车　train automoteur local
本务机车　locomotive de traction principale
本务机车鸣笛　sifflet de locomotive de traction principale
本务机车牵引　traction de locomotive de traction principale
本性　caractères naturels
笨重货物　marchandise encombrante
笨重货物运输　transport des marchandises encombrantes

beng

崩石警示　avertissement d'avalanche de pierres
崩石区段　section d'avalanche de pierres
崩塌　écroulement; effondrement
崩塌岩石　éboulis de roches
绷带　bande élastique
泵　pompe
泵出水率　débit d'eau de la pompe
泵地表水　pompage des eaux de surface
泵井　puits de pompe
泵潜水　pompage des eaux de la nappe
泵式摊铺机　répandeuse à pompe
泵送混凝土　béton pompé
泵吸　pompage
泵站　station de pompage
泵组　ensemble des pompes

bi

比　taux
比较　comparaison

比较表　tableau comparatif
比较测量　mesure de comparaison
比较法　méthode de comparaison
比较方案　solution alternative
比较分析　analyse comparative
比较设计　conception comparative
比较试验
　　épreuve(essai, test) de comparaison
比较值　valeur comparative
比利时工法　méthode belge
比利时隧道支撑法　boisage à méthode belge
比例　proportion
比例变化　variation de proportion
比例标记　repère d'échelle
比例尺　échelle
比例范围　gamme de proportion
比例控制　contrôle de proportion
比例模型　modèle à l'échelle
比例数量　quantité proportionnelle
比例调节　réglage proportionnel
比例误差　erreur proportionnelle
比例系数
　　coefficient de proportion; facteur d'échelle
比例性　proportionnalité
比例延伸　allongement proportionnel
比例因素　facteur proportionnel
比例原则　principe de proportionnalité
比率　proportion; ratio
比密　densité spécifique
比热法　méthode à chaleur spécifique
比容　volume massique
比容量　capacité spécifique
比容系数　coefficient de capacité spécifique
比色　comparaison des couleurs
比色法　méthode colorimétrique; procédé de coloration
比色分析
　　analyse chromatique(colorimétrique)
比色试验　essai(test) colorimétrique
比速　vitesse spécifique
比推力　poussée spécifique
比选　sélection comparative
比选阶段　étape de comparaison
比压　pression spécifique
比值　valeur spécifique
比重　densité(gravité, masse, poids) spécifique
比重测量　mesure spécifique
比重计　densimètre; pycnomètre

笔迹核对　vérification d'écriture
笔录　procès-verbal
笔述　exposé écrit
币制　système monétaire
必要措施　mesures nécessaires
必要条件　condition nécessaire
闭合　fermeture
闭合差　écart(erreur) de fermeture
闭合触头　contact à fermeture
闭合导线(测量)
　　polygonale fermée; polygone (cheminement) fermé; relevé de polygonale fermée
闭合导线测量控制
　　contrôle de cheminement fermé
闭合导线精度
　　précision de polygonale fermée
闭合导线控制　contrôle de polygonale fermée
闭合导线桩　pieu de polygonale fermée
闭合导线坐标
　　ordonnée de polygonale fermée
闭合点　point de fermeture
闭合点标记　marque de point de fermeture
闭合点误差　tolérance de point de fermeture
闭合电流　courant de fermeture
闭合电路　circuit fermé
闭合段　section de clôture
闭合角　angle de fermeture
闭合精度　précision de fermeture
闭合框架　cadre fermé
闭合能力　pouvoir de fermeture
闭合桥台　aboutement fermé; culée fermée
闭合曲线　courbe(courbure) fermée
闭合容量　capacité de fermeture
闭合时间　temps de fermeture
闭合式框架桥　pont de cadre fermé
闭合式框架桥横梁
　　traverse des ponts-cadres fermés
闭合水准　nivellement fermé
闭合水准导线　cheminement de nivellement fermé
闭合水准线　ligne de nivellement fermé
闭合位置　position fermée
闭合线　ligne close; ligne de fermeture
闭合线圈　bobine de fermeture
闭合信号　signalisation en fermeture
闭合状态　état de fermeture
闭路电视　télévision en circuit fermé
闭路电视监视系统　système de surveillance par TV en circuit fermé

闭路电压　tension à circuit fermé
闭路电压保护装置
　　protecteur de tension à circuit fermé
闭路式轨道电路
　　circuit de voie à boucle fermée
闭塞　blocage;block;cantonnement
闭塞操纵杆　levier de blocage
闭塞电缆　câble de blocage
闭塞段上游　amont de cantonnement
闭塞段下游　aval de cantonnement
闭塞分界点　poste de block
闭塞分区　cantonnement de block
闭塞机
　　appareil de block;appareil de cantonnement
闭塞机盒　boîte de block
闭塞监控电视　TV caméra de télésurveillance
闭塞区段(区间)　section de cantonnement;
　　canton occupé;section de block
闭塞区段联锁　enclenchement de canton
闭塞区间　canton bloqué
闭塞区域　zone de cantonnement
闭塞设备　équipement de blocage
闭塞系统　système de block(cantonnement)
闭塞信号　signal de block
闭塞信号所　poste d'enclenchement
闭塞终端站　poste terminale de block;poste extrême de block
闭塞状态　état de block
闭锁道岔　aiguille verrouillée
闭锁电路　circuit de verrouillage
闭锁区段(区间)　section de verrouillage
闭锁设备
　　équipement de blocage(verrouillage)
闭锁位置　position verrouillée
闭锁系统　système de blocage
闭锁线路长度　longueur de voie bloquée
闭锁信号　signal de blocage
闭锁装置　dispositif de verrouillage
壁板　bardage
壁厚　épaisseur de paroi
壁柱　pilastre;poteau accolé
避车道　voie d'évitement
避车洞　niche de refuge(sécurité)
避风港　port d'abri;port de refuge
避风所　abri contre le vent
避雷器　parafoudre
避雷针　parafoudre;paratonnerre
避雷装置　dispositif(organe) parafoudre
避免双重征税公约
　　Convention sur la double imposition
避难洞　cave d'asile;niche d'asile
避难港　port de salut
避难坑道　galerie de refuge
避让线道岔　aiguille d'évitement
避险车道　voie d'urgence
臂　bras
臂板信号机　sémaphore
臂板信号联锁　enclenchement des signaux de sémaphore électrique

bian

边材　aubier;bois d'aubier
边沟　caniveau latéral;caniveau;contre-canal;
　　fossé;rigole de talus;rigole latérale
边沟处理　traitement de caniveau
边沟开挖　excavation de fossé
边沟绿化　végétalisation de fossé
边沟模板　coffrage de caniveau
边涵　aqueduc latéral
边界　limite
边界走向　tracé de frontière
边境地区　zone frontière
边境连接　lien frontalier
边梁　poutre de bordure(rive);poutre marginale
边坡　talus
边坡表面处理　traitement de surface de talus
边坡沉降　affaissement de talus
边坡成形
　　mise au profil des talus;profilage des talus
边坡成形压实机　taluteuse-compacteuse
边坡冲蚀　érosion de talus
边坡冲刷　affouillement(érosion) de talus
边坡处理　traitement de talus
边坡顶面　crête(sommet) de talus
边坡防护　protection de talus
边坡防护设计　conception de protection de talus
边坡防护图　plan de protection de talus
边坡高度　hauteur de talus
边坡护石　perré de talus
边坡滑动　mouvement de glissement de talus
边坡加固　blindage(consolidation, renforcement, stabilisation) de talus
边坡开挖　excavation de talus
边坡绿化
　　reboisement au talus;végétalisation de talus
边坡面　surface de talus

边坡碾压　compactage de talus
边坡拍实　damage de talus
边坡排水　assainissement de talus
边坡坡度　pente de talus
边坡坡脚石笼防护
　　gabionnage au pied de talus
边坡铺盖　revêtement de talus
边坡倾斜度　obliquité de talus
边坡设计　conception(étude) de talus
边坡台阶　perron(redan) de talus
边坡土工格栅　géogrille de talus
边坡瓦盆跌水
　　écoulement des eaux sur pente en tuiles
边坡维护　entretien de talus
边坡稳定性　stabilité(tenue) de talus
边坡稳定性分析　analyse de stabilité de talus
边坡稳定性计算　calcul de stabilité de talus
边坡斜面　surface inclinée de talus
边坡泄水沟　exutoire
边坡形状　forme de talus
边坡修理　finition de talus
边坡修整　réglage de talus
边坡修整设备
　　engin(équipement) de réglage de talus
边坡岩石打钉锚固　clouage de talus rocheux
边坡整理　finissage de talus
边坡整形　dressement(profilage) de talus
边坡整形控制　contrôle de profilage de talus
边坡整形施工
　　exécution de reprofilage de talus
边坡整修　reprofilage de talus
边坡植树　boisement au talus
边坡桩　jalon de talus
边蚀　érosion de pente
边线　ligne de bord
边沿　rive;bord;rebord
边缘带　zone marginale
边缘裂缝　crevasse marginale
边支座　appui latéral
边桩放样　implantation de piquets de talus
边走边卸　déchargement en marche
编程　programmation
编程序　mise en programme
编发场　chantier de formation et de départ
编号　numérotage;numérotation
编辑　rédaction
编辑负责人　responsable de rédaction
编码　codage;codification
编码规则　règles de codage

编码划分　division de codes
编入预算　budgétisation
编写质保计划
　　rédaction du Plan d'Assurance-Qualité
编者按　note de rédaction
编制　établissement
编制车辆编组计划
　　élaboration de plan de formation des trains
编制范围　portée d'établissement
编制概算书　établissement de devis estimatif
编制工地建点计划　établissement du projet
　　des installations de chantier
编制规程　établissement de règlement
编制合同文件
　　établissement des documents contractuels
编制机车保养规则　établissement de règles
　　d'entretien de locomotive
编制计划
　　élaboration de plan;rédaction de programme
编制技术规程　élaboration(établissement) de
　　règlements techniques
编制技术文件
　　établissement des documents techniques
编制竣工文件
　　établissement des documents de récolement
编制日期　date d'établissement
编制设备技术档案　établissement des
　　archives techniques des équipements
编制设计计划
　　élaboration de programme des études
编制施工方案
　　établissement du projet d'exécution
编制施工规则
　　élaboration de règles d'exécution
编制施工计划
　　élaboration de programme des travaux
编制施工图　rédaction de plans d'exécution
编制施工预算　élaboration(rédaction) de
　　budget de construction(exécution)
编制使用规则
　　élaboration de règles d'emploi
编制铁路条例　établissement(rédaction) de
　　réglementation du chemin de fer
编制铁路文件
　　établissement des documents de voie ferrée
编制铁路运输管理条例　élaboration de
　　réglementation du transport ferroviaire
编制线路维修规则　établissement de
　　règlement de l'entretien de la voie

编制行车组织规则　élaboration de règles d'organisation de circulation des trains

编制行政文件　établissement des documents administratifs

编制运输计划　élaboration(établissement) du plan de transport

编制运营规程　rédaction(élaboration, établissement) de règlements de l'exploitation

编制运营规则　établissement de règlements d'exploitation

编制招标文件　établissement des documents d'appel d'offres; rédaction de dossiers de l'appel d'offres

编制装车计划　élaboration du plan de chargement

编组　triage

编组场　chantier de formation(triage); faisceau de formation des trains

编组场照明　éclairage de chantier de triage

编组单元　unité de composition

编组连钩车厢　voitures articulées

编组列车　rame; rame articulée

编组时间　temps de formation des wagons

编组线　voie de triage(formation); voie de formation de rame des wagons

编组站　gare de formation(manœuvre, triage)

编组站布局　distribution de gare de formation

编组站布置　disposition de gare de triage

编组站车场　faisceau de voies

编组站调度　régulation de la gare de triage

编组站工程　travaux de gare de triage

编组站工程验收　réception des travaux de gare de triage

编组站驼峰　bosse(butte) de triage

编组站驼峰峰顶　crête de bosse de triage

编组站项目　projet de gare de triage

编组站作业能力　capacité de manœuvre de gare de triage

编组作业　opération de formation de wagons; opération de triage

编组作业程序　programme d'opération de triage

贬值　avilissement

贬值处理　traitement de dévaluation

扁铲　ébarboir

扁锉　lime plate

扁担式轨枕　traverse à deux blochets en béton armé par une entretoise métallique

扁钢　acier plat

扁孔　trou oval

扁平拱　arc déprimé

扁平系数测量　mesure de coefficient d'aplatissement

扁平指数　indice d'aplatissement

扁三角锉　lime barrette

扁铁　fer plat

扁形集料　agrégat plat

扁嘴钳　pince à mâchoire plate; pince plate

变电间　cabine des transformateurs; salle de transformation

变电所分界　limite de sous-station

变电所施工　réalisation de sous-station

变电站　poste de transformation du courant; sous-station

变短　accourcissement

变断面柱　poteau à section variable

变废为宝　transformation de déchets en objets valables

变更经路　changement d'itinéraire

变更列车车次　changement de numéro de train

变更设计　étude modifiée

变更条款　clause de variation

变更停靠站点　changement des arrêts des stations

变更线路几何尺寸　modification de géométrie de voie

变化点　point de changement

变化干扰　interférence de changement

变化荷载　charge variable

变化频率　fréquence de variation

变化区域　zone de variation

变化趋势　orientation de changement

变化曲线　courbure de variation

变化速度　vitesse de variation

变化系数　coefficient(facteur) de variation

变化应力　contrainte variante

变化值　valeur variable

变截面板桥面　tablier d'épaisseur variable

变截面梁　poutre à section variable

变截面柱　colonne à section variable

变距轮对　essieux à écartement variable

变量　quantité variable

变流机　convertisseur de puissance

变频　changement de fréquence；fréquence variable
变坡　changement de déclivité（pente）
变坡点　point de changement de déclivité（pente）；seuil de changement de pente
变坡点标记　marque de point de changement de déclivité（pente）
变软　amollissement
变色试纸　papier colorimétrique
变速　changement de vitesse
变速车道　voie de variation de vitesse
变速杆　levier de changement de vitesse
变速区段　section de vitesse variable
变速箱　boîte de vitesses
变向　changement de direction
变向曲线　courbe de déviation
变向装置　appareil d'inversion du sens de marche
变形　déformation；voilement
变形参数　paramètre de déformation
变形测量　mesure de déformation
变形测量规　jauge de déformation
变形测量仪　appareil de mesure de déformation
变形程度　taux de déformation
变形处理　traitement de déformation
变形方向　sens de déformation
变形分析　analyse de déformation
变形风险　risque de déformation
变形幅度　amplitude de déformation
变形概率　probabilité de déformation
变形观测　observation de déformation
变形计算　calcul de déformation
变形记录　enregistrement de déformation
变形加速　progression de déformation
变形阶段　période de déformation
变形可能性　possibilité de déformation
变形控制　contrôle de déformation
变形裂缝　fissure de déformation
变形模数　module de déformation
变形模数测量　mesure de module de déformation
变形挠度　flèche de déformation
变形能力　aptitude à la déformation
变形曲线　courbe（courbure）de déformation
变形试验　épreuve（essai, test）de déformation
变形速度　vitesse de déformation
变形图像　anamorphose

变形推力　poussée de déformation
变形系数　coefficient de déformation
变形现象　phénomène de déformation
变形限度　limite de déformation
变形压力　pression de déformation
变形应力　contrainte de déformation
变形走向　orientation de déformation
变压器　transformateur
变压器变阻器　rhéostat de transformateur
变压器绝缘体　isolateur de transformateur
变压器油　huile de transformateur
变压器整流器　redresseur de transformateur
变质岩　roche métamorphique
变阻器　rhéostat
便道　piste
便利铁路货运过境国际公约　Convention Internationale pour faciliter le franchissement des frontières aux marchandises transportées par voie ferrée
便桥　pont auxiliaire
便携式灭火器　extincteur portable

biao

标本　échantillon
标本盒　case des échantillons
标称尺寸　cote nominale
标称定额　norme nominale；quota normal
标称内径　diamètre intérieur nominal
标称应力　contrainte nominale
标称直径　diamètre nominal
标尺　jauge
标出高度　repérage de hauteur
标底　base de prix de l'offre；prix d'objectif
标的　objet
标定　calibration；étalonnage
标定荷载　charge nominale
标定精度　précision de calibration
标定起道桩　bornage de relevage de voie
标定强度　résistance nominale
标定误差　erreur de calibrage
标杆　balise；jalon；jalon de mire；jalonnette；mire
标高　cote de niveau；cote；niveau
标高闭合　fermeture de l'altitude（cote）
标高点　point de l'altitude
标高公差　tolérance de niveau
标高控制　contrôle de cote de niveau
标号桩　pieu numéroté
标记　marque；repère

标记号　pointage
标价　prix affiché
标界石　borne de repère
标牌　pancarte
标签　étiquette
标前会议　réunion avant l'ouverture des plis
标识　logo
标识号　numéro d'identification
标识位置　position de marquage
标书比较　comparaison des offres
标书不予接受　rejet de l'offre
标书递交地点　lieu de dépôt des offres
标书递交日期　date de dépôt des offres
标书符合性确定　
　　détermination de conformité des offres
标书开标日期　date d'ouverture des offres
标书启封　descellement des offres
标书签字人　signataire de l'offre
标书权重　pondération de l'offre
标书使用语言　langue de l'offre
标书提交截止日期　
　　date limite de dépôt des offres
标书提交期限　délai de dépôt des offres
标书文件　document des offres
标书有效截止日　
　　date limite de validé de l'offre
标书有效期　délai de validité de l'offre
标书质量　qualité de l'offre
标书组成文件　document constituant de
　　l'offre; pièces constitutives de l'offre
标线　marquage
标线工程　travaux de marquage(traçage)
标语牌　pancarte
标志　signe
标志灯　lampe de repère
标志点　repérage
标志略图　croquis de repérage
标志牌　panneau
标志牌类型　type de panneau
标志线　ligne de marquage
标志线清除　effacement de marquage
标注编号　marquage de numéro
标注车钩高度　cotation de hauteur d'attelage
标注尺寸　cotation
标注钢轨裂缝　marquage de fissure de rail
标注更换轨枕　
　　marquage de traverse à changer
标注轨顶高度　cotation de sommet de rail
标注位置　marquage de position

标桩　bornage; implantation de pieux; jalon
标桩编号　
　　numéro de bornes; numérotage de pieux
标桩定位　repérage de bornes
标桩工程　travaux de jalonnement(piquetage)
标桩恢复　rétablissement de bornes
标桩图　plan de piquetage
标桩验收　réception de piquetage
标桩验收通过　acceptation de piquets
标准　critère; norme; standard
标准差　écart type
标准长度轨　rail de longueur normale
标准车体　caisse standard
标准尺寸　dimension normale(standard)
标准道岔　branchement type
标准断面(图)　
　　section standard; section type; profil normal
标准砝码　poids étalon
标准负荷　charge normale
标准高架桥　viaduc courant
标准高路缘石　bordure haute normalisée
标准工资　salaire standard
标准公差　tolérance standard
标准功率　capacité(puissance) normale
标准构件　élément normalisé(standard)
标准构造物图　plan des ouvrages types
标准贯入度仪　pénétromètre standard
标准贯入试验　test de SPT
标准规板　calibre normal
标准轨　rail standard
标准轨距　écartement normal(standard)
标准轨距货车　wagon à voie normale
标准轨距铁路　chemin de fer à l'écartement
　　standard; chemin de fer à voie normale; voie
　　ferrée normale; voie normale
标准轨距线路(1435mm)　ligne UIC; ligne à
　　l'écartement standard; ligne à voie normale;
　　voie à écartement standard
标准轨距线路工程　
　　travaux de ligne à écartement standard
标准轨距线路宽度　
　　largeur de voie à écartement standard
标准荷载　charge standard; charge type
标准横断面(图)　profil en travers type
标准化　normalisation; standardisation
标准化操作法　
　　méthode d'opération normalisé
标准化程度　degré de standardisation
标准化趋势　tendance de standardisation

标准化委员会　commission de normalisation
标准化性能　caractéristique normalisée
标准计量研究所　Institut de Recherche des Standards et de la Métrologie
标准技术规定　prescriptions normalisées
标准件　pièce standard
标准跨　travée standard
标准宽度　largeur standard
标准粒径　granularité-type
标准量规　Jauge standard
标准路缘石　bordure normale
标准密度　densité standard
标准频率　fréquence standard
标准葡氏试验　essai(test)de Proctor normal
标准器　étalon
标准强度　résistance standard
标准桥梁　ouvrage d'art(pont)courant
标准桥梁建筑设计
　　architecture des ouvrages d'art courant
标准桥梁设计方案
　　avant-projet de l'ouvrage d'art courant
标准溶液　solution standard
标准砂　sable standard
标准设计　conception courante;étude standard
标准时间　temps standard
标准试件
　　éprouvette de référence;essai témoin
标准试块　échantillon étalonné
标准试样　échantillon type
标准隧道　tunnel standard
标准统计　statistique standard
标准图　plan type
标准系列　série de normes
标准详图　détail standard;détail-type
标准效能　performance standard
标准形式　forme standard
标准型货车　wagon standard
标准压实试验
　　essai(test)standard de compacité
标准样品　échantillon standard
标准样式　modèle standard
标准砟　ballast standard
标准值　valeur standard
标准制定　établissement des normes
标准转向架　bogie normal
表层　couche de surface;strate superficielle
表层保护　protection superficielle
表层摊铺　répandage superficiel
表层土　sol(terre)de surface

表层压实
　　compactage de couche supérieure
表层岩溶　karst superficiel
表格　formule
表格下载　téléchargement de formulaire
表面　face apparente;surface
表面保护　protection de surface
表面变形　déformation superficielle
表面层　couche superficielle
表面沉降　tassement de surface
表面处理　traitement de surface
表面风化　altération superficielle
表面构造　structure superficielle
表面荷载　charge superficielle
表面活化剂　produit tensioactif
表面积　étendue de surface
表面径流　ruissellement de surface
表面力　force superficielle
表面裂纹　fissure superficielle
表面密度　densité superficielle
表面摩擦　frottement superficiel
表面磨损　abrasion(usure)superficielle
表面排水　assainissement de surface
表面收缩　contraction(retrait)superficielle
表面水准测量　nivellement de surface
表面特征　caractéristique de surface
表面温度
　　température apparente(superficielle)
表面污染　pollution de la surface
表面系数　module de surface
表面下沉　affaissement de surface
表面下沉标志
　　repère de tassement en surface
表面现象
　　phénomène apparent(superficiel)
表面效应　effet de surface;effet superficiel
表面修补　réparation de surface
表面压力　pression superficielle
表面压实　compactage superficiel
表面应力　contrainte superficielle
表面硬度　dureté superficielle
表面硬化　durcissement superficiel
表面张力　tension superficielle
表面治理　aménagement de surface
表面状态　état de surface
表面阻力　résistance superficielle
表面作用　action de surface
表皮土　manteau de sol
表皮岩　manteau de roche

表示电路　circuit d'indication
表示将进入隧道
　　indication de tunnel en avant
表示进入落石区段
　　indication à la zone de chute de rochers
表示进入事故多发地段
　　indication à la zone haute accidentée
表示进入弯道　indication de voie en courbe
表土　manteau superficiel de débris
表压　tension de comptage

bie

瘪胎　pneu à plat

bing

冰川沉积　dépôt glacial
冰川冲刷　arrachement par le glacier
冰川泥　boue glaciaire
冰川黏土　argile glaciaire(glaciale)
冰川作用　action glaciaire
冰冻区　zone de gel
冰蚀　abrasion glaciaire
冰隙　crevasse de glacier
摒弃铁路　voie ferrée délaissée(abandonnée)
并联布置　disposition en parallèle
并联电位　potentiel en parallèle
并联轨道电路　circuit de voie en parallèle
并联式通风　aérage parallèle
并列对柱　colonnes accouplées
并列式枢纽　nœud disposé en parallèle
并排安装
　　montage de jumelage;montage en parallèle
并排连接　connexion en parallèle
并排连接方式
　　mode de connexion en parallèle
并置信号点　emplacement de signal double
并置柱　colonnes jumelles

bo

拨道　dressage(rectification, ripage) de voie;ripage
拨道地点　lieu de ripage de voie
拨道方向　direction(sens) de ripage de voie
拨道工程　travaux de ripage de voie
拨道机　machine à riper les voies;machine de ripage de voie
拨道进度　avancement de ripage de voie
拨道量　amplitude de ripage de voie
拨道器　appareil de ripage de voie

拨道施工　exécution de ripage de voie
拨道作业　opération de ripage de voie
拨顺轨道　ripage et dressage de voie
拨正方向　positionnement de direction
波长　longueur d'onde
波长计　ondemètre
波动　fluctuation;ondulation
波动幅度　amplitude de fluctuation;marge de fluctuation
波动曲线　courbe de fluctuation
波动速度　vitesse ondulée
波动系数　coefficient de fluctuation
波段　gamme d'onde
波幅　amplitude d'onde
波轨　rail ondulatoire
波轨表面处治　surfaçage de rail ondulatoire
波浪形压溃　cassure de pression ondulatoire
波特兰灰岩　calcaire portlandien
波特兰水泥　ciment portland
波纹钢　acier ondulé
波纹钢管　tuyau en acier ondulé
波纹管　tube ondulé
波纹管直径　diamètre de tube ondulé
波形记录器　ondographe
波形梁护栏　glissière de sécurité ondulée
波形路缘石　bordure arrondie
波形磨损　usure ondulatoire
波形石棉水泥瓦
　　plaque ondulée en amiante-ciment
波形塑料瓦
　　plaque ondulée en matière plastique
波形瓦屋面　couverture en plaques ondulées
玻璃　glace;verre
玻璃割刀　coupeur de verre
玻璃隔墙　cloison vitrée
玻璃管　tube de verre
玻璃绝缘子　isolateur en verre
玻璃棉　laine de verre
玻璃纤维　fibre de verre
玻璃纤维锚杆
　　boulon en fibre de verre(BFV)
玻璃纤维毡　feutre de fibre de verre
玻璃易碎性　fragilité de glace
玻璃砖　brique en verre
剥离表土
　　enlèvement de terre de recouvrement
剥离工作面　chantier de découverte
剥落　écaillage;exfoliation
播种季节　saison de semailles

播种植被土　terre végétale ensemencée
薄弱断面　section affaiblie

bu

补编　appendice
补偿　compensation；dédommagement；indemnisation
补偿长度　longueur de compensation
补偿措施　mesures de compensation
补偿导线　fil conducteur de compensation
补偿方法　méthode de compensation
补偿方式　mode de compensation
补偿费用　montant de surcoûts
补偿机制　mécanisme de compensation
补偿设备　équipement de compensation
补偿设施　installations de compensation
补偿装置　dispositif de compensation
补偿作用　action de compensation
补充标桩　piquetage complémentaire
补充部分　complément；supplément
补充测绘　levé complémentaire
补充测量　mesure additionnelle（complémentaire）
补充导线测量法　polygonation complémentaire
补充定位　implantation complémentaire
补充费用　frais complémentaires
补充规定　règlement complémentaire
补充合同　avenant；contrat annexe；contrat complémentaire
补充勘测　investigation（sondage）complémentaire
补充勘探　reconnaissance complémentaire
补充库存　complément des stocks
补充劳力　complément de la main-d'œuvre
补充设计　conception（étude）complémentaire
补充数量　quantité supplémentaire
补充说明　note complémentaire
补充说明计算书　note de calcul complémentaire
补充条件　condition complémentaire
补充条款　clause complémentaire；dispositions supplémentaires
补充文件　document complémentaire
补充协议　accord complémentaire
补充信息　informations complémentaires
补充性能　caractéristique complémentaire
补充压实　compactage complémentaire
补充证据　complément des preuves
补充桩　pieu supplémentaire
补充资料　complément des dossiers
补给区　aire d'alimentation；zone d'approvisionnement
补给站　gare de ravitaillement
补机　locomotive auxiliaire；locomotive de renfort；locomotive en adjonction
补机方式　mode d'ajout de locomotive
补机推力　poussée de locomotive de renfort
补机应答　réponse de locomotive de renfort
补机折返　rebroussement（retour）de locomotive de renfort
补机准备　préparation de locomotive de renfort
补机作业调度　régulation de locomotive de renfort
补录　addenda
补强轨　rail de renfort
补贴　indemnité；prime
补挖　excavation supplémentaire
补遗　addenda
补遗公告　publication d'addenda
补砟作业　ballastage complémentaire
补植　regarnis
补轴　renfort de charge d'essieu
补助　allocation
不变成本　coût constant
不变断面柱　poteau à section constante
不变价　prix ferme
不称职工程师　ingénieur déqualifié
不存在　inexistence
不带底板坑道　galerie sans radier
不等边三角形　triangle dissymétrique
不等跨连续梁　poutre continue à portées inégales
不定期合同　contrat à délai indéterminé
不动产　bien-fonds；biens immeubles；biens immobiliers；immobilisation
不动产抵押　hypothèque immobilière
不动产扣押　saisie immobilière
不动产所有权　propriété de bien-fonds
不对称　dissymétrie asymétrie
不对称道岔　branchement asymétrique
不对称荷载　charge dissymétrique
不规则　irrégularité
不规则断面　profil irrégulier；section irrégulière
不规则荷载　charge anormale
不规则曲线　courbe irrégulière

不规则图形　forme irrégulière
不规则下沉　irrégularité de tassement
不规则运动　irrégularité de mouvement；mouvement irrégulier
不规则运动现象　phénomène de mouvement irrégulier
不含税金额　montant hors taxes
不划线支票　chèque non barré
不记名支票　chèque au porteur
不间断车流　flux continu
不间断电源　UPS(Uninterrupted Power Supply)
不间断电源设备　équipement d'alimentationsans interruption
不间断供电　alimentation continue de courant；alimentation de courant sans interruption
不间断供给　alimentation continue
不间断行驶　marche sans arrêt
不均匀沉降　affaissement(tassement) différentiel；tassement inégal
不均匀沉陷　subsidence différentielle；subsidence inégale
不均匀度　degré d'irrégularité
不均匀磨损　usure irrégulière
不均匀系数　coefficient d'hétérogénéité
不均质　hétérogénéité
不可撤销信用证　lettre de crédit irrévocable
不可兑换货币　monnaie inconvertible
不可汇出金额　montant non transférable
不可抗力　force majeure
不可抗力定义　définition de force majeure
不可抗力情况　cas de force majeure
不可抗力情况下的清算方法　modalité de liquidation des cas de force majeure
不可抗力因素　facteur de force majeure
不可利用料渣场　dépôt de matériaux non réutilisables
不可压缩性　incompressibilité
不可预测因素　facteur imprévisible
不可预见费　dépense imprévue
不可转让信用证　lettre de crédit intransmissible
不利条件　condition défavorable
不连续　discontinuation
不连续车流　flux discontinu
不良地基　fondation défavorable
不良地基厚度　épaisseur de fondation défavorable
不良地质条件　contrainte géologique
不良地质灾害　calamité nuisible de la géologie
不良路基　assise de voie défavorable
不良资产　actif douteux
不落轮旋床　tour en fosse(TEF)
不毛之地　contrée nue et stérile
不密贴道岔　aiguille bâillée(entrebâillée)
不能再利用材料　produit non réutilisable
不平　dénivellement；inégalité de planéité
不平等　inégalité
不平衡度　balourd
不平衡状态　régime déséquilibré
不容许沉降　tassement inadmissible
不适应　inadaptation
不透水表面　surface imperméable
不透水层　couche imperméable；tapis étanche
不透水场地　terrain imperméable
不透水系数　coefficient(facteur) d'imperméabilité
不透水性　imperméabilité
不透水岩层　aquifuge
不透水岩石　roche imperméable
不稳定　déstabilisation
不稳定边坡　talus instable
不稳定地层　terrain de mauvaise tenue
不稳定路堤　remblai instable
不稳定路肩　accotement non-stabilisé
不稳定区域　zone instable
不锈钢　acier antirouille(inattaquable，inoxydable)
不锈钢钢板　tôle en acier inoxydable
不锈钢钢管　tuyau(tube) en acier inoxydable
不锈钢螺栓　boulon en acier inoxydable
不正常沉降　tassement anormal
不正当竞争　concurrence déloyale(illicite)
不足　déficience；insuffisance
布筋　mise en œuvre des armatures
布局　disposition；distribution
布局分区　zonation de distribution
布局分散　dispersion de distribution
布料机　appareil de répartition
布氏硬度　dureté à la bille；dureté Brinell
布氏硬度试验　essai(test) à la bille；essai(test) Brinell；essai(test) de dureté à la bille；essai(test) de dureté Brinell
布线　cheminement；câblage
布置　aménagement；arrangement
布置宽度　largeur de distribution

布置顺序　ordre de distribution	部分损失　dommage partiel; perte partielle
布置图　plan d'aménagement(disposition)	部分线路　itinéraire partiel
步行式挖土机　excavateur à patins	部分验收　réception partielle
步骤　procédure	部分折旧　amortissement partiel
部分　partie; segment	部级　échelon ministériel
部分拆卸　démontage partiel	部级标准　norme ministérielle
部分处理　traitement partiel	部件　composant; pièce composante
部分付款　acompte; paiement partiel	部令　directive ministérielle
部分工程验收　réception de partie des travaux	部门　département; secteur; service
部分荷载　charge partielle	部门职能　responsabilité de département
部分拍卖　adjudication partielle	部委间通函　circulaire interministérielle
部分失业　chômage partiel	

C

ca

擦痕轨　rail strié

cai

材料　matériau; matière
材料搬运　manutention(mouvement) de matériaux
材料保管　préservation(conservation) de matériaux
材料表　répertoire(tableau) de matériaux
材料不足　insuffisance(manque) de matériaux
材料部分付款　acompte sur approvisionnement
材料采购　achat de matériaux
材料采掘　extraction de matériaux
材料参数　paramètre de matériaux
材料场　aire à matériaux
材料场地　gîte à matériaux
材料场地研究报告　rapport de recherche de gîtes à matériaux
材料场入口　accès de l'aire à matériaux
材料超导性　supraconductivité de matériaux
材料撤场　repli de matériaux
材料撤场时间　temps de repli des matériaux
材料储存　réserve(stockage) de matériaux
材料储存区　zone de stockage de matériaux
材料单位　unité de matériaux
材料等级　classe de matériaux
材料堆放　dépôt de matériaux; dépôt en tas de matériaux
材料堆放场　aire de stockage(dépôt) de matériaux
材料堆放分区　zonation de stockage des matériaux
材料堆积　accumulation de matériaux
材料二次搬运费　frais de reprise de matériaux
材料防腐　anti-corrosion de matériaux
材料费用　frais de matériaux
材料分类　classement des matériaux
材料分配　distribution(répartition) de matériaux
材料分析　analyse de matériaux
材料工程师　ingénieur de matériaux
材料供货日期　date de fourniture des matériaux
材料供求需要　besoin en approvisionnement de matériaux
材料供应　approvisionnement de matériaux; approvisionnement en matière
材料供应计划　plan(planning, programme) d'approvisionnement de matériaux
材料供应来源　origine de fourniture de matériaux
材料供应预算　budget d'approvisionnement de matériaux
材料管理　gestion de matériaux
材料厚度　épaisseur de matériaux
材料回收　récupération de matériaux
材料加工设备　équipement de traitement des matériaux
材料价格　prix de matériaux
材料交货　livraison de matériaux
材料接受记录　procès-verbal d'acceptation de matériaux
材料均质性　homogénéité de matériaux
材料卡片　fiche de matériaux
材料可靠性　fiabilité de matériaux
材料控制　contrôle de matériaux

材料库　entrepôt(magasin)des matériaux
材料来源
　　origine(sources, provenance)des matériaux
材料来源说明
　　indication de sources de matériaux
材料来源证明
　　justification de provenance des matériaux
材料老化　vieillissement de matériaux
材料类型　type de matériaux
材料力学　mécanique de matériaux
材料粒径测量　blocométrie des matériaux
材料名称　désignation de matériaux
材料目录　nomenclature de matériaux
材料批准申请
　　demande d'agrément de matériaux
材料疲劳　fatigue de matériaux
材料破碎度　fragmentation de matériaux
材料强度　résistance de matériaux
材料缺陷　défaut de matière
材料筛选　tri de matériaux
材料升降机　monte-matériaux
材料实验室　laboratoire de matériaux
材料使用　utilisation des matériaux
材料使用方法
　　procédé de mise en œuvre de matériaux
材料试验　essai(test)de matériaux
材料寿命　longévité(vie)de matériaux
材料数量　nombre(quantité)de matériaux
材料数量表　tableau quantitatif des matériaux
材料调配　mouvement de matériaux
材料污染　pollution de matériaux
材料消耗　consommation de matières
材料性能检测　contrôle(essai, test)de caractéristique des matériaux
材料性质　nature de matériaux
材料选分设备
　　équipement de classement des matériaux
材料验收　réception de matériaux
材料验收试验
　　essai(test)de réception des matériaux
材料验收试验结果
　　résultat des essais de réception de matériaux
材料要求　exigence de matériaux
材料用量　quantité utilisée des matériaux
材料用途　affectationde matériaux
材料预付款账单
　　facture d'avance de matériaux
材料预选　présélection de matériaux
材料运输　transport des matériaux

材料再利用规定
　　prescriptions sur le réemploi des matériaux
材料质量　qualité de matériaux
材料周转　rotation de matériaux
材料周转流程图
　　organigramme de rotation des matériaux
材料装卸场地　aire de chargement et déchargement de matériaux
材料准备　préparation de matériaux
财产清单　inventaire
财产损失险　assurance-dommages
财力　capacité financière
财团　consortium financier
财务报表　états financiers
财务报告审计　audit de rapport financier
财务标　offre financière
财务标得分　note financière
财务标分析　analyse de l'offre financière
财务标评估　évaluation des offres financières
财务处　service financier
财务担保　garantie financière
财务费用　frais financier
财务分析　analyse financière
财务风险　risque financier
财务风险加大　montée de risque financier
财务顾问　conseiller financier
财务管理　gestion financière
财务计划　planning(programme)financier
财务检查　contrôle de comptabilité
财务年度　année financière
财务评价　évaluation financière
财务审计　audit financier
财务条款　dispositions financières
财务条例　règlement financier
财务统计　statistique financière
财务文件　document financier
财务指标　indice financier
财务状况　état financier;situation financière
财务状况分析　analyse de situation financière
财务最低标　offre financière la moins-disante
财源　ressources financières
财政赤字　déficit financier
财政计划　plan financier
财政收入　recette de finance
财政危机　crise financière
财政性质担保　garantie de nature financière
财政影响　répercussion financière
财政预算　budget financier
财政预支　avance de trésorerie

C

财政援助　assistance financière
财政支持　appui(support) financier
裁料车间　atelier de coupe
裁员　débauchage des employés
采伐后清理　essartage;enlèvement après l'abattage
采购部　bureau d'achat
采购部门　service d'achat
采购合同　marché d'achat
采集场材料试验　essai(test) de formulation de tout-venant de carrière
采集池　bassin de cueillage
采集基础数据　collecte des données de base
采集设备　équipement(matériel) de collection
采集数据　collecte des données
采掘　extraction
采掘场　chantier d'excavation(extraction)
采掘机　machine d'extraction
采掘进度　avancement d'extraction
采掘区　aire d'extraction
采掘设备　installations d'extraction
采掘巷道　galerie d'abattage
采掘黏土　extraction d'argile
采空区　vide d'exploitation
采矿钻机　sondeuse pour extraction minière
采砾场　ballastière;carrière de gravier
采料场开采　extraction de matériau en carrière
采料方量　volume de matériaux exploitables
采暖管道　canalisation de chauffage central
采暖通风设备　équipement de chauffage et de ventilation
采暖装置　dispositif de chauffage
采区通风　aérage de quartier d'extraction
采砂　exploitation(extraction) de sable
采砂场　arénière carrière de sable; sablière;sablonnière
采石　abattage de roche;roche détachée
采石场　carrière de gravier(roche, pierre);carrière
采石场材料　tout-venant de carrière
采石场地　lieu de carrière
采石场地理位置　situation géographique de carrière
采石场积水　eau de carrière
采石场开挖面　front de carrière
采石场设置　installation de carrière
采石场数量　quantité(nombre) de carrière
采石场位置　emplacement de carrière
采石场岩层　lit de carrière

采石灰场　carrière à chaux
采石机械　engin(machine) de carrière
采石设备　équipement(matériel) de carrière
采石许可　licence d'extraction de pierre(roche)
采石组　équipe d'abattage de pierre(roche)
采下的石堆　abat(t)is de roches
采样点　point de prélèvement
采样位置　emplacement de prélèvement
采用　adoption
采用公式　formule applicable
采用空气制动　application de freinage pneumatique
采用人工制动　application de freinage manuel
采用先进工艺技术　adoption de procédés technologiques avancés
采用新技术　adoption de nouvelles technologies
采油用泥浆　boue de forage à l'huile
彩喷打印机　imprimante à jet colorié
彩色摄像机　caméra vidéo couleur
彩色水泥　ciment coloré

can

参加条件　condition de participation
参考半径　rayon de référence
参考解　solution de référence
参考频率　fréquence de référence
参考术语　terme de référence
参考数据　données de référence
参考图　dessin(plan) de référence
参考文献　document de référence
参考意见　avis consultatif
参考桩　jalon de référence
参数　paramètre
参数比　rapport paramétrique
参数变化　variation paramétrique
参数测定　mesure des paramètres
参数放大　amplification paramétrique
参数分析　analyse de paramètres
参数记录　enregistrement des paramètres
参数曲线　courbe(courbure) paramétrique
参数设定　établissement des paramètres
参数值　valeur de paramètres
参与百分率　pourcentage de participation
参与比率　taux de participation
参照标准　norme de référence
参照参数　paramètre de référence
参照路段　planche de référence

参照速度	vitesse de référence
参照位置	position de référence
参照温度	température de référence
参照物	référent
参照值	valeur de référence
参照指数	indice de référence
参照轴线	axe de référence
参照桩	pieu de référence
参照坐标	ordonnée de référence
餐车	voiture-restaurant;wagon-restaurant
残存量	quantité résiduelle
残积层	éluvion
残积土	sol résiduel
残留水	eau résiduelle
残油回收	récupération d'huile résiduelle
残余变形	déformation résiduelle
残余沉降	tassement résiduel
残余沥青	bitume résiduel
残余强度	résistance résiduelle
残余误差	erreur résiduelle
残余压力	compression résiduelle
残余应力	contrainte résiduelle
残渣	résidu
残值	valeur résiduelle

cang

仓储费	frais d'entreposage(magasinage)
仓储区	secteur(région) de stockage
仓库	entrepôt;magasin
仓库管理员	garde-magasin;magasinier

cao

操控台	table de commande
操平作业	opération de nivellement
操纵	manœuvre
操纵杆	joystick;levier de commande;levier; manette;tringle de manœuvre (commande);tringle
操纵能力	capacité opérationnelle
操纵设备	équipement de manœuvre
操纵室	cabine de commande(contrôle); salle de conduite
操作	manipulation;opération
操作安全	sécurité de fonctionnement
操作参数	paramètre opératoire
操作程序	procédure(programme) d'opération
操作电压	tension de service
操作方式	mode d'opération(commande)
操作杆	barre de commande
操作管理	gestion d'opération
操作规程	spécification de l'opération
操作规程限制	restriction de règlement d'opération
操作技术	technique d'utilisation; technique opérationnelle
操作简图	schéma de fonctionnement
操作类型	type d'opération
操作平台	plateforme d'opération
操作区	zone opératoire
操作人员	personnel d'opération;opérateur
操作人员工作站	poste de travail d'opérateur
操作失误	erreur de l'opération
操作事故	accident de manœuvre
操作手册	manuel d'instruction(opération); prescriptions d'utilisation
操作水平	niveau d'opération
操作说明	instruction d'opération
操作台	pupitre de manœuvre
操作维护子系统	sous-système de maintenance opérationnelle
操作系统	système d'opération;système de commande
操作者	opérateur
操作指令盒	boîtier de commande
操作转换	conversion d'opération
槽	cuve;rainure
槽材	profilé en U
槽钢	fer en U;profilé en U
槽沟盖板	dalle de caniveau
槽沟开挖	fouille en tranchée
槽口	cran
槽口连接	assemblage à entaille
槽纹压路机	rouleau à rainure
槽形钢轨	rail à gorge;rail à ornière;rail à rigole
槽形基础	fondation sur rigoles
草测	levé expédié
草地	pelouse;prairie;terrain gazonné
草皮块	motte de gazon
草坪	gazon;pelouse
草坡	talus gazonné
草酸	acide oxalique
草图	carte schématique;croquis; esquisse; figure schématique
草原	plaine steppique
草原气候	climat de prairie
草原生态系统	écosystème de prairie

C

ce

册　catalogue
侧　côté
侧板　plaque latérale
侧铲推土机　angledozer; bouteur biais; bouteur oblique
侧导坑　galerie de côté
侧道　bas-côté; voie latérale
侧沟　caniveau(fossé) latéral
侧滚运动　mouvement de roulement latéral
侧护板　bouclier latéral
侧滑　dérapage; glissement latéral
侧立面　façade latérale
侧梁　longrine
侧梁加劲板　raidisseur de longeron
侧梁旁弯　courbure latérale de longeron; flexion latérale de longrine
侧梁甩头　flexion transversale de longrine
侧梁弯曲　flambement de longeron
侧梁下垂　fléchissement de longeron
侧门　porte latérale
侧面　face(surface) latérale; flanc; profil
侧面焊缝　soudure latérale
侧面碰撞　collision de flanc
侧面收缩　contraction latérale
侧面通道　passage latéral
侧面相撞　choc latéral
侧磨阻力　résistance de frottement latéral
侧模板　coffrage latéral
侧铺砌沟渠　caniveau avec pavage latéral
侧墙　mur latéral; paroi latérale
侧石　bordure de pavé
侧视图　vue de côté; vue latérale
侧梯　échelle latérale
侧弯　flexion latérale
侧线　ligne latérale
侧向冲击　choc de côté
侧向钢筋　armature latérale
侧向拱肋　formeret; nervure de formeret
侧向过岔速度　vitesse de passage latéral de l'aiguille
侧向荷载　charge latérale
侧向间距　espacement latéral
侧向交会　intersection latérale
侧向交通　trafic de flanc
侧向开挖　excavation latérale
侧向力　force latérale
侧向力矩　moment latéral
侧向摩擦　frottement latéral
侧向排水　drainage latéral
侧向排水暗沟　saignée latérale
侧向排水沟　fossé de décharge latérale
侧向排水盲沟　drain latéral
侧向取土　emprunt de côté
侧向推力　poussée latérale
侧向弯曲　flambement latéral
侧向位移　déplacement latéral
侧向稳定性　stabilité latérale
侧向应力　contrainte latérale
侧卸车　wagon à déversement par le côté
侧卸挂车　remorque déversant par le côté
侧卸卡车　camion à benne basculante de côté
侧卸式装砟机　chargeuse de ballast à déversement par le côté
侧悬挂　suspension latérale
侧压力　compression(pression) latérale
侧翼　aile; aile latérale
侧站台　quai latéral
侧柱　montant latéral
侧走道　couloir latéral
测点　point de canevas
测定　détermination; mesure
测定范围　domaine de mesure
测定内径　calibrage
测定值　valeur mesurée
测杆　jalonnette
测高仪　altimètre; sondeur altimétrique
测回声法　échométrie
测绘　levé; mesurage
测绘仪　tachéographe
测角器　goniographe; goniomètre; graphomètre; anglomètre
测径规　équerre à coulisse
测距　diastométrie; mesure de distance
测距导线　cheminement de tachéométrie
测距法　tachéométrie
测距仪　distancemètre; stadimètre; tachéomètre; télémètre
测量　mesurage; mesure; relevé
测量变形压力　mesure de pression de déformation
测量拨道量　mesure d'amplitude de ripage de voie
测量材料强度　mesure de résistance de matériau
测量操作　opération de mesures
测量长度　mesure de longueur

测量车速　mesure de vitesse de train
测量尺　pige
测量传导系数
　　mesure de coefficient de transmission
测量单位　unité de mesure
测量导线
　　ligne de polygonale; tracé polygonal
测量导线闭合点
　　point de fermeture de cheminement
测量导线起点
　　point de départ de cheminement
测量导线终点
　　point d'arrivée de cheminement
测量道床标高　mesure de niveau de ballast
测量地面标高　mesure de niveau du terrain
测量地下水位　mesure de niveau aquifère
测量点　point de levé(mesure)
测量点位桩　pieu de point de levé
测量定位　implantation de polygonale
　　de levé; implantation topographique
测量定位系统
　　système de mesure et de positionnement
测量法　hypsométrie
测量范围　gamme(limite, portée) de mesure
测量方法　méthode de mesure
测量分析　analyse par mesure
测量风速　mesure de vitesse du vent
测量杆　sonde de mesure
测量工程师　ingénieur de mesure
测量工程数量
　　mesure de quantité de travaux
测量工作　travail de mesure
测量贯入深度
　　mesure de profondeur de pénétration
测量规　jauge de mesure
测量轨道间距
　　mesure de l'écartement de voie
测量轨面标高　mesure de niveau de rail
测量洪水位　mesure de niveau de crue
测量厚度　mesure de l'épaisseur
测量滑坡　mesure de glissement
测量混凝土强度
　　mesure de résistance de béton
测量基点　repère topographique
测量基线　base de levé
测量记录仪
　　appareil enregistreur de mesure
测量技术　technique de mesure
测量监理　suivi géométrique
测量结果　résultat de mesure(levé)
测量结果分析　interprétation de mesures
测量进度　avancement de mesure
测量精度　finesse(précision) de mesure
测量控制(检查)　contrôle de mesure
测量里程　kilométrage mesuré
测量列车移动速度
　　mesure de vitesse du mouvement de train
测量埋入深度　mesure de profondeur enterrée
测量偏差　divergence de mesure
测量起道量
　　mesure d'amplitude de relevage de voie
测量器　jaugeur
测量区域　zone de mesure
测量日交通密度
　　mesure de densité de trafic journalier
测量设备
　　appareil(équipement, matériel) de mesure
测量深度　mesure de profondeur
测量速度　vitesse de mesure
测量隧道长度
　　mesure de longueur de tunnel
测量探尺　sonde de mesure
测量填方量　mesure de quantité de remblai
测量通过速度　mesure de vitesse de passage
测量图　carte de levé; levé
测量土方量
　　mesure de quantité de terrassement
测量挖方量
　　mesure de quantité de déblai
测量挖掘深度
　　mesure de profondeur creusée
测量弯道线长度
　　mesure de longueur de ligne en courbe
测量网络　canevas
测量位置　mesure de position
测量误差　déviation(erreur) de mesure
测量系统　système de mesure
测量线　ligne de mesure
测量线路长度
　　mesure de longueur de voie; métrage de voie
测量线路宽度　mesure de largeur de voie
测量线路下沉　mesure de tassement de voie
测量小组　équipe de mesure
测量行车速度
　　mesure de vitesse de circulation
测量验收　réception de topographie;
　　réception topographique
测量仪表　instrument de mesure

C

测量仪器　appareil de mesure
测量仪器灵敏度
　　sensibilité de l'appareil de mesure
测量员　agent de mesure；arpenteur；géomètre；
　　jaugeur；mesureur；métreur
测量站　station de mesure
测量直线段长度
　　mesure de longueur de ligne droite
测量轴压　mesure de pression axiale
测量主导线
　　ligne de polygonale principale
测量桩　pieu de mesure
测量装置　dispositif de mesure
测平　nivelage
测热法　calorimétrie
测深　exploration en profondeur
测时子系统　sous-système de chronométrie
测试标准　norme de test
测试步骤　procédure de test
测试点　point de test
测试通过　passe d'essai（test）
测试线　ligne d'essai
测试仪器　appareil d'essai（test）
测试员　opérateur d'essai
测速　mesure de vitesse
测速器　détecteur de vitesse
测速仪　vélocimètre
测算方法　mode de mesurage
测探机　machine à sonder
测网　canevas topographique
测温　mesure de température
测斜管　tube inclinométrique
测斜器　éclimètre
测斜仪　inclinomètre；pendagemètre
测压管　tube piézométrique
测阻　mesure de résistance

ceng

层　couche；lit；nappe；tapis
层底密实度　densité du fond de couche
层动　mouvement de couche
层端　tête de couche
层高　hauteur de couche
层痕　fissure de stratification
层厚　épaisseur（profondeur）de couche
层面滑移　glissement de lit
层状构造　structure en couches
层状灰岩　calcaire teslacé

cha

叉车　chariot élévateur；clarck；élévateur
　　à fourche
叉点　intersection
叉式起重车　chariot stockeur à fourche
叉式装载机　chargeur à fourche
叉形支架　support à fourche
差别　différence
差错存储器　mémoire d'erreurs
差错量　désaffleurement
差额　solde
差价　écart de prix
差压阀　vanne de décalage de pression；
　　vanne de pression différentielle
差异　différence
插入　enfoncement；insertion
插入管　tube d'insertion
插入图表　insertion de tableau
插入振捣　pervibration
插头　prise mâle
插销　verrou
插销式电感箱　boîte d'inductance à fiches
插柱（平车）　rancher
插桩　pieu pénétrant
插座　prise de courant；prise femelle
查明储量　réserves prospectées
查票　contrôle de billet
查证锁闭　calage de vérification
岔道　voie de branchement
岔道轨枕　traverse de garage franc
岔道连接线
　　ligne de jonction de bifurcation
岔根长度　longueur de talon d'aiguille
岔轨　rail de cœur de croisement
岔尖　pointe d'aiguille
岔口　fourchure
岔路方向警示牌　panneau de bifurcation
岔路口　fourche；fourchure；jonction de
　　croisement；carrefour
岔线　ligne de branchement；
　　voie de croisement
岔线出点　point de sortie de croisement
岔线干扰　interférence de bifurcation
岔线节点　nœud de voie de branchement
岔线进点　point d'entrée de croisement
岔线作业　opération de voie de branchement
岔心　cœur d'aiguille
岔辙　croisement

岔枕　traverse d'aiguille(croisement)
岔枕长度　longueur de traverse d'aiguille
岔枕加长　allongement(prolongation) de traverse de l'aiguille
岔枕间隔　espacement des traverses des aiguilles

chai

拆包　déballage
拆除　démantèlement;démolition;démontage
拆除安全防护栏　dépose de glissière de sécurité
拆除处理　traitement de démolition
拆除道岔　démolition(dépose) de l'aiguille; démolition de l'appareil de voie
拆除电缆　démolition de câbles
拆除房屋　démolition de bâtiment(logement)
拆除废弃管网　démolition de réseau abandonné
拆除废弃路面　démolition de chaussée abandonnée
拆除费用　frais de démolition
拆除钢柱　démontage de poteau en acier
拆除工程　travaux de démolition
拆除构造物　démolition des ouvrages
拆除轨道设备　démolition de l'appareil de voie
拆除轨枕　démolition de traverses
拆除涵洞　démolition des ponceaux
拆除基础　démolition de fondation
拆除建筑　démolition de construction
拆除接触网架线　dépose de caténaire
拆除进度　avancement de démolition
拆除料　matériau de démolition
拆除临时支撑　démolition des appuis provisoires
拆除路肩　démolition de l'accotement
拆除路面　démolition de chaussée revêtue
拆除路缘石　démolition de bordures
拆除赔偿费　compensation de démolition
拆除铺石路面　dépavage
拆除桥梁　démolition de pont
拆除石笼　démolition de gabion
拆除输气管道　démolition de gazoduc
拆除水管　démolition des conduites
拆除速度　vitesse de démolition(démontage)
拆除围墙　démolition de clôture
拆除圬工工程　démolition des maçonneries
拆除物　produit de démolition
拆除物清除　enlèvement(évacuation) de produits de démolition
拆除现有站台　démolition de quai existant
拆除限界　démantèlement de gabarit
拆除信号牌　dépose de panneaux de signalisation
拆除信号设备　démolition de l'appareil de signal
拆除许可　autorisation de démolition
拆除枕木　enlèvement des traverses
拆除支撑　démontage des appuis
拆封　ouverture des plis
拆拱鹰架　décintrage;décintrement
拆开标书的信封　ouverture de l'enveloppe des offres
拆开财务标的信封　ouverture de l'enveloppe financière
拆开技术标的信封　ouverture de l'enveloppe technique
拆模　décoffrage;démoulage
拆模剂　produit démoulant
拆模强度　résistance au moment de décoffrage
拆模时间　temps de décoffrage
拆铺　enlèvement et pose
拆迁安置　déménagement et relogement
拆迁补偿　indemnité d'expropriation
拆卸　démantèlement;démontage;dépose
拆卸程序　ordre de démontage
拆卸道岔　démontage de l'aiguille
拆卸方式　mode de démontage
拆卸钢轨　dépose de rails
拆卸工具　outil de démontage
拆卸轨枕　dépose de traverses
拆卸轮箍　désembattage
拆卸设备　démontage des équipements
拆卸设施　démontage des installations
柴油　huile diesel
柴油(内燃)拔桩机　arracheur diesel
柴油打桩机　marteau de battage diesel;marteau diesel;sonnette diesel
柴油发电厂　centrale diesel
柴油发电机组　groupe électrogène diesel
柴油罐　citerne à gasoil
柴油机　diesel;moteur diesel
柴油机功率　puissance de moteur diesel
柴油机驱动　entraînement de moteur diesel
柴油机系统　système de moteur diesel

柴油机组　groupe diesel
柴油加注站
　　poste de distribution de carburant diesel
柴油双轮压路机　rouleau tandem diesel
柴油拖拉机　tracteur diesel
柴油压路机　rouleau diesel

chan

掺和　incorporation
掺和料　matériau d'apport
掺火山灰硅酸盐水泥　ciment Portland avec pouzzolanes actives(CPAP)
掺矿渣硅酸盐水泥
　　ciment Portland avec laitier(CPAL)
掺矿渣和火山灰硅酸盐水泥　ciment Portland avec laitier et pouzzolanes(CPAZ)
掺沥青　adjonction de bitume
掺入水泥　incorporation de ciment
掺砂　adjonction de sable
掺石灰　adjonction de chaux
掺石灰处理膨胀土
　　sol gonflant traité à la chaux
掺水　adjonction de l'eau
掺水泥　adjonction de ciment
掺橡胶沥青
　　asphalte caoutchouté;bitume caoutchouté
掺烟灰硅酸盐水泥　ciment Portland avec cendres volantes actives(CPAC)
产地　origine
产地证明书　certificat d'origine
产量　rendement
产量下降
　　abaissement de production(rendement)
产量增加　accroissement de rendement
产品　produit
产品标识　logo de production
产品多样化　diversification de produits
产品多样性　diversité de produits
产品规格　spécification de produits
产品过剩　surplus de produits
产品回收　récupération de produits
产品进口　importation de produits
产品目录　liste des produits
产品替代　substitution de produit
产品图样　épure(plan)de produit
产品性能　caractéristique de produit
产品验收　réception de produit
产品证明书　certificat de produit
产品质量　qualité de produit

产权　propriété
产权证　acte constitutif de propriété
产权证明　certificat de propriété
产生裂纹　fendillement
产生噪声　naissance de bruit
产业标准　norme industrielle
产业工人　ouvrier industriel
产业结构　structure d'industrie
产业链　chaîne industrielle
产业转让　transfert de propriété
产状　état de présence
铲　bêche;pelle
铲车　chargeuse;chariot stockeur à fourche;clarck;transpalette
铲除表土　opération de retroussement
铲斗　benne d'extraction;benne décapeuse;benne;benne racleuse;godet caveur
铲斗容量　capacité de godet(pelle)
铲平　rasement
铲漆　décapage
铲石护轮挡板(机车)　chasse-pierres
铲土斗　godet racleur
铲土机　charrue;écorcheuse
铲土机的铲斗　benne de terrassement
铲锈　décapage
铲雪板　lame de neige
铲雪车　wagon chasse-neige
铲雪机车　locomotive à chasse-neige
铲运机　chargeur-transporteur;chargeuse transporteuse;décapeuse
铲运机土斗　benne racleuse
铲装　pelletage
铲装道砟　pelletage de ballast
颤动现象　phénomène de tremblement

chang

长波　ondes longues
长大货物车　wagon surdimensionné
长凳　banc
长度　longueur
长度比例尺　échelle de longueur
长度闭合差　écart de fermeture longitudinal
长度变化　variation de longueur
长度测量　mesure linéaire
长度单位　unité de longueur
长度计算　calcul de longueur
长度调整　ajustement(réglage)de longueur
长度误差　erreur de longueur
长度要求　exigence de longueur

长方形	forme rectangulaire;rectangle
长方形沉箱	caisson rectangulaire
长缝筛	crible à fentes transversales
长钢轨焊接基地	base à longs rails soudés
长轨	rail de grande longueur
长轨道电路	circuit de long rail
长轨放散作业	distribution de longs rails au long de voie
长轨运输	transport de longs rails
长轨枕	traverse longue
长焊轨	longs rails soudés(LRS)
长焊轨打磨	lissage(meulage)de longs rails soudés
长焊轨线路	voie de longs rails soudés
长焊轨应力	contrainte de longs rails soudés
长焊轨应力放散	libération de contrainte de longs rails soudés
长焊轨应力效应	effet contraint de long rail soudé
长焊轨运输	transport de longs rails soudés
长焊轨运输车	véhicule pour transport de longs rails soudés
长件	pièce longue
长交路	itinéraire d'acheminement long
长交路机车	locomotive d'itinéraire d'acheminement long
长交路轮乘制	système de service à tour de rôle pour itinéraire d'acheminement long
长交路区段	section d'itinéraire d'acheminement long
长距离隧道	tunnel de longue distance
长距离隧道工程	travaux de tunnel de longue distance
长距离运输	transport à grande distance
长坡道	pente longue
长期变形	déformation à long terme
长期沉降	tassement à long terme
长期贷款	prêt à long terme
长期吊销	retrait à long terme
长期负债	passif à long terme
长期观测	observation à long terme
长期规划	plan(planification)à long terme
长期合同	contrat à long terme
长期合作	coopération à long terme
长期居住证	permis de séjour
长期利率	taux d'intérêt à long terme
长期收缩	contraction(retrait)à long terme
长期投资	investissement à long terme
长期维护	entretien permanent
长期效应	effet à long terme
长期协议	accord à long terme
长期信贷	crédit à long terme
长期徐变	fluage à long terme
长期养护	entretien à long terme
长期阻力	résistance à long terme
长上坡道	rampe tendue
长时间降雨	pluie de longue durée
长台架工法	abattage en gradin long
长途电话	communication interurbaine
长途电缆	câble à grande distance;câble interurbain
长途干线公路	route de trafic à grande distance
长途货物运输	transport des marchandises à longue distance
长途列车	train de grand parcours;train de long parcours
长途列车数量	nombre de trains de long parcours
长途旅客	voyageur à long trajet
长途运输	trafic à longue distance
长线法(预应力混凝土施工)	méthode de ligne longue
长翼工字钢	poutrelle à larges ailes
长柱	colonne longue
常差	erreur constante
常规操作	opération de routine
常规措施	mesures régulières
常规符号	signe conventionnel
常规控制	contrôle routinier
常规老化焦油	goudron à vieillissement
常规试验	essai(test)de routine
常规养护	entretien de routine
常接触弹性旁承	lissoir élastique à contact constant;palier latéral élastique à contact constant
常量	quantité constante
常年径流	écoulement pérenne
常设路标	balisage permanent
常设委员会	commission permanente
常水位	niveau d'eau constant
常水位河床	lit ordinaire
常速动车组	rame automotrice à vitesse normale
常温	température ordinaire
常温养护	cure à température normale
常系数	coefficient constant
常用形式	type courant

偿还　remboursement
偿还方式　mode(modalité) de remboursement
偿还能力　capacité de remboursement
偿还期　période de remboursement
偿还债务　règlement de dette
厂拌沥青混合料　enrobé préparé en station
厂内铆接　rivetage d'atelier
厂修　réparation à l'usine
场　champ
场地　aire;campagne;emplacement;site;terrain
场地边界图　plan de limite d'emprise
场地标高　cote de terrain
场地标高控制　contrôle de cote de terrain
场地测量　levé du terrain
场地处理　traitement du terrain
场地多边形测量图　plan de mesure polygonale du terrain
场地范围　limite du terrain
场地分界　délimitation de terrain
场地复垦　remise en état de culture
场地复原　remise en état des lieux
场地复原费　frais de remise en état de lieu
场地复原设计　étude de remise en état initial du terrain
场地复杂性　complexité de terrain
场地高差　dénivellement(inégalité) du terrain
场地工程　travaux de terrain
场地夯实　compactage de terrain
场地获取费　frais d'acquisition du terrain
场地交付会议纪要　procès-verbal de mise à disposition de terrain
场地交接记录　procès-verbal de remise du terrain
场地勘测　exploration de terrain
场地勘察　investigation du terrain;visite de lieu
场地勘探　reconnaissance de terrain;prospection de terrain;reconnaissance de site
场地宽度　largeur de terrain
场地类型　type de terrain
场地绿化　végétalisation de terrain
场地面积　superficie de l'emplacement;superficie du terrain
场地平整　aplanissement de terrain
场地平整度　planéité de terrain;régularité de terrain
场地清洗　nettoyage des locaux
场地人员　personnel de site
场地入口　accès au site
场地释放　libération de site(terrain)
场地属性　nature du terrain
场地腾空　libération de terrain
场地图　plan du terrain
场地挖掘方法　méthode d'excavation de terrain
场地污染　pollution du terrain
场地下沉　subsidence de terrain
场地预先状态　état de lieu préalable
场地占用　occupation de terrain
场地整平　nivellement général de sol
场地治理　aménagement de terrain
场地治理费用　frais d'aménagement de terrain
场地准备　préparation de site(terrain)
场地租赁　location de terrain
场衰变　affaissement de champ
场所　lieu;local
敞车　wagon découvert;wagon ouvert
敞车车体　caisse de wagon ouvert
敞车技术要求　exigence technique pour le wagon ouvert
敞车立柱　montant de wagon découvert
敞车运输　transport à wagon découvert
敞开式　type ouvert
敞开式排水沟　fossé non revêtu
敞门式框架桥横梁　traverse de pylônes;traverse des ponts-cadres à portique ouvert
敞篷货车　wagon à ridelles
敞式桥　pont ouvert
畅行交通　trafic libre
唱标　annoncer à haute voix de l'offre

chao

超半圆拱　arc exhaussé;arc surhaussé
超长超重列车　train de longueur et de charge exceptionnelle
超长极限　limite de surlongueur
超车道　voie de dépassement
超车视距　distance de visibilité de dépassement;distance visuelle de dépassement
超车信号　signal de dépassement

超乘 dépassement de limite de voyageurs
超出 30km 以外运距追加费用 plus-value de transport au-delà de 30 km
超出工程量 excédent(hors) des travaux
超出洪水预计周期 hors période prévisible de crue
超出量 excès
超出数量 quantité en excès
超出重量 surpoids
超导 supraconduction
超导馈线系统 système de conducteur superconductible
超导性 supraconductivité
超短波 ondes ultra-courtes
超额 excédent
超负荷工作 surcharge de travail
超高 dévers;surhaussement;surhauteur
超高变化 changement de dévers
超高变化区域 zone de variation de dévers
超高不足 insuffisance de dévers(surhaussement)
超高超宽 hors gabarit
超高过度 excès de dévers
超高缓和段 section atténuée de dévers
超高缓和段长度 longueur de section atténuée de dévers
超高极限 limite de surhauteur
超高角 angle de dévers
超高校正 correction de dévers
超高路段 tronçon de dévers(surhauteur)
超高路肩 accotement de dévers
超高频 fréquence ultra-haute
超高频和高频无线电网络 réseau radio VHF et HF
超高曲线 courbe surhaussée;courbure de dévers
超高顺坡 rampe de surhaussement
超高值 valeur de dévers(surélévation)
超过 dépassement
超过设计轮廓线的挖方工程 travaux hors-profil
超厚 surépaisseur
超静定结构计算 calcul de construction hyperstatique
超静定弯矩 moment hyperstatique
超宽 surlargeur
超宽极限 limite de surlargeur
超量混凝土浇筑 surbétonnage

超期 dépassement de délai
超前工作面 avancement pilote
超前孔 sondage pilote;sondage préalable
超前锚杆 boulonnage de front de taille
超前探孔 pilote-trou
超前支护 soutènement préalable;support en avance
超深度 surprofondeur
超声波 ultra-son
超声波测量 mesure ultrasonique
超声波定位 écholocation
超声波检测 auscultation ultrasonore;contrôle par ultrason;contrôle ultra-sonique;contrôle ultrasonore;détection de criques à ultra-son
超声波检测方式 mode de détection à ultra-sons
超声波检测管 tube d'auscultation
超声波检测仪 détecteur à ultra-sons
超声波检查 vérification par ultra-son
超声波裂缝探伤 détection par la méthode des ultra-sons des fissures
超声波探测 sondage par ultra-son;sondage ultrasonique
超声波探测器 sondeur à ultra-son
超声波探伤 détection ultra-sonique des défauts
超声波探伤法 sondage ultrasonoscopique
超声波探伤仪 détecteur de criques à ultrasons;détecteur de défaut à ultra-son;détecteur de défaut ultra-soniques;détecteur ultra-sonique
超声波污染 pollution des ultra-sons
超声探测法 sondage supersonique
超声探测仪 auscultateur
超声无损检测 contrôle non destructif par ultrasons
超速 survitesse
超速挡 vitesse surmultipliée
超速现象 phénomène de survitesse
超挖 excédent d'excavation;surexcavation
超稳定乳化液 émulsion sur-stabilisée
超细磨水泥 ciment superfin
超限货物装载限界 gabarit de chargement de surdimension
超限界货物 marchandise au-dessus de gabarit
超压 surpression
超压控制标准 critère de contrôle de surpression
超音速 vitesse supersonique

超越限界　dépassement de gabarit
超载　surcharge
超载处理　traitement de surcharge
超载极限　limite de surcharge
超载系数　facteur de surcharge
超载压力　pression de surcharge
超载重试验
　　épreuve(essai, test) de surcharge
超重　poids en excédent; surcharge
超重型载重汽车　camion extra-lourd
超轴　surcharge d'essieu
超轴列车　train de surcharge d'essieu
朝内开　ouverture vers l'intérieure
朝外开　ouverture vers l'extérieure
潮湿区　région(zone) humide
潮湿土　sol humide
潮湿性气候　climat humide
潮位标尺　échelle des marées
潮汐　marée
潮汐发电厂　centrale marémotrice
潮汐作用　effet de marée

che

车帮高度　hauteur du bord de wagon
车场　chantier de matériels roulants;
　　chantier des wagons
车场分工　division de travail entre les
　　chantiers de matériels roulants
车场线　voie de chantier des wagons; voie de
　　chantier du matériel roulant
车场线宽度
　　largeur de voie de chantier des wagons
车场照明　éclairage de chantier des wagons
车次　numéro de train
车次表示　indication de numéro de train
车次出发显示牌　tableau de départs des trains
车次到达显示牌
　　tableau des arrivées des trains
车次显示牌　tableau indicateur de train
车挡　butoir
车道　ligne; voie de circulation; voie
车道表示器　indicateur des voies
车道车流　flux de voie
车道反光导标　délinéateur
车道分布　distribution de voies
车道分隔护栏　barrière de ligne
车道荷载　charge de voie
车道控制　contrôle de voie
车道宽度　largeur de voie

车道线　ligne de trafic
车道选择　choix de voie
车道指示器
　　indicateur de voie de circulation
车底安装　montage au-dessous du wagon
车底管路系统
　　tuyauterie générale de châssis
车底架安装　montage de châssis
车底架识别码
　　code d'identification de châssis
车底架中心距　entraxe de châssis
车底架纵梁　brancard de châssis
车底类型　type et modèle de wagon
车底配置不整合
　　discordance de rames de wagons
车底数量　nombre de wagons de voyageurs
车—地联系　communication sol-train
车—地信息
　　informations sol-train; message de sol-train
车—地信息传输
　　transmission des informations sol-train
车顶　toit de voiture
车顶电缆槽　caniveau des câbles de pavillon
车顶电流隔离器　sectionneur de toiture
车顶扶手　poignée de toit
车顶护栏　garde-corps de toit
车顶开启式棚车　wagon à toit ouvrant
车顶内衬　doublure de toit de wagon
车顶通风机　ventilateur de plafond
车顶通风器　aérateur de toiture
车顶装货口
　　trappe de chargement au toit de véhicule
车顶装货口活门
　　trappe de chargement au toit de véhicule
车顶走板　passerelle de toit de véhicule
车顶作业　travail en toit
车队　file de véhicules
车钩　attelage de véhicule; attelage
车钩超高
　　surhaussement de l'attelage au-dessus de rail
车钩分解　dételage
车钩复原装置　dispositif de rappel d'attelage
车钩高度　hauteur d'attelage
车钩高度测量　mesure de hauteur d'attelage
车钩高度要求
　　critère(exigence) de hauteur de l'attelage
车钩构造　structure d'attelage
车钩后从板座
　　logement de plaque arrière de l'attelage

车钩缓冲器　amortisseur de choc de
　l'attelage;tampon d'attelage;tampon de
　choc d'attelage;tampon
车钩缓冲装置　organe de tamponnement
车钩间隙　jeu d'attelage
车钩紧固螺杆　tendeur d'attelage
车钩紧固器
　raidisseur d'attelage;tendeur de coupleur
车钩开启方式　mode d'ouverture d'attelage
车钩类型　type d'attelage
车钩连挂　accouplement de l'attelage
车钩连接　accouplement d'attelage
车钩连接方式
　mode de connexion de l'attelage
车钩连接轮廓
　contour d'accouplement de l'attelage
车钩连接器　raccord d'attelage
车钩连接线
　ligne d'accouplement de l'attelage
车钩极限负载　charge limite de l'attelage
车钩轮廓　contour de l'attelage
车钩螺杆紧固度
　raideur de tendeur d'attelage
车钩气动控制
　contrôle pneumatique de l'attelage
车钩牵引力　effort de traction d'attelage
车钩牵引梁　longrine d'attelage
车钩牵引梁厚度
　épaisseur de longrine d'attelage
车钩牵引梁弯沉
　déflexion de longrine d'attelage
车钩牵引梁翼缘
　membrure de longrine d'attelage
车钩前从板座
　logement de plaque avant de l'attelage
车钩设计　étude de l'attelage
车钩提杆把手　poignée de levier d'attelage;
　poignée de tige de libération de l'attelage
车钩托架　support d'attelage
车钩托梁
　poutre de support du corps d'attelage
车钩脱挂
　décomposition de tampon d'attelage
车钩位置　position d'attelage
车钩箱　boîte d'attelage
车钩销　cheville d'attelage
车钩形状　forme d'attelage
车钩中心线高度
　hauteur de l'axe de l'attelage

车钩装置　appareil(dispositif) d'attelage
车号　numéro de wagon
车号识别　identification de numéro de train
车祸　accident automobile
车架　châssis
车架变形　déformation de châssis
车架弹簧　ressort de caisse
车架底梁负荷　charge de longrine de châssis
车架底座　embase de châssis
车架端部　about de châssis
车架构件　membre de châssis
车架焊接　soudage de châssis
车架荷载　charge de châssis
车架托板　plateau de châssis
车架长度　longueur de châssis
车间　atelier
车间轻型桥式起重机　pont léger d'atelier
车检所　poste de réparation de voitures
车节　unité de wagon
车距　espacement des véhicules
车库　garage
车辆
　véhicule;voiture;wagon;matériel roulant
车辆1位端　extrémité《B》de wagon
车辆2-3级维护　maintenance de niveau 2-3
车辆2位端　extrémité《A》de wagon
车辆4-5级维护　maintenance de niveau 4-5
车辆安全技术要求
　exigence technique de sécurité des véhicules
车辆安全性　sécurité de wagon
车辆安装　montage de wagon
车辆摆动　balancement de wagon;
　oscillation de véhicule
车辆半圆形筒仓　berceau de wagon
车辆保养　entretien des wagons
车辆保有量
　parc de wagons;disponibilité de wagon
车辆保有量调查
　enquête de disponibilité de wagons
车辆比容系数
　coefficient de capacité spécifique de wagon
车辆边缘　bord de wagon
车辆编挂顺序　ordre de numérotage et
　d'attelage des wagons
车辆编号
　numérotation(numérotage) de wagon
车辆编码　codage de wagon
车辆编组
　composition des wagons;triage de wagons

车辆编组排列
　　rangement et triage des wagons
车辆编组区　zone(gare)de triage des wagons
车辆变化特征
　　caractéristique variable de wagon
车辆变形　déformation de wagon
车辆标记　marque de wagon
车辆标准　critère de wagon
车辆表　tableau de wagons
车辆不同类型　diversité des types de wagons
车辆参数　paramètres de wagon
车辆侧栏　ridelle de wagon;ridelle
车辆测试　test de wagon
车辆场　parc de wagons
车辆超载　surcharge de véhicule
车辆车钩圆盘连接器　tampon de wagon
车辆车号自动识别系统
　　système d'identification automatique des numéros de wagons
车辆车皮自重　tare de wagon
车辆车型　modèle de wagon
车辆车种代码　code de la sorte de wagon
车辆称重系统　système de pesage de wagons
车辆尺寸　dimension de wagon
车辆尺寸参数
　　paramètre de dimension de wagon
车辆尺寸设计　étude de dimension de wagon
车辆冲击　choc de wagon
车辆冲洗　rinçage de wagon
车辆重新连挂　réattelage des wagons
车辆储备　réserve de wagons
车辆垂向尺寸　dimension verticale de wagon
车辆存在监测器
　　contrôleur de la présence des wagons
车辆打标记　marquage sur wagon
车辆大修　maintenance de niveau 4-5
车辆大修程序
　　procédure de révision de wagon
车辆代码　code de wagon
车辆单元　unité de wagon
车辆底部卸货口
　　trappe de déchargement au fond de véhicule
车辆底部卸货口活门　porte de trappe de déchargement au fond de véhicule
车辆底架　châssis de wagon
车辆底架高度　hauteur du châssis de wagon
车辆地磅　pont-bascule de wagons(voitures)
车辆地面板高度
　　hauteur du plancher de wagon
车辆颠簸　soubresaut
车辆调拨　affectation de wagons
车辆调度
　　régulation de voitures;régulation de wagons
车辆调度和信息化跟踪设备　équipement de régulation et de suivi informatisé des trains
车辆调度所
　　poste de commandement de véhicules(PCV)
车辆调配　commandement de distribution des voitures(wagons)
车辆顶棚　toit de wagon
车辆定距　dimensionnement de wagon
车辆定距参数
　　paramètre de dimensionnement de wagon
车辆定位标记
　　marque de positionnement de wagon
车辆动力性能评定　évaluation de performance dynamique de véhicule
车辆动平衡试验
　　essai de l'équilibre dynamique de véhicule
车辆端梯　échelle d'extrémité de wagon
车辆端头　extrémité de wagon
车辆段
　　dépôt de matériels roulants;dépôt des wagons
车辆段出入线
　　ligne d'approche au dépôt des wagons
车辆段道岔所
　　poste d'aiguillage du dépôt des wagons
车辆段机修坑　fosse de réparation du dépôt
车辆段机修坑清理
　　purge de fosse de réparation du dépôt
车辆段设备　équipement du dépôt des wagons
车辆对角线　diagonale de wagon
车辆方位　position de wagon
车辆防溜
　　protection contre le glissement de wagon
车辆防撞装置
　　dispositif de tampon contre choc de wagon
车辆放溜　lancement de wagon
车辆分离　séparation des wagons
车辆分离距离
　　distance de séparation des wagons
车辆分配　assignation des wagons; attribution des wagons
车辆扶手
　　main courante de wagon;poignée de véhicule
车辆扶梯　échelle de véhicule
车辆辅助驾驶系统
　　DAS(Driver Assistance System)

车辆高度　hauteur de wagon
车辆工艺　technologie de véhicule
车辆公里　kilomètre-véhicule
车辆供应　approvisionnement de wagon;
　fourniture de matériel roulant
车辆供应商　fournisseur des matériels
　roulants; fournisseur des wagons
车辆构架　carcasse de wagon
车辆构件　composants de wagon; membre
　de wagon
车辆构造　structure de wagon
车辆固定特征　caractéristique fixe de wagon
车辆故障　panne de wagon
车辆挂钩
　attelage de wagon(matériel roulant)
车辆惯性力
　force de masse de wagon(matériel roulant)
车辆荷载　charge de wagon
车辆荷载检查
　vérification de charge de wagon
车辆横向摆动
　balancement transversal de wagon
车辆横向尺寸
　dimension transversale de wagon
车辆汇聚区段
　section de convergence de wagon
车辆货物固定
　fixation de marchandises sur le wagon
车辆极限负载
　charge limite de wagon(voiture)
车辆积压　accumulation de wagons
车辆基地　base des wagons
车辆技术参数　paramètre technique de wagon
车辆加速器　accélérateur de wagon
车辆价格
　prix de wagon(voiture, matériel roulant)
车辆驾驶
　conduite de wagon(voiture, matériel roulant)
车辆检测器　détecteur de wagon
　(voiture, matériel roulant)
车辆检查　inspection de wagon(voiture,
　matériel roulant); visite de wagon (voiture,
　matériel roulant)
车辆检修　révision de wagon
车辆检修车间　atelier de révision de wagon
车辆检修设备
　équipement de révision des wagons
车辆减速　ralentissement de vitesse de wagon
　(voiture, matériel roulant)

车辆减速器　ralentisseur(réducteur) de wagon
　(voiture, matériel roulant)
车辆交付日期　date de livraison de wagon
车辆交汇试验
　essai(test) de rencontre des deux trains
车辆交接
　livraison des wagons; transition des wagons
车辆交织距离　distance entremêlée
车辆铰接　articulation des voitures(wagons)
车辆脚蹬　marchepied de wagon
车辆接口尺寸
　dimension de l'interface de wagon
车辆结构　structure de wagon
车辆结构强度
　résistance de structure de wagon
车辆结构要求　exigence structurelle de wagon
车辆解钩　débranchement des wagons
车辆解列　séparation de rame de wagons
车辆科　division de wagons
车辆可拆卸配件
　accessoires amovibles de wagon
车辆控制　contrôle de véhicule
车辆跨局区段
　section d'interpénétration administrative
车辆宽度　largeur de wagon
车辆类型
　type de matériel roulant; type de voiture
车辆类型比较
　comparaison des types des wagons
车辆连挂长度
　longueur d'accouplement de wagons
车辆连接
　couplage des wagons; liaison des wagons
车辆列表　listing des wagons
车辆溜放限制
　restriction de lancement des wagons
车辆溜逸　glissement de wagon
车辆轮廓　contour de matériel roulant;
　délinéament de wagon
车辆轮廓尺寸　contour de wagon
车辆落成　achèvement de véhicule(wagon)
车辆目测检查　examen visuel de wagon
车辆目录　liste des wagons
车辆年度大修
　réparation annuelle des wagons
车辆配件　accessoires de matériel roulant;
　accessoires de véhicule
车辆配属数量
　nombre d'affectation des wagons

C

车辆配置　affectation(répartition) des wagons
车辆配置调度　régulation de wagons alloués
车辆篷布　bâche de wagon
车辆千斤顶　cric de wagon(voiture, matériel roulant); lève-roues
车辆牵引方式　mode de traction de de wagon (voiture, matériel roulant)
车辆牵引杆　barre d'accouplement(attelage)
车辆强度分析　analyse de résistance de wagon
车辆强度设计　conception de résistance de wagon
车辆强度试验　essai de résistance de wagon
车辆容积　volume de wagon
车辆柔度系数　coefficient de flexibilité de wagon
车辆入口　accès de de wagon(voiture, matériel roulant)
车辆上部结构　superstructure de wagon
车辆上部限界　gabarit supérieur de wagon
车辆设备　équipement de matériel roulant(wagon)
车辆设计　étude de wagon
车辆设计规范　spécifications d'étude de wagon
车辆识别　identification des wagons
车辆识别号　numéro d'identification de wagon
车辆识别码　code d'identification des wagons
车辆使用　utilisation de wagon
车辆使用周期限度　limite de cycle d'utilisation de wagon
车辆数量　nombre des wagons
车辆数量汇总　récapitulation de quantité des wagons
车辆速度　vitesse de véhicule
车辆损坏　destruction de wagon
车辆所有权　propriété de matériel roulant(wagon)
车辆替换　échange de wagon
车辆停放　stationnement des wagons
车辆通过曲线的能力　aptitude de passage du train en courbe
车辆通过限界　gabarit de passage des voitures(wagons)
车辆通行　circulation de voitures(wagons)
车辆通行限界　gabarit de passage des voitures(wagons)
车辆涂装　mise en peinture des wagons

车辆涂装标准　norme de peinture des wagons
车辆推力　poussée de wagons
车辆脱钩　désaccouplement(détélage) des wagons
车辆外侧　flanc de wagon
车辆外观　aspect de wagon
车辆外廓尺寸　gabarit de voiture; gabarit de wagon
车辆维护计划　plan d'entretien de matériel roulant(wagon)
车辆维护完毕　terminaison d'entretien de wagon
车辆维护站　site de maintenance des matériels roulants(SMR)
车辆维修　maintenance(réparation) de wagon
车辆维修车间　atelier d'entretien des wagons
车辆维修规程　règlement relatif à la révision des wagons
车辆维修任务　tâche de maintenance de wagon
车辆维修设备　matériel de réparation des wagons
车辆维修中心　centre de maintenance des matériels roulants(wagons)
车辆尾部　queue de wagon
车辆尾列　queue de rame
车辆位置　position de voitures(wagons)
车辆系列　série des wagons
车辆系统振动　vibration systématique des wagons
车辆下部结构　substructure de wagon
车辆下部限界　gabarit inférieur de wagon
车辆限界　gabarit de matériel roulant(wagons)
车辆限制　restriction de véhicule
车辆卸载　déchargement de wagon
车辆信息　informations de wagons
车辆行驶　roulage de voiture(roulement de wagon)
车辆形状　forme de wagon
车辆性能参数　paramètre de performance de wagon
车辆修理厂　garage de véhicule; usine de réparation des wagons; usine de réparation des matériels roulants
车辆压实路面　compression exercée par la circulation
车辆验收　réception des wagons
车辆养护　maintenance de wagon

车辆1级维护　maintenance de niveau 1
车辆拥挤　embouteillage des véhicules
车辆有害冲击
　　attaque destructive de véhicule
车辆与机车之间联系
　　intercommunication à bord
车辆预定尺寸
　　pré-dimensionnement de wagon
车辆运行
　　fonctionnement des matériels roulants
车辆运营　exploitation des matériels roulants；
　　opération des wagons
车辆荷载　charge de wagon
车辆载重量　capacité de véhicule
车辆噪声　bruit de véhicules
车辆振动　vibration des wagons
车辆振动试验台
　　banc d'essai pour vibration de wagon
车辆制动率
　　coefficient de freinage de véhicule
车辆制动器　frein de wagon
车辆制造　fabrication de wagon
车辆制造标准
　　critère de fabrication de wagon
车辆制造工艺
　　technologie de fabrication de wagon
车辆制造公差
　　tolérance de fabrication de wagon
车辆制造阶段
　　période de fabrication des véhicules
车辆制造轮廓线
　　ligne de contour de fabrication de wagon
车辆中心线　axe de wagon
车辆中修　maintenance de niveau 2-3
车辆种类　sorte des wagons
车辆周转　rotation des wagons；roulement des
　　matériels roulants(wagons)
车辆周转率　taux de rotation des maté
　　riels roulants(wagons)
车辆周转时间　temps de roulement
　　des matériels roulants(wagons)
车辆轴承　roulement de wagon
车辆轴承润滑脂
　　graisse de roulement de wagon
车辆注册　inscription des wagons
车辆转向架　bogie de wagon
车辆状态　état de wagon
车辆状态检查
　　vérification de l'état du wagon
车辆状态检修
　　révision de l'état de voiture(wagons)
车辆资料　document des wagons
车辆自动识别
　　identification automatique des wagons
车辆自由组合　combinaison libre des wagons
车辆自重　poids mort de wagon
车辆自重系数
　　coefficient de poids propre de wagon
车辆总体设计　étude d'ensemble de wagon
车辆纵梁　longrine de wagon
车辆纵梁翼缘
　　membrure de longrine de wagon
车辆阻塞线路
　　encombrement des wagons sur la voie
车辆组装　assemblage de wagons
车辆组装流水线
　　chaîne d'assemblage des wagons
车列　rame；rame des wagons
车列单元　unité de rame
车列入库　remisage des rames
车流　circulation de trafic；flux de trafic
车流汇合　jonction de trafic
车流交汇冲突区　aire de conflit
车流经路　itinéraire de flux de trafic
车流量
　　flux de véhicules；volume de véhicules
车流量变化
　　changement(variation) du flux de trafic
车流量控制　contrôle de circulation(flux)
车流量数据　données de trafic
车流量统计　statistique de trafic
车流密度　densité d'occupation de voie；
　　intensité de circulation des trains
车流调整　ajustement de flux de trafic
车流调整措施
　　mesures d'ajustement de flux de trafic
车流调整计划
　　plan d'ajustement de flux de trafic
车流推算制度
　　système de calcul de flux de trafic
车流预测　prévision de flux de trafic
车流转移　transfert de flux de trafic
车轮　roue
车轮半径　rayon de roue
车轮变形　déformation de roue
车轮参数　paramètre de roue
车轮参数记录仪　enregistreur des paramètres
　　de rodage des roues

车轮拆卸 démontage de roue
车轮拆卸设备 dispositif de démontage des roues
车轮传动杆 bielle de roue
车轮传感器 capteur de roue
车轮打滑 patinage de roue
车轮挡泥板 garde-boue; pare-boue
车轮定距 entraxe des pivots de bogies
车轮对轨接头冲击 attaque de roue contre le bout de rail
车轮负荷 charge sur roues
车轮刚度 rigidité de roue
车轮固定轴距 empattement fixe de roues
车轮滑动 glissement(dérapage) de roue
车轮检查 contrôle(visite) de roues
车轮裂缝 fente(fissure) de roue
车轮裂缝鉴定 expertise de fissure de roue
车轮轮箍 bandage de roue
车轮轮心 centre de roue
车轮磨耗 usure de roue
车轮扭曲 voilure de roue
车轮偏心 excentrage de roue
车轮平均磨耗 usure moyenne de roue
车轮寿命 vie de roue
车轮损坏 destruction(dommage) de roue
车轮踏面 face(surface) de roulement de roue
车轮踏面擦伤 rayure de surface de roulement de roue
车轮探伤 auscultation(détection) des défauts de roues
车轮体 corps de roue
车轮调整 réglage de roue
车轮跳动 voilage de roue
车轮修理 réparation de roue
车轮旋床 tour en fosse de roue
车轮压劈 rupture de roue
车轮直径 diamètre de roue
车轮转弯半径 rayon de braquage de roue
车轮转向阻力 résistance au braquage de roue
车门 portière
车门销 pivot de portière
车棚 abri pour voiture
车皮需求 demande de wagons
车皮运输 wagonnage
车皮自重 tare
车票价目表 table de tarifs des billets
车票预订 réservation de billet
车漆 peinture de véhicule
车上控制 commande(contrôle) à bord
车上控制功能 fonction de commande à bord
车上控制设备 équipement de commande à bord
车上设备 dispositif à bord
车速/流量比 ratio de vitesse/volume
车体 caisse; caisse de véhicule(voiture); carrosserie; corps de voiture
车体1位端 extrémité《B》de la caisse
车体2位端 extrémité《A》de la caisse
车体安装 montage de caisse
车体把手高度 hauteur de poignée de caisse
车体材料 matériaux de caisse
车体侧梁 longrine de caisse
车体侧梁弯沉 déflexion de longrine de caisse
车体侧梁弯曲 flambement de longrine de caisse
车体侧梁翼缘 membrure de longrine de caisse
车体长度 longueur de caisse
车体长度变化 variation de longueur de caisse
车体尺寸 dimension de caisse
车体底架 châssis de caisse(carrosserie)
车体底架尺寸 dimension de châssis
车体扶手 main courante de caisse; poignée de caisse
车体刚度 rigidité de caisse(carrosserie)
车体刚度试验 essai de rigidité de caisse
车体高度 hauteur de caisse
车体构架 carcasse de caisse(carrosserie); ossature de caisse
车体构件 composants(membres) de caisse
车体横向摆动 roulis de caisse de véhicule
车体脚蹬 marchepied de caisse
车体结构 structure de caisse(carrosserie)
车体静强度试验 essai de résistance statique de caisse
车体宽度 largeur de caisse de wagon
车体宽度要求 exigence de largeur de caisse
车体轮廓 contour de caisse; contour de carrosserie
车体配件 accessoires de caisse
车体设计 conception(étude) de caisse
车体识别码 code d'identification de caisses
车体损坏 destruction de caisse
车体外观 aspect de carrosserie
车体外廓尺寸 gabarit de caisse
车体整形 reprofilage de caisse
车体整修段 dépôt de réparation des caisses
车体质量 masse de carrosserie

车头　motrice; tête de train, locomotive
车尾红色反光器　catadioptre rouge en arrière
车务段　division de matériels roulants
车限　gabarit ferroviaire
车厢　compartiment; wagon
车厢保洁　nettoyage à l'intérieur de compartiment
车厢标识　identification de voiture
车厢(车次)标识牌　plaque d'identification de wagons (numéro de train)
车厢表面清洁度　propreté superficielle de compartiment (wagon)
车厢采暖连接管　accouplement de chauffage
车厢侧走道　couloir latéral de compartiment
车厢地板　plancher de voiture
车厢端头　extrémité de compartiment
车厢分离　séparation de voitures
车厢供水连接管　accouplement d'eau alimentaire
车厢横梁　traverse de caisse
车厢横梁高度　hauteur de traverse de caisse
车厢脊梁　longrine de faîtage
车厢结构　structure de voiture
车厢类型　type de compartiment
车厢连挂　accouplement de wagons
车厢连接　liaison de compartiments
车厢连接处折棚　accordéon (soufflet) de wagons
车厢门　porte de compartiment
车厢内状态监视　surveillance à l'intérieur de compartiment
车厢倾翻角度　angle de basculement de wagon
车厢外形　contour de compartiment
车厢卫生间粪水收集器　récipient de toilette de wagon
车厢小桌板　tablette de voiture
车厢照明　éclairage de compartiment
车厢折叠式座椅　strapontin de compartiment
车厢折棚连接　liaison en accordéon de l'extrémité des wagons
车厢指示灯　lampe de compartiment
车厢中心距　entraxe de caisse
车厢走道　couloir de compartiment
车厢组列　composition de rame de wagons
车厢座位　place de compartiment
车厢座椅　siège de compartiment
车辕　brancard

车载部件　accessoires à bord; accessoires embarqués
车载测量技术　technique de mesure à bord du train
车载单元　unité à bord; unité embarquée
车载电话　téléphone à bord du train; téléphone embarqué
车载电台　radiostation sur locomotive
车载定位　positionnement à bord du train
车载定位检测系统　système de détection de positionnement à bord du train
车载短波通信　communication d'ondes courtes à bord
车载发电机　génératrice à bord; génératrice embarquée
车载计算机　ordinateur à bord du train
车载列车控制系统　système à bord de ETCS; système embarqué de ETCS
车载欧洲列车控制系统　ETCS embarqués
车载软件　logiciel embarqué
车载设备　dispositif à bord; équipement à bord (embarqué)
车载设备安装　montage des équipements à bord
车载铁路通信无线电台　radio embarqué GSM-R
车载微波中继通信　communication relayée de micro-onde à bord
车载应答器　répondeur (transpondeur) à bord du train
车载自动保护装置　dispositif de protection automatique embarqué
车站　gare
车站保洁　nettoyage à l'intérieur de gare
车站编号　numérotage de gares
车站编码　codage des gares
车站布置　disposition de gares
车站出口　sortie de la gare
车站大钟　horloge de gare
车站代码　code de gare
车站到发线布置　disposition de voies d'arrivée et de départ de gare; disposition de voies de réception et de départ de gare
车站范围　étendue de gare
车站分布　distribution des gares
车站分类　classification de gares
车站改建　reconstruction de gare
车站告示牌　panneau d'annonce de la gare
车站股道布置　disposition de voies de gare

车站股道分区　sectionnement des voies de gare
车站管理　gestion de gare
车站广播　radiodiffusion de la gare
车站广播室　salle de radiodiffusion de la gare
车站广场　place de la gare
车站规模　envergure de gare
车站和站房布置　disposition de gares et bâtiments
车站级控制　contrôle au niveau de gare
车站技术间　local technique de gare
车站间距　espacement des gares
车站间相互距离　inter-distance des gares
车站接车警铃　sonnerie de réception du train en gare
车站控制　commande par la gare
车站控制方式　mode de commande par la gare
车站控制台　console de commande de gare
车站扩建项目　projet d'agrandissement de gare
车站列表　listing des gares
车站旅客大楼　bâtiment des voyageurs
车站密度　densité de gares
车站模型　maquette(modèle)de gare
车站目录　liste de gares
车站平面图　plan de la gare
车站入口　entrée de la gare
车站设备　équipement de gare
车站设计　conception de gare; étude de gare
车站设施　installations de gare
车站数量　nombre de gares
车站天桥　passerelle de gare
车站停靠时间　temps d'arrêt à la gare
车站通过能力　capacité de passage à la gare
车站外观　aspect de gare
车站维护　maintenance de gare
车站位置　emplacement(position)de gare
车站位置校正　correction de position de gare
车站系统　système de gare
车站线路　itinéraire de gare
车站信号　signal de gare
车站站区面积　superficie d'emprise de gare
车站站台顶棚　couverture(toiture)de station(gare)
车站照明　éclairage de gare
车站整洁度　propreté de la gare
车站整治　aménagement de gare
车站值班室　permanence de gare

车长电台　radiostation du chef de train
车长与调度员之间的联系　communication entre le chef du train et le régulateur
车辙　ornière
车辙深度　profondeur d'ornière
车辙试验　essai(test)d'orniérage
车种类型　sorte de wagons
车轴　essieu; axe d'essieu
车轴安装　montage des essieux
车轴部件　composants d'essieu
车轴拆卸　démontage de l'essieu
车轴拆卸设备　dispositif de démontage d'essieu-monté
车轴齿轮箱　boîte d'engrenage d'essieu
车轴传感器　capteur des essieux
车轴断裂　rupture d'essieu
车轴发电机　génératrice d'essieux
车轴发电机控制箱　boîte de contrôle de génératrice d'essieux
车轴轨道衡　balance d'essieux
车轴检查　visite d'essieu
车轴减振器　amortisseur d'essieux
车轴距　écartement des essieux
车轴数　nombre d'essieux
车轴统计表　tableau statistique d'essieux
车轴维修　maintenance des essieux
车轴悬架减振器　tampon de suspension de l'essieu
车轴中心距　entraxe des essieux
撤场　repli; repliement
撤场后场地复原　remise en état de site après repliement
撤除放溜　enlèvement de l'anti-roulement
撤除铁鞋　enlèvement de sabot
撤除止轮器　enlèvement de butoir de roue
撤回通知　notification de retrait
撤回文件　document retiré
撤退　repliement
撤销　mainlevée
撤销登记　enregistrement d'annulation

chen

尘积物　sédiment de poussière
尘土　poussière
尘土取样　prélèvement de poussière
尘土污染　pollution de poussière
沉淀　décantation
沉淀测量　mesure de décantation

| 沉淀池 | bassin de décantation(précipitation, sédimentation); réservoir de clarification (décantation)
| 沉淀汇集槽 | collecteur de dépôt
| 沉淀区 | zone de décantation
| 沉淀曲线 | courbe(courbure)de décantation
| 沉淀时间 | durée de décantation
| 沉淀试验 | essai(test)de sédimentation
| 沉淀室 | chambre de décantation
| 沉淀速度 | vitesse de décantage(dépôt, sédimentation, décantation)
| 沉淀值 | indice de précipitation (sédimentation, décantation)
| 沉管隧道 | tunnel immergé
| 沉积 | sédiment; sédimentation
| 沉积层 | dépôt(terrain)sédimentaire
| 沉积地层 | strate
| 沉积法 | méthode de sédimentation
| 沉积覆盖层 | manteau sédimentaire
| 沉积角砾岩 | brèche sédimentaire
| 沉积面 | surface de déposition
| 沉积黏土 | argile sédimentaire
| 沉积凝灰岩 | tuf sédimentaire
| 沉积盆地 | bassin de sédimentation
| 沉积区 | région(zone)d'accumulation
| 沉积砂 | sable sédimentaire
| 沉积物 | sédiment
| 沉积岩 | roche de précipitation; roche sédimentaire(stratifiée)
| 沉积岩层 | assiette sédimentaire
| 沉积作用 | action déposante
| 沉架 | soutènement descendant
| 沉降 | tassement
| 沉降参数 | paramètre de tassement
| 沉降测量 | mesure de tassement
| 沉降处理 | traitement de tassement
| 沉降地区 | zone de dépression
| 沉降点 | point de tassement
| 沉降点标记 | marque de point de tassement
| 沉降分析 | analyse de tassement
| 沉降风险 | risque de tassement
| 沉降缝 | joint de tassement
| 沉降观测 | observation de tassement
| 沉降观测点 | point d'observation de tassement
| 沉降基准点 | point de repère de tassement
| 沉降计算 | calcul de tassement
| 沉降加速 | progression de tassement
| 沉降减缓 | abaissement de tassement
| 沉降裂缝 | fente d'affaissement
| 沉降率 | ratio de tassement; taux de tassement
| 沉降面积 | aire d'affaissement
| 沉降平台 | plateforme de tassement
| 沉降期 | période de tassement
| 沉降区域 | aire d'affaissement
| 沉降曲线 | courbe d'enfoncement; courbure de tassement
| 沉降速度 | vitesse de tassement
| 沉降随时间渐止曲线图 | diagramme de tassement en fonction du temps
| 沉降作用 | action de tassement
| 沉井 | puits à coulisse; puits enfoncé
| 沉井法 | méthode de fonçage de puits
| 沉井基础 | fondation en puits; fondation par fonçage de puits
| 沉沙池 | bassin de dessablement
| 沉陷 | fonçage; subsidence
| 沉陷标点 | repère pour mesure de tassement
| 沉陷场地 | terrain écroulé; zone de subsidence
| 沉陷地带 | zone de tassement
| 沉陷轨枕 | traverse enfoncée
| 沉陷湖 | lac de doline
| 沉陷系数 | coefficient(facteur)de tassement
| 沉箱 | caisson; caisson immergé
| 沉箱墩 | pile en caisson; pieu Franki
| 沉箱法 | méthode de caisson
| 沉箱基础 | fondation en caisson(fonçage)
| 沉箱围井 | haussoir
| 沉箱下沉 | fonçage(tassement)de caisson
| 沉箱下水 | lancement de caisson
| 沉箱桩 | pieu en caisson
| 沉箱座 | socle en caisson
| 沉桩 | enfoncement(fonçage, pénétration)de pieu; fonçage de pilotis; pieu enfoncé
| 沉桩检测 | auscultation de pieux enfoncés
| 沉桩摩擦 | frottement de pieu enfoncé
| 陈述 | exposé
| 衬垫 | rondelle de calage
| 衬管 | chemise
| 衬架 | cintre
| 衬里 | revêtement
| 衬片 | garniture
| 衬砌材料 | matériaux de revêtement
| 衬砌处理 | traitement de revêtement
| 衬砌方式 | mode de cintrage; mode de revêtement
| 衬砌厚度 | épaisseur de revêtement
| 衬砌混凝土 | béton de revêtement
| 衬砌机 | machine à revêtir

衬砌机械　engin de pose des revêtements
衬砌裂纹　fissuration de revêtement
衬砌设备　matériel de revêtement
衬砌施工　construction de revêtement
衬砌台车　chariot de doublure
衬砌外拱线　ligne d'extrados de revêtement
衬砌允许误差　tolérance de revêtement
衬砌组　groupe de revêtement
衬套　canon

cheng

称量设备　équipement(matériel) de pesage
称量系统　système de pesage
称重　pesage
称重地磅　bascule de pesage
称重配料法　dosage par pesée
成本　coût de revient;prix de revient
成本比较　comparaison des coûts
成本单价　prix unitaire du coût
成本定额　norme de prix de revient
成本分析　analyse de coûts
成本估计　estimation de prix de revient
成本管理　gestion de prix de revient
成本管理方式
　　mode de gestion de prix de revient
成本计算　calcul de prix de revient
成本加运费　coût et fret(CF)
成本价　prix de revient
成本控制　contrôle des coûts de revient
成本预算　budget des coûts
成堆崩塌物　éboulis
成对板桩　palplanche jumelée
成分　composant
成拱效应　effet de voûte
成拱形　cintrage
成拱作用　effet d'arc
成行铺砌路面　pavage en ligne
成矿岩石　roche minérogène
成列运行　circulation en défilé
成批生产
　　fabrication en série;production de masse
成品　article fini;produit fini
成品件　pièce finie
成品库
　　entrepôt(magasin) des produits finis
成人票　billet d'adulte
成套部件　pièces complètes
成套工具　outillage
成套设备　ensemble d'appareils
成套设备租赁公司
　　société de location des équipements complets
成套制动组件　ensemble de freinage
成套资料　série de données(documents)
成套钻探设备　ensemble de forage
成体系　systématisation
成形　mise en forme
成形面　surface de forme
成形能力　aptitude à la mise en forme;
　　aptitude au formage
成型薄钢板　tôle profilée
成岩构造　structure diagénétique
成岩矿床　dépôt diagénétique
承包工程
　　travaux à forfait;travaux d'entreprise
承包合同　contrat à forfait;contrat forfaitaire
承包价　tarif forfaitaire
承包金额　montant forfaitaire
承包商代表　représentant de l'entrepreneur
承包商地址　adresse de l'entrepreneur
承包商风险　risque de l'entrepreneur
承包商工作内容
　　prestations à réaliser par l'entrepreneur
承包商建议　proposition de l'entrepreneur
承包商名单　liste des entrepreneurs
承包商能力　capacité de l'entrepreneur
承包商破产　faillite de l'entrepreneur
承包商设备
　　équipement de l'entrepreneur
承包商实验室　laboratoire de l'entrepreneur
承包商文件　document de l'entrepreneur
承包商问题回复
　　réponse aux questions de l'entrepreneur
承包商协会　association d'entrepreneurs
承包商行为
　　comportement de l'entrepreneur
承包商选定程序
　　procédure de sélection des entrepreneurs
承包商义务　obligation de l'entrepreneur
承包商责任　responsabilité de l'entrepreneur
承包商住址　domicile de l'entrepreneur
承包商组织机构图
　　organigramme de l'entrepreneur
承包性质　caractère forfaitaire
承包预付款　avance forfaitaire
承包预付款账单
　　situation de l'avance forfaitaire
承包招标　adjudication à forfait
承包者　contracteur;entrepreneur

承保人　assureur
承担　prise en charge
承担工程的体量
　　importance de prestations en volume
承接梁　linsoir
承力索　câble porteur
承力索弛度　flèche de câble porteur
承力索下垂力
　　force de gravité de câble porteur
承诺　engagement
承诺按期完工声明　déclaration
　　d'engagement sur le délai de réalisation
承诺购买保险声明　déclaration
　　d'engagement sur l'acquisition d'assurances
承诺书　acte d'engagement
承诺书格式　modèle d'acte d'engagement
承受界限　seuil d'acceptabilité
承台
　　culée;semelle;semelle fondé sur pieux
承台式土压试验　essai(test)à la table
承托层　couche de soutènement
承窝　crapaudine
承压板　plaque de compression
承压层　couche portante
承压管道　conduite forcée
承压件　pièce de pression
承压面积　surface portante
承压设备　équipement sous pression
承压应力
　　contrainte de charge de pression
承压状态　état sous pression
承运　admission au transport
承载　charge portée
承载板　plaque de charge
承载板试验　essai(test)de charge sur plaque;
　　essai(test)de plaque chargée
承载变形　déformation due à la charge
承载力　portance
承载力变化　fluctuation(variation)de charge
承载力测量　mesure de portance
承载力检查　contrôle de portance
承载力因素　facteur de portance
承载率　taux de charge
承载面　face de chargement;plan de charge
承载能力　capacité de portance
承载试验　épreuve(test)de chargement;
　　essai de charge(portance)
承载试验结果
　　résultat des essais de portance

承载值　valeur de portance
承载指数　indice de portance
承重矮墙　murette d'appui
承重构件　élément porteur
承重结构　charpente portante;construction
　　(structure)portante
承重力　force de portance
承重梁　poutre porteuse
承重轮　roue portante;roue porteuse
承重面　face portante
承重能力　capacité de charge
承重墙　mur chargé;mur porteur
承重墙结构　construction à murs porteurs
承重桥　pont porteur
承重索　câble porteur
承重索链　chaîne porteur
承重轴　essieu porteur
承重转向架　bogie porteur
城际轨道交通　trafic interurbain à rail
城际交通　trafic interurbain
城际快车　express interurbain;voiture
　　rapide interurbaine
城际列车　train interurbain
城际列车站台　quai de train interurbain
城际铁路　chemin de fer interurbain
城郊铁路　ligne ferroviaire interurbaine
城区道路　route urbaine
城区快行线　ligne(voie)rapide urbaine
城区线　ligne urbaine
城市地铁　métro urbain
城市干道　artère urbaine
城市公路　route de ville;route municipale
城市供暖管　conduite de chauffage urbain
城市供水管网　canalisation d'eau de ville
城市规划　plan d'urbanisme;
　　planification urbaine;urbanisme
城市轨道电车　tramway
城市基础设施工程
　　travaux d'infrastructures urbaines
城市间交叉路口治理
　　aménagement de carrefours interurbains
城市(间)交通
　　communication interurbaine
城市间运输　transport interurbain
城市建设　construction urbaine
城市交通控制　contrôle de trafic urbain
城市交通特征　caractéristique de trafic
　　dans les zones urbaines
城市交通阻塞　encombrement urbain

C

城市街道网规划　trame de ville
城市内环线　voie de ceinture intérieure de la ville；ligne périphérique intérieure de la ville
城市热岛效应　effet d'îlot thermique urbain
城市水道　canalisation d'eau de ville
城市外环线　voie de ceinture extérieure de la ville；ligne périphérique extérieure de la ville
城市污染　pollution urbaine
城市下水工程　assainissement urbain
城市整治规划　plan d'aménagement urbain
城市周边人口增长　accroissement des agglomérations périurbaines
乘务服务　service de l'équipage de conduite
乘务交路　itinéraire d'acheminement de l'équipe de conduite
乘务人员　personnel d'équipage de conduite
乘务室　bureau(cabine, salle) de l'équipage
乘务员　agent(personnel) de train
乘务员工作时间　temps de travail des agents de train
乘务员室　compartiment de service
乘务组　équipe de train
乘务组出车准备　préparation de l'équipage de conduite
乘务组定时换乘　changement périodique de l'équipage de conduite
乘务组定向换乘　changement directionnel de l'équipage de conduite
乘务组换乘　transfert de l'équipage de conduite
乘务组交接班　transition de l'équipe de conduite
乘务组交接班清单　liste de transition de l'équipe de conduite
乘务组交替班　alternance de l'équipe de conduite
乘务组配备　affectation de l'équipage de conduite
乘务组人员轮班间隔时间　intervalle de service de l'équipage de conduite
乘务组人员名单　liste du personnel d'équipage de conduite
乘务组人员休息室　salle de repos de l'équipage
程序标准化　normalisation de procédure
程序参数　paramètre de programme
程序管理　gestion de procédure
程序检查　vérification de programme
程序接口　interface de programme
程序控制　commande(contrôle) de programme
程序控制模式　mode de commande à programme
程序控制设备　équipement de commande à programme
程序设计　préparation(étude) de programme
程序选择　sélection de programme
程序优化　optimisation de procédure
程序指令　instruction de programme
程序中断　interruption de procédure
惩罚条款　clause pénale
澄清　clarification；éclaircissement
澄清池　bassin de clarification
澄清水　eau clarifiée
秤桥　pont à bascule

chi

池　cuve；bassin
迟发雷管　amorce(détonateur, fulminant) à retard；amorce d'allumage(détonateur, fulminant) retardé
持久性试验　essai(test) de durée
持水位　niveau de retenue
持续发展　développement durable
持续改善　amélioration continue
持续功率　puissance continue
持续流量　débit d'écoulement pérenne
持续速度　vitesse continue
持续作用　action successive
持有者　titulaire
尺　mètre；règle
尺寸　dimension；taille
尺寸比例　rapport de dimension
尺寸变化　changement dimensionnel；variation de dimension
尺寸标准　critère de dimension
尺寸不足　sous-dimensionnement
尺寸测量　mesure de dimension
尺寸差别　différence de dimension
尺寸单位　unité de dimension
尺寸范围　gamme de dimension
尺寸分类　classement de dimension
尺寸控制　contrôle de dimension
尺寸设计　étude de dimension
尺寸图　plan de dimension
尺寸系数　coefficient de dimension
尺寸要求　exigence de dimension
尺度公差　tolérance de dimension

齿槽连接　assemblage par embrèvement
齿动轮　roue dentée motrice
齿轨　crémaillère à dents；crémaillère
齿轨电力机车
　　locomotive électrique à crémaillère
齿轨铁路　chemin de fer à crémaillère
齿辊式破碎机　broyeur à dents
齿轮　roue dentée
齿轮传动　transmission par engrenages；
　　transmission par roues dentées
齿轮传动系统
　　système de transmission par engrenages
齿轮减速器　réducteur à roue dentée
齿轮离合器　accouplement à dents
齿轮驱动　entraînement par engrenage
齿轮箱　boîte d'engrenage
齿耙　émotteur
齿式松土机　scarificateur à dents
斥力　force répulsive
赤道地区　zone équatoriale
赤道性气候　climat équatorial

chong

冲沟　ravinement
冲击　attaque；choc；impact；répercussion
冲击波　ondes de choc
冲击次数　nombre de chocs
冲击打夯机　dame percutante
冲击电流　courant de choc
冲击电压　tension de choc
冲击电钻　électroforeuse
冲击断裂荷载　charge de rupture au choc
冲击荷载　charge d'impact (choc)
冲击缓和　amortissement de choc
冲击毁坏　destruction par choc
冲击机　foreuse à marteau
冲击角　angle d'attaque (choc)
冲击力　force d'impact (choc, percussion)；
　　puissance de choc
冲击力传输　transmission de force de choc
冲击砾石　gravier d'alluvion
冲击率　taux de percussion
冲击疲劳　fatigue d'impact
冲击频率　cadence de frappe；fréquence de choc (percussion)
冲击破坏　dégradation par choc
冲击强度　résistance à l'impact
冲击砂　sable alluvionnaire
冲击筛　crible à choc
冲击式破碎　concasseur à impact
冲击式破碎机　broyeur à percussion
冲击式压路机　compacteur à percussion
冲击式凿岩机
　　perforateur à percussion；perforateur percutant
冲击式钻杆　mouton de sondage
冲击式钻机　appareil de battage；foreuse (sondeuse) à percussion；foreuse percutante
冲击式钻进　perforation à percussion
冲击式钻井　forage par battage
冲击式钻头　sonde à percussion；sonde au trépan；sonde percutante
冲击试验　épreuve (essai, test) au choc
冲击试验机
　　machine d'essai au choc；mouton-pendule
冲击速度　vitesse de choc
冲击损耗　perte par choc
冲击弹性　élasticité au choc
冲击系数
　　coefficient d'impact (impulsion, choc)
冲击旋转钻孔
　　forage de rotation-percussion
冲击压力　pression de choc
冲击压实　compactage au choc
冲击振动　vibration par choc
冲击值　valeur d'impulsion
冲击指数　indice de choc
冲击钻　foret de percussion；perceuse à percussion；perforatrice percutante
冲击钻机　perforatrice à percussion
冲击钻进　forage à abattage
冲击钻井　forage de percussion
冲击钻探　sondage par battage (choc, percussion)；sondage percutant
冲击钻探机　sondeuse à battage
冲击作用　action (effet) de choc；effet de coup (percussion)
冲击座　bloc (butée, logement) de choc
冲积　alluvionnement
冲积岸　rive alluvionnée
冲积层　alluvion；atterrissement；couche (dépôt) alluvionnaire
冲积层盆地　bassin alluvial
冲积场地　terrain alluvionnaire
冲积沉积　dépôt alluvial
冲积地　atterrissement
冲积河泥　limon alluvial
冲积阶地　terrasse d'alluvion (dépôt)
冲积流域　bassin alluvial

冲积黏土　argile alluviale
冲积平原　plaine alluviale; plaine d'alluvionnement
冲积山谷　vallée alluvionnaire
冲积土　sol alluvial(alluvionnaire); terrain d'alluvion; terre alluviale; terre d'apport
冲力　force d'impulsion
冲泥管渠　canal de fond
冲刷　affouillement
冲刷河谷　vallée fluviale
冲刷深度　profondeur d'affouillement(écurage)
冲刷系数　coefficient d'érosion
冲刷作用　action d'affouillement; effet d'écurage
冲头　perce
冲突　conflit
冲突车流　trafic de conflit
冲突点　point de conflit
冲突区　région de conflit
冲洗　rinçage
冲洗场地　aire de lavage
冲洗管　tube à lavage
冲洗污水管　rinçage de collecteur d'assainissement
冲压车间　atelier d'emboutissage(presse)
冲压钢板桩墙　écran en palplanches en tôle emboutie
冲账　règlement par compensation
冲钻　foret aléseur
冲钻机　marteau perforateur piqueur; marteau perforeur
充电　application de charge; charge de courant
充电状态　régime de charge; état en charge de courant
充气模板　coffrage pneumatique
充填土　terrain de comblement
充压式涡轮机　turbine à impulsion
重拌　regâchage
重叠　chevauchement
重复荷载　charge répétée
重复指令　rappel de l'ordre
重复周期　cycle(période) de répétition
重建　reconstruction; rétablissement
重建道路　voie rétablie
重建工程　travaux de reconstruction
重建位置　emplacement de reconstruction
重建线路　ligne reconstruite
重联机车　locomotive de poussée(renfort)

重联机车牵引方式　mode de traction à multi-locomotive
重联列车　train de locomotives multiples
重铺草皮　regazonnement
重铺轨枕　repose de traverses
重塑性　aptitude au remoulage
重新安置　relogement; repose
重新安置行动计划　plan d'action de réinstallation
重新封闭　reprise de blocage
重新供给　réalimentation
重新估价　réévaluation
重新加速　reprise de vitesse
重新开放　reprise de l'ouverture
重新利用　reprise; réutilisation
重新利用土　terre réutilisable
重新连挂　réattelage
重新连挂后试拉　essai de tirage après réattelage
重新联锁　ré-enclenchement
重新碾压　reprise de compactage
重新铺轨　repose de rails
重新铺砟　repose de ballast
重新释放　reprise de lilbération
重新维护　reprise d'entretien
重新修理　reprise de réparation
重新压实检查　contrôle de recompactage
重新整理　réaménagement
重新种植　replantation
重新装载　rechargement
重组　reconstitution
重组级配　granulométrie reconstituée
重组石料　grave recomposée

chou

抽查　contrôle inopiné
抽查试验　essai(test) facultatif
抽查样品　échantillon au hasard
抽出垫木　tirage de cale en bois
抽出式通风　aérage aspirant; aérage négatif
抽风机　extracteur d'air; extracteur; ventilateur aspirant
抽换枕木　tirage et échange de traverse en bois
抽换枕木作业　manœuvre de tirage et échange de traverse en bois
抽水　pompage d'eau
抽水机　machine à pomper
抽水机械　machine d'épuisement

抽水井　puits d'épuisement
抽水作业　opération de pompage
抽样　échantillonnage;prise au hasard
稠度系数
　　indice(coefficient)de consistance
稠沥青　bitume lourd
筹备费　coût d'organisation
筹备委员会　comité de préparation

chu

出岔　sortie de croisement
出差津贴　indemnité de déplacement
出厂价格　prix de fabrique
出池强度
　　résistance à la sortie de l'étuvage
出洞　sortie de galerie
出发场　champ(faisceau)de départ
出发日期　date de départ
出发时间　heure(temps)de départ
出发显示　indication de départ
出发线　ligne(voie)du départ
出发线出口　sortie de voie du départ
出发站　station de départ
出发站台　quai de départ
出机库线道岔
　　aiguille de sortie du dépôt
出口
　　débouché;exportation;sortie
出口标志　signe de sortie
出口补贴　prime à l'exportation
出口车辆
　　exportation des matériels roulants(wagons)
出口代理　commissionnaire-exportateur
出口代理人　agent d'exportation
出口段　zone de sortie
出口货物　marchandise d'exportation
出口机车　exportation de locomotive
出口警示牌　panneau de sortie
出口控制　contrôle de sortie
出口贸易　commerce d'exportation
出口凭单　bon d'exportation
出口申报　déclaration de l'exportation
出口税　taxe à l'exportation
出口提示路标　jalon d'annonce de sortie
出口限额　quota d'exportation
出口线路　itinéraire de sortie
出口信贷　crédit à l'exportation
出口许可证
　　licence(permis)d'exportation

出口优惠
　　bonification à l'exportation
出库线
　　voie de sortie de remise(rotonde,dépôt)
出库咽喉
　　gorge(goulot)de sortie de hangar du dépôt
出料口　cône de vidange
出模　démoulage
出气孔　évent
出气筒　cheminée d'aérage
出入口　bouche d'accès
出入牌　badge
出生地点　lieu de naissance
出生证　acte de naissance
出生证明　extrait de naissance
出事路段关闭
　　fermeture de tronçon accidenté
出水沉箱　caisson d'échouage
出水洞　barbacane
出水洞施工　réalisation de barbacanes
出水管　buse d'écoulement;gueulard;
　　tube d'écoulement
出水口　buse d'écoulement;
　　déchargeoir;gueulard
出图费　frais de tirage des plans
出线　voie de sortie
出渣　enlèvement des déblais(débris);
　　pelletage de rochers brisés
出渣井　puits d'extraction
出站道岔　aiguille de sortie
出站控制　contrôle de sortie de la gare
出站线　ligne(voie)de sortie de la gare
出站信号(机)　signal de départ
　　(sortie);signal de sortie de la gare
出租设备　équipement(matériel)à louer
初拌　pré-enrobage
初步(简单)设计阶段　étape de APS
初步测量　mesure préliminaire
初步沉降　tassement primaire
初步定位
　　localisation(positionnement)préliminaire
初步方案　avant-plan
初步工序　opération préliminaire
初步工作　travail préliminaire
初步估计　estimation préliminaire
初步计划　plan(planning)préliminaire
初步计算　calcul préliminaire
初步检查　contrôle préliminaire
初步结论　conclusion préliminaire

初步勘查　investigation(enquête) préliminaire
初步勘探　prospection préliminaire(sommaire)
初步评估　évaluation préliminaire
初步设计　avant-projet;conception avancée; conception(étude) d'avant-projet sommaire; conception préliminaire(sommaire);étude préalable(sommaire)
初步设计阶段　étape de conception préliminaire;phase de l'avant-projet
初步设计文件　document d'Avant-projets sommaires(APS);document de l'avant-projet
初步试验　essai(test) préliminaire
初步调查　reconnaissance(recherche, enquête) préliminaire;reconnaissance sommaire
初步调试试验　essai(test) préliminaire de réglage
初步推断　interprétation initiale;déduction initiale
初步预算　budget préliminaire
初步整形　dégrossissage
初次沉淀池　réservoir de clarification primaire;réservoir décanteur primaire
初荷载　charge préliminaire
初加工　dégrossissage
初力矩　moment initial
初凝　endurcissement initial;prise initiale
初期　période initiale
初期养护　entretien initial
初期支护　support primaire
初筛　criblage primaire
初始半径　rayon initial
初始变形　déformation initiale
初始沉降　tassement initial
初始方向　direction initiale
初始负荷　charge initiale
初始加速度　accélération initiale
初始阶段　étape initiale
初始黏度　viscosité initiale
初始设计　étude initiale
初始温度　température initiale
初始压力　pression primaire(primitive)
初始压缩　compression initiale
初始预应力　précontrainte initiale
初始张力　tension initiale
初速度　vitesse initiale
初碎　concassage premier(primaire)
初碎机　débiteuse primaire
初碎机进料斗　trémie d'alimentation de concasseur primaire
初缩　retrait initial
初探阶段　phase d'enquête préliminaire
初压　compactage préliminaire;pression initiale
初应力　contrainte initiale
初轧　pré-concassage
初轧破碎机　débiteuse primaire
初值　valeur initiale
初钻　forage primaire
除冰　élimination de verglas;évacuation de glace
除冰装置　équipement de dégel
除草　arrachement des herbes;désherbage
除尘　dégagement(enlèvement, évacuation) de poussière
除尘筛　crible dépoussiéreur
除尘设备　appareil de dépoussiérage
除尘装置　équipement anti-poussières; organe de dépoussiérage
除灰　époussetage
除磷　élimination de phosphore
除硫　élimination de soufre
除泥　enlèvement des boues
除气　élimination de gaz
除屑　évacuation des débris
除锈　dérouillage
除锈抛光　polissage de rouille
除雪　déneigement;élimination(enlèvement, évacuation) de neige
除雪车　camion chasse-neige
除雪机　engin de chasse-neige
除雪机械　machine de déneigement
除雪设备　matériel de déneigement
除雪拖拉机　tracteur de déneigement
除雪装置　équipement de déneigement
除油　dégraissage
除油池　bassin de déshuilage
雏形　préforme
储备　stock
储备金　fonds de réserve
储存　mise en dépôt;stockage
储存场　aire de stockage
储存场所　local de stockage
储存费　frais de stockage
储存沥青混合料　enrobé stockable
储存能力　capacité de stockage

储存区　zone de stockage
储风缸　réservoir d'air
储罐　réservoir de stockage
储量　réserve
储量增加　accroissement de réserve
储料仓　silo
储料斗　trémie de stockage
储气罐　réservoir à gaz
储砂池　réservoir à sable
储砂塔　silo à sable
储蓄银行　caisse de dépôt;caisse d'épargne
储蓄账户　compte d'épargne
储油罐　réservoir à combustible
处罚　sanction
处理　arrangement;traitement
处理程序　programme de traitement
处理池　bassin de traitement
处理方法
　　procédé de traitement;type de traitement
处理方式　mode de traitement
处理技术
　　technique(technologie) de traitement
处理间　chambre de traitement
处理进度　avancement de traitement
处理设备　équipement(matériel) de traitement
处理中心　centre de traitement
处置费　frais de traitement
触板　frotteur de contact
触点闭合　contact fermé
触发雷管　amorce à percussion;
　　amorce percutante
触轮　roue tactile
触头　contact
触靴　patin de contact

chuan

穿钢绞线　enfilage des câbles
穿孔　forage
穿孔机　perforateur
穿孔试验　essai(test) de perçage
穿山隧道　tunnel de montagne
穿山隧道工程　travaux de tunnel de montagne
穿梭式交通　circulation en navette
穿索机　machine à conduire des torons
穿堂风　courant d'air
穿透力　force de pénétration;force pénétrante
穿线　enfilage
穿销式防爬器　ancrage de rails à
　　chenilles;anticheminant calé
穿越公共道路　traversée de voie publique
穿越线路预留管套施工　réalisation de gaines
　　de réservation pour traversée de voie
传达指令　transmission des instructions
传导干扰　interférence de conduite
传导系数
　　coefficient de conductibilité(transmission)
传动比　rapport(ratio) de transmission
传动杆　bielle
传动速度　vitesse d'entraînement
传动轴　arbre(axe,essieu) d'entraînement;
　　essieu(arbre) de transmission
传动轴连接器
　　accouplement d'arbre de transmission
传动主轴　arbre de couche
传动装置　entraînement
传感器　capteur
传热　passage(transmission) de chaleur;
　　transfert thermique
传热系数　coefficient de transfert thermique
传输　transmission
传输带　bande de transmission;courroie
　　de transport
传输方式　mode de transmission
传输干扰　interférence de transmission
传输继电器　relais de transmission
传输能力　capacité de transmission
传输平台　plateforme de transmission
传输渠道　canal de transmission
传输设备　dispositif(équipement)
　　de transmission
传输速度　vitesse de transmission
传输损耗　perte de transmission
传输网络　réseau de transmission
传输网络测试
　　essai(test) de réseau de transmission
传输系统　système de transmission
传输效率　rendement de transmission
传输中断　interruption de transmission
传输装置
　　dispositif(organe) de transmission
传输阻抗　impédance de transmission
传送带　bande(courroie) de transport;bande
　　porteuse;convoyeur
传送带传送
　　transmission à bande de transport
传统方法掘进　creusement conventionnel
传统集料　agrégat conventionnel
船的吃水线　tirant d'eau de navire

串接 connexion en cascade(en série)
串励电机 moteur à excitation série
串行连接 connexion en cascade(en série); assemblage en série
串行连接方式 mode de connexion en série
串联布置 disposition en série
串联电路 circuit en série
串联电位 potentiel en série
串联轨道电路 circuit de voie en série
串联式(双轮)压路机 cylindre compresseur tandem; rouleau compresseur tandem
串联式三轮压路机 rouleau à trois essieux
串联通风 aérage en série
串砟 remplissage de ballast

chuang

窗口 guichet
窗纱 toile moustiquaire
窗式空调 climatiseur type fenêtre
创建 mise sur pied
创建程序 procédure de création
创新 innovation
创造力 capacité de création

chui

垂曲线 arc de chaîne
垂线 verticale
垂向尺寸 dimension verticale
垂向减振器 amortisseur vertical
垂向连接 raccordement vertical
垂向调整 réglage vertical
垂直板墙 para-fouilles verticaux
垂直比例 rapport vertical
垂直边坡 talus vertical
垂直变形 déformation verticale
垂直布置 disposition verticale
垂直层 couche redressée
垂直动荷载 charge dynamique verticale
垂直度 verticalité
垂直断层 faille perpendiculaire(verticale)
垂直分布 distribution verticale
垂直高度 hauteur verticale
垂直公差 tolérance de verticalité
垂直焊缝 soudure verticale
垂直荷载 charge verticale
垂直灰缝 joint vertical
垂直交通系统 circulations verticales
垂直角 angle vertical
垂直接缝 joint montant
垂直静荷载 charge statique verticale
垂直肋 nervure verticale
垂直力 force verticale
垂直裂缝 crevasse verticale
垂直面 plan vertical; surface verticale
垂直面弧度 courbure du plan vertical
垂直排水 drainage vertical
垂直劈裂 rupture verticale
垂直平分线 médiatrice
垂直剖面(图) coupe verticale; profil vertical
垂直升降机 ascenseur vertical
垂直式接触网线 ligne de caténaire verticale
垂直速度 vitesse verticale
垂直探测 sondage vertical
垂直投影 projection orthogonale
垂直位置 position verticale
垂直误差 défaut de verticalité
垂直信号 signalisation verticale
垂直信号安装 installation de signalisation verticale
垂直行程 course verticale
垂直悬挂 suspension verticale
垂直压力 poussée(pression)verticale
垂直移动 déplacement vertical
垂直应力 contrainte verticale
垂直运动 mouvement vertical
垂直运输 transport vertical
垂直振动 vibration verticale
垂直支撑 contreventement(support)vertical
垂直支柱 appui vertical
垂直轴 arbre(axe)vertical
垂直钻进 forage vertical
垂直桩 pieu vertical
垂直作用力 force perpendiculaire
垂准点三角测量 triangulation nadirale
锤击沉桩 pieu battu par marteau
锤击贯入仪 pénétromètre à battage
锤击数 nombre de coups
锤式破碎机 appareil à pendulaire; broyeur (concasseur)à marteaux
锤子 marteau
锤钻 marteau perforateur; marteau perforateur piqueur; marteau perforeur; perforatrice à percussion; perforatrice percutante

chun

纯地沥青 bitume asphaltique pur
纯利润 profit pur
纯沥青 bitume épuré(pur)

纯黏土　argile pure
纯熟料水泥
　　ciment Portland sans constituants secondaires
纯水泥　ciment net(pur)
纯系数　coefficient de pureté

ci

辞退通知　avis de licenciement
磁场　champ magnétique
磁场强度　intensité de champ magnétique
磁法勘探　prospection magnétométrique
磁轨制动　freinage de rail magnétique
磁轨制动器　frein de rail magnétique
磁轨制动试验
　　essai(test)de freinage de rail magnétique
磁力勘测　prospection magnétique
磁力桥式起重机　pont à électro-porteur
磁耦合　accouplement magnétique
磁盘　disque magnétique
磁盘存储器　mémoire de disque magnétique
磁盘读取器　lecteur de disquette
磁漆　peinture au vernis;peinture vernissée;
　　peinture-émail
磁性钢　acier à aimant
磁性(粉)检测　contrôle par magnétoscopie
磁悬浮高架线
　　ligne surélevée de train Maglev
磁悬浮列车　train à lévitation magnétique;
　　train à sustentation magnétique;train Maglev
磁悬浮列车试验　essai(test)de train Maglev
磁悬浮列车速度　vitesse de train Maglev
磁悬浮列车特征
　　caractéristique de train Maglev
磁悬浮列车站台　quai de train Maglev
磁阻同步电机
　　moteur synchrone à résistance magnétique
此路不通　route barrée
此向禁止通行　sens interdit
次层平台　contre-terrasse
次导线　polygonale secondaire
次钢索　câble secondaire
次固结　consolidation secondaire
次级桥梁　pont secondaire
次级图根导线测量
　　cheminement graphique secondaire
次力　force secondaire
次梁
　　poutre de nervure(solive);poutre secondaire
次入口　entrée secondaire

次生黄土　loess secondaire
次生岩　roche secondaire
次数　nombre de fois
次铁　fer rouverain
次弯矩　moment secondaire
次序错乱　intervertissement
次序颠倒　intervertissement
次压密　compression secondaire
次要导线桩　borne de polygonale secondaire
次要钢筋　armature secondaire
次应力　contrainte secondaire
刺钢丝　hérisson
刺铁丝
　　fil barbelé;fil de fer barbelé;fil de ronce
刺铁丝网　barbelés

cong

从存料场取料
　　reprise de dépôt provisoire;reprise de stock
从单线进入双线的道岔
　　aiguille de dédoublement
从动力　force passive
从动轮轴销　axe d'essieu porteur
从动轴　essieu porteur;arbre secondaire
从轮转向架　bogie porteur
从业证明　attestation professionnelle
丛林沼泽地　marais boisé

cu

粗糙度　aspérité;coefficient(facteur)
　　de rugosité;rugosité
粗糙面　face rugueuse;surface rigoureuse
粗糙性指数　indice de rugosité
粗钢　acier brut
粗骨料　granulats gros;gros agrégat
粗骨料混凝土　béton à gros éléments
粗骨料混凝土面　parement en gros béton
粗活　travail de manœuvre
粗级配　granulométrie grossière
粗级配集料
　　agrégat à granulométrie grosse
粗集料　agrégat gros(grossier)
粗晶体结构层　couche à gros cristaux
粗砾石　galet de grève(plage);
　　gravier grossier
粗砾石土　sol de gros gravier
粗粒砂　sable à gros grains
粗粒石灰岩　calcaire grossier
粗粒岩　roche en gros élément

粗卵石　gros caillou (gravier)
粗面集料　agrégat rugueux
粗面岩　trachyte
粗磨水泥　ciment grossier
粗砂　grève; gros sable; sable fort; sable gros (grossier)
粗砂岩　grès à grains grossiers; grès à gros grains; grès dur (grossier)
粗筛　tamis grossier
粗绳　cordage
粗石　pierre brute
粗石膏　gros plâtre
粗石灰岩　banc blanc
粗调　réglage général
粗岩　roche brute
粗制品　produit brut
醋酸　acide acétique

cui

催干剂　siccatif
催告　mise en demeure
催化剂　adjuvant; agent accélérateur; catalyseur
催化作用　action catalytique
催凝剂　catalyseur de prise
脆性材料　matière fragile
脆性岩　roche cassante
淬火钢　acier trempé
淬火轨　rail trempé

cun

存仓　magasinage
存储　conservation; mise en mémoire
存储器　mémoire
存储设备　équipement (matériel) de stockage; installations de réserve
存档　archivage
存放　mise en stock
存放场　parc d'emmagasinage (stockage)
存放场地　emplacement de dépôt; site (aire) de stockage
存放地点　lieu de stockage
存放点　point de stockage
存放时间　durée de stockage
存放条件　condition de stockage
存梁　stockage de poutres
存梁场　aire de dépôt (stockage) de poutres
存梁场岔线　bifurcation de champ de mise des poutres
存梁场位置　emplacement de l'aire de poutres
存料堆　tas de matériaux mis en dépôt
存煤库　soute à charbon
存物处　dépôt d'objets
存在证明　certificat d'existence

cuo

搓板路　route ondulée
锉刀　lime
错层　mouvement de couche
错车　croisement des trains
错动　dislocation
错发列车　train dévoyé
错缝　décalage de joints
错位　position anormale (décalée); transposition
错位道岔　aiguille mal disposée
错误概率　probabilité d'erreur
错误指示　indication fausse

D

da

搭板　dalle de transition
搭板连接　assemblage à couvre-joint
搭建材料棚　construction de hangar des matériaux
搭建钢筋加工棚　construction de hangar pour façonnage des armatures
搭接　chevauchement; connexion à clin; raccordement de recouvrement; recouvrement; assemblage à clin (recouvrement)
搭接板　plaque de recouvrement
搭接长度　longueur de recouvrement
搭接尺寸　dimension de recouvrement
搭接错位　transposition de recouvrement
搭接方式　mode de connexion à clin
搭接焊缝　soudure à recouvrement; soudure par recouvrement
搭接焊接　soudage par recouvrement
搭接模板　coffrage à recouvrement
搭接头　joint à recouvrement
搭接误差　erreur(tolérance) de recouvrement
达标　mise à niveau
答复迟缓　retard à la réponse
打板桩　battage de palplanche
打包机　presse à balles
打钢板桩　enfoncement de palplanche en acier
打夯　hiement
打夯机　machine à damer; machine pilonneuse; marteau fouloir; mouton de battage; mouton
打滑现象　phénomène de patinage
打击频率　fréquence de frappe
打基桩　enfoncement de pilotis
打井　fonçage(percement) de puits
打开方式　mode d'ouverture
打磨　lissage; meulage; polissage
打磨工具　outil de polissage
打磨机　machine à meuler
打磨精度　précision de meulage
打磨设备　appareil de meulage
打排桩　enfoncement de pilotis
打破闭塞的道路　voie de désenclavement
打入管　tuyau de battage
打入深度　profondeur abattue
打入桩　pieu abattu(battu)
打扫　balayage
打扫场地　nettoyage de terrain
打扫车厢　balayage de compartiment
打眼　perçage; perforage
打眼器　pointeau
打直井　forage de puits vertical
打砖机　pondeuse
打桩　battage de pieux(pilotis); battage; moutonnage
打桩船　sonnette flottante
打桩锤　bélier à pilotage; bélier; marteau de battage
打桩工程　pilotage; travaux de battage de pieux
打桩贯入深度　pénétration de battage de pieu
打桩机　bélier à pilotage; bélier; machine à battre les pieux; machine à piloter; sonnette de battage; sonnette
打桩机提升缆绳　câble en corde de sonnette
打桩基础　fondation fichée
打桩记录　rapport de battage
打桩记录卡片　fiche de battage
打桩加固　palification; renforcement (consolidation) de battage de pieux
打桩绞车　treuil de battage
打桩摩擦　frottement de battage de pieux
打桩频率　fréquence de battage de pieux

打桩设备　équipement(matériel) de battage
打桩施工　exécution de battage des pieux
打桩试验　essai(test) de battage
打桩速度　vitesse de battage(piquetage)
打桩图
　　plan de moutonnage(piquetage)
打桩误差　erreur de battage(piquetage)
打桩阻力　résistance au battage;résistance de pieu au battage
打桩作业　opération de piquetage
大坝崩塌　écroulement de barrage
大坝混凝土　béton de barrage
大坝蓄水　mise en eau de barrage
大半径曲线　courbe de grand rayon
大比例尺施工大样
　　plan de détails à grande échelle
大比例尺图　carte à grande échelle
大车道　chemin muletier
大车运输　charroi
大锤　massette
大地测标　borne géodésique
大地测量
　　levé géodésique;opération géodésique
大地测量点　borne(point) géodésique
大地测量高差
　　dénivellation de levé géodésique
大地测量图
　　plan géodésique;réseau géodésique
大地测量学　géodésie
大地基准面　niveau géodésique
大地水准测量　nivellement géodésique
大地水准面　géoïde
大地坐标
　　coordonnées(ordonnées) géodésiques
大堆　tas volumineux
大吨位载重车　camion de grande capacité
大吨位载重汽车　fardeaux-lourds
大方铲　bêchoir
大概尺寸　dimension approximative
大概长度　longueur approximative
大功率碎石摊铺机
　　répartiteur à macadam de grande capacité
大规模台阶爆破　abattage de grands pans
大件货物运输
　　transport des marchandises surdimensionnées
大节点　nœud clé
大孔隙混凝土　béton caverneux
大孔钻机　perforatrice à grands trous
大口径钻井　forage en grand diamètre

大口径钻孔法
　　méthode de perforation de gros trous
大跨度结构　structure de grande portée
大跨度梁　poutre de grande portée
大块石采石场　carrière d'enrochements
大块整浇素混凝土工程
　　ouvrage en béton massif
大块重抛石　enrochement lourd
大理石　marbre
大理石板　dalle de marbre
大理石采集场　carrière de marbre
大力锤　lime grande
大力钳　pince puissante
大梁　membrure longitudinale
大流量干线
　　artère de grande communication
大流量线路
　　ligne à haute densité de circulation
大陆冲积层　alluvion continentale
大陆架　plateau continental
大陆性气候　climat continental
大卵石　caillou gros
大门　portail
大面积爆破　tir en grande masse;tir massif
大面积断面　section massive
大面积降雨　pluie étendue
大面积开挖
　　creusement(excavation) en grande masse
大面积施工　construction en grande masse
大面积填方　remblai de masse
大面积土方开挖　déblai en grande masse
大批量生产　fabrication en grande masse
大批生产　fabrication en masse; production en grande série
大气　air atmosphérique
大气腐蚀　corrosion atmosphérique
大气降水量
　　taux de précipitations atmosphériques
大气气流　courant atmosphérique
大气温度　température atmosphérique
大气污染　pollution de l'atmosphère
大气压　pression atmosphérique; pression barométrique
大气状况图表　aérographie
大牵引机车
　　locomotive de transport lourd
大容量搅拌机
　　mélangeur à grande capacité
大容量载重汽车　camion gros porteur

大碎石　pierre grosse
大坍方　avalanche en masse；
　　avalanche volumineuse
大体积货物　marchandise volumineuse
大体积货物运输
　　transport des marchandises volumineuses
大土方量工程　terrassement en grande masse
大写金额　montant en lettres
大型驳船　barcasse
大型沉箱　caisson géant
大型构件
　　élément de construction de grande dimension
大型机械清筛作业
　　opération de criblage par machine lourde
大型机械作业　opération de matériel lourd
大型机械作业程序
　　programme d'opération de matériel lourd
大型联合企业　complexe
大型养路机械
　　machine lourde pour entretien de voie
大型养路机械段　dépôt de machines
　　lourdes pour l'entretien de la voie
大修　entretien général；maintenance lourde；
　　réparation à fond；réparation（fondamentale,
　　grosse）；révision（réparation）générale
大修车间　atelier de réparation générale；
　　atelier de révision générale
大修工程　travaux de révision
大修工程验收
　　réception des travaux de révision
大修计划　programme de révision
大修设备　matériel d'entretien général
大修时间　durée de révision
大修手册
　　manuel de réparation（révision）générale
大样　dessin de détail
大雨　pluie abondante
大运量干线　artère à gros trafic
大直径凿岩
　　perforation en grand diamètre
大宗货物　marchandise en massif
大宗货物运输　transport en masse

dai

代表　délégué；représentant
代表值　valeur représentative
代理　agence
代理服务协议
　　protocole de service de l'agent

代理人　agent；agent d'affaires；
　　commissionnaire；fondé de pouvoir
代理人佣金　commission de représentant
代理商　agent commercial
代理协议　accord d'agent
代替　substitution
代销人　agent de vente
代销商　agence à la vente
代用品
　　objet substitutif；produit de remplacement
带　bande；ceinture
带包厢客车　wagon（voiture）à compartiments
带笓子检查井　regard à grille
带槽辊　rouleau cannelé
带侧板平车
　　wagon plat ayant panneau latéral
带插柱平车　wagon plat à ranchers
带铲斗拖拉机
　　tracteur avec benne chargeuse
带刺铁丝　ronce；ronces artificielles
带底板坑道　galerie avec radier
带电操作　manœuvre（opération）sous tension
带动道岔　aiguille entraînée
带反铲拖拉铲土车　tracteur avec godet rétro；
　　tracteur avec pelle inversée
带反铲拖拉机　tracteur avec rétro-caveur
带防护罩的道岔转辙器
　　aiguillage sous carter de protection
带盖截水沟　fossé revêtu
带钢　acier en plate-bande
带钢销接头　assemblage avec goujon；
　　assemblage avec tourillon
带钩螺栓　boulon à crochet
带箍车轮　roue à bandage
带挂车的卡车　camion à remorque
带护栏进站口　accès au quai avec barrière
带护栏人行道　trottoir à garde-corps
带缓冲装置的钢筋混凝土止冲墩
　　heurtoir en béton armé équipé d'absorbeur
带缓冲装置的混凝土止冲车挡
　　heurtoir en béton à absorption
带活动侧板平车
　　wagon plat ayant panneau latéral mobile
带活动侧墙的棚车
　　wagon couvert ayant paroi latérale mobile
带活动顶棚的棚车
　　wagon couvert ayant capote mobile
带机舱和起重机臂的机动巡道车
　　draisine avec Nacelle et Bras-Grue

D

带激励系数的单价制合同　marché à prix unitaire avec coefficient d'incitation
带金属滤网排水管　tube drainant crépiné
带锯　scie à ruban
带客厅车辆　wagon-salon
带孔板　plaque perforée
带孔管　tube percé; tuyau perforé
带孔排水管　drain perforé; tube de drainage perforé
带扣　boucle
带宽　largeur de bande
带滤网排水沟　caniveau à grille
带排水沟挑檐　corniche avec caniveau
带破碎锤的履带式挖掘机　pelle sur chenille équipé de brise-roche
带起重设备的汽车　camion aux agrès
带式传送机　transporteur à bande (courroie)
带式装载机　chargeuse à bande
带铁夹板和螺栓接头　assemblage à plate-bandes boulonnées
带消力石的混凝土排水沟　fossé bétonné avec brise charge
带销螺栓　boulon à clavette
带泄水口混凝土滑模排水沟　caniveau à fente en béton extrude
带泄水口排水沟　caniveau à fente
带形基础　fondation continue; fondation sur rigoles; semelle filante
带正铲拖拉机　tracteur avec pelle frontale
带状结构　structure rubanée (striée)
带状黏土　argile en bande
贷方差额　solde créditeur
贷方通知单　avis de crédit
贷方账　compte créditeur
贷款　prêt
贷款协议　accord de prêt
贷款余额　reliquat de prêt
待班机车　locomotive en attente de service
待挂状态　état d'attente de l'attelage
待腾空地区　zone à dégager
袋装货物　marchandise en sacs
袋装货物运输　transport des marchandises en sacs
袋装水泥　ciment en sac

dan

担保　caution; garantie
担保扣押　saisie-gagerie
担保期　durée de garantie
担保人　avaliseur; assureur
担保书　acte de cautionnement
担保协议　accord de garantie
担架　brancard
担任的职务　fonction exercée
单臂路灯　réverbère à une crosse
单臂式人行道　trottoir en encorbellement
单臂受电弓　pantographe à un bras
单臂钻孔台车　jumbo à un bras
单边供电　alimentation unilatérale
单边供电方式　mode d'alimentation unilatérale
单边供电能力　capacité d'alimentation unilatérale
单(编)号列车　train impair
单侧壁开挖　creusement avec cloison simple
单侧踏面单元制动　freinage unitaire de surface de roulement unilatérale
单侧踏面制动系统　système de freinage de surface de roulement unilatérale
单侧停车　parking (stationnement) unilatéral
单层　monocouche
单层混凝土路面　revêtement en béton monocouche
单层集装箱平车　wagon porte-conteneurs à une couche
单层沥青层　monocouche d'enrobé
单层筛　crible à un plateau
单层摊铺路面　revêtement monocouche; revêtement en enduit mono-couche
单层养护层　monocouche d'entretien
单车车速　vitesse de voiture individuelle
单车道　voie simple
单车道公路　route à voie simple (unique)
单车道行驶　circulation sur voie unique
单车道桥面　tablier à voie unique
单程　aller simple
单齿松土机　ripper à une dent
单电机转向架　bogie monomoteur
单动道岔　aiguillage unique
单动气锤　marteau à simple effet; marteau pneumatique à simple action
单洞双线隧道工程　travaux de tunnel à double voie
单斗式挖土机　excavateur à godet; pelle à godet
单斗挖泥机　pelle dragueuse
单斗装载机　pelleteuse à godet

单独操作　opération individuelle
单独海损险　assurance avarie particulière
单独基础　fondation(semelle)isolée
单独式桥面　tablier unique
单独通风
　　aérage distinct;ventilation indépendante
单方面解约　résiliation unilatérale
单工　simplex
单工操作　opération simplex
单功能　monofonction
单拱　arcade simple
单管隧道　tunnel de monotube
单管隧道工程　travaux de tunnel de monotube
单轨列车　train à monorail
单轨铁路　chemin de fer à rail unique;chemin
　　de fer monorail;monorail
单轨线　ligne monorail;voie à monorail
单滚筒压路机　monocylindre
单号　numéro impair
单机　locomotive seule(unique)
单机返段　retour de locomotive au dépôt
单机挂车　attelage de locomotive seule
单机牵引　traction de locomotive
　　unique;traction à seule locomotive
单机牵引方式
　　mode de traction à seule locomotive
单机运行
　　fonctionnement de locomotive unique
单极　monopôle
单极电机　homopolaire
单价　prix à l'unité(PU);prix unitaire(PU)
单价表　bordereau des prix unitaires(BPU)
单价表合同　marché à bordereau de prix
单价分析　analyse de prix unitaire
单价构成　sous détail des prix unitaires
单价构成分析　analyse de sous-prix
单价合同　contrat à prix unitaire
单价清单　bordereau des prix unitaires(BPU)
单价调整　réglage de prix unitaire
单价系列　série de prix unitaires
单件折旧　amortissement à l'unité
单价制合同　marché à prix unitaire
单铰拱　arc à seule articulation
单筋　armature simple
单开道岔
　　aiguille(branchement,croisement)simple
单开开关　interrupteur simple allumage
单孔框架桥　pont de cadre simple
单孔桥　pont à travée unique

单跨　travée isolée;portée simple
单跨梁　poutre à une travée
单跨桥　pont à une travée
单联电梯　ascenseur en simplexe
单轮路碾　rouleau monoroue
单轮振动路碾
　　cylindre vibratoire monojante
单频　monofréquence
单桥探头　pointe à monofonction
单切线　tangente simple
单曲面　surface à simple courbure
单曲线　courbe simple
单人悬座(缆车)　siège monoplace
单扇车厢端门
　　porte d'extrémité à un vantal
单式道岔　aiguille(croisement)simple
单式交分道岔
　　aiguille de croisement d'un seul côté
单数　impair
单数方向　sens impair
单驼峰　bosse de triage simple
单位　unité
单位产量　production spécifique
单位长度荷载
　　charge par unité de longueur
单位负荷　charge unitaire
单位力　force unitaire
单位流量　débit spécifique;débit unitaire
单位面积压力　pression unitaire
单位磨损　usure spécifique
单位容积功率　puissance volumétrique
单位生产率　productivité unitaire
单位应力　contrainte unitaire
单位荷载　charge spécifique;effort unitaire
单位制　système d'unités
单位重量　poids unitaire
单线　ligne simple;voie unique(VU)
单线闭塞　block à voie unique
单线道床顶面宽度　largeur de sommet de
　　plateforme de voie unique
单线电气化铁路　ligne électrifiée à voie
　　unique;voie unique électrifiée(VU-Elect)
单线电气化铁路工程
　　travaux de ligne électrifiée à voie unique
单线改复线工程
　　travaux de dédoublement de la ligne
单线改复线工程验收　réception des
　　travaux de dédoublement de la ligne
单线改双线　redoublement de voie

单线改双线铁路　ligne ferroviaire de dédoublement de voie
单线交通　circulation simple file; trafic à voie unique
单线宽度　largeur de ligne à voie unique
单线路堤　remblai de ligne à voie unique
单线桥　pont à une voie; pont à voie unique
单线区段　section de ligne à voie unique
单线区间　canton à voie unique
单线双向自动闭塞　block automatique de voie unique à deux sens
单线隧道　tunnel à une voie; tunnel à voie unique
单线隧道工程　travaux de tunnel à une voie; travaux de tunnel à voie unique
单线索道　téléphérique monocâble
单线铁路　ligne ferroviaire à voie unique
单线铁路桥　pont de chemin de fer à voie unique
单相电流　monophasé
单向　sens unique
单向闭塞　block à sens unique
单向车道公路　route à sens unique
单向车流量　flux de trafic unidirectionnel
单向交通　circulation en sens unique; trafic à sens unique; trafic unidirectionnel
单向交通量　volume à sens unique
单向连接线　bretelle unidirectionnelle
单向坡道　rampe à sens unique
单向隧道　tunnel unidirectionnel
单向隧道工程　travaux de tunnel unidirectionnel
单向通行　circulation à sens unique
单项串励电机　moteur à excitation série monophasée
单项电流　courant monophasé
单项电流受电弓　pantographe monophasé
单项工程招标　adjudication-concours
单项异步电动机　moteur asynchrone monophasée
单行道　circulation à sens unique
单行公路桥　pont-route de circulation à sens unique
单行线　ligne (voie) à sens unique
单一价格原则　principe de prix unique
单元轨节　chaîne de rail unitaire; profilé de rail unitaire
单元制动缸　cylindre de frein de l'unité
单枕　traverse simple

单轴荷载　charge monoaxiale
单轴抗压强度试验　essai (test) de résistance à pression uniaxiale
单轴压力试验　essai (test) de compression uniaxiale
单轴应力　contrainte uniaxiale
单桩　pieu individuel (isolé)
淡化　dessalement
淡水　eau douce
淡水湖　lac d'eau douce
淡水石灰岩　calcaire grossier parisien
淡水沼泽　marais d'eau douce; marais doux

dang

当地补助　indemnité locale
当地材料　matériaux locaux
当地劳动力　main-d'œuvre locale
当地时间　temps local
当地条件　condition locale
当量长度　longueur équivalente
当量跨距　portée équivalente
当量溶液　solution normale
当量系数　facteur (coefficient) d'équivalence
挡板围堰　rideau de batardeau
挡风板　écran contre le vent; écran pare-vent
挡风玻璃　pare-brise
挡块　bloc de garde; taquet
挡泥板　aile garde-boue; chasse-corps; pare-boue
挡水坝　barrage de dénivellation
挡水路缘　bourrelet
挡水埝　banquette
挡土墙　mur d'appui (butée, soutènement)
挡土墙挡板　palplanche de frottement pour mur de soutènement
挡土墙排水孔　barbacane de mur de soutènement
挡土墙设计　étude de mur de soutènement
挡土墙施工　réalisation de murs de soutènement
挡土墙支护　étayage de mur de soutènement
挡雨板　auvent
挡砟墙　banquette de lit de ballast; mur de butée de ballast; mur de soutènement; muret d'appui de ballast
挡砟墙施工　exécution de mur de butée
档案　archives
档案库　dépôt d'archives
档案室　salle (service) des archives

档案文件　document d'archive

dao

刀头　outil de tour;pastille;tête d'outil
导板　règle de guidage
导电轨　rail conducteur électrique
导电结构防护
　　protection de structure conductrice
导洞　galerie pilote
导洞开挖法
　　creusement(excavation)à méthode pilote
导杆　barre de guide;tige de guidage
导管　conduit;tube de guidage
导轨　rail de guidage
导航　guidage
导航标志　repère de navigation
导火索　amorce;cordon d'allumage
导火线　mèche de mineur;mèche
导井　puits de direction
导坑　galerie d'approche;galerie d'avancement
导坑断面分割
　　division de la section de galerie
导坑法　méthode à galerie pilote
导坑施工　exécution de galerie d'approche
导坑支柱　étai de galerie
导孔　avant-trou
导框　étrier de guidage
导框定位　positionnement de cadre de guide
导框式轴箱
　　boîte à glissière;boîte d'essieu à glissière
导框摇动台座　logement de plateforme
　　danseuse de cadre de guidage
导流板　déflecteur de courant
导流车道　voie directionnelle
导流岛　îlot de dérivation(déviation)
导流墙　mur de barbacane de l'eau
导流隧洞　galerie de dérivation provisoire
导流装置　dispositif de déflecteur
导曲线　courbe de guidage
导曲线半径　rayon de courbe de guidage
导热系数
　　coefficient de conductibilité calorifique
导入管　manche d'entrée
导水渠　canal de dérivation
导套　canon
导挖隧道　tunnel pilote
导线　conducteur;fil conducteur;polygonale
导线保护套　gaine de conducteur

导线闭合　fermeture de polygonale
导线标桩　bornage de polygonale
导线测量　cheminement polygonal;levé à la polygonation;levé par cheminement;levé polygonométrique;mesure de polygonale;polygonation;relevé de polygonale
导线测量标杆　balise de relevé de polygonale
导线测量标石　borne de relevé de polygonale
导线测量标桩　jalonnement de polygonale
导线测量标准　critère de relevé de polygonale
导线测量点　point de polygonation
导线测量法　polygonation
导线测量高差　dénivelée de levé par cheminement;dénivellation de levé à la polygonation
导线测量基准点　point de base de polygonale
导线测量精度　précision de polygonale
导线测量控制　contrôle de cheminement
导线测量立杆　mât de polygonale
导线测量误差　erreur de polygonation
导线测量桩　pieu de polygonale
导线测量坐标
　　coordonnée(ordonnée)de polygonale
导线顶点表示桩
　　borne de sommet de polygonale
导线敷设路径　acheminement de conducteurs
导线复核　vérification de polygonale
导线交合　rencontre des polygonales
导线角　angle polygonale
导线角度闭合差
　　écart de fermeture angulaire de cheminement
导线接触　contact de fil conducteur
导线截面　section de conducteur
导线绝缘子　isolateur du fil conducteur
导线控制　contrôle de polygonale
导线水平测量　nivellement par cheminement
导线水平测量线
　　ligne de nivellement par cheminement
导线网　réseau de conducteurs
　　(polygonation);réseau polygonal
导线温度调节器
　　régulateur de température du fil conducteur
导线相交　croisement de conducteurs
导线桩　piquet de polygonale
导线桩施工
　　réalisation de bornes de polygonation
导向　guidage
导向传动杆　bielle de guidage
导向滚筒　rouleau directeur

导向技术　technique de guidage
导向箭头　flèche directionnelle
导向控制装置
　　dispositifs de commande de guidage
导向轮　roue de guidage
导向轮对　essieu-monté de guidage;
　　essieu-monté orientable
导向轮轴销　axe d'essieu-monté de guidage
导向支承　appui de guide
导向装置　dispositif(organe) de guidage
导向作用　fonction de guidage
导轴　essieu conducteur;essieu directeur
导桩　pieu de guidage
岛形站台　quai d'entrevoies
岛状分隔带混凝土路缘石
　　bordure en béton pour îlots de circulation
捣棒　batte de maçon;batte;bourroir
捣镐　pioche à bourrer
捣固　bourrage
捣固锤　marteau fouloir
捣固道床　bourrage du lit de ballast
捣固机　bourreuse
捣固数量　nombre de vibrations
捣固质量　qualité de bourrage
捣固作业要求　critère de bourrage de voie
捣实　damage
捣实混凝土　compactage(damage) du béton
捣碎　broyage
到岸价　prix CAF;prix CIF
到达日期　date d'arrivée
到达时间　heure(temps) d'arrivée
到达延误　retard d'arrivée
到达站　gare(station) d'arrivée
到达站台　quai d'arrivée
到达终点站显示器
　　indicateur de gare destinataire
到发时间信息
　　informations du temps d'arrivée et de départ
到发线　ligne(voie) d'arrivée et de départ
到发线长度
　　longueur de voie d'arrivée et de départ
到发线长度不足　insuffisance de longueur de
　　ligne d'arrivée et de départ
到发线长度计算　calcul de longueur de ligne
　　d'arrivée et de départ
到发线咽喉区
　　goulot de ligne d'arrivée et de départ
到货通知　avis d'arrivée de marchandises
到站列车　train en gare
到站列车数量　nombre de trains en gare
到站列车站台　quai de train en gare
倒衬砌法施工
　　maçonnerie de revêtement à l'inverse
倒锤线法　méthode à fil à plomb à l'envers
倒拱
　　arc à l'envers;arc de fondation;arc renversé
倒拱翼缘　aile en flèche inversée
倒虹吸
　　siphon inverse(noyé, renversé, submergé)
倒角　arrondissement;chanfreinage
倒角打磨　meulage de chanfreinage
倒棱　arrondissement;chanfreinage
倒棱角　angle abattu
倒流　refluement
倒 T 形挡土墙
　　mur de soutènement type T inversé
倒塌　croulement;effondrement;écroulement
倒行　marche en arrière
盗窃损失　perte au vol
盗窃险　assurance contre le vol
道班　équipe de voie
道岔　aiguille;appareil de voie;
　　branchement de voie
道岔安装　installation de l'aiguille;mise en
　　place de l'aiguille;pose de l'aiguille
道岔安装进度
　　avancement de pose de l'aiguille
道岔安装精确度
　　précision de pose de l'aiguille
道岔按钮继电器
　　relais de bouton de l'aiguille
道岔扳房
　　poste d'aiguillage;poste de bifurcation
道岔扳手　chevalet;clé d'aiguille
道岔搬运　manutention des aiguilles
道岔保护装置　protecteur de l'aiguille
道岔闭合
　　aiguille fermée;fermeture de l'aiguille
道岔闭塞操纵杆　levier de blocage des aiguilles
道岔闭锁操纵杆　levier de verrouillage d'aiguille
道岔闭锁位置
　　position verrouillée de l'aiguille
道岔编号
　　numérotage(numérotation) des aiguilles
道岔编号清单　liste de numéros des aiguilles
道岔编码　codage des aiguilles

道岔扁头　lame d'aiguille
道岔变形　déformation de l'aiguille
道岔标记　marque d'aiguille
道岔标志　indicateur de l'aiguille
道岔表示器　signe d'aiguille
道岔不密贴　entrebâillement des aiguilles
道岔不密贴可能性
　　possibilité d'action de l'aiguille bâillée
道岔不密贴状态
　　état de baîllement d'aiguille
道岔不同型号
　　diversité des types des aiguilles
道岔布局　distribution de l'aiguille
道岔布置　aménagement de l'aiguille;
arrangement de l'appareil de voie;
disposition d'aiguillage
道岔布置形式
　　forme de disposition d'aiguillage
道岔操纵杆　levier d'aiguille;barre de
　　commande d'aiguille
道岔侧线　branche déviée
道岔叉尖　pointe de lame d'aiguille
道岔岔跟　talon de lame d'aiguille
道岔岔跟迎辙面
　　face de prise en talon de l'aiguille
道岔岔尖　pointe de lame d'aiguille
道岔长度　longueur d'aiguille
道岔长度不足
　　insuffisance de longueur d'aiguille
道岔长度要求
　　exigence de longueur de l'aiguille
道岔出口　sortie d'appareil de voie
道岔错位可能性　possibilité d'action de
　　l'aiguille mal disposée
道岔错误　discordance d'aiguillage
道岔打磨机　meuleuse de l'aiguille
道岔捣固车　bourreuse d'aiguillage
道岔登记　inscription des aiguilles
道岔登记号
　　numéro d'enregistrement d'aiguille
道岔登记器　registre d'aiguille
道岔底架　châssis d'aiguille
道岔电机　moteur d'aiguille
道岔电机防护罩
　　capot de protection du moteur de l'aiguille
道岔电缆盒
　　boîte de câbles électriques de l'aiguillage
道岔电路　circuit de l'aiguille;circuit de
　　l'équipement de voie

道岔定位　positionnement de l'aiguille
道岔定位方法
　　procédé de positionnement de l'aiguille
道岔定位开通　ouverture de positionnement
　　de l'aiguille;ouverture de sens direct de
　　l'aiguille
道岔定位装置
　　dispositif de registration d'aiguille
道岔动程　course d'aiguille
道岔动力性能测试
　　test de performance dynamique de l'aiguille
道岔短曲轨　patte de lièvre
道岔反位开通
　　ouverture de sens inverse de l'aiguille
道岔反向位置
　　position de l'aiguille à direction inverse
道岔防护导轨　rail d'accompagnement
道岔肥边　extrudage de l'aiguille
道岔分布　répartition des aiguilles
道岔分类　classification des aiguilles
道岔复位　mise en position de l'aiguille
道岔跟部　fin de sortie de croisement
道岔跟部不密贴
　　entrebâillement de talon de l'aiguille
道岔跟部密贴登记
　　enregistrement de talonnage de l'aiguille
道岔跟部密贴登记显示　indication
　　d'enregistrement de talonnage de l'aiguille
道岔跟贴　talonnage d'aiguille
道岔功能　fonction de l'aiguille
道岔供电　alimentation électrique à l'aiguille
道岔供应　approvisionnement des aiguilles
道岔构件　membre(élement)d'aiguille
道岔故障　panne d'aiguille
道岔轨道几何形态
　　géométrie de voie de branchement
道岔轨道几何形态允许偏差
　　erreur admissible de géométrie de la voie
　　de branchement
道岔轨距操纵杆
　　tringle d'écartement d'aiguille
道岔号　numéro de l'aiguille
道岔号识别
　　identification de numéro de l'aiguille
道岔护轨　contre-rail d'aiguille
道岔滑床板
　　coussinet de glissement de l'aiguille
道岔滑移　glissement d'aiguille
道岔机　chevalet de manœuvre;chevalet

道岔基本轨　contre-aiguille de branchement de voie；rail fixe
道岔几何尺寸　géométrie de l'aiguille
道岔挤死　blocage de talonnage d'aiguilles
道岔加长　prolongation de l'aiguille
道岔加热杆　réchauffage de l'aiguille
道岔加热处理　traitement de réchauffage de l'aiguille
道岔加热器　réchauffeur de l'aiguille
道岔加热温度　température de chauffage d'aiguille
道岔加热站　poste de réchauffage d'aiguille
道岔加热装置　dispositif de réchauffement d'aiguille
道岔尖轨　lame d'aiguille
道岔尖轨连杆　tringle de connexion de lame de l'aiguille
道岔间距　espacement des aiguilles
道岔监视　surveillance d'aiguille
道岔监视系统　système de surveillance de l'aiguille
道岔检查　examination des appareils de voie；contrôle d'aiguilles
道岔结构　structure d'aiguille
道岔解除锁闭　déblocage d'aiguille
道岔解锁　déverrouillage de l'aiguille
道岔静态位置　position statique de l'aiguille
道岔开程不均匀　inégalité d'ouverture de l'aiguille
道岔开度　largeur d'ouvertue de l'aiguille
道岔开度不足　insuffisance de largeur d'ouvertue de l'aiguille
道岔开放位置　position ouverte de l'aiguille
道岔开通　ouverture de l'aiguille
道岔开通方向　direction passante d'aiguille
道岔开通信号　signal d'ouverture de l'aiguille
道岔可靠性试验　essai(test) de fiabilité de l'aiguille
道岔控制　commande d'aiguille；contrôle de l'aiguille
道岔控制电机　moteur de commande d'aiguille；moteur de contrôle d'aiguille
道岔控制电路　circuit de commande d'aiguille
道岔控制楼　bâtiment de contrôle d'aiguillage
道岔控制器　contrôleur d'aiguille
道岔控制室　cabine d'aiguillage
道岔扩张器　appareil de dilatation de l'aiguille
道岔拉杆　tirant d'aiguille
道岔类型　sorte(type) d'aiguille
道岔连杆　bielle d'aiguille
道岔连接杆　tringle de connexion d'aiguille
道岔连接轨　rail intermédiaire de l'aiguille
道岔连接线　ligne de jonction d'aiguille
道岔联动　interaction des aiguilles
道岔联锁　enclenchement d'aiguillage
道岔联锁控制所　poste d'aiguillage d'enclenchement
道岔联锁系统　système d'enclenchement d'aiguillage
道岔列表　listing des aiguilles
道岔路径指定　routage de l'aiguille
道岔密贴　talonnage
道岔密贴标准　critère de collage d'aiguille
道岔密贴间隙　jeu bâillé des aiguilles
道岔密贴调整　réglage de collage de lame de l'aiguille
道岔密贴位置　position de talonnage
道岔密贴状态　état de collage d'aiguille
道岔目录　liste d'aiguillage
道岔爬行　cheminement de l'aiguille
道岔配列　disposition d'aiguillage
道岔平整度　planéité d'aiguille
道岔铺设步骤　procédure de pose de l'aiguille
道岔铺设施工　exécution de pose de l'aiguille
道岔启动　mise en action de l'aiguille
道岔启动电路　circuit de démarrage de l'aiguille
道岔启动继电器　relais de démarrage de l'aiguille
道岔强制性控制　contrôle impératif des aiguilles
道岔区　secteur d'aiguille；zone de croisement
道岔区过渡段　transition de la zone d'aiguille
道岔区入口　accès à la zone d'aiguillage
道岔区施工　exécution de zone d'aiguille
道岔区锁闭　enclenchement de zone d'aiguille
道岔区通过能力　capacité de passage à la zone d'aiguille
道岔区卸砟　décharge de ballast à zone d'aiguille

道岔区域　secteur d'aiguille(appareil de voie)
道岔曲轨　rail coudé d'aiguille
道岔曲率　courbure d'aiguille
道岔曲线　courbe(courbure) d'aiguille
道岔曲线半径　rayon de courbe de l'aiguille
道岔缺陷　défaut(vice) d'aiguille
道岔群　faisceau des aiguilles(branchements)
道岔群铺设　pose de faisceau des aiguilles
道岔人工解锁　déblocage manuel d'aiguille
道岔入口　accès à l'aiguille
道岔入口定向　orientation d'accès de l'aiguille
道岔入口开通　ouverture d'accès de l'aiguille
道岔入口识别　identification d'accès de l'aiguille
道岔伤损　usure d'aiguille
道岔设备　équipement d'aiguillage; installations de l'aiguille
道岔设备安装　installation des équipements d'aiguillage
道岔设备供应商　fournisseur des équipements des aiguilles
道岔设备配件　accessoires des équipements d'aiguillage
道岔设备通过能力　capacité des équipements d'aiguillage
道岔设备维修　maintenance des équipements d'aiguillage
道岔设计　conception(étude) de l'aiguille
道岔使用登记方式　mode d'enregistrement d'utilisation de l'aiguille
道岔始端　début de l'aiguille
道岔试拼　essai d'assemblage de l'aiguille
道岔手柄　manivelle(levier) d'aiguille
道岔数量　nombre des aiguilles
道岔顺序　ordre des aiguilles
道岔损坏　destruction de l'aiguille; détérioration d'aiguille
道岔所分界　limite du poste d'aiguille
道岔锁闭　block(blocage, verrouillage) d'aiguille
道岔锁闭表示　indication de verrouillage d'aiguille
道岔锁闭登记　enregistrement de verrouillage de l'aiguille
道岔锁闭登记显示　indication d'enregistrement de verrouillage de l'aiguille

道岔锁闭杆　barre(tringle) de verrouillage d'aiguille
道岔锁闭解锁　désenclenchement de blocage d'aiguilles
道岔锁闭器　serrure(verrou) d'aiguille
道岔锁闭装置　dispositif(équipement) de verrouillage d'aiguille
道岔锁定装置　dispositif de blocage d'aiguille
道岔弹性　élasticité de l'aiguille
道岔探查设备　dispositif de détection d'aiguille
道岔调整　réglage de l'aiguille
道岔贴合　collage de lame d'aiguille
道岔贴面跟部打磨　lissage(polissage, meulage) de talon d'aiguille
道岔贴位表示　indication de talonnage d'aiguille
道岔贴位显示器　indicateur de talonnage d'aiguille
道岔维修　maintenance de l'aiguille
道岔位置　position de l'aiguille
道岔位置显示　indication de position d'aiguille
道岔位置校正　correction de position d'aiguille
道岔位置指示器　signal de position d'aiguille
道岔温度　température d'aiguille
道岔握柄　manette d'aiguille
道岔吸起　aspiration d'aiguille
道岔系列　série d'aiguilles
道岔响应　réponse de l'aiguille
道岔信号灯　lanterne(signal) d'aiguille
道岔信号楼　poste d'aiguillage
道岔信号站设备　équipement de poste d'aiguillage
道岔形状　forme de l'aiguille
道岔型号目录　répertoire de types des aiguilles
道岔修理　réparation de l'aiguille
道岔许可控制箱　boîtier d'autorisations d'aiguilles
道岔养护　entretien de l'aiguille
道岔移动　déplacement de l'aiguille
道岔移动轨　rail intermédiaire
道岔移位板　plaque de glissement

道岔移位板拉杆　bielle de coussinet
道岔移位记录器
　　enregistreur de mouvement d'aiguillage
道岔移位显示
　　indication de mouvement d'aiguillage
道岔翼轨　patte de lièvre
道岔迎辙面
　　face de prise en pointe de l'aiguille
道岔有害空间　espace nuisible de l'aiguille
道岔在反向位置　aiguille renversée
道岔辙心　cœur de croisement
道岔辙心尖端　pointe de cœur de croisement
道岔支撑杆　tringle d'appui de l'aiguille
道岔直线　branche directe
道岔直向位置
　　position de l'aiguille à direction droite
道岔中心桩　pieu central de l'aiguille
道岔种类　sorte d'aiguille
道岔转换　commande(commutation, transition) de l'aiguille
道岔转辙机
　　appareil de changement de voie
道岔转辙器　aiguillage
道岔转辙装置　dispositif d'aiguillage
道岔装置　organe d'aiguillage
道岔状态　état de l'aiguille
道岔组　groupe d'aiguilles
道岔组合　combinaison des aiguilles; composition (formation) des aiguilles
道岔组件　composants de l'aiguille
道岔组装　assemblage de l'aiguille
道岔组装图　plan d'assemblage de l'aiguille
道尺　calibre de la voie; règle à voie
道床　lit de ballast (traverse, voie)
道床板结　durcissement de ballast; durcissement du lit de ballast
道床边坡　talus de lit de ballast; talus de la plateforme de voie
道床不稳定区域　zone de plateforme instable
道床尘积物　sédiment de poussière sur la plateforme de voie
道床尘囊板结　colmatage de voie ferrée
道床沉降　tassement du lit de ballast
道床沉陷变形
　　déformation due au tassement du lit de ballast
道床尺寸　dimension de la plateforme de voie
道床冲刷　affouillement du lit de ballast
道床捣固
　　pilonnage(bourrage) du lit de ballast
道床捣固频率
　　fréquence de bourrage du lit de ballast
道床底部　fond du lit de ballast
道床底层　assiette du lit de ballast
道床底基　assise du lit de ballast
道床底基层
　　couche de fondation du lit de ballast
道床顶面　sommet de ballast; sommet de la plateforme de voie
道床顶面尺寸　dimension du sommet de la plateforme de voie
道床顶面宽度
　　largeur du sommet de la plateforme de voie
道床断面　profil du lit de ballast
道床断面尺寸
　　dimension de section de la plateforme de voie
道床刚度　rigidité du lit de ballast
道床高程　élévation du lit de ballast
道床高度　hauteur du lit de ballast; hauteur de la plateforme de voie
道床荷载参数
　　paramètre de charge du lit de ballast
道床厚度　épaisseur du lit de ballast; épaisseur de la plateforme de voie
道床厚度差　différence d'épaisseur de la plateforme de voie
道床基础　base du lit de ballast
道床加高　surhaussement du lit de ballast; surhaussement de la plateforme de voie
道床加固作业
　　opération de stabilité du lit de ballast
道床加宽　surlargeur du lit de ballast
道床肩宽
　　largeur de l'épaulement de ballast
道床检查验收
　　contrôle de réception du lit de ballast
道床结构　structure du lit de ballast
道床孔隙性　porosité du lit de ballast
道床宽度　largeur du lit de ballast; largeur de la plateforme de voie
道床类型　type de lit de voie
道床力学参数　paramètre mécanique de la plateforme de voie
道床流沙清理
　　purge de sable mobile du lit de ballast
道床路肩　accotement(épaulement) du lit de ballast; flanc de la plateforme de voie
道床煤灰遗撒
　　émission de charbon sur lit de ballast

道床碾压机　rouleau compresseur du lit de ballast
道床平整　aplanissement du lit de ballast
道床平整成形
　nivelage et mise en forme du lit de ballast
道床平整度　planéité du lit de ballast
道床坡底　pied du lit de ballast
道床破坏　dégradation du lit de ballast
道床强度计算
　calcul de résistance de la plateforme de voie
道床清筛　criblage du lit de ballast
道床稳定状态
　état stable de la plateforme de voie
道床稳固性　stabilité de la plateforme de voie
道床污染　pollution de la plateforme de voie
道床下沉　subsidence du lit de ballast
道床下陷　affaissement du lit de ballast
道床修整
　mise en forme de la plateforme de voie
道床压力　pression du lit de ballast
道床养护作业　opération d'entretien de
　la plateforme de voie
道床应力　contrainte du lit de ballast
道床脏污(板结)　colmatage du lit de ballast
道床砟石清理　déblaiement de ballast de
　la plateforme de voie
道床砟石摊铺
　étalement de ballast sur la plateforme de voie
道床振捣　vibrage du lit de ballast
道床整理　finissage de la plateforme de voie
道床整平　planage du lit de ballast
道床整形　profilage de la plateforme de voie
道床整修　reprofilage de la plateforme de voie
道床整治
　aménagement de la plateforme de voie
道床状态参数
　paramètre d'état de la plateforme de voie
道床阻力　résistance de la plateforme de voie
道床作业　opération du lit de ballast
道床作业机　bourreuse
道钉　crampon de rail
道钉锤　batte de crampon
道钉刚度　rigidité de tire-fond
道钉孔　trou de tire-fond
道钉螺栓　boulon tire-fond
道钉松动　relâchement de crampon de rail
道钉松动现象
　phénomène de lâchement de crampon de rail
道镐　pioche

道口安全　sécurité de passage à niveau
道口板　dalle de passage à niveau
道口半栏木　demi-barrière
道口槽沟线　voie noyée de passage à niveau
道口防护　protection de passage à niveau
道口防护装置　protecteur de passage à niveau
道口警示　avertissement de passage à niveau
道口控制　contrôle de passage à niveau
道口控制器　contrôleur de passage à niveau
道口来车警铃　sonnerie de pré-avertissement
道口轮缘槽　ornière de passage à niveau
道口鸣笛　sifflet au passage à niveau
道口铺面鼓起　soulèvement de revêtement
　du passage à niveau
道口铺装　pavement de passage à niveau
道口设计　conception de passage à niveau
道口数量　nombre de passage à niveau
道口通行限制　restriction de passage à niveau
道口通知设备
　dispositif d'annonce de passage à niveau
道口统计表
　tableau statistique de passage à niveau
道口信号(机)　signal de passage à niveau
道口值班房　maison de garde-barrière；
　maisonnette de garde de passage à niveau
道口值班人员　garde-barrière
道口状况显示　indication de passage à niveau
道口(平交道口)自动报警器
　alarme automatique de passage à niveau
道口自动报警装置　dispositif
　d'alarme automatique de passage à niveau
道路　chemin；voirie
道路标线产品　produit de marquage routier
道路不平整　dénivellation de route
道路材料试验
　essai(test)de matériaux routiers
道路岔口　bifurcation routière
道路等级　classe de route
道路定线　délimitation(implantation)de route
道路翻新工程
　travaux de réhabilitation de route
道路改建工程
　travaux de reconstruction routier
道路隔离带宽度　largeur de TPC
道路隔离墩　séparateur de route(voie)
道路工程　ouvrage routier；travaux de voirie；
　travaux routiers
道路工程专家　spécialiste en chaussée
道路管界　emprise de route

道路规范　norme routière
道路规划　planification routière
道路横剖面(图)
　　coupe transversale de chaussée
道路划线　marquage de chaussée
道路划线机　traceuse
道路灰尘　poussière de route
道路混凝土　béton routier
道路基础设施　infrastructure routière
道路几何缺陷记录车　voiture enregistreuse des défauts géométriques de la voie
道路箭头标志　marquage de flèche
道路交叉　croisement de route
道路交叉口　jonction; carrefour
道路交通　trafic routier
道路结构　structure de route
道路紧急停车带宽度　largeur de BAU
道路口岔线　bifurcation routière
道路快行线
　　voie express(VE); voie rapide(VR)
道路类型　type de route
道路沥青乳化液　émulsion routière
道路沥青涂层
　　enduit asphaltique; enduit d'asphalte
道路连接线　bretelle de raccordement; bretelle
道路联锁登记
　　enregistrement d'enclenchement de voie
道路绿化　végétalisation de chaussée
道路面层施工　réalisation des travaux de la couche de roulement
道路磨耗　usure de route
道路内侧隔离墩　séparateur intérieur
道路起伏地区　zone de dénivellation
道路清洁工　boueur
道路容量　capacité de la voie
道路入口　accès de route
道路收缩缝　souffle
道路枢纽　jonction
道路通过能力　capacité de la voie
道路通行能力　capacité de route
道路通行权　droit de passage
道路拓宽　dédoublement
道路网　réseau de voirie
道路限高门架
　　portique avertisseur de chaussée
道路新技术咨询委员会
　　Commission d'Innovation Routière(CIR)
道路巡查　inspection(surveillance) de voie
道路巡查员　surveillant de voie
道路养护队长　chef de canton
道路养护组　équipe de voie
道路拥堵信息
　　informations d'embouteillage de voie
道路右侧带宽度　largeur de BDD
道路照明　éclairage de route
道路支线　branchement
道路中线　marquage axial
道路中心线　axe routier
道路左侧带宽度　largeur de BDG
道瑞磨耗试验　essai(test) Deval
道牙　pavé de bordure
道砟　agrégat de ballast; ballast
道砟补充夯实
　　apport complémentaire et damage de ballast
道砟材料　matériau de ballast
道砟采石场　ballastière; carrière à ballast
道砟采石场地　lieu de ballastière
道砟槽　cannelure de ballast
道砟侧犁板　plaque de charrue à ballast
道砟层　couche de ballast
道砟叉　fourchette de ballast
道砟储存　réserve de ballast
道砟处理　traitement de ballast
道砟床坡脚　pied de banquette de ballast
道砟存储场　aire de stockage de ballasts
道砟存放　stockage de ballast
道砟捣固　bourrage de ballast
道砟底层　sous-ballast
道砟堆　tas de ballast
道砟堆放场　aire de dépôt de ballasts
道砟二次清筛　reprise de criblage de ballast
道砟供应
　　approvisionnement(fourniture) de ballast
道砟厚度　épaisseur de ballast
道砟回收　récupération de ballast
道砟机械　machine à ballaster
道砟级配　classification de ballast
道砟挤落　extrudage de ballast
道砟来源　provenance de ballast
道砟犁　charrue à ballast
道砟粒径范围　limite de gradation de ballast
道砟列车　train de ballastage
道砟路基　plateforme ballastée
道砟路肩
　　accotement en ballast; épaulement de ballast
道砟密度　densité de ballast
道砟密度测量　mesure de densité de ballast
道砟囊　sédiment de ballast

道砟铺设程序　procédure de ballastage
道砟铺设进度　avancement de ballastage
道砟清洁(度)　propreté de ballast
道砟清理　déblaiement de ballast
道砟清筛机
　　cribleuse à ballast;dégarnisseuse de ballast
道砟清筛设备　matériel de criblage de ballast
道砟韧度　ténacité de ballast
道砟筛分试验　essai de tamisage de ballast
道砟筛洗　criblage-lavage;tri de ballast
道砟生产数量
　　quantité de production de ballast
道砟数量　quantité de ballast
道砟摊铺流程图　organigramme de ballastage
道砟弹性　élasticité de ballast
道砟稳定性处理　stabilisation de ballast
道砟箱　case à ballast
道砟压实　compactage de ballast
道砟预铺　pré-ballastage
道砟运输　transport de ballast
道砟运输车　véhicule pour transport de ballast
道砟再利用　réemploi(réutilisation) de ballast
道砟质量　qualité de ballast
道砟种类　type de ballast
道砟准备　pré-ballastage

de

得标企业　entreprise adjudicataire
得标人　adjudicataire;attributaire
德国标准　norme allemande
德式开挖法
　　méthode d'excavation allemande

deng

灯　lampe;phare
灯杆挑架　bras de poteau d'éclairage
灯光臂板信号机　sémaphore lumineux
灯光标志牌　pancarte lumineuse
灯光广告　réclame lumineuse
灯光警示信号　signal avertisseur lumineux
灯光控制室
　　salle de commande de l'éclairage
灯光系统　système lumineux
灯光信号(机)　signal lumineux;signal à feux
灯光信号设备　signalisation lumineuse
灯光自动闭塞
　　block automatique lumineux(BAL)
灯光自动闭塞信号
　　signalisation de block automatique lumineux
灯具型号　type de luminaire
灯塔　phare
灯塔闪光灯　feux de nuage
灯柱　fût de pylône d'éclairage;poteau
　　d'éclairage;poteau de lampe;
　　pylône d'éclairage
登杆器　grappin;griffe
登记　enregistrement;
　　immatriculation;inscription
登记簿　livre d'enregistrement;registre
登记册　liste d'enregistrement;matricule
登记方式　mode d'enregistrement
登记号码　numéro d'immatriculation
登记日期　date d'inscription
登记申请　demande d'enregistrement
登记税　droit d'enregistrement
登记税法　code de l'enregistrement
蹬梯　échelle d'escalade
等边角钢　cornière à ailes égales
等边三角形
　　triangle équilatéral(symétrique)
等待发车时间　temps d'attente de départ
等待时间　temps d'attente
等待显示牌　tableau《attendre》
等待线　ligne d'attente
等待状态　état d'attente
等电位　potentiel équivalent
等电位棒　barre équipotentielle
等电位连接　liaison équipotentielle
等电位受电弓
　　pantographe d'équipotentialité
等高面曲线　courbe(courbure) horizontale
等高线　courbe d'altitude(niveau);courbe
　　hypsographique;isohypse
等高线地形图　diagramme de niveaux
等高线距　équidistance
等高线图　carte en courbes de niveau;plan de
　　courbes de niveau
等厚图　carte de convergence
等候期　délai d'attente
等候区　zone d'attente
等候时间　heure d'attente
等基线　isobase
等级　classe;classement;degré;
　　échelon;gamme
等加速率　accélération constante
等角点三角测量
　　triangulation à points focaux
等截面　section constante(uniforme)

等截面板桥面　tablier d'épaisseur constante
等截面梁　poutre à section constante；poutre prismatique；poutre uniforme
等截面柱　colonne à section uniforme
等静力线　ligne isostatique
等距　équidistance
等距离线　ligne équidistante
等距曲线　courbe équidistante
等跨　travée égale；portées uniformes
等跨连续梁　poutre continue à portées égales
等跨梁　poutre à travées（portées）égales
等离子切割机　découpeuse iso-ionique
等面透视图　vue axonométrique
等强度梁　poutre à résistance uniforme
等曲线　courbe（courbure）hyperbolique
等容　volume constant
等色曲线　courbe（courbure）de couleurs
等深线　courbe bathymétrique；courbe de fond；ligne de profondeur égale；ligne isobathe
等深线图　carte d'isobathes；carte en courbes isobathes
等时图　carte isochronique
等速沉降　égalité de vitesse de chute
等速曲线　courbe isovitesse
等速万向节　joint homocinétique
等位点　point équipotentiel
等位线图　carte des lignes équipotentielles
等温线　courbe isothermique；ligne isotherme
等向线　isocline
等压拱　arc isostatique
等压曲线　courbe de pression égale
等压线　courbe isostatique；ligne isobare
等腰三角形　triangle isocèle
等腰梯形　trapèze isocèle
等雨量图　carte isohyète
等雨量线　courbe isohyète；courbe isopluviale；ligne isohyète
等值　contre-valeur；valeur équivalente
等值线图　carte isométrique

di

低边敞车　wagon à haussettes
低边车　wagon à bords bas；wagon à haussettes
低标高路　route abaissée
低潮　basses-eaux
低地　bas-fond
低点　point bas

低合金钢　acier à faible alliage；acier à faible teneur en alliage；acier faiblement allié
低合金钢钢轨　rail en acier à faible alliage
低合金高强度结构钢　acier de construction faiblement allié à haute résistance
低价　bas-prix
低碱水泥　ciment à base teneur en alcali；ciment à faible basicité
低接头　joint de raccord en bas
低路堤　remblai de faible hauteur
低路缘石　bordure basse
低密度混凝土　béton à faible densité
低平地　bas-pays
低平原　plaine basse
低强度等级水泥　ciment à maçonner
低水河槽　lit mineur
低水位　basses-eaux；niveau bas
低水位涵洞　aqueduc（ponceau）en basses eaux
低水位河床　lit de basses eaux
低速交通　circulation lente
低速交通量　trafic lent（TL）
低速运转　marche lente
低坍落度混凝土　béton à faible affaissement
低碳钢　acier à bas carbone；acier à basse teneur de carbone；acier à faible teneur en carbone；acier demi-doux；acier doux
低填土　remblai de faible hauteur
低洼地　marais bas
低洼盆地地形　paysage de bassin fermé
低温柏油　goudron de basse température；goudron primaire
低温带　zone de basse température
低温尖轨后爬行　cheminement en arrière de l'aiguille dû au refroidissement
低压　basse pression；basse tension（BT）
低压保护　protection à basse tension
低压保护装置　équipement de protection à basse tension；protecteur à basse tension
低压电缆　câble à basse tension
低压电路　circuit basse tension
低压电气设备　installations électriques BT
低压供电电缆　câble d'alimentation à basse tension
低压开关　interrupteur BT
低压控制设备　équipement de commande BT
低压设备　installations à basse tension
低压水泵　pompe à basse pression
低于路基的人行道　bas-côté

低原　bas-pays
低质沥青　asphalte de qualité inférieure
堤　digue;jetée
堤坝防冲抛石　enrochement de digue
堤坝毁坏　destruction de digue
堤道　route sur digue
堤旁借方　excavation(déblais)latérale
堤坡坡角　angle de talus
滴定分析　analyse titrimétrique
滴定试验　essai(test)de titrage
滴水槽　goutte d'eau
抵押　hypothèque;nantissement
抵押贷款
　　prêt sur gages;prêt sur nantissement
抵押担保　cautionnement hypothécaire;
　　garantie hypothécaire
抵押合同　contrat de nantissement
抵押契约　acte de nantissement
抵押条款　clause de nantissement
抵押文书　acte constitutif d'hypothèque
抵押物保管　conservation des hypothèques
抵押证书　acte hypothécaire
抵押资产　actif donné en garantie
底板　planche de fond;plaque d'assise;
　　radier;semelle
底板沉降现象
　　phénomène d'abaissement de radier
底板尺寸　dimension de radier
底板厚度　épaisseur de radier
底板混凝土　béton de radier
底板加劲板　raidisseur de radier
底板开挖允许误差
　　tolérance d'excavation de radier
底板裂缝　fissure de radier
底板隆起　gonflement de radier
底板区域　zone du radier
底板上铺轨　pose de voie ferrée sur dalle
底板下沉　dépression de radier
底板下陷　affaissement de radier
底部　base;fond;partie basale;pied
底部标高　niveau de fond
底部坑道　galerie de fond
底部面积　surface de semelle
底层　assise;couche d'assise(fond, forme);
　　couche inférieure;substratum
底层变形　déformation de l'assise
底层结构　substructure
底层区域　zone inférieure
底导坑法　méthode à galerie d'assise

底灰　sous-enduit
底灰层　crépi
底基　base de fondation
底基层　couche de fondation
底基层厚　épaisseur de couche de fondation
底基土　sol de fondation
底基下层　sous-couche
底价　base de prix
底架　cadre de base;châssis
底架构件　composants de châssis
底架焊接　soudage de châssis
底架悬挂　suspension de châssis
底架中心线　axe de châssis
底架组装　assemblage de châssis
底脚基础　fondation directe
底梁　poutre de fond
底门　porte de fond
底门车　wagon de trappe
底面　face inférieure
底面密实性　compacité de l'assise
底模　coffrage de base;coffrage de fond
底漆　couche d'apprêt;enduit de fond;
　　peinture de primaire
底漆层　couche d'apprêt;couche
　　d'impression
底色　couleur de fond
底图　calque;carte de base
底涂层　couche d'apprêt
底土　sol de base;terrain d'appui
底托　palette
底托式翻斗　benne à patins
底卸车　wagon à déchargement par le fond
底(基)岩　roche solide
底砟　ballast de radier;ballast sous-jacent;
　　ballast subjacent
底砟顶面标高　cote du sommet de
　　ballast subjacent
底砟厚度　épaisseur de ballast sous-jacent
底砟摊铺　ballastage de radier;ballastage
　　sous-jacent;ballastage subjacent
底座　massif d'assise;semelle;siège;socle;
　　som-mier;soubassement
底座垫板　patin de socle
底座式旋转挖土机　pelle de base
地磅　pont-bascule
地表　surface terrestre;terrain superficiel
地表冲刷　érosion superficielle
地表高程　altitude de terrain
地表排水沟　drain de surface

地表水　eau de surface;eau superficielle
地表水保护　protection des eaux superficielles
地表水收集　collecte des eaux superficielles
地表下沉　subsidence de surface du sol
地表形态　modelé
地层　banc;couche;lit géologique;stratigraphie;stratum
地层磁探法　méthode d'examen magnétique de sous-sol
地层滑移　frane
地层界限　limite stratigraphique
地层勘探重力法　méthode gravitationnelle d'examen de sous-sol
地层剖面(图)　coupe géologique du sol;coupe stratigraphique;coupe de terrain
地层纵断面　profil stratigraphique
地层走向　allongement de couche
地产　fonds de terre
地产调查　enquête foncière
地产税　impôt foncier;taxe foncière
地—车呼叫　appel(rappel) de sol-train
地—车联络　liaison sol-train
地—车联络通信系统　système de communication sol-train
地—车联系　communication sol-train
地—车通话记录　enregistrement de conversation sol-train
地—车通话记录仪　enregistreur de conversation sol-train
地—车通信设备　équipement de communication sol-train
地—车应答器　répondeur sol-train
地—车应答器电子单元　LEU de répondeur sol-train
地秤　pont à bascule
地方当局　autorité locale
地方公路　route locale
地方交通　trafic local
地方时　heure locale
地方税　impôt local;taxe locale
地方铁路　chemin de fer d'intérêt local; chemin de fer local
地方习惯　usages locaux
地方系统　système local
地工力学调查　investigation géotechnique
地沟　fosse
地沟式浅基坑　fouille en rigole
地基　radier;terrain de fondation
地基承载力　portance du sol;capacité de soubassement
地基承载力计算　calcul de portance de la fondation
地基承载能力　capacité portante de la fondation
地基处理　traitement de l'assiette
地基勘测　exploration de fondation
地基勘查　examen du sous-sol; investigation de fondation
地基膨胀力　force de gonflement de la fondatio
地基土壤质勘查　reconnaissance du sol de la fondation
地基稳定　stabilité de la fondation
地基下沉　affaissement de la fondation
地基许可承载力　contrainte admissible de la fondation
地基支承力　force d'appui de la fondation
地基质量鉴定　appréciation de qualité de la fondation
地籍测量　arpentage cadastral
地籍调查　enquête de cadastre
地脚螺栓　boulon de fondation
地界　limite du terrain
地勘　investigation géotechnique
地壳运动　mouvement du sol
地控中心与列车相互联系　intercommunication entre le centre de contrôle terrestre et le train
地理条件　condition géographique
地理位置　position géographique;situation géographique
地理坐标　coordonnées géographiques; ordonnée géographique
地沥青　bitume asphaltique;goudron minéral
地沥青板　dalle d'asphalte
地沥青拌和机　mélangeur à asphalte
地沥青胶　asphalte ciment
地沥青块　asphalte bloc
地沥青路面　pavement d'asphalte
地沥青面层　revêtement en bitume asphaltique
地沥青乳液　émulsion asphaltique
地沥青砂胶　asphalte coulé sablé
地沥青水泥　ciment asphaltique
地沥青摊铺机　étaleur d'asphalte
地沥青岩　roche asphaltique
地垄墙　murette d'appui
地漏　siphon de sol

地螺钻　foreuse-sol
地貌　morphologie
地貌测量　morphométrie
地貌数据　données morphologiques
地貌图　carte en relief
地貌形态　forme de relief
地貌学　géomorphologie
地面　surface de terre
地面标高　niveau du sol(terrain)
地面标高控制　contrôle de niveau du sol
地面标志线　signalisation horizontale
地面标桩　jalonnement de terrain
地面不平　inégalité de terrain
地面测绘　levé terrestre
地面测量　mesure terrestre; topographie au sol
地面沉降　tassement de terrain
地面沉降观测
　observation de tassement du terrain
地面电子单元　Lineside Electronic Unit
　(LEU); unité électronique du sol
地面电子单元感应器　capteur de LEU;
　capteur de l'unité électronique du sol
地面感应器　capteur par terre
地面高程　cote de terrain
地面固定基准点　repère matérialisé sur
　le terrain
地面加速度　accélération au sol
地面交通　circulation au sol
地面接触器　contacteur par terre
地面接收设备
　installations de réception terrestres
地面径流　écoulement de surface;
　ruissellement sur le terrain
地面勘查　reconnaissance au sol
地面控制　commande terrestre; contrôle
　du sol; contrôle par terre
地面控制方式　mode de commande terrestre
地面控制设备
　équipement de commande terrestre
地面控制设备安装　montage des
　équipements de commande terrestre
地面—列车通信电台　radio sol-train(RST)
地面—列车无线电通信
　radiocommunication de sol-train
地面—列车无线电通信网络
　réseau de communication radio sol-train
地面裂缝　crevasse de sol
地面隆起
　gonflement de terrain; soulèvement du sol

地面排水　drainage à la surface; drainage de
　surface; drainage superficiel
地面排水系统　réseau de drainage superficiel
地面平整　aplanissement de sol
地面铺设　revêtement du sol
地面上集水管　collecteur de surface
地面设备　équipement au sol
地面设备安装
　montage des équipements au sol
地面渗水　infiltration de terrain
地面水流　ruissellement superficiel
地面水栓阴井　regard de prise d'eau
地面微波中继通信
　communication relayée de micro-onde du sol
地面温度　température du sol
地面下沉　affaissement du terrain; dépression
　(tassement) du sol
地面下陷　affaissement du terrain
地面信号　signal par terre
地面压实度　compacité de terrain
地面引水渠　aqueduc au sol
地面与列车间相互联系
　intercommunication sol-train
地面站　station sur sol; station terrestre
地面指示标　balisage de terrain
地面自然坡度　pente naturelle du terrain
地面坐标　ordonnée(coordonnée)terrestre
地名　toponyme
地名标志牌　panneau de localisation
地膜　géomembrane; membrane
地球物理测量　levé géophysique
地球物理法钻探　carottage géophysique
地球物理勘探　exploration géophysique;
　recherche géophysique
地球物理学　géophysique
地球物理钻探　forage géophysique
地区　contrée; région
地区道路　route régionale
地区间连接　lien régional
地区铁路线　ligne ferroviaire de la région
地区一体化协议
　accord d'intégration régionale(AIR)
地区整治　aménagement régional
地区中心控制站　poste de contrôle régionale
地热　géothermie
地热测量法　géothermétrie
地热发电厂　centrale géothermique
地热勘测　prospection géothermique
地热勘探　carottage géothermique

地热能　énergie géothermique
地势　configuration
地势起伏　ondulations du terrain
地铁　chemin de fer métropolitain
　　(métro); chemin de fer souterrain
地铁车辆　wagon de métro
地铁调头线　tiroir de manœuvre de métro
地铁工程　travaux de métro
地铁机车　locomotive de métro
地铁检票口转杆闸机
　　tourniquet de l'accès au quai de métro
地铁牵出线　voie de tiroir du métro
地铁施工　exécution de métro
地铁隧道　tunnel de métro
地铁隧道工程　travaux de tunnel de métro
地铁隧道施工　exécution de tunnel de métro
地铁线　ligne de métro
地铁线路走向　tracé de métropolitain
地铁站　station de métro
地铁整体道床
　　lit de voie monolithique du métro
地铁转向架　bogie de métro
地图　carte; carte géographique
地图绘制术　cartographie
地图绘制数据　données cartographiques
地下爆破　sautage souterrain
地下爆破采掘　abattage souterrain
地下部分　partie souterraine
地下测量　levé souterrain
地下车库　garage de sous-sol
地下车站　gare (station) souterraine
地下电缆　câble souterrain
地下敷设　installation souterraine
地下工程　construction souterraine; ouvrage souterrain; travaux souterrains
地下工程路线走向
　　tracé de l'ouvrage souterrain
地下管道
　　conduite enterrée; conduite souterraine
地下管网　réseau de tuyaux souterrains; réseau souterrain
地下管线　canalisation souterraine
地下含水层
　　nappe d'eau souterraine; nappe souterraine
地下和地表水保护区　zone de protection des eaux souterraines et superficielles
地下横向排水
　　drainage souterrain transversal
地下集水管　collecteur enterré

地下交通　trafic souterrain
地下结构　structure souterraine
地下结构工程
　　travaux de structure souterraine
地下开挖　excavation souterraine
地下廊道　galerie souterraine
地下连续墙　mur continu souterrain
地下排水
　　drainage profond; drainage souterrain
地下排水道　égout souterrain
地下排水沟
　　drain souterrain; fossé souterrain de drainage
地下渗水防护　protection contre les venues d'eau souterraine
地下施工法
　　méthode de construction souterraine
地下室　sous-sol
地下水　eau de fond; eau phréatique; eau souterraine
地下水层　eau de couche
地下水流　écoulement souterrain
地下水流量　débit d'eau souterraine
地下水位　niveau aquifère; niveau de nappe aquifère (phréatique)
地下水位等高线　courbe de niveau de la nappe aquifère (phréatique)
地下水位下降　abaissement de plan d'eau
地下水污染　pollution des eaux souterraines
地下隧道　tunnel souterrain
地下铁路　chemin de fer souterrain
地下停车场　parc (parking) souterrain
地下通道　galerie; passage souterrain
地下通道设计方案
　　avant-projet des ouvrages souterrains
地下通道施工
　　exécution de passage souterrain
地下土层勘探　exploration de sous-sol
地下土方工程
　　travaux de terrassement en souterrain
地下挖掘　creusement souterrain
地下挖土作业　terrassement en souterrain
地下线路　ligne souterraine
地下岩溶　karst sous-jacent
地下掩体　abri souterrain
地下引水渠　aqueduc souterrain
地下隐蔽工程验收
　　réception des ouvrages enterrés
地下纵向排水
　　drainage souterrain longitudinal

地心吸力　force de pesanteur
地形　configuration de terrain；configuration；
　　forme de terrain；relief
地形测绘　levé tachéométrique
地形测量　levé（mesure，opération）
　　topographique；topographie；topométrie
地形测量标桩　jalon topographique
地形测量定位基准
　　base de calage topographique
地形测量负责人　responsable de topographie
地形测量工程　travaux de topographie
地形测量工程师
　　ingénieur polygonal；ingénieur topographe
地形测量记录　relevé topographique
地形测量校正　correction topographique
地形测量图　dessin topographique
地形测量研究　étude topographique
地形测量仪
　　mesureur（instrument）topographique
地形测量员　géomètre topographe；mesureur
　　topographique；topographe
地形测量站点　station topographique
地形测量组　équipe topographique
地形测位　repérage topographique
地形等高线　courbe de niveau de terrain
地形地质剖面（图）
　　coupe géologique du terrain
地形分析　analyse du terrain
地形观测　observation du terrain
地形勘测　reconnaissance topographique
地形控制　contrôle topographique
地形面　surface topographique
地形模型　modèle en relief
地形剖面（图）　profil（coupe）du terrain
地形数据　données topographiques
地形水准测量　nivellement topographique
地形特征线　ligne caractéristique du terrain
地形条件　condition de relief（terrain）；
　　conditions topographiques
地形图　carte topographique；carte-relief；
　　levé du terrain；plan topographique
地形图形　figure topographique
地形线　ligne de relief
地形雨　pluie orographique
地形资料　document topographique
地震　mouvement sismique；séisme；
　　tremblement de terre
地震波　ondes sismiques
地震参数　paramètre de séisme

地震测井　sondage sismique
地震带　zone de tremblement de terre
地震断层　faille séismique
地震断面（图）　coupe sismique
地震法勘探　prospection sismique
地震反射勘探
　　prospection sismique à réflexion
地震范围　rayon séismique
地震分区　zonation sismique
地震记录　enregistrement sismique
地震监测　détection de séisme
地震监测系统
　　système de détection de séisme
地震检波器　détecteur sismique
地震勘测法
　　méthode de prospection séismique
地震勘测面波速度　vitesse d'ondes
　　superficielles de prospection sismique
地震勘探　reconnaissance sismique
地震烈度
　　degré séismique；intensité macro-séismique
地震剖面（图）　profil séismique
地震强度　intensité de séisme；intensité de
　　tremblement de terre
地震区　région sismique；zone sismique
地震探测　sondage sismique
地震探勘　exploration séismique
地震图　carte séismique
地震仪　appareil sismique；sismographe
地震预报　prédiction de séisme
地震预测　prévision de séisme
地震灾害　sinistre de tremblement de terre
地震折射勘探
　　prospection sismique à réfraction
地震作用　action sismique；effet de séisme
地址变更　changement d'adresse
地址录　relevé d'adresses
地质　géologie
地质报告　rapport géologique
地质参数　paramètre géologique
地质层　couche géologique
地质沉陷　affaissement géologique
地质锤　marteau de prospection
地质调查
　　étude（prospection，recherche）géologique
地质断层　décrochement de terrain
地质断裂　diaclase
地质断面　section géologique
地质队　équipe géologique

地质风险　risque géologique
地质风险控制　contrôle de risque géologique
地质工程报告　rapport géotechnique
地质工程分段　section géotechnique
地质工程勘探　reconnaissance géotechnique
地质工程师　ingénieur géologique；ingénieur géologue；ingénieur géotechnique
地质工程试验　essai(test)géotechnique
地质工程专家　spécialiste en géotechnique
地质构成类型　nature géologique de formation
地质构造　formation(structure)géologique；tectonique
地质构造层　nappe tectonique
地质构造图　carte tectonique
地质构造线　ligne tectonique
地质观测点　point d'observation géologique
地质化学勘探　prospection géochimique
地质记录　relevé géologique
地质鉴定　identification géologique de terrain
地质结构　contexte géologique
地质解释　interprétation géologique
地质勘测　étude(levé)géologique
地质勘测计划　programme d'investigation géotechnique；programme géotechnique
地质勘查　examen(investigation，inspection)géologique
地质勘探　exploration(prospection，recherche)géologique；reconnaissance du sol；reconnaissance géologique
地质勘探工程　travaux géologiques et géotechniques de reconnaissance
地质力学　géologie mécanique；géomécanique
地质年代　âge(période)géologique
地质盆地　bassin géologique
地质平面图　plan de masse géologique
地质剖面(图)　coupe géologique；profil géologique
地质侵蚀　érosion géologique
地质数据　données géologiques
地质特征　caractéristique géologique
地质条件　condition géologique
地质图　carte(plan)géologique
地质文件　document géologique
地质学　géologie
地质学专家　expert en géologie
地质总图　plan général géologique
地质纵断面图　plan de profil en long géologique
地质钻井　puits géotechnique
地质钻探　forage géologique；sondage géologique
地质钻探剖面(图)　coupe de sondage
地质作用　action géologique
地中海式气候　climat de la Méditerranée
地阻检测仪　mesureur de résistance de terre
递减折旧　amortissement décroissant(dégressif)
递降曲线　courbe décroissante
递交　remise；présentation
递交标书　dépôt(présentation，remise)des offres
递交并领取回执　dépôt contre récépissé
递交图纸　remise de plans
递交文件　remise de dossier
递升曲线　courbe croissante
递增荷载　charge progressive
递增折旧　amortissement progressif
第二产业　industrie secondaire；secteur secondaire
第三产业　industrie tertiaire；secteur tertiaire
第三方担保　garantie en aval
第三方监理费用　frais de contrôle externe
第三方检查　contrôle externe
第三者民事责任险　assurance contre la responsabilité civile à l'égard du tiers；assurance de responsabilité civile aux tiers
第一产业　industrie primaire；secteur primaire
第一基准面　repère initial
第一级三角测量　triangulation fondamentale；triangulation primordiale
缔结　conclusion
缔约方　partie contractuelle
缔约双方间争议　contestation(conflit)entre les deux parties contractantes
缔约文件　pièce contractuelle

dian

典型横断面(图)　section transversale type；profil transversal typique
点焊　soudage par points；soudure par points
点焊机　machine à souder par points；soudeuse électrique par points
点荷载　charge ponctuelle
点呼叫　appel point à point
点火　mise de feu(allumage)
点火分配器　distributeur d'allumage
点火试验　essai d'allumage

点火顺序　ordre d'allumage
点接触　contact de point; contact ponctuel
点击破碎机　machine à attaque ponctuelle
点距　espacement des points
点头运动　mouvement d'oscillation de tangage
点位标记　marque de point
点位观察　observation de point
点位设计　conception(étude)de point
点阵打印机　imprimante à impact
碘钨灯　lampe à iode; lampe iodure
电报　télégramme
电报电码　code télégraphique
电表　ampèremètre; compteur d'électricité; compteur électrique
电波　ondes électriques
电测深法　méthode de mesure électrique de profondeur; méthode de sondage électrique
电池组块　bloc batteries
电传动　transmission électrique
电传动内燃机车　diesel-électrique
电磁波　ondes électromagnétiques
电磁波污染　pollution des ondes électromagnétiques
电磁阀　valve(vanne)électromagnétique
电磁法　méthode électromagnétique
电磁法勘探　prospection électromagnétique
电磁辐射　radiation électromagnétique
电磁附着力　adhérence électromagnétique
电磁感应度　sensibilité électromagnétique
电磁钢轨探伤仪　détecteur électromagnétique de rail
电磁兼容　compatibilité électromagnétique(CEM)
电磁兼容性测试　test de compatibilité électromagnétique
电磁开关　interrupteur électromagnétique
电磁勘探　sondage électromagnétique
电磁耦合器　accouplement électromagnétique
电磁设备　équipement électromagnétique
电磁振荡　oscillations électromagnétiques
电灯　lampe électrique
电灯柱杆　fût de poteau électrique
电动拌和机　mélangeur électrique
电动泵　électropompe
电动臂板信号机　électrosémaphore
电动打夯机　dame à moteur
电动打桩机　sonnette électrique
电动道岔　aiguille à moteur

电动发电机　dynamoteur
电动阀　électrovalve; électrovanne
电动钢筋弯折机　cintreuse à moteur
电动隔离开关　sectionneur électrique
电动鼓风机　ventilateur électrique
电动夯　pilon électrique
电动葫芦　appareil de levage électrique; palan électrique
电动滑车　palan électrique
电动滑门　portail coulissant électrique
电动机　électromoteur; moteur électrique
电动机转速　vitesse de moteur
电动挤岔　talonnage électrique
电动搅拌机　agitateur électrique
电动列车　train électrique
电动列车线路结构　structure de voie de train électrique
电动桥式起重机　pont électrique
电动切割机　découpeuse électrique
电动信号　signal électrique
电动液压钻机　perforateur électro-hydraulique
电动圆锯　scie circulaire électrique
电动转辙机　aiguillage électrique
电动钻机　perforateur électrique
电动钻孔　perforation électrique
电动钻岩机　marteau perforateur électrique
电镀车间　atelier de galvanoplastie
电镀钢　acier galvanisé
电法　procédé électrique
电法勘探　carottage(prospection)électrique
电杆绝缘子　isolateur de poteau électrique
电工　électricien
电工工程师　ingénieur électrotechnique
电工技术员　électrotechnicien
电工皮带　ceinture à outil
电工钳　pince d'électricien
电功率　puissance électrique
电功率表　électrodynamomètre
电焊　électrosoudure; soudage(soudure)électrique
电焊工　soudeur
电焊护眼镜　lunettes à soudure
电焊机　soudeuse électrique; soudeuse
电焊面罩　masque anti-arc; masque de soudure
电焊条　baguette électrique; électrode à arc; soudure électrode
电荷　charge électrique
电荷密度　densité électrique

电弧　arc électrique
电弧焊　soudage à l'arc; soudure à l'arc électrique
电弧焊机　soudeuse à l'arc
电弧炉　four à arc
电弧熔焊　soudure par fusion à l'arc électrique
电葫芦　palan électrique
电话闭塞　block par téléphone
电话闭塞法行车　circulation par méthode de block par téléphone
电话闭塞系统　block-système par téléphone
电话电缆　câble téléphonique
电话间　cabine téléphonique
电话控制道口　barrière à poste d'appel
电话—内线电话子系统　sous-système de téléphonie-interphonie
电话亭　poste téléphonique
电话通信　communication téléphonique
电话通信记录　enregistrement de communication téléphonique
电话网　réseau téléphonique
电话线　fil téléphonique
电话线杆　poteau téléphonique
电回路导线　fil conducteur de retour de circuit
电机安装　installation(montage) de moteur électrique
电机保护装置　protecteur de moteur électrique
电机工程师　ingénieur électromécanique
电机故障　panne de moteur électrique
电机换流器　onduleur de moteur électrique
电机绝缘　isolation de moteur électrique
电机驱动　entraînement de moteur électrique
电机线圈　bobine de moteur électrique
电机性能　performance de moteur électrique
电机振动　vibration de moteur électrique
电机轴承　roulement de moteur électrique
电极　électrode
电解　décomposition électrolytique; électrolyse
电开关跳闸　déclenchement de disjoncteur électrique
电空转辙机　moteur d'aiguille électropneumatique
电控道岔　aiguille télécommandée
电控门　porte de contrôle électrique
电缆　câble électrique

电缆保护套管　tube protecteur de câbles électriques
电缆槽　caniveau à câbles électriques; réservation de câbles électriques
电缆端头　bout de câbles électriques
电缆分线盒　boîte à câbles électriques
电缆钢套管保护　protection de câbles électriques par tube métallique
电缆沟　caniveau à câbles électriques; tranchée de câbles électriques
电缆沟盖板　dalle de couverture de caniveau à câbles électriques
电缆沟清理　purge de tranchée des câbles électriques
电缆盒　boîte de câbles électriques
电缆夹　pince de câbles électriques
电缆架　porte-câbles électriques
电缆检查井　chambre de visite de câbles électriques
电缆井　chambre de tirage; puits de visite à câbles électriques; regard de connexion des câbles électriques
电缆廊道　galerie de câbles électriques
电缆连接箱　boîte de connexion de câbles électriques
电缆铺设　installation de câbles électriques
电缆铺设机　machine à poser les câbles électriques
电缆桥(架)　passerelle à câbles électriques; banquette(chemin) de câbles électriques
电缆桥架体系　système de chemin de câbles électriques
电缆套管　fourreau(gaine, manchon) de câbles électriques
电缆托架　support de câbles électriques
电缆线　câble électrique
电缆线保护　protection de câbles électriques
电缆线管　conduite de câbles électriques
电缆线检查井　chambre de tirage des câbles électriques
电缆线跨越　franchissement de lignes électriques
电缆箱　boîte à bornes de câbles électriques
电缆芯线　âme de câbles électriques
电缆引入　arrivée de câbles électriques
电缆引入口　entrée de câbles électriques
电缆支架　cadre d'appui de câbles électriques
电缆直墙管道　cheminée d'ascension de câbles électriques

电缆终端　extrémité de câbles électriques
电雷管　amorce d'allumage électrique；
　　amorce de tension；détonateur(fulminant)
　　électrique
电雷管爆破　tir électrique
电力不足　insuffisance de l'électricité
电力传动动车
　　train automoteur à transmission électrique
电力传输方式
　　mode de transmission électrique
电力传输损耗
　　perte de transmission électrique
电力传输系统
　　système de transmission électrique
电力电缆　câble d'énergie
电力调度　régulation d'énergie électrique
电力动车　automotrice électrique
电力方式　mode électrique
电力分配　distribution de courant
电力分区　sectionnement électrique
电力工程
　　travaux d'énergie；travaux électriques
电力工程验收
　　réception des travaux de l'énergie
电力供区　section alimentée électrique
电力柜　armoire électrique
电力机车　locomotive électrique
电力机车动能
　　énergie de locomotive électrique
电力机车牵引
　　traction de locomotive électrique
电力机车制造厂　usine de fabrication de
　　locomotives électriques
电力控制　commande électrique
电力控制系统
　　système de commande d'électricité
电力控制站　poste de contrôle de l'énergie
电力牵引　traction électrique
电力牵引方式　mode de traction électrique
电力牵引分区
　　sectionnement de traction électrique
电力牵引工程　travaux de traction électrique
电力牵引工程验收
　　réception des travaux de traction électrique
电力牵引固定设备　installations fixes
　　de traction électrique(IFTE)
电力牵引接触线　fil de contact de caténaire
电力牵引设备
　　installations de traction électrique

电力牵引设施工程
　　travaux des installations de traction électrique
电力牵引设施工程验收　réception des
　　travaux des installations de traction électrique
电力牵引所　poste de traction électrique
电力牵引网　réseau de traction électrique
电力牵引系统　système de traction électrique
电力抢修　dépannage électrique
电力设备配件
　　accessoires des appareils électriques
电力设备通电测试
　　essai(test)de mise sous tension
电力设备维护手册　manuel de maintenance
　　des équipements électriques
电力室　salle électrique
电力送风装置　soufflerie électrique
电力调节器　régulateur de sous-station
电力网　réseau de courant；réseau électrique
电力系统
　　système d'énergie；système électrique
电力线路安装
　　installation de lignes électriques
电力消耗量　consommation de courant
电力转换器　transducteur électrique
电力装置　organe électrique
电量　quantité d'électricité
电流　courant électrique
电流比(率)计　quotientmètre
电流变压器
　　transformateur de courant électrique
电流不稳　fluctuation de courant électrique
电流传感器　capteur de courant électrique
电流单位　unité de courant électrique
电流峰值　pointe de courant électrique
电流感应器　senseur de courant électrique
电流干扰　perturbation de courant électrique
电流互感器　capteur de courant électrique
电流回路　circuit de retour de courant
电流绝缘子　isolateur de courant
电流开关　sectionneur
电流量　débit de courant électrique
电流强度　intensité de courant électrique
电流速度　vitesse de courant électrique
电流整流器　redresseur de courant électrique
电流转换器
　　transducteur de courant électrique
电炉钢　acier au four électrique
电路　circuit électrique；circuit
电路板　carte(plaque)à circuit

电路保护器　protecteur de circuit
电路保险管　cartouche de circuit
电路闭合　fermeture de circuit
电路负荷　charge de circuit
电路干扰　perturbation de circuit
电路交换　commutation de circuit
电路接地　mise à la terre de circuit
电路连接　connexion de circuit
电路连接方式　mode de connexion de circuit
电路耦合　couplage de circuit
电路设计　étude de circuit
电路阻抗　impédance de circuit
电码轨道电路　circuit de voie à courant codé
电码轨道电路电流　courant de voie code
电码核实　vérification de codes
电脑程序　programme de l'ordinateur
电脑系统恢复
　rétablissement de système de l'ordinateur
电能　énergie électrique
电能分配管理
　gestion de distribution en énergie électrique
电耙　pelle racleuse électrique
电刨　rabot électrique
电瓶轨道车　automotrice à accmulateurs
电起爆器
　amorce électrique/détonateur électrique
电气安装　installation(montage)électrique
电气车间　atelier électrique
电气电子工程师协会　Institut des Ingénieurs
　Electriques et Electroniques
电气工程师　ingénieur électricien
电气化　électrification
电气化复线改造
　redoublement de ligne électrifiée
电气化干线　ligne principale électrifiée;voie
　principale électrifiée
电气化干线枢纽
　nœud de voie principale électrifiée
电气化工程　travaux d'électrification
电气化工程验收
　réception des travaux d'électrification
电气化路段　tronçon de voie électrifiée
电气化区段　section électrifiée
电气化设备　équipement électrifié
电气化设备安装
　montage des équipements électrifiés
电气化施工　réalisation de l'électrification
电气化铁路　chemin de fer électrifié
电气化铁路工程　travaux de voie électrifiée
电气化铁路桥面　tablier de voie électrifiée
电气化铁路设计　étude de voie électrifiée
电气化系统　système d'électrification
电气化线宽度　largeur de ligne électrifiée
电气化线路　ligne électrifiée;voie électrifiée
电气化线路标准　critère de voie électrifiée
电气化线路干扰
　perturbation de ligne électrifiée
电气化线路工程　travaux de ligne électrifiée
电气化线路结构
　structure de la ligne électrifiée
电气化线路连接
　raccordement de ligne électrifiée
电气化线路牵引动力
　énergie de traction pour la ligne électrifiée
电气化线路设计
　conception de voie électrifiée
电气化线路投资
　investissement de ligne électrifiée
电气化线路维护
　maintenance de ligne électrifiée
电气化线路维修
　maintenance de voie électrifiée
电气化线路限界　gabarit de ligne électrifiée
电气集中联锁信号
　signalisation à blocage centralisé électrique
电气集中联锁信号楼　poste électrique
　d'enclenchement;centralisé électrique
电气绝缘　isolation électrique
电气连接器　coupleur électrique
电气路牌　plaque pilote électrique
电气路牌闭塞
　block de plaque pilote électrique
电气路签　bâton pilote électrique
电气路签闭塞
　block de bâton pilote électrique
电气设备　matériel électrique
电气设计　étude électrique
电气设施　installations électriques
电气锁闭　calage(verrouillage)électrique
电气铁路　chemin de fer électrique
电气制动　freinage électrique
电气装置　dispositif(équipement)électrique
电气装置安装
　montage des équipements électriques
电器　appareil électrique
电器保护装置
　protecteur de l'appareil électrique
电器标准　norme électrique

电器短路　court-circuit de l'appareil électrique
电器分包商　sous-traitant des équipements électriques
电器兼容　compatibilité des appareils électriques
电器联锁　enclenchement électrique; asservissement électrique
电器设备安装　installation des équipements électriques
电器设备比较　comparaison des appareils électriques
电器图　dessin des appareils électriques
电桥箱　boîte à pont
电热管　tube électrothermique
电热水器　chauffe-eau électrique
电容　capacité électrique
电容器　condensateur
电容箱　boîte de capacité
电石　bakélite
电视广播　télédiffusion
电视监视系统　système de surveillance par TV; système de télésurveillance
电视控制　contrôle par télévision
电视摄像机　caméra de télévision
电视摄像监视系统　système de télésurveillance par caméra
电视塔　tour de télévision
电枢　armature
电刷　balai électrique
电锁　serrure électrique
电锁器　verrou électrique
电锁器联锁　enclenchement par verrou électrique
电台　radio
电台呼叫　rappel par radio
电台频率　fréquence de radio
电探　électroprospection; exploration (carottage, sondage) électrique
电探法　méthode d'électrosondage
电探仪　appareil de prospection électrique
电梯　ascenseur électrique
电梯井　gaine d'ascenseur; puits d'ascenseur
电梯内壁　paroi d'ascenseur
电网负荷　charge de réseau d'électricité
电网改道　déviation de réseau d'électricité
电网恢复工程　travaux de rétablissement du réseau d'électricité
电位　potentiel de courant; potentiel

电位差　différence de potentiel
电文编号　numérotation de message
电务操作　manœuvre(opération) électrique
电务操作程序　programme d'opération électrique
电务段　dépôt(division) d'énergie de voie
电务段变电所　sous-station de division d'énergie de voie
电务分区所　poste de sectionnement électrique
电务维修　entretien électrique
电线　conduite d'électricité; fil électrique
电线杆　poteau de fil électrique; poteau de ligne électrique; poteau électrique
电线夹　serre-câble
电线老化　vieillissement de fil électrique
电线塔　pylône électrique
电线塔架　pylône de ligne électrique
电线塔柱　fût de pylône électrique
电线悬挂　suspension de fil électrique
电消耗　consommation d'électricité
电信　télécommunication
电信标　balise
电信工程施工　réalisation des travaux de télécommunication
电信工业协会　Association des Industries de Télécommunication(AIT)
电信设备套件　kit des équipements de télécom
电信套管　fourreau de télécommunication
电信网络　réseau Télécom
电压　tension
电压保护　protection de tension
电压保护装置　protecteur de tension
电压变化　variation de tension électrique; variation de voltage
电压标准　critère de tension
电压表　voltmètre
电压波动　fluctuation de tension
电压放大　amplification de tension
电压过低　insuffisance de tension
电压降低　baisse de tension
电压上升　montée de tension
电压损失　perte de tension
电压调节器　régulateur de tension
电压系统　système de voltage
电液转辙机　moteur d'aiguille électrohydraulique
电源　source d'électricité

D

电源故障　panne de courant
电源控制箱
　　boîtier de contrôle d'alimentation
电闸耦合
　　couplage d'interrupteur
电振荡　oscillations électriques
电子版　copie électronique
电子测量　mesure électronique
电子测图　levé électronique
电子存储器　mémoire électronique
电子感应器　senseur électronique
电子工程师　ingénieur électronique
电子工业协会　Association des Industries Electroniques(AIE)
电子管　lampe de radio;lampe de TSF;tube électronique
电子计算机　ordinateur électronique
电子记事本　agenda électronique
电子技术装备　matériel électronique
电子经纬仪　théodolite électronique
电子控制　commande électronique
电子控制集中联锁装置
　　dispositif d'enclenchement centralisé par contrôle électronique
电子路牌　plaque pilote électronique
电子路签　bâton pilote électronique
电子路签闭塞
　　block de bâton pilote électronique
电子路签编号
　　numérotage de bâton pilote électronique
电子扫描　balayage électronique
电子释放　libération d'électrons
电子束焊接
　　soudure par bombardement électronique
电子水准仪　niveau électronique
电子锁闭　verrouillage électronique
电子文档
　　fichier électronique;document électronique
电子仪器
　　appareil électronique;instrument électronique
电子指示器　indicateur électronique
电子装备　équipement électronique
电轴　axe électrique
电阻　résistance électrique
电阻法垂直勘探
　　prospection verticale à résistivité
电阻焊
　　soudage par résistance;soudure par résistance
电阻勘探　sondage électrique à résistivité

电阻率　résistivité;taux de résistance électrique
电阻器　résistor
电阻箱　boîte de résistance
电阻系数　résistance spécifique
电钻　foret(perceuse,sondeuse)électrique
电钻钻头　perce de perceuse électrique
垫板　cale;patin;plaque(semelle)d'appui;plaque d'assise;platine
垫板打孔　perçage de platine
垫板厚度　épaisseur de plaque d'appui
垫板整平　planage de platine(semelle)
垫板支撑　support de platine
垫板中心位置　position de l'axe de platine
垫层　lit d'assise;semelle;couche de forme
垫层材料　constitution de la couche de forme
垫层厚度　épaisseur de couche de forme
垫层混凝土　béton de radier
垫层洒水　arrosage sur la couche de forme
垫层碎石　grave de fondation
垫块　bloc d'appui;bloc;bossage;bosse;cale;masse d'appui
垫款　débours
垫木　cale en bois;tasseau
垫木间距　distance entre cales en bois
垫片　rondelle
垫圈　rondelle
垫砟起道作业　relevage de voie par ballastage
垫住　calage
奠基　pose de première pierre
奠基纪念碑
　　stèle commémorative de pose de la 1ère pierre

diao

吊车　grue
吊车梁　poutre de pont-roulant
吊顶　faux-plafond
吊斗　benne;benne suspendue
吊杆　membrure de suspension;suspente;tige de suspension
吊钩　crochet
吊货杆　écoperche
吊机行走线　voie de service à grue
吊架　berceau de construction;berceau
吊件　composants suspendus
吊旧轨　levage de rail usé
吊篮　bercelonnette;cage;nacelle;panier suspendu
吊笼　bercelonnette

吊盘　plateau de suspension；pont volant
吊桥　pont de suspension；pont ouvrant
　　（volant，suspendu）；pont-levis
吊桥吊杆　suspente de pont de suspension
吊筛　crible galopant
吊绳　tiraude
吊索　câble de levage(suspension)
吊索悬挂　suspension de câble de levage
吊弦　pendule
吊销　pivot suspendu
吊销驾照
　　suppression de permis de conduire
吊轴　essieu suspendu
吊装　levage
吊装机械　appareil de levage
吊装设备　engin de levage
调查　enquête；recensement
调查报告　rapport de l'enquête
调查表　questionnaire
调查方法　méthode d'investigation
调查委员会　commission d'enquête
调车编组
　　formation par le triage de wagons
调车编组场
　　faisceau de triage des wagons
调车场　rampe de triage des wagons
调车道岔
　　aiguille de manœuvre(régulation)du train
调车机车
　　locomotive de manœuvre(régulation，triage)
调车机车应用
　　application de locomotive de manœuvre
调车机车折返　rebroussement(retour)de
　　locomotive de triage
调车计划更新
　　actualisation de plan de manœuvre
调车区电气联锁
　　enclenchement électrique dans la
　　zone de régulation des trains
调车色灯信号(机)　signal lumineux de
　　manœuvre du train；signal lumineux de
　　régulation du train
调车事故　accident de manœuvre du train
调车线路　itinéraire de manœuvre du train
调车信号
　　signal de manœuvre(régulation)du train
调车员　agent de manœuvre de train
调车指令　instruction de manœuvre de
　　train；ordre de débranchement de wagons

调车作业　débranchement des wagons；
　　manipulation（opération）de manœuvre du
　　train；manœuvre d'accostement（triage）du
　　train；mouvement de manœuvre des trains
调车作业程序　programme d'opération de
　　manœuvre des trains
调车作业计划
　　plan de manœuvre d'accostement des trains
调车作业监视
　　surveillance de manœuvre de wagons
调车作业通知单
　　avis de manœuvre d'accostement du train
调车作业效率　efficience de manœuvre
　　d'accostement du train
调动　mobilisation
调动人员　mobilisation du personnel
调动设备　mobilisation de matériels
调动需要的资源
　　mobilisation de ressources nécessaires
调度　régulation
调度处　service de régulation de trains
调度方式　mode de régulation
调度呼叫　rappel de régulateur
调度回复　réponse de régulateur
调度监控　supervision de régulation
调度监控显示
　　indication de surveillance de régulation
调度控制　commande par le régulateur
调度能力　capacité de régulation
调度区段　canton(section)de régulation
调度区间　canton(section)de régulation
调度室　cabine(poste)de régulation；
　　dispatching；salle de dispatching
调度台　pupitre de commande de dispatcher
　　（manœuvre）；pupitre de manœuvre
　　（régulateur）
调度无线电通信
　　radiocommunication de régulation
调度系统软件
　　logiciel de système de régulation
调度信息　message de régulation
调度员　dispatcher；régulateur
调度站　gare régulatrice；poste de régulation
调度指令　directive de régulation de train；
　　ordre de régulation
调度指令接收
　　réception de l'instruction de régulateur
调换　substitution
调机库　atelier de réglage

调机折返　retour de locomotive de manœuvre
调机折返地点
　　lieu de retour de locomotive de manœuvre
调遣费　frais d'affectation
调头站　gare de retournement
掉块　exfoliation
掉头换挂　retournement et réattelage

die

跌落阴井　regard de dénivellement
跌水方式　forme de cascades
跌水高度　hauteur de chute d'eau
跌水井　chambre de chute d'eau
跌水施工　réalisation de descente d'eau
跌水式涵洞　dalot à forme de cascades；
　　dalot de descente d'eau en escalier
跌水台阶
　　perron de baisse d'eau；redan de chute d'eau
迭板弹簧　ressort à lames
叠放　gerbage
叠加法　méthode de superposition
叠加原理　principe de superposition
碟形砂轮　meule assiette
蝶阀　vanne à papillon

ding

丁坝　épi
丁基橡胶　caoutchouc butyle
丁字尺　équerre en T
丁字钢　fer à T
钉齿耙　herse
钉连枕木　clouage des traverses en bois
钉耙　croc；émotteur
顶　chapeau；sommet
顶板　dalle supérieure；plaque supérieure
顶板沉降　abaissement de toit
顶板厚度　épaisseur de plaque supérieure；
　　épaisseur de toit
顶板加固　consolidation de toit
顶板斜向宽度
　　largeur oblique de plaque de toit
顶板压力
　　poussée de faîte；pression par le haut
顶部　crête
顶导坑　galerie en haut
顶灯　plafonnier
顶点　point de sommet；sommet；zélith
顶端　extrémité
顶盖　couvercle
顶高　hauteur de toit
顶级建筑企业
　　entreprise "Top" de construction
顶进　avancement par cric
顶进法　méthode d'avancement par cric
顶进涵　poussage de dalot
顶梁　semelle de tête
顶面　face supérieure；sommet
顶面宽度　largeur de sommet
顶棚　plafond
顶棚防水　étanchéité de couverture
顶推法　méthode de poussée
顶推法施工
　　construction par méthode de poussée
顶推方法　procédé de poussée
顶推梁　poussage de poutre
顶推器　cric de poussée
顶推施工　exécution par méthode de poussée
顶推作业　opération par méthode de poussée
顶线　arasement de crête
订单　bulletin de commande
订购　commande
订购材料　commande de matériaux
订购单　bulletin d'abonnement
订购钢轨　commande de rails
订购钢筋　commande des aciers
订购机器　commande de machine
订购木材　commande des bois
订购日期　date de commande
订购设备　commande des équipements
订购水泥　commande de ciments
订货部分付款　acompte à la commande
订货单　bon de commande
订货期限　délai de commande
订立合同　conclusion de contrat
定板压力　pression de faîte
定标　jalonnage
定测　mesure de détermination
定尺寸　dimensionnement
定点　fixation de point
定点停车　arrêt au point prévu
定额　quantité déterminée；quota
定购合同　marché à commandes
定红线　calage de ligne rouge
定价　détermination des prix
定界　bornage
定界标桩　jalonnement de bornage
定界线　bordage
定镜水准仪　niveau à lunette

定距块	bloc de distance
定口径	calibrage
定量	détermination quantitative
定量分析	analyse quantitative
定量分析法	méthode d'analyse quantitative
定量解释	interprétation quantitative
定量界线	limite quantitative
定量评价	évaluation quantitative
定量调节	réglage quantitatif
定量值	valeur quantitative
定期	terme fixe
定期保险	assurance à terme fixe
定期保养	maintenance préventive
定期报告	rapport périodique
定期轨道更新	renouvellement périodique de voie
定期合同	contrat à délai déterminé
定期加固	renforcement périodique
定期检查	contrôle périodique (régulier)
定期结算	règlement à terme
定期取样	prélèvement périodique
定期维护	entretien régulier
定期维修	entretien périodique
定时爆破	explosion à retardement
定时加速	accélération temporisée
定时开关	interrupteur horaire
定时控制	commande à temps-fixes
定时控制设备	équipement de commande à temps-fixes
定位	localisation; mise en position; position fixe; positionnement
定位爆破	explosion localisée (repérée)
定位道岔	aiguille en position régulière
定位点	point de calage (positionnement)
定位钩	crochet de position
定位基准	base de calage
定位技术	technique de mise en position
定位精度	précision de positionnement
定位联锁	enclenchement normal
定位偏差	divergence d'implantation
定位器	positionneur
定位试验	essai (test) en poste fixe
定位锁闭	calage de position
定位误差	écart d'implantation
定位线	repère fixe
定位销	goupille de position
定位桩	piquet d'implantation
定位装置	dispositif (organe) de positionnement
定位座	console (logement, siège) de fixation de position
定线	bornage; tracé définitif; fixation (positionnement) de tracé de voie
定线标桩	piquetage du tracé de voie
定线测量	mesure du tracé
定线设备	équipement (matériel) d'implantation
定线调整	ajustement de tracé définitif
定线修正	correction de tracé définitif
定线坐标	ordonnée (coordonnée) de tracé
定向	orientation; repérage
定向爆破	explosion directionnelle (orientée)
定向爆破方式	mode d'explosion orientée
定向标	balise d'orientation
定向标记	indication de repérage
定向交叉	intersection directionnelle
定向交通	trafic directionnel
定向立交	échangeur directionnel
定向岩心	carotte orientée
定向凿岩	forage (sondage) dirigé; forage en direction
定向指数	indice directionnel
定向制图	calage des couples
定向桩	pieu de direction
定向装载机	pelle chargeuse orientale
定形	forme définie
定型构件	élément normalisé; élément standard; élément type
定型构造物	ouvrage-type
定型模板	coffrage standard
定型设备	équipement type
定型设计	conception (étude) courante; étude standard; projet-type
定性	détermination qualitative
定性分析	analyse qualitative
定性分析法	méthode d'analyse qualitative
定性结果	résultat qualitatif
定性调整	réglage qualitatif
定修	réparation périodique; révision périodique
定修标记	marque de réparation périodique
定修车辆段	dépôt de révision périodique
定修作业	opération de réparation périodique
定义	définition
定员	fixation du personnel
定员车厢	voiture à nombre de places limitées
定员列车	train à nombre de places limitées
定桩	implantation; positionnement de pieux

锭　lingot
锭钢　acier homogène

dong

冬季机车打温作业　opération de réchauffage de locomotive en hiver
冬季平均水位　niveau moyen d'hiver
冬季施工　exécution des travaux en hiver
冬季施工工程　travaux d'hiver
冬令时间　heure d'hiver
董事会　conseil d'administration
动产　biens meubles; biens mobiliers
动产抵押　hypothèque mobilière
动产扣押　saisie mobilière; saisie-exécution
动产所有权　propriété mobilière
动车乘务组人员　équipage de rame automotrice
动车段　dépôt des motrices
动车结构　structure de train automoteur
动车流线型机身　carénage de l'autorail
动车模型　maquette(modèle) de rame automotrice
动车速度　vitesse de train automoteur
动车所　poste de motrices
动车维修　maintenance de rame automotrice
动车一体化动态试验　essai d'intégration dynamique de rame automotrice
动车运用所　poste de rames automotrices
动车轴重　poids par essieu d'automotrice
动车组　rame automotrice; train automoteur
动车组包乘制　système de rame automotrice assignée à l'équipe de conduite; système de service fixe de rame automotrice par l'équipage de conduite
动车组编组　composition de train automoteur
动车组长度　longueur de rame automotrice
动车组车次编号　numérotage de rame automotrice
动车组车底解列　débranchement de rame automotrice
动车组车底类型　type et modèle des voitures de rame automotrice
动车组成　composition(constitution, formation) de rame automotrice
动车组到达间隔时间　intervalle d'arrivée des rames automotrices
动车组到达延误　retard d'arrivée de rame automotrice
动车组动力性能测试　test de performance dynamique de groupe automoteur
动车组对向行驶频率　fréquence de circulation à direction opposée de rame automotrice
动车组发车间隔　intervalle d'expédition des rames automotrices
动车组返程　retour de rame automotrice
动车组检修站　poste de rames automotrices
动车组列　file de rame automotrice
动车组列车　train automoteur
动车组列车站台　quai de train automoteur
动车组列车折返　rebroussement(retour) de rame automotrice
动车组列加长　allongement de rame automotrice
动车组流线型机身　carénage de rame automotrice
动车组轮乘制　système de service alternatif de rame automotrice par l'équipage de conduite
动车组牵引系统　système de traction de rame automotrice
动车组全周转　rotation complète de rame automotrice
动车组试验　essai(test) de rame automotrice
动车组数量　nombre de trains automoteurs
动车组速度　vitesse de rame automotrice
动车组相互间保持的距离　inter-distance gardée entre deux rames automotrices
动车组型号　type de rame automotrice
动车组整备库　dépôt d'approvisionnement de rame automotrice
动车组整备能力　capacité d'approvisionnement de rame automotrice
动车组制动系统　système de freinage de rame automotrice
动车组制造序列代码　code de série de fabrication de rame automotrice
动车组转向架　bogie de rame automotrice
动车组组合　combinaison(composition, constitution, formation) de rame automotrice
动车组组节调整　réglage d'attelage de rame automotrice
动程　parcours roulant
动荷系数　coefficient de charge dynamique
动荷应力　contrainte dynamique
动荷载　charge mobile; poids mobile
动力　force motrice; force dynamique
动力补偿　compensation dynamique

动力补偿方式　mode de compensation dynamique
动力不足　défaut(insuffisance) dynamique
动力不足现象　phénomène d'insuffisance dynamique
动力参数　paramètre dynamique
动力插座　prise de force motrice
动力车　voiture motrice
动力车间　local dynamique
动力车厢　wagon automoteur
动力触探　pénétration(sondage) dynamique
动力触探试验　essai(test) de pénétration dynamique
动力触探仪　pénétromètre dynamique
动力打夯机　dameur à moteur; grenouille à moteur
动力单元　unité de force motrice
动力分布方式　modalité de distribution de force motrice
动力分配　distribution de force dynamique
动力分配系统　système de distribution d'énergie
动力分配形式　forme de distribution de force dynamique
动力分散　dispersion dynamique
动力分散技术　technique de force motrice dispersée
动力分散式动车组　rame automotrice type de force motrice dispersée
动力分析　analyse dynamique
动力机车动力线　fil de contact de locomotive électrique
动力集中技术　technique de force motrice centralisée
动力技术　technique dynamique
动力绞车　treuil à moteur
动力轮对　essieu moteur
动力模量　module dynamique
动力曲线　courbure(courbe) dynamique
动力设计　conception dynamique; étude de force motrice
动力实验室　laboratoire dynamique
动力试验　épreuve(essai, test) dynamique
动力试验车　wagon dynamomètre
动力室　salle d'énergie
动力衰减　atténuation de force dynamique
动力衰减现象　phénomène d'atténuation de force dynamique
动力衰退　affaiblissement dynamique

动力损失　perte dynamique
动力稳定车　voiture à stabilité dynamique
动力稳定作业　opération à stabilité dynamique
动力系数　coefficient(facteur) dynamique
动力系统　réseau de force motrice; système dynamique
动力系统测试　essais de système dynamique
动力系统设计　conception(étude) de système dynamique
动力下降　abaissement de force dynamique
动力线　ligne d'énergie; ligne de force dynamique; ligne de puissance
动力性能　performance dynamique
动力性能参数　paramètre de performance dynamique
动力性能测试　essai(test) de performance dynamique
动力性能评定　évaluation de performance dynamique
动力性能调查　enquête de performance dynamique
动力学　dynamique
动力要求　exigence dynamique
动力异常现象　phénomène anormal de force dynamique
动力站　station de force motrice; station motrice
动力制动　freinage dynamique
动力转换　transformation de puissance
动力转向架　bogie dynamique; bogie moteur
动力钻孔　perforation dynamique
动力作用　action(effet) dynamique
动量　quantité de mouvement
动轮轴箱　boîte d'essieu de roue motrice
动轮转向架　bogie moteur
动脉　artère principale
动摩擦　frottement cinétique
动挠度　flèche dynamique
动能　énergie cinétique; puissance dynamique
动能传输　transmission dynamique
动能可靠性　fiabilité de dynamique
动能转换率　pourcentage de conversion de l'énergie cinétique
动偏移限界　gabarit à déviation mobile
动平衡　balance(équilibrage, équilibre) dynamique
动迁费用　coût d'expropriation
动迁赔偿费　compensation d'expropriation

动态　état dynamique
动态规划　programme dynamique
动态平衡　équilibre dynamique
动态特性　caractéristique dynamique
动态位移　déplacement dynamique
动态限界　gabarit mobile
动态信息　informations variables
动探击数　nombre de coups de sondage dynamique
动物保护区　réserve zoologique; zone de protection des animaux
动物保护区标志　signe de zone des animaux
动物迁移区　zone de transfert de faune
动物通道　corridor des animaux; passage de faune
动物通道施工　exécution de passage de faune
动物通道数量　nombre de passage de faune
动向轴　essieu de roue de commande
动压力　pression dynamique
动压力测量　mesure de pression dynamique
动压推力　poussée dynamique
动员　mobilisation
动员费　frais de mobilisation
动载　charge dynamique
动载试验　essai (test) de charge dynamique
动轴　arbre moteur
动阻力　résistance dynamique
动作电位　potentiel d'action
冻结　congélation
冻结带　zone de congélation
冻结点　point de congélation
冻结点温度　température de point de congélation
冻结法　procédé de congélation
冻结法掘进　creusement par congélation
冻结深度　profondeur de congélation
冻结速度　vitesse de congélation
冻融层　mollisol
冻土　sol (terrain) gelé; terre gelée
冻土层　couche de sol gelé; terrain congelé
冻土地带　zone de sol gelé
冻土路基　assise de voie en sol gelé; fondation de sol gelé
冻土路基厚度　épaisseur de fondation de sol gelé
冻土学　cryopédologie
冻胀　gonflement dû au gel
冻胀隆起　bosse due au gel
洞　cave; cavité; trou
洞口　trappe
洞口尺寸　dimension d'ouverture
洞口段调坡　réglage de pente devant la tête de tunnel
洞口偏斜　déviation de trou
洞形掩蔽所　abri en niche

dou

陡岸　rive raide
陡坡　berge; montée (pente) abrupte; pente brusque (forte, lourde, raide, rude); rampe forte (rapide)
陡坡下沉　affaissement de berge
斗容量 (挖土机等)　capacité de pelle (godet)
斗式混凝土摊铺机　distributeur de béton à bac
斗式提升机　ascenseur-patenôtre
斗式转臂装载机　chargeuse à godet sur bras rotatif
斗式装料机　chargeuse à godet
斗式装载机　auto-pelle; chargeur (chargeuse) à godet; chargeur-pelleteur; rétrochargeuse; chargeuse-pelleteuse; rétro-chargeur
豆砾石　gravier roulé
豆石灰岩　calcaire pisolithique

du

毒气　gaz intoxicant (toxique)
毒物危害程度分级　classification de danger des substances toxiques
独家代理人　agent exclusif
独跨　travée indépendante
独立道岔　aiguille indépendante (individuelle)
独立观测　observation indépendante
独立基础　fondation indépendante
独立控制　contrôle indépendant
独立审计　audit indépendant
独立通风　ventilation indépendante
独立网　réseau indépendant
独立系统　système indépendant
独立桩　pieu indépendant
读票机　lecteur de billet
读取速度　vitesse de lecture
堵塞　obstruction; rebouchage
堵头　obturateur
堵头密封　étanchéité de l'obturateur poids et mesures
度量空间　espace métrique
渡板　plaque de transition

渡税　pontonage
渡线　voie de communication；voie franchie
渡线岔道　bretelle
渡线道岔　aiguille de bretelle；aiguille de franchissement de voie
渡线减速　ralentissement en voie de transition
渡线切线　tangente de voie de communication
渡线速度　vitesse de franchissement
镀锡铁皮　fer blanc；fer étamé
镀锌　galvanisation；zingage
镀锌波纹钢涵管　buse métallique en tôle ondulée galvanisée
镀锌车间　atelier de galvanisation；atelier de zingage
镀锌钢板　feuille d'acier galvanisé
镀锌钢板压顶　chaperon en tôle galvanisée
镀锌钢管　tube en acier galvanisé；tuyau en acier galvanisé
镀锌钢筋　armature en acier galvanisé
镀锌钢丝　fil en acier galvanisé
镀锌管　tube galvanisé
镀锌螺栓　boulon galvanisé
镀锌铁皮　fer galvanisé；tôle galvanisée
镀锌铁皮涵洞　ponceau en tôle galvanisée
镀锌铁丝　fil de fer galvanisé

duan

端部　bout；extrémité
端部锚固　ancrage de l'extrémité
端部推力　poussée d'extrémité
端承桩　pieu à pointe
端口限界　gabarit de l'interface
端跨　travée extrême (d'extrémité)
端梁　poutre d'extrémité；traverse extrême
端门　porte d'extrémité
端面　face d'extrémité；face terminale；section d'about；surface de bout
端面轴承　crapaudine
端墙　mur d'extrémité；mur de tête；tête de mur
端梯　échelle d'extrémité
端头　about；extrémité
端轴　essieu d'extrémité
端子绝缘　isolation de borne
短板桩　pilotis de plaque courte
短闭塞区间　canton court
短波　ondes courtes
短程列车　train de petit parcours
短道岔　aiguille courte
短钢筋　barrette
短轨　rail court
短横梁　traverse courte
短件　pièce courte
短交路　itinéraire d'acheminement court
短交路机车　locomotive d'itinéraire d'acheminement court
短距离运输　transport à courte distance
短跨桥　pont à faible portée
短列车　train de rame courte
短路　court-circuit
短路保护装置　dispositif de protection contre le court-circuit
短路电流　courant de court-circuit
短路故障　panne de court-circuit
短期变形　déformation à court terme
短期贷款　prêt à court terme
短期负债　passif à court terme
短期负债金额　montant de dettes à court terme
短期合同　contrat à court terme
短期可支配资产　actif disponible à court terme
短期利率　taux d'intérêt à court terme
短期投资　investissement à court terme
短期效应　effet à court terme
短期协议　accord à court terme
短期信贷　crédit à court terme
短期徐变　fluage à court terme
短台架工法　abattage en gradin court
短途货物运输　transport des marchandises à courte distance
短途旅客　voyageur à court trajet
短途旅客运输　transport de voyageurs à court trajet
短途运输　trafic à courte distance
短心轨　cœur de croisement court
短阵雨　pluie courte
短柱　poteau court
短桩　micro-pieu；piquet
段　segment；tronçon
段管线　voie de dépôt
段内调车作业　manœuvre d'accostement au dépôt
断层　couche faillée；décrochement；dislocation；faille；faux-lit
断层(地)带　zone faillée
断层地形　relief faillé
断层缝　joint de faille

断层谷　vallée de faille
断层阶梯　gradin de faille
断层裂缝　fissure de faille
断层面　faille plane;surface de faille
断层图　plan de faille
断层线　ligne de faille
断错　ressaut
断电　coupure de courant;panne d'électricité; rupture de courant
断轨　rail fracturé
断轨检测　détection de rupture de rails
断绝关系　rupture de relation
断开车节　désaccouplement des rames
断开方式　mode de coupage
断开连接　coupure de liaison
断开联锁　déclenchement
断开牵引　rupture de traction
断口　cassure
断裂带　zone de rupture;zone fissurée
断裂地层　terrain faillé
断裂点　point de rupture
断裂点标记　marque de point de rupture
断裂点试验　test de fragilité
断裂风险　risque de rupture
断裂缝　joint de rupture;joint rompu
断裂构造　structure accidentée;structure de fracture
断裂力矩　moment de rupture
断裂面　surface de rupture
断裂模量　module de rupture
断裂强度　résistance à la rupture
断裂试验　essai(test) de rupture
断裂系数　coefficient de rupture
断裂应力　contrainte de rupture
断裂荷载　charge de rupture
断裂指数　indice de rupture
断路器　interrupteur
断路设备　appareil de coupure
断面　profil
断面半径　rayon de profil
断面变化　variation de profil
断面尺寸　dimension de profil
断面强度　résistance de profil
断面扫描　balayage de profil
断面设计　conception(étude) de profil;étude de section
断面位置　position de section
断面系数　module(coefficient) de section
断面形状　forme de section

断片　fragment
断续焊缝　soudure discontinue
断轴检测　détection de rupture d'essieu
锻钢　acier de forge;acier forgé(malléable)
锻钢轮　roue forgée
锻钢毛坯　acier brut de forage
锻工车间　atelier de forgeron
锻接合金　alliage corroyé
锻压钢板　tôle emboutie
锻压铝　aluminium corroyé
锻造合金　alliage de forge

dui

堆　amas;tas
堆场　aire de stockage
堆场复原　remise en état des lieux de dépôt
堆放　dépôt;mise en dépôt en tas
堆放场　champ(chantier) de dépôt;parc d'emmagasinage
堆放场地　aire(place) de dépôt
堆放场地恢复　mise en état de dépôt
堆放场面积　surface de champ de dépôt
堆放场位置　position de champ de dépôt
堆放场照明　éclairage de champ de dépôt
堆放地点　lieu(localisation) de dépôt
堆放荷载　charge de dépôt;charge due à l'emmagasinage
堆放面积　surface de stockage
堆放区域　zone de dépôt
堆放位置　site de dépôt
堆积　accumulation;mise en tas
堆积阶地　terrasse d'accumulation
堆积密度　densité accumulée
堆积速度　vitesse de dépôt
堆料场入口　accès au lieu de dépôt
堆料机　appareil de mise en tas
堆石坝　barrage en enrochement
堆土场治理　aménagement de site de dépôt
堆置场　lieu de déversement
对　paire
对岸　rive en face;rive opposée
对比试验　contre-essai;essai(test) comparatif;essai(test) de comparaison
对比试样　contre-éprouvette
对称　symétrie
对称布置　arrangement(distribution) symétrique
对称处理　traitement symétrique

对称单开道岔　branchement à deux voies symétrique
对称道岔　aiguille(branchement) symétrique
对称点　points symétriques
对称断面　section symétrique
对称方法　méthode symétrique
对称钢轨　rail symétrique
对称拱　arc symétrique
对称焊缝　soudures symétriques
对称荷载　charge symétrique
对称结构　constructions(structures) symétrique
对称面　plans symétriques
对称排列　dispositions symétriques
对称平衡　balance symétrique
对称体　corps symétrique
对称图形　configuration symétrique
对称系统　systèmes symétriques
对称形　figures symétriques
对称中心线　axes symétriques
对称轴线　axe de balancement; axe de répétition; axe symétrique
对点器　appareil de pointage
对动物造成影响的评估　évaluation des effets sur la faune
对风景和景观造成影响的评估　évaluation des effets sur les sites et paysages
对工程施工的影响　impact sur l'exécution des travaux
对工期的影响　impact sur le délai des travaux
对环境不适应　inadaptation au milieu
对环境的影响　impact sur l'environnement
对讲机　interphone
对焦距　mise au point
对角　angle opposé
对角变形　déformation diagonale
对角焊缝　soudure alternée
对角铺砌路面　pavage diagonal
对角式通风　aérage diagonal
对角线　diagonale
对接　connexion bout à bout; assemblage en about
对接错位　ressaut de connexion bout à bout
对接方式　mode de connexion bout à bout
对接焊　soudage bout à bout
对接精度　précision de raccordement
对接扣件　attache de jointure
对居民补偿　indemnisation de population
对开信用证　lettre de crédit réciproque
对开轴箱　boîte en deux pièces
对可预见影响的评估　évaluation des impacts prévisibles
对口错边量　désaffleurement du joint bout à bout
对流性雨　pluie de convection
对数表　échelle logarithmique
对水不敏感土　sol insensibles à l'eau
对铁路沿线居民的影响　nuisance pour les riverains de voie ferrée
对头焊缝　soudure à franc-bord; soudure bout à bout
对头连接　assemblage à enture
对头接头　assemblage bout à bout
对向定线　alignement opposé
对向渡线　bretelle opposée
对向行驶　circulation à direction opposée
对向交通　circulation opposée; trafic opposé
对向交通线　voie opposante
对向水准测量　nivellement de retour
对向运行　mouvement opposé
对向找平　nivellement double
对沿线居民生活的影响　impact sur la vie des riverains
对照分析　analyse contradictoire
对照图　plan de comparaison
对征地拆迁居民补偿　indemnisation de population touchée par l'expropriation
对植被造成影响的评估　évaluation des effets sur la flore
对轴　contre-arbre
兑换比价　taux de change
兑换率　taux de conversion
兑换现金　conversion en espèces

dun

吨　tonne
吨/公里　tonne/kilométrique; kilomètre-tonne; tonne-kilomètre
吨/公里定额　quota de tonne/kilomètre
吨位　jauge; tonnage
吨/轴　tonne/essieu
吨/轴定额　quota de tonne/essieu
墩　pile
墩顶盖梁　poutre de chapeau de pile
墩帽　chevêtre; couronnement de pile
墩帽施工　exécution de chevêtre

墩身　fût de pile
墩式基础　fondation en piles；
　　fondation fichée；fondation sur piles
墩台荷载　charge aux appuis
墩台基础　fondation des appuis
墩台间距　distance entre appuis
墩柱　colonne de pile
墩子　pile
墩座墙　podium
钝角　angle obtus
钝头道岔　aiguille de profil ordinaire
盾构　bouclier
盾构法　méthode à bouclier
盾构法施工　construction à tunnelier；
　　construction par bouclier
盾构防护　protection par bouclier
盾构机
　　excavateur à section entière；tunnelier
盾构机掘进隧道
　　souterrain exécuté à l'aide de bouclier
盾构井　puits de bouclier
盾构掘进　percement au bouclier
盾构掘进法　procédé à bouclier
盾构掘进隧道　tunnel percé au bouclier
盾构千斤顶　cric de bouclier
盾构施工法　méthode à tunnelier
盾构支撑　soutènement par boucliers
盾形标志牌　panonceau

duo

多边供电　alimentation multilatérale
多边供电方式
　　mode d'alimentation multilatérale
多边形　polygone équilatéral；polygone
多边形标桩　bornage de polygonale
多边形荷载　charge polygonale
多边形基础　semelle polygonale
多边形交路　itinéraire polygonal
多边形网　réseau de polygones
多边形支架　soutènement polygonal
多标准比较　comparaison des multinormes
多标准分析　analyse multicritère
多层导坑　galerie à niveaux multiples
多层高架桥　viaduc multiple
多层互通立交
　　échangeurs à niveaux multiples
多层交叉　intersection à multiples étages
多层立体交叉
　　carrefour à plusieurs niveaux
多层路面
　　revêtements multicouches
多层筛　crible à plusieurs étages；
　　crible à tamis multiples
多层停车场　parking à multiples étages
多车道　voies multiples
多车道公路　route à plusieurs chaussées；route
　　à voies multiples
多点爆破　explosion à multiples points
多点爆破方式
　　mode d'explosion à multiples points
多点测量　mesure à multiples points
多点连接　connexion à multiples points
多点连接方式
　　mode de connexion à multiples points
多斗铲装机　pelleteuse à godets racleurs
多斗式挖土机　excavateur à godets
多斗装载机　pelleteuse à godets multiples
多发事故区段标志
　　signe de section accidentée
多腹板式桥
　　pont à tabliers comportant des âmes multiples
多功能（正反）铲挖掘机　pelle universelle
多功能服务网　réseau multi services(RMS)
多功能公路
　　route multifonctionnelle；route polyvalente
多功能列车　train de multi-fonctions
多功能挖土机　excavateur universel
多股道线路车站　gare à faisceau pondéreux
多轨道线路　ligne à voies multiples
多机牵引　traction de multi-locomotives
多机牵引操作
　　manœuvre de traction de multi-locomotives
多机牵引试验
　　essai(test)de traction de multi-locomotives
多节重联　accouplement en unités multiples
多节列车　train à unités multiples
多开道岔
　　aiguille de croisement de deux côtés
多孔材料　matériaux poreux
多孔承重黏土空心砖
　　brique perforée en terre-cuite
多孔混凝土
　　béton à pores；béton creux(poreux)
多孔混凝土排水沟　drain en béton poreux
多孔跨　travées multiples
多孔框架桥　pont de cadres multiples
多孔穴岩石　roche caverneuse
多孔岩石　roche poreuse(vacuolaire)

多跨　portées multiples
多跨结构　structure de multi-travée
多跨梁　poutre à plusieurs travées；
　pont à travées multiples
多梁式桥　pont à poutres multiples
多梁式桥面　tablier multipoutre
多列士试验　essai(test)Duriez
多面体　polyèdre
多年冻土路基　assise de voie de pergélisol
多排爆破　sautage de pans multiples；
　sautage par rangées
多普勒效应　effet Doppler
多沙地区　contrée sablonneuse
多石场地　terrain pierreux
多系悬挂　suspensions multiples
多箱式　type cellulaire
多向交路　itinéraire multi-directionnel
多心拱　arc à multicentres
多芯电缆　câble multifilaire；câble divisé
多岩石地区　contrée rocheuse
多样化　diversification
多样性　diversité
多用翻斗车　auto-multicaisson
多用虎钳　pince multiprise
多用途车辆　véhicule polyvalent

多用途货车　wagon à l'usages multiples
多用途机械　engin polyvalent
多用途挖掘装载机　benne universelle
多用途性能　aptitude aux usages multiples
多余材料　matériau excédentaire
多余材料清理
　enlèvement des matériaux en excédent
多余土　terre en excès
多余土方清理
　enlèvement de terre excédentaire
多余长度　excès de longueur
多雨地区　contrée très pluvieuse
多址呼叫　appel à multi-adresses
多种化　diversification
多轴车　wagon à multi-essieu
多轴转向架　bogie à multi-essieux
多轴钻床　perceuse multibroche
多组分水泥　ciment composé
垛坝　barrage à contreforts
垛墙板状基础　semelle de piédroits
躲避　refuge
惰性集料　agrégat inerte
惰性拉力　traction inerte
惰性气体　gaz inertes
惰性氧化物　oxyde indifférent

E

e

额定尺寸	dimension nominale
额定电流	courant nominal
额定电压	tension nominale
额定负荷	charge nominale
额定工资	salaire nominal

额定功率
    puissance de consigne; puissance nominale
额定荷载　charge nominale
额定厚度　épaisseur nominale
额定流量　débit norminal
额定模式　mode nominal
额定频率　fréquence nominale
额定速度　vitesse nominale
额定消耗　consommation nominale
额定压力　pression nominale
额定值　　valeur nominale
额外补助　allocation supplémentaire
额外费用　coût additionnel
额外工作　travail supplémentaire
恶劣天气　intempérie
恶劣天气申报
    déclaration des journées d'intempéries
恶劣天气条件下交通管制　contrôle
    de circulation à condition d'intempéries
恶劣条件　condition hostile
颚板　　　mâchoire
颚式初碎机　débiteuse primaire à mâchoires;
    broyeur(concasseur, débiteuse) à mâchoires

er

儿童票　　billet d'enfant
耳鼓舒适标准
    critère de confort tympanique
二次爆破　sautage de fragmentation;
    sautage(tir) secondaire
二次沉淀　sédimentation secondaire
二次沉淀池
    réservoir de clarification secondaire
二次沉降　tassement secondaire
二次衬砌　revêtement définitif
    (final); revêtement secondaire
二次衬砌钢筋
    armature de revêtement définitif
二次处理　traitement secondaire
二次抛物线　courbe hyperbolique
二次破碎　concassage secondaire
二次事故　accident secondaire
二次污染　pollution secondaire
二次注浆　projection secondaire
二次作用　action secondaire
二等车厢　voiture de seconde classe
二等车厢票　billet de seconde classe
二等客车
    voiture à voyageurs de 2ème classe
二等座椅车
    voiture à sièges de 2ème classe
二级导线验收
    réception des bornes secondaires
二级公路(宽7~10.5m)　route de bonne
    viabilité; route de deuxième classe; route de
    seconde classe; route secondaire
二级控制导线(测量)
    polygonale rapprochée; polygonale secondaire
二级铁路　chemin de fer de 2ème classe
二级圆锥破碎机
    concasseur secondaire giratoire à cône
二极管　　lampe diode
二手设备　équipement(matériel) d'occasion;
    équipement(matériel) usagé
二手设备数量
    quantité de matériels d'occasion
二维码　　code bidimentionnel

二氧化硅含量　teneur en silices
二氧化钛含量　teneur en bioxyde de titane
二氧化碳
　dioxyde de carbone；gaz carbonique
二轴车　wagon à deux essieux

二轴转向架　bogie à deux essieux
二轴转向架两系弹簧悬挂　bogie à deux essieux avec les suspensions à ressort primaire et secondaire

E

F

fa

发布短消息　émission de message
发布消息　envoi des messages
发车　départ du train
发车场　chantier de départ des trains
发车频率　fréquence de départ de train
发车频率调整
　　réglage de fréquence de départs des trains
发车频率调整时间　temps de réglage de fréquence du départ des trains
发车时间　horaire de départ
发车时间显示器　indicateur de l'heure de départ
发车数量　nombre d'envoi de trains
发车晚点　retard de départ du train
发车线　voie d'attente au départ
发车信号　signal de départ
发车允可　autorisation de départ de train
发车指示器　indicateur de départ de train
发车准备　préparation de départ du train
发出电铃信号
　　annonce par cloches électriques
发电厂　centrale；centrale électrique
发电车　fourgon-générateur
发电机　dynamo；électrogénérateur；génératrice
发电机房　local de groupe électrogène
发电机基座　massif de groupe électrogène
发电机基座防振垫
　　isolateur de massif de groupe électrogène
发电机组
　　groupe électrogène；groupe générateur
发电机组底座下沉
　　subsidence de socle de groupe générateur
发电设备　équipement（matériel）générateur
发电站　station génératrice；centrale
发动机　moteur
发动机部件　composants de moteur
发动机功率　puissance de moteur
发动机活塞　piston de moteur
发动机平稳性　régularité de moteur
发动机启动　démarrage de moteur
发动机散热器　radiateur de moteur
发动机性能　performance de moteur
发动机支承　appui de moteur
发放　délivrance
发放护照　délivrance de passeport
发放居住证　délivrance de carte de résidence
发放路牌　délivrance de plaque pilote
发放路签　délivrance de bâton pilote
发放签证　délivrance de visa
发放施工许可证
　　délivrance de permis de construire
发光体　corps lumineux
发货单　bon de livraison
发货清单　bordereau d'expédition
发货日期　date d'expédition de marchandises
发货通知单　lettre d'avis d'expédition de marchandises；avis d'expédition
发明专利证书　brevet d'invention
发泡聚苯乙烯　polystyrène expansé
发票　facture
发票存根　talon de facture
发票金额　montant de facture
发射　émission
发射功率　puissance d'émission
发射频率　fréquence d'émission
发射塔　tour d'émission
发射台　poste d'émetteur
发生洪水可能性　aléa de crue
发生器　générateur
发生事故　cas d'accident
发送货物站台　quai d'expédition
发送清单　envoi de bordereau

发送指令　envoi de consignes
发现　découverte
发现古代文物
　　découverte de vestige archéologique
发现历史遗存
　　découverte de vestige d'intérêt historique
发现文化遗存
　　découverte de vestige d'intérêt culturel
发现物　découverte
发运代理人　commissionnaire-expéditeur
发运单　bulletin d'expédition
发展交通量　trafic de développement
发展趋势　tendance de développement
发展速度　vitesse du développement
伐倒的木堆　abat(t)is d'arbres
伐木　déforestage
伐木工　coupeur d'arbres
伐木机　coupeur d'arbres
伐木用拖拉机　tracteur forestier
伐树　abattage des arbres；déboisement
罚款　amende；pénalité
罚款比率　taux de pénalités
罚款方式　modalité de pénalité
罚款金额　montant de pénalité
罚款上限　plafond de pénalité
阀门　soupape；valve；vanne
阀门井　puits de valve
阀门塞　bouchon de valve
筏基　fondation en radeau
法定担保　caution légale；garantie légale
法定抵押　hypothèque légale
法定荷载　charge légale
法定年龄　âge légal
法定拍卖　adjudication judiciaire
法定时间　heure légale
法定住所　domicile légal
法国标准　norme française(NF)
法国标准化协会　Association Française de Normalisation(AFNOR)
法国大区快铁
　　train Réseau Express Régional(RER)
法国公路技术委员会　Comité Français pour les Techniques Routières(CFTR)
法国国营铁路公司　Société Nationale des Chemins de fer Français(SNCF)
法国省际列车　train express régional(TER)
法拉第笼　cage de Faraday
法兰　bride
法兰盘连接　joint à bride
法律顾问　conseiller juridique
法律连带责任　solidarité légale
法律途径　voie de droit
法律文书　acte juridique
法律效力　force de loi
法律形式　forme juridique
法律依据　bien-fondé
法律应用　application des droits
法律准则　norme juridique
法律咨询　consultation juridique
法人　personne juridique
法人代表　représentant de pesonne morale
法氏断裂点试验(沥青料)　test de Fraass
法线　ligne normale
法向力　force normale
法向受力　effort normal
法向应力　contrainte normale
法坐标　coordonnées(ordonnées) normales

fan

帆布　toile；toile imperméable；toile de tente
帆布橡胶　caoutchouc entoilé
翻板活门车　wagon de trappe
翻车　déversement de wagon
翻车机　appareil de déversement de wagons；culbuteur；basculeur de déversement de wagons；basculeur(culbuteur) de wagon
翻车机卸载工作
　　opération de déchargement par culbuteur
翻车事故　accident de saut de voiture
翻车事故可能性
　　possibilité de l'accident de saut de voiture
翻斗　benne culbutante；godet basculant (basculé)
翻斗车　basculeur；benne basculante；culbuteur；wagon à bennes basculantes
翻斗装料机　chargeur à bascule；chargeur basculeur；chargeuse-benne
翻斗装砟机　chargeur basculeur de ballast
翻斗自卸卡车　camion à benne basculante
翻浆　jaillissement de boue
翻浆道床　lit de voie reflué de boue；plateforme de voie refluée de boue
翻浆冒泥　refluement de boue du sol
翻门　porte déversée
翻砂车间　moulerie
翻晒　assèchement
翻式侧门货车
　　wagon ayant porte latérale basculable

翻新	réfection; réhabilitation
翻新费用	coût de renouvellement
翻新工程	travaux de réfection(renouvellement)
翻修费	dépense de renouvellement
翻修检查	contrôle renouvelé
翻样图	tracé grandeur
翻转	basculement
翻桌	table rabattable
矾石	aluminite
矾土	alumine
矾土水泥	ciment de bauxite
繁忙交通	circulation intense; trafic lourd (occupé, dense)
反铲	pelle-rétro; rétro-caveur; rétro-caveuse; rétro-pelle
反铲挖土斗	godet rétro de terrassement
反铲挖土机	pelle équipée en rétro; pelle inversée; pelle rétrocaveuse; rétro-caveuse; rétro-pelle
反铲装土机	fouilleuse
反常交通	trafic anormal
反常密度	densité anormale
反超高	dévers inverse
反担保	caution de contre-garantie
反方向	sens inverse
反方向列车	train de sens contraire
反方向行驶	circulation inverse
反方向进路	itinéraire de sens inverse(opposé)
反复作用	effet répétitif
反拱	arc à l'envers; arc renversé; contre-courbe; voûte renversée
反光板	panneau réfléchissant; rétroflecteur
反光背心	gilet rétro-réfléchissant
反光标志	balise à réflecteurs; signe réfléchissant
反光材料	matériau réfléchissant; produit rétro-réfléchissant
反光道钉	plot; plot réfléchissant
反光道牙	bordure réfléchissante
反光路钮	plot rétro-réfléchissant; rétroflecteur
反光路缘石	bordure réfléchissante
反光漆	peinture réfléchissante
反光器	réflecteur
反光涂层	revêtement réflectorisé
反光涂料	enduit réfléchissant
反光装置	dispositif réfléchissant
反交路	itinéraire inverse
反拉力	contre-traction
反面	revers
反面经验	expérience négative
反挠度	contre-flèche
反曲线	contre-courbe; doucine
反射	réflexion
反射波	ondes de réflexion
反射波法	méthode d'ondes à réflexion
反射力	pouvoir réfléchissant
反射率	indice(taux) de réflexion
反射面	face réfléchissante; plan réflecteur
反射能力	capacité réfléchissante
反射屏	écran réflecteur
反射器	catadioptre; réflecteur
反射系数	coefficient de réflexion
反射因素	facteur de réflexion
反水	refluement de l'eau
反弹弹性	élasticité de rebondissement
反推力	contre-poussée; poussée de réaction
反弯点	point d'inflexion
反位	position inverse(opposée, renversée, négative)
反位道岔	aiguille à position déviée; aiguille en position renversée
反向变轨	changement de voie en sens inverse
反向车流	flux inverse
反向电流	courant inverse
反向固定装置	installations(organes) permanentes de contresens(IPCS)
反向荷载	charge inverse
反向进站信号机	signal d'entrée en gare inverse
反向力	force opposée
反向曲线	contre-courbe; courbe inverse; courbure renversée
反向调车线路	itinéraire de manœuvre antagoniste(inverse, opposé)
反向土方作业铲	pelle inversée de terrassement
反向推力	poussée inverse
反向挖沟机	pelle inversée rétro-tranchée
反向位置	position renversée
反向线路	contre-voie; itinéraire inverse
反向应力	contrainte inverse
反向圆曲线	courbure circulaire inverse
反向张力	tension inverse
反压力	contre-pression
反应	réaction

反应距离	distance de réaction
反应模量	module de réaction
反应时间	durée(temps) de réaction
反应速度	vitesse de réaction
反应系统	système de réaction
反应滞后	retard de réaction
反作用	effet adverse(inverse)
反作用力	contre-force; force réactive
返程	course de retour
返程时间	temps de retour
返还材料预付款	restitution des avances sur approvisionnement
返回	retour
返回车道	voie de retour
返回道岔	aiguille de retour
返库	retour au dépôt
犯罪记录	casier judiciaire
犯罪记录摘录	extrait de casier judiciaire
范围	domaine; étendue; gamme; limite; sphère
泛滥盆地	bassin de crue
泛滥平原	plaine d'alluvion
泛水	solin
泛水坡	pente d'écoulement(déversement)

fang

方案	plan; projet
方案比较	comparaison des projets
方案比选阶段	phase de comparaison de plans
方案起草	élaboration de projet
方案设计	conception(élaboration) de projet
方案细部设计	conception de détail de projet
方案修订	révision de projet
方案研究	étude de projet
方案优化	optimisation de programme(projet)
方材	bois corroyé; bois de chevron
方铲	pelle carrée
方程分解	résolution de l'équation
方法	méthode; procédé
方钢	acier carré; fer carré
方格	quadrillage
方格网	canevas; quadrillage; trame
方解石	albâtre calcaire; albâtre; calcite
方量	cubage
方量计算	calcul des cubatures
方螺母	écrou carré
方木	bois carré
方硼石	boracite
方式	modalité; mode
方位点	point de repère
方位角	angle azimutal; azimut
方位仪	alidade de relèvement
方向	direction; orientation; sens
方向标	repère
方向标记	marque de direction
方向标志	signe directionnel
方向标志牌	panneau directionnel
方向不平顺	dénivellement de direction; inégalité de planéité de direction
方向操纵盘	volant de direction
方向操纵装置	commande de direction
方向岛	île de direction
方向分布	répartition directionnelle
方向隔离墩	séparateur de sens
方向箭头	flèche de direction
方向校正	correction de direction
方向控制	contrôle de direction
方向盘	volant
方向调整	réglage de direction
方向信号	signal de direction; signalisation directionnelle
方向指示灯	feux indicateurs de direction
方向指示牌	panneau(tableau, plaque) de direction; panneau indicateur de direction
方形	forme carrée
方形标志牌	panneau carré
方形沉箱	caisson carré
方形格子盖板	caillebotis carré
方形基础	fondation(semelle) carrée
方形检查井	regard carré
方形桥墩	pile carrée
方眼铁丝网	grillage à maille carrée
方眼网筛	tamis à mailles carrées
方枕器	appareil d'espacement de traverses; appareil de remise à place correcte de traverses
方整石	moellon équarri
方柱	poteau à section carrée
防爆	protection contre l'explosion protection
防爆装置	protecteur contre l'explosion
防冰滑材料撒布机	appareil répandeur de produits contre le verglas
防波堤	brise-lames
防波堤抛石	enrochement de jetée
防潮	contre l'humidité; isolation contre l'humidité
防尘	protection contre la poussière
防尘板	plaque anti-poussière

防尘面罩　masque anti-poussière
防尘套　manche anti-poussière
防尘罩　carter de protection de poussière
防尘装置　dispositif anti-poussière；pare-poussière；protecteur contre la poussière
防冲护挡　arrière à gradins
防冲铺砌　faux-radier
防冲刷保护　protection contre l'affouillement；protection contre l'érosion
防刺破土工布　géotextile anti-poinçonnement
防盗围墙　clôture anti-intrusion
防盗装置　protecteur anti-vol
防冻　précaution(protection) contre le gel
防冻层施工　réalisation de couche antigel
防冻垫层　sous-couche antigel
防冻剂　additif(produit) antigel
防毒面具　masque anti-toxique
防断开连接　anti-déconnexion
防腐保护　protection anticorrosive；protection contre la corrosion
防腐层　couche anti-corrosion
防腐措施　mesures anti-corrosion
防腐剂　agent conservateur；anti-corrosif；anti-putride
防腐蚀　anti-corrosion
防腐蚀漆　peinture anti-corrosion
防腐添加剂　additif anticorrosion
防腐枕木　traverse imprégnée
防管涌岸墙　rideau anti-renard
防洪　prévention de crue；protection contre les inondations
防洪冲击压梁车　rame des wagons chargés sur le pont à résister au choc de crue
防洪堤　digue contre les inondations
防洪堤石笼防护　gabionnage à la digue contre les inondations
防洪工程　ouvrage de crue；ouvrage de protection contre les crues；travaux contre les inondations
防洪能力　capacité de protection contre les crues
防洪设施　protection contre les crues
防护　protection
防护板　planche de protection
防护变压器　transformateur de protection
防护处理　traitement de protection
防护措施　mesures de protection
防护道岔　aiguille de protection(sûreté)
防护道岔斜侧进入　protection contre la prise en écharpe
防护等级　classe de protection
防护高度　hauteur de protection
防护工程　ouvrage(travaux) de protection
防护间距　distance de protection
防护栏　retenue de protection
防护栏构件　élément de glissière
防护栏毁坏　destruction de garde-corps；destruction de glissière
防护栏类型　type de garde-corps(glissière)
防护栏立杆　montant de barrière
防护栏设计　conception de garde-corps(glissière)
防护门　porte de protection
防护漆　peinture de protection
防护缺陷　défaut de protection
防护设备　équipement(matériel) de protection
防护设计　conception(étude) de protection
防护设施　dispositif(installations) de retenue
防护套管　gaine de protection
防护信号　signal de protection
防护眼镜　lunettes de protection
防护罩　bâche(carter, chapeau) de protection
防护支护　support de protection
防护桩　pieu de protection
防护装置　appareil(dispositif, organe) de protection；appareil protecteur
防滑表面　surface antidérapante
防滑材料　matériau antidérapant
防滑处理　traitement antidérapant
防滑措施　mesures antidérapantes
防滑块　bloc antidérapant
防滑路面　revêtement antidérapant
防滑磨耗层　tapis antidérapant
防滑条　baguette anti-dérapante
防滑装置　anti-enrayeur；dispositif anti-dérapant；dispositif désenrayeur；dispositif anti-patinants
防滑走板　passerelle anti-dérapante
防火　contre-incendie；protection contre l'incendie；protection contre le feu
防火板　panneau coupe-feu
防火措施　mesures contre l'incendie
防火门　porte coupe-feu
防火漆　peinture ignifuge
防火墙　mur coupe-feu；pare-feu
防火区标志　signe de zone contre incendie
防火梯　échelle de secours
防火装置　protecteur contre l'incendie

防接触网空中断开连接　anti-déconnexion
　　aérienne de contact de fil de caténaire
防雷　protection contre la foudre
防雷保护系统
　　système de protection contre la foudre
防雷和接地防护工程
　　travaux de protection contre
　　la foudre et de mise à la terre
防雷设计
　　conception de protection contre la foudre
防雷装置　protecteur contre la foudre
防溜措施
　　mesures anti-glissant; mesures anti-roulement
防毛细作用垫层　sous-couche anti-capillaire
防爬功能　fonction anti-acheminant
防爬器　ancrage de rails; anticheminant;
　　anti-cheminement; arrêt de cheminement
防爬设备供应
　　fourniture des appareils anticheminants
防爬装置　dispositif anti-cheminement
防扒器　crapaud
防晒保护　protection contre l'ensoleillement
防晒油　huile solaire
防渗　protection contre l'infiltration
防渗护面　masque d'étanchéité; masque étanche
防渗透层　tapis imperméable
防石块塌落保护网安设工程
　　travaux d'installation de filets de protection
　　contre chute des blocs
防水坝　digue contre les eaux
防水薄膜　film d'isolation
防水布　tissu hydrofuge; toile imperméable
防水材料　matériau hydrofuge
　　(imperméable); produit d'étanchéité;
　　produit hydrofuge
防水测试仪器　appareil d'essai d'étanchéité
防水层　chape de protection d'étanchéité;
　　couche étanche(hydrofuge);
　　revêtement étanche
防水处理　imperméabilisation; traitement de
　　l'étanchéité; traitement hydrofuge
防水灯　lampe étanche
防水缝　joint d'étanchéité; joint étanche
防水复合体　complexe d'étanchéité
防水工程　travaux d'étanchéité
防水混凝土　béton étanche(hydrofuge,
　　imperméable)
防水混凝土基础　radier de béton hydrofuge
防水技术　technique d'étanchéité
防水剂　agent hydrofuge; hydrofuge
防水胶带　ruban d'étanchéité
防水面层
　　couche d'étanchéité; revêtement d'étanchéité
防水面罩　chape d'étanchéité; chape étanche
防水模板　coffrage étanche
防水膜　membrane drainante
防水嵌缝　calfeutrage étanche
防水(渗)幕　rideau étanche
防水砂浆　mortier hydrofuge
防水试验　test d'étanchéité
防水水泥　ciment hydrofuge
防水涂层　enduit imperméable
防水土工布　géotextile drainant
防水性能　qualité(performance) hydrofuge
防水压条　bavette
防水油膏　mastic étanche
防水油漆　peinture hydrofuge
防水炸药　explosif insensible à l'eau
防水罩　chape de protection d'étanchéité
防水罩面　masque drainant
防水制品　produit imperméable(hydrofuge)
防水做法　mode d'exécution de l'étanchéité
防松道钉　crampon; crampon à vis
防松动　anti-desserrage
防松动措施　mesures anti-désserrage
防松螺母　contre-écrou; écrou de blocage;
　　écrou Hard Lock
防酸漆　peinture anti-acide
防脱功能　fonction anti-détachement
防脱轨　protection contre le déraillement
防脱轨功能　fonction anti-déraillement
防脱轨装置　anti-dérailleur; dispositif anti-
　　déraillement; dispositif anti-dérailleur;
　　dispositif de déraillement; équipement de
　　protection contre le déraillement
防脱落　anti-détachement
防脱落措施　mesures anti-détachement
防脱落装置　dispositif anti-détachement
防污　anti-contaminant
防污层
　　couche anti-contaminante; couche de propreté
防污措施　mesures anticontaminants
防污染　protection contre la pollution
防污染垫层　sous-couche anti-contaminante
防锈保护　protection antirouille
防锈层　couche anti-rouille
防锈措施　mesures anti-rouille
防锈剂　agent anti-rouille; anti-rouille

防锈漆　peinture anti-rouille
防锈涂层　enduit(revêtement) anti-rouille
防眩板　écran anti-éblouissant;écran anti-éblouissement
防眩篱栅　rangée d'arbustes contre l'éblouissement
防眩装置　dispositif anti-éblouissant
防雪　protection contre la neige
防雪崩　protection contre les avalanches
防雪崩设施　paravalanche
防雪栅　écran para-neige
防扬尘洒水　arrosage pour éviter l'émission de poussières
防氧化附加剂　additif antioxydant
防雨　protection contre la pluie
防御工事　travaux de défense
防噪声板　écran anti-bruit
防振　protection contre la vibration
防振轨道　voie de rails antivibratile
防振装置　dispositif anti-vibration;protecteur contre la vibration
防震　protection parasismique
防震安全　sécurité antisismique
防震措施　mesures anti-sismiques
防震规定　règles parasismiques
防震装置　protecteur anti-choc
防蒸发养护　conservation sous anti-évaporant
防止边坡冲刷　protection contre le ravinement de talus
防止拆卸　protection contre le démontage
防止车钩松动　anti-desserrage de l'attelage
防止冲刷　protection contre l'érosion
防止丢失　protection contre la perte
防止开启　protection contre l'ouverture
防止冒进　protection contre le dépassement de signal
防止侵蚀　protection contre l'érosion
防止脱轨　protection contre le déraillement
防止意外开启　protection contre l'ouverture accidentelle
防撞带　ceinture anti-collision
防撞等级　catégorie para-choc;classe para-choc
防撞墩　pile anti-choc
防撞杠　pare-chocs
防撞护栏　barrière(garde-corps) para-chocs;glissière de sécurité para-chocs
防坠石护网　filet protecteur contre chute
防坠石金属网　treillis de protection de chute des roches
房地产公司　société immobilière
房建承包商　entrepreneur de bâtiments
房建工程　travaux des bâtiments
房建设计　conception(étude) de bâtiment;étude de construction des bâtiments
房屋拆迁赔偿费　indemnité à la démolition des bâtiments
房屋建造　construction des bâtiments
房屋建造规范　règles pour les bâtiments
房屋建筑公司　société de construction de bâtiments
房屋土建　génie-civil de bâtiment
纺织纤维　fibre textile
放大　amplification
放大比例尺　échelle amplifiée
放大管　lampe amplificatrice
放大率　rapport d'agrandissement
放大系数　coefficient d'agrandissement;coefficient d'amplification
放电　décharge électrique
放缆车　camion dérouleur
放慢施工速度　ralentissement des travaux
放炮　minage;sautage
放坡开挖　excavation de pente
放弃　abandon
放弃参与　abandon de participation
放弃合同　abandon de contrat
放弃权力　abandon de pouvoir
放弃权利　abandon de droit
放弃所有权　abandon de possession
放弃索赔　abandon de réclamation
放弃投标　abandon de soumission
放弃债权　abandon de créance
放弃资格　abandon de candidature
放射裂缝　fissure radiale
放射式道路　route de diffusion;route diffusible;voie radiale
放射性测定仪　activimètre
放射性污染　pollution radioactive
放射性物质　matériau radioactif
放射状道路连接线　bretelle de diffusion
放线　implantation de ligne;implantation;traçage de ligne
放线地点　lieu d'implantation
放线检查　contrôle d'implantation
放线精度　précision d'implantation
放线设备　équipement dérouleur

放线审核　vérification d'implantation
放线图　plan d'implantation
放线误差　erreur d'implantation
放线验收　réception de l'implantation
放线桩　pieu d'implatation
放线坐标　ordonnée d'implatation de ligne
放样　traçage
放正轨枕　pose correcte de traverse
放桩　positionnement et vérification de pieux

fei

飞边　bord rabattu
飞尘　poussière volante
飞溅润滑　lubrification par barbotage
非爆破开挖　déblai excavé sans explosif
非闭合导线测量　cheminement ouvert
非标准高架桥　viaduc non-courant
非标准桥梁
　ouvrage d'art non-courant; pont non-courant
非标准桥梁建筑设计
　architecture des ouvrages d'art non-courant
非标准桥梁设计方案
　avant-projet de l'ouvrage d'art non-courant
非标准设计　étude non-courante
非承重墙　mur non-porteur
非对称打磨　meulage(polissage) asymétrique
非对称断面轨　rail profilé asymétrique
非对称结构　construction asymétrique
非法建筑　construction illicite
非刚性车钩　attelage non rigide
非固结土　sol divisé(non consolidé)
非合金钢　acier non allié
非活动断裂　faille non active
非机械化驼峰　bosse de triage non-mécanisée
非集中道岔　aiguille décentralisée
非集中联锁　enclenchement non centralisé
非经营性流动资产
　actif circulant hors exploitation
非晶质土　sol amorphe
非晶质岩　roche amorphe
非均质材料　matière hétérogène
非联动道岔　aiguillage à manœuvre en cisaille; aiguilles libres
非联锁道岔　aiguille indépendante (individuelle); aiguille non enclenchée
非盟　Union Africaine(UA)
非配属机车　locomotive non-allouée
非生产劳力　travailleurs improductifs
非石质硬土　sol dur non rocheux

非页状岩　roche aschistique
非一线劳力　travailleurs improductifs
非预应力钢筋　armature lâche
非预制检查井　regard non préfabriqué
非正态分布　distribution anormale
非正态曲线　courbe(courbure) anormale
非周转资金　actif acyclique
非洲经济委员会　Commission économique pour l'Afrique(CEA)
非洲铁路联盟标准　norme UAC
非洲铁路一体化规划　planification de l'intégration du chemin de fer de l'Afrique
非专业人员　personnel non spécialisé
肥黏土　argile grasse
沸点　point d'ébullition
沸点温度　température de point d'ébullition
沸石　zéolithe
费率变化　variation de tarifs
费率表　barème; tarif
费率等级　classe(catégorie) de tarif
费率计算　calcul de tarifs
费用垫付款　avance des frais
费用估算　estimation des coûts(dépenses)
费用计算　calcul des frais
费用减少　diminution de frais
费用结算　liquidation des frais
费用控制　contrôle des coûts
费用清单　bordereau des frais
费用调拨　affectation de coûts
费用预计　prévision de dépenses
废标可能性　possibilité de rejet de l'offre
废井　puits abandonné
废料　matériau de rebut(rejet); matériau inutilisable
废料碎石　brocaille
废气　air usé; gaz perdus
废弃路　route abandonnée
废弃铁路　chemin de fer abandonné
废石　roche stérile
废石堆　amas de déblais; tas de rejets; terril
废石方　déblai d'abattage
废水　eau de décharge(rebut); eau détendue; eau résiduaire; eau usée
废土清理　déblaiement de détritus
废墟　ruine

fen

分包工程　travaux de sous-traitance
分包工作内容　prestations sous-traitées

分包合同	contrat de sous-traitance; sous-traité
分包人	sous-entrepreneur
分包商	sous-traitant
分包商名册	liste de sous-traitants
分包商声明	déclaration de sous-traitant
分包商资格预审	pré-qualification de candidature de sous-traitant
分包协议	protocole de sous-traitance
分保	réassurance
分布	répartition
分布参数	paramètre distribué
分布范围	aire d'extension
分布钢筋	acier de réparation (distribution); armature (barre) de répartition
分布荷载	charge distribuée (répartie)
分布力	force distribuée
分布力矩	moment distribué
分布率	taux de distribution
分布密度	densité de distribution
分布平衡	équilibre de distribution
分布曲线	courbe de partage (répartition); courbure de distribution
分布曲线图	diagramme de distribution
分布误差	erreur de distribution
分布系数	coefficient de distribution (répartition)
分布线	ligne de distribution
分布形式	forme de distribution
分部工程	ouvrage partiel
分册	fascicule
分层	niveau de séparation
分层布置	répartition par couches
分层夯实	damage par couches successives
分层回填	remblai par couches
分层开挖	excavation par couches
分层碾压	compactage par couches
分层碾压方式	mode de compactage par couches
分层铺设	pose par couche
分层铺砟	ballastage par couche
分层填土	remblai (remblayage) en couches
分层填筑	remblayage par couches successives
分层稳定	stabilité en couches
分层压实	compactage à couche
分层筑填施工	exécution en plusieurs couches successives
分叉点	bifurcation; point de bifurcation
分岔线	voie divergente; ligne de bifurcation
分成小块	parcellement
分程控制	contrôle par division de trajet
分道交叉	croisement de traversée
分道交叉密集区	cœur de traversée
分度盘	plateau diviseur
分度水准仪	niveau à équerre
分段	fractionnement; sectionnement
分段爆破	tir séparé
分段解锁	libération fractionnée; déblocage par tronçon
分段绝缘器	isolateur de section
分段释放	libération fractionnée; libération par tronçon
分段修	réparation fractionnée
分段悬臂安装	pose segmentale à cantilever
分段悬臂拼装	installation (montage) segmental à cantilever
分割区段	sectionnement
分格开挖	fouille par compartiments
分隔	séparation
分隔层	couche de séparation
分隔带	bande séparée
分隔岛	îlot de séparation
分隔行驶	circulation séparée
分隔行驶道路	route divisée
分隔交通	circulation séparée
分隔客流	séparation de flot des voyageurs
分隔面	surface de division
分隔区域道岔联锁	enclenchement des aiguilles par zone isolée
分隔设备	séparateur
分隔式车道	voie séparée
分隔式交通	trafic séparé
分隔线	ligne de séparation
分工	division de travail
分公司	filiale
分洪道	voie de crue; canal de dérivation
分化（岩石）	effritement
分化程度	degré de différenciation
分化泥灰岩	marne altérée
分化岩	roche évolutif
分化岩方回填	remblais en matériaux rocheux évolutifs
分级管理	gestion classifiée
分级管理方式	mode de gestion classifiée
分级筛	crible de triage; tamis de classement
分级生产	production étagée
分级系数	coefficient de classification; facteur de gradation
分阶段	phasage

分阶段施工	échelonnement des travaux
分解	décomposition; dissociation
分解反应	réaction de décomposition
分解能力	aptitude à décomposition
分解曲线	courbe de décomposition
分解作用	action dissolvante
分界	délimitation; démarcation
分界标	borne limitante
分界点	point de délimitation (démarcation); point de séparation de limite
分界点标记	marque de point de démarcation
分界口	interface de délimitation (démarcation, séparation)
分界口通过能力	capacité de passage à l'interface de démarcation
分界面	surface de séparation; surface frontière
分界石	bornage
分界位置	emplacement de démarcation
分界线	ligne de démarcation
分界站	gare de jonction
分界站列车交接	transition de train à la gare de jonction
分界站列车交接计划	plan de transition des trains de la gare de jonction
分卷	fascicule
分开式桥面	tablier séparé
分块设计	conception (étude) parcellaire
分类	classement
分类标准	critère de classification
分类等级	échelon catégoriel
分类服务	service classifiée
分类计数	comptage de classification
分类试验	essai (test) de classification
分类系统	système de classification
分厘卡	palmer
分离行车道路	route à chaussées séparées
分离距离	distance de séparation
分离开关盘	tableau divisionnaire
分离器	sectionneur
分离式立体交叉	croisement type séparé
分离式路基	assiette séparée; plateforme séparée
分离状态	état de séparation
分励解锁	déblocage par excitation séparée
分励释放	libération par excitation séparée
分流车道	voie de distribution
分流口	orifice de dérivation
分流式污水管	égout séparatif
分流通道	passage en dérivation
分流线	ligne de dérivation
分流制	système séparatif
分馏	distillation fractionnée
分路道岔	aiguille de bifurcation
分路器	changement de voie
分米	décimètre
分配	distribution; répartition
分配额	quote-part
分配建议	proposition de distribution
分配利润	bénéfice distribué
分配率	facteur (taux) de distribution
分配器	distributeur; répartiteur
分配任务	affectation de tâche
分配系数	coefficient de partage (répartition)
分配系统	réseau de distribution
分配原则	principe de distribution
分配站	station de répartition
分配轴	arbre de distribution
分批处理	traitement par cuvée
分频	division de fréquence
分期	phasage
分期付款	acompte; échelonnement; échelonnement de paiement; règlement des acomptes; versement échelonné
分期开挖	excavation par étape
分期施工	construction par étapes
分期支付	paiement échelonné
分区	zonation
分区变电所	sous-station de sous-section
分区间闭塞	block de cantonnement
分区所	poste de sectionnement
分散	dispersement
分散布局	composition (disposition) en ordre dispersé
分散布置	disposition dispersée
分散动力动车	train automoteur à force motrice dispersée
分散剂	additif dispersif
分散交通	trafic de dérivation
分散排水	assainissement dispersé
分散排水方式	mode d'assainissement dispersé
分散式道岔	aiguille décentralisée
分散式地面电子单元	LEU dispersé; unité électronique du sol dispersée

分散式动力　force motrice dispersée
分散式动力单元
　　unité de force motrice dispersée
分散式供电
　　alimentation en électricité dispersée
分散式供电方式
　　mode d'alimentation en électricité dispersée
分散细度　finesse de dispersion
分时开放联锁
　　enclenchement d'ouverture différée
分式路缘　bordure séparée
分数计算　calcul de fractions
分水坝　barrage à dérivation
分水堤
　　digue de dérivation; digue de séparation
分水角(桥墩)　éperon; avant-bec
分水岭　crête
分体式空调　climatiseur split système
分析报告　rapport d'analyse
分析标准　critère d'analyse
分析程序　procédure d'analyse
分析方法　méthode d'analyse
分析计算　calcul de l'analyse
分析阶段　étape d'analyse
分析结果　résultat d'analyse
分析试验　essai(test) d'analyse
分析仪　appareil d'analyse
分线盒　boîte à bifurcation;
　　boîte d'accouplement (dérivation)
分线盘　panneau de distribution; tableau
　　divisionnaire de lignes
分相绝缘器　isolateur de section neutre;
isolateur de séparation de phase
分向电缆盒
　　boîte de câbles électriques de bifurcation
分项单价　prix unitaire en sous-détails
分项工程　lot des travaux; ouvrage (travaux)
　　par lots
分项工程界线　limite de prestations entre lots
分项工程描述　description des travaux par lot
分项计划　sous-planning
分项系统测试　essais de chaque sous-système
分项验收　réception par lot (par item)
分卸零担车　wagon distributeur
分选车间　atelier de classement (triage)
分选度　degré de classement (triage)
分砟器　distributeur de ballast
分支　branchement
分支岔线　branche de bifurcation

分支(导流)隧洞　tunnel de dérivation
分支交叉　intersection de branchement
分支坑道　galerie de dérivation
分子结构　structure moléculaire
分组　séparation en groupes
分组观测　observation en groupes
分组码　code de bloc; code en groupes
分组直达列车　train de lots direct
分组指数　indice de groupe
分组组装　montage par groupes
焚烧　incinération
焚烧伐木物
　　incinération de produits de déboisement
焚烧物　produit d'incinération
粉笔标记　marque de craie
粉尘　poudre; poussière
粉灰　cendre volante
粉煤灰　cendre volante
粉煤灰水泥　ciment aux cendres volantes
粉末状石灰岩　calcaire pulvérulent
粉砂　sable farineux; sable limoneux
粉刷　badigeon; badigeonnage; crépissage
粉刷用浆　mortier d'enduit
粉碎材料　matériau broyé
粉碎车间　atelier de broyage
粉碎程度　degré de pulvérisation
粉土路堤　remblai en limon
粉土质砂砾料　grave limoneuse
粉质砂岩　grès limoneux
粉状货物　marchandise pulvérulente
粉状货物运输
　　transport des marchandises pulvérulentes
粉状结合料　liant pulvérulent
粉状类介质罐车　wagon-citerne à poudre;
　　wagon-citerne pour les pulvérulents
粉状石灰岩　calcaire pulvérisé
粉状土　terre pulvérulente
粉状物　poussière
粉状炸药　explosif pulvérulent
份　lot
份额　prorata; quote-part
粪水　eaux-vannes
粪水管　égout des eaux vannes

feng

风暴　orage; tempête
风铲　marteau bêche
风撑　barre de contreventement;
　　contreventement

风撑拆除　désétaiement
风撑构件　élément de contreventement
风成砂　sable éolien
风成台地　terrasse éolienne
风成岩　roche éolienne
风挡　paravent
风笛　sifflet
风动锤　marteau à air comprimé
风动道岔　aiguille aérienne
风动道砟列车　train à ballast pneumatique
风动机组管道　tuyauterie pneumatique
风动绞车　treuil pneumatique
风动石砟车　wagon à ballasts pneumatique
风动式钻机　foreuse pneumatique
风动式钻进　perforation pneumatique
风动碎石锤　marteau débiteur
风动卸砟车
　　voiture pneumatique de décharge de ballast
风动运输管道　canal de transport
　　pneumatique;canal transporteur pneumatique
风动凿岩
　　forage pneumatique;sondage à air comprimé
风动凿岩机　foreuse(perforateur,perforatrice,
　　sondeuse)à air comprimé;perforateur
　　(perforatrice)pneumatique
风动支架　affût pneumatique
风动钻机　perforateur à air comprimé;
　　sondeuse pneumatique
风洞试验　test de tunnel
风缸　cylindre à air
风缸密封性　étanchéité de cylindre à air
风缸压力　pression de cylindre à air
风缸压力表　manomètre de cylindre à air
风缸压力升高
　　élévation de pression de cylindre à air
风镐　marteau d'exploitation(mine);marteau
　　piqueur;pioche pneumatique
风钩　crochet avec piton
风管　conduit d'aération;tube d'air
风管压力　pression de conduit d'air
风荷载　surcharge de vent;charge due à la
　　poussée de vent;charge due au vent
风化　altération
风化材料
　　matériau évolutif;matière désagrégée
风化层　couche d'altération;régolite
风化程度　degré d'altération
风化处理　traitement d'altération
风化粗砂　arène

风化钙质泥灰岩　marne calcaire altérée
风化厚度　épaisseur d'altération
风化黏土　argile altérée
风化区　zone d'altération
风化砂筑路基　assiette en sable éolien
风化土　sol d'altération;terre pourrie
风化岩　roche altérée(désagrégée,
　　décomposée,différenciée,ébouleuse,
　　fissile,pourrie)
风化作用
　　action d'altération;altération à l'atmosphère
风机布置　implantation de ventilateur
风积　dépôt éolien
风积层　alluvion éolienne
风积土　terre éolienne
风积物　sédiment éolien
风井　cheminée d'air;puits d'aération
风景区　site pittoresque
风冷柴油机
　　moteur diesel à refroidissement par air
风冷柴油机盘管　serpentin de moteur diesel à
　　refroidissement par air
风力　force du vent;puissance du vent
风力发电厂　centrale éolienne
风力发动机　aéromoteur
风力强度　intensité de vent
风力作用
　　action de vent;action éolienne;effet de vent
风流循环　circulation aérienne
风帽　gueule-de-loup
风磨卵石　caillou éolisé
风能　énergie éolienne
风扇网　grille de ventilation
风声　bruit de vent
风蚀　abrasion éolienne;corrasion;
　　érosion éolienne
风蚀盆地　bassin éolien
风蚀作用　action de corrasion;altération
　　subaérienne;éolisation
风速　vitesse du vent
风速测定法　anémométrie
风速测量仪　anémomètre
风速风向检测器　détecteur de direction et de
　　vitesse de l'air;détecteur de vitesse et
　　orientation du vent
风速计　anémographe
风推力　poussée du vent
风险补偿　compensation de risque
风险等级　classe de risque

风险调查　enquête de risque
风险分析　analyse de risque
风险概率　probabilité(taux)de risque
风险概率分析
　　analyse de probabilité de risque
风险共担　mise en commun des risques；
　　répartition des risques
风险估计　estimation de risque
风险管理　gestion de risque
风险划分　division des risques
风险级别　degré de risque
风险加大　montée de risque
风险控制　contrôle de risque
风险来源　source de risque
风险类别　catégorie de risque
风险率　coefficient de risque
风险评估　appréciation de risque
风险评估方法
　　méthode d'évaluation de risques
风险评估公司
　　société d'appréciation de risque
风险评价　évaluation de risque
风险识别　identification de risque
风险系数　facteur(coefficient)de risque
风险预防措施
　　mesures de prévention contre les risques
风向　direction de vent
风向仪　anémoscope
风压　pression du vent
风压捣固机　bourreuse pneumatique
风压检查　contrôle de pression du vent
风压力　compression de vent
风压调节器　régulateur de pression d'air
风载　charge(effort)de vent
风障　brise-vent；tue-vent
风阻力　résistance au vent
风钻　foret(perceuse)pneumatique；perceuse à air comprimé
风钻钻头　perce de perceuse pneumatique
封闭　blocage
封闭道路　route fermée
封闭段上游　amont de section bloquée
封闭段下游　aval de section bloquée
封闭含水层　couche obturatrice
封闭锚固　ancrage aveugle
封闭区域　région(zone)fermée
封闭曲线　courbe de confinement
封闭施工路段　planche travaux
封闭体系　système fermé
封闭填方　remblai de confinement
封闭线路　ligne fermée；voie bloquée
封闭线路作业时间　plage horaire
封闭运输
　　transport étanche；transport hermétique
封存机车　locomotive en stock
封顶　plafonnement
封顶价格　prix plafonné
封顶总额　montant plafonné
封盖绝缘保护
　　protection par couverture isolante
封固材料　produit de scellement
封固砂浆　mortier de scellement
封管　rebouchage de tuyau
封锚　scellement d'ancrage
封门　obturateur
封泥　lut
封锁交通　trafic barré
封锁区　zone bloquée
封锁区间　section de blocage
封锁时间　temps de blocage
封锁状态　état bloqué
封注预应力钢缆套管　injection des gaines
峰电位　potentiel de pointe
峰值　valeur de crête(pointe)
峰值电流　courant de crête(pointe)
峰值电压　tension de crête(pointe)
峰值电压保护装置
　　protecteur de tension de crête(pointe)
峰值功率　puissance de pointe
峰值耗量　consommation de pointe
峰值力矩　moment de l'heure de pointe
峰值曲线　courbe de valeur de pointe
峰值系数　coefficient de pointe
峰值应力　contrainte de crête(pointe)；
　　effort de crête(pointe)
峰值运转状态　régime de crête(pointe)
蜂窝　caverne
蜂窝解调器　modulateur cellulaire
蜂窝麻面　nids d'abeilles
蜂窝麻面处理　traitement de nids d'abeilles
蜂窝状孔隙　porosité cellulaire
蜂窝状石灰岩　calcaire caverneux
缝宽　largeur de joint
缝隙　entrebâillement
缝隙水　eau de diaclases

fu

敷设图　plan de pose

扶壁式坝　barrage à contreforts
扶壁式桥台
　　aboutement de contrefort; culée à contrefort
扶撑墙　mur à jambage; mur de pilastres
扶墩　pile de contrefort
扶垛　contre-boutant; contrefort; pilier
　　d'arc-boutant
扶垛挡土墙　mur de soutènement à contreforts
扶垛排水沟　drain de contrefort
扶垛墙　mur de contrefort
扶拱　arc doubleau
扶手　main courante
弗朗基桩　pieu Franki
伏特　volt
服务费　frais de service
服务合同　marché de service
服务合作
　　coopération en prestation de services
服务贸易　commerce de service
服务内容　prestations de service
服务能力　capacité de service
服务年数　ancienneté de service
服务期限　durée de service
服务器　serveur
服务区道路　voie de service
服务区入口　accès de l'aire de service
服务设施　dispositif(installations) de service
服务水平　niveau de service
服务水平等级　catégorie(classe, classement)
　　de niveau de service
服务条件　condition de service
服务通道　passage de service
服务性企业　entreprise de service
服务质量　qualité de service
服务中心　centre de service
浮标试验　essai(test) au flotteur
浮标水位计　niveau à flotteur
浮沉运动
　　mouvement de flottement et de tassement
浮动汇率　taux de change flottant
浮动价格　tarif flottant
浮放道岔　aiguille de Californie
浮码头　appontement flottant; ponton
　　d'accostage; quai flottant
浮桥　pont de bateaux; pont flottant
浮沙　sable mouvant
浮石　pierre ponce; pumicite
浮石混凝土　béton de ponce
浮石凝灰岩　trass; tuf à ponces; tuf ponceux
浮土　manteau superficiel de débris; régolite
浮箱　caisse flottante; ponton
浮运架桥法　installation(montage, pose) à
　　méthode flottante; montage sur échafaudages
　　flottants; montage par flottage
符号　signe
符合技术条件
　　conformité au règlement technique
符合性检查　contrôle de conformité
符合性审查　vérification de conformité
符合性要求　exigence de conformalité
符合性证明　attestation de conformité
符合资格要求的企业清单
　　liste des entreprises éligibles
幅度　amplitude
幅度容差　déviation de l'envergure
辐射　radiation
辐射力　force radiale
辐射路　route radiale; radiale
辐射频率　fréquence de radiation
辐射强度
　　intensité de radiation(rayonnement)
辐射三角测量　triangulation radicale
辐射式交通干线　artère radiale
辐射式通风机　ventilateur radial
辐射通道　corridor radial
辐射系数　coefficient de radiation
辐射线路　ligne radiale
辐射形排水系统　drainage radial
辐射形桥　pont en éventail
俯采(正台阶)工作面　gradin droit
俯视图　vue de dessus
辅轨　rail auxiliaire
辅轨垫座　appui de rail auxiliaire
辅筋　armature secondaire
辅修标记　marque de réparation auxiliaire
辅助车道
　　voie auxiliaire; voie de circulation auxiliaire
辅助车间　atelier auxiliaire
辅助储风缸　réservoir d'air auxiliaire
辅助措施　mesures d'accompagnement
辅助导坑　galerie auxiliaire
辅助电机　moteur auxiliaire
辅助墩　pile auxiliaire
辅助发电机　génératrice auxiliaire
辅助工程
　　travaux secondaires; travaux accessoires
辅助公路　route auxiliaire
辅助巷道　galerie de service

辅助回路　circuit auxiliaire
辅助机车　locomotive auxiliaire
辅助路牌　plaque pilote auxiliaire
辅助路签　bâton pilote auxiliaire
辅助桥　pont auxiliaire
辅助设备　appareil(équipement, matériel) auxiliaire; équipement additionnel
辅助设备安装　montage des équipements auxiliaires
辅助水准点　repère secondaire
辅助隧道　tunnel auxiliaire
辅助索　câble auxiliaire
辅助通风　aérage de secours; aérage secondaire
辅助瓦工　aide-maçon
辅助系统　système auxiliaire
辅助信号　signal auxiliaire
辅助运输平巷　galerie de détente
辅助转向架　bogie auxiliaire
腐蚀　agressivité; corrosion
腐蚀处理　traitement d'érosion
腐蚀能力　aptitude à la corrosion
腐蚀试验　essai(test) de corrosion
腐蚀性材料　matériau corrosif
腐蚀作用　action corrosive(érosive); action d'érosion
腐殖泥　sapropel
腐殖泥石灰岩　calcaire sapropélique
腐殖土　humus; sol humifère(humifié); terre végétale; terreau
腐殖土堆放　dépôt de terre végétale; mise en dépôt de terre végétale
腐殖土厚度　épaisseur de terre végétale
腐殖土临时堆放　dépôt provisoire de terre végétale
腐殖土重新利用　reprise et mise en service de terre végétale
腐殖土用途　destination de terre végétale
腐殖土筑填边坡　recouvrement de talus par terre végétale
付款　déboursement; paiement; versement
付款单　bulletin de paiement
付款方式　modalité de paiement
付款跟踪　suivi de paiements
付款进度　avancement de paiement
付款进度表　calendrier des paiements
付款日期　date de paiement
付款收据　acquit de paiement
付款数量　quantité de paiement
付款条件　condition de paiement
付款通知　avis de paiement
付款协议　accord de paiement
付现　paiement au comptant
负电　électricité négative
负荷　charge; chargement
负荷平衡　compensation de charge
负荷强度　résistance de charge
负荷曲线　courbe de charge
负荷特性　caractéristique en charge
负荷纵向分布　répartition longitudinale de charges
负后电位　potentiel post-négatif
负极　électrode négative
负角　angle négatif
负馈线　feeder négatif
负力矩钢筋　armature de moment négatif
负力矩钢索　câble de moment négative
负面效应　effet négatif
负面影响　impact négatif; influence négative
负弯矩　moment de flexion négatif; moment fléchissant négatif; moment négatif
负压　dépression; pression négative
负载沉降曲线图　diagramme de tassement en fonction des charges
负载偏心　excentricité de charge
负载平衡　équilibrage de charge
负载运行　circulation en charge
负责旅客信息管理岗位　poste gestionnaire des informations de voyageurs
负责人　chargé; responsable
负增长　accroissement négatif
负债　passif
附带条款　clause conditionnelle
附合导线　cheminement fixe; cheminement ouvert
附加材料　matière additionnelle
附加车道　ligne additionnelle; voie additionnelle
附加费　frais accessoires(supplémentaires)
附加钢筋　armature additionnelle(auxiliaire); armature de renfort
附加工资　salaire additionnel
附加合同　contrat additionnel
附加荷载　charge accrue(additionnelle, supplémentaire)
附加剂　ajouts; produit d'addition

附加累进所得税　surtaxe progressive
附加力　force additionnelle
附加力矩　moment additionnel
附加利润　profit supplémentaire
附加偏心　excentricité additionnelle
附加税　parafiscalité;surtaxe;taxe additionnel
　　(supplémentaire)
附加说明　remarque additionnelle
附加速度　vitesse complémentaire
附加条件　condition additionnelle
附加条款　avenant;clause accessoire(annexe)
附加条例　règlement additionnel
附加协定　accord supplémentaire
附加协议　accord additionnel
附加压力　pression additionnelle
附加应力
　　contrainte additionnelle;effort supplémentaire
附加预算　budget annexe
附加质量　masse d'alourdissement
附加重量　poids supplémentaire
附录　annexe;appendice
附属部分　dépendance
附属部件安装
　　montage des éléments accessoires
附属场地　aire annexe
附属工程　annexe(sujétion) des travaux;
　　travaux (ouvrage, construction, prestation)
　　annexe;travaux auxiliaires
附属工程图　plan des ouvrages annexes
附属工作　sujétion
附属建筑　dépendance
附属建筑物　annexe de bâtiment
附属零件　élément accessoire
附属设备　équipement accessoire
附属设施　installations annexes(auxiliaires)
附属协议　accord annexe
附着长度　longueur d'adhérence
附着力　force de cohésion
附注说明　nota descriptif
复本　copie légalisée
复测
　　levé contradictoire;mesure par répétition
复测经纬仪　théodolite de récapitulation
复查　contre-visite
复成岩　roche composée
复工许可　autorisation de reprise des travaux
复轨　ré-enraillement
复轨器　enrailleur
复合材料　matériau composite

复合防水　complexe étanche
复合基础　fondation composite
复合接触网　caténaire composite
复合强度　résistance composée
复合曲线　courbe combinée(composée)
复合涂层　revêtement composite
复合土　sol complexe
复合土工织物　géotextile composite
复合应力　contrainte combinée
复合中心钻　outil à percer
复合作用　action composée
复核道岔尺寸
　　vérification de dimension de l'aiguille
复核计算说明书
　　vérification de notes de calculs
复核建议　proposition de vérification
复核手续　formalité de vérification
复核水准表
　　vérification de tableau des repères d'altitude
复核中桩表
　　vérification de tableau des piquets d'axe
复筋　armature double
复励电机　moteur à excitation mixte
复示信号　signal répétiteur
复式道岔　aiguille(branchement)double
复式多线交叉　intersection multiple
复式交叉　intersection composée
复式交分道岔　aiguille anglaise;aiguille de
　　croisement de deux côtés;traversée-
　　jonction double
复线　dédoublement de voie;double voie;ligne
　　à double voie;ligne double
复线改造
　　renouvellement de ligne à double voie
复线改造工程　travaux de renouvellement de
　　ligne à double voie
复线干线　artère à double voie
复线干线铁路　ligne principale à double voie
复线工程　travaux de ligne à double voie;
　　travaux de mise à double voie
复线工程验收
　　réception des travaux de mise à double voie
复线宽度　largeur de ligne à double voie
复线宽度不足
　　insuffisance de largeur de ligne à double voie
复线路堤　remblai de ligne à double voie
复线平行线　parallèle de ligne à double voie
复线桥　pont à double voie
复线铁路　chemin de fer à double voie

F

复写纸　papier carbone
复印机　appareil photocopieur; machine à copier
复原　mise en état
复原设计　étude de remise en état initial
复原图　plan de reconstitution
复杂程度　degré de complexité
复杂劳动　travail complexe
复杂性　complexité
复制　reproduction
副本　copie; duplicata
副产品　produit accessoire(secondaire); sous-produit
副断层　faille auxiliaire
副横梁　traverse auxiliaire
副驾驶　aide-chauffeur; aide-conducteur
副井　puits auxiliaire
副热带地区　région(zone) subtropicale
副手　adjoint
副业　activité secondaire
副作用　effet secondaire
富石灰　chaux grasse
富余动力　surplus de force motrice
富裕时间　marge de temps disponible
腹板　âme; âme de rail
腹板加劲板　doublure(raidisseur, renfort) d'âme
腹板梁桥　pont à poutres à âme
腹梁　poutre à âme
缚　liement
覆盖　couverture
覆盖层　couche de couverture; couche de revêtement
覆盖范围　gamme couverte
覆盖方式　mode de revêtement
覆盖腐殖土　couverture en terre végétale
覆盖力　pouvoir couvrant
覆盖面积　surface couverte
覆盖区域　zone de couverture
覆盖曲线　courbure de couverture
覆盖式　type couvert
覆盖式隧道　tunnel en tranchée couverte
覆盖土　terre de recouvrement
覆土　manteau

G

gai

改变　modification
改变方向　détournement
改变会车地点　changement de lieu de l'entrecroisement des trains
改道　dérivation; déviation
改道处理　traitement de déviation
改道工程　travaux de dérivation de voie
改道施工　exécution de déviation
改动　remaniement
改建工程　travaux de transformation
改进方式　mode d'amélioration
改良　amélioration
改良处理　traitement d'amélioration
改良路基　assiette (assise) améliorée
改良土　sol amélioré
改善　amélioration
改善财务状况　amélioration de l'état financier
改善层　couche d'amélioration
改善工作条件　amélioration de condition de travail
改善列车安全性　amélioration de sécurité de train
改善列车运行状况　amélioration de l'état de circulation du train
改善生态环境　amélioration de l'environnement écologique
改善售后服务　amélioration de service après vente
改善线路状况　amélioration de l'état de voie
改善性能　développement de performance
改善运行条件　amélioration de condition de circulation

改性沥青　bitume à module élevé; bitume (goudron) modifié
改性沥青路面　enrobage à module élevé (EME)
改性砂浆　mortier amélioré
改造　rénovation
改造升级　progression de rénovation
改正措施　mesures correctives
改正账目　rectification de compte
钙含量　teneur en calcaires
钙碱性岩　roche alcalinocalcique; roche calcoalcaline
钙铝水泥　ciment calcium-alumineux
钙质泥灰岩　marne calcaire
钙质黏土　argile en calcium; sol argilo-calcaire
钙质砂岩　grès calcaires
钙质土壤　sol calcaire
盖　capot; couvercle
盖板　dalle de couverture (recouvrement); plaque de couverture
盖板涵　dalot avec dalle de couverture; dalot couvert; ponceau avec dalles
盖板厚度　épaisseur de plaque de couverture
盖板式水道桥　aqueduc dallé
盖板箱涵　aqueduc dallé
盖板阴井　regard de jonction à couvercle
盖层　manteau; strate de couverture
盖顶　chaperon
盖缝板　couvre-joint
盖沟回填　remblai de tranchée couverte
盖梁　chevêtre; poutre de chapeau
盖面　parement
盖面集料　agrégat de couverture
概括　récapitulation
概率　probabilité
概率计算　calcul de probabilité

概率偏差　écart probable
概率设计　étude de probabilité
概述　aperçu
概算　estimation budgétaire
概算定额　quota d'estimation budgétaire
概算书　devis
概要图　plan synoptique

gan

干粉灭火器　extincteur à poudre
干沟　cours d'eau à sec
干谷　vallée à sec；vallée sèche
干谷砾石　gravier d'oued
干旱地区　zone aride
干货　marchandise sèche
干集料　agrégat sec
干孔　trou sec
干垒矮墙　muret en pierre sèche
干垒石墙　mur en pierres sèches
干密度　densité sèche
干密度测量　mesure de densité sèche
干模　moule étuvé
干摩擦　friction sèche
干摩擦导柱式定位　positionnement à friction sèche type de poteau de guidage
干砌工程　maçonnerie à sec
干砌护坡　revêtement en pierres sèches
干砌块石工程　maçonnerie en pierres sèches
干砌片石护坡　perré en pierres sèches
干砌墙　mur en maçonnerie sèche
干砌石护道　banquette en pierres sèches
干砌石排水沟　drain en pierre sèche
干扰　interférence；perturbation
干扰强度　intensité d'interférence
干扰区　zone d'interférence
干扰识别　identification d'interférence
干扰因素　facteur d'interférence
干扰源　source d'interférence(perturbation)
干扰作用　effet parasite
干热带气候　climat tropical sec
干容量　densité à poids sec
干砂　sable sec
干筛　criblage(crible)à sec
干湿试验　essai(test)de mouillage-séchage
干石护坡　perré à sec
干石基层　base en pierre sèche
干石基础　base en pierre sèche
干式凿岩　sondage à sec
干式凿岩机　perforatrice à sec
干式钻机　foreuse à sec
干式钻井　forage à sec
干碎石　concassé sec
干缩　retrait au séchage；retrait de dessiccation
干缩缝　joint de dessiccation
干缩裂缝　fente de retrait(sécheresse)；fissure de dessiccation
干挖　terrassement à sec de fouilles
干污泥　boue dure(sèche)
干洗　nettoyage à sec
干性结构　construction(structure)sèche
干压实　compactage à sec
干养护　conservation sèche
干硬混凝土　béton dur(fermé)；béton à forte consistance；béton à haute consistance
干硬黏土　argile sèche
干硬性混合料　mélange dur
干预时间　temps d'intervention
干燥带　zone de séchage
干燥地区　région aride
干燥剂　agent siccatif；agent siccativant；déshydrateur
干燥设备　équipement(matériel)de dessiccation
干燥室　chambre de séchage
干燥速度　vitesse de séchage
干燥箱　armoire de séchage；étuve
干燥性气候　climat sec
干重度　poids volumétrique sec
甘特图　diagramme de Gantt
杆　barre；tige
杆件应力　contrainte de barres
赶工期计划　plan de rattrapage de retards accumulés
感觉时间　temps de sensation
感温光纤　fibre sensible de chaleur；fibre thermométrique
感温探测仪　détecteur de chaleur
感谢信　lettre de remerciement
感应电　électricité induite
感应电机　moteur à induction
感应电流　courant induit
感应电路　circuit induit
感应器　senseur
感应器敏感度　sensibilité de senseur
感应式电压稳压器　transformateur de tension inductif
感应线圈　bobine inductrice
干拌　mélange à sec

干部履历表　curriculum vitae des cadres
干道　route principale
干道等级　catégorie de l'artère；classe de l'artère
干道交叉口　intersection de l'artère
干道交通　trafic de l'artère
干道区段　section de l'artère
干管　tuyau principal
干管检查井　regard collecteur
干线　artère principale；ligne importante；voie maîtresse；voie principale(VP)
干线公路　route artérielle
干线货运机车　locomotive à marchandises pour la voie principale
干线客运机车　locomotive à voyageurs pour la voie principale
干线列车　train de grande ligne
干线枢纽　nœud de voie principale
干线铁路　chemin de fer d'intérêt général；chemin de fer principal
干线铁路电气化　électrification de ligne principale

gang

刚度　dureté；raideur；rigidité
刚度系数　coefficient de raideur(rigidité)
刚度要求　exigence de rigidité
刚体　corps rigide
刚性材料　matériau rigide
刚性层　couche rigide
刚性车钩　attelage rigide
刚性车轮　roue rigide
刚性挡土墙　mur de soutènement rigide
刚性墩　pile rigide
刚性拱　arc rigide
刚性构架桥　pont à charpente rigide
刚性管　tube rigide
刚性管涵　ponceau de tube rigide
刚性荷载　charge rigide
刚性护栏　glissière rigide
刚性基础　base rigide；fondation raide(rigide)
刚性基础板　radier de fondation rigide；radier rigide
刚性结构　construction(structure) rigide
刚性扣件　attache rigide
刚性连接　connexion rigide
刚性路　route rigide
刚性路基　assiette(assise) rigide
刚性路面　pavement(revêtement) rigide
刚性路面公路　route à pavement dur(rigide)
刚性面层　surface rigide
刚性模量　module de rigidité
刚性墙　mur rigide
刚性试验　essai(test) de rigidité
刚性系数　facteur de rigidité
刚性支承　support rigide
刚性支柱　pylône rigide
刚性支座　appui rigide
刚性铸铁　fonte aciérée
刚性桩　pieu rigide
刚性桩基础　fondation à pieux rigides
钢板　acier en planches；acier en tôles；feuille d'acier；plaque en acier；tôle；tôle d'acier
钢板对口错边量　désaffleurement du joint bout à bout de tôle d'acier
钢板涵洞　aqueduc à planche métallique
钢板裂缝　fissure de la plaque d'acier
钢板桥面　tablier en tôle d'acier
钢板桩　palplanche；palplanche en acier；palplanche métallique；pieu de palplanches；pilotis de palplanche en acier
钢板桩打桩机　marteau(sonnette) à palplanches
钢板桩墙　écran en palplanches en acier；rideau de palplanches en acier
钢材　acier
钢材除垢　décapage de l'acier
钢材分类　classification des aciers
钢材规格　norme(nuance) des aciers
钢材品名表　nomenclature des aciers
钢材消耗　consommation d'aciers
钢材性质　nature de l'acier
钢材质量　qualité d'acier
钢沉井　puits foncé en acier
钢带　bande en acier
钢的弹性　liant de l'acier
钢钉　clou en acier
钢锭　acier en lingot；lingot d'acier
钢拱架　cintre en acier
钢构桁架桥　pont à poutres en treillis métalliques；pont en acier à poutres en treillis
钢构桁架桥拉杆　tirant de pont à poutres en treillis métallique

钢构件　élément en acier
钢构悬索桥　pont suspendu en acier
钢构造　structure en acier
钢箍　épingle;étrier en acier
钢骨架　ossature métallique
钢管　buse métallique;conduite
　　（tube,tuyau）en acier
钢管拱架　cintre tubulaire
钢管混凝土拱桥
　　pont en arc à tubes en béton armé
钢管脚手架
　　échafaudage en tubes;échafaudage tubulaire
钢管结构　construction（structure）en tubes
　　d'acier;construction métallique tubulaire
钢管桩　pieu tubulaire en acier
钢轨　rail
钢轨变形　déformation de rail
钢轨表面质量　qualité superficielle de rail
钢轨波纹面打磨
　　lissage（meulage）de rail ondulatoire
钢轨波形磨损　usure ondulatoire de rail
钢轨不平顺
　　dénivellation（irrégularité,ondulation）de rail
钢轨擦伤
　　blessure striée de rail;rayure de rail
钢轨长度　longueur de rail
钢轨长度变化　variation de longueur de rail
钢轨槽　assiette de rails
钢轨侧面磨损　usure latérale du rail
钢轨侧摩擦　frottement latéral de rail
钢轨超声波探伤车　chariot d'auscultation
　　des rails;chariot de détection ultrasonique
　　du rail
钢轨超速波检查台车
　　module ultrason de contrôle du rail
钢轨重新利用　reprise de rails
钢轨存放　stockage de rails
钢轨打标记
　　marquage sur rail;marquage de rail
钢轨打孔　perçage de rail
钢轨打孔精度　précision de perçage de rail
钢轨打磨　lissage（meulage）de rail
钢轨打磨车
　　véhicule de lissage（meulage）des rails
钢轨打磨机　meuleuse à rails
钢轨打眼
　　percement（poinçonnage）de rail
钢轨垫板
　　coussinet de rail;coussinet;support de rail

钢轨顶面
　　sommet de rail;surface de champignon
钢轨顶面硬度　dureté de sommet de rail
钢轨端头　about de rail
钢轨断口　cassure de rail
钢轨断裂　rupture de rail
钢轨断裂点试验
　　essai（test）de fragilité de rail
钢轨断裂试验
　　essai（test）de rupture de rail
钢轨断面　profil de rail
钢轨断面尺寸　dimension de profil de rail
钢轨断面扫描　balayage de profil de rail
钢轨堆放　étagement de rails
钢轨对轨枕的冲击
　　battement de rail sur traverse
钢轨分类　classification de rails
钢轨负载　charge de rail
钢轨刚度　raideur（rigidité）de rail
钢轨刚度不够
　　insuffisance de rigidité de rail
钢轨钢　acier à rails
钢轨钢材规格　nuance d'acier à rail
钢轨供应　approvisionnement de rails
钢轨供应商　fournisseur des rails
钢轨购价　coût d'achat de rails
钢轨鼓曲　gauchissement de rail
钢轨轨撑　entretoise des rails
钢轨轨底　patin de rail
钢轨轨端　bout de rail
钢轨焊补　réparation de soudure de rail
钢轨焊接　soudage（soudure）de rails
钢轨焊接缝　joint de soudure de rail
钢轨焊线　cordon de soudure de rail
钢轨焊线打磨　lissage（meulage）de cordon
　　de soudure de rail
钢轨几何位置　position géométrique de rail
钢轨加长　allongement（prolongation）de rail
钢轨加热　réchauffage de rail
钢轨加热处理
　　traitement de réchauffage de rail
钢轨加热器　réchauffeur de rail
钢轨价格　prix de rail
钢轨检查　contrôle de rail
钢轨鉴定　expertise de rail
钢轨矫直机
　　redresseur de rail;tendeur à rail
钢轨接触　contact de rail
钢轨接触应力　contrainte de contact de rail

钢轨接缝　joint des rails
钢轨接头
　　bout de raccordement de rail; joint des rails
钢轨接头处轨枕　traverse de joint
钢轨接头垫板　assiette de joint de rail
钢轨接头绝缘　isolation des joints de rails
钢轨接头配件　accessoires de joints de rail
钢轨接头平整度　planéité de joint de rail
钢轨接头平整度要求
　　exigence de planéité de joint de rail
钢轨截断机　tronçonneuse à rails
钢轨截头　recépage de tête de rail
钢轨绝缘　isolation de rail
钢轨绝缘不良　défaut d'isolement de rail
钢轨绝缘扣件　attache isolante de rail
钢轨扣件　attache de rails; crapaud de rail
钢轨扣件垫圈　rondelle d'attache de rail
钢轨扣件供应
　　approvisionnement des attache de rails
钢轨扣件伤损　dégât des attaches de rails
钢轨扣件松动
　　relâchement de l'attache de rails
钢轨扣件松动现象
　　phénomène de lâchement de crapaud de rail
钢轨拉伸机　appareil à tendre le rail
钢轨类型　type de rail
钢轨冷缩爬行
　　cheminement de rails dû au refroidissement
钢轨连接　connexion (liaison) de rail;
　　liaison entre les rails
钢轨连接器　connecteur de rail
钢轨裂缝　fente (fissure) de rail
钢轨裂缝长度　longueur de fissure de rail
钢轨裂缝测量　mesure de fissure de rail
钢轨裂缝鉴定
　　identification de fissure de rail
钢轨裂纹　fissuration de rail
钢轨落锤试验　essai de rail au marteau-pilon
钢轨铝热焊接
　　soudure de rails par aluminothermie
钢轨磨损　usure de rail
钢轨磨损检测仪　appareil de mesure de profil
　　de rail; mesureur de profil de rail; appareil
　　d'inspection de l'usure de rail
钢轨挠度　flexion de rail
钢轨内侧　bord intérieur de rail
钢轨内侧打磨
　　lissage (meulage) du bord intérieur de rail
钢轨扭曲　torsion de rail

钢轨刨边机　raboteuse-chanfreineuse à rail;
　　raboteuse à rail
钢轨膨胀　dilatation de rail
钢轨疲劳　fatigue de rail
钢轨平顺度　régularité de rail
钢轨铺设步骤
　　procédure de pose de rails
钢轨强度　résistance de rail
钢轨强度计算
　　calcul de résistance de rail
钢轨强度试验
　　essai (test) de résistance de rail
钢轨切割机　découpeuse de rail
钢轨缺陷　défaut (vice) de rail
钢轨热胀爬行
　　cheminement de rails dûe à la chaleur
钢轨韧度　ténacité de rail
钢轨闪光焊接
　　soudage de rail par étincelage
钢轨上标注记号
　　marquage de signe sur rail
钢轨生产批次代码
　　code de série de production de rail
钢轨收缩缝　joint de dilatation de rail
钢轨损坏
　　dégât (dégradation, destruction) de rail
钢轨损坏鉴定
　　identification de dégradation de rail
钢轨损坏可能性
　　possibilité de dégradation de rail
钢轨损伤跟踪检查
　　suivi et contrôle des dommages de rails
钢轨锁定　verrouillage de rail
钢轨踏面宽度
　　largeur de la surface de roulement du rail
钢轨弹簧扣件　crapaud élastique
钢轨探伤　auscultation de rails
钢轨探伤车　véhicule d'auscultation de rail;
　　voiture de détection de rail
钢轨探伤仪　défectoscope de rail
钢轨调直　redressement de rail
钢轨推凸器
　　appareil à tondre les proéminences de rail
钢轨外侧　bord extérieur de rail
钢轨弯曲度　flexion de rail
钢轨温度　température de rail
钢轨系列　série de rails
钢轨下沉　affaissement de rail
钢轨线形　profilage de rail

钢轨修补　réparation de rail
钢轨沿线摆放
　　répartition de rails au long de la ligne
钢轨移位观测桩　pieu d'observation de déplacement de rail;pieu de référence de déplacement de rail
钢轨引接线　fil d'amenée de rail
钢轨应力　contrainte de rail
钢轨应力释放　libération de contrainte de rail
钢轨与轨枕固定工序
　　processus de fixation de rail et de traverse
钢轨运输车　voiture de transport des rails
钢轨再利用　réemploi de rail
钢轨胀曲　gondolement de rail
钢轨整平　nivelage(planage)de rail
钢轨制造长度
　　longueur de fabrication de rails
钢轨质量　qualité de rail
钢轨种类　espèce(sorte)de rail
钢轨重量　poids de rail
钢轨状态　état de rail
钢轨阻抗　impédance de rail
钢轨钻孔机
　　appareil à percer le rail;perceuse à rails
钢轨座基　semelle de rail
钢辊　rouleau en acier
钢号　nuance d'acier
钢化玻璃　glace trempée;verre trempé
钢绞线　câble d'acier;câble métallique;toron;toron d'acier
钢绞线布置图　plan(schéma)de câblage
钢绞线管道　gaine
钢绞线锚固　ancrage des câbles;coupleur de toron métallique
钢绞线线束　faisceau de toron d'acier
钢结构　charpente en acier;charpente métallique;construction en acier;construction(structure)métallique
钢结构安装　montage de construction en acier
钢结构工程　ingénierie de construction métallique;ouvrage en acier;ouvrage en charpente métallique
钢结构框架　carcasse de charpente métallique
钢结构设计
　　conception(étude)de construction en acier
钢结构图　dessin de construction métallique
钢筋　acier d'armature(ferraillage);armature;barre d'acier;ferraillage
钢筋百分比　rapport d'armature
钢筋保管　préservation des armatures
钢筋保护　protection des armatures
钢筋保护层　enrobage des armatures
钢筋布置　arrangement des armatures(barres)
钢筋材料总表　tableau général des armatures
钢筋层　armature en nappe
钢筋存放(场)
　　dépôt(stockage)des armatures
钢筋搭接　recouvrement de l'armature
钢筋等级复核
　　vérification de nuances d'acier
钢筋堆放场地　aire de dépôt des armatures
钢筋分布　distribution des armatures
钢筋工　ferrailleur
钢筋供应　approvisionnement d'armature
钢筋箍　cerceau;étrier d'armature
钢筋骨架　carcasse d'armatures
钢筋号　numéro de barre d'acier
钢筋混凝土　béton armé
钢筋混凝土矮挡土墙
　　murette de protection en béton armé
钢筋混凝土板　dalle(planche)en béton armé
钢筋混凝土部分　partie de béton armé
钢筋混凝土成品预制场　aire de préfabrication de produits finis en béton armé
钢筋混凝土底板　radier en béton armé
钢筋混凝土盾构　bouclier en béton armé
钢筋混凝土盖板涵
　　dalot couvert en béton armé
钢筋混凝土隔墙　cloison en béton armé
钢筋混凝土工程
　　travaux(ouvrage)en béton armé
钢筋混凝土拱桥　pont en arc en béton armé
钢筋混凝土构件　élément en béton armé
钢筋混凝土构件模板
　　coffrage de l'élément en béton armé
钢筋混凝土构件数量表　tableau quantitatif des éléments en béton armé
钢筋混凝土骨架　ossature en béton armé
钢筋混凝土骨料　agrégat de béton armé
钢筋混凝土管　tube(tuyau)en béton armé
钢筋混凝土轨枕　traverse en béton armé
钢筋混凝土轨枕板
　　dalle en béton armé de traverse
钢筋混凝土涵洞
　　dalot(ponceau)en béton armé
钢筋混凝土涵洞铁路桥
　　pont rail de type dalot en béton armé

钢筋混凝土桁架　poutre en treillis en béton armé
钢筋混凝土护栏　glissière en béton armé(GBA)
钢筋混凝土基础板　semelle en béton armé
钢筋混凝土集水管　collecteur en béton armé
钢筋混凝土结构　construction en béton armé
钢筋混凝土框架结构　construction à ossature en béton armé
钢筋混凝土连续梁桥面　tablier à poutres continues en béton armé
钢筋混凝土梁　poutre en béton armé
钢筋混凝土路肩　accotement en béton armé
钢筋混凝土落水管　descente d'eau en béton armé
钢筋混凝土门式铁路桥　pont rail de type portique en béton armé
钢筋混凝土排水干管　collecteur de tuyaux en béton armé
钢筋混凝土排水沟　caniveau en béton armé
钢筋混凝土配筋　ferraillage de béton armé
钢筋混凝土铺面　revêtement en béton armé
钢筋混凝土铺砟箱涵铁路桥　pont rail de type cadre ballasté en béton armé
钢筋混凝土墙　mur en béton armé
钢筋混凝土桥　pont en béton armé
钢筋混凝土桥面　tablier en béton armé
钢筋混凝土设计　étude de béton armé
钢筋混凝土受弯构件　élément à la flexion de béton armé
钢筋混凝土受压构件　élément à la compression de béton armé
钢筋混凝土双曲拱桥　pont à double voûte en béton armé
钢筋混凝土图　dessin de béton armé
钢筋混凝土围墙　enceinte en béton armé
钢筋混凝土屋架　carcasse d'immeuble en béton armé
钢筋混凝土下埋式箱涵铁路桥　pont rail de type cadre enterré en béton armé
钢筋混凝土箱形拱梁　poutre caissonnée en voûte en béton armé
钢筋混凝土烟囱　cheminée en béton armé
钢筋混凝土掩体　abri en béton armé
钢筋混凝土预应力　précontrainte de béton armé
钢筋混凝土预制件　élément préfabriqué en béton armé

钢筋混凝土圆管　buse en béton armé;tuyau circulaire en béton armé
钢筋混凝土枕梁　longrine en béton armé
钢筋混凝土枕梁弯沉　déflexion de longrine en béton armé
钢筋混凝土支架　chevalement en béton armé
钢筋混凝土柱　colonne en béton armé
钢筋混凝土桩　pieu en béton armé
钢筋加工　fabrication(façonnage, préparation) des armatures
钢筋加工棚　baraque(hangar) de façonnage des armatures
钢筋间距　espacement des barres en acier
钢筋检查　contrôle de l'acier
钢筋矫直机　dresseuse de barres;redresseur de l'armature
钢筋拉力试验　essai(test) des aciers à la traction
钢筋冷弯试验　essai(test) des aciers au pliage à froid
钢筋笼　cage d'armature(ferraillage)
钢筋锚具　coupleur d'armature
钢筋内距　distance entre les barres
钢筋配置　répartition des armatures
钢筋棚　abri(baraque,hangar) des armatures
钢筋切割机　coupeur de barres
钢筋数量　quantité de l'armature
钢筋数量表　liste des armatures;tableau quantitatif des armatures
钢筋图　dessin d'armature;plan de ferraillage
钢筋外形检查　contrôle sur la forme de barres
钢筋网　armature en treillis
钢筋型号　type d'acier
钢筋性质　nature de l'acier
钢筋与混凝土之间的握裹力　adhérence des armatures au béton
钢筋与模板面间距(保护层)　distance des armatures au paroi de coffrages
钢筋直径　diamètre de barre
钢筋质量　qualité d'armature
钢筋组　équipe de ferraillage
钢锯　scie à métaux;scie en acier
钢框架结构　construction à ossature métallique;construction en charpente métallique
钢拉杆　tirant en acier
钢缆　câble en acier;câble métallique
钢缆刚度　raideur de câble en acier
钢缆锚固　ancrage des câbles en acier

G

钢缆扭绞　torsion de toron d'acier
钢缆桥　pont à câbles en acier
钢缆油　asphalte pour câble métallique
钢连续梁　poutre continue métallique
钢梁　poutre en acier;poutre métallique
钢梁腹杆　élément d'âme
钢梁拼装场
　　aire d'assemblage des poutres métalliques
钢梁桥　pont à poutres métalliques
钢笼　gabion en acier
钢路钉　clou de sol en acier
钢螺栓　boulon en acier
钢模板　coffrage en acier;coffrage métallique;
　　panneau de coffrage en acier
钢瓶煤气　gaz en bouteille
钢桥　ouvrage d'art métallique;pont en acier;
　　pont métallique
钢桥墩　pile métallique
钢桥面　tablier en acier;tablier métallique
钢砂钻井　forage à grenailles en acier
钢丝　corde d'acier;fil d'acier
钢丝绳　câble d'acier;câble en acier
钢丝刷　brosse en acier;brosse métallique
钢丝索锚具　coupleur de câble en acier
钢索施加应力程序　programme de mise en
　　tension des câbles en acier
钢索提升机　monte-charge à câble métallique
钢索张拉绷直度　raideur de câble métallique
　　tendu à mise en tension
钢索张拉力
　　tension précontrainte de câble en acier
钢天桥　passerelle métallique
钢条　acier en barres
钢铁联合企业　complexe sidérurgique
钢筒式压路机　rouleau à tambour métallique
钢围堰　batardeau métallique;
　　para-fouille métallique
钢屋盖结构　comble métallique
钢屋架　charpente en acier;
　　charpente métallique
钢箱梁悬索桥
　　pont à câbles en caissons métalliques
钢销　cheville métallique
钢硬度　dureté de l'acier
钢罩　revêtement en acier
钢枕　traverse métallique
钢支撑　étai(support)en acier
钢支柱(桥墩)　pile(étançon)en acier
钢支座　appui en acier

钢直尺　règle en acier
钢制车轮　roue en acier
钢制轨枕　traverse en acier
钢制脚手架　échafaudage en fer
钢制排水管　drain en acier
钢柱　mât(poteau)en acier;poteau métallique
钢桩　pieu en acier;pieu métallique
钢桩基础桥　pont sur pieux métalliques
钢桩帽　capuchon de pieu en acier
缸　cuve
缸裂缝　fissuration de cylindre
缸温　température de cylindre
岗前培训　stage de pré-emploi
岗亭　guérite
岗位　poste
岗位轮换制　système de rotation des postes
港口地面设施　infrastructure portuaire
港口防波堤　jetée de port
港口费用　frais portuaires
港口河道　canal maritime
港口码头　quai de port
港口设施　installations portuaires
港口特许经营权
　　concession d'exploitation de port
港口铁路　chemin de fer portuaire
港口信标系统　balisage de port
港口运营商　exploitant portuaire
港口装卸　manutention portuaire
港区　zone portuaire
港务局
　　administration portuaire;autorité portuaire
杠杆式活动桥　pont à balancier;pont à fléau
杠杆作用　effet de levier

gao

高安全度　haute-sécurité
高边敞车　wagon-tombereau
高边车　wagon à bords;wagon à paroi haut
高边坡　talus à grande hauteur
高差　dénivellation;dénivellement;
　　différence de hauteur
高程　élévation
高程标绘　hypsographie
高程标注点　point coté altimétrique
高程测量　altimétrie;mesure d'altitude
　　(hauteur);nivellement altimétrique
高程测量法　hypsométrie
高程测量误差　erreur altimétrique
高程测量线　ligne de nivellement altimétrique

高程导线	cheminement altimétrique
高程导线控制	contrôle de cheminement altimétrique
高程检查	contrôle altimétrique
高程精度	précision d'altitude
高程控制测量	nivellement altimétrique contrôlé
高程网	réseau altimétrique
高程误差	erreur de hauteur
高程允许误差	tolérance altimétrique
高程坐标	ordonnée (coordonnée) d'altitude
高低不平道路	route défoncée (labourée)
高低不平地面	terrain raboteux
高低脚拱	arc de chevalement
高地	terrain élevé
高地沼泽	marais haut
高点	point haut
高度	hauteur
高度比例尺	échelle de hauteur
高度不足	insuffisance de hauteur
高度测量	hypsométrie
高度测量法	hypsométrie
高度观测	observation en altitude
高度控制	contrôle de hauteur (niveau)
高度偏差	écart en hauteur
高度调整	réglage de hauteur
高度要求	critère (exigence) de hauteur
高度游标卡尺	calibre vernier à hauteur
高端制造业	industrie de fabrication très avancée
高峰车流量	flux de trafic à l'heure de pointe; trafic de pointe
高峰负荷	charge de l'heure de pointe; charge de pointe
高峰工作状态	régime de crête
高峰季节	saison de pointe
高峰交通期	période de trafic à l'heure de pointe
高峰流量	flux de pointe; volume de flux de pointe
高峰期	heure de crête; heure de pic
高峰时段	heure de pointe
高峰时段车流	flux à l'heure de pointe
高峰时间	heure d'affluence (pointe)
高峰时间交通	circulation à l'heure de pointe
高峰时期	période de pointe
高峰限制	contrainte à l'heure de pointe
高峰消耗量	pointe de consommation
高峰小时比率	ratio à l'heure de pointe
高峰小时车流量	trafic (volume) à l'heure de pointe
高负压风机	ventilateur à dépression élevée
高附着力钢筋	armature à haute adhérence
高铬钢	acier à haute teneur en chrome
高合金钢	acier à forte alliage; acier fortement allié
高级工程师	ingénieur supérieur
高级技师证书	brevet de technicien supérieur (BTS)
高级技术员	technicien supérieur
高级软卧车	wagon de luxe
高架车站	gare surélevée
高架道路	route de viaduc; route surélevée
高架轨道	voie de rails surélevée
高架快速道	route express élevée
高架梁	poutre de viaduc
高架路	route élevée
高架桥	pont surélevé; viaduc
高架桥长度	longueur de viaduc
高架桥高度	hauteur de viaduc
高架桥高度校正	correction de hauteur de viaduc
高架桥工地	chantier de viaduc
高架桥模型	maquette de viaduc
高架桥缺陷	défaut de viaduc
高架桥入口	entrée de viaduc
高架桥设计	étude de viaduc
高架桥施工	exécution de viaduc
高架桥数量	nombre de viaduc
高架桥维护	entretien de viaduc
高架桥位置	position de viaduc
高架桥引道	accès de viaduc
高架渠	aqueduc
高架入口	accès de viaduc
高架式立体交叉	croisement type viaduc
高架铁路	chemin de fer aérien; chemin de fer surélevé
高架线	voie surélevée
高架线路	ligne élevée (surélevée)
高架引桥	approche de viaduc
高交通量公路	route à trafic dense
高脚排架桥	pont sur chevalets
高精度工具	instrument de haute précision
高空气象探测	sondage aérologique
高栏板载重卡车	camion à hautes ridelles
高利贷	prêt usuraire

高岭(瓷)土　terre à porcelaine
高岭土
　　argile blanche(kaolinique);kaolin;terre blanche;terre de pipe
高炉炉渣　laitier de haut fourneau
高路堤　haut remblai;remblai de grande hauteur
高路堑边坡　talus de tranchée profonde
高路缘石　bordure haute
高铝水泥　ciment alumineux
高锰钢　acier à haute teneur en manganèse
高密度混凝土　béton à haute densité
高密度级配　granularité à haute densité
高密度聚乙烯
　　polyéthylène à haute densité(PEHD)
高密度聚乙烯套管　fourreau en PEHD
高密度压实　compactage intense
高密度运行　circulation serrée
高模量沥青　bitume à module élevé
高模量沥青混合料
　　enrobé à module élevé(EME)
高模量沥青混凝土
　　béton bitumineux à module élevé(BBME)
高膨胀水泥　ciment d'expansion élevée
高频　haute fréquence(HF)
高频电缆　câble électrique à haute fréquence
高频混凝土修整机
　　finisseur de fréquence élevée
高频检波器　détecteur à haute fréquence
高频振捣棒　vibrateur à fréquence élevée
高强度　haute résistance
高强度等级水泥　ciment de qualité
高强度钢
　　acier à haute résistance;acier à haute ténacité
高强度钢丝　fil à haute résistance
高强度混凝土　béton à haute résistance
高强度集料　agrégat résistant
高强度螺栓　boulon à haute résistance
高强度水泥　ciment à haute résistance
高强度土工膜　géomembrane PEHD
高强混凝土螺纹钢筋
　　armature pour béton armé à haute adhérence
高强快硬水泥　ciment à haute résistance initiale(CHRI);ciment super-artificiel
高强锚杆
　　boulon d'ancrage à haute résistance(BHR)
高强水泥　ciment très résistant
高强塑料圆形管　tuyau circulaire en PEHD
高倾斜　pendage élevé

高热量水泥
　　ciment à haute dégagement de chaleur
高热水泥　ciment exothermique
高山道路　route alpine
高山植物　végétation alpine
高水位　niveau haut
高速道岔　aiguille à grande vitesse
高速动车
　　automotrice à grande vitesse(AGV)
高速动车速度
　　vitesse d'automotrice à grande vitesse
高速动车组　automotrice à grande vitesse (AGV);rame automotrice à grande vitesse
高速动车组列车
　　train automoteur à grande vitesse
高速动车组列车试验　essai(test)de train automoteur à grande vitesse
高速公路　autoroute
高速公路岔口　bifurcation d'autoroute
高速公路车道　voie de l'autoroute
高速公路典型横断面图
　　profil transversal typique de l'autoroute
高速公路翻修　réfection de l'autoroute
高速公路服务区　aire de service
高速公路管理局
　　administration des autoroutes
高速公路横断面组成　composition de profil en travers de l'autoroute
高速公路监视　surveillance de l'autoroute
高速公路立交桥　échangeur autoroutier
高速公路连接线　bretelle de l'autoroute
高速公路路段　tronçon d'autoroute
高速公路路基　assiette de l'autoroute
高速公路路面特征
　　caractéristique de chaussée autoroutière
高速公路路缘　bordure de l'autoroute
高速公路排水　assainissement de l'autoroute
高速公路坡道　rampe de l'autoroute
高速公路桥　pont d'autoroute
高速公路入口　accès(entrée)de l'autoroute
高速公路设计　conception(étude)APA
高速公路收费站特许经营权　concession d'exploitation de péage de l'autoroute
高速公路双联拱隧道
　　tunnel autoroutier en bitube
高速公路隧道　tunnel autoroutier
高速公路特许经营权
　　concession d'exploitation de l'autoroute
高速公路通道　corridor de l'autoroute

高速公路通行能力　capacité autoroutière
高速公路挖方　déblai de l'autoroute
高速公路网　réseau autoroutier
高速公路线路走向　tracé autoroutier
高速公路信号　signalisation de l'autoroute
高速公路信号牌龙门架
　　portique de l'autoroute
高速公路运输　transport autoroutier
高速公路运营管理
　　gestion d'exploitation de l'autoroute
高速公路噪声　bruit de l'autoroute
高速公路支线　branchement de l'autoroute
高速公路中间绿化带或隔离带
　　terre-plein central(TPC)
高速公路走廊　couloir d'autoroute
高速轨检车
　　voiture d'inspection de voie à grande vitesse
高速交通　circulation à grande vitesse；
　　trafic à haute vitesse
高速搅拌机　mélangeur à haute vitesse
高速列车　train à grande vitesse(TGV)
高速列车车轴轴承
　　roulement d'essieu de train à grande vitesse
高速列车试验　essai de train à grande vitesse
高速列车试验台　plateforme d'épreuve de
　　train à grande vitesse
高速列车转向架
　　bogie de train à grande vitesse
高速旅客列车
　　train voyageurs à grande vitesse
高速轻型车轮　roue légère à grande vitesse
高速铁路　chemin de fer à grande vitesse
高速铁路基础设施
　　infrastructure de ligne à grande vitesse
高速铁路设计　étude de voie à grande vitesse
高速铁路网　réseau de TGV
高弹性模量　module à haute élasticité
高碳钢　acier à carbone élevé；acier à forte
　　teneur en carbone；acier à haute carbone；
　　acier à haute teneur en carbone；acier au
　　carbone à haute teneur；acier dur(durci)
高填方　remblai de grande hauteur；
　　remblai élevé
高填方设计
　　étude de remblai de grande hauteur
高填深挖路段
　　tronçon de déblai de grande profondeur
高铁乘务服务
　　service de l'équipage de conduite de TGV
高铁快递　express de TGV
高铁数量　nombre de trains à grande vitesse
高铁水泥　ciment ferreux
高铁线路上部结构
　　superstructure de ligne à grande vitesse
高铁站　gare de TGV
高铁站布局　distribution des gares de TGV
高铁站台　quai de train à grande vitesse
高挖方　déblai de grande profondeur
高温　température élevée
高温处理　traitement à haute température
高温尖轨前爬行　cheminement en avant de
　　l'aiguille dûe à la chaleur
高新技术产业
　　industrie de haute et nouvelle technologie
高压　haute pression；pression haute；
　　haute tension(HT)
高压保护　protection à haute tension
高压保护装置　équipement de protection
　　à haute tension；protecteur à haute tension
高压变阻器　rhéostat à haute tension
高压舱　caisson hyperbare
高压冲洗　rinçage à haute pression
高压电　électricité à haute tension
高压电缆　câble à haute tension
高压电力线　ligne à haute tension
高压电路　circuit de haute tension
高压电气设备　installations électriques HT
高压电阻器　résistor à haute tension
高压供电电缆
　　câble d'alimentation à haute tension
高压供电网　réseau d'alimentation HT
高压供电系统
　　système d'alimentation de haute tension
高压管　tube à haute pression
高压管道　canalisation à haute pression
高压锅炉　chaudière à haute pression
高压架空线路走道
　　couloir de ligne aérienne à haute tension
高压开关
　　interrupteur à haute tension；interrupteur HT
高压控制设备　équipement HT de commande
高压钠灯
　　lampe à vapeur de sodium à haute pression
高压喷注　injection à haute pression
高压喷注砂浆
　　mortier à injection à haute pression
高压气枪清理　nettoyage à air comprimé
高压区　région(zone)de haute pression

高压设备　installations à haute tension
高压输电线　ligne de transmission à haute tension
高压输电线变压器　transformateur de ligne de transmission à haute tension
高压输电线间距　intervalle entre les lignes de transmission à haute tension
高压线干扰　interférence de ligne à haute tension
高压线铁塔　pylône de fil à haute tension
高压油泵　pompe à huile de haute pression
高压蒸汽养护　cure par l'autoclavage; traitement par vapeur à haute pression
高压蒸汽养护装置　installations de durcissement par la vapeur sous haute pression
高压注浆　projection à haute pression
高原　plateau
高原区　zone de plateau
高越道口　croisement élevé
高站台　quai surélevé
高质量　qualité supérieure
高置式桥台　aboutement levé; culée levée
膏体地沥青　asphalte ciment
镐　pic
告示牌　tableau d'affichage
锆石　zircon

ge

戈壁　gobi
搁浅沉箱　caisson d'échouage
割草　fauchage
革新　rénovation
格构吊桥　pont suspendu en treillis
格构桁架桥　pont à poutres en treillis
格构梁　poutre composée en treillis
格间式挡土墙　mur cellulaire; mur de soutènement cellulaire
格间式桥台　aboutement cellulaire; culée cellulaire
格梁式底座　radier en traversée
格排基础桩　pieu à grillage de fondation
格筛　crible à barreaux
格筛网眼　trame de crible à barreaux
格栅　grille
格式　formule
格形构造　construction cellulaire
格子　case
格子板　caillebotis
格子盖板　caillebotis
格子脚踏板　marche en caillebotis
隔板　paroi; cloison; cloison de séparation
隔离　isolation; isolement
隔离层　couche isolante
隔离带　terre-plein; bande d'isolement
隔离段　section de séparation
隔离墩　barrière; séparateur
隔离开关　interrupteur
隔离栏　séparateur modulable
隔离土工布　géotextile de séparation
隔离栅　clôture anti-intrusion
隔门　porte de cloisonnement
隔墙　cloison; cloison de séparation
隔热　isolation calorifique (thermique)
隔热板　écran thermique
隔热材料　isolant thermique; matériau calorifuge
隔热混凝土　béton isolant
隔热装置　dispositif d'isolation thermique
隔水层止水带　bande de nappe drainante
隔音　insonorisation; isolation acoustique (sonore)
隔音板　abat-son; écran acoustique; panneau d'insonorisation
隔音材料　matériau acoustique isolant; produit insonorisant
隔音层　isolant acoustique
隔音门　porte insonorisée
隔音屏　écran anti-bruit; écran de protection contre le bruit
隔音墙　écran anti-bruit; mur antibruit (insonorisé)
隔油池　séparateur d'huile
隔振　isolation vibratoire
隔振垫　isolateur de vibration
个人所得税　impôt sur le revenu personnel
个枕更换　changement individuel de traverse
各段站线长度会总表　métrés de tronçons de voie
各类性质挖方　déblai de toutes natures
各自利益　intérêt respectif

gen

根轴　axe radical
跟部　talon
跟踪　suivi

跟踪程序　programme de suivi
跟踪对象　objet de suivi
跟踪记录卡　fiche de suivi
跟踪检查　suivi de contrôle
跟踪控制　contrôle de suivi
跟踪目标　objectif de suivi
跟踪位置　position de suivi
跟踪系统　système de suivi
跟踪质量保证计划　suivi de PAQ

geng

耕地
　　terrain cultivé;terre agricole(cultivée, labourée)
耕植土　sol végétal;terre(cultivée,labourée)
耕种面积　superficie cultivée
耕种土　sol de cultive;terre cultivée
耕作区　région(zone)cultivée
更换
　　changement;remplacement;renouvellement
更换制动片
　　remplacement de plaquette de frein
更换车底
　　changement de wagons-voyageurs
更换车辆　changement(remplacement, substitution)de wagons
更换车轮　remplacement de roue
更换车轴　remplacement d'essieu
更换道岔
　　changement(remplacement)de l'aiguille
更换道钉　remplacement(changement, substitution)de tire-fond
更换道砟　changement(remplacement, substitution)de ballast
更换钢轨　changement(remplacement, substitution)de rail
更换轨枕
　　changement(substitution)de traverse
更换机车
　　changement(remplacement)de locomotive
更换减速器　remplacement de réducteur
更换交路　changement d'itinéraire d'acheminement(trafic)
更换接触线滑块　remplacement de frotteur à patin de fil de contact
更换扣件　remplacement de l'attache
更换轮对
　　changement des essieux;substitution d'essieu-monté
更换旅客车厢
　　substitution de wagons de voyageurs
更换设备
　　remplacement(substitution)de l'équipement
更换损伤钢轨
　　changement(substitution)de rail endommagé
更换损伤轨枕　changement(substitution) de traverse endommagée
更换系统　remplacement de système
更换信号灯　remplacement de signal
更换轴　substitution de l'axe
更换主牵引机车　changement de locomotive de traction principale
更换转向架　remplacement de bogie
更新　actualisation;mise à jour;renouvellement
更新改造费用　frais de renouvellement
更新改造项目　projet de renouvellement
更新公式　formule d'actualisation
更新规划
　　planification de renouvellement
更新计划　plan actualisé(renouvelé)
更新阶段　étape de renouvellement
更新进度计划　planning actualisé
更新情况　situation actualisée
更新线路　ligne de renouvellement
更正计算　rectification de calcul

gong

工班　brigade;équipe
工班交替　rotation des équipes
工班交替制
　　régime(système)de rotation des équipes
工厂测试　essais(test)en usine
工厂设备
　　équipement(matériel)de l'usine
工厂实习　stage en usine
工厂验收测试
　　essai(test)de réception en usine
工厂制造　fabrication en usine
工厂制作　façonnage en usine
工厂组装　assemblage d'atelier
工场　atelier
工程安全　sécurité des travaux
工程保险　assurance des travaux
工程比率　ratio de travaux
工程编号　numéro de l'ouvrage
工程变动清单　liste de variation des travaux
工程变化　variation des travaux

工程便道用地　emprise des pistes de chantier
工程拨款计划
　　planning d'ordonnancement de travaux
工程步骤　phasage des travaux
工程测量　métré de travaux
工程场地　emplacement des travaux
工程车　voiture de travaux
工程倒塌　effondrement de l'ouvrage
工程地点　lieu des travaux
工程地理位置
　　situation géographique des travaux
工程地址　site de l'ouvrage
工程地质　géologie technique
工程地质分层　couche géotechnique
工程地质分类　classification géotechnique
工程地质分区　zone(zonation) géotechnique
工程地质鉴定　identification géotechnique
工程地质结构情况　contexte géotechnique
工程地质勘察　exploration géotechnique
工程地质剖面(图)　coupe géotechnique
工程地质研究　étude géotechnique
工程发票　facture des travaux
工程范围　étendue de prestations des travaux;
　　limitation des travaux;portée de travaux
工程放线　implantation de l'ouvrage
工程费用　coût de travaux
工程费用控制　contrôle des coûts des travaux
工程分包　sous-traitance
工程分包百分比
　　pourcentage de sous-traitance des travaux
工程分包建议
　　proposition de sous-traitance des travaux
工程分段　fractionnement des travaux
工程概述　aperçu des travaux
工程概算书　devis estimatif
工程各施工阶段跟踪(监督)
　　suivi de différentes phases de travaux
工程公司　société des travaux
工程估算书　devis estimatif
工程管理　gestion des travaux
工程管理局　administration des travaux
工程管理文件
　　document de gestion des ouvrages
工程规划　planification des travaux
工程规模
　　ampleur(envergure,volume) des travaux
工程规模控制
　　contrôle de l'ampleur des travaux
工程合同　marché d'ingénierie

工程计划(进度表)
　　programme de construction
工程计量审核程序　procédure de
　　vérification de l'attachement des travaux
工程计算书　note de calcul des ouvrages
工程记录簿　registre de chantier
工程技术说明书　devis technique
工程价格调整公式
　　formule de révision de prix des travaux
工程监理　contrôle de construction(travaux);
　　contrôle de suivi des travaux;inspection
　　(suivi,surveillance) des travaux
工程检查　contrôle de construction
工程检验　épreuve des ouvrages
工程建设　construction des travaux
工程建造　construction de l'ouvrage
工程阶段划分图　plan de phasage des travaux
工程接口　interface de travaux
工程节点　nœud de travaux
工程结算　règlement des travaux
工程结算方式
　　mode de règlement de travaux
工程结账单　situation des travaux
工程金额　montant de travaux
工程进度
　　avancement de construction(travaux)
工程进度表
　　tableau d'avancement des travaux
工程进度管理
　　gestion d'avancement des travaux
工程进度调查
　　enquête de l'avancement des travaux
工程进度滞后
　　retard de l'avancement des travaux
工程进展　progression de travaux
工程进展评估
　　évaluation de l'avancement des travaux
工程进展情况　état d'avancement de
　　l'ouvrage;situation d'avancement des travaux
工程进展曲线
　　courbe d'avancement des travaux
工程经理　directeur de travaux
工程经纬仪　théodolite d'ingénieur
工程决算　compte définitif des travaux
工程竣工　achèvement des travaux
工程开工　commencement(démarrage,
　　lancement) des travaux
工程开工典礼
　　inauguration de lancement des travaux

工程开工日期　date de commencement des travaux;date de démarrage des travaux
工程开工通知　notification de commencement de travaux
工程勘察　investigation de travaux
工程可行性研究　étude de faisabilité des travaux
工程控制　conduite(maîtrise)d'ouvrage
工程控制点　point clef de l'ouvrage;point critique de travaux;point de contrôle des travaux
工程款接受银行地址　domiciliation bancaire
工程款余额　reliquat de la somme des travaux
工程类型　nature de travaux;type de l'ouvrage(travaux)
工程力学　mécanique d'ingénierie
工程量　masse des travaux;métré
工程量变化　variation de masse des travaux
工程量估算　estimation de quantités des travaux
工程量减少　diminution de quantité des travaux
工程量统计　statistique de masse des travaux;statistique de quantité des travaux
工程列车　train de construction(travaux)
工程临时验收　réception provisoire des travaux
工程描述　description des ouvrages(travaux)
工程名称　dénomination de projet;désignation des travaux
工程内部检查　contrôle interne des travaux
工程内部自检　contrôle interne des travaux
工程内容　consistance des travaux
工程评估　appréciation des travaux
工程起点　début des travaux
工程抢险车　camion de dépannage;camion dépanneur;dépanneuse;voiture de dépannage
工程抢修(拖)车　remorque atelier
工程情况　situation des travaux
工程区域　zone de travaux
工程缺陷　défaut des travaux;vice de construction
工程缺陷调查　enquête de défaut de construction
工程任务分配　répartition de travaux
工程师职业　profession de l'ingénieur
工程施工　exécution des travaux
工程施工报表　attachement des travaux
工程施工方法　mode d'exécution des travaux

工程施工规范　spécifications de construction
工程施工计划　programme d'exécution de travaux
工程施工模板　coffrage de l'exécution des travaux
工程施工日志　attachement des travaux
工程施工总计划　programme général d'exécution des travaux
工程实施　réalisation des travaux
工程实体　consistance physique des travaux
工程实验车　camion laboratoire
工程寿命　longévité de travaux
工程数量　importance(quantité)de travaux
工程数量报表　attachement de quantité
工程数量变化　variation de quantité des travaux
工程数量表　bordereau de quantité pour les travaux;liste de quantités des travaux
工程数量单　devis quantitatif;métré de travaux
工程数量概算书　devis quantitatif et estimatif(DQE)
工程数量汇总表　avant-métré récapitulatif des quantités
工程数量校正　correction de quantité des travaux
工程特点　caractéristique des travaux
工程停工　arrêt(interruption)des travaux
工程投资　investissement des travaux
工程外部监督　contrôle externe des travaux
工程完工　fin(achèvement,terminaison)des travaux
工程完工场地恢复　remise en état de terrain après travaux
工程完工后撤场　repliement en fin de chantier
工程完工后撤场时间　temps de repliement en fin de chantier
工程完工日期　date d'achèvement(fin,clôture)des travaux
工程尾款　solde des travaux
工程位置　localisation des travaux;position de l'ouvrage
工程位置图　schéma de position des ouvrages
工程文件　document de travaux
工程窝工　désœuvrement des travaux
工程物探　prospection géophysique
工程下部结构　infrastructure de l'ouvrage

G

工程限界　borne de construction
工程详细描述　description détaillée des travaux
工程项目　projet de travaux
工程项目公开招标　adjudication ouverte de travaux;adjudication publique de travaux
工程协调　coordination des travaux
工程修理汽车　camion de réparation
工程需要　besoin des travaux
工程学　génie
工程验收　réception des ouvrages(travaux)
工程验收方式　mode de réception de travaux
工程验收规定　directive de réception de l'ouvrage
工程夜间照明　éclairage des travaux nocturnes
工程移交　transfert des ouvrages
工程移交方式　mode de remise de travaux
工程用地　emprise des ouvrages (travaux);terrain de construction(travaux)
工程优化　optimisation de travaux
工程与自然景观融为一体　intégration de l'ouvrage dans le paysage
工程预定规划　programmation prévisionnelle de travaux
工程预付款　avance forfaitaire
工程预算　budget de travaux
工程月计划　programme mensuel des travaux
工程月支付审核程序　procédure de vérification de situation mensuelle
工程造价　coût de l'ouvrage;montant de travaux
工程招标　adjudication de travaux
工程支付方式　mode de rémunération de travaux
工程质量　qualité de l'ouvrage;qualité de travaux
工程质量缺陷　défaut(vice)de qualité des travaux
工程滞后　retard des travaux
工程中断　suspension des travaux
工程中断原因　cause de suspension des travaux
工程周计划　programme hebdomadaire des travaux
工程转让　transfert(dévolution)des travaux
工程准备　préparation de travaux
工程总计划　programme général des travaux
工程总进度计划　planning général des travaux
工程总体预计进度表　calendrier prévisionnel de l'ensemble des travaux
工程组织　organisation de travaux
工程最终验收　réception définitive de travaux
工地　chantier
工地安全　sécurité de chantier
工地安全和卫生　sécurité et l'hygiène sur le chantier
工地安置图　plan d'installation de chantier
工地安置与撤场　installation et repliement de chantier
工地办公室　bureau de chantier
工地拌和(料)　malaxage sur chantier;mélange à (sur)chantier
工地保护　protection de chantier
工地保险单　police de chantier
工地保险费　frais d'assurance de chantier
工地便道　piste de desserte de chantier
工地便道入口　accès(entrée)de piste de chantier
工地布置　aménagement de chantier
工地参观安排　programme de visite de chantier
工地储料场　aire de stockage de chantier
工地范围　limite de chantier
工地分布　distribution(répartition)de chantiers
工地负责人　responsable de chantier
工地工程师　ingénieur sur chantier;ingénieur sur site
工地工序节点示意图　schéma de phasage de chantier
工地管理混乱　désordre de chantier;perturbation sur le chantier
工地管理人员　encadrement de chantier
工地轨道车　draisine de chantier
工地后勤服务　logistique de chantier
工地后勤设施　installations logistiques des chantiers
工地恢复施工　reprise de travaux sur le chantier
工地会议　réunion de chantier
工地会议报告　compte-rendu de réunion de chantier
工地会议纪要　procès-verbal de réunion du chantier

工地混凝土取样　prélèvement du béton sur le chantier
工地记录本　cahier de chantier
工地监理　surveillance de chantier
工地建点计划　projet des installations de chantier
工地建点位置　emplacement pour installation de chantier
工地交通　circulation de chantier
工地交通限制　contrainte de circulation de chantier
工地进场完工　achèvement de l'installation de chantier
工地进度　avancement de chantier
工地经理　directeur de chantier
工地经理部组织机构图和人员编制　organigramme de la direction et du personnel de chantier
工地警卫　gardiennage de chantier
工地垃圾　déchets de chantier
工地例会　rendez-vous de chantier
工地邻近场地复原　remise en état des abords du chantier
工地临时设施　installations temporaires de chantier
工地铆接　rivetage sur le chantier
工地盘旋路　route serpentine de chantier
工地清理　dégagement (nettoyage) de chantier
工地全险　assurance tous risques chantier; police d'assurance《tous risques chantier》
工地绕行线路　itinéraire d'évitement de chantier
工地人员　personnel affecté au chantier; personnel de chantier
工地日志　journal de chantier
工地入口　accès (entrée) de chantier
工地入口便道　piste d'accès au chantier
工地入口升降栏杆　barrière relevable pour accès au chantier
工地洒水车　arroseuse de chantier
工地设备　équipement de chantier
工地设备及设施退场　repli de matériel et des installations de chantier
工地设备及设施退场时间　temps de repli du matériel et des installations de chantier
工地设施使用计划　planning d'utilisation des installation de chantier
工地设置　installation de chantier

工地设置费　frais d'installation du chantier
工地施工便道维护　entretien des pistes de chantier
工地施工阶段示意图　schéma de phasage de chantier
工地施工进度　rythme de chantier
工地施工约束　contrainte imposée au chantier
工地施工指导　pilotage de chantier
工地实施占用场地　emprise des installations du chantier
工地实习　stage sur le chantier
工地实验室　laboratoire de chantier
工地实验室拆除时间　temps de repli du laboratoire de chantier
工地实验室负责人　responsable de laboratoire de chantier
工地实验室设置　installation de laboratoire de chantier
工地事故　accident de chantier
工地事故全险　assurance couvrant les risques de chantier
工地试验　essai (test) sur chantier
工地视察　inspection au chantier; visite de chantier
工地探照灯　projecteur de chantier
工地提升机　monte-charge à chantier
工地外部监督　contrôle externe au chantier
工地围墙　clôture de chantier
工地卫生监督　surveillance sanitaire de chantier
工地位置　emplacement (position) de chantier
工地信号标志　signalisation de chantier
工地信号灯　lanterne de chantier
工地照明　éclairage de chantier
工地整洁(度)　propreté de chantier
工地指南　guide de chantier
工地制作　fabrication sur le chantier
工地转移　déplacement de chantier à chantier
工地总负责人　responsable général sur le chantier
工地组织图　plan d'organisation de chantier
工地组装　assemblage sur chantier
工点分布　répartition des ateliers
工点名称　dénomination de chantier
工法　art
工会代表　délégué syndical
工件夹具　porte-pièce
工具　outil
工具包　sac à outils

工具车间　atelier des outils
工具架　porte-outil
工具库　dépôt(entrepôt, magasin) des outils
工具列表　listing des outils
工具目录　liste des outils
工具使用　usage de l'outil
工具箱　armoire(boîte, caisse, coffre) à outils
工况　état de fonctionnement
工况车　automobile roulante sur rail；wagon de service
工牌读取器　lecteur de badges
工棚　abri(baraque, hangar) de chantier
工期　délai des travaux
工期分配　distribution de délai
工期压力　pression de délai des travaux
工期延长　prolongation de délai de travaux
工区　sous-chantier
工人人数　effectif des ouvriers
工人失业　chômage des ouvriers
工伤赔偿费　indemnité d'accident du travail
工伤事故全险　assurance couvrant tous risques d'accidents de travail
工伤证明　certificat d'accident de travail
工商产权　propriété industrielle et commerciale
工商管理局　administration de la gestion de l'industrie et du commerce
工商行政管理局　bureau d'administration pour l'industrie et le commerce
工商会　chambre de commerce et d'industrie
工商利润税　impôt sur les bénéfices industriels et commerciaux
工时记录器　enregistreur des heures de travail
工头　contremaître
工务部　division de maintenance de voie
工务部门　service de la voie
工务车　draisine
工务段　division de maintenance de voie；division de voie；site de maintenance des infrastructures(SMI)；site de maintenance des installations(SMI)
工务段修配车间　atelier de la voie
工务维护辅助隧道　tunnel de service
工务维修　entretien de voie
工务修配厂　atelier d'entretien de la voie；usine de réparation de voie
工效　rendement de travail
工序　ordre d'opération；procédure

工序交接　transition de l'ordre d'exécution
工序交接清单　liste de transition de l'ordre d'exécution
工序交接制　système de transition de l'ordre d'exécution
工业财团　consortium industriel
工业操作　opération industrielle
工业产品　produit de l'industrie
工业产权　propriété industrielle
工业储量　réserves industrielles
工业处理　traitement industriel
工业废料　déchets industriels
工业废水处理　traitement des effluents industriels
工业粉尘　poussière industrielle
工业集团　groupe industriel
工业建筑　construction industrielle
工业垃圾　décharge(ordure) industrielle
工业企业　entreprise industrielle
工业器材　matériel industriel
工业区　zone industrielle
工业设备　équipement industriel
工业生产　production industrielle
工业条例　réglementation de l'industrie
工业污染　pollution industrielle
工业用水　eau industrielle
工业与民用建筑专业　spécialité de construction industrielle et civile
工业园区　parc industriel
工业炸药　explosif industriel
工业转产　conversion industrielle
工艺　procédé；technologie
工艺标准　critère technologique
工艺创新　innovation technologique
工艺工程师　ingénieur de technologie；ingénieur en méthodes
工艺控制　contrôle de processus
工艺流程　procédé(processus) technologique
工艺流程图　logigramme technologique；plan(tableau) de procédé technologique；organigramme de technique
工艺评定　évaluation de technologie
工艺缺陷　défaut(vice) technologique
工艺特征　caractéristique de technologie；caractéristique technologique
工艺体系　système de technologie
工艺图　schéma technologique
工艺要求　exigence de procédé(technologie)
工艺制造标准　critère de processus

工长　maître-ouvrier
工种划分　répartition de travail
工种名称　désignation de corps de métier
工资单　bordereau(bulletin) de
　　paie;bordereau(bulletin) de salaire
工资雇佣劳动　travail salarié
工资结算表　barème de salaire
工资税　impôt sur les salaires
工字钢　acier en double T;acier en I;fer à
　　double T;poutrelle en H;profilé en H;profilé
　　en IPN;profilé en double T
工字钢桩　pieu en H
工字梁　poutre en H;poutre en I
工字柱
　　poteau en H;poteau en I;poteau en profilé I
工作背景　contexte de travail
工作便桥
　　passerelle de service;pont de service
工作场地　aire de travail
工作程序　programme de travail
工作的简化　simplification de travail
工作地点　lieu de travail
工作电压　tension de fonctionnement
工作吊盘　bercelonnette
工作额定电压　tension nominale de service
工作范围　gamme(portée,rayon) de travail
工作方法　mode de travail
工作费用　coût de travail
工作分配　distribution de travail
工作服　blouse
工作负荷　charge de travail
工作干扰　perturbation du travail
工作合同　contrat de travail
工作荷载
　　charge pratique;charge de fonctionnement
工作环境温度
　　température ambiante de travail
工作会议　séance de travail
工作极限　limite de travail
工作极限状态　état limite de service
工作计划　plan de travail
工作纪律　discipline de travail
工作间　chambre de travail
工作检查通知　avis de l'inspection de travail
工作检修井　puits de service
工作节奏　rythme de travail
工作界面　interface de travail
工作进度　avancement de travail
工作经验　expérience de travail

工作量　volume de travail
工作轮班　alternance de travail
工作面　chantier(surface,zone) de travail;
　　front (surface) d'attaque
工作面安全性　sécurité de taille
工作面爆破　tir en taille
工作面高度　hauteur de front
工作面区域　zone frontière
工作面人员　effectif de chantier
工作面通风
　　aérage de front;ventilation de chantier
工作面推进
　　avance de dépilage;avance de taille
工作面移动方向　sens d'avancement
工作面支架　soutènement(support) en taille
工作模数　module de fonctionnement
工作内容　prestation
工作能力　aptitude au travail;capacité
　　(compétence) de travail
工作能力调查　enquête de capacité de travail
工作年数　ancienneté de travail
工作爬梯　échelle de service
工作疲劳　fatigue de travail
工作频率　fréquence de travail
工作平台　plateforme(assiette) de travail
工作期限　durée d'emploi(travail)
工作签证　visa de travail
工作人员轮班表　roulement du personnel
工作人员休息室
　　salle de repos du personnel
工作日　jour de travail
工作三班倒　alternance de 3 x 8
工作时间　heure(temps) de travail
工作时间表　horaire de travail
工作室　cabinet de travail
工作衰耗　affaissement effectif
工作速度　vitesse de travail
工作态度　comportement de travail
工作特性　caractéristique de fonctionnement;
　　caractéristique de service
工作条件　condition de travail
工作图表　diagramme de travail
工作位置　position de travail
工作温度　température de fonctionnement;
　　température d'emploi(travail)
工作小组　groupe de travail
工作效率　efficacité(efficience) de travail
工作行程　course de travail
工作需要　besoin de travail

工作许可证　permis de travail
工作压力　pression de fonctionnement; pression de service(travail)
工作应力　effort(contrainte) de travail
工作游间　jeu de travail
工作原理　principe de fonctionnement
工作原理说明书　description de fonctionnement
工作原理图　schéma fonctionnel(opératoire)
工作站　poste(station) de travail
工作制动　freinage de service
工作制度　régime(système) de travail
工作周期　cycle de travail
工作状态　état de service
工作走道　galerie principale
工作走廊　galerie maîtresse
工作阻力　résistance de fonctionnement; résistance de service
弓形坝　barrage à segment
弓形拱　arc bombé
弓形弯曲　cambrure
弓形支撑(柱)　soutènement cintré
公报　bulletin; communiqué
公标偏差　écart probable
公差　différence commune; tolérance
公差临界点　seuil de tolérance
公吨　tonne métrique
公分　centimètre(cm)
公告　annonce; annonce publique; communiqué; notification publique; publication
公告牌　panneau d'affichage; panneau publicitaire
公告系统　système d'affichage
公共安全　sécurité publique
公共道路　voie publique
公共道路交通限制　contrainte de circulation sur la voie publique
公共工程　travaux publics
公共工程基础设施　infrastructure de travaux publics
公共工程领域　domaine(secteur) des travaux publics
公共工程项目　projet de travaux publics
公共管辖权　compétence publique
公共合同　marché public
公共合同法　code des marchés publics
公共交通　circulation(communication) publique; transport collectif; transport en commun
公共垃圾场　décharge publique
公共汽车站　station de bus
公共区域　zone publique
公共事业　service public
公共通道　passage public
公共预算　budget public
公共运输　transport public
公共照明设施　installations d'éclairage public
公交专线　voie réservée aux autobus
公交专用车道　ligne de bus; voie de bus
公斤　kilogramme(kilo)
公斤力　kilogramme-force
公斤重　kilogramme-poids
公开会议　séance publique
公开开标　ouverture des plis en séance publique
公开拍卖　adjudication publique
公开声明　déclaration publique
公开信　lettre ouverte
公开招标　adjudication publique; appel d'offres avec publicité préalable; appel d'offres ouvert
公里　kilomètre
公里标　borne kilométrique; repère kilométrique
公里标编号　numérotage de points kilométriques
公里计数器　compteur totalisateur kilométrique
公里里程碑　borne kilométrique
公里数调整　réglage de kilométrage
公里/小时　kilomètre-heure
公里/小时线路速度　vitesse de ligne en km/h
公里造价　coût au kilomètre
公路　route
公路安全隔离墩　barrière de sécurité routière
公路安全护栏　barrière de sécurité routière
公路编号　numérotage de routes
公路标志　signe routier
公路标志牌　panneau de route
公路标桩　jalonnement de route
公路槽沟线　voie noyée de revêtement routier
公路等级　catégorie de route

公路防护栏　glissière
公路服务　service routière
公路改造　renouvellement de la route
公路干扰　interférence de route
公路管理处　département de routes
公路管理局　administration des routes
公路过境　transit routier
公路互通　échangeur
公路检查站　barrage de contrôle routier
公路建设　construction de route
公路交叉　traversée de route
公路交叉点　nœud routier
公路交通
　　circulation(communication) routière
公路交通标志　signe de trafic routier
公路交通法　code de trafic routier
公路交通检查　contrôle de trafic routier
公路交通流量　flux routier
公路交通事故　accident routier
公路交通信号　signalisation routière
公路里程　kilométrage routier
公路立体交叉　échangeur de route
公路连接线　bretelle de route
公路路肩　accotement de route
公路路面轮缘槽
　　ornière de voies noyées de revêtement routier
公路绿化　boisement routier
公路排水　assainissement de route
公路牵引车　tracteur routier
公路桥　pont-route
公路入口　entrée de route
公路上穿交叉　croisement supérieur de route
公路实验室　laboratoire de route
公路隧道
　　tunnel pour automobiles;tunnel routier
公路隧道段　route en tunnel
公路特许经营权
　　concession d'exploitation routière
公路铁路两用桥　pont à deux étages;pont à double usage de route et du chemin de fer; pont à tabliers doubles
公路/铁路桥　pont routier/ferroviaire
公路图　carte routière
公路弯道外侧道超高　surélévation(dévers) de bande extérieure de chaussée
公路网　réseau routier
公路网连接　lien de réseau routier
公路下穿交叉　croisement inférieur de route
公路限界　gabarit routier

公路信号牌架　potence de route
公路养护　maintenance de route
公路养路段　canton
公路引道　approche de route
公路与铁路交叉
　　croisement de route et de chemin de fer
公路运输　transport par route;transport routier
公路运输方式　mode de transport routier
公路噪声　bruit de route
公路支线　branche de route
公路中间隔离带绿化
　　végétalisation de terre-plein central
公路中线　ligne centrale de route
公路中转　transit routier
公平竞争　concurrence loyale
公切线　tangente commune
公顷　hectare(ha)
公式　formule
公署证书　acte authentique
公司　compagnie;firme;société
公司介绍　présentation de la société
公司利润税
　　impôt sur les bénéfices des sociétés(IBS)
公司名称　dénomination(nom) de société
公司商标　marque de la société
公司章程　statuts de la société
公司注册资本　montant de capital social
公私合作伙伴方式
　　partenariat public-privé(PPP)
公/铁两用车　engin rail/route
公/铁两用设备　équipement de route/rail
公务车　wagon de service
公务车厢　compartiment de service
公务列车　train de service
公益工程　travaux d'utilité publique
公园　parc public
公章　cachet officiel
公证书　acte notarié
公证书认证　légalisation des actes notariés
公职　fonction publique
功率　puissance
功率比　ratio(taux) de puissance
功率不足　manque de puissance
功率测定　mesure de puissance
功率测试　épreuve(essai,test) de puissance
功率单位　unité de puissance
功率曲线　courbe(courbure) de puissance
功率曲线图　graphique de puissance
功率收集　collecte de puissance

功率损失　perte de puissance
功率下降　chute de puissance
功率消耗　consommation de puissance
功率因素　facteur de puissance
功能　fonction
功能接口　interface fonctionnelle
功能模块　module fonctionnel
功能设计　conception(étude)de fonction
功能需求　demande de fonction
供变电系统　système d'alimentation et transformation électrique
供电　alimentation électrique;alimentation en électricité
供电闭塞　block d'alimentation électrique
供电车间　atelier d'alimentation électrique
供电电缆　câble d'alimentation
供电电路　circuit d'alimentation
供电段　section d'alimentation électrique
供电方式　mode d'alimentation électrique
供电分区　zonation d'alimentation électrique
供电故障　panne d'alimentation électrique
供电能力　capacité d'alimentation électrique
供电能力调查　enquête de capacité d'alimentation électrique
供电所　sous-station d'alimentation électrique
供电网　réseau d'alimentation en électricité
供电系统　système d'alimentation électrique
供电系统测试　test de système d'alimentation électrique
供电系统整治　aménagement de système d'énergie
供电线　ligne d'alimentation
供电中断　interruption de courant
供货料场　aire de l'approvisionnement
供货商　fournisseur
供货商名册　liste de fournisseurs
供货数量　quantité d'approvisionnement
供货至现场　fourniture à pied d'œuvre
供给　alimentation
供给管　tube d'alimentation
供冷水装置　dispositif d'alimentation en eau froide
供料　matériau approvisionné
供料报表　attachement d'approvisionnement
供料地点　lieu d'approvisionnement
供料检查　contrôle d'approvisionnement
供料筛　trémie d'alimentation
供料系统　système d'approvisionnement
供暖管路系统　tuyauterie de chauffage
供暖系统　système de chauffage
供气　alimentation de l'air
供热　alimentation de chaleur(chauffage)
供热水装置　dispositif d'alimentation en eau chaude
供热系统　système d'alimentation de chaleur
供使用　mise à disposition
供水　adduction d'eau;admission d'eau;alimentation en eau;eau d'alimentation;fourniture de l'eau
供水管　conduite d'alimentation en eau;adducteur d'eau;conduite d'adduction d'eau
供水管网　réseau d'adduction d'eau
供水连接软管　flexible de l'eau alimentaire
供水渠　canal d'alimentation
供水设施　installations de distribution des eaux
供水装置　dispositif d'alimentation en eau
供水总管　collecteur d'alimentation en eau
供氧　admission de l'oxygène
供应　fourniture;approvisionnement
供应轨道扣件　fourniture des attaches de rails
供应合同　marché de fourniture
供应期限　délai d'approvisionnement
供应商选择困难　embarras de choix de fournisseur
供应通道　cheminée d'approvisionnement
供应站　station d'approvisionnement
供油　approvisionnement d'huile
拱　arc;arche;voûte
拱坝　barrage voûte
拱坝计算　calcul de barrage-voûte
拱板　planche d'arc
拱背　crête de voûte;extrados;extrados de voûte
拱的锚固　ancrage de l'arc
拱底石　bloc de naissance;retombée;retombée de voûte
拱顶　plafond en voûte;sommet de l'arc;sommet de l'arche;tête de voûte
拱顶安装　montage des arceaux
拱顶断裂　rupture de voûte
拱顶高度　hauteur à clé
拱顶截面　section de voûte
拱顶锚杆支护　boulonnage de calotte
拱顶石　clé de voûte;bloc de clé;clausoir;mensole;pierre de clavage;pierre de clé
拱顶石发圈石　contreclef

拱顶石修筑　clavage
拱顶石制作　clavage
拱顶式下部通道　passage inférieur voûté
拱顶下沉
　　affaissement à la clé;affaissement de voûte
拱顶下垂　affaissement de sommet de l'arc
拱墩　butée;imposte;sommier d'arc(voûte)
拱扶垛
　　arc-boutement en voûte;contrefort en arc
拱腹　aisselle;douelle;soffite
拱腹面曲线
　　courbe d'intrados;courbe intérieure
拱腹线　intrados
拱盖　couverture par voûtes
拱高　flèche de voûte
拱涵　aqueduc(ponceau) voûté;dalot en arc
拱环　anneau d'arc
拱加固　renforcement de l'arc
拱架　charpente de voûte;cintre;échafaudage d'arc;échafaudage pour voûtes;vau
拱架固定装置
　　dispositif de blocage des cintres
拱架横撑装置
　　dispositif d'entretoisement des cintres
拱架下沉　affaissement au cintre
拱架支撑　cintre de soutien;support de cintre
拱脚　aboutement(culée) à l'arc;appui de voûte;jambage;pied(culée) de l'arc;pied de voûte;piédroit
拱脚铰
　　articulation à naissance;articulation de pied
拱脚压力　charge de culée de l'arc
拱脚柱　piédroit
拱脚柱石　piédroit
拱孔　arcade
拱跨　écartement des cintres;portée de voûte
拱跨度　archée;portée d'arc
拱拉固　chaînage de l'arc
拱廊　arcade
拱肋　nervure d'arc(voûte)
拱梁　poutre en arc
拱梁组合桥
　　pont combiné des arcs et des poutres
拱梁组装　montage(assemblage) des arceaux
拱帽　chape de voûte
拱面　front de voûte
拱模板　coffrage de voûte
拱起点　naissance de l'arc(voûte)
拱墙　mur voûté

拱桥　pont arqué;pont en arc;pont-voûte
拱桥支座　appui de pont en arc
拱穹　calotte
拱圈　cintre d'arc(voûte);voussoir
拱石　sommier;vousseau
拱矢高　flèche de l'arc
拱式桥　pont en arc
拱式屋顶　couverture en voûtes
拱推力　poussée de l'arc
拱外皮　extrados;intrados
拱圬工　ouvrage de voûte
拱下拆模　décintrage,décintrement
拱销　clé de voûte
拱形坝　barrage à arc;barrage arqué
拱形断面　profil bombé
拱形构造物　ouvrage voûté
拱形涵　buse-arche
拱形桁架　arc en treillis
拱形脚手架　échafaudage arqué
拱形结构　couverture par voûtes
拱形坑道　galerie voûtée
拱形梁　poutre à voûte;poutre voûtée
拱形梁桥　pont avec poutre en arc
拱形路　route cambrée
拱形砌体　appareil d'arc
拱形桥台
　　aboutement(culée)en arc;culée arquée
拱形曲线　voussure
拱形隧道　tunnel en arc
拱形罩　couvercle bombé
拱形支架　arc-boutant;arc-boutement
拱压　pression de voûte
拱压力　poussée de voûte
拱腋　aisselle
拱支撑　appui à arc;support à arc
拱轴(线)　axe de voûte;axe de l'arc
拱座　bloc de naissance;support d'arc
拱座石　pierre d'aboutement
共生水　eau fossile
共同保险　coassurance
共同措施计划
　　planification de mesures conjointes
共同海损　avarie commune
共同和连带责任
　　responsabilité conjointe et solidaire
共同视察　visite conjointe
共同体　communauté
共同条款　clause commune
共同行动计划　programme conjoint d'action

G

共同义务　coobligation
共同责任　responsabilité conjointe
共同债务　coobligation
共用平车　wagon plat commun

gou

勾缝　jointoiement; rejointoiement
勾缝石砌矮墙　muret en pierre jointoyée
勾锁锁闭道岔　aiguille verrouillée à crochet
沟　ravinée
沟壁　paroi de tranchée
沟边　rebord de fossé
沟槽打夯机　pilon de tranchée
沟槽断面　section de tranchée
沟底　fond de fossé
沟盖板　dalle de rigole
沟肩　berme
沟肩排水　assainissement de berme
沟肩压实　compactage de berme
沟渠护道　banquette de fossé
沟渠清理　nettoyage de fossés
钩车单元　unité d'attelage de wagon
钩车速度　vitesse d'attelage
钩车线　voie d'attelage des wagons
钩钉　clou à crochet
钩环　manille
钩头　tête de crochet
钩式锁闭装置　verrouillage à crochet
钩锁锁闭道岔　aiguille verrouillée à crochet
钩尾框　étrier d'attelage
钩尾框托板　plaque de support de chape d'attelage
钩尾销　porte-clavette d'attelage
钩尾销托梁　support de cheville d'attelage
钩形扳手　clé à ergot
构成　composition; constitution
构架　carcasse; charpente
构架侧梁　longeron de châssis
构架侧梁弯沉　déflexion de longeron de châssis
构架式转向架　bogie de type en treillis
构件　élément; membre; pièce de construction
构件安装　mise en place de pièces
构件部位　partie des éléments
构件尺寸　dimension des éléments
构件模板　coffrage de l'élément de construction
构造　structure
构造带　zone tectonique
构造分析　analyse structurale
构造钢筋　barre de structure; barre structurale
构造阶地　terrasse structurale
构造筋　armature structurale
构造裂缝　fissure de tectonique
构造盆地　bassin tectonique
构造特性　caractéristique de construction
构造图　plan de constitution (structure)
构造物布置　distribution des ouvrages d'art
构造物测量　mesure de l'ouvrage d'art
构造物尺寸　dimension (taille) de l'ouvrage d'art
构造物尺寸计算　calcul de dimension de l'ouvrage d'art
构造物出入口　accès de l'ouvrage
构造物防护　protection de l'ouvrage
构造物放线验收　réception de l'implantation de l'ouvrage d'art
构造物分布　répartition des ouvrages d'art
构造物高度　hauteur de l'ouvrage
构造物工程　travaux des ouvrages d'art
构造物毁坏　destruction de l'ouvrage d'art
构造物混凝土　béton des ouvrages d'art
构造物基础　fondation de l'ouvrage d'art
构造物基础板　semelle de fondation de l'ouvrage
构造物基底清淤　purge au niveau de fondation de l'ouvrage
构造物计算　calcul des ouvrages
构造物间距　intervalle des ouvrages d'art
构造物间距限界　gabarit de libre des ouvrages d'art
构造物检测　auscultation des ouvrages d'art
构造物进度　avancement des ouvrages d'art
构造物类型　type des ouvrages d'art
构造物类型比较　comparaison des types des ouvrages
构造物美学设计　conception esthétique des ouvrages d'art
构造物耐久性　durabilité de l'ouvrage d'art
构造物强度　résistance des ouvrages
构造物缺陷　défaut (vice) de l'ouvrage d'art
构造物上部结构　superstructure de l'ouvrage
构造物设计　conception (étude) des ouvrages d'art
构造物四周回填　remblai aux abords de l'ouvrage; remblayage autour de l'ouvrage
构造物土方施工　terrassement pour ouvrages d'art

构造物位置　emplacement(lieu, localisation) des ouvrages d'art
构造物位置图　schéma de position des ouvrages d'art
构造物稳定性　stabilité de l'ouvrage
构造物下沉　affaissement de l'ouvrage d'art
构造物限界　gabarit de l'ouvrage d'art
构造物详细检查　visite détaillée des ouvrages
构造物形式设计　conception(étude) de la forme des ouvrages d'art
构造物占用　occupation de l'ouvrage d'art
构造物资料　document des ouvrages d'art
构造线　ligne de structure
构造岩　roche tectonique; tectonite
构造应力　contrainte tectonique
构造运动　mouvement tectonique
购货清单　bordereau d'achat
购买力　pouvoir d'achat
购买指数　indice d'achat
购外汇　achat de devises
购置费　dépense d'acquisition
购置价　prix d'achat(acquisition)
购置日期　date d'acquisition

gu

估测　appréciation de mesure
估计　estimation
估价　appréciation de prix; prix estimatif
估价单　devis estimatif
估价鉴定　expertise d'évaluation
估算　calcul approximatif
估算方法　méthode d'estimation
估算工程量　avant-métré
估算金额　montant estimatif
估算损失　dommage évalué
估算值　valeur d'évaluation
箍　cerceau; cercle; étrier
箍筋　armature de l'étrier; collier de ferraillage
箍筋用钢筋　armature de frettage
古迹遗产　patrimoine archéologique
古遗址　site archéologique
谷底　fond de vallée
股道编号　numérotation de voie
股道布置　arrangement de voies
股道登记表　liste de voies
股道分类　classification de voies
股道号　numéro de voie
股道间距　distance entre les voies; espacement des voies ferrées
股道空闲　libération de voie; voie disponible
股道连接线　ligne de jonction de voie
股道内轨　rail intérieur de voie
股道排列顺序　ordre de distribution de voies
股道施工　exécution de voies ferrées
股道使用年限　âge de voie
股道外轨　rail extérieur de voie
股道占用　occupation de voie
股道占用显示　indication d'occupation de voie
股道占用显示器　indicateur d'occupation de voie
股道整理　aménagement de voies
股份公司　société par actions
股份有限公司　société anonyme(SA)
股线　brin
骨架　carcasse; ossature
骨架桥台　aboutement(culée) à squelette
骨料　agrégat; granulat
骨料采集场　carrière de matériaux à concasser
骨料分类　catégorie de granulats
骨料粒径　classe de granulats
骨料清洁(度)　propreté de granulats
鼓包　bombement
鼓出　renflement
鼓风机　appareil soufflant; soufflante; souffleur
鼓起　gonflement
鼓曲　gauchissement
鼓筒式拌和机　mélangeur à tambour
鼓胀　gondolement
固定　étaiement; fixation
固定板　plaque d'ancrage
固定边坡　fixation(consolidation) de talus
固定标记　repère fixe
固定标志　signe fixe
固定部分　partie fixe
固定乘务组人员　fixation de l'équipage de conduite
固定程序　fixation de processus
固定触头　contact fixe
固定单价　fixation de prix unitaire
固定道岔　fixation de l'aiguille; aiguille fixe
固定点　point de fixation; point fixe
固定定位　positionnement de fixation
固定端拱　arc avec appuis encastrés; arc avec appuis fixes; arc encastré
固定端梁　poutre encastrée
固定发电机组　groupe électrogène fixe

固定费率　tarif fixe
固定费用　dépense fixe
固定分期折旧　amortissement constant
固定封顶金额　fixation de montant plafonné
固定钢轨　fixation des rails
固定钢轨扣件　fixation des attaches de rails
固定格筛　crible à grilles fixe
固定工期　fixation de délai
固定工资　salaire fixe
固定工作　travail régulier
固定拱　arc fixé
固定钩　crochet de fixation; crochet-agrafe
固定管　tube fixe
固定轨缝连接夹板
　　fixation de l'éclisse de rail
固定轨枕　calage des traverses
固定汇率　taux de change fixe
固定机具　outillage de fixation
固定价格　fixation de prix; prix fixe
固定价合同　contrat de prix fixe
固定件　élément de fixation
固定件松动　relâchement de pièce de fixation
固定金额　fixation de montant; montant fixe
固定开行列车　train régulier
固定扣件　fixation des attaches
固定框架　cadre encastré
固定锚栓　ancrage de fixation
固定配件　accessoires de fixation
固定频率　fréquence fixée
固定墙　mur d'ancrage
固定桥　pont fixe
固定日期　fixation de date
固定沙丘　dune morte
固定设备　équipement(matériel) de fixation
固定设备维修车间
　　atelier d'entretien des installations fixes
固定设计方案　fixation de plan de conception
固定设施　installations fixes
固定式脚手架　échafaudage fixe
固定式料斗　trémie fixe
固定式模板　coffrage fixe
固定式升降台　pont élévateur fixe
固定视镜水准仪　niveau à lunette fixe
固定损耗　perte constante
固定铁塔　pylône fixe
固定位置　emplacement de fixation
固定温度探测器
　　détecteur de température fixe
固定系数　coefficient d'encastrement

固定信号(机)　signal fixe; signal permanent
固定信号设施　signalisation fixe
固定压力　pression fixe
固定运价　fixation de tarif du transport
固定造价　fixation de coût de construction
固定站　station fixe
固定辙叉心　cœur d'aiguille fixe
固定支点　fixation de point d'appui
固定支架　support fixe
固定支座　appareil d'appui fixe; appui encastré; appui fixe
固定值　valeur fixe
固定轴　axe fixe
固定轴距
　　distance fixe des essieux; empattement fixe
固定爪　patte d'accrochage
固定装置　dispositif de fixation
固定资本　capital fixe
固定资产　actif immobilisé
固定资产抵押
　　nantissement des immobilisations
固定资产评估
　　appréciation de l'actif immobilisé
固定资产台账　compte d'immobilisation
固定资产折旧
　　amortissement des immobilisations
固定资产折旧费
　　frais d'amortissement des immobilisations
固定资产转让
　　concession(transfert) des immobilisations
固定资金　fonds fixe
固定总包价　fixation de prix forfaitaire
固定作用　fonction de fixation
固端力矩　moment d'encastrement
固端力偶　couple d'encastrement
固化能力　pouvoir rigidifiant
固化速凝剂　accélérateur de durcissement
固结　œdométrie
固结变形　déformation due à la consolidation
固结沉降　tassement de consolidation
固结点　point de solidation
固结度　degré de consolidation
固结荷载　charge de consolidation
固结磨料　abrasif lié
固结泥灰岩　marne consolidée
固结曲线　courbe(courbure) de consolidation
固结砂　sable consolidé
固结深度　profondeur de consolidation
固结试验　essai(test) de consolidation

固结土　sol consolidé
固结系数　coefficient de consolidation
固结下陷　affaissement dûe à la consolidation
固结压力　pression de consolidation
固结仪　œdomètre
固沙　consolidation(fixation)de sable
固态　état solide
固体　corps(substance)solide
固体废弃物污染
　　pollution des résidus nocitifs
固体废物　rejet solide
固体加速剂　accélérateur solide
固体垃圾　déchets solides
固体沥青　asphalte solide
固体汽油　essence solide
固体燃料　combustible solide
固体体积　volume de solide
固有频率　fréquence propre
固有特性　caractéristique intrinsèque;propriété intrinsèque(propre)
固有性能　caractéristique naturelle
故障　défaillance;panne
故障报警　alarme de panne
故障车　voiture en panne
故障次数　nombre de pannes
故障灯　feux de détresse
故障干扰　interférence de panne
故障检测　détection de défaut
故障检测器　appareil de dépannage
故障检测系统　système de détection de défaut
故障检查　recherche de panne
故障救援　sauvetage de panne
故障救援车(拖车)　remorque de dépannage
故障列车　locomotive en panne
故障排除手册　manuel de dépannage
故障排除指南　guide de dépannage
故障时间　temps de panne;temps incident
故障显示　indication de panne
故障线路　ligne en panne
故障信号　signal de dérangement
故障诊断　diagnostic de panne
顾问　conseiller;consultant
顾问工程师　ingénieur consultant
顾问建筑师　architecte-conseil
雇用　embauchage;embauche
雇员　employé
雇员花名册　matricule des employés
雇主　employeur
雇主联合会　association d'employeurs

gua

刮　raclage
刮板　grattoir
刮板式装载机　chargeuse à raclettes
刮铲　pelle racleuse
刮刀　grattoir;spatule
刮斗　benne décapeuse
刮泥　raclage de boue
刮水器　essuie-glace;essuie-vitre
刮土机　décapeuse;grattoir à terre;racleuse
挂车　attelage de wagons;remorque
挂车单元　unité d'attelage de wagon
挂车方式　mode d'attelage des wagons
挂车机车　locomotive remorqueuse
挂车检查　vérification d'attelage des wagons
挂车试验　essai(test)d'attelage du train
挂车速度　vitesse d'attelage
挂车位置交换
　　transposition d'attelage des wagons
挂车线　voie d'attelage des wagons
挂钩　accroche;crochet
挂号信　lettre recommandée
挂机信号　signal d'attelage de locomotive
挂梯　échelle à crochet
挂网　grille d'accrochage

guai

拐点　point tournant
拐弯速度　vitesse de virage
拐轴箱　boîte de manivelle

guan

关闭　fermeture
关闭安全阀　fermeture de vanne de sécurité
关闭阀门　fermeture de vanne
关闭空气分配阀
　　fermeture de vanne de distribution d'air
关闭时间　temps de clôture
关键点　point clef
关键人员　personnel clé
关键项目　projet-clé
关节动车组　rame automotrice articulée;unité d'automotrices articulées
关联　mise en cohérence
关税　droit de douane
关税协定　convention douanière
关税协议　accord tarifaire
关务代理人　agent en douane

观测　observation
观测尺寸变化
　　observation de changement dimensionnel
观测点　point d'observation
观测方法　méthode d'observation
观测结构变化
　　observation de changement de structure
观测裂缝起点
　　observation de point de départ de fissure
观测路基　observation de l'assise de voie
观测时间　durée d'observation
观测体积变化
　　observation de changement de volume
观测温度变化
　　observation de changement de température
观测误差　erreur d'observation
观测站　station d'observation
观察道岔变形
　　observation de déformation de l'aiguille
观察断裂点　observation de point de rupture
观察拐点　observation de point tournant
观察计划　plan(planification) d'observation
观察井　puits d'observation
观察孔　trou d'observation
观察平衡点　observation de point d'équilibre
观察屏　écran d'observation
观察期　période d'observation
观察区　zone d'observation
观察软化点
　　observation de point de ramollissement
观察收缩变形
　　observation de déformation de contraction
观察条件　condition d'observation
观察网　réseau de points de repère
观察线　ligne d'observation
观察线路变形
　　observation de déformation de voie
观察线路蠕变　observation de fluage de voie
观察信号　mirliton
观察站　poste d'observation
观光电梯　ascenseur panoramique
观光列车　autorail panoramique
官方代表　délégué officiel
官方牌价　cotation officielle
官方统计　statistique officielle
管　tube;tuyau
管壁　paroi de tuyau
管床　lit de pose de tuyaux
管道　canalisation en tuyaux;canalisation;
conduit;conduite
管道安装工程　plomberie
管道保护　protection de conduite
管道保护层　enrobage des tuyaux;
recouvrement de tuyaux;revêtement
protecteur de tuyaux
管道布局情况
　　circonstance de présence de canalisation
管道布置图　plan de canalisations
管道断面　section de tuyau
管道工程　travaux de canalisation
管道供应　fourniture de canalisation
管道混凝土保护层
　　enrobage des tuyaux en béton
管道接头　raccord de tuyaux
管道警示网
　　grillage avertisseur de canalisation
管道类型　type de canalisation
管道拼装　montage de canalisation
管道坡度　inclination(pente) de canalisation
管道铺沙保护层
　　enrobage des tuyaux en sable
管道铺设　exécution(installation) de
canalisation;pose de conduites
管道铺设车　pose-tubes
管道铺设工地　chantier de canalisation
管道铺设组　équipe de pose de canalisation
管道上方铺设警示带　pose de ruban
avertisseur au-dessus de canalisation
管道上方铺碎石保护层
　　enrobage des tuyaux en grave naturelle
管道设备
　　équipement(matériel) de canalisation
管道输送　transmission à canalisation
管道数量　quantité de canalisation
管道特许经营者
　　concessionnaire de canalisation
管道通道　passage de tuyauteries
管道通过能力　capacité de tuyau
管道网　réseau de canalisation
管道线路走向　tracé de canalisation
管道验收　réception de canalisation
管道制作　fabrication de tuyaux
管道质量　qualité de canalisation
管道总称　tuyauterie
管灯　lampe tubulaire
管垫　cale de fixation en tube
管风压下降
　　abaissement de pression du vent de boyau

管沟　tranchée de canalisation(conduite)
管沟盖板　couvercle de caniveau
管沟检查孔　trou d'inspection de canalisation
管沟清理　purge de tranchée de canalisation
管箍　virole de tuyau
管涵　aqueduc(dalot,ponceau) tubulaire
管涵工程
　　ouvrage courant;ouvrage de tuyaux
管涵数量　quantité de buse
管桁架　treillis tubulaire
管基　pied de tuyau
管件　pièce de tuyau
管件连接室　chambre de raccordement
管接头　raccord
管节　virole
管结构　ossature tubulaire
管界　limite compétente
管界标
　　borne d'emprise;poteau indicateur de section
管井　puits tubulaire
管井施工　construction de puits tubulaire
管径　calibre de tuyau;diamètre de conduit
管廊　galerie de tuyaux;
　　galerie pour canalisation
管理程序　procédure administrative
管理处　bureau d'administration
管理方式
　　modalité administrative;mode de gestion
管理费　coût de gestion;frais de gestion
管理分区　zonation de gestion
管理风险　risque de gestion
管理公司　société de gestion
管理混乱　perturbation de gestion
管理计划　plan de gestion
管理开支　dépense de gestion
管理模式　modèle de gestion
管理能力　capacité de gestion
管理缺陷　défaut de gestion
管理人　gestionnaire
管理人员　agent de bureau;effectif des
　　cadres;encadrement;personnel
　　d'encadrement;personnel de gestion
管理人员名单
　　liste du personnel d'encadrement
管理疏忽　défaillance de gestion
管理体系　système de gestion
管理委员会　comité de gestion
管理文件　document de gestion
管理系统　système superviseur

管理系统运行
　　fonctionnement de système de gestion
管理信息　informations administratives
管链　attelage de tuyaux
管挠度　flexion de tuyau
管内货物列车　train local de marchandises;
　　train de marchandises régional
管内旅客快车　train local de voyageurs
管排　rideau de tubes
管配件　accessoires de canalisation
管钳　pince à tube
管桥　passerelle à conduites
管套　tuyau à manchon;tuyau de
　　protection;virole
管筒　manche
管头　tête de buse(tuyau)
管头保护　protection de tête de buse
管头端墙　ouvrage de tête de canalisation
管网　réseau de conduites
管网改造工程
　　travaux d'aménagement de réseaux
管网交叉
　　croisement de réseau de canalisation
管网井　chambre(regard) de tirage
管网勘查　reconnaissance de réseaux
管网迁移工程
　　travaux de déplacement de réseaux
管网迁移清单
　　inventaire des contraintes de réseaux
管网迁移数量
　　quantité de déplacement des réseaux
管网迁移限制
　　contrainte de déplacement des réseaux
管网通道预留套管　fourreau de réservation
　　pour passage de réseau
管网限制　contrainte liée aux réseaux
管网引入　amenée de réseau
管系网　réseau de tuyauterie
管线　canalisation en tube;conduite
管线材料　matériau de canalisation
管线桥　pont de canalisation
管形灯　lampe-tube
管支撑
　　étai tubulaire;soutènement par tubes
管支承　support de tuyau
管支柱　étançon tubulaire
管制交叉口
　　croisement contrôlé;intersection contrôlée
管柱　colonne en tube;poteau tubulaire

管桩　pieu tubulaire
管桩基础　fondation en pieux tubulaires; fondation sur piliers tubulaires
管桩直径　diamètre de pieux tubulaires
管状基桩　pieu battu tubulaire
管状结构　construction(structure) tubulaire
管子　buse
管子衬砌　revêtement de tuyaux
管子直径　diamètre de tube
管嘴　lance
贯入　pénétration
贯入度　degré de pénétration
贯入度比　ratio de pénétration
贯入度试验　essai(test) au pénétromètre; essai (test) de pénétration; essai (test) pénétrométrique
贯入度仪　pénétromètre
贯入度仪抗沉　refus de pénétromètre
贯入度指数　indice de pénétration
贯入法施工　construction par méthode de pénétration
贯入方法　méthode de pénétration
贯入荷载　charge de pénétration
贯入记录　enregistrement de pénétration; protocole de pénétration
贯入进度　progression de pénétration
贯入勘探　prospection par pénétration
贯入力　force de pénétration
贯入深度　profondeur de pénétration
贯入速度　vitesse de pénétration
贯入推进　avancement par pénétration
贯入限度　limite de pénétration
贯入阻力　résistance à la pénétration
贯通　jonction
贯通点　point de jonction
贯通方式　mode de jonction
贯线　ligne transversale; transversale
冠状基础　assise de couronnement
惯例检查　visite de routine
惯例折旧　amortissement conventionnel
惯性半径　rayon d'inertie
惯性传感器　capteur d'inertie
惯性定律　loi d'inertie
惯性负荷　charge d'inertie
惯性矩　moment d'inertie
惯性力　effort(force) d'inertie; force de masse
惯性模量　module d'inertie
惯性式减振器　amortisseur à inertie
惯性系数　coefficient d'inertie
惯性阻力　résistance d'inertie
惯性作用　effet d'inertie
惯用标准　critère usuel
灌溉工程　ouvrage d'irrigation
灌溉渠　canal(rigole) d'irrigation
灌溉水库　réservoir d'irrigation
灌溉隧洞　tunnel d'irrigation
灌溉系统　système(réseau) d'irrigation
灌浆　coulis d'injection
灌浆泵　pompe de coulis
灌浆处理　traitement par pénétration
灌浆工地　chantier d'injection
灌浆基础　fondation au ciment comprimé
灌浆孔　trou d'injection; trou de coulis
灌浆孔道　galerie d'injection
灌浆设备　installations d'injection
灌浆试验　essai de remplissage
灌浆水泥　ciment d'injection
灌浆图　plan d'injection
灌浆站　station d'injection
灌木　arbrisseau
灌木丛　buisson
灌入混凝土　béton de pénétration
灌砂站　station de remplissage de sable
灌水泥　remplissage de ciment
灌水泥浆钻探　sondage à cimentation
灌注板墙　paroi moulée
灌注管　manche de remplissage
灌注沥青　injection de bitume
灌注日期　date de coulage
灌注砂浆　injection de mortier
灌注试验　test de remplissage
灌注桩　pieu coulé(moulé); pieu d'injection (remplissage)
灌注桩钻孔　forage de pieux
灌注桩钻孔泥浆　boue de forage pour pieux forés
罐　réservoir; tank
罐车　véhicule-citerne; voiture citerne; wagon à citerne; wagon-citerne; wagon-réservoir
罐车车体设计参数　paramètre de conception pour la caisse de wagon-citerne
罐车计量口　orifice de mesure de wagon-citerne
罐车聚液窝　récipient de liquide de wagon-citerne
罐车通用技术要求　exigence technique générale pour le wagon-citerne

罐车装料口　orifice de remplissage de wagon-citerne
罐笼　cage
罐笼盲井　bure à cage
罐笼式施工升降机　monte-charge de construction à cage
罐笼提升机　ascenseur à cage
罐体　corps de citerne
罐体底部聚液窝　carter de liquide au fond de la citerne
罐体封头　tête de citerne
罐体焊缝　cordon de soudure de citerne
罐体焊缝打磨　lissage（meulage）de cordon de soudure de citerne
罐体焊接接头对口错边量　marge de ressaut du joint de soudure bout à bout de citerne
罐体密封性　étanchéité de citerne
罐体排空　vidange de citerne
罐体容积　volume de citerne
罐体容积不足　insuffisance de volume de citerne
罐体炸裂　éclatement de citerne
罐体周长　périmètre de citerne

guang

光波　ondes lumineuses
光电图　icône
光弧　arc lumineux
光滑轮毂压路机　compacteur jante lisse
光滑面　surface lisse
光洁度　valeur de glissance
光筋　acier（armature）lisse
光缆　câble à fibre optique
光缆干线　artère principale à fibre optique
光缆检查井　chambre de tirage des câbles à fibre optique
光缆接线盒　boîte de jonction de fibres optiques
光缆警示网　grillage avertisseur de câble de fibre optique
光缆线束　faisceau de fibres optiques
光缆线网　réseau de fibre optique（RFO）
光轮轮胎式压路机　compacteur à pneus lisses
光轮压路机　rouleau lisse
光面　face lisse；face（surface）polie
光面钢筋　barre lisse
光面滚筒　cylindre lisse
光面焊条　électrode métallique nue
光面井壁　revêtement lisse
光面圆钢筋　rond lisse
光面砖　brique lisse
光谱分析　analyse spectrale
光污染　pollution de lumière； pollution lumineuse
光纤　fibre optique
光纤传感器　capteur de fibre
光纤工具箱　caisse à outils de fibres optiques
光纤耦合器　accouplement de fibre optique
光纤数据网络　réseau de données de fibre optique
光线　rayon；rayon lumineux
光学单位　unité optique
光学分析　analyse optique
光学经纬仪　théodolite optico-mécanique
光学探测器　détecteur optique
光学现象　phénomène optique
光学信号　signal optique
光学性能　propriété optique
光学烟雾探测器　détecteur de fumée optique
光学仪器　appareil d'optique
光源　source lumineuse
光轴角　angle optique
广播　radiodiffusion
广播寻呼系统　système d'appel par radio
广播预告　annonce sonore
广播子系统　sous-système de radio
广度　amplitude
广告　publicité；annonce publicitaire
广告牌　panneau-réclame；panonceau
广告社　agence de publicité
广义坐标　coordonnées（ordonnées）généralisées

gui

归还预付款担保　garantie de remboursement d'avance
归纳法　méthode inductive
规定　consigne；prescription；stipulation
规定费率　tarification
规定手续　procédure régulière
规定速度　vitesse prescrite
规定线形线路　tracé en géométrie imposée
规定值　valeur réglementaire
规定重量　poids autorisé
规范　norme；règlement；spécification
规范化管理　normalisation de gestion

规范性附录　annexe normative
规范性引用文件　document cité normatif；référence normative citée
规范要求　exigence de norme
规格表　tableau de spécification
规格石料　pierre de construction modulée
规划　programmation；planification
规划程序　procédure de planification
规律　régularité
规模　ampleur；envergure
规则　règle；prescriptions réglementaires
规则运动　mouvement régularisé
硅　silicium
硅化碎石路面　empierrement silicaté
硅砂　sable siliceux
硅砂岩　grès siliceux
硅酸盐石灰石　calcaire portlandien
硅酸盐水泥　ciment à base de silicate；ciment de silicate；ciment portland
硅酸盐涂料　peinture au silicate
硅酮绝缘子　isolateur de silicone
硅黏土石灰岩　calcaire silico-argileux
硅质灰岩　calcaire siliceux
硅质凝灰岩　tuf siliceux
硅质碎石料　granulats siliceux
硅质岩　roche siliceuse
轨道暗坑　affaissement invisible de voie ferrée
轨道搬运车　transporteur sur rail
轨道变形　déformation de voie ferrée
轨道波形起伏　ondulations de voie
轨道不密贴　entrebâillement
轨道不平顺　irrégularité de voie
轨道布置图　plan de disposition de voies ferrées
轨道部　division de voie
轨道参数　paramètre de voie de rails
轨道参数计算　calcul de paramètre de voie
轨道残余变形　déformation résiduelle de voie
轨道测量　mesure de voie
轨道测量车　voiture de mesure de voie
轨道测量设备　engin de mesure de voie
轨道长度计算　calcul de longueur de rail
轨道超高变化　variation de dévers de voie
轨道超声波探伤　détection par la méthode des ultra-sons de voie
轨道车　automobile roulante sur rail；autorail；véhicule sur rails
轨道车辆　véhicule à rails

轨道车速　vitesse sur rail；vitesse sur voie ferrée
轨道沉降　affaissement de voie
轨道传感器　capteur de voie ferrée
轨道垂向变形　déformation verticale de voie
轨道粗调　ajustage grossier de la voie
轨道打磨车　train de meulage de rails
轨道打磨机　train meuleur
轨道大修　réparation générale de voie
轨道导线　fil conducteur de rail
轨道电机防护盒　carter de moteur de voie
轨道电力连接　connexion électrique des rails
轨道电路　circuit de rail（voie）
轨道电路安装　montage de circuit de voie
轨道电路保护器　protecteur de circuit de voie
轨道电路布置图　plan de disposition de circuit de voie
轨道电路参数　paramètre de circuit de voie
轨道电路测量　mesure de circuit de voie
轨道电路测试　essai（test）de circuit de voie
轨道电路长度　longueur de circuit de voie
轨道电路传输　transmission de circuit de voie
轨道电路分割　division de circuit de voie
轨道电路分区　zonation de circuit de voie
轨道电路构件　membre de circuit de voie
轨道电路股道　voie à circuit de voie
轨道电路故障　panne de circuit de voie
轨道电路检查　vérification de circuit de voie
轨道电路接地　mise à la terre de circuit de voie
轨道电路绝缘　isolation de circuit de voie
轨道电路连接　connexion（liaison，raccordement）de circuit de voie
轨道电路连接装置　éclissage électrique
轨道电路区段　section de circuit de voie
轨道电路设计　conception de circuit de voie
轨道电路调试阶段　phasage d'ajustement de circuit de voie
轨道电路图　schéma de circuit de voie
轨道电路蓄电现象　effet d'accumulation de circuit de voie
轨道电路验收　réception de circuit de voie
轨道吊车　grue sur rail；grue-rail；wagon-grue
轨道动力（学）　dynamique de voie（rail）
轨道段　coupon de rail
轨道对接定位精度　précision de positionnement de raccordement de voie
轨道方向　direction de voie
轨道防脱轨装置　anti-dérailleur de voie

轨道放低　abaissement de voie
轨道肥边　extrudage de rail
轨道分配　distribution de voies
轨道附属设备　équipement accessoire de voie
轨道感应器　senseur de voie
轨道高程
　　cote de voie ferrée;élévation de voie
轨道高程控制点
　　point de contrôle de l'altitude de voie ferrée
轨道工程　travaux de rails(voie ferrée)
轨道工程验收　réception des travaux de rails
轨道鼓曲
　　gonflement de voie;renflement de rail
轨道观测　observation de rail
轨道焊接前鱼尾板临时固定连接
　　éclissage provisoire avant soudure
轨道横断面尺寸
　　dimension de profil en travers de voie ferrée
轨道横向变形
　　déformation transversale de voie
轨道横向阻力　résistance transversale de voie
轨道横移　déplacement transversal de voie
轨道衡　bascule à rail;pont bascule ferroviaire
轨道回流　courant de retour par le rail
轨道回流电压
　　tension de courant de retour par le rail
轨道机械　engin de voie ferrée
轨道基本参数
　　paramètre de base de l'aiguille
轨道基础　fondation de voie ferrée
轨道几何参数记录仪　enregistreur des
　　paramètres géométriques de la voie
轨道几何尺寸变化　changement(variation) de
　　dimension géométrique de voie
轨道几何设计　étude géométrique de voie
轨道几何线形整修
　　profilage de géométrie de la voie
轨道几何形状变差
　　détérioration géométrique de la voie
轨道几何状态整形
　　mise en forme de la géométrie de la voie
轨道几何状态整修
　　aménagement de la géométrie de la voie
轨道技术参数
　　paramètre technique de la voie
轨道检测　détection de rails
轨道检测设备
　　engin d'inspection de voie ferrée
轨道检测仪　appareil de mesure de voie

轨道检查车
　　chariot(voiture)d'inspection de voie
轨道检查坑线路　voie sur fosse
轨道建筑高度
　　hauteur de construction de voies
轨道交汇　jonction de voies
轨道交通　trafic sur rails
轨道交通乘客周转
　　rotation de passagers par le transport sur rails
轨道交通分类
　　classification de transport sur rail
轨道交通控制　contrôle de transport sur rails
轨道交通设计　conception de trafic sur rails
轨道交通系统　système de transport sur rails
轨道交通走廊　corridor de trafic ferroviaire
轨道接触器　contacteur de voie;pédale
轨道接轨点　point de raccordement de voie
轨道结构　structure de voie de rails
轨道结构动力性能测试　test de performance
　　dynamique de la structure de voie
轨道结构类型　structure type de voie
轨道精调　ajustage précis de la voie
轨道锯　scie à rails
轨道绝缘　isolation de voie
轨道绝缘接头　joint isolé de voie
轨道绝缘连接　joint isolé de voie
轨道绝缘区段　zone isolée de voie
轨道跨接电缆　câble de pontage de voie
轨道类型　type de voie
轨道力学　mécanique de voie de rails
轨道连接　raccordement entre rails
轨道连接点　point de connexion de voie;point
　　de jonction de voie
轨道连接箱　boîte de connexion de voie
轨道劣化状态
　　état de dégradation de voie;état de
　　détérioration de voie
轨道劣化状态调查
　　enquête de l'état de détérioration de voie
轨道磨损　usure de voie ferrée
轨道爬行　cheminement de rails(voie)
轨道爬行距离
　　distance de cheminement de voie
轨道疲劳　fatigue de voie ferrée
轨道平车　lori
轨道平整度控制　contrôle de planéité de voie
轨道坡度　inclination de voies ferrées
轨道铺设　pose de voie ferrée
轨道铺设倾斜度　inclination de pose de rail

轨道千斤顶　vérin de voie
轨道强度　résistance de voie
轨道强度计算　calcul de résistance de voie
轨道强度设计
　　conception de résistance de voie ferrée
轨道倾斜度　obliquité de rail
轨道区间　section de voie
轨道曲线　courbure de voie ferrée
轨道缺陷　défaut de voie ferrée
轨道塞尺　palpeur de rail
轨道设备　équipement de voie
轨道设备安装　installation(montage) des équipements de voie
轨道设备电路
　　circuit de l'équipement de voie
轨道设备构件　élément des appareils de voie
轨道设备损坏　destruction(détérioration) des appareils de voie
轨道设备维修　entretien des appareils de voie
轨道设备组成
　　constitution de l'appareil de voie
轨道设计　conception de voie ferrée; étude de voie de rails
轨道设计曲线或弯道参数表　tableau de références de courbes ou rayons de conception de voie
轨道升降机　ascenseur sur voie
轨道式挖掘机　excavateur sur rails
轨道式装载机　chargeuse sur rails
轨道试验　essai de voie de rails
轨道受力　surcharge de voie
轨道枢纽　jonction de voies
轨道水平尺
　　niveau à bulle de voie; niveau de pose de voie; niveau de voie
轨道弹性　élasticité de voie
轨道弹性不足
　　insuffisance de l'élasticité de voie
轨道弹性下降
　　abaissement d'élasticité de voie
轨道探伤仪　défectoscope de voie ferrée
轨道特征　caractéristique de voie ferrée
轨道调整　ajustage de voie
轨道弯道超高设计
　　conception de dévers de la courbe de voie
轨道弯曲应力　contrainte de flexion de voie
轨道维修计划
　　programme d'entretien de voie
轨道稳固性　stabilité de rails
轨道稳固性试验　test de stabilité de rails
轨道误差　erreur de voie
轨道下部结构　substructure de la voie
轨道线安装　pose de rails
轨道线路　tracé de rails; ligne de voie ferrée
轨道线路保护　protection de voie ferrée
轨道线路应力释放
　　libération de contrainte de voie de rails
轨道线路纵断面设计
　　conception de profil en long de voie
轨道线形
　　alignement(géométrie) de voie
轨道箱　boîte de voie
轨道锈蚀　corrosion de rail par la rouille
轨道巡查车　draisine d'inspection
轨道延展　continuité de voie
轨道养护标准
　　norme d'entretien de voie ferrée
轨道养护机械　engin d'entretien de voie
轨道应力　contrainte de voie ferrée
轨道运输　transport sur rails
轨道占用状况监视
　　surveillance de l'occupation de voie
轨道障碍物　obstacle sur la voie
轨道中心间距离　entraxe des rails
轨道中心线　entraxe des voies
轨道状态　état de voie ferrée
轨道纵向变形
　　déformation longitudinale de voie
轨道纵向阻力
　　résistance longitudinale de voie
轨道阻力　résistance de voie
轨道组件　composants de voie
轨底　patin de rail
轨底崩裂　cassure(rupture) de patin de rail; cassure de pression de rail
轨底坡
　　inclinaison de rail; inclination de patin de rail
轨—地电压　tension de rail-sol
轨垫　semelle de rail
轨顶　sommet de rail
轨端　extrémité de rail
轨端崩裂　cassure(rupture) au bout de rail
轨端不均匀磨损
　　usure inégale du bout de rail
轨端夹板　éclisse de morue
轨端胶合绝缘连接器　éclisse JIC
轨端接续板
　　éclisse au bout du rail; éclisse de morue

轨端连接尺寸　dimension de connexion des bouts de rails
轨端削角　chanfreinage au bout de rail; chanfreinage d'extrémité de rail
轨缝　jeu entre les bouts de rail
轨缝连接夹板　éclisse de rail
轨缝调整　ajustement de joint de rails
轨缝调整器　appareil de réglage de joint de rail
轨腹厚度　épaisseur de l'âme de rail
轨腹裂缝　fente de l'âme du rail
轨迹　trajectoire
轨尖　pointe de rail
轨接缝　joint de rail
轨接头冲击力　force d'impact contre le joint de rail
轨接头打磨　lissage(meulage) de bout de rail
轨接头下沉　enfoncement de bout de rail
轨节　chaîne(unité) de rail; châssis de voie
轨节根数　nombre de profilé de rail
轨距　écartement de voie; écartement; entre-rail; largeur de voie
轨距变化　changement(variation) de l'écartement de voie
轨距变化点　point de changement de l'écartement de voie
轨距变化点标记　marque de point de changement de l'écartement de voie
轨距标准化　standardisation de l'écartement de voie
轨距测量车　chariot de mesure d'écartement de voie
轨距撑杆　entretoise de l'écartement de voie
轨距尺　gabarit d'écartement de voie
轨距尺寸　dimension de l'écartement de voie
轨距杆　tige d'écartement de rail
轨距规　jauge d'écartement de voie
轨距加宽　surécartement
轨距卡尺　calibre de la voie
轨距拉杆　tringle d'écartement de rail
轨距调整　réglage de l'écartement de voie
轨距误差　erreur d'écartement de voie
轨路连接　connexion des voies ferrées
轨路连接方式　mode de connexion des voies ferrée
轨面　surface(sommet) de rail

轨面不平顺　dénivellation(ondulation) de surface de rail
轨面高程调整精度　précision d'ajustement de cote de rail
轨面高度　hauteur de surface(sommet) de rail
轨面磨耗　usure de surface de rail
轨面平整度　planéité de plan de rail; planéité de surface de rail
轨面平整度下降　détérioration de planéité de rail
轨面平整度要求　exigence de planéité du plan de rail
轨面温度　température superficielle de rail
轨面修理　réparation de surface de rail
轨面至车钩高度　hauteur d'attelage au-dessus du rail
轨排　châssis(travée, panneau) de voie
轨排存放　stockage de châssis de voie
轨排吊铺车　wagon-portique pour poser les panneaux de voie
轨排叠放　étagement de châssis de voie
轨排落放　lancement de châssis de voie; lancement de panneau de voie
轨排拼装场　aire d'assemblage de châssis de voie
轨排铺设进度　avancement de pose de châssis de voie
轨排铺设门架　portique de pose de châssis de voie; portique de pose des panneaux de voie
轨排施工　exécution de pose de châssis de voie
轨排提升架　portique de levage de châssis de voie
轨排运输车　véhicule pour transport de châssis de voie
轨排组装　assemblage de châssis de voie; assemblage de travée de voie
轨排组装机　machine à assembler de châssis de voie; machine d'assemblage de châssis de voie
轨排组装基地　base d'assemblage de châssis de voie
轨排组装架　cadres de rangées d'assemblage de châssis de voie
轨旁保护装置　protecteur à côté de voie
轨旁部件　accessoires à côté de voie
轨旁传感器　capteur au bord de la voie

轨旁盒　boîte à côté de la voie
轨旁设备　équipement au bord de la voie ferrée; équipement du côté de rails
轨旁设备安装　montage des équipements au bord de voie ferrée
轨旁信号设施电子设备
　　appareil électronique des installations de signal à côté de la voie
轨钳　pince à rail; pince-rail
轨式提梁机　élévateur de poutres sur rails
轨踏面　plan (surface) de roulement dé rail
轨踏面清扫电磁阀　valve électromagnétique pour balayage de surface de roulement de rail
轨条　file de rail
轨条扣件　crapaud
轨头　champignon de rail
轨头波形磨损
　　usure ondulatoire de champignon de rail
轨头剥落　écaillage de champignon de rail
轨头侧面磨损
　　usure latérale de champignon de rail
轨头垂直劈裂
　　fissure verticale de champignon de rail
轨头打磨
　　meulage (lissage) de champignon de rail
轨头掉块　exfoliation de champignon de rail
轨头非对称断面打磨
　　meulage asymétrique du profil de champignon de rail
轨头肥边　écoulement (extrudage) de champignon de rail
轨头肥边打磨
　　lissage (meulage) de champignon écoulé
轨头固定装置　appareil à joints bloqués
轨头夹板　éclisse de raccord
轨头间隙　jeu de bout de rail
轨头裂缝　fente de champignon de rail
轨头磨耗　usure de champignon de rail
轨头内倾　inclinaison vers l'intérieur de champignon de rail
轨头劈裂
　　rupture de champignon de rail
轨头水平劈裂
　　fissure horizontale de champignon de rail
轨头下沉　subsidence de bout du rail
轨头压溃　écrasement de champignon de rail
轨头整形　reprofilage de champignon de rail; mise (remise) en forme de champignon de rail

轨温下降　abaissement de température de rail
轨下弹性垫层
　　couche de forme élastique au-dessous de rail
轨下基础　fondation au-dessous de rail; plateforme de voie
轨下橡胶垫板
　　semelle en caoutchouc sous le rail
轨线不连续　discontinuation de voie ferrée
轨腰　âme de rail
轨腰崩裂　rupture de l'âme de rail
轨腰厚度　épaisseur de l'âme de rail
轨腰劈裂
　　cassure (fente, fissure) de l'âme du rail
轨腰压溃　écrasement de l'âme du rail
轨枕　traverse
轨枕搬运　manutention de traverses
轨枕板　traverse monobloc
轨枕扁担　entretoise
轨枕槽　assiette de traverses
轨枕槽规　gabarit de sabotage de traverses
轨枕长度　longueur de traverse
轨枕厂　usine de préfabrication des traverses
轨枕车　train de traverses
轨枕捣固　bourrage de traverses
轨枕垫板　patin de traverse
轨枕垫层　couche de forme de traverse
轨枕叠放　étagement de traverses
轨枕顶面　sommet de traverse
轨枕端　about de traverse
轨枕端头　bout de traverse
轨枕放散作业
　　distribution de traverses au long de voie
轨枕刚度　rigidité de traverse
轨枕更换机
　　machine à changement de traverses
轨枕/公里　traverses/km
轨枕供应　approvisionnement de traverses
轨枕盒　case entre traverses
轨枕横向位移
　　déplacement transversal de traverse
轨枕机　pondeuse de traverses
轨枕加长　allongement de traverse
轨枕间隔尺寸
　　dimension de l'espacement des traverses
轨枕间距　distance entre les traverses
轨枕间距顶石
　　bloc d'écartement de traverses
轨枕金属横担
　　entretoise métallique de traverse

轨枕块　blochet de traverse
轨枕旷动　relâchement de traverse
轨枕类型　type de traverses
轨枕连杆　entretoise de traverse
轨枕梁　poutre sous traverse
轨枕裂缝　fissuration de traverse
轨枕螺栓　boulon de traverse
轨枕配置　travelage
轨枕铺设步骤　procédure de pose de traverses
轨枕铺设设备　appareil à poser les traverses
轨枕韧度　ténacité de traverse
轨枕数量　travelage
轨枕数量调整　réglage de travelage
轨枕损坏
　　dégât(destruction, détérioration) de traverse
轨枕弹性　élasticité de traverse
轨枕提升架　portique de levage de traverse
轨枕系列　série de traverses
轨枕下沉　enfoncement(subsidence,
　　tassement) de traverse
轨枕橡胶垫板
　　semelle en caoutchouc de traverse
轨枕压力　pression de traverse
轨枕沿线摆放
　　répartition de traverses au long de la ligne
轨枕运输车　voiture de transport des traverses
轨枕支撑面　surface d'appui de traverse
轨枕制作　fabrication de traverses
轨枕中心线距离
　　distance entre axes des traverses
轨枕种类　espèce de traverse
轨枕状态　état de traverse
轨枕纵向位移
　　déplacement longitudinal de traverse
轨枕钻孔机　perceuse de traverse
轨支撑
　　jambe de force de rail ; entretoise de rail
轨重　poids par rail
轨座　siège de rail
柜　armoire ; coffret
贵金属　métal précieux

gun

辊道　banc(ligne) de rouleaux
辊筛　crible à rouleaux
辊式破碎机　broyeur à cylindres
辊式支架　appui à galet
辊压　cylindrage
辊轧工　cylindreur

辊轴式滑床板
　　coussinet de glissement à rouleau
辊轴支座　appui à galet
滚道转辙器　aiguillage à galets
滚动　roulage
滚动摩擦
　　friction(frottement) de roulement
滚动试验　essai en roulement
滚动系数　coefficient de roulement
滚动轴承车轴
　　essieu de roulement à billes
滚动轴承轴箱装置
　　organe de boîte d'essieu à roulement
滚动轴承装置　organe à roulement
滚动阻力　résistance au roulement
滚轮　galet
滚磨机　broyeur à rouleaux
滚碾压实　compactage au rouleau ; compactage
　　par cylindrage(roulage)
滚耙　herse norvégienne
滚水坝
　　barrage à crête déversante ; barrage à cylindre
滚筒　rouleau ; tambour
滚筒筛　tamis rotatif
滚筒式路碾　tambour de serrage
滚筒式压路机　cylindre compresseur ; rouleau
　　à tambour ; cylindre ; tambour de compactage
滚筒压路机振动
　　vibration de tambour de compactage
滚压　cylindrage ; roulage
滚压工　cylindreur
滚轴支座　appui à rouleaux
滚轴轴承　roulement à galets
滚轴轴承涂油
　　graissage de roulement à galets
滚珠轴承　roulement à billes
滚珠轴承涂油
　　graissage de roulement à billes
滚珠轴承轴箱
　　boîte d'essieu de roulement à billes
滚柱式旁承　lissoir à galets
滚柱轴箱　boîte à rouleaux
磙子　rouleau ; rouleau plombeur

guo

锅炉　chaudière
锅炉粉尘　poussière de chaudière
国道　route nationale(RN)
国防公路　route de défense nationale

国际标准　standard international
国际标准化组织　
　　Organisation Internationale de Standards
国际单位　unité internationale
国际电工技术委员会　Commission Electrotechnique Internationale(CEI)
国际电信联盟　Union Internationale des Télécommunications(UIT)
国际公路　route internationale
国际公路过境转运　
　　transit international routier(TIR)
国际惯例　usages internationaux
国际合作　coopération internationale
国际货币基金组织　
　　Fonds Monétaire International
国际机车车辆制造商协会　Association Internationale des Constructeurs de Matériel Roulant(AICMR)
国际劳工组织　
　　Organisation Internationale du Travail(OIT)
国际联运　trafic international
国际联运协议书　
　　protocole du transport international
国际列车　train international
国际列车车号分配方式　modalité de distribution des numéros des trains internationaux
国际列车站台　quai de train international
国际旅费　dépense de transport international
国际旅行　voyage à l'international
国际旅行列车　train de voyage international
国际旅客运输　
　　transport de voyageurs à l'international
国际贸易　échange international
国际铁联标准轨距　écartement UIC
国际铁联标准线路　voie UIC
国际铁路　chemin de fer international
国际铁路行业标准　International Railway Industry Standard(IRIS); standard industriel du chemin de fer international
国际铁路货运协议　Convention Internationale concernant le Transport des Marchandises par Chemin de fer(CITMC)
国际铁路货运运输协定　accord concernant le transport international des marchandises par chemin de fer
国际铁路联盟　Union Internationale des Chemins de Fer(UIC)
国际铁路联盟标准　norme UIC; standard UIC
国际铁路联运公约　Convention Internationale concernant le Transport en Transit par Chemin de fer(CITTC)
国际铁路旅客运输协定　accord concernant le transport international des voyageurs par chemin de fer
国际铁路运输公约　Convention relative aux transports Internationaux ferroviaires
国际铁盟标准线路　voie ferrée UIC
国际投标　soumission internationale
国际有限招标通知　
　　avis d'appel d'offres international restreint
国际援助　assistance internationale
国际招标　appel d'offres international
国际仲裁　arbitrage international
国际准则　norme internationale
国际咨询工程师联合会　Fédération Internationale Des Ingénieurs-Conseils (FIDIC)
国家安全　sécurité nationale
国家标准　norme nationale; standard national
国家标准和技术研究所　Institut National de Standard et de Tehnologie
国家标准化协会　Association Nationale pour la Standardisation(ANS)
国家干线公路　artère nationale
国家公园　parc national
国家合同委员会　
　　Commission Nationale des Marchés(CNM)
国家机构工作人员　
　　agent de l'organisme de l'Etat
国家机关　organisme d'Etat
国家级　échelon national
国家间铁路中转　transit ferroviaire inter-Etats
国家矿产资源局　Agence Nationale du Patrimoine Minier(ANPM)
国家市场监督管理总局　Administration Nationale de Régulation des Marchés; Administration d'Etat de contrôle du marché
国家水利资源局　Agence Nationale des Ressources Hydrauliques(ANRH)
国家所有权　propriété d'Etat
国家铁路　chemin de fer national
国家铁路局　
　　Administration Nationale des chemins de fer
国家铁路投资设计监督局　Agence Nationale d'Etudes et de Suivi de la Réalisation des Investissements Ferroviaires(ANESRIF)
国家铁路网　réseau ferroviaire de l'Etat

国家铁路运输公司　Société Nationale des Transports Ferroviaires
国家项目　projet d'Etat
国家预算　budget d'Etat
国家自然保护区　parc national
国家最低保障工资　salaire national minimum garanti (SNMG)
国界碑　borne frontière
国境　frontière
国境边界标志　signe de frontière
国境站　gare frontière
国民经济　économie nationale
国民经济总产值　valeur globale de l'économie nationale
国民生产总值　produit national brut (PNB)
国内生产总值　produit intérieur brut (PIB)
国内投标　soumission nationale
国内有限招标通知　avis d'appel d'offres national restreint
国内招标　appel d'offres national
国企　entreprise d'Etat
国土治理　aménagement de territoire
国有公司　compagnie (entreprise) nationale; société d'Etat
国有铁路　chemin de fer d'Etat
裹复梁桥　pont à poutrelles enrobées
裹复梁桥面　tablier à poutrelles enrobées
过板　dalle de transition
过磅单　bulletin de pesage
过岔方式　mode de passage d'aiguille
过岔速度　vitesse de franchissement de l'aiguille; vitesse de passage à l'aiguille
过车电子称量系统　système de pesage au défilé électronique
过车频率计算　calcul de fréquence de passage des trains
过程　processus
过程控制　contrôle de processus; contrôle en cours
过大坡度　pente excessive
过电流保护　protection contre la surintensité de courant
过电压自动保护装置　dispositif de protection contre la surtension
过度疲劳　fatigue excessive
过渡　transition
过渡区　zone de transition
过渡区段(区间)　section de transition
过渡曲线最大长度　longueur maximum de courbe de transition
过渡时期　période de transition
过多沉降　tassement excessif
过江隧道　souterrain sous-fluvial
过境　transit
过境车道　voie de transit
过境代理人　commissionnaire-transitaire
过境交通　trafic de transit
过境交通次数　nombre de trafic de transit
过境签证　visa de transit
过境税　droit de transit
过境许可证　licence de transit
过梁　linteau
过量　excédent
过滤　filtrage; sassage
过滤表面　surface filtrante
过滤层　couche filtrante
过滤带　zone filtrante
过滤功能　fonction de filtration
过滤孔　ouverture de filtration
过滤器　épurateur
过滤砂　sable filtrant
过滤设备　installations de filtration
过滤水　eau filtrée
过滤速度　vitesse de filtration
过滤装置　organe de filtration
过桥税　pontonage
过热　surchauffe
过热保护　protection contre la surchauffe
过筛　blutage; sassage; tamisage
过筛砂　sable tamisé
过筛通过量　passant de tamisage
过筛振动　vibration de tamisage
过剩水　eau excédentaire
过水坝　digue de crête à sauter
过水带　bande drainante
过水断面　section drainante
过水涵　dalot, daleau
过水式堤坝　barrage-frein
过压保护　protection contre la surtension
过压保护开关　disjoncteur de protection de surtension
过载　charge en excès; surcharge additionnelle

G

过载保护	protection contre la surcharge
过载电流	courant surchargé; surintensité de courant
过载电流断路器	disjoncteur à maximum de courant
过载控制	contrôle de surcharge
过载能力	capacité de surcharge
过载显示	indication de surcharge
过载现象	phénomène de surcharge
过早拆模	décoffrage prématuré
过站方式	mode de passage de gare
过站列车	train de dépassement de la gare

H

ha
哈费氏稳定度试验　test Hubbard-Field
蛤斗挖土机　pelle à benne à demi-coquilles
蛤蟆夯　dame sauteuse;grenouille

hai
海岸带　zone côtière
海岸阶地　terrasse littorale
海岸砾石　gravier côtier
海拔高度　cote d'altitude;élévation au-dessus de niveau de mer;altitude
海拔基标　repère d'altitude
海成泥灰岩　marne marine
海堤　digue maritime
海底电缆　câble immergé;câble sous-marin
海底隧道　tunnel sous-marin
海底隧道工程　travaux de tunnel sous-marin
海底探测　sondage sous-marin
海港　port maritime
海关　douane;autorité douanière
海关办公室　bureau de douane
海关保证金　cautionnement douanier
海关查验　inspection de douane
海关法　code de douane
海关费用　frais de douane
海关检讫标记　marque de douane
海关扣押　saisie douanière
海关人员　agent de douane
海关申报　déclaration douanière
海关申报单　bulletin de déclaration
海关收据　acquit de douane
海关手续　formalité de douane
海关税则　tarif douanier
海关条例　règlement de douane
海关通知单　avis de douane
海关统计　statistique douanière
海关协议　accord douanier
海关证明书　certificat de douane
海关总署　administration douanière
海积层　alluvion marine
海砾石　galet de mer;gravier marin
海路　route maritime
海难　sinistre maritime
海泥　boue de mer;boue marine
海平面　niveau de mer
海砂　sable de mer;sable marin
海上保险　assurance maritime
海上工程　travaux à la mer
海上交通　communication maritime
海蚀　abrasion marine
海水　eau de mer
海水淡化　dessalement de l'eau de mer
海损　avarie de mer
海损代理人　agent d'avarie
海损通告　avis d'avarie
海损证明　certificat d'avarie
海滩卵砾石　caillou côtier
海滩砂　sable côtier;sable de grève(plage)
海外工程　travaux d'outre-mer
海险　assurance contre les risques de mer
海相沉积　dépôt marin
海啸灾难　sinistre de raz-de-marée
海洋勘探　exploration océanique
海洋污染　pollution maritime
海洋性气候　climat de mer;climat marin(maritime)
海运　trafic(transport) maritime
海运保单　police d'assurance maritime
海运保险　assurance de transport maritime
海运保险合同　contrat d'assurance maritime
海运代理人　agent maritime
海运公司　société maritime
海运提单　connaissement maritime

han

含尘量　teneur en poussière
含钙黏土　argile calcique
含量　teneur
含量分析　analyse de teneur
含量降低　baisse(abaissement)de teneur
含量增加　accroissement de teneur
含硫酸盐水　eau séléniteuse
含泥量　teneur en terre
含黏土砾石　gravier glaiseux
含气量　capacité en air
含全税　toutes taxes comprises(TTC)
含全税价格　prix en toutes taxes comprises
含砂量　teneur en sable
含水百分率　pourcentage d'eau
含水层　couche aquifère(hydrofère);nappe aqueuse (aquifère,phréatique);nappe d'eau;niveau (strate)aquifère
含水地层　terrain aquifère
含水构造　structure aquifère
含水砾石层　couche de graviers aquifères
含水量　teneur en eau
含水量变化　variation de teneur en eau
含水量测定　détermination(mesure)de teneur en eau
含水量试验　essai(test)de teneur en eau
含水率　degré(taux,pourcentage)d'humidité
含水土　terre aqueuse
含水状态　état hydrique
含税金额　montant en toutes taxes comprises
含铁石灰岩　calcaire ferrugineux
含盐量　teneur en sel
含盐黏土　argile saline
含氧量　teneur en oxygène
含油层　couche pétrolifère
函数计算　calcul fonctionnel
涵洞　dalot,daleau;ponceau
涵洞布置　distribution de ponceaux
涵洞衬砌　revêtement de dalot
涵洞出水口　sortie de buse
涵洞毁坏　destruction de dalot
涵洞类型　type de dalots
涵洞设计　étude de dalot
涵洞水流容量　capacité de ponceau
涵洞预定尺寸　pré-dimensionnement de dalot
涵管定位楔固　calage des tuyaux
涵管喇叭口　tête d'entonnement pour buse
涵管涂沥青防水层　chemisage

寒带　zone glaciale
寒冷区　zone froide
旱季　saison sèche
旱季路　route de saison sèche
焊(接)点　point de soudure
焊缝　cordon de soudure;jointure soudée
焊缝长度　longueur de cordon de soudure
焊缝打磨　lissage(meulage)de cordon de soudure
焊缝厚度　épaisseur de cordon de soudure
焊缝无损检测　contrôle non destructif des soudures
焊缝余高　excès de métal de soudure
焊工面罩　masque de soudeur
焊轨厂　usine de soudure de rails
焊轨车　chariot de soudure de rails
焊轨机　machine à souder les rails;soudeuse à rails
焊轨进度　avancement de soudage de rails
焊轨作业队　équipe de soudure
焊接　assemblage par soudure;connexion soudée;soudage;soudure
焊接标准　critère de soudage
焊接部分　partie soudée
焊接长度　longueur de soudure
焊接车间　atelier de soudage(soudure)
焊接处理　traitement de soudure
焊接搭接　recouvrement de soudure
焊接搭接要求　exigence de recouvrement de soudure
焊接打磨　finissage(lissage,meulage)de soudure
焊接道岔　aiguille soudée
焊接对口错边量　désaffleurement du joint bout à bout de soudure
焊接方法　méthode de soudure
焊接方式　mode de soudage
焊接缝　joint de soudure
焊接钢　acier soudé
焊接钢筋　armature soudée
焊接钢筋骨架　carcasse d'armatures soudées
焊接钢筋网　armature en fils soudés;armature en treillis soudée
焊接工具　outil de soudage
焊接工艺　procédé(technologie)de soudage
焊接固定　fixation de soudure
焊接管　tube de soudure;tube soudé
焊接轨　rail soudé
焊接弧长　longueur de l'arc de soudure

焊接机　machine à souder
焊接技术　technique de soudure
焊接检查　contrôle de soudure
焊接接头　jonction soudée
焊接结构　construction(structure) soudée;
　structure de soudure
焊接裂缝　fissure de soudure
焊接偏差　tolérance de soudure
焊接强度　résistance de soudure
焊接设备　équipement(matériel) de soudage
焊接手册　manuel de soudage
焊接网　treillis soudés
焊接维修　réparation de soudure
焊接位置　position de soudure
焊接温度　température de soudure
焊接要求　exigence de soudure
焊接一体式构架
　châssis monobloc de soudure
焊接一体式转向架
　bogie à soudure monobloc
焊接辙叉　cœur d'aiguille soudée
焊接质量　qualité de soudure
焊接转向架　bogie de soudure
焊枪　chalumeau;pistolet de soudage
焊丝　fil de soudure
焊条　baguette de soudure;électrode;
　électrode de soudure
焊线　cordon de soudure

hang

夯　dame;hie;pilon
夯锤　mouton de battage;mouton
夯击式压路机
　dameur;rouleau compacteur
夯具　pilon de damage
夯实　compactage au dameur;damage
夯实道床　damage du lit de ballast
夯实地面　sol damé
夯实工程　construction à damer
夯实回填场地　terrain remblayé compacté
夯实混凝土墙　mur en béton damé
夯实机　machine à damer
夯实路床
　damage de la plateforme de voie
夯实路堤　remblai compacté
夯实路基　damage de l'assise de voie
夯实填方　remblai compacté
夯实压路机　rouleau dameur
夯筑土工程　construction à damer

行业标准　norme professionnelle
行业卫生和安全质量管理体系
　système de management d'hygiène et de sécurité professionnelle
行业研讨会　séminaire professionnel
行业最低保证工资　salaire minimum
　interprofessionnel garanti(SMIG)
航标　balise
航标灯　feux de navigation
航测　levé aérien;mesure aérienne
航测定向制图
　restitution de couples de photographie
航测图　carte aérienne;photocarte
航测制图
　restitution photogrammétrique
航道　passe(voie) navigable
航道标志　balisage de chenal
航道指示灯　feux de chenal
航空大地测量　levé géodésique aérien
航空港　port aérien
航空公司　société aérienne
航空勘测　reconnaissance aérienne
航空三角测量　triangulation aérienne
航空摄影(测量)
　aérophotométrie;photographie aérienne
航空摄影平面图　photoplan
航空线　ligne aérienne
航空运输　trafic aérien;trafic par avion
航拍照片　photo aérienne
航摄照片判读
　interprétation photographique
航线　ligne de navigation
航站楼　terminal aérien;terminal

hao

毫伏　millivolt
毫伏计　millivoltmètre
毫克　milligramme
毫米　millimètre
毫米汞柱　millimètre de mercure
毫秒爆破　explosion milliseconde
毫秒雷管
　détonateur(fulminant) milliseconde
毫升　millilitre
豪华列车　train de luxe
壕沟　tranchée
壕沟清理　purge de tranchée
耗材　consommable
耗材采购　achat de matières consommables

耗材费用　coût des consommations
耗材供应
　　fourniture de matières consommables
耗热量　consommation(perte)de chaleur;
　　consommation thermique
耗散功率　puissance dissipée
耗水量
　　consommation d'eau;consommation en eau

he

喝咖啡的工间休息　pause-café
合并　cumul
合并资产负债表　bilan consolidé
合成材料　matériau synthétique
合成产品　produit synthétique
合成反应　réaction synthétique
合成集料　agrégat synthétique
合成沥青　asphalte synthétique
合成毛毡　feutre synthétique
合成树脂　résine artificielle(synthétique)
合成树脂油基清漆
　　vernis à l'huile aux résines artificielles
合成速度　vitesse composée;vitesse résultante
合成土工布　géotextile synthétique
合成推力　poussée résultante
合成纤维　fibre synthétique
合成向量　vecteur composant
合成橡胶　caoutchouc synthétique
合成毡膜　feuille en feutre synthétique
合法　conformité aux lois
合法程序　programme légal
合法化　régularisation
合法手段　moyens licites
合法性　légitimité
合法资产　actif légal
合格产品　produit acceptable
合格技术员　technicien qualifié
合格率　pourcentage de conformité
合格设计　conception acceptable
合格验收　réception de conformité
合格炸药　explosif acceptable
合格证书　certificat de conformité
合股　association de participation
合股公司　société en nom collectif
合伙　association de participation
合伙方式　partenariat
合伙人　associé
合伙者　coassocié
合金　alliage

合金钢　acier allié;acier d'alliage
合金钢轨　rail en acier allié
合金焊接　soudage d'alliage
合金钻头　trépan à alliage
合理化建议　proposition de rationalisation
合力　effort résultant;force composée
合力矩　moment résultant
合流　confluence;ruissellement collective
合流车道　voie de rencontre
合流车道通行能力
　　capacité de convergence de voie
合流点　confluent
合流交通　trafic de rencontre
合流匝道　accès de rencontre
合龙段　segment de clôture
合龙段施工　exécution de tronçon raccordé
合同　contrat;marché
合同编号　numéro de contrat
合同标的　objet de contrat
合同财务保证
　　engagement financier du marché
合同草稿　projet de contrat
合同持有人　titulaire de marché
合同初始金额　montant du marché initial
合同代理人
　　agent contractuel(conventionnel)
合同到期　expiration de contrat
合同抵押　nantissement de marché
合同缔结程序
　　procédure de passation du marché
合同定义　définition de marché
合同法　code des marchés
合同废除　suppression de contrat
合同风险　risque de contrat
合同附加条款　avenant de contrat
合同附件　annexe de contrat
合同副本　copie de contrat
合同格式　formule(modèle)de contrat
合同工期　délai contractuel;délai de contrat
合同管理　gestion de contrat
合同集团
　　consortium;groupement d'entreprises
合同计价单　attachement contradictoire
合同价格　prix contractuel
合同检查　vérification contradictoire
合同金额　montant de contrat(marché)
合同临时授标通知
　　avis d'attribution provisoire de marché
合同内工程　travaux compris dans le marché

合同批准　agrément de contrat；visa du marché
合同期　durée contractuelle
合同期限　période de contrat
合同签订　passation de contrat
合同签订方式　mode de passation de marché
合同签字人　signataire de contrat
合同授标程序　procédure d'attribution du marché
合同授予　attribution de marché
合同授予标准　critère d'attribution du marché
合同授予者　attributaire
合同书　lettre de marché
合同术语　terme de contrat
合同谈判　négociation de contrat
合同条件　condition de marché
合同条款　article (clause) de contrat；dispositions contractuelles
合同外工程　prestations hors contrat；supplément des travaux hors du contrat；travaux hors du contrat
合同外工程追加费用　plus-value de travaux hors du contrat
合同外数量　quantité hors du contrat
合同外增加工程　travaux supplémentaires hors du marché
合同委员会　commission des marchés
合同文件　document contractuel
合同文件优先顺序　priorité de documents contractuels
合同无效　invalidité de contrat
合同修订　modification de contrat
合同修改　révision de contrat
合同延期　prolongation de délai du contrat
合同要求　exigence de contrat
合同义务　obligation contractuelle
合同义务不平等　inégalité d'obligation contractuelle
合同有效期　durée de validité de contrat
合同有效期延长　prorogation de validité du contrat
合同有效性　validité de contrat (marché)
合同语言　langue de contrat
合同原始金额　montant initial du marché
合同争议　contestation de contrat；litige contractuel
合同整体　partie intégrante de contrat
合同正本　original de contrat

合同制　régime (système) de contrat
合同中标企业　entreprise attributaire de marché
合同中标人　attributaire de marché
合同中断执行　suspension de l'application du contrat
合同转让　transfert de contrat
合同组成文件　document contractuel constituant le contrat；pièces constitutives de marché
合同最终授标通知　avis d'attribution définitive de marché
合压力　pression résultante
合页门　porte à charnière
合页销　pivot de charnière
合营公司　entreprise mixte
合轴　essieu couplé
合资公司　société de capitaux mixtes
合资企业　entreprise à capitaux mixtes
合资铁路　chemin de fer à capitaux mixtes
合作　coopération
合作程序　procédure de coopération
合作方式　mode de coopération
合作伙伴　partenaire de coopération
合作社　société coopérative
合作项目　projet de coopération
合作协议　accord de coopération
合作者　associé；coassocié；coopérateur；partenaire
和解协议　convention à l'amiable
和易性　maniabilité；aptitude au façonnage
和约协议　accord contractuel
河岸加固　consolidation des rives
河边　bord de rivière
河滨地　terrain riverain
河成阶地　terrasse fluviale
河床　lit de cours d'eau；lit de fleuve (rivière)；lit fluvial
河床改移　déplacement de lit de rivière
河床剖面图　profil de lit de rivière
河道边界线　tracé de rives de fleuve
河道分叉口　bifurcation de rivière
河道工程　construction fluviale
河道疏浚　dragage de rivière
河道水系　réseau de rivières
河道整治　aménagement de cours d'eau
河道整治工程　travaux d'aménagement fluvial
河道治理　aménagement des eaux

河堤保护　protection de digue
河底隧道　souterrain(tunnel)sous-fluvial
河底隧道工程　travaux de tunnel sous-fluvial
河底隧道施工
　　exécution de tunnel sous-fluvial
河港　port fluvial
河谷　vallée de rivière
河谷暴发洪水　crue des oueds
河积层　alluvion fluviatile
河口整治　aménagement de l'estuaire
河跨　travée fluviale
河流　cours d'eau;fleuve;rivière
河流沉积　dépôt fluvial
河流改道　déviation de rivière
河流流域　bassin fluvial
河流侵蚀　érosion de rivière
河流上游　amont de rivière
河流水位情况
　　circonstance de niveau de rivière
河流污染　pollution de la rivière
河流下游　aval de rivière
河流源头　source de cours d'eau
河流整治
　　aménagement de rivière;aménagement fluvial
河卵石
　　caillou roulé fluviatile;gravier de rivière
河泥　boue de rivière;bourbe;limon;vase de rivière
河砂　sable de rivière
河水冲刷　arrachement par eaux courantes;érosion fluviale
河水流量　débit de fleuve
河水上涨　montée des eaux du fleuve
河滩　rive plate
河运　transport fluvial
河中桥墩　pile en rivière
核查　vérification
核查记录　procès-verbal de vérification
核电站　centrale nucléaire
核定岩心　carotte témoin
核对　récolement;vérification
核对收到文件
　　vérification de documents remis
核反应　réaction nucléaire
核燃料　combustible nucléaire
核实地形数据
　　vérification de données topographiques
核实探测　sondage de vérification
核实限界　vérification de gabarit

核子测定仪　appareil de mesure nucléaire
核子密度仪　gamma-densimètre
盒　boîte;coffre;coffret;boîtier
荷载边缘　bord de charge
荷载变化　variation de charge
荷载变形
　　déformation chargée;déformation sous charge
荷载不足　charge insuffisante
荷载参数　paramètre de charge
荷载—沉降曲线　courbe de charge-tassement
荷载程度　degré de charge
荷载传导　transmission de charge
荷载传递　transfert de charge
荷载单位　unité de charge
荷载范围　portée de charge
荷载分布　distribution de charge
荷载分布曲线
　　courbe de distribution de charge
荷载分配　répartition de charge
荷载分配系数
　　coefficient de distribution des charges
荷载分析　analyse de charge
荷载估算　évaluation de charge
荷载—贯入曲线
　　courbe de charge-pénétration
荷载横向分布计算　calcul de distribution (répartition) de charge transversale
荷载—滑移曲线　courbe de charge-glissement
荷载计算　calcul de charges
荷载检测　détection de charge
荷载检查　vérification de charge
荷载降低　affaissement de charge
荷载力矩　moment de charge
荷载密度　densité de charge
荷载平衡　équilibre de charge
荷载强度　intensité de charge
荷载试验　épreuve de charge
荷载速度　vitesse en charge
荷载图　schéma de charges
荷载系数　coefficient de charge
荷载效应　effet de charge
荷载限度　limitation de charge
荷载行程关系曲线　diagramme charge-course
荷载压力　pression de charge
荷载—应变曲线
　　courbe de charge-déformation
荷载增量　accroissement de charge
荷载值　valeur de charge
荷载质量　masse de charge

荷载重量　poids de chargement
荷载状态　régime de charge
荷载作用　fonction de charge
褐土　terre brune

hei

黑工　travail noir
黑碱性土　sol à alcalis noir
黑色材料　produits noirs
黑色材料实验室
　　laboratoire de matériaux noirs
黑色金属　métaux ferreux
黑市　marché noir
黑土　humus; sol(terre) noir
黑炸药　explosif noir

heng

恒差　erreur constante
恒定　constance
恒定荷载　charge permanente
恒定系数　coefficient constant
恒力　force constante
恒温　température constante
恒温集装箱　conteneur isotherme
恒温器　étuve
恒压力　pression constante
恒载　charge constante(fixe)
恒载试验　essai(test) à charge constante
恒载应力计算
　　calcul de contrainte de charge constante
恒重　poids constant
桁架　treillis
桁架拱度　cambrure de treillis
桁架跨度　portée de ferme
桁架拉杆　tirant de ferme
桁架梁　poutre en treillis
桁架桥　pont à contre-fiche; pont en treillis
桁架桥横向斜撑
　　entretoise de pont en treillis
桁架式车体结构
　　structure de caisse en treillis
桁架塔　pylône en treillis
横摆减振器　amortisseur anti-lacet
横摆运动　mouvement de lacet transversal
横波　ondes transversales
横穿　traversée
横穿撒哈拉公路　route transsaharienne
横档　traverse
横导坑　galerie transversale

横道图　diagramme de Gantt
横道线　ligne transversale
横洞　galerie perpenculaire(transversale)
横断层　faille transversale
横断面　coupe(section, profil) en travers;
　　coupe transversale; profil transversal
横断面检查　contrôle de profil en travers
横断面宽度　largeur de profil en travers
横断面类型　type de profil en travers
横断面轮廓　contour de profil en travers
横断面设计
　　conception(étude) de profil en travers
横断面水平测量
　　nivellement de section transversale
横断面特征
　　caractéristique de profil en travers
横断面图　plan de profil en travers
横断面线路　tracé de profil en travers
横断面相互间距离
　　inter-distance entre deux profils en travers
横断面研究　recherche de profil en travers
横谷　vallée transversale
横截面　section(plan) transversale
横截面布置　aménagement de profil en travers
横截面积　surface transversale
横截面面积　surface de section transversale
横跨线　transversale
横肋　nervure transversale
横梁　poutre en travers; poutre transversale;
　　traverse d'entretoisement
横梁负荷　charge de traverse
横列式布置　arrangement transversal
横列式车站　gare en forme transversale
横坡　pente transversale
横剖面　profil en travers; profil transversal
横剖面图　coupe transversale; vue en coupe;
vue en coupe transversale
横倾　angle de gîte
横曲线　courbe au profil en travers
横系杆　traversine
横向　sens transversal
横向暗缝　joint aveugle transversal
横向变形　déformation transversale
横向布置　disposition transversale
横向尺寸　dimension transversale
横向冲击　choc transversal
横向发展　développement horizontal
横向分布　distribution transversale
横向风压力　pression du vent transversale

横向干线　artère transversale
横向刚度　rigidité transversale
横向钢筋　armature transversale;barre transversale
横向焊缝　soudure transversale
横向荷载　charge transversale
横向减振器　amortisseur transversal
横向接缝　joint transversal
横向结构　structure horizontale
横向跨度　portée transversale
横向宽度　largeur transversale
横向拉杆　tirant transversal
横向肋拱　arc-doubleau
横向力　effort transversal;force transversale
横向力矩　moment transversal
横向力系数　coefficient de force transversale
横向连接　liaison transversale;raccordement transversal
横向连接器　accouplement transversal
横向联杆　entretoise
横向联锁杆　barre d'enclenchement transversale
横向裂缝　crevasse(fissuration, fissure)transversale
横向挠度　déflexion transversale;flambement transversal
横向排水　assainissement(drainage)transversal
横向排水沟　drain(fossé)transversal
横向偏差　décalage transversal
横向齐平　nivellement transversal
横向伸长　allongement transversal
横向收缩　contraction transversale
横向水沟　cassis
横向速度　vitesse transversale
横向调整　réglage transversal
横向突拱　arc-doubleau
横向外移量　marge de déplacement transversal vers l'extérieur
横向位移　déplacement transversal
横向线路　alignement transversal
横向行程　course transversale
横向移动　glissement transversal
横向应力　contrainte transversale
横向游动量　jeu de mouvement transversal
横向预应力　précontrainte transversale
横向运动　mouvement transversal
横向运输　transport transversal
横向支撑　appui transversal
横向轴线　axe transversal
横向阻力　résistance transversale
横坐标　abscisse
横坐标轴　axe des abscisses;axe X

hong

烘干　séchage;séchage à l'air chaud
烘干箱烘干　séchage à l'étuve
红黏土　argile latérite(latéritique,rouge)
红色灯　feux rouges
红色泥灰岩　marne irisée
红色信号灯　signaux rouges
红松木　sapin rouge
红土　latérite;sol(terre)rouge
红外线　infrarouge;rayons infrarouges
红外线辐射　radiation infrarouge
红外线探测方式　mode de détection par infrarouge
红外线轴温探测　détection par infrarouge de la température des essieux
红外线轴温探测器　détecteur par infrarouge de la température des essieux
红外线轴温探测系统　système de détection par infrarouge de température des essieux
红外线轴温探测装置　dispositif de détection par infra-rouge de température des essieux
红线　ligne rouge
宏观经济　macro-économie
宏观经济预测　prévision macroéconomique
宏观控制　macro-contrôle
虹吸管　tuyau en siphon
虹吸涵洞　aqueduc(dalot)en siphon;ponceau à siphon
虹吸口　regard siphoïde
洪泛面积　aire des inondations;aire inondée
洪泛面积　surface des inondations
洪泛平原　plaine d'inondations;plaine inondable
洪泛区　aire des inondations;aire(zone) inondée;bassin inondé;zone d'inondations; zone envahie(inondable)
洪泛区填方　remblai en zone inondable
洪峰　crue de pointe;pointe de crue
洪峰季节　saison de crues
洪峰流速　vitesse d'écoulement de crue de pointe
洪积　dépôt diluvial
洪积生土　sol brut d'inondations

洪积土　sol diluvial
洪积土层　terrain diluvien
洪涝可能性　possibilité d'inondations
洪涝面积　surface de crues
洪量　volume de crue
洪流　flux de crue
洪水波　ondes de crue
洪水冲毁　destruction par crue
洪水河槽　lit majeur
洪水警戒线　ligne de niveau d'alerte de crue
洪水径流　écoulement de crue
洪水量调查　enquête de crue
洪水流量　débit de crue
洪水频率计算　calcul de fréquence de crue
洪水期　période de crue; période des inondations
洪水曲线　courbe de crues
洪水推算　étude de progression des crues
洪水位　niveau de crue
洪水位控制　contrôle de niveau de crue
洪水位线　repère de crue; ligne de crue
洪水系数　coefficient de crue
洪水下降　décrue
洪水影响地区　zone d'influence des inondations
洪水预报　prédiction de crues
洪水预测　prévision de crues
洪水周期　fréquence de crues; période de récurrence
洪水周期计算　calcul de période de crue; calcul de tour de crue
洪水资料　document de crue

hou

后部补机　locomotive de pousse
后处理　post-traitement
后从板　plaque arrière de l'attelage
后电位　post-potentiel
后方线路所　poste de block amont
后加应力钢筋　armature post-contrainte
后加张力法　méthode de post-contrainte; méthode de post-tension
后轮胎　pneu arrière
后门　entrée postérieure
后面　face postérieure
后期承载力　post-portance
后墙　mur en retour
后桥　essieu arrière
后勤　logistique
后勤保障　approvisionnement logistique
后勤处　service de l'intendance
后勤服务　service logistique
后勤人员　personnel logistique
后倾车斗　benne basculant vers l'arrière
后视镜　arrière-guide; rétroviseur
后退　mouvement de recul
后围堰　digue arrière
后向翻斗车　basculeur arrière
后应力　post-contrainte; post-tension
后张法　méthode à post-tension; méthode de post-contrainte; méthode de post-tension; méthode de tension postérieure
后张法梁　poutre de post-tension
后张法预应力钢筋　armature post-contrainte
后张拉　post-contrainte; post-tension
后张预应力　précontrainte par post-tension
后支撑　appui arrière
后轴　essieu arrière
后转向架　bogie arrière
厚度　épaisseur
厚度差　différence d'épaisseur
厚度规　calibre d'épaisseur; jauge d'épaisseur
厚度检查　contrôle de l'épaisseur
厚度控制　contrôle de l'épaisseur
厚度调整　réglage de l'épaisseur
厚度误差　erreur de l'épaisseur
厚度允许误差　tolérance sur l'épaisseur
厚度指数　indice d'épaisseur
厚钢板　acier en tôles fortes; tôle à forte épaisseur
候车室　salle d'attente
候车厅公告牌　panneau d'affichage au bâtiment des voyageurs
候选人资料　document de candidature

hu

呼唤　appel; rappel
呼唤后鸣笛　sifflet après l'appel
呼唤应答确认制度　système de vérification de réponse de l'appel
呼叫按钮　bouton d'appel
呼叫保留　réservation d'appel
呼叫储留　mémoire d'appel
呼叫次数　nombre d'appel
呼叫等待　appel en attente
呼叫方式　mode d'appel
呼叫记录　enregistrement d'appel
呼叫检查　contrôle d'appel

呼叫建立　établissement d'appel
呼叫释放　libération d'appel
呼叫限制　limite d'appel
呼叫信号　signal d'appel
呼叫序列　série d'appel
呼叫应答方式　mode d'appel et de réponse
呼叫中断　interruption de l'appel
呼叫转移　déviation d'appel;transfert d'appel
呼吸式安全阀　valve de sécurité expiratoire
弧度　radian
弧光灯　lampe à arc
弧线　arc de cercle;ligne en arc
弧形　forme de l'arc
弧形玻璃　glace bombée
弧形拱　arc surbaissé
弧形翼缘　aile courbe
葫芦　palan
湖成泥灰岩　marne lacustre
湖积层　alluvion(formation,couche) lacustre
湖沥青　asphalte(bitume) lacustre
湖泥　vase de lac
湖泊沉积　dépôt de lacustre
湖砂　sable lacustre
虎钳　étau
互联网　Internet;réseau internet
互联网服务器　serveur de réseau d'Internet
互联网连接　connexion d'Internet
互联网路由器　routeur d'Internet
互联网通信　télécommunication par l'internet
互联网网民　internaute
互联网协议　protocole d'Internet
互联网址　site d'Internet
互通　intercommunication
互通单向连接线　bretelle unidirectionnelle d'échangeur
互通立交桥类型　type d'échangeur
互通立交桥位置图　schéma de position des échangeurs
互通立交桥位置校正　correction de position de l'échangeur
互通立交桥照明灯　réverbère de l'échangeur
互通立交设计　conception(étude) des échangeurs
互通立交施工　exécution de l'échangeur
互通立交通行能力　capacité de l'échangeur
互通立交图　dessin d'échangeur
互通立交维护　entretien des échangeurs
互通立交位置　lieu de l'échangeur
互通立交形式设计　conception(étude) de la forme des échangeurs
互通区挖方　déblai à zone d'échangeur
互通双向连接线　bretelle bidirectionnelle d'échangeur
互通位置　emplacement de l'échangeur
互相责任　responsabilité mutuelle
户籍簿　registre d'état civil
护岸工程　ouvrage riverain;protection de rives
护板　chasse-corps;contre-hausse;plaque de protection
护岔轨　rail contre-ai guille
护道　risberme
护道挡墙　banquette de voie
护堤　contre-remblai;digue de protection
护堤石笼防护　gabionnage à la digue de protection
护墩　pile de défense
护轨　bouteroue;contre-rail
护轨翼轨　patte de lièvre de contre-rail
护轨罩　carter de contre-rail
护肩路基　assiette de berme;plateforme de berme
护脚　mur de pied
护脚路基　assiette(plateforme) inférieure
护栏　barrière de protection;dispositif de retenue;garde-corps;glissière
护栏道口岗亭　guérite de garde barrière
护栏燕尾形端头　bout à queue de carpe
护轮轨　bouteroue;contre-rail;rail de sécurité
护坡　talus de protection
护坡道　berme de talus;berme
护坡工程　protection de berge(talus)
护坡片石供应　fourniture de perrés
护坡梯台　risberme
护坡梯台修整　réglage de risberme
护墙　mur de protection
护送　escorte
护条　baguette de protection
护网　grillage de protection
护照持有人　titulaire de passeport
护柱　bouteroue

hua

花岗砂砾　arène granitique
花岗石板　dalle de granit
花岗岩　granit;roche granitique
花岗岩采石场　carrière à granite
花岗岩类　famille des granites

花格板　panneau à claire-voie
花墙　claustrât
华氏温度
　　degré Fahrenheit；température de Fahrenheit
滑板　frotteur à patin
滑板座　coussinet de glissement
滑板座松动
　　relâchement de coussinet de glissement
滑车架　chevalement
滑床板　coussinet(plaque)de glissement
滑床板旷动现象
　　phénomène de lacet de coussinet
滑床板移动
　　déplacement de coussinet de glissement
滑床板与尖轨不密贴　talonnage bâillé entre le coussinet et l'aiguille
滑动　glissade；glissement；mouvement de glissement
滑动承座　appui de translation libre
滑动地带　aire de glissement
滑动方向　direction de glissement
滑动架　pont glissant
滑动减缓　abaissement de glissement
滑动件　frotteur
滑动接头　joint glissant
滑动截面　section glissante
滑动栏木　barrière à lisse
滑动面　nappe(plan，surface)de glissement
滑动模量　module de glissement
滑动摩擦　frottement de glissement
滑动摩擦力　force de friction de glissement
滑动区　zone de glissement
滑动试验　essai(test)de glissement
滑动速度　vitesse de glissement
滑动位置　position de glissement
滑动系数　coefficient de glissement
滑动现象　phénomène de glissement
滑动线　ligne de glissement
滑动向量　vecteur glissant
滑动因素　facteur de glissement
滑动栅门　barrière glissante；barrière roulante
滑动支点　appui à rouleaux；appui libre
滑动支架　appui à glissement
滑动支座　appui glissant
滑动轴承　palier à glissement
滑动轴承轴箱　boîte à coussinet
滑块　frotteur à patin
滑轮　poulie
滑面　pente(plan)de glissement

滑模　coffrage glissant
滑模板　coffrage d'extrusion
滑模混凝土挡水　bourrelet en béton extrudé
滑模混凝土隔离墩　barrière en béton extrudé
滑模机
　　machine à coffrage glissant；extrudeuse
滑模浇筑的混凝土隔离墩
　　barrière de béton extrudé
滑坡　éboulement de terrain；glissement de talus(terrain)；pente de glissement
滑坡风险　risque de glissement
滑坡观测　observation de glissement
滑坡减速　affaiblissement de glissement
滑坡阶地　terrasse de glissement
滑坡控制　contrôle de glissement
滑坡台阶　gradin(redan)de glissement
滑坡推力　poussée de glissement
滑坡位置　position de glissement de talus
滑坡整治　traitement de glissement de pentes
滑石粉　talc
滑瓦　frotteur à sabot
滑线(变阻)电桥　pont à fil
滑行　marche dérapée；marche glissante
滑行道　piste de roulement
滑行能力　capacité de descente en roue libre
滑移面　face de glissement
化粪池　fosse septique
化粪池清淤　purge de fosse septique
化粪池渗水井　puisard de fosse septique
化害为利
　　transformation de la nuisibilité en utilité
化学变化　transformation chimique
化学产品　produit chimique
化学沉淀　précipitation chimique
化学沉积　sédimentation chimique
化学成分　composition chimique
化学处理　traitement chimique
化学反应　réaction chimique
化学反应剂　produit de réaction
化学方法　procédé chimique
化学防护　protection chimique
化学分解　décomposition chimique
化学分析　analyse chimique
化学鉴定　identification chimique
化学品库　entrepôt des produits chimiques
化学实验　essai(test)chimique
化学实验室　laboratoire chimique
化学试剂　agent chimique
化学污染　pollution chimique

化学现象　phénomène chimique
化学性能　caractères(caractéristique) chimiques
化学性质　nature(propriété) chimique
化学元素　élément chimique
化学增塑剂　plastifiant chimique
化学作用　action(effet) chimique
化验单　bulletin d'analyse
化验室　laboratoire d'analyse
划定路线　ligne tracée
划分　classification；division
划分闭塞段　division de canton
划界　bordage
划界限　délimitation
划线　alignement
划线产品　produit de marquage
划线规　scribe à tracer
划线设备　engin de marquage
划线支票　chèque barré
划账付款　paiement par virement

huan

还原剂　agent réducteur
还原作用　action réductrice
环　anneau；bague
环保措施　mesures de protection de l'environnement
环保费用　frais de protection de l'environnement
环保负责人　responsable de protection de l'environnement
环保附属工作　sujétion découlant de l'environnement
环保工程　travaux de protection de l'environnement
环保计划　plan de respect de l'environnement
环保记录　registre de l'environnement
环保监理　suivi de protection de l'environnement
环保限制　contrainte liée à l'environnement
环城公路　périphérique；route périphérique
环城绿化带　ceinture verte autour de ville
环城线　ceinture
环岛　île giratoire；rond-point
环节　chaînon
环筋　nervure torique
环境　environnement
环境安全　sécurité de l'environnement
环境保护　protection(respect) de l'environnement
环境保护负责人　chargé de l'environnement
环境保护管理处　agence de protection de l'environnement
环境保护区　zone d'environnement protégé；zone de protection de l'environnement
环境保护设计　étude de protection de l'environnement
环境标准　critère environnemental；standard de l'environnement
环境参数　paramètre environnemental
环境分级　classe de l'environnement
环境负责人　responsable de l'environnement
环境跟踪　suivi environnemental
环境跟踪报告　rapport de suivi environnemental
环境工程　travaux de l'environnement
环境管理体系　système de management de l'environnement
环境规范　norme environnementale
环境规范检查　contrôle de norme environnementale
环境监测　surveillance de l'environnement
环境监测计划　plan de surveillance de l'environnement
环境监测系统　système de surveillance(détection) de l'environnement
环境监管　supervision de l'environnement
环境监管人员　surveillant de l'environnement
环境兼容　intégration de l'environnement
环境检查　contrôle environnemental
环境检测　détection de l'environnement
环境检测器　détecteur de l'environnement
环境景观　paysage de l'environnement
环境立法　législation de l'environnement
环境绿化　reboisement de l'environnement
环境评估　évaluation de l'environnement
环境评估报告　rapport d'évaluation de l'environnement
环境破坏　destruction de l'environnement
环境区　aire de l'environnement
环境容量　capacité de l'environnement
环境事故　accident environnemental
环境数据　données environnementales
环境数据收集　collecte des données environnementales
环境特征　caractéristique de l'environnement

环境条件　condition de l'environnement
环境调查　enquête de l'environnement
环境卫生　hygiène de l'environnement
环境温度　température ambiante
环境温度　température environnementale
环境污染　pollution de l'environnement
环境污染控制
　　contrôle de pollution de l'environnement
环境系统工程
　　travaux systématiques de l'environnement
环境要求　exigence environnementale
环境因素　facteur de l'environnement
环境影响　impact(influence) de
　　l'environnement; répercussion sur
　　l'environnement
环境影响设计　conception(étude) d'impact
　　sur l'environnement
环境预测　prévision de l'environnement
环境噪声　bruit ambiant
环境噪声测试　test de bruit ambiant
环境诊断　diagnostic environnemental
环境制约　contrainte environnementale
环境质量　qualité de l'environnement
环境质量标准
　　norme de qualité environnementale
环境专家　expert environnemental
环境资料　document sur l'environnement
环路　route circulaire; circuit
环评文件
　　document d'appréciation de l'environnement
环绕物　ceinture
环式系统　système concentrique
环卫清粪车　camion de fosse d'aisance;
　　camion de vidange
环线　ligne périphérique; voie circulaire
环线工程　travaux de ligne périphérique
环线折返隧道
　　tunnel de rebroussement; tunnel de retour
环线周长
　　périmètre de ligne périphérique
环向棱角　angularité circonférentielle
环向应力　contrainte circulaire
环行公路　route annulaire
环行隧道　tunnel circulaire
环行线　ligne(voie) de ceinture
环形道　piste circulaire
环形钢筋　cerce
环形公路　route de ceinture
环形拱　arc en couronne; voûte annulaire

环形管网　réseau de ceinture
环形互通　échangeur giratoire
环形交叉　croisement en anneau; intersection
　　à niveaux en anneau; intersection giratoire
环形(转盘式)交叉　carrefour giratoire
环形交通　circulation giratoire
环形交通方向　sens giratoire
环形筋　armature en cercle
环形立体交叉　croisement à niveaux
　　en anneau
环形密封圈　joint annulaire
环形排水沟　drain(fossé) annulaire;
　　drain circulaire
环形排水系统　drainage annulaire
环形渠　aqueduc de ceinture
环形枢纽　nœud circulaire
环形(城)铁路　chemin de fer de ceinture
环形通道　passage circulaire
环形线路　ligne circulaire
环形悬挂　suspension bouclée
环形翼缘　aile annulaire
环形匝道　route d'accès circulaire
环形支架　soutènement(support) annulaire
环氧化物　époxyde
环氧树脂　époxy; résine époxyde
环氧树脂砂浆　mortier de résine époxydique
环状管路系统　tuyauterie en boucle
环钻操作　opération de trépannage
缓冲车钩　attelage à tampon
缓冲地带　zone-tampon
缓冲力矩　moment d'amortissement
缓冲面
　　face d'amortissement; face tampon
缓冲盘　plateau de tampon
缓冲器　tampon de choc
缓冲作用　action de tampon; effet
　　d'amortissement
缓动继电器　relais à action atténuée
缓和切线　tangente transitoire
缓和曲线　courbe atténuée; courbe de raccord;
　　courbure d'ajustement
缓和曲线长度
　　longueur de courbe de raccordement
缓和曲线段　section de courbe atténuée
缓和曲线路段
　　tronçon de courbe de raccord
缓和曲线起点
　　point de départ de courbe de raccord
缓解　desserrage

缓解车钩　desserrage d'attelage
缓解机车制动
　　desserrage de frein de locomotive
缓解缆索紧固器
　　desserrage de tendeur de hauban
缓解停车　arrêt en desserrage
缓解信号　signal de détente
缓解制动　desserrage de frein
缓解装置　désenrayeur
缓慢沉降　affaissement tardif
缓凝石膏浆　plâtre à prise lente
缓凝水泥　ciment à durcissement lent; ciment à prise lente
缓凝性黏结料　liant à prise lente
缓坡　pente atténuée; pente(rampe) douce
缓期支付　moratoire
缓倾斜　pendage faible
缓速进站　entrée en gare à vitesse lente
缓速器　décélérateur
换乘方式　mode de changement de train
换乘节点　nœud de changement de train
换乘牵引　changement de traction
换乘站　gare de correspondances
换乘中心　centre de transit
换电池　remplacement de batteries
换轨　remplacement de rails
换轨工程　travaux de changement de rails; travaux de remplacement des rails
换轨进度　avancement de changement de rails
换轨施工　exécution de changement de rail
换机头　échange de locomotive
换件检修　réparation en échange des pièces
换件修　révision avec changement de pièces
换流器　onduleur
换气　échange d'air; extraction d'air
换热器　échangeur thermique
换算　conversion
换算表　barème; tableau de conversion
换算负载　charge de conversion
换算公式　formule de conversion
换算厚度　épaisseur équivalente
换算交通量　trafic équivalent
换算系数　coefficient d'équivalence
换算因素　facteur d'équivalence
换算张力　tension de conversion
换填　remblai de substitution
换填材料
　　matériaux de remblais de substitution
换填处理
　　traitement de remblai de substitution
换土
　　sol rapporté(remplacé); substitution de sol
换土处理　traitement du sol remplacé
换土挖方　déblai de purge
换向　changement de sens
换向操作
　　manœuvre pour changement de direction
换向器
　　appareil d'inversion du sens de marche
换砟　remplacement de ballast
换枕　remplacement de traverse
换置处理　traitement de substitution
换装场　chantier de transbordement
换装货物　marchandise de transbordement
换装站　station de transbordement
换装站台　quai de transbordement

huang

荒地　terrain inculte; terrain vague
荒废铁路　voie ferrée abandonnée
荒漠　désert
荒漠砾石　cailloutis de reg
荒漠治理　traitement de désert
黄灯　feux jaunes
黄色黏土　terre(argile) jaune
黄色信号灯　signaux jaunes
黄砂　sable fauve(jaune)
黄铜　cuivre jaune
黄土　lehm; lœss; sol de lœss; sol jaune; lœss marneux(argileux, silicatisé)
黄土地区　région(zone) lœssique
黄土高原　plateau de lœss
晃动强度　intensité d'agitation

hui

灰场　dépôt de cendres
灰尘扩散　dispersion de poussière
灰缝　joint de laitier
灰含量　teneur en cendres
灰浆　coulis; gâchis
灰浆搅拌机　malaxeur de coulis
灰浆砂　sable à mortier
灰烬　cendre
灰流　avalanche de cendres
灰砂岩　grès gris
灰砂砖　brique silico-calcaire
灰石层　banc calcaire

灰岩　calcaire lithographique
灰渣　scorie
灰质细砾石　gravillon calcaire
灰质黏土板岩　ardoise argileuse calcaire
挥发清漆　vernis à l'alcool
恢复　remise; reprise; rétablissement
恢复程序　procédure de rétablissement
恢复道床弹性
　　rétablissement de l'élasticité de voie
恢复改造项目　projet de réhabilitation
恢复工程　travaux de mise en état;
　　travaux de rétablissement
恢复进度　avancement de rétablissement
恢复设计　étude de rétablissement
恢复施工　reprise de travaux
恢复时间　durée(temps) de rétablissement
恢复原状　remise en état initial
恢复运行　rétablissement de circulation
恢复运营　rétablissement de l'exploitation
恢复运转　remise en marche
恢复植被
　　remise(rétablissement) de végétations
恢复秩序　remise en ordre
辉绿岩　diabase
回采工作面　front d'abattage
回采损失　perte d'abattage
回采台车　jumbo d'abattage
回程　retour de trajet
回程日期　date de retour
回段　retour au dépôt
回风　retour d'air
回风井　puits de retour d'air
回购价　prix de rachat
回廊　galerie circulaire; galerie tournante
回流管道　canalisation de retour
回流泥浆　boue de retour; boue recyclée
回流污泥池　collecteur de boues de retour
回流线　fil de retour
回路电缆　câble de retour
回声定位　écholocation
回声勘定器　échomètre
回声探测　sondage par échos; sondage sonore
回声探测法　sondage acoustique
回声探测器　sondeur acoustique; échosondeur
回收　récupération; recyclage
回收池　bassin de récupération
回收率　pourcentage(taux) de récupération
回收套管灌注桩　pieu à chemise récupérée;
　　pieu à fourreau récupérée

回收装置　dispositif de récupération
回水　eau de retour; retour d'eau
回弹　résilience
回弹方法　méthode par rebondissement
回弹模量　module de résilience
回弹曲线
　　courbe(courbure) de rebondissement
回弹式减振器　amortisseur rebondissant
回弹系数　coefficient de rebondissement;
　　coefficient de résilience
回弹仪　résiliomètre; sclèromètre
回弹应力　contrainte de rebondissement
回弹指数　indice de rebondissement
回弹指数测定
　　détermination de l'indice de rebondissement
回填　mise en remblai
回填层　couche de remblais
回填场地　terrain rapporté; terrain remblayé
回填地基处理
　　traitement de l'assise de remblai
回填高度　niveau de remblai
回填高度控制　contrôle de niveau de remblai
回填工作面　chantier en remblayage
回填夯具　pilon de remblai
回填夯实　remblai damé
回填基层　assise de remblai
回填进度　avancement de mise en remblai;
　　avancement de remblai
回填矿渣　remblai de scorie
回填利用　réutilisation en remblai
回填砾石　remblai en gravier
回填路基　assiette(plateforme) remblayée
回填路基表面处理
　　traitement de surface d'assise des remblais
回填区
　　zone de remblayage; zone remblayée
回填砂　remblai en sable
回填土　sol de remblai; sol remblayé
回填土夯　dame pour remblai
回填最后修整　réglage final de remblais
回线勘探　prospection par spire
回旋　giration
回旋缓和曲线　courbe de transition
回旋钻井　forage de puits à rotation
回执　accusé; accusé de réception
回转　giration
回转半径
　　rayon de giration; rayon de pivotement
回转冲击钻机　foreuse roto-percutante

回转冲击钻进　forage roto-percutant
回转斗式装载机
　　machine chargeuse à godet tournant
回转扣件　attache de refoulement
回转曲线　clothoïde
回转射流钻进
　　forage rotatif avec injection d'air
回转式升降台　pont élévateur rotatif
回转式挖土机　pelle tournante
回转线　voie de retournement
回转压实度　compacité à giration
回转钻进　forage à rotation; forage par rotary
毁坏　destruction; ruine
毁损赔偿要求　réclamation pour avarie
汇报　compte-rendu
汇编　répertoire
汇合处　confluence
汇合堤坝　digue convergente
汇集　confluence
汇集区　bassin de cueillage
汇聚路段　section de convergence
汇流　collection d'eau; entonnement
汇流标志　signe de convergence
汇流阴井　regard de jonction
汇率变更　variation de change
汇率波动　fluctuation de taux de change
汇率差别　différence de change
汇票　lettre de change
汇票贴现　escompte des traites
汇入到车流　insertion dans la circulation
汇入流量　débit versant
汇水　collection d'eau; entonnement
汇水井　puisard
汇水面积　aire (bassin) d'alimentation;
　　superficie de bassin tributaire; superficie de bassin versant; surface versante
汇水面流量　débit de bassin versant
汇水盆地　bassin versant
汇水区　bassin hydraulique
汇水设计
　　conception (étude) de bassins versants
汇线入口　gorge de voies
汇总　récapitulation
汇总表　récapitulatif; tableau récapitulatif
会车　croisement; croisement des véhicules;
　　entrecroisement des trains
会车道　refuge de croisement
会车风吸效应
　　effet d'attraction de croisement des trains
会车速度　vitesse de rencontre des deux trains
会车线
　　ligne (voie) d'entrecroisement des trains
会车压力波　ondes de compression
　　d'entrecroisement des trains
会合　rencontre
会让　évitement
会让线　voie d'évitement de train
会让站　gare d'évitement
会议　réunion; séance
会议筹备　organisation de réunion
会议记录　procès-verbal de séance
会议纪要
　　procès-verbal; procès-verbal de réunion
会议间休息　pause de réunion
会议日程安排　ordre du jour de réunion
会议室　salle de conférences; salle de réunions
绘图　graphisme
绘图费　frais de rédaction des plans
绘图室　salle de dessins
绘图员　dessinateur
绘图纸　papier à dessin
绘制几何　géométrie descriptive
绘制图纸　élaboration des plans

hun

混合　mélange
混合比　rapport de mélange
混合比例　proportion de mélange
混合车流　flux mixte
混合池　bassin de mélange
混合方式　type de mélange
混合拱　arc mixte
混合构造　construction mixte
混合硅酸盐水泥
　　ciment Portland avec constituants secondaires
混合荷载　charge combinée
混合基层　base mixte
混合基础　base mixte
混合集料　agrégat combiné (composé, mixte); mélange de granulation
混合交通道路　route mixte
混合交通量　trafic mixte
混合结构
　　construction combinée; structure mixte
混合结构桥　pont à ossature mixte
混合梁　poutre mixte
混合梁计算曲线
　　diagramme pour calcul des poutres mixtes

混合料　matériau mélangé
混合料成分　composition de mélange
混合料检查　contrôle de mélange
混合料均匀度
　　degré d'homogénéité du mélange
混合料粒径　granularité de mélange
混合料配合比
　　dosage de mélange; proportion des constituants du mélange
混合料铺面层　revêtement enrobé
混合料体积比
　　dosage de mélange en volume
混合料重量比　dosage de mélange en poids
混合黏着力机车
　　locomotive à adhérence mixte
混合配料公式　formule de mélange
混合牵引方式　mode de traction mixte
混合桥面　tablier mixte
混合砂浆
　　laitier(mortier) composé; mortier bâtard
混合时间　durée de mélange
混合式压路机　rouleau mixte
混合式柱型　ordre composite de colonnes
混合枢纽　nœud combiné; nœud mixte
混合水泥　ciment mixte
混合土　sol mélangé
混合物　mélange
混合物成分　éléments de mélange
混合线　ligne mixte
混合岩　roche mixte
混合运输　transport mixte
混合炸药　mélange explosif
混合站　gare mixte
混合支柱　soutènement mixte
混合柱　colonne composée(composite)
混乱　désordre
混凝池　bassin de coagulation; bassin de floculation
混凝土　béton
混凝土矮墙　muret en béton
混凝土坝　barrage en béton
混凝土板　planche en béton
混凝土板桥　pont à dalle de béton
混凝土板桩　palplanche en béton
混凝土板桩墙　écran en palplanches en béton; rideau de palplanches en béton
混凝土拌和(料)　mélange de béton
混凝土拌和机　mélangeur de béton
混凝土拌和楼　tour de béton

混凝土拌和站
　　centrale à béton; centrale de bétonnage
混凝土保护层
　　béton d'enrobage; béton de protection
混凝土泵车　camion de pompe à béton
混凝土表面处治　surfaçage de béton
混凝土表面浮浆　ressuage de béton
混凝土不间断浇筑　bétonnage continu
混凝土测试仪器　appareil d'essai pour béton
混凝土拆模　décoffrage de béton
混凝土厂　usine à béton
混凝土场地　aire en béton
混凝土超声波振动检测
　　auscultation vibratoire de béton
混凝土沉井　puits foncé en béton
混凝土衬砌方量
　　volume de béton de revêtement
混凝土衬砌模板　coffrage de béton de revêtement; coffrage de revêtement en béton
混凝土成分　composants(composition) de béton; éléments constitutifs de béton
混凝土成分及最佳配比试验
　　test de composition et de résistance optimale de béton
混凝土成分试验
　　essai(test) de composition de béton
混凝土充填　bourrage au béton
混凝土初凝　début de prise de béton
混凝土促凝添加剂
　　adjuvant accélérateur de prise
混凝土挡土墙　mur de soutènement en béton
混凝土道床　lit de ballast en béton; lit de béton; plateforme bétonnée
混凝土道路　route en béton
混凝土底板　assise de béton; radier bétonné; radier en béton
混凝土底板鼓起
　　soulèvement de plancher en béton
混凝土底座　soubassement en béton
混凝土电缆沟
　　caniveau de câbles en béton
混凝土垫层　forme(semelle) en béton
混凝土垫块　cale en béton
混凝土动力技术检测
　　auscultation dynamique de béton
混凝土墩　butée en béton
混凝土二次衬砌
　　revêtement définitif en béton
混凝土方量　cubage(volume) de béton

混凝土防护设施
 dispositif de retenue en béton
混凝土盖板 couvercle en béton
混凝土干缩 retrait de dessiccation du béton
混凝土钢筋 acier à béton; armature de béton
混凝土隔离墩
 barrière de béton; séparateur en béton
混凝土工 bétonneur
混凝土工程 ouvrage (travaux) en béton
混凝土工程强度
 résistance des ouvrages en béton
混凝土拱 arc en béton
混凝土拱墩 butée (sommier) en béton
混凝土构件厂
 usine d'éléments préfabriqués en béton armé
混凝土骨料
 agrégat à béton; granulats de béton
混凝土骨料级配 composition granulaire du béton; granulométrie de sables et graviers; granulométrie des agrégats
混凝土管 tube (tuyau) en béton
混凝土管环 anneau de béton
混凝土管座 lit de pose en béton
混凝土灌注设备
 installations de coulage de béton
混凝土灌注桩 pieu en béton moulé
混凝土罐车 camion-toupie
混凝土规范 spécifications de béton
混凝土轨枕 traverse en béton
混凝土轨枕断裂 rupture de traverse en béton
混凝土轨枕机 pondeuse
混凝土轨枕机模具 moule de pondeuse
混凝土轨枕块 blochet en béton
混凝土轨枕蒸汽养护机 machine à vapeur de cure de traverse en béton
混凝土涵洞 ponceau en béton
混凝土和易性 maniabilité de béton
混凝土厚度 épaisseur de béton
混凝土护栏 glissières en béton
混凝土护面 masque en béton
混凝土滑槽输送塔
 tour de coulage pour béton
混凝土灰斗 benne à béton
混凝土回弹仪 scléromètre pour béton
混凝土机拌和筒 tambour de bétonnière
混凝土机械 machine de bétonnage
混凝土基础 radier de béton
混凝土基底 lit de béton
混凝土基座 socle bétonné; socle en béton

混凝土集水管 collecteur en béton
混凝土集中搅拌站 station centrale de béton
混凝土间断浇筑 coulage discontinu de béton
混凝土检查井盖板
 couvercle de regard en béton armé
混凝土浆 coulis de béton
混凝土浇筑
 coulée de béton; coulage de béton
混凝土浇筑方法 méthode de bétonnage
混凝土浇筑工程 travaux de bétonnage
混凝土浇筑机 bétonneuse
混凝土浇筑接口面清理
 nettoyage de l'interface de coulage de béton
混凝土浇筑面 section de bétonnage
混凝土浇筑前预张钢索
 câble adhérent tendu avant le bétonnage
混凝土浇筑全套设备
 ensemble complet pour bétonnage
混凝土浇筑设备
 équipement (matériel, moyens) de bétonnage
混凝土浇筑时间 temps de bétonnage
混凝土浇筑数量 quantité de bétonnage
混凝土浇筑小组 équipe de bétonnage
混凝土铰接承座 articulation en béton
混凝土搅拌 malaxage de béton
混凝土搅拌车 camion mélangeur
混凝土搅拌机 agitateur de béton; bétonnière; malaxeur à béton
混凝土搅拌设备安装
 installation de bétonnage
混凝土搅拌设施安装
 installation de centrale à béton
混凝土搅拌运输车 camion avec malaxeur
混凝土搅拌站
 station à béton; station de bétonnage
混凝土搅拌站配套设备
 accessoires de centrale de béton
混凝土搅拌站平面布置图
 plan de centrale de béton
混凝土搅拌站位置
 emplacement de centrale à béton
混凝土接缝切割机 coupe-joint
混凝土结构 construction (structure) en béton
混凝土结构计算
 calcul de construction en béton
混凝土截头 recépage de béton
混凝土井 puits en béton
混凝土井盖 tampon en béton
混凝土井圈 cercle de puits en béton

混凝土锯　scie à béton
混凝土开裂　fissure de béton
混凝土颗粒度　granularité de béton
混凝土孔隙率　porosité de béton
混凝土块护坡　perré en bloc de béton
混凝土块基础　fondation en bloc de béton
混凝土块砌壁　revêtement en claveau
混凝土老化　vieillissement de béton
混凝土离析　ségrégation de béton
混凝土立方块(强度)试验
　　test sur cube de ciment
混凝土立方试块抗压强度
　　résistance à la compression de cube d'essai
混凝土砾石　gravier à béton
混凝土连续梁　poutre continue en béton
混凝土梁　poutre en béton
混凝土临时隔离墩
　　séparateur provisoire en béton
混凝土龄期　âge de béton
混凝土溜槽　chute de béton
混凝土流塑性　fluidité de béton
混凝土漏斗　trémie en béton
混凝土漏斗导流板
　　déflecteur de trémie en béton
混凝土路肩　accotement en béton
混凝土路面　pavé en béton
混凝土路面板　dalle de chaussée en béton
混凝土路面工程列车
　　train à béton; train de bétonnage
混凝土路沿挡水　banquette en béton
混凝土路缘石　bordure en béton
混凝土密实性　compacité de béton
混凝土面层
　　chape en béton; revêtement bétonné;
　　revêtement de béton
混凝土磨耗层　couche d'usure en béton
混凝土模板　coffrage à béton; coffrage
　　de béton
混凝土模板油　huile à moule de béton
混凝土凝固　prise de béton
混凝土凝固时间　temps de prise de béton
混凝土排水沟　caniveau(fossé) bétonné;
　　cunette(fossé) en béton
混凝土排水口　corniche en béton
混凝土配方　convenance de béton
混凝土配方设计
　　étude de composition du béton
混凝土配合比　formulation de béton
混凝土配量　dosage de béton

混凝土喷射工程
　　travaux de projection du béton
混凝土喷射机　machine d'injection de béton
混凝土膨胀　gonflement de béton
混凝土疲劳　fatigue de béton
混凝土破碎锤　brise-béton; marteau à béton;
　　marteau brise-béton
混凝土破碎机　briseur de béton
混凝土铺路面　dallage de béton
混凝土铺面　revêtement en béton
混凝土铺筑机　machine à bétonner
混凝土砌层　assise de béton
混凝土砌块
　　aggloméré; aggloméré de béton; bloc de béton
混凝土强度　résistance de béton
混凝土强度等级　classe de résistance
de béton; classe de béton; marque de béton
混凝土墙壁　paroi en béton armé
混凝土桥　pont en béton
混凝土桥面　tablier en béton
混凝土桥台　aboutement(culée) en béton
混凝土取样　éprouvette de béton
混凝土设备　équipement(moyens) de béton
混凝土设计　étude de béton
混凝土生产车间
　　atelier de fabrication du béton
混凝土施工　exécution de béton
混凝土施工缝　joint(reprise) de bétonnage
混凝土施工工地　chantier de bétonnage
混凝土施工工艺　technologie de bétonnage
混凝土施工机械　engin de bétonnage
混凝土施工计划　programme de bétonnage
混凝土实验室　laboratoire de béton
混凝土试件　échantillon de béton
混凝土试块　éprouvette
混凝土试块加压破碎试验
　　essai d'écrasement des éprouvettes de
　　béton par compression
混凝土试块加压破碎试验　test d'écrasement
　　des éprouvettes de béton par compression
混凝土试块压碎
　　écrasement d'éprouvette de béton
混凝土试块制作　confection d'éprouvettes
混凝土试验　essai(test) de béton
混凝土试验压力机
　　presse à béton pour les essais de compression
混凝土试样保存
　　conservation des éprouvettes
混凝土收缩　contraction(retrait) de béton

混凝土收缩力　force de retrait de béton
混凝土收缩作用　action de retrait du béton
混凝土输送泵　pompe à béton
混凝土塑流　écoulement plastique de béton
混凝土碎片　débris de béton
混凝土隧道　tunnel plein cintre en béton
混凝土塔　tour en béton armé
混凝土台基　massif bétonné; massif de béton
混凝土坍落度测定
　　mesure d'affaissement au cône d'Abrams
混凝土坍落度试验　essai(test) de cône
　　d'Abrams; essai d'affaissement au cône
混凝土摊铺机　bétonnière mobile; bétonnière
　　motorisée; chariot répartiteur(distributeur,
　　étaleur, répandeuse, répartiteur) de béton
混凝土提升机　monte-charge à béton
混凝土提升塔　tour élévatrice à béton
混凝土添加剂　adjuvant de béton; adjuvant
　　pour béton; produit d'addition du béton
混凝土添加料　additif de béton
混凝土填方　remblai en béton
混凝土填塞管柱　colonne en tube bétonnée
混凝土温度　température de béton
混凝土握力　force de serrage de béton
混凝土圬工　maçonnerie de béton
混凝土下水道　égout en béton
混凝土修整机　finisseuse de béton
混凝土徐变　fluage de béton
混凝土徐变作用　action de fluage du béton
混凝土悬臂浇筑　bétonnage à cantilever
混凝土压顶　chaperon en béton
混凝土压顶圈梁
　　poutre de couronnement en béton armé
混凝土掩体　abri bétonné
混凝土养护　conservation(cure) de béton
混凝土养护薄膜　chape(membrane) anti-
　　évaporante; membrane de conservation
混凝土养护程序
　　procédé de conservation de béton
混凝土养护期　période de cure de béton
混凝土养护温度
　　température de conservation de béton
混凝土应力　contrainte de béton
混凝土硬化　endurcissement de béton
混凝土用砂　sable à béton
混凝土预制厂　usine à béton préfabriqué
混凝土预制工地
　　chantier de béton préfabriqué
混凝土预制构件桥　pont en béton constitué

　　d'éléments préfabriqués
混凝土预制件工地　chantier de bétonnage des
　　éléments préfabriqués
混凝土预制块模具　moule de blocs en béton;
　　moule des agglomérés en béton
混凝土圆管　tuyau circulaire en béton
混凝土圆管供应
　　fourniture de canalisation circulaire en béton
混凝土圆管涵　buse en béton
混凝土运输　transport de béton
混凝土运输车　camion-malaxeur
混凝土运输路途中搅拌
　　malaxage de béton en route de transport
混凝土运至现场
　　amenée à pied d'œuvre de béton
混凝土增强剂
　　produit améliorant la résistance du béton
混凝土增塑剂　plastifiant de béton
混凝土振捣　vibrage(vibration) de béton
混凝土振捣棒　vibrateur de béton
混凝土振捣器　pervibrateur; pervibreur
混凝土振动压实器　dame vibreuse
混凝土蒸汽养护　étuvage de béton
混凝土支柱　soutènement en béton
混凝土制成品　produit en béton manufacturé
混凝土制块　béton aggloméré
混凝土制作　fabrication de béton
混凝土质量　qualité de béton
混凝土中心拌和站　poste central
混凝土重力坝　barrage-poids en béton
混凝土柱　mât en béton; poteau en béton
混凝土桩　pieu en béton
混凝土桩基　fondation en pieux de béton
混凝土最佳配比试验
　　test de résistance optimale de béton
混运线　ligne mixte
混杂物　impureté
混杂岩　roche de mélange

huo

活动坝　barrage mobile
活动扳手　clé à molette
活动板式压路机　rouleau à plaques
活动部分　partie mobile
活动部件　pièce mobile
活动层　couche mouvante
活动岔心　cœur d'aiguille mobile
活动车顶棚车　wagon à toit coulissant
活动道岔　aiguille mobile; sauterelle

活动吊车渡桥　pont transbordeur
活动断裂　faille active
活动范围　champ(rayon)de l'activité
活动负载　effort mobile
活动格筛　crible à grilles mobile
活动隔墙　cloison(paroi)amovible;cloison démontable(mobile)
活动轨　rail mobile
活动角尺　chanterelle
活动联轴节　accouplement articulé
活动模板　coffrage mobile
活动桥　pont mobile
活动区　région(zone)active
活动式车顶货车　wagon à toit mobile
活动式支架　soutènement mobile
活动塔架　pylône mobile
活动心轨道岔　cœur d'aiguille mobile
活动支架　support mobile
活动支座　appui libre(mobile)
活化池　bassin d'activation
活化剂　agent actif(activateur)
活镜水准仪　niveau à lunette réversible
活力　force vive
活力下降　abaissement de l'activité
活门　porte de trappe;trappe
活期账户　compte courant
活塞　piston
活塞泵　pompe à piston
活塞杆　tige de piston;cylindre à piston
活塞行程　course(parcours)de piston
活塞环　segment de piston
活塞减振器　amortisseur à piston
活塞式取土器　sonde à piston
活塞制动缸　cylindre de frein à piston
活性　activité
活性分析　analyse d'activation
活性水　eau active
活性炭　charbon actif(activé)
活性土　sol actif
活性污泥　boue activée;vase active
活性污泥池　bassin de boue activée
活性污泥法　procédé de boues actives
活性污泥膨胀　gonflement de boue activée
活性黏土　argile active
活性指数　indice d'activité
活载　poids mobile
活载应力计算　calcul de contrainte de charge mobile
火车渡轮　bac transbordeur

火车发车间隔　intervalle du départ des trains
火车间隔　intervalle des trains
火车鸣笛　sifflet de train
火车模型　modèle de train
火车碰撞　collision des trains
火车碰撞地点　lieu de collision des trains
火车碰撞原因　cause de collision des trains
火车票　billet de train
火车时刻表　horaire des trains;tableau horaire
火车司机　chauffeur de locomotive
火车司机室　cabine de mécanicien
火车脱轨　déraillement du train
火车脱轨地点　lieu de déraillement du train
火车弯道脱轨　déraillement du train en courbe
火车运行图　grille d'horaires de trains
火车站　gare;gare de chemin de fer
火车站候车大厅　hall de gare
火车撞车　télescopage;télescopage des trains
火成岩　roche d'épanchement;roche éruptive(ignée,pyrogène)
火成岩集料　agrégat volcanique
火警　alarme d'incendie
火警装置　installations d'alerte au feu
火力发电厂　centrale thermique
火山带　zone volcanique
火山地貌　paysage volcanique
火山湖　lac d'origine volcanique
火山灰　cendre;cendres volcaniques;pouzzolane;pouzzolane(scorie)volcanique
火山灰覆盖层　manteau de cendre
火山灰混凝土　béton de pouzzolane;béton volcanique
火山灰水泥　ciment aux cendres(pouzzolanes);ciment de trass;ciment volcanique(pouzzolanique)
火山口湖　lac de cratère
火山砾　lapilli;gravier volcanique
火山黏土　argile volcanique
火山凝灰岩　cinérite;pouzzolane en pierre;roche pyroclastique;tuf éruptif(volcanique)
火山熔岩流　coulée volcanique
火山砂　sable volcanique
火山岩　roche volcanique;vulcanite
火山岩渣　scorie volcanique
火山渣凝灰岩　tuf à scories
火险保单　police d'assurance contre l'incendie
火药　poudre

火灾　incendie
火灾安全监控系统　système de mise en sécurité d'incendie(SMSI)
火灾保险　assurance contre l'incendie
火灾保险单　police Incendie
火灾报警钮　bouton d'alarme de l'incendie
火灾处理　traitement de l'incendie
火灾风险　risque d'incendie
火灾监测系统　système de détection d'incendie
火灾检测　détection d'incendie
火灾检测装置　dispositif de détection d'incendie
火灾损失　dommage d'incendie
火灾探测子系统　sous-système de détection d'incendie
火灾原因　cause d'incendie
火灾自动报警系统　système automatique d'alarme d'incendie
货币　monnaie
货币贬值　avilissement de monnaie
货币单位　unité monétaire
货币兑换处　bureau de change
货币市场　marché monétaire
货币转换　conversion de monnaie
货币资金　actif monétaire
货场　chantier de marchandises
货场线　voie de chantier de marchandises
货场线宽度　largeur de voie de chantier de marchandises
货场照明　éclairage de chantier de marchandises
货场装/卸车台　plateforme de chargement/déchargement
货车　convoi de marchandises;wagon à marchandises;wagon de marchandises;wagon-marchandises
货车安全技术一般规定　dispositions générales des technologies de sécurité des wagons de marchandises
货车编组　classification de wagons fret;composition(formation)de wagons fret
货车标识　marque de wagon de marchandises
货车侧门　porte latérale du wagon
货车车辆拴接点　point d'attache de wagon de marchandises
货车车辆组合　combinaison des wagons à marchandises
货车车体　caisse(carrosserie)de wagon marchandises
货车大节点追踪系统　système de suivi de nœuds des trains de marchandises
货车挡板　paroi de wagon
货车地板　plancher de wagon
货车地磅　bascule à wagons;pont-bascule à wagons
货车端门　porte d'extrémité de wagon
货车发车间隔　intervalle d'expédition des trains de marchandises;intervalle d'expédition des trains fret
货车翻车卸货　déversement de déchargement
货车类型　type de wagon de marchandises
货车列　rame des wagons de marchandises
货车配置数量　nombre de trains de marchandises affectés au service
货车上作用式车钩　attelage(crochet)à l'opération en haut du train des marchandises
货车手制动机　frein à main de wagon de marchandises
货车甩挂　dételage des wagons de marchandises
货车速度　vitesse de train de marchandises
货车统一编组　formation de wagons unifiés
货车需求　demande de wagons
货车押运间　cabine d'escorte de wagon fret
货车制动系统　système de freinage de wagon marchandises
货车轴　essieu de wagon de marchandises
货车转向架　bogie de train de marchandises
货车装卸　chargement/déchargement des wagons de marchandises
货车追踪　suivi des trains de marchandises
货库　hangar à marchandises
货列对　paire de trains de marchandises
货流　flux de marchandises
货流变化　variation de flux de marchandises
货流量　débit de marchandises;volume de flux de marchandises
货流量计算　calcul de flux de fret;calcul de flux des marchandises
货流调查　enquête de flux de marchandises
货流统计　statistique de flux des marchandises
货流下降　abaissement de flux de marchandises
货流压力　pression de flux de marchandises
货棚　hangar

货物安息角　angle de repos de marchandises
货物保单　police d'assurance sur les marchandises
货物保险　assurance de marchandises
货物保险证明书　lettre d'assurance de marchandises
货物敞车　wagon ouvert à marchandises
货物超载　surcharge de marchandises
货物代理人　agent transitaire
货物倒装时间　temps de transbordement des marchandises
货物倒装作业站台　plateforme de transbordement
货物丢失赔偿要求　réclamation pour manquant
货物堆场　champ(place) de dépôt des marchandises
货物堆场面积　surface de champ de dépôt de marchandises
货物堆场位置　position de champ de dépôt de marchandises
货物堆场照明　éclairage de champ de dépôt des marchandises
货物堆积　accumulation de marchandises
货物分类　classification de marchandises
货物固定装置　dispositif de fixation de marchandises
货物过境税　taxe de transit des marchandises
货物换转站　gare de transbordement
货物积存　stagnation de marchandises
货物集装箱　conteneur à marchandises
货物交接　livraison de marchandises
货物列车　train de marchandises; train express de marchandises
货物列车公里　train-kilomètre de marchandises
货物流量　afflux de marchandises
货物流量增加　augmentation d'afflux de marchandises
货物流通　mouvement de marchandises
货物码头　quai à marchandises
货物目的地　destination de marchandises
货物棚车　wagon à marchandises couvert(fermé)
货物批号　numéro d'expédition
货物品名表　nomenclature des marchandises
货物清关　dédouanement de marchandises
货物升降机　monte-charge
货物数量核对　vérification de quantité des marchandises
货物体积　volume de marchandise
货物托板　palette de marchandise
货物验收　réception de marchandise
货物运价　tarif de transport de marchandises
货物运输管理系统　système de gestion du transport de marchandises
货物运输国际协定　Accord international de transport de marchandises
货物运输量　volume de fret(marchandises)
货物运输量调查　enquête de volume du transport des marchandises
货物运输限制　restriction de transport de marchandises
货物站房　hall de marchandises
货物站台　quai à marchandises
货物中转　transbordement; transit de marchandises
货物周转　rotation de marchandises
货物转运设备　installations de transbordement
货物转运站　station de transbordement
货物转装　transbordement de marchandises
货物装车通告　avis d'embarquement des marchandises
货物装卸计划　programme de chargement/déchargement de marchandises
货物装卸监视　surveillance de chargement/déchargement de marchandises
货物装载限界　gabarit de chargement de marchandises
货物装载限制　restriction de chargement de marchandises
货物组合　combinaison des marchandises
货运　trafic de marchandises; transport de marchandises(fret)
货运安全　sécurité de transport des marchandises
货运车辆　véhicule à marchandises
货运代理　agent de transport de marchandises; transitaire; agent transitaire
货运调度　régulation de transport de marchandises
货运调度员　régulateur de transport des marchandises
货运段　dépôt de transport des marchandises

货运干线　ligne principale de marchandises
货运干线改造　renouvellement de ligne principale de marchandises
货运高峰期　période pointe du transport des marchandises
货运机车　locomotive à marchandises
货运机车交路　itinéraire d'acheminement de locomotive des marchandises
货运机车牵引　traction de locomotive à marchandises
货运机车日产量　rendement journalier de locomotive fret
货运量　volume de transport des marchandises
货运量饱和　saturation de quantité du transport de marchandises
货运量不足　insuffisance de volume du transport des marchandises
货运量计算　calcul de volume de transport de marchandises
货运量统计　statistique de volume du transport des marchandises
货运量增加　accroissement de transport des marchandises
货运列车　train de marchandises(fret)
货运列车车次编号　numérotage de train de marchandises
货运列车数量　nombre de trains de marchandises(fret)
货运能力　capacité de transport des marchandises;capacité de transport fret
货运年吨量　tonnage annuel de marchandises(fret)
货运室　bureau de marchandises
货运受理　arrangement de transport de marchandises
货运需求　demande de transport de marchandises
货运需求调查　enquête de demande de transport de marchandises
货运业务　service des marchandises
货运站　gare de marchandises;gare(station) de transport de marchandises(fret)
货运专线　ligne spéciale de marchandises(fret)
货运专线工程　travaux de ligne spéciale de marchandises(fret)
货运专线速度　vitesse de ligne spéciale pour transport des marchandises
货运专线投资　investissement de ligne spéciale de marchandises
货运装车协调　coordination de chargement des marchandises
货运组织　organisation de transport de marchandises
货栈　dépôt de marchandises
货站市场　marché-gare
获得　acquisition
获得场地　acquisition de terrain
获得合同(中标)　acquisition de marché
获得合同委员会批准　visa de commission des marchés
获得生产专利　acquisition de brevets de production
获取费　frais d'acquisition
获准免税　admission en exonération des droits

J

ji

机舱　cabine
机场航标灯　balise de l'aérodrome
机车　locomotive;motrice
机车保养　entretien de locomotive
机车保养规则
　　règles d'entretien de locomotive
机车保养设备
　　matériel d'entretien de locomotive
机车保有量
　　disponibilité(parc) de locomotives
机车保有量调查
　　enquête de disponibilité de locomotives
机车备修线
　　voie de réparation de locomotives
机车编码　codage de locomotives
机车参数　paramètre de locomotive
机车长度　longueur de locomotive
机车操作
　　manœuvre de locomotive(train)
机车操作规程
　　règlement de manœuvre de train
机车操作手册
　　manuel d'instruction de locomotive
机车超重牵引
　　traction surchagée de locomotive
机车车钩　attelage de locomotive
机车车钩断裂
　　rupture de l'attelage de locomotive
机车车辆　matériel roulant
机车车辆编号　numéro de matériel roulant
机车车辆表
　　tableau de matériels roulants
机车车辆厂　usine de fabrication de locomotives et de wagons;usine de fabrication des matériels roulants

机车车辆车种车型车号编码规则
　　règles de codage pour le type, le modèle et le numéro du matériel roulant
机车车辆冲击　choc de matériel roulant
机车车辆购价
　　coût d'achat de matériels roulants
机车车辆故障　panne de matériel roulant
机车车辆宽度　largeur de matériel roulant
机车车辆上部限界
　　gabarit de haut de matériel roulant
机车车辆数　parc
机车车辆维护
　　maintenance de matériel roulant
机车车辆下部限界
　　gabarit au bas de matériel roulant
机车车辆限界基本轮廓　contour fondamental de gabarit de matériel roulant
机车车辆验收　réception de matériel roulant
机车车辆用弹性元件通常技术条件
　　spécifications techniques générales des pièces élastiques pour le matériel roulant
机车车辆用铸钢件通常技术条件
　　spécifications techniques générales des pièces coulées en acier pour le matériel roulant
机车车辆振动　vibration de matériel roulant
机车车辆周转　rotation de matériels roulants
机车车辆轴承　roulement de matériel roulant
机车车辆阻燃材料技术条件
　　spécifications techniques des matériaux ignifuges pour le matériel roulant
机车车头形状　forme de tête de locomotive
(圆形)机车出库　sortie de dépôt de locomotive;sortie de rotonde de locomotive
机车出入段
　　section d'entrée et de sortie de locomotive
机车出入段次数　nombre d'entrée et de sortie du dépôt de locomotive

机车待班线　voie d'attente de service
机车导轮转向架
　　bissel;bogie conducteur de direction
机车调运线　voie de régulation de locomotive
机车顶高　hauteur de toit de locomotive
机车动力　force motrice de locomotive
机车动力设计
　　étude de dynamique de locomotive
机车动力性能
　　performance dynamique de locomotive
机车动力性能测试　test de performance dynamique de locomotive
机车动力性能调查　enquête de performance dynamique de locomotive
机车反向变轨　changement de voie en sens inverse de locomotive
机车分类　classification de locomotives
机车高度　hauteur de locomotive
机车一公里　locomotive-kilomètre
机车功率　puissance de locomotive
机车供应
　　approvisionnement(fourniture)de locomotive
机车供应商　fournisseur de locomotive
机车构件　élément de locomotive
机车构造　structure de locomotive
机车固定周转区段　section de rotation régulière du trafic de locomotive
机车故障　défaillance(panne)de locomotive
机车锅炉　chaudière de locomotive
机车行程　course(trajet)de locomotive
机车行走线　voie de roulement de locomotive
机车技术性能
　　performance technique de locomotive
机车技术状态　état technique de locomotive
机车技术状态调查
　　enquête de l'état technique de locomotive
机车价格　prix de locomotive
机车驾驶　conduite de locomotive
机车驾驶操纵杆　joystick de locomotive
机车检修　réparation(révision)de locomotive
机车检修段　dépôt d'entretien de locomotive
机车检修率　taux de réparation de locomotive
机车检修设备
　　matériel de réparation de locomotive
机车检修周期
　　cycle de réparation de locomotive
机车交付　livraison de locomotive
机车交接簿
　　registre de transition de locomotive

机车交路　itinéraire d'acheminement de locomotive;section de voie circulée de locomotive;section de rotation régulière du trafic de locomotive;section d'itinéraire va-et-vient de locomotive
机车交路折返点　point de retournement d'itinéraire d'acheminement de locomotive
机车解钩　décrochage de locomotive
机车静态检查
　　contrôle statique de locomotive
机车库　dépôt(remise)de locomotives
机车宽度　largeur de locomotive
机车类型　type de locomotives
机车连挂　attelage de locomotive
机车连接固定钩
　　manille de tendeur d'attelage de locomotive
机车连续多班行驶(制)　banalisation
机车联控　liaison de contrôle pour la circulation du train;contrôle de couplage du train
机车流线型设计　conception(étude)de profilage de locomotive;profilage de locomotive
机车流线型特征
　　caractéristique de profilage de locomotive
机车轮换　alternance de locomotive
机车轮廓　contour de locomotive
机车旅行速度
　　vitesse de voyage de locomotive
机车目录　liste de locomotives
机车黏着力　adhérence de locomotive
机车配件　accessoires de locomotive
机车配属数量
　　nombre d'affectation de locomotives
机车配置
　　affectation(répartition)de locomotive
机车启动　mise en marche de locomotive
机车起步车轮打滑　patinage de roue au moment du démarrage de locomotive
机车牵出线　voie de tiroir de locomotive
机车牵拉　tirage de train
机车牵拉作业　manœuvre de tirage du train
机车牵引　traction de locomotive
机车牵引力
　　force(effort)de traction de locomotive
机车牵引能力
　　capacité de traction de locomotive
机车牵引坡度
　　pente de traction de locomotive

机车牵引区段　section de traction de locomotive
机车牵引试验　épreuve(essai) de traction de locomotive
机车牵引总量　masse totale de traction de locomotive
机车前大灯　phare frontal de locomotive; falot de locomotive
机车前照灯　lampe frontale de locomotive
机车入库　entrée au dépôt de locomotive; remisage de locomotive
机车入库线　voie de remisage de locomotive
机车入库线入口　accès de voie de remisage de locomotive
机车设备　équipement de locomotive
机车设计　étude de locomotive
机车使用　utilisation de locomotive
机车试验　test de locomotive
机车试运转　test de fonctionnement de locomotive
机车数量　nombre de locomotives
机车损坏　destruction de locomotive
机车特征　caractéristique de locomotive
机车替换　échange de locomotive
机车天线　antenne de locomotive
机车调节器　régulateur de locomotives
机车停位标　poteau d'arrêt de locomotive
机车头灯　falot
机车推拉操作　manœuvre de poussée de locomotive
机车外观　aspect de locomotive
机车弯道试验　essai en courbe du train
机车往返运行线路区段　section d'itinéraire va-et-vient de locomotive
机车维护期　période de maintenance de locomotive
机车维修　maintenance de locomotive
机车维修车间　atelier d'entretien de locomotives
机车维修质量　qualité de réparation de locomotive
机车系列　série de locomotives
机车信号　signal de locomotive
机车形状设计　conception de la forme de locomotive
机车行走线　voie de circulation des machines
机车性能　performance de locomotive
机车性能比较　comparaison de performance de locomotives
机车性能测试　essai de performance de locomotive
机车修程　processus de réparation de locomotive
机车修理厂　usine de réparation des locomotives
机车修理任务　tâche de réparation de locomotive
机车修理站　garage de locomotives; poste de réparation de locomotive
机车验收　réception de locomotive
机车钥匙　clé de locomotive
机车应用　application de locomotive
机车预检　pré-contrôle de locomotive
机车运行参数　paramètre de fonctionnement de locomotive
机车运行日志　registre journalier du trafic de locomotive
机车运用计划　plan d'application de locomotive
机车运用效率　efficience d'utilisation de locomotive
机车运用指标　indice d'utilisation de locomotive
机车运用作业　opération d'utilisation de train
机车运转成本　coût de rotation de locomotive
机车运转制　système de fonctionnement de locomotive
机车摘头　dételage de locomotive de traction
机车折返　retournement de locomotive
机车折返线　voie de rebroussement de locomotive
机车整备线　voie d'approvisionnement de locomotive; voie de préparation de locomotive
机车整备作业检查　vérification des approvisionnements du train
机车整形　reprofilage de locomotive
机车制造　fabrication de locomotive
机车滞留　locomotive retenue
机车种类　sorte de locomotive
机车周转　rotation de locomotive
机车周转安排　arrangement de rotation de locomotive
机车周转率　taux de rotation de locomotive
机车周转时间　temps de roulement de locomotive

J

机车转盘　plaque tournante；plateforme tournante
机车转线　déplacement de locomotive sur la voie
机车转向架　bogie de locomotive
机车转向三角形　triangle de retournement
机车综合通信设备　dispositif de communication intégrée de locomotive
机车组装流水线　chaîne d'assemblage de locomotive
机车作业计划　plan de manœuvre de locomotive
机车作业站　gare de manœuvre de locomotives
机电车间　atelier électromécanique
机电技工　électromécanicien
机电控制中心　centre de commande des moteurs
机电器材　matériel électromécanique
机电设备　équipement électromécanique
机动车辆　équipement automoteur；véhicule automobile
机动道岔　aiguille motorisée
机动锻锤　marteau-pilon
机动落锤　sonnette à déclic
机动能力　capacité mécanique
机动平车　wagon plat motorisé
机动筛　appareil de tamisage mécanique
机房　local de machines；salle de machines
机构　organe；organisation；organisme
机井　puits à pompage mécanique
机具　instrument
机具使用说明　instruction d'emploi d'instrument
机壳　carter de machine
机库　dépôt de locomotive；dépôt de machines；remise
机库区　aire de remisage
机库区域　zone de remisage
机库入口　entrée de dépôt de locomotive
机库维修线折页门　porte pliante d'accordéon de remisage
机库线　voie de dépôt de locomotive；voie de remise；voie de rotonde
机库线出口　sortie de voie du dépôt de locomotive
机库线阻塞　encombrement de voie de remisage

机龄(购置年限)　âge des engins
机密文件　document confidentiel
机破　défaillance de locomotive；locomotive en panne
机破故障　panne de locomotive
机器　machine
机器保养　entretien des machines
机器部件　pièce de machine
机器操作　manipulation de machine
机器打标记　marquage à la machine
机器动力不足　insuffisance de puissance de machine
机器划线　marquage à la machine
机器控制　commande de machine
机器使用年限　vie de machine
机器运转　fonctionnement de machine
机器噪声　bruit de machine
机器制作　fabrication à la machine
机碎集料　agrégat concassé par machine
机务车间　atelier de remisage
机务段　dépôt de locomotive；dépôt(site)de maintenance des rames(SMR)；site de maintenance du matériel roulant(SMR)；site de maintenance et de remisage(SMR)
机务段车库　remise du dépôt
机务段车辆　voiture de dépôt
机务段车辆同步架升线　ligne de levage synchronisée de wagons
机务段出入线　voie d'entrée et de sortie du dépôt
机务段机修坑　fosse de SMR
机务段坑道抬车　élévateur de fosse du dépôt
机务段列车　train de dépôt de de maintenance；train de SMR
机务段列车维修厂房　bâtiment de SMR
机务段人员　tractionnaire
机务段入口　accès au dépôt
机务段入口线路　voie d'accès au dépôt
机务段设计　conception de SMR
机务段设施　installations de dépôt；installations de SMR
机务段维修　réparation au dépôt
机务段维修门架式吊机　portique-grue de maintenance SMR
机务段维修设备　matériel de réparation au dépôt
机务段维修线　tiroir de maintenance
机务段位置　position de dépôt

机务段线路　garage de locomotives；itinéraire de voie de remisage；voie de dépôt
机务段线路出口　sortie de voie du dépôt
机务段线路入口　accès de voie de maintenance SMR
机务段线路长度　longueur de voie du dépôt
机务段移车台　plateforme de transbordement du dépôt
机务段支配机车　locomotive à disposition du dépôt
机务服务站点　station de service
机务机车　locomotive de remise
机务架空维修线立柱　pilotis de voie de fosse du dépôt
机务落轮提升架　portique de levage de caisse de wagon
机务设备　équipement de remisage
机务设备设置　disposition des équipements de réparation de locomotives
机务维修　manœuvre de réparation de locomotive
机务维修工作　travail de réparation de locomotive
机务维修入口线路　voie d'accès de SMR
机务维修线入口　accès（entrée）de voie de SMR
机务修理场　atelier de dépôt
机务修理平台　plateforme de réparation du dépôt
机务修理抬车　rails de soulèvement de voiture au dépôt
机务修理天桥　passerelle de réparation du dépôt
机务站与折返站机车运行区段　section d'itinéraire de locomotive entre les gares de dépôt et de rebroussement
机务折返段　dépôt de rebroussement de locomotive
机务折返段（区间）　section de retournement de dépôt；section de tiroir de dépôt
机务折返所　poste de rebrousement de locomotive；poste de tiroir de locomotive
机务折返线　tiroir de manœuvre
机务折返线距离　distance de tiroir de manœuvre
机务整备所　poste d'approvisionnement de locomotive；poste de préparation de locomotive

机务转换　transition de locomotive
机务准备　préparation de locomotive
机箱拆卸　démontage de caisse
机械　engin
机械安装　montage mécanique
机械拌和　mélange mécanique
机械保养　entretien（maintenance）des engins
机械操作　manipulation（manœuvre，opération）mécanique
机械操作人员　personnel mécanisé
机械操作手　opérateur d'engins
机械铲　pelle mécanique
机械传动　transmission mécanique
机械传动动车　train automoteur à transmission mécanique
机械传送带　chaîne mécanique
机械打夯机　dame mécanique
机械吊装　levage mécanique
机械分配　distribution des engins
机械工程　travaux mécaniques
机械工程师　ingénieur mécanicien
机械化　mécanisation
机械化编组站　gare de triage mécanisée
机械化采石场　carrière mécanisée
机械化开采　abattage mécanique
机械化生产　production mécanisée
机械化土方作业　terrassement à l'aide mécanique
机械化驼峰　bosse de triage mécanique；bosse（butte）mécanisée
机械化维修工队　équipe de maintenance mécanisée
机械化养护　entretien mécanisé
机械化养路基地　base d'entretien mécanisée de voie；base mécanisée pour entretien de voie
机械加工　traitement mécanique
机械加工车间　atelier d'usinage；atelier mécanique
机械驾驶员资格证书　certificat d'habilitation des conducteurs d'engins
机械搅拌器　agitateur mécanique
机械锯割　sciage mécanique
机械掘进　creusement（fonçage）mécanique
机械控制道岔　aiguille à manœuvre mécanisée

机械冷藏车	wagon frigorifique mécanique
机械冷藏车技术要求	exigence technique pour le wagon frigorifique mécanique
机械力	force mécanique
机械联锁	asservissement mécanique
机械联锁杆	barre d'enclenchement mécanique
机械磨损	usure mécanique
机械能	énergie mécanique
机械耦合	accouplement mécanique
机械疲劳	fatigue mécanique
机械破碎	concassage mécanique
机械铺轨	pose mécanique de rails
机械铺砟作业	opération mécanique de ballastage
机械牵引	traction mécanique
机械强度	résistance mécanique
机械清理	nettoyage mécanique
机械润滑式轴箱	boîte à graissage mécanique
机械筛	crible mécanique
机械筛分	gradation mécanique
机械设备	équipement mécanique; installations mécaniques; moyens de matériels
机械设备清单	liste des engins
机械设备运输	transport des engins
机械师	mécanicien
机械施工	exécution mécanique
机械事故	accident mécanique
机械受力	tension mécanique
机械数量	nombre des engins
机械刷	balai mécanique
机械水准测量	nivellement mécanique
机械损耗	perte mécanique
机械锁闭	calage mécanique; verrouillage mécanique
机械探测	sondage mécanique
机械特性	propriété mécanique
机械填方	remblai mécanique
机械通风	aérage (aération, ventilation) mécanique
机械通风方式	mode de ventilation mécanique
机械挖沟	creusement (excavation) mécanique de tranchée
机械效率	rendement mécanique
机械卸货	déchargement mécanique
机械信号	signal mécanique
机械型号	type des engins
机械性能	caractéristique (performance, qualité) mécanique
机械性能试验	essai (test) mécanique
机械因素	facteur mécanique
机械应力	contrainte (effort) mécanique
机械制动	freinage mécanique
机械转场费	frais d'acheminement des engins
机械装料	chargement mécanique
机械装卸	chargement/déchargement mécanisé
机械装置	organe mécanique
机械租用表	barème de location de matériel
机械钻进	forage mécanique
机械钻孔	perforation mécanique
机械作用	action (effet) mécanique
机修车间	atelier de réparation mécanique
机修接油盘	plateau de vidange
机轧砾石	gravier concassé; gravier de concassage
机轧砂	sable de concassage
机轧碎砾石	gravillon concassé
机轧碎石料	granulats concassés; matériau de concassage
机用虎钳	étau de machine
机油	lubrifiant
机油泵	pompe à lubrifiant
机油回收	récupération de lubrifiant
机油黏稠度	viscosité de lubrifiant
机油压力表	indicateur de pression d'huile; manomètre de lubrifiant
机制	mécanisme
机制砂	sable broyé (manufacturé)
机组人员	équipage
机座	console (siège, support) de machine
机座基础	fondation de socle de machine
击穿力	force de perforation
击实试验	test de Proctor
奇数	impair
积存	stagnation
积分布曲线	distribution cumulative
积灰	accumulation de poussière
积极因素	facteur positif
积累曲线	courbure d'accumulation
积累资金	fonds d'accumulation
积累作用	action de l'accumulation
积泥	accumulation de boue
积气	accumulation d'air
积热	accumulation de chaleur
积水	accumulation d'eau
积土清理	purge du sol

积雪道路　route enneigée
积压　accumulation de pression
基本标准　critère de base
基本参数
　　paramètre de base; paramètre fondamental
基本参数值
　　valeur de paramètres fondamentaux
基本程序　programme de base
基本尺寸　taille de base
基本导线(测量)
　　polygonale(polygone) de base
基本导线坐标
　　ordonnée(coordonnée) de polygone de base
基本工资　salaire de base
基本骨料　agrégat élémentaire
基本轨　rail de base; contre-aiguille
基本轨长度　longueur de rail de base
基本轨轨底　patin de rail de base
基本轨接缝　joint des rails de base
基本轨与动岔间隙
　　jeu entre rail de base et rail mobile
基本价格　tarif de base
基本建设　construction fondamentale
基本建筑限界
　　gabarit de construction fondamentale
基本交通量　volume de base
基本面　surface primaire
基本数值　valeur fondamentale
基本速度　vitesse de base
基本特性　caractéristique de base
基本条件　condition fondamentale(de base)
基本原则
　　principe de base; principe fondamental
基槽　fouille de fondation
基槽挖方　déblai de fouille
基层　base de fondation; couche d'assise; couche de base
基层单位　cellule
基层厚度　épaisseur de couche de base
基层混凝土　béton d'assise
基层土承载能力　efficacité de sous-sol
基础　assise; base; fondation
基础板　dalle(radier) de fondation
基础标高　cote(niveau) de fondation
基础材料　matériau de base
基础参数　paramètre de fondation
基础产业　industrie de base
基础沉降　tassement de fondation
基础尺寸　dimension de fondation
基础处理　traitement de fondation
基础导线定位
　　implantation de polygonale de base
基础底座　semelle(support) de fondation
基础地面　terrain d'assiette
基础点坐标清单
　　liste de coordonnées des points fondamentaux
基础墩　pile de fondation
基础工程　travaux de fondation
基础构架　cadre de fondation
基础厚度　épaisseur de fondation
基础滑动　glissement de base
基础混凝土　béton de fondation
基础计算书　note de calcul de fondation
基础加固　consolidation(renforcement, stabilisation) de fondation
基础加宽　élargissement de base
基础检测　auscultation de fondation
基础建设　construction de base(fondation)
基础结构　structure d'assise(fondation)
基础开挖
　　creusement(excavation) de fondation
基础控制点桩　borne de polygonale de base
基础类型　type de fondation
基础梁　longrine; poutre de fondation
基础梁区域　zone de poutres de fondation
基础埋深　niveau d'assise de fondation; profondeur enterrée de fondation
基础面　plan(surface) de fondation
基础模量　module de fondation
基础排水沟　drain de fondation
基础墙　mur de fondation
基础侵蚀　affouillement de fondation
基础清理
　　déblaiement(nettoyage) de fondation
基础缺陷　défaut de fondation
基础设施　infrastructure
基础设施工程　travaux d'infrastructures
基础设施建设　construction d'infrastructure
基础设施投资
　　investissement de l'infrastructure
基础设施维护
　　maintenance des infrastructures
基础设施维护站
　　site de maintenance des infrastructures(SMI)
基础设施养护工程
　　travaux d'entretien des infrastructures
基础设施运营
　　exploitation de l'insfrastructure

基础深度	profondeur de fondation
基础施工	exécution de fondation
基础数据	données de base
基础四周回填	remblayage autour de fondation
基础图	dessin de fondation
基础挖方	déblaiement de fondation
基础位置	position de fondation
基础文件	document de base
基础稳定性	stabilité de fondation
基础下沉	affaissement de fondation (semelle); dépression (subsidence) de fondation
基础压力	pression de fondation
基础支撑	étançon de fondation
基础支承面	surface d'assise de fondation
基础指数	indice de base
基础制动装置	organe de freinage de base
基础桩	pieu de fondation
基底	pied (assise) de fondation; socle
基底隆起	gonflement de base
基底填方	remblai d'assise
基底压力	pression de base
基底淤泥	boue de grands fonds
基点桩	piquet de repère
基价	prix de base
基坑	fosse (fouille, tranchée) de fondation; fouille
基坑板桩	palplanche de fouille
基坑边坡	talus de fouille
基坑超挖	fond de fouille en cote négative
基坑尺寸	dimension de fouille
基坑处理	traitement de fouille
基坑大开挖	fouille en grande masse
基坑道	galerie de base
基坑底部	fond de fouille
基坑底部压实	compactage de fond de fouille
基坑回填	remblai de fouille
基坑回填材料	matériau de remblais de fouille
基坑加固	consolidation de fossé
基坑开口	ouverture de fouille
基坑开挖	excavation de fouille; fouille en tranchée
基坑面积	surface de fouille
基坑模板	coffrage de fouille
基坑排水	évacuation d'eau de fouille; assainissement de fosse (fouille); assèchement (drainage) de fouille
基坑坡度	pente de fouille
基坑欠挖	fond de fouille en cote positive
基坑清理	nettoyage de fouille; purge de fosse de fondation
基坑深度	profondeur de fouille
基坑施工	exécution de fouille
基坑挖方	déblaiement de fouille
基坑支护	blindage de fouille
基面	surface de base
基石	pierre à fond; pierre de fondation; pierre fondamentale
基数	nombre de base
基土	sol de base
基网	réseau fondamental
基线	base; ligne de base
基线长度	longueur de base
基线测量	mesure de ligne de base
基线网	canevas de base
基线向量	vecteur de ligne de base
基性岩	roche basique
基岩	assiette rocheuse; roche de base (fond, fondation, massif); roche en masse; roche mère; roche saine
基岩层	assise rocheuse
基圆锥	cône de base
基站	station de base
基桩承载试验	essai (test) de charge de pieu; essai (test) de chargement de pieu
基桩倾斜度	inclinaison de pieux
基桩特点	caractéristique de pieux
基桩钻孔	forage de pieux
基准测量	nivellement de base
基准点	point de base (référence)
基准点坐标	ordonnée (coordonnée) de point de repère
基准截面	section de référence
基准轮廓线	ligne de contour de référence
基准面	base de nivellement; face (surface, plan) de référence; niveau de base; niveau fondamental
基准线	ligne de foi (référence, repère)
基座	embase; massif de fondation
箕斗盲井	bure à skip
激发力	force d'excitation
激光	laser
激光测距	mesure de distance à laser
激光测距仪	diastimomètre; telluromètre
激光打印机	imprimante à laser
激光水准仪	niveau à laser

激励措施　mesures incitatives
激流　courant impétueux
级别　catégorie;degré
级配　granularité;granulométrie
级配标准　standard de granulométrie
级配材料　matériau classé
级配曲线　courbe granulométrique
级配砂石底层　assise gravier composé
级配碎石　gravier composé
级配碎石底层　couche de graves non-traités
级品　hors catégorie
极地　zone polaire
极地气候　climat polaire
极可塑黏土泥灰岩
　　marne argileuse très plastique
极速试验　essai(test) de vitesse extrême
极细砂　sable très fin
极限　plafonnement
极限承重量　charge portante limite
极限尺寸　cote(dimension) limite
极限电流　courant limite
极限分析　analyse de limite
极限负荷　charge extrême
极限负载　charge maximale
极限功率　puissance limitée
极限荷载　charge limite;limite de charge
极限荷载计算　calcul à la rupture
极限加速度　vitesse accélérée limite
极限摩擦系数　coefficient de friction limitée
极限磨阻力　résistance à frottement de limite
极限偏差　écart limite
极限坡度
　　limite de pente;pente(rampe) limite
极限强度　résistance limite
极限曲线　courbe limite
极限速度
　　vitesse de plafond;vitesse limite(plafonnée)
极限温度　température extrême(limite)
极限误差　erreur limite
极限压力　pression limite
极限应力　charge ultime;contrainte limite
极限应力值　valeur de contrainte limite;
　　valeur maximum de contrainte
极限值　valeur extrême;valeur limite
极限状态　état limite
极限最小半径　rayon minimum limite
极硬岩　roche extra-dure;roche rebelle
极坐标　coordonnées polaires
即期票据　papier à vue

急流　cours rapide
急流槽　arrivée descente
急弯曲线　courbe brusque
急转弯　virage pris à grande vitesse
疾病保险　assurance-maladie
集成电路　circuit intégré
集成模块　module d'intégration
集合盆地　bassin accumulateur
集块岩　agglomérat
集料　agrégat
集料表面　surface d'agrégat
集料仓　silo récepteur
集料铲运机　benne preneuse
集料场　dépôt des agrégats
集料冲击破碎试验
　　essai(test) de fragmentation dynamique
集料处理　traitement des agrégats
集料斗　trémie collectrice
集料分析　analyse des agrégats
集料混凝土　béton à agrégats
集料级配　granulométrie de granulats
集料加工厂　usine des agrégats
集料棱角性　angularité de l'agrégat
集料粒度　granularité des agrégats
集料料筛　trémie des agrégats
集料盲沟　drain à agrégat
集料—水泥比　rapport agrégat-ciment
集料细度　finesse d'agrégat
集料组成　composition des agrégats
集流管　collecteur drainant
集水池　réservoir collecteur
集水干管　collecteur principal
集水沟　fossé collecteur
集水沟排水　drainage par collecteur
集水管
　　collecteur;collecteur drainant;tube collecteur
集水管端墙　tête de collecteurs
集水井　puits de collection
集水井格子盖板　caillebotis de puisard
集水坑　fossé d'entonnement
集水坑排水
　　évacuation de fossé d'entonnement
集水面积　surface captante
集水器　accumulateur(collecteur) d'eau
集水区　bassin de réception
集水渠　canal collecteur
集水水池　bassin de collection d'eau
集水土坑
　　fosse en terre de récupération de l'eau

J

集水系统　système de collection d'eau
集体经济　économie collective
集体契约　contrat collectif
集体所有制　propriété collective
集油盒　récipient de l'huile
集油器　collecteur d'huile; récupérateur de vidange
集中　concentration
集中拌和(料)　mélange en centrale
集中拌和站安装　installation de centrale de mélange
集中布局　disposition compacte
集中布设　disposition centralisée
集中处理　traitement centralisé(concentré)
集中道岔　aiguille centralisée(concentré)
集中调度　dispatching central
集中动力动车　train automoteur à force motrice centralisée
集中供电方式　mode d'alimentation électrique centralisée
集中荷载　charge concentrée(centralisée)
集中搅拌　malaxage en centrale
集中搅拌混凝土　béton de centrale
集中搅拌站　station centrale de mélange
集中控制　commande centrale; commande centralisée; contrôle centralisé
集中控制模式　mode de commande centralisée
集中控制设备　équipement de commande centralisée
集中控制系统　système de commande centralisée
集中控制站　poste de commande centralisé(PCC)
集中控制站站房楼　bâtiment de PCC
集中控制装置　dispositif de commande centralisée
集中控制子系统　sous-système de commande centralisée
集中力　force concentrée(ponctuelle)
集中联锁　enclenchement centralisé
集中联锁系统　système d'enclenchement centralisé
集中排水　assainissement concentré
集中式动力　force motrice concentrée
集中系数　facteur de concentration
集中修理　réparation(révision) centralisée
集中压力　pression concentrée
集中运输　transport central

集中站　station de concentration
集中治理　aménagement centralisé
集中装车　chargement concentré
集装箱　conteneur
集装箱车站　gare à conteneurs
集装箱吊机　grue de manutention des conteneurs
集装箱吊具　palan de levage de conteneurs
集装箱堆场　champ de dépôt des conteneurs; champ de stockage de conteneurs; place de dépôt de conteneurs
集装箱堆场面积　surface de champ de dépôt de conteneurs
集装箱堆场位置　position de champ de dépôt des conteneurs
集装箱堆场照明　éclairage de champ de dépôt des conteneurs
集装箱固定　fixation de conteneur
集装箱规格　spécification de conteneur
集装箱化　containérisation
集装箱列车　train de conteneurs
集装箱列车站台　quai de train de conteneurs
集装箱码头　terminal des conteneurs
集装箱平车　wagon porte-conteneurs
集装箱运输　trafic de conteneur; transport à conteneurs
集装箱运输方式　mode de transport de conteneurs
集装箱装卸　manutention des conteneurs
集装箱装卸龙门架　portique de manutention de conteneurs
几何比　rapport géométrique
几何参数　paramètre géométrique
几何测绘　levé géométrique
几何测量检查　contrôle géométrique
几何尺寸　dimension géométrique
几何单位　unité géométrique
几何地形区域　zone de géométrie
几何点　point géométrique
几何方法　méthode géométrique
几何截面(图)　section géométrique
几何解释　interprétation géométrique
几何纠正　correction géométrique
几何平均数　moyenne géométrique
几何平面　plan géométrique
几何曲线　courbe géométrique
几何设计　conception(étude) géométrique; géométrie
几何设计文件　pièces d'etude géométriques

几何特性　caractère(propriété) géométrique
几何特性计算
　　calcul de caractéristique géométrique
几何特征　caractéristique géométrique
几何体积　volume géométrique
几何图形　figure géométrique
几何系数　coefficient géométrique
几何线形　profilage géométrique
几何线形控制
　　contrôle de profilage géométrique
几何形状　forme géométrique
几何学　géométrie
几何允许误差　tolérance géométrique
几何轴线　axe géométrique
挤岔　talonnage d'aiguille
挤岔报警　alarme de talonnage d'aiguille
挤岔不密贴　talonnage bâillé
挤岔故障　panne de talonnage d'aiguille
挤岔现象
　　phénomène d'extrusion de l'aiguille
挤压断层　faille conjonctive; faille de
　　compression (refoulement)
挤压力　pression de corroyage
挤压铝材　aluminium extrudé
挤压锚具　coupleur extrudé
挤压能力　aptitude au serrage
给排水　adduction et évacuation d'eau
给排水工程　travaux d'alimentation et
　　d'évacuation d'eau
给排水工程师　ingénieur d'alimentation et
　　d'évacuation d'eau
给水站
　　poste d'eau; station d'alimentation d'eau
给予方式　modalité d'octroi
脊　dos
脊线　arasement de crête
计划　plan; programme
计划跟踪　suivi de programme
计划更新　mise à jour de programme
计划管理　gestion de plan
计划经济　économie planifiée
计划调整　ajustement de planning
计划线路　ligne en projet
计划运输制度　système planifié de transport
计划制订　planification
计件工　ouvrier aux pièces
计件工资　salaire aux pièces
计件工资计算表　barème de salaire à la tâche
计件工作　travail payé aux pièces
计距器　compteur de distance
计量　métrage
计量泵　pompe doseur
计量单位　étalon
计量口　orifice de mesure
计量料斗　trémie de dosage
计量器　machine à peser
计量要求　exigence de métrologie
计量装置　dispositif de mesure
计时工资　salaire au temps
计时工作　travail payé à l'heure
计时系统　système chronométrique
计数　comptage
计数电码轨道电路
　　circuit de voie à codes de comptage
计速器　compteur de vitesse
计算　calcul
计算标准　critère(norme) de calcul
计算参数　paramètre de calcul
计算参数表
　　tableau de paramètres de calcul
计算长度　longueur de calcul
计算草图　croquis pour le calcul; figure
　　schématique de calcul
计算沉降(量)　tassement calculé
计算程序　programme de calcul
计算尺　règle à calcul
计算错误　erreur de calcul
计算错误概率
　　probabilité d'erreur de calcul
计算方法　méthode de calcul
计算方式　modalité(mode) de calcul
计算高度　hauteur calculée
计算公式　formule de calcul
计算公式变化
　　variation de formule de calcul
计算规范　règles de calcul
计算规则　règlement de calcul
计算合并　cumul de calcul
计算荷载　charge de calcul
计算厚度　épaisseur de calcul
计算机　machine à calculer; ordinateur
计算机编程
　　programmation de l'ordinateur
计算机程序　programme de calculateur
计算机存储器
　　mémoire de machine calculatrice
计算机服务器　serveur de l'ordinateur
计算机解调器　modulateur de l'ordinateur

计算机控制　contrôle par l'ordinateur
计算机控制系统　système de contrôle par l'ordinateur
计算机联锁系统　computer based interlocking (CBI); système d'enclenchement de l'ordinateur
计算机模块　module de calculatrice
计算机软件　logiciel de l'ordinateur
计算机软件程序　programme de logiciel de l'ordinateur
计算机数据交换　échange de données informatisées
计算机紊乱　perturbation de l'ordinateur
计算机系统　système d'ordinateur
计算机制图　infographie
计算基准　base de calcul
计算假定　hypothèse de calcul
计算间隔　intervalle de calcul
计算交通流量　comptage de trafic
计算校正　correction de calcul
计算阶段　période de calcul
计算结果　résultat de calcul
计算精度　précision de calcul
计算跨度　portée calculée
计算跨径　calcul de travée; travée de calcul
计算器　appareil à calculer; calculatrice; compteur
计算强度　intensité(résistance) de calcule; résistance calculée
计算曲线　courbe(courbure) de calcul
计算书　devis(note) de calcul
计算数据　données de calcul
计算速度　vitesse de calcul
计算条件　condition de calcul
计算图表　abaque
计算依据　base de calcul
计算应力　contrainte de calcul
计算长度变化　variation de longueur de calcul
计算涨水流量　calcul de débit de crue
计算值　valeur de calcul
计算中心　centre de calcul
计算重量　poids de calcul
计算资料　document de calcul
计算阻力　résistance calculée
计轴　comptage des essieux
计轴闭塞　block à compteur d'essieux
计轴器　compteur d'essieux (CE)
计轴设备　équipement de comptage d'essieux
计轴设备自动计算　calcul automatique par l'équipement de comptage d'essieux
计轴数量　nombre de comptage des essieux
计轴系统　système de comptage d'essieux
记录　casier; constat; relevé
记录曲线　courbe d'enregistrement; courbure enregistrée
记录仪　appareil d'enregistrement; enregistreur; instrument d'enregistrement
记名支票　chèque à ordre; chèque nominatif
记入　imputation
记入付款　imputation de payement
记事本　agenda
记账货币　monnaie de compte
记账科目　article de compte
技工　ouvrier qualifié; ouvrier spécialisé
技工人数　effectif des ouvriers qualifiés
技术　technique
技术保养　maintenance technique
技术保证　garantie technique
技术报告　exposé(rapport) technique
技术标　offre technique
技术标得分　note technique
技术标分析　analyse de l'offre technique
技术标评估　évaluation des offres techniques
技术标准　critère(norme, standard) technique
技术标准检查　contrôle de norme technique
技术标准体系　système de normes techniques
技术部门　service technique
技术参数　données caractéristiques; paramètre technique
技术参数表　tableau de paramètres techniques
技术操作　opération technique
技术创新　innovation technique
技术措施　mesures techniques
技术档案　archives techniques
技术等级　catégorie(classe, classement) technique
技术方案　projet(résolution) technique
技术分册　fascicule technique
技术分析　analyse technique
技术风险　risque technique
技术风险控制　contrôle de risque technique
技术服务　service technique
技术负责人　chargé de techniques
技术干预　intervention technique
技术革新　rénovation technique
技术工艺规程　règlement technologique
技术工种　spécialité technique
技术顾问　conseiller technique

技术顾问小组　équipe d'assistance technique
技术管理　gestion technique
技术管理规程　convention technique
技术管理指南　guide de gestion technique
技术规程　règlement technique
技术规定　prescriptions techniques
技术规范
　　cahier des charges；règles techniques
技术规则
　　dispositions techniques；règles de l'art
技术合作　coopération technique
技术会议　réunion（séance）technique
技术活动　activité technique
技术基地　base technique
技术检查　contrôle（inspection）technique；
　　vérification technique
技术建议
　　proposition（recommandation）technique
技术鉴定　expertise（identification）technique
技术鉴定书　certificat d'aptitude technique
技术接口　interface technique
技术经理　directeur de technique
技术局　bureau technique
技术卡片　fiche technique
技术可行性　faisabilité technique
技术可靠性　fiabilité technique
技术控制　contrôle technique
技术领域　domaine technique
技术能力　capacité（compétence）technique
技术能力调查　enquête de capacité technique
技术培训　formation technique
技术评估　évaluation technique
技术瓶颈　gorge technique
技术情报　informations techniques
技术取舍　option technique
技术缺陷　défaut technique
技术人员　agent（personnel）technique
技术设备　équipement（matériel）technique；
　　moyens techniques
技术设计　conception（étude）technique
技术升级　progression technique
技术室　salle technique
技术事故　accident technique
技术试验　épreuve（essai, test）technique
技术适用范围　convenance technique
技术手册　agenda technique；Cahier des
　　Prescriptions Techniques（CPT）
技术手段　moyens techniques
技术术语　nomenclature（terme）technique

技术数据　données techniques
技术说明　instructions techniques
技术说明书　description technique；livret；note
　　（notice）technique；spécification technique
技术谈判　négociation technique
技术特征　caractéristique technique
技术条件　condition technique
技术条款　convention technique
技术调整　ajustement technique
技术文档　fichier technique
技术文件　document technique
技术小组　groupe technique
技术效果　répercussion technique
技术协调委员会
　　comité de coordination technique
技术性　technicité
技术性能　performance technique
技术性能试验　test de performance technique
技术性能调查
　　enquête de performance technique
技术修改　modification technique
技术选线　tracé technique de la ligne
技术选择　option technique
技术要求　exigence technique
技术意见　avis technique
技术员　technicien
技术原因　raison technique
技术站　station technique
技术站停留时间
　　temps de retenue à la station technique
技术支持　support（assistance）technique
技术直达快车　train direct technique
技术职业　profession technique
技术指标　indice technique
技术指南　guide technique
技术制约　contrainte technique
技术助理资格
　　qualification d'adjoint technique
技术专利　brevet technique
技术转让　transfert de technologie（technique）
技术装备　installations techniques
技术准备　préparation technique
技术咨询　consultation technique
技术作业站　gare technique
季度　trimestre
季度生产计划　plan de production trimestriel
季风气候　climat de mousson
季节　saison
季节变化　variation saisonnière

季节工　ouvrier saisonnier
季节河流　cours d'eau à sec
季节泉　fontaine périodique
季节性　saisonnalité
季节性车流　flux saisonnier
季节性含水层　nappe saisonnière
季节性洪水　crue saisonnière
季节性活动　activité saisonnière
季节性交通量　trafic saisonnier
季节性蠕变　fluage saisonnier
季节性商品　marchandise saisonnière
季节性失业　chômage saisonnier
季节性循环　cycle saisonnier
季节性因素　facteur saisonnier
季节性运动　mouvement saisonnier
既有材料　matériau existant
既有工程　travaux existants
既有公路　route existante
既有设备　équipement(matériel) existant
既有隧道　tunnel existant
既有铁路　chemin de fer existant
既有线　ligne existante
既有线测量　levé de ligne existante
既有线拆除　démolition(dépose) de voie existante
既有线改造工程　travaux de renouvellement de la ligne existante
既有线改造投资　investissement de renouvellement de voie existante
既有线干扰　interférence de ligne existante
既有线轨距加宽　surécartement de ligne existante
既有线路更新改造　renouvellement de ligne existante
既有线路更新改造工程　travaux de renouvellement de ligne existante
既有线路更新改造施工　exécution de renouvellement de ligne existante
既有线路设备拆除　dépose(démolition) des appareils de voie existants
既有线诊断　diagnostic de ligne existante
继电器　relais
继电器触点　contact de relais
继电器电路　circuit de relais
继电器盒　boîte à relais
继发事故　accident secondaire
继续沉降　tassement continu
寄出日期　date d'envoi

jia

加班　travail supplémentaire
加班时间　heure supplémentaire
加倍　redoublement
加大安全系数　élargissement de coefficient de sécurité
加大行车密度　augmentation de densité de trafic
加钉墙　mur cloué
加盖运输　transport hermétique
加高　rehaussement; surélévation
加高板　haussette
加工　confection; façonnage
加工程序　procédure de façonnage
加工工艺　technique d'usinage
加工企业　entreprise de transformation
加工质量　qualité d'usinage; qualité de façonnage
加固　affermissement; confortement; consolidation; renforcement; renfort
加固板　plaque(platine) de renforcement
加固处理　traitement de renforcement
加固措施　mesures de consolidation (renforcement)
加固带　bande de renforcement
加固防护　protection par renforcement
加固工程　construction(travaux, ouvrage) de renforcement
加固角　angle de renforcement
加固阶段　étape de consolidation
加固梁　poutre renforcée
加固路肩　accotement renforcé
加固桥　pont renforcé
加固施工　exécution de renforcement
加固项目　projet de consolidation
加固桩　pieu de consolidation
加固装置　dispositif de renforcement
加固作业　opération de confortement
加挂车　wagon ajouté
加建部分　rajout
加筋挡墙　mur armé
加筋挡土墙　mur de soutènement en sol renforcé; mur de soutènement en terre armée
加筋管　tuyau armé
加筋环　anneau de renforcement
加筋填方墙　mur en remblai armé
加筋土　sol armé; terre armée(renforcée)
加筋土工布　géotextile de renforcement

加筋土路堤　remblai en terre renforcée
加筋土碎石路面
　　empierrement en terre traitée
加筋土台　massif en terre armée
加劲板　plaque de renfort
加劲底板　radier renforcé
加开列车　dédoublement de train; train bis; train supplémentaire
加开列车数量　nombre de trains bis
加开旅客列车　train bis de voyageurs
加快节奏　rythme accéléré
加宽　élargissement; surlargeur
加宽尺寸　élargissement de dimension
加宽道床　élargissement du lit de ballast
加宽轨距
　　élargissement de l'écartement de voie
加宽间隔距离　élargissement de l'espace d'isolement
加宽路床
　　élargissement de la plateforme de voie
加宽路基　élargissement de l'assise de voie
加宽路基尺寸　élargissement de dimension de l'assise de voie
加宽绿地　élargissement de l'espace vert
加宽线路尺寸
　　élargissement de dimension de voie
加宽站场宽度
　　élargissement de largeur de chantier-gare
加力　application de l'effort
加仑　gallon
加气混凝土
　　béton à gaz; béton aéré; béton-gaz
加气剂
　　matière moussante; produit entraîneur d'air
加气水泥　ciment à entraînement d'air
加强板　plaque(platine) de raidissement
加强拱　arc de renforcement
加强拱梁　poutre en arc renforcé
加强件　renfort
加强筋　armature de renfort; nervure de raidissement(renforcement); raidisseur
加强筋排列　disposition de nervures
加强肋　nervure; nervure de renfort
加强牵引　renfort de traction
加强人员和设备必要投入
　　renforcement substantiel nécessaire
加强支架　soutènement renforcé
加强支座　appui consolidé
加权　pondération

加权平均值　moyenne pondérée
加权系数　coefficient de pondération
加热　chauffage; échauffement; mise en température; réchauffage
加热拌和机　fondoir-malaxeur
加热处理　traitement de réchauffage
加热干燥　séchage à chaud
加热混凝土　béton chauffé
加热控制　contrôle de réchauffement
加热面　surface de chauffage
加热曲线　courbe de chauffage
加热软管　flexible de chauffage
加热时间　temps d'échauffement; temps de chauffage(réchauffage)
加热速度　vitesse de chauffage
加热循环　cycle de réchauffement
加热装配　assemblage à chaud
加热装置　dispositif(équipement) de réchauffement; installations d'échauffement
加湿　humidification
加湿处理　traitement à l'humidification
加湿机械　engin d'humidification
加湿养护　cure par humidification
加石灰土碎石路面
　　empierrement en terre ajoutée de chaux
加速　accélération; accélération de vitesse; mise en vitesse
加速泵　pompe accélératrice
加速操纵杆　levier accélérateur
加速车道
　　voie(ligne, bande) d'accélération de vitesse
加速度　vitesse accélérée
加速度记录仪　accélérographe
加速度曲线图　diagramme d'accélération
加速度矢量　vecteur d'accélération
加速段　tronçon d'accélération de vitesse
加速固结　consolidation accélérée
加速行程　distance de mise en vitesse
加速剂　accélérateur
加速距离　distance d'accélération
加速老化　accélération de vieillissement
加速力　force accélératrice
加速列车运行
　　accélération de circulation de train
加速凝结　prise accélérée
加速排水
　　accélération de drainage; drainage accéléré
加速坡度　pente d'accélération
加速侵蚀　érosion accélérée

加速区	région d'accélération
加速(度)曲线	courbe d'accélération
加速时间	temps d'accélération
加速试验	essai(test) d'accélération
加速性能	performance accélératrice
加速性能试验	épreuve de performance d'accélération
加速运动	mouvement accéléré
加速噪声	bruit d'accélération
加速折旧	amortissement accéléré
加速阻力	résistance d'accélération
加压操作	manœuvre de compression
加压处理	traitement à pression
加压洒水	arrosage sous pression
加压输送管道	aqueduc de refoulement
加压站	station de surpression
加油(加水)汽车	camion avitailleur
加油车	camion en carburant; pneu-citerne
加油设施	installations de distribution de carburants
加油站	poste(station) d'essence; station de service; station-service
加载	application de charge
加注站	poste de distribution
加桩	pieu additionnel
夹板连接线路	voie éclissée
夹板裂纹	fissure de l'éclisse
夹层玻璃	glace feuilletée; verre feuilleté
夹钉	patte-fiche
夹缝	fente bilatérale
夹具	appareil de serrage; outil de serrage
夹砂砾石	gravier sableux
夹丝玻璃	glace armée; verre armé
夹线钳	pince à sertir
夹子	mâchoire
家禽车	wagon à volaille
家畜(禽)运输车	wagon de transport de bétail(volaile)
家庭补助	allocations familiales
家庭垃圾	déchets domestiques; déchets ménagers
家用电器	appareil électroménager
甲方	contractant; service contractant
甲方错误	défaut de service contractant
甲方代表	représentant de service contractant
甲方负责检查	contrôle à la charge du maître d'ouvrage
甲方过失	défaut de service contractant
甲方监理	maîtrise d'œuvre

假定	hypothèse
假拱	faux-arc
假合同	contrat frauduleux
假冒	contre-façon
假冒品牌	contre-façon de produits de marque
假日交通	trafic de congé; trafic de jour férié
假设条件	hypothèse de condition
价格	prix
价格比较	comparaison des prix
价格变动	mouvement(variation) de prix
价格变更	variation de prix
价格变更公式	formule de variation des prix
价格表	bordereau des prix; tableau de prix
价格波动	fluctuation de prix
价格补偿	compensation des prix
价格补偿方式	mode de compensation des prix
价格差别	différence de prix
价格差异	décalage(différence) des prix
价格定义	définition des prix
价格分析	analyse de prix; décomposition des prix
价格更新条款	clause d'actualisation des prix
价格构成	sous détail de prix
价格基础	base de prix
价格计算	calcul de prix
价格计算表	barème des prix
价格竞争	concurrence de prix
价格评估方法	mode d'évaluation des prix
价格清单	bordereau des prix
价格曲线	courbe des prix
价格上涨	montée de prix
价格数据	données des prix
价格水平	niveau de prix
价格说明	définition des prix
价格调整	réglage de prix
价格调整条款	clause de révision des prix
价格系列	série de prix
价格细目	sous détail de prix
价格下跌	affaissement(baisse) de prix
价格修改	révision de prix
价格修改方式	modalité de révision de prix
价格折扣	rabais de prix
价格指数	indice de prix
价格组成	composition des prix
价格最低投标人	soumissionnaire le moins disant
价目表	liste des prix; tarif
价目表价格	prix de catalogue

价值规律　loi de la valeur
驾驶　conduite
驾驶安全性　sécurité de conduite
驾驶操纵杆　levier de conduite
驾驶操作　manipulation de conduite
驾驶技能　capacité de conduite
驾驶控制　contrôle de conduite
驾驶瞭望　observation de conduite
驾驶模式　mode de conduite
驾驶疲劳　fatigue de conduite
驾驶疲劳时间　temps de fatigue de conduite
驾驶室　cabine de conduite
驾驶室车门　portière de cabine de conduite
驾驶室电话　téléphone de cabine de conduite
驾驶速度　vitesse de conduire
驾驶许可证　autorisation de conduire
驾驶员　conducteur
驾驶执照　permis de conduire
驾照持有人　titulaire de permis de conduire
架车　levage de wagon
架车机　cric de levage de wagon
架车作业　opération de levage pour réparation
架车作业程序　programme d'opération de levage pour réparation
架空保护导线　conducteur de protection aérien
架空保护索　câble de protection aérienne
架空导线　fil conducteur aérien
架空导线安装　montage de fil conducteur aérien
架空电缆　câble aérien;câble de ligne aérienne
架空电线　câble aérien
架空敷设　installation(pose) aérienne
架空管道　canalisation aérienne
架空灌溉管道　canalisation aérienne d'irrigation
架空结构　structure aérienne
架空馈线　feeder aérien
架空馈线支撑绝缘子　isolateur de support pour feeder aérien
架空索道　aérocâble;blondin;téléphérique;voie suspendue
架空索道的支架　cabrette
架空索道架柱　fût de pylône de blondin
架空索道塔架　pylône de blondin
架空索道运输　téléphérage;transport aérien par câble
架空网线　réseau aérien
架空维修　réparation à voie sur les pilotis
架空维修线路　voie sur les pilotis
架空线　fil aérien;ligne aérienne;voie suspendue
架空线干扰　interférence de ligne aérienne
架空线接触　contact de fil aérien
架空线绝缘子　isolateur de fil aérien
架空线维修车　automotrice à plateforme mobile
架空运输索道　câble aérien de transport
架梁　pose de poutre
架梁岔线　voie de service pour pose des poutres
架梁工程　travaux de pose des poutres
架梁进度　avancement de pose des poutres
架梁设备　matériel de pose des poutres
架铺设备　dispositif de montage
架桥　lancement de pont
架桥机　grue roulante;lanceur de pont;machine à poser les poutres du pont
架桥组　équipe de pont
架设点　point de pose
架设桥梁　pontage
架腿　branche de pied
架修　réparation(révision) à l'élévation;réparation(révision) intermédiaire
架修段　dépôt de réparation à l'élévation
架修周期　cycle de réparation à l'élévation
架柱式凿岩机　perforateur à colonne;perforateur monté sur colonne
架子工　charpentier

jian

尖镐　pelle-pioche
尖拱　arc aigu;arc en ogive
尖轨　rail pointu
尖轨补强板　plaque de renfort du rail pointu
尖轨顶宽　largeur de sommet de rail pointu
尖轨动程　course d'aiguille
尖轨防护　protection de rail pointu
尖轨肥边　extrudage de rail pointu
尖轨跟部　talon;talon d'aiguille
尖轨拱腰　gonflement de l'âme de rail pointu
尖轨护轨　contre-rail de de rail pointu
尖轨拉杆　tringle d'écartement des lames d'aiguille
尖轨密合接点　contact de collage de l'aiguille
尖轨爬行　cheminement de rail pointu

尖轨锁闭装置　dispositif(équipement) de verrouillage de rail pointu
尖轨跳动　saut de rail pointu
尖轨弯曲　flexion(flambement) de rail pointu
尖轨与滑床板不密贴　entrebâillement de rail pointu et le coussinet de glissement
尖轨在密贴位置　aiguille bien disposée
尖角　angle vif
尖头　pointe
坚固层　banc dur
坚石　pierre dure
坚石开挖　creusement(excavation) de rocher dur; excavation de roc vif
坚实基层　base solide
坚实土　terrain ferme
坚硬层　couche dure
坚硬地基　fond solide; terrain résistant
坚硬石方　terrassement en roche dure
坚硬岩石　roche résistante; roche compacte
间距　distance; écart; écartement; espacement
间距控制　contrôle de distance
间距块　bloc d'écartement
间距要求　exigence de distance
间曲线　courbe de niveau intercalaire
肩架　cantilever
肩架安装　installation de cantilever
监测点　point de surveillance
监测计划　plan(programme) de surveillance
监督　suivi; supervision
监督费用　frais de surveillance
监督分包商　surveillance de sous-traitant
监督检查　contrôle de tutelle
监督开支合同　marché de dépenses contrôlées
监督文件清单　liste de documents de suivi
监管　supervision
监管当局　autorité de contrôle
监控程序　programme de contrôle et de suivi
监控电视　TV de surveillance
监控方式　mode de surveillance
监控分区　zonation de surveillance
监控记录　enregistrement de surveillance
监控记录装置　équipement d'enregistrement de surveillance
监控屏幕墙　mur d'images
监控器接口　interface de contrôleur
监控设施　installations de surveillance
监控手段　moyens de contrôle
监控疏忽　défaillance de surveillance et de contrôle
监控数据　données de surveillance
监控系统　système de surveillance
监控仪表　appareil de contrôle
监控站　poste de contrôle
监控中心　centre de contrôle
监理　suivi; superviseur
监理程序　procédure de contrôle et de suivi; procédure de l'inspection(surveillance)
监理工程师　ingénieur chargé de contrôle; ingénieur de supervision des travaux; ingénieur de surveillance; ingénieur de surveillance et de suivi
监理工程师指令　instruction de l'ingénieur chargé de contrôle
监理人员　personnel de contrôle (surveillance); surveillant
监理任务　mission de contrôle
监理身份　qualité de l'ingénieur de contrôle
监理小组　équipe de contrôle
监理重要性　importance de contrôle
监视　surveillance
监视电路　circuit de voie de surveillance
监视对象　objet surveillé
监视监控设备　dispositif spécifique de surveillance
监视目标　objectif de surveillance
监视器　appareil de surveillance
监视设备　équipement de surveillance
监视设备安装　montage des équipements de surveillance
监视摄像机　caméra de télésurveillance
监视系统　système de supervision
监视装置　dispositif de surveillance; installations de supervision
兼容性测试　test de compatibilité
兼容性要求　exigence de compatibilité
兼营　activité secondaire
检波管　tube détecteur
检波器　détecteur d'ondes; ondoscope
检波信号　signal détecté
检测　auscultation; détection
检测点　point de détection
检测工作负责人　responsable chargé de l'organisation de contrôle
检测功能　fonction de détection
检测进度　avancement de l'auscultation
检测器　détecteur

检测说明　interprétation des épreuves
检测维护吊架
　　plateforme de visite et d'entretien
检测位置　position de détection
检测误差　erreur de détection
检测信号　signal de détection
检测仪　mesureur;appareil de contrôle;
　　instrument de détection
检查　contrôle;examen;inspection
检查表　fiche de contrôle
检查补充标桩
　　contrôle de piquets complémentaires
检查测量　levé de contrôle
检查车　voiture d'inspection
检查程序　procédure de contrôle
检查方式　modalité(mode)de contrôle
检查费用　frais de contrôle
检查岗亭　guérite de contrôle
检查机械　engin de contrôle
检查计划　plan de contrôle
检查记录　procès-verbal de contrôle
检查井　chambre de tirage;cheminée de
　　visite;puits de contrôle(visite);regard
　　de contrôle(visite)
检查井盖　couverture(tampon)de regard;
　　tampon de visite
检查井盖板　couvercle de regard(visite)
检查井混凝土盖板　dalle en béton de regard
检查井口铸铁框　cadre en fonte de regard
检查井施工　réalisation de chambre de tirage;
　　exécution de regard de visite
检查坑道　galerie de visite
检查孔　bouche d'accès;orifice de visite;
　　trou d'entrée;trou d'inspection;trou de
　　regard(visite)
检查孔盖板　couvercle de trou de visite
检查口　trou d'entrée;trou d'homme
检查廊道　galerie de contrôle
检查目标　objet de contrôle
检查频率　fréquence de contrôle
检查起道标桩
　　contrôle de piquets de relevage de voie
检查人员　agent de contrôle
检查筛　crible de contrôle
检查室　chambre de visite
检查证明　certificat d'inspection
检查支座　contrôle des appareils d'appui
检查周期　cycle de contrôle
检查作业　opération de contrôle

检车锤　marteau de sondage des bandages;
　　marteau pour le contrôle des roues
检衡车　wagon de jaugeage
检票　contrôle des billets
检票系统　système de contrôle de billets
检修　inspection et réparation;
　　maintenance curative
检修标记　marque d'entretien
检修车辆　wagon révisé
检修程序　procédure de révision
检修工班　équipe de réparation
检修坑　fosse de visite
检修坑道　galerie de réparation
检修坑修理　réparation à fosse de visite
检修时间　durée de révision
检修所　poste de révision
检修周期
　　cycle de réparation;période de révision
检修作业　opération de révision
检验　épreuve;mise à l'épreuve;test
　　d'épreuve;test de contrôle
检验报告　rapport d'inspection
检验材料性质
　　contrôle de nature des matériaux
检验分析　analyse de contrôle
检验计划　programme des épreuves
检验计算　calcul de contrôle
检验设备　matériel de test
检验试验　essai de contrôle(vérification)
检验样板　gabarit de contrôle
检验用水准仪　niveau de référence
检验章　cachet de contrôle
检验装置　disposition de contrôle
减负　réduction de charge
减价　rabais;réduction de prix
减免　exonération
减轻　atténuation
减弱　atténuation
减少　réduction
减少超载　réduction de surcharge
减少风险　diminution de risque
减少钢筋　réduction de l'acier
减少机器噪声　insonorisation des engins
减少开支　réduction de dépense
减少摩擦　réduction de frottement
减少事故率　réduction de taux de l'accident
减少数量
　　diminution de quantité;quantité réduite
减少水泥　réduction de ciment

减少碎石	réduction de gravier
减少系数	coefficient de minoration
减少下沉	réduction de tassement
减少噪声	diminution de bruit; réduction de bruit
减少振动	réduction de vibration
减少自重	abaissement de poids mort
减税	abaissement des impôts; détaxation; détaxe; diminution de taxes; réduction des impôts
减速	décélération; ralentissement de vitesse; réduction de vitesse
减速标志	signe de ralentissement
减速车道	bande(voie) de décélération; voie de ralentissement de vitesse
减速方式	mode de décélération de vitesse
减速坎	dos d'âne; ralentisseur
减速坎标志	signe de dos d'âne
减速路段	zone d'atténuation de vitesse
减速耦合	accouplement démultiplicateur
减速器	décélérateur; rail-frein; réducteur de vitesse
减速位置	position de décélération; position de ralentissement de vitesse
减速信号	signal de ralentissement
减速制动	freinage de ralentissement
减速装置	appareil(équipement, matériel) ralentisseur; organe de décélération; organe de ralentissement de vitesse; ralentisseur
减压	abaissement(baisse) de pression; décompres- sion; réduction de pression
减压阀	soupape de réduction de pression; valve de dépression
减噪装置	dispositif de réduction de bruit
减振	amortissement de vibration
减振夹板	éclisse d'amortissement
减振器	amortisseur de choc; amortisseur de vibration; amortisseur
减振器支架	support d'amortisseur
减振元件	élément anti-vibration
减振装置	organe amortisseur de vibration; dispositif d'amortissement
减振装置技术要求	spécification pour les dispositifs d'amortissement
减振作用	action d'amortissement
减值	moins-value
碱土岩	roche alcaline-terreuse
碱性钢	acier basique
碱性土	sol à alcalis; sol basique; terre alcaline
碱性蓄电池	accumulateur alcalin
碱性岩	roche alcaline
剪力	effort tranchant
剪力筋	armature à cisailles
剪力曲线	ligne d'effort tranchant
剪力试验	test au scissomètre
剪力图	diagramme des efforts tranchants
剪票	poinçonnage de billet
剪切	cisaillement
剪切波	ondes de cisaillement
剪切波速度	vitesse d'ondes de cisaillement
剪切荷载	charge de cisaillement
剪切滑坡	glissement de cisaillement
剪切力	force de cisaillement
剪切裂缝	fente(fissure) de cisaillement
剪切模数	module de cisaillement
剪切强度	résistance à l'effort tranchant
剪切试验	épreuve(essai, test) de cisaillement
剪切线	ligne de cisaillement
剪切应力	tension tangentielle
剪切作用	action de cisaillement
剪形渡线	bretelle symétrique
剪应力	contrainte de cisaillement
简便方法	procédé pratique
简单抗压试验	test à la compression simple
简单劳动	travail simple
简单悬挂	suspension simple
简单有效方法	moyens simples et efficaces
简化	simplification
简化工序	simplification de processus de production
简化审批程序	simplification de procédure de validation
简化审批流程	simplification de déroulement de validation
简略说明	explication schématique
简明初步设计	avant-projet simplifié(APS); avantprojet sommaire (APS); conception (étude) APS
简明初步设计阶段	phase de APS
简明初步设计进度计划	planning de l'APS
简明设计图	plan APS
简图	dessin abréviatif; graphique sommaire; schéma simplifié
简要说明	exposé sommaire
简易建筑	construction légère
简易栏木	barrière rustique
简易路障	barrière rustique
简支点	appui simple

简支梁　poutre simple;poutre simplement appuyée;poutre à appui libre;poutre sur appui simple
简支梁力矩　moment simple
简支梁桥　pont à poutres sur appuis simples
简支梁弯矩图　diagramme de moment fléchissant de poutre
简支桥　pont à longerons
简支体系　système des appuis simples
简支箱梁　poutre caisson sur appui simple
简支座　appui simple
件/公里(轨枕)　pièce/km
间断爆破法　sautage à retards fractionnés
间断车流　flux discontinu
间断级配　granulométrie discontinue
间断施工法　construction discontinue
间断线　ligne discontinue
间断性下雨　pluie intermittente
间断作业　opération discontinue
间隔　intervalle
间隔分布　distribution de l'intervalle
间隔距离　espace d'isolement
间隔时间　temps d'intervalle
间隔停车　arrêt de distancement
间隔装置　dispositif d'écartement
间接传输　transmission indirecte
间接费　frais(coût)indirect
间接观测　observation indirecte
间接荷载　charge indirecte
间接开支　dépense indirecte
间接水准测量　nivellement indirect
间接税　impôt indirect;taxe indirecte
间接税法　code des impôts indirects
间接损失　dommage indirect;perte indirecte
间接投资　investissement indirect
间接应力　contrainte indirecte
间接折旧　amortissement indirect
间接作用　action indirecte;effet indirect
间隙　jeu
间隙灯光　feux intermittents
间隙荷载　charge intermittente
间隙式行进　marche intermittente
间隙式混凝土搅拌机　malaxeur à béton discontinu
间歇泉　fontaine intermittente;source intermittente
间歇式拌和机　mélangeur discontinu
间歇式沥青混合料拌和设备　appareil d'enrobage à marche discontinue

间歇性操作　opération intermittente
间歇性搅拌　malaxage discontinu
建材保管　conservation des matériaux de construction
建材供应商　fournisseur de matériaux de construction
建立工地实验室　mise en place de laboratoire de chantier
建立日期　date de création
建设费用　frais de construction
建设工期　délai de construction
建设管理　gestion de construction
建设管理费　frais généraux de construction
建设规划　planification de construction
建设规模　ampleur de construction
建设局　administration de construction
建设区段　section de construction
建设条件　condition de construction
建设项目　projet de construction
建设性措施　mesures constructives
建设需要　besoin de construction
建限　gabarit de construction
建议　recommandation
建造方法　méthode de construction
建造方式　mode de construction
建造高架桥　construction de viaduc
建造规模　envergure de construction
建造合同　contrat(marché)de construction
建造技术　art de construction
建造流程图　logigramme de construction
建造美学　esthétique de construction
建造年代　année de construction
建造期限　durée de construction
建造桥台　construction de culée
建造时间　temps de construction
建造说明　description de construction
建造铁路　construction de voie ferrée
建造完工　achèvement de construction
建造物模型　maquette de l'ouvrage
建造许可　autorisation de construction
建造周期　cycle de construction
建筑标准　règles normales de construction
建筑布局　composition(disposition)architecturale
建筑部分　partie de construction
建筑部门　département de construction
建筑材料　matériaux de construction
建筑测量　levé de construction
建筑场地　aire de construction

建筑超高　surhaussement de construction
建筑车间　atelier de construction
建筑处理　traitement architectural
建筑段　division de construction
建筑范围　emprise de construction
建筑费用　dépense de construction
建筑费用分析　décomposition des frais de construction
建筑钢　acier de construction;acier pour construction
建筑钢筋　armature d'architecture
建筑高度　hauteur de construction
建筑工程　travaux de construction
建筑工地　chantier(site)de construction
建筑工地用小推车　chariot pour chantier de construction
建筑工地照明　éclairage de chantier de construction
建筑工人　ouvrier de bâtiment
建筑公司　firme de construction
建筑构件表　tableau des éléments de construction
建筑规范　norme(règlement)de construction
建筑行业特殊险　assurance contre les risques particuliers du secteur de construction
建筑红线　alignement;alignement de bâtiment;ligne rouge de construction
建筑计划　programme architectural
建筑间隔　espacement de construction
建筑间距　intervalle de construction
建筑间距限界　gabarit d'espace libre
建筑脚手架　échafaudage de construction
建筑卷扬机　treuil de bâtiment
建筑垃圾　débris de construction
建筑类型　type de construction
建筑美学　esthétique architecturale
建筑美学设计　étude esthétique de construction
建筑密度　coefficient d'occupation du sol
建筑面积　superficie(surface)bâtie;surface de construction
建筑模数　module architectural
建筑平面图　plan architectural
建筑企业　entreprise de construction
建筑企业集团　consortium de construction
建筑砌块　bloc de construction
建筑群　ensemble de construction
建筑商　constructeur

建筑设备　équipement(matériel)de construction
建筑设计　conception(étude)architecturale
建筑师　architecte
建筑施工方法　méthodologie de construction
建筑石材　roche de construction
建筑石膏　plâtre de construction
建筑石料　pierre à bâtir;pierre de construction
建筑事务所　agence architecturale
建筑图　dessin d'architecture
建筑外观　aspect architectural
建筑物保护　protection de construction
建筑物表面污染　pollution de la surface de construction
建筑物出入口　accès de constructions
建筑物端部　tête des ouvrages
建筑物对称　symétrie de construction
建筑物毁坏　destruction de construction
建筑物基础　fondation de l'ouvrage;sous-œuvre
建筑物立面图　élévation de bâtiment
建筑物设计　étude des ouvrages
建筑物主体　corps de bâtiment
建筑限界　gabarit de construction
建筑消防系统　système de sécurité d'incendie
建筑效果　effet architectural
建筑信贷　crédit à la construction
建筑业　industrie de bâtiment
建筑用地租约　bail à construction
建筑用钢　fer de construction
建筑用罐笼提升机　ascenseur de construction à cage
建筑用木材　bois de construction
建筑用片岩　ardoise de construction
建筑用升降机　ascenseur de construction
建筑执照　permis de construire
建筑质量　qualité de construction
建筑专业　spécialité de l'architecture
建筑装修　finition de bâtiment
健康证明　certificat de santé
健康证明书　certificat médical
渐进式施工(法)　construction progressive
渐近曲线　courbe asymptotique
键盘　clavier
键盘操作　manipulation au clavier
键销连接　assemblage par clavette
鉴别方法　méthode d'identification
鉴别试验　test d'identification

鉴定　appréciation;expertise
鉴定报告　rapport d'expertise
鉴定程序　procédure d'identification
鉴定费　frais d'identification
鉴定结论　conclusion d'expertise
鉴定事故损失
　　évaluation de dommage par expertise
鉴定试验　essai(test) d'appréciation;essai (test) d'identification
鉴定书　avis d'expertise (identification);expertise
箭头标记　marque de flèche
箭头标志　flèche

jiang

江堤　digue de fleuve
江砂　sable fluvial
浆　lait
浆砌矮墙　muret maçonné
浆砌边沟　fossé maçonné
浆砌骨架　ossature de pierres maçonnées
浆砌护坡　perré maçonné
浆砌路肩　berme maçonnée
浆砌体　maçonnerie avec mortier
浆石砌墙　mur en perrés maçonnés
浆石砌墙勾缝
　　rejointoiement de mur en perrés maçonnés
桨叶式搅拌机　mélangeur à palettes
奖金　prime
奖励　bonus
奖励制度　système de prime
奖赏　récompense
降尘　atténuation(diminution) de poussière
降尘处理
　　traitement de diminution de poussière
降尘措施
　　mesures d'atténuation des poussières
降尘量　chute de poussières
降尘洒水　arrosage contre poussières
降低　abaissement;baisse;diminution
降低成本　abaissement des prix de revient
降低地下水位　abaissement de l'eau souterraine;abaissement de nappe d'eau
降低风险　abaissement de risque
降低高度　abaissement de hauteur
降低拱　voûte surbaissée
降低购置价格　baisse de prix d'acquisition
降低关税　abaissement des droits de douane
降低荷载　abaissement de charge

降低潜水面　abaissement de nappe phréatique
降低售价　baisse de prix de vente
降低水位　abaissement de l'eau
降低水位处理
　　traitement d'abaissement de l'eau
降低水位法掘进
　　fonçage à niveau bas;fonçage à niveau vide
降低修理费用　baisse de prix de réparation
降低运费　abaissement des prix de transport
降弓信号
　　signal d'abaissement de pantographe
降级轨　rail déclassé
降价　abaissement des prix
降解　dégradation
降落　chute
降坡　réduction de déclivité(pente)
降水　eau de chute(précipitation)
降水位井　puits de rabattement
降温　réduction de température
降温处理　traitement de refroidissement
降雪　chute de neige
降压　abaissement de pression; décompression;pression réduite;réduction de tension
降压变电所　sous-station de dévoltage
降雨　chute de pluie
降雨量　précipitations atmosphériques; quantité d'eau de pluie
降雨量统计　statistique pluviométrique
降雨频率　fréquence de précipitations
降雨强度　intensité de pluie(précipitations)
降雨区　zone de précipitations
降雨时间　durée de précipitation
降雨系数　coefficient de pluie

jiao

交班　passation de service
交变荷载　charge alternative
交变量　quantité alternative
交变应力　contrainte cyclique
交标程序
　　procédure de présentation des offres
交叉　intersection;traversée
交叉部分　partie de croisement
交叉测探法　sondage croisé
交叉冲突　conflit de croisement
交叉道　croisement des voies
交叉道岔　aiguille croisée
交叉道入口　entrée de l'intersection

交叉点　point de croisement;croisée;point d'intersection
交叉点控制　contrôle d'intersection
交叉渡线　bretelle;cisaille;voie de communication du croisement
交叉断面　section d'entrecroisement
交叉方式　mode d'intersection
交叉杆　barre croisée;barre d'intersection
交叉干扰　interférence d'intersection;interférence de croisement
交叉工程　travaux croisés
交叉管涵　buse de traversée
交叉角　angle croisé;angle d'intersection(croisement)
交叉校正　correction de croisement
交叉口标志　signe de croisement
交叉口设计　conception de croisement
交叉口设置　disposition de carrefour(croisement)
交叉口通行能力　capacité de croisement
交叉口信号　signal de croisement(jonction)
交叉类型　type de croisement
交叉连接　connexion croisée
交叉连接方式　mode de connexion croisée
交叉流量　flux de l'intersection
交叉路口　carrefour
交叉路口区　zone de carrefours
交叉路口设计　étude de carrefour
交叉路口数量　nombre de croisements
交叉区　zone de croisement
交叉设计　conception(étude) de l'intersection;étude de croisement
交叉疏解　évacuation de croisement
交叉水位　niveau d'eau croisé
交叉位置　position de croisement
交叉线　ligne d'intersection(croisement)
交叉转辙器　aiguillage croisé
交叉桩　piquets croisés
交错　entrecroisement
交错断层　faille intersectée
交错排列　arrangement en quinconce
交错排列布置　répartition en quinconce
交错通行　circulation alternée
交点　point de jonction(recoupement)
交电流　courant alternatif(CA)
交分道岔　aiguille de croisement;traversée à aiguilles;traversée-jonction
交付　délivrance;livraison
交付保证金　cautionnement déposé
交付到工地　livraison à pied d'œuvre
交付方式　mode de livraison
交付节奏　cadence de livraison
交付期　terme(délai) de livraison
交付情况　état de livraison
交付日期　date de remise
交付使用　remise en exploitation;remise en service
交付使用年度　année de mise en service
交付数量　quantité livrée
交付条件　condition de livraison
交付逾期　retard à la livraison
交管系统　système de contrôle de trafic
交换　échange
交换方式　mode d'échange
交换率　facteur de conversion;taux d'échange
交换台　panneau de commutation
交换系数　coefficient de convection
交换系统　système de commutation
交换站　poste de commutation
交汇车流　flux de rencontre
交汇道路　route de rencontre
交汇点　croisement;jonction de croisement;point de rencontre(intersection)
交汇点控制　contrôle de jonction
交会法　recoupement;méthode d'intersection
交会接触线　fil de contact de croissement
交货部分付款　acompte à la livraison
交货簿　registre de livraison
交货地　lieu de livraison
交货方式　modalité de livraison
交货期　délai de livraison
交货清单　bordereau de livraison
交货日期　date de livraison
交货时间　temps de livraison
交货通知　avis de livraison;bulletin de livraison
交货协议　accord de livraison
交接班　relève
交接班制　régime de relais à l'équipe suivante;régime(système) de relève;système de passer le relais à l'équipe suivante
交接车通知　avis de transition de locomotive
交接列车　transition de train
交接站　gare d'échange;gare de transition;poste de remise
交接证书　acte de remise
交接制　système de transition
交流　échange

交流电焊机　soudeuse à courant alternatif
交流电机　moteur à courant alternatif
交流电机驱动
　　entraînement de moteur à courant alternatif
交流电压　tension alternative
交流发电机
　　alternateur;génératrice à courant alternatif
交流轨道电路
　　circuit de voie à courant alternatif
交流继电器　relais à courant alternatif
交流接触器　contacteur alternatif
交流量参数　paramètre de volume de trafic
交流量分析　analyse de flux de trafic
交流量资料　document de trafic
交流牵引　traction à courant alternatif
交流牵引电机
　　moteur de traction à courant alternatif
交流牵引模式
　　mode de traction à courant alternatif
交流无刷电机
　　moteur à courant alternatif sans brosse
交流异步电机　moteur alternatif asynchrone
交流有刷电机
　　moteur à courant alternatif avec brosse
交路　itinéraire d'acheminement;itinéraire de circulation;itinéraire
交路长度
　　longueur d'itinéraire d'acheminement
交替　alternance
交替法　méthode alternative
交替更换　alternance de changement
交替施工　alternance d'exécution
交替使用　alternance d'utilisation
交替搜索　recherche alternative
交替维修操作
　　alternance de manœuvre de maintenance
交替养护　cure alternative
交替应力　contrainte alternative
交替运输　trafic alternatif
交替作业　alternance d'opération
交通　circulation;communication;trafic
交通安全措施　protection de trafic
交通安全管理　gestion de sécurité de trafic
交通标志　signe de trafic
交通冲突　conflit de trafic
交通岛　île de trafic;îlot de circulation
交通电台　radio de communication
交通动向　mouvement de trafic
交通堵塞　embouteillage de trafic

交通发展预测
　　prévision de développement de trafic
交通繁忙道路　route à lourde circulation
交通方式　mode de trafic
交通方式划分　division de mode de trafic
交通分布　distribution de trafic
交通分类　classification de trafic
交通分流　dérivation de circulation
交通分配
　　assignation de trafic;répartition de circulation
交通分散　dispersion de circulation
交通分散道路　route de distribution
交通分析　analyse de trafic
交通负荷　charge de circulation(trafic)
交通改道　détournement de trafic
交通干扰
　　influence(interférence) de circulation
交通干线　artère;artère de circulation
交通高峰时间
　　heure de pointe de trafic;pointe de circulation
交通工程　travaux de transport
交通工具　moyens de déplacement
交通管理　gestion de trafic
交通管理路栏
　　barrière de contrôle de trafic
交通管理中心
　　centre d'aménagement de trafic
交通管制
　　contrôle de trafic;restriction de circulation
交通规划　planification de trafic
交通规则　code de la route
交通恢复程序
　　procédure de rétablissement de circulation
交通恢复时间
　　temps de rétablissement du trafic
交通基础设施　infrastructure de transport
交通集中　concentration de trafic
交通记录仪　enregistreur de trafic
交通监管　supervision de trafic
交通监理　surveillance de trafic
交通检查　contrôle de trafic
交通交错运行管理
　　gestion de circulation alternée
交通结构　structure de trafic
交通控制技术
　　technique de contrôle de trafic
交通控制设施
　　installations de contrôle de trafic
交通类别　catégorie de trafic

交通量　débit de circulation；volume de trafic
交通量变化　fluctuation de trafic；variation de volume de trafic
交通量调查　enquête de trafic；enquête de volume de trafic；recensement de trafic
交通量分配　distribution de volume de trafic
交通量核实　vérification de volume de trafic
交通量上升需要　besoin croissant du trafic
交通量增加　accroissement(développement)de trafic
交通量增长　accroissement de l'intensité de trafic；augmentation(croisement)de trafic
交通临时中断　suspension de trafic
交通流畅　fluidité de circulation
交通流畅性　fluidité de trafic
交通流控制　contrôle de flux de trafic
交通流量　afflux de circulation(trafic)；flux de circulation(trafic)
交通流量变化　variation de trafic
交通流量控制　contrôle de volume de trafic
交通流量设计　conception(étude)de flux de trafic；conception(étude)de trafic
交通流量设计报告　rapport de l'étude de trafic
交通流量统计　comptage de circulation；statistique de flux de trafic
交通流量图　diagramme(plan)de flux de trafic；plan de trafic
交通流量下降　abaissement de flux de trafic
交通流量预测　prévision de circulation(trafic)
交通流量增加　augmentation d'afflux de circulation
交通流信息　informations de flux de circulation
交通路线　acheminement de communication
交通密度　intensité de trafic
交通潜能　capacité de trafic potentielle
交通容量　capacité de trafic
交通容量设计　conception(étude)de volume de trafic
交通伤亡事故　accident corporal de la circulation(ACC)
交通事故　accident de circulation(trafic)
交通事故笔录　constat d'accident de circulation
交通事故处置　intervention en cas d'accident
交通事故救援　sauvetage de l'accident de trafic
交通枢纽　nœud；jonction(nœud)de communication；nœud de circulation
交通疏导　sous-circulation
交通顺畅　trafic rapide
交通速度限制　limitation de vitesse de circulation
交通速率　vitesse de trafic
交通艇　youyou
交通投入运行　mise en circulation
交通图　carte de circulation
交通图量　histogramme de trafic
交通网　réseau de transport
交通违章　contravention de circulation
交通污染　pollution de trafic
交通限制　restriction de circulation(trafic)
交通线　communication；ligne de communication(trafic)
交通信号标志　signalisation de trafic
交通信号灯　feux de circulation
交通信号控制　contrôle de signal de trafic
交通信号装置　équipement de signalisation de trafic
交通信息　informations de trafic
交通需求　demande de trafic
交通压力　pression de trafic
交通因素　facteur de trafic
交通拥堵　congestion de circulation
交通运行　fonctionnement de circulation
交通运行监视系统　système de supervision de trafic
交通运输普查　recensement de transport
交通运营　exploitation de circulation
交通运转　circulation de trafic
交通噪声　bruit de circulation(trafic)
交通噪声控制　contrôle de bruit de trafic
交通增量　accroissement de circulation
交通站　station de trafic
交通中断　interruption de circulation(trafic)
交通中枢　centre de communication
交通状况　état de trafic
交通自动化管理　gestion automatique du trafic
交通阻塞　embarras；embarras de circulation；embouteillage；encombrement de circulation
交通组成　composition de circulation(trafic)；constitution de trafic
交通组织设计　conception(étude)de composition de circulation
交线条件　condition d'intersection

交钥匙工程	travaux clé en main
交钥匙合同	contrat clé en main
交钥匙项目	projet clé en main
交织长度	longueur entremêlée
交织交通流	flux de trafic entremêlé
交织流	flux entremêlé
交织路段	section entremêlée
交织作用	action de tricot
交直流同步电力机车	locomotive électrique synchrone bicourant
浇柏油	goudronnage
浇灌	coulage
浇灌设备	installations de coulée
浇灌引水管	tuyau d'arrosage
浇沥青	asphaltage;bitumage;épandage de bitume;imprégnation de bitume
浇油养护	entretien à bitume
浇铸	coulage;moulage
浇铸车间	atelier de coulée
浇铸混凝土振动	vibration de coulage du béton
浇铸模板	coffrage de coulage
浇筑	coulée
浇筑场地	chantier de coulée
浇筑地点	lieu de coulée
浇筑混凝土	bétonnage;mise en œuvre de béton
浇筑混凝土底板	bétonnage de radier
浇筑混凝土垫层	bétonnage de semelle
浇筑混凝土阶段	période de bétonnage
浇筑混凝土梁	bétonnage de poutre en béton
浇筑混凝土前验收	réception avant bétonnage
浇筑接缝	joint coulé
浇筑进度	avancement de coulage
浇筑施工	exécution de coulage
浇筑施工模板	coffrage de l'exécution de coulage
浇筑时间	temps de coulage
浇筑速度	vitesse de coulage(coulée)
浇筑温度	température de coulée
胶带	bande adhésive
胶合板	contre-plaqué;feuille de contre-plaqué;panneau contreplaqué
胶合板门	porte en contreplaqué
胶合板模板	coffrage en contreplaqué;panneau de coffrage en contreplaqué
胶合力	force de collage
胶合木拱	arc en lamelles collées
胶绝缘接轨装置	joint isolant collé(JIC)
胶泥	terre glaise
胶黏土	argile visqueuse
胶水黏力	adhérence de colle
胶体砂浆	mortier colloïdal
胶体物	goudron pur
胶黏剂	adhésif
胶纸带	papier collant
胶质黏土	argile colloïdale
胶质炸药	explosif gélatineux;nitro-gélatine
焦距	distance focale
焦炉柏油	goudron de coke
焦煤	charbon cokéfiable
焦煤含量	charge de coke
焦煤塔	tour à fines;tour de charbon à coke
焦炭	coke
焦油	huile de goudron
焦油沥青	asphalte de houille;goudron
焦油沥青混凝土	béton à base de goudron;béton de goudron;béton goudronneux
礁相石灰岩	calcaire récifal
角	angle
角尺	équerre
角度	degré d'angle
角度测量	mesure des angles
角度尺	règle d'angle
角度矫正	correction angulaire
角钢	acier cornier;cornière;fer à cornière
角拱	arc angulaire
角规	calibre d'angle
角接	assemblage à corniche;assemblage en angle
角开度	ouverture d'angle
角拉条	écharpe
角砾	grave anguleuse
角砾石	galet(gravier)anguleux
角砾岩	brèche
角偏差	écart angulaire
角偏差检查	contrôle de l'écart angulaire
角闪岩	amphibolite
角铁	fer d'angle;cornière
角形鱼尾板	éclisse angulaire;éclisse cornière
角岩	pierre cornée;pierre de corne
角振幅	amplitude angulaire
角柱	montant d'angle;poteau d'angle;poteau cornier
角柱体	prisme
角坐标	coordonnées angulaires
绞车	bourriquet;treuil

绞车索　câble de treuil
绞盘　moulinet; treuil
绞索车　poulie
绞线盘　dévidoir
铰拱桥　pont à arc et à articulations
铰接　articulation; assemblage à charnière; assemblage par articulation
铰接车辆　wagon articulé
铰接车厢　voitures articulées
铰接端　bout articulé
铰接拱　arc à charnière; arc avec articulation
铰接固定支座　support à charnière fixe
铰接接头　articulation à rotule
铰接跨　travée articulée
铰接梁　poutre articulée
铰接式锤碎机　broyeur à marteaux articulés
铰接支架　soutènement articulé; support articulé
铰接支座　appui sur rotule
铰接轴　arbre à rotule
铰链　charnière
铰式支柱　pylône (poteau) articulé
铰支点　appui à l'articulation; appui à rotule; appui articulé; appui double
铰轴支座　appui de l'arbre à articulation
矫正　correction; redressement
矫正车钩高度　correction de hauteur d'attelage
矫正尺寸　correction de dimension
矫正方位　rectification de position
矫正高度　correction de hauteur
矫正轨底坡　correction d'inclinaison de rail
矫正轨距　correction d'écartement de voie
矫正路床高度　correction de hauteur de la plateforme de voie
矫正路基高度　correction de hauteur de l'assise de voie
矫正曲线　rectification de courbe
矫正误差　erreur de correction
矫正限界　correction de gabarit
矫直钢轨　dressage de rail
矫直机　dresseuse; machine à dresser; redresseur
脚蹬　marchepied
脚蹬扶手　main courante de marchepied
脚蹬格子板　caillebotis de marchepied
脚蹬间距　espacement des marchepieds
脚扣子　grappin
脚刹车闸　frein à pied

脚手板　planche d'échafaudage
脚手架　échafaud; échafaudage
脚手架安装　montage des échafaudages
脚手架倒塌　effondrement de l'échafaudage
脚手架垫板　patin de l'échafaudage
脚手架横杆　écoperche horizontale
脚手架平台　plateau d'échafaudage
脚手架数量　quantité des échafaudages
脚手架支架　support d'échafaudage
脚手架柱　écoperche
脚踏板　marchepied
搅拌　gâchage; malaxage
搅拌车间　atelier de malaxage
搅拌鼓筒　tambour mélangeur
搅拌机　machine mélangeuse; malaxeur; malaxeuse; mélangeur-agitateur; mélangeur-malaxeur
搅拌进度　avancement de malaxage (mélange)
搅拌器　agitateur
搅拌设备　engin (équipement, matériel) de malaxage; équipement (matériel, engin) de mélange
搅拌筒　tambour de malaxage
搅拌站　centrale de malaxage (mélange)
搅拌组　groupe de malaxage
缴纳社会保险的完税证明　attestation fiscale de l'organisme de sécurité sociale
校验操作　opération vérifiée
校验信息　informations de contrôle
校正　ajustage; rectification
校正长度　correction de longueur
校正曲线　courbe corrigée; courbure de correction
校正线路位置　réglage de position de voie
校正仪器　rectification de l'instrument
校准　étalonnage
校准测量　mesure d'étalonnage
校准曲线　courbe (courbure) d'étalonnage; courbe (courbure) de calibrage
校准时间　temps de mise au point
校准仪器　ajustement des appareils; appareil d'étalon
校准证明　certificat d'étalonnage

jie

阶地　banquette-terrasse; terrasse
阶段　étape; période; phase
阶段性占用　occupation périodique

阶式底座　semelle en gradins successifs;
　semelle en redans successifs
阶梯　gradin
阶梯基础　fondation en forme d'escalier
阶梯式边坡　talus à redan
阶梯式充填　remblai en gradins
阶梯式开挖
　creusement(excavation)en gradins
阶梯式开挖法
　méthode d'excavation en gradins
阶梯式曲线　courbe à gradins
阶梯式下沉　affaissement en gradins
阶梯形　forme échelonnée
阶梯形边坡　talus trapézoïdal
阶梯形挡土墙
　mur à redans;mur de soutènement à redans
阶梯形跌水槽　descente d'eau en escalier
阶梯形混凝土墙　mur en béton à gradins
阶梯形基础　semelle(fondation)à redans;
　semelle(fondation)en gradins;
　fondation élongée
阶形柱　colonne disposée en gradins
阶状断层
　faille à gradins;faille en escalier;faille étagée
接驳轨　rail connecté;voie de raccordement
接茬钢筋　acier en attente
接车　réception de train
接车场　faisceau de réception des trains
接车车站　gare de réception des trains
接车道　voie de réception des trains
接车地区　zone de wagonnage
接车方式　mode de réception de train
接车计划　plan de réception de trains
接车进路　itinéraire de réception de train
接车进路信号　signal d'itinéraire d'arrivée
　du train;signal d'itinéraire d'entrée du train
接车数量　nombre d'acceptation de trains
接车线　voie de réception des trains
接车信号　signal de réception de train
接车准备　préparation de réception du train
接触　contact
接触板　plaque de contact
接触不良　contact défectueux
接触点　point de contact
接触点标记　marque de point de contact
接触点位置　position de point de contact
接触电压　tension de contact
接触对焊
　soudure par rapprochement bout à bout
接触轨　rail de contact
接触轨固定装置
　dispositif de fixation de rail de contact
接触滑块　patin de contact
接触间隙　jeu de contact
接触面　face(plan,surface)de contact
接触黏着力　adhérence de contact
接触疲劳　fatigue de contact
接触器　contacteur
接触牵引供电网
　réseau d'énergie de caténaire
接触网　caténaire
接触网安装
　installation(montage)de caténaire
接触网安装阶段
　phasage de l'installation de caténaire
接触网变压器　transformateur de caténaire
接触网变压器电阻器
　résistor de transformateur de caténaire
接触网补偿装置
　équipement de compensation de caténaire
接触网部分　lot de caténaire
接触网承力索支架
　console de câble porteur de caténaire
接触网触线滑块
　bloc glissant de fil de contact de caténaire
接触网触靴　frotteur de contact
接触网电压　tension de caténaire
接触网吊弦　pendule de caténaire
接触网断线　coupure de caténaire
接触网附加导线
　fil supplémentaire de caténaire
接触网高度　hauteur de caténaire
接触网高压隔离开关
　interrupteur à haute tension de caténaire
接触网隔离开关　sectionneur de caténaire
接触网工程　travaux de caténaire
接触网工程验收
　réception des travaux de caténaire
接触网构件
　composants(éléments,membres)de caténaire
接触网故障　panne de caténaire
接触网架空接地线
　fil de masse aérien de caténaire
接触网架线　pose de fil de caténaire
接触网架线车　véhicule bobineur pour
　installation de fil de contact
接触网架线阶段
　étape de montage de fil de caténaire

接触网架线进度
　　avancement de pose de fil de caténaire
接触网架线设备
　　matériel de pose de caténaire
接触网交会接触线
　　fil de contact de croisement de caténaire
接触网接触导线
　　ligne de contact à suspension caténaire
接触网接触器　contacteur de caténaire
接触网接触线吊柱悬挂　suspension de pendule de fil de contact de caténaire
接触网立柱　mât(poteau) de caténaire
接触网立柱编号
　　numérotation de mât de caténaire
接触网门形架　portique de caténaire
接触网配件　accessoires de caténaire
接触网牵引电力回路
　　retour de courant de traction
接触网牵引动能
　　énergie de traction de caténaire
接触网设备套件
　　kit des équipements de caténaire
接触网设施　installations de caténaire
接触网设施施工
　　réalisation des installations de caténaire
接触网升降修理车
　　wagon à plateforme mobile
接触网受电弓运动
　　mouvement de pantographe de caténaire
接触网调试　réglage de caténaire
接触网维护　maintenance de caténaire
接触网维护组　équipe de caténaire
接触网维修车
　　véhicule de maintenance de caténaire
接触网温度变化
　　changement de température de caténaire
接触网系统　système de caténaire
接触网系统测试　test de système de caténaire
接触网系统设备
　　équipement du système de caténaire
接触网限界　gabarit de caténaire
接触网限界门架
　　portique-gabarit de caténaire
接触网线叉　aiguillage aérien
接触网线维修车
　　automotrice à plateforme mobile
接触网修理　réparation de caténaire
接触网悬臂　bras de rappel
接触网悬臂架　bras de suspension de caténaire; cantilever de caténaire
接触网悬挂　suspension caténaire
接触网悬挂弹性
　　élasticité de suspension de caténaire
接触网悬架
　　suspension de caténaire à cantilever
接触网支柱　support de caténaire
接触网柱杆　fût de poteau de caténaire
接触网装置　équipement de caténaire
接触线　fil de contact
接触线安装　montage de fil de contact
接触线吊弦　pendule de fil de contact
接触线高度　hauteur de fil de contact
接触线架设　installation de fil de contact
接触线绝缘子　isolateur de fil de contact
接触网线路分区
　　sectionnement de ligne de caténaire
接触线摩擦　frottement de fil de contact
接触线磨损　usure de fil de contact
接触线松弛　relâchement de fil de contact
接触线温度　température de fil de contact
接触线悬挂　suspension de fil de contact
接触线预弛度　pré-flèche de fil de contact
接触线支架　bras de support de fil de contact; support de fil de contact
接触悬挂　suspension de contact
接触悬挂横向支持设备　portique souple
接触应力　contrainte de contact
接待处　service de réception
接待室　salle de réception
接地　mise à la terre
接地安装　installation de mise à terre
接地板　plaque(platine) de mise à la terre
接地板桩　massif de mise à terre
接地保护　protection de mise à la terre
接地保护开关　commutateur(sectionneur) de protection de mise à la terre
接地保护装置　protecteur de mise à la terre
接地报警　alarme de mise à la terre
接地导线　fil conducteur de mise à terre
接地地桩连接线　fil de connexion de masse
接地点　point de mise à la terre
接地端子　borne de mise à la terre
接地短路　court-circuit à la terre
接地固定装置
　　dispositif d'ancrage de mise à la terre
接地故障　panne de mise à la terre
接地盒　boîte de mise à la terre
接地环　boucle de terre

接地回流电刷　balai de retour de courant
接地开关　sectionneur de mise à la terre
接地开关防护罩
　　carter de commutateur de mise à la terre
接地连接　connexion de prises de terre
接地埋设　implantation de mise à la terre
接地设备　installations de mise à la terre
接地系统　système de mise à la terre
接地系统测试
　　test de système de mise à la terre
接地线　fil de terre
接地桩　piquet de terre
接地装置
　　dispositif de mise à la terre; prise de terre
接点闭合　fermeture de contact
接点断开　ouverture de contact
接点方式　mode de jonction
接点误差　erreur de jonction
接电盒　boîte de jonction
接缝　joint; jointure
接缝材料
　　matériau de recouvrement des joints
接缝防水　étanchéité de joint
接缝分布　répartition de joints
接缝钢轨　rail avec joint
接缝灌浆　coulage de joint au mortier;
　　injection des joints
接缝切割机　machine à couper les joints
接缝支座　appui de joints
接杆钻探　sondage à tiges rigides
接钢筋　raboutage d'armature
接轨　jonction(raboutage, raccordement,
　　connexion) de rail; éclissage
接轨板　queue-de-morue
接轨点　jonction de rail; point de
　　raccordement de rails
接轨点道岔　aiguille de point de raccordement
接轨方式　mode de jonction de rail
接轨站　gare de jonction de rail; station de
　　connexion de voie; station de jonction de rail
接合　jointement
接合面　plan de jonction
接近表示　indication d'approche
接近道岔区　approche de l'aiguille
接近点　point d'approche
接近端　fin d'approche
接近警示　avertissement d'approche
接近距离　distance d'approche
接近区段　zone d'approche

接近速度　vitesse d'approche
接近隧道警示
　　avertissement d'approche de tunnel
接近线路锁闭
　　enclenchement de voie d'approche
接口　interface
接口标准　standard d'interface
接口尺寸　dimension de l'interface
接口尺寸要求
　　exigence dimensionnelle pour les interfaces
接口关闭　fermeture de l'interface
接口管理　gestion d'interfaces
接口控制与侵入检测系统　système de
　　contrôle de l'accès et de détection
　　d'intrusion(CADI)
接口模块　module d'interface
接口设备　équipement d'accès
接口误差　tolérance de l'interface
接口限界　gabarit de l'interface
接口转换器　convertisseur d'interface
接面处理　traitement des interfaces
接纳　admission
接坡交叉口　croisement rampant
接入服务器　serveur d'accès
接入能力　capacité d'accès
接入设备　équipement d'accès
接入网　réseau d'accès
接入网通信
　　télécommunication par l'intranet
接入信道　canal d'accès
接入优先　accès prioritaire; priorité d'accès
接收器
　　appareil de réception; appareil récepteur
接收天线　antenne de réception
接收系统　système de réception
接受　acceptation
接受标书　acceptation de l'offre
接受标桩　acceptation de piquets
接受标准　critère d'acceptation
接受场地　acceptation de terrain
接受程序　procédure d'acceptation
接受价格　acceptation de prix
接受建议　acceptation de proposition
接受区域　région d'acceptation
接受施工方案
　　acceptation de méthodologie d'exécution
接受条件　acceptation de conditions
接受通知　acceptation de notification
接受投标书　acceptation de soumission

接受投标书价格
    acceptation de prix de soumission
接受图纸　acceptation de plans
接受文件　acceptation de dossiers
接受线路比选方案
    acceptation de variante de tracé
接受优化方案　acceptation de variante
接受证书　certificat d'acceptation
接受中标通知（书）　réception de notification
接通电源　mise en circuit
接通轨道电路　mise en circuit de voie
接头
    joint de raccord;joint;jointure;raboutage
接头部位冲击力
    force de choc contre le joint de raccord
接头错牙　ressaut(décalage)des joints de raccord
接头垫板　patin de joint de raccord;plaque d'assise de joint de raccord
接头螺栓　boulon d'éclisse
接头螺栓折断　rupture de boulon d'éclisse
接头配件　garniture de joint
接线板　panneau de câblage
接线端子　borne de prise
接线盒
    boîte de branchement;boîte de raccordement
接线夹　serre-fils
接线图　diagramme de connexion
接桩　faux-pieu;pieu d'attente
节点　nœud;point nodal
节点板　gousset;plaque d'assemblage
节点荷载　charge aux nœuds
节点机　connecteur de nœud
节点位移　déplacement de joint
节点位移法　méthode de déplacement de joint
节假日　jour férié
节气门控制杆　manette de gaz
节奏　cadence;rythme
洁净度　degré de propreté
结构　construction;structure
结构安装　installation de structure
结构变化　changement(variation)de structure
结构变形　déformation de structure
结构布置　disposition constructive
结构材料　matériau de structure
结构参数　paramètre de structure
结构层　couche structurale
结构尺寸　dimension(taille)de structure
结构动力性能测试　test de performance dynamique de la structure
结构断层　faille structurale
结构对称　symétrie structurelle
结构风速　vitesse du vent de structure
结构缝　joint de structure
结构缝处理　traitement de joints de structures
结构复杂性　complexité de structure
结构钢　acier de construction(structure)
结构钢筋　armature structurale
结构高度　hauteur de structure
结构工程　travaux de structure
结构工程师　ingénieur de structure
结构构件　élément de structure
结构桁架　treillis de structure
结构混凝土　béton de structure
结构计算　calcul de construction(structure)
结构减振　amortissement de structure
结构抗震强度计算
    calcul de structure à la résistance de séisme
结构宽度　largeur de structure
结构类型　type de structure
结构力学　mécanique de structure
结构锚定装置　ancrage de structure
结构耐久性　durabilité de structure
结构强度　résistance de structure
结构缺陷　défaut(vice)de structure
结构设计　conception(étude)de structure
结构损坏　détérioration de structure
结构图　plan de structure
结构稳定性　stabilité de structure
结构稳定性试验　test de stabilité de structure
结构系数　coefficient de structure
结构详图　détail de construction
结构形式　forme structurale
结构要求　exigence de structure
结构优化设计
    conception optimisée de structure
结构重量　poids de construction
结构专业　spécialité de structure
结构状态　état de structure
结构自重　poids mort de structure
结果　résultat
结果分析　analyse de résultat
结果注释　interprétation de résultat
结合　liaison
结合层　couche de liaison
结合料　liant;matière d'agrégation
结合料含量　teneur en liant
结合料撒布机械　engin d'épandage de liants
结晶带　zone cristalline

结晶凝灰岩　tuf à cristaux; tuf cristallin
结晶岩　roche cristalline
结块　congloméré
结算　liquidation; règlement
结算方法　mode de règlement
结算方式　modalité de règlement
结算期限　délai de règlement
结算通知单　avis de règlement
结算外汇　devise de règlement
结账　règlement de compte; arrêt des comptes; clôture de comptes
结账依据　base de règlement de compte
捷径　accourcie; raccourci
截板桩　coupage des palplanches
截点　point de section
截断　captage; tronçonnage
截断机　tronçonneuse
截流管道系统　système de canalisation d'interception
截流面积　surface de captage des eaux
截流排水沟　rigole d'évacuation de banquette
截面　section
截面尺寸　dimension de section
截面改变　changement de section
截面高度　hauteur de section
截面惯性矩　moment d'inertie de section
截面积　surface de section
截面积单位　unité de section
截面力矩　moment de section
截面图　plan de section
截面应力　contrainte de section
截面有效高度　hauteur efficace de section
截取地下水　captage des eaux souterraines
截水　captage des eaux
截水槽　tranchée de para-fouille
截水沟　contre-fossé; fossé d'interception; fossé de captage; tranchée d'interception
截水盲沟　drainage profond d'interception
截水墙　para-fouille; mur para-fouille
截头　recépage
截止期限　délai de clôture
截止日期　date d'arrêt; date limite
截桩　coupage des pieux; découpage de pieux
截桩方法　procédé de coupage de pieux
解编作业　manœuvre de décomposition des wagons
解除　libération; mainlevée; résiliation
解除闭塞　déblocage; libération de block
解除闭塞状态　désenclavement

解除电气锁闭　déclenchement de verrouillage électrique
解除封闭　déblocage
解除封闭线路作业时间　déblocage(libération) de plage horaire
解除贫困地区闭塞状态　désenclavement de la zone de pauvreté
解除施工封闭的区段　libération de plage travaux
解除天窗时间　déblocage(libération) de plage horaire
解除线路部分区段的封闭　déblocage de section partielle de voie
解冻　décongélation
解冻库　entrepôt de dégel
解冻下沉　affaissement de dégel; affaissement dû au dégel
解钩装置　dispositif de désaccouplement
解雇通知　préavis de licenciement
解决办法　solution
解释　interprétation
解释报告　rapport explicatif
解锁　déblocage de verrouillage; désenclenchement; déverrouillage
解锁电路　circuit de décalage
解锁进路　itinéraire désenclenché(déverrouillé, libéré)
解锁装置　dispositif de désenclenchement
解体检修　réparation après débranchement
解体列车任务　tâche de décomposition des wagons
解调器　modulateur
解析法　méthode analytique
解析几何　géométrie analytique
解析曲线　courbe analytique
解约　résiliation de contrat
解约期限　délai de résiliation
解约条件　condition de résiliation
解约通知　avis de dénonciation(résiliation); préavis de résiliation du contrat
介入　intervention
介入程度　niveau d'intervention
介入方式　modalité d'intervention
介质剂　agent
芥子气　ypérite
界标　borne
界标间距　espacement des bornes
界层　couche limite

界沟	saut-de-loup
界面	interface; surface limite
界面活度	activité interfaciale
界面排水	drainage de l'interface
界面速度	vitesse de l'interface
界面张力	tension de l'interface
界墙	mur mitoyen
界石	borne démarcative; borne
界限	marge; seuil
界限检查	examination des limites
界柱	poteau frontière
界桩	poteau de bornage; poteau frontière
借方	emprunt
借方差额	solde débiteur
借方量	volume d'emprunt
借方料	matériau d'emprunt
借方填方	remblai en provenance d'emprunt; remblai provenant d'emprunt; remblai d'emprunt
借方通知单	avis de débit
借方土	sol d'apport; remblai d'emprunt
借方账	compte débiteur
借款	emprunt
借料场位置	localisation des emprunts
借泥灰岩填方	remblai d'emprunt en marne
借凝灰岩填方	remblai d'emprunt en tuf
借石填方	remblai d'emprunt en pierre
借土	terre d'emprunt
借土场	carrière (gîte, lieu) d'emprunt
借土场地恢复	mise en état de site d'emprunt
借土场开采	exploitation des emprunts
借土场清理	aménagement (nettoyage) de site d'emprunt
借土地点	emplacement (site) d'emprunt
借土开挖	creusement d'emprunt; ouverture des emprunts
借土区域	zone d'emprunt
借土填方	emprunt mise en remblai; remblai rapporté
借土用地	emprise des emprunts
借用场地	terrain d'emprunt

jin

金额	somme
金额明显偏低	montant anormalement bas
金额明显偏高	montant anormalement élevé
金刚砂	émeri; sable d'émeri
金刚砂防滑条	baguette au mortier de sable d'émeri
金刚石	diamant
金刚钻头	trépan à diamant
金工车间	atelier de métallurgie
金融财团	consortium financier
金融公司	société financière
金融机构	organisme financier
金融市场	marché financier
金融危机	crise financière
金融资本	capital financier
金属	métal
金属安全护栏	glissière de sécurité métallique
金属板	feuille métallique; plaque de métal
金属板材	tôle métallique
金属板网	maille métallique
金属波纹管涵	aqueduc en tôle ondulé
金属材料	matériau métallique
金属产品	produit métallique
金属防护罩	capot métallique
金属构件	élément métallique
金属管	tube (tuyau) métallique
金属护栏	barrière en acier; glissière métallique
金属护栏安装	montage de glissières métalliques
金属护栏端头	extrémité de glissière métallique
金属护网	filet protecteur métallique
金属集水管	collecteur métallique
金属脚手架	échafaudage métallique
金属类型	nature de métal
金属卤化物灯	lampe de halogénure
金属门	porte métallique
金属模	moule métallique
金属排水管	drain métallique
金属抛光	polissage de métal
金属疲劳	fatigue de métal
金属桥面	tablier métallique
金属丝	fil métallique
金属探伤仪	détecteur de fer; détecteur des métaux
金属网	grillage (treillis) métallique
金属网筛	tamis à toile métallique
金属泄水管	tuyau de décharge métallique
金属栅格	grillage métallique
金属支撑	support métallique
金属支架	soutènement métallique
金属支柱	étai métallique
金字塔	pyramide
津贴	allocation

紧固　serrage
紧固板　plaque de serrage
紧固车钩螺杆　serrage de tendeur d'attelage
紧固度　raideur de serrage
紧固机具　outillage de serrage
紧固件　composants fixés; pièce d'assemblage; pièce de fixation
紧固扣件　serrage de l'attache
紧固力矩　couple de serrage
紧固螺杆　tendeur à vis
紧固螺栓　serrage de boulon
紧固锚杆　serrage de tirant d'ancrage
紧固锚具　serrage de coupleur
紧固器　étrier
紧固调节装置　appareils tendeurs
紧急报警设备　installations d'alarme d'urgence
紧急措施　mesures d'urgence
紧急电话亭　poste téléphonique en cas d'urgence
紧急行动　action urgente
紧急呼叫　appel d'urgence; appel de secours
紧急呼叫停车带　stationnement d'appel d'urgence
紧急呼叫系统　réseau (système) d'appel d'urgence
紧急呼叫站　poste d'appel d'urgence
紧急减速　ralentissement (décélération) d'urgence
紧急救援　sauvetage d'urgence
紧急抢修　dépannage (réparation) d'urgence
紧急情况　cas d'urgence; situation d'urgence
紧急求援　secours d'urgence
紧急停车　arrêt brusque; arrêt vif
紧急停车带　bande d'arrêt d'urgence (BAU); bande d'urgence
紧急停车道　voie d'arrêt d'urgence; voie d'urgence
紧急停车信号　signal d'arrêt d'urgence
紧急信号　signal d'urgence
紧急修理　réparation accidentelle
紧急制动　arrêt (freinage) d'urgence
紧急制动阀　soupape de frein d'urgence; soupape de frein de secours
紧急制动杆　levier de frein d'urgence
紧急制动距离　distance de freinage d'urgence
紧急制动闸　frein d'urgence
紧邻铁路人行道　bas-côté de voie ferrée

紧密度　degré de tassement
紧耦合　accouplement serré
紧丝钳　pince à tordre les fils
紧缩性预算　budget d'austérité
紧索　câble diagonal; câble tendeur
紧线钳　pince à cavalier
尽端承座　appui extrême
尽头　extrémité
尽头式车站　gare en forme de tête
尽头式枢纽　nœud en cul-de-sac
尽头式站台　quai en cul-de-sac
尽头线　voie de sûreté; voie en cul-de-sac; voie en impasse
尽头线车挡　heurtoir
尽头线警示　avertissement de voie en cul-de-sac
尽头线信号机　signal de voie en cul-de-sac
尽头信号机　signal de l'impasse
尽头站　gare d'extrémité; gare en cul-de-sac; gare tête de lignes
进岔　entrée à l'aiguille; entrée au croisement
进岔口关闭　fermeture de l'accès d'aiguille
进岔口控制　contrôle à l'accès de branchement
进场　amenée; amenée sur site
进场操作　opération d'amenée
进场道岔　aiguille d'entrée
进场费用　frais d'amenée
进场人员状况　état du personnel entré sur le chantier
进场设备状况　état des matériels entrés sur le chantier
进场时间　temps d'amenée
进车道　accès de voie
进出坑道　galerie d'accès
进出口　import-export
进出口公司　société d'import-export
进出速度　vitesse d'entrée et de sortie
进出线　ligne d'entrée et de sortie
进出站道岔　croisement avec aménagement de gare
进出站口人工验票　valideur《humain》
进出站口验票机　valideur sans contact
进出站线路疏解　dégagement de voie d'entrée et de sortie
进错方向　acheminement à contre-sens
进度　avancement; progression d'avancemen
进度报告　rapport d'avancement
进度表　tableau d'avancement

进度分析　analyse de l'avancement
进度估计　estimation de l'avancement
进度管理　gestion d'avancement
进度计划　planning；planning d'avancement
进度计划更新　actualisation de planning
进度计划控制　contrôle de planning
进度记录　enregistrement d'avancement
进度控制　contrôle de l'avancement
进度统计　statistique de l'avancement
进度下降　abaissement de l'avancement
进度要求　demande de l'avancement
进风口　bouche d'entrée du vent
进行试验　exécution des essais
进口　accès；importation
进口材料　matériau importé
进口代理　commissionnaire-importateur
进口代理人　agent d'importation
进口附加税　surtaxe à l'importation
进口货物　marchandise d'importation
进口控制　contrôle d'accès(entrée)
进口贸易　commerce d'importation
进口免税证明　attestation pour exemption des droits d'entrée
进口凭单　bon d'importation
进口商　importateur
进口设备清关　dédouanement des équipements importés
进口设备折旧　amortissement de matériels importés
进口申报　déclaration de l'importation
进口时状态　état à l'importation
进口税　taxe d'importation
进口限额　quota d'importation
进口信贷　crédit à l'importation
进口许可证　licence(permis) d'importation
进库　remisage
进路　itinéraire
进路编号　numérotage des itinéraires
进路表　tableau des itinéraires
进路撤销登记　enregistrement d'annulation d'itinéraire
进路重新开放　reprise de l'ouverture d'itinéraire
进路储存器　enregistreur des itinéraires
进路存储　accumulateur d'itinéraires
进路道岔　aiguille d'itinéraire
进路道岔开通　ouverture de l'aiguille de l'itinéraire
进路定向　orientation d'itinéraire

进路分段解锁　libération de transit souple
进路关闭　fermeture d'itinéraire
进路记录器　enregistreur des itinéraires
进路建立　établissement de l'itinéraire
进路交叉　croisement d'itinéraires
进路解锁　déverrouillage de l'itinéraire；libération d'itinéraire
进路开通操纵杆　levier d'itinéraire
进路控制　contrôle d'itinéraire
进路控制系统　système de contrôle des itinéraires
进路连接　accès de connexion
进路联锁　enclenchement des itinéraires
进路联锁登记　enregistrement d'enclenchement d'itinéraire
进路联锁登记显示　indication d'enregistrement de l'enclenchement d'itinéraire
进路权　droit d'accès
进路确认　confirmation d'itinéraire
进路人工解锁　déblocage manuel d'itinéraire
进路上游段　amont d'itinéraire
进路申请　demande d'itinéraire
进路生成　formation des itinéraires
进路识别　identification d'itinéraire
进路释放程序　procédure de libération d'itinéraire
进路释放登记　enregistrement de libération d'itinéraire
进路释放登记显示　indication d'enregistrement de libération d'itinéraire
进路顺序　ordre des itinéraires
进路锁闭　blocage(calage, verrouillage) d'itinéraire；blocage(verrouillage) de parcours
进路锁闭解锁　désenclenchement de blocage de parcours
进路位置　position d'itinéraire
进路下游段　aval d'itinéraire
进路显示　indication d'itinéraire
进路信号　signal d'itinéraire
进路信息　informations d'itinéraires
进路许可　autorisation d'itinéraire
进路选择　choix d'itinéraire
进路一次解锁　libération complète d'itinéraire；libération de transit absolu
进路优先　priorité d'itinéraire
进路预留　réservation d'itinéraire
进路占用　occupation d'itinéraire

进路指定	routage d'itinéraire
进路指示器	indicateur d'itinéraire
进路自动控制	
	commande automatique des itinéraires
进路自动控制方式	mode de commande automatique des itinéraires
进气	admission d'air
进(风)气	air d'entrée
进气阀	soupape d'admission d'air; valve d'aspiration
进气风扇	ventilateur d'alimentation
进气格板	grille d'alimentation
进气管	tuyau d'admission
进气孔	prise d'air
进气口	accès(entrée) d'air; bouche d'introduction d'air; bouche de prise d'air; orifice d'admission
进气量	afflux d'air
进气塔	tour d'air
进气系统	système d'admission; système d'amenée d'air
进气压力表	manomètre d'admission
进气装置	dispositif d'admission de l'air
进入道岔	aiguille d'accès
进入对象道岔	passage de l'aiguille en pointe
进入工地限制	contrainte d'accès de chantier
进入工地线路	itinéraire d'accès au chantier
进入加速	accélération d'entrée
进入口关闭	fermeture de l'accès
进入(区段)轮轴	essieux entrants
进入权	droit d'accès
进入顺行道岔	passage de l'aiguille par le talon
进入线	voie d'entrée
进入线路弯道超高段	
	accès au dévers de la voie
进入线路自动释放	
	libération automatique de l'itinéraire
进入信号	signal d'entrée
进入异线	acheminement à contre-voie
进深	portée profondeur
进水	arrivée d'eau
进水管	tuyau d'admission
进水口	arrivée(entrée) d'eau; bouche d'entrée de l'eau
进水量	afflux d'eau
进线	ligne d'entrée
进线改变	changement d'itinéraire
进线解锁	désenclenchement d'itinéraire
进修培训	stage de perfectionnement
进展	avancement; progression
进站	entrée en gare
进站道岔	aiguille d'entrée
进站方向	sens d'entrée en gare
进站检票口转杆闸机	
	tourniquet de l'accès au quai
进站减速	ralentissement d'entrée en gare
进站控制	contrôle d'entrée à la gare
进站口	accès au quai; accès de gare
进站口关闭	fermeture de l'accès de gare
进站色灯信号机	signal à feux à l'entrée en gare; signal lumineux coloré à l'entrée en gare
进站晚点	retard d'entrée en gare
进站显示	indication d'entrée en gare
进站线	voie d'entrée à la gare
进站线阻塞	
	encombrement de voie de réception de la gare
进站信号(机)	signal d'entrée en gare
进站预告标	poteau d'avertissement de l'approche à la gare
进站站台	plateforme d'accès
进站准备	préparation d'entrée en gare
近岸桥孔	travée d'approche
近道	accourcie
近三年资产负债表	
	bilans des trois dernières années
近似法	méthode approximative
近似公式	formule approximative
近似计算	calcul approché
近似假定	hypothèse d'approximation
近似曲线	courbe(courbure) approximative
近似系数	facteur de similitude
近似值	valeur approchée
浸入	intrusion
浸蚀性水	eau agressive
浸水垫层材料	couche de forme hydraulique
浸水路堤	remblai submergé
浸水路基	assise drainante; assise submergée
浸水下沉	
	tassement dû à l'infiltration des eaux
浸透	imprégnation
浸油	huilage; pénétration de l'huile
浸油枕	traverse imprégnée
禁区	zone interdite
禁用道砟填塞	
	interdiction de remplissage de ballast
禁止	interdiction

J

禁止标志　signe d'interdiction
禁止标志牌　panneau d'interdiction
禁止超车　interdiction de dépasser
禁止超车标志
　　signe d'interdiction de dépassement
禁止行驶　circulation interdite
禁止开采　interdiction d'extraction
禁止溜车
　　interdiction de lancement des wagons
禁止逆向行驶标志牌　panneau de contresens
禁止抛弃各种有污染的物品
　　interdiction de tout rejet polluant
禁止取土　interdiction de prise de terre
禁止调头　interdiction de faire demi-tour
禁止停车　interdiction de stationner；
　　stationnement interdit
禁止通行　interdiction de circulation；
　　interdiction de passage；passage interdit
禁止信号　signal(signalisation) d'interdiction
禁止在居民区进行爆破　interdiction des tirs de mine à zone d'habitation
禁止在桥梁附近进行爆破　interdiction des tirs de mine à proximité des ouvrages d'art

jing

经常性检查　contrôle permanent
经度　longitude
经过时间　temps de passage
经纪人　commissionnaire n.
经济参数　paramètre économique
经济参赞处
　　bureau de conseiller économique
经济处罚　sanction pécuniaire
经济调查　enquête économique
经济发展　développement économique
经济分析　analyse économique
经济风险　risque économique
经济顾问　conseiller économique
经济规律　loi économique
经济合同　contrat économique
经济合作　coopération économique
经济和财务可行性报告　rapport de faisabilité économique et financière
经济和财务研究
　　étude économique et financière
经济核算　autofinancement
经济活动　activité économique
经济及社会环境
　　environnement économique et social
经济及造价工程师　ingénieur économiste et d'évaluation des coûts
经济价值　valeur économique
经济结构　structure économique
经济勘察　sondage économique
经济可行性　faisabilité économique
经济评估　évaluation économique
经济潜力　potentiel économique
经济区　zone économique
经济社会发展规划　programme de développement économique et social
经济数据　données économiques
经济衰退
　　affaiblissement de l'économie
经济损失　perte économique
经济特区　zone spéciale économique
经济体制　régime économique
经济危机　crise économique
经济效率　rendement économique
经济效益　rentabilité économique
经济效益计算　calcul de rentabilité
经济一体化　intégration de l'économie
经济援助　assistance économique
经济责任　responsabilité économique
经济指标　indice économique
经济制裁　sanction économique
经济状况　situation économique
经理　directeur
经理部　direction
经历　expérience
经路道岔　branchement d'itinéraire
经认证的副本　copie légalisée
经纬仪　théodolite
经纬仪测量　levé au théodolite
经向裂缝　gélivure；gerce；gerçure
经向裂缝处理　traitement de gerce
经销代理处　agence de distribution
经销人　agent de vente
经验　expérience
经验不足　insuffisance de l'expérience
经验交流　échange d'expériences
经验数值　valeur expérimentale
经营　exploitation
经营成果　résultat d'exploitation
经营多样化　diversification des activités
经营活动　activité d'exploitation
经营亏损　déficit d'exploitation
经营利润　bénéfice d'exploitation
经营权　droit d'exploitation

经营性流动资产　actif circulant d'exploitation
荆棘　broussailles
荆棘丛　buisson
荆棘篱笆　haie broussaille
晶体石灰岩　calcaire cristallin
精测　mesure détaillée
精度　précision
精度测量　levé de précision
精加工　finissage
精密测量　mesure de précision
精密技术　technique de précision
精密水平尺　niveau précis
精密水准测量　nivellement de précision
精密水准仪　niveau de précision
精密天平　balance de précision
精密网　réseau de précision
精密温度计　thermomètre de précision
精密仪器　appareil de précision; instrument de précision
精模板　coffrage fin
精确程度　degré d'exactitude
精确定位　positionnement précis
精确定线　alignement précis
精神损失　perte spirituelle
精调　réglage précis
精细模板　coffrage soigné
精细砌面　parement fin
精选料　matériau sélectionné
精选砂质垫层　sous-couche en sable sectionné
精选碎石料　concassé raffiné
精制沥青　asphalte épuré; asphalte raffiné; bitume raffiné
精准度等级　classe de précision
井　puits
井壁　paroi de forage
井壁衬砌　revêtement de puits
井底　fond de puits
井架　chevalement; derrick de forage
井孔　trou de puits
井口　tête de puits
井口边缘　rebord de puits
井式深基坑　fouille en puits
井水　eau de puits
井探　sondage par puits
井筒　blindage de puits; cheminée de puits

井筒基础　fondation sur piles-caissons; fondation sur piles-colonnes
景观　paysage
景观大道　boulvard pittoresque
景观恢复　restauration de paysage
景观绿化　reboisement de paysage
景观设计　conception(étude) de paysage
景观土堆　butte paysagère
景观造型　modelage; modelage paysager; modelé paysager
景观治理　aménagement paysager
警报器　avertisseur
警报系统　système d'alarme
警察　agent de police
警车　voiture de police
警冲标　borne de butoir; garage franc
警冲标牌　tableau《 heurtoir 》
警冲点　garage franc
警冲墩　butoir
警冲墩标志　signe de butoir
警笛　sifflet d'alarme
警告标志　signe de caution
警告临界点　seuil d'alerte
警告限界　gabarit avertisseur
警告信号　appel d'alarme
警戒　alerte
警戒标志　marque de précaution
警戒水位　cote d'alerte
警戒线　niveau de cote d'alerte
警铃　sonnerie
警示带　ruban d'avertissement
警示灯　feux avertisseurs; lampe d'avertissement
警示距离　distance d'avertissement
警示鸣笛　sirène d'avertissement
警示牌　panneau d'avertissement
警示器　indicateur d'avertissement
警示信号　signal avancé; signal avertisseur; signal d'avertissement
警示旋转灯　gyrophare avertisseur
警卫　gardiennage
警卫室　poste(salle) de garde
径断面　section radiale
径流带　zone d'écoulement
径流面积　aire de captage
径流模数　module de flux
径流式通风机　ventilateur à flux radial
径流式涡轮机　turbine radiale

径流图　diagramme d'écoulement
径流系数　coefficient d'écoulement；coefficient de ruissellement
径流指数　indice d'écoulement
径向变形　déformation radiale
径向断层　faille radiale
径向缝　joint radial
径向刚度　rigidité radiale
径向荷载　charge radiale
径向抗压力　résistance à l'écrasement radial
径向力　effort radial；force radiale
径向排风机　ventilateur radial
径向切割(图)　coupe radiale
径向曲线　courbe diamétrale
径向收缩　retrait dans la direction radiale
径向速度　vitesse radiale
径向压力　pression radiale
径向应力　contrainte radiale
径向运动　mouvement radial
径向转向架　bogie radial
净断面　profil net
净吨位　jauge nette
净高　hauteur nette
净荷载　charge nette
净化　clarification；épuration；purification
净化池　bassin d'épuration
净化器　épurateur
净化设备　équipement d'épuration
净化设施　installations d'épuration
净化水　eau épurée
净化作用　action de purification
净价　prix net
净截面　section nette
净截面应力　contrainte de section nette
净距　distance nette
净空　espace (hauteur) libre；tirant d'air
净空高　hauteur d'encombrement；tirant d'air
净空高度　hauteur de passage；hauteur libre；tirant d'air
净空高度不足　insuffisance de hauteur libre
净空限界　gabarit de hauteur libre
净跨　portée nette
净跨度　ouverture nette
净跨径　ouverture libre；travée nette
净宽　largeur nette
净利　profit net
净利润　bénéfice net
净面积　aire active
净砂　sable propre
净收入　recette nette
净数　chiffre net
净水　eau claire；eau pure
净现值　valeur actualisée nette；valeur nette actualisée
净值　valeur nette
净重　poids net
净资产　actif net
竞标　appel à la concurrence；compétition d'offres
竞标人资格　qualification de candidat
竞争　concurrence
竞争机制　mécanisme de concurrence
竞争力　compétitivité
竞争能力　capacité de concurrence
竞争者　concurrent
静车试验　essai statique de train
静电　électricité statique
静电附着力　adhérence électrostatique
静电干扰　interférence électrostatique
静电荷　charge électrostatique
静电计　électromètre
静电释放功能　fonction de décharge électrostatique
静定结构　structure statique
静定力矩　moment de stabilité；moment de statique
静定梁计算　calcul de poutre isostatique
静定弯矩　moment isostatique
静荷载　charge morte
静力　force statique
静力触探　pénétration statique；sondage statique
静力触探试验　essai (test) de pénétration statique
静力贯入度仪　pénétromètre statique
静力荷载试验　essai (test) statique de mise en charge
静力模数　module statique
静力平衡　balance (compensation) statique
静力设计　conception (étude) statique
静力试验　épreuve (essai, test) statique
静力水深测量　sondage de pénétration statique
静力条件　condition statique
静力压实　compactage statique
静力压桩　pieu presseur statique
静力压桩机　compresseur statique des pieux
静力作用　action statique

静挠度　flèche statique
静偏移限界　gabarit à déviation statique
静平衡　équilibrage statique
静强度试验　essai de résistance statique
静水池　bassin d'amortissement
静水面　surface hydrostatique
静水压力试验　essai(test) hydrostatique
静态变形模数
　　module statique de déformation
静态分析　analyse statique
静态检查　contrôle statique
静态平衡　équilibre statique
静态试验　épreuve(essai,test) statique
静态特性　caractéristique statique
静态系统　système statique
静态限界　gabarit statique
静态信号　signalisation statique
静态验收　réception statique
静态要求　exigence statique
静压力　pression statique
静压水面　niveau hydrostatique
静应力　contrainte(effort) statique
静运行　fonctionnement silencieux
静载　charge statique;poids mort
静载试验
　　épreuve(essai,test) de charge statique
静止　immobilité
静止期　période de repos
静止水位　niveau statique
静止状态　état de pause
境界标　borne limitante
镜子　miroir

jiu

纠纷　différend
纠正闭合差
　　correction d'écart de fermeture
纠正措施　mesures de correction
纠正搭接长度
　　correction de longueur de recouvrement
纠正高度偏差
　　correction d'écart en hauteur
纠正角偏差
　　correction d'écart angulaire
纠正偏差　correction d'écart
纠正统计误差
　　correction d'écart statistique
纠正转换差
　　correction d'écart de conversion

酒吧车　wagon-bar
酒精灯　lampe à alcool
酒精含量　teneur en alcool
酒精作用　effet de l'alcool
酒桶车　wagon-foudre
旧材料　matériau usagé
旧道砟　ballast recyclé
旧道砟利用　utilisation de ballast usé
旧道砟重新利用
　　reprise et mise en service de ballast usé
旧钢轨　rail usé
旧轨拆除
　　démolition(enlèvement) de rails usés
旧轨重新利用　réutilisation de rail usé
旧零件　pièce usagée
旧桥改造　réfection(renouvellement,
　　transformation) de l'ancien pont
旧桥加固　renforcement de l'ancien pont
旧设备　équipement(matériel) d'occasion;
　　équipement(matériel) usagé
旧线路拆除　démolition de l'ancienne voie
救护站　poste de secours
救援　sauvetage
救援车
　　camion de dépannage;camion dépanneur
救援方案　plan d'intervention de secours
救援方式　mode de secours
救援机车　locomotive de secours
救援机车牵引
　　traction de locomotive de secours
救援机械　machine de secours
救援绞车　treuil de sauvetage
救援井　puits de secours
救援列车
　　train de sauvetage;train de secours
救援通道　accès de secours
救援指挥系统
　　système de commande de sauvetage
救援准备　préparation de secours
就地拌和　mélange sur place
就地采购　achat sur place
就地操作道岔
　　aiguille manœuvrée à pied d'œuvre
就地道岔控制站　poste local
就地灌注桩
　　pieu coulé en place;pieu moulé sur place
就地控制　contrôle locale
就地控制站　poste de commande locale
就位　mise en position

就业年龄　âge actif

ju

居民点　agglomération ; lieu d'habitation ; local de résidence
居民区　région habitée ; zone d'habitation ; zone habitée
居民重新安置　réinstallation de la population
居住区　aire d'habitation
局部变形　déformation locale
局部不平顺　dénivellement partiel ; inégalité de planéité partiel
局部冲刷　affouillement local ; affouillement partiel ; érosion locale
局部防护　protection partielle
局部腐蚀　corrosion locale
局部功能　fonction locale
局部荷载　charge partielle
局部检查　contrôle partiel
局部降雨　pluie locale
局部开挖　creusement partiel ; excavation partielle
局部控制　contrôle partiel
局部立面图　élévation partielle
局部平面图　plan partiel
局部倾斜　inclination locale
局部清理　nettoyage local
局部收缩　contraction locale
局部特点　caractère local
局部调整　réglage partiel
局部通风　ventilation locale
局部误差　erreur locale
局部下沉　tassement local
局部下陷　affaissement partiel
局部现象　phénomène local
局部应力　contrainte locale
局部硬结　durcissement local
局部优化　optimisation locale
局部阻力　résistance locale
局部作用　action locale ; action partielle ; effet local
局地控制　commande locale
局地控制方式　mode de commande locale
局地控制设备　équipement de commande locale
局域网　intranet ; réseau local
局域网服务器　serveur de réseau d'Intranet ; serveur de réseau local
巨石块　bloc cyclopéen

拒绝　refus ; rejet
拒绝临界点　seuil de refus
拒收文件　document refusé
矩形板桥　pont à dalle rectangulaire
矩形衬砌　revêtement rectangulaire
矩形分布　distribution rectangulaire
矩形格子盖板　caillebotis rectangulaire
矩形涵洞　aqueduc rectangulaire ; dalot à section rectangulaire ; dalot rectangulaire
矩形基础　fondation (semelle) à section rectangulaire ; fondation (semelle) rectangulaire
矩形截面　section rectangulaire
矩形井　puits rectangulaire
矩形梁　poutre à section rectangulaire ; poutre rectangulaire
矩形排水　drainage rectangulaire
矩形排水沟　caniveau rectangulaire
矩形渠　canal rectangulaire
矩形渗水井　puisard rectangulaire
矩形统计图　plan histogramme
矩形支座　appui rectangulaire
矩形柱　poteau à section rectangulaire ; poteau rectangulaire
矩阵计算　calcul matriciel
举升力　effort de soulèvement
具体信息　informations détaillées
距离　distance
距离标志　repère (signe) de distance
距离前方交会法　bilatéralité
距离调整　réglage de distance
距离误差　erreur de distance
飓风　cyclone ; ouragan
锯材　bois d'avivé
锯割　sciage
锯割路面　sciage de chaussée
锯轨机　machine à scier les rails
锯木　sciage de bois
锯条　lame de scie
锯子　scie
聚苯乙烯　polystyrène
聚丙烯　polypropylène
聚合　agrégation
聚合溶液　solution de polymères
聚集　accumulation
聚氯乙烯管　tuyau en PVC
聚氯乙烯圆形管　tuyau circulaire en PVC
聚液窝　carter de liquide
聚乙烯　polyéthylène

聚乙烯薄膜　film polyéthylène;membrane de polyéthylène
聚乙烯纤维　fibre de vinylique
聚酯树脂　résine polyester
聚酯涂层　revêtement en polyester
聚酯纤维　fibre de polyester
聚酯纤维整流罩　carénage en polyester

juan

卷尺　mètre à ruban
卷帘门　porte roulante;porte-rideau
卷目　catalogue de volumes
卷扬机　bourriquet;machine enrouleuse;treuil;treuil de levage

jue

决策程序　procédure de décision
决定权　droit de décision
决算　arrêt des comptes;compte définitif;compte final;règlement définitif
决算表　bilan clôture;bilan final
绝对比重　masse spécifique absolue
绝对标度　échelle absolue
绝对标高　cote absolue
绝对单位　unité absolue
绝对定位　positionnement absolu
绝对定向　orientation absolue
绝对幅度　ampleur absolue
绝对概率　probabilité absolue
绝对高度　altitude absolue;cote de niveau absolue;hauteur absolue
绝对界限　seuil absolu
绝对精密度　précision absolue
绝对密度　densité absolue
绝对黏稠度　viscosité absolue
绝对偏差　déviation absolue
绝对强度　intensité absolue
绝对容量　capacité absolue
绝对湿度　humidité absolue
绝对视差　parallaxe absolue
绝对速度　vitesse absolue
绝对温度　température absolue
绝对误差　erreur absolue
绝对压力　pression absolue
绝对增量　plus-value absolue
绝对增长　accroissement absolu
绝对值　valeur absolue
绝对质量　qualité absolue
绝对重量　poids absolu
绝对阻力　résistance absolue
绝对阻尼　amortissement absolu
绝对最小值　minimum absolu
绝对坐标　coordonnées absolues;ordonnée absolue
绝热材料　calorifuge
绝热性　adiabaticité
绝热状态　adiabatisme
绝缘材料　matériau isolant;isolant
绝缘电缆　câble blindé
绝缘轨　rail isolé
绝缘接头　joint isolant
绝缘卡垫　intercalaire isolant
绝缘力　pouvoir isolant
绝缘漆　vernis isolant
绝缘区段　zone isolée
绝缘损坏　dégradation de l'isolation
绝缘套筒　manchon isolant
绝缘体　isolant;isolateur
绝缘体老化　vieillissement de l'isolateur
绝缘系数　coefficient d'isolation
绝缘线　câble isolé
绝缘子　isolateur
绝缘子串　isolateurs à série
掘壕机　charrue-taupe
掘进　excavation
掘进班　équipe d'avancement
掘进爆破　tir en creusement;tir en forage
掘进长度　longueur d'excavation;longueur de creusement
掘进尺寸　dimension de creusement
掘进定额　norme d'avancement
掘进断面　section d'abattage;section de creusement
掘进盾构机　bouclier d'avancement
掘进方法　méthode d'avancement
掘进工程　travaux ancillaires;travaux d'excavation
掘进工地　chantier d'avancement
掘进工作面　chantier(front,taille) de creusement;front d'avancement;taille de l'avancement
掘进机　machine à creuser
掘进机通道　allée de havage
掘进机械　engin de creusement
掘进技术　technique de creusement
掘进进度　avancement de creusement
掘进速度　vitesse de progression
掘进小组　équipe de creusement

掘进用装岩机　chargeuse de traçage
掘进直径　diamètre de creusement
掘进组　groupe de creusement
掘进钻孔台车　jumbo de fonçage
　（perforation）
掘井　creusement de puits
掘土铲　bêche à terre

jun

军港　port militaire
军事管制区　zone militarisée
军事（战略）公路　route militaire
军事区　zone militaire
军事区标志　signe de zone militaire
军事设施　installations militaires
军用车辆　véhicule militaire
军用列车　train militaire
均布荷载　charge de distribution uniforme；charge régulière；charge uniforme；charge uniformément répartie
均布压力　pression uniforme
均布应力　contrainte uniforme
均衡　équilibrage
均衡荷载　charge équilibrée
均匀沉降　tassement uniforme
均匀池　bassin homogénéisé
均匀分布　répartition uniforme
均匀负载　effort uniforme
均匀级配　granulométrie uniforme
均匀加速　accélération uniforme
均匀磨损　usure régulière
均匀坡度　pente uniforme
均匀系数　coefficient d'uniformité；coefficient de conformité；coefficient （facteur）de l'homogénéité；coefficient de régularité
均匀压实　compactage uniforme
均匀延伸　allongement uniforme
均质材料　matière homogène
均质度　degré d'homogénéité
均质砂　sable monogranulaire；sable homogène
均质土　sol homogène
均质性　homogénéité
龟裂　fissuration en toile d'araignée
竣工报告　rapport d'achèvement des travaux
竣工测量　mesure à la fin des travaux；mesure finale
竣工付款　paiement d'achèvement
竣工期限　délai d'achèvement
竣工图　plan de récolement；plan définitif
竣工图质量　qualité de plans de récolement
竣工文件组成　composition de dossiers de recolement
竣工证明　attestation de bonne exécution
竣工资料　document de récolement

J

K

Ka

喀斯特　karst
喀斯特地貌
　　morphologie karstique;relief karstique
喀斯特地区　zone karstique
喀斯特地形
　　topographie karstique
喀斯特溶洞　caverne karstique
卡车　camion
卡车运输　camionnage
卡车装载机　chargeuse sur camion
卡垫　intercalaire
卡箍　collier
卡规　calibre;calibre à coulisse;calibre à mâchoires;jauge
卡片　fiche
卡钳　calibre;compas
卡圈　collier;collier de serrage
卡子　collier de fixation

kai

开闭机构
　　organe d'ouverture et de fermeture
开标　ouverture des offres(plis)
开标程序
　　procédure de l'ouverture des plis des offres
开标会议
　　séance d'ouverture des plis
开标委员会
　　commission d'ouverture des plis
开财务标
　　ouverture des plis financiers
开采层　couche en exploitation
开采的石块　abat(t)is
开采地　site(lieu) d'extraction
开采方法　méthode d'exploitation
开采技术
　　technique d'exploitation
开采进度
　　avancement d'exploitation
开采区　zone exploitable
开采区域界限
　　délimitation de zone exploitable
开采权　droit d'extraction
开采试验　essai(test) d'exploitation
开采许可　autorisation(licence) d'exploitation;licence d'extraction
开采许可证　permis d'exploitation
开采证明　certificat d'exploitation
开槽机　machine à rainurer
开电路　circuit ouvert
开度　degré d'ouverture;espacement;largeur d'ouvertue;ouverture
开端　début
开发　exploitation
开发区　zone de développement
开发中心　centre d'exploitation
开放交通　circulation ouverte
开放进路　itinéraire ouvert
开放框架　cadre ouvert
开放区段(区间)
　　section d'ouverture;ouverture de section
开放时间　temps d'ouverture
开放位置　position ouverte
开放线路　ouverture de voie
开放线路施工封闭的区段
　　déblocage de plage pour les travaux
开放线路中断的区段
　　déblocage de plage d'interception de voie
开放信号
　　ouverture de signal;signalisation en ouverture
开放指令　instruction d'ouverture
开放状态　état ouvert

开封　descellement
开工　commencement; démarrage; lancement; mise en chantier
开工令　notification d'ordre de service; ordre de service; ordre de commencement de travaux
开工申请　demande de commencement des travaux
开工通知　notification d'ordre de service
开工许可　autorisation de démarrage des travaux
开工指令　instruction de démarrage de travaux
开关电路　circuit de commutation
开关柜　coffret des interrupteurs
开关盒　boîte d'interrupteur; coffre de commutateurs
开合桥　pont mobile
开合式抓斗　benne à charnière
开户行　banque domiciliataire; banque domiciliée
开级配　granularité ouverte; granulométrie ouverte
开级配集料　agrégat à granulométrie étalée
开级配沥青混合料　enrobé ouvert
开技术标　ouverture des plis techniques
开价　cotation; prix demandé
开角　angle d'ouverture
开垦　défrichement
开口　ouverture; orifice
开口扳手　clé à fourche
开口沉箱　caisson ouvert
开口沉箱法　méthode de caisson ouvert
开口道岔　aiguille ouverte
开口断层　faille ouverte
开口式打入桩　pieu battu ouvert
开口锁　verrou fendu
开口销　goupille fendue
开矿炸药　explosif minier
开裂　fendillement
开裂度　degré de fissuration
开裂石灰岩　calcaire à bancs fissurés
开路式轨道电路　circuit de voie à boucle ouverte
开路阻抗　impédance à boucle ouverte
开幕仪式　inauguration
开启触头　contact à ouverture
开曲线　courbure ouverte
开扇门　porte à battants
开始　commencement

开始行动　mise en action
开始铺设　lancement de pose
开始日期　date d'origine; date de commencement
开始生效　entrée en vigueur
开始修理　démarrage de réparation
开始制动　admission du premier coup de freinage
开式结构　structure ouverte
开式框架桥　pont de cadre ouvert
开锁位置　position déverrouillée
开锁装置　dispositif de déblocage
开通闭塞信号　ouverture de signal de block
开通闭锁线路　ouverture de voie bloquée
开通道路走廊　liberté de couloir de la route
开通进路　itinéraire mis en service; ouverture d'itinéraire
开通进路信号　ouverture de signal d'itinéraire
开通进入信号　ouverture de signal d'entrée
开通期限　délai de l'ouverture
开通区段(区间)　section de mise en service
开通区间信号　ouverture de signal de canton
开通色灯信号　ouverture de signal lumineux coloré
开通维修线路　ouverture de voie de maintenance
开通线路　ligne ouverte
开通运行线路　voie ouverte au service
开挖　excavation
开挖半径　rayon d'excavation
开挖边坡板钉支护　soutènement de talus de déblai par clouage
开挖边坡线　ligne de talus d'excavation
开挖程序　procédure de creusement
开挖堆放　déblai mis en dépôt
开挖方式　mode d'excavation
开挖防护　protection à l'excavation; protection de l'excavation
开挖工程　travaux de creusement
开挖工作　travail de fouille
开挖沟渠　canal en déblai
开挖基线　base d'excavation; base de creusement; creusement(excavation) de base
开挖技术　technique d'excavation
开挖进尺　métrage de percement
开挖宽度　largeur d'excavation

开挖面　face d'abattage; face(surface) d'excavation; front d'attaque; face(surface) de creusement
开挖设备　équipement d'excavation(creusement)
开挖设计　conception(étude) de creusement
开挖施工　exécution d'excavation
开挖石方　extraction de roches
开挖数量　quantité d'excavation(creusement)
开挖线　ligne d'excavation(creusement)
开挖许可　autorisation d'excavation
开挖支护　soutènement(support) à l'excavation
开挖中台阶　excavation de gradin médian
开挖作业面方向　orientation de front d'attaque
开挖作业面位置　situation de front d'attaque
开尾销　goupille fendue
开箱　déballage; décaissage
开行区段列车　train de parcours au canton; train de parcours dans la section
开凿　creusage; creusement; percement
开凿旁硐　creusement de niche
开凿隧道　percement de tunnel
开支　dépense; frais
开支减少　diminution de dépense
铠甲门　porte blindée
铠装电缆　câble armé; câble blindé

kan

看管　garde; gardiennage
看守道口　passage à niveau gardé
看守工作　travail de gardiennage
勘测　investigation
勘测深度　profondeur d'investigation
勘查　investigation
勘查报告　procès-verbal de reconnaissance
勘查工作　campagne de reconnaissance
勘察钻探　sondage de prospection
勘察方法　méthode de prospection
勘探　exploration; prospection; reconnaissance; sondage de reconnaissance
勘探报告　rapport de reconnaissance
勘探场地　campagne de reconnaissance; campagne géotechnique
勘探点　point de prospection(sondage)
勘探队　équipe de prospection
勘探费用　frais de prospection(reconnaissance)
勘探工程　travaux d'exploration(sondage)
勘探工作　campagne de sondage; campagne géotechnique; ouvrage de reconnaissance; travail d'exploration
勘探工作面　chantier de recherches
勘探巷道　galerie de prospection
勘探计划　programme d'exploration(reconnaissance)
勘探进展　avancement d'exploration
勘探坑道　galerie d'exploration (reconnaissance, sondage)
勘探盲井　bure de recherche
勘探面积　surface explorée
勘探人员　personnel de sondage
勘探速度　vitesse de sondage
勘探图　carte d'exploration
勘探许可证　permis de recherche
勘探组　groupe de sondage
勘探钻机　sonde de recherche
勘探钻孔　trou d'exploration
勘探钻探　forage de reconnaissance
勘误　correction des erreurs
坎脚线　ligne de base de talus
坎线　ligne de haut de talus
砍伐　abat; abattage
砍伐灌木　abattage des broussailles
砍伐老树桩　abattage des anciennes souches
砍伐篱笆　abattage des haies
砍伐森林　déforestation
砍伐小灌木　abattage des arbustes
砍下的树木　abat(t)is
砍桩头　recépage de pieux

kang

抗变形强度　résistance à la déformation
抗侧滚装置　organe anti-roulement latéral
抗沉力　résistance à l'enfoncement
抗冲击强度　résistance au choc; résistance au poinçonnement
抗冲击要求　exigence de résistance au choc
抗冲刷强度　résistance à l'érosion
抗冻剂　agent anti-gélifiant
抗风斜撑　contrevent
抗腐蚀剂　agent anti-corrosif

抗腐蚀性能　résistance à la corrosion
抗洪水冲击压桥车　train de masse d'alourdissement sur le pont lors de crue; train au lest de ballast sur le pont lors de crue
抗滑因素　facteur antidérapant
抗滑桩　pieu antidérapant
抗滑阻力　résistance au dérapage
抗剪刚度　rigidité au cisaillement
抗剪强度试验　test de résistance à cisaillement
抗静电剂　agent antistatique
抗菌土工布　géotextile anti-contaminant
抗拉刚度　rigidité à la traction
抗拉裂强度　résistance au déboutonnage
抗拉强度　résistance à la traction
抗拉强度试验　essai(test) de résistance à la traction
抗拉试验　épreuve(essai, test) à la traction
抗拉性能　caractéristique de traction; performance à la traction
抗力　résistance
抗力模量　module de résistance
抗力强度　capacité de résistance
抗力试验　test de traction
抗裂强度　résistance à l'éclatement; résistance à la déchirure; résistance à la fissuration
抗磨耗强度　résistance à l'attrition
抗磨力　résistance abrasive
抗磨强度　résistance au frottement
抗磨损试验　essai(test) de résistance à l'abrasion
抗凝剂　agent anti-gélifiant
抗扭刚度　raideur(rigidité) à la torsion
抗扭强度　résistance à la torsion
抗劈裂性　résistance caractéristique au fendage
抗疲劳强度　résistance à la fatigue
抗疲劳试验　essai à la fatigue
抗疲劳要求　exigence de résistance à la fatigue
抗切强度　résistance au cisaillement
抗热性　résistance à la chaleur
抗蠕变强度　résistance au fluage
抗蛇形减振器　amortisseur contre le mouvement de lacet
抗酸添加剂　additif anti-acide
抗弯刚度　raideur(rigidité) à la flexion
抗弯惯性矩　moment d'inertie à la flexion
抗弯强度　résistance à la flexion
抗压刚度　raideur(rigidité) à la compression
抗压和抗弯强度试验　test de résistance en compression et en flexion
抗压强度　résistance à l'écrasement; résistance à la compression; résistance à la pression; résistance en compression
抗压强度试验　essai(test) de résistance à la compression
抗压试块　éprouvette de compression
抗压试验　épreuve(essai, test) à l'écrasement; épreuve(essai, test) à la compression
抗压限度　limite d'écrasement
抗压性能　caractéristique de compression; performance à la pression
抗压裕量　surplus à la compression
抗张拉强度　résistance à l'extension
抗震层　couche anti-vibratile
抗震带　chaînage anti-sismique
抗震缝　joint sismique
抗震规范　norme parasismique
抗震基础　fondation anti-vibration
抗震结构　construction anti-sismique; construction anti-vibratile; construction(structure) parasismique; construction(structure) antisismique
抗震强度　résistance à la vibration
抗震性能　performance antisismique
抗震装置　dispositif amortisseur parasismique
抗紫外线照射　résistance au rayonnement ultra-violet
抗纵向弯曲强度　résistance au flambage(flambement)

kao

考古保护　protection archéologique
考古发现　découverte archéologique
考古学　archéologie
靠岸桥墩　pile d'aboutement
靠近　approche
靠右行驶　circulation à droite
靠右行驶标志　signe de conduire à droite
靠左行驶　circulation à gauche

ke

苛刻条件　condition sévère
科技成果转化成生产力　conversion des acquis technologiques en force productive

科目　article
科氏浮桥(英式浮桶桥)　pont à la colleton
科学标准　critère scientifique
科学情报　informations scientifiques
科学试验　essai(test)scientifique
科学研究　recherche scientifique
科学仪器　appareil scientifique
科学用语　terme scientifique
颗粒　grain;particule
颗粒度试验　essai (test) de granulométrie; essai (test) granulométrique
颗粒级配　classement granulométrique
颗粒级配标准　critère(norme)granulométrique
颗粒级配范围　limite de gradation
颗粒结构　structure granulaire
颗粒特性　propriété granulaire
颗粒细度　finesse de grains
颗粒形状　forme de grains
颗粒性　granulosité
壳　carter
壳体屋顶　couverture en coques;couverture en voiles minces
壳体翼板　aile-coque
可变车速控制　contrôle de vitesse variable
可变尺寸　dimension variable
可变截面　section variable
可变卖资产　actif réalisable
可变限速标志牌　panneau de contrôle de vitesse
可变向车道　voie réversible
可变压力　pression variable
可变作用　action variable
可操作性转换技术条件　spécifications techniques d'interopérabilité(STI)
可拆卸部分　partie démontable
可拆卸插柱　rancher amovible
可拆卸阀门　valve amovible
可拆卸配件　accessoires amovibles
可沉淀物质　matière décantable
可持续发展　développement durable
可动心轨道岔　aiguille à cœur de croisement mobile
可动翼轨辙叉　croisement à patte de lièvre mobile
可动辙叉　croisement mobile
可兑换货币　monnaie convertible
可兑换外币　devise convertible
可耕地　terre arable

可归还保函　caution de restitution
可归还预付款保函　caution de restitution d'avance
可焊钢　acier soudable
可焊性能　aptitude au soudage
可行性　faisabilité
可行性报告　rapport de faisabilité
可行性调查　enquête de faisabilité
可行性范围　cadre de faisabilité
可行性分析　analyse de faisabilité
可行性设计　conception de faisabilité
可行性研究　étude de faisabilité
可行性研究报告　rapport de l'étude de faisabilité
可行性研究资料　document de l'étude de faisabilité
可汇出金额　montant transférable
可见度　limite de visibilité
可见裂缝　fissure visible
可接受的瞬时峰值电压　tension de pique admissible
可接受条件　condition acceptable
可开采量　quantité exploitable;quantité profitable
可靠(安全)系数　coefficient de sûreté
可靠性　fiabilité
可靠性设计　conception de fiabilité
可靠性试验　épreuve(essai,test)de fiabilité
可利用料渣场　dépôt de matériaux réutilisables
可磨性　aptitude au broyage
可能储量　réserves possibles
可能通行能力　capacité possible
可能性　possibilité
可破碎性　aptitude au fractionnement
可倾斜推土机　bouteur inclinable
可燃材料　matériau combustible
可燃烧物质　matière combustible
可燃物　matière inflammable
可溶性　solubilité
可乳化沥青　bitume émulsionnable
可伸展软垫座椅　siège rembourré extensible
可视比例尺　échelle visuelle
可视电话　téléphone télévisé
可收接触网架　caténaire escamotable
可收缩密封带　joint en bande extensible
可塑黏土　argile glaise
可摊销资产　actif amortissable
可调端锚具　ancrage ajusté

K

可调节头枕　appui-tête réglable
可调支承　appui réglable
可通行性　viabilité
可斜躺的座椅　siège inclinable
可修改价　prix révisable
可续签合同　contrat renouvelable
可循环使用资源　ressources récyclables
可压缩材料　matériau compressible
可压缩层　couche compressible
可压缩性　compressibilité
可压缩性土　sol(terre) compressible
可移动沉箱　caisson amovible
可移动桥架　pont amovible
可移动硬盘　disque amovible
可移动支架　soutènement(support) déplaçable
可移动支座　appareil d'appui mobile
可用功率　puissance disponible
可用料储量　importance de gisements de matériaux utilisables
可用性　applicabilité;caractère de disponibilité
可预见恶劣天气　intempérie prévisible
可再生资源　ressources régénérables
可折旧固定资产　actif immobilisé amortissable
可征税　taxe percevable
可支配　disponibilité
可支配时间　temps disponible
可支配资产　actif disponible
可转汇部分　partie transférable
可转向插柱　rancher pivotant
克　gramme
克丝钳　pince coupante
克重　gramme-force;gramme-poids
刻度标记　repère gradué
刻度尺　règle graduée
客车　convoi(wagon) de voyageurs;voiture;voiture à voyageurs
客车编组　formation de wagons voyageurs
客车标识　marque de wagon de voyageurs
客车车底配置　affectation de wagons de voyageurs
客车车底组合　combinaison des wagons à voyageurs
客车车体　caisse(carrosserie) de wagon de voyageurs
客车发车间隔　intervalle d'expédition des trains de voyageurs
客车技术整备所　poste pour révision technique des voitures
客车列　rame des wagons de voyageurs
客车配置数量　nombre de trains de voyageurs affectés au service
客车速度　vitesse de train de voyageurs
客车下作用式车钩　attelage(crochet) à l'opération en bas du train des voyageurs
客车轴　essieu de wagon de voyageurs
客车转向架　bogie de train de voyageurs
客车组列车底位置交换　transposition de formation de rame des wagons de voyageurs
客车追踪　suivi des trains de voyageurs
客车座位编号　numérotation des sièges de voiture
客服系统　système de service aux clients
客观现象　phénomène objectif
客户端　poste serveur
客户站　poste serveur
客货共线　ligne mixte voyageurs-fret
客货共线铁路　chemin de fer voyageurs et marchandises
客货混合列车　train mixte
客货混合运输　trafic mixte voyageurs et fret;trafic mixte voyageurs-marchandises
客货混运列车　train marchandises-voyageurs
客货两用机车　locomotive mixte
客货运输分开　séparation de transport des passagers et des marchandises
客货运输量　volume de fret et de trafic des passagers
客列对　paire de trains de voyageurs
客流变化　variation de flux de voyageurs
客流量　volume de passagers
客流量计算　calcul de flux des voyageurs
客流调查　enquête de flux de passagers
客流统计　statistique de flux des voyageurs
客流下降　abaissement de flux des voyageurs
客流压力　pression de flux de voyageurs
客票发售和预订系统　système de vente et de réservation des billets
客运　trafic(transport) de voyageurs
客运安全　sécurité de transport des voyageurs
客运调度　régulation de transport de voyageurs
客运调度员　régulateur de transport des voyageurs
客运段　dépôt de transport des voyageurs
客运干线　ligne principale de voyageurs
客运干线改造　renouvellement de ligne principale de voyageurs

客运高峰期
　période pointe du transport des voyageurs
客运和货运大楼　bâtiment de gare de
　voyageurs et de marchandises
客运机车　locomotive à voyageurs
客运机车交路　itinéraire d'acheminement de
　locomotive des voyageurs
客运量　volume de transport des voyageurs
客运量饱和　saturation de quantité du
　transport de voyageurs
客运量不足　insuffisance de volume du
　transport des voyageurs
客运量计算
　calcul de volume de transport de voyageurs
客运量统计　statistique de volume du
　transport des passagers
客运能力　capacité de transport des voyageurs
客运人数　nombre de voyageurs transportés
客运需求　demande de transport de voyageurs
客运需求调查　enquête de demande de
　transport de voyageurs
客运业务　service des voyageurs
客运站　gare de transport de voyageurs;
　gare de voyageurs
客运专线　ligne spéciale de voyageurs;
　voie ferrée voyageurs
客运专线工程
　travaux de ligne spéciale de voyageurs
客运专线速度　vitesse de ligne spéciale pour
　transport des voyageurs
客运专线投资
　investissement de ligne spéciale de voyageurs
客运组织
　organisation de transport de voyageurs

ken

啃轨　gravure de rail

keng

坑　fosse
坑道测量　topographie souterraine
坑道衬砌　revêtement de galerie
坑道底面　semelle de boisage
坑道洞口　trou d'accès de galerie
坑道工程　construction de galerie
坑道工作面　bord d'attaque
坑道入口　entrée de galerie
坑道水　eau de galerie
坑道挖掘机　pelle de galerie

坑道维修提升机　élévateur de fosse du dépôt
坑道支撑
　étançon de mine;support de galerie
坑道支护　para-fouille
坑底水　eau de fond
坑木
　bois d'étais(mine,soutènement);pilier de bois
坑砂　sable de fouille
坑探　recherche par fouille
坑洼　anfractuosité

kong

空白支票　chèque en blanc
空车　véhicule(wagon)vide
空车道　voie disponible;voie libre
空车调拨　affectation de wagons vides
空车解编　débranchement(décomposition,
　désaccouplement)des wagons vides
空车解编方式
　mode de désaccouplement des wagons vides
空车解编作业　manœuvre de débranchement
　des wagons vides
空车解列
　décomposition des wagons vides
空车试运行线路段
　plage de blanc de circulatioin
空车调整　ajustement de train sans charge;
　rajustement(réglage)de wagons vides
空车脱挂
　décomposition des wagons vides
空车行程　parcours des wagons vides
空车运行　circulation à vide
空车质量　masse à vide
空地　espace(terrain)libre
空腹拱　arc évidé
空腹梁　poutre à âme évidée;poutre évidée
空腹柱　poteau à âme évidée;poteau à
　âme perforée
空隔时间　sillon
空间净高　hauteur sous plafond
空间限制　contrainte spatiale
空列　train sans charge
空列车开行数
　chiffre de circulation des trains à vide
空气保护开关　disjoncteur à air
空气泵　pompe à air
空气不流通　immobilité de l'air
空气吹除　balayage par l'air
空气锤　mouton pneumatique

空气动力学　dynamique de l'air
空气断路器
　　interrupteur à air；interrupteur aérien
空气分配阀　vanne de distribution d'air
空气负压　dépression due au vent
空气管道　canalisation d'air
空气过滤器滤筛　filtre aspirateur d'air
空气净化　épuration(purification)de l'air
空气冷却　refroidissement à air
空气流动速度　vitesse de circulation de l'air
空气滤清器　filtre à air
空气摩擦　frottement de l'air
空气湿度　humidité de l'air
空气弹簧　ressort à air
空气弹簧装置　organe à ressort pneumatique
空气体积　cube d'air
空气污染
　　pollution aérienne；pollution de l'air
空气循环装置　dispositif de recyclage d'air
空气压力表　manomètre à air comprimé
空气压缩机
　　compresseur d'air；machine à air comprimé
空气压缩制动　freinage à air comprimé
空气压缩制动方式
　　mode de freinage à air comprimé
空气压缩制动试验
　　essai de freinage à air comprimé
空气制动闸　frein à air
空气制动装置
　　dispositif de freinage pneumatique
空气质量　qualité de l'air
空气阻力　résistance de l'air
空气阻力系数
　　coefficient de résistance de l'air
空气钻孔　forage à air
空调　climatiseur
空调车　voiture climatisée
空调风口调节板
　　déflecteur de sortie du vent de climatiseur
空调系统　système de climatisation
空头支票　chèque sans provision
空隙比　ratio de porosité
空隙率　porosité；pourcentage de vides
空隙水　eau interstitielle
空闲线　voie libre
空闲状态　état libre
空心板　dalle creuse；dalle en corps creux
空心板梁　poutre à âme évidée
空心车轴　essieu vide
空心车轴摩擦焊接
　　soudure à friction d'essieu vide
空心钢桩　pieu creux en acier
空心管桩　pieu creux en tubes
空心梁　poutre creuse
空心梁结构　construction en poutre creuse
空心砌块　aggloméré creux
空心桥墩　butée creuse
空心桥台　aboutement creux；culée creuse
空心预制板　dalle creuse préfabriquée
空心轴　arbre(essieu)creux
空心柱　colonne creuse
空心砖　brique creuse；brique perforée
空心砖制造机　pondeuse de parpaing
空心钻　perforateur creux
空心钻杆　tige de forage creuse
空压制动器　frein à air comprimé
空运　transport aérien
空运行　marche à blanc
空载概率　probabilité de charge à vide
空载行驶　circulation sans charge
空载时间　temps à charge vide
空载运行　marche à vide
空枕　vide sous traverse
空中纺线法(悬缆施工)
　　méthode de filage aérien
空中交通
　　circulation(communication)aérienne
空中三角测量　aérotriangulation；
　　cheminement photogrammétrique
空轴满轴比　rapport d'essieu vide et plein
空转　marche à blanc
孔　bouche；orifice；trou
孔壁　paroi de trou
孔径　diamètre de perçage(trou,ouverture)
孔口标高　niveau de sondage
孔隙度　degré de porosité
孔隙率　teneur en vide
孔隙水压力　pression interstitielle
控股集团　groupe holding
控制　commande；contrôle；maîtrise
控制半径　rayon de contrôle
控制爆破　sautage contrôlé
控制参数　paramètre de contrôle
控制操作　opération de commande
控制程序
　　programme de commande(contrôle)
控制措施　mesures de contrôle
控制单元　unité de contrôle

控制导线　ligne de guidage
控制地表水　contrôle de l'eau superficielle；contrôle de l'eau souterraine
控制点　canevas de base；point clef；point de contrôle
控制点测量　mesure de point de contrôle
控制点观测　observation de point de contrôle
控制点清单　liste de points clefs
控制点坐标　coordonnées de point clef
控制电机　moteur de contrôle
控制电缆　câble de contrôle
控制电路　circuit de commande
控制阀　vanne de contrôle
控制方法　méthode de contrôle
控制方式　mode(modalité) de contrôle
控制杆　barre de commande
控制高度　hauteur contrôlée
控制工程　ouvrage critique
控制功能　fonction de commande
控制柜　armoire de commande
控制含量　contrôle de teneur
控制荷载　contrôle de charge
控制开关　interrupteur de contrôle
控制开支　contrôle de dépense
控制宽度　contrôle de largeur
控制拉杆　tringle de contrôle
控制面板　panneau de commande
控制命令　ordre de commande
控制盘　tableau de commande(contrôle)
控制频率　fréquence de contrôle
控制屏　panneau de contrôle
控制期　période de contrôle
控制器　appareil de commande
控制区　zone de commande(contrôle)
控制软件　logiciel de contrôle
控制设备　équipement(matériel, installations) de contrôle
控制设备安装　montage des équipements de contrôle
控制时间　contrôle du temps
控制室　cabine de commande(conduite)；salle de contrôle(conduite)
控制速度　vitesse de commande(contrôle)
控制塔　tour de contrôle
控制台　pupitre de commande
控制图形　diagramme de contrôle
控制网的建立　établissement des canevas

控制网计算　calcul de canevas
控制温度　température contrôlée
控制系统　système de contrôle
控制系统测试　test de système de contrôle
控制线　ligne de contrôle
控制线位桩　bornage de tracé；borne de polygonale du tracé
控制信道　canal de contrôle
控制信号　signal de contrôle
控制信号机　signal de commande
控制信令检波器　détecteur de signal de contrôle
控制型转向架　bogie de type contrôlé
控制仪表　instrument de contrôle
控制允许误差　contrôle de tolérance
控制运行　marche contrôlée
控制站　poste(station) de commande；poste(station) de contrôle
控制中心　centre de contrôle
控制桩　pieu(piquet) contrôlé；pieu-clé；piquet-clé
控制装置　dispositif de commande(contrôle)；système de pilotage
控制作用　effet de contrôle

kou

口述　exposé oral
口头汇报　rapport verbal
口头契约　contrat verbal
口头申请　demande par oral
口头协议　convention verbale
口头指示　instruction orale
扣板式扣件　attache à clip
扣除费用　décompte de frais
扣除数　décompte
扣除佣金　décompte de commission
扣钉　crampon；queue de carpe
扣件　attache；pièce attachée；pièce d'attache
扣件类型　type d'attaches
扣件扭力　force de torsion de l'attache
扣件沿线摆放　répartition des attaches au long de la ligne
扣件作业　opération d'attaches；opération de serrage des pièces attachées
扣紧螺母　écrou de serrage
扣留　rétention；retenue
扣押　saisie

扣押保函　saisie de caution
扣押走私商品
　　saisie des marchandises de contrebande

ku

枯井　puits perdu(sec, tarissant)
枯水季节
　　saison de l'étiage; saison de sécheresse
枯水期　période de l'étiage; période
　　de sécheresse
枯水期流量　débit d'étiage
库　soute
库存过剩　surplus de stock
库存货　marchandise en stock
库存货物周转　rotation de stocks
库存卡片　fiche de stock
库存商品　marchandise en stock
库存物资供应　approvisionnement en magasin
库存周期　cycle de stockage
库尔曼图解法(土压法)
　　construction culmann
库房　hangar
库房面积　surface de hangar
库检线　voie de remise
库内停留时间　temps de retenue au dépôt

kua

跨度　longueur de travée; portée; travée
跨度变化　variation de portée
跨度尺寸设计
　　conception de dimension de travée
跨度界限　limite de portée
跨度容差　déviation de travée
跨拱　arc de travée
跨构架设　montage de travées
跨国公路货物中转申报　déclaration de transit
　　routier inter-etats(DTRIE)
跨国公司　compagnie multinationale;
　　société transnationale
跨国铁路　chemin de fer transnational
跨国运营　exploitation transnationale
跨间距　espacement de travée
跨界越行　dépassement de démarcation
跨境运输
　　trafic transfrontalier
跨境运输次数
　　nombre de trafic transfrontalier
跨境转运
　　transit transfrontalier

跨局轮乘　rotation de service inter-
　　administration de l'équipage de conduite
跨矩　moment de travée
跨距长度　longueur de portée
跨区供电　alimentation outrepassant la zone;
　　alimentation transzonale
跨区供电方式
　　mode d'alimentation outrepassant la zone
跨区间直达列车　train direct transcantonnier
跨线警告限界
　　gabarit avertisseur de passage supérieur
跨线设备　installations de trans-ligne
跨越　franchissement
跨越工程　travaux de franchissement
跨越能力　capacité de franchissement
跨越运行
　　circulation de franchissement de section
跨洲铁路　chemin de fer intercontinental
跨座式单轨铁路
　　monorail de type à enfourcher

kuai

会计报表　tableau de comptabilité
会计凭证　pièce comptable
会计人员　agent comptable
会计师　expert-comptable
会计室　service de comptabilité
块径测量　blocométrie
块石(墙基)　libage
块石混凝土　béton cyclopéen
块体移动(滑坡)　mouvement de blocs
块状灰岩　calcaire massif
块状结构　structure massive
块状沥青　bitume dur; goudron pur
块状凝灰岩　tuf chaotique
块状熔流　coulée de blocs
块状砂岩　grès en blocs
快车
　　express; train rapide; voiture rapide
快车道　voie à haute vitesse; voie
　　de circulation rapide
快车线　ligne rapide
快车站　gare de grande vitesse
快干漆　peinture siccative
快裂沥青乳液　émulsion à rupture rapide
快裂乳液　émulsion rapide
快裂阳离子乳化沥青
　　émulsion cationique à rupture rapide
快凝　prise rapide

快凝水泥　ciment à durcissement rapide; ciment à prise rapide
快凝稀释沥青　bitume fluidifié à séchage rapide
快凝性黏结料　liant à prise rapide
快速闭合　fermeture rapide
快速打桩法　procédé à battage rapide
快速道路　route express
快速干道　artère express
快速钩车　attelage rapide
快速行驶　marche rapide
快速鉴定　identification rapide
快速掘进　avancement à grande vitesse; creusement rapide
快速连挂　attelage rapide
快速识别　identification rapide
快速停车　arrêt rapide
快速推进　avancement rapide
快速运动　mouvement rapide
快速植草皮　engazonnement accéléré
快速转辙机　aiguillage rapide
快速钻进　forage rapide
快硬混凝土　béton à durcissement accéléré (rapide)
快硬水泥　ciment à durcissement accéléré (rapide, promp)
快运货物列车　train de marchandises rapide
快运整车　wagon complet du régime accéléré

kuan

宽底钢轨　rail à patin
宽度　largeur
宽度不足　insuffisance de largeur
宽度测量　mesure de largeur
宽度校正　correction de largeur
宽度容差　déviation de largeur
宽度调整　réglage de largeur
宽度要求　critère (exigence) de largeur
宽缝　gros joint; joint large
宽轨距　écartement large
宽轨铁路　chemin de fer à voie large; voie large
宽轨枕　traverse large
宽路肩　accotement large
宽容度　niveau de tolérance
宽限期　délai de grâce
宽腰轨　rail à âme large
宽腰尖轨　aiguille à âme large
宽缘梁　poutre à ailes larges
宽座角尺　règle avec base immense
款项记入账户贷方　imputation de somme au crédit de compte
款项记入账户借方　imputation de somme au débit de compte

kuang

狂风　cyclone
矿层　banc; couche de minerai; lit de minerai
矿产开采　exploitation de gisement minier
矿产勘探　exploration de gisements miniers
矿产资源　ressources minérales
矿产资源区　zone de ressources minières
矿车　chariot de mine; wagon à minerai
矿床　gisement; gisement minier; gîte
矿床地形　topographie de gîte
矿床勘探　prospection de gisement
矿床剖面(图)　coupe de gisement
矿床资源　ressources de gisement
矿灯　lampe de mine
矿粉　poudre de minerai
矿化灰岩　calcaire minéralisé
矿集料混凝土　béton d'agrégats minéraux
矿井　puits de mine
矿井坑木　étai de mine
矿井入口　entrée de puits
矿井通风机　ventilateur de défoncement
矿坑下陷　affaissement minier
矿脉　gisement; gîte
矿脉储量　réserves de gisement
矿脉地形　topographie de gisement
矿棉　laine de laitier
矿区　région (zone) minière
矿泉　source minérale
矿泉水　eau minérale
矿山局　administration des mines
矿山开采　exploitation de mine
矿山开采特许经营权　concession d'exploitation de mine
矿山勘探　prospection minière
矿山设备　équipement de mine
矿山铁路　chemin de fer minier
矿山线　ligne minière
矿石　pierre de mine; minerai
矿石车　wagon minéralier
矿石堆　amas de minerai
矿石分析　test de minerai
矿石重型卡车　camion de mine
矿体　corps de minerai

矿物燃料　combustible fossile(minéral)
矿物性质　nature minéralogique
矿物油　huile minérale
矿物质　matière minérale
矿纤维　fibre de laitier
矿渣骨料　agrégat de laitier
矿渣硅酸盐水泥　ciment de haut-fourneau (CHF); ciment de laitier au clinker(CLC); ciment portland de fer(CPF)
矿渣混凝土　béton de laitier
矿渣基层　base de laitier
矿渣路堤　remblai de scorie
矿渣棉　laine minérale
矿渣砂　sable de laitier
矿渣水泥　ciment de mâchefer; ciment de scorie; ciment de laitier; ciment de laitier à la chaux
矿渣水泥砖　agglo
矿渣砖　aggloméré de laitier; brique de scorie; brique en béton de laitier
矿质集料　agrégat minéral
框格式沉箱　caisson cellulaire
框架　cadre
框架变形　déformation de cadre
框架构造物　ouvrage d'art en cadre; ouvrage en cadre
框架涵　cadre
框架涵台背回填　remblai aux abords de dalot
框架合同　contrat-programme
框架结构　construction à ossature portante; construction de cadre; structure en cadre
框架桥　pont de cadre
框架式桥台　aboutement(culée)en châssis
框架式箱涵　dalot cadre
框架式支撑　soutènement par cadres
框架式转向架　bogie en treillis
框架协议　accord cadre; convention de contrat-programme

kui

亏损　déficit
亏损企业　entreprise déficitaire
馈电电缆　câble de feeder
馈电回流　retour de feeder
馈线　feeder; fil de feeder; ligne d'alimentation
馈线绝缘子　isolateur de fil de feeder
馈线悬挂　suspension de fil de feeder
馈线支架　cadre d'appui de ligne d'alimentation

kun

捆　liement
捆包货物　balle
捆货堆放　gerbage de marchandises
捆扎　ligature

kuo

扩大　élargissement
扩大安全间距　élargissement de l'espacement de sécurité
扩大车辆容积　élargissement de volume de wagon
扩大初步设计　avant-projet élargi
扩大的钻孔　trou alésé
扩大股道间距　élargissement de l'espacement des voies ferrées
扩大罐体容积　élargissement de volume de citerne
扩大行车效率　élargissement de l'efficacité de circulation
扩大机车运用效率　élargissement de l'efficience d'utilisation de locomotive
扩大基础　élargissement(extension) de fondation; fondation déployée
扩大开挖　élargissement de l'excavation
扩大列车间隔　élargissement de l'intervalle des trains
扩大设备使用效率　élargissement de l'efficience d'utilisation de l'équipement
扩大生产投资　investissement d'expansion
扩大数据容量　élargissement de volume des données
扩大铁路管界　extension de l'emprise ferroviaire
扩大限界　élargissement de gabarit
扩大线路间距　élargissement de l'espacement des voies
扩大线路容量　élargissement de volume de voie
扩大信标间距　élargissement de l'espacement des balises
扩大业务　accroissement des affaires
扩大运量　élargissement de volume de transport

扩大运输效率　élargissement de l'efficacité de transport
扩大再生产　reproduction élargie
扩大钻孔　élargissement du trou de forage
扩底式羊足碾　rouleau à pied de mouton type à fouloirs élargis
扩底羊蹄滚筒　tambour avec pieds élargis
扩底桩　pieu à base; pieu-piédestal
扩建项目　projet d'agrandissement
扩孔　alésage
扩孔机　machine à défoncer
扩孔井　puits élargi
扩孔宽度　largeur de défonçage
扩孔钻　foret aléseur
扩孔钻头　aléseur
扩散　dispersion
扩散半径　rayon de diffusion
扩散范围　zone de dispersion
扩散力　force dissipative
扩散能力　aptitude à la diffusion
扩散区　aire (zone) de diffusion; aire (zone) de dispersion
扩散速度　vitesse de diffusion
扩散通风　aérage par diffusion
扩散系数　coefficient de diffusion (dispersion)
扩散阻力　résistance à la diffusion
扩散作用　action de diffusion (dissipation)
扩音设备　équipement de sonorisation
扩音子系统安装　installation de sous-système de sonorisation
扩展　extension
扩展基础　fondation distributrice
扩展线　ligne d'extension
阔脚轨　rail vignole

L

la

垃圾　déchet; ordures terrain de décharge (décharges)
垃圾处理　traitement de déchets
垃圾袋　sac aux ordures
垃圾回收　récupération de déchets
垃圾清理　purge de déchet
垃圾清理车　camion d'enlèvement des ordures; camion gadoue-ménagère
垃圾清运　évacuation des déchets
拉板旷动　mouvement de coussinet
拉板式定位　positionnement à coussinet de traction
拉铲挖土机　dragline
拉断　rupture à la traction
拉杆　barre de tirage; bielle de traction; tige de traction; tirant
拉杆操作　manipulation à levier
拉杆断裂　rupture de tige de traction
拉杆控制　commande par tringle
拉杆链　chaîne de tirant
拉杆式定位　positionnement à tige de traction
拉杆转向架　bogie de tige de traction
拉杆座　logement de tige de traction
拉紧　haubanage
拉力　effort de traction; force de tirage; force tirante
拉力测试仪器　appareil d'essai de traction
拉力杆　barre de traction
拉力构件　tirant
拉力结构　structure de tension
拉力试验　essai de traction
拉力系数　coefficient de traction
拉梁　poutre tirant
拉毛　bouchardage; hérissonnage
拉圈　chaînage

拉伸　allongement par tension (traction)
拉伸变形　déformation due à la traction
拉伸极限　limite d'étirage
拉伸曲线　courbe de traction
拉氏蒸汽打桩机　mouton de Lacour
拉索　câble de haubanage
拉索绷直度　raideur de câble de hauban
拉索张力　tension de câbles
拉条　chaînage
拉推设备　engin tireur pousseur; équipement de tirage et poussage
拉网钢板　tôle en acier réticulaire
拉线　cordeau
拉线钳　étau tendeur
拉应力　effort (contrainte) d'extension
拉制产品　produit étiré
喇叭　trompette
喇叭形互通　échangeur en trompette; trompette
喇叭形立交交叉　croisement (intersection) en trompette

lai

来水截流　captage de venues d'eau
来源　origine; provenance
来源地　lieu de provenance
来源地证明　certificat de provenance
来源国　pays d'origine
来源证明　justification de provenance

lan

拦砂障　garde-grève
拦水坝　barrage carrossable; barrage de retenue
拦水带　bande d'arrêt d'eau
拦水缘石　bourrelet
栏杆　barrière; garde-fou; parapet

栏式分隔带　bande de barrière
栏式路缘石　bordure à barrière
蓝色信号灯　signaux bleux
缆车悬座　siège de téléférique
缆绳　câbleau; cordage
缆索　hauban; câble
缆索传送　transmission funiculaire
缆索断裂　rupture de câble
缆索分布　distribution de câbles
缆索护栏　glissière souple
缆索紧固器　écrou tendeur; tendeur de hauban
缆索拉力　tension de hauban
缆索牵引　traction de(par)câble
缆索曲线　courbure de câble
缆索铁道　funiculaire
缆索铁道车　voiture(wagon)de funiculaire
缆索铁路　chemin de fer funiculaire
缆索线性变化　variation linéaire de câbles
缆套剥落　exfoliation de l'enveloppe de câble
缆线截头　recépage de tête de câble
缆线连接　connexion de câbles
缆线扭拧　torsion de câble

lang

廊道支模　coffrage de galerie
浪纹线脚　doucine
浪涌电压保护装置
　　protecteur de tension ondulatoire

lao

劳动安全限制
　　contrainte liée à la sécurité de travail
劳动保护　protection de travail
劳动报酬　rémunération de travail
劳动场所安全　sécurité sur le lieu de travail
劳动定额　quota de travail
劳动法　code(lois)du travail
劳动规律　régularité de travail
劳动监察　inspection de travail
劳动竞赛　compétition au travail
劳动纠纷
　　conflit du travail; différend de travail
劳动局　bureau de travail
劳动力　force de travail
劳动力不流动
　　immobilité de la main-d'œuvre
劳动力成本　coût de main-d'œuvre; prix de revient de la main-d'œuvre
劳动力计划　planning de la main-d'œuvre
劳动力可支配量
　　disponibilité de la main-d'œuvre
劳动力需求　besoin de la main-d'œuvre
劳动密集型产业
　　industrie à haute densité de main-d'œuvre
劳动密集型企业　entreprise à forte intensité de main-d'œuvre
劳动强度　intensité de travail
劳动生产率　productivité du travail
劳工保护　protection de la main-d'œuvre
劳工数量统计
　　registre de nombre de travailleurs
劳工协会　association de travailleurs
劳力　main-d'œuvre
劳力分配　distribution de la main-d'œuvre
劳力过剩　surplus de la main-d'œuvre
劳力投入不足
　　insuffisance de la main-d'œuvre
劳务　main-d'œuvre
劳务招聘　embauche de la main-d'œuvre
劳资协议　convention collective
老化　vieillissement
老化损坏　dégât dû au vieillissement

liao

了解　connaissance
了解施工现场和施工条件　connaissance des lieux et conditions de travail

lei

雷暴雨　pluie d'orage
雷爆火药　poudre fulminante
雷达　radar
雷达测速区标志　signe de radar
雷达定向　repérage par radar
雷达探测　détection(repérage)par radar
雷达探测方式　mode de détection par radar
雷达天线　antenne de radar
雷达信号　signal de radar
雷达远距离探测　télédétection par radar
雷达站　station de radar
雷电干扰
　　interférence(perturbation)de foudre
雷管　amorce d'allumage; détonateur à mèche; détonateur; fulminant
雷管存放　dépôt de détonateurs
雷管库　entrepôt de détonateurs
垒石　pierrée

累积功能　fonction de cumul
累积过程　processus cumulatifs
累积频率　fréquence cumulative
累积曲线　courbe(courbure) cumulative
累积收入　recette cumulée
累积速率分布曲线
　　distribution de vitesse cumulative
累积误差　erreur cumulative
累计　cumul
累计百分率　pourcentage cumulatif
累计长度　longueur cumulée
累计当量轴载　nombre d'essieux équivalents
累计概率　probabilité cumulative
累计工程金额　montant de travaux cumulés
累计交通量　trafic cumulé(accumulé)
累计金额　montant cumulé
累计进尺　pénétration cumulée
累计体积　volume cumulé
累计误差　erreur d'accumulation
累计折旧　amortissement cumulé
累计值　valeur cumulée
累加值　valeur accumulée
累进税　impôt progressif
累年统计　statistique historique
累退税　impôt dégressif;impôt régressif
肋板式桥台　aboutement(culée) à nervure
肋部　flanc
肋拱　voûte d'arête
肋式板桥　pont à nervure
肋条　nervure
类　famille
类别　catégorie;gamme;nuance
类似工程　travaux similaires
类似项目　projet similaire
类型　type

leng

棱角打磨　meulage de l'angularité
棱角石　pierre anguleuse
棱角性　angularité
冷拌法　procédé de mélange à froid
冷拌沥青混合料　enrobé à froid
冷拌沥青混凝土　béton bitumineux à froid
冷拌沥青碎石　grave bitume mélangée à froid
冷拌密级配沥青混合料　enrobé dense à froid
冷藏车　camion(wagon) frigorifique;wagon réfrigérant
冷藏车保温　maintien de température de wagon frigorifique
冷藏集装箱　conteneur frigorifique
冷藏库　entrepôt frigorifique
冷藏室　chambre froide
冷处理　traitement à froid
冷底子油　bitume à froid;enduit d'application à froid;flintkot
冷冻机　machine frigorifique
冷煅钢　acier écroui
冷风机　frigorifère
冷割　coupage à froid
冷滑　glissement à froid;marche à froid
冷滑试验　test de glissement à froid
冷加工　façonnage à froid
冷空气　air froid
冷库　chambre frigorifique
冷拉钢　acier étiré à froid;acier tréfilé;acier filant
冷拉钢筋　barre étirée à froid
冷铆　rivetage à froid
冷模　moule en fonte
冷凝器　condensateur
冷凝水　eau condensée;eau de condensation;eau réfrigérante
冷铺焦油沥青混凝土　béton goudronneux à froid
冷铺沥青　asphalte à froid
冷铺沥青路　route bitumée à froid
冷铺施工法　procédé de construction à froid
冷切　coupage à froid
冷却　refroidissement
冷却表面　surface de refroidissement
冷却池　bassin de refroidissement
冷却点　point de refroidissement
冷却方式　mode de refroidissement
冷却管　conduite(tuyau) de refroidissement
冷却管路系统　tuyauterie de refroidissement
冷却剂　agent réfrigérant
冷却阶段　période de refroidissement
冷却器　refroidisseur
冷却时间　durée de refroidissement
冷却室　salle de refroidissement
冷却收缩　contraction par refroidissement
冷却水　eau de refroidissement
冷却塔　tour de réfrigération(refroidissement)
冷却系统　système de refroidissement
冷却液　fluide de refroidissement
冷却作用　action refroidissante
冷色　couleur froide
冷筛分　criblage à froid

力学　mécanique

冷杉　sapin pectiné
冷缩裂缝　fente de refroidissement
冷涂料　enduit à froid
冷压钢　acier pressé à froid
冷用柏油　goudron à froid
冷轧　cylindrage(laminage,laminé)à froid
冷轧车间　atelier de laminage à froid
冷轧钢　acier laminé à froid
冷轧钢筋　barre laminée à froid
冷轧型材　profilé laminé à froid

li

厘克　centigramme(cg)
厘米　centimètre(cm)
厘米级精度　précision centimétrique
离岸价　FOB;prix FOB
离轨道岔　aiguille ouverte
离合器　embrayage;manchon d'embrayage
离合器衬片　garniture d'embrayage
离合器踏板
　　pédale d'embrayage;pédale de débrayage
离合器圆盘　disque d'embrayage
离境担保　engagement de rapatriement
离水格子　grille porteuse
离析　ségrégation
离析程度　degré de ségrégation
离线　hors de ligne
离心泵　pompe centrifuge
离心沉降　tassement centrifuge
离心法制混凝土管
　　tuyau en béton façonné par centrifugation
离心分离　centrifugation
离心荷载　charge centrifuge
离心混凝土管　tuyau en béton centrifuge
离心机　machine centrifuge
离心加速度　accélération centrifuge
离心浇筑　coulage centrifuge
离心浇筑混凝土　béton centrifugé
离心浇铸　coulée centrifuge
离心浇铸钢　acier centrifugé
离心力　force centrifuge
离心力矩　moment centrifuge
离心力系数　coefficient de force centrifuge
离心撒砂机　épandeuse centrifuge de sable
离心式风机　ventilateur à ailes;ventilateur à
　　force centrifuge;ventilateur centrifuge
　　(dynamique,rotatif)
离心试验　essai(test)centrifuge
离心速度　vitesse centrifuge

离心应力　contrainte centrifuge
离心振动　vibration centrifuge
离心制管机　machine à tuyaux centrifugés
离心作用　action centrifuge
犁　charrue
犁式除雪车　chasse-neige à étrave
篱笆　clôture;échalier;haie
里程　kilométrage
里程碑　borne
里程标　point kilométrique(PK);
　　poteau de kilométrage
里程标间距
　　espacement des bornes kilométriques
里程表　compteur de courses
里程测量　mesure de kilométrage
里程长度　longueur de parcours
里程递增方向　sens de kilomètres croissants
里程指示器　indicateur de kilométrage
理论高度　hauteur théorique
理论荷载　charge théorique
理论跨度　portée théorique
理论密度　densité théorique
理论速度　vitesse théorique
理论推力　poussée théorique
理论温度　température théorique
理论研究　étude théorique
理论值　valeur théorique
理想速度　vitesse idéale
力　effort;force
力的单位　unité de force
力的作用　action de force
力分解　résolution de force
力矩　moment;moment de force
力矩分配　répartition de moment
力矩面积　aire de moment
力矩平衡　équilibrage des moments
力矩平衡法
　　procédé de l'équilibrage de moments
力矩曲线　courbe(courbure)de moment
力矩图　graphique(diagramme)de moments
力矩系数　coefficient de moment
力矩中心　centre de moments
力矩轴　axe de moment
力量平衡　équilibre des forces
力偶　couple de forces
力图　diagramme de force
力系　système de forces
力消耗　consommation de force
力学　mécanique

力学参数　paramètre mécanique
力学单位　unité mécanique
力学定律　loi mécanique
力学计算　calcul mécanique
力学试验　essai (test) mécanique
力学数值汇总
　　récapitulation de valeurs mécaniques
力学特征　caractéristique mécanique
力作用　action de l'effort
力作用方向　sens de force
历史洪水位
　　crue historique; niveau de crue historique
历史遗存　patrimoine historique
立标杆　jalonnement
立道牙　bordure haute; bordure saillante
立法　législation
立法权　pouvoir législatif
立方　cube
立方毫米　millimètre cube
立方厘米　centimètre cube (cm^3)
立方米　mètre cube
立方体　cube; volume cubique
立方体试件　échantillon cubique
立方体试块　cube d'essai
立方体试验　test sur cube
立方体碎石料　granulats cubiques
立交连接线　bretelle d'l'échangeur
立交引道　bretelle de croisement
立路缘石　bordure saillante
立面处理　traitement de la façade
立面平行支撑　soutènement chassant
立面图　plan (vue) d'élévation; plan de façade
立式泵　pompe verticale
立式搅拌器　agitateur vertical
立式砂轮机　meuleuse
立式钻床　perceuse verticale
立式钻井　forage vertical
立视图　élévation
立体测量仪　stéréomètre
立体观察　stéréoscopie
立体几何
　　géométrie dans l'espace; stéréométrie
立体交叉　carrefour dénivelé; croisement à
　　deux niveaux; croisement (intersection) à
　　niveaux différents; croisement à niveaux
　　séparés; croisement différent; croisement sans
　　cisaillement; échangeur; intersection différente
立体交叉路口　croisement à niveaux séparés
立体交叉设计　conception (étude) de
　　croisement à niveaux différents
立体镜　stéréophotographe; stéréoscope
立体模型　stéréomodèle
立体投影　projection perspective
立体图　stéréogramme
立体图像　image stéréoscopique
立体线形组合设计
　　conception composite à niveaux différents
立体坐标量测仪　stéréocomparateur
立爪式装砟机
　　chargeuse de ballast à griffe verticale
立柱　montant; poteau vertical
立柱检查坑　fosse de contrôle sur les
　　pilotis; fosse de visite sur les pilotis
立柱式道路照明灯
　　réverbère à luminaire cylindrique
立柱式轨道　voie sur les pilotis
立砖隔墙　cloison en briques posées de champ
立桩　piquetage
立钻　foreuse verticale
励磁电机　moteur à excitation
励磁电路　circuit d'excitation
励磁感应电机　moteur de bobine d'exitation
励磁吸起　aspiration d'excitation
励磁线圈　bobine d'exitation
利率　taux d'intérêt
利率风险　risque de taux d'intérêt
利率风险控制
　　contrôle de risques de taux d'intérêt
利润　bénéfice; profit
利润分配额　quote-part du profit
利润共享　mise en commun des bénéfices
利润减少　diminution de bénéfice
利润率　taux de bénéfice (profit)
利润税　taxe sur les bénéfices
利息　intérêt
利息计算　calcul des intérêts
利益　intérêt
利益冲突　conflit d'intérêts
利用　mise à profit
利用方　déblai réemployé en remblai;
　　déblai-remblai
利用废弃线路　utilisation de ligne abandonnée
利用高度　altitude d'utilisation
利用率　taux d'utilisation
利用条件　condition d'utilisation
沥青　asphalte; bitume
沥青拌和厂　usine d'enrobage
沥青拌和机　enrobeur; malaxeur à asphalte

沥青拌和楼　tour d'enrobage;usine à tour pour mélanges hydrocarbonés
沥青拌和砂　sable enrobé
沥青拌和设备　équipement(matériel)d'enrobage
沥青拌和站　centrale de bitume;poste d'enrobage
沥青拌和站位置　emplacement de centrale de bitume
沥青变软　amollissement de bitume
沥青标号　marque d'asphalte
沥青层　couche bitumineuse;couche d'asphalte
沥青产品　produit bitumineux;produits noirs
沥青储存　réserve de bitume
沥青处理　traitement d'asphalte(bitume)
沥青存放　stockage de bitume
沥青存放场地　aire de dépôt de bitume
沥青道床　lit de ballast bitumineux
沥青地面　sol asphalté
沥青断裂点试验　essai de fragilité de bitume
沥青防水　étanchéité asphaltique(bitumineuse)
沥青防水层　assise isolante en asphalte;revêtement bitumineux imperméable
沥青封层　scellement bitumineux
沥青膏　enduit d'asphalte
沥青隔层　assise isolante en asphalte
沥青供应　approvisionnement(fourniture)de bitume
沥青贯入　pénétration bitumineuse
沥青含量　teneur en bitume
沥青混合料　enrobé;enrobé hydrocarbonés;agrégat enrobé;asphalte;mélange bitumineux
沥青混合料拌和站　centrale d'enrobage bitumineux
沥青混合料出料斗　trémie de livraison de l'enrobé
沥青混合料路缘挡水　bourrelet en enrobé
沥青混合料配方　formule d'enrobage
沥青混合料上层　couche supérieure en enrobé
沥青混合物　asphaltite
沥青混凝土　asphalte concret;béton à base de bitume;béton au goudron-asphalte;Béton bitumineux(BB);béton d'asphalte;béton hydrocarboné
沥青混凝土层　couche de béton bitumineux
沥青混凝土挡水　bourrelet en béton bitumineux
沥青混凝土骨料　agrégat à béton enrobé;agrégat de béton bitumineux
沥青混凝土路肩　accotement en béton bitumineux
沥青混凝土路面　pavage en béton asphalté;pavement en béton asphaltique
沥青混凝土磨耗层　couche d'usure en béton bitumineux
沥青混凝土摊铺　répandage de béton bitumineux
沥青混凝土摊铺机　étaleur de béton bitumineux
沥青混凝土摊铺温度　température de répandage de béton bitumineux
沥青基层　couche de base bitumineuse
沥青基石油　huile de base asphaltique
沥青加热　chauffage(échauffement)de bitume
沥青加热拌和机　fondoir-malaxeur à asphalte
沥青加热炉　chaudière de bitume;chaudière de l'asphalte;four à bitume à réchauffage;four à bitume chauffé
沥青加热时间　temps de chauffage(réchauffage)de bitume
沥青搅拌机　malaxeur-enrobeur
沥青搅拌器　agitateur de bitume
沥青搅拌设施安装　installation de centrale d'enrobage
沥青结合料　liant hydrocarboné;liant noir
沥青块　bloc d'asphalte(bitume)
沥青炉　four à bitume
沥青路　route bitumée
沥青路肩　accotement bitumé
沥青路面　revêtement noir
沥青路面工　bitumier
沥青路面公路　route à revêtement de bitume
沥青路面蠕变　fluage de chaussée bitumineuse
沥青路面摊铺机　épandeur-reprofileur automoteur
沥青麻绳　corde de chanvre bitumé(goudronné)
沥青麻丝　filasse bitumée;filasse goudronnée
沥青面层　revêtement asphaltique
沥青泥岩　argilite bitumineuse
沥青黏稠度　viscosité de bitume(goudron)
沥青黏结料　liant bitumineux
沥青配量　dosage en bitume
沥青喷洒　distribution de bitume(asphalte)

L

沥青喷洒车　asphalteur
沥青铺地面　dallage en asphalte(bitume)
沥青铺面　pavé d'asphalte;revêtement hydrocar-boné;surface asphaltée
沥青漆　peinture bitumineuse
沥青乳化能力　émulsibilité de bitume(asphalte)
沥青乳化试验　essai(test)d'émulsion de bitume
沥青乳化装置　appareil pour les émulsions de bitume
沥青乳液　émulsion
沥青软化　ramollissement de bitume
沥青软化点　point d'affaissement de bitume;point de ramollissement de bitume
沥青软化点测定　essai(test)de ramollissement de l'asphalte
沥青软化点温度　température de point de ramollissement de bitume
沥青洒布机　distributeur d'asphalte(bitume)
沥青砂　sable asphaltique;sable bitumé;sable bitumineux
沥青砂浆　coulis(mortier)de bitume;mortier hydrocarboné
沥青砂胶　mastic bitumineux
沥青砂岩　grès asphaltique;grès bitumineux
沥青石灰岩　calcaire asphaltique;calcaire fétide
沥青石屑　gravillon asphaltique(bitumineux,goudronné)
沥青数量　quantité de bitume
沥青碎石　gravillon enrobé de bitume
沥青碎石层　couche de graves bitumeux
沥青碎石路　macadam à base de bitume;macadam(au bitume,bitumineux);empierrement asphaltique(en bitume)
沥青摊铺　répandage de bitume
沥青摊铺工　asphalteur
沥青摊铺机　épandeuse;étaleur(répandeuse) de bitume;finisseur;finisseur asphalteur
沥青添加剂　additif de l'asphalte
沥青添加料　additif de bitume
沥青涂层　enduit bitumineux;revêtement à base de bitume;revêtement en bitume
沥青涂料　peinture à base de bitume
沥青温度　température de bitume
沥青稳定土　sol-bitume
沥青岩　asphalte en roche;roche bitumineuse;terrain ardent
沥青油毡　bitume armé;feutre asphalté(asphaltique)
沥青油毡防护　protection par feutre bitumineux
沥青预热站　poste de préchauffage de bitume
沥青罩面　revêtement bitumineux
沥青针入度仪　pénétromètre de bitume;pénétromètre de l'asphalte
沥青制品　produit d'asphalte
沥青质量　qualité de bitume
沥青质泥灰岩　marne bitumineuse
例行检查　contrôle(inspection)de routine
例会　rendez-vous
砾粒含量　teneur de grave
砾料层　couche de graves
砾砂　sable graveleux(caillouteux)
砾石　caillou;grave;gravier;moellon;pierre roulée
砾石层　banc(couche,lit,nappe)de gravier
砾石道　passe à gravier
砾石道砟　ballast en gravier
砾石底基层　couche de fondation en grave
砾石工程　moellonage
砾石过滤层　couche filtrante en graviers
砾石河滩　rive d'éboulis
砾石基础　fondation en gravier
砾石料　matériau graveleux
砾石料带(层)　gisement de graviers
砾石料基层　base en matériaux graveleux
砾石料基础　fondation en matériaux graveleux
砾石路肩　accotement en gravier
砾石路面　revêtement en gravier
砾石泥灰岩　caillasse
砾石排水沟　drain de gravier
砾石人行道　trottoir en gravier
砾石统料　tout-venant graveleux
砾石土　argile graveleuse(sableuse);sol caillouteux
砾岩　conglomérat;roche conglomératique(conglomérée,pséphitique)
砾岩块　bloc de conglomérats
砾质荒漠　désert de reg
砾质凝灰岩　tuf graveleux
砾质土　sol graveleux;terre graveleuse
粒度　granularité
粒度测定　granulométrie
粒度测定公式　formule granulométrique

粒度分级　classement en grosseur；classement granulométrique；classification de grosseur de grain；classification granulométrique
粒度分级机　appareil classeur；appareil de classement
粒度分级系数　facteur granulométrique
粒度级　classe granulométrique
粒度级配　composition granulométrique
粒度确定　détermination de granulométrie
粒级　gradation
粒径　diamètre(dimension)de grain
粒径分布　distribution granulométrique
粒径分布曲线　courbe de distribution de dimensions des grains
粒径分析　analyse de la granulométrie
粒径检查　contrôle de granularité
粒径曲线　courbe de dimensions des grains；courbure de grain
粒料　agrégat；agrégat granulaire
粒料层　couche de granulats；couche granulaire
粒料基层　base en gravier
粒料性能　caractéristique de granulats
粒状沉积　dépôt granulaire
粒状结构　structure grenue
粒状熔渣　laitier granulé
粒状石灰岩　calcaire granulaire
粒状土　terre granuleuse
粒状污泥　boue granuleuse
粒状物料　matière en grains

lian

连测点　point de série
连带保证　engagement solidaire
连带担保　caution(cautionnement，garantie)solidaire
连带义务　obligation solidaire
连带责任　solidarité；responsabilité solidaire
连杆　barre d'accouplement(attelage)；bielle；bielle d'accouplement
连杆螺栓　boulon de connexion
连拱坝　barrage à arches multiples；barrage à voûte multiples
连拱梁　poutre à arcades；poutre en arc continu
连拱桥　pont en arches multiples
连钩　couplage d'attelage
连挂车辆　wagon attelé
连挂后试拉　essai de tire après l'attelage
连挂试拉制度　système d'essai de tire après attelage des wagons
连挂信号　signal d'attelage
连接　connexion；desserte；jointement；raccordement
连接板　plaque d'articulation；plaque de jonction
连接板桩　palplanche de raccordement
连接层　couche d'accrochage；couche de liaison
连接车道　voie de liaison
连接车厢　compartiment intermédiaire
连接成直线　enlignement
连接尺寸　dimension de connexion
连接错位　transposition de connexion
连接道岔　aiguille de communication(jonction)；aiguillage de jonction
连接道路　route de connexion(liaison)；route de desserte
连接点　point de liaison(jonction，raccordement)
连接点设计　étude de jonction
连接点坐标　coordonnées de point d'interconnexion
连接端　extrémité de connexion
连接方法　méthode de liaison
连接方式　mode de connexion
连接方向　direction de liaison
连接杆　barre(tringle)de connexion；tige d'assemblage
连接钢筋　armature de liaison
连接拱圈　voussoir boulonné
连接构件　membre de connexion
连接固定　fixation de connexion
连接管　tube de connexion(raccordement)；tuyau de raccordement
连接轨　rail de raccord
连接基础　base reliée
连接件　pièce d'assemblage(raccordement)
连接接口　interface de connexion
连接坑道　galerie d'accès
连接孔　about-trou
连接轮廓　contour d'accouplement
连接螺栓　boulon d'assemblage
连接面　surface de connexion(liaison，jonction，raccordement)
连接模块　module de connexion
连接黏结料　liant d'accrochage
连接配件　accessoires de raccordement

连接坡度　pente de liaison(raccordement)
连接器　accouplement
连接器轮廓　contour de coupleur
连接区域　zone de raccordement
连接曲线　courbe de raccordement；
　　courbure de connexion
连接试验　essai(test) de connexion
连接套　manche d'accouplement
连接通道　passage connecté
连接弯道　courbe de raccordement
连接误差　erreur(tolérance) de connexion
连接线　branche de desserte；ligne de jonction
　　(raccordement)；voie de communication
连接线接触　contact de fil de connexion
连接线入口　accès de voie de desserte
连接支线
　　branche(branchement) de connexion
连接装置　dispositif d'accouplement；
　　dispositif de connexion(raccordement)
连跨桥　ouvrage d'art à travées continues
连穹坝　barrage à dômes multiples
连锁进路　itinéraire enclenché
连锁开关　interrupteur d'enclenchement
连系梁
　　poutre d'entretoisement；poutre de liaison
连续操作　opération continue
连续测量　mesure continue
连续车流　flux continu
连续钢板梁　poutre continue pleine métallique
连续高架桥　viaduc continu
连续工作面　taille continue
连续拱　arc continu
连续轨枕板　dalle continue
连续焊接　soudure continue
连续荷载　charge continue
连续基础　fondation continue
连续浇筑
　　continuité de coulage；coulée continue
连续搅拌　malaxage continu
连续颗粒级配　granulométrie continue
连续孔　travée continue
连续跨　travées solidaires
连续跨桥　pont à travées continues
连续梁　poutre à travées solidaires；
　　poutre continue
连续梁桥　pont à poutres continues
连续量　quantité continue
连续坡度　pente continue
连续桥跨结构　travée continue
连续桥面　tablier continu
连续曲率　courbe(courbure) continue
连续上坡　rampe consécutive
连续生产　production continue
连续施工　construction(exécution) sérielle
连续施工法　construction continue
连续式拌和机　mélangeur continu
连续式搅拌机
　　malaxeur à débit continu；malaxeur continu
连续式立体交叉　échangeurs successifs
连续式沥青混合料拌和设备
　　appareil d'enrobage à marche continue
连续式路肩　accotement continu
连续跳汰筛　crible continu
连续线　ligne continue
连续压力　pression continue
连续有效性　continuité de validité
连续运动　mouvement continu
连续钻探　sondage continu
连续作业　opération continue
联测　mesure conjointe
联动　mouvement associé；
　　mouvement conjoint
联动道岔　aiguille accouplée；
　　aiguille conjuguée；aiguillage à
　　manœuvre conjuguée
联动轮轴销　axe d'essieu couplé
联动信号　signalisation coordonnée
联动轴　essieu accouplé
联挂作业　manœuvre d'attelage des wagons
联合企业　complexe；entreprise combinée
联合体　consortium；groupement
联合体成员
　　membre de groupement d'entreprise
联合体名称　dénomination de groupement
联合体名义账户
　　compte ouvert au nom du groupement
联合体内部分工
　　répartition au sein du groupement
联合体协议书　protocole d'accord du
　　groupement d'entreprises
联合体章程　statuts du groupement
联合支座　socle combiné
联接　accrochage
联结式轨枕　traverses jumelées
联结式轨枕轨道　voie de traverses jumelées
联络　communication
联络线　ligne de communication；ligne
　　(voie) de liaison；bretelle

联络中断　interruption de liaison
联锁　enclenchement; verrouillage
联锁闭塞系统
　　système d'enclenchement de block (SEB)
联锁闭锁器　serrure d'enclenchement;
　　serrure de verrouillage
联锁触头　contact d'enclenchement
联锁道岔　aiguille enclenchée
联锁登记　registre d'enclenchement
联锁电路　circuit d'enclenchement
联锁方式　mode d'enclenchement
联锁杆　barre d'enclenchement
联锁解除　enclenchement libéré
联锁控制台
　　pupitre de commande d'enclenchement
联锁类型　type d'enclenchement
联锁区　zone d'enclenchement
联锁设备　équipement d'enclenchement
联锁式车钩　attelage à l'enclenchement
联锁系统　système de verrouillage
联锁箱　boîte d'enclenchement
联锁信号楼
　　poste d'aiguillage d'enclenchement
联锁装置
　　appareil (dispositif) d'enclenchement
联锁状态　état d'enclenchement
联调　réglage intégré
联调时间　temps de réglage intégré
联网运行　opération conjointe de réseaux
联系地址　adresse de correspondance
联营企业　entreprise associée
联运　trafic combiné
联轴　essieu couplé
联轴器　accouplement d'arbre/de
　　transmission/d'axes
廉价拍卖　adjudication au rabais
廉洁声明　déclaration de probité
炼钢炉　four à acier
炼焦炉　four à coke
炼油厂　raffinerie
链　chaîne
链板式上料机　chargeur à chaîne
链环　chaînon
链路　lien
链式车钩　attelage (crochet) à chaîne
链式悬桥
　　pont à chaînes; pont suspendu à chaînes
链索　câble-chaîne
链索锚固　ancrage de chaîne
链形悬挂　suspension caténaire

liang

梁　poutre
梁变形　voilement de poutre
梁布置　poutraison
梁长　longueur de poutre
梁长度校正
　　correction de longueur de poutre
梁尺寸　dimension de poutre
梁尺寸参数
　　paramètre de dimension de poutre
梁底标高　cote de sous-poutre
梁垫块　bloc d'appui de poutre
梁动载强度
　　résistance de poutre aux charges dynamiques
梁端
　　extrémité de poutre; tête de poutre; about
　　de poutre
梁端锚固　ancrage de l'extrémité de poutre
梁分类　classification de poutres
梁腹　âme de poutre; soffite
梁腹板厚度　épaisseur de l'âme de poutre
梁高　hauteur de poutre
梁固定端支座　appui de côté ancré
梁荷载　charge de poutre
梁厚度　épaisseur de poutre
梁活动端支座　appui de côté de dilatation
梁间距　distance entre les poutres;
　　intervalle de poutres
梁结构　empoutrerie; structure de poutre
梁结构布置　poutrage
梁截面　section de poutre
梁跨　portée de poutre; travée de poutre
梁宽　largeur de poutre
梁裂缝　fissure de poutre
梁裂纹　fissuration de poutre
梁面　surface de poutre
梁模板　coffrage de poutre
梁强度　résistance de poutre
梁式车体结构
　　structure de caisse à longerons
梁式桥
　　pont à longerons; pont à poutres
梁式支座　support à poutre
梁体　corps de poutre
梁体就位　mise en position de poutre
梁体上翘　gauchissement de poutre
梁体下垂　affaissement de poutre

梁图　dessin(plan) de poutre
梁托　corbeau;corbeau d'appui;support de poutre
梁弯沉　déflexion à la poutre
梁弯沉试验　essai de déflexion de poutre;test de déflexion à la poutre
梁弯矩　moment de poutre
梁弯曲　flambement(voilement) de poutre
梁网　poutrage;poutraison
梁位　position de poutre
梁下垂　flèchissement de poutre
梁线　alignement de poutre
梁型　type de poutres
梁翼缘　aile de poutre
梁支座　appui de poutre
粮食漏斗车　wagon-trémie à céréales
粮食筒仓　silo à céréales
两班倒施工　exécution des travaux en deux postes
两班制　régime de double équipe
两车间隔　intervalle entre deux trains
两点间高程差　dénivelée　dénivelée entre les deux points
两端固定梁　poutre encastrée aux deux extrémités
两端驱动车　automotrice d'extrémité
两端支承梁　poutre appuyée aux deux extrémités
两个隧道洞口的距离　intervalle de portails des deux tunnels
两管排水涵洞　passage d'eau à deux tuyaux
两轨平行线　parallèle des deux rails
两铰拱　arche à deux articulations
两跨连续梁　poutre continue à deux travées
两列火车正面相撞　collision frontale des deux trains
两轮滚筒式压路机　cylindre compresseur à deux roues
两条线路间隔尺寸　dimension de l'espacement des deux voies
两系弹簧悬挂　suspension à ressort secondaire
两线间距　distance entre deux voies
两线间距标准　critère de l'espacement entre les deux voies
两线交点　point entre deux lignes
两线路相互间距离　inter-distance entre deux voies
两用车钩　accouplement duplex
两圆涵排水涵洞　passage d'eau à deux buses
两枕间距　distance entre deux traverses
亮度　intensité d'éclairement(lumière)
量变　changement quantitatif
量尺　règle à mesurer
量电法　électrométrie
量斗　caisse de dosage;godet doseur;silo de dosage;trémie de mesure
量角器　anglomètre
量角仪　goniographe;goniomètre
量具　instrument de mesure
量隙规　palpeur
量载规　gabarit d'encombrement
量值计算　calcul de quantité
晾干　séchage à l'air libre

liao

料仓　silo de stockage
料场覆土开挖　ouverture de carrière
料场砂　sable de carrière
料场土　sol de carrière
料斗　trémie
料堆　tas de matériaux
料浆搅拌器　mélangeur à boues
料浆库　silo à pâte crue
料棚　hangar de matériaux
料源开采税　taxe d'exploitation des emprunts
瞭望塔　tour d'observation

lie

列　rangée
列编插挂车辆　insertion de wagon à la rame de train
列表　listing
列车　train
列车安全系统　système de sécurité du train
列车安全性　sécurité de train
列车报警　alarme de train
列车编号　numérotage de trains
列车编号清单　liste de numéros des trains
列车编组　composition(formation) de train
列车编组表　tableau de formation des trains
列车编组长度　longueur de formation de train
列车编组单元　unité de composition du train
列车编组计划　plan de formation des trains
列车编组进度　avancement de composition des wagons
列车编组能力　capacité de formation du train

列车编组任务　tâche de composition des wagons
列车编组顺位代码　code de numérotage de formation du train
列车编组质量　masse de formation de rame du train
列车编组重量　poids de formation des rames du train
列车编组轴数　essieux de formation de train
列车测速仪　mesureur de vitesse du train
列车长度　longueur de train
列车超行　dépassement de train
列车超速报警　alarme de survitesse de train
列车超速防护系统　système de protection contre la survitesse de train
列车超速自动减速装置　dispositif décélérateur automatique du train en cas de survitesse
列车超员数量　nombre de voyageurs au-dessus de limite
列车车次显示　affichage de numéro de train
列车车底编组单元　unité de composition des compartiments du train
列车车底调整　réglage de type de compartiments des voyageurs
列车车号编制规则　règlement de numérotage des trains
列车车号代码　code de numéro de train
列车车辆横向摆动　roulis
列车车轮　roue de train
列车车厢的互通　intercirculation de wagons
列车车载电台　radiostation à bord
列车乘务人员　personnel roulant
列车乘务制度　système de l'équipage de train
列车冲击力　charge de choc du train
列车代码　code de train
列车单数行进方向　direction de circulation impaire de train
列车到达场　faisceau de réception des trains
列车到达和发车指示牌　tableau indicateur d'arrivées et départs des trains
列车到达间隔时间　temps d'intervalle des arrivées des trains
列车到达确报　annonce d'arrivée du train
列车到达预报　annonce préalable d'arrivée du train
列车到达指示器　indicateur de l'arrivée du train
列车到站信息　informations de l'arrivée du train
列车道口事故　accident de train au passage de niveau
列车等待线　voie d'attente du train
列车电台　radiostation de train
列车调度　régulation de trains
列车调度分配　attribution de régulation de trains
列车调度和信息跟踪系统　système de régulation et de suivi informatisé des trains
列车调度计划　programme de régulation des trains
列车调度设备　dispositif de régulation des trains
列车调度室　bureau de régulation des trains; salle de régulation des trains
列车调度员　régulateur des trains
列车调度指挥　commandement de régulation des trains
列车调度指挥系统　système de commande de régulation des trains; système de régulation et de commande de circulation des trains
列车调度中心　centre de régulation des trains
列车调度主任　directeur de régulation des trains
列车定员数量　nombre de places limitées
列车动摩擦　frottement roulant de train
列车段　dépôt de matériels roulants
列车断钩分离　séparation de train dûe à la rupture de crochet
列车发车间隔　espacement du départ des trains
列车发车间隔时间　temps d'intervalle des départs des trains
列车发车间隔调整　réglage de l'intervalle des départs des trains
列车方向指示牌　tableau indicateur de direction (TID)
列车分离　séparation de train
列车分配计划　plan d'allocation de trains
列车风　vent de train
列车风管　boyau (tuyau) d'air de train
列车跟踪　suivi des trains
列车跟踪系统　système de suivi des trains
列车跟踪显示　indication de survi des trains
列车公告牌　panneau d'affichage de trains
列车公里　train-kilomètre

列车功率　puissance de train
列车管　conduite générale de train
列车过站　passage de gare
列车合并运行　
　　circulation à combinaison de train
列车荷载　charge de train
列车荷载作用　effet de charge du train
列车横向摇摆力　force de lacet du train
列车呼叫　appel de train
列车换乘　changement de train des voyageurs
列车活载　charge dynamique de train；
　　charge roulante de train
列车集成监控系统　
　　système intégré de surveillance de train
列车集中控制系统　système de CTC
列车记录号　immatriculation des trains
列车加水栓　bouche d'eau de train
列车加速　accélération de train
列车加速度检测仪　
　　détecteur d'accélération de train
列车驾驶室　cabine de conduite de train
列车驾驶员　conducteur de train
列车间隔　espacement des trains
列车间隔计算　
　　calcul d'espacement des trains
列车间信息传输系统　
　　système de transmission des
　　informations entre les trains
列车监控　supervision des trains
列车检查　visite de train
列车交会　croisement(rencontre)des trains
列车交接计划　plan de transition des trains
列车交接清单　liste de transition de train
列车交接数量显示　
　　indication de nombre de transition des trains
列车接发　réception et départ de train
列车接近报警器　alarme d'approche de
　　train；appareil d'avertissement de
　　l'approche de train
列车接近鸣笛　sirène de l'approche du train
列车接近速度　vitesse d'approche du train
列车接近通知　
　　annonce de l'approche du train
列车解编进度　
　　avancement de décomposition des wagons
列车解钩　décrochage de train
列车解列　décomposition de rame(wagon)
列车解列编组站　
　　poste de débranchement des wagons
列车解列顺序　ordre de débranchement de
　　wagons；ordre de décomposition de wagons
列车解体　débranchement du train
列车紧急停车装置　
　　dispositif d'arrêt du train en cas d'urgence
列车进路控制　
　　commande d'itinéraire du train
列车进路控制方式　
　　mode de commande d'itinéraire du train
列车进路控制设备　équipement
　　de commande d'itinéraire des trains
列车进路自动控制装置　
　　dispositif de commande
　　automatique des itinéraires des trains
列车进线自动指定　
　　routage automatique des trains
列车进站间隔　espacement d'entrée en gare
　　des trains；intervalle de réception des trains
　　en gare
列车进站顺序　
　　ordre d'entrée en gare de trains
列车进站咽喉区　
　　goulot d'entrée en gare du train
列车经过时间　temps de passage du train
列车静载　charge statique de train
列车开动　démarrage de train
列车开行方案　
　　plan de mise en marche de trains
列车开行计划　plan de circulation de trains
列车空隙时间作业　
　　opération pendant l'intervalle libre des trains
列车空载试验　essai de train à vide
列车空载运行　marche à vide du train
列车空载运行测试员　
　　opérateur de marche à blanc du train
列车控制跟踪方式　
　　mode de contrôle et de suivi des trains
列车控制系统　système de contrôle des trains
列车控制系统软件　
　　logiciel de système de contrôle des trains
列车口头报告制度　système d'établissement
　　de rapport oral du train
列车例行检查　contrôle régulier de train
列车连挂试验　
　　essai(test)d'attelage des wagons du train
列车两端牵引模式　
　　mode de traction à deux extrémités du train
列车旅客服务　service de train aux voyageurs
列车冒进　transgression d'itinéraire du train

列车目的地　destination de train
列车爬坡试验　essai(test)en rampe du train
列车排空　vidange de train
列车配属数量　nombre d'affectation de trains
列车牵出点　point de tiroir
列车牵引净重
　　charge utile remorquée de train
列车倾翻事故　accident de train renversé
列车倾覆　renversement de train
列车倾覆地点　lieu de renversement de train
列车清洗设备　dispositif de lavage du train
列车区间往返运行
　　mouvement du train dans la section
列车上行方向　direction montante du train
列车上水点　point de prise d'eau
列车失速现象
　　phénomène de perte de vitesse du train
列车识别号　numéro d'identification de train
列车识别与跟踪
　　identification et suivi des trains
列车识别装置
　　dispositif d'identification des trains
列车实际位置　position réelle de train
列车实时跟踪系统
　　système de suivi réel des trains
列车实时追踪　suivi des trains au temps réel
列车事故　accident de train
列车事故救援
　　sauvetage de l'accident du train
列车事故调查　enquête de l'accident de train
列车试运营阶段过渡期　transition de
　　l'exploitation des trains en phase d'essais
列车数量　nombre de trains
列车双数行进方向
　　direction de circulation paire de train
列车速度　vitesse de train
列车速度测量表　dromomètre
列车速度告示牌　dromoscope
列车速度检测仪
　　appareil de mesure de la vitesse de train
列车速度指示牌
　　tableau indicateur de vitesse(TIV)
列车速度自动监督
　　auto-surveillance de vitesse du train
列车隧道运行压力波
　　ondes de compression de circulation
　　de train dans le tunnel
列车探测　détection des trains
列车停车　arrêt du train

列车停运　arrêt de circulation de train
列车通道　passage de train
列车通过产生的振动
　　tremblement dû au passage du train
列车通过频率
　　fréquence de passage des trains
列车通过速度　vitesse de passe du train
列车通行　passage de train
列车头部挤压区
　　zone de pression subie de tête du train
列车退行　recul de train
列车脱挂　décomposition(décrochage,
　　détélage)des wagons
列车脱轨位置
　　position de déraillement du train
列车晚点　retard de train
列车晚点概率
　　probabilité de retard du train
列车晚点告示牌
　　tableau indicateur de retard des trains
列车晚点时间　temps de rétard du train
列车晚点通知　publication de retard du train
列车晚点显示器　indicateur de retard du train
列车晚点预报
　　annonce préalable de retard du train
列车晚点预先通知　préavis de redard du train
列车维护站　site de maintenance des rames
　　(SMR);site de maintenance et de remisage
　　(SMR)
列车尾部　queue de train
列车尾部风压
　　pression du vent à la queue du train
列车尾部行李车
　　fourgon à bagages de queue du train
列车尾部助推机车
　　motrice distribuée à la queue de la rame
列车尾灯　falot
列车尾流　flux d'air à la queue du train
列车尾流区
　　zone de flux d'air à la queue du train
列车位置　position de train
列车位置登记
　　enregistrement de position de train
列车位置定位　positionnement de train
列车位置探测
　　détection de position du train
列车位置显示
　　indication de position du train
列车无线电广播通信　radio-train

列车无线电话　radiotéléphonie de train
列车无线电调度
　　régulation de trains par radio
列车无线电调度系统
　　système de régulation de train par radio
列车无线电调度转接分机　appareil de transfert pour régulation de train par radio
列车无线电通信
　　radiocommunication de train
列车无线电遥控
　　radio-télécommande de train
列车无线调度通信设备　équipement de communication pour régulation de train par radio
列车下行方向　direction descendante du train
列车限速管理
　　gestion de restriction de vitesse de train
列车线　ligne de train
列车线路自动指定
　　routage automatique des trains
列车相撞事故
　　accident de collision entre deux trains
列车相撞事故分析　analyse de l'accident de collision entre deux trains
列车相撞事故调查　enquête de l'accident de collision entre deux trains
列车信号系统
　　système de signalisation de train
列车信号装置限界轮廓　contour de gabarit de l'équipement de signalisation du train
列车信息广播
　　radiodiffusion de messages du train
列车信息广告牌　panneau publicitaire des informations de trains
列车行车安全　sécurité de circulation de train
列车行车交会
　　croisement de circulation des trains
列车行程表　tableau de trajet du train
列车行进方向
　　direction de circulation de train
列车行驶　roulement de train
列车行驶里程　kilométrage parcouru du train
列车修理站　atelier de maintenance des trains
列车押运　escorte
列车押运任务　tâche de l'escorte
列车摇晃　oscillation de train
列车员　agent de conduite
列车移动　déplacement de train
列车预报　annonce des trains
列车越站　dépassement de gare
列车运输集中调度　Commande de Trafic Centralisée(CTC)des trains
列车运行　circulation(mouvement)du train
列车运行编程
　　programmation de circulation des trains
列车运行等级
　　catégorie de circulation de trains
列车运行跟踪装置
　　dispositif de suivi des trains
列车运行规定
　　règlement relatif à la circulations des trains
列车运行规划管理
　　gestion des tables horaires des trains
列车运行监控记录装置　équipement d'enregistrement de surveillance de circulation du train
列车运行监控系统　supervision automatique des trains;Automatic Train Supervision (ATS)
列车运行监视
　　surveillance de circulation des trains
列车运行空隔时间
　　sillon de circulation de trains
列车运行空气流
　　flux d'air de circulation de train
列车运行控制　commande de circulation du train;contrôle de circulation ferroviaire
列车运行控制模式
　　mode de commande de circulation du train
列车运行设备
　　équipement de circulation du train
列车运行时间
　　temps de circulation de train
列车运行图　carte(plan)de marche des trains;diagramme(plan)de circulation des trains
列车运行图更新
　　actualisation de plan de marche des trains
列车运行图生成软件　logiciel d'établissement de plan de circulation des trains
列车运行图调整
　　réglage de graphique de marche des trains
列车运行位置　position de circulation du train
列车运行稳定性　stabilité de circulation du train
列车运行稳定性试验
　　test de stabilité de circulation du train
列车运行线　tracé du train

列车运行信息　informations de circulation des trains
列车运行信息集中器　concentrateur des informations de circulation des trains
列车运行正晚点分析　analyse des trains en circulation ponctuels et en retard
列车运行正晚点信息　informations de circulation ponctuelle et en retard des trains
列车运行指挥　commandement de circulation des trains
列车运行指令　instruction(ordre) de circulation de train
列车运行状况监视　surveillance de l'état de circulation des trains
列车运行状况显示　affichage des informations de trafic des trains
列车运行状态　état de circulation du train
列车运行自动监督　auto-surveillance de circulation des trains
列车运行自动控制　contrôle automatique de la circulation du train
列车运行自动控制系统　système de commande automatique de circulation du train
列车运行走向　orientation de circulation du train
列车运行阻力　résistance de circulation de train
列车噪声影响　impact de bruit de circulation du train
列车摘挂作业站　gare de manœuvre de wagons
列车长　chef de train
列车折返　rebroussement(retour) de train
列车振动荷载　charge vibrante de train
列车正常速度运行　mouvement du train en permanence
列车正常运行　régularité normale de circulation du train
列车制动　freinage de train
列车制动软管　boyau de freinage de train
列车制动试验　essai de freinage de train
列车周转时间　heure de roulement de locomotive
列车主管工作压力要求　exigence de pression de fonctionnement du tuyau principal de train

列车转入岔道　bifurquer
列车转线　déviation d'itinéraire
列车转向架　bogie de train
列车追尾事故　accident percutant par l'arrière
列车追尾事故可能性　possibilité de l'accident percutant par l'arrière
列车追踪间距　espacement de suivi des trains
列车准点率　taux à l'heure ponctuelle de trains
列车自动保护　auto-protection de train; protection automatique du train
列车自动保护系统　système de protection automatique de train; Automatic Train Protection(ATP)
列车自动保护装置　protecteur automatique du train
列车自动驾驶　conduite automatique de train
列车自动驾驶系统　système de conduite automatique de train; Automatic Train Operation(ATO)
列车自动监视　surveillance automatique des trains
列车自动监视系统　système de surveillance automatique des trains
列车自动减速　ralentissement automatique de train
列车自动控制　contrôle automatique du train
列车自动控制系统　système de contrôle automatique de train; Automatic Train Control(ATC)
列车自动控制装置　dispositif de contrôle automatique de train
列车自动停车装置　dispositif d'arrêt automatique du train
列车自动预报　annonce automatique du train
列车自动运行　circulation automatique de train
列车自动运行系统　système de circulation automatique du train
列车自主控制　commande à bord
列车自主控制方式　mode de commande à bord
列车自主控制设备　équipement de commande à bord
列车总重量　charge brute totale du train
列车走压　compactage par roulement de train
列车左右摆动　mouvement de lacet du train
列调工作　travail de régulation des trains

L

列调管理　gestion de régulation des trains
列调集中控制装置
　　dispositif de commande de trafic centralisée
列调值班室
　　permanence de régulation de trains
列调中心指令
　　instruction de centre de régulation des trains
列挂连接　accouplement de rame
列检　inspection de train
列检工作　travail d'inspection de train
列检所　poste d'inspection du train
列检作业　manœuvre d'inspection du train
列入　imputation
列尾补机　locomotive à la queue de rame；motrice distribuée à la queue de la rame
列尾风压下降　abaissement de pression du vent de queue du train
列尾风压异常报警　alarme pour anormalie de pression du vent de queue du train
列尾助推机车　locomotive à la queue de rame
列尾装置风压检查　contrôle de pression du vent des appareils à queue du train
列线图解　abaque
劣质路基　assiette(plateforme) mauvaise
劣质土　sol mauvais
烈性炸药
　　explosif brisant(détonant, puissant)
裂缝　cassure；crevasse；fente；fissuration；fissure；lézarde
裂缝标记　marque de fissure
裂缝长度　longueur de fissure
裂缝朝向　orientation de fissure
裂缝处理　traitement de fissure
裂缝堵塞　remplissage de fente
裂缝观测　observation de fissure
裂缝宽度　largeur(ouverture) de fissure
裂缝宽度计算
　　calcul de l'ouverture de fissure
裂缝起点　départ de fissure
裂缝深度
　　pénétration de fissure；profondeur de fente
裂缝收缩　contraction de fissure
裂缝填充　remplissage de fissure
裂口　fente
裂纹　fissuration；fissure
裂隙　crevasse
裂隙系数　coefficient de fissure
裂隙岩石　roche fissurée

lin

邻道　voie adjacente
邻道干扰　perturbation de voie ajacente
邻道开通　ouverture de voie adjacente
邻端　côté adjacent
邻角　angle adjacent
邻近区段　section adjacente
邻近区域　région(zone) voisine
邻近铁路工程
　　travaux à proximité de voies ferrées
邻近效应　effet de proximité
邻井　puits adjacent
邻线干扰
　　interférence de ligne voisine(adjacente)
邻线机车
　　locomotive de ligne voisine(adjacente)
邻线列车　train de voie adjacente
林间道路　chemin forestier
林区　zone boisée(forestière)
林区公路　route forestière
林荫大道　avenue；boulevard
临建设施　installations provisoires
临界长度　longueur critique
临界尺寸　dimension critique
临界点　point critique
临界负载　charge critique
临界高度　hauteur critique
临界加速度　accélération critique
临界角　angle critique
临界截面　section critique
临界跨距　portée critique
临界量　masse critique
临界流量　débit critique
临界密度　densité critique
临界频率　fréquence critique
临界坡度　pente critique
临界区　région(zone) critique
临界曲线　courbe(courbure) critique
临界湿度　humidité critique
临界速度　vitesse critique
临界体积　volume critique
临界条件　condition critique
临界温度　température critique
临界线　seuil critique
临界压力　pression critique
临界因素　facteur critique
临界应力　contrainte critique
临界值　valeur critique；valeur de seuil

临界状态	état (régime) critique
临界阻力	résistance critique
临界阻尼	amortissement critique
临近进入段联锁	enclenchement d'approche
临近区段	section d'approche
临时保留	réservation temporaire
临时保养	maintenance temporaire
临时沉淀池	bassin de décantation provisoire
临时沉降	abaissement provisoire
临时衬管	chemise provisoire
临时衬砌	chemise provisoire
临时储存	réserve provisoire (temporaire)
临时措施	mesures provisoires
临时道路	route intérimaire (provisoire)
临时堆放	dépôt provisoire; mise en dépôt provisoire
临时堆放场地	aire de dépôt provisoire
临时堆放规定	prescriptions applicables aux dépôts provisoires
临时防护	protection provisoire
临时防护装置	protecteur provisoire
临时防水	protection provisoire contre les eaux
临时改道	déviation provisoire
临时改道初步设计	avant-projet des déviations provisoires
临时改道计划	projet de déviation provisoire
临时改道信号设施	signalisation de déviation provisoire
临时干线	artère provisoire
临时隔离墩	séparateur provisoire (temporaire)
临时工程	travaux provisoires
临时工程计划	projet des ouvrages provisoires
临时工程图	plan des ouvrages provisoires
临时工程验收	réception des travaux provisoires
临时工作	emploi temporaire
临时管网	réseau provisoire
临时荷载	charge provisoire (temporaire)
临时恢复	rétablissement provisoire
临时价格	prix provisoires
临时建筑	construction provisoire
临时交通示意图	schéma de circulation temporaire
临时铰接	articulation provisoire
临时脚手架	échafaudage temporaire
临时结算(单)	situation (décompte) provisoire
临时进口	importation temporaire
临时进口设备折旧	amortissement de matériels importés de façon temporaire
临时进口税制	régime d'admission (importation) temporaire
临时码头	quai provisoire
临时锚杆	tirant d'ancrage temporaire
临时免税进口	admission temporaire
临时免税进口设备折旧	amortissement de matériels importés en admission temporaire
临时排放	évacuation provisoire; drainage temporaire
临时排水系统	système de drainage temporaires
临时批准	agrément provisoire
临时铺面	revêtement provisoire
临时桥	pont provisoire
临时曲线标	bornage provisoire de voie en courbe
临时设备	équipement provisoire
临时设施	installations temporaires
临时授标通知公示	publication de l'avis d'attribution provisoire
临时授予合同公告	publication de l'attribution provisoire du marché
临时授予合同通知	notification de l'attribution provisoire de marché
临时水池	bassin provisoire
临时索固	haubanage provisoire
临时锁闭	verrouillage temporaire
临时替代	substitution temporaire
临时调整计划	plan d'ajustement temporaire
临时挖方	déblai temporaire
临时围墙	clôture provisoire
临时维修	entretien temporaire
临时限速	limitation (restriction) temporaire de vitesse
临时限制	limitation temporaire
临时信号	signalisation provisoire (temporaire)
临时修理	réparation de fortune; réparation provisoire (temporaire)
临时验收	réception provisoire
临时验收报告	procès-verbal de réception provisoire
临时验收方式	mode de réception provisoire

临时堰　barrage provisoire
临时移交方式　mode de remise provisoire
临时用地　terrain à l'utilisation provisoire; terrain d'occupation provisoire
临时预加应力　précontrainte provisoire
临时预算　budget provisoire
临时月结账单　décompte mensuel provisoire
临时占用　occupation temporaire
临时占用场地　site d'emprise provisoire
临时占用场地恢复原状　remise en état initial de terrain occupé temporairement
临时站台　quai provisoire
临时整治　aménagement provisoire
临时整治项目　projet d'aménagement provisoire
临时支撑　étai provisoire
临时支承　appui provisoire
临时支付　paiement provisoire
临时支护　blindage(étai, soutènement, support) provisoire; soutènement(étai, support) temporaire
临时中标人退出竞标　désistement de l'attributaire provisoire de marché
临时中心线　axe provisoire
临修段　dépôt de réparation provisoire
淋浴　douche
磷钙土　phosphorite
磷灰岩　phosphorite
磷酸　acide phosphorique
磷酸盐　phosphore

ling

灵敏度下降　baisse(diminution) de sensibilité
菱形　losange
菱形岔心　cœur de croisement en losange
菱形锉　lime pignon
菱形错位　transposition en losange
菱形渡线　bretelle en losange
菱形互通　échangeur en losange
菱形交叉　croisement en losange; croisement losangé
菱形交叉道岔　aiguille de croisement losangé
菱形受电弓　pantographe en losange
零担货物　colis de détail; marchandise de détails; marchandise en lots brisés
零担货物列车　train de marchandises de détails; train de marchandises en lots brisés
零担货物运输　transport des marchandises en lots brisés
零担货物站台　quai à marchandises en lots brisés; quai de marchandises de détails
零担运输　transport de détail
零购　achat au détail
零荷载　charge nulle
零件　pièce de détail; pièce détachée
零件库　dépôt des pièces de détail; magasin des pièces détachées
零件目录　nomenclature de pièces
零配件供应　approvisionnement en pièces détachées
零配件涂油　graissage des pièces détachées
零售价格　prix de détail
零售贸易　commerce en(de) détail
零水准面　surface de niveau zéro
零星修理　réparation menue
零摘车辆　dételage individuel de wagon
领工员　conducteur de travaux; maître-ouvrier
领事馆签证　visa de consulat
领域　domaine; secteur

liu

溜车　mouvement de glissement de train
溜放速度　vitesse de lancement
溜放速度控制　contrôle de vitesse de lancement
溜放信号　signal de lancement
溜行　marche glissante
留出天窗时间　aménagement de sillon de circulation de train
留言簿　registre de messages
流标通知　avis de déclaration d'appel d'offres infructueux
流程　logigramme
流程图　logigramme; organigramme
流出　écoulement
流动沙丘　dune mobile; dune mouvante
流动时间　temps d'écoulement
流动实验室　laboratoire mobile
流动性　aptitude à l'écoulement
流动修理车　camion-atelier
流动指数　indice de fluidité
流动资本　capital actif(circulant, disponible, liquide, mobile)
流动资产　actif circulant(disponible); actif de roulement
流动资金　fonds circulant(disponible); fonds de roulement
流动阻力　résistance à l'écoulement

流化点　point de fluidité
流化装置　dispositif de fluidisation
流量　débit;débit d'écoulement
流量变化　variation de flux
流量表　débitmètre
流量测定　mesure de débit
流量单位　unité de débit
流量分配　répartition de débit
流量计　débitmètre
流量降低　affaiblissement de débit
流量控制　contrôle de débit
流量—密度曲线　courbure de flux-densité
流量曲线　courbe d'écoulement(débit);
　courbure de flux
流量设计　conception(étude)de débit
流量调节器　régulateur de débit
流量图　graphique de débit;
　hydrogramme d'écoulement
流量系数　coefficient d'abondance(débit)
流量下降　baisse de débit
流量预测　prévision de débit
流入　afflux
流沙　lise;sable boulant(coulant,mouvant,
　fluent);écoulement de sable
流失　fuite
流水　eau courante;
　eau de ruissellement;ruissellement
流水槽　rainure de buée;rigole
流水洞　souillard
流水线　chaîne;fil d'eau
流水作业
　fabrication(production,travail)à la chaîne
流水作业法　méthode de travail à la chaîne
流速　vitesse d'écoulement;vitesse de débit
流塑性　fluidité
流体　fluide;substance fluide
流体静压力　pesée hydrostatique
流体沥青　asphalte coulé
流限　limite liquide
流限含水量
　teneur en eau de limite de liquidité
流线型车身　carénage
流线型车体　caisse carénée
流线型机车　locomotive carénée
流线型桥墩　pile profilée
流线型设计
　étude de carénage(profilage);profilage
流线型特征　caractéristique de profilage
流线型形状　forme de profilage

流性分析　analyse de liquidité
流域　bassin hydrographique
硫化沥青　asphalte sulfuré
硫化物　sulfure
硫化物含量　teneur en sulfures
硫离子含量　teneur en ion sulfure
硫酸　acide sulfurique
硫酸盐含量　teneur en sulfates
硫酸盐水泥　ciment sursulfaté
六边形网眼金属网　treillis métallique torsion
　en maille hexagonale
六角钢　acier hexagonal
六角螺母　écrou hexagonal
六角铁丝网　grillage à maille hexagonale

long

龙门吊车
　grue à portique;grue portique;pont-portique
龙门架　portique
龙门架铺排　posage à portique
龙门架铺设轨排
　posage à portique de châssis de voie
龙门架式吊运机　transporteur à portique
龙门式架梁
　pose à portique de poutres du pont
龙门式架梁机
　portique roulant pour installation de poutres
龙门式铺轨机
　portique roulant pour poser les rails
龙门式起重机
　portique;grue à portique;grue portique
龙门式支架　chevalement à portique
隆起　bombement;renflement;soulèvement
垄沟　rigole
拢砟　râtelage de ballast

lou

漏电　fuite d'électricité;fuite de courant
漏电感应度　sensibilité de fuite de courant
漏电探测系统
　système de détection de courant de fuite
漏电探测仪　détecteur de courant de fuite
漏斗　entonnoir
漏斗车　wagon-trémie
漏斗车底门　porte de fond du wagon-trémie
漏斗架　cadre d'entonnoirs
漏斗口　ouverture de trémie
漏流　courant de fuite
漏气　fuite d'air;fuite de gaz

漏水　fuite d'eau
漏损　perte par fuite
漏油　fuite d'huile

lu

炉　four
炉灰池　fosse aux cendres
炉灰池清理　purge de fosse aux cendres
炉渣　laitier；laitier de forge；mâchefer；scorie；scorie de chaudière
炉渣沉积　sédimentation de scorie de chaudière
炉渣池　soute à scories
炉渣混凝土　béton de mâchefer(scorie)
炉渣砾料　grave de laitier
炉渣砖　brique en béton de mâchefer
陆地机械　engin terrestre
陆地设备　équipement terrestre
陆路交通　communication terrestre
陆路运输　transport par voie de terre；transport terrestre
陆路转运　transit terrestre
陆上沉井　caisson terrestre
陆上桥台　aboutement(culée) terrestre
陆运保单　police terrestre
路拌　mélange en route
路拌混凝土　béton mélangé en route
路边分隔带　terre-plein latéral
路边护栏　chasse-roue
路边排水　drainage latéral
路边自行车道　accotement pour vélos
路标　balise；balisement；jalon；plaque de direction；poteau indicateur；poteau indicateur d'itinéraire
路表松土　scarification de revêtement routier
路侧带护栏人行道　trottoir à garde-corps latéral de voie
路侧护栏　barrière(glissière) latérale de la route；garde-corps latéral de voie
路侧养护　entretien des bords de chaussée
路程　course
路程标　borne
路程事故　accident de trajet
路床　assiette de la voie；plateforme；plateforme de voie
路床边缘　bord de la plateforme de voie
路床变形　déformation de la plateforme de voie
路床标高　cote de la plateforme de voie
路床标高控制　contrôle de cote de la plateforme de voie
路床冲刷　affouillement de la plateforme de voie
路床底基　assise de la plateforme de voie
路床断面　profil de la plateforme de voie
路床刚度　rigidité de la plateforme de voie
路床高程　altitude(élévation) de la plateforme de voie
路床构筑　constitution de la plateforme de voie
路床横断面　profil en travers de la plateforme de voie
路床加固　réfection de la plateforme de voie
路床加宽　surlargeur de la plateforme de voie
路床结构　structure de la plateforme de voie
路床类型　type de la plateforme de voie
路床碾压　cylindrage de la plateforme de voie
路床平整　aplanissement de la plateforme de voie
路床施工　exécution de la plateforme de voie
路床特征　caractéristique de la plateforme de voie
路床填筑　construction de la plateforme de voie
路床位置　position de la plateforme de voie
路床下沉　affaissement(subsidence，tassement) de la plateforme de voie
路床压力　pression de la plateforme de voie
路床增高　rehaussement de la plateforme de voie
路灯　lampadaire；réverbère
路灯灯杆　candélabre
路堤　remblai
路堤边沟　fossé au bas de remblai
路堤边沟道砟清理　purge de ballast dans le fossé au bas de remblais
路堤边坡　pente de talus en remblai；talus de remblai
路堤边坡防护　protection de talus de remblai
路堤边坡植草皮　engazonnement de talu de remblai
路堤边缘　bord de remblai
路堤测量　mesure de remblai
路堤顶　crête de remblai
路堤防护　protection de remblai
路堤高度　hauteur de remblai
路堤高度不够　insuffisance de remblai
路堤滑动　glissement de remblai

路堤基床　lit de fondation de remblai
路堤破坏等级估算　estimation de degré de dégradation de digue de voie
路堤下沉　tassement de remblai
路堤下陷　affaissement de remblai; affaissement latéral de remblai
路段　section de route; tronçon de voie
路段通行能力　capacité de section
路段长度　longueur de section
路拱　cambrure; voûte de voie
路拱板　planche de cambrure
路拱高度　hauteur de cambrure de voie
路拱坡度　pente de cambrure
路拱曲线　courbe de cambrure
路基　assiette(assise) de voie; plateforme
路基边沟　fossé de l'assise de voie
路基边沟清理
　purge de fossé de l'assise de voie
路基边坡　talus de l'assise de voie
路基变形　déformation de l'assise de voie
路基标高　cote de l'assise de voie
路基病害　maladie de l'assise de voie
路基不均匀沉降
　tassement inégal de l'assise de voie
路基材料　matériau d'assise
路基测量　topographie de l'assise de voie
路基层　assise; couche d'assise de voie
路基成形　formation de la plateforme de voie
路基承载力　capacité de charge de l'assise de voie; portance de la plateforme de voie
路基尺寸　dimension de l'assise de voie
路基冲刷
　affouillement(érosion) de l'assise de voie
路基处理　traitement de l'assise de voie
路基底部　fond de l'assise de voie
路基顶部　sommet de l'assise de voie
路基顶面层压实
　compactage de fond de forme
路基动应力
　contrainte dynamique de fondation
路基断面图
　plan de section de l'assise de voie
路基防护　protection de l'assise de voie; protection de la plateforme de voie
路基放样　traçage de l'assise de voie
路基刚度　rigidité de l'assise de voie
路基高度　hauteur de l'assise de voie
路基工程验收
　réception des travaux de plateforme

路基工区　canton de l'assise de voie
路基管涵　buse
路基荷载　charge de l'assise de voie
路基横断面
　profil en travers de l'assise de voie
路基滑坡位置
　position de glissement de plateforme
路基毁坏　destruction(ruine) de l'assise de voie; destruction de la plateforme de voie
路基加高　surhaussement de l'assise de voie
路基加固　consolidation(renforcement) de l'assise de voie; renforcement de fondation du sol
路基加固设备　équipement de renforcement de l'assise de voie
路基加宽底基开挖
　décaissement pour élargissement de chaussée
路基宽度　largeur de l'assise de voie
路基宽度要求
　critère de largeur de l'assise de voie
路基隆起　bombement de l'assise de voie; renflement de plateforme
路基碾压
　compactage(cylindrage) de l'assise de voie
路基排水　assainissement(drainage) de l'assise de voie; drainage de fondation du sol; drainage de massif de voie; drainage de plateforme de voie; purge d'eau de l'assise de voie
路基排水设计
　conception de drainage de l'assise de voie
路基排水系统
　système de drainage de l'assise de voie
路基平整　aplanissement de l'assise de voie
路基坡度　pente de la plateforme de voie
路基破坏　dégradation de l'assise de voie
路基强度　résistance de l'assiette
路基清表　décapage de terre végétale
路基清表阶段
　étape de décapage de l'assise de voie
路基清理　décapage de l'assise de voie
路基缺陷　défaut de la plateforme de voie
路基软化　ramollissement de l'assise de voie
路基上部换土层
　couche de partie supérieure de terrassement
路基上部土方施工　réalisation de la partie supérieure de terrassement
路基设计高度
　hauteur de conception de l'assise de voie

L

路基渗流　filtration de l'assise de voie
路基渗水试验　essai de perméabilité de l'assise de voie
路基施工　exécution de l'assiette de voie
路基施工技术　méthodologie de construction de fondation du sol
路基试验段　planche d'essai
路基特点　caractéristique de fondation de sol
路基填方　remblai de plateforme
路基填料　matériau de remblais de l'assise de voie
路基填土高度　hauteur de remblai de l'assise de voie
路基调整　réglage de plateforme
路基土方　terrassement de l'assise de voie
路基土壤承载力　portance du sol de forme
路基土石方工程　travaux de terrassement de la plateforme
路基挖方　déblai de l'assise de voie
路基维护　maintenance de l'assise de voie
路基稳定性　stabilité de l'assise de voie
路基下沉　affaissement (enfoncement, tassement) de l'assise de voie; subsidence de l'assiette
路基下沉加速　progression de tassement de l'assise de voie
路基下沉减缓　atténuation de tassement de l'assise de voie
路基箱涵　caisse
路基箱体开挖　décaissement de la plateforme de voie
路基养护　entretien de l'assise de voie; entretien de la plateforme de voie
路基养护工程　travaux d'entretien de l'assise de voie
路基养护工队　équipe de maintenance de l'assise de voie
路基预定尺寸　pré-dimensionnement de l'assise de voie
路基整修　reprofilage de l'assisse de voie; reprofilage de la plateforme
路基整修作业　opération de reprofilage
路基支挡　support de fondation du sol
路基状态　état de l'assise de voie
路脊　dos d'âne
路肩　accotement; accotement de voie; épaulement; épaulement de chaussée
路肩标高　cote de niveau d'accotement
路肩处理　traitement d'accotement
路肩挡墙　mur de butée de l'épaulement de ballast
路肩防护台阶　perron de protection de l'épaulement
路肩宽度　largeur de l'accotement
路肩盲沟　drain d'accotement
路肩平整　planage de l'épaulement de voie
路肩坡度　pente de l'accotement
路肩施工　construction de l'épaulement de chaussée
路肩线　ligne d'épaulement de voie
路肩修整机　finisseur de l'accotement
路肩压实　compactage de l'accotement
路肩养护　maintenance (entretien) de l'accotement
路肩养护机　appareil pour l'entretien des accotements
路肩整平　nivelage de l'accotement de voie
路肩整修　reprofilage de l'accotement de voie
路肩植草　enherbement d'accotement; gazonnement d'accotement
路界　emprise
路界范围　limite d'emprise
路界外　hors d'emprise de voie
路界外土地　hors-ligne
路界限　marge de voie
路界限架　portique de protection de voie
路径　acheminement; trajet
路径指定　routage
路局分界　démarcation d'administration ferroviaire
路况　condition de route
路况调查　investigation de condition de voie
路况检查　inspection de condition de voie
路况信息　informations de l'état routier
路龄　âge de chaussée; âge de voie
路面　chaussée; pavé
路面板　dalle de chaussée
路面边缘　bord extrême de chaussée; marge de chaussée
路面边缘损坏　usure du bord de chaussée
路面变形　déformation de chaussée
路面标高　niveau de chaussée
路面不平　inégalité (ondulation) de chaussée
路面测量　mesure de chaussée
路面层　couches de chaussées
路面沉降　tassement de chaussée
路面尺寸　dimension de chaussée
路面处理　traitement de chaussée

路面底层	assise de chaussée
路面翻新	reconstruction(réhabilitation, renouvellement, réfection) de chaussée; reconstruction de pavement
路面防水	étanchéité de la chaussée
路面分级	classification de chaussée
路面附着系数	coefficient d'adhésion de chaussée
路面刚度	rigidité de chaussée
路面高程	altitude(hauteur) de chaussée
路面工程	travaux de chaussée
路面拱度	cambrure de chaussée
路面鼓曲	gauchissement de chaussée
路面管理	gestion de chaussées
路面规范	norme de chaussée
路面厚度	épaisseur de chaussée
路面毁坏	destruction de chaussée
路面几何尺寸	géométrie de chaussée
路面加固	renforcement de chaussée
路面加宽	élargissement(surlargeur) de chaussée
路面减速坎	dos d'âne(ralentisseur) de chaussée
路面接缝	joint de chaussée
路面结构	structure de chaussée(pavement)
路面结构类型	type de structure de chaussée
路面结构组成	composition de structure de chaussée; constitution de chaussée
路面锯缝	tronçonnage de joints
路面宽度	largeur de chaussée
路面宽度校正	correction de largeur de chaussée
路面拉平	écrêtement
路面老化	vieillissement de chaussée
路面类型	type de chaussée
路面沥青混合料	enrobé de chaussée
路面裂缝	fissure de chaussée
路面隆起	bombement de chaussée
路面磨耗	usure de chaussée
路面磨耗层定期罩面	renouvellement périodique de surface d'usure de chaussée
路面模板	coffrage de chaussée
路面耐用性	durabilité de chaussée
路面挠度	déflexion de pavement
路面碾压	cylindrage de chaussée
路面排水	assainissement(drainage) de chaussée
路面排水沟	caniveau(drain) de chaussée
路面刨松	scarification de chaussée
路面平整度	planéité de chaussée
路面坡度	inclination(pente) de chaussée
路面破碎机	briseur de chaussée
路面强度	résistance de chaussée
路面切割	découpage de chaussée
路面清扫	nettoyage de chaussée
路面清扫车	balayeuse-ramasseuse automobile
路面缺陷	défaut de chaussée
路面设备	équipement de chaussée
路面使用年数	âge de chaussée(pavement)
路面寿命	durée de chaussée
路面碎石	pierraille de chaussée
路面摊铺	répandage de chaussée
路面透水性试验	essai(test) drainant à la chaussée
路面洼坑	poche de la chaussée
路面弯沉	déflexion de chaussée(pavement)
路面弯道超高	dévers de chaussée
路面温度	température de chaussée
路面稳定性	stabilité de chaussée
路面下层	assise de chaussée
路面下沉	affaissement(dépression, subsidence, tassement) de chaussée
路面信号	signalisation sur la chaussée
路面信息	informations de chaussée
路面修复	rétablissement de chaussée
路面修整机	finisseur de chaussée
路面验收	réception de chaussée
路面养护	maintenance de chaussée
路面与轮胎间的黏着力	adhésion routière
路面噪声	bruit de chaussée
路面长度	longueur de chaussée
路面质量	qualité de chaussée
路面中心厚度	épaisseur centrale de chaussée
路面状况	état de chaussée(pavement)
路面纵断面	profil en long de chaussée
路面组成	composition de chaussée
路碾	rouleau routier
路钮	plot de chaussée
路耙	herse
路牌	plaque d'itinéraire; plaque pilote
路牌自动授收机	échangeur automatique de plaque pilote
路签	bâton pilote
路签灯	lampe de bâton; distributeur de bâton pilote; machine à bâton pilote
路签交换	échange de bâton pilote
路签自动授收机	échangeur automatique de bâton pilote

路堑 déblai;tranchée
路堑板桩 palplanche de tranchée
路堑边沟 caniveau de déblai(tranchée)
路堑边坡 flanc de tranchée;pente de talus en déblai;talus de déblai(tranchée)
路堑底部坡脚 pied de talus au fond de tranchée
路堑防护台阶 perron de protection de tranchée
路堑高度 hauteur de tranchée
路堑回填 remblai de tranchée
路堑基床 lit de fondation de tranchée
路堑加固 stabilisation de tranchée
路堑清理 déblaiement de tranchée
路堑施工 exécution de tranchée
路堑土方 terrassement de tranchée
路堑土工格栅 géogrille de tranchée
路堑挖方 déblaiement de tranchée
路体 corps de route
路体毁坏 destruction de corps de chaussée
路网恢复预计进度计划 programme prévisionnel de rétablissement de réseau
路网铁路 chemin de fer de réseau ferroviaire
路线 itinéraire
路线变形等级估算 estimation de degré de déformation de voie
路线测量 levé de ligne(tracé)
路线底层 assise de voie
路线地质报告 rapport géologique de tracé
路线平面图 tracé en plan
路线图 carte(plan)de circulation; plan itinéraire
路线弯道视距 distance visuelle de voie en courbe
路线走向桩 pieu de tracé
路用机车 locomotive à l'usage personnel
路用集料 agrégat routier
路用列车 train à l'usage personnel;train en service de voie
路用水泥 ciment pour route
路用松土机 scarificateur pour route
路由 routage
路由器 routeur
路由选择 sélection de routage
路缘 épaulement de bordure;rebord de voie
路缘边石 bordure enterrée en moellons
路缘标高 niveau de bordure
路缘带 bande(région,zone)de bordure
路缘带宽度 largeur de bande de bordure
路缘高度 hauteur de bordure
路缘接缝 joint de bordure
路缘开口 ouverture de bordure
路缘宽度 largeur de bordure
路缘坡度 pente de bordure
路缘施工 construction de l'épaulement de bordure
路缘石 bordure;bordure de pavé(route, voie);pavé de bordure
路缘石毁坏 destruction de bordure
路缘石类型 type de bordure
路缘石养护 entretien des bordures
路缘挖方 déblai de bordure
路缘线 ligne de bordure
路障 barrage routier;barricade
路中安全岛 refuge central de route
露点 point de condensation
露缝接头 joint ouvert
露天爆破 explosion(sautage)à ciel ouvert
露天采石场 carrière à ciel ouvert
露天车站 gare en plein air
露天堆放 stockage à ciel ouvert;stockage en plein air
露天管道 canal à ciel ouvert
露天截水沟 fossé en pleine terre
露天开采 exploitation(extraction)à ciel ouvert
露天开采工程 travaux à ciel ouvert
露天矿作业 abattage en carrières
露天明渠 canal à ciel ouvert
露天市场 marché à ciel ouvert
露天水池 réservoir à ciel
露天站台 quai découvert

luan

卵石 caillou;chaille;grave roulée; pierre roulée
卵石层 couche de cailloux(galets)
卵石道砟 ballast en cailloux
卵石垫层 lit de cailloutis
卵石混凝土 béton de graviers
卵石基层 base en galet
卵石集料 agrégat arrondi
卵石破碎机 broyeur à galets
卵石填方 remblai de galets
卵形曲线 courbe(courbure)ovale
乱石堆 amas de bloc
乱石护面 enrochement de protection
乱石护坡 enrochement de protection

乱石砌体　limousinage
乱石圬工　limousinage

lun

轮班方式　mode de relais de service
轮班制　régime(système)de roulement;
　système de service à tour de rôle
(乘客组)轮乘方式　mode de relais de service
轮乘制　système de l'équipage de conduite
　à rotation
轮对　essieu;essieu-monté
轮对侧游间　jeu latéral des essieux
轮对拆卸　démontage de l'essieu
轮对拆卸设备
　dispositif de démontage d'essieu-monté
轮对拆卸作业
　manœuvre de démontage de l'essieu-monté
轮对存放场　champ de stockage des essieux
轮对动平衡试验　essai(test)de l'équilibre
　dynamique d'essieu-monté
轮对横动量　jeu latéral des essieux
轮对横向外移量　marge de déplacement
　transversal vers l'extérieur d'essieu-monté
轮对间隙　jeu d'essieu-monté
轮对检测仪　appareil de mesure de l'essieu
轮对检查　inspection d'essieu-monté
轮对蛇形运动
　mouvement de lacet d'essieu-monté
轮对数　nombre d'essieux
轮对损坏　détérioration d'essieu-monté
轮对相互距离　inter-distance des essieux
轮对修理　réparation de l'essieu-monté
轮对轴箱弹簧装置
　organe à ressort de boîte d'essieu-monté
轮对轴箱装置
　organe de boîte d'essieu-monté
轮辐　rai(s)
轮毂　moyeu;moyeu de roue
轮毂轮　roue à moyeu
轮箍　bandage
轮轨侧游间　jeu latéral entre boudin et rail
轮轨冲击　choc de roue-rail
轮轨动力作用
　action(effet)dynamique de roue-rail
轮轨动摩擦　frottement cinétique de roue-rail
轮轨附着力
　force de cohésion de roue sur le rail
轮轨附着系数
　coefficient d'adhésion entre roue et rail
轮轨横动量　jeu latéral entre boudin et rail
轮轨横向力
　force transversale de roue-rail
轮轨接触　contact de roue-rail
轮轨接触应力　contrainte due au contact
　entre la roue et le rail
轮轨界面　interface de rail/roue
轮轨界面切向力
　force tangentielle de l'interface de rail/roue
轮轨摩擦　friction de roue-rail
轮轨黏着力　adhésion de roue-rail
轮轨相互作用　interaction de roue/rail
轮轨游间　jeu entre boudin et rail
轮换　alternance
轮换期　période de rotation
轮宽　largeur de roue
轮廓　contour;délinéament
轮廓尺寸　dimension de contour
轮廓线　délinéament;ligne de
　contour;silhouette
轮流值班
　service de rotation(roulement)
轮流值班表　table de rotation de service
轮式铲运机(刮土机)　décapeuse à roues;
　grattoir à roues;scraper à roues;
　grattoir à roues
轮式货物　marchandise sur roues
轮式脚手架　échafaudage roulant
轮式提梁机　élévateur de poutres à roues
轮式压路机　compacteur à roues
轮式装载机　pelle chargeuse sur roues
轮式钻孔台车　jumbo sur roues
轮胎　pneu
轮胎爆裂　éclatement de pneu
轮胎铲斗式装载机
　chargeuse à roue à godet
轮胎刮土机　benne surbaissée
轮胎磨耗值　valeur d'usure de pneus
轮胎撬棒　démonte-pneu
轮胎式搬运　manutention sur pneus
轮胎式单斗挖掘机
　pelle excavatrice à godet sur pneus
轮胎式机械　engin à pneus
轮胎式平地机　niveleuse sur pneus
轮胎式牵引压路机
　compacteur tracté à pneumatiques
轮胎式推土机　bouteur(bulldozer)à pneus
轮胎式拖拉机　tracteur sur pneus
轮胎式挖土机　auto-pelle sur pneus

轮胎式压路机　compacteur(cylindre) à pneus
轮胎式装载机　chargeur(chargeuse) sur pneus; chargeuse sur roues; pelle chargeuse sur pneus
轮胎式自动压路机　compacteur automatique sur pneus
轮胎压路机　rouleau à pneus; rouleau compresseur à pneus
轮心　âme de roue
轮心裂缝　cassure de l'âme de roue
轮心压溃　écrasement de l'âme de roue
轮休方式　mode de repos à tour
轮修　alternance de réparation; maintenance alternative; maintenance de rotation
轮训　formation alternative
轮压　charge de roue
轮缘　boudin; boudin de roue; jante; rebord de roue
轮缘槽　ornière de passage de boudins
轮缘冲击角度　angle d'attaque de boudin
轮缘打磨　lissage(meulage) de boudin
轮缘对接轨端头的冲击力　force de choc de roue contre le bout de rail
轮缘磨损　usure de boudin
轮缘倾角　angle d'inclinaison de boudin de roue
轮缘润滑器　dispositif de graissage des boudins
轮重　charge(poids) par roue
轮轴　arbre de roue
轮轴横向力　force transversale d'essieu-monté
轮轴货车　wagon à essieu
轮轴驱动方式　mode d'entraînement des essieux
轮轴润滑　lubrification des essieux
轮子配套件　garniture de roue
轮作　alternance
轮座　logement(siège) de roue
论证比选　appréciation de variante

luo

罗盘　boussole
螺钉　vis
螺杆连接器　accouplement à vis
螺孔裂纹　fissuration à l'orifice du boulon; fissure de trou de boulon
螺母　écrou; vis femelle
螺母扳手　serre-écrou
螺栓　boulon
螺栓垫圈　joint de boulon
螺栓断裂　rupture de boulon
螺栓杆　corps de boulon
螺栓固定　fixation à boulon
螺栓间距　espacement des boulons
螺栓结构　construction boulonnée
螺栓截头　recépage de boulon
螺栓紧固机　boulonneuse
螺栓孔　trou de boulon
螺栓孔补强　renfort de trou de boulon
螺栓连接　assemblage boulonné; assemblage par boulons; boulonnage; connexion boulonnée
螺栓连接方式　mode de connexion boulonnée
螺栓扭力　force de torsion de boulon
螺栓松动　relâchement de boulon
螺丝刀　tournevis
螺纹道钉　tire-fond
螺纹钢　acier Tor; tor à béton
螺纹钢筋　acier HA (à haute adhérence); armature à haute adhérence; barre torsadée; tor
螺纹管　tube fileté
螺纹接头　about fileté
螺纹套筒　manchon fileté
螺纹样板　gabarit fileté
螺纹圆钢筋　rond fileté
螺纹中径　diamètre moyen de filetage
螺旋车钩　accouplement(attelage, crochet) à vis
螺旋钢筋　armature en hélice; armature hélicoïdale(spirale)
螺旋混合器　mélangeur à vis
螺旋搅拌器　agitateur à hélice; hélicoagitateur
螺旋起重器　cric à vis
螺旋千斤顶　vérin à vis; vérin à vis spirale
螺旋曲线　courbe hélicoïdale; courbure spirale
螺旋式支柱　étançon à vis
螺旋弹簧　ressort à boudin; ressort spiral
螺旋弹簧式弹性连接装置　accouplement élastique par ressort en hélice
螺旋形　forme hélicoïdale
螺旋形公路　route en spirale
螺旋运动　mouvement hélicoïdal
螺旋钻　foret spiral; mèche hélicoïdale; scissomètre
螺旋钻机　perforatrice rotative

螺旋钻头　mèche de tarière；mèche torse；sonde à tarière
螺钻　tarière
螺钻取样法　carottage à tarière
螺钻提取(土)试样　échantillon pris à la tarière
螺钻钻探　forage à tarière；sondage à la tarière
裸电缆　câble nu
洛杉矶磨耗试验　essai(test) Los Angeles
落成　achèvement
落锤　marteau tombant
落锤频率　fréquence de de chute de mouton
落锤质量　masse de mouton
落道　abaissement de voie
落地灯　lampadaire
落轮　démontage de l'essieu；démontage de roue
落轮坑　fosse d'essieux
落轮坑运行速度　vitesse de marche sur la fosse d'essieux
落轮设备　équipement de démontage des essieux；matériel de démontage de roue
落轮作业　manœuvre de démontage de l'essieu-monté；opération de démontage des essieux
落石　chute de pierres；retombée de roches
落石监视　supervision(surveillance) de chute de roches
落石警示　avertissement de chute de roches
落石区段　section de chute de roches
落石位置　position de chute de pierres
落水　chute d'eau；descente d'eau
落水洞　avaloir
落水盖板　grille d'avaloir
落水管　conduite de chute d'eau；descente d'eau；descente；tuyau de descente
落水井　chambre avaloire
落水口铸铁框　cadre en fonte de bouche avaloir
落下速度　vitesse de chute
旅费　frais de voyage
旅行社　agence de voyage
旅行速度　vitesse de voyage
旅行信息服务中心　centre de service des informations de voyage
旅行支票　chèque de voyage
旅客安全险　assurance sécurité des voyageurs
旅客车底周转时间　heure de rotation de compartiments des voyageurs
旅客车站管理　gestion de gares des voyageurs
旅客出行　déplacement des voyageurs
旅客大厅　hall de voyageurs
旅客大厅照明　éclairage de hall des voyageurs
旅客登车　embarquement de passagers(voyageurs)
旅客服务部　service aux voyageurs
旅客服务大楼　bâtiment de service
旅客—公里　voyageur-kilomètre
旅客行程　trajet de voyageur
旅客列车　train de passagers(voyageurs)
旅客列车车次编号　numérotage de train de voyageurs
旅客列车公里　train-kilomètre de voyageurs
旅客列车舒适性　confort(confortabilité) du train de voyageurs
旅客列车舒适性管理　gestion de confort (conforta-bilité) du train de voyageurs
旅客列车数量　nombre de trains de voyageurs
旅客列车信息显示牌　tableau informatique des trains voyageurs
旅客流量　afflux(flux) des voyageurs；volume de flux de voyageurs
旅客流量增加　augmentation d'afflux de voyageurs
旅客码头　quai de voyageurs
旅客目的地　destination de voyageurs
旅客舒适度　confort des voyageurs
旅客通道　passage à voyageurs
旅客信息管理　gestion de l'information des voyageurs
旅客信息设备　installations d'information aux voyageurs
旅客信息系统　système d'informations aux voyageurs(SIV)
旅客信息中心　informations voyageurs
旅客信息子系统　sous-système d'information des voyageurs
旅客运量增加　accroissement de transport des voyageurs
旅客运输　trafic(transport) des passagers
旅客运输管理系统　système de gestion du transport de voyageurs
旅客运输量调查　enquête de volume du transport des voyageurs
旅客站台　plateforme à voyageurs；quai de passagers(voyageurs)

旅客站台雨棚　abri des voyageurs
旅客中转　transit de voyageurs
旅途疲劳　fatigue de voyage
旅游公路　route touristique
铝板
　　feuille(plaque,tôle)d'aluminium
铝板屋顶
　　couverture de tôle d'aluminium
铝箔油毡
　　feutre bitumé en aluminium
铝锭　lingot d'aluminium
铝矾土　terre d'alumine
铝粉油漆
　　peinture à la poudre d'aluminium
铝合金　alliage d'aluminium
铝合金板材　tôle en alliage d'aluminium
铝合金门　porte en aluminium
铝合金型材
　　profilé en alliage d'aluminium
铝皮　feuille d'aluminium
铝皮油毡
　　bitume armé en feuille d'aluminium
铝热焊　soudure alumino-thermique
铝热焊接　soudage aluminothermique
铝酸盐水泥
　　ciment alumineux;ciment d'aluminate
铝型材　profilé en aluminium
履带车辆　véhicule à chenille
履带式铲运机　scraper sur chenilles
履带式设备　équipement(matériel)chenillé
履带式单斗挖掘机　pelle à godet sur
　　chenilles;pelle excavatrice à godet
　　sur chenilles
履带式机械　engin à chenille;engin chenillé
履带式平地机　niveleuse sur chenille
履带式起重机　grue sur chenilles
履带式汽车起重机
　　auto-grue sur chenilles
履带式牵引车
　　tracteur poussoir à chenilles
履带式推土机　bulldozer à chenille;tracteur
　　sur chenilles avec bulldozer
履带式拖拉机　tracteur sur chenilles
履带式挖掘机　excavateur à chenille;machine
　　d'excavation sur chenilles
履带式挖土机
　　pelle chenillée;pelle sur chenille
履带式载重卡车　camion chenillé
履带式凿岩台车　affût à chenille

履带式装载机　chargeur à chenille;chargeuse
　　chenillée;chargeuse(pelle)sur chenilles
履带式钻孔台车　jumbo sur chenilles
履带式钻探机　sondeuse chenillée
履行合同　application de contrat
履行条文　application de clause
履历　curriculum vitae(CV)
履约保函
　　caution de bonne exécution
履约保函样式
　　modèle de garantie de bonne exécution
履约保证金
　　cautionnement de bonne exécution
履约担保　caution de bonne fin;
　　garantie de bonne exécution
履约义务　engagement contractuel
率　taux
绿灯　feux verts
绿地　espace verdoyant;espace vert
绿地保护区
　　région de conservation des espaces verts
绿地率　proportion d'espace vert
绿化　reboisement;végétalisation
绿化边坡　talus végétalisé
绿化布置　aménagement de verdure
绿化带路　route bordée d'arbres
绿化地带　zone de verdure
绿化分隔带　terre-plein vert
绿化工程　travaux de reboisement
　　(végétalisation,verdure)
绿化工程验收
　　réception des travaux de reboisement
绿化检查　contrôle de végétalisation
绿化进度　avancement de végétalisation
绿化宽度　largeur de plantation(verdure)
绿化面积　superficie végétalisée;
　　surface des espaces verts
绿化区　espace verdoyant
绿化区域　zone végétalisée
绿化设计　conception(étude)de verdure
绿化中央分隔带
　　terre-plein central gazonné
绿篱　haie de verdure
绿色能源　énergie verte
绿色信号灯　signaux verts
绿岩　roche verte
氯丁橡胶垫板　plaque d'appui en néoprène
氯化物含量　teneur en chlorure
氯离子含量　teneur en ion chlorure

滤池	bassin de filtration	滤筛	filtre
滤井	puits filtrant	滤水	eau d'infiltration
滤料	masse filtrante; matériau de filtration; matériau filtrant	滤水层	tapis filtrant
		滤水砾石	gravier filtrant
滤料级配	granulométrie de matériaux filtrants	滤损	perte par infiltration
		滤网	grille de filtre
滤器	filtre	滤纸	papier-filtre

M

ma

麻布	toile de chanvre(jute)
麻布油毡	bitume armé en toile de jute
麻袋	sac en jute
麻花钻	foret hélicoïdal; mèche torse médiane
麻绳	corde(ficelle) de chanvre
麻丝	filasse; filasse de chanvre
马表	chronomètre
马丁灶	four Martin
马口铁	fer blanc; fer étamé
马力	force de cheval
马绍尔流动极限	limite d'écoulement Marshall
马绍尔稳定度	stabilité Marshall
马蹄拱	arc en fer à cheval; arc outrepassé
马歇尔流动值	flux Marshell
马歇尔试验	essai(test) Marshall
码	code; yard
码头	quai; embarcadère
码组	groupe de codes

mai

埋地部分防水刷漆	badigeonnage des parties enterrées
埋地电缆	câble de terre enterré
埋地电缆铺设	pose de câbles enterrés
埋地工程	travaux enterrés
埋地管道铺设	pose de tuyaux enterrés
埋入部分	partie enterrée
埋入工程	ouvrage enterré
埋入深度	profondeur enterrée
埋入式桥墩	pile enterrée
埋入长度	longueur enterrée
埋设式干砌片石	bordure enterrée en moellons
埋式桥台	aboutement(culée) à enterrement; aboutement perdu; culée perdue
埋式套管	chemise perdue
埋置钢筋	acier enfoncé
埋置管网	réseau enterré
埋置式桥台	aboutement enterré; culée enterrée
买价	coût d'achat
麦加轻轨	métro de la Mecque
脉冲波	ondes d'impulsion(pulsation)
脉冲波解调器	modulateur d'ondes d'impulsion
脉冲次数	nombre d'impulsions
脉冲电路	circuit d'impulsion
脉冲轨道电路	circuit de voie à courant pulsé
脉冲轨道电路电流	courant de voie pulse
脉冲荷载	charge d'impulsion
脉冲继电器	relais à impulsion
脉冲频率	fréquence d'impulsion
脉冲速度	vitesse d'impulsion
脉冲信号	signal pulsonnel
脉冲振幅	amplitude d'impulsion
脉动电流	courant pulsatoire
脉动电压	tension pulsatoire
脉动电压保护	protection de tension pulsatoire
脉动电压保护装置	protecteur de tension pulsatoire
脉岩	roche de filon; roche filonienne(pure)
脉状片麻岩	artérite
唛头	marque

man

满负荷运转	fonctionnement à pleine charge
满浆砌筑工程	maçonnerie pleine
满师证书	brevet d'apprentissage

满堂基础　fondation sur radier général;radier général
满堂支架　support complet
满载　charge complète(pleine)
满载列车　train en charge complète
满轴列车　train en charge complète;train complet
漫水坝　barrage entonnoir
漫水涵洞　aqueduc submergé
漫水桥　pont noyé;pont submersible
慢车　train lent;train omnibus
慢车侧道　voie latérale pour véhicules lents
慢车道　voie de vitesse lente;voie lente; voie pour véhicules lents
慢车专用道　voie réservée aux véhicules lents
慢凝　prise lente
慢凝水泥砂浆　mortier de ciment à prise lente
慢凝稀释沥青　bitume fluidifié à séchage lent
慢行　marche lente
慢运整车　wagon complet du régime ordinaire

mang

盲拱　arcade aveugle;faux-arc
盲沟　drain;drain souterrain;fossé aveugle
盲井　bure de faisceaux;bure;faux-puits;puits borgne(faux,intérieur);sous-puits
盲调线路　itinéraire de manœuvre aveugles

mao

毛板　planche brut;planche non-rabotée
毛尺寸　dimension brute
毛工资　salaire brut
毛截面　section brute
毛利　bénéfice(profit)brut
毛料　matériau brut
毛料储存　stockage de matériaux bruts
毛毛雨　bruine;pluie fine
毛面　face brute
毛石　libage;moellon;moellon brut; pierre à moellons
毛石干砌工程　maçonnerie de moellons secs
毛石基础　fondation à hérisson;fondation en moellons;hérisson
毛石砌面墙　mur de façade en maçonnerie de moellons;mur en maçonnerie de moellons
毛石砌铺　assemblage de moellons

毛石砌体　ouvrage en pierres
毛石圬工　maçonnerie brute de moellons;maçon- nerie de blocailles
毛细孔隙　porosité capillaire
毛细作用　action capillaire
毛毡　feutre
毛重　charge brute;poids brut
锚　ancre
锚杯　trompette d'ancrage
锚垫板　platine d'ancrage
锚定　ancrage
锚定板挡土墙　mur de soutènement par la plaque d'ancrage
锚定板桩　palplanche ancrée
锚定构架　charpente d'ancrage
锚定套管　fourreau(gaine)d'ancrage
锚定支承　appui ancré
锚定桩　pieu d'ancrage
锚定布置　disposition d'ancrage
锚定沉箱　caisson d'ancrage
锚定灌浆　coulis d'ancrage
锚定喇叭管　trompette d'ancrage
锚定区　aire d'ancrage
锚定式悬索桥　pont à câbles ancrés
锚定体　corps d'ancrage
锚定体系　système d'ancrage
锚定土　terre ancrée
锚墩　bloc(pile)d'ancrage
锚杆　barre(boulon,tige,tirant)d'ancrage; boulon de tirant d'ancrage;soutènement boulonné;tirant de scellement
锚杆安装支臂　bras avec tourelle de boulonnage
锚杆挡墙　mur de soutènement par tirants de scellement
锚杆断裂　rupture de tige d'ancrage
锚杆刚度　raideur de tige d'ancrage
锚杆静态试验　test statique de tirants d'ancrage
锚杆拉力　tension de tige d'ancrage
锚杆连接件　coupleur;coupleur de tige d'ancrage
锚杆密度　densité de tirants d'ancrage
锚杆墙　mur retenu par des tirants
锚杆施工试验　essai(test)d'ancrage passif
锚杆式挡土墙　mur de soutènement par tirants d'ancrage

锚杆台车　jumbo de boulonnage；jumbo de tirant d'ancrage
锚杆支护　renforcement par boulons；soutènement boulonné；soutènement de tirants d'ancrage；soutènement par boulons d'ancrage；support de tige d'ancrage
锚杆钻孔机　perforatrice pour boulonnage
锚箍　boucle d'ancrage
锚固　ancrage；ancrage de scellement
锚固板　tromplaque；paroi d'ancrage
锚固处理　traitement d'ancrage
锚固挡土墙　mur de soutènement ancré
锚固点　point d'ancrage
锚固段　section d'ancrage
锚固方法　procédé d'ancrage
锚固杆　bras d'ancrage
锚固钢筋　acier pour ancrage；barre(fer) de scellement
锚固机　machine à ancrer；machine d'ancrage
锚固件　pièce d'ancrage
锚固井　puits d'ancrage
锚固力　effort(force) d'ancrage
锚固梁　poutre ancrée
锚固螺钉　vis d'ancrage
锚固能力　capacité d'ancrage
锚固强度　résistance d'ancrage
锚固桥台　aboutement ancré；culée ancrée
锚固区　région(zone) d'ancrage
锚固设备　équipement(matériel) d'ancrage
锚固深度　profondeur d'ancrage
锚固施工　exécution d'ancrage
锚固式路缘石　bordure basse ancrée
锚固栓　boulon d'ancrage
锚固台基　massif d'ancrage
锚固铁件　fer d'ancrage
锚固头保护　protection des ancrages d'extrémité
锚固位置　position d'ancrage
锚固压力　pression d'ancrage
锚固应力　contrainte d'ancrage
锚固长度　longueur d'ancrage；longueur de scellement
锚固支架　bêche d'ancrage
锚固注浆　injection de scellement
锚固装置　dispositif d'ancrage
锚固锥　cône d'ancrage
锚具　coupleur；coupleur(élément, outil) d'ancrage
锚具室　chambre d'ancrage
锚具套件　kit de coupleur d'ancrage
锚具箱　caisse d'ancrage
锚具组件　membre de coupleur d'ancrage
锚距　distance d'ancrage
锚孔　trou d'ancrage
锚跨　travée d'ancrage
锚块　bloc d'ancrage
锚链　câble-chaîne；chaîne d'ancre
锚梁　poutre d'ancrage
锚墙　rideau d'ancrage
锚圈　boucle(cercle) d'ancrage
锚塞　bouchon(tampon) d'ancrage
锚式悬桥　pont suspendu ancré
锚栓　boulon d'ancrage；boulon de scellement
锚索　câble d'ancrage
锚索环　anneau(cercle) d'ancrage
锚头　tête d'ancrage
锚线　fil d'ancrage
锚销　cheville d'ancrage
锚爪　patte d'ancrage
锚支承　appui d'ancrage
锚支座　appui d'ancrage
锚支座安装　montage d'appui d'ancrage
锚柱　pilier(poteau) d'ancrage
锚桩　piquet d'ancrage
锚座　socle(logement, siège, pylône, support) d'ancrage；appui consolidé
卯榫接头　assemblage à tenon et mortaise
铆钉　bale à pistolet；rivet
铆钉连接　assemblage par rivets；assemblage riveté；connexion de rivet
铆钉连接方式　mode de connexion de rivet
铆钉钳　pince à rivet
铆钉枪　pistolet pneumatique de rivetage
铆钉枪钉　clou à pistolet
铆工车间　atelier de rivetage
铆合　rivetage
铆机　riveteuse
铆接　rivetage；rivure；assemblage à rivets
铆接缝　joint riveté
铆接结构　construction(structure) rivée
铆接桥　pont riveté
冒顶　chute(éboulement) de toit；éboulement de plafond；effondrement de toit；jaillissement au toit
冒进信号　dépassement de signal
冒泥　jaillissement de boue
冒失行为　conduite imprudente
贸易公司　société de commerce

贸易平衡　balance commerciale
贸易区　zone commerciale
贸易协议　accord commercial
贸易总额　volume des échanges
帽盖　semelle de tête
帽盖螺母　écrou borgne
帽石　murette
帽檐(信号机)　visière
帽状拱顶　calotte

mei

梅花扳手　clé à œil
梅花形拱　arc quinconcial
梅花形立体交叉　croisement(intersection)en trèfle
梅花桩　pieux en quinconce
煤层　couche de charbon
煤场　dépôt de charbon
煤尘　poussière de charbon
煤吊机　grue à charbon
煤矸石　pierre de charbon;roche stérile de charbon
煤灰　sénisse
煤焦油沥青　goudron de houille
煤矿瓦斯　gaz des houillères
煤码头　quai à charbon;quai à houille
煤气表　compteur à gaz;gazomètre
煤气管　conduite de gaz;gazoduc
煤炭漏斗车　wagon-trémie-houillère
煤炭漏斗车车体设计参数　paramètre de conception pour la caisse de wagon-trémie à charbon
煤田　gisement houiller
煤油　kérosène
煤渣　fraisil;ringage;scorie de charbon
煤渣沉积　sédimentation de scorie de charbon
每公里轨枕数量　travelage de traverses par km
每公里平均价格　prix moyen par km
每公顷产量　rendement à l'hectare
每节车皮费率表　barème par wagon
每立方米单价　prix unitaire par mètre cube
每平方米单价　prix unitaire par mètre carré
每平米造价　prix de construction par mètre carré
每日取样　prélèvement journalier
每小时耗量　consommation par heure
每延米钢轨重量　poids de rail par mètre

每月材料使用情况汇总　état récapitulatif mensuel des matériaux utilisés
每月检查　vérification mensuelle
每月人员投入情况汇总　état récapitulatif mensuel du personnel employé
每周检查　inspection hebdomadaire
美标钢轨　rail standard américain
美国标准　norme américaine
美化处理　traitement artistique
美学　esthétique
美学设计　conception(étude)esthétique

men

门　porte
门把　poignée de porte
门缝　fente de porte
门架图　plan de portiques
门禁　accès contrôlé
门禁系统　système de contrôle de l'accès
门禁子系统安装　installation de sous-système de contrôle d'accès
门槛　seuil
门式车辆　wagon-portique
门式吊车架梁　pose à grue portique de poutres du pont
门式铺轨车　wagon-portique pour poser les rails
门式桥　pont de cadre ouvert
门式信号架　portique à signaux
门式信号架上的方向指示信号　signalisation directionnelle sur portique
门式支架信号　signal en portique

meng

蒙内铁路　chemin de fer Mombasa-Nairobi
锰钢　acier au manganèse

mi

弥散剂　additif dispersif
迷流　courant de fuite
米　mètre
米/秒　mètre par seconde
米尺　règle métrique
米尺计量　mesure métrique
米轨车辆限界　gabarit de wagon de voie métrique
米轨距　écartement métrique
米轨线路　ligne à l'écartement métrique;voie métrique

M

米轨线路拆除　dépose de voie métrique
米轨线路改造　renouvellement de ligne à l'écartement métrique
米轨线路改造工程　travaux de renouvellement de ligne à l'écartement métrique
米轨线路更新改造　renouvellement de voie métrique
米轨线路更新改造工程　travaux de renouvellement de voie métrique
米轨线路更新改造施工　exécution de renouvellement de voie métrique
米轨线路工程　travaux de ligne à écartement métrique
米制　système métrique
米制单位　unité métrique
米制曲线　courbe métrique
密度　densité; masse spécifique(volumique)
密度比　rapport de densité
密度测定　densimétrie; détermination (mesure) de densité
密度测量分析　analyse densimétrique
密度分布　distribution de densité
密度计　appareil à densité; densimètre; densitomètre
密度试验　essai(test) de densité
密度损失　perte de densité
密度调整　ajustement de densité
密度系数　coefficient de densité
密度值　valeur volumique
密封　cachetage
密封层　couche(écran) étanche; revêtement d'étanchéité
密封带　bande d'étanchéité
密封方式　mode d'étanchéité
密封防水层保护　protection de chape d'étanchéité
密封盖　couvercle étanche
密封管塞　tampon hermétique
密封和盖印信封　enveloppe scellée et cachetée
密封检查　contrôle d'étanchéité
密封胶　mastic d'étanchéité
密封接头　jointure étanche
密封可靠性　fiabilité de l'étanchéité
密封门　porte étanche
密封膜　membrane d'étanchéité
密封圈　joint
密封设备　équipement d'étanchéité

密封试验　épreuve(essai, test) d'étanchéité
密封条　baguette d'étanchéité
密封性　étanchéité
密封要求　exigence d'étanchéité
密封装置　dispositif d'étanchéité
密级集料　agrégat dense
密级配　granulométrie dense (fermée, fine, pleine, serrée)
密级配集料　agrégat à granulométrie fermée
密级配沥青混合料　enrobé dense(fin)
密集居民区　agglomération dense
密集区　aire(région) dense
密接式车钩　attelage à connexion étanche
密孔钻探　carottage de courts intervalles
密码　code secret
密实　consolidation dense
密实度　compacité
密实度计　compactomètre
密实度结果　résultat de densité
密实度控制　contrôle de densité
密实结构　structure dense
密实泥灰岩　marne compactée
密实黏土　argile compactée(dense)
密实砂　sable dense
密实土　sol compact; terre consistant(solide)
密实性　compacité
密实岩　roche compacte
密贴道岔　aiguille plaquée; aiguille serrée contre rail
密贴尖轨　aiguille serrée contre rail
密置钢筋　armature dense

mian

免除　exonération
免纳关税　franc de droits de douane
免纳关税商品　marchandise exemptée de douane
免税　détaxation; détaxe; franchise; hors taxe (HT)
免税单　acquit de franchise
免税港　port franc
免税进口　admission en franchise
免税区　zone franche
免税转运单　acquit-à-caution
面　côté; face
面板　madrier; panneau
面表层　tapis superficiel
面波　ondes de surface; ondes superficielles
面波法　méthode d'ondes superficielles

面波速度　vitesse d'ondes de surface
面层　couche de revêtement
面层厚度　épaisseur de couche de surface
面层类型　type de revêtement
面层沥青混合料　enrobé de surface
面层铺砌　revêtement superficiel
面层砂浆　mortier de forme
面积　superficie; surface
面积测量　mesure de superficie
面积单位　unité de surface
面积计算　calcul de surface
面料　matériau de surface
面漆　peinture de finition
面渣　scorie susjacente
面砟　ballast susjacent
面砟摊铺　ballastage susjacent
面罩　masque

miao

苗木　plant
描述　description
描图　calquage
描图员　calqueur
描图纸　papier à calquer
瞄准　pointage
秒表　chronomètre

mie

灭火器　extincteur
灭火器具　matériel de lutte contre l'incendie

min

民法　code civil; lois civiles
民事责任　responsabilité civile
民意测验　sondage d'opinion
民用建筑　construction civile
民政局　administration civile
敏感程度　degré de sensibilité
敏感地区　zone sensible
敏感度　sensibilité
敏感区　région sensible
敏感指数　indice de sensibilité

ming

名称　dénomination; désignation
名牌产品　produit de marque
名誉保证　engagement d'honneur
明洞　galerie au jour; galerie ouverte
明洞隧道　tunnel apparent
明矾黏土　argile alunifère
明矾土　terre alunée (aluneuse)
明缝　joint ouvert
明拱　arc ouvert
明沟　caniveau (fossé) à ciel ouvert; caniveau (fossé) ouvert
明沟排水　drainage à ciel ouvert; drainage ouvert; drainage par fossé
明管　descente apparente; tuyau apparent
明涵　dalot apparent; dalot (ponceau) ouvert
明胶　gélatine
明胶炸药　nitro-gélatine
明开挖　fouille ouverte
明亮度　niveau de luminance
明堑　fouille ouverte
明渠　aqueduc à ciel ouvert; aqueduc apparent; canal ouvert
明确回复　réponse claire
明色沥青　bitume clair
明挖　creusement ouvert; excavation à ciel ouvert; excavation ouverte
明挖法　méthode d'excavation à ciel ouvert; méthode d'excavation ouverte
明挖扩大基础　fondation déployée excavée à ciel ouvert
明挖廊道　galerie au jour; galerie ouverte
明挖路堑　tranchée excavée à ciel ouvert
明挖隧道　excavation ouverte de tunnel; tunnel en tranchée ouverte; tunnel excavé à ciel ouvert; tunnel immergé
明挖隧道上盖　couverture de tunnel
明文规定　stipulation expresse
明污水道　égout à ciel ouvert
明细费用预算　détail estimatif
明显缺陷　défaut apparent
鸣笛标　poteau de sirène
鸣笛标志　signe de sifflet
鸣笛指示牌　tableau《siffler》
命令的口头传达　transmission orale d'un ordre
命令接收　réception de l'ordre

mo

模块　module
模块化设计　conception modulaire
模块接口　interface de module
模量　module
模拟计算　calcul analogique
模拟控制　contrôle analogique

模拟输出	sortie analogue
模拟输入	entrée analogique
模拟系数	coefficient de simulation
模拟系统	système analogique
模拟信号	signal analogique(analogue)
模拟信息	informations analogiques
模拟装置	dispositif analogique
模数	module
模数试验	essai(test) de module
模型	maquette;modèle;modèle de dessin
模子	moule
摩擦	friction;frottement
摩擦电	électricité de friction
摩擦电流	courant de frottement
摩擦焊接	soudure à friction
摩擦减振器	amortisseur à(de)friction; amortisseur par frottement
摩擦件	frotteur
摩擦角	angle de friction(frottement)
摩擦块	patin de frottement
摩擦力	effort(force)de frottement;effort(force) de friction
摩擦力矩	moment de frottement
摩擦锚固	ancrage par frottement
摩擦面	face(surface)de friction;face(surface) de frottement
摩擦区	zone de friction(frottement)
摩擦系数	coefficient de friction(frottement)
摩擦性能	propriété de frottement
摩擦噪声	bruit de frottement
摩擦支柱	étançon de friction
摩擦支座	appui de friction
摩擦值	valeur de frottement
摩擦制动	freinage à friction
摩擦制动方式	mode de freinage à friction
摩擦桩	pieu à frottement
摩擦桩基	fondation de frottement
摩擦阻力	résistance de friction(frottement)
摩擦作用	effet de frottement
磨轨机	machine à meuler le rail
磨耗百分比	pourcentage d'usure
磨耗板	plaque d'usure
磨耗测量仪	abrasiomètre
磨耗层	couche d'usure;couche de frottement;surface abrasive
磨耗机	machine abrasive
磨耗件	pièce d'usure
磨耗盘	disque d'usure
磨耗盘间隙	jeu de disque d'usure
磨耗强度	résistance à l'usure
磨耗试验	essai(test)d'abrasion
磨耗速度	vitesse d'usure
磨耗损伤	dégradation d'usure
磨耗损失	perte d'abrasion
磨耗系数	coefficient d'abrasion(usure)
磨耗型踏面	surface de roulement à l'usure
磨耗值	valeur d'abrasion;valeur d'usure
磨耗装置	dispositif d'abrasion
磨耗作用	action abrasive
磨料	abrasif;agent abrasif
磨料颗粒	particule abrasive
磨砂玻璃	verre dépoli
磨石	pierre à adoucir;pierre abrasive
磨石粗砂岩	molarite
磨蚀度	abrasivité
磨蚀指数	indice abrasif
磨碎	broyage
磨碎机	machine à broyer
磨碎料	produit de broyage
磨损	abrasion;abrasivité;usure;usure par abrasion(frottement)
磨损标记	marque d'usure
磨损不均匀	inégalité d'usure
磨损程度	degré d'usure
磨损极限	limite d'usure
磨损件	pièce usagée
磨损抗性	résistance à l'abrasion
磨损面	surface d'usure
磨损试验	essai(test)d'usure
磨圆的道砟	ballast rondi
抹灰	crépissage
抹灰水泥	ciment naturel(CN)
抹灰压顶	chape de couronnement
抹水泥	cimentation
末次碾压	compactage final
末端	queue
墨镜	lunettes de soleil
墨线	cordeau
默许	accord(approbation)tacite
模板	panneau de coffrage;planche de coffrage
模板壁	paroi de coffrage
模板变形	déformation de coffrage
模板处理	traitement de coffrage
模板拱圈	cintre de forme
模板类型	type de coffrage

模板内放置垫块　calage à l'intérieur des coffrages
模板数量　quantité de coffrage
模板支撑　étai de coffrage
模板制作　façonnage de coffrage
模板质量　qualité de coffrage
母板　carte-mère
母岩　roche d'origine; roche de départ; roche mère
姆欧　mho
木板桩　palplanche en bois
木板桩墙　écran en palplanches en bois
木材比重计　xylomètre
木材测容法　xylométrie
木材等级分类　classement des bois
木材(防腐)浸渍　imprégnation de bois
木材加工车间　atelier de façonnage du bois
木材加工机械　machine à bois
木材数量　quantité de bois
木材消耗　consommation de bois
木锉　lime à bois
木工车间　atelier de charpentier
木工台　banc de charpentier
木拱架　arc de charpente en bois
木构件　élément en bois
木夯　pilon
木结构　construction(structure) en bois
木锯　scie à bois
木框架结构　construction à ossature en bois
木螺钉　vis à bois
木门　porte en bois
木模板　coffrage en bois; panneau de coffrage en bois
木排架　accore
木棚　baraque
木桥　pont en bois
木丝板　plaque agglomérée en fibres de bois et de ciment
木炭　charbon de bois
木屋面　couverture en planches
木销　cheville en bois
木枕　traverse en bois
木枕防腐　anti-corrosion de traverse en bois
木枕腐蚀　corrosion de traverse en bois
木枕开裂　fente de traverse en bois
木支撑　boisage; étai(support) en bois
木支柱　pilier de bois; soutènement en bois
木制脚手架　échafaudage en bois
木砖　brique en bois
木桩　pieu(piquet) en bois
目标　objectif
目标控制器　contrôleur d'objets
目标探测系统　système d'acquisition
目测　levé à vue; mesure au juge; observation (reconnaissance) visuelle
目测检查　examen visuel
目的地　destination; lieu de destination
目的地方向　sens de destination
目的港　port de destination
目录　catalogue; nomenclature; répertoire; sommaire; table des matières
目录索引　référence de catalogue
目前资源配置　moyens actuellement mobilisés
目眩　éblouissement
苜蓿叶式交叉　croisement en feuille de trèfle
苜蓿叶式立体交叉　croisement en trèfle
苜蓿叶形互通　échangeur en trèfle
牧场　prairie
牧区　région(zone) d'élevage
募集资金　appel de fonds
幕　écran
幕墙　mur rideau; mur-écran; rideau

N

na

纳米产品　produit nanométrique
纳米技术　nanotechnique
纳税　paiement d'impôt
纳税地址　domicile fiscal
纳税证明　extrait de rôle
钠光灯　lampe à vapeur de sodium; lampe de sodium

nai

氖灯　lampe à néon
氖管　tube au néon
耐大气腐蚀钢　acier résistant à la corrosion atmosphérique
耐大气腐蚀性能　résistance à la corrosion atmosphérique
耐腐蚀轨　rail de résistance à la corrosion
耐腐蚀性　tenue à la corrosion
耐腐蚀要求　exigence de résistance à la corrosion
耐高温电缆　câble à haute température
耐火材料　matériau(produit) réfractaire
耐火黏土　argile réfractaire
耐火砂浆　mortier réfractaire
耐火砖　brique réfractaire
耐击穿强度　résistance à la perforation
耐久性　durabilité; tenue
耐磨层　revêtement anti-abrasion
耐磨轨　rail de résistance à l'usure
耐磨沥青碎石　grave bitume à module élevé(GBME)
耐磨强度　résistance à l'usure
耐磨试验　essai(test) de frottement
耐磨损试验　essai(test) de résistance à l'usure
耐磨性　qualité d'usure; tenue à l'usure; abrasivité
耐磨性试验　essai(test) de résistance au frottement
耐热钢　acier réfractaire
耐热混凝土　béton réfractaire
耐热性　résistance(tenue) à chaud
耐水黏合剂　adhésif imperméable
耐酸钢　acier antiacide
耐酸混凝土　béton antiacide
耐酸水泥　ciment antiacide

nan

南南合作　coopération Sud-Sud
难点断面图　plan de profil difficile
难点区段图　plan de tronçons difficiles

nao

挠度　flèche; flèche d'abaissement
挠度测定　mesure de flèche
挠度处理　traitement de flèche
挠度极限　limite de flexion
挠度曲线　courbe(courbure) de déflexion (flèche); ligne de flexion(flèche)
挠度图　diagramme de flexion
挠曲面　plan de flexion
脑力劳动　travail intellectuel

nei

内壁　paroi interne
内部安全　sécurité interne
内部监督程序清单　liste de procédure de contrôle interne
内部监理工程师　ingénieur de contrôle interne
内部监理小组　équipe chargée de contrôle interne

内部检查　contrôle intérieur(interne)
内部接口　interface interne
内部控制监督
　　surveillance de contrôle interne
内部裂缝　fissure interne
内部排水　évacuation intérieure
内部区域　zone intérieure
内部收益率　taux de rentabilité interne
内部通信系统　système intercommunication
内部振捣器　vibrateur interne
内部整洁　propreté intérieure
内侧　côté intérieur
内侧边坡　talus intérieur
内侧车道　voie intérieure(interne)
内侧道　boucle intérieure
内侧护轨　contre-rail intérieur
内侧悬挂　suspension intérieure
内侧悬挂式转向架
　　bogie à suspension intérieure
内侧支座　appui intérieur
内侧轴颈轴　essieu à fusée intérieure
内衬砌　revêtement intérieur
内成岩　roche endogène
内尺寸　dimension inférieure
内存储器　mémoire interne
内导曲轨　rail courbe de guidage à l'intérieur
内构架转向架　bogie à châssis intérieur
内管　descente intérieure
内轨　rail intérieur
内环(路)　ceinture intérieure；
　　cercle intérieur；route interne
内间距　distance intérieure
内角　angle interne
内脚手架　échafaudage intérieur
内径　diamètre interne
内径百分表　mesureur de diamètre interne
内径测微计　minimètre
内力　effort(force)interne；force intérieure
内力组合　composition de force intérieure
内梁　poutre inférieure
内陆沙漠　désert terrestre
内陆运河　canal de navigation intérieure
内面　face interne
内摩擦　frottement interne
内摩擦角　angle de frottement interne
内摩擦系数　coefficient de friction interne
内模板　coffrage intérieur
内墙　mur intérieur
内倾斜　inclinaison vers l'intérieur

内曲　incurvation
内曲线　courbe(courbure)intérieure(interne)
内燃车组　rame de diesel
内燃电力机车　locomotive diesel-électrique
内燃动车　automotrice diesel；automotrice；
　　autorail；train automoteur diesel
内燃动车化　diésélification；diésélisation
内燃动车组　rame automotrice de diesel
内燃轨道车　automotrice
内燃机　moteur à combustion interne；
　　moteur à explosion
内燃机车　locomotive à combustion interne；
　　locomotive à moteur diesel；locomotive diesel
内燃机车车载发电机
　　génératrice embarquée de locomotive diesel
内燃机车牵引　traction de locomotive à
　　combustion interne；traction de locomotive
　　à moteur diesel
内燃机功率
　　puissance de moteur à combustion interne
内燃机驱动
　　entraînement de moteur à combustion interne
内燃起重机　grue élévatrice à moteur diesel
内燃牵引　traction diesel
内燃式打桩机　mouton de battage diesel
内燃挖掘机　excavateur à moteur diesel
内燃液力机车
　　locomotive diesel-hydraulique
内容　consistance
内胎　chambre à air
内胎衬带　pare-clous
内梯　échelle intérieure
内线电话　interphone
内向型经济　économie visée à l'intérieur
内压力　pression interne
内应力　contrainte(tension)interne(propre)
内轴箱　boîte intérieure

neng

能耗　consommation d'énergie
能极　niveau d'énergie
能见度　visibilité
能见度检测器　détecteur de visibilité
能力　aptitude；compétence
能力分析　analyse de capacité
能量　énergie
能量传递　transmission d'énergie
能量分配　répartition de l'énergie
能量释放　libération d'énergie

能量守恒　conservation de l'énergie
能量守恒定律
　　loi de conservation de l'énergie
能量损失　perte d'énergie
能量消耗　déperdition d'énergie
能通车程度概率　indice de viabilité
能源　source d'énergie
能源危机　crise de l'énergie

ni

尼龙篷布　bâche en nylon
尼龙套管　fourreau en nylon
泥板岩　pierre argileuse;pierre d'argile
泥层　couverture de boue
泥灰　argile de craie
泥灰板岩　marne schisteuse
泥灰浆　mortier de fins éléments
泥灰黏土　argile marne(marneuse)
泥灰砂岩　grès marneux
泥灰石板　schiste marneux
泥灰土　argile de craie;sol marneux
泥灰岩　argilocalcite;banche;marne
泥灰岩层　couche de marne
泥灰岩处理　traitement de marne
泥灰岩矿(场)　marnière
泥灰岩区　zone marneuse
泥灰质板岩　ardoise marneuse
泥灰质灰岩　calcaire marneux
泥灰质凝灰岩　tuf marneux
泥浆　boue;boue liquide;mélange aqueux(boueux)
泥浆泵　pompe à boue
泥浆泵汽车
　　camion dragueur de boue à pompe aspirante
泥浆池　bassin(réservoir) de boue
泥浆灌注　injection de boue
泥浆回收　récupération de boue
泥浆搅拌机　agitateur de boue
泥浆特性　propriété de boue
泥浆钻探　forage à boue
泥坑　bourbier
泥砾土　argile à blocaux
泥龄　âge de boue
泥流　avalanche(coulée) boueuse;coulée de boue;écoulement de sol
泥流清理　purge de l'avalanche boueuse
泥流作用　solifluxion
泥泞地　terrain vaseux
泥泞土地　terrain limoneux

泥沙沉积　sédimentation de boue
泥砂　sable argileux
泥石流　avalanche;coulée de boue et de pierres;éboulement
泥炭　tourbe
泥炭土　sol de tourbe
泥炭沼泽　marais noir(tourbeux)
泥塘　marécage
泥岩　argilite
泥沼地　bas-champs
泥质板岩　ardoise argileuse
泥质灰岩　plâtre-ciment
泥质黏土　argile schisteuse
泥质砂岩　grès argileux
泥质岩　roche argileuse
泥锥　cône de boue
霓虹灯　lampe à néon;tube au néon
拟订合同稿　rédaction de projet de contrat
拟分包工程内容说明　définition des prestations envisagées à sous-traiter
拟回填区　zone à remblayer
拟签署声明　déclaration à souscrire
拟清除地带　zone à dégager
拟投标人资格　éligibilité de candidat
逆变器浪涌电压
　　tension ondulatoire de l'onduleur
逆变器浪涌电压保护开关　disjoncteur de protection de tension ondulatoire de l'onduleur
逆断面　faille inverse
逆流保护　protection contre le flux inverse
逆流继电器　relais à courant inverse
逆流式拌和机　mélangeur à contre-courant
逆汽制动　contre-vapeur
逆时针方向　sens inverse d'horloge
逆时针方向运动　mouvement en sens contraire des aiguilles de montre
逆向　sens de rétrograde;sens inverse
逆向布置　disposition inverse
逆向道岔　aiguille de prise en pointe
逆向道岔方向
　　direction de l'aiguille de prise en pointe
逆向交叉　intersection inverse
逆向进路　itinéraire de sens rétrogradé
逆向移动　mouvement inverse
逆向移动现象
　　phénomène de mouvement inverse
逆作法　méthode d'inversion
匿名信　lettre anonyme

腻子　enduit au mastic；mastic
腻子粉　enduit poudre
腻子刮平　aplatissage au mastic

nian

年产量　production annuelle
年底分红　bonus en fin d'année
年度报告　rapport annuel
年度工作计划　programme annuel de travail
年度计划　programme annuel
年度检查　contrôle annuel
年度亏损　déficit annuel
年度统计　statistique annuelle
年度维修　entretien annuel
年度盈利　bénéfice de l'année
年度预算　budget annuel
年工资　salaire annuel
年行驶里程　kilométrage annuel（KA）
年行驶里程平均值
　　moyenne de kilométrage de parcours par an
年洪水量　crue annuelle
年货物周转　rotation de marchandises par an
年机车周转平均值
　　moyenne de rotation de locomotive par an
年计划　plan annuel
年降雨量　pluie（précipitation）
　　annuelle；quantité annuelle de pluie
年降雨日数
　　nombre de jours de précipitations par an
年交通量　volume de trafic annuel
年交通量增长率
　　taux d'accroissement annuel de trafic
年旅客周转（量）
　　rotation de voyageurs par an
年平均降雨量
　　précipitation annuelle moyenne
年平均日交通量
　　Trafic Journalier Moyen par An（TJMA）
年平均温度　température moyenne annuelle
年日均交通量
　　Trafic Moyen Journalier Annuel（TMJA）
年限　âge；année
年效率　rendement annuel
年薪　rémunération annuelle
年运输量汇总　récapitulation de volume du transport annuel
年支付　paiement annuel
年终奖　prime à la fin de l'année
年终结账　clôture de l'exercice
年终决算表　bilan annuel；bilan de fin d'année；bilan définitif
年资　ancienneté
年最大日交通量
　　trafic journalier maximum par an（TJMA）
黏板岩　ardoise adhésive
黏度　viscosité
黏度测量　mesure de viscosité
黏度系数　coefficient de viscosité
黏附　adhérence
黏附力　capacité de collage
黏附性分析　analyse d'adhésivité
黏合剂　adhésif；additif d'adhésivité；agent liant；agglutinant；liant；produit adhésif
黏合料　agglomérant；enduit d'accrochage
黏结材料　matériau liant
黏结层　couche d'accrochage（collage）
黏结块　bloc aggloméré
黏结力　cohésion；force de liaison
黏结力试验　essai（test）d'adhérence
黏结磨料　abrasif aggloméré
黏结强度　résistance au serrage
黏结作用　action liante
黏力　résistance（force）cohésive
黏土　argile；sol argileux；terre glaise（grasse）
黏土拌和机　malaxeur d'argile
黏土边坡　talus argileux
黏土材料　matériau argileux
黏土采掘机　appareil d'extraction de l'argile
黏土层　couche（banc，lit）d'argile；couche（strate）argileuse
黏土场地　aire en argile
黏土重塑　remaniement de l'argile
黏土地　terrain argileux
黏土封层　masque en argile
黏土—腐殖土复合体
　　complexe argilo-humique
黏土覆盖层　enduit argileux
黏土含量　teneur en argile
黏土含量百分比　pourcentage d'argile
黏土浆
　　coulis（mortier）d'argile；mortier de terre
黏土结合料　liant d'argile
黏土坑　poche d'argile
黏土路　route en argile
黏土路面　revêtement en argile
黏土泥灰岩　marne argileuse
黏土石灰岩　calcaire argileux
黏土试件　échantillon d'argile

N

黏土数量　quantité d'argile
黏土水泥浆　coulis d'argile-ciment
黏土填方　remblai en argile
黏土统料　tout-venant argileux
黏土挖土机　excavateur à argile
黏土围堰　batardeau de terre glaise
黏土岩　argilite;pierre argileuse
黏土质粉砂　sable limono-argileux
黏土质河泥　limon argileux
黏土质量　qualité d'argile
黏土质泥灰岩　marne glaiseuse
黏土质砂砾料　grave argileuse
黏土质细砂　sable à lapin;sable fin argileux
黏土质岩　roche argileuse
黏土砖　brique d'argile
黏性土　sol cohérent;terre argileuse
黏着剂　agent d'adhésion;adhésion
黏着力　force d'adhérence(adhésion)
黏着力测量　mesure d'adhérence
黏着牵引　traction par adhérence
黏着系数　coefficient d'adhérence(adhésion)
黏着性能
　　propriété adhésive;capacité d'accrochage
黏着应力　contrainte d'adhérence
黏着预应力钢筋
　　armature de précontrainte adhérente
黏着质量　masse d'adhérence
黏着作用　effet adhésif
黏质土　argile limoneuse;terre cohérent
碾钢　acier de roulement
碾钢车轮　roue en acier de roulement
碾磨滚筒　tambour de broyage
碾磨细度　finesse de broyage
碾砂机　broyeur à sable
碾压坝　barrage cylindrique
碾压半径　rayon de compactage
碾压不均　inégalité de compactage
碾压参数　paramètre de compactage
碾压处理　traitement de compactage
碾压次数　nombre de compactage
　　(passes);passe de compactage
碾压堤　digue roulée
碾压范围　rayon de cylindrage
碾压方法　mode de cylindrage
碾压工地　chantier de compactage
碾压规程　spécifications de compactage
碾压含水量　teneur en eau au compactage
碾压厚度　épaisseur de cylindrage
碾压机　rouleau compresseur
碾压机械　engin(moyens) de compactage
碾压阶段　étape de compactage
碾压进度　avancement de compactage
碾压静态检查
　　contrôle statique de compactage
碾压宽度　largeur de compactage(cylindrage)
碾压力　pression de compactage
碾压轮　cylindre de compaction
碾压频率　fréquence de roulage
碾压缺陷　défaut de compactage
碾压设备
　　équipement(matériel) de compactage
碾压施工　exécution de compactage
碾压施工方式
　　mode d'exécution de compactage
碾压时间　temps de compactage
碾压速度　vitesse de compactage
碾压填方　remblai roulé
碾压行程　course de compactage
碾压用水　eau de compactage
碾压振动　vibration de compactage
碾压装置　organe de compactage
碾压组　équipe(groupe) de compactage

niao
鸟瞰图　aéro-vue;plan de vol d'oiseau;vue
　　à vol d'oiseau;vue aérienne

nie
镍钢　acier au nickel
镍镉蓄电池　accumulateur au nickel-cadmium

ning
凝固　concrétion;prise;endurcissement
凝固点　point de condensation(prise,
　　solidification)
凝固混凝土　béton solidifié
凝固期　délai de prise
凝固时间
　　durée de prise;temps de congélation
凝固试验　essai(test) de prise
凝固收缩
　　retrait de prise;retrait de solidification
凝固速度　vitesse de prise
凝固温度　température de solidification
凝灰岩　pierre de tuf;roche tufière;tuf
凝灰岩变软　amollissement de tuf
凝灰岩地层　formation tufacée;terrain tufier
凝灰岩矿　tufière

凝灰岩取土场　tufière
凝灰质地层　strate tufière
凝结　agglutination；agrégation；concrétion；prise
凝结反应　réaction de condensation(prise)
凝结界限浓度　seuil de coagulation
凝结强度　résistance de prise
凝结曲线　courbe(courbure)de prise
凝结指数　indice de prise
凝聚力　force de prise
凝聚系数　coefficient de concentration
拧钢筋钩　crochet de l'armature
拧紧车钩紧固器
　　serrage de tendeur de coupleur
拧紧紧固螺杆　serrage de tendeur à vis
拧紧缆索紧固器
　　serrage de tendeur de hauban

niu

扭断　rupture à la torsion
扭矩　moment de torsion
扭矩曲线　courbe de couple
扭力　effort(force)de torsion
扭力扳手　clé dynamométrique
扭曲　torsion；tortillement；voilement；voilure
扭应力　contrainte de torsion
扭转半径　rayon de torsion
扭转变形　déformation de torsion；déformation due à la torsion
扭转断裂应力
　　contraintes de rupture en torsion
扭转力偶　couple de torsion
扭转荷载　charge à la torsion
扭转弹性　élasticité de torsion
扭转系数　coefficient de torsion
扭转中心　centre de torsion

nong

农田排水暗沟　drain agricole
农闲季节　saison morte
农业区　région(zone)agricole
农业生态系统　écosystème agricole
浓度　concentration；degré de concentration
浓度降低　abaissement de concentration

nuan

暖风机　réchauffeur
暖气连接管
　　tuyau d'accouplement de chauffage
暖气调节装置
　　dispositif de réglage du chauffage
暖色　couleur chaude

nv

女士包厢　compartiment pour dames

O

ou

欧标钢轨　rail standard européen
欧盟　Union Européenne(UE)
欧姆　ohm
欧姆表　ohmmètre
欧姆电阻　résistance ohmique
欧姆定律　loi d'Ohm
欧亚大陆公路
　　route continentale Asie-européenne
欧洲　Europe
欧洲标准
　　norme européenne; standard européen
欧洲标准化委员会
　　Comité Européen de Normalisation(CEN)
欧洲地球参考系统
　　système européen de référence terrestre
欧洲电工标准化委员会
　　Comité Européen pour la Normalisation Electrotechnique(CENELEC)
欧洲电信标准化协会　Institut Européen pour la Normalisation de Télécommunication
欧洲电信标准组织　Institut Européen des Normes de Télécommunication
欧洲工商联合会　Association européenne des chambres de commerce et d'industrie
欧洲规范　Eurocode(EC)
欧洲混凝土委员会
　　Comité Européen du Béton(CEB)
欧洲经济共同体　Communauté Economique Européenne(CEE)

欧洲沥青协会　Eurobitume
欧洲列车1级保护系统　Système Européen de Protection des Trains de niveau 1(SEPT)
欧洲列车1级控制系统　ETCS niveau 1
欧洲列车2级控制系统　ETCS niveau 2
欧洲列车控制系统
　　Europe Train Control System(ETCS)
欧洲热力和电力机车制造商协会
　　Constructeurs Européens des Locomotives Thermiques et Electriques(CELTE)
欧洲铁路1级运输管理系统
　　ERTMS niveau 1
欧洲铁路2级运输管理系统
　　ERTMS niveau 2
欧洲铁路行业协会　Union des Industries Ferroviaires Europénnes(UNIFE)
欧洲铁路设备制造商协会　Association des Fabricants Européens d'Equipements Ferroviaires(AFEDEF)
欧洲铁路研究所
　　Institut de Recherche Ferroviaire Européenne
欧洲铁路运输管理系统　European Rail Traffic Management System(ERTMS)
欧洲应答器　Eurobalise
偶矩　moment de couple
偶然事件　cas fortuit
偶然误差　erreur accidentelle
偶然性　aléa
耦合柴油机　moteur diesel à couplage
耦合系数　coefficient d'accouplement; coefficient de couplage

P

pa

爬行　rampe;rampement;reptation
爬坡车道
　　voie en rampe;voie montante(rampante)
爬坡车道车轮打滑
　　patinage de roue sur voie montante
爬坡车道牵引力不足
　　insuffisance de traction sur la voie rampante
爬坡距离　distance de rampement
爬坡能力　capacité de grimpade(montée);
　　capacité montante
爬坡速度　vitesse grimpante
爬升模板　coffrage grimpant
耙　râteau
耙斗装载机　chargeuse à racloir
耙路机　râteau mécanique;scarificateur
　　pour route
耙平　ratissage
耙平表面
　　ratissage de surface revêtue
耙平土地　ploutage
耙松　ameublissement
耙松机械　engin de scarification
耙土机　piocheuse
耙运设备　installations de raclage
耙砟机　piocheuse à ballast

pai

排　rangée
排班记录　registre de service
排出　évacuation
排出口　bouche de sortie;cheminée
　　d'échappement
排出蒸汽　extraction de vapeur
排除　exclusion
排除故障　dépannage
排除外国公司
　　exclusion des entreprises étrangères
排除中间人　exclusion des intermédiaires
排放　évacuation
排放标准　norme de vidange
排放阀　vanne(valve)de vidange
排放监视　surveillance de vidange
排放控制　contrôle d'échappement
排放口　trou de vidange
排放设备　installations d'évacuation
排风机　extracteur
排风口　bouche d'évacuation
排干　assèchement;bépuisement
排灌网　réseau de drainage et d'irrigation
排洪　évacuation des crues
排洪渠
　　canal crue;canal évacuateur de crue
排洪隧洞　galerie d'évacuation de crues
排架　palée
排架墩　palée d'appui
排架桩墩
　　butée en pilotis;pile de rangée de pieux
排空　vidange
排空泵　pompe de vidange
排空槽　canal de vidange
排空场地　aire de vidange
排空阀　soupape(vanne,valve)de vidange
排空方式　mode de vidange
排空机油　vidange de lubrifiant
排空任务　tâche de vidange
排空软管　flexible de vidange
排空液体垃圾　vidange de déchets liquides
排列进路
　　arrangement(rangement)de l'itinéraire
排列客车进站顺序　rangement de l'ordre
　　d'entrée en gare des trains voyageurs
排列缆线　rangement des câbles

排列列车出站顺序
　　rangement de l'ordre du départ des trains
排列站场股道
　　rangement des voies du chantier-gare
排泥管　tube à boue
排气阀
　　soupape(vanne,valve) d'évacuation d'air
排气管　cheminée d'échappement;tube abducteur;tuyau d'échappement
排气口　orifice d'échappement
排气塔
　　tour d'élimination d'air;tour de sortie d'air
排气通风机　ventilateur d'extraction
排气系统　système d'échappement
排气罩　hotte d'évacuation d'air
排气装置　dispositif d'échappement
排水　assainissement;drainage;écoulement (évacuation) des eaux;épuisement
排水暗沟　rigole souterraine;saignée
排水泵　pompe d'assèchement (épuisement,drainage)
排水材料
　　matériau de drainage;matériau drainant
排水层　assise(couche) drainante;couche (tapis) de drainage;nappe de déversement
排水出口　sortie de drainage
排水处理　traitement d'assainissement (drainage);traitement d'évacuation de l'eau
排水措施　mesures de drainage
排水道　canal de vidange
排水垫层　sous-couche drainante
排水丁坝　épi drainant
排水洞　avaloir
排水方式　mode d'assainissement; mode d'évacuation d'eau
排水工程　ouvrage de drainage;travaux d'assai-nissement(drainage);travaux des ouvrages courants
排水工程维护
　　entretien des ouvrages d'assainissement
排水工程修建
　　réalisation de l'ouvrage de drainage
排水工程验收　réception des ouvrages (travaux) d'assainissement
排水沟　caniveau;fosse d'écoulement;rigole de drainage;tranchée d'écoulement
排水沟边坡　talus de fossé
排水沟垫层　assise de caniveau

排水沟毁坏　destruction de caniveau(drain)
排水沟开挖　excavation de caniveau
排水沟连接　raccordement de caniveau
排水沟模板　coffrage de fossé
排水沟清理　purge de fosse d'écoulement; purge de fossé de décharge
排水沟设计　conception(étude) de caniveau
排水沟施工　exécution de caniveau(fossé)
排水沟维护　entretien des fossés
排水沟整修　reprofilage de fossé
排水沟植草
　　enherbement de cunette;végétation de fossé
排水构造物　ouvrage d'assainissement; ouvrage d'évacuation des eaux
排水管　canalisation d'assainissement; conduite de drainage;tube(tuyau) d'évacuation(drainage,écoulement)
排水管道　canalisation d'évacuation
排水管网　réseau d'assainissement
排水管网刷油
　　badigeonnage de réseau de drainage
排水规范　norme d'assainissement
排水涵洞　passage de buse
排水接管　branchement des drains
排水井　chambre de drainage;puisard(puits) de drainage(vidange,écoulement,décharge)
排水开挖　fouille à l'épuisement
排水孔　bonde;souillard;trou de drainage
排水口　bouche(sortie) d'évacuation; gargouille;orifice de drainage;ouverture d'écoulement
排水口检查孔　regard d'avaloir
排水廊道　galerie de drainage
排水砾石骨料　granulats de drainage
排水量　débit de décharge d'eau
排水流径　chemin de drainage
排水路肩　accotement drainant
排水路径　parcours de drainage
排水盲井　bure de pompe
排水明沟　caniveau d'évacuation à ciel ouvert;drain ouvert;rigole d'assèchement à ciel ouvert
排水能力　capacité d'écoulement(drainage)
排水平巷　galerie d'assèchement
排水坡度治理　aménagement au fil d'eau
排水区　zone de drainage
排水渠　canal d'assainissement (écoulement,drainage)
排水缺陷　défaut de drainage

排水设备　dispositif(équipement) d'épuisement (drainage);équipement d'exhaure
排水设计　conception d'assainissement(drainage)
排水设施　dispositif de drainage;installations d'épuisement(drainage)
排水施工　exécution de drainage
排水试验　essai(test)d'écoulement(drainage)
排水说明　description de drainage
排水速度　vitesse d'évacuation d'eau
排水隧洞　galerie d'épuisement (évacuation); tunnel d'évacuation des eaux;tunnel de drainage
排水填方　remblai drainant
排水通道　passage d'eau
排水图　plan de drainage
排水洼地　bassin de drainage
排水系数　coefficient de drainage
排水系统　assainissement hydrique;réseau de drainage;réseau(système)d'évacuation des eaux;système de drainage
排水系统监控　contrôle de réseau de drainage
排水系统图　plan d'assainissement
排水系统整治　aménagement de système d'évacuation
排水下导坑　galerie de fond de décharge
排水性能　propriété drainante
排水验收　réception de drainage
排水要求　exigence de drainage
排水站　station d'épuisement
排水支沟　éperons et épis drainants
排水支渠　épis-drain
排土场　chantier de décharge des débris;chantier de dépôt
排污沟　caniveau d'assainissement
排污系统　système d'assainissement
排泄管　conduite d'évacuation;tuyau de décharge;déchargeoir
排泄孔　trou de décharge
排泄口　ouverture de décharge
排泄水　eau d'évacuation
排烟　évacuation de fumée
排烟道　gaine d'extraction de fumée
排烟孔　ouverture d'évacuation de fumée
排雨水管道　canalisation d'évacuation des eaux pluviales
排障时间　temps de dépannage
排柱　file d'étançons(poteaux);soutènement en ligne
排柱支架　soutènement(support)en ligne
排桩　palée de pilotis;palée
排桩打桩机　sonnette pour file de pieux
排桩基础　fondation sur pilotis
牌价　cote
派遣国人员的工资所得税费　impôt et taxe sur les salaires dans le pays d'origine

pan

盘　disque
盘车装置　vireur d'essieux
盘管　serpentin
盘式绝缘子　isolateur à capot
盘式耙　râteau à disque
盘式锁闭装置　verrouillage à disque
盘式制动器　frein à disque
盘条　acier rond
盘形缓冲器　amortisseur à disque(tampon)
盘形制动系统　système de freinage à disque
判标　jugement des offres
判决　jugement

pang

旁侧给水式凿岩机　perforateur à injection latérale
旁承　palier latéral;lissoir latéral
旁承负荷　charge de lissoir latéral
旁承间隙　jeu de paliers latéraux
旁承压缩量　compression des paliers latéraux
旁承支撑　appui de lissoir
旁承支重转向架　bogie à lissoirs
旁洞　cache;niche
旁跨　portée(travée)latérale
旁弯　courbure(flexion)latérale
旁压试验　épreuve pressiométrique;essai (test)au pressiomètre
旁支承　appui latéral
旁注　note marginale

pao

抛光　polissage
抛光机　machine à polir;polisseuse
抛锚　panne
抛石　enrochement;enrochement libre; lancement de pierres
抛石路堤　remblai en pierres déposées

抛石消力池　dissipateur d'énergie en enrochement
抛物面镜　miroir parabolique
抛物线　courbe d'allure parabolique; courbe (courbure, ligne) parabolique; parabole
抛物线拱　arc(voûte) parabolique
抛物线连接　raccordement parabolique
抛物线连接长度　longueur de raccordement parabolique
抛物线连接起始点　origine de raccordement parabolique
抛物线连接终点　fin de raccordement parabolique (FRP)
抛物线坐标　coordonnées paraboliques; ordonnée de ligne parabolique
刨除恶劣天气　décompte des journées d'intempéries
刨路面　rabotage de chaussée
刨平　rabotage; rabotement
刨平凸出部分　rabotage des parties saillantes
刨削　rabotage; rabotement
刨削路肩　dérasement d'accotement
刨削路面　dérasement de chaussée
跑道灯　feux de piste
泡沫　mousse
泡沫混凝土　béton de mousse; béton écumeux (gonflé)
泡沫剂　produit moussant
泡沫灭火器　extincteur à mousse
泡沫塑料　mousse plastique; plastique expansé (mousseux)
泡沫橡胶　caoutchouc mousse
炮眼　trou de mine; trou foré
炮眼布置图　schéma de tir

pei

培训　formation
培训方式　mode de formation
培训费　frais de formation
培训计划　programme de formation
培训课程　cours de formation
培训期　durée de formation
培训手册　manuel de formation
赔偿　dédommagement
赔偿要求　réclamation d'indemnité
赔款　indemnité
配比　formulation
配比设计　conception (étude) de formulation
配比试验　essai (test) de formulation
配车调度　régulation de wagons alloués
配车工作　travail d'allocation des wagons
配电板　panneau électrique
配电方式　mode de distribution électrique
配电房　chambre de distribution électrique
配电柜　coffret (armoire) de distribution électrique
配电监控　supervision de distribution d'énergie
配电盘　distributeur; tableau de distribution électrique
配电室　cabine (local, salle) de distribution électrique; local de distribution d'énergie
配电所　sous-station; station de distribution
配电系统　système de distribution d'électricité
配电站　poste de distribution électrique
配合　coordination
配合比　dosage; coefficient de dosage
配合比计算　calcul de dosage
配合比控制　contrôle de dosage
配合比设计结果　résultat des études de formulation
配合比调整　réglage de dosage
配合游隙　jeu de coordination
配件　accessoire; pièce détachée; pièces accessoires
配件保有量　disponibilité de pièces détachées
配件储备　stock de pièces détachées
配件供应　fourniture de pièces attachées; fourniture de pièces de rechange
配件库房　hangar de pièce détachée
配件目录　catalogue de pièces détachées
配件数量　nombre d'accessoires
配件拖拉触轨探测器　détecteur de pièces traînantes
配筋　arrangement des barres; ferraillage
配筋带　chaînage armé
配筋检查　contrôle des armatures
配筋率　densité d'armature (ferraillage); pourcentage d'armatures
配筋设计　conception (étude) de ferraillage
配筋图　plan d'armatures
配力钢筋　barre de distribution
配量　dosage; dose
配量检查　vérification de dosage
配料计算　calcul de proportion de mélange
配料检查　contrôle de constituants
配料器　silo de dosage

配料设备　équipement(matériel) de dosage
配属标记　marque de disposition attachée
配属机车　locomotive allouée
配属数量　nombre d'affectation
配水　distribution de l'eau
配水池　réservoir de distribution
配水管网线路走向
　　tracé de réseau de distribution d'eau
配水系统　système de distribution d'eau
配套工程　ouvrage(travaux) annexe;
　　second œuvre
配套件　garniture
配套设备　accessoire
配套探测器　sondeur autonome
配线盒　boîte de distribution
配砟　distribution de ballast
配砟整形车　voiture de distribution de ballast et de mise en forme;voiture regarnisseuse
配砟作业　opération de distribution de ballast
配制剂量　dosage de constituants
配重　contrepoids;masse adverse
配重设备　équipement de contrepoids

pen

喷出岩　roche extrusive
喷浆　gunitage;gunitage;mortier à injection; mortier projecté
喷浆混凝土衬砌
　　revêtement en béton projeté
喷浆压力　pression d'injection
喷漆枪　pistolet à peinture
喷漆作业　opération de peinture
喷枪　pistolet;pistolet à air comprimé
喷泉　fontaine;fontaine jaillissante
喷砂机
　　appareil à jet de sable;machine à sabler
喷射　jaillissement;projection
喷射泵　pompe d'injection
喷射法浇筑　projection au canon à béton
喷射方法　méthode(mode) d'injection
喷射高度　hauteur de projection
喷射管　tube d'injection
喷射灌浆　remplissage par projection
喷射灰浆流动性试验
　　essai sur fluidité du coulis d'injection
喷射混凝土　béton projeté;projection de béton
喷射混凝土机　projecteur de béton
喷射混凝土临时防护
　　soutènement provisoire en béton projeté

喷射混凝土强度　résistance de béton projeté
喷射混凝土支护　revêtement de gunite
喷射磨料　projection d'abrasif
喷射水泥浆　gunitage
喷水池　bassin de fontaine
喷水清扫车　arroseuse-balayeuse
喷水嘴　lance à eau
喷丸机　appareil à grenailler
喷雾器　pulvérisateur
喷油嘴　lance à huile
喷嘴　lance
盆地　bassin;terrain bas;terre basse
盆式橡胶支座
　　appui caoutchouteux en cuvette(pot)
盆式橡胶支座安装
　　montage d'appui caoutchouteux en cuvette
盆式支座　appareil d'appui à pot;
　　appui en cuvette(pot)
盆式支座安装　montage d'appui en pot
盆式支座方式　mode d'appui en pot

peng

棚　abri
棚车　wagon couvert
棚车车顶扶手
　　main courante de toit de wagon couvert
棚车车体　caisse de wagon couvert
棚车车体设计参数　paramètre de conception pour la caisse de wagon couvert
棚车防水　étanchéité de wagon couvert
棚车盖板　couvercle de wagon
棚车技术要求
　　exigence technique pour le wagon couvert
棚车运输　transport à wagon couvert
棚洞　galerie à hangar
棚房　ajoupa
棚内存放　stockage à l'abri
篷布　bâche
篷布遮盖运输　transport bâché
膨管器
　　appareil pour gonfler les tuyaux
膨润土　argile bentonitique;bentonite
膨胀　dilatation;expansion;
　　foisonnement;gonflement
膨胀比
　　rapport(ratio) d'expansion;taux de détente
膨胀材料　matériau gonflant
膨胀度　degré d'expansion

膨胀缝　joint d'expansion
膨胀—固结试验
　　essai(test) de gonflement-consolidation
膨胀管　tube de dilatation;tube expansif
膨胀混凝土　béton expansif(foisonné)
膨胀剂　agent gonflant
膨胀开裂　fissure due à l'expansion
膨胀矿渣　laitier expansé
膨胀力　force d'expansion(gonflement)
膨胀裂缝　fissure de dilatation
膨胀螺栓　boulon à coquille d'expansion;
　　boulon à expansion;boulon expandeur
膨胀模板　coffrage gonflable
膨胀模数　module de dilatation
膨胀能力　aptitude à la dilatation;aptitude au
　　foisonnement;aptitude de gonflement
膨胀黏土　argile bentonitique(gonflante,
　　gonflée,soufflée)
膨胀曲线　courbe(courbure) de détente
　　(gonflement,expansion)
膨胀曲线图　diagramme de dilatation
膨胀砂浆　mortier expansif
膨胀式锚杆　boulon à ancrage par gonflement
膨胀试验　épreuve(essai,test)
　　d'expansion(gonflement)
膨胀水泥　ciment expansif
膨胀速度　vitesse d'expansion(gonflement)
膨胀土　argile expansée;sol dilatable
　　(expansif,gonflant)
膨胀土路基　assise de voie en sol dilatable
膨胀推力　poussée de dilatation
膨胀系数　coefficient d'expansion(dilatation,
　　foisonnement,gonflement)
膨胀现象　phénomène de dilatation
膨胀性岩土　sol gonflant et rocheux
膨胀压力　pression de dilatation
　　(gonflement,expansion)
膨胀指数
　　indice de dilatation(gonflement,expansion)
膨胀作用　action d'expansion(gonflement)
碰撞　collision
碰撞造成的损失
　　dommage causé à la suite de collision

pi

批发价格　prix de gros
批发贸易　commerce en(de) gros
批量采购　achat en gros
批量生产　production en série
批注　commentaire;mention en marge
批准　agrément;permission
批准安装　approbation de montage
批准比选方案　approbation de variante
批准补充工程
　　approbation des travaux complémentaires
批准操作　approbation d'opération
批准拆除　approbation de démolition
批准复工　approbation de reprise des travaux
批准工程量
　　approbation de quantités des travaux
批准工地布置
　　approbation de distribution de chantier
批准合同　approbation de contrat(marché)
批准计划　plan approuvé
批准价格　approbation de prix
批准架设　approbation de pose
批准建造　approbation de construction
批准交付　approbation de livraison
批准浇筑　approbation de coulage
批准浇筑混凝土　approbation de bétonnage
批准开采　approbation d'exploitation
批准开挖　approbation d'excavation
批准临时验收
　　approbation de réception provisoire
批准拟使用材料
　　approbation de matériaux à utiliser
批准拟使用设备
　　approbation de matériel à utiliser
批准取土　approbation de prise de terre
批准设计　approbation de l'étude
批准生效　approbation de mise en vigueur
批准施工　approbation d'exécution
批准实施　approbation d'application
批准实施计划
　　approbation de plan d'application
批准使用　approbation d'utilisation
批准书　acte ratificatif
批准索赔　approbation de réclamation
批准摊铺　approbation de répandage
批准提前交付
　　approbation de livraison anticipée
批准停工　approbation d'arrêt de travaux
批准通知　notification d'approbation
批准投入使用　approbation de mise en service
批准土方调运计划
　　approbation de plan de mouvement de terre
批准挖掘　approbation de creusement

批准文件　document approuvé；
　document d'agrément
批准验收　approbation de réception
批准移位　approbation de déplacement
批准营地安置(计划)
　approbation de l'installation de base-vie
批准预制
　approbation de préfabrication
批准运输计划
　approbation de plan de transport
批准运营计划
　approbation de plan d'exploitation
批准追加工程
　approbation des travaux supplémentaires
批准钻探　approbation de forage
批准最终验收
　approbation de réception définitive
劈裂试验　épreuve(essai,test) de fendage
皮包公司　société de portefeuille
皮带　courroie
皮卡车　pick-up
疲劳　fatigue
疲劳变形　déformation de fatigue
疲劳程度　taux de fatigue
疲劳断裂　rupture d'endurance
疲劳极限　limite de fatigue
疲劳极限应力
　contrainte limite de fatigue
疲劳裂缝
　fissuration à la fatigue；fissure de fatigue
疲劳强度
　résistance à l'endurance；résistance de fatigue
疲劳强度试验
　essai(test) de résistance à la fatigue
疲劳区域　zone de fatigue
疲劳曲线　courbe d'endurance；
　courbe(courbure) de fatigue
疲劳设计　conception(étude) de fatigue
疲劳时间　temps de fatigue
疲劳试验
　épreuve(essai,test) de fatigue
疲劳特性　propriété de fatigue
疲劳现象　phénomène de fatigue
疲劳效应　effect de fatigue
疲劳应力　contrainte(effort) de fatigue
疲劳作用　action de fatigue
匹配荷载　charge adaptée
匹配器　adapteur
匹配衰减　affaissement d'adaptation

pian

偏差　décalage；dérive；divergence；
　écart；erreur
偏离标准　écart de norme
偏向力　force de déviation；force déviante
偏斜　déflection
偏心　décentrage；excentricité
偏心力　force excentrique
偏心筛　crible à commande par
　excentrique(manivelle)
偏心受压　charge décentrée(excentrée)；effort
　décentré(excentré)
偏心弯曲　flambement excentré
偏心作用　action excentrique
偏移　dérive
偏移幅度　amplitude de déviation
偏移系数　rapport de déviation
偏转点　point de déviation
偏转力矩　moment de lacet
片　lame
片麻岩　gneiss
片石　moellon brut；pierre plate
片石采石场　carrière de roches massives
片石护坡　revêtement de talus en moellons
片石砌体　maçonnerie en moellons
片石圬工护坡
　perré de talus en maçonnerie de moellons
片岩　ampélite；schiste
片岩地层　terrain schisteux
片状　forme lamellaire
片状构造　structure en lamelles
片状集料　agrégat en feuilles
片状碎石料　granulats plaquettes
片状岩石　pierre pelliculaire

piao

漂积黏土　marne alluviale
漂石　roche erratique
票　billet
票房　billettique
票检辊闸　tourniquet
票据　bon；billet；papier
票据贴现　escompte des effets
票务管理　gestion de billetterie
票务厅　hall de billets
票务系统　système de billets；système de
　facturation et de billets
票务系统测试　test de système de billets

票务系统软件　logiciel de système des billets
票务系统软件程序
　　programme de logiciel de système des billets
票务子系统
　　sous-système de billetterie(billettique)

pin

拼装方法　procédé d'assemblage
拼装结构　structure assemblée
拼装施工　exécution de l'assemblage
拼装示意图　schéma d'assemblage
拼装式模板　coffrage assemblé
贫石灰　chaux maigre
频程　intervalle de fréquence
频率　fréquence
频率变化　variation de fréquence
频率测量　mesure de fréquence
频率单位　unité de fréquence
频率分布　répartition de fréquence
频率分配　attribution de fréquence
频率分析　analyse de fréquence
频率干扰　interférence de fréquence
频率计　fréquencemètre
频率解调器　modulateur de fréquence
频率起伏　fluctuation de fréquence
频率曲线
　　courbure(courbe)de fréquence
频散曲线　courbe(courbure)de fréquence
品牌标识　logo de marque
品位分级　classement par teneur
品种　espèce;nuance

ping

平坝　barrage plan
平板测量　levé au goniographe;mesure à planchette;mesure de planche
平板车　porte-char;porte-engins
平板锉　lime plate
平板吊车　grue à plate-forme
平板轨道　voie en dalle
平板轨道下部结构
　　infrastructure de voie en dalle
平板试验　essai(test)de plaque
平板拖车　remorque à plateforme
平板仪　alidade à lunettes;
　　alidade holométrique (plongeante)
平板仪三角支架　trépied de planchette
平板载重卡车
　　camion à plate-forme;camion-plateau

平板振动器
　　vibrateur à plaque(plateau);vibrateur flottant
平板支座　appui sur sabot à plat
平板桩　palplanche plate
平差计算　calcul d'ajustement
平车　wagon à plateforme;wagon plat
平车侧板　haussette latérale de wagon plat
平车插柱　rancher de wagon plat
平车插柱高度
　　hauteur de rancher de wagon plat
平车插柱柱身　fût de rancher de wagon plat
平车车体　caisse de wagon plat
平车端板
　　haussette d'extrémité de wagon plat
平车翻板　haussette rabattable de wagon plat
平车技术要求
　　exigence technique pour le wagon plat
平车角柱　montant d'angle de wagon plat
平车立柱　montant de wagon plat
平道牙　bordure arasée
平等协商　concertation égale
平底板　radier plat
平底打夯机　dame plate
平底钢轨　rail à patin plat
平底谷　vallée à fond plat;vallée en fond de bateau
平底拖车　remorque à plateau
平地　terrain plat
平地机　machine de nivellement;
　　niveleuse;pelle niveleuse
平地机找平　réglage à la niveleuse
平地机整平刮板　lame de niveleuse
平垫圈　rondelle plate
平方公里　kilomètre carré
平方毫米　millimètre carré
平方厘米　centimètre carré(cm^2)
平方米　mètre carré
平缝　joint plat(plein)
平拱　arc droit;arc linteau
平轨　rail plat
平轨处理　traitement de nivelage de rail
平轨器
　　appareil à cintrer le rail;cintreuse à rail
平衡　équilibrage;équilibre
平衡常数　facteur d'équilibre
平衡超高　dévers d'équilibre
平衡点　point d'équilibre
平衡范围　marge d'équilibre
平衡方法　méthode d'équilibre

平衡杆钻进　sondage à balancier
平衡高度　altitude d'équilibre
平衡公差　tolérance d'équilibrage
平衡拱　arc de balance
平衡控制　contrôle d'équilibre
平衡块　contrepoids
平衡离心力　force centrifuge de l'équilibre
平衡力　force équilibrée
平衡配重　poids de balace
平衡配重器　régulateur de poids de balance
平衡试验　épreuve(essai,test) de l'équilibre
平衡衰变　affaissement d'équilibrage
平衡值　valeur équilibre
平衡质量　masse adverse
平衡状态　état d'équilibre
平弧拱　arc à plate bande
平滑过渡　transition en douceur
平缓边坡　talus doux
平缓地形　relief faible(modéré)
平缓坡　pente faible(modérée)
平交叉路口　carrefour plan
平交道口　passage à niveau(PN)
平交道口报警器
　alarme de passage à niveau
平交道口岗亭　guérite de passage à niveau
平交道口管理系统
　système de gestion des passages à niveau
平交道口警示信号
　signal avertisseur de passage à niveau
平交道口栏木　barrière de passage à niveau
平交道口路面板铺设
　platelage de passage à niveau
平交道口路面铺设　platelage de
　revêtement de passage à niveau
平交道口施工　exécution de passage à niveau
平交道口事故　accident au passage à niveau
平交道口事故调查
　enquête de l'accident au passage à niveau
平交道口运行安全监视　surveillance de
　sécurité de circulation de passage à niveau
平角　angle plat
平铰　articulation plane
平接缝　soudure à bords droits;soudure à joint
　sans chanfrein;soudure droite
平距　distance réduite à horizon
平均半径　rayon moyen
平均长度　longueur moyenne
平均沉降量　tassement moyen
平均乘距　distance moyenne de voyage

平均尺寸　dimension moyenne
平均等候时间　heure d'attente moyenne
平均负荷　charge moyenne
平均高度　altitude(hauteur) moyenne
平均工资　salaire moyen
平均功率　puissance moyenne
平均贯入度　enfoncement moyen
平均降雨量　moyenne de précipitations
平均可用时间　temps disponible moyen
平均利润　profit moyen
平均良好运行时间　moyenne de temps
　de bon fonctionnement(MTBF)
平均流量　débit moyen
平均坡度　pente moyenne
平均坡角　inclinaison moyenne de talus
平均曲线　courbe(courbure) moyenne
平均生产能力
　capacité moyenne de production
平均水位　niveau d'eau moyen
平均速度　vitesse moyenne
平均弯曲半径　rayon de courbure moyenne
平均温度　température moyenne
平均误差　écart moyen;erreur moyenne
平均消耗　consommation moyenne
平均行程　parcours moyen
平均压力　pression moyenne
平均应力　contrainte moyenne
平均雨天　temps moyennement pluvieux
平均运距　distance moyenne de transport
平均值　moyenne;valeur médiane(moyenne)
平均直径　diamètre moyen
平均重量　poids moyen
平口钳　étau plat;pince à bec plat
平炉钢　acier Martin
平路调车　triage en palier
平路肩　accotement dérasé
平路缘石　bordure arasée
平轮式压路机　cylindre à jante lisse
平面　surface plane
平面半径　rayon en plan
平面变形　déformation plane
平面波　ondes planes
平面布置
　aménagement plan;disposition en plan
平面测量　levé de plan;planimétrie
平面测量允许误差　tolérance en
　planimétrie;tolérance planimétrique
平面尺寸　dimension en plan
平面导线测量　cheminement planimétrique

平面对称	symétrie plane
平面几何	géométrie plane
平面交叉	croisement (intersection, traversée) à niveau; croisement plan; intersection plane
平面交叉路口	carrefour à niveau
平面交叉设计	conception (étude) de croisement en plan
平面角	angle plan
平面结构	structure plane
平面镜	miroir plan
平面距离	distance en plan
平面毛石	moellon gisant
平面平整度公差	tolérance de planéité du plan
平面倾角	inclinaison de plan
平面曲线	courbe (courbure) en plan; courbe (courbure) plane; courbe (courbure) surbaissée
平面筛	tamis plan
平面设计	conception (étude) en plan
平面示意图	schéma en plan
平面索引图	plan (schéma) de repérage
平面图	dessin en plan; plan; vue en plan
平面投影距离	distance réduite à la projection
平面网	réseau planimétrique
平面线路曲线	courbe (courbure) de tracé en plan
平面线路允许误差	tolérance de tracé en plan
平面线路最小半径	rayon minimum de tracé en plan
平面相交线	ligne d'intersection des plans
平面形	figure plane
平面形状	forme en plan
平面应力	contrainte plane
平面运动	mouvement plan
平面振捣器	table vibrante
平面支座	appui plan (uni)
平面走向半径	rayon de tracé en plan
平铺法	pose en plan rectangulaire
平曲线超高	dévers (surélévation) de courbure en plan
平曲线加宽	surlargeur de courbure en plan
平曲线终点	fin de courbe en plan (FCP)
平筛	crible plat
平顺度	régularité
平顺曲线	courbe plate
平台	terrasse
平台升降机	pont élévateur; monte-charge à plateforme
平坦地形	relief plat
平头螺钉	vis à tête plate
平土机	écorcheuse; machine à régler le sol
平弯曲半径	rayon de courbure en plan
平稳过渡	transition stable
平稳连挂	attelage stable
平稳运行	fonctionnement (marche) stable
平巷掘进	avancement de galerie
平行导坑	galeries parallèles
平行渡线	bretelle parallèle
平行断面	profil parallèle
平行公路	route parallèle
平行滑移	glissement horizontal
平行阶地	terrasses parallèles
平行进路	itinéraires compatibles
平行梁	poutre en parallèle
平行排水	drainage parallèle
平行排水沟	drain parallèle
平行曲线	courbes (courbures) parallèles
平行施工	construction parallèle
平行位移	déplacement parallèle
平行线	parallèle
平行线路	lignes parallèles
平行运输	transport parallèle
平行直线	droites parallèles
平行作业	opération parallèle
平行坐标	coordonnées parallèles
平型双头夹板	éclisse plate à double céphale
平移	translation
平鱼尾板	éclisse plate
平原	plaine
平原公路	route de plaine
平原区	zone de plaine
平原铁路线	ligne de plaine
平砟机	régaleuse
平整	égalité; nivellement; régalage
平整表面	surface unie
平整场地	nivelage (nivellement) de terrain
平整场地工程	travaux de nivellement
平整道床	nivelage de lit de ballast; nivelage (nivellement) de la plateforme de voie
平整道砟	nivelage de ballast
平整度	degré de nivellement; planéité
平整度公差	tolérance de planéité
平整度控制	contrôle de planéité
平整度要求	exigence de planéité
平整机	niveleuse; régaleuse
平整机械	équipement (matériel, engin) de réglage

平整进度　avancement de l'aplanissement
平整设备　équipement aplanisseur
平整土地　réglage de terre
平纵线形组合设计
　　conception composite en plan et longitudinale
评标　évaluation de l'appel d'offres；
　　évaluation des offres；notation
评标程序
　　procédure de l'évaluation des offres
评标方法　mode d'évaluation des offres
评标委员会
　　commission d'évaluation des offres
评估　évaluation
评估报告　rapport d'évaluation
评估标准　critère d'évaluation
评估方法　méthode d'évaluation
评估方式　mode(modalité)d'évaluation
评估公司　société d'appréciation
评价　appréciation
评价系统　système d'évaluation
评审　évaluation
凭单　bon
屏　écran
屏风　paravent

po

坡边整平　arasement de talus
坡长　longueur de pente
坡长限制　limite de longueur de pente
坡长限制值
　　valeur limite de longueur de pente
坡道　rampe
坡道标　borne de rampe
坡道标志　signe de pente
坡道段　section de pente；section montante
坡道连接　raccordement de déclivité
坡道指示牌　panneau indicateur de rampe
坡道阻力　résistance en rampe
坡底　base de pente；base de talus
坡地　terrain en pente
坡点　point de pente
坡顶　arête de talus(pente)；sommet de pente
坡顶整平　arasement de talus
坡度　déclivité；descente de côte；clination sur
　　l'horizontale；pente；rampe
坡度变化
　　variation de déclivité(pente, rampe)
坡度变化分界线
　　seuil de changement de pente

坡度标
　　balise(jalon)de déclivité(pente, rampe)
坡度标桩　bornage de pente
坡度差　différence de pente
坡度校正　correction de pente
坡度控制　contrôle de pente
坡度设计　conception de pente
坡度统计表　tableau statistique de pentes
坡度限制　restriction de pente
坡度折减　compensation de déclivité
坡度指示牌　panneau de pente
坡度阻力　résistance de pente
坡高　hauteur de pente
坡脚　bas de pente；base(pied)de talus
坡脚底宽　base de pente
坡脚线　ligne de pied du talus
坡脚预加固
　　pré-renforcement du pied de pente
坡路　montée
坡面　face(plan)de pente(talus)
坡面加固　renforcement de pente
坡面铺砌　pavage de talus
坡面速度　vitesse de pente
坡面修整机　taluteur；taluteuse
坡桥　pont incliné
坡线　ligne de pente
坡腰排水沟　fossé de berme(risberme)
坡砟清筛机　cribleuse à ballast de talus
迫导向转向架　bogie de guidage forcé
破产　faillite
破产程序　procédure de faillite
破产风险　risque de faillite
破产风险控制　contrôle de risque de faillite
破产申报　déclaration de faillite
破产证书　acte de faillite
破产状态　état de faillite
破坏力　effort de rupture
破坏性试验　essai(test)destructif
破裂　fractionnement
破裂带　zone de fraction
破裂弯矩　moment fléchissant de rupture
破石锤　casse-pierre(s)
破碎　concassage；écrasement；
　　fraction；fractionnement
破碎比　degré de fragmentation
破碎材料　matière défoncée
破碎厂
　　station de gravillonnage；usine de broyage
破碎车间　hangar de concassage

破碎程度　degré de fractionnement
破碎处理　traitement de concassage
破碎大块岩石　fractionnement de gros bloc
破碎带　zone cassée
破碎点　point de fragilité
破碎度　fragmentation
破碎机　bocard; briseur; broyeur; débiteuse; déliteur; machine à concasser
破碎机辊子　rouleau de concasseur
破碎机配料器　distributeur de concasseur
破碎机组　groupe de concassage
破碎强度　résistance à la fragmentation
破碎区　zone de broyage
破碎设备　équipement(matériel) de broyage
破碎设备安置　installation de cassage
破碎—研磨机械　machine de concassage-broyage
破碎站　centrale de concassage
破碎指数　indice de concassage
破损极限　limite de rupture

pou

剖面　coupe; profil
剖面图　coupe; dessin de coupe de section; profil
剖面线　hachure; ligne de coupe

pu

铺草皮　engazonnement
铺道砟　ballastage
铺底板　pose de dalles
铺管　installation de tuyaux; pose de canalisations
铺管机　machine à poser les tubes
铺轨　pose de rails
铺轨长度　longueur de pose de rails
铺轨长度变化　variation de longueur de pose de rails
铺轨场地　emplacement de pose des rails
铺轨点　point de pose de rails
铺轨方法　méthode de pose de rails
铺轨方式　mode de pose de rails
铺轨分包商　sous-traitant de pose de rails
铺轨工　poseur de la voie; poseur de rails
铺轨工程　travaux de pose des rails
铺轨工作面　front de pose de rail
铺轨机　machine à poser les rails; machine à poser les voies
铺轨基地　base de posage des rails; base de pose de voies ferrées
铺轨技术　technique de pose de rails
铺轨阶段　étape(phasage) de pose de rails
铺轨进度　avancement de pose de rails
铺轨列车　train de posage des rails
铺轨门架　portique de pose des rails
铺轨设备　matériel de pose de voie ferrée
铺轨施工　exécution de pose des rails
铺轨顺序　ordre de pose de rails
铺轨完工　achèvement de pose de rails
铺架工程　travaux de posage
铺架工程验收　réception des travaux de posage
铺架工法　art de posage
铺架进度　avancement de pose
铺架设备　équipement(matériel) de pose
铺架说明　description de pose
铺架组　groupe(équipe) de pose
铺沥青　asphaltage
铺沥青碎石(层)　empierrement asphaltique
铺料汽车　camion répartiteur
铺路　pavage
铺路工人　dalleur
铺路沥青　bitume routier
铺路石　pavé; pierre à paver
铺路碎石　caillasse
铺路用地沥青　bitume asphaltique routier
铺面　pavement; pose de revêtement; recouvrement
铺面工程　travaux de revêtement
铺面设计　conception de revêtement
铺排合龙位置　position de jonction du posage
铺排龙门架　portique de posage
铺砌　pavage; pavement
铺砌边坡　talus revêtu
铺砌道口　passage pavé
铺砌路肩　épaulement pavé; pavement de l'épaulement
铺砌路面　pose de revêtements pavés
铺砌石板　dallage
铺砌式道口　croisement pavé; intersection pavée
铺砌速度　vitesse de pavage
铺桥面　platelage
铺桥面板　platelage de pont
铺洒设备　équipement de distribution
铺撒小石粒　granulats répandus
铺沙　pose du sable

铺沙层	couche de sable
铺砂机	répandeuse de sable
铺砂砾	gravelage
铺设	épandage;étalage;pose
铺设板钢	platelage de plaque métallique
铺设长度	longueur de pose
铺设电缆	mise de câble;mise en place de câbles;pose de câbles
铺设方法	méthode de pose
铺设方式	mode de pose
铺设腐殖土	remise de terre végétale
铺设复线	doublement de voie
铺设钢筋混凝土管涵	pose de buses en béton armé
铺设管道	pose de tubes(tuyaux,conduite,canalisation)
铺设管涵	pose de buses
铺设轨排	pose de châssis de voie
铺设轨枕	pose de traverses
铺设集水管	pose de collecteurs
铺设金属排水管	pose de drains métalliques
铺设进度	avancement de mise en place
铺设警示带	pose de ruban avertisseur
铺设排水管	pose de drains
铺设区段	section de posage
铺设石砌护坡	pose d'enrochements de protection
铺设土料	épandage de la terre
铺设信号电缆	pose de câbles de signalisation
铺设铸铁集水管	pose de collecteurs en fonte
铺设组	équipe de pose
铺石	enrochement lié
铺石路肩	accotement pavé
铺石子	empierrement
铺碎石	cailloutage
铺砟	répandage de ballast
铺砟车	voiture de ballastage
铺砟长度	longueur(métrage) de ballastage
铺砟程序	procédé de ballastage
铺砟高度	hauteur de ballastage
铺砟工程	travaux de ballastage
铺砟工程验收	réception de ballastage
铺砟厚度	épaisseur de ballastage
铺砟机	ballastière;machine à ballaster
铺砟阶段	étape(phasage) de pose de ballasts
铺砟施工	exécution de ballastage
铺砟完工	achèvement de ballastage
铺砟要求	critère de ballastage
铺砟作业	opération de ballastage
铺砟作业程序	programme d'opération de ballastage
铺枕长度	longueur de pose de traverses
铺枕方式	mode de pose de traverses
铺枕机	machine à poser les traverses
铺装机械	engin de pose des revêtements
铺装路面	revêtement de chaussée
葡氏密度	densité Proctor
葡氏密实度试验	essai(test) de compactage de Proctor
葡氏曲线	courbure(courbe) Proctor
葡氏试验	essai(test) de Proctor
葡氏修正密度	densité Proctor modifiée
普查	recensement général
普查钻探	forage de recherche
普蓝晒图纸	papier au ferroprussiate
普速列车	train à vitesse ordinaire
普通杆柱	poteau ordinaire
普通钢	acier courant(ordinaire)
普通钢筋	armature active(ordinaire)
普通钢筋混凝土	béton armé ordinaire
普通公路	route ordinaire
普通硅酸盐水泥	ciment Portland
普通涵洞	dalot ordinaire
普通灰浆	laitier ordinaire
普通混凝土	béton simple
普通集料	agrégat ordinaire
普通建筑	construction ordinaire
普通交叉	traversée ordinaire
普通交叉口	intersection régulière
普通雷管	détonateur ordinaire
普通路基	assiette(assise,plateforme) ordinaire
普通路签	bâton pilote ordinaire
普通螺母	écrou usuel(ordinaire)
普通旅客列车	train voyageurs ordinaire
普通模板	coffrage normal(ordinaire)
普通黏土	argile ordinaire
普通黏土砖	brique ordinaire en terre-cuite
普通砌面	parement ordinaire
普通砌体结构	construction en maçonnerie ordinaire
普通砂浆	mortier ordinaire

普通石灰砂浆　mortier de chaux ordinaire	普通污水下水管　égout commun
普通水平尺　niveau ordinaire	普通箱涵　dalot ordinaire
普通填方　remblai courant(ordinaire)	普通延发雷管　détonateur à long retard
普通土　sol courant(ordinaire)	普通液体沥青　bitume fluidifié courant
普通土填筑路基　assiette de sol ordinaire	普通炸药　explosif ordinaire
普通挖方　déblai(excavation)ordinaire； terrassement en terrain ordinaire	普通支票　chèque ouvert
普通污水干管　égout collecteur ordinaire	普通坐标　coordonnées ordinaires

Q

qi

期货交易　marché à terme
期间　durée
期限　date d'expiration;délai;durée;terme
期限缩短　réduction de délai
期限延长　prolongation de délai
漆膜　pellicule
其他车种技术要求　exigence technique pour les autres types de wagon
企口板　planche à rainure
企口板桩　palplanche à rainure et languette
企口对接　assemblage à languette
企口接缝　joint à mortaise
企业　entreprise
企业标识　logo d'entreprise
企业代表　délégué d'entreprise
企业法人　personne juridique de l'entreprise
企业固定资产　immobilisations d'entreprise
企业管理　gestion de l'entreprise
企业集团　groupe d'entreprises
企业类别　catégorie d'entreprise
企业联合会　association d'entreprises
企业路由器　routeur industriel
企业所得税　impôt sur le revenu de l'entreprise
企业章程　statuts de l'entreprise
企业资质　qualité professionnelle de l'entreprise
启动　démarrage;mise en marche
启动变阻器　rhéostat de démarrage
启动电路　circuit de démarrage
启动阶段　période de démarrage
启动能力　aptitude au démarrage
启动牵引力　effort de traction au démarrage
启动日期　date de démarrage
启动时间　temps de démarrage
启动速度　vitesse de démarrage(départ)
启动信号　signal de démarrage
启动装置　dispositif de démarrage
启动状态　état de démarrage
起拔器　arracheur
起爆速度　vitesse de détonation
起拨道器　appareil de relevage et de ripage
起道　levage(relevage,relèvement) de voie
起道标桩　piquet de relevage de voie
起道钉机　arrache-crampon;tire-crampon
起道机　bourreuse de traverses;machine de relevage de voie;releveuse de voie
起道机抬轨　levage de rail par le vérin de voie
起道量　amplitude de relevage de voie
起道器　cric de voie
起道顺序　ordre de relevage de voie
起道位置　lieu de levage de voie
起道作业　opération de levage de voie;relevage de voie
起道作业程序　programme d'opération de levage de voie
起道作业要求　critère de relevage de voie
起点　point d'origine;point de départ
起点标记　marque de départ
起点位置　position de point du départ
起吊机具　outil de levage
起钉器　tire-clou
起钉钳　arrache-clou
起动加速度　accélération de démarrage
起飞跑道　piste de décollage
起伏　fluctuation;ondulation
起伏地形　relief ondulé
起拱层　assiette de retombée
起拱点　point de naissance
起拱高度　hauteur de naissance de voûte

起拱石　retombée；sommier de voûte
起拱线　ligne de connaissance(naissance) de voûte
起拱翼缘　aile en flèche
起航港　port de départ
起泡剂　agent moussant
起始点　point initial
起始点位置　position initiale
起始日期　date de début
起诉　mise en accusation
起诉书　acte d'accusation
起枕　enlèvement des traverses
起枕机　bourreuse；bourreuse de traverses
起重船　grue flottante；ponton-grue
起重船架梁　pose à grue flottante de poutres du pont
起重打桩机　sonnette à grue
起重葫芦　palan de levage
起重机　grue
起重机索　câble de grue
起重机械　appareil de levage
起重机悬臂　volée
起重量　capacité de levage
起重能力　capacité de levage
起重设备　dispositif(engin, équipement, matériel, installations) de levage
起重索　câble de levage
起重小车　chariot porteur
起重旋转梁　surbout
起皱　plissement
气泵　pompe à gaz；pompe pneumatique
气波　ondes aériennes
气锤　marteau à vapeur；marteau pneumatique
气动道岔　aiguille aérodynamique
气动力性能测试　test de performance aérodynamique
气动连接　accouplement pneumatique
气动连接器　coupleur pneumatique
气动联轴器　accouplement pneumatique
气动作用　action aérodynamique
气阀　valve à air
气缸盖　couvercle de cylindre
气割　coupage autogène
气焊　soudage(soudure) à l'acétylène；soudage(soudure) autogène；soudure à l'acétylène；soudure oxyacétylénique
气候　climat
气候变化　changement climatique
气候变暖　réchauffement climatique
气候参数　paramètre climatique
气候带　zone climatique
气候情况　circonstance climatique
气候条件　condition atmosphérique(climatique)
气候因素　facteur climatique(météorologique)
气候影响　influence climatique
气化　aérification
气节门　valve d'échappement d'air
气流　afflux d'air；courant d'air；courant；flux d'air
气轮机　turbine à vapeur
气门　soupape；valve；valve pneumatique
气门密封性　étanchéité de valve
气密性　étanchéité à l'air
气密性试验　essai(test) d'étanchéité à l'air
气囊　poche pneumatique
气泡　air occlus；bouillon；bulle；bulle d'air
气泡混凝土　béton à pores；béton poreux
气泡水准仪　niveau à bulle(d'air)；niveau à bulle transversal；nivelle
气水连接软管　boyau d'accouplement de l'air et d'eau
气/水软管连接　accouplement de boyau d'air et d'eau
气/水软管连接器　coupleur de boyau air et eau；raccord de boyau flexible d'air/eau
气态　état gazeux
气体　gaz
气体比重计　aéromètre
气体分析　analyse de gaz
气体密度　densité gazeuse
气体燃料　combustible gazeux
气田　champ de gaz
气温下降　refroidissement de l'atmosphère
气温影响　influence de température
气象报告　rapport météorologique
气象参数　paramètre météorologique
气象工程师　ingénieur en météorologie
气象观测　observation météorologique
气象检测器　détecteur météorologique
气象简报　bulletin météorologique
气象情况　circonstance météorologique
气象数据　données climatiques(météorologiques)
气象塔　tour météorologique
气象探测　sondage météorologique
气象条件　condition météorologique

气象信息　informations météorologiques
气象学　météorologie
气象学特征　caractéristique météorologique
气象预报　pronostic météorologique
气象站　station météorologique
气象站记录
　　enregistrement de station météorologique
气象资料　document météorologique
气旋性雨　pluie cyclonique
气压　pression de l'air
气压泵　pompe à air comprimé
气压表　barographe;baromètre;manomètre barométrique;manomètre
气压车闸　frein aérodynamique
气压沉箱　caisson pneumatique
气压沉箱基础　fondation à air comprimé
气压阀　vanne pneumatique
气压法输送混凝土　transport pneumatique du béton
气压高程
　　altitude-pression;altitude barométrique
气压功率　puissance pneumatique
气压缓冲器　amortisseur pneumatique
气压计　manomètre à air
气压减速器　réducteur pneumatique
气压铆枪　riveteuse pneumatique
气压驱动　entraînement pneumatique
气压曲线图　abaque barométrique
气压上升　montée de pression de l'air
气压升高　élévation de pression de l'air
气压式车钩　crochet à air comprimé
气压式输送　transmission à pneumatique
气压水准测量　nivellement barométrique
气压弹簧　ressort pneumatique
气压扬水机　pulsomètre
气压制动　freinage pneumatique
气压制动闸　frein pneumatique
气压桩　pieu pneumatique
气硬性石灰　chaux aérienne
气硬性石灰砂浆　mortier de chaux grasse
气钻　forage à air
弃方　déblai mis en dépôt;déblai mis en dépôt définitif;déblai non réemployé
弃方地点　lieu de déblais
弃方造地　remblayage de terrain avec déblai
弃料场地　site de décharge
弃土　sol de déblai
弃土场　aire(zone)de dépôt
弃土场改造

transformation du terrain de dépôt
弃土堆　déblai de décharge
弃土堆边坡　talus de morts-terrains
弃土堆送机　chaîne d'évacuation
弃线　ligne(voie)abandonnée
弃线拆除　démolition de voie abandonnée
弃砟　déblai de ballast;déblai de ballasts abandonnés;rejet de ballast
弃砟出清　dégagement de déblais de ballast
弃砟处理　traitement de déblais abandonnés
弃砟堆　tas de déblais
弃砟堆放场　dépôt de déblais abandonnés
弃砟清理　purge de déblais abandonnés
弃砟位置　position de déblais abandonnés
弃砟再利用　réutilisation de déblais de ballast
汽车保险　assurance automobile
汽车保有量　parc d'automobiles
汽车灯光造成的目眩
　　éblouissement occasionné par l'éclairage de voiture
汽车地磅
　　bascule pour camion;pont bascule routier
汽车挂车
　　auto-remorque;remorque d'automobile
汽车后桥
　　pont arrière;train arrière d'automobile
汽车搅拌机　camion agitateur
汽车牌照　plaque d'immatriculation
汽车前桥
　　pont avant;train avant d'automobile
汽车撒布机　camion gravillonneur
汽车式起重机　auto-grue;automotrice-grue; camion-grue;grue automobile;grue sur camion
汽车式起重机悬轮板式承力架
　　empattement de camion-grue
汽车式起重机支脚
　　jambe de grue automobile
汽车运输　transport automobile
汽车站　arrêt;gare d'autobus;station routière
汽锤打桩机
　　mouton de sonnette de marteau à vapeur
汽笛　sirène;sirène pneumatique
汽阀　distributeur de vapeur
汽缸壁　paroi de cylindre
汽缸套　enveloppe de cylindre
汽缸座　embase de cylindre
汽轮机　turbine à vapeur
汽油　essence

汽油泵	pompe à essence
汽油罐	citerne à essence
汽油库	dépôt(entrepôt) d'essence
汽油箱	réservoir d'essence
契约签订方	cocontractant;service contractant
契约签订人	contractant
砌封	scellement
砌拱工程	maçonnerie de voûte
砌块	bloc de maçonnerie
砌块结构	construction en blocs
砌块铺面	revêtement aggloméré
砌面	parement;revêtement
砌面石	pierre de revêtement
砌石挡墙出水孔	barbacane de mur de revêtement en maçonnerie
砌石工程	enrochement libre;maçonnerie;maçonnerie en pierres;ouvrage(travaux) en maçonnerie
砌石勾缝	jointoiement des enrochements
砌石路基	assiette en maçonnerie(perré)
砌石路肩	accotement en maçonnerie
砌石排水沟	drain en maçonnerie
砌体构造	structure en maçonnerie
砌体结构	construction en maçonnerie
砌体墙	mur en maçonnerie;mur maçonné
砌砖	briquetage
砌砖水泥	ciment à maçonner
器材	matériel
器材供应	approvisionnement en matériel
器材库	entrepôt des matériels
器械说明书	description d'instrument

qian

千吨	kilotonne(kt)
千分尺	palmer
千伏	kilovolt
千伏安	kilovoltampère(kVA)
千伏安小时	kilovoltampèreheure(kVAh)
千赫	kilohertz(kHz)
千斤顶	cric;vérin
千瓦	kilowatt(kW)
千瓦小时	kilowatt-heure(kWh)
千位符	unité en mille
扦	broche
迁居	déménagement
迁移	déplacement
迁移工程	travaux de déplacement
迁移赔偿费	compensation de déplacement
迁移数量	quantité de déplacement

钎探	essai(test) au compressimètre;sondage à tiges;test à compression-mètre
牵车站	poste de tiroir de locomotive
牵出线	tiroir de refoulement;voie de tiroir
牵出线距离	distance de tiroir de refoulement
牵机换位	transposition(alternance) de locomotive de traction
牵机脱挂	décrochage de locomotive
牵机折返	retour de locomotive de traction
牵机折返地点	lieu de retour de locomotive de traction
牵机指配	assignation de locomotive de traction
牵机转换	transition de locomotive de traction
牵拉试验	essai(test) de traction
牵拉装置	dispositif de remorque
牵头	pilotage
牵头公司	entreprise pilote;société de file(pilote)
牵引	remorque;traction
牵引变电所	sous-station de traction
牵引变流器	convertisseur de traction
牵引变压器	transformateur de traction
牵引不匹配	discordance de traction
牵引部分	partie de traction
牵引车间	local de traction
牵引车辆	véhicule tracteur
牵引单元	unité de traction
牵引点	point de traction
牵引电动机	moteur électrique de traction
牵引电机	moteur de traction
牵引电机变阻器	rhéostat de moteur de traction
牵引电机电流表	ampèremètre de moteur de traction
牵引电机电刷	balai de moteur de traction
牵引电机功率	puissance de moteur de traction
牵引电机换流器	onduleur de moteur de traction
牵引电机驱动	entraînement de moteur de traction
牵引电机性能	performance de moteur de traction
牵引电力电缆	câble d'énergie de traction
牵引电力分区	zonation d'énergie de traction
牵引电力故障	panne d'énergie de traction
牵引电力回路	circuit de retour de traction
牵引电流	courant de traction

牵引电流电压　tension de courant de traction
牵引电路　circuit de traction
牵引电压标准　critère de tension de traction
牵引动力　force motrice de traction
牵引动力标准　critère dynamique de traction
牵引动力不足
　　insuffisance de puissance de traction
牵引动力参数
　　paramètre dynamique de traction
牵引动力传输
　　transmission d'énergie de traction
牵引动力分散
　　dispersion dynamique de traction
牵引动力故障　panne dynamique de traction
牵引动力设计
　　conception(étude) dynamique de traction
牵引动力线
　　fil d'alimentation en énergie électrique
牵引动力线安装　montage de fil
　　d'alimentation en énergie électrique
牵引动力线接触　contact de fil
　　d'alimentation en énergie électrique
牵引动力要求
　　exigence dynamique de traction
牵引动能　énergie de traction
牵引动能不足
　　insuffisance d'énergie de traction
牵引动能参数
　　paramètre d'énergie de traction
牵引动能远程控制中心
　　centre de commande à distance de
　　l'énergie de traction(CCDET)
牵引断裂荷载　charge de rupture à la traction
牵引吨量　tonnage de traction
牵引吨位计算　calcul de tonnage de traction
牵引方法　méthode de traction
牵引方式　mode(sorte) de traction
牵引方式比较
　　comparaison des modes de traction
牵引方向　direction de traction
牵引分区　zonation de traction
牵引杆　barre de traction
牵引功率　puissance de remorquage(traction)
牵引功率测试
　　essai(test) de puissance de traction
牵引供电　alimentation d'énergie de traction;
　　courant alimenté de traction
牵引供电方式　mode(sorte)
　　d'alimentation d'énergie de traction

牵引供电设施
　　installations d'énergie de traction
牵引供电系统
　　système d'alimentation de traction
牵引供电线　ligne d'alimentation de traction
牵引钩　coupleur(crochet) de
　　traction; manille d'attelage
牵引钩断裂　rupture de crochet de traction
牵引故障　panne de traction
牵引挂车　attelage de traction
牵引滚轮　galet tracteur
牵引荷载　charge de traction
牵引换流器　onduleur de traction
牵引回流电缆　câble de retour de traction
牵引回流线　fil de retour de traction
牵引回路　retour de traction
牵引回路闭合
　　fermeture de circuit de retour de traction
牵引回路导电线棒　barre de retour traction
牵引机车　locomotive remorqueuse
牵引机车运行区段　tronçon d'itinéraire à
　　circulation de locomotive de traction
牵引计算　calcul de traction
牵引交路
　　itinéraire d'acheminement de traction
牵引馈线　ligne d'alimentation de traction
牵引缆绳　câble d'extraction
牵引类型　type de traction
牵引力　force de traction
牵引力不足　défaillance de traction
牵引力不足现象
　　phénomène d'insuffisance de traction
牵引力矩　moment de traction
牵引力衰减　atténuation de force de traction
牵引梁　traverse d'attelage; traverse de tête
牵引梁高度　hauteur de traverse d'attelage
牵引梁甩头
　　flexion transversale de traverse d'attelage
牵引梁下垂
　　fléchissement de traverse d'attelage
牵引能力　capacité de traction
牵引配件　accessoires de traction
牵引配置　affectation de traction
牵引区段　section de traction
牵引缺陷　défaut de traction
牵引设备　appareil(engin, équipement,
　　installations) de traction
牵引设备损坏
　　destruction des équipements de traction

Q

牵引设计　conception de traction
牵引绳　câble tête
牵引式铲土车　tracto-pelle
牵引式路肩修整机
　　tracto-faucheuse d'accotement
牵引式平地机　niveleuse remorquée
牵引试验　épreuve(essai,test)de traction
牵引试验阶段　étape d'essai de traction
牵引速度　vitesse de traction
牵引所　poste de traction
牵引索　câble de halage(traction);
　　câble tracteur
牵引调试　réglage de traction
牵引网电压
　　tension d'alimentation de réseau de traction
牵引系数　coefficient de traction
牵引系统　système de traction
牵引系统测试
　　essais(test)de système de traction
牵引系统动力性能参数　paramètre de
　　performance dynamique du systè
　　me de traction
牵引系统用电负荷
　　charge électrique de système de traction
牵引形式　forme de traction
牵引性能　performance de traction
牵引性能测试
　　essai de performance de traction
牵引裕量　surplus de traction
牵引指标　indice de traction
牵引质量　masse de traction
牵引种类　catégorie de traction
牵引重量　poids de traction
牵引轴　essieu de traction
牵引转换　transition de traction
牵引装置　dispositif(organe)de traction
牵引总重量　charge brute remorquée
牵引组合　combinaison de traction
牵引作业　manœuvre de traction
牵引作用　fonction de traction
牵枕装置　dispositif de traction et de traverse
　　danseuse;dispositif de traction et de
　　traverse pivotante
牵制作用　action de traction
铅封　cachet en plomb
铅管　tube(tuyau)en plomb
铅皮　feuille de plomb
铅蓄电池　accumulateur au plomb
签订　passation

签收回单　avis de réception
签署　souscription
签证　visa
签字　signature
签字地点　lieu de signature
签字确认　certification de signature
签字人　signataire
签字人签字样本　spécimen de signataire
签字日期　date de signature
前臂　avant-bras
前从板　plaque avant de l'attelage
前点标桩　piquetage par point en avant
前端　avant
前方交会　intersection en avant
前方进路　amont d'itinéraire
前方线路所　poste de block aval
前方站　station en avant
前方站停车　arrêt à la station en avant
前拱　arc de front
前后摆动　oscillation de tangage
前后摆动运动
　　mouvement d'oscillation de tangage
前后置车头高速动车组列车　train automoteur
　　à motrices aux extrémités de la rame
前进(行驶)阻力　résistance à l'avancement
前拉后推操作　manœuvre de traction en avant
　　et de poussée en arrière
前拉后推式运行　circulation de traction en
　　avant et de poussée en arrière
前轮胎　pneu avant
前桥　essieu avant
前倾　inclinaison en avant
前行　marche en avant
前照灯　lampe frontale
前轴　essieu avant
前轴驱动装置　traction avant
前转向架　bogie avant
钳　pince
钳工车间　atelier d'ajustage
钳工锉　lime moyenne
浅海沉积　dépôt néritique
浅基础　fondation en surface;fondation peu
　　profonde;fondation superficielle
浅基础工程
　　travaux de fondation superficielle
浅埋扩展基础板　semelle superficielle
浅埋隧道　tunnel couvert mince
浅水层　nappe supérieure
浅水湖　lac à faible profondeur

浅挖 déblai peu profond
潜产量 production potentielle
潜伏期 période dormante
潜力 potentiel
潜水泵 électropompe immergée; pompe de fond; pompe immergée(submersible)
潜水面 nappe d'eau; nappe phréatique
潜水作业箱 hydrostat
潜挖 havage
潜应力 contrainte latente
潜在风险 risque potentiel
潜在风险控制 contrôle de risque potentiel
潜在交通量 trafic potentiel; volume de trafic potentiel
潜在交通流量 flux de trafic potentiel
潜在力 force latente
潜在隆起区 zone de soulèvement éventuel
潜在旅客量 potentiel des voyageurs
潜在通行能力 capacité potentielle
潜在需求 demande potentielle
潜在影响 impact potentiel; influence potentielle
欠超高 insuffisance de dévers
欠挖 insuffisance d'abattage
欠载电压断路器 disjoncteur à manque de tension
欠轴列车 train en charge incomplète
嵌缝材料 matériau de calfeutrement
嵌入 encastrement
嵌入拱脚 appui à encastrement; appui encastré
嵌入构件 pièce encastrée
嵌入式 type encastré

qiang

腔区 alvéole
强电 courant fort
强电流 courant intense
强电设备 équipement de courant fort
强度 intensité; résistance
强度比 ratio de résistance
强度不够 défaut(insuffisance) de résistance
强度参数 paramètre de résistance
强度测定 détermination de résistance
强度处理 traitement de résistance
强度等级 classe de résistance; niveau de densité
强度分布 distribution de l'intensité
强度分析 analyse de résistance
强度峰值 valeur de pointe de résistance
强度极限 limite de résistance
强度计算 calcul de résistance
强度降低 abaissement de résistance
强度可靠性 fiabilité de résistance
强度控制 contrôle de résistance
强度曲线 courbe d'intensité
强度设计 conception de résistance
强度试验 épreuve(essai, test) de résistance
(混凝土龄期)强度数据 résultat de résistance pour une valeur de maturation
强度下降 affaissement de résistance
强度要求 exigence de résistance
强度与重量比 ratio de résistance/poids
强度增加 accroissement de résistance
强度指数 indice de résistance
强度柱状图 histogramme de densité
强风化 altération intense
强夯 compactage dynamique; damage fort
强化通风 aérage intensif
强加条款 clause abusive
强降雨频率 fréquence de l'intensité de pluie
强迫停车 arrêt forcé de train
强迫停止 arrêt forcé
强迫通风 aération par aspiration
强迫循环 circulation forcée
强迫振动 vibration forcée
强振 vibration forte(intense)
强制搅拌机 malaxeur à mélange forcé
强制控制 contrôle impératif
强制拍卖 adjudication forcée
强制通风 ventilation forcée
强制性措施 mesures coercitives
强制性检查 vérification contrainte
强制性条款 dispositions impératives
强制要求 énoncé des exigences
墙壁粉刷 badigeonnage de parois de mur
墙墩桥台 culée avec les murs; culée avec les murs en retour; culée en retour
墙垛 contrefort
墙拱 arc de mur
墙基 base de mur
墙基台阶(大方脚) gradin d'empattement
墙角 angle de mur
墙面 parement de mur
墙面出水孔 barbacane
墙压顶 couronnement de mur
抢修 réparation de secours

抢修部门　service de dépannage
抢修设备　matériel de réparation de secours

qiao

锹　bêche; pelle
乔木类品种　espèce arborescente
桥墩　palée(pile) de pont; pile
桥墩板状基础　semelle de culée
桥墩冰挡　brise-glace de pile
桥墩超高　surhaussement de pile
桥墩尺寸　taille de pile
桥墩顶台　table de pile
桥墩定位　localisation de pile
桥墩防冲堆石　enrochement de pile de pont
桥墩分布　distribution de piles
桥墩分水　bec
桥墩分水角　éperon de pont
桥墩钢板围堰　batardeau en palplanches métalliques pour piles
桥墩高度　hauteur de pile
桥墩拱形分水墙　arc de radier
桥墩构造　structure de pile
桥墩护坡毁坏　destruction de perré
桥墩毁坏　destruction de pile
桥墩基础　fondation de piles
桥墩基础开挖　excavation de fondation de pile
桥墩加固　renforcement de pile
桥墩间距　intervalle(portée) de piles
桥墩局部冲刷　érosion locale de pile
桥墩跨度　portée de pile
桥墩类型　type de pile
桥墩前端　avant-garde
桥墩缺陷　défaut de pile
桥墩深基础施工　réalisation de fondation profonde de piles
桥墩施工　exécution de pile
桥墩石　pierre de culée
桥墩体　corps de pile
桥墩尾端　arrière de pile; arrière-bec
桥墩位置　emplacement(position) de piles
桥墩一般构造　structure générale de pile
桥墩中心线　axe de pile
桥分类　classification de ponts
桥拱　arc(arche) de pont; arche
桥拱拱度　cambrure de l'arche de pont
桥拱跨度　portée de l'arche d'un pont
桥基　boutée; fondation de pont
桥基沉降观测　observation de tassement de fondation du pont
桥基稳定性评定　évaluation de stabilité de fondation du pont
桥接式触点　contact à pont
桥接装置　dispositif de pontage
桥孔　débouché; débouché(ouverture) de pont
桥孔布置　disposition de débouché du pont; disposition de travée du pont
桥跨尺寸设计　étude de dimension de travée
桥跨度　ouverture de pont
桥跨结构　structure de travée
桥跨梁　poutre de travée
桥跨模板　coffrage de travée
桥宽　largeur de pont
桥栏杆　parapet de pont
桥缆　câble de pont
桥梁　poutre(poutrelle) de pont
桥梁安全　sécurité de pont
桥梁安装允许误差　tolérance de pose du pont
桥梁摆振　oscillation de pont
桥梁编号　numéro(numérotage) de ponts
桥梁变形　déformation de pont
桥梁标　borne de pont
桥梁布置　disposition(arrangement, distribution) de pont
桥梁长度　longueur de pont
桥梁尺寸　dimension de pont
桥梁重建　reconstruction de pont
桥梁存放场　champ de stockage de poudres
桥梁倒塌　effondrement(écroulement) de pont
桥梁定位　implantation des ouvrages d'art; positionnement de pont
桥梁动力性能测试　test de performance dynamique du pont
桥梁断裂　rupture de poutre
桥梁堆放场　aire de mise des poutres
桥梁堆放场入口　accès de l'aire de mise des poutres
桥梁墩座　base de pile
桥梁翻新　renouvellement de pont
桥梁翻新工程　travaux de renouvellement de pont
桥梁分布　répartition de ponts
桥梁刚度　raideur(rigidité) de pont
桥梁高度　hauteur de pont
桥梁高度校正　correction de hauteur de pont
桥梁工程　ingénierie de pont; ouvrage (travaux) de franchissement
桥梁工程师　ingénieur de pont

桥梁工程一览表　tableau des ouvrages de franchissement
桥梁工程专家　spécialiste en ouvrages d'art
桥梁工地　chantier de pont
桥梁拱架　cintre de pont
桥梁拱圈　couvercle
桥梁构件　élément(membre) de pont
桥梁规范　norme de pont
桥梁辊轴支座　support de pont sur anneau à rouleau
桥梁荷载　charge de pont
桥梁荷载检查　vérification de charge de pont
桥梁桁架　charpente en treillis du pont; treillis de pont
桥梁横断面设计　conception de profil en travers de pont
桥梁横向布置　disposition transversale de pont
桥梁横向刚度　rigidité transversale du pont
桥梁护栏　garde-corps de pont
桥梁毁坏　destruction de pont
桥梁活载　charge dynamique de pont
桥梁计算规范　règles pour les ponts
桥梁技术　technique de pont
桥梁技术特征　caractéristique technique du pont
桥梁加固　renforcement de pont
桥梁加固施工　exécution de renforcement de pont
桥梁架设　installation(pose) de pont
桥梁监测系统　système de détection de pont
桥梁检测　auscultation de pont
桥梁检查　inspection de pont
桥梁检查类别　catégorie d'inspection de pont
桥梁检查周期　cycle d'inspection du pont
桥梁建造　construction de pont
桥梁建筑高度　hauteur de construction de pont
桥梁脚手架　échafaudage de pont
桥梁结构　structure de pont
桥梁结构类型　structure type de pont
桥梁结构设计　conception(étude) de structure de pont
桥梁结构试验　essai(test) structural du pont
桥梁净空　gabarit de pont; tirant d'air de pont
桥梁静载试验　essai(test) de charge statique de pont
桥梁跨度　portée(travée) de pont
桥梁跨越　franchissement de pont

桥梁拉索固定点　point d'attache des câbles tendeurs
桥梁落水洞　avaloir de pont
桥梁脉动测量　mesure de pulsation du pont
桥梁美学　esthétique de pont
桥梁模型　maquette(modèle) de pont
桥梁耐久性　durabilité de pont
桥梁挠度　flèche de pont
桥梁拼装　montage de travées; assemblage du pont
桥梁缺陷　défaut(vice) de pont
桥梁上部安装　installation de superstructure de pont
桥梁上部构造　structure de superstructure du pont; superstructure de pont
桥梁设备　équipement de pont
桥梁设备规范　norme des équipements des ouvrages d'art
桥梁设计　conception(étude) de pont
桥梁实验室　laboratoire de ponts
桥梁寿命　longévité de pont
桥梁枢轴支承　support de tourillon du pont
桥梁特点　caractéristique de pont
桥梁外形　configuration de pont
桥梁维护　maintenance de pont
桥梁维护时间　temps de maintenance du pont
桥梁维修　réparation de pont
桥梁位移　déplacement de pont
桥梁位置　position de pont
桥梁稳固性　stabilité de pont
桥梁稳固性试验　test de stabilité de pont
桥梁无砟道床　lit sans ballast de pont
桥梁细部设计　conception(étude) de détail de pont
桥梁下部构造　structure de substructure du pont; structure inférieure du pont
桥梁下部结构　infrastructure de pont
桥梁下沉　affaissement de pont
桥梁弦杆　membrure de pont
桥梁限载　charge limite du pont
桥梁项目　projet du pont
桥梁橡胶支座　appareil d'appui en caoutchouc
桥梁修复方案　proposition de réparation du pont
桥梁验收　réception de pont
桥梁养护　entretien de pont
桥梁养护工程　travaux d'entretien du pont
桥梁养护设备　matériel d'entretien de pont

桥梁用地　emprise des ouvrages d'art
桥梁预制厂
　　usine de préfabrication des poutres du pont
桥梁运至现场
　　amenée à pied d'œuvre de poutres
桥梁振幅　marge de vibration du pont
桥梁支撑　support de pont
桥梁支撑装置　dispositif d'appui de pont
桥梁支座
　　appui de pont;dispositif d'appui de pont
桥梁支座安装　montage d'appui de pont
桥梁质量　qualité de pont
桥梁周围回填
　　remblai contigu aux ouvrages d'art
桥梁轴线交叉坐标　coordonnées de
　　l'intersection de l'axe du pont
桥梁桩基　pilotis des ouvrages d'art
桥梁自重　poids mort de pont
桥梁组成　composition de pont
桥门架　cadre rigide de pont;portique de pont
桥门柱　portail de pont;pylône de pont
桥面　tablier;tablier de pont
桥面安装　montage de tablier du pont
桥面板
　　dalle de tablier;plancher de pont;tablier
桥面板尺寸　dimension de tablier
桥面板端头　extrémité de tablier
桥面板防水层　revêtement étanche de tablier
桥面板刚度　raideur(rigidité)de tablier
桥面板高度　hauteur de tablier
桥面板拱背　extrados de tablier
桥面板厚度　épaisseur de tablier
桥面板毁坏　destruction de tablier
桥面板加固　renforcement de tablier
桥面板宽度　largeur de tablier du pont
桥面板裂缝　fissure de tablier
桥面板设计　étude de tablier
桥面板维护　entretien de tablier
桥面部分　partie de tablier
桥面沉降　affaissement de tablier
桥面处理　traitement de tablier
桥面道路铺面　recouvrement de tablier
桥面防护栏立杆
　　montant de garde-corps du pont
桥面防水面罩　chape d'étanchéité de pont
桥面钢结构　charpente métallique de tablier
桥面钢结构检查
　　contrôle de charpente métallique de tablier
桥面护栏　rambarde;support de garde-corps;
　　support de garde-fou;support de rambarde
桥面接缝　joint de tablier
桥面结构　structure de tablier
桥面净宽　largeur nette de tablier
桥面类型　type de tablier
桥面面积　surface de tablier
桥面排水　drain de tablier;drainage sur le
　　tablier;évacuation d'eau de tablier
桥面排水口　corniche de l'ouvrage d'art;
　　gargouille de tablier
桥面铺装　pavement du pont;pose
　　(revêtement, installation)de tablier
桥面缺陷　défaut de tablier
桥面人行道　trottoir sur le pont
桥面伸缩缝　joint de dilatation de tablier
桥面施工　construction de tablier
桥面维护　maintenance de tablier
桥面系　carcasse de tablier
桥面系横梁　entretoise de tablier
桥面应力　contrainte de tablier
桥面预应力检测
　　contrôle de précontrainte de tablier
桥面照明　éclairage de pont
桥式磁吊　pont à électro-porteur
桥式吊车　pont-grue;chariot de pont-roulant
桥式断路器　disjoncteur à pont
桥式起重机　pont roulant
桥式脱模吊机　pont démouleur
桥式装卸机　pont de manutention
桥隧安全　sécurité des ouvrages d'art
桥隧工程　ouvrage d'art(OA)
桥隧工程负责人　chargé des ouvrages d'art
桥隧工程验收　réception des ouvrages d'art;
　　réception des travaux des ouvrages d'art
桥隧建筑设计
　　architecture des ouvrages d'art
桥隧施工　réalisation de l'ouvrage d'art
桥隧施工设计
　　étude d'exécution des ouvrages d'art
桥隧数量　quantité des ouvrages d'art
桥隧统计表
　　tableau statistique des ouvrages d'art
桥隧位置标桩
　　piquetage de position des ouvrages d'art
桥隧养护　entretien des ouvrages d'art
桥隧养护作业
　　opération d'entretien des ouvrages d'art

桥隧专业　spécialité des ouvrages d'art
桥索　câble de pont
桥塔　portail(pylône,tour)de pont
桥塔对称　symétrie de pylône de pont
桥台　aboutement;boutée;butée;
　　culée;pile d'extrémité
桥台板状基础　semelle de piles
桥台背墙　parados de culée
桥台沉降　tassement de culée
桥台处理　traitement de culée
桥台挡砟墙　mur de soutènement de culée
桥台顶帽　couronnement de culée
桥台定位　positionnement de culée
桥台墩帽　chevêtre de culée
桥台墩墙　piédroit de pont
桥台高度　hauteur de culée
桥台构造　structure de culée
桥台后部回填　remblai derrière les culées
桥台护板　aile
桥台基础回填
　　remblai pour l'assise de culées
桥台基础开挖
　　excavation de fondation de culée
桥台基底填方　remblai d'assise de culée
桥台加固　renforcement de culée
桥台接缝　joint de culée
桥台跨度　travée d'aboutement(culée)
桥台类型　type de culée
桥台深基础施工
　　réalisation de fondation profonde de culées
桥台施工　construction(exécution)de culée
桥台石　pierre d'aboutement(culée)
桥台台帽　chapeau d'aboutement(culée)
桥台台身　corps d'aboutement
桥台位置　emplacement de culée;position
　　d'aboutement(culée)
桥台下沉　affaissement(subsidence)de culée
桥台压力　pression de culée
桥台压力区　zone de pression de culée
桥台一般构造　structure générale de culée
桥台翼墙　mur en aile d'aboutement(culée)
桥台座铰　articulation de culée(aboutement)
桥体　corps de pont
桥通行(载重)能力　capacité de pont
桥头　extrémité(tête)de pont
桥头堡　pont de tête
桥头备砟　ballastage de l'approche de pont
桥头护坡
　　aile de pont;perré de protection de pont
桥头门架　portique terminal du pont
桥头引道　approche de pont
桥头引线　alignement d'approche;
　　ligne d'approche du pont
桥头引线坡度　pente d'approche
桥位　emplacement(position)de pont
桥位勘测　mesure de site du pont
桥位中线(桥轴线)　axe de pont
桥型　type de pont
桥型图　dessin de pont
桥用沉箱　caisson de pont
桥枕　traverse de pont
桥支铰　articulation d'appui
桥址　site de pont
桥址标桩　piquetage de l'adresse du pont
桥址测量　topographie de site du pont
桥址平面图　plan de site de pont
桥址位置　lieu de pont
桥址选择　sélection de site du pont
桥轴线桩间距离
　　distance entre axes de pont et de pieu
桥桩　pieu du pont
桥纵梁　longeron de pont
桥纵轴线　axe longitudinal du pont
桥座　aboutement;socle de pont
桥座下沉　subsidence de socle du pont
翘曲　gondolement
撬棍　anspect;arrache-clou;barre d'anspect

qie

切点　point de tangence;point tangent
切段　tronçonnage
切断　coupure
切断电路　interruption de circuit
切断钢筋　coupage(coupure)des armatures
切断交通　coupure de trafic
切缝　découpage de joints
切割　coupage;découpure
切割钢轨　coupage de rail
切割钢筋　coupe des aciers
切割钢缆　coupe de câble
切割横向接缝　sciage de joint transversal
切割混凝土　sciage de béton
切割机　coupeur;découpeuse
　　machine à couper;scieuse
切割精度　précision de coupure
切割速度　vitesse de coupe
切割线　ligne de coupe
切管机　coupe-tubes

切轨　coupe(coupure, sciage) de rail
切轨机　scieuse à rails
切开　découpage
切口　cran
切口环　rondelle tailladée
切块图　plan parcellaire
切力　effort(force) de cisaillement
切片砂轮　meule à tronçonner
切石机　dérocteuse
切头处标高　cote de recépage
切线　tangente
切线长度　longueur de tangente
切线形道岔　aiguille tangente
切线支距法　méthode excentrée de tangente
切线坐标
　　coordonnées(ordonnées) tangentielles
切向变形　déformation tangentielle
切向承座　appui tangentiel
切向荷载　charge tangentielle
切向活动支座　appui mobile tangentiel
切向力　force tangentielle
切向受力　effort tangentiel
切向应力　contrainte tangentielle
切削能力　capacité de coupe

qin

侵蚀　affouillement; agressivité;
　　corrosion; érosion
侵蚀谷　vallée d'érosion
侵蚀基准面　niveau de base d'érosion
侵蚀剂　agent agressif
侵蚀阶地　terrasse d'érosion
侵蚀平原　plaine d'érosion
侵蚀强度　intensité d'érosion
侵蚀作用　action d'affouillement(érosion)
侵占　intrusion
侵占铁路范围场地
　　intrusion du domaine ferroviaire
亲笔信　lettre autographe
亲水集料　agrégat hydrophile
亲水结合料　liant hydrophile
亲水试验　essai(test) d'hydrophilicité
亲水性　nature hydrophile
亲液污泥　boue hydrophile

qing

青苗赔偿费　indemnité à la culture;
　　compensation de moisson
青泥　argile(boue, terre, vase) bleue

轻便构架桥　pont à charpente portable
轻便轨道车　wagonnet
轻便脚手架　échafaudage léger
轻便桥　pont démontable
轻便铁路　chemin de fer léger
轻便铁路机车　locomotive sur rails légers
轻便狭轨铁路　decauville
轻便帐篷　tente-abri
轻工业　industrie légère
轻骨料　agrégat léger
轻骨料混凝土　béton d'agrégats légers
轻轨车辆　wagon à rail léger
轻轨机车　locomotive de rails légers
轻轨交通　trafic à rail léger
轻轨列车
　　train à rail léger; train léger sur rails
轻轨运输　transport à rail léger
轻合金　alliage léger
轻合金脚手架　échafaudage en alliage léger
轻合金模板　coffrage en alliage léger
轻货物　marchandise légère
轻集料　granulats légers
轻集料混凝土　béton à granulats légers
轻交通量　circulation légère; trafic léger
轻交通量道路　route à circulation légère
轻金属　métal léger
轻黏土　argile légère; sol argileux léger
轻石　vermiculite
轻微损坏　avarie légère
轻型车辆　véhicule léger
轻型打桩机　sonnette légère
轻型墩台　butée légère
轻型盾构　bouclier léger
轻型覆盖　couverture légère
轻型钢筋混凝土　béton armé léger
轻型轨　rail léger
轻型轨道车　draisine
轻型机车　locomotive légère; locotracteur
轻型机车牵引　traction de locomotive légère
轻型结构　construction(structure) légère
轻型卡车　camion léger
轻型桥台
　　aboutement type léger; culée légère
轻型维护设备
　　équipement léger de maintenance
轻型压路机　compacteur léger
轻型液压捣固机
　　bourreuse légère hydraulique
轻型预制　préfabrication légère

轻型预制模板　coffrage de préfabrication légère
轻型凿岩机　marteau(perforateur) léger
轻型钻机　foreuse légère
轻油　huile légère
轻质隔墙　cloison légère
氢　hydrogène
氢原子焊　soudure à l'hydrogène atomique
倾侧车体　caisse inclinable
倾倒填土　remblai déversé; remblai par culbutage
倾翻　basculement; déversement
倾翻动力源　source dynamique du déversement
倾翻风险　risque de déversement
倾翻主管压力　pression de conduit d'air principal pour le déversement
倾翻装置　dispositif de basculement
倾覆　renversement
倾覆力　effort de renversement
倾覆力矩　moment de renversement
倾角测井记录　enregistrement de pendage
倾盆大雨　averse(pluie) intense(torrentielle)
倾斜　déclivité; inclinaison; inclination; pendage; réclinaison
倾斜测量法　pendagemétrie
倾斜层　couche inclinée
倾斜地面　terrain incliné
倾斜度　degré d'inclinaison; inclinaison; inclination; obliquité
倾斜方向　direction de pendage
倾斜角　angle d'inclinaison
倾斜路缘石　bordure inclinée
倾斜式接触网线　ligne de caténaire inclinée
倾斜仪　inclinomètre
倾斜值　valeur d'inclinaison
倾斜钻探　sondage incliné
倾卸半径　rayon de déversement
倾卸车　wagon culbuteur
倾卸车辆　véhicule basculeur
倾卸筒　tambour basculant
清表测量　levé de décapage
清表工程　travaux de décapage
清表后验收　réception après le décapage
清表厚度　épaisseur de décapage
清表阶段　période de décapage
清表进度　avancement de décapage
清表面积　superficie décapée
清表区域　zone de décapage

清表施工　exécution de décapage
清表施工现场　site d'exécution de décapage
清表速度　vitesse de décapage
清表土　sol décapé
清表土堆放　dépôt de produits de décapage
清表土方量　volume de terre végétale
清表土料　matériau de décapage
清表准备　préparation de décapage
清仓　liquidation de stock
清偿债务　remboursement de dette
清除　effacement; enlèvement
清除标记　effacement de marque
清除标志线　décrottage de marquage
清除表面　décrottage
清除丛枝灌木　débroussaillement
清除废土　marinage
清除腐殖土　décapage de terre végétale
清除灌木　débroussaillage; enlèvement des arbustes
清除荆棘　enlèvement des broussailles
清除垃圾　enlèvement des ordures
清除石渣　délestage
清除树根　essouchage; essouchement
清除危石　enlèvement de roche dangereuse
清除油漆　effacement de peinture
清除植被　enlèvement des herbes
清单　bordereau; liste; relevé
清道砟　dégarnissage
清点　récolement
清沟　curage de fossé
清沟机　machine à curer les fossés
清关　dédouanement
清关文件　document de dédouanement
清洁　propreté
清孔　nettoyage de trou
清理　déblaiement; déblayage; décapage; dégagement; nettoyage; purge; ramassage
清理不稳定岩石　purge de blocs instables
清理场地　ramassage du terrain
清理大块岩石　évacuation de blocs rocheux
清理道床基底　déblaiement de l'assiette du lit de ballast
清理道砟　enlèvement de ballast
清理方式　mode d'évacuation
清理工程　travaux de nettoyage
清理工地上堆放材料　enlèvement des matériaux déposés sur le chantier
清理基坑　déblaiement de fouille

清理孔　regard de nettoyage
清理劣质土　purge de terre de mauvaise tenue
清理路基表面　
　　dégagement de surface de plateforme
清理面积　surface nettoyée
清理事故现场　
　　dégagement(enlèvement)de site d'accident
清理隧道渣土　
　　purge de terre excavée de tunnel
清理小灌木　ramassage des arbustes
清路机车　locomotive pilote
清漆　vernis;vernis transparent
清扫口　ouverture de balayage
清扫洒水车　balayeuse-arroseuse
清扫设备　équipement(matériel)de balayage
清扫站台　balayage(nettoyage)de quai
清砂车间　atelier de dessablage
清筛板结　criblage de ballast solidifié
清筛道砟　criblage(tamisage)de ballast
清筛道砟施工　
　　exécution de tamisage de ballast
清筛机　cribleuse
清筛耙　râteau dégrilleur
清筛作业　opération de criblage
清水池　bassin de clarification finale
清算方法　modalité de liquidation
清算人地址　adresse de liquidateur
清算状态　état de liquidation
清土机械　engin de marinage
清污沟设备　équipement de curage d'égout
清洗车辆　nettoyage de wagon
清洗车体　nettoyage de carrosserie
清洗车厢　nettoyage de compartiments
清洗动车组车厢　nettoyage de compartiments de rame automotrice
清洗井底　balayage du fond de puits
清洗设备　installations de lavage
清洗站　station de lavage
清洗桩头　nettoyage de tête de pieu
清岩　enlèvement des déblais(débris);
　　pelletage de rochers brisés
清淤　curage;déblai de purge;purge
清淤换料　substitution de purge
清淤换填　
　　remblai de substitution de purge de déblai
清运石块　évacuation de rochers
清渣　dégagement(évacuation,purge) de déblais
清砟　évacuation(purge)des déblais(ballast)

清砟机　dégarnisseuse
清障料堆放　dépôt de produits dégagés
情况报告　exposé de situation
情况汇总　état récapitulatif
请求出段进路　
　　demande d'itinéraire de sortie du dépôt
请求干预　demande d'intervention
请求工作　demande de travail
请求救援　demande de secours
请求跳站通行　
　　demande de dépassement de gare
请求支付　demande de paiement

qiong
穹窿坝　barrage à dôme

qiu
丘陵　colline
丘陵地带　contrée vallonnée;région(zone)de collines;terrain mamelonné
丘陵地形　paysage(relief)de collines
求救呼叫　appel de détresse
求救信号　signal de détresse
求援　secours
求助装置　dispositif de demande de secours
球阀　soupape(vanne)sphérique;valve à boulet
球拱　voûte en coupole;voûte sphérique
球链摆动支座　appui mobile oscillant à rotule
球面镜　miroir sphérique
球面水准仪　niveau sphérique
球面坐标　coordonnées(ordonnées)sphériques
球墨铸铁　fonte à graphite sphéroïdal
球形　forme sphérique
球形灯杆　candélabre avec boule sphérique
球形钢支座　support sphérique en acier
球形罩道路照明灯　
　　réverbère à luminaire sphérique
球形支座　appui sphérique
球状结构　structure sphérique

qu
区段　aire;section;tronçon
区段闭塞　block de section
区段封锁　blocage de section
区段行车量　trafic de la section
区段划分　division de la section
区段列车　train local
区段列车车流　flux de trains de section

区段锁闭　calage(verrouillage, enclenchement)de section
区段锁闭方式　mode d'enclenchement de la section
区段通信　communication de section
区段占用显示　indication d'occupation de section
区段站　gare de section
区段站调度　régulation de la gare de section
区段正在施工警示　avertissement de section en cours de réalisation
区间闭塞　block de canton
区间闭塞方式　mode de cantonnement
区间闭塞信号　signal de cantonnement
区间车站设置　disposition de gares entre les sections
区间渡线　bretelle de canton
区间短程列车　train de trafic à courte distance
区间封锁　blocage(fermeture)de canton (section)
区间股道占用　occupation de voie de section
区间关闭　fermeture de section
区间交通　trafic inter-zone
区间接入点　point d'accès de la section
区间空闲　canton évacué;libération de canton
区间名牌　plaque de nom de section
区间内调车作业　mouvement de manœuvre des trains dans la section
区间轻便机车　automotrice pour trafic à courte distance
区间锁闭　enclenchement(verrouillage) de canton(section)
区间通过　passage de section
区间通过能力　capacité de canton(section); capacité de passage au canton
区间信号　signal de canton
区间占用　canton occupé;occupation de canton(section)
区间折返　retour à la section
区间阻塞　congestion de canton(section)
区域　champ;zone
区域规划　planification régionale
区域集中控制站　poste de commande centralisé régionale(PCCR)
区域快线　transport express régional(TER)
区域特点　caractère régional
区域网　intranet;réseau régional
区域性沉降　tassement régional
区域性洪水　crue régionale
驱动　entraînement
驱动电动机　moteur d'entraînement
驱动电动机功率　puissance de moteur d'entraînement
驱动方式　mode d'entraînement
驱动力　force motrice
驱动力衰减　atténuation de force motrice
驱动轮　roue motrice
驱动轮打滑　patinage de roue motrice
驱动轮空转　patinage de roue motrice
驱动设备涂油　graissage des équipements d'entraînement
驱动装置　organe d'entraînement
趋势　tendance
渠道　canal
渠堤　digue de canal
渠肩　berme
曲柄　levier coudé;manivelle
曲柄连杆　bielle-manivelle
曲柄轴　arbre coudé
曲导轨　rail de raccord courbé
曲度　courbure;degré de courbure
曲股定位　positionnement de voie en courbe
曲管　tuyau coudé
曲轨　rail courbe
曲轨移动　déplacement de rail courbe
曲梁式转向架　bogie à poutre courbe
曲率　courbure
曲率半径　rayon de courbure;rayon de l'arrondi
曲率变化　changement de courbure; variation de taux de courbure
曲率改正　correction de sphéricité
曲率公称半径　rayon normal de courbure
曲率校正　correction de courbure
曲率误差　erreur de courbure
曲率系数　coefficient de courbe
曲率指数　indice de courbure
曲率轴　axe de courbure
曲面　surface courbée;surface de courbure
曲线　courbe;ligne de courbure;ligne en courbe
曲线板　règle courbe
曲线半径　rayon de courbe(courbure)
曲线标　borne de courbe;poteau de courbe(courbure)

Q

曲线测量　mesure de courbure
曲线长度　développement(longueur) de courbe(courbure)
曲线超高　dévers de courbe;dévers de rail en courbe;relèvement de courbe;surhaussement de courbure
曲线尺　curvimètre
曲线处理　traitement de courbe
曲线道岔　aiguillage en courbe;aiguille de ligne en courbe;branchement en courbe
曲线读数器测量　levé sur lecteur de courbes
曲线段　section de voie courbe;tronçon de courbe;voie en courbe
曲线段布置　disposition de section en courbe
曲线段入口　accès de voie en courbe
曲线段速度　vitesse en voie de courbe
曲线规　gabarit de courbe
曲线轨道　voie en courbe
曲线轨道调整　dressage de voie en courbe
曲线横坐标　abscisse curviligne
曲线记录仪　enregistreur graphique
曲线尖轨　aiguille courbe;rail pointu de courbe
曲线尖轨长度　longueur d'aiguille courbe
曲线角　angle curviligne
曲线连接　raccordement de courbure
曲线路段加宽　surlargeur de ligne en courbe
曲线内股道　rail intérieur de voie en courbe
曲线坡　pente de ligne courbe
曲线剖面　profil à courbure
曲线起点　origine de courbe;point de départ de courbe
曲线桥　pont en courbe
曲线切线　tangente de courbure
曲线区段　section de courbure
曲线设计　conception(étude) de voie en courbe
曲线速度　vitesse de courbure
曲线特征　caractéristique de courbe
曲线统计表　tableau statistique de courbes
曲线图　atlas des courbes;diagramme de courbes;diagramme;figure curviligne;tableau d'abaques;tracé de la courbe
曲线外股道　rail extérieur de voie en courbe
曲线外轨超高　surélévation(surhaussement,dévers) de rail extérieur en courbe
曲线线路　tracé de graphe
曲线小半径啃轨　gravure de rail au petit rayon de voie en courbe

曲线养护　entretien de voie en courbe
曲线运动　mouvement curviligne
曲线辙岔　aiguille de ligne en courbe
曲线转辙器　aiguillage en courbe
曲线阻力　résistance de courbure
曲线最大值　sommet de courbe
曲线坐标　coordonnées curvilignes;ordonnée de courbure
曲折道路　route en lacet
曲折线路　ligne en zigzag
曲轴　axe(arbre,essieu) coudé
取料机　appareil de reprise
取舍　option
取试样　prélèvement de l'éprouvette
取水　prise d'eau
取水点　point de prise d'eau
取水点入口　accès au point d'eau
取水工程　ouvrage de prise d'eau
取水井　puits de prise d'eau
取水站　gare de prise d'eau
取送调车作业　manœuvre de triage de locomotive
取土场　gîte(site,zone) d'emprunt
取土场地复原　remise en état des emprunts
取土场地复原计划　plan de remise en état de site d'emprunt
取土地点　lieu d'emprunts;lieu de prise de terre
取土和弃土场地图　plan du terrain d'emprunt et de rejet du terrassement
取土坑　carrière de terre;fouille d'emprunt
取土器　appareil de prise d'échantillon;échantillonneur de terre;sonde échantillonneuse
取土(样)筒　cuillère pour prélèvement des échantillons
取土许可　autorisation de prise de terre
取土钻　foret à terre;tarière à clapet
取消　annulation;résiliation;résiliement;suppression
取消安排　annulation d'arrangement
取消闭塞　suppression de blocage
取消操作　suppression de l'opération
取消操作程序　annulation de programme d'opération
取消车辆维护计划　suppression de plan d'entretien du matériel roulant
取消大修计划　annulation de programme de révision

取消登记申请
　　annulation de demande d'enregistrement
取消订货
　　commande annulée; annulation de commande
取消公开招标　annulation de l'appel d'offres avec publicité préalable
取消合同　annulation de contrat
取消合同授予
　　annulation de l'attribution du marché
取消计划　annulation de projet
取消技术方案
　　annulation de projet technique
取消建造合同
　　annulation de contrat de construction
取消交通管制
　　suppression de restriction de trafic
取消进路
　　annulation(suppression) de l'itinéraire
取消进路申请
　　annulation de demande d'itinéraire
取消决定　annulation de décision
取消列车运行方案
　　suppression de plan de circulation des trains
取消临时授标通知　avis d'annulation de l'attribution provisoire de marché
取消区间封锁
　　suppression de blocage de section
取消实施计划
　　suppression de plan d'application
取消特殊要求
　　annulation d'exigence spéciale
取消停车指令
　　suppression de l'instruction d'arrêt du train
取消投标　annulation de soumission
取消投标资格可能性　possibilité d'annulation de l'éligibilité de cantidature
取消投资项目　suppression de programme d'investissement
取消维修计划　annulation(suppression) de programme de maintenance
取消现场参观　annulation de visite sur site
取消限额　déplafonnement
取消限制　suppression de restriction
取消限制条件
　　annulation des conditions limitées
取消线路闭塞　suppression de block de voie
取消线路方案　annulation de projet du tracé
取消线路维护计划
　　suppression de plan d'entretien de voie

取消有限招标
　　annulation de l'appel d'offres restreint
取消运输合同
　　annulation de contrat de transport
取消运输计划
　　suppression de plan du transport
取消招标　annulation de l'appel d'offres
取消指令　suppression de l'instruction
取消装卸计划　suppression de plan de chargement et de déchargement
取消资格　annulation de candidature
取消作业计划
　　suppression de plan opérationnel
取心机　carotteuse
取心钻　sonde à carotte
取心钻机　foreuse à témoin
取岩心钻机　sondeuse pour carottage
取岩心钻探　sondage à carottage
取样　échantillonnage; éprouvette d'échantillon; prélèvement de l'échantillon
取样地点　lieu de prise des échantillons
取样点　point de prise
取样方法
　　procédé de prélèvement d'échantillon
取样管　tube de prélèvement
取样检查　vérification par prélèvement
取样器　appareil de prélèvement; canette; échantillonneur
取样设备
　　équipement(matériel) d'échantillonnage
取样试件盒　boîte des éprouvettes
取样油漆样品　prélèvement de peinture
取样站　station d'échantillonnage
取样装置　installations d'échantillonnage
去沫剂　additif anti-mousse
去乳化作用　action désémulsionnante

quan

圈　anneau; cercle
圈梁　ceinture de liaison; chaînage général; poutre de chaînage; poutre de chaînage général
权力不平等　inégalité de droits
权力机关　autorité
权力限制　restriction de droit
权力移交
　　passation(transmission) de pouvoirs
权属调查　enquête de possession

权限　compétence
权宜之计　moyens provisoires
权重　pondération
权重百分比　pourcentage pondéral
全补偿接触网
　　caténaire à tendeur automatique
全补偿链形悬挂
　　suspension caténaire à tendeur automatique
全部　intégralité
全部拆除　démontage complet
全称地址　adresse complète
全断面　section complète(entière)
全断面道砟清筛机
　　cribleuse à ballast de pleine section
全断面掘进　percement à pleine section;
　　percement par section entière
全断面掘进盾构机
　　bouclier à pleine section
全断面掘进机
　　excavateur à section entière
全断面开挖　creusement(excavation)à(en)
　　pleine section; creusement (excavation) à
　　section entière; section d'abattage complet
全断面开挖法　méthode d'excavation à
　　section entière(complète)
全断面隧道掘进机
　　tunnelier de pleine section
全风化　altération complète
全封闭　fermeture totale
全钢整体结构车辆
　　voiture à structure monocoque en acier
全贯入　pénétration complète
全过程监督　contrôle continu
全过程控制　contrôle continu
全横向式通风　ventilation transversale
全呼　appel généal
全回转式挖土机　excavateur tournant
全景草图　croquis panoramique
全开位止挡　butée à pleine ouverture
全面调查　investigation complète
全面检查　contrôle intégral
全面评估　appréciation complète
全面起道捣固作业
　　relevage de bourrage de la voie
全民所有制　propriété du peuple entier
全球定位技术
　　technique de positionnement par GPS
全球定位系统　Global Positioning System
　　(GPS);système GPS

全球定位系统定位　positionnement de GPS
全球定位系统水准测量
　　nivellement par GPS
全球铁路移动通信　communication mobile de
　　chemin de fer mondial
全球通信系统
　　système de communication global
全球移动铁路通信系统　Global System for
　　Mobile communications Railways(GSM-R)
全球移动通信系统　Global System for
　　Mobile communications(GSM)
全日工作　travail à plein temps
全视图　vue générale
全套设备　installations complètes
全套文件　document complet
全天候公路　route tous temps
全挖式断面
　　section d'excavation complète
全液压凿岩
　　perforation tout hydraulique
全液压凿岩机
　　perforatrice tout hydraulique
全优选法　optimisation complète
全站仪　appareil totalisateur;station totale;
　　tachéomètre;totalisateur
全周转距离　distance de roulement total
全周转时间　temps de roulement total
全轴距　distance totale entre essieux
全自动收费系统
　　système de péage automatique
泉华　tuf calcaire
泉水　eau de fontaine(source)
泉水流出量　débit de source

que

缺乏维修　insuffisance de réparation
缺乏证据　absence de preuves formelles
缺角　angle ébréché
缺勤　absence(indisponibilité)de travail
缺少　absence;manque
缺少动力　insuffisance de dynamique
缺少人员　insuffisance de personnel
缺少设备
　　insuffisance de l'équipement
缺少时间　insuffisance de temps
缺少图纸　insuffisance de plans
缺少行动　insuffisance d'action
缺少休息　insuffisance de repos
缺少压力　insuffisance de pression

缺少资金　insuffisance de fonds
缺少资料
　　absence(manque)de documents
缺少资源
　　absence(manque)de ressources
缺水
　　manque(insuffisance)d'eau
缺陷　défaut;vice;déficience;imperfection;
　　malfaçon
缺陷处理　traitement de défaut(vice)
缺陷工程　travaux défectueux
缺陷区域　zone défectueuse
缺陷责任　responsabilité pour vices
缺陷责任期
　　période responsable de défaut
缺油　manque d'essence
确定　détermination
确定变坡点　détermination de point de
　　changement de déclivité
确定参数　définition des paramètres
确定参照执行标准
　　définition des normes de référence
确定车钩高度
　　détermination de hauteur d'attelage
确定车辆尺寸　dimensionnement de wagon
确定车辆类型
　　détermination de type de wagon
确定车体尺寸
　　dimensionnement de caisse
确定尺寸方法
　　procédé de dimensionnement
确定尺寸公式
　　formule de dimensionnement
确定道岔类型
　　détermination de type d'aiguille
确定道床高度　détermination de hauteur
　　de la plateforme de voie
确定动力参数
　　détermination de paramètre dynamique
确定断裂点　détermination de point de rupture
确定方式　définition de mode
确定分界点
　　détermination de points de démarcation
确定钢轨长度
　　détermination de longueur de rail
确定高度　détermination de hauteur
确定关键点　détermination de point clef
确定轨道技术参数　détermination de paramè
　　tre technique de la voie

确定轨道连接点
　　détermination de points de jonction de la voie
确定轨距尺寸
　　dimensionnement de l'écartement de voie
确定荷载参数
　　détermination de paramètre de charge
确定厚度　détermination de l'épaisseur
确定混凝土配合比
　　détermination de composition de béton
确定计算参数
　　détermination de paramètre de calcul
确定接轨点　détermination de points de
　　raccordement des rails
确定结构高度
　　détermination de hauteur de structure
确定路基等级　détermination de classe de
　　la plateforme de voie
确定排水沟尺寸　calibrage de fossé
确定牵引方式
　　détermination de mode de traction
确定桥梁尺寸
　　détermination de dimension de poutre
确定事故原因
　　détermination de cause d'accident
确定速度　détermination de vitesse
确定抬道高度
　　détermination de hauteur de relevage de voie
确定线路控制点　détermination de points de
　　contrôle de la ligne
确定线路限界尺寸
　　dimensionnement de gabarit de voie
确定线路走向　définition(détermination,
　　fixation)de tracé;positionnement de tracé
　　de voie
确定需换枕数量　détermination de quantité de
　　traverses à changer
确定已完工程数量　détermination de
　　quantité des travaux exécutés
确定站点　détermination de points de gares
确定值　valeur déterminée
确定质量　détermination de qualité
确认　confirmation;constatation;vérification
确认撤除铁鞋
　　vérification d'enlèvement de sabot
确认出段时间
　　vérification du temps de sortie de dépôt
确认出路　vérification d'itinéraire de sortie
确认道岔位置
　　vérification de position de l'aiguille

确认订货　commande confirmée
确认方式　mode de confirmation
确认进路
　　itinéraire confirmé；vérification d'itinéraire
确认连挂
　　vérification de l'attelage
确认行走经路
　　vérification d'itinéraire de parcours
确认支票　chèque certifié(visé)

qun

裙板　jupe
群桥交叉
　　intersection à multiples ponts
群柱　piliers en groupe
群桩　groupe de pieux；pieux de pilotis；pieux en groupe；pieux rassemblés
群桩作用　effet de groupe de pieux

R

ran

燃点　point d'inflammation(flamme)
燃点温度　température de point
　　d'inflammation(flamme)
燃料　carburant;combustible
燃料不足　insuffisance de combustible;
　　manque de carburant
燃料储备　réserve de carburant
燃料储罐　réservoir de carburant
燃料存放　stockage de carburant
燃料堆场　parc à combustible
燃料供给　alimentation en combustible
燃料和空气混合气　air carburé
燃料计量表　jaugeur de combustible
燃料库　cuve d'hydrocarbure;
　　dépôt(entrepôt)de carburant
燃料库场地布置
　　répartition de dépôt de carburant
燃料消耗
　　consommation de carburant(combustible)
燃料油　huile combustible
燃煤供应　approvisionnement de charbon
燃煤锅炉　chaudière à charbon
燃气管道　canalisation de gaz
燃气管道警示网
　　grillage avertisseur de gazoduc
燃气管网　réseau de gazoduc
燃气管网改道　déviation de réseau de gaz
燃气管网恢复工程
　　travaux de rétablissement du réseau de gaz
燃气机车　locomotive à moteur à gaz
燃气机车牵引
　　traction de locomotive à moteur à gaz
燃气轮机　turbine à gaz
燃气轮机机车　locomotive à turbine à gaz
燃烧导火线　amorce mise à feu
燃烧强度　intensité de combustion
燃烧速度　vitesse de combustion
燃油储存区　zone de stockage de carburant
燃油费　frais de combustible
燃油分配　distribution de combustible
燃油供应　approvisionnement de carburant
燃油罐　citerne de carburant
燃油锅炉　chaudière à mazout
燃油系统　système de combustible
燃油压力表　manomètre de carburant
燃轴　boîte d'essieu surchauffée
燃轴感应器
　　senseur de boîte d'essieu surchauffée
燃轴故障
　　panne de boîte d'essieu surchauffée
燃轴可能性
　　possibilité d'essieu surchauffée
燃轴数量　nombre de boîtes
　　d'essieux surchauffées

rao

扰动试样　échantillon remanié
扰动作用　action perturbatrice
绕道　passage en dérivation;déviation
绕道行驶　détournement de circulation
绕行　déviation;sous-circulation
绕行标志　signe de déviation
绕行道路
　　détournement;route de déviation
绕行区　zone de déviation
绕行线　ligne(voie)de contournement;
　　ligne(voie)déviée
绕行线路　itinéraire d'évitement

re

热拌　mélange à chaud
热拌法　procédé de mélange à chaud

热拌沥青混凝土　béton bitumineux à chaud
热拌沥青碎石
　　grave bitume mélangée à chaud
热拌料沥青混合料　enrobé à chaud
热拌密级配沥青混合料
　　enrobé dense à chaud
热变形　déformation à chaud；
　　déformation thermique
热波　ondes de chaleur
热处理　traitement à chaleur
　　(chaud)；traitement thermique
热处理车间　atelier de traitement thermique
热带　zone torride(tropicale)
热带草原气候　climat de prairie tropicale
热带地区　région tropicale
热带高地沼泽　marais haut tropical
热带气候　climat tropical
热导阻抗　impédance de conduite thermique
热岛　îlot thermique
热电厂　centrale thermique
热电混合牵引机车　locomotive bi-mode
热动力牵引方式　mode de traction thermique
热镀锌涂层
　　revêtement de galvanisation à chaud
热反应　réaction thermique
热分析　analyse thermique
热割　coupage à chaud
热固性树脂　résine thermodurcissable
热红外扫描　balayage infrarouge thermique
热滑　marche à chaud
热加工　façonnage(traitement) à chaud
热浇柏油　goudron à chaud
热浸镀锌　galvanisation à chaud
热绝缘　isolation de chaleur
热开裂　fissure due à la chaleur
热力　force thermique
热力车间　local thermique
热力方式　mode thermique
热力式凿岩机　perforatrice thermique
热力网　réseau de chauffage；réseau thermique
热力站　station de chauffage
热力钻进　forage thermique
热力作用　action(effet) thermique
热沥青　bitume à chaud
热沥青灌注　injection de bitume chaud
热沥青黏结料　liant bitumineux chaud
热量　chaleur；quantité de chaleur
热量测定试验　essai(test) calorimétrique
热量传感器　capteur de chaleur
热量单位　unité calorifique(thermique)
热量分析　analyse thermopondérale
热量消耗　déperdition de chaleur
热裂缝　fente de chauffage；fissure de chaleur
热流　flux de chaleur
热铆　rivetage à chaud
热能　énergie thermique
热膨胀　expansion à chaud；
　　expansion calorifique
热疲劳　fatigue calorique(thermique)
热铺地沥青混合料　asphalte posé à chaud
热铺焦油沥青混凝土
　　béton goudronneux à chaud
热铺沥青　asphalte à chaud
热铺沥青路　route bitumée à chaud
热铺施工法　procédé de construction à chaud
热铺石油沥青　bitume coulé à chaud
热切　coupage à chaud
热筛分　criblage à chaud
热闪点　point d'éclair
热闪点温度　température de point d'éclair
热收缩　contraction thermique
热收缩能力
　　aptitude à la contraction thermique
热水　eau chaude
热水器　chauffe-eau
热塑产品　produit thermoplastique
热塑性材料　matériau thermoplastique
热塑性树脂　résine thermoplastique
热塑性涂料　enduit thermoplastique à chaud
热损耗　perte calorifique
热探测　sondage thermique
热涂料　enduit(enrobage) à chaud
热网故障　panne de réseau thermique
热网抢修
　　réparation de secours du réseau thermique
热网事故　accident de réseau thermique
热网事故可能性
　　possibilité de l'accident du réseau thermique
热网维修　maintenance de réseau thermique
热稳定性　stabilité thermique
热效率　efficacité(rendement) thermique；
　　efficacité(rendement) calorifique
热效应　effet calorifique；effet de
　　chaleur；effet thermique
热效应分析　analyse de l'effet thermique
热应力　effort thermique
热轧　cylindrage(laminage) à chaud；
　　laminé à chaud

热轧车间　atelier de laminage à chaud
热轧钢　acier laminé à chaud
热轧钢棒　barre d'acier laminée à chaud
热轧型材　profilé laminé à chaud
热值　intensité(pouvoir, valeur) calorifique
热轴　boîte chaude
热轴感应器　capteur de boîte chaude
热轴故障　panne de boîte chaude
热轴识别　identification de boîte chaude
热轴探测　détection de boîte chaude
热轴箱探测器
　　détecteur de boîtes chaudes(DBC)
热作用　action(effet) de chaleur

ren

人工搬运　manutention manuelle
人工拌和(料)　mélange à main
人工闭塞　blocage manuel
人工边坡　talus artificiel
人工编组站　gare de triage manuelle
人工标记　marque artificille
人工操作
　　manipulation(manœuvre, opération) manuelle
人工草皮　gazon artificiel
人工铲装　pelletage manuel
人工充填　remblai à main
人工单价　prix de la main-d'œuvre
　　par unité/prix unitaire
人工捣实
　　consolidation manuelle/compactage manuel
人工费　dépense(frais) de la main-d'œuvre
人工干燥　séchage artificiel(manuel)
人工工时　heure de la main-d'œuvre
人工夯实　damage manuel;pilonnage à la
　　main;pilonnage manuel
人工集料　agrégat artificiel
人工驾驶　conduite manuelle
人工驾驶模式　mode de conduite manuelle
人工降低地下水位　abaissement artificiel de
　　la nappe d'eau souterraine
人工降雨　pluie artificielle
人工解锁　déblocage manuel;déblocage
　　manuel par l'opérateur
人工景观　paysage artificiel
人工开挖　déblai excavé manuellement
人工控制(检查)　contrôle manuel
人工冷却　refroidissement artificiel
人工铺轨　pose manuelle de rails
人工切割　coupage manuel

人工砂　sable artificiel
人工施工　exécution manuelle
人工收费系统　système de péage manuel
人工收费站　poste de péage avec personnel
人工填土　remblayage à la main
人工通风　aérage artificiel;aération artificielle
人工土方作业　terrassement à la main
人工卸货　déchargement manuel
人工选择　sélection artificielle
人工养护　entretien manuel
人工筑岛　île artificielle
人工筑岛法　méthode d'île artificielle
人工装料　chargement à la main
人工装卸　chargement/déchargement manuel
人机工程设计　conception(étude)
　　d'ingénierie d'homme-machine
人机接口　interface homme/machine(IHM)
人机接口设备　appareil d'interface
　　homme/machine(AIHM)
人机效率　rendement de homme-machine
人均生产率　productivité par tête
人孔　trou d'homme
人孔盖板　couvercle de trou d'homme
人口参数　paramètre de population
人口稠密居民区　agglomération trop peuplée
人口稠密区　région(zone) à population dense
人口稠密区铁路路界　emprise de voie dans
　　les grandes agglomérations
人口分布　distribution de population
人口密度　densité de population
人口普查　recensement de la population
人口统计　statistique démographique
人口增长　accroissement de population
人口状况　contexte démographique
人力　moyens humains
人力与物力　moyens humains et matériels
人力制动装置　dispositif de freinage manuel
人力资源　ressources humaines
人一日　homme-jour
人上下的竖井　cheminée d'accès
人身安全　sûreté individuelle
人身或物质损失
　　dommage corporel et matériel
人身伤害事故　accident du personnel
人身伤亡事故　accident corporal mortel
人身事故　accident corporal
人事处　service du personnel
人寿保险　assurance-vie
人为设置的壁垒　barrière non physique

人文景观　paysage humain
人行便道　voie pour piétons
人行道
　　chemin piétonnier;trottoir;trottoir
　　pour piétons
人行道板　dalle de trottoir
人行道垫板　radier de passage de piétons
人行道护栏　barrière pour piétons
人行道路缘石　bordure de trottoir
人行道铺面　revêtement de trottoir
人行道铺装　pavement de trottoir
人行道铺装层　couche pavée de trottoir
人行地下通道
　　passage souterrain pour piétons
人行横道线
　　ligne de passage des piétons;passage clouté
人行桥　passerelle(pont) pour piétons
人行天桥　passerelle piétonne
人员　effectif;personnel
人员安全　sécurité du personnel
人员保护　protection du personnel
人员保险　assurance pour le personnel
人员变化　remaniement du personnel
人员出差　déplacement du personnel
人员调配　mouvement du personnel
人员调遣费　frais d'affectation du personnel
人员费　coût du personnel
人员分配　distribution de personnel
人员工资　rémunération du personnel
人员简历格式　format de CV du personnel
人员轮班　rotation du personnel
人员名单　liste du personnel
人员培训　formation du personnel
人员配备
　　répartition(affectation) du personnel
人员配置表
　　organigramme nominatif du personnel
人员社会保险
　　assurance corporelle et sécurité sociale
人员数量　nombre du personnel
人员调整　ajustement de personnel
人员效率　rendement du personnel
人员掩蔽所　abri de personnel
人员招聘　embauche du personnel
人员状况　état du personnel
人员资格　qualification du personnel
人造地沥青　asphalte artificiel
人造(合成)橡胶　caoutchouc artificiel
人造集料　agrégat manufacturé

人造沥青　bitume artificiel
人造磨料　abrasif artificiel
人造纤维　fibre artificielle
人字坡　pente en chevron
人字起重机　derrick
人字梯　échelle double;triquet
人字形铺砌路面　pavage en arête de poisson
认识过程　processus de connaissance
认证　certification;légalisation
认证技术能力　compétence technique certifiée
任务　tâche
任务单　liste de tâches;liste des opérations
任务范围　définition des tâches
任务分配　répartition de tâche
任务名称　désignation de tâche
任务说明　définition des tâches
任意值　valeur quelconque
韧度　ténacité
韧性铸铁圆形管
　　tuyau circulaire en fonte ductile

ri

日班　équipe de jour
日班计划　plan d'équipe quotidien
日报表　attachement journalier
日报告　rapport journalier
日变化　variation journalière
日产量　capacité de production par jour;
　　production journalière(quotidienne);
　　rendement journalier
日常保养　entretien journalier
日常检查　visite courante
日常开支　dépense courante
日常清理　nettoyage courant
日常水位　niveau naturel
日常统计　statistique courante
日常维护　entretien constant(courant);
　　maintenance courante;maintenance
　　de niveau 1
日常维修　réparation courante(permanente);
　　réparation d'entretien
日常养护　maintenance de routine
日车公里　kilomètre-locomotive journalier
日程安排　ordre du jour
日罚款金额　montant de pénalité journalière
日工　journalier;ouvrier à la journée
日工资　prix de la journée;salaire à la journée
日间交通　trafic de jour
日间列车　train de jour

日检查　contrôle journalier（quotidien）；inspection journalière
日降雨量　quantité de pluie par jour
日交通量　trafic journalier（quotidien）；volume de trafic journalier
日交通密度　densité de trafic journalier
日历　calendrier
日流量　débit journalier
日旅客人数　nombre de passager par jour
日旅行速度　vitesse de voyage journalier
日内瓦公约　Convention de Genève
日平均温度　température moyenne journalière
日平均值　moyenne journalière
日推进速度　avance journalière
日温度　température journalière
日效率　rendement journalier
日志　journal

rong

容尘量　capacité de retention de poussière
容积　capacité
容积比　rapport volumétrique
容积标尺　jauge de volume
容积率　taux de volume
容积裕度　marge de volume
容抗　résistance de capacité
容量　capacité；volume
容器容量　volume de récipient
容许承载力　portance admissible
容许负载　charge admissible
容许环境　environnement acceptable
容许间隙　jeu admissible
容许宽度　largeur admissible
容许限度　limite admissible
溶剂　agent dissolvant；dissolvant；solvant
溶剂沥青　asphalte fluxé
溶解物质　matière dissoute
溶解性　dissolubilité
溶解作用　action de dissolution
溶媒　dissolvant
溶岩路基　assise de voie karstique
溶液　produit en solution；solution
熔点　point de fusion
熔点温度　température de point de fusion
熔断器　coupe-circuit
熔钢流　coulée d'acier
熔化试验　essai（test）de fusion
熔化速度　vitesse de fusion
熔化温度　température de fusion

熔剂　agent fondant
熔岩　lave
熔岩层　couche de lave
熔岩床　nappe de lave
熔岩覆盖层　manteau de lave
熔岩流　coulée de lave
熔渣道砟　ballast de mâchefer
熔渣混凝土　béton de cendres frittées
熔渣沥青混凝土　béton bitumineux de mâchefer
熔渣路面　pavement en scorie
融冰材料　produit pour faire fondre la glace
融雪　fonte de neige
融雪材料　produit pour faire fondre la neige
融资方式　modalité de financement
融资条件　condition de financement
融资用途　destination de financement

rou

柔韧材料　matière ductile（extensible）
柔韧性　flexibilité
柔性安全护栏　glissières de sécurité souple
柔性荷载　charge flexible
柔性基础　fondation flexible（souple）
柔性基础板　radier souple
柔性接头　joint flexible
柔性结构　structure flexible
柔性路面　revêtement de type souple；revêtement flexible
柔性路面计算　calcul de revêtement flexible
柔性面层　couche de surface souple；surface flexible
柔性支承　appui mol
柔性转向架　bogie flexible
揉搓作用　action de pétrissage
揉合压实　compactage au pétrissage

ru

蠕变　fluage
蠕变变形　déformation de fluage
蠕变参数　paramètre de fluage
蠕变带　zone de fluage
蠕变点　point de fluage
蠕变荷载　charge de fluage
蠕变强度　résistance de fluage
蠕变曲线　courbe（courbure）de fluage
蠕变试验　épreuve（essai，test）de fluage
蠕变速度　vitesse de fluage
蠕变特性　propriété de fluage

R

蠕变现象　phénomène de fluage
蠕变性能　caractéristique de fluage
蠕变压力　pression de fluage
蠕变应力　contrainte(effort)de fluage
蠕动能力　aptitude au fluage
蠕滑　glissement de fluage
乳化玻璃　verre opale
乳化剂　agent émulsif(émulsionnant)
乳化焦油沥青　goudron à froid
乳化搅拌器　agitateur à émulsionner
乳化沥青　asphalte(bitume)émulsifiant；
　asphalte(bitume)émulsif
乳化沥青混凝土　béton de latex
乳化能力　capacité émulsive
乳化黏度　viscosité émulsive
乳化漆　peinture-émulsion
乳化试验　essai(test)d'émulsion
乳化性　émulsibilité
乳化液处理　traitement à l'émulsion
乳化增塑剂　plastifiant-émulsif
乳化作用　action(effet)émulsifiante
乳液中沥青含量
　teneur en liant d'émulsion
乳状液　émulsion
入地导线　conducteur de terre enterré
入地馈线　feeder enterré
入境签证　visa d'entrée
入口　accès；entrée；orifice d'entrée
入口算子盖板　grille d'entrée
入口便道　piste d'accès
入口标志　signe d'entrée
入口处　point d'accès；entrée
入口道路　chemin d'accès
入口高度　hauteur d'accès
入口和出口连接线
　bretelle d'entrée et de sortie
入口坡　rampe d'accès
入口区域　zone d'accès
入口通道　voie d'accès
入口引道　accès de voie
入库　remisage
入库待修　préparation d'attente au dépôt
入库段修　réparation à la remise du dépôt
入库股道　voie de remisage
入库机车
　locomotive au dépôt；locomotive de remise
入库维修　réparation au remisage
入库线　voie d'entrée à la remise(rotonde)；
　voie d'entrée au dépôt
入库咽喉
　gorge(goulot)d'entrée à hangar du dépôt
入侵报警　alarme d'intrusion
入土深度
　profondeur d'enfoncement au sol
入网接口　accès au réseau
入网信道　canal d'accès au réseau
入网许可　licence d'accès au réseau

ruan

软地基钻探　forage en terrain meuble
软地沥青　goudron d'asphalte
软钢　acier doux
软管
　flexible；tube(tuyau，conduite)flexible
　(souple)
软管连接尺寸
　dimension de boyau d'accouplement flexible
软管连接器
　accouplement flexible；raccord de boyau
　flexible；accouplement de boyau
软管软化　ramollissement de boyau flexible
软横跨　portique souple
软横跨度　portée de portique souple
软化　ramollissement
软化处理　traitement d'adoucissement
软化点
　point d'affaissement；point de ramollissement
软化点测定　test de ramollissement
软化点温度
　température de point de ramollissement
软化剂　agent d'adoucissement；
　agent ramollissant
软化水　adoucissement de l'eau
软化温度　température d'amollissement
软化系数　coefficient de ramollissement
软件　logiciel
软件模块　module de logiciel
软沥青　asphalte(bitume)mou；pissasphalte
软连接　liaison d'accouplement
软路基　assiette tendre
软木　bois tendre；liège
软泥　boue fluente(molle)；limon；vase molle
软泥含量　teneur de limon
软泥灰岩　marne tendre
软泥清理　purge de boue molle
软黏土　argile molle
软绳　corde souple
软湿泥土　sol limoneux

软石灰岩　calcaire tendre
软梯　échelle de corde
软铁　fer doux
软土　sol mou(tendre)
软土边坡　talus en terrain meuble
软土场地格栅加筋
　　géogrille de terrain meuble
软土处理　traitement du sol tendre
软土地基　fondation en sol mou
软土地面　terrain meuble(mou)
软土基础　fondation en sol mou
软土基础处理
　　traitement de fondation en sol mou
软土基础厚度
　　épaisseur de fondation en sol mou
软土路基　assiette(assise)en sol mou;assiette
　　(assise)en terrain meuble
软土挖方　déblai de terre meuble
软卧车　wagon-lits doux
软岩层　banc tendre
软岩开挖
　　excavation(creusement)de rocher demi-dur
软质石灰岩　roche calcaire tendre
软质岩石　roche moellon;roche molle
软轴　arbre flexible

软轴振捣棒　vibrateur à aiguilles
软座车　voiture à sièges doux(rembourrés);
　　wagon à banquettes rembourrées;wagon à
　　siège doux

rui

锐拱　arc aigu
锐角　angle aigu(vif)

run

润滑　lubrification
润滑剂　agent lubrifiant
润滑泥浆　boue bentonique
润滑添加剂　additif d'onctuosité
润滑油
　　huile de graissage;huile lubrifiante;lubrifiant

ruo

弱电　courant faible
弱电设备　équipement de courant faible
弱电系统　réseau de bas-voltage
弱风化　altération faible
弱压实　compactage faible
弱振　vibration faible

S

sa

洒水　arrosage
洒水车　arroseuse automobile；
　　arroseuse；camion arroseur；
　　voiture d'arrosage
洒水拖车　remorque d'épandage
洒水压实　compactage par arrosage
撒布方式　mode de répandage
撒布器　épandeur
撒布设备
　　engin（équipement, matériel）de répandage
撒布石屑　répandage de concassé
撒布速度　vitesse de répandage
撒布碎石　concassé d'épandage
撒哈拉气候　climat saharien
撒砂　répandage de sable
撒砂车　camion épandeur de sable
撒砂管　tube à sablage；tuyau à sable
撒砂机　épandeur（épandeuse）de sable；sableuse
撒砂装置　dispositif de sablage
撒盐　salage

sai

塞尺　palpeur
塞规　calibre à bouchon
塞拉式车门　porte emboîtable-coulissante
塞拉式结构
　　structure encastrée coulissante
塞子　bouchon

san

三班倒施工
　　exécution des travaux en trois postes
三班制工作组　équipe triple
三臂钻孔台车　jumbo à trios bras
三边测量
　　levé à la trilatération；mesure trilatéral
三边测量法　trilatération
三边测量高差
　　dénivellation de levé à la trilatération
三边测量坐标　ordonnée de mesure trilatéral
三车道公路　route à trois voies
三点法（平板测量）　méthode des trois points
三管排水涵洞　passage d'eau à trois tuyaux
三合板　panneau à trois plis
三合土（石灰/黄土/碎石）
　　terre mélangée de chaux/limon/gravier
三合土（水泥/砂/炉渣）
　　terre mélangée de ciment/sable/laitier
三机牵引　trible traction de locomotives
三级公路　route de moyenne viabilité；
　　route de troisième classe
三级铁路　chemin de fer de 3ème classe
三极管　lampe triode
三夹板　contre-plaqué à 3 plis
三角　triangle
三角闭合误差　erreur triangulaire
三角测点　point trigonométrique
三角测量　levé par triangulation；levé（mesure）trigonométrique；mesure de trigulation；triangulation
三角测量法　méthode de triangulation
三角测量高差
　　dénivellation de levé trigonométrique
三角测量基点　repère de triangulation
三角测量网　réseau de triangulation；
　　réseau trigonométrique
三角测量坐标
　　ordonnée（coordonnée）de mesure triangulaire
三角测网　canevas de levé
三角尺　équerre à dessiner
三角高程测量　nivellement trigonométrique

三角高程测量坐标　ordonnée(coordonnée) de nivellement trigométrique
三角刮刀　ébardoir;grattoir triangulaire;spatule trigone
三角坑　tortillement
三角排水沟　fossé triangulaire
三角区　zone delta
三角锁　chaîne de triangulation
三角体系　système triangulé
三角铁　fer triangulaire
三角网　canevas de triangulation;canevas trigonométrique;réseau triangulaire
三角网测点　point de triangulation
三角信号警示牌　triangle de présignalisation
三角形　forme triangulaire;triangle
三角形标志牌　panneau triangulaire
三角形拱　arc triangulaire
三角形交叉　croisement(intersection) en triangle
三角形排水沟　cunette triangulaire
三角形曲线　diagramme triangulaire
三角形枢纽　nœud triangulaire
三角形网　réseau de triangle
三角形支护　soutènement en triangle
三角油石　pierre à huile trigone
三角支架　chèvre;jambe de trépied;trépied
三角洲湖　lac de delta
三角洲平原　plaine deltaïque
三角坐标　coordonnées(ordonnées) triangulaires
三铰拱　arc à trois articulations(rotules);arche à trois articulations
三开道岔　branchement à trois voies
三开交分道岔　aiguille de croisement à trois voies
三孔排水涵洞　ponceau à trois tuyaux
三连拱　arcade ternée
三路环形立体交叉　croisement circulaire à trois directions;croisement giratoire à trois directions
三轮串联式压路机　rouleau de cylindrage à trois essieux
三轮压路机　cylindre trijante;rouleau à trois roues;rouleau compresseur trijante;rouleau de cylindrage tricycle;rouleau tricycle
三年保证(期)　garantie triennale
三色信号灯　feux tricolores
三通　raccord en T;té
三维　tridimension

三维设计　conception tridimensionnelle
三线坐标　coordonnées(ordonnées) trilinéaires
三相电流　courant triphasé
三相交流机车　locomotive à courant alternatif triphasé
三相同步电机　moteur synchrone triphasé
三相异步电动机　moteur asynchrone triphasée
三心拱　arc à trois centres(rotules);arc tracé à trois centres
三叶拱　arc triplé;arc tréflé;arc trilobé
三圆涵排水涵洞　passage d'eau à trois buses
三轴车　wagon à trois essieux
三轴抗压试验　test de résistance en compression triaxiale
三轴轮胎式起重机　auto-grue à trois essieux par pneumatique
三轴试验法　méthode d'essai triaxiale
三轴压力试验　test de compression triaxiale
三轴转向架　bogie à trois essieux
散布底砟　distribution de ballast de base
散发　émission;émanation
散轨　distribution de rails
散货装载　chargement en vrac
散开　dispersement;dispersion
散料　matériau en vrac
散料仓　cuve en vrac
散热器　radiateur
散装产品　produit en vrac
散装货物　marchandise en vrac;marchandise pondéreuse
散装货物码头　quai à marchandises en vrac
散装货运物运输　transport en vrac;transport des marchandises pondéreuses
散装货物站台　quai à marchandises en vrac
散装石灰　chaux en vrac
散装水泥　ciment en vrac
散装水泥车　camion-silo
散装水泥运输车　véhicule pour transport de ciment en vrac

sao

扫路工　balayeur
扫路机　balayeuse;rouleau balayeur;rouleau-brosse
扫描　balayage
扫描频率　fréquence de balayage
扫雪　déneigement
扫雪机　appareil de déneigement;chasseneige;souffleuse de neige

扫帚 balai

se

色灯电锁器联锁 enclenchement de verrou électrique de signal lumineux
色灯复示信号(机) signal répéditeur lumineux
色灯信号 signal lumineux coloré
色灯信号方式 mode de signal lumineux coloré
色灯信号机 signal à feux colorés
色度计 chromatomètre
色谱分析仪 chromatographe

sen

森林采伐 abattage de bois
森林地带 aire(zone) forestière
森林生态系统 écosystème forestier
森林铁路 chemin de fer forestier

sha

沙尘暴 tempête de sable
沙床 lit de pose en sable
沙垫层 lit de pose; lit de pose en sable; lit de sable
沙化区 zone sableuse
沙化土 terre sableuse
沙坑 fosse à sable
沙粒径 granularité de sables
沙漠 désert
沙漠地区 contrée(région, zone) désertique
沙漠气候 climat désertique(saharien)
沙漠土壤 sol désertique
沙盘 maquette
沙丘 dune
沙丘带 zone de dunes
沙丘固定 fixation des dunes; stabilisation de dune
沙丘湖 lac de dune
沙丘砂 sable de dune
沙土场地 terrain sablonneux
沙箱 boîte à sable
沙洲 allaise; banc de sable
沙子找平层 couche de réglage en sable
砂 sable
砂布 toile d'émeri
砂层 banc de sable
砂存放 dépôt de sable
砂袋 sac de sable
砂当量 équivalent de sable
砂当量试验 essai(test) de sable équivalent; essai(test) équivalent de sable
砂底层 fond de sable; massif sablonneux
砂堆 amas de sable
砂堆场 aire de dépôt de sable
砂浆 coulis; gâchis; laitier; mortier
砂浆拌和机 mélangeur de mortier
砂浆泵 pompe à mortier
砂浆层 couche de mortier
砂浆打底 mortier de pose
砂浆堵严 calfeutrage au mortier
砂浆蜂窝 nids de mortier
砂浆勾缝 jointoiement au mortier
砂浆固定 scellement au mortier
砂浆灌缝 coulage de joint au mortier; joint bourré de mortier
砂浆搅拌机 bétonnière malaxeuse; machine de mélange de mortier; malaxeur à mortier
砂浆搅拌器 agitateur de mortier
砂浆结合层 couche de reprise
砂浆抹平 aplatissage au mortier
砂浆配合比 proportion de mortier
砂浆强度 résistance de mortier
砂浆取样 prélèvement de mortier
砂浆饰面 revêtement en mortier
砂浆填缝 remplissage de joints au mortier
砂浆填塞隙缝 bourrage des interstices au mortier
砂浆找平 nivellement au mortier; réglage de niveau au mortier
砂浆种类 espèce(nature, sorte) de mortier
砂井 drain de sable vertical; puits à sable; puits de sable
砂砾 arène; gravier
砂砾混合料 grave
砂砾集料 agrégat de sable gravier
砂砾乳液 grave-émulsion
砂粒 grain de sable
砂粒含量 teneur de sable
砂粒岩 arényte
砂料场 aire de sable
砂流 écoulement de sable
砂轮 disque abrasif; meule
砂模 moule en sable
砂泥 argile sablonneuse(sableuse)
砂黏土 sol argilo-sableux
砂黏土路 route en sable-argile

砂筛　filtre(tamis)à sable
砂石层　banc de grès;couche de graviers
砂石充填　remblai d'ensablage
砂石方　masse de sable
砂石料场地平面布置图
　　plan de carrière de sable et de gravier
砂石渗透层　couche d'imprégnation sablée
砂土垫层　couchis
砂箱　sablière
砂箱定心箱　cadre à centrer les châssis
砂屑岩　psammite
砂性土　sol pulvérulent(sableux)
砂岩　grès;roche gréseuse(sableuse)
砂岩采石场　carrière de grès
砂岩块石路面　pavement en grès
砂岩砾料　grave gréseuse
砂岩铺路石　pavé de grès
砂岩性黏土　sol gréso-argileux
砂岩质板岩　schiste gréseux
砂样　échantillon de sable
砂样采集器
　　appareil de prise d'échantillon de sable
砂纸　papier à sable;papier sablé;papier-émeri
砂质荒漠　désert de sable
砂质灰泥　marne sableuse
砂质集料　agrégat sableux
砂质砾料　grave sableuse
砂质路堤　remblai sablonneux
砂质路基　assiette sableuse
砂质黏土　argile sablonneuse
砂质凝灰岩　tuf sableux
砂质石灰岩　calcaire arénacé(sableux)
砂质碎石　cailloutis sableux
砂质统料　tout-venant sableux
砂土壤　sol sablonneux
砂质岩　arénite;roche psammitique(sableuse,arénacée)
砂质页岩　arène schisteuse;schiste grossier
砂子垫层　forme en sable
砂子回收　récupération de sable
砂子取样　prélèvement du sable
砂子数量　quantité de sable

shai

筛　trémie
筛分　blutage;criblage;gradation
筛分过的道砟　ballast criblé
筛分机　appareil cribleur;appareil de criblage;blu-teau;blutoir;machine à cribler(tamiser)
筛分面积　surface de criblage
筛分设备　appareil(installations,équipement) de tamisage;équipement(matériel) de criblage;matériel de classement
筛分试验　essai(test) au tamis;essai(test) de tamisage
筛分碎石　pierraille tamisée
筛分塔　tour(colonne)de criblage
筛分装置　appareil à crible;dispositif de tamisage;installations de criblage
筛分组　groupe de criblage
筛孔　maille de tamis;ouverture de mailles
筛孔尺寸　dimension de la maille
筛滤　tamisage;tamisation
筛砂　tamisage de sable
筛上物　refus de crible
筛石厂　usine de criblage
筛土　tamisage de terre
筛网孔径　ouverture de tamis
筛析　analyse de tamisage
筛屑　criblure
筛选　criblage;tri
筛选厂　centrale de criblage
筛选工场　atelier de criblage
筛选骨料　granulats criblés
筛选机　appareil à tamiser
筛余　débris de tamisage
筛余物　retenue au tamis
筛子　bluteau;blutoir;crible;tamis
晒干　séchage au soleil
晒图纸
　　papier cyanotype;papier héliographique

shan

山顶　sommet de montagne
山谷　vallée de montagne;vallée
山脊　arête;combe;crête de montagne
山间盆地　bassin orographique
山砾石　gravier carrière
山坡取土　emprunt en pente
山墙　mur-pignon;pignon
山区　région(zone)montagneuse
山区地形　relief montagneux
山区公路
　　route de montagne;route montagneuse
山区泥石流　avalanche de montagne
山区泥石流清理
　　purge de l'avalanche de montagne

山区铁路　chemin de fer de montagne；
　　ligne de montagne
山砂　sable de carrière；sable vierge
山体滑动　glissement de montagne
杉木　sapin de Chine
珊瑚石灰岩
　　calcaire corallien；calcaire de corail
煽动　incitation
煽动罢工　incitation à la grève
闪长岩　diorite
闪光灯　feux clignotants；lampe-éclair
闪光焊　soudure par étincelles
闪光信号
　　rappel par scintillement；signal clignotant
闪石　amphibole
扇形拦水坝　barrage à secteur
扇形炮孔爆破　tir en éventail
扇形凿岩　perforation en éventail

shang

伤亡事故　accident avec morts et blessés；
　　accident mortel
伤亡事故分析报告
　　bulletin d'analyse des accidents corporels
商标　marque de commerce
　　（fabrique）；marque
商法　code de commerce
商港　port de commerce
商会　chambre de commerce
商品　marchandise
商品产地　origine de produits
商品流转　roulement de marchandises
商品输入
　　importation de marchandises
商品质量　qualité de marchandise
商人　homme d'affaire
商事诉讼　contentieux commercial
商务保证　garantie commerciale
商务参赞　conseiller commercial
商务代表　représentant commercial
商务代表处
　　bureau de représentant commercial
商务旅行　voyage d'affaires
商务能力　capacité commerciale
商务签证　visa d'affaires
商业　commerce
商业保险　assurance commerciale
商业产权　propriété commerciale
商业登记　inscription commerciale

商业登记号
　　numéro d'inscription（registre）de commerce
商业登记日期
　　date d'inscription au registre du commerce
商业地址　adresse commerciale
商业合同　contrat commercial
商业活动　activité commerciale
商业竞争　concurrence commerciale
商业票据
　　papier d'affaires；papier de commerce
商业区　région commerciale
商业网　réseau commercial
商业信用　crédit commercial
商业注册　registre de commerce
商业资产　actif commercial
商议　concertation；négociation
上边坡　talus haut
上部　partie supérieure
上部层　banc supérieur
上部回填层　couche supérieure de remblais
上部结构　structure supérieure；superstructure
上部结构横向布置
　　disposition transversale de superstructure
上部通道　passage supérieur（PS）
上部通道设计
　　conception（étude）de passage supérieur
上层　couche supérieure；nappe superficielle
上承桁架桥　pont à entretoises supérieures
上承平板梁桥　pont à poutrelles plates
上承桥　pont à tablier supérieur；
　　pont à voie supérieure
上承式公路　voie de tête
上承式桥面　tablier supérieur du pont
上穿　traversée supérieure
上穿式立体交叉
　　croisement de passage supérieur
上导掘进　excavation de calotte
上导坑　galerie de faîte
上导坑开挖法　méthode à galerie de faîte；
　　méthode belge；méthode d'excavation
　　de calotte
上翻式侧门货车　wagon ayant porte latérale
　　basculable vers le haut
上封层　couche étanche supérieure
上拱　cambrage
上拱度　cambrure；flèche négative
上拱梁　poutre cambrée
上级机关　autorité supérieure
上夹板　éclisse supérieure

上甲板　pont supérieur
上跨交叉　croisement supérieur
上跨铁路通道
　　passage en dessus de voie ferrée
上跨线桥
　　pont à niveaux croisés；saut-de-mouton
上跨线施工　exécution de passage supérieur
上拉杆　tirant supérieur
上流　amont
上路　mise en route
上挠度　flèche négative
上腻子　masticage
上年度　année précédente
上旁承　lissoir supérieur；palier latéral supérieur；support latéral supérieur
上平面　surface supérieure
上坡　pente ascendante；remontée
上坡标志　signe de montée
上坡道　montée en pente
上坡道长度　longueur de pente montante；longueur de rampe
上坡段　tronçon rampant
上坡方向　sens montant
上坡公路　route montante
上坡路　route en pente montante
上坡速度
　　vitesse de pente montante；vitesse de rampe
上坡阻力　résistance due aux déclivités；résistance sur la pente
上翘　gauchissement
上升　soulèvement
上升曲线
　　courbe ascendante；courbure montante
上升泉　source jaillissante
上水　adduction d'eau
上水地点　lieu d'adduction d'eau
上水管网　réseau d'eau potable courante
上水站　gare à alimentation en eau
上水柱　poteau d'injection de l'eau
上诉权　droit de recours
上诉书　acte d'appel
上台阶（隧道）　calotte demi-section supérieure；calotte；gradin supérieur
上调　ajustement à la hausse
上通风　ventilation haute
上弯夹板　éclisse à flexion en haut
上弯曲　flexion en haut
上网者　internaute

上下台阶开挖　creusement en demi section
上下区域　zone de montée et de descente
上弦　membrure supérieure
上限　limite supérieure；plafond
上限曲线　courbe de limite supérieure
上线试验　essai（test）en ligne
上向掘进　creusement en montant
上向通风　aérage ascendant（ascensionnel）
上心盘　crapaudine supérieure；pivot de châssis；plaque centrale supérieure
上心盘集中荷载
　　charge concentrée de crapaudine supérieure
上行　montée
上行场
　　chantier de circulation paire；chantier montant
上行程　parcours de sens paire
上行方向
　　direction montante；sens montant；sens pair
上行方向进路　itinéraire de sens pair
上行链路　lien montant
上行列车　train montant；train de sens pair
上行列车数量　nombre de trains montants
上行蚀变　altération remontante
上行速度　vitesse de circulation montante
上行线　ligne（voie）montante
上悬挂　suspension supérieure
上摇枕　traverse danseuse supérieure
上游　cours supérieur；amont
上游防冲铺砌　avant-radier
上游故障显示
　　indication de panne en amont
上游护床　avant-radier
上游汇流（水）　entonnement en amont
上游水位
　　niveau amont；niveau d'eau en amont
上游围堰　batardeau en amont
上砟厚度　épaisseur de ballastage
上砟起道　ballastage et relevage de la voie
上支撑　contreventement（support）supérieur
尚缺路段
　　chaînon manquant；liens manquants

shao

烧荒　essartage
烧结钢　acier fritté
烧结料　agrégat fritté
烧瓶　canette
少量土方工程　terrassement en petite masse
少收款项　moins-perçu

哨所 guérite

she

赊购 achat à crédit
蛇形管 tube(tuyau)serpentin
蛇形运动 mouvement de lacet
设备 équipement;matériel
设备安全 sécurité des engins
设备安装 implantation des équipements; installation de matériels(équipements);mise en place des équipements
设备安装标准 critère d'installation de l'équipement
设备安装阶段 phasage d'installation des équipements
设备搬运 manutention de matériels
设备保管 conservation(préservation)des matériels(équipements)
设备保护装置 protecteur de l'équipement
设备保险 assurance de l'équipement
设备保养 entretien des équipements
设备贬值 avilissement de l'équipement
设备标准化 normalisation de l'équipement
设备表 répertoire des équipements
设备不足 manque de matériel
设备布局 répartition de matériels
设备操作方式 mode d'opération de l'équipement
设备撤场 repliement de matériel
设备撤场时间 temps de repliement du matériel
设备尺寸 dimension de matériel
设备处 service de matériel
设备存放场地 emplacement des équipements déposés
设备存放地点 lieu de stationnement de matériels
设备的进场与撤场 amenée et repli(repliement)de matériels
设备堆放 dépôt(étagement)de matériels
设备堆放场 aire de stockage(dépôt)de matériels(équipements)
设备多样性 diversité des équipements
设备费 coût(dépense)des équipements
设备费用 frais de matériels
设备分配 distribution des équipements
设备工程师 ingénieur des équipements
设备功率 puissance d'équipement

设备供应 fourniture des équipements
设备供应仓库 magasin des approvisionnements de matériels
设备供应计划 plan d'approvisionnement de matériels
设备购价 coût d'achat des équipements
设备购置价格 prix d'acquisition de l'équipement
设备故障 panne d'équipement
设备观测 observation de l'équipement
设备管理 gestion d'équipements(matériels)
设备或材料预付款 avance sur approvisionnement
设备技术档案 archives techniques des équipements
设备兼容 compatibilité des équipements
设备兼容可靠性 fiabilité de compatibilité des équipements
设备兼容性要求 exigence de compatibilité de l'équipement
设备检测 détection de l'équipement
设备检查 contrôle de matériel
设备检修 réparation de l'équipement
设备检修机器 matériel de réparation de l'équipement
设备鉴定 expertise d'équipement
设备交货 livraison de matériels
设备校准 étalonnage de l'équipement
设备校准工作 opération d'étalonnage de matériel
设备接受记录 procès-verbal d'acceptation de matériel
设备进场 amenée de matériels
设备进场费用 frais d'amenée des équipements
设备进场情况 situation d'amenée des matériels sur le chantier
设备进场时间 temps d'amenée des matériels
设备进口临时免税 admission temporaire des équipements
设备开挖 déblai excavé mécaniquement
设备开支 dépense de matériel
设备可靠性 fiabilité de l'équipement(matériel)
设备可支配时间 temps disponible de matériel
设备控制 commande des équipements;contrôle de matériel

设备来源　origine de matériels；
　　provenance de l'équipement
设备来源证明
　　justification de provenance des matériels
设备老化　vieillissement de l'équipement
设备类型　type de matériel
设备利用　utilisation de l'équipement
设备联调　réglage intégré des équipements
设备临时进口
　　importation temporaire de matériels
设备临时进口申请文件　document de
　　demande d'admission temporaire
设备名称　désignation de matériel
设备目录　nomenclature de matériel
设备年限　âge de matériels
设备平均年限　âge moyen de matériels
设备清单　liste de matériels(équipements)
设备缺陷
　　défaut(vice)de l'équipement(matériel)
设备升级改造计划　planification de
　　modernisation des équipements
设备使用　usage(utilisation)de
　　l'équipement(matériel)
设备使用年限
　　utilisation d'équipement(matériel)
设备使用效率
　　efficience d'utilisation de l'équipement
设备数量
　　nombre(quantité)de matériels(équipements)
设备所有权　propriété de l'équipement
设备台账　compte d'appareillage
设备特征　caractéristique de matériel
设备调试　réglage de l'équipement
设备调试阶段
　　période de réglage des équipements
设备停放　stationnement des engins
设备通道　passage à l'équipement
设备投入不足　insuffisance de matériels
设备投资
　　investissement des équipements
设备维护计划
　　plan d'entretien des équipements
设备维护期
　　période de maintenance des équipements
设备维修　maintenance des équipements
设备维修时间
　　temps de maintenance des équipements
设备限界　gabarit de matériel
设备性能　performance de l'équipement

设备性能比较
　　comparaison de performance des équipements
设备性能测试
　　essai(test)de performance de l'équipement
设备性能调查
　　enquête de performance de l'équipement
设备选型　choix de type d'équipement
设备选型影响
　　influence de choix de type d'équipement
设备选择困难
　　embarras de choix de l'équipement
设备验收　réception de matériel
设备养护工作计划
　　plan de travail pour entretien des équipements
设备要求　exigence d'équipement
设备移交　transfert des équipements
设备移交清单
　　liste de transfert des équipements
设备已使用年限　ancienneté de l'engin
设备用途
　　affectation(destination)de matériel
设备预选　présélection de matériels
设备运转　fonctionnement de l'équipement
设备折旧
　　amortissement de matériels(équipements)
设备整洁度　propreté de l'équipement
设备制造　fabrication d'équipement
设备质量　qualité de l'équipement(matériel)
设备周转　rotation de matériel
设备周转率　taux de rotation de l'équipement
设备状况　état des matériels(équipements)
设备资产　biens d'équipement
设备资料　document des équipements
设备租赁
　　bail(location)de matériel(équipement)
设备租赁费　frais de location d'équipement
设备组成　composition des équipements
设备组装　assemblage de l'équipement
设定百米路标
　　jalonnement de borne hectométrique
设定分界标　jalonnement de borne limitante
设定公里标
　　jalonnement de borne kilométrique
设定站界标
　　jalonnement de borne limite de gare
设航标　balisage
设计　conception；design；étude
设计报告　rapport de conception
设计比选方案　étude comparative

设计边坡　talus projeté
设计编程　programmation de l'étude
设计变更　changement des études;
　　modification de conception
设计标高　cote de niveau de conception
设计标准　critère(norme)de conception
设计参数　paramètre de conception
设计程序　mise en programme;procédure
　　d'études;procédure(processus)de conception
设计错误　erreur de conception
设计达标　mise à niveau de conception
设计对称　symétrie de conception
设计范围　domaine des études
设计方案　plan de conception
设计方案比较
　　comparaison de plans des études
设计方法　méthode de conception
设计费　frais d'études
设计费用　coût d'étude(conception)
设计负责人　chargé(responsable)des études
设计高程　altitude de conception;
　　cote conceptionnée
设计高程控制　contrôle de cote de projet
设计高度　hauteur de conception
设计高度不足
　　insuffisance de hauteur de conception
设计更新　actualisation de l'étude
设计更新进度
　　avancement de l'actualisation de l'étude
设计工程师　ingénieur d'études
　　(conception);ingénieur projecteur
设计公司　société d'études
设计规范
　　norme d'études;spécifications de conception
设计规则　règles de conception
设计合同　marché d'études
设计荷载　charge d'étude(conception)
设计洪水量　crue de projet
设计洪水位　niveau de crue de conception
设计厚度　épaisseur de conception
设计计划　programme d'études
设计监理
　　suivi des études;supervision de conception
设计交通量　volume de projet;
　　volume de trafic de conception
设计阶段
　　étape(phase,phasage)d'étude(conception)
设计进度
　　avancement de conception(études)

设计进度计划　planning d'étude
设计进度控制
　　contrôle de l'avancement de conception
设计进展　progression de conception
设计可靠性　fiabilité de conception
设计控制　contrôle de l'étude
设计宽度　largeur de conception
设计宽度不足
　　insuffisance de largeur de conception
设计流程图　logigramme de conception
设计流量　débit prévu
设计路线走向　tracé projeté
设计模型　modèle de conception
设计内容　consistance des études
设计批准　approbation de conception
设计期　période de conception
设计期限　durée de conception(étude)
设计强度
　　intensité(résistance)d'étude(conception)
设计缺陷　défaut(vice)de conception
设计缺陷影响
　　influence de vice de conception
设计人员　personnel d'étude
设计任务进度(表)　calendrier de l'étude
设计师　designer
设计时速　vitesse/heure de conception
设计事务所　bureau d'études
设计手册　manuel de conception
设计数据　données d'étude
设计说明　description d'étude(conception)
设计速度　vitesse de conception(étude)
设计通过能力　capacité de passage projeté
设计图　dessin(plan)d'études
设计外部监督　contrôle externe des études
设计完工
　　fin de conception;achèvement des études
设计文件　document de conception(étude)
设计文件准备
　　préparation des dossiers d'études
设计详图　détail de projet
设计项目　projet de conception
设计要求　exigence de conception
设计要数　facteur de conception
设计要素　éléments de conception
设计影响　influence d'étude
设计应力　contrainte de conception
设计优化　optimisation des études
设计优化奖　prime d'optimisation des études
设计原则　principe de conception

伸长模数　module d'allongement　867

设计招标　projet-concours
设计值　valeur de conception
设计质量　qualité de conception
设计中线　axe de projet
设计中心线　entraxe de conception
设计专业软件　logiciel professionnel de conception
设计追加费用　plus-value de conception
设计总进度计划　planning général des études
设计总量　volume d'études
设计组　groupe d'étude
设立生活营地　implantation de base-vie
设路标　balisage
设施　installations
设施安全　sécurité des installations
设施拆філь　démantèlement des installations
设施撤场时间　temps de repli des installations
设施管理　gestion des installations
设施维护　entretien des installations
设施维护站　site de maintenance des installations (SMI)
设施维修　réparation des installations
设施位置　position des installations
设施验收　réception des installations
设石笼防护　gabionnage
设置混凝土预制构件厂　installation de production de béton préfabriqué
设置基准点标记　pose de points de repère
设置限界　mise de gabarit
设置应急部门　établissement des services d'urgence
设置指示牌　pancartage
设置桩堰　gabionnage
设桩　jalonnement
社会保险　assurance (sécurité) sociale
社会保险登记　immatriculation à la sécurité sociale
社会地位　niveau social
社会调查　enquête sociale
社会风险　risque sociale
社会活动　activité sociale
社会经济　socio-économie
社会经济数据　données socio-économiques
社会经济数据判断　diagnostic des données socio-économiques
社会经济调查　enquête socio-économique
社会经济影响　impact socio-économique
社会劳动　travail social
社会评价　évaluation sociale
社会稳定　stabilité sociale
社会现象　phénomène social
社会效益　rentabilité sociale
社会秩序　ordre social
社会资本　capital social
社会资产　actif social
社团　communauté
射流方向　orientation de jet
射流式通风机　ventilateur à jet libre
射水沉桩　enfoncement de pieu par jet d'eau; fonçage au jet d'eau; pieu de captage; pieu par injection
射水钻探　sondage de captage; sondage par injection
射吸式割矩　chalumeau coupeur
射吸式焊矩　chalumeau soudeur
射线无损检测　contrôle non destructif par rayons
涉及范围　cadre d'intervention
摄氏温度　degré Celsius; température Celsius (centésimale)
摄像监视系统　système CCTV
摄像头监视　surveillance par caméra
摄影测量　levé (mesure) photogrammétrique

shen

申报　déclaration
申报程序　procédure de déclaration
申根协定　Convention de Schengen
申领电子路牌　demande de plaque pilote électronique
申领路牌　demande de plaque pilote
申领路签　demande de bâton pilote
申请　demande
申请撤销　demande d'annulation
申请程序　procédure de demande
申请进口许可证　demande de licence d'importation
伸臂梁　poutre à goussets
伸臂拼装法　montage en encorbellement
伸臂桥　pont à flèche
伸臂桥式吊车　pont à flèche télescopique
伸臂式架桥机　grue à longue portée
伸长　extension
伸长比　rapport d'allongement
伸长模数　module de prolongation
伸长模数　module d'allongement

伸长曲面　surface rectifiante
伸长系数
　　coefficient d'allongement(extension)
伸缩测量规　extensomètre
伸缩缝
　　joint de contraction;vide(joint)de dilation
伸缩接头　bout de raccordement de dilatation
伸缩区　zone de dilatation
伸缩支座　appui d'extension(dilatation)
身份　qualité
身份识别　identification d'identité
身份证　acte d'état civil
身体原因　raison de santé
深部灌注　injection profonde
深部压实　compactage au profondeur
深层岩溶　karst profond
深成岩　plutonite;roche abyssale(abyssique,
　　plutonienne,plutonique,massive);roche
　　de profondeur
深度　hauteur du fond;profondeur
深度规　calibre de profondeur
深度计　indicateur de profondeur
深度控制　contrôle de profondeur
深度蠕变带　zone de fluage en profondeur
深度游标卡尺　calibre vernier à profondeur
深翻　scarification profonde
深海底电缆　câble à grandes profondeurs
深含水层　nappe aquifère profonde
深化初步设计　avant-projet approfondi
　　(APA);avant-projet détaillé(APD);
　　conception (étude) APD
深化设计阶段　étape de APD
深化设计进度计划　planning de l'APA
深基础　fondation profonde
深基础工程　travaux de fondation profonde
深基础施工　réalisation de fondation profonde
深井　puits à grande profondeur;puits profond
深孔　trou profond
深孔爆破　tir profond
深孔钻　foret long
深裂缝　fissure profonde
深路堑　déblai(tranchée)de grande
　　profondeur;tranchée profonde
深耙机　défonceuse
深色土　sol foncé
深水　eau profonde
深水港　port en eau profonde
深水码头　quai en eau profonde
深挖　excavation haute(lourde)

深挖方　déblai à grande profondeur;déblai de
　　grande profondeur
深柱基础　fondation sur piliers
深钻　forage(sondage)profond
深钻孔　forage en profondeur
审标评标程序　procédure d'examen et
　　d'évaluation des offres
审查合同　contrôle de marché
审核程序　procédure de vérification
审核方式　modalité de vérification
审核账目　apurement
审计　audit
审计报告　rapport d'audit
审计事务所　bureau d'audit
审批程序　procédure d'approbation
审批手续　formalité d'approbation
渗出　ressuage
渗出仪　appareil à exsudation
渗井　fosse à fond perdu;puisard;puits
　　d'infiltration
渗流　flux de filtration
渗漏检测　recherche de fuite
渗漏量　quantité de filtration
渗漏系数　coefficient de fuite
渗滤计算　calcul de filtration
渗水　eau de colature;infiltration d'eau
渗水坝　barrage perméable
渗水带　zone de pénétration
渗水沟　fossé d'infiltration
渗水回收装置　dispositif de récupération
　　des eaux d'infiltration
渗水强度　capacité d'infiltration
渗水试验　essai de perméabilité de l'eau
渗水土工布　géotextile filtrant
渗水性试验
　　essai(test)de perméabilité de l'eau
渗透　infiltration;perméabilité
渗透层　nappe d'infiltration
渗透池　bassin d'infiltration
渗透处理　traitement de l'infiltration
渗透范围　zone de perméabilité
渗透检测　contrôle par ressuage
渗透力　force de filtration(percolation)
渗透量　capacité d'infiltration
渗透区　zone de pénétration
渗透水　eau d'infiltration
渗透速度　vitesse de perméabilité
渗透系数　coefficient d'infiltration(filtration,
　　pénétration,perméabilité)

渗透性　imprégnabilité
渗透性试验　essai(test) de perméabilité
渗透指数　indice d'infiltration(filtration)

sheng

升高　relèvement
升高拱　voûte exhaussée(surhaussée)
升弓　hausse de pantographe
升级改造　mise à niveau
升降(桥)塔　pylône levant
升降罐笼井　puits à cages
升降机　ascenseur;descenseur
升降机井　cage d'ascenseur
升降平台　plateforme élévatrice
升降平台钻孔台车
　jumbo à plateforme élévatrice
升降桥
　pont à balancier;pont levant(ouvrant)
升降式栏木　barrière basculante
升降台　estrade à éclipse;
　pont élévateur;table élévatrice
升力　force d'élévation
升力面　surface sustentatrice
升坡　pente montante
升温　élévation de température
升压站　station d'élévation de tension
升运塔　tour élévatoire
生柏油　goudron brut
生产　production
生产安全　sécurité de production
生产保护装置　protecteur de production
生产标准　critère de production
生产场地　aire de fabrication;espace productif
生产车间　atelier de fabrication(production)
生产成本　coût de production
生产地点　lieu de fabrication
生产定额　norme(quota) de production
生产方式　mode de fabrication(production)
生产费用　coût affecté à la
　production;dépense(frais) de production
生产负责人　responsable de production
生产跟踪　suivi de fabrication
生产工序　processus de fabrication
生产工艺　technologie de production
生产工作面　chantier en activité;taille de
　production;taille en activité
生产管理　gestion de production
生产规划　programme de fabrication
生产规模　envergure de production
生产过剩　surproduction
生产活动　activité de production
生产基金　fonds productif
生产计划　plan(programme) de production
生产技术　technique de production
生产加工组织示意图
　schéma d'organisation de production
生产监督　surveillance de production
生产检查　contrôle de production
生产节奏　cadence de production
生产进度
　cadence de travail;rythme de production
生产进度计划　planning de production
生产经理　directeur de production
生产控制　contrôle de fabrication
生产力　force productive;productivité
生产力过剩　surplus de productivité
生产领域　domaine(sphère) de production
生产流程　procédé de production
生产流程图　schéma de production
生产流水线
　chaîne de fabrication(production)
生产率　capacité de rendement;productivité;
　taux de production
生产能力　capacité(puissance) de production
生产能力调查
　enquête de capacité de production
生产批次　série de production
生产批次代码　code de série de production
生产前试验
　essai(test) préalable de fabrication
生产潜力　potentiel de production
生产区　zone de fabrication(production)
生产曲线　courbe de production
生产人员调配　coordination des effectifs
生产日期　date de fabrication
生产商名称　désignation de producteur
生产设备　installations(matériel) de
　fabrication;moyens de production
生产时间　durée(temps) de production
生产事故　accident de production(travail)
生产数量　quantité(nombre) de production
生产衰减　affaiblissement de production
生产税　taxe à la production(TP)
生产速度　vitesse de production
生产条件　condition de production
生产调配　coordination de production
生产停止　arrêt de production
生产限度　seuil de production

生产线　ligne de production
生产小组　équipe de production
生产性工程　travaux productifs
生产性能　caractéristique de fabrication
生产性企业　entreprise productive
生产需要　besoin de production
生产要素　éléments(facteur)de production
生产要素不流动
　　immobilité des facteurs de production
生产要素最佳组合　combinaison optimale des facteurs de production
生产职能　fonction de production
生产指数　indice de production
生产周期　cycle de fabrication(production)
生产状况　état de production
生产资料折旧
　　amortissement de moyens de production
生产自动化　automatisation de production
生产作业图　schéma de fabrication
生成年代　âge de formation
生成效应　effet de formation
生活方式　mode de vie
生活废料　déchets ménagers
生活垃圾　ordures ménagères
生活营地　base-vie
生活营地安置　installation de base-vie
生活营地建设　construction de base-vie
生活营地绿化　végétalisation de base-vie
生活营地入口　entrée de base-vie
生活营地围墙　clôture de base-vie
生活营地验收　réception de base-vie
生活营地用地　terrain de base-vie
生活营地照明　éclairage de base-vie
生活用柴油发电机组
　　groupe électrogène diesel domestique
生活资料　moyens d'existence
生料　matériau cru;matière crue
生料库　silo à matière crue
生命期　cycle de vie
生黏土　argile brute;argile crue
生漆　laque;peinture laquée
生石膏　pierre à plâtre
生石灰　chaux anhydre(calcinée,vive)
生水　eau crue
生态分布　distribution écologique
生态公园　parc écologique
生态环境　environnement écologique
生态平衡　balance écologique
生态危机　crise écologique

生态稳定　stabilité écologique
生态系统　écosystème;système écologique
生态系统脆弱性　fragilité des écosystèmes
生铁　fer brut(cru);fonte brute
生铁模　moule en fonte
生污泥　boue brute
生物处理　traitement biologique
生物实验室　laboratoire de biologie
生物污染　pollution biologique
生物岩　roche biogène
生橡胶　caoutchouc brut
生效　mise à l'effet;mise en vigueur
生锈　enrouillement
声波　ondes acoustiques(sonores)
声波测量　mesure d'auscultation
声波管　tuyau acoustique
声波污染　pollution des ondes acoustiques
声测　auscultation(test)sonique
声测试验　essai(test)d'auscultation sonique
声控　contrôle acoustique
声明　déclaration
声明格式　modèle de déclaration à souscrire
声明签字人　signataire de déclaration
声纳试验　essai(test)sonique
声频　fréquence acoustique
声屏障　paravent(rideau)sonique
声屏障工程　travaux d'écran acoustique
声屏障工程验收
　　réception des travaux d'écran acoustique
声速　vitesse sonique
声学处理　traitement acoustique
声压　pression acoustique
声音　bruit
声音环境　environnement acoustique
声源　source sonore
牲畜车　wagon à claire-voie;
　　fourgon(wagon)à bestiaux
绳索　câble
绳梯　échelle de corde
绳子　corde
省道　route départementale(provinciale)
省际公路　route interdépartementale
　　(provinciale,interprovinciale)
省际铁路
　　chemin de fer départemental(provincial)
省际项目　projet provincial
剩余　surplus
剩余荷载　charge résiduelle
剩余加速度　accélération résiduelle

剩余期限　délai résiduel
剩余压力　pression résiduelle

shi

失电　perte de courant
失衡临界点　seuil de déséquilibre
失控　perte de contrôle
失控运行　marche déréglée
失蜡铸模　moule à cire perdue
失灵　défaillance
失去控制　contrôle perdu
失去知觉　perte de connaissance
失速　perte de vitesse
失压　perte de pression
失业　chômage
失业保险　assurance-chômage
失真　perte de vrai
失真图像　anamorphose
失重　absence de gravité
失阻　perte de résistance
施工　exécution;construction
施工安全　sécurité du travail
施工班组轮换　alternance de l'équipe d'exécution
施工报表　attachement
施工报告　rapport de construction
施工便道　piste de service;piste de chantier;voie de chantier
施工标志　signe de travaux
施工标桩　piquet de construction
施工步骤　procédé d'exécution;processus de construction;étapes d'exécution des travaux
施工测量　mesure de construction;métré
施工测量坐标　ordonnée de mesure de construction
施工程序　échelonnement des travaux;ordre (procédure) d'exécution(construction)
施工程序清单　liste de procédure d'exécution
施工窗口期　sillon d'exécution des travaux
施工窗口时间　planche horaire
施工担保　garantie d'exécution
施工道路　chemin de chantier
施工地点　lieu d'exécution;lieu de mise en œuvre;place d'exécution;site des travaux
施工吊篮　plateau élévateur de construction
施工队伍　équipe de travail
施工队长　chef d'équipe
施工发现地下文物保护　protection des objets anciens souterrains découverts en exécution

施工范围　étendue des travaux
施工方案　projet d'exécution
施工方法　méthode d'exécution;méthodologie d'exécution des travaux;méthodologie;procédé de construction;procédé de mise en œuvre
施工方法图　plan de méthode d'exécution
施工方法详细说明　note méthodologique détaillée
施工方式　mode d'exécution
施工放样　implantation d'exécution(construction)
施工费用　frais d'exécution
施工分区　zonation d'exécution
施工封闭区段　plage travaux
施工封锁计划　plan de blocage pour exécution
施工缝　joint d'exécution(construction)
施工缝处理　traitement de joints de construction
施工辅助设备　équipement auxiliaire pour chantiers de construction
施工负责人　chargé de l'éxécution
施工干扰　influence d'exécution;interférence d'exécution des travaux
施工工程师　ingénieur d'exécution
施工工期　délai d'exécution
施工工期滞后　retard de délai d'exécution de travaux
施工管理　gestion d'exécution
施工规定　consignes(prescriptions)d'exécution
施工规范　norme d'exécution
施工规范化　normalisation d'exécution de travaux
施工规则　règles d'exécution
施工过程中的控制　contrôle en cours d'exécution
施工荷载　charge de construction
施工横断面　profil en travers d'exécution
施工后检查　vérification à postériorité de construction
施工机具　outil d'exécution
施工机械　engin de construction
施工机械保养　entretien des engins d'exécution
施工计划　plan de construction;programme d'exécution
施工记录卡　fiche d'exécution

施工记录图表　graphique constat d'exécution
施工季节　saison de construction
施工监督
　surveillance de l'exécution des travaux
施工监理　suivi d'exécution des travaux；
　supervision de l'exécution des travaux；
　surveillance de construction
施工检查　inspection de construction
施工交接
　transition de l'exécution des travaux
施工阶段　étape（période，phasage，phase）
　d'exécution（construction，réalisation，
　travaux）
施工阶段列车运营
　exploitation des trains en phase des travaux
施工节奏　cadence d'exécution
施工结束　achèvement d'exécution
施工进度（表）
　calendrier d'exécution；avancement
　d'exécution；avancement de mise en œuvre
施工进度跟踪
　suivi de l'avancement des travaux
施工进度计划
　planning d'exécution（construction）
施工进度控制
　contrôle de l'avancement d'exécution
施工经历　expérience de construction
施工经纬仪　théodolite de construction
施工勘测　investigation de construction
施工控制　contrôle de l'exécution
施工令　ordre d'exécution
施工路段关闭
　fermeture de tronçon des travaux
施工路段关闭通知
　préavis de fermeture de tronçon des travaux
施工模板　coffrage de l'exécution
施工赔款　indemnité d'exécution
施工期间安全　sécurité au travail
施工期交通　trafic en construction
施工期限　durée d'exécution
施工前检查　contrôle avant la mise en place
施工区　zone de construction（travail）
施工取土　emprunt de terre en exécution
施工缺陷　défaut（vice）d'exécution
　（construction，réalisation）
施工缺陷调查　enquête de défaut d'exécution
施工确认图表　graphique constat d'exécution
施工人员　moyens en personnel d'exécution；
　personnel d'exécution

施工日志　attachement；attachement
　journalier；journal de construction
施工日志编写人　attacheur
施工设备　équipement d'exécution；matériel
　d'exécution des travaux
施工设计　conception d'exécution；étude
　d'exécution（EXE）
施工升降机　monte-charge de construction
施工事故　accident d'exécution
施工手册　manuel de construction
施工水位　niveau d'eau de construction
施工说明　description d'exécution
施工说明书　devis descriptif
施工速度　vitesse d'exécution
施工索　câble d'exécution；câble de pose
施工天窗　intervalle réservée pour travaux
施工条件　condition d'exécution
施工调整　ajustement d'exécution
施工通风
　aérage（aération，ventilation）de construction
施工图　dessin（plan）d'exécution
　（construction）
施工图设计
　conception（étude）des plans d'exécution；
　réalisation des études d'exécution
施工图设计阶段　étape d'étude des plans
　d'exécution；phase de conception des
　plans d'exécution
施工图提交计划　programme de remise des
　plans d'exécution
施工文件　document d'exécution
施工文件编制费用　frais de rétablissement
　des documents d'exécution
施工文件跟踪清单　liste de suivi
　des documents d'exécution
施工窝工　désœuvrement en exécution
施工误差
　erreur de construction；tolérance d'exécution
施工细则　cahier des charges
施工现场　site de construction
施工现场人员安全
　sécurité du personnel sur le terrain
施工现场设备安全　sécurité des équipements
　intervenant sur terrain
施工现场准备
　préparation de site de construction
施工限界　gabarit d'exécution
施工详图　détail d'exécution（construction）
施工小组　équipe d'exécution

施工需要　besoin d'exécution
施工许可　autorisation d'exécution;bon pour exécution(BPE)
施工验收规范
　　règles pour la réception des travaux
施工扬尘　poussière d'exécution
施工要求　exigence constructive;
　　exigence de l'exécution
施工营地　base de chantier
施工应力　contrainte de construction
施工预算　budget d'exécution(construction)
施工允许误差　tolérance de construction
施工运输　trafic de chantier
施工噪声
　　bruit d'exécution(construction,travaux)
施工证明　certificat d'exécution
施工质量　qualité d'exécution
施工滞后　retard de l'exécution
施工中检测　inspection en construction
施工准备
　　préparation d'exécution(construction)
施工准备计划
　　programme de préparation des travaux
施工资料编制
　　élaboration des dossiers d'exécution
施工组　groupe d'exécution
施工组织　organisation d'exécution de travaux;organisation de construction
施工组织混乱
　　perturbation de l'organisation d'exécution
施工组织计划　plan d'organisation des travaux;schéma organisationnel du plan d'assurance-qualité(SOPAQ)
施工组织设计　conception(étude) d'organisation d'exécution
施工作业　opération de construction
施加负荷　application de charge
施加应力
　　contrainte exercée;application de contraintes
施加应力程序　programme de mise de contraintes;programme de mise en tension
施加应力条件　condition de mise en tension
施加预应力引起的压曲　flambement au cours de l'établissement de précontrainte
施力　application de force
施力线　ligne d'action
湿地　lac des oiseaux;mouillé
湿地保护区　zone protégée de lac des oiseaux
湿度　degré d'humidité;humidité;degré hygrométrique;taux d'humidité
湿度测定　détermination de l'humidité
湿度计　hygromètre
湿度平衡　équilibrage hygrométrique
湿法处理　traitement humide
湿法钻机　foreuse humide
湿滑路　route glissante
湿集料　agrégat mouillé
湿空气养护　conservation à l'air humide
湿孔爆破　sautage aux trous humides
湿密度　densité humide
湿面　surface humide
湿黏土　argile humide
湿气养护　cure à l'air humide
湿气养护混凝土
　　béton conservé à l'air humide
湿软泥　limon humide
湿润土　sol mouillé
湿润养护　cure par arrosage
湿砂　sable humide
湿式筛分　criblage humide;criblage sous eau
湿式凿岩机
　　perforateur à injection;perforatrice humide
湿式钻孔　forage humide
湿试样　échantillon humide
湿挖　excavation dans l'eau;
　　excavation humide
湿污泥　boue humide
湿污泥清理　purge de boue humide
湿陷性黄土　limon à tassement
湿胀　foisonnement dû à l'humidité
十米卷尺　décamètre
十年保修　assurance décennale
十年保证(期)　garantie décennale
十年一遇洪水流量　débit de crue décennale
十年责任　responsabilité décennale
十年责任险
　　assurance de responsabilité décennale
十字板剪力试验　essai(test)au scissomètre
十字板试验　essai(test)au moulinet;essai (test)au moyen de l'appareil à palettes
十字标线　croisée
十字镐　pic;pioche
十字焊缝　soudure en croix
十字交叉　intersection en croix
十字交叉连接　assemblage à entailles à mi-bois;assemblage à entailles biaises (droites);liaison de croisement
十字扣件　attache en croix

十字路口　carrefour
十字形枢纽　nœud en forme de croix
十字钻头　trépan en croix
什锦锉　lime à aiguille
石坝　barrage en pierre
石板　dalle
石板路面　pavage de dalles
石板压顶　chaperon en dalle
石板岩　schiste argileux
石碑　stèle
石笔　crayon en ardoise
石场载重卡车　camion de carrière
石方　dérochage
石方爆破　dynamitage(explosion) de rochers
石方工程　terrassement(travaux) rocheux
石粉　poudre de pierre
石膏　gypse；plâtre
石膏浆　mortier de plâtre
石膏抹面　enduit au plâtre
石膏制品　produit de plâtre
石膏质泥灰岩
　　marne à gypse；marne gypseuse
石拱桥　pont en arches
石滚筒(碾子)　rouleau en pierre
石灰　chaux
石灰厂　usine à chaux
石灰改良土
　　sol amélioré à la chaux；sol traité à la chaux
石灰供应　fourniture de chaux
石灰含量　teneur en chaux
石灰华　tuf calcaire
石灰活性　activité de chaux
石灰浆　lait de chaux
石灰矿渣水泥　ciment chaux-laitier
石灰抹面　enduit à la chaux
石灰砂浆　mortier de chaux
石灰石　pierre à chaux；pierre à chaux calcaire；pierre calcaire
石灰石采石场　carrière de calcaire
石灰石集料　agrégat calcaire
石灰石路面　empierrement calcaire
石灰水　blanc de chaux；eau de chaux
石灰水化作用　hydratation de chaux
石灰筒仓　silo de chaux
石灰土路　route sol-chaux
石灰稳定土　sol-chaux
石灰岩　calcaire；roche calcaire
石灰岩层　banc calcaire
石灰制品　produit à base de chaux
石灰质黏土　argile calcaire
石灰质砂　sable calcaire(calcique)
石灰质土　terre calcaire
石灰质沼泽地　marais calcaire
石块　bloc de pierre；bloc rocheux；pierre
石块尺寸测量　blocométrie
石块堆　tas de blocs rocheux
石块路面　pavage de pierre
石蜡　paraffine
石蜡含量　teneur en paraffine
石拦　claustrât
石垒桥　pont en maçonnerie
石料　matériau pierreux；pierre；produit de carrière
石料场　aire de graviers；carrière de roche；centrale de concassage；gîte d'emprunt
石料场调查　enquête de carrière
石料场开采　abattage en carrières
石料场特许开采权
　　concession d'exploitation de carrière
石料堆垛　tas de granulats
石料开采　extraction de pierre
石料筛　tamis à carrière
石流　avalanche de pierres
石笼　cage de gabion；cage en grillage；gabion
石笼挡墙　soutènement en gabion
石笼挡土墙　mur de soutènement en gabions
石笼堤　digue en gabion
石笼防护工程　ouvrage en gabions
石笼基础　fondation par ballast encoffré
石笼墙　mur en gabions
石笼围堰　para-fouille en gabions
石棉　amiante
石棉板　amiante en feuilles；ardoise(feuille, plaque) d'amiante；ardoise d'asbeste
石棉布　tissu(toile) d'amiante
石棉管　tuyau en amiante
石棉混凝土　béton d'amiante
石棉毛毡　feutre d'amiante
石棉砂浆　mortier d'asbeste
石棉绳　corde d'amiante
石棉水泥　amiante-béton；amiante-ciment；ciment d'amiante(asbeste)；fibrociment
石棉水泥板　ardoise d'amiante-ciment
石棉水泥管　conduit d'amiante-ciment；tuyau en amiante-ciment
石棉水泥排水管
　　tuyau drainant en asbeste ciment

| 实际标高 | cote réelle | 875 |

石棉水泥制品　produit en amiante-ciment
石棉水泥制品厂
　usine de produits en amiante-ciment
石棉纤维　fibre d'amiante(asbeste)
石棉橡胶　caoutchouc d'amiante
石棉制品　produit d'amiante
石墨　graphite
石墨电极　électrode de graphite
石砌边坡　talus pavé
石砌护面　revêtement en pierres
石砌护坡
　perré; perré de protection; revêtement perré
石砌护坡处理　traitement de perré
石砌隧道　tunnel en maçonnerie; tunnel en maçonnerie à pierre
石砌支护　soutènement en maçonnerie
石墙砌面　parement en pierre maçonnée
石桥　pont en pierre
石条压顶　chaperon en pierre
石挖方　déblai en roche
石屑　gravillon mignonnette
石屑路　route gravillonnée
石屑撒布机　distributeur de gravillons (scorie); engin gravillonneur; bavette
石屑摊铺　gravillonnage
石屑摊铺车　camion gravillonneur
石英　quartz
石英砾石　gravier quartzeux
石英砂　sable cru(quartzeux)
石英砂砾　grave quartzeuse
石英砂岩　grès quartzeux
石英碎石料　granulats quartzeux
石英岩　quartzite; roche de quartz; roche quartzifère
石油储量　réserves de pétrole
石油港　port pétrolier
石油管道　canalisation de pétrole
石油管道通道
　passage de conduites pétrolières
石油化工联合企业　complexe pétrochimique
石油勘探　prospection pétrolière
石油沥青
　asphalte(bitume, goudron) de pétrole
石油码头　appontement pétrolier
石油气输送管道　butanoduc
石油污染　pollution pétrolière
石砟　agrégat de ballast; agrégat de ballast; ballast
石砟车　wagon à ballasts

石砟漏斗车　wagon-trémie à ballast
石砟筛　tamis à ballast
石砟筛分机　machine à cribler le ballast
石质边坡的加固
　confortement de talus rocheux
石质荒漠　désert rocheux
石质路堤　remblai rocheux
石质凝灰岩　tuf à bloc
石质土　terre rocheuse
石筑边坡防护
　protection de talus en enrochement
石子破碎机　gravillonneur
时差　décalage horaire
时分信道　canal de division de temps
时间参数　paramètre du temps
时间单位　unité de temps
时间段　plage horaire
时间分界　interface temporelle
时间分配　distribution de temps
时间—固结曲线　courbe temps-consolidation
时间规律性　régularité horaire
时间划分　division de temps
时间间隔　intervalle de temps
时间间隔制　système d'intervalle de temps
时间校正　correction de temps
时间控制　contrôle horaire
时间曲线　courbe de temps
时间顺序　ordre chronologique
时间效应　effet de temps; effet horaire
时间因素　facteur de temps
时距曲线　courbe temps-espace
时刻表　horaire
时速　vitesse horaire; vitesse/heure(V/H)
识别　identification
识别标记　marque(repère) d'identification
识别码　code d'identification
识别系统　système d'identification
识别信号　signal d'identification
识别信息　informations d'identification
实测标高　cote réelle de mesure
实测高度　altitude réelle de mesure
实测平面图　géométral
实测剖面(图)　coupe géométrale
实车　véhicule(wagon) plein
实腹板梁桥　pont à âmes pleines
实腹拱　arc à âme pleine; arc à paroi pleine
实腹梁　poutre à âme pleine
实腹柱　poteau à âme pleine
实际标高　cote réelle

S

实际长度	longueur réelle
实际超高	dévers réel
实际成本	coût réel
实际尺寸	cote effective; dimension réelle
实际高度	altitude (hauteur) réelle; hauteur pratique
实际工资	salaire réel
实际功率	puissance réelle
实际行程曲线图	diagramme de distance parcourue
实际厚度	épaisseur réelle
实际交通量	capacité pratique
实际结果	résultat pratique (réel)
实际进度	avancement réel
实际流量	débit réel
实际密度	densité réelle
实际面积	surface réelle
实际数量	quantité réelle
实际数值	valeur réelle
实际速度	vitesse réelle
实际完成工程数量	quantité de travaux réellement exécutés
实际温度	température réelle
实际误差	écart effectif
实肩拱	arc à tympan plein
实木	bois plein
实曲线	courbe (courbure) solide; courbure pleine
实施	mise en exécution; mise en œuvre; réalisation
实施方式	modalité de réalisation
实施计划	plan d'application
实施阶段	phase de réalisation
实施日期	date d'exécution
实施填方	réalisation du remblaiement
实施条件	condition de mise en œuvre
实施土方工程	réalisation de terrassement
实时	temps réel
实数值	valeur réelle
实体	entité; substance
实体拱	arc en voûte pleine; arc solide
实体经济	économie réelle
实体桥台	aboutement (culée) solide
实物赔偿	dédommagement en nature
实习	stage
实习生	stagiaire
实现利润	bénéfice (profit) réalisé
实线	ligne pleine; trait plein
实心板梁	poutre à âme pleine
实心断面	section solide
实心方桩	pieu plein carré (obélisque)
实心轮胎	pneu plein
实心预制板	dalle pleine préfabriquée
实心轴	essieu plein; arbre plein
实心砖	brique pleine
实心砖隔墙	cloison en briques pleines
实心桩	pieu plein
实验报告	procès-verbal d'essai; rapport d'essai
实验段	planche expérimentale
实验费用	frais d'essais
实验阶段	phase expérimentale
实验室	laboratoire
实验室报告	rapport de laboratoire
实验室分析	analyse au laboratoire
实验室混凝土	béton de laboratoire
实验室检查	contrôle par laboratoire
实验室配合比调试	manipulation de dosage au laboratoire
实验室设置	installation de laboratoire
实验室试验	essai (test) au laboratoire
实验室试样	échantillon de laboratoire
实验室压实试验	essai (test) de compactage au laboratoire
实验室研究	recherche de laboratoire
实验室仪器	appareil de laboratoire
实验室专家	spécialiste de laboratoire
实验台账	registre d'essai
实验组	équipe au laboratoire
实用单位	unité pratique
实有资产	actif réel
拾振器	capteur de vibration
食品安全国家标准	norme nationale de sécurité alimentaire
食品接触用涂层	enrobage (enduit) en contact avec les aliments
食品漆	peinture alimentaire
蚀性分析	analyse d'agressivité
矢高	hauteur à clé
矢径	rayon vecteur
矢跨比	taux de travée
矢量场	champ de vecteurs
矢量分析	analyse vectorielle
矢量图	diagramme vecteur (vectoriel)
使馆认证	légalisation de l'ambassade
使坡度变缓	adoucissement de talus
使软化	adoucissement

使用标准　critère d'utilisation;
　　norme d'emploi(utilisation)
使用程序　programme d'utilisation
使用大功率机械
　　utilisation d'engins de forte puissance
使用地点　lieu d'emploi(utilisation)
使用范围　domaine(zone)d'emploi
　　(utilisation,application)
使用方式　mode d'utilisation
使用费　coût d'utilisation;frais d'emploi
使用概率　probabilité d'utilisation
使用工具　emploi des outils
使用功率　puissance en service
使用规则
　　règles d'emploi;conditions d'utilisation
使用借贷　prêt à usage
使用模板　utilisation de coffrage
使用年限　année de l'emploi
使用频率　fréquence d'emploi
使用期限
　　délai(durée)d'utilisation;durée d'usage
使用牵引设备
　　utilisation d'engins de traction
使用日期　date de mise en service
使用手册　manuel d'emploi(utilisation)
使用寿命　longévité(vie)d'utilisation;temps
　　(tenue)de service;vie de travail
使用术语定义
　　définition des termes employés
使用说明　instruction d'emploi(utilisation);
　　mode d'emploi
使用说明书　notice d'utilisation
使用特性　caractéristique de l'emploi
使用系数　coefficient d'utilisation
使用限制　restriction d'emploi
使用效率　efficience d'utilisation
使用性能　caractéristique d'usage;
　　performance d'utilisation
使用仪器　emploi de l'appareil
使用语言—米制—货币
　　usage de langue-système métrique-monnaie
使用运输设备
　　utilisation d'engins de transport
使用炸药
　　emploi(utilisation)des explosifs
使用炸药登记簿
　　registre d'utilisation des explosifs
使用周期　cycle d'utilisation
始发列车　train de premier départ de gare

始发列车计划
　　plan de premiers départs de trains
始发站　gare de départ;gare expéditrice
始发直达列车
　　train direct de premier départ de la gare
示波器　oscilloscope
示界灯　feux de délimitation
示宽灯　lampe d'encombrement;feux
　　de position
示坡线　ligne de talus
示意图　croquis(dessin,plan,graphique)
　　schématique;schéma
市场　marché
市场风险　risque de marché
市场价格　prix du marché
市场经济　économie de marché
市际道路　route interurbaine
市价　prix courant
市郊公路　route de banlieue
市郊客车　train voyageurs de banlieue;voiture
　　(train)de banlieue;train RER(Réseau
　　Express Régional)
市郊列车站台　quai de train de banlieue
市郊铁路　chemin de fer de banlieue;
　　chemin de fer urbain
市内交通　circulation urbaine;transport urbain
市内交通信号装置　signalisation urbaine
市区　zone urbaine
市区道路　voie urbaine
市区道路入口　accès de voie urbaine
市区干线道路　voie urbaine prioritaire
市区轨道交通　trafic urbain à rails
市区交通　trafic urbain
市区隧道　tunnel urbain
势能　énergie potentielle
事故　accident
事故保险　assurance-accidents
事故报告　rapport d'accident
事故处理　traitement de l'accident
事故处理完毕
　　terminaison de traitement de l'accident
事故次数　nombre d'accidents
事故地点　lieu(localisation)de l'accident
事故点　point d'accident
事故调查　enquête de l'accident
事故多发地点　lieu des accidents fréquents
事故多发地点位置
　　emplacement de point des accidents fréquents
事故多发地段　zone haute accidentée

事故多发区　zone accidentée
事故发生概率
　　probabilité d'occurrence d'incident
事故费用　coût de l'accident
事故分析
　　accidentologie；analyse de l'accident
事故风险管理　gestion de risque d'accidents
事故概率　probabilité d'accident
事故干扰　interférence de l'accident
事故高发率　densité d'accident
事故记录仪　enregistreur de l'incident
事故检测　détection de l'accident
事故鉴定　expertise(identification)d'accident
事故交通管制
　　contrôle de circulation en cas d'accident
事故警示　avertissement de l'accident
事故救援　secours de l'accident
事故救援通风　ventilation de secours
事故可能性　possibilité de l'accident
事故率　pourcentage(taux)d'accident
事故判定　jugement de l'accident
事故频率　fréquence d'accidents
事故死亡率　taux de mort d'accident
事故通风　ventilation d'accident
事故通告　avis d'accident
事故统计　statistique des accidents
事故晚点　retard à cause d'accident
事故危险性　risque de l'accident
事故危险性加大
　　montée de risque de l'accident
事故位置　position de l'accident
事故信号
　　signal d'alerte；signal de l'accident
事故信息　informations d'accidents
事故应急照明
　　éclairage de secours en cas d'accident
事故预防　prévention des accidents
事故原因　cause d'accident
事故原因分析　analyse de cause d'accident
事故责任　responsabilité d'accident
事故责任调查
　　enquête de responsabilité d'accident
事故撞击　choc accidentel
事故阻塞　embouteillage de l'accident
事件记录仪　enregistreur de l'événement
事件录入　registre d'événement
饰面混凝土　béton de parement
试安装　montage à blanc
试车　essai de mise en marche

试管　tube à essai
试剂　agent pour essai
试件　échantillon d'essai
试块　bloc d'essai
试块用模具　moule pour éprouvettes
试拉　essai de tirage
试铺　pose à blanc
试铺道岔　pose à blanc de l'aiguille
试铺枕木　pose à blanc de traverses
试验板　plaque d'essai
试验报告单　bulletin de l'essai
试验采伐　abattage d'essai
试验参数　paramètre d'essai
试验场　chantier d'essai
试验场地　terrain d'essai
试验车间
　　atelier des essais；atelier pilote
试验程序　programme de test
试验池　bassin d'essai
试验次数　nombre d'essais
试验大纲　programme d'essai(test)
试验段　plage(tronçon)d'essais；tronçon
　　expérimental；planche de convenance
试验段施工　exécution de section de test
试验方法　méthode(mode)d'essai(test)；
　　procédé d'essai(test)
试验工程师　ingénieur d'essais
试验规程　mode opératoire d'essai
试验过程　cours d'essais
试验过载　surcharge d'essai
试验合格证书　certificat d'épreuve
试验荷载　charge d'épreuve(essai,test)
试验机　machine d'essai
试验计划　plan d'essai
试验记录卡　fiche d'essai
试验架　cadre d'essai
试验阶段　étape(période,phase)d'essai
试验阶段列车运营
　　exploitation des trains en phase d'essai
试验结果　résultat des essais
试验结果偏差
　　écart entre le résultat des essais
试验类型　type d'essais
试验梁　poutre d'essai
试验模具　moule d'essai
试验平台　plateforme d'épreuve
试验区　zone d'essai
试验区段
　　section de test；terrain d'expériences

试验曲线　courbe(courbure)
　　d'essai;courbe expérimentale
试验设备　équipement(matériel)d'essai
试验台　banc d'épreuve(essai)
试验台试验　essai(test)au banc
试验温度　température d'essai
试验信号　signal d'essai
试验性爆破　tir d'essai
试验压力　pression d'essai
试验压实　compactage d'essai
试验样品　modèle d'essai
试验站　station d'essai
试验证书　certificat d'essais
试验桩　pieu d'épreuve
试验装置　unité pilote
试验资料　document des essais
试验钻探　sondage d'essai
试样　spécimen d'essai;
　　échantillon d'essai;éprouvette
试样柱　carotte-échantillon
试样准备　fabrication d'éprouvettes
试运行　essai de mise en service;marche
　　d'essai;test de circulation
试运期　période de marche d'essai
试纸　papier réactif
试制　fabrication d'essai
试桩　pieu préliminaire
试桩场　chantier des essais de pieux
试钻　forage d'essai
试钻井　sondage de recherche
视差　erreur apparente;parallaxe
视差法距离测量
　　distance par mesurage parallactique
视察　inspection
视察信号　mirliton
视角
　　angle de vision(vue,visuel,optique)
视界范围　portée visuelle
视距　distance apparente;distance
　　de visibilité;distance visuelle
视距测量　levé au stadia
视距尺　stadia
视距高差　dénivelée au tachéomètre
视距水准测量
　　nivellement tachéométrique
视距仪测量　levé au tachéomètre
视觉疲劳　fatigue visuelle
视觉污染　nuisance(pollution)visuelle
视觉信号　signal visuel

视觉信息　annonce visuelle
视频车辆检测器
　　détecteur de véhicules par vidéo
视频传输　vidéotransmission
视频分配器　distributeur vidéo
视频火灾事故监测系统
　　système à vidéo de détection d'incendie
视频监测系统
　　système de vidéosurveillance(SV)
视频监控设备
　　installations de vidéosurveillance
视频监控子系统
　　sous-système de vidéosurveillance
视频监控子系统安装
　　installation de sous-système vidéosurveillance
视频监视　vidéosurveillance
视频监视系统
　　système de surveillance vidéo
视频系统　système vidéo
视线　rayon visuel;vue
视准仪　collimateur
适当比例　échelle adéquate
适当洒水　arrosage convenable
适当调整　ajustement approprié
适合期限　délai convenable
适配　convenance
适配器　adapteur
适配试验　essai(test)de convenance
适应点　point d'adaptation
适应能力　aptitude d'adaptation
适应区段　zone d'adaptation
适应性　convenance
适应性试验　essai(test)de convenance
适用范围　domaine d'application
适用高度　altitude d'adaptation
适用厚度　épaisseur d'application
适用条件　condition applicable
适用条例　textes applicables
适用系数　coefficient pratique(utilisable)
适用性　caractère de disponibilité
适用性检验　épreuve de convenance
室内地坪　niveau du sol intérieur
室内抹灰　enduit intérieur
室内温度　température intérieure
室内照明　éclairage intérieur
室外地坪　niveau du sol extérieur
室外抹灰　enduit extérieur
室外温度　température extérieure
室外照明　éclairage extérieur

S

室外照明设施　installations d'éclairage extérieur

室外作业险　assurance contre les risques des opérations extérieures
释放　libération; liberté; mise en liberté
释放保护信号　libération de signal de protection
释放功能　fonction de décharge (libération)
释放进路　itinéraire libéré
释放线路中断的区段　libération de plage d'interception de la voie
释放信号　signal de libération
释放压力　décharge de pression
释放应力　décharge de contrainte
释放指令　instruction de libération

S

shou

收费桥　pont à péage
收费系统　système de péage
收费站　péage; poste (station) de péage
收费站标志　signe de péage
收费站公路　route à péage
收费站栏木　barrière de péage
收费站入口　accès de péage
收获季节　saison de moisson
收集　collection; recueil
收集气象数据　recueil de données climatiques
收集数据　récolte des données
收集信息　collecte d'informations
收紧器　tendeur
收据　accusé; acquit; quittance
收敛半径　rayon de convergence
收敛测量　mesure de convergence
收敛曲线　courbe (courbure) de convergence
收率　capacité d'absorption
收讫章　estampille
收入　recette
收入和支出相抵　compensation entre recettes et dépenses
收入金额　montant de recettes
收入增加　accroissement de recette
收拾碎片　ramassage des débris
收缩　contraction; retrait
收缩比　rapport de contraction; ratio de retrait
收缩变形　déformation de contraction (retrait)
收缩测量　mesure de contraction
收缩度　degré de retrait (contraction, tassement)
收缩断面　section de contraction
收缩缝　joint de dilatation (retrait)
收缩缝盖顶处理　arrangement de recouvrement de joint de dilatation
收缩缝隙　jeu de dilatation
收缩孔　cavité de contraction
收缩力　force de contraction (retrait)
收缩裂缝　fissuration sous retrait; fissure de contraction (retrait)
收缩率　facteur de contraction; taux de retrait
收缩能力　aptitude au retrait
收缩期　période de contraction
收缩试验　essai (test) de rétraction (retrait)
收缩土　sol rétractable
收缩系数　coefficient (facteur) de contraction (retrait, striction, rétrécissement)
收缩压力　pression de retrait
收缩应力　contrainte de contraction (retrait)
收缩装置　dispositif de dilatation
收尾工程　travaux de finition
收益　rentabilité
收益率　taux de rendement (rentabilité)
收砟机　collecteur de ballast
收砟机　récupérateur de ballasts
收支顺差表　bilan actif
手扳葫芦　palan à levier
手柄　manette; poignée
手操纵　commande manuelle
手操纵方式　mode de commande manuelle
手操纵设备　équipement de commande manuelle
手册　agenda; livret; manuel
手持风动凿岩机　perforatrice pneumatique à main
手持式凿岩机　perforateur manuel
手持式钻机　foreuse à main
手持信号牌　guidon
手锤　marteau à main
手电筒　lampe de poche
手电钻　chignole
手动操作　fonctionnement manuel; opération manuelle
手动道岔　aiguille à commande manuelle; aiguille manœuvrée à la main
手动葫芦　palan à chaîne (main); palan manuel à chaîne
手动搅拌器　agitateur manuel
手动控制道岔　aiguille à manœuvre manuelle
手动千斤顶　vérin à bras (main)

手动信号　signal à main
手动钻孔　perforation manuelle
手扶式修整机　finisseur à bras
手扶振动压路机　rouleau à bras vibrant
手工采掘　abattage à la main
手工焊接
　　soudage à la main;soudage manuel
手工劳动　travail à la main
手工凿岩　forage à la main;forage manuel
手工制作　fabrication à la main
手虎钳　étau à main
手拉滚筒(路碾)　rouleau à bras(main);
　　rouleau compresseur à bras(main)
手套　gant
手提信号灯　fanal
手推车　brouette;chariot à main
手洗　nettoyage à la main
手信号　geste
手续　formalité
手续费　commission;coût(frais) de formalité
手摇起重机　guinde
手摇筛　tamis à main
手摇钻　chignole;foret à bras
手制动　freinage à main;frein à main
手制动方式　mode de freinage à main
手制动机　frein à main
手制动摇臂座
　　logement de manivelle de frein à la main
手制动摇柄　manivelle de frein à la main
手钻　chignole(perforatrice)à main;drille;
　　perceuse portative
守车　wagon de queue
守恒定律　loi de conservation
首次衬砌　revêtement primaire
首付款　paiement initial
首列车检查　inspection de premier train
首列车辆　wagon de tête
寿命　longévité/durée de vie
寿命曲线　courbure de vie
寿命试验　épreuve de durée
受变试验　essai(test) à la flexion
受潮分解
　　dissociation par l'action de l'humidité
受冲压能力　aptitude à l'emboutissage
受电端　extrémité alimentée
受电弓　pantographe
受电弓安装　montage de pantographe
受电弓承槽　bâti de pantographe
受电弓掉线　pantographe hors ligne

受电弓掉线故障
　　cas de déraillement de pantographe;panne de
　　pantographe hors ligne
受电弓隔离开关　isolateur de pantographe
受电弓滑板　frotteur(semelle) de pantographe
受电弓减振器　amortisseur de pantographe
受电弓接触点
　　point de contact de pantographe
受电弓控制　contrôle de pantographe
受电弓摩擦　frottement de pantographe
受电弓闪花现象
　　phénomène d'étincelle de pantographe
受电弓升高　hausse de pantographe
受电弓升力补偿机制　mécanisme de
　　compensation de force d'élévation
　　de pantographe
受电弓受流　circuit de courant de pantographe
受电弓抬升
　　élévation(montée) de pantographe
受电弓碳刷　balai en charbon de pantographe
受电弓跳线可能性
　　possibilité de pantographe hors ligne
受电弓头　archet de pantographe
受电弓装置　dispositif de pantographe
受电弓座
　　armature(logement,siège) de pantographe
受电靴　patin de collection de courant
受控出入口　accès contrôlé
受拉部件　pièce à la traction
受拉杆件　élément à la traction;élément tendu
受拉钢筋　armature de traction;armature
　　tendue;barre tendue
受拉构件　membre tendu
受力变形　déformation due à la précontrainte
受力状态　état de tension
受流系统　système de captage de courant
受扭部件　pièce à la torsion
受扭钢筋
　　armature à la torsion;armature de torsion
受扭构件　élément à la torsion
受切变形　déformation de cisaillement;
　　déformation due à l'effort tranchant;
　　déformation due au cisaillement
受水区　bassin de réception
受损货物　marchandise avariée
受托人　délégataire
受弯构件　élément à la flexion
受弯试验　épreuve(essai,test) à la flexion
受委托人　mandataire

受项目影响地区　zone d'impact du projet
受压板　dalle de compression
受压变形　déformation de compression；déformation due à la compression
受压钢筋　acier(armature) de compression；armature(barre) comprimée
受压构件　élément comprimé
受压面　face de compression
受压面积　surface de pression
受压区　région compressive；zone comprimée；zone de compression
受压弯曲　flambement à la compression
受压性能　propriété de compression
受压桩　pieu comprimé
受影响地区　zone(région) influencée(touchée)
受影响范围　étendue de l'impact
授标　attribution des offres
授标通知　avis d'attribution
授权　délégation
授权签字　délégation de signature
授权书　lettre de délégation；lettre de pouvoirs
授权书签字　signature sur lettre de délégation
授权资格审查　vérification de pouvoirs
授予　attribution
售后服务　service après vente
售后服务部　bureau de service après-vente
售价　prix de vente
售票窗口　guichet de billets
售票员　agent de guichet
瘦黏土　argile aigre

shu

书面承诺　engagement écrit
书面合同　contrat par écrit
书面汇报　rapport écrit
书面申请　demande par écrit
书面授权　pouvoir donné par écrit
书面通知　avis par écrit
书面文件　pièces écrites
书面指示　instruction par écrit
枢纽布置图　plan de disposition de nœud
枢纽小运转列车　train de régulation à la jonction de voie
枢纽站　gare d'embranchement(bifurcation, jonction)
舒适　confort
舒适度　degré de confort
舒适性管理　gestion de confort

舒适性和安全性需要　besoin de confortabilité et de sécurité
疏导道路　route de dégagement
疏导交通　dégagement(dérivation) de circulation
疏干　assèchement par drainage
疏干面积　aire de drainage
疏干排水　drainage par dessiccation
疏浚　dragage
疏浚地点　lieu de dragage
疏浚工程　travaux de dragage
疏浚工地　chantier de dragage
疏浚泥砂　produit dragué
疏浚施工　opération de drainage
疏松层　banc tendre
疏松土　terrain sans consistance
疏通　écurage
疏通水沟　nettoyage de caniveaux
输出　exportation
输出电压　tension de débit(sortie)
输出端子　borne de sortie
输出功率　puissance de sortie；puissance débitée
输出量　débit
输出率　débit spécifique
输电　transmission d'électricité(courant)
输电调度中心　centre de commande de transmission du courant électrique
输电线　ligne de transmission électrique
输电线电压　tension de ligne de transmission électrique
输电线工程　travaux de transmission électrique
输电线预弛度　pré-flèche de ligne de transmission électrique
输气　transmission de gaz
输气管道防护　protection de gazoduc
输入　introduction
输入电压　tension accessible
输入功率　puissance d'entrée
输水渠　canal déférent
输水设备　dispositif de ditribution de l'eau
输送带　convoyeur
输送工具　moyens de transmission
输油管道　canalisation d'oléoduc；canalisation de pipe-line；oléoduc
输油管道保护　protection de l'oléoduc
熟化污泥　boue mûre
熟练程度　degré de qualification

熟练工　ouvrier qualifié;main-d'œuvre qualifiée;ouvrier spécialisé
熟料水泥　ciment de clinker
熟石灰　chaux éteinte(fondue,hydratée)
熟铁　fer doux
熟污泥　boue cuite
熟悉招标材料文件　connaissance des documents de l'appel d'offre
属性　caractère
鼠笼式电机　moteur de type à cage d'écureuil
术语　nomenclature;terme
束带拱　arc embrassé
树根　racine de l'arbre
树根清除　dessouchage
树篱　haie;haie d'arbres;haie végétale
树林屏障　rideau d'arbres
树木砍伐赔偿费　compensation des arbres
树脂　résine
树脂材料　matière résineuse
树脂混凝土　béton résineux
树脂胶泥　mastic de résine
树脂清漆　vernis sans huiles
树脂砂浆　mortier de résine
竖井　bure verticale;cheminée;galerie ascendante(verticale);puits droit(vertical)
竖井分段纵向式通风　ventilation longitudinale avec extraction massive
竖曲线　courbe(courbure)au profil en long;courbe(courbure)verticale
竖曲线半径　rayon en crête
竖曲线长度　longueur de courbe verticale
竖曲线起点　début de courbe verticale(DCV)
竖曲线终点　fin de courbe verticale(FCV)
竖升开启桥　pont basculant
竖向力矩　moment vertical
竖向挠度　déflexion verticale
竖向预应力　précontrainte verticale
竖旋桥　pont basculant
竖直度　perpendicularité
竖钻孔　trou vertical
数据　donnée
数据编码　codage de données
数据变化　variation des données
数据不足　insuffisance de données
数据采集　acquisition(collection)des données
数据处理　traitement de données

数据传输　transmission de données
数据传输系统　système de transmission des données
数据存储　mise en mémoire des données
数据丢失　perte de données
数据分析　analyse des données
数据更新　actualisation de données
数据积累　accumulation de données
数据交换系统　système de commutation des données
数据接口　interface de données
数据库　banque(base)de données
数据链接　liaison de données
数据判断　diagnostic des données
数据容量　volume de données
数据收集　collection de données
数据输出　sortie de données
数据完整性　intégrité de données
数据下载　téléchargement de données
数据转换　commutation de données
数据转换器　commutateur de données
数据组　série de données
数控　commande numérique
数量　nombre;quantité
数量变化　modification quantitative
数量表　bordereau de quantité;liste de quantités;tableau quantitatif
数量参数　paramètre quantitatif
数量—价格相互影响　interaction quantité-prix
数量校正　correction de quantité
数量控制　contrôle de quantité
数量评估　appréciation quantitative
数量调整　réglage de quantité
数量增加　augmentation de quantité
数量指标　indice de quantité;indice quantitative
数码　code digital(numérique)
数码标识　marque numérique
数码解调器　modulateur de codes
数码摄像机　caméra numérique
数学计算　calcul mathématique
数值　valeur numérique
数值变化　variation de valeur
数值分析　analyse numérique
数值计算　calcul numérique
数字编码　codage numérique
数字处理　traitement numérique

数字传输干线　artère numérique de transmission
数字电话　téléphone numérique
数字记录　enregistrement digital
数字交换　commutation numérique
数字解调器　modulateur numérique
数字宽带网　réseau numérique à bande large
数字链接　liaison numérique
数字输出　sortie digitale
数字输入　entrée digitale
数字水准仪　niveau numérique
数字网络　réseau numérique
数字信号　signal numérique

shua

刷新　actualisation
刷子　brosse

shuai

衰变时间　durée de persistance;temps de chute
衰减　affaiblissement;amortissement
衰减期　période d'amortissement
衰减系数　coefficient d'affaiblissement(atténuation);rapport d'affaiblissement
衰减现象　phénomène d'atténuation

shuan

拴接点　point d'attache
拴接点标记　marque du point d'attache

shuang

双臂开合桥　pont double
双臂开启桥　pont à deux moitiés basculantes
双臂路灯　réverbère à deux crosses
双臂受电弓　pantographe à deux bras
双臂凿岩台车　jumbo à deux bras
双边供电　alimentation bilatérale
双边合同　contrat bilatéral
双边贸易　commerce bilatéral
双边协议　accord bilatéral
双侧壁开挖　creusement avec cloison centrale
双侧导坑法　méthode à galerie d'approche à deux côtés
双侧停车　parking bilatéral
双层　double couche
双层衬砌　revêtement bicouche
双层道路　route(voie)à deux étages
双层底板车　wagon à deux planchers
双层基础　fondation double
双层集装箱平车　wagon porte-conteneurs à deux couches
双层均衡摇动筛　crible à deux caisses équilibrées
双层客车　voiture à voyageurs à deux étages;wagon à étages
双层客车车体　caisse(carrosserie)à deux étages
双层桥　pont à deux étages;pont à tabliers doubles
双层筛　crible à deux étages;crible à deux plateaux;crible bi-plan;crible double
双层摊铺路面　revêtement en enduit bi-couche
双层悬索桥　pont à câbles à deux étages
双车道　voie double
双车道公路　route à deux voies;route à double voies
双车道行驶　circulation sur double voie
双车道桥面　tablier à deux voies
双重钢筋　armature double
双重控制道岔　aiguille à manœuvre double
双触头　contact jumelé
双电流电力机车　locomotive bi-courant
双吊钩式电动桥式起重机　pont électrique à deux crochets
双动道岔　aiguille accouplée
双动气锤　marteau à double effet;marteau à vapeur à double effet
双动式初碎机　débiteuse primaire double effet
双洞隧道　tunnel à deux trous
双洞隧道工程　travaux de tunnel à deux trous
双洞隧道施工　exécution de tunnel à deux trous
双渡线　bretelle double;traversée-jonction double
双方会同检查　reconnaissance contradictoire
双幅式公路　route double
双工　duplex
双工操作　opération duplex
双工重型振动压路机　cylindre vibrant lourd duplex
双管　tube double
双管4车道隧道　tunnel à quatre voies formé de deux tubes
双管涵端墙　tête de buse double
双管隧道　tunnel bi-tubes

双管隧道工程　travaux de tunnel bi-tubes
双轨距　double écartement
双轨距线路　voie à double écartement
双轨条式轨道电路
　circuit de voie sur deux rails
双滚筒破碎机
　broyeur à deux cylindres pour le concassage
双号　numéro pair
双(编)号列车　train pair
双机牵引　double traction de locomotives; traction à deux locomotives; traction de double locomotive
双机牵引操作
　manœuvre de traction à deux locomotives
双机牵引方式
　mode de traction à double locomotive
双机牵引列车　train remorqué en double traction; train en double traction
双机牵引模式　mode de traction à deux locomotives
双机牵引试验
　essai(test) de traction à deux locomotives
双机运行　fonctionnement de double traction de locomotive
双铰拱
　arc à deux articulations(charnières, rotules)
双进路　double itinéraire
双井　puits jumeaux
双开道岔　aiguille double conversion; branchement à deux voies
双开开关　interrupteur double allumage
双开门　porte à deux battants
双开竖旋桥　pont à deux moitiés basculantes
双孔盖板涵　ponceau avec dalles accouplées
双孔排水涵洞　ponceau à deux tuyaux
双孔(跨)桥　pont à deux travées
双控开关　interrupteur va-et-vient
双跨　portée double
双块轨枕　traverses jumelées
双块轨枕连接螺栓
　boulon de jumelage de traverse
双块式钢筋混凝土轨枕
　traverse de bi-bloc en béton armé
双块式轨道板　traverses jumelées
双块式轨枕　traverse à deux blochets en béton armé par une entretoise métallique; traverse de bi-bloc
双块式轨枕轨道　voie de traverses bi-blocs
双块式轨枕机　pondeuse de traverses bi-blocs

双块式轨枕连杆
　entretoise de traverses biblocs
双块式轨枕无砟道床
　lit sans ballast de traverse de bi-bloc
双块式轨枕无砟线路
　voie sans ballast de traverse de bi-bloc
双缆索挖土机　pelle bicâble
双联电梯　ascenseur en duplex
双联动车组列车　train automoteur jumelé
双联动动车组　unité d'automoteur à deux motrices situées dans deux extrémités de la rame; unité d'automotrices jumelées
双链形悬挂　suspension caténaire composée
双梁桥　pont bi-poutres
双路的(指道岔)　bivoie
双路面道路　route à deux chaussées
双轮压路机　cylindre tandem; compacteur tandem; rouleau à double roue
双螺钻　tarière à double spire
双排墩　piles en duplex; piles jumelles
双频　bifréquence
双频率电力机车　locomotive bi-fréquence
双桥　ponts jumelés
双桥探头　point de contact à bifonction; pointe à bifonction
双切曲线　courbe(courbure) bitangentielle
双曲面　plan hyperbolique
双曲线　hyperbole; hyperbole
双曲线坐标　coordonnées hyperboliques
双人悬座(缆车)　siège biplace
双闪灯　feux de détresse
双扇车厢中门　porte centrale à deux vantaux
双扇对开拉门
　porte coulissante à deux battants opposés
双数方向　sens pair
双隧道　tunnels jumelés
双隧道施工　exécution de tunnels jumelés
双筒搅拌机　malaxeur à deux tambours
双筒式拌和机　mélangeur à deux tambours
双头轨　rail à double champignon
双头列车　train remorqué en double traction; train réversible
双头鱼尾板　éclisse à double cornière
双驼峰　bosse de triage double; double bosse
双弯曲线　doucine
双下导坑法　méthode d'excavation allemande
双线　double voie; voie double
双线插入段
　tronçon d'insertion de ligne à double voie

双线出入线　ligne d'accès pour double voie
双线单向自动闭塞　block automatique de double voie à sens unique
双线道床　plateforme à deux voies
双线道床顶面宽度　largeur de sommet de la plateforme de voie double
双线电气化工程　travaux de ligne à double voie électrifiée
双线电气化铁路　double voie électrifiée;ligne à double voie électrifiée;ligne électrifiée à double voie
双线电气化铁路改造　renouvellement de ligne à double voie électrifiée
双线电气化铁路改造工程　travaux de renouvellement de ligne à double voie électrifiée
双线电气化铁路工程　travaux de ligne électrifiée à double voie
双线电气化铁路速度　vitesse de ligne à double voie électrifiée
双线高架桥　viaduc à double voies
双线桥　pont à double voie
双线区段　section de ligne à double voie
双线区间　canton à voie double
双线隧道　tunnel à deux voies;tunnel à double voie
双线隧道工程　travaux de tunnel à deux voies
双线隧道施工　exécution de tunnel à deux voies
双线索道　téléphérique bicâble
双线铁路　ligne à double voie
双线铁路横剖面(图)　coupe transversale de double voie du chemin de fer
双线铁路桥　pont de chemin de fer à double voie
双线铁路桥面　tablier de ligne à double voie
双向闭塞　block à deux sens
双向车道路　route à chaussée bidirectionnelle
双向车流量　flux(volume)de trafic bidirectionnel
双向钢筋　armature en quadrillage
双向交路　itinéraire bidirectionnel
双向交通　circulation en double sens;trafic à double sens
双向控制　contrôle bilatéral
双向连接线　bretelle bidirectionnelle
双向模式　mode bi-directionnel
双向坡道　rampe à deux sens
双向隧道　tunnel bidirectionnel
双向隧道工程　travaux de tunnel bidirectionnel
双向无线电通信　radiocommunication à deux sens
双向行车　banalisation
双向行驶　circulation à deux sens
双向行驶道路　route à deux sens
双向运动动车组列车　train automoteur réversible
双向闸机　porte réversible
双向征税协议　accord sur la double imposition
双向自动闭塞　block automatique à deux sens
双心电缆　câble biphasé
双心拱　arc à deux centres
双行车道　dédoublement de voie
双氧水　eau oxygénée
双枕　traverse double
双枕轨道　voie de traverse double
双轴应力　contrainte biaxiale
双柱　colonne à couplage
双走道布局　disposition de double couloir

shui

水坝　barrage
水坝毁坏　destruction de barrage
水泵　pompe à eau
水泵房　abri(chambre)de pompes
水泵排水量　débit de pompage
水泵扬程　course de pompe
水表　compteur d'eau
水波　ondes d'eau
水不流动　immobilité de l'eau
水槽车　camion-réservoir
水厂　usine d'eau
水成沉积　dépôt aqueux
水成灰岩　calcaire hydraulique
水成岩　roche aquifère(hydrogénique)
水池　bâche à eau;bassin/réservoir d'eau
水池开挖　déblai de bassin
水池挖方　déblai de bassin
水冲刷作用　travail des eaux
水冲洗　nettoyage au jet d'eau
水处理　traitement de l'eau
水处理厂　station d'épuration des eaux;station de traitement des eaux;usine de traitement d'eau
水处理装置　dispositif de traitement des eaux
水带　manche à eau

水道加宽　élargissement de canal
水道桥跨　passage pour canalisation
水的横向流速　vitesse transversale de l'eau
水电　hydroélectricité
水电费　frais d'alimentation en eau et en électricité
水电站　centrale hydroélectrique
水工调查　recherche hydroélectrique
水沟　ravinement
水沟断面　section de fossé
水管　canalisation d'eau; conduite d'eau; tube (tuyau) d'eau
水管密封　étanchéité de conduit d'eau
水罐　citerne
水害　maladie de crue
水害抢修　réparation de secours après des inondations
水合物　hydrate
水合作用　hydratation
水化催化剂　catalyseur d'hydratation
水化水泥　ciment hydraté
水灰比　dosage eau-ciment; eau/ciment; indice d'eau-ciment; proportion d'eau-ciment; rapport (ratio) d'eau-ciment
水活化反应性试验　test de réactivité à l'eau
水基泥浆　boue à base d'eau
水加热　chauffage (échauffement) de l'eau
水节门　valve d'échappement d'eau
水结碎石路面　empierrement à l'eau
水解　hydrolyse
水解反应　réaction d'hydrolyse
水解黏土　argile extinguible
水井　puits d'eau
水井出水量　débit de puits
水净化　purification d'eau
水库　bassin de retenue; lac artificiel; lac de retenue; réservoir d'eau; réservoir
水库蓄水　retenue de réservoir
水冷柴油机　moteur diesel à refroidissement par eau
水冷柴油机盘管　serpentin de moteur diesel à refroidissement par eau
水力冲填　remblai à l'eau; remblai hydraulique
水力出砟　déblaiement hydraulique
水力发电厂　centrale hydraulique
水力负荷　charge hydraulique
水力掘进　creusement à l'eau

水力开采　abattage à l'eau; abattage hydraulique
水力平衡　balance hydraulique
水利冲方　creusement (excavation) hydraulique; excavation par jets d'eau
水利工程　aménagement (ouvrage, travaux) hydraulique
水利工程技术　technique hydraulique
水利工程师　ingénieur hydraulique
水利构造物排水设计　conception d'assainissement des ouvrages hydrauliques
水利机械　machine hydraulique
水利计算　calcul hydraulique
水利开发　développement hydraulique
水利开挖　creusement (excavation) hydraulique
水利设施　installations hydrauliques
水利实验室　laboratoire hydraulique
水利通道　passage hydraulique
水利性能　caractéristique hydraulique
水利学　hydraulique
水利研究　étude hydrologique
水帘　écran (rideau) d'eau
水量　quantité d'eau
水流　afflux d'eau; courant d'eau; courant; écoulement de l'eau
水流测量图　hydrogramme
水流冲刷能力　compétence de courant d'eau
水流动　mouvement de l'eau
水流断面　section d'écoulement
水流方向　sens d'écoulement de l'eau
水流构造物设计　étude des ouvrages hydrauliques
水流计算　calcul de fil d'eau
水流交汇处　carrefour hydraulique
水流截面　profil d'écoulement
水流截面控制　contrôle de profil d'écoulement
水流量　débit d'eau
水流设计　conception (étude) hydrologique
水流线　ligne d'écoulement; ligne de fil d'eau
水龙头　bouche d'eau; lance à eau; robinet d'eau
水路　voie d'eau
水路运输　transport par voie d'eau
水轮机　roue hydraulique; turbine hydraulique
水煤气　gaz à l'eau
水密性　étanchéité à l'eau

水面　surface de l'eau
水面下桥墩　pile submergée
水磨石　granito
水磨石板　dalle de granito
水幕　écran(rideau)d'eau
水囊　poche d'eau
水能　énergie hydraulique
水泥　ciment
水泥板　dalle de ciment
水泥板路面　pavement en dalles de ciment
水泥保管　préservation de ciments
水泥仓库　magasin à ciment
水泥厂　cimenterie;usine à ciment
水泥储存　réserve de ciment
水泥存放　stockage de ciments
水泥存放(场)　dépôt de ciments
水泥袋　sac de ciment
水泥等级分类　classement des ciments
水泥地　sol cimenté
水泥地面　sol en ciment
水泥堆放场地　aire de dépôt de ciment
水泥浮浆　saignement
水泥改良土　sol amélioré au ciment
水泥供应　 approvisionnement(fourniture)de ciment
水泥管　tuyau en ciment
水泥灌浆　cimentation
水泥灌浆机　appareil à injection de ciment
水泥灌注　injection de ciment
水泥含量　teneur en ciment
水泥化学速凝剂　 accélérateur chimique de durcissement
水泥活性　activité de ciment
水泥集料　agrégat de ciment
水泥浆　coulis(lait)de ciment; mélange de l'eau-ciment
水泥浆喷枪　canon à ciment
水泥浆填缝　joint au coulis de ciment
水泥浇筑　cimentage
水泥结合力　adhérence de ciment
水泥进口　importation de ciments
水泥空心砖　agglo;parpaing
水泥库　entrepôt de ciments
水泥块　bloc de ciment
水泥拉毛墙面　crépi moucheté;enduit à parement bouchardé(grésé,raclé);enduit tyrolien;mouchetis
水泥类型　espèce(type)de ciment
水泥路肩　accotement en ciment

水泥黏结剂　ciment-colle
水泥凝固作用　effet de prise de ciment
水泥喷浆衬砌　 revêtement à injection de ciment
水泥喷浆射机　guniteuse
水泥砌块　aggloméré de ciment
水泥强度等级　classe(marque)de ciment
水泥洒布机　distributeur de ciment
水泥散装筒仓　silo à ciment
水泥砂浆　 ciment mortier;laitier(mortier)de ciment
水泥砂浆面层　chape au mortier de ciment
水泥砂浆抹面　enduit au mortier de ciment
水泥砂浆填充料　 remplissage en mortier de ciment
水泥砂浆填实　bourrage au mortier
水泥实验室　laboratoire à ciment
水泥数量　quantité de ciment
水泥碎石　grave-ciment
水泥碎石路面　empierrement de ciment
水泥稳定土　sol traité au ciment;sol-ciment
水泥细度　finesse de ciment
水泥消耗　consommation de ciment
水泥研磨　broyage du ciment
水泥研磨机　broyeur à ciment
水泥窑　four à ciment
水泥硬化　 prise de ciment;durcissement de ciment
水泥用量　dosage de ciment
水泥罩面　revêtement de ciment
水泥指标　indice de ciment
水泥质量　qualité de ciment
水泥砖　brique de ciment
水凝砂浆　mortier hydraulique
水凝性　activité hydraulique
水凝性指数　indice d'hydraulicité
水牌　tableau indicateur de direction(TID)
水泡　bouillon;bulle
水平不平顺　dénivellement de niveau; dénivellement horizontal;inégalité de planéité de niveau;inégalité de planéité horizontal
水平测量　mesure horizontale;nivellement
水平测量图　plan de nivellement
水平测量站　station de nivellement
水平层　couche horizontale
水平差　différence de niveau
水平尺　règle à niveler;règle de niveau
水平导坑　galerie horizontale
水平度　horizontalité

水平度盘水准仪
　　niveau à lunette avec cercle horizontal
水平断层　　faille horizontale
水平断裂　　rupture horizontale
水平断面(图)　　section horizontale
水平方向　　sens horizontal
水平间距　　espacement horizontal
水平角　　angle horizontal
水平校正　　ajustement horizontal
水平接缝　　joint horizontal
水平静荷载　　charge statique horizontale
水平距离　　distance horizontale
水平荷载　　charge horizontale
水平控制　　contrôle horizontal
水平宽度　　largeur horizontale
水平拉杆　　tirant horizontal
水平力　　force horizontale
水平锚固　　ancrage horizontal
水平面　　niveau hydrostatique；plan d'eau；plan horizontal；surface de niveau；
　　surface horizontale
水平面弧度　　courbure en plan horizontal
水平剖面(图)
　　coupe horizontale；profil horizontal
水平曲线　　courbe(courbure) horizontale
水平收缩　　retrait horizontal
水平速度　　vitesse horizontale
水平投影　　projection horizontale
水平推力　　effort de poussée horizontale；poussée horizontale
水平位移　　déplacement horizontal
水平位置　　position horizontale
水平误差　　écart horizontal；tolérance d'horizontalité
水平下降　　baisse de niveau
水平线　　alignement horizontal；
　　horizontale；ligne horizontale
水平信号　　signalisation horizontale
水平信号设置
　　installation de signalisation horizontale
水平修正　　correction horizontale
水平压力　　pression horizontale
水平仪　　instrument de nivellement
水平移动模板　　coffrage mobile horizontal
水平应力　　effort horizontal
水平运动　　mouvement horizontal
水平运输　　transport horizontal
水平支撑
　　appui(boisage, contreventement) horizontal

水平支架　　boisage(support) horizontal
水平制动　　freinage à niveau
水平轴　　axe horizontal
水平桩　　pieu(piquet) horizontal
水平状态　　horizontalité
水平钻机　　foreuse horizontale
水平钻探　　sondage horizontal
水枪喷洗　　nettoyage au pistolet
水侵蚀性　　agressivité de l'eau
水渠桥　　pont-canal
水热反应　　réaction hydrothermique
水容量　　capacité d'eau
水溶性黏合剂　　liant hydrosoluble
水溶性涂料
　　peinture à l'eau；peinture à la détrempe
水上机械　　engin nautique
水上设备　　équipement nautique
水深　　profondeur d'eau
水蚀　　abrasion fluviale；érosion de l'eau；
　　érosion hydrique
水碎岩　　roche hydroclastique
水塔　　château d'eau
水土保持
　　conservation de sol et de l'eau
水土保持地区
　　région de conservation de sol et de l'eau
水土流失　　déperdition du sol et des eaux；
　　érosion du sol；perte du sol et des eaux
水土污染　　contamination d'eau et de sol
水网　　réseau d'eau
水网改道　　déviation de réseau d'eau
水位　　niveau d'eau
水位报警器　　alarme de niveau
水位变化　　variation de niveau d'eau
水位标　　échelle d'étiage；indice de niveau；
　　repère de niveau d'eau
水位标尺　　échelle des eaux
水位差
　　baisse(différence) de niveau d'eau
水位高度　　hauteur de niveau d'eau
水位观测
　　observation de niveau d'eau
水位控制　　contrôle de niveau d'eau
水位设计　　étude de niveau d'eau
水位调节　　réglage de niveau d'eau
水位图　　courbe des hauteurs d'eau
水位下降
　　abaissement de niveau d'eau
水位线　　ligne d'eau

水温　température de l'eau
水温冷却盘管
　　serpentin de refroidissement d'eau
水温盘管冷却器
　　refroidisseur d'eau à serpentins
水温升高　élévation de température de l'eau
水文　hydrologie
水文测量　mesure hydrologique
水文测量图　carte hydrographique
水文测量站　station hydrométrique
水文地理　relief hydrographique
水文地理学　hydrographie
水文地质　hydrogéologie
水文地质勘查　investigation hydrogéologique
水文地质设计　étude hydrogéologique
水文地质学　hydrogéologie
水文地质研究　étude hydrogéologique
水文地质资料　document hydrogéologique
水文分析　analyse hydrologique
水文观测点
　　point d'observation hydrologique
水文计算　calcul hydrologique
水文勘查　recherche hydrologique
水文剖面(图)　coupe hydrologique
水文数据　données hydrauliques
水文图　hydrogramme
水文学　hydrologie
水文周期　cycle hydrologique
水文资料　document hydraulique;
　　données hydrologiques
水稳性集料　agrégat stable à l'eau
水污染　pollution des eaux
水洗　nettoyage à l'eau
水系　réseau hydrographique(hydrologique)
水系重建　rétablissement des écoulements
水下爆破　explosion(sautage)sous l'eau
水下爆破方式　mode d'explosion sous l'eau
水下爆破用电雷管　détonateur hydrostat
水下等高曲线　courbe(courbure)de
　　profondeur;courbe(courbure)isobathe
水下工程　travaux sous l'eau
水下灌注的混凝土　béton submergé
水下混凝土浇筑管
　　tuyau pour bétonnage sous l'eau
水下浇筑混凝土　bétonnage sous l'eau;
　　coulage de béton sous l'eau
水下土方工程
　　travaux de terrassement sous l'eau
水下挖土工程　terrassement sous l'eau

水下现浇混凝土　béton coulé sous l'eau
水箱　citerne à eau
水箱保温套　couvre-radiateur
水箱容积　capacité de réservoir d'eau
水压　charge d'eau;pression de l'eau
水压表　manomètre à eau
水压测量记录　relevé piézométrique
水压高度　hauteur de pression d'eau
水压上升　montée de pression de l'eau
水压升高　élévation de pression de l'eau
水压试验　essai(test)de pression d'eau;essai
　　(test)hydraulique
水压调节　réglage de pression d'eau
水淹场地　terrain inondé
水淹面积　aire d'ennoyage
水眼　point d'eau
水样　échantillon d'eau
水银灯　lampe à vapeur de mercure
水影响　influence de l'eau
水硬骨料　grave hydraulique
水硬黏结料　liant hydraulique
水硬水泥　ciment hydraulique;
　　ciment à prise hydraulique
水硬系数　module hydraulique
水硬性混凝土　béton hydraulique
水硬性砂浆　liant(mortier)rigide
水硬性石膏　plâtre hydraulique
水硬性石灰　chaux artificielle(hydraulique)
水硬性石灰砂浆
　　mortier de chaux hydraulique
水域线　étendue d'eau
水源　source d'eau
水源保护　protection des eaux
水源补给区　bassin d'alimentation
水源污染　pollution de source d'eau
水灾保险　assurance contre les inondations
水灾风险　risque des inondations
水闸涵洞　aqueduc de sassement
水质　qualité de l'eau
水质分析　analyse de l'eau
水质类型　nature de l'eau
水中挖掘　excavation dans l'eau
水中养护　conservation(cure)dans l'eau
水中养护混凝土　béton conservé à l'eau
水准标　repère de niveau horizontal
水准标尺　jalon de mire;mire
水准标高　cote de nivellement
水准标石
　　marque de repère;repère de nivellement

水准测量　mesure de nivellement; nivelage; nivellement
水准测量参数　paramètre de nivellement
水准测量点　repère fixe
水准测量网　réseau de nivellement
水准差　dénivelée; dénivellation; dénivellement
水准尺　règle de nivellement
水准导线　cheminement de nivellement
水准导线闭合　fermeture de polygonale nivelée
水准导线测量　relevé de polygonale nivelée; polygonale nivelée; polygone nivelé
水准导线控制　contrôle de polygonale nivelée
水准导线误差　tolérance de polygonale nivelée
水准导线桩　pieu de polygonale nivelée
水准导线坐标　ordonnée de polygone nivelé
水准点　point de niveau(de nivellement)
水准点测量　mesure de point de niveau(nivellement)
水准点间距　espace(espacement) des points de nivellement; travée de nivellement
水准环　boucle de nivellement
水准基点　borne de repère; repère d'altitude
水准基点测量　nivellement de repères
水准基点桩　piquet de base de nivellement; piquet de cote de nivellement
水准面　base de nivellement; surface de niveau
水准器　instrument de nivellement
水准网节点　nœud de nivellement
水准线　ligne de niveau
水准仪　niveau d'eau
水准仪抄平　nivellement à niveau
水准仪三角架　trépied de niveau
水准资料　document de niveau d'eau
水资源　ressources en eau
水资源保护　protection de ressources des eaux
水钻　marteau à injection d'eau
税法　code des impôts; lois fiscales
税费补贴　bonification fiscale
税费计算　calcul de taxe
税号　numéro fiscal
税后利润　bénéfice(profit) après impôt
税基标准　critère de l'assiette de l'impôt
税款结清　liquidation des impôts
税款起征点　seuil d'imposition
税率　taux de l'impôt
税前利润　bénéfice(profit) avant impôt
税收环境　environnement fiscal
税务登记卡　carte d'immatriculation fiscale
税务登记证明　attestation d'immatriculation fiscale
税务顾问　conseiller fiscal
税务机关　autorité fiscale
税务检查　inspection de fiscalité
税务申报　déclaration fiscale
税务争议　litige fiscal
税务证明　attestation fiscale
税务证明材料　identification fiscale(IF)

shun

顺道作业　opération de dressage de voie
顺列式枢纽　nœud disposé en ordre
顺平线路　ligne(voie) plate
顺坡　pente descendante(glissante); rampe de raccordement; rampe descendante (glissante)
顺时针方向　sens d'horloge; sens de l'aiguille de montre; sens horaire
顺时针方向运动　mouvement en sens des aiguilles de montre
顺向道岔　aiguille de prise en talon; aiguille de prise par le talon
顺向道岔定向　orientation de prise en talon de l'aiguille
顺向道岔方向　direction de l'aiguille de prise en talon
顺向交叉　intersection de même direction
顺向辙尖　aiguille par le talon
顺序　ordre
顺序爆破　sautage par séries
顺序点火爆破　tir à amorçage séquentiel
顺序拼装　montage progressif
顺作法　méthode de bas en haut
瞬发雷管　amorce instantanée; détonateur instantané; fulminant instantané
瞬间起爆　tir instantané
瞬间速度　vitesse instantanée
瞬时电流　courant instantané
瞬时电压　tension instantanée
瞬时电压保护装置　protecteur de tension instantanée
瞬时峰值电压　tension de pique
瞬时峰值电压保护　protection de tension de pique
瞬时负荷　charge momentanée
瞬时凝固　prise instantanée

瞬时移位　mouvement immédiat
瞬时值　valeur instantanée(momentanée)
瞬载　charge transitoire
损失补偿　compensation des pertes

shuo

说明　explication;interprétation;note explicative
说明报告　rapport de présentation
说明书　description;manuel explicatif;notice descriptive;notice;spécification

si

司法程序　procédure judiciaire
司法抵押　hypothèque judiciaire
司法干扰　interférence judiciaire
司法机关　autorité judiciaire
司法鉴定　expertise judiciaire
司法解决　règlement judiciaire
司法清算　liquidation judiciaire
司法清算状态　état de règlement juridique
司法权　pouvoir judiciaire
司法援助　assistance judiciaire
司机室　abri de mécanicien
司机台　pupitre de conduite
司炉　chauffeur de locomotive
司炉辅助工　soutier
丝锥扳手　clé de taraud
私人工程　travaux privés
私人劳动　travail privé
私营部门　secteur privé
私营企业　entreprise privée
私营铁路　chemin de fer privé
私有财产　propriété privée
死胡同　impasse
死水　eau calme(dormante)
死亡事故　accident fatal
死亡证　acte de décès
四边形　quadrangle;quadrilatère
四车道公路　route à quatre voies
四合土(水泥/砂/石灰/炉渣)　terre mélangée de ciment/sable/chaux/laitier
四级公路(宽度小于5m)　route étroite;route de quatrième classe
四角形　quadrangle
四连拱　arcade quaternée
四路互通立交　échangeur à quatre directions
四路互通式立体交叉　croisement différent à quatre directions
四线道岔　aiguille à écartement combiné
四心拱　arc en carène
四叶型立体交叉　croisement en trèfle
四轴车　wagon à quatre essieux
四轴转向架　bogie à quatre essieux

song

松动爆破　explosion lâchée;tir d'ébranlement
松动爆破方式　mode d'explosion lâchée
松动石块　bloc instable
松动现象　phénomène de lâchement
松钩　desserrage de crochet(attelage)
松开车钩紧固器　desserrage de tendeur de coupleur
松开钢轨扣件　desserrage d'attache de rails
松开紧固螺杆　desserrage de tendeur à vis
松开紧固装置　desserrage de tendeur
松开扣件　desserrage d'attache
松开螺旋车钩　desserrage d'attelage à vis
松开弹簧扣件　desserrage d'attache élastique
松木　sapin
松软场地　terrain ébouleux
松软土　sol(terre) meuble
松软土地　terrain à faible portance;terrain sans consistance
松软土质基坑　fouille en terrain meuble
松软岩石　roche tendre
松软岩石破碎机　casse-motte
松散生土　sol brut meuble non consolidé
松散体积　volume foisonné
松散土　sol désagrégé
松散岩石　roche ébouleuse(fissile)
松散岩石处理　traitement de roche ébouleuse
松碎表土　écroûtage,écroûtement
松碎岩石　roche meuble
松土　ameublissement;scarification;sol divisé
松土地带　terrain rippable
松土机　défonceuse;émotteuse;piocheuse;piocheuse scarificatrice;scarificateur;piocheuse-défonceuse
松土犁　charrue défonceuse
松土清杂耙　râteau défricheur-débroussailleur
松土挖方　déblai meuble
松懈　relâchement
松闸　desserrage de frein;libération de frein
送风道　galerie d'aération
送风方式　mode de soufflage

su

诉讼　action judiciaire;contentieux

诉讼费　frais de justice
诉讼行为　action juridique
素混凝土　béton de propreté;béton non armé
素混凝土层　couche de béton de propreté
素混凝土防水层　chape de propreté
素填土　sol de remblai pur
素土夯实
　　compactage de sol;sol naturel damé
素枕　traverse blanche
速度　vitesse
速度比　rapport de vitesse
速度变化　variation de vitesse
速度标　poteau indicateur de vitesse
速度表　indicateur de vitesse
速度差　différence de vitesse
速度传感器　capteur de vitesse
速度范围　écart(gamme)de vitesse
速度规律　régularité de vitesse
速度极限　limite de vitesse
速度记录仪　appareil enregistreur de vitesse;
　　enregistreur de vitesse
速度交换器
　　appareil de changement de vitesse
速度控制　contrôle de vitesse
速度控制系统　système de contrôle de vitesse
速度曲线　courbe(courbure)de vitesse
速度曲线图　diagramme de vitesse
速度曲线优化
　　optimisation de courbure de vitesse
速度设计　conception(étude)de vitesse
速度调节器　régulateur de vitesse
速度下降　abaissement de vitesse
速度显示　indication de vitesse
速度显示器　indicateur de vitesse
速度限制
　　limitation(limite,restriction)de vitesse
速度限制管理
　　gestion de restriction de vitesse
速度信号发生器
　　générateur de signal de vitesse
速率　taux de vitesse
速率波动　fluctuation de taux de vitesse
速凝混凝土　béton à prise rapide
速凝剂　accélérateur de prise
速凝水泥　ciment à prise instantanée
塑钢门　porte en métal plastique
塑化剂　fluidifiant;plastifiant
塑化作用　action plastique
塑料　plastique

塑料薄膜
　　film;film plastique;membrane plastique
塑料垫圈　rondelle en plastique
塑料隔离墩　barrière(séparateur)en plastique
塑料管
　　gaine en matière plastique;tube plastique
塑料降解　dégradation de plastique
塑料密封膜　feuille étanche plastique
塑料面胶合板
　　contre-plaqué à parement en matière plastique
塑料绳　corde plastique
塑料制品　produit plastique
塑限　limite de plasticité
塑限含水量
　　teneur en eau de limite de plasticité
塑性　nature plastique;plasticité
塑性变形　déformation plastique
塑性材料　matériau plastique
塑性分析　analyse plastique
塑性灰浆　mortier plastique
塑性混凝土　béton fluant
塑性计　plasticimètre
塑性控制　contrôle de plasticité
塑性模量　module de plasticité
塑性凝灰岩　tuf plastique
塑性区　zone plastique
塑性陶土　argile plastique
塑性涂料　enduit thermoplastique
塑性土　terre plastique
塑性系数　coefficient de plasticité
塑性炸药　explosif plastique
塑性指数　indice de plasticité
塑性指数值　valeur de l'indice de plasticité
塑性状态　état plastique

suan

酸　acide
酸碱值测量　mesure de pH
酸性钢　acier acide
酸性碎石料　granulats acides
酸性土　sol acide
酸性蓄电池　accumulateur acide
酸性岩　roche acide
算术错误　erreur arithmétique

sui

随乘制　système de l'équipage de
　　conduite flexible
随动装置　asservissement

随机性试验　essai(test)facultatif
随挖随填　déblai réemployé en remblai
随意停车　arrêt facultatif
碎块　fragment
碎沥青石　grave bitume(GB)
碎砾石集料　agrégat de gravier concassé
碎泥块机　casse-motte
碎片　débris
碎石　caillou;chaille;concassé;graves
　(pierres) concassées;pierre à macadam;
　pierre cassée
碎石材料　matériau cailouteux
碎石层　couche de graves;empierrement
碎石场　carrière;poste de concassage
碎石场配套设备　accessoires de carrière
碎石锤　brise-roche;marteau à granuler
碎石道床　lit de ballast concassé;lit de
　cailloutis(pierraille);lit de pierres
　concassées
碎石道床施工
　exécution du lit de ballast concassé
碎石道路　route en macadam
碎石道砟　ballast concassé(anguleux);ballast
　de pierres;pierraille de ballast
碎石底基层
　couche d'assise en graves concassées
碎石堆　cailloutis
碎石堆放　dépôt de pierres concassées;
　dépôt des graviers
碎石堆放场地　aire de dépôt de graviers
碎石规格　calibre de concassés(granulats)
碎石混凝土　béton de pierrailles;béton de
　pierres cassées;béton de pierres concassées
碎石机　brise-pierres;broyeur(concasseur)
　de pierres;casse-pierres;concasseur;
　débiteuse;dérocteuse;machine
　de concassage
碎石机颚板　mâchoire de concassage
碎石基层　base en macadam
碎石级配　fraction
碎石集料
　agrégat de pierre concassée;agrégat pierreux
碎石加工场　station de concassage
碎石开采　exploitation de carrière
碎石块　fragment cubique de roche
碎石粒径　dimension de gravier
碎石量　volume de granulats
碎石料　produit de concassage
碎石料仓　silo à pierres concassées

碎石料供应　approvisionnement de graviers
碎石料含水量　teneur en eau de granulats
碎石料检查　contrôle de granulats
碎石料配量　dosage des granulats
碎石路　macadam
碎石路堤　remblai en pierres
碎石路肩　accotement en pierres concassées
碎石路面　macadam;pavement en graviers
碎石路面道路　route empierrée
碎石路面公路　route en gravier
碎石面层　revêtement de macadam
碎石耙　râteau à pierres
碎石铺砌边沟　fossé empierré
碎石撒布机
　épandeuse de pierres concassées
碎石筛分场　station de criblage
碎石设备　engin(équipement,installations,
　matériel) de concassage
碎石数量　quantité de gravier;quantité
　de pierres concassées
碎石摊铺机　engin de gravillonnage;engin
　gravillonneur;épandeuse de gravillons
　automotrice;répartiteur de pierres
　concassées
碎石消耗
　consommation des graves(graviers)
碎石屑　mignonnette
碎石运输　transport de graves
碎石指数　indice de caillou
碎石质量　qualité de gravier;qualité de pierres
　concassées
碎石子　pierraille
碎屑　détritus
碎屑沉积　dépôt(sédimentation) détritique
碎屑砂　sable détritique
碎屑岩　roche d'agrégation;roche détritique
碎性系数　coefficient de fragmentabilité
碎砖　débris de brique
碎砖石　blocaille
隧道　tunnel
隧道安全　sécurité de tunnel
隧道暗堑　tranchée couverte de tunnel
隧道爆破开挖
　excavation à l'explosif de tunnel
隧道避洞　niche de tunnel
隧道编号　numérotage de tunnels
隧道标　borne(poteau) de tunnel
隧道标志　signe de tunnel
隧道部分　lot de tunnel

隧道侧洞　trou latéral de tunnel
隧道测量　mesure de tunnel
隧道长度　longueur de tunnel
隧道长度变化
　　variation de longueur de tunnel
隧道衬砌　blindage(revêtement)de tunnel
隧道衬砌钢筋
　　armature de revêtement de tunnel
隧道衬砌护网　grille de revêtement de tunnel
隧道衬砌混凝土泵
　　pompe à béton pour revêtement de tunnels
隧道衬砌施工技术
　　méthodologie de revêtement de tunnel
隧道尺寸　dimension de tunnel
隧道出口　sortie de tunnel
隧道底板超高
　　surhaussement de radier de tunnel
隧道底板开挖
　　creusement(excavation)de radier
隧道底板隆起
　　bombement de radier de tunnel
隧道底板下沉　tassement de radier de tunnel；
　　tassement de semelle de tunnel
隧道底基　semelle de tunnel
隧道底基清理
　　nettoyage de radier de tunnel
隧道地质勘察　investigation de tunnel
隧道电缆沟
　　acniveau à câbles électrique de tunnel
隧道顶板加固
　　consolidation de toit de tunnel
隧道定位　implantation de tunnel
隧道洞壁清理　nettoyage de paroi de tunnel
隧道洞径　diamètre de tunnel
隧道洞口
　　débouché(extrémité,tête)de tunnel
隧道洞口衬砌
　　maçonnerie de portail de tunnel
隧道洞口处理　traitement de portail de tunnel
隧道洞口处排水　assainissement(drainage)au
　　niveau de têtes de tunnel
隧道洞口地形　relief de portail de tunnel
隧道洞口工程　travaux de tête de tunnel
隧道洞口回填设计　étude de remblai aux
　　abords de portail de tunnel
隧道洞口建筑设计
　　architecture des têtes de tunnel
隧道洞口建筑装饰设计　conception(étude)
　　architecturale de tête de tunnel

隧道洞口结构
　　structure de tête(portail)de tunnel
隧道洞口美观造型比较
　　comparaison des têtes (portails)
　　architecturales de tunnels
隧道洞口美学设计　conception(étude)
　　esthétique de portail de tunnel
隧道洞口设计
　　étude de portail(tête)de tunnel
隧道洞口土方工程　terrassement au niveau de
　　portail de tunnel
隧道洞口位置
　　emplacement de portail de tunnel
隧道洞口形式设计　conception de la forme
　　de tête de tunnel；étude de forme de
　　portail de tunnel
隧道洞口整治工程
　　travaux d'aménagement de tête de tunnel
隧道洞门　portail de tunnel
隧道洞门尺寸
　　dimension(taille)de portail de tunnel
隧道洞门尺寸标准
　　critère de dimension de portail de tunnel
隧道洞门拱顶
　　extrados de portail de tunnel
隧道断面(图)　section de tunnel
隧道盾构机　aléseuse de tunnel；bouclier
　　de tunnel；tunnelier
隧道防火
　　protection contre l'incendie de tunnel
隧道防火措施
　　mesures contre l'incendie dans le tunnel
隧道防水系统
　　système d'étanchéité de tunnel
隧道防烟雾装置
　　dispositif anti-fumées de tunnel
隧道风　vent de tunnel
隧道钢筋混凝土底板
　　radier de tunnel en béton armé
隧道工　perceur
隧道工程　ingénierie(travaux)de tunnel
隧道工程横向开挖
　　excavation horizontale de tunnel
隧道工程专家　spécialiste en tunnel
隧道工作面　front de tunnel
隧道拱衬砌
　　revêtement de voûte de tunnel
隧道拱顶　calotte de tunnel
隧道拱顶开挖　creusement de calotte

隧道拱脚　piédroit de tunnel
隧道拱圈　arche(voûte)de tunnel
隧道拱圈拱度
　　cambrure de l'arche de tunnel
隧道贯通　jonction de tunnel;rencontre des deux bouts de tunnel
隧道贯通点　point de jonction de tunnel
隧道贯通点准确度
　　précision de jonction de tunnel
隧道贯通点位设计
　　étude de jonction de tunnel
隧道贯通定向
　　orientation de jonction de tunnel
隧道贯通方式　mode de jonction de tunnel
隧道贯通面　plan de jonction de tunnel
隧道贯通误差　écart de jonction de tunnel
隧道规范　norme de tunnel
隧道横洞　galerie transversale de tunnel
隧道横洞设计　conception(étude)des galeries transversales de tunnel;étude de galerie perpendiculaire de tunnel
隧道横断面图　profil en travers de tunnel
隧道横剖面(图)
　　coupe transversale de tunnel
隧道混凝土喷射　injection de béton de tunnel
隧道机电工程验收　réception des travaux des équipements mécaniques et électriques de tunnel
隧道机电设计　étude des appareils mécaniques et électriques de tunnel
隧道基础标高
　　niveau de fondation de tunnel
隧道集水沟　caniveau à eaux de tunnel
隧道技术标准特征
　　caractéristique technique de tunnel
隧道技术规范
　　spécifications techniques de tunnel(STT)
隧道加固　renforcement de tunnel
隧道监控站　poste de surveillance de tunnel
隧道监视设备壁室　niche pour équipement de surveillance de tunnel
隧道监视系统
　　système de surveillance de tunnel
隧道检测　auscultation de tunnel
隧道结构　structure de tunnel
隧道井　puits de tunnel
隧道警报系统　système d'alarme de tunnel
隧道掘进工作面
　　front de creusement de tunnel
隧道掘进机
　　perceuse de tunnel;taupe;tunnelier
隧道掘进进度
　　progression d'avancement de tunnel
隧道掘进开挖方向
　　orientation de front d'attaque de tunnel
隧道掘进平台　plateau d'abattage de tunnel
隧道开挖　creusement(excavation)de tunnel
隧道开挖尺寸设计
　　conception de dimension de tunnel à creuser
隧道开挖定位
　　positionnement d'excavation de tunnel
隧道开挖断面(图)
　　section d'excavation de tunnel
隧道开挖法　méthode d'excavation de tunnel
隧道开挖工作面
　　front d'avancement de galerie
隧道开挖激光导向
　　laser de guidage pour l'excavation de tunnel
隧道开挖清土
　　marinage d'excavation de tunnel
隧道开挖设计
　　conception(étude)de creusement de tunnel
隧道开挖施工工艺
　　technologie de creusement de tunnel
隧道开挖台车
　　jumbo pour creusement de tunnel
隧道喇叭口　trompette de tunnel
隧道类型　type de tunnels
隧道连接廊道　galerie de communication
隧道裂缝　fissure de tunnel
隧道临时衬砌
　　revêtement intérieur provisoire de tunnel
隧道冒顶地点
　　lieu de chute de toit de tunnel
隧道明堑　tranchée ouverte de tunnel
隧道模板　coffrage de tunnel
隧道模型　maquette de tunnel
隧道内衬　revêtement intérieur de tunnel
隧道内动态信号　signalisation dynamique à l'intérieur de tunnel
隧道内会车压力波　ondes de compression d'entrecroisement des trains dans le tunnel
隧道内排水　assainissement à l'intérieur de tunnel;drainage intérieur de tunnel
隧道内人行道　trottoir de tunnel
隧道拟开挖尺寸设计
　　étude de dimension de tunnel à creuser
隧道排水　drainage de tunnel

损害　dégât;endommagement

隧道排水设计　conception(étude) d'assainissement de tunnel;conception de drainage de tunnel;étude hydraulique de tunnel
隧道排水系统　système de drainage de tunnel
隧道喷浆薄层加固　consolidation de couche en béton projeté pour tunnel
隧道喷射砂浆　mortier à injection de tunnel
隧道弃渣　déblai de tunnel
隧道墙壁　paroi de tunnel
隧道墙壁出水孔　barbacane de paroi de tunnel
隧道清土　déblaiement de tunnel
隧道全长　longueur totale de tunnel
隧道缺陷　défaut de tunnel
隧道入口　accès(entrée)de tunnel
隧道入口段　zone d'entrée de tunnel
隧道入口挖方防护　protection de déblais au niveau de portail
隧道上台阶　calotte(gradin)de tunnel
隧道设备　équipement(installations, materiel)de tunnel
隧道设计　conception(étude)de tunnel
隧道深处　fond de tunnel
隧道施工　exécution de tunnel
隧道施工工艺　art d'exécution de tunnel
隧道数量　nombre de tunnels
隧道塌方　éboulement(effondrement, chute de toit)de tunnel
隧道特征　caractéristique de tunnel
隧道通风　aérage(aération, ventilation)de tunnel;aération de galerie
隧道通风系统　système de ventilation de tunnel
隧道图　dessin de tunnel
隧道挖方　déblai(déblaiement)de tunnel
隧道挖方量　extraction de matériau en provenance de tunnel
隧道挖掘机　excavateur à tunnel
隧道外两侧排水　drainage extérieur des deux côtés de tunnel
隧道微气压波　ondes de micro-pression de tunnel
隧道维修　réparation de tunnel
隧道位置　emplacement(lieu, position)de tunnel
隧道位置图　schéma de position de tunnel
隧道无砟道床　lit sans ballast de tunnel
隧道限界　gabarit de tunnel
隧道线路走向　tracé de tunnel
隧道线路走向特征　caractéristique de tracé de tunnel
隧道小组　groupe de tunnel
隧道信号　signal de tunnel
隧道行人横通道　galerie transversale pour piétons de tunnel
隧道行人廊道　galerie pour piétons de tunnel
隧道仰拱　radier de contre-voûte
隧道仰拱底板　voûte de radier de tunnel
隧道仰拱鼓底　soulèvement de radier de contre-voûte de tunnel
隧道养护　entretien(maintenance)de tunnel
隧道引道　approche de tunnel
隧道应急照明　éclairage de secours de tunnel
隧道预定尺寸　pré-dimensionnement de tunnel
隧道预制底板　radier préfabriqué de tunnel
隧道照明　éclairage de tunnel
隧道照明设施　installations d'éclairage de tunnel
隧道支撑　boisage de tunnel
隧道支承　support de tunnel
隧道支护　soutènement de tunnel
隧道支护设计　conception(étude)d'appui de tunnel;conception(étude)de soutènement de tunnel
隧道支架　blindage
隧道指示牌　panneau indicateur de tunnel
隧道中心线　axe de tunnel
隧道轴线定位　implantation de l'axe de tunnel
隧道主体结构　structure principale de tunnel
隧道纵断面(图)　profil en long de tunnel;profil de tunnel
隧道纵向排水沟　canalisation de drainage longitudinale de tunnel
隧道组　équipe de tunnel
隧道最终衬砌　revêtement intérieur définitif de tunnel
隧洞　souterrain;tube de tunnel
隧洞底板　radier de tunnel
隧洞底板鼓底　soulèvement de radier de souterrain
隧洞底板下沉　subsidence de radier de souterrain
隧洞渗流　filtration de l'eau de tunnel

sun

损害　dégât;endommagement

损耗系数　coefficient de perte
损坏　avarie;dégât;dégradation;détérioration; endommagement
损坏程度　degré de dégradation;dégradabilité
损坏度确定　détermination de pourcentage de défaut(dégradation)
损失　dommage;perte
损失率　pourcentage de perte
损失模量　module de perte
损失赔偿要求　réclamation de pertes
损失评估　évaluation de dommage
损失申报　déclaration de dommage

suo

缩比模型　modèle réduit
缩尺　échelle de réduction;mètre à retrait; règle de retrait;règle divisée(réduite)
缩尺比例　échelle réduite
缩短　accourcissement
缩短轨　rail raccourci
缩短行程时间　accourcissement de temps de parcours
缩短运输时间　accourcissement de temps de transport
缩减因素　facteur de réduction
缩小　diminution
缩小比例　échelle(ratio)de réduction
缩性界限　limite de retrait
所得税　impôt(taxe)sur le revenu
所间距　distance entre les postes
索铲挖土机　pelle dragline
索道塔架　pylône d'appui
索斗铲　excavateur à benne traînante; excavateur à câble;pelle à benne traînante
索斗挖土机　excavateur à benne traînante
索缆吊桥　pont suspendu à câbles
索缆运输　transport par câbles

索赔　réclamation d'indemnité
索赔程序　procédure de réclamation d'indemnité
索赔函　lettre de réclamation d'indemnité
索赔条件　condition de réclamation d'indemnité
索赔文件　document de réclamation d'indemnité
索塔　pylône
索套　manche de câble
索系　système de câble
索引号　numéro de référence
索引图　carte d'index
索钻　engin de forage à câble
锁闭　calage;enclenchement;verrouillage
锁闭道岔　aiguille bloquée;blocage d'aiguilles;aiguille cadenassée
锁闭杆　tirant de verrouillage
锁闭杆与尖轨连接　liaison entre le tirant de verrouillage et l'aiguille
锁闭滑床板　calage de coussinet de glissement
锁闭继电器　relais de verrouillage
锁闭进路　itinéraire verrouillé
锁闭设备　dispositif de calage
锁闭装置　dispositif de calage
锁闭状况　état de verrouillage
锁定变形　blocage de déformation
锁定轨距　fixation d'écartement de voie
锁定轨温　fixation de température de rail
锁定时间　fixation de temps
锁定线路　verrouillage de voie
锁定装置　dispositif de blocage
锁钩　verrouillage de crochet
锁接　assemblage en adent
锁紧螺母　écrou de serrage
锁眼　trou de serrure

T

ta

塌方　éboulement du sol；glissement de terrain
塌方防护工程　ouvrage de protection contre les avalanches
塌方控制　contrôle de l'éboulement
塌方落石监视　supervision（surveillance）d'écroulement de rochers
塌滑体　masse glissante
塌陷　écroulement
塔架高度　hauteur de pylône
塔身　corps de pylône
塔式吊车　grue-marteau
塔式搅拌站　centrale à tour
塔式起重机　grue à pylône；grue-marteau；grue à tour
塔式桥墩　pile de tour
塔式支架　chevalement à tour
踏板　pédale
踏板接点　contact à pétale
踏勘　prospection primaire；reconnaissance à pied；reconnaissance par cheminement；reconnaissance pédestre
踏勘测量高差　dénivellation de levé d'exploration
踏勘阶段　phase de reconnaissance
踏勘选点　choix de points pour sondage
踏面清扫装置　organe de balayage de surface de roulement
踏面斜度　déclivité de surface de roulement
踏面制动　freinage par surface de roulement

tai

台班费　coût machine-équipe
台背回填　remblai contigu
台背墙　garde-grève
台地碎石层　cailloutis de plateau
台风影响　influence de typhon
台风预报　prédiction de typhon
台虎钳　étau d'établi；pince-étau
台基　massif d'appui（assise）；massif
台肩　épaulement
台阶　gradin；marche；perron；redan
台阶间距　espacement des marches
台阶式桥墩　pile à redan
台帽　couronnement
台式钻床　perceuse（foreuse）d'établi
台账　compte；compte journalier；livre de compte；registre de bord
台座　massif；logement，siège
抬车落轮作业　relevage de caisse pour démontage d'essieu
抬车落轮作业要求　exigence de relevage de caisse pour démontage d'essieu
抬高轨节　relevage de l'unité de voie
抬轨　levage de rail
抬梁式构造　construction de poste et de linteau
抬枕　levage de traverse
太古岩　roche archéenne
太阳辐射　radiation solaire
太阳镜　lunettes de soleil
太阳能　énergie solaire
太阳能电池　héliopile
太阳能发电厂　centrale héliothermique（solaire）
太阳灶　four solaire

tan

坍倒　écroulement
坍方　écoulement de talus
坍方清理　purge de l'avalanche de terre

坍落度测量锥　cône d'Abrams;cône d'affaissement
　　slump-test;essai(test) d'affaissement
坍落度试验值　valeur du slump-test
坍塌　éboulement
坍塌土方清理　évacuation des éboulements
坍塌危险　risque d'éboulement
坍塌物清理　évacuation des éboulits
摊铺　étalage;étalement;répandage
摊铺厚度　épaisseur d'épandage
摊铺机　épandeur-régleur-dameur;répandeuse;
　　répartiteur;surfaceuse-finisseuse
摊铺检查　contrôle de répandage
摊铺宽度　largeur d'épandage(répandage)
摊铺器　épandeur;étaleur
摊铺设备　engin de répandage;équipement
　　(matériel) d'épandage
摊铺施工　exécution de répandage
摊铺碎石　étalement de graviers
弹簧　ressort
弹簧储风缸　cylindre à air de ressort
弹簧导柱座　appui(logement, siège) à ressort
　　de poteau de guide
弹簧道岔
　　aiguille à lames flexibles;aiguille à ressort
弹簧道钉　crampon à ressort
弹簧垫板　coussinet à ressort
弹簧垫圈　rondelle à ressort;
　　rondelle élastique; rondelle Grower
弹簧动挠度　flèche dynamique de ressort
弹簧刚度　rigidité de ressort
弹簧钢　acier à ressort
弹簧缓冲器　tampon à ressort
弹簧接点　contact à ressort
弹簧尖轨道岔　aiguille à talon flexible
弹簧减振器　amortisseur à(de) ressort
弹簧减振器盒
　　boîte de l'amortisseur à ressort
弹簧减振装置　dispositif amortisseur à ressort
弹簧静挠度　flèche statique de ressort
弹簧扣件　attache élastique;attache de ressort
弹簧挠度　flèche(flexion) de ressort
弹簧挠度裕量　marge de flèche de ressort
弹簧柔度　flexibilité de ressort
弹簧托架　console de ressort
弹簧系统布置
　　disposition de système de ressort
弹簧悬挂　suspension à ressort
弹簧悬挂装置　suspension sur ressort
弹簧振动　vibration de ressort
弹簧支座　aboutement(support) de
　　ressort;appui à ressort
弹簧指数　indice de ressort
弹簧装置　organe à ressort
弹簧自由度　liberté de ressort
弹簧座　logement(siège) à ressort
弹胶体防水压条　bavette en élastomère
弹力　effort(force) élastique;élasticité
弹力常规限值
　　limite conventionnelle d'élasticité
弹料　élastomère
弹条扣件　serre-joints
弹条折断　rupture de serre-joints
弹性　élasticité
弹性板　plaque élastique
弹性变形
　　déformation(expansion) élastique
弹性不足　insuffisance de l'élasticité
弹性材料　matériau(matière) élastique
弹性材料老化
　　vieillissement de matériau élastique
弹性测量　élasticimétrie
弹性测量仪　élasticimètre
弹性车轮　roue élastique
弹性沉降　tassement élastique
弹性带　bande élastique
弹性垫圈　rondelle élastique
弹性反应　réaction élastique
弹性荷载　charge élastique
弹性基础　fondation élastique
弹性极限　limite d'élasticité;limite élastique
弹性挤开　talonnage élastique
弹性尖轨　aiguille élastique(flexible)
弹性减振器　amortisseur élastique
弹性胶泥　mastic rebondissant
弹性接缝带　bande de joint élastomère
弹性界面　interface élastique
弹性沥青　élastérite
弹性联轴节　manchon élastique
弹性联轴器　accouplement élastique
弹性裂缝　fissure élastique
弹性模量　module élastique
弹性模数　module élastique
弹性挠度　déflexion(lexion) élastique
弹性旁承　lissoir élastique;
　　support(palier) latéral élastique
弹性旁承间隙　jeu de lissoir élastique

弹性旁承压缩　compression de lissoir élastique
弹性疲劳　fatigue élastique
弹性区域　domaine élastique
弹性曲线　courbe(courbure) élastique
弹性设计　conception(étude) élastique
弹性试验　essai(test) d'élasticité
弹性体　corps élastique;élastomère
弹性填缝材料　élasto-joint
弹性填料　élasto-joint
弹性铁箍支撑设备　appareil d'appui en élastomère fretté
弹性系数　coefficient d'élasticité
弹性线纵坐标　ordonnée de ligne élastique
弹性心盘结构　structure élastique de plaque centrale
弹性性能下降　abaissement élastique
弹性需求　demande élastique
弹性悬挂　suspension élastique
弹性悬挂元件　élément élastique de suspension
弹性悬挂装置　organe de suspension élastique
弹性压曲　flambement élastique
弹性压缩　compression élastique
弹性应力　contrainte élastique
弹性元件　élément(pièce) élastique
弹性辙轨　aiguille élastique(flexible)
弹性支承　aboutement élastique
弹性支架　soutènement(support) élastique
弹性支座　appareil d'appui en élastomère fretté;appui élastique
弹性指数　indice élastique
弹性轴　arbre flexible
弹阻力　résistance élastique
坦赞铁路　chemin de fer Tanzanie-Zambie
探测　détection;levé d'exploration;sondage
探测锤测深　sondage à l'aide de plomb
探测定位　localisation de sondage
探测方法　procédé de sondage
探测方式　mode de détection
探测井　puits de recherche
探测器　détecteur;sondeur
探测器敏感度　sensibilité de détecteur
探测器探头　sonde de détecteur
探测摄像机　caméra pour sondages
探测限度　seuil de détection
探测线　fil de sondage
探查分类　classification d'exploration
探点分布　répartition de points de sondage
探工　sondeur
探井　cheminée de recherche;puits d'exploration(reconnaissance)
探孔　forage par sondage
探孔泥浆清理　purge de boue de sondage
探漏仪　détecteur de fuite
探伤　recherche de blessure;sondage des défauts
探伤仪　défectoscope;détecteur de défaut
探头　sonde
探照灯　lampe de phare
探照灯照明　éclairage de projecteur
碳氢化合物　hydrocarbure
碳氢燃料　carburant
碳水化合物　hydrate de carbone
碳素钢轨　rail en acier au carbone
碳酸盐岩　roche carbonatée
碳纤维　fibre de carbone

tang

淌水岩心　carotte suintante

tao

逃生出口　issue de secours
陶瓷绝缘体　isolateur en porcelaine
淘汰设备供应商　élimination de fournisseur de l'équipement
淘汰投标人　élimination de soumissionnaire
讨论会　séminaire
讨论阶段　étape de discussion
套管　gaine;embout
套管护壁井　puits tubé
套管护壁水井　puits cuvelé
套管钳　pince à cosse
套汇　spéculation de devises;acquisition de devises par escroquerie
套件　kit
套筒　canon;fourreau;manchon
套筒扳手　clé à douille(pipe,tube)
套筒式沉箱　caisson télescopique
套箱围堰　digue en caissons;para-fouille en caissons

te

特别措施　mesures spécifiques
特别会议　séance extraordinaire
特别条款　clause spéciale

特别委员会　comité spécial；commission extraordinaire
特大桥　pont super-long
特大项目　méga-projet
特大型工程　ouvrage exceptionnel
特大型企业　entreprise de taille colossale
特点　caractéristique
特定程序　procédure spécifique
特定环境　environnement spécifique
特级　hors classe
特级资质　qualité professionnelle hors classe
特权　privilège
特殊安排　dispositions particulières
特殊材料　matériau particulier
特殊程序　procédure particulière
特殊处理　intervention particulière
特殊挡墙　mur de soutènement particulier
特殊道岔　aiguille spéciale
特殊缔约方式　mode de passation exceptionnel
特殊断面　profil particulier
特殊构造物　ouvrage spécial
特殊规定　prescriptions particulières
特殊荷载　charge exceptionnelle（spéciale）
特殊技术条件　spécifications techniques particulières（STP）
特殊技术条款说明手册　Cahier des Prescriptions Spéciales-Spécifications Techniques Particulières（CPS-STP）
特殊排水　drainage spécial
特殊情况　cas exceptionnels
特殊设备　équipement exceptionnel
特殊设计　conception（étude）spéciale
特殊水泥浆　coulis spécial
特殊说明手册　Cahier des Prescriptions Spéciales（CPS）
特殊条款　dispositions particulières
特殊维护指南　guide de maintenance spécifique
特殊限制　contrainte particulière；restriction spéciale
特殊性能　caractéristique particulière
特殊要求　exigence particulière（spéciale）
特殊炸药　explosif spécial
特性　propriété caractéristique
特性参数　paramètre caractéristique
特许经营者管网　réseau de concessionnaire
特许权　concession
特许权享有者　concessionnaire
管道特许经营者　concessionnaires de canalisations
特征　caractère；caractère spécifique；caractéristique
特征类型　espèce caractéristique
特征曲线　courbe（courbure）caractéristique
特征图　figure caractéristique
特制　hors série
特种货物运输　transport des marchandises exceptionnelles
特种模板　coffrage spécial
特种水泥　ciment spécial

ti

梯度法　méthode de gradient
梯段爆破　sautage de gradins（pans）
梯段打眼　forage de pans
梯段底板　pied de gradin（taille）
梯段高度　hauteur de gradin
梯段工作面掘进　percement par section divisée
梯段浅眼爆破　sautage de pans par petits forages
梯级　échelon
梯级地面　sol en gradins
梯级高度　contremarche
梯级（排水）涵洞　ponceau avec cascades；ponceau en gradins
梯级式排水渠　canal de déversement de terrasse
梯级钻探　forage de pans
梯台腰坡填方修理刮平　finition de l'arase de remblai de pente de risberme
梯形　forme trapézoïdale
梯形边沟　caniveau trapézoïdal
梯形断面（图）　section trapézoïdale
梯形钢筋混凝土边沟　caniveau trapézoïdal en béton armé
梯形荷载　charge trapézoïdale
梯形基础　semelle（fondation）à section trapézoïdale；semelle trapézoïdale
梯形排水沟　fossé trapézoïdal
梯形排水涵洞　ponceau trapézoïdal
梯形桥台　culée trapézoïdale
梯形台阶　perron trapézoïdal
梯形土质边沟　caniveau trapézoïdal en terre
梯子　échelle
提案　proposition
提单　connaissement

提单备注	mention sur le connaissement
提单正本	original de connaissement
提杆把手	poignée de tige de libération
提杆链	chaîne de tige d'attelage
提杆销	pivot de tige d'attelage
提杆座	logement de tige d'attelage
提高速度	développement de vitesse
提供产品	fourniture de produit
提供场地	mise à disposition de terrain
提供车辆	fourniture des wagons
提供钢轨	fourniture de rails
提供工程数量	fourniture des métrés
提供轨枕	fourniture de traverses
提供计算书	fourniture de notes de calcul
提供竣工图纸	fourniture de plans de récolement
提供人员	mise à disposition de personnel
提供使用期限	délai de mise à disposition
提供图纸	fourniture de plans
提供线路设备	fourniture de matériel de voie
提供运营设备	fourniture des équipements d'exploitation
提供资料	fourniture de dossiers
提钩链	chaîne d'attelage
提轨高度	hauteur de levage de rail
提交	soumise
提交文件	document déposé
提梁机	machine de levage de poutre
提前交付	livraison anticipée
提前完工奖	prime d'achèvement anticipé de travaux
提前验收	réception anticipée; réception d'avance
提前验收方式	mode de réception anticipée
提前移交方式	mode de remise anticipée
提前支付	paiement anticipé
提取	prélèvement
提取方法	procédé d'extraction
提取钢筋试样	prélèvement de l'acier
提取沥青试样	prélèvement de bitume
提取试验	essai (test) par extraction
提取水泥试样	prélèvement de ciment
提取水样	prélèvement de l'eau
提取碎石试样	prélèvement de gravier
提取土样	prélèvement du sol
提取物	extrait
提取油样	prélèvement de carburant
提升	hausse
提升高度	hauteur de levage (montée)
提升高度不足	insuffisance de hauteur de levage
提升罐笼	cage d'extraction (mine)
提升机	élévateur
提升机钢索	câble de monte-charge
提升力	force de levage
提升竖井	cheminée ascendante
提示减速	rappel de ralentissement
提速方式	mode d'accélération de vitesse
提速阶段	étape (phase) d'accélération de vitesse
提速区段	section d'accélération de vitesse
提速状态	état d'accélération de vitesse
提枕高度	hauteur de levage de traverses
体积百分比	pourcentage en volume
体积比	proportion (ratio) volumétrique; rapport en volume
体积比配合法	méthode de proportion volumétrique
体积比配料法	dosage en volume; méthode volumétrique
体积变化	changement de volume
体积测定	détermination de volume
体积测量	mesure de volume
体积差别	différence de volume
体积密度	densité volumétrique
体积膨胀	expansion de volume; gonflement volumétrique
体积设计	conception de volume
体积收缩	contraction volumétrique; retrait de volume
体积系数	coefficient de volume
体力	force physique
体量	masse
体系	système
体系重建	reconstruction de système
替换材料	matériau de substitution; matériau substitué
替换车底	substitution de wagons de voyageurs
替换道岔	substitution d'aiguille
替换机车	substitution de locomotive
替换牵机	substitution de locomotive de traction
替换牵引	substitution de traction
替换转向架	substitution de bogie
替换作业	manœuvre de remplacement

tian

| 天车 | grue roulante |

天窗时间　plage horaire；sillon de circulation de train
天沟　chéneau；contre-fossé；fossé de crête；gouttière
天井　puits de lumière solaire
天气情况　situation météorologique
天气预报　prédiction du temps；prévision météorologique
天桥　passerelle；pont de passage
天然材料　matériau naturel
天然地形　configuration naturelle
天然河道　cours d'eau naturel
天然级配　granulométrie naturelle
天然沥青　goudron minéral；pissasphalte
天然砾石　gravier naturel
天然黏土　argile réelle
天然排水沟　exutoire naturel
天然气　gaz naturel
天然气管道　canalisation de gaz naturel；canalisation de gazoduc
天然渠道　canal naturel
天然砂　sable naturel
天然砂砾料　grave naturelle
天然树脂　résine naturelle
天然碎石　pierre naturelle
天然橡胶　caoutchouc naturel
天数　nombre de jour
天文观测　observation astronomique
天文水准测量　nivellement astronomique
天线塔　pylône d'antenne
天线塔柱　fût de pylône d'antenne
添加细料配量　dosage des fines d'apport
填补洞口　rebouchage de trou
填池　comblement de bassin
填充　remblai de comblement
填充材料　produit de garnissage
填充方法　méthode de remplissage
填充高度　hauteur de remplissage
填充混凝土　remplissage de béton
填充料　matériau de remplissage；matière de charge
填充密度　densité de remplissage
填充砂子　remplissage de sable
填充石屑　concassé de fermeture
填充碎石　remplissage de graviers
填充系数　coefficient de remplissage
填方　remblai
填方不足　insuffisance de remblai
填方测量　levé de remblai
填方单价　prix unitaire de remblai
填方底层清理　purge de l'assise de remblais
填方方量　cubage de remblais
填方格栅加筋　géogrille renforcée de remblai
填方护坡道宽度　largeur de berme en remblai
填方控制　contrôle de remblai
填方量　masse de remblai
填方量统计　statistique de masse de remblai
填方路段　section de remblai
填方路基　plateforme de remblai
填方密度　densité de remblai
填方面积　surface de remblai
填方坡底排水沟　fossé de pied de remblai
填方坡度　pente de remblai
填方施工　construction（exécution）de remblai；mise en œuvre de remblais
填方数量　quantité de remblai
填方体　corps de remblai
填方土　sol de remblai
填方位置　position de remblai
填方位置图　plan de situation de remblai
填方压力　pression de remblai
填方压实　compactage en remblai
填方筑堤　canal en remblai
填方纵断面（图）　profil en long de remblai
填方作业　opération de remblayage
填缝　joint de remplissage；remplissage de joints
填沟　comblement de fossé
填河　comblement des cours d'eau
填井　comblement de puits
填空　calfeutrage；remplissage
填料　matériau de remblais
填料二次搬运　manutention double de remblai
填料厚度　épaisseur de remblai
填料划分　classification de matériaux de remblais
填料检查　contrôle de remplissage
填料土　sol rapporté
填黏土　remplissage d'argile
填平坑穴　comblement des vides
填嵌材料　matériau de scellement
填石　enrochage；remblai en pierres
填石防护　protection de berge par enrochement
填石来源　provenance des enrochements
填实　comblement
填土　remblai（remplissage）de terre；remblaiement

填土高度	hauteur remblayée
填土厚度	épaisseur de remplissage de terre
填土路堤	remblai en sol; plateforme de terrassement
填土墙	mur de remblai
填土施工	construction(exécution) de remblayage
填土压实机械	engin de serrage pour remblai
填挖边坡植草	enherbement de talu en remblai ou en déblai
填砟	remplissage de ballast
填筑	remblayage
填筑路肩	épaulement de remblai
填筑作业	opération de remplissage

tiao

挑梁	poutre à encorbellement
挑水坝	épi
挑檐	corniche
条分法	méthode de tranches
条格筛	crible avec grille à fissures
条件优化	optimisation de condition
条款	clause; article; disposition
条款适用范围	champ d'application des dispositions
条款一致性	conformité des clauses
条例	règlement; réglementation
条例修订	révision de réglementation
条形角槽	feuillure
条形识别码	code d'identification des barres
调幅	modulation; modulation d'amplitude
调和漆	peinture à l'huile; peinture mixte
调节	régulation; réglage; ajustement
调节长度轨	rail compensateur
调节范围	marge de calage
调节方法	méthode(mode) de réglage; méthode(mode) de régulation
调节机理	mécanisme de réglage
调节螺母	écrou de réglage
调节坡	rampe d'ajustement
调节器	régleur; régulateur
调节水池	réservoir de compensation
调节系数	coefficient d'ajustement
调节因素	facteur de régulation
调解	conciliation; entremise
调解机制	mécanisme de conciliation
调解劳动纠纷	conciliation de conflits du travail
调解人	conciliateur
调解委员会	comité de conciliation
调梁设备	dispositif de dressage de poutre
调频	modulation de fréquences
调色试验	essai de teintes
调试	fonctionnement des essais
调试阶段	période de réglage; phasage d'ajustement
调试试验	essai de réglage
调试员	opérateur de réglage
调试作业	manœuvre de réglage
调松车钩紧固器	relâchement de tendeur de coupleur
调松紧固螺杆	relâchement de tendeur à vis
调速	réglage(régulation) de vitesse
调速试验	essai(test) de réglage de vitesse
调索	câble d'ajustement
调序	mise en ordre
调整	mise au point; rajustement; rectification; réglage
调整报价	rajustement(ajustement) de l'offre
调整长度	rajustement de longueur
调整车轴中心距	rajustement(ajustement, réglage) de l'entraxe des essieux
调整断面尺寸	rajustement(ajustement, réglage) de profil
调整范围	gamme de réglage
调整方案	rajustement(ajustement, réglage) de plan
调整钢轨位置	réglage de position de rail
调整工程数量	rectification de quantité des travaux
调整公式	formule de révision
调整轨缝	réglage de joint de rails
调整轨距	rajustement(ajustement, réglage) de l'écartement de voie
调整火车时刻表	réglage de l'horaire des trains
调整价格	rajustement de prix
调整间隙	rajustement(réglage) de jeu
调整精度	précision d'ajustement
调整距离	rajustement(ajustement, réglage) de distance
调整宽度	rajustement(ajustement, réglage) de largeur
调整列车进站顺序	rajustement(ajustement, réglage) de l'ordre d'entrée en gare de trains
调整曲线	courbe d'ajustage
调整设计	rajustement de conception

调整深度　réglage de profondeur
调整施工计划　rajustement(ajustement, réglage) de planning d'exécution
调整时间　réglage horaire
调整速度　rajustement de vitesse
调整线路　réglage d'itinéraire
调整运营方案　réglage de plan d'exploitation
调整正线长度　rajustement de longueur de voie principale
调整作用　action de réglage
调直　redressement
调直钢筋　redressement de barre
调制　modulation
调制电流　courant de modulation
调制方法　procédé de modulation
调制频率　fréquence de modulation
跳汰筛　crible à cuve
跳跃式打夯机　dame sauteuse;grenouille
跳闸　déclenchement
跳站　dépassement de gare

tie

贴现　escompte
铁道　chemin de fer
铁道标志　signe de chemin de fer
铁道标准系列　série de normes ferroviaires
铁道车辆储风缸　réservoir d'air du véhicule ferroviaire
铁道车辆分类　classification de matériel roulant
铁道车辆铆接通常技术条件　spécifications techniques générales pour le rivetage du véhicule ferroviaire
铁道车辆强度设计规范　spécifications pour la conception de résistance du véhicule ferroviaire
铁道车辆特点　caractéristique de matériel roulant
铁道车辆组成　composition de matériel roulant
铁道工程建筑企业　entreprise des travaux du chemin de fer
铁道工程施工规程　directive pour réalisation des travaux ferroviaires
铁道货车安全技术要求　exigence technique pour la sécurité des wagons marchandises
铁道货车空重车自动调整装置通常技术条件　spécifications techniques de l'équipement de réglage automatique pour le wagon marchandises vide et chargé
铁道货车通常技术条件　spécifications techniquesgénérales des wagons de marchandises
铁道技术信息　informations techniques ferroviaires
铁道建筑　construction ferroviaire
铁道建筑工程　ingénierie de construction ferroviaire
铁道建筑公司　société de construction ferroviaire
铁道建筑物养护　entretien des ouvrages ferroviaires
铁道建筑专业　spécialité de construction ferroviaire
铁道路肩　épaulement de voie ferrée
铁道路肩宽度　largeur d'épaulement de voie ferrée
铁道弯尺　curvimètre
铁道线路参数　paramètre du tracé de voie
铁道养护　entretien de voie ferrée
铁钩　patte
铁轨搬运　manutention de rails
铁件　pièce en fer
铁矿砂　sable de fer
铁路安全　sécurité du chemin de fer; sécurité ferroviaire
铁路安全和运营管理　sécurité et gestion d'exploitation du chemin de fer
铁路变电所　sous-station du chemin de fer
铁路标志　marque du chemin de fer
铁路标桩　jalonnement de voie ferrée
铁路标准　critère(standard)ferroviaire
铁路不连续　discontinuation de chemin de fer
铁路测量　levé de voie ferroviaire
铁路测量高差　dénivelée de levé de voie ferroviaire
铁路岔线　croisement ferroviaire
铁路场地定线　délimitation de voie ferrée
铁路大修　révision ferroviaire
铁路大修周期　cycle de révision ferroviaire
铁路单线改复线　dédoublement de voie ferrée
铁路道床设计　conception de la plateforme de voie ferrée
铁路道口　passage à niveau de voie ferrée
铁路道砟石料　granulats de ballast ferroviaire
铁路等级　catégorie ferroviaire
铁路电气化　électrification ferroviaire

铁路动力学　dynamique ferroviaire
铁路发展规划　planification de développement du chemin de fer
铁路方形信号牌　carré
铁路分界　démarcation ferroviaire
铁路干扰　interférence de voie ferrée
铁路高架桥设计　conception de viaduc ferroviaire
铁路更新工程验收　réception des travaux de renouvellement ferroviaire
铁路工程　ouvrage(travaux) ferroviaire
铁路工程验收　réception des travaux ferroviaire
铁路工人　cheminot
铁路公路联运　ferroutage;rail-route;transport de rail-route
铁路公路两用机械　engin de rail-route
铁路公路两用起重机　grue rail-route
铁路—公路两用桥　pont rail-route
铁路—公路两用桥施工　exécution de pont rail-route
铁路公路运输方式相互并存　interdépendance des modes ferroviaire et routier
铁路—公路走廊　corridor rail-route
铁路构件　élément de voie ferrée
铁路股道数目　nombre de voies ferrées
铁路固定资产　immobilisations ferroviaires
铁路管界入口　entrée de l'emprise ferroviaire
铁路管理　gestion ferroviaire
铁路罐车容积检定规程　règlements de vérification du volume de wagon-citerne
铁路广告　réclame ferroviaire
铁路规范　norme d'application ferroviaire
铁路轨道施工规范　norme d'exécution de voie ferrée
铁路轨距　écartement de voie ferrée
铁路货场　chantier de marchandises du chemin de fer
铁路货流　flux de fret
铁路货物转运代理协议　protocole de transit de marchandises sur voie ferrée
铁路货物装载加固技术要求　exigence technique de renforcement de chargement sur le wagon fret
铁路货运提单　connaissement ferroviaire
铁路货运需求　demande de transport fret
铁路机车车辆限界　gabarit de matériel roulant ferroviaire

铁路机具　matériel de voie ferrée
铁路基础设施　infrastructure ferroviaire
铁路基础设施领域　secteur de l'infrastructure ferroviaire
铁路基础设施数据自动检测　détection automatique des données de l'infrastructure ferroviaire
铁路几何设计　étude de géométrie de voie ferrée
铁路几何形状设计　conception de géométrie ferroviaire
铁路计算标准　critère(norme) de calcul ferroviaire
铁路技术标准　norme technique ferroviaire; standard technique du chemin de fer
铁路建筑物损坏　dégradation des ouvrages ferroviaires
铁路交叉　croisement ferroviaire
铁路交通　communication ferroviaire
铁路交通中断　interruption de circulation ferroviaire
铁路警察　agent de police ferroviaire
铁路救援起重机　grue-dépanneuse ferroviaire
铁路勘测　exploration ferroviaire; prospection de voie ferrée
铁路可行性研究　étude de faisabilité de voie ferrée
铁路客运规章　réglementations ferroviaires du transport des voyageurs
铁路跨线桥　passage en saut de mouton
铁路里程　kilométrage ferroviaire
铁路立体交叉　passage en saut de mouton du chemin de fer
铁路连接　lien ferroviaire;raccordement du chemin de fer
铁路连接线　raccordement de voie ferrée
铁路连接线施工　exécution de bretelle de voie ferrée
铁路路基　fondation de la plateforme de voie ferrée
铁路路基设计　conception d'assise de voie ferrée
铁路路基施工规范　norme d'exécution de l'assise de voie
铁路路界　emprise de voie ferrée
铁路路界地块征用　réquisition de l'emprise de voie ferrée
铁路路界柱　mât d'emprise de voie ferrée

T

铁路旅客周转(量)　rotation de voyageurs par le transport ferroviaire
铁路绿化　plantation de chemin de fer
铁路平面设计　conception en plan de voie ferrée
铁路铺轨工程验收　réception des travaux de pose de rails
铁路铺架专业化　spécialisation de pose ferroviaire
铁路前期设计文件　document d'Avant-projets ferroviaire
铁路桥　pont de chemin de fer;pont ferroviaire;pont-rail
铁路桥施工　exécution de pont de chemin de fer;exécution de pont-rail
铁路设备　équipement(matériel)ferroviaire
铁路设备安全　sécurité des équipements ferroviaires
铁路设备出口　exportation des équipements ferroviaires
铁路设备检测　détection des équipements ferroviaires
铁路设备制造　fabrication des équipements ferroviaires
铁路设计　conception ferroviaire
铁路设计规范　norme d'études ferroviaires
铁路施工及验收规范　norme d'exécution ferroviaire et la réception
铁路施工设计　étude d'exécution de ligne ferroviaire
铁路事故调查　enquête de l'accident du chemin de fer
铁路事故救援　sauvetage de l'accident de chemin de fer
铁路枢纽　nœud ferroviaire
铁路隧道设计　conception de tunnel ferroviaire
铁路隧道施工　exécution de tunnel ferroviaire
铁路特许经营权　concession d'exploitation ferroviaire
铁路条例　réglementation du chemin de fer
铁路通道　corridor ferroviaire
铁路通道检查　contrôle de couloir ferroviaire
铁路通信　communication ferroviaire
铁路通信系统设计　conception de système de communication ferroviaire
铁路投资　investissement ferroviaire
铁路投资资金　fonds d'investissement ferroviaire
铁路弯道　courbe de voie ferrée
铁路弯道(外轨)超高　dévers de voie ferrée
铁路网　réseau de chemin de fer;réseau de voie ferrée(ferroviaire)
铁路网安全和运营临时规程　règlement temporaire de sécurité et d'exploitation du réseau ferré(RTSE)
铁路网布局　disposition de réseau ferroviaire
铁路网改造　réhabilitation de réseau ferroviaire
铁路网更新改造规划　planification de modernisation du réseau ferroviaire
铁路网规划　planification de réseau ferroviaire
铁路网规划程序　procédure de planification du réseau ferroviaire
铁路网互联　interconnexion des réseaux ferroviaires
铁路网里程　kilométrage de réseau ferroviaire
铁路网连接　liaison(lien)de réseau ferroviaire
铁路网密度　densité de réseau ferroviaire
铁路网平面图　plan de réseau ferroviaire
铁路网设计　conception de réseau ferroviaire
铁路网图　carte de réseau ferroviaire
铁路网运营　exploitation de réseau ferroviaire
铁路微波站　relais de micro-onde du chemin de fer
铁路微波中继通信　communication relayée de micro-onde du chemin de fer
铁路微波中继站　station de relais à micro-onde du chemin de fer
铁路微波中继站间隔距离　intervalle de relais de micro-onde du chemin de fer
铁路违章　contravention ferroviaire
铁路卫星通信　communication par satellite du chemin de fer
铁路无线电网络　réseau radio du chemin de fer
铁路无线通信　communication ferroviaire par radio
铁路无线通信国际标准　norme(critère)internationale de communication ferroviaire par radio
铁路物流　logistique ferroviaire
铁路系统运行　fonctionnement de système de voie ferrée
铁路限界　gabarit de chemin de fer(ferroviaire)
铁路限界标准　critère de gabarit ferroviaire

铁路限界要求　exigence de gabarit ferroviaire
铁路线　ligne de chemin de fer(ferroviaire)
铁路线互联　interconnexion de voies ferrées
铁路线交叉　cisaillement(croisement) de voies ferrées
铁路线交错　entrecroisement des voies ferrées
铁路线路勘查　reconnaissance de ligne du chemin de fer
铁路线路图　plan d'itinéraire de voie ferrée; plan des lignes ferroviaires
铁路线群　faisceau de voies
铁路线群布置图　plan de disposition de faisceau de voies
铁路线群纵列式　formule de défilé de faisceau de voies
铁路线上工程验收　réception des travaux supérieurs de la voie
铁路线下工程　construction d'infrastructure
铁路线下工程验收　réception des travaux inférieurs de la voie
铁路线形设计　conception linéaire du chemin de fer; étude d'alignement ferroviaire
铁路线性　linéarité de voie ferrée
铁路项目　projet ferroviaire
铁路小站　halte
铁路新线建设　construction de nouvelle ligne ferroviaire
铁路新线通车典礼　inauguration de nouvelle ligne ferroviaire
铁路信号　signal(signalisation) ferroviaire
铁路信号设备　équipement de signalisation ferroviaire
铁路信号子系统　sous-système de signalisation ferroviaire
铁路信令　message ferroviaire
铁路信息　informations ferroviaires
铁路行车标志牌　indicateur de voie ferrée
铁路行车管理　gestion de circulation ferroviaire
铁路修复改造　réhabilitation de chemin de fer
铁路选线　choix de ligne ferroviaire; choix de tracé de chemin de fer
铁路沿线景观设计　conception de paysage au long de voie
铁路沿线小站　halte de voie ferrée
铁路研究　recherche du chemin de fer
铁路应用标准　standard d'application ferroviaire
铁路应用子系统　sous-système d'application ferroviaire
铁路运费　frais de transport ferroviaire; fret ferroviaire
铁路运行　circulation ferroviaire
铁路运行密度　densité de trafic ferroviaire
铁路运输调度　régulation de transport ferroviaire
铁路运输方式　mode de transport ferroviaire
铁路运输管理　gestion du transport ferroviaire
铁路运输管理条例　réglementation de transport ferroviaire
铁路运输管理信息　informations de gestion du transport ferroviaire
铁路运输管理信息系统　système des informations de gestion du transport ferroviaire
铁路运输控制中心　centre de contrôle de trafic ferroviaire
铁路运输领域　secteur de transport du chemin de fer
铁路运输流量预测　prévision de trafic ferroviaire
铁路运输设备　équipement(matériel) de transport ferroviaire
铁路运输网络　réseau de transport ferroviaire
铁路运输自动化管理中心　centre de gestion d'automatisation de trafic ferroviaire
铁路运输综合作业方案　plan général du transport ferroviaire
铁路运输组织　organisation de transport ferroviaire; organisation de transport par chemin de fer
铁路运营　exploitation ferroviaire
铁路运营附属工作　sujétion d'exploitation ferroviaire
铁路运营管理　gestion d'exploitation ferroviaire
铁路运营商　exploitant ferroviaire
铁路运用标准系列　série des applications ferroviaires
铁路站场设计　conception de chantier-gare
铁路站台　plateforme(quai) ferroviaire
铁路辙叉　croisement de voie ferrée
铁路支线　ligne régionale; ramification de voie ferrée
铁路执行标准　norme d'application ferroviaire
铁路中心线　axe du chemin de fer

铁路中修　réparation ferroviaire
铁路重型机械修理厂
　　garage des engins ferroviaires lourds
铁路专用线　embranchement ferroviaire
铁路咨询　conseil(consultation)ferroviaire
铁路资产所有权
　　propriété de biens ferroviaires
铁路走廊
　　couloir de voie ferrée(ferroviaire);
　　corridor ferroviaire
铁路走廊布局
　　disposition de corridor ferroviaire
铁路走廊定线
　　délimitation de corridor ferroviaire
铁路走廊宽度
　　largeur de couloir de voie ferrée
铁路走向控制
　　contrôle de tracé de voie ferrée
铁耙　croc
铁皮管　gaine en tôle d'acier
铁皮屋面　couverture en feuilles métalliques
铁片　lame de fer
铁桥　pont en fer
铁三角　équerre droite
铁丝　fil de fer
铁丝笼　cage en grillage
铁丝石笼　gabion en fil de fer
铁丝网　grillage en fil de fer
铁丝网大门　portail à panneaux grillagés
铁丝网围墙　clôture en fil de fer
铁塔　pylône;pylône de fer
铁塔基座　massif(socle)de pylône
铁屑　scorie de fer
铁锈　rouille
铁质黏土　argile ferrugineuse
铁柱　pilier(poteau)de fer

ting

听觉疲劳　fatigue auditive
听觉信号　signal sonore
听音探伤法　procédé d'auscultation
听证会　réunion consultative
停泊码头　quai d'amarrage
停车　stationnement
停车标志　signe d'arrêt
停车标志牌　pancarte d'arrêt
停车场　parc automobile;
　　parc de stationnement;parking
停车场标志　signe de parking
停车场地　emplacement de stationnement
停车场容量　capacité de parking
停车场线群　faisceau de voies de garage
停车场照明灯　réverbère de parking
停车道长度
　　longueur de voie de stationnement
停车地点　lieu de stationnement
停车点　halte;point de stationnement
停车点调整　réglage de point de l'arrêt
停车距离　distance d'arrêt de train
停车距离要求
　　exigence de distance d'arrêt de train
停车牌　panneau de stationnement
停车时间控制
　　contrôle de durée de stationnement
停车视距　distance visuelle de stationnement
停车位置　position de stationnement
停车显示牌　tableau《arrêt》
停车线　garage;ligne de stationnement
停车线驻车
　　stationnement sur la voie d'attente
停车信号　signal d'arrêt du train
停车要求　exigence d'arrêt du train
停车原因　cause d'arrêt du train
停车指令　instruction d'arrêt du train
停车制动　freinage d'arrêt du train
停车状态　état de stationnement
停工点　point d'arrêt
停工调查　enquête de l'arrêt des travaux
停工期间　période d'arrêt de construction
停工指令　instruction d'arrêt de travaux
停靠港　port d'escale
停靠码头　quai d'accostage
停业　cessation d'activité
停止工作　cessation de travail
停止生产　cessation de production
停止位置　position d'arrêt
停止支付　cessation de paiement
停止状态　état d'arrêt

tong

通报　circulaire;lettre circulaire
通常措施　mesures générales
通常技术规范
　　spécifications techniques générales(STG)
通常设施维护
　　entretien général des installations
通车　ouverture au trafic
通车里程　kilométrage de circulation

通车期限　délai de mise en service
通达　desserte
通达地点　lieu d'aboutissement
通道　couloir;passage de circulation
通道关闭　fermeture de couloir(passage)
通道控制　contrôle de passage;
　　contrôle de voie de passage
通道直径　diamètre de passage
通电测试　essai de mise en courant
通风箅子　grille d'aération
通风道　canal d'air frais;gaine d'aération
　　(ventilation);galerie d'aérage(ventilation);
　　galerie d'air frais
通风发电机　moteur de ventilation
通风方式　mode de ventilation
通风管　conduit d'air(ventilation)
通风管道
　　conduite d'aération;conduite de ventilation
通风机房　salle de ventilateurs
通风机罩　chapiteau de ventilation
通风检查井　regard de ventilation
通风井　cheminée d'aérage(aération,
　　appel);puits de ventilation;
　　puits-buse d'aération
通风孔　orifice de ventilation
通风口　fente d'aération
通风帽　chapeau de ventilation
通风设备　équipement de ventilation
通风设备维修
　　entretien des équipements de ventilation
通风设计　conception(étude) de ventilation
通风示意图　schéma d'aérage(ventilation)
通风室　chambre de ventilation
通风竖井　cheminée cylindrique verticale
通风天井　puits-buse
通风筒　manche à vent
通风图　plan de ventilation
通风系数　coefficient de ventilation
通风系统　système d'aération(ventilation)
通风站　station de ventilation
通风装置　dispositif d'aération(ventilation);
　　installations d'aération(ventilation)
通告　notification
通关代理人　commissionnaire en douane
通过　passage;passe
通过车场　chantier de passage
通过次数　nombre de passage(passes)
通过点　point de passage
通过渡板　passerelle de passage

通过方式　mode de passage
通过荷载　charge de passage
通过流量　flux de passage
通过率　pourcentage de passage
通过能力　puissance de franchissement
通过能力限制区间　canton à capacité limitée
通过频率　fréquence de passage
通过式车站　gare en forme de passage
通过顺向辙尖
　　passage de l'aiguille par le talon
通过限界　gabarit de passage
通过线路　itinéraire de passage
通过信号　signal de passage
通过迎面辙尖　passage de l'aiguille en pointe
通过总重　poids global de passage
通过最小曲线半径　rayon de franchissement
　　de courbure minimale;rayon de passage de
　　courbure minimale
通海运河　canal maritime
通函　circulaire
通航高度　hauteur navigable
通航净空　gabarit de tirant d'air
通航净空高度　gabarit de navigation
通航运河　canal de navigation
通号分项工程分包商　sous-traitant de lot
　　de télécommunication et signalisation
通号组
　　division de télécommunication et signalisation
通话记录　enregistrement de conversation
通话请求　demande d'appel
通话中断　interruption de conversation
通气管　manche à air
通气孔　évent
通勤站　gare de correspondances
通信安全　sécurité de communication
通信传输网络
　　réseau de télécommunication à transmission
通信电缆
　　câble de communication(télécommunication)
通信电路　circuit de communication
通信段　division de télécommunication
通信段电台
　　radiostation de division de télécommunication
通信方式　mode de communication
通信服务器　serveur de communications
通信干扰
　　interférence(perturbation) de communication
通信工程验收
　　réception des travaux de télécommunication

通信工具　moyens de communication
通信故障　panne de communication
通信光纤　fibre optique de communication
通信光纤同步传输网络　réseau de télécommunication à transmission synchrone par fibres optiques
通信恢复　rétablissement de communications
通信接口　interface de communication
通信模块　module de communication
通信设施　installations de communication
通信手段　moyens de communication
通信网　réseau de communication
通信线路　ligne de télécommunication
通信设备　équipement de télécommunication
通信信道　canal de télécommunication
通信信道关闭　fermeture de canal de télécommunication
通信信号　signal de communication
通信信号段　dépôt de télécommunication et de signalisation; division de télécommunication et signalisation
通信站　station de communication
通信站间距　intervalle entre stations de communication
通信中断　interruption de communication
通信子系统　sous-système de télécommunication
通行高度要求　exigence de hauteur de passage
通行高峰时间　heure de pointe de circulation
通行能力　capacité de circulation(passage)
通行能力调查　enquête de capacité de passage
通行瓶颈　goulot de passage
通行条件　condition de circulation
通行先行　priorité de passage
通行限界　limite de passage
通行质量　qualité de passage
通行自由　liberté de passage
通用标准　standard acceptable
通用规定　prescriptions communes
通用行政条款　Cahier des Clauses Administratives Générales(CCAG)
通用技术条款　Cahier des Clauses Techniques Générales(CCTG)
通用技术条款说明手册　Cahier des Prescriptions Spéciales -Spécifications Techniques Générales（CPS-STG）
通用平车车体设计参数　paramètre de conception pour la caisse de wagon plat général
通用桥式吊车　pont d'usage général
通用图设计　étude des plans généraux
通用细则　Cahier des Prescriptions Communes(CPC)
通用总则　Prescriptions Générales Communes
通知期限　délai d'avertissement
通知书　lettre de convocation
同步传输模式　mode de transmission synchrone
同步电机　moteur synchrone
同步牵引电机　moteur synchrone de traction
同步验收　réception synchronique
同步振荡　oscillations synchrones
同侧复式道岔　aiguille double d'un seul côté;aiguille double unilatérale
同等标准　norme équivalente
同方向发车时间频率　fréquence horaire par le même sens
同类产品　produit similaire
同频单工　simplex de même fréquence
同生岩　roche similaire
同向曲线　courbe à la même direction; courbe de sens unique
同心圆　cercle concentrique
同业机构　organism similaire
同业价格　prix de série
同一质量　qualité homogène
同轴车轮多荷分配　répartition transversale de charges
同轴电缆　câble coaxial;coaxial
同轴连接器　connecteur coaxial
同轴线　coaxial;ligne coaxiale
桐油　huile de bois de Chine
铜版纸　papier glacé
铜锭　lingot de cuivre
铜皮　feuille de cuivre
铜心电缆　câble en cuivre
统计　recensement;statistique
统计参数　paramètre statistique
统计方法　méthode statistique
统计管理　gestion de statistique
统计结果　résultat statistique
统计数据　données statistiques
统计图表　carte(schéma)statistique
统计文件　document de statistique

统计误差　écart(erreur) statistique; erreur de statistique
统料填方　remblai de toutes natures
统一编组方式　modalité de formation des wagons unifiés
统一化　standardisation
统一详图　détail standard; détail-type
统制价格　prix imposé
筒　cuve
筒仓　silo
筒形车体　caisse-coque
筒形屋顶　couverture cintrée

tou

偷工减料　fraude dans l'exécution des travaux
偷漏关税　fraude à la douane
偷税　fraude
偷税漏税　fraude fiscale
头等车厢票　billet de première classe
头节车厢　voiture de tête
头盔　casque
投保货物　marchandise assurée
投标　soumission de l'appel d'offre; soumission
投标保函　caution de soumission
投标保函担保格式　modèle de garantie de soumission
投标保函格式　modèle de caution de soumission
投标产生的费用　dépense encourue du fait de l'appel d'offres
投标程序　procédure de soumission
投标单　soumission
投标方式　mode de soumission
投标费用　frais de soumission
投标价格　prix de soumission
投标阶段　étape(phasage) de soumission
投标结果公布方式　modalité de publicité des offres
投标截止日　clôture de dépôt des offres
投标人　soumissionnaire
投标人保函　caution de soumissionnaire
投标人保证书　garantie de soumissionnaire
投标人财务状况　situation financière du soumissionnaire
投标人代表　représentant de soumissionnaire
投标人经历　expérience de soumissionnaire
投标人签字　signature de soumissionnaire
投标人须知　instructions aux soumissionnaires
投标人资格　éligibilité(qualification) de soumissionnaire
投标人资格审查　examen de l'éligibilité des soumissionnaires
投标人资格声明　déclaration de candidature
投标人资格预审　pré-qualification de candidature de soumissionnaire
投标人资格预审程序　procédure de pré-qualification des candidats; procédure de présélection des candidats
投标书　lettre de soumission
投标书撤回　retrait de l'offre
投标书格式　modèle de lettre de soumission; modèle de soumission
投标条件　condition de soumission
投标文件　document de soumission
投标文件修改　modification de documents de l'offre
投标须知　instructions de soumission
投标准备　préparation de soumission
投标资格预选　présélection de candidature
投产　mise en production
投机　spéculation
投入设备数量统计簿　registre des équipements présents
投入使用　entrée en service; mise en service
投入运营　mise en exploitation
投入运转　mise en fonctionnement
投影　projection
投影地图　carte de terrain projeté
投影几何　géométrie projective
投影面积　surface projective
投影图　dessin par projection; plan de projection
投影中心　centre de projection
投影坐标　coordonnées(ordonnées) projectives
投资　investissement
投资成本　coût d'investissement
投资成本控制　contrôle des coûts d'investissement
投资额　somme d'investissement
投资费用　coût(frais) d'investissement
投资分配　répartition d'investissement
投资估算　estimation d'investissement
投资规模　envergure d'investissement
投资环境　environnement d'investissement
投资计划　plan(programme) d'investissement

投资控制　contrôle d'investissement
投资项目　projet d'investissement
投资效益　rentabilité d'investissement
投资资金　fonds d'investissement
透层　couche d'imprégnation
透层结合料　liant d'imprégnation
透明度　degré de transparence
透明原则　principe transparente
透明纸　papier cristal(transparent)
透视图　perspective; croquis perspectif
透水　pénétration d'eau
透水层　couche drainante(perméable); strate perméable
透水路堤　remblai perméable
透水试验　essai(test) au drainomètre; test de perméabilité à l'eau
透水性　perméabilité à l'eau
透水岩　roche perméable
透支　prêt à découvert
透支账　compte à découvert

tu

凸岸　rive convexe
凸边　rebord
凸出部分　partie saillante
凸镜　miroir convexe
凸轮　came
凸面　surface convexe
凸面半径　rayon convexe
凸起　ressaut
凸起翼板　aile convexe
凸起障碍物　obstacle saillant
凸销　ergot
凸形变坡点　changement de pente à convexité
凸形焊缝　soudure convexe
凸形竖曲线　courbe verticale convexe
凸缘　collet; embase
突变曲线　courbe brusque
突出　saillie
突出式桥台　culée saillante
突然制动　frein brusque
图　illustration; plan; dessin
图表　graphique
图表测定　détermination graphique
图表格式　format de tableau
图表生成　formation de tableau
图表文件　document graphique
图根测量网　canevas des détails
图根导线测量　cheminement graphique
图根水准测量　nivellement graphique
图号　numéro de carte(plan)
图解法　méthode(procédé) graphique
图解分析　étude graphique
图解计算　calcul graphique
图解曲线　courbe(courbure) graphique
图解文件　pièces graphiques
图解误差　erreur graphique
图解坐标　coordonnées(ordonnées) graphiques
图例　légende
图片文件　document photographique
图上位置　point sur la carte
图示目录　catalogue illustré
图像　image
图像生成　formation des images
图像质量　qualité de l'image
图形　figure
图形编辑　rédaction graphique
图形标志　signe de diagramme
图形对称　symétrie de figure
图纸　dessin; papier de dessin; plan
图纸补充部分　supplément de plan
图纸绘制费用　frais de rétablissement des plans
图纸检查　contrôle de plan
图纸目录　catalogue de plans; nomenclature de dessins
图纸批复意见　commentaire des plans
图纸清单　liste de plans
图纸说明　description de plan
图纸文件　document des plans
图纸质量　qualité de plans
图纸注释　commentaire des plans
图纸验收通过　acceptation de plans
途中用挂计划　plan de dételage de wagons en parcours
途中运行动态信息　informations réelles de parcours de circulation
涂保护层　chemisage; enduit de protection
涂层　couche d'enduit
涂胶　encollage
涂料　enduit
涂抹　étalement
涂石蜡　paraffinage
涂刷层　couche de badigeonnage
涂油　graissage; huilage
涂装　peinture; mise en peinture
涂装标准　norme de peinture

| 土建施工　exécution de génie-civil

涂装要求　exigence de peinture
土表层　manteau de sol
土层　couche de sol
土产品　produit local
土成分　composition de sol
土堤　digue en terre
土地测量图　plan cadastral; carte d'arpentage
土地成本　coût du terrain
土地承载力测定
　　détermination de la portance du sol
土地价格　prix de terrain
土地面积　surface de terrain
土地平整　égalité de terrain
土地所有权　propriété foncière
土地占用费　frais d'occupation de terrain
土地占用计划　plan d'occupation du sol
土地丈量员　géomètre; géomètre topographe
土地征用费　coût d'acquisition de terrain
土堆　dépôt de terre; massif de terre
土方　masse de terrassement (terre)
土方搬运　déplacement du terrassement
土方部分　lot de terrassement
土方材料　matériau de terrassement
土方超量　excédent de terrassement
土方调配　mouvement de terrassement (terre)
土方调配计划　plan (programme) de
　　mouvement de terres (terrassement)
土方调配阶段　étape du mouvement de terre
土方调配设计
　　conception de mouvement de terre
土方二次搬运
　　manutention double de terrassement
土方分配　distribution de terrassement
土方工程费　coût de terrassement
土方工程整平线　ligne arasée de terrassement
土方工程专家　spécialiste de terrassement
土方工地　chantier de terrassement
土方机械　engin (machine) de terrassement
土方来源　provenance de terrassement
土方量统计
　　statistique de volume de terrassement
土方清理　évacuation de terrassement
土方设备
　　équipement (matériel) de terrassement
土方施工
　　exécution (opération) de terrassement
土方施工图　plan de terrassement
土方数量　métré de quantité de terrassement;
　　quantité de terrassement

土方挖掘机　excavateur de terrassement
土方小组　groupe de terrassement
土方验收　réception de terrassement
土方用地　emprise de terrassement
土方运输追加费用
　　plus-value de transport pour terrassement
土方整平机械　engin de l'aplanissement;
　　engin de terrassement en surface
土方装卸计划　programme de chargement-
　　déchargement du terrassement
土方组　équipe de terrassement
土埂　ourlet
土工布　géotextile
土工布层　couche de géotextile
土工布透水层　nappe drainante en géotextile
土工地膜　membrane en géotextile
土工格室　cellule géotechnique;
　　géotextile alvéolaire; géosynthétique alvéolaire
土工格栅　géogrille; grille géotechnique
土工格栅加筋　géogrille renforcée
土工合成材料　géosynthétique
土工力学　mécanique géotechnique
土工力学测量　mesure géotechnique
土工力学测试结果
　　résultat des essais géotechniques
土工力学计算　calcul géotechnique
土工力学数据　données géotechniques
土工力学特性　propriété géotechnique
土工实验室　laboratoire géotechnique
土工试验汇总
　　récapitulation d'essais géotechniques
土工网　géogrille; grillage de géotextile
土工网格　maille de géotextile
土工学　géotechnique
土工学特征　caractéristique géotechnique
土工学专家　expert géotechnique
土工织物　géotextile
土工质量　qualité géotechnique
土沟挖方　déblai de fossé en terre
土滑　glissement du sol
土建工程
　　ingénierie (ouvrage, travaux) de génie-civil
土建工程分包商
　　sous-traitant de lot des travaux de génie-civil
土建工程师　ingénieur en génie-civil
土建工程投资
　　investissement des travaux de génie-civil
土建工地　chantier de génie-civil
土建施工　exécution de génie-civil

土建实验室　laboratoire de génie-civil
土结碎石路　macadam lié par le sol
土抗剪强度　résistance au cisaillement du sol
土坑　fosse en terre
土块　motte; motte de terre
土块(岩块)崩塌　glissement en masse
土况　condition de sol
土粒　grain de sol
土路　route en terre
土路堤　remblai de terre
土路基　plateforme en terre
土路肩　épaulement de terre
土木工程公司
　société des travaux de génie-civil
土木建筑
　génie-civil; construction de génie-civil
土黏性　cohésion de sol
土坡稳定性　stabilité de talus en terre
土墙　mur de terre; mur en pisé
土壤　sol
土壤饱和度　degré de saturation du sol
土壤保持　conservation de sol
土壤沉陷　dépression du sol
土壤承载力　résistance du sol
土壤承载力试验
　épreuve(essai, test) d'appui du sol
土壤地质勘查
　investigation géologique du sol
土壤调查方法
　méthode d'investigation de sol
土壤分类　classification de sols
土壤分类法　méthode de classement de sols
土壤分类试验　essai d'identification du sol
土壤改良　modification du sol
土壤固结　consolidation de sol
土壤和岩石分类
　classement des sols et roches
土壤鉴定　identification du sol
土壤均质性　homogénéité du sol
土壤抗力　résistance du sol
土壤孔隙率　porosité du sol
土壤力学特征
　caractéristique mécanique du sol
土壤密度　compacité de terrain;
　densité(consistance) de sol
土壤膨胀　gonflement du sol
土壤取样
　prélèvement de l'échantillons du sol
土壤沙化　dégradation du sol sableux

土壤渗水试验
　essai(test) de perméabilité du sol
土壤渗透性　perméabilité du sol
土壤湿度　humidité du sol
土壤实验室　laboratoire des sols
土壤试验　essai(test) du sol
土壤水分　humidité du sol
土壤探测方法　méthode de sondage de sol
土壤特性　caractéristique de sol
土壤退化　dégradation du sol
土壤污染　pollution du sol
土壤细料　élément fin du sol
土壤学　pédologie
土壤压实　compactage de sol
土壤压实机械　engin de compactage du sol
土壤压实试验
　essai(test) de compactage du sol
土壤压实性能
　caractéristique de compactage de sol
土壤状态　état du sol
土壤钻探　sondage du terrain
土石方运输设备
　engin de transport des déblais
土石混合料　mélange de terre et gravier
土—水泥混合料　mélange sol-ciment
土体滑移　glissement du sol
土体膨胀　foisonnement du sol
土推力　poussée de terre
土系　famille de sols; série de sols
土压　pression du sol
土压力计算　calcul de pression du sol
土压力系数　coefficient de pression du sol
土压缩性　compressibilité de sol
土样　échantillon de terre(sol)
土样试验
　épreuve(essai, test) d'échantillon du sol
土质　nature(qualité) du sol
土质边沟　fossé en terre
土质鉴定　expertise du sol
土质勘探　investigation du sol
土质类型　nature du sol
土质排水沟　cunette en terre
土质特性　propriété de sol
土状泥灰岩　marne cendrée

tuan

团体票　billet collectif

tui

推顶　poussage

推动　poussée
推荐标准　norme recommandée
推荐方案　plan de recommandation; proposition recommandée
推荐方法　méthode de recommandation
推荐信　lettre de recommandation
推进　progression
推拉窗　fenêtre coulissante(glissante)
推拉门　porte coulissante(glissante)
推拉式结构　structure coulissante
推力　effort(force) d'impulsion(poussée); force propulsive
推力测量　mesure de poussée
推力荷载　charge de poussée
推力曲线　courbe de poussée
推力系数　coefficient de poussée
推力线　ligne de poussée
推气端　extrémité de refoulement
推式压路机　rouleau pousseur
推土机　chasse-terres
退场操作　opération de repliement
退潮　marée basse(descendante)
退出竞标　désistement
退还　restitution
退还预付款　remboursement des avances
退水径流　écoulement en décrue
退行　recul de circulation
退行信号　signal de recul

tuo

托板　palette; plaque de support
托钩　crochet de suspension
托轨梁　poutre sous rail
托架　console; palier
托梁　chevêtre; linsoir; poutre de support
托轮举升平台　pont élévateur à prise sous les roues
托台　plateau de support
托运单　lettre de voiture
托轴举升平台　pont élévateur à prise sous les essieux
托座　console
拖车　remorque
拖斗铲土机　pelle à benne traînante
拖挂式铲运机　scraper tracté
拖辊　cylindre commandé
拖拉法铺轨　méthode de traction pour pose de traverses
拖缆　câble de remorque
拖式轮胎压路机　rouleau à pneus traîné; rouleau compacteur à pneumatique traîné
拖式摊铺机　répandeuse en remorque; répartiteur traîné
拖式土方机械　engin de terrassement tracté
拖式压路机　rouleau tracté
拖运车　porte-char
脱钙黏土　terre(argile) de groie
脱钩　décrochage; décrochement; dételage
脱钩可能性　possibilité de décrochage
脱钩装置　dispositif de décrochage
脱钩状态　état de dételage
脱钩作业　opération de décrochage
脱轨　déraillement
脱轨保护装置　protecteur de déraillement
脱轨次数　nombre de déraillements
脱轨风险　risque de déraillement
脱轨救援　secours de déraillement
脱轨可能性　possibilité de déraillement
脱轨扭力　force de torsion de déraillement
脱轨器　dérailleur
脱轨事故　cas de déraillement
脱轨事故调查　enquête de l'accident de déraillement
脱轨事故救援　sauvetage de l'accident de déraillement
脱轨条件　condition de déraillement
脱轨系数　coefficient de déraillement
脱轨原因　cause de déraillement
脱轨状态　état de déraillement
脱离保护　protection par éloignement
脱模　décoffrage; démoulage
脱模材料　produit décoffrant
脱模机　machine à démouler
脱模强度　résistance de démoulage
脱模油　huile de décoffrage(démoulage)
脱水剂　déshydrateur
脱水筛　crible de dégouttage
脱线修理　réparation hors de ligne
脱盐　dessalement
陀螺仪　gyroscope
陀螺钻　drille
驼峰　dos d'âne; bosse; butte
驼峰编组场　chantier de triage à la gravité
驼峰编组调度　régulation de formation à bosse de triage
驼峰编组溜车　lancement de butte de débranchement

驼峰调车场控制室　poste de butte
驼峰调车机车　locomotive de bosse;
　　locomotive de manœuvre par gravité
驼峰调车信号楼　poste de bosse
驼峰峰顶　sommet de bosse
驼峰构造　structure de butte
驼峰色灯信号(机)　signal lumineux de bosse
驼峰竖曲线　courbe verticale de butte
驼峰位置　position de butte
驼峰信号(机)　signal de bosse
驼峰站编组　formation à bosse de triage
椭圆锉　lime feuille de sauge
椭圆曲线　courbe(courbure)elliptique
椭圆(形)　ellipse
椭圆形　forme ellipsoïdale(ovale)
椭圆坐标　coordonnées(ordonnées)elliptiques
拓宽长度　longueur d'élargissement
拓宽线路咽喉区
　　élargissement de goulet de voie
拓宽线路走廊
　　élargissement de couloir de voie
拓宽咽喉通道
　　élargissement de gorge de passage

T

W

wa

挖槽　fouille
挖出的土　terre d'excavation
挖斗　benne-tranchée
挖斗容量　capacité de poche
挖方　déblai;déblaiement;extraction de déblai; sol excavé
挖方边坡　talus de déblai
挖方边坡坡顶整削工程　arrondi de crête de talus en déblai
挖方材料　matériau de déblais
挖方材料再利用　réutilisation de matériau de déblais
挖方材料再用于回填　réutilisation de matériau de déblais en remblais
挖方测量　levé de déblai
挖方单价　prix unitaire de déblai
挖方底部修理刮平　finition de l'arase de fond de déblai
挖方底部压实　compactage de fond de déblai
挖方断面　section de déblai
挖方堆　tas de déblais
挖方盖土　parement de déblai
挖方工程　travaux de déblai(déblaiement)
挖方护坡道宽度　largeur de berme en déblai
挖方回填　remblai en provenance de déblai
挖方角度　angle de déblai
挖方控制　contrôle de déblai
挖方量　masse de déblai;volume de déblais; cubage de déblais
挖方路基　assiette(plateforme)de déblai
挖方路基清表　décapage d'assiette de déblai
挖方路肩　berme de déblai
挖方面积　surface de déblai
挖方区　zone de déblai
挖方区段　section de déblai
挖方设备　équipement(matériel)excavé
挖方施工　exécution de déblai
挖方施工阶段　phasage d'exécution de déblais
挖方施工现场　site d'exécution de déblais
挖方时间　temps de déblai
挖方数　cube de déblai
挖方数量　quantité de déblai
挖方体积　volume d'excavation
挖方土　sol de déblai
挖方土方　terrassement de(en)déblais
挖方土质类型　nature de déblais
挖方位置　position de déblais
挖方线路走向　tracé en déblai
挖方修理　finition de déblai
挖方筑堤　canal en tranchée
挖方作填料　matériau issus de déblais
挖方作业　excavation de déblais
挖沟　creusement(excavation)de fossés(tranchée)
挖沟机　charrue-taupe;excavateur de fossé (tranchée);machine à creuser les tranchées; pelle de tranchée;pelle en fouille; pelle fouilleuse
挖沟犁　charrue de fossé
挖管机　arrache-tube;arrache-tuyaux
挖掘　creusage;creusement;excavation
挖掘方法　méthode d'excavation;mode de creusement
挖掘费用　frais de creusement
挖掘高度　hauteur d'attaque
挖掘工地　chantier d'excavation(cavage)
挖掘机　bêcheuse;creuseur;excavateur; machine d'excavation;pelle excavatrice
挖掘机操纵杆　joystick de l'excavateur
挖掘机铲斗　cuillère de drague

挖掘机开挖　excavation à l'excavateur
挖掘机挖斗　caisse de pelle
挖掘阶段　étape de creusement
挖掘进度　avancement d'excavation
挖掘力　force de cavage
挖掘能力　capacité d'excavation
挖掘深度　profondeur d'excavation(creusement)
挖掘施工　exécution de creusement
挖掘说明　description d'excavation
挖掘速度　vitesse d'excavation(creusement)
挖掘土　sol excavé
挖坑　creusement de fosse
挖孔桩　pieu creusé(perforé)
挖泥　dragage；extraction de boue
挖泥铲　bogue
挖泥机械　engin de marinage
挖泥设备　équipement(matériel)de dragage
挖泥用铲斗　benne racleuse pour le marinage
挖堑　excavation de tranchée
挖渠沟　canal en tranchée
挖石机　dérocheuse；pelle pour carrière
挖一填方　déblai-remblai
挖土　excavation(extraction)de terre
挖土斗　godet en fouilleuse de terrassement；godet puiseur
挖土机　benne d'extraction；pelleteuse excavatrice
挖土机铲斗　godet de pelle
挖土机斗　godet d'excavateur
挖土机反铲　godet de pelle fouilleuse；godet inversé de terrassement；godet rétro；benne rétro；benne rétro-terrassement
挖土机驾驶棚　abri de pelleteur
挖土机挖斗　benne type excavatrice
挖岩机　excavateur à roche
挖渣　déblai；déblai de ballast
挖渣(弃土)堆放场地　aire de dépôt de déblais
挖渣运输车　wagon de déblais
洼地　bas-champs；bas-fond；bassin versant；terrain bas(enfoncé)
瓦沟　drain en tuiles
瓦楞铁皮　tôle ondulée
瓦斯爆炸　explosion de gaz
瓦斯探测器　détecteur de grisou
瓦特小时　watt-heure(Wh)
瓦形跌水槽　descente d'eau en tuiles

wai

外包尺寸　dimension extérieure
外币　devise；monnaie étrangère
外币换算　conversion de devise
外表面　surface extérieure
外部安全　sécurité externe
外部回填　remblai extérieur
外部监督程序清单　liste de procédure de contrôle externe
外部监督任务　mission de contrôle externe
外部监理工程师　ingénieur de contrôle externe
外部监理小组　équipe chargée de contrôle externe
外部检查　contrôle extérieur(externe)
外部检查费用　rémunération de contrôle externe
外部排水　évacuation extérieure
外部区域　zone extérieure
外部振捣器　vibrateur externe
外部整洁　propreté extérieure
外部作用　action extérieure
外侧　côté extérieur
外侧边坡　talus extérieur
外侧超车道　voie latérale de dépassement
外侧车道　ligne de bordure；voie extérieure (externe)；voie latérale
外侧道　boucle extérieure
外侧弯道　courbe extérieure
外侧悬挂　suspension extérieure
外侧悬挂式转向架　bogie à suspension extérieure
外侧轴颈轴　essieu à fusée extérieure
外成岩　roche exogène
外存储器　mémoire externe
外覆盖层　revêtement extérieur
外供材料来源　provenance des matériaux de fourniture extérieure
外拱开挖线　ligne d'excavation à l'extrados
外观　aspect extérieur
外观检查　contrôle de l'aspect extérieur
外观评价　appréciation de l'aspect extérieur
外管　descente extérieure
外轨　rail extérieur
外轨超高　dévers de rail extérieur
外轨超高校正　correction de dévers de rail extérieur
外轨超高量　marge de dévers de rail extérieur

外轨反超高　contre-dévers
外国投标人　soumissionnaire étranger
外壕沟　avant-fossé
外环(路)　ceinture extérieure；cercle extérieur
外汇　devise étrangère
外汇比例　proportion de devise
外汇标价　cotation des devises
外汇管理局　administration de devises
外汇汇出证明材料
　　document justifiant le transfert de devise
外汇金额　montant de(en)devise
外汇开支　dépense en devise
外汇开支估算清单
　　état estimatif des dépenses en devises
外籍劳动力　main-d'œuvre expatriée
外籍人员　personnel expatrié
外交惯例　usages diplomatiques
外交使团　mission diplomatique
外交途径　voie diplomatique
外角　angle externe
外脚手架　échafaudage extérieur
外接电源　alimentation externe
外径　diamètre externe
外径千分尺　micromètre
外壳　enveloppe
外力　effort(force)externe；force extérieure
外码头　quai extérieur
外面　face externe
外模板　coffrage extérieur
外墙　mur extérieur
外倾斜　inclinaison vers l'extérieur
外曲线　courbe(courbure)externe(extérieure)
外梯　échelle extérieure
外填料　remblai apporté
外围尺寸　dimension extérieure
外向型经济　économie visée à l'extérieur
外形尺寸
　　contour；dimension d'encombrement
外悬式支承　palier en porte-à-faux
外业勘测　étude sur terrain
外站台　quai extérieur
外轴箱　boîte extérieure

wan

弯板机　cintreuse
弯沉　déflexion
弯沉测量　mesure de déflexion
弯沉仪　curviamètre；déflectomètre
弯道　courbe；voie en courbe

弯道半径　rayon de courbure
弯道标志　signe de courbe
弯道侧向推力
　　poussée latérale en courbe de voie
弯道岔　aiguille courbe
弯道超高　dévers de courbe
弯道超高调整
　　réglage de dévers en voie courbe
弯道超高外侧轨　rail supérieur en courbe
弯道超速造成列车倾覆
　　renversement de train causé par
　　survitesse à voie courbe
弯道过渡段　transition de la ligne courbe
弯道计算修正值　courbure de correction
弯道加宽　élargissement de courbe；
　　surlargeur de courbure
弯道减速　ralentissement en voie courbe
弯道控制　contrôle en courbe de voie
弯道离心力
　　force centrifuge de voie en courbe
弯道连接　raccordement de voie en courbe
弯道倾斜　déclivité de voie en courbe
弯道区　région(zone)de courbe
弯道速度　vitesse en voie de courbe
弯道速度控制　contrôle de vitesse en voie
　　de courbe
弯道外轨超高抬道作业　relevage de
　　voie courbe pour le dévers de rail extérieur
弯道位置　position de courbe de voie
弯道限制　restriction de courbe
弯道线长度　longueur de ligne courbe
弯道行驶　marche au virage
弯道行驶超速
　　survitesse de circulation en voie de courbe
弯道制动距离　distance d'arrêt en courbe
弯道纵坡　pente longitudinale de courbe
弯度记录仪　enregistreur de courbure
弯钢筋　cintrage des armatures
弯股　branche déviée
弯管　coude；genou
弯管机　cintreuse；coudeuse de tuyau
弯轨机　coudeuse de rail
弯筋机　cintreuse pour fer
弯矩　moment de flexion；moment fléchissant
弯矩曲线　courbe(courbure)de moment
　　fléchissant
弯矩图　diagramme de moment fléchissant；
　　graphique de flexion
弯矩系数　coefficient de moment fléchissant

W

弯面　surface bombée
弯起钢筋　armature pliée; barre relevée
弯曲　cintrage; courbure; flexion; incurvation; inflexion
弯曲半径　rayon de flexion(pliage, cintrage)
弯曲变形　déformation de flexion; déformation due à la flexion
弯曲道路　route sinueuse
弯曲点　point de flexion
弯曲度　flexion
弯曲断裂应力　contraintes de rupture en flexion
弯曲刚度　rigidité de courbure
弯曲钢筋　acier recourbé
弯曲机　machine à cintrer
弯曲矩　moment de flexion
弯曲力　force de flexion
弯曲率　coefficient de sinuosité
弯曲能力　capacité de pliage
弯曲疲劳强度　résistance à la fatigue par flexion
弯曲伸长值　valeur d'allongement de courbure
弯曲系数　coefficient de flexion
弯曲线路　tracé sinueux
弯曲应力　contrainte(effort, tension) de flexion
弯折角　angle de coude
弯折作用　action de flexion
完成百分比　pourcentage achevé
完成量　quantité achevée
完成面　face finie
完工　achèvement
完工尺寸　dimension en finition
完工证明　attestation de bonne exécution
完全饱和　saturation complète
完全腐蚀　corrosion complète
完税证明　attestation fiscale
完整工程数量估价单　devis quantitatif complet
完整系统　système complet
完整性　intégrité
晚点表示　indication de retard
晚点概率　taux de retard
晚点列车　train en retard
晚点列车数量　nombre de trains en retard
晚间高峰时段　heure de pointe du soir
碗形砂轮　meule boisseau
万能测角仪　pantomètre

万能打桩机　sonnette universelle
万能电表　appareil de mesure électrique universel
万能牵引车　tracteur polyvalent
万能钳　pince universelle
万向虎钳　étau universel
万向接头　accouplement à cardan
万向节　articulation à rotule; cardan; charnière universelle; joint de cardan; joint universel
万向轴　arbre articulé; arbre à(de) cardan
万用表　multimètre
万用数字式电表　multimètre digital(numérique)
万用支架　support universel
腕臂　cantilever

wang

网　filet; réseau
网格围墙　clôture grillagée
网连接　raccordement aux réseaux
网络安全　sécurité de réseau
网络布局　répartition de réseau
网络测试　test de réseau
网络重建计划　projet de rétablissement de réseau
网络打印机　imprimante de réseau
网络故障　panne de réseau
网络管理　gestion de réseau
网络管理系统　système de gestion du réseau
网络互联　interconnexion des réseaux
网络互通　intercommunication des réseaux
网络恢复　rétablissement de réseaux
网络监控　supervision de réseau
网络接口　interface de réseau
网络接入点　point d'accès au réseau
网络流通量　capacité de réseau
网络设备　équipement de réseau
网络优化　optimisation de réseau
网络运营管理　gestion d'exploitation de réseau
网络运营商　exploitant de réseau
网络终端　terminal de réseau
网上购买　achat sur Internet
网线分布　distribution de réseau
网线平面图　plan de réseau
网线迁移　déplacement de réseau
网线迁移追加费用　plus-value de déplacement de réseau
网线总布置图　plan général de réseau

网眼　chaînon；maille
网栅　clôture grillagée
网栅防护　protection par grillage
网罩　filet de sécurité
网状钢筋　acier en maille；armature en grillage；armature en grillage métallique；armature en maille
网状结构　structure réticulée
网状裂缝　fissuration en toile d'araignée；fissure en réseau
网状隧道拱架　cintre réticulaire de tunnel
网状隧道支撑拱架　cintre réticulé de soutènement
往返　aller et retour
往返刮板式混凝土摊铺机　distributeur de béton à lame de va-et-vient
往返交通　circulation en navette；trafic de va-et-vient
往返列车　train-navette
往返票　billet d'aller et retour
往返数　nombre d'aller retours
往返行程　parcours aller et retour
往复运动　mouvement alternatif
往来账户　compte courant

wei

危害　nuisance
危害等级分类　classification de danger
危害性　nuisibilité
危桥　pont en danger
危石区段　section de roches surplombantes
危石坠落警示　avertissement de roches surplombantes
危险标志　signe de danger
危险地带　zone dangereuse
危险警示　avertissement de danger
危险警示信号　signal d'avertissement de danger
危险垃圾　déchets dangereux
危险品　marchandise dangereuse
危险品运输　transport des marchandises dangereuses
危险区段　section dangereuse
危险区段警示　avertissement de section dangereuse
危险物质　matière dangereuse
危险下坡　descente dangereuse
危险信号　signal de danger
危险信号标志牌　panneau de danger

危岩　roche détendue
危岩清理　purge de roche détendue
微波　micro-onde
微波发射　émission de micro-onde
微波辐射　radiation de micro-onde
微波通信　télécommunication par ondes hertziennes；communication par micro-onde
微波通信中继站　relais de communication par micro-onde；station de communication relayée par micro-onde
微波站　relais de micro-onde
微波中继通信　communication relayée de micro-onde
微波中继站　station de relais à micro-onde
微差爆破　sautage à courts intervalles；tir à court intervalle de temps；tir à court retard；tir à microretard
微差电雷管　détonateur à court retard
微—狄法尔湿度试验　essai (test) Micro-Deval humide
微风化　altération légère
微孔混凝土　béton micro-poreux
微量分析　microanalyse
微量天平　microbalance
微米　micron
微秒　microseconde
微妙处境　situation délicate
微型电路　microcircuit
微型台架工法　abattage en mini-gradin
微压波　ondes de micro-pression
微延迟爆破　explosion à micro-retard
微延迟雷管　détonateur à micro-retard；détonateur à milliretard；fulminant à micro-retard
违反　dérogation；infraction
违反交通规则　infraction aux règlements de la circulation
违反限速　transgression de vitesse imposée
违禁品　marchandise prohibée
违禁品运输　transport des marchandises prohibées
违约　contravention
违章　contravention
违章操作　opération non réglementée
违章建筑　construction illicite
围地　terrain encaissant
围篱　enceinte
围墙　clôture；enceinte；mur d'enceinte (clôture)

围墙放线　implantation de clôture
围岩　roche de parois; roche encaissante
　　（enclavante, englobante）
围岩稳定性　consistance(tenue) des épontes
围堰　batardeau; comblement des cours d'eau;
　　digue d'enclôture; formation adjacente;
　　para-fouille
围堰板桩　palplanche de batardeau
围堰挡水墙　rideau de batardeau
围堰施工　exécution de batardeau
围桩　palanque
维持等待状态　maintien de l'état d'attente
维持交通对向行驶
　　maintien de circulation à direction opposée
维持平衡状态　maintien de l'état d'équilibre
维持水流　maintien des écoulements
维持现状　maintien de l'état actuel
维持行车秩序
　　maintien de l'ordre de circulation
维持正常状态　maintien de l'état normal
维持秩序　maintien de l'ordre
维护保养　entretien et maintenance
维护费用　coût d'entretien
维护管理　gestion de maintenance
维护基地　base de maintenance
维护期　période de maintenance
维护设备　installations de maintenance
维护手册　manuel de maintenance
维护中心　centre de maintenance
维护作业　opération de maintenance
维修班　équipe d'entretien
维修标准　critère de réparation
维修长度　longueur de réparation
维修操作　manœuvre de maintenance
维修场地　aire(site) d'entretien
维修场地布置
　　répartition des lieux de maintenance
维修车　voiture de réparation
维修车间　atelier d'entretien(maintenance)
维修车库　hangar(dépôt) de réparation
维修成本　coût de réparation; prix de
　　revient de l'entretien
维修程序　procédure de maintenance
维修处　service d'entretien
维修范围　limitation de réparation
维修费　frais d'entretien
维修工程　travaux d'entretien(réparation)
维修工具　outil de réparation
维修工序　processus de réparation
维修工作　travail de maintenance
维修规则　règlement de maintenance
维修机具　outillage d'entretien
维修计划　plan de réparation; programme
　　d'entretien(maintenance)
维修记录　registre de réparation
维修技术　technique de réparation
维修检查　inspection d'entretien
维修建议　proposition d'entretien
维修阶段　étape d'entretien
维修进度　avancement de réparation
维修开支　dépense d'entretien
维修能力　capacité de réparation
维修频率　fréquence de réparation
维修期　période d'entretien
维修清单　liste de réparation
维修区段（区间）　section d'entretien
维修人员　personnel d'entretien(maintenance)
维修任务单　liste de tâches de réparation
维修升降线路　voie de levage
维修施工　exécution d'entretien
维修时间　heure de réparation; temps
　　d'entretien(maintenance)
维修手册　manuel d'entretien
维修说明书　notice d'entretien
维修天窗
　　intervalle réservée pour maintenance
维修天桥　passerelle d'entretien
维修完工　fin de réparation
维修线路　voie de maintenance
维修线路关闭
　　fermeture de voie de réparation
维修效率　efficience d'entretien
维修验收　réception d'entretien
维修站　station de maintenance
维修质量　qualité de réparation
维修中心　centre d'entretien
维修周期　cycle de maintenance
维修装置　organe de réparation
维修状态　état d'entretien
维修资料　document de maintenance
维修组　groupe d'entretien
维修组织　organisation de maintenance
尾　queue
尾灯　lampe de queue
尾端　arrière
尾端部分　partie terminale
尾钩框　chape d'attelage

尾款支付　paiement final
尾框架　queue d'attelage
尾列车辆　wagon de queue
尾水　eau d'aval
尾水渠　canal de fuite
尾卸卡车
　　camion à benne basculante en arrière
尾行列车　train de suivi
委托加工　impartition
委托人　mandant
委托授权书　délégation de pouvoir
委托书　délégation；procuration
委员会　comité；commission
卫片判读
　　interprétation de photos par satellite
卫生标准　critère sanitaire
卫生部门　service sanitaire
卫生和安全部门
　　service d'hygiène et de sécurité
卫生间便器冲水踏板
　　pédale de chasse d'eau de toilette
卫生健康保护条例　réglementation de
　　protection de l'hygiène et de la santé
卫生器材　appareil sanitaire
卫生设备　équipement sanitaire
卫生设施　installations sanitaires
卫生条例　règlement d'hygiène
卫生系统　système sanitaire
卫生与安全计划
　　projet d'hygiène et de sécurité
卫星地面接收站
　　station terrestre de réception par satellite
卫星定位　positionnement par satellite
卫星监测　contrôle par satellite
卫星通信　télécommunication
　　(communication) par satellite
卫星照片　photo de satellite
未被占用道岔　aiguille dégagée
未定储量　réserves incertaines
未定值　valeur indéterminée
未分化底层　substratum sain
未风化岩　roche inaltérées
未加固路肩　accotement non-stabilisé
未结算账目　compte ouvert
未经灌浆的锚索　câble ancré non injecté
未开垦地　terrain vierge
未来交通　trafic prévisible
未来交通量　volume de trafic futur
未履行　inaccomplissement

未履行条约某些条款
　　inaccomplissement des clauses de traité
未破产证明　attestation de non-faillite
未铺路面道路　route non revêtue
未筛分碎石料
　　tout-venant de concassage
未筛选集料　agrégat non tamisé
未实施　inexécution
未受司法破产管理的证明
　　attestation de non redressement judiciaire
未完成　inachèvement
未占用道岔　aiguille inoccupée
未占用区域　zone libre(ZL)
未知点　point inconnu
位移图　diagramme de translation
位置　emplacement；position
位置变化　variation de position
位置标桩　piquetage de position
位置撤销登记
　　enregistrement d'annulation de position
位置代码　code de position
位置登记器　registre de position
位置跟踪　suivi de position
位置交换　transposition
位置校正　correction de position
位置控制　contrôle de position
位置设计　étude de position
位置识别　identification de position
位置调整　réglage de position
位置图　plan(schéma) d'emplacement
　　(localisation, position)
位置误差
　　erreur(tolérance) de position
位置信号　signal de position
位置指示灯　feux de position

wen

温差
　　différence(écart) de température
温带　zone tempérée
温带气候　climat tempéré
温度　température
温度变化　variation de température
温度变化曲线
　　courbure(courbe) de variation de température
温度补偿　compensation thermique
温度测量　thermométrie
温度传感器　capteur de température
温度范围　gamme de température

温度分布　répartition de température
温度感应器　détecteur thermométrique；
　　senseur de température
温度公差　tolérance de température
温度计
　　indicateur de température；thermomètre
温度计刻度　échelle(gamme)de thermomètre
温度(测量)记录　relevé de température
温度记录仪　enregistreur de température
温度控制　contrôle de température
温度裂缝　fissure de température
温度曲线　courbe(courbure)de température
温度上限　limite de température
温度探测系统
　　système de détection de chaleur
温度条件　condition de température
温度调节　réglage de température
温度调节器　régulateur de température
温度系数　coefficient de température
温度下降　abaissement(baisse, chute,
　　refroidissement)de température
温度显示　indication de température
温度因素　facteur de température
温度影响　effet de température
温度自动控制
　　commande automatique de température
温度自动控制设备　équipement
　　de commande automatique de température
温泉　source thermale
温泉水　eau thermale
温湿度计　hygro-thermomètre
温水供暖管
　　canalisation de chauffage à eau chaude
文函编号　référence
文化程度　niveau culturel
文化经济　économie culturelle
文化遗产　patrimoine culturel
文化遗产保护
　　protection de patrimoine culturel
文化遗址　site culturel
文件编号　référence de dossier
文件编制　établissement des documents
文件材料不足　insuffisance de documents
文件打印费　frais de tirage des documents
文件改动　remaniement de document
文件汇编　spicilège
文件接收　réception de document
文件控制　contrôle de documents
文件类型　type de document

文件流转程序
　　procédure de circulation de documents
文件目录　catalogue de dossiers
文件内容　consistance de dossiers
文件(图纸)清绘　mise au net des documents
文件下载　téléchargement de dossier
文件修改　modification de documents
文件优先顺序
　　ordre de priorité des documents
文件有效性　validité de document
文件质量　qualité de document
文件组成
　　composition de documents(dossiers)
文件组成要素
　　éléments constitutifs de dossier
文明施工　construction civilisée
文凭　diplôme
文整小组　groupe de documentation
蚊帐　moustiquaire
吻合性　conformité
吻合性设计　conception(étude)
　　de conformité；conception(étude)
　　de mise à niveau
稳定　affermissement；stabilité
稳定参数　paramètre de stabilité
稳定车流　flux stable
稳定程度　état de stabilité
稳定度/流值比　ratio de stabilité/flux
稳定基层　base stabilisée
稳定技术　technique de stabilisation
稳定剂　agent stabilisant
稳定砾料　grave traitée
稳定路肩　accotement stabilisé
稳定设备
　　dispositif(équipement, matériel)stabilisateur
稳定水位　niveau d'eau permanent
稳定速率　accélération constante
稳定索　câble de stabilité
稳定特征　caractéristique de stabilité
稳定条件　condition de stabilité
稳定土　sol stabilisé
稳定土路　route en sol stabilisé
稳定系数　coefficient de stabilité
稳定线路施工
　　exécution de consolidation de voie
稳定性　capacité de stabilité；
　　consistance；constance
稳定性分析　analyse de stabilité
稳定性计算　calcul de stabilité

稳定性计算文件　note de calcul de stabilité
稳定性加大　montée de stabilité
稳定性评定　évaluation de stabilité
稳定性试验　épreuve(essai,test) de stabilité
稳定岩石　roche de bonne qualité
稳定值　valeur de stabilité;valeur stationnaire
稳定指数　indice de stabilité
稳定状态　état stable
稳定作业　opération de stabilité
稳索　hauban
稳压电源　alimentation régulée(stabilisée);
　　alimentation stabilisée non-interrompu
问讯处　bureau de renseignements

wo

涡轮动车　turborail
涡轮发电机组　turbogénérateur
涡轮发动机　turbomoteur
涡轮鼓风机组　turboventilateur
涡轮轨道车　turborail
涡轮机　turbine
涡轮机车　locomotive à turbine
涡轮机车牵引
　　traction de locomotive à turbine
涡轮扫雪机　turbine à neige
涡轮式通风机　ventilateur à turbine
涡轮通风机　propulseur
涡轮钻进　forage à turbine
涡轮钻探机　turbine de forage
窝工　désœuvrement
卧铺包厢　compartiment-lits
卧铺车
　　voiture-couchettes;voiture-lit;wagon-lit
卧铺车车列　rame des wagons-lits
卧铺列车　train de wagons-lits
卧铺票　billet de couchette
握力　force de serrage

wu

圬工坝　barrage en maçonnerie
圬工边坡　talus maçonné
圬工材料　matériau de maçonnerie
圬工锤　batte de maçon
圬工墩　pile en maçonnerie
圬工费用　coût de maçonnerie
圬工拱　arc en maçonnerie
圬工涵洞　ponceau en maçonnerie
圬工技术　art de maçonnerie
圬工结构　structure en maçonnerie

圬工桥　pont en maçonnerie
圬工砂浆　laitier de maçonnerie
圬工饰面　revêtement en maçonnerie
圬工水平尺　niveau de maçon
圬工信标　balise en maçonnerie
污泥　boue;vase
污泥干燥　séchage de boue
污泥管道　canalisation à boues
污泥裂缝　fente à boue
污泥膨胀　foisonnement(gonflement) de boue
污泥清除工程
　　travaux d'enlèvement de boues
污泥压滤　filtration de boue sous pression
污染　contamination;pollution
污染材料　matériau pollué
污染程度
　　degré de contamination;niveau de pollution
污染防治
　　prévention et traitement de pollution
污染废料　rejet de polluant
污染监控　contrôle de pollution
污染强度　intensité de pollution
污染水　eau polluée
污染物质　matière polluante
污染源　source de contamination(pollution)
污水　eau d'égout;eau de décharge;eau
　　détendue;eau usée
污水泵　pompe pour eaux usées
污水处理　épuration des eaux usées;
　　traitement des eaux usées
污水处理厂
　　station de traitement des eaux usées
污水处理池
　　bassin de traitement de l'eau usée
污水干管
　　égout collecteur(général,principal)
污水沟
　　fossé des eaux usées;tranchée d'égout
污水沟清淤　purge de tranchée d'égout
污水管　égout des eaux usées;tuyau d'égout
污水管道　canalisation des eaux de rebut;
　　canalisation des eaux usées
污水管道系统
　　système de canalisation d'eau usée
污水管网
　　réseau d'eaux usées;réseau d'égouts
污水和雨水合流下水管　égout combiné
污水井　bétoire;puits d'eaux usées
污水流量　débit d'eau usée

污水排放　évacuation(rejet) des eaux usées
污水排放系统　système de drainage des eaux usées
污水收集　collecte des eaux usées
污水隧洞　souterrain d'égout
污水总干管　égout collecteur principal
污浊空气　air vicié
屋架　charpente
屋面工程　travaux de couverture
无包装　absence d'emballage
无被选资格　inéligibilité
无偿获得　acquisition à titre gratuit
无超高平面半径　rayon en plan non déversé
无导框式转向架　bogie sans plaque de garde
无犯罪记录证明　extrait de casier judiciaire vierge
无纺土工布　géotextile non-tissé
无分隔带道路　route non divisée
无缝道岔　aiguillage sans joint
无缝钢管　tube en acier sans soudure
无缝(钢)管　tube sans joint
无缝轨长度　longueur de longs rails soudés
无缝轨应力释放　relâchement(libération) de contraite de longs rails soudés
无缝线路　voie de longs rails soudés;voie sans joints;voie soudée
无盖货车　wagon ouvert
无钢筋　absence d'armature
无功电流　courant déwatté
无工作能力　inaptitude au travail
无焊接　absence de soudure
无机黏结料　liant inorganique
无机物质　matière inorganique
无交通指挥道路　route à circulation libre
无铰拱　arc sans articulation;arche encastré
无结果　infructuosité
无结果通知　avis d'infructuosité
无经验　inexpérience
无看守道口　passage à niveau non gardé
无能力　inaptitude;incapacité
无碾压　absence de compactage
无偏移限界　gabarit sans déviation
无缺陷　absence de défaut
无人区　zone morte
无上盖板车辆　véhicule sans plaque de couverture supérieure
无熟料水泥　ciment sans clinker
无刷电机　moteur sans brosse
无水泥　absence de ciment

无损检测　essai non destructif
无损试验　test non destructif
无条件　inconditionnalité
无息贷款　prêt sans intérêt
无限值　valeur infinie
无线闭塞　blocage(block) par radio;radio-blocage
无线闭塞中心　centre de blocage par radio
无线电波　ondes radio-électriques
无线电发射　émission de la radio
无线电发射机　transmetteur radio
无线电发射频率　fréquence d'émission de radio
无线电干扰　interférence de radio
无线电干扰检测仪　mesureur d'interférence de radio
无线电话　téléphone sans fil
无线电控制　commande par radio
无线电联络　liaison par radio
无线电台　poste-radio
无线电通信　communication par radio;radiocommunication
无线电通信系统　système de communication par radio
无线电信号　signal hertzien
无线电指挥　radiocommande
无线电指挥列车停车　radiocommande de l'arrêt du train
无线电指挥列车运行　radiocommande de circulation de train
无线电中继通信线路　câble hertzien
无线电终端　terminal radio
无线列调　régulation de circulation des trains par radio
无效　invalidité
无效措施　mesures inactives
无效担保　garantie nulle
无效合同　contrat invalide
无心道岔　aiguille sans cœur
无刑事犯罪证明　attestation de juridiction non criminelle
无形障碍　barrière non physique
无形资产　actif(biens) immatériel(incorporel)
无压管道　canalisation sans pression
无压力　absence de pression
无压隧道　tunnel à écoulement libre;tunnel sans pression
无压缩　absence de compression

无摇动台式转向架　bogie sans plateforme mobile
无用材料清理　enlèvement des matériaux inutili-sables;enlèvement des matériaux non utilisables
无砟道床　lit sans ballast
无砟轨道　voie non ballastée;voie sans ballast;voie sur dalle
无砟轨道路基设计　conception(étude) d'assise de voie ferrée sans ballast
无砟桥面　tablier de pont sans ballast
无砟线路　voie non ballastée;voie sans ballast
无砟线路特征　caractéristique de voie non ballastée
无栅栏道口　passage à niveau sans barrière
无支撑开挖　creusement(excavation) sans support(boisage)
无支护掘进　creusement à terre nue
无秩序　désordre
无中梁底架结构　structure de châssis sans longeron intermédiaire
无主货物　marchandise abandonnée
无组织排水　drainage inorganisé
五公里标石　borne pentakilométrique
五合板　panneau à cinq plis
五夹板　contre-plaqué à 5 plis
五角形　pentagone
五年保证(期)　garantie quinquennale
五年计划　plan(programme) quinquennal
五轴车　wagon à cinq essieux
五轴转向架　bogie à cinq essieux
午间休息　pause de midi
物理参数　paramètre physique
物理处理　traitement physique
物理地形　relief physique
物理分析　analyse physique
物理化学处理　traitement physico-chimique
物理化学性能　caractéristique physico-chimique
物理检查　contrôle physique
物理实验室　laboratoire physique
物理试验　essai(test) physique
物理现象　phénomène physique
物理效应　effet physique
物理性能　caractère(caractéristique) physique
物理性质　nature(propriété) physique
物理作用　action(effet) physique
物力　ressources en matériel
物流　logistique
物探测线　ligne de prospection géophysique
物质实体　substance matérielle
物质损失　dommage matériel;perte matérielle
物资采购　achat de matériaux et de matériels
物资储存　réserve de matériel
物资库　magasin des matériels
物资清关　dédouanement de matériaux et de matériels
误操作安全保护　protection de sécutité vis-à-vis de fausse manœuvre
误差　erreur;décalage
误差百分率　pourcentage d'erreur
误差范围　limitation d'erreur
误差极限　limite d'erreur
误差计算　calcul d'erreur
误差检测　recherche des erreurs
误差率　coefficient d'erreurs
误差曲线　courbe(courbure) d'erreur
误差系数　coefficient d'erreurs
误差源　source d'erreur
误期罚款　pénalité de retard
误时追赶　rattrapage du temps perdu
雾灯　feux de brouillard
雾天行驶　conduite par temps de brouillard

X

xi

西伯利亚大铁路　chemin de fer transsibérien
西非经济共同体　Communauté Economique de l'Afrique de l'Ouest（CEAO）
吸尘器盒　récipient d'aspirateur
吸风机　ventilateur d'aspiration
吸风罩　hotte d'aspiration
吸附剂　adsorbant
吸附作用　action absorptive
吸合　collage aspiré
吸合连接器　coupleur aspiratoire
吸泥泵　pompe de dragage；pompe dragueuse
吸气端　extrémité d'aspiration
吸热反应　réaction endothermique
吸入泵　pompe aspirante
吸声材料　absorbant acoustique
吸收功率　puissance absorbée
吸收剂　absorbant；agent d'absorption
吸收率　rendement en absorption；taux d'absorption
吸收能力　pouvoir absorbant
吸收能量　énergie d'absorption
吸收容量　capacité d'absorption
吸收试验　test d'absorption
吸收速度　vitesse d'aspiration
吸收系数　coefficient d'absorption
吸收性复合体　complexe absorbant
吸水高度　hauteur d'aspiration de l'eau
吸水井　puits absorbant；puits d'aspiration
吸水粒料　agrégat absorbant
吸水模板　coffrage absorbant
吸水性土壤　sol absorbant
吸音材料　matière acoustique
吸音面层　revêtement acoustique absorbant
吸音屏　panneau absorbant
吸引距离　distance d'attraction
吸引力　force d'attraction
吸引作用　effet absorbant
稀混凝土　béton coulant
稀料　solvant
稀泥浆　barbotine
稀石膏浆　mortier de plâtre fluide
稀释　dilution
稀释比　taux de dilution
稀释地沥青　bitume asphaltique fluide
稀释剂　fluidifiant
稀释沥青　bitume fluxé
稀释率　facteur（taux）de dilution
稀释系数　coefficient de dilution
稀释液　solution diluée
稀疏灌木植被区　région（zone）à couverture arbustive maigre
稀有金属　métal rare
锡焊　soudure à l'étain
洗涤车间　atelier de lavage
洗涤设备　appareil de lavage
洗涤水　eau de lavage（rinçage）
铣工车间　atelier de fraisage
铣刨机　raboteuse
系　famille
系杆　barre de liaison
系杆拱桥　pont en arc avec tirant
系梁　poutre tirant
系列　série
系列号　numéro de série
系数　coefficient；facteur
系数测量　mesure de coefficient
系统　système
系统安全　sécurité de système
系统爆破　tir systématique
系统测量　mesure systématique
系统测试　essais（test）de système

系统分析　analyse systématique
系统功能　fonction de système
系统故障　panne de système
系统管理　gestion de système
系统核实　vérification systématique
系统化　systématisation
系统恢复　rétablissement de système
系统集成　intégration des systèmes
系统接口　interface de système
系统可靠性　fiabilité de système
系统空转试运行　marche à blanc de système
系统控制　contrôle de système; contrôle systématique
系统联调　réglage intégré de système
系统模块　module de système
系统模式　mode de système
系统缺陷　défaut de système
系统软件　logiciel de système
系统设计　conception(étude) de système; conception(étude) systématique
系统数据库　banque de données de système
系统损耗　perte de système
系统调试阶段　période de réglage de système; phasage d'ajustement de système
系统投入运转　mise en fonctionnement de système
系统维持性能测试　essai de maintenabilité de système
系统维护　maintenance de système
系统紊乱　perturbation de système
系统稳定性测试　essai(test) de stabilité de système
系统误差　erreur systématique
系统性能测试　essai(test) de performance de système
系统修复　restauration de système
系统优化　optimisation de système
系统运行　fonctionnement de système
系统装置　organe de système
细部测量　détail topographique
细部三角测量　triangulation de détail
细长比　élancement
细齿锉　lime douce
细度　finesse
细度比　rapport(ratio) de finesse
细度模数　module de finesse
细度系数　coefficient(facteur) de finesse
细度指数　indice de finesse

细骨料　agrégat fin; granulats fins
细骨料混凝土　béton à grains fins
细集料　agrégat menu
细集料沥青混凝土　béton bitumineux fins
细节　détail
细颗粒　grain fin
细孔筛　tamis à mailles fines; tamis en crin
细砾石　gravier fin; gravillon
细砾石单层　monocouche en gravillons
细砾石混凝土　béton de gravillons; béton de petits gravillons
细砾石土　sol gravillonnaire
细粒(含量)百分比　pourcentage en éléments fins
细粒砂　sable à grains fins
细粒碎石沥青混凝土　béton bitumineux de gravillons
细粒土　sol fin; terre émiettée
细料　produit fin
细料含量　teneur en fines
细裂纹　fissure capillaire
细卵石　mignonnette
细脉状石灰岩　calcaire réticulé
细木车间　atelier de menuiserie
细目　sous-détail
细黏土　argile fine
细砂　sable fin
细砂岩　grès fin
细筛　criblage fin; tamis fin
细绳　cordon; ficelle
细丝筛网　crible à fil fin
细碎凝灰岩　tuf fin
细碎石　pierre broyée
细屑　effritement
细砟　ballast fin

xia

狭长地带　bande de terrain
狭长通道　corridor
狭道　goulet; gorge
狭窄曲线　courbe étroite
狭窄曲线区域　zone de courbe étroite
瑕疵　flache
下沉区　zone d'affaissement
下边坡　talus bas
下部　partie inférieure
下部闭口式打入桩　pieu battu fermé à sa base

下部回填　remblai inférieur
下部结构　infrastructure；structure inférieure；substructure
下部平面　niveau inférieur
下部通道　passage inférieur（PI）
下部通道设计　conception（étude）de passage inférieur
下层　couche inférieure；couche sous-jacente；substratum
下层土勘探　examen（investigation）du sous-sol
下沉　affaissement；fonçage；subsidence
下沉被埋线路　voie enterrée
下沉带　zone de subsidence
下沉控制　contrôle de tassement
下沉区　bassin（région）d'affaissement；zone affaissée
下沉曲线　courbe d'affaissement；courbure de tassement
下沉曲线图　diagramme de tassement
下沉设备　équipement de fonçage
下沉式公路桥　pont routier à tablier inférieur
下沉速度　vitesse d'affaissement
下沉系数　coefficient de tassement
下沉支撑　soutènement descendant
下沉指数　indice de tassement
下沉作用　effet de tassement
下承钢梁　poutre en acier de tablier inférieur
下承桥　pont à tablier inférieur；pont à voie inférieure
下承式公路　voie de base（pied）
下承式桥面　tablier inférieur du pont
下穿　traversée inférieure
下穿式立体交叉　croisement de passage inférieur
下穿铁路通道　passage en dessous de voie ferrée
下垂度　flèche d'abaissement
下垂梁　poutre fléchie
下导坑　galerie d'assise；galerie de fond
下导坑开挖法　méthode à galerie de base；méthode autrichienne
下翻式侧门货车　wagon ayant porte latérale basculable vers le bas
下封层　couche étanche inférieure
下夹板　éclisse inférieure
下降　abaissement；baisse
下降道砟侧犁板　abaissement de plaque de charrue à ballast
下降护轨罩　abaissement de carter de contre-rail
下降曲线　courbure descendante
下降泉　source de décrue（gravitation）；source descendante
下降受电弓　abaissement de pantographe
下降速度　vitesse de descente
下降运动　mouvement de descente
下跨通道　passage en dessous
下跨线　passage inférieur（PI）
下跨线施工　exécution de passage inférieur
下拉杆　tirant inférieur
下料长度　longueur de coupure
下落高度　hauteur de chute
下面　face inférieure
下年度　année prochaine
下旁承　lissoir inférieur；support latéral inférieur
下平面　surface inférieure
下坡　pente descendante
下坡标志　signe de descente
下坡车道　voie descendante
下坡道　descente
下坡道长度　longueur de pente descendante
下坡段　tronçon descendant
下坡方向　sens descendant
下坡路　route en pente descendante
下坡速度　vitesse de pente descendante
下水道检查孔　regard de descente d'égout
下水管　tuyau d'assainissement
下水管网　réseau d'eau d'assainissement
下水口　bonde
下水总管　collecteur des égouts
下台阶　gradin inférieur
下套管钻探　sondage tube
下调　ajustement à la baisse
下通风　ventilation basse
下弯夹板　éclisse à flexion en bas
下弯曲　flexion en bas
下弦　membrure inférieure
下限　limite inférieure
下限曲线　courbe de limite inférieure
下陷　affaissement；dépression
下陷断层　faille d'effondrement（tassement）
下陷湖　lac de dépression
下行场　champ（chantier）de circulation impaire；chantier descendant
下行程　parcours de sens impaire

现场加工　façonnage sur place　　933

下行方向　direction descendante;
　　sens descendant;sens impair
下行方向进路　itinéraire de sens impair
下行链路　lien descendant
下行列车　train descendant;train impair
下行列车数量　nombre de trains descendants
下行坡道　rampe de direction descendante
下行蚀变　altération descendante
下行速度　vitesse de circulation descendante
下行线　ligne(voie)descendante
下行咽喉　gorge descendante
下向掘进　creusement en descendant
下向通风　aérage descendant;aérage en rabat-
　　vent;ventilation descendante
下心盘　plaque centrale inférieure
下悬挂　suspension inférieure
下雪天行驶　conduite par temps de neige
下摇枕　traverse danseuse inférieure
下翼缘　aile basse
下游　aval;cours inférieur
下游防冲铺砌　arrière-radier
下游汇流(水)　entonnement en aval
下游水　eau d'aval
下游水位　niveau aval;niveau d'eau en aval
下游围堰　batardeau en aval
下雨天行驶　conduite par temps de pluie
夏季平均水位　niveau moyen d'été
夏季施工　construction en été;exécution
　　des travaux en été
夏令时间　heure d'été

xian

先成谷　vallée antécédente
先导　pilote
先导段　section(tronçon)pilote
先导工程　pilotage des travaux
先行列车　train précédent
先进工艺　technologie avancée
先进技术
　　technique avancée;technique d'avant-garde
先决条件　condition préalable
先驱列车　locomotive pilote
先张法　méthode à pré-tension;
　　méthode de précontrainte
先张法预应力钢筋　armature précontrainte
先张拉　pré-tension
先张预应力　précontrainte par pré-tension
纤维　fibre
纤维材料　fibre;matière fibreuse
纤维混凝土　béton de fibres
纤维石棉　amiante en fibres
弦杆　barre de membrure
弦拱桥　pont à arc-corde
弦切面　section tangentielle
弦线标桩　piquetage par rapport aux cordes
弦线支距法　méthode excentrée de corde
弦长　longueur de corde
咸湖　lac salifère(amer,salé)
咸水井　puits salant
咸水沼泽
　　marais d'eau salée;marais salant
衔接　connexion
衔接道岔　aiguille de raccordement
衔接站　gare de jonction
显示比例尺　échelle graphique
显示超速
　　indication de dépasser la vitesse limitée
显示轨道几何参数　indication de paramètres
　　géométriques de voie
显示牌　tableau indicateur
显示屏　écran de visualisation
显示器　indicateur
显示器紊乱　perturbation de l'indicateur
显示装置　équipement de visualisation
显微分析　analyse microscopique
现场安装　installation(montage)sur place
现场安装测试　essai d'installation sur site
现场拌和
　　confection de mélange sur place
现场拌和法　procédé en mélange en place
现场布置　disposition sur place
现场操作规程
　　mode opératoire sur le chantier
现场测量
　　levé(mesure)in situ;levé(mesure)sur place
现场承载试验
　　essai(test)de charge in situ
现场储存　stockage sur le site
现场地质工程试验
　　essai(test)géotechnique in situ
现场调查　étude sur terrain;enquête
　　(recherche,investigation)sur place
现场放线　implantation sur site
现场工程师
　　ingénieur in situ;ingénieur sur place
现场工作　travail sur chantier
现场核实　vérification sur place
现场加工　façonnage sur place

X

现场检查　contrôle in situ(sur place)
现场检查模板内钢筋　contrôle in situ de l'armature dans le coffrage
现场交付　livraison sur site
现场交通　trafic sur site
现场浇筑　coulage sur place(site)
现场搅拌　malaxage in situ(sur place)
现场勘查　reconnaissance sur place
现场勘查记录　constat de visite des lieux
现场勘探　investigation in situ(sur place,sur site)
现场控制　contrôle sur place
现场旁压试验　essai(test)in situ pressiométrique
现场设备　installations(équipements)de site
现场试验　essai(test)in situ(sur place,sur site)
现场数据　données de site
现场踏勘　visite de site
现场踏勘证明　attestation justifiant la visite sur site
现场透水试验　essai(test)au drainomètre de chantier
现场验收测试　essai(test)de réception sur site
现场养护试块用的等温箱　boîte isotherme pour conservation des éprouvettes sur le chantier
现场诊断　diagnostic sur site
现场组装　assemblage sur place(sur site)
现代技术　technique moderne
现浇钢筋混凝土　béton armé coulé sur place
现浇钢筋混凝土下水道　égout en béton armé coulé sur place
现浇工程　ouvrage coulé en place
现浇构件　élément coulé en place
现浇混凝土　béton coulé sur place
现浇混凝土排水沟　caniveau en béton coulé sur place
现浇检查井　regard coulé
现浇结构　structure coulée sur place
现浇路缘挡水　bourrelet coulé en place
现浇排水沟　fossé coulé en place
现浇排水口　corniche coulée sur place
现浇箱梁　poutre-caisson coulée en place
现金　cash
现金分红　bonus en espèces
现金购买　achat en liquide
现金结算　règlement au comptant;règlement en espèces
现金科目　article de caisse
现金流　afflux d'argent;cash-flow; flux de liquidité
现金赔偿　dédommagement en argent
现金收入　recette en espèce
现金账　livre de caisse
现金账户　compte de caisse
现金折扣　rabais de liquide
现款余额　solde de caisse
现款支付　paiement en espèces
现行标准　norme en vigueur;standard courant
现行规定　réglementation en vigueur
现行规范　règlement(règles,normes)en vigueur
现行有效法律条文　textes réglementaires en vigueur
现有部分　partie existante
现有道路网线　voirie existante
现有干线　artère existante
现有管网　réseau existant
现有交通量　trafic existant
现有桥梁　pont existant
现有设施　dispositif existant
现有线路　ligne existante
现有线路状况评价　évaluation de l'état de voie existante
现状　état actuel
现状交通　trafic présent
现状图　plan d'état actuel
限长　restriction(limitation)de longueur
限定负荷　charge limite
限定误差　tolérance limitée
限定值　valeur limite
限额　quota;quotité
限高　limitation(restriction)de hauteur
限高标志　signe de limite de hauteur
限高龙门架　portique de limitation de gabarit;portique-gabarit
限界　gabarit;gabarit d'obstacle
限界保护装置　gabarit de protection
限界标准　norme de gabarit
限界测量　mesure de gabarit
限界场地释放　libération des emprises
限界尺寸　dimension de gabarit
限界尺寸修改　modification de gabarit
限界改善　amélioration de gabarit
限界干扰　interférence de gabarit

限界高度　hauteur de gabarit
限界加宽　surlargeur de gabarit
限界检测　inspection de limite
限界检测车　voiture de détection de gabarit
限界检查　inspection de gabarit
限界宽度　largeur de gabarit
限界框架　portique de protection
限界门架　portique de limitation de gabarit;portique-gabarit
限界提示灯　feux de gabarit
限界图　diagramme de gabarit;plan de limite
限界限制　restriction de gabarit
限界要求　exigence de gabarit
限界指示器　indicateur de gabarit
限宽　limitation(restriction)de largeur
限宽标志　signe de limite de largueur
限时人工解锁　déblocage manuel à temps
限速标　borne de vitesse limitée
限速标志　signe de limite de vitesse
限速标志牌　pancarte de limitation de vitesse; tableau indicateur de limite de vitesse
限速列车　train à vitesse limitée
限速器　limiteur de vitesse
限速区段警示　avertissement de section à vitesse limitée
限速区段(区间)　section à vitesse limitée;section de vitesse restreinte
限速信号　signal de limitation de vitesse
限速指示　indication de limitation de vitesse
限速指示牌　panneau indicateur de vitesse limitée
限速装置　dispositif de limitation de vitesse
限位块　butée de blocage
限压　limitation de pression
限压器　limiteur de surtension
限制　contrainte;limitation;restriction
限制爆破　restriction de tirs de mine
限制标志牌　panneau de restriction
限制长度　limitation de longueur
限制超载　limitation de surcharge
限制尺寸　limitation de dimension
限制范围　limitation de domaine;zone de limitation
限制干扰　interférence de limite
限制高度　hauteur de limite
限制荷载　restriction de charge
限制交通　trafic restreint
限制交通信号　signalisation de restriction de circulation
限制进入　limitation d'accès
限制开采　limitation d'extraction
限制跨度　portée limite;travée limitante
限制宽度　largeur de limite
限制列车通行　limitation de circulation de train
限制坡度　inclination limite;limitation de pente
限制器　limiteur
限制区　zone de limitation;zone limite
限制生产　limitation de production
限制使用　limitation d'utilisation
限制使用炸药　limitation d'utilisation des explosifs
限制速度　vitesse de restriction;vitesse limitée
限制通行　limitation de passage
限制挖掘　limitation d'excavation
限制线　ligne limite
限制信号　signal de restriction
限制性条款　clause limitative(restrictive); dispositions restrictives
限制纵坡　pente longitudinale limite
限制作业时间　limitation de l'heure d'opération
限重　restriction de poids
线变形模数　module de déformation linéaire
线段　segment linéaire
线对　paire de lignes
线夹　attache-fil
线间距　entraxe des voies
线间距离　entraxe;entre-voie
线间距轴心线　axe de l'entrevoie
线界占地　démarcation d'emprise
线距调整　ajustement de l'écartement de voie;réglage de distance de voie
线锯　scie à chantourner
线路　ligne;voie
线路安全　sûreté de voie
线路安装闭塞区段　canton de pose
线路安装位置　position de pose de voie
线路保护隔离器　sectionneur de protection de ligne
线路比选方案　variante de tracé
线路闭塞　block de ligne(voie)
线路边坡　talus de voie
线路边坡设计　conception(étude)de talus de voie
线路边缘　bord de voie
线路编号　numéro de voie

线路编码　codage de voies
线路变点道岔
　　aiguille de point de changement de voie
线路变化　variation de voie
线路变化点位
　　position de points de changement de voie
线路变形　déformation de voie
线路标　repère de voie
线路标高测量　levé(mesure)d'altitude de voie;levé(mesure)de cote de voie
线路标高测量高差
　　dénivelée de levé(mesure)de cote de voie
线路标桩
　　jalonnement d'itinéraire;repérage de voie
线路标准
　　critère de voie;standard de ligne(voie)
线路不均匀沉降　tassement inégal de la voie
线路不良点　point singulier de tracé
线路不平顺
　　dénivellation(dénivellement)de voie
线路布置　arrangement de lignes
线路布置方案　plan d'aménagement du tracé
线路材料供应
　　fourniture de matériaux de voie
线路材料室　service de matériaux de voie
线路侧向平整　nivellement latéral de voie
线路侧向限界　gabarit latéral de voie
线路测量　mesure de voie;levé(mesure) d'itinéraire;mesure(relevé)de ligne
线路测量标杆　balise de relevé de ligne
线路测量标准　critère de relevé de la ligne
线路测量基准点
　　point de base de levé d'itinéraire
线路测量记录设备
　　équipement de mesure et d'enregistrement
线路拆除
　　démolition(dépose,enlèvement)de voie
线路长度　longueur de ligne(voie)
线路长度变化　variation de longueur de ligne
线路长度计算　calcul de longueur de voie
线路长度设计　étude de longueur de voie
线路超高　surhaussement(dévers)de voie
线路沉陷　affaissement de voie
线路尺寸　dimension de voie
线路出清　déblaiement de voie
线路出清程序
　　procédure de déblaiement de voie
线路初测　étude préliminaire
线路除草　fauchage de voie

线路粗调　ajustement ordinaire de voie; réglage général de voie
线路错位　transposition de voie
线路打磨　meulage de la voie
线路大修　révision de voie
线路捣固　bourrage de voie
线路捣固车　bourreuse de voie
线路捣固施工　exécution de bourrage de voie
线路道岔变点速度
　　vitesse de point de changement de voie
线路道床加固项目　projet de consolidation de la plate-forme de voie
线路道床验收
　　réception de la plateforme de voie
线路等级　catégorie de voie
线路底座设备　équipement de console de voie
线路地坑检修区　zone de fosse de voie
线路定位　positionnement de ligne(voie)
线路冻起　gonflement dû au gel de voie
线路断面图
　　plan de section de voie ferrée;profil de voie
线路翻新施工
　　exécution de renouvellement de voie
线路方案　projet du tracé
线路放样　traçage de voie
线路废弃　abandon de ligne
线路分布　distribution des lignes
线路分段　tronçonnage de ligne
线路分界　démarcation de voie
线路分区　zonation de voie
线路封闭　blocage de voie
线路封闭期间　période de blocage de voie
线路附属设备　accessoires de voie
线路改道　déviation de voie
线路改建　réfection de voie
线路改线
　　modification de tracé;renouvellement de voie
线路改造工程
　　travaux de renouvellement de voie
线路改造投资
　　investissement de renouvellement de voie
线路感温器
　　détecteur de température de la voie
线路高程
　　élévation de la ligne;hauteur de voie
线路高程测量　mesure d'altitude de voie
线路更新　rénovation de voie
线路工程　travaux de voie
线路工程师　ingénieur de tracé

线路功能　fonction de voie
线路构造　structure de voie
线路鼓曲　gauchissement de voie
线路鼓曲趋重
　　progression de gauchissement de voie
线路故障
　　défaillance de ligne;panne de circuit(voie)
线路观测　observation de voie
线路管理系统　système de gestion de voies
线路规划带宽度　largeur de bande du tracé
线路轨距　inter-distance des deux rails de voie
线路过渡　transition de voie
线路焊接设备套件　kit de soudure à voie
线路荷载　charge de voie
线路荷载参数　paramètre de charge de voie
线路荷载计算　calcul de charge de voie
线路横断面构造
　　structure de profil en travers de voie
线路横向作用力　effort transversal sur la voie
线路后方　aval de voie
线路恢复　rétablissement de voie
线路毁坏　ruine de voie
线路汇集站
　　gare en cul-de-sac;gare tête de lignes
线路机具　outils de voie
线路机械　engin de voie
线路几何参数测量车
　　chariot d'enregistrement des paramètres géométriques de voie
线路几何尺寸　géométrie de voie
线路几何尺寸检查记录车　engin d'enregistrement de la géométrie de voie
线路几何特征　caractéristique de la géométrie de voie;caractéristique géométrique de voie
线路几何线形　géométrie de tracé
线路加宽　élargissement de voie
线路间距　espacement des lignes;intervalle de tracés(voies)
线路间距要求
　　exigence de distance de voie
线路监管　supervision de voie
线路监控　supervision de la ligne
线路检测设备
　　appareil d'inspection et de mesure de voie
线路检查　examination(visite) de voie
线路减速顶　frein de voie
线路交叉　cisaillement de voies;croisement de lignes(voies,tracés);intersection (traversée) de tracé(voie)
线路交叉点标高
　　cote à l'intersection de deux voies
线路交叉区　zone de cisaillement de voie
线路交叉设计
　　conception des intersections des voies
线路交错　entrecroisement des lignes
线路交汇
　　jonction de ligne;rencontre des voies
线路交流量饱和　saturation de trafic de voie
线路矫正　redressement de voie
线路矫直　dressage de voie
线路校正　correction de voie
线路接驳　raccordement des voies
线路接口控制器
　　contrôleur d'interface de voie
线路解锁表示
　　indication de déblocage de voie
线路尽头　extrémité de voie
线路尽头止挡墩　boutoir
线路浸水情况　circonstance de voie immergée
线路精调　ajustement(réglage) précis de voie
线路距离　distance de ligne(voie)
线路开放表示　indication de ligne ouverte
线路开放信号　signal de voie libre
线路开通方向定向
　　orientation d'ouverture de voie
线路开通显示装置　dispositif indicateur de l'ouverture des itinéraires
线路勘测　exploration de tracé de voie
线路勘察　investigation de voie
线路空闲间隔　sillon
线路控制
　　contrôle de ligne;contrôle linéaire
线路控制点　point de contrôle de la ligne
线路控制点坐标
　　coordonnées de point clef de la voie
线路控制桩　pieu-clé de la voie;piquet contrôle de tracé;piquet-clé de voie
线路跨距　espacement de travée de voie
线路旷动　oscillation de voie
线路拉通
　　mise en connexion(jonction) de toute la ligne
线路老化　vieillissement de voie
线路类型　type de ligne
线路里程　kilométrage de ligne
线路里程间距标　repère d'entrevoie
线路连接　communication de voies;connexion de lignes;liaison de voie
线路连接点　point de raccordement de lignes

线路联络线　ligne de liaison de voie
线路列车密度显示
　　indication de densité de trafic de voie
线路临时中断运行　interception temporaire de circulation(ITC); suspension temporaire de circulation
线路临时中断运行时间　heure(temps) d'interception temporaire de circulation
线路临时中断运行通知
　　préavis d'interception temporaire de circulation
线路流畅性　fluidité de ligne
线路密度　densité de voies
线路名牌　plaque d'itinéraire
线路扭曲　tortillement de voie
线路排水
　　drainage de voie; évacuation d'eau de voie
线路排水明沟　drain ouvert de voie
线路排水系统　système de drainage de voie
线路配砟　distribution de ballast de voie
线路膨胀　dilatation de voie
线路偏差　déflection de voie
线路平面　plan de voie
线路平面测量　planimétrie de la voie
线路平面构造　structure plane de voie
线路平面位置　position de plan de la voie
线路平面优化　optimisation de tracé en plan
线路平面优化设计
　　étude d'optimisation du tracé en plan
线路平面走向　tracé en plan de voie
线路平面走向设计
　　conception(étude) de tracé en plan
线路平顺度　régularité de voie
线路平整　aplanissement(nivellement) de voie
线路平整度　planéité de voie
线路平整度要求　exigence de planéité de voie
线路平整线　ligne de nivellement de voie
线路瓶颈　goulot de voie
线路坡度　pente(rampe) de ligne(voie)
线路剖面应力　contrainte de tracé en profil
线路铺砟作业　ballastage de voie
线路起点　début de la ligne; point de départ de ligne; tête de la ligne
线路抢修　dépannage de voie
线路桥隧看守
　　gardiennage des ouvrages de voie
线路倾角　inclination de ligne
线路区段　section de voie
线路区段封闭　blocage de tronçon de voie

线路区间占用　occupation de section de voie
线路曲率半径　rayon de courbure de voie
线路曲率计算　calcul de courbure de voie
线路曲线　courbe(courbure) de voie
线路曲线半径　rayon de courbe de voie
线路曲线长度　longueur de courbure de voie
线路缺陷　défaut(vice) de voie
线路缺陷调查　enquête de vice de voie
线路容量　volume de voie
线路蠕变　fluage de voie
线路三角坑　dénivellement(gauchissement, tortillement) de voie
线路三角区　triangle de voies
线路上部结构　superstructure de la voie
线路上坡　montée de voie
线路设备
　　appareil(engin, équipement, matériel) de voie
线路设备安装
　　pose(installation) des appareils de voie
线路设备供应商
　　fournisseur des équipements de voie
线路设备检查
　　examination des appareils de voie
线路设备配件
　　accessoires des appareils de voie
线路设备维修
　　maintenance des équipements de voie
线路设备验收　réception des appareils de voie
线路设计　conception de ligne; étude de voie
线路设计规范　norme de conception de voie
线路伸长　extension de ligne
线路施工机械
　　machine de construction de la voie
线路时间曲线
　　courbe(courbure) de temps de voie
线路时间曲线图
　　diagramme de temps de la ligne
线路示意图　carte schématique des lignes
线路试验　essai(test) de voie
线路释放　libération d'itinéraire
线路双弯曲线　doucine de voie
线路水平剖面(图)
　　coupe horizontale de voie
线路速度　vitesse de ligne(voie)
线路速度曲线　courbe de vitesse de voie
线路损耗　perte en ligne
线路损坏　dégradation(destruction) de voie
线路损坏鉴定
　　identification de dégradation de voie

线路所　poste de ligne;poste de block;poste d'entretien de voie
线路锁闭　enclenchement de voie
线路锁闭控制房　poste intermédiaire de bloc
线路锁闭系统　système d'enclenchement de voie
线路特定点　point singulier de tracé
线路特征　caractéristique de ligne(voie)
线路调整　ajustage(ajustement) de voie (ligne);rectification de tracé(ligne,voie)
线路停运　fermeture de la ligne
线路通行限界　limite de passage de voie
线路投入运营　mise en exploitation de voie
线路图　plan d'itinéraires(tracés,voies,lignes)
线路弯道超高设计　étude de dévers de voie en courbe
线路弯道曲率半径不足　insuffisance de rayon courbé de voie
线路弯曲度　courbure de tracé
线路完全曲线段　tracé pleine courbe
线路维护费用　coûts de maintenance de la ligne
线路维护工程　travaux d'entretien de voie
线路维护管理　gestion de maintenance de voie
线路维护计划　plan d'entretien de voie
线路维护期　période de maintenance de voie
线路维护人员　agent de maintenance de la ligne
线路维护设备　équipement(matériel) d'entretien des voies;équipement(matériel) de maintenance de la voie
线路维护时间　heure d'entretien de voie
线路维护预留时间　créneau d'entretien de voie
线路维护中断　suspension d'entretien de voie
线路维修　réparation de voie
线路维修窗口期　sillon d'entretien de voie
线路维修规则　règlement de l'entretien de voie
线路维修频率　fréquence d'entretien de voie
线路位移　déplacement de voie
线路位置　emplacement(position) de la ligne(voie)
线路稳定性　stabilité de voie
线路污染　pollution(contamination) de voie
线路下沉　enfoncement(subsidence,tassement) de voie

线路下游　aval de voie
线路限界　gabarit de voie
线路线形尺寸检测　inspection de géométrie de voie
线路信号　signal de voie
线路形状　forme de voie
线路修复　restauration de voie
线路压力　pression de voie
线路咽喉区　région de goulot de ligne
线路延长　allongement(prolongation) de ligne(voie)
线路沿线设备　équipement au bord de la voie ferrée
线路验收　réception de voie
线路养护　entretien(maintenance) de voie
线路养护标准　critère d'entretien de voie
线路养护部门　secteur d'entretien de voie
线路养护程序　procédure de maintenance de voie
线路养护分区　zonation d'entretien de voie
线路养护机具　outillage de maintenance de voie
线路养护计划　planification de l'entretien de voie
线路养护能力　capacité d'entretien de voie
线路养护人员　agent d'entretien de voie
线路养护任务　tâche de l'entretien de voie
线路养护通知　préavis d'entretien de voie
线路养护作业　opération d'entretien de voie
线路拥堵　congestion de voie
线路优化　optimisation de tracé
线路优化方案比较　comparaison de la proposition de variante du tracé
线路优先通行　préférence de voie
线路与自然地面标高差　différence entre sol naturel et la voie
线路预留维修时间　temps réservé à maintenance de voie
线路运行测试　essai de circulation de voie
线路运行上游段　amont de circulation
线路运行下游段　aval de circulation
线路运营　exploitation de ligne
线路运营方式　mode d'exploitation de voie
线路运营商　exploitant de ligne
线路占用　occupation de ligne
线路占用表示　indication de voie occupée
线路占用监视系统　système de supervision de voie occupée
线路占用信号　signal de voie occupée

线路占用信息
　　informations d'occupation de voie
线路诊断系统
　　système de diagnostic de la voie
线路整洁度　propreté de la voie
线路整理　arrangement de voies
线路整形　reprofilage(redressage)de voie
线路整形施工
　　exécution de reprofilage de voie
线路整治项目
　　projet d'aménagement de voie
线路指示牌　mirliton de voie
线路中断
　　interruption(interception)de ligne(voie)
线路中断的区段
　　plage d'interception de la voie
线路中断计划
　　programme d'interception de voies
线路中断预留时间
　　créneau d'interception de voie
线路中断运行期间
　　période d'interception de voie
线路中断运行时间
　　heure(temps)d'interception de voie
线路中断运行原因
　　cause de suspension de circulation
线路中间站台　plateforme(quai)entre les voies;quai d'entrevoies
线路中线桩　piquet d'axe de la voie
线路中心线
　　axe de ligne(voie);ligne centrale de voie
线路中修　réparation intermédiaire de voie
线路终点　fin de ligne(tracé,voie)
线路周边绿化　végétalisation au bord de voie
线路周边施工　exécution aux abords de voie
线路轴线　axe de tracé
线路轴线点坐标清单
　　liste de coordonnées des points d'axe de voie
线路轴线定位　implantation de l'axe de voie
线路主体　corps propre de voie
线路桩　piquet d'alignement
线路装置　organe de voie
线路状况　état de voie
线路状况恶化　détérioration de l'état de voie
线路状态调查　enquête de l'état de la voie
线路自动解锁系统
　　système d'autodéclenchement d'itinéraire
线路总长度　longueur totale du tracé
线路总体　ensemble de voie(tracé)

线路总体设计
　　conception(étude)d'ensemble de voie
线路总体设计文件
　　document de l'étude d'ensemble de voie
线路总图　plan général de voie
线路纵断面(图)　profil en long du tracé;
　　section longitudinale de voie
线路纵断面构造
　　structure de profil en long de voie
线路纵断面优化　optimisation de tracé
　　de profil en long
线路纵断面优化设计　étude d'optimisation
　　du tracé de profil en long
线路纵坡设计
　　étude de pente longitudinale de voie
线路走廊　corridor(couloir)de la ligne(voie)
线路走廊长度　longueur de couloir de voie
线路走廊地形测量
　　topographie de couloir de voie
线路走廊定位
　　positionnement de couloir de voie
线路走廊方案　projet du couloir de voie
线路走廊加宽　surlargeur de couloir de voie
线路走廊校正　correction de couloir de voie
线路走向　direction de tracé;tracé de ligne
线路走向标桩
　　jalon du tracé de voie;jalonnement de tracé
线路走向地形测量
　　topographie de tracé de voie
线路走向定线　implantation de tracé
线路走向核实　vérification de tracé
线路走向校正　correction de tracé
线路走向控制　contrôle de tracé de voie
线路走向描述　description du tracé
线路走向曲线
　　courbe(courbure)de tracé de voie
线路走向设计
　　conception de tracé de voie;étude de tracé
线路走向特征　caractéristique de tracé
线路走向调整　réglage(ajustement)de tracé
线路走向图　dessin(plan)du tracé
线路走向研究　recherche de tracé
线路走向纵断面图
　　plan de profil en long de tracé
线路阻抗　impédance de la ligne
线路组成　composition(constitution)de voies
线路组合　combinaison de voies
线路组合设计
　　conception de composition de voie

线路最小半径　rayon minimum de la voie
线路坐标　coordonnées de tracé(voies);
　ordonnée d'itinéraire
线路坐标闭合
　fermeture de coordonnées de voies
线路坐标控制
　contrôle des coordonnées du tracé
线圈　bobine
线群　faisceau de voies
线上工程　superstructure de la voie
线上工程结构
　structure de superstructure de la voie
线上设备
　équipement de superstructure de voie
线上设备安装　montage des équipements de
　superstructure de voie;pose(installation)
　de superstructure de voie
线上设备安装阶段
　étape de pose de la superstructure de la voie
线上试验
　essai(test)en ligne;essai(test)sur voie
线上修理　réparation sur ligne
线上咨询　consultation en ligne
线绳　ficelle de coton
线条　trait
线下工程　infrastructure de voie;
　infrastructure ferroviaire
线下工程结构
　structure de l'infrastructure de la voie
线下结构　substructure de la voie
线下设备
　équipement d'infrastructure de voie
线形　forme linéaire;géométrie lignéaire
线形标准　standard de géométrie linéaire
线形测量　levé(mesure)linéaire
线形曲线　courbure linéaire
线形设计　conception(étude)d'alignement;
　conception de géométrie linéraire;conception
　(étude)linéaire
线形修整　amélioration de forme de voie
线形修正　correction linéaire
线形要素　éléments(facteurs)linéaires
线性　linéarité
线性变化　variation linéaire
线性布置　disposition linéaire
线性分布　distribution(répartition)linéaire
线性分析　analyse linéaire
线性滑动　glissement linéaire
线性滑动测量　mesure de glissement linéaire

线性化　linéarisation
线性控制　contrôle linéaire
线性收缩　contraction(retrait)linéaire
线性收缩试验　essai(test)de retrait linéaire
线性衰变　affaissement linéaire
线性速度　vitesse linéaire
线性损失试验　essai(test)de perte linéaire
线性特征　caractéristique linéaire
线性调整　ajustement linéaire
线性误差　erreur linéaire
线性延长　allongement linéaire
线性优化　optimisation linéaire
线性阻尼系数
　coefficient d'amortissement linéaire
线性组合　combinaison linéaire
线纵横坐标闭合差　écart de fermeture de
　cheminement en abscisse et ordonnée
陷落带　zone d'écroulement
陷塌　croulement;tassement

xiang

乡村道路　chemin rural
乡村地区铁路路界
　emprise de voie dans les zones rurales
乡村公路　route rurale
相对标高　cote de niveau relative;cote relative
相对沉降　tassement relatif
相对定位　positionnement relatif
相对幅度　ampleur relative
相对高度　altitude(hauteur)relative
相对功率　puissance relative
相对规模　ampleur relative
相对价格　prix relatif
相对密度　densité relative
相对强度　intensité(résistance)relative
相对湿度　humidité relative
相对速度　vitesse relative
相对推力　poussée relative
相对位置　position relative
相对稳固性　stabilité relative
相对误差　écart relatif;erreur relative
相对压力　pression relative
相对移位　déplacement relatif
相对运动　mouvement relatif
相对正确　correction relative
相对值　valeur relative
相对坐标　coordonnées(ordonnées)relatives
相反方向　sens opposé
相关部门　administration compétente

相关曲线　courbure relative
相互并存　interdépendance
相互间距离　inter-distance
相互连接　interconnexion
相互吸引　interattraction
相互依赖　interdépendance
相互影响　influence mutuelle
相互作用　action(réaction)mutuelle(réciproque);interaction
相互作用功能　fonction de réaction mutuelle
相互作用技术标准　critère technique d'interaction
相交　intersection;jonction;rencontre
相邻工程　ouvrage adjacent
相邻建筑　ouvrage avoisinant
相邻交叉口　intersection(jonction)adjacente
相邻两车最小间距　espacement minimal entre deux trains adjacents
相邻坡道连接　raccordement de pente adjacente
相邻线路　itinéraires voisins
相似材料　matériau équivalent
相似原理　principe analogue
箱　armoire;coffre
箱涵　cadre d'assainissement;cadre d'évacuation d'eau;cadre;dalot;ouvrage(ponceau)en caisson
箱涵尺寸　dimension de dalot
箱涵端墙　tête de dalot
箱涵端头　tête de dalot
箱涵盖板　dalle à caisson
箱涵位置图　schéma de position de dalots
箱梁　poutre à caisson;poutre caissonnée;poutre en cadre(caisson);poutre-caisson
箱梁构造　structure de poutre en cadre
箱梁架设　pose de poutre à caisson
箱梁静载试验　essai(test)de charge statique de poutre à caisson
箱梁剖面示意图　schéma de coupe de poutre en caisson
箱梁桥　pont à caissons;pont à voussoirs
箱梁桥面　tablier en caisson
箱梁质量　qualité de poutre en caisson
箱梁中心线　axe de poutre en caisson
箱式结构　construction en caisson
箱体开挖底部压实　compactage du fond de décaissement
箱体结构　structure en caisson
箱形　forme de caisson
箱形拱　voûte en caisson
箱形基础　fondation par encaissement
箱形截面　section en caisson
箱形梁　longeron-boîte;longeron-caisson;poutre encaissée
箱形排水沟　drain en caisson
箱形桥台　aboutement(culée)en caisson
箱形隧道　tunnel en caisson
箱形翼板　aile-caisson
箱形鱼尾板　éclisse en caisson
箱形柱　colonne encaissée
箱装货物　marchandise en caisses
箱装货物运输　transport des marchandises en caisses
详图　dessin(plan)de détail;dessin(plan)détaillé
详细测量　levé détaillé
详细方案　Avant-Projet Détaillé(APD)
详细记录　enregistrement détaillé
详细进度计划　planning détaillé
详细勘探　prospection détaillée
详细清单　liste détaillée
详细设计　Avant-Projet Détaillé(APD);conception(étude)APD;conception(étude)d'avant-projet détaillé
详细设计阶段　étape(phase)de APD
详细设计图　plan APD
详细设计文件　document d'Avant-Projets Détaillés(APD)
响铃信号　signal par cloche
响应时间　temps de réponse
向风面　côté au vent
向后行驶　marche en arrière
向后运动　mouvement en arrière
向后转　demi-tour
向径　rayon vecteur
向量　vecteur
向内坡　pente vers l'intérieur
向前行驶　marche en avant
向前运动　mouvement en avant
向上砌壁　revêtement en montant
向上弯曲　cambrage
向上钻孔　sondage ascendant
向外坡　pente vers l'extérieur
向心力　force axipète(centripète)
向心速度　vitesse centripète
项目测量　géométrie de projet
项目程序　procédure de projet
项目地址　site de projet

项目风险　risque de projet
项目负责人　chargé de projet
项目概算　estimation du projet
项目跟踪和资料更新负责人
　　responsable de suivi et de mise à jour
项目工程师　ingénieur du projet
项目管理　gestion de projet
项目管理方式　mode de gestion de projet
项目管理计划　plan de gestion de projet;plan de management du projet
项目计划　plan du projet
项目建议书　proposition du projet
项目介绍　présentation de projet
项目进度　avancement de projet
项目进度计划　planning du projet
项目经济核算
　　autofinancement de programme
项目经理　directeur de projet
项目开工纪念碑
　　stèle commémorative du lancement de projet
项目可行性　faisabilité de projet
项目可行性研究
　　étude de faisabilité du projet
项目模型　maquette de projet
项目内容　consistance de programme
项目评估　évaluation de projet
项目评价　appréciation de projet
项目启动　démarrage de projet(travaux)
项目缺陷　vice de projet
项目施工　exécution de projet
项目说明　description de projet
项目谈判　négociation de projet
项目特征　caractéristique de projet
项目投标　soumission du projet
项目投资　investissement de projet
项目位置
　　emplacement(localisation)de projet
项目线路平面走向
　　tracé en plan du projet
项目协调　coordination du projet
项目需要　besoin de projet
项目用地　emprise(terrain)de projet
项目优先顺序　ordre de priorité des projets
项目预算　budget du projet
项目质量　qualité de projet
项目中间人　intermédiaire de projet
项目自筹资金
　　autofinancement de programme
项目总进度计划　planning global du projet

项目总体规划
　　planification générale du projet
项目总体设计
　　conception(étude)générale du projet
相数　nombre de phases
相位　position de phase
相位差　déphasage;différence de phase
相位轮换　rotation de phase
相位模块　module de phase
巷道底板　pied de galerie
巷道掘进
　　creusement(percement,excavation)de galerie
巷道掘进爆破　tir en traçage
巷道支撑　boisage de galerie
巷道支护　soutènement de galerie
橡胶坝　barrage en caoutchouc
橡胶带　courroie en caoutchouc
橡胶垫板　semelle en caoutchouc
橡胶垫板道床　lit(plateforme)de voie à semelle en caoutchouc
橡胶管　tube(tuyau)en caoutchouc
橡胶管软化
　　ramollissement de tuyau en caoutchouc
橡胶护套　gaine en caoutchouc
橡胶缓振块　amortisseur en caoutchouc
橡胶件　pièce en caoutchouc
橡胶绝缘　isolation en caoutchouc
橡胶绝缘体　isolateur en caoutchouc
橡胶绝缘体老化
　　vieillissement de l'isolateur en caoutchouc
橡胶块　bloc de caoutchouc
橡胶老化　vieillissement de caoutchouc
橡胶密封带
　　bande d'obturation en caoutchouc
橡胶伸缩缝　souffle en caoutchouc
橡胶弹簧定位
　　positionnement de ressort en caoutchouc
橡胶弹性　élasticité de caoutchouc
橡胶弹性元件
　　élément(unité)élastique en caoutchouc
橡胶系弹簧悬挂
　　suspension à ressort en caoutchouc
橡胶元件
　　élément(unité)en caoutchouc
橡胶支座　appui en caoutchouc
橡胶支座安装
　　montage d'appui en caoutchouc
橡皮垫　joint en caoutchouc
橡皮垫圈　rondelle en caoutchouc

橡皮绝缘电缆　câble sous caoutchouc

xiao

削低(山顶)　écrêtement
削面　surfaçage
削平　arrondi; planage
削坡　adoucissement de talus
削石　ripement
消除　élimination
消除风险　élimination(suppression) de risque
消除区间闭塞　suppression de block de canton
消除缺陷　élimination de défauts(vices)
消除污染　élimination de pollution
消除污染池　bassin de dépollution
消除烟尘　élimination de fumée et de poussière
消除隐患　suppression de danger potentiel
消除应力　élimination de contrainte
消除噪声　suppression de bruit
消磁作用　action démagnétisante
消防管沟　fosse réservée contre l'incendie
消防救生梯　échelle de sauvetage des pompiers
消防设备　équipement(matériel) contre l'incendie
消防栓　borne(bouche, poteau) d'incendie
消防水泵　pompe à incendie; pompe d'incendie
消防水带　manche à eau de l'incendie
消防梯　échelle d'incendie
消防系统　système contre l'incendie
消防用水供应　alimentation en eau d'incendie
消防站　poste d'incendie
消费基金　fonds de consommation
消费借贷　prêt de consommation
消费品　objet de consommation
消费税　droit de consommation; taxe à la consommation
消费增量　accroissement de consommation
消费指数　indice de consommation
消费资料　moyens de consommation
消耗　consommation; déperdition
消耗功率　puissance consommée
消耗品　consommable
消耗系数　coefficient de consommation
消耗下降　abaissement de consommation

消极因素　facteur négatif
消力池　bassin d'amortissement; dissipateur d'énergie; dissipateur; fosse de dissipation
消力石块　bloc brise-chute
消音　amortissement de bruit
消音材料　matériau insonore
消音器　amortisseur de bruit; silencieux
硝酸　acide nitrique
硝酸炸药　explosif nitraté(nitré); explosif nitro-ammoniacal
硝土　terre nitreuse
销　goupille; pivot
销钉　cheville; goujon
销钉连接　assemblage par chevilles
销键固定　fixation à clavette
销石　clé de voûte
销售处　agence de vente
销售代理人　commissionnaire-vendeur
销售利润　profit sur vente
销售链　chaîne de vente
销售清单　bordereau de vente
销售收入　recette provenant de ventes
小凹槽　canalicule
小半径曲线　courbe de faible rayon; courbure de petit rayon
小比例尺图　carte à petite échelle
小车　chariot
小吊车　gruau
小豆石　gravillon mignonnette
小豆石混凝土　béton de mignonnettes
小钢梁　poutrelle métallique
小拱　arceau
小沟　canalicule
小灌木　arbuste
小件行李寄存处　consigne à petits bagages
小交通量公路　route à faible trafic
小坑　cupule
小块土地　parcelle
小梁　poutrelle
小量拨道　ripage mineur de la voie
小面积爆破　tir en petite masse
小排水沟　cunette
小平板测量　levé à planchette
小汽车运输车　wagon porte-automobile
小桥涵孔径　débouché de petits ouvrages
小时产量　rendement horaire
小时工　ouvrier horaire
小时工资　salaire horaire

小时交通量　　capacité horaire;volume de trafic horaire
小时流量　　débit horaire
小时生产率　　capacité horaire
小时消耗量　　consommation horaire
小数　　décimale
小碎石　　pierre fine
小铁锤　　martelet
小土包　　butte
小歇　　pause
小写金额　　montant en chiffres
小型构造物排泄口　　débouché de petits ouvrages
小型卡车　　camionnette
小型起重机　　gruau
小型养路机械　　machine légère pour entretien de voie
小型载重卡车　　camion de petite capacité
小型钻探机　　sondeuse
小修　　réparation légère
小运转机车　　locomotive circulée entre la station technique et les sections adjacentes;locomotive de régulation;train circulé entre la station technique et les sections adjacentes
小运转列车　　train de petit parcours;train de régulation;train de remise
小运转列车车流　　flux de trains à court trajet
小支撑　　potelet
小直径凿岩　　perforation en petit diamètre
小柱　　potelet
小桌板　　tablette
效力　　effet
效率　　efficience;facteur de rendement;rendement
效率工资　　salaire au rendement
效率衰耗　　affaissement effectif
效率下降　　abaissement de l'efficacité

xie

楔固垫板　　calage de plaque d'appui
楔削板桩　　palplanche en coin
楔住　　calage
协商程序　　procédure de négociation
协商价格　　négociation de prix
协商阶段　　période de négociation
协商条件　　négociation de conditions
协调措施　　mesures de coordination
协调会议　　réunion de coordination
协调会议纪要　　procès-verbal de réunion de coordination
协调机车运转　　coordination de rotation de locomotive
协调界面　　interface de coordination
协调能力　　capacité de coordination
协调人　　coordinateur;coordonnateur
协调委员会　　comité de coordination
协议抵押　　hypothèque conventionnelle
协议附加条款　　avenant de convention
协议书　　protocole d'accord
协议书格式　　modèle de convention
协议有效性　　validité de l'accord
协作部门　　organisme collaborant
斜边　　rive biaise
斜边对接　　assemblage à chanfrein
斜撑　　accore;aisselier;écharpe
斜撑梁　　poutre béquille
斜道牙　　bordure inclinée
斜断层　　faille diagonale(oblique)
斜对接　　assemblage en biseau
斜缝　　joint en biseau
斜钢筋　　barre coudée
斜拱　　arc biais(oblique,rampant);arche biaise
斜交　　croisement(intersection) oblique
斜角　　angle oblique
斜角钢筋　　armature diagonale
斜角轨枕　　traverse en biais
斜角推土机　　angledozer;bouteur oblique
斜角坐标　　coordonnées(ordonnées) obliques
斜截面　　section oblique
斜井　　descenderie;forage dévié;galerie à pente;galerie inclinée(oblique);puits dévié(incliné,oblique)
斜距　　distance inclinée;distance suivant la pente
斜孔钻进　　forage incliné
斜跨　　travée inclinée
斜拉杆　　tirant oblique
斜拉桥　　pont à câbles diagonaux;pont à haubans
斜拉桥钢绞线　　toron du pont à haubans
斜拉桥拉杆　　suspente de pont à haubans
斜拉索　　câble diagonal;câble tendeur
斜肋　　nervure de formeret
斜链形悬挂　　caténaire inclinée
斜梁　　poutre inclinée(oblique,rampante)
斜面　　face(surface) inclinée

斜坡　rampant；terrain déclive
斜坡道路　route en rampe
斜坡开挖　excavation en talus
斜坡路肩　berme de talus
斜坡剖面　profil de talus
斜铺法　pose en diagonal
斜桥　pont biais(oblique)
斜筛　crible à pied
斜榫对接　assemblage d'embrèvement
斜投影　projection oblique
斜线　hachure；ligne oblique；voie oblique
斜向焊缝　soudure oblique
斜向裂缝　fissure oblique
斜向排水　drainage oblique
斜向双开道岔
　　traversée oblique à double écartement
斜削边　bord en biseau
斜支柱　étançon oblique
斜桩　pieu biais；pieu incliné
斜桩基础　fondation sur pieux inclinés
携带式蓄电池　accumulateur portatif
泄洪流量　débit de déversement des crues
泄水池　réservoir de vidange
泄水点　point d'évacuation(rejet)
泄水洞　galerie de décharge(drainage)；tunnel d'assèchement
泄水沟　rigole d'évacuation
泄水孔　trou de sortie de l'eau；trou d'écoulement (évacuation)
泄水口　exutoire
泄水隧洞　galerie de fuite
泄水台　guideau
泄压装置　dispositif de décharge de pression
泻湖　lagune
卸车场　chantier de déchargement
卸车场地　emplacement de déchargement
卸车场照明
　　éclairage de chantier de déchargement
卸车计划　plan de déchargement
卸车能力　capacité de déchargement
卸车期限　délai de déchargement
卸车数量　quantité de déchargement
卸车台　plateforme de débarquement
卸车站台　plateforme de débarquement
卸除道床枕木和钢轨
　　décrochement de la voie
卸倒　mise en décharge
卸倒拆除物
　　mise en décharge des produits de démolition
卸道砟　mise en décharge de ballastes
卸掉　mise en décharge
卸钢轨　mise en décharge de rails
卸轨枕　mise en décharge de traverses
卸灰装置　dispositif d'échappement
　　(évacuation) de poussière
卸货　débarquement；décharge；déchargement de marchandises；déchargement；mise en décharge de marchandises
卸货残存量
　　quantité résiduelle après le déchargement
卸货翻板　paroi basculante de déchargement
卸货港　port de déchargement
卸货期限　délai de planche au déchargement
卸货作业　opération de déchargement
卸料场地　site de décharge
卸料斗　trémie de décharge
卸煤场　chantier(quai)à charbon
卸压拱　arc de décharge
卸油线　voie de vidange
卸油栈台　plateforme de vidange
卸载　décharge；déchargement；délestage
卸载地点　lieu de déchargement
卸载速度　vitesse de décharge
卸载装置　dispositif de déchargement
卸渣土　mise en décharge de déblais
卸砟　déchargement de ballast
卸砟车风动闸　valve pneumatique de voiture de décharge de ballast
卸砟地点　lieu de décharge de ballast
卸砟速度　vitesse de décharge de ballast
蟹爪式装载机
　　chargeuse à pinces de homard

xin

心轨　cœur d'aiguille；rail de cœur de croisement
心轨护轨　contre-rail de cœur d'aiguille
心轨拉板　coussinet de l'aiguille
心轨拉板移动
　　déplacement de coussinet de l'aiguille
心轨爬行　cheminement de cœur d'aiguille
心盘部分荷载　charge partielle de crapaudine
心盘垫板　coussinet de crapaudine
心盘荷载　charge de crapaudine
心盘磨耗盘　disque d'usure de plaque centrale；plaque d'usure de crapaudine
锌粉油漆　peinture à la poudre de zinc
锌管　tube(tuyau)en zinc

锌皮　feuille de zinc
新奥法　nouvelle méthode autrichienne
新材料　nouveaux matériaux
新道砟　ballast neuf
新工艺　nouvelle technologie
新技术　nouvelle technique
新技术使用　application de nouvelle technique
新建工程　construction neuve; travaux neufs
新建双线铁路　ligne nouvelle à double voie
新建双线铁路工程
　　travaux de ligne nouvelle à double voie
新浇混凝土接口　joint de reprise
新近回填土　remblai récent
新泥浆　boue neuve
新设备　équipement(matériel) neuf
新设备数量　quantité de matériels neufs
新设备与既有线路兼容
　　intégration de nouveaux équipements
　　avec la ligne existante
新闻公告　communiqué de presse
新鲜空气　air frais
新线铁路工程
　　travaux de ligne ferroviaire nouvelle
新线铁路投资　investissement de nouvelle
　　ligne ferroviaire
新线验收　réception de nouvelle ligne
薪水　appointements
信标间距　espacement des balises
信标识别　identification de balise
信标柱　mât de balise
信贷　crédit; prêt à crédit
信贷偿还　remboursement de crédit
信贷额度　ligne(plafond) de crédit
信贷规模　envergure de crédit
信贷所　caisse de crédit
信贷账户　compte de crédit
信道编码　codage de canal
信道分配　attribution de canal de signalisation
信道关闭　fermeture de canal de signal
信道扩展　élargissement de canal
信道容量　capacité de canal
信道指配
　　assignation de canal de signalisation
信函往来　échange de lettres
信号　signal; signalisation
信号安全　sécurité de signalisation
信号安装标准
　　critère de l'installation de signal
信号按钮　bouton de signal

信号保护装置　protecteur de signal
信号闭塞区段设计　étude de cantonnement
信号闭塞区间　canton; canton de signal
信号标志　marque de signal
信号布置　répartition de signal
信号部分　lot de signalisation
信号操纵杆　levier de signal
信号测试　test de signal
信号传输方式
　　mode de transmission de signal
信号传输系统
　　système de transmission de signal
信号传送　transmission de signal
信号错误　discordance(erreur) de signal
信号错误事故
　　accident causé par le défaut de signal
信号错误事故调查　enquête de
　　l'accident causé par le défaut de signal
信号道口布置
　　répartition de passage à niveau signalé
信号灯　feux(lampe) de signal;
　　lanterne; signal
信号灯安装　installation de signaux
信号灯道口　passage à niveau signalé
信号灯间距　espacement des signaux
信号电缆　câble électrique de signal
信号电路　circuit de signal
信号发射　émission de signal
信号发生器　générateur de signal
信号方式　mode de signal
信号房　cabine de signalisation
信号分区　cantonnement(zonation) de signal
信号封闭解除　déblocage de signal
信号附属机　accessoires de signal
信号干扰　interférence de signal
信号更新　rénovation de signalisation
信号更新工程
　　travaux de renouvellement de signalisation
信号工程　travaux de signalisation
信号工程施工　réalisation de la signalisation
信号工程验收
　　réception des travaux de signalisation
信号功能　fonction de signal
信号故障　panne de signal; signal en panne
信号关闭　fermeture de signal; signal fermé
信号关闭表示　indication de signal fermé
信号关闭强制控制
　　contrôle impératif de fermeture des signaux
信号机　machine de signal

信号机臂架　bras de sémaphore
信号机编码　codage des signals
信号机登记册
　　liste d'enregistrement de signals
信号机后方　aval de signal
信号基站　station de base de signal
信号继电器　relais de signal
信号检修　révision de signaux
信号交换系统
　　système de commutation de signal
信号交换子系统
　　sous-système de commutation de signal
信号接收　réception de signal
信号解调器　modulateur de signal
信号警示　avertissement de signal
信号距离　distance de signal
信号卡　carte de signal
信号开通　signal ouvert
信号开通表示　indication de signal ouvert
信号控制
　　commande de signaux;contrôle de signal
信号控制电路
　　circuit de commande des signaux
信号控制室
　　salle de commande de signalisation
信号控制中心　centre de contrôle de
　　signalisation;centre de signalisation
信号来源　source de signal
信号连接　raccordement de signal
信号连续显示　signalisation continue
信号链路　lien de signalisation
信号瞭望　observation de signal
信号楼　poste de signalisation
信号冒进事故
　　accident de dépassement de signal
信号模块　module de signal
信号能见度　visibilité de signal
信号牌　plaque de signal
信号牌毁坏
　　destruction de panneau de signalisation
信号牌立柱　support de panneaux
信号旗　drapeau de signalisation
信号强度　intensité de signal
信号桥　passerelle à signaux
信号桥架　portique à signaux
信号缺陷　défaut de signal
信号确认　confirmation(vérification)de signal
信号上游区段　amont de signal
信号设备　équipement de signalisation

信号设备安装　installation(montage)des
　　équipements de signalisation
信号设备安装阶段　phasage de l'installation
　　des équipements de signal
信号设备安装套件　kit pour l'installation
　　des équipements de signalisation
信号设备更新　renouvellement des
　　équipements de signalisation
信号设备更新工程
　　travaux de renouvellement des
　　équipements de signalisation
信号设备更新投资
　　investissement de rénovation des
　　équipements de signalisation
信号设备供应商
　　fournisseur des équipements de signal
信号设备技术要求
　　spécification des équipements de signalisation
信号设备间
　　salle des équipements de signalisation
信号设备老化
　　vieillissement de l'équipement de signal
信号设备配件
　　accessoires des appareils de signalisation
信号设备设计
　　conception des équipements de signalisation
信号设备损坏　destruction(détérioration)
　　des équipements de signal
信号设备套件
　　kit des équipements de signalisation
信号设备维修
　　entretien des équipements de signal
信号设计
　　conception(étude)de signal(signalisation)
信号升级改造
　　mise à niveau de signalisation
信号施工　exécution(construction)de signal
信号识别　identification de signal
信号释放　libération de signal
信号所分界　limite de poste de signal
信号锁闭　enclenchement(verrouillage)
　　de signal（signalisation）
信号锁闭系统
　　système d'enclenchement de signal
信号台
　　pupitre de commande de signal
信号替换　échange de signal
信号图　plan de signalisation
信号网络　réseau de signalisation

信号微机检测　détection des signaux par ordinateur
信号维护　maintenance de signal
信号维修　entretien(réparation) des signaux
信号位置　emplacement(position) de signal
信号紊乱　perturbation de signal
信号系统　système de signalisation
信号系统紊乱
　perturbation de système de signal
信号系统整治
　aménagement de système de signalisation
信号显示　indication de signal
信号显示器　indicateur de signal
信号箱　boîte de signal
信号响应　réponse de signal
信号修复　remise en état de
　signal;restauration (réparation) de signal
信号许可　autorisation de signal
信号异常现象　phénomène anormal de signal
信号圆板　disque de signal
信号站　poste de signalisation
信号正立面　face vue de signal
信号指挥棒　bâton à signaux;guidon
信号指示方向　direction indicative de signal
信号指示牌　panneau de signalisation
信号质量　qualité de signal
信号中断　interruption de signal
信号柱
　mât;mât de signaux;poteau de signalisation
信号柱编号　numérotation de mât de signaux
信号柱基座　massif de mât de signaux
信号转换
　conversion des signaux;transition de signal
信号转换解调器
　modulateur de transition de signal
信号装置　appareil à signaux;dispositif
　de signalisation;organe de signalisation
信号装置技术要求
　spécification de dispositifs de signalisation
信号状态　état de signal
信号自动变换显示　indication de changement
　automatique de signal
信号自动控制
　commande automatique de signaux
信号自动控制设备　équipement
　de commande automatique de signaux
信号自动识别
　identification automatique de signal
信号组　équipe de signalisation

信件传递　transmission de lettre
信令互通　intégration de signalisation
信令信道　canal de signalisation
信路指定　routage de signalisation
信任危机　crise de confiance
信息采集　acquisition des informations
信息采集系统
　système collectionneur des informations
信息处理　traitement des informations
信息处理系统
　système de traitement informatique
信息传输
　transmission de messages(informations)
信息存储　mise en mémoire des informations
信息分析　analyse des informations
信息工程　travaux informatiques
信息管理　gestion informatique
信息管理自动化系统　système automatique
　de gestion des informations
信息和管理系统
　système informatique et de gestion
信息化　informatisation
信息化闭塞系统
　Système d'Enclenchement Informatisé(SEI)
信息化道岔控制所
　Poste d'Aiguillage Informatisé(PAI)
信息技术
　technique(technologie) informatique
信息交换　échange d'informations
信息卡　fiche de renseignement
信息量　quantité informatique
信息软件　logiciel d'information
信息收集　recueil des informations
信息提供系统
　système de fourniture des informations
信息提取　extraction d'informations
信息网络　réseau informatique
信息系统　système d'informations;
　système informatique
信息系统集中器　Concentrateur de Systèmes
　Informatiques(CSI)
信息中心　centre d'informations
信息中心终端
　terminal de centre informatique
信息转换　commutation de messages
信用　crédit
信用贷款　prêt à crédit
信用担保　cautionnement de crédit
信用货币　monnaie fiduciaire

信用危机　crise de crédit
信用证　lettre de crédit

xing

星形枢纽　carrefour en étoile
行车　marche de train
行车安全　sécurité de trafic;sûreté de circulation de train
行车摆动　oscillation de circulation
行车摆动幅度　amplitude d'oscillation de circulation
行车车道　voie de conduite
行车冲击　impact de trafic
行车道　bande de circulation;voie carrossable
行车道板　dalle de roulement de véhicules
行车道路　chemin de roulement
行车道铺装层　couche pavée de roulement des véhicules
行车颠簸　soubresaut de circulation
行车调度　régulation de circulation
行车调度科　division de régulation de trains
行车调度所　poste de régulation de trains
行车调度员　régulateur de trafic
行车调度员指令　instruction de régulateur de trafic
行车调度指挥　commande de régulation de circulation
行车干扰　perturbation de circulation
行车管理　gestion de circulation des trains
行车管理措施　mesures de gestion de circulation
行车规定限制　restriction de règlement de circulation
行车规则　règles de circulation
行车记录仪　enregistreur de circulation du train
行车间隔　espacement de circulation
行车间距　distance entre véhicules; intervalle de circulation
行车监督　supervision de circulation des trains;surveillance d'achiminement du train
行车交叉　intersection de circulation
行车控制和追踪自动化　automatisation de contrôle et de suivi de la circulation de train
行车控制计算机　ordinateur de contrôle de circulation des trains
行车控制软件　logiciel de contrôle de circulation des trains
行车控制室　salle de commande de circulation
行车控制自动化　automatisation de contrôle de la circulation de train
行车路径　trajet de circulation
行车密度　densité de circulation(trafic)
行车能见度　visibilité de conduite
行车人员　roulants;personnel roulant
行车时刻表　horaire de service
行车视距　distance visuelle de conduite
行车手续　formalité de circulation de train
行车速度控制　contrôle de vitesse de circulation
行车探测器　détecteur de roulement de train
行车限界　gabarit de circulation
行车效率　efficacité de circulation
行车扬尘　poussière de circulation
行车要求　exigence de circulation de train
行车预确报系统　système de prévision et confirmation du trafic
行车振动　vibration de circulaire du train
行车正常制动　frein de service
行车指挥方式　mode de commande de circulation des trains
行车指令　directive(ordre) de circulation de train
行车制度　système de circulation
行车准备　préparation de circulation
行车阻力　force résistante de circulation
行车组织　organisation de circulation de trains
行车组织规则　règles d'organisation de circulation des trains
行程　course;course de circulation;parcours;trajet
行程长度　longueur de course
行程极限　limite de course
行程计　indicateur de parcours
行程间距　intervalle de parcours
行程联锁　enclenchement de parcours
行程时间　temps de parcours
行程始点　commencement de la course
行程延长　prolongation de trajet
行程终点　fin de parcours
行动方式　mode d'action
行动计划　plan d'action
行进列车识别　identification de trains en marche
行进速度　vitesse de roulement
行李搬运车　chariot à bagages
行李标签　étiquette de valise
行李超重　excédent de bagages

行李车	fourgon(voiture,wagon) à bagages
行李车厢	compartiment à bagages
行李单	bulletin de bagages
行李房	dépôt de bagages
行李寄存处	consigne
行李架	porte-bagages
行李提取站	gare de livraison de bagages
行李托运处	enregistrement des bagages; service de colis à délivrer
行人安全	sécurité de piétons
行人安全岛路缘石	bordure d'îlot
行人道路	allée de piéton
行人护栏	garde-corps de piétons
行人交通	trafic de piétons
行人交通量	volume de piétons
行人廊道	galerie(passage) pour piétons
行人通行	circulation piétonnière; passage des piétons
行驶	roulage
行驶安全	sécurité de marche
行驶车队	défilé
行驶层	couche de circulation(roulement)
行驶方向	sens de circulation
行驶记录	enregistrement de conduite
行驶里程	distance parcourue; kilométrage de parcours; kilomètre parcouru(KP); parcours de trafic
行驶面	surface de roulement
行驶模式	mode de circulation
行驶区	zone de circulation
行驶时间	durée de parcours
行驶舒适性	confort en marche
行驶速度	vitesse de circulation(VC)
行驶中均匀摊铺粒料	épandage uniforme en marche
行载	charge roulante
行载范围	limite de charges roulantes
行政标	offre administrative
行政部门	service administratif
行政措施	mesures administratives
行政单位	unité administrative
行政管理	gestion administrative
行政管理部门	administration
行政机制	mécanisme administratif
行政人员	personnel administratif
行政审批	approbation administrative
行政诉讼	contentieux administrative
行政条款说明手册	Cahier des Prescriptions Spéciales-Clauses Administratives(CPS-CA)
行政条例	règlement administratif
行政通报	circulaire administrative
行政文件	document administratif
行政文书	acte administratif
行政预算	budget administratif
行政职能	fonction administrative
行走部制动闸瓦	sabot de frein de la partie roulante
行走方向	sens de marche
行走设备	équipement de roulement
行走式凿岩台车	affût roulant
行走装置	dispositif de roulement
刑法	lois pénales
刑事责任	responsabilité pénale
形成	formation
形成速度	vitesse de formation
形式发票	facture-proforma
形式设计	étude de forme
形状	forme
形状处理	traitement de forme
形状设计	conception de la forme
型材	profilé
型钢	acier profilé; fer façonné; profilé en acier
型钢安装	pose de profilés métalliques
型钢拱架	cintre lourd
型钢结构	construction en profilé d'acier
型钢立柱	montant en acier profile
型钢梁	poutre IPN; poutrelle
型号	type
型面整理	profilage
型砂	sable de fonderie
型铁	fer façonné
兴趣函	lettre d'intention; lettre de manifestation d'intérêt
性能	aptitude; performance
性能标准	critère de performance
性能参数	paramètre de performance
性能测定	mesure de performance
性能测试	essai(test) de performance
性能调查	enquête de performance
性能计算	calcul de performance
性能检查	contrôle de performance
性能检验	examen d'aptitude
性能可靠性	fiabilité de performance
性能曲线	courbe(courbure) de performance
性能曲线图	graphique de performance
性能要求	exigence de performance

性能指标　indice de performance

xiong

胸牌　badge

xiu

休息车　voiture de repos
休息间隔时间　intervalle de repos
休闲区　zone de loisir
休止状态　état de repos
修补材料　matériau de réparation
修车地沟　fosse de garage(graissage)
修车专业化
　　spécialisation de réparation des wagons
修订　révision
修复费　dépense de remise en état
修复桥梁　rétablissement de pont
修复缺陷　réparation des défauts(vices)
修改报价　modification de l'offre
修改程序
　　procédure de correction(modification)
修改方式　modalité de révision
修改计划　modification de plan
修改列车编组计划　modification de plan
　　de formation des trains
修改列车运行图　modification de plan
　　de circulation des trains
修改通知　publication de rectificatif
修改系数　modification de coefficient
修改线路布置方案　modification de plan
　　d'aménagement du tracé
修改线路维护计划
　　modification de plan d'entretien de voie
修改站场平面图
　　modification de plan de chantier-gare
修改指令　ordre de modification
修建地铁站
　　construction de station de métro
修建地下车站
　　construction de station souterraine
修建防洪堤
　　construction de digue contre les inondations
修建过水涵洞　construction de dalot
修建火车站　construction de gare
修建基站
　　construction de station de base
修建库房　construction de l'entrepôt
修建立交桥　construction des échangeurs
修建排水沟　construction de fossé

修建配电所
　　construction de station de distribution
修建牵引动力站
　　construction de station motrice de traction
修建上部通道
　　construction de passage supérieur
修建石笼挡墙
　　construction de soutènement en gabion
修建实验室　construction de laboratoire
修建水坝　construction de barrage
修建水池　construction de bassin
修建水渠　construction de canal
修建隧道　construction de tunnel
修建隧道洞门
　　construction de portail de tunnel
修建天桥　construction de passerelle
修建铁路　construction de chemin de fer
修建停车场　construction de l'aire de garage
修建通道　construction de passage
修建微波通信中继站　construction de station
　　de communication relayée par micro-onde
修建围墙　construction de clôture
修建维修站
　　construction de station de maintenance
修建下部通道
　　construction de passage inférieur
修建信号基站
　　construction de station de base de signal
修建引水渠　construction de l'aqueduc
修建站台和站房
　　construction des quais et bâtiments de gare
修理　réparation;révision
修理部　service de réparation
修理部分　partie de réparation
修理厂　garage
修理车　voiture de dépannage
修理车间　atelier de réparation
修理程序　procédure de réparation
修理次数　nombre de réparation
修理地沟　fosse de réparation
修理方法　méthode de réparation
修理费　frais(dépense) de réparation
修理工作　travail de réparation
修理阶段　période de réparation
修理平台　plateforme de réparation
修理设备　équipement(matériel) de réparation
修理手册
　　manuel d'atelier;manuel de réparation
修理提升台　table élévatrice de réparation

修理条件　condition de réparation
修凿　épinçage
修整　finissage
修整机　finisseuse;racleuse;reprofileur
修整路基　aménagement d'assise de la voie
修整排水设施
　　aménagement des installations de drainage
修正建议　proposition de révision
修正葡氏试验　essai(test)de Proctor modifié
修正图像　image corrigée
修正系数　coefficient(facteur)de correction
　　(rectification,révision)
修正值　valeur corrigée(révisable)
修筑边沟　réalisation de fossés
修筑边坡　talutage
修筑承台　construction de radier
修筑端墙　réalisation de l'ouvrage de tête
修筑混凝土排水沟
　　réalisation de caniveaux en béton
修筑路缘挡水　réalisation de bourrelet
修筑排水沟　réalisation de cunettes
袖珍手持票据打印机　imprimante reçu

xu

虚焊　vide de soudure
虚拟经济　économie virtuelle
虚拟模块　module virtuel
虚坡　talus virtuel
虚线　ligne pointillée;trait discontinue
　　(interrompu)
虚值　valeur imaginaire
需求分析　analyse de demande
需求减少　diminution de demande
需求潜力　potentiel de demande
需求曲线　courbe(courbure)de demande
需求预测　prévision de demande
需求增长　accroissement de demande
徐变　fluage
徐变处理　traitement de fluage
徐变极限　limite de fluage
徐变能力　aptitude au fluage
徐变收缩　retrait de fluage
徐变系数　coefficient de fluage
许可应力　contrainte admissible
许可证　licence;permis
续接轨　rail en attente
续行距离　distance de parcours continue
蓄电池
　　accumulateur;accumulateur électrique

蓄电池充电　charge de l'accumulateur
蓄洪能力　capacité de crue
蓄洪区　bassin de retenue des crues
蓄洪水库
　　réservoir de régularisation(rétention)
蓄水　mise en eau;retenue de l'eau
蓄水坝　barrage d'accumulation;barrage-
　　réservoir;digue de retenue
蓄水池　bassin d'attente(emmagasinement,
　　réserve,rétention);réservoir d'accumulation
　　(retenue d'eau)
蓄水高度　hauteur de retenue
蓄水工程　ouvrage d'entonnement
蓄水库
　　bassin hydraulique;lac d'accumulation

xuan

玄武凝灰岩　tuf basaltique
玄武岩　basalte;roche basaltique
玄武岩层　couche basaltique
玄武岩碎石　concassé de basalte
悬臂板　plaque cantilever
悬臂标志　signe cantilever
悬臂端部　extrémité de bras suspendu
悬臂法　méthode à cantilever
悬臂拱桥　pont à arc cantilever;pont en
　　arc avec porte-à-faux;pont voûté en
　　porte-à-faux
悬臂荷载　charge cantilever
悬臂桁架　treillis cantilever
悬臂架　bras de suspension
悬臂架设
　　installation(pose)à cantilever
悬臂交通标志　signe de trafic à cantilever;
　　signe de trafic en potence
悬臂浇筑　bétonnage en porte-à-faux;coulage
　　en porte-à-faux
悬臂结构　construction cantilever
悬臂距　distance cantilever
悬臂跨　travée en encorbellement;travée
　　en porte-à-faux
悬臂梁　poutre cantilever;cantilever;poutre
　　à encorbellement;poutre en console;poutre
　　en porte-à-faux
悬臂梁桥　pont à poutres à consoles
悬臂拼装法　montage en porte-à-faux
悬臂桥　pont à consoles;pont cantilever;pont
　　en encorbellement
悬臂桥吊杆　suspente de pont cantilever

悬臂桥面板　tablier à cantilever
悬臂施工　construction cantilever; exécution en porte-à-faux
悬臂施工桥　pont exécuté en porte-à-faux
悬臂式拱梁　poutre en arc avec porte-à-faux
悬臂式拼装　montage à cantilever
悬臂式起重机　grue-console
悬臂式人行道　trottoir à cantilever; trottoir en porte à faux
悬臂托架　plateau à console
悬臂支架　soutènement (support) en porte-à-faux
悬吊部分　partie suspendue
悬吊式脚手架　échafaud volant
悬吊系统　système de suspension
悬浮物　matière suspendue
悬浮作用　effet de suspension
悬杆式轴箱　boîte d'essieu à biellettes
悬挂　accrochement; suspension
悬挂单元　unité de suspension
悬挂点　point de suspension
悬挂吊耳　manille de suspension
悬挂构件　composants de suspension
悬挂接触导线　ligne à suspension caténaire
悬挂接触导线绝缘子　isolateur de ligne à suspension caténaire
悬挂结构　structure suspendue
悬挂类型　type de suspension
悬挂设备　équipement de suspension
悬挂设备安装　montage des équipements de suspension
悬挂式减振器　amortisseur de suspension
悬挂弹簧挠度　flèche de ressort suspendu
悬挂弹性　élasticité de suspension
悬挂销　axe de suspension
悬挂系数　coefficient de suspension
悬挂装置　dispositif (organe) de suspension
悬挂装置调整　réglage de l'organe suspendu
悬灌梁　poutre en caisson
悬架弹簧　ressort de suspension
悬架式绝缘器　isolateur à cantilever
悬浇连续梁　poutre continue coulée en porte-à-faux
悬空吊篮　nacelle suspendue
悬跨　travée suspendue
悬链拱　arc de chaîne
悬式脚手架　échafaudage suspendu
悬式绝缘子串　chaîne d'isolateurs à série de suspension

悬式桥面　tablier de pont suspendu; tablier suspendu
悬式水准仪　niveau à lunette pendante
悬索　câble de suspension
悬索拉杆　barre de suspension
悬索桥　pont à câbles
悬索桥桥塔　pylône de pont suspendu
悬索线　chaînette
悬挑　suspension en encorbellement (en porte-à-faux)
旋臂拼装　assemblage à cantilever
旋分路签　bâton pilote divisible
旋紧式耦合　accouplement serré
旋回破碎机　concasseur giratoire
旋流分离　cyclomagie
旋轮机床　tour en fosse (TEF)
旋轮机床基座　massif de tour en fosse
旋钥式电感箱　boîte d'inductance à commutateur
旋转　rotation
旋转半径　rayon de rotation
旋转参数　paramètre de rotation
旋转冲击式凿岩　perforation vibro-rotative
旋转冲击式凿岩机　perforatrice roto-percutante
旋转—冲击式钻进　perforation rotopercutante; forage rotatif percutant; sondage rota-percutant; sondage roto-percutant
旋转冲击钻孔　forage de percussion-rotation
旋转打桩机　sonnette pivotante
旋转灯　gyrophare
旋转电机　moteur électrique tournante
旋转方向　sens de rotation
旋转混凝土管　tuyau en béton tourné
旋转角　angle de rotation
旋转警灯　girophare
旋转开关　interrupteur rotatif
旋转力矩　moment de rotation
旋转门　porte pivotante (tournante)
旋转摩擦　frottement de pivotement
旋转偏心　excentricité de rotation
旋转频率　fréquence de rotation
旋转桥　pont pivotant (tournant)
旋转式除雪车　chasse-neige à fraise; chasse-neige rotatif
旋转式耙路机　scarificateur tournant
旋转式起重机　grue rotative
旋转式扫雪机　appareil de déneigement rotatif

旋转式挖掘机　excavateur pivotant(rotatoire)
旋转式挖土机
　　pelle giratoire;pelle montée en déporté
旋转式凿岩机
　　perforatrice à rotation;perforatrice rotative
旋转式自动车钩　accouplement duplex
旋转式钻机　appareil rotatif;foreuse
　　(sondeuse) à rotation;foreuse
　　(sondeuse)rotative; sondeuse rotary
旋转式钻进　forage(sondage) rotatif;
　　perforation rotative;sondage au rotary;
　　sondage par rotation (rodage);sondage
　　rotatoire;perforation à rotation
旋转式钻头　sonde rotative
旋转速度　vitesse de giration(rotation)
旋转压实　compactage(compression)giratoire
旋转运动　mouvement rotatif
旋转凿岩机　perforateur à rotation
旋转支架　support tournant
旋转钻孔　forage rotatif
选点　sélection de point
选定方案　plan choisi
选分车间　atelier de triage
选分车组
　　sélection et distribution de rame des wagons
选料回填　remblai en matériaux sélectionnés
选配钢轨　choix de rails
选石筛　crible épierreur
选线　choix(recherche) de tracé
选线设计　conception(étude) de tracé
选择爆破　tir sélectionné
选择材料　choix de matériaux
选择车辆类型　choix de type de wagon
选择承包商
　　choix(sélection) de l'entrepreneur
选择承包商标准
　　critère de choix(sélection)des entrepreneurs
选择道岔　choix des aiguilles
选择多样性　diversité de choix
选择分包商　choix de sous-traitant
选择供应商　choix(sélection)de fournisseur
选择合伙人　choix de partenaire
选择机车类型　choix de type de locomotive
选择交通方式　choix de mode de trafic
选择进路　itinéraire selectionné
选择困难　embarras de choix
选择牵引方式　choix de mode de traction
选择桥梁类型
　　choix de type de l'ouvrage d'art

选择桥型　choix de type de pont
选择投标人
　　choix(sélection)de soumissionnaire
选择系统　choix de système
选择线路走向　choix de tracé
选择性呼叫　appel sélectif
选择性咨询　consultation sélective
选择桩类型　choix de type de pieux
选址　choix(sélection)de l'adresse
眩目程度　degré d'aveuglement

xue

穴　cave;cavité;nid
学历情况　référence académique
学历证明　certificat de scolarité
雪崩　avalanche
雪害　congère
雪荷载　charge due à la neige
雪水浸入　intrusion de neige

xun

巡查　patrouille;ronde
巡查养护制　système de ronde et d'entretien
巡察　inspection ambulante;tour d'inspection
巡道　patrouille de voie;tour d'inspection de
　　voie;visite de voie
巡道车　draisine
巡道工　garde-ligne;garde-voie
巡河　tour d'inspection de rivière
巡回监察　surveillance ambulante
巡逻　patrouille
巡逻车　véhicule de patrouille
巡山　tour d'inspection de montagne
巡视　ronde
巡守制度　système de tour et garde
巡夜　garde de nuit
询价　demande de prix
循环　circulation;cycle
循环泵　circulateur
循环池　bassin à circulation
循环风机　ventilateur brasseur d'air
循环负荷　charge en circulation
循环回采工作面　taille cyclique
循环交路
　　itinéraire d'acheminement circulaire
循环经济　économie recyclique
循环冷却　refroidissement par circulation
循环利用　recyclage
循环模式　mode de circulation

循环排水系统　système de drainage annulaire	循环运转制
循环使用道砟　ballast recyclé	système de fonctionnement circulaire
循环使用条件　condition de recyclage	循环运转制交路　itinéraire de trafic circulaire
循环式通风　aérage en retour	循环周期　période de cycle
循环式振动　vibration circulaire	循环作业　opération circulaire
循环水　eau de circulation(cycle, restitution); eau recyclée	循环作用　action cyclique
	讯问笔录　procès-verbal d'interrogatoire
循环系统　système de circulation	汛期　saison de crues; saison des inondations

X

Y

ya

压变模量　module pressiométrique
压差　différence de pression
压差阻力　résistance de pression différentielle
压顶　chaperon; couronnement
压顶圈梁　poutre de couronnement
压断　rupture à la compression
压光　lissure
压辊　rouleau presseur
压花玻璃　verre gravé (imprimé)
压花锚具　coupleur gravé (imprimé)
压浆充填　injection de remplissage
压浆工作　campagne d'injection
压浆固结　injection de consolidation
压浆检查　contrôle d'injection
压浆连接　injection de collage
压溃　cassure de pression
压力　effort (force) de compression (pression); pression
压力泵　pompe foulante
压力比　rapport de pression
压力变化　fluctuation (variation) de pression
压力表　indicateur de pression
压力补偿　compensation de pression
压力补偿方式　mode de compensation de pression
压力不足　manque (insuffisance) de compression (pression)
压力测定　manométrie
压力充填　remplissage sous pression
压力传感器　capteur de pression
压力单位　unité de pression
压力阀　valve de pression
压力分布　distribution (répartition) de pression
压力感应器　senseur de pression
压力拱　arc de pression
压力管　conduite (tube) de pression
压力管道　canalisation sous pression
压力灌浆　injection de coulis sous pression
压力机　presse
压力计　élatéromètre
压力记录仪　enregistreur de pression
压力井　puits de conduite forcée; puits en charge; puits forcé; puits sous pression
压力平衡　équilibrage de pression
压力强度　intensité (résistance, niveau) de pression
压力区　zone de pression
压力曲线　courbe de pression
压力上升　montée de pression
压力试验　épreuve (essai, test) de pression
压力释放　relâchement (libération) de pression
压力输送　transmission de pression
压力水箱　réservoir de compression
压力隧道　tunnel en charge; tunnel sous pression
压力隧洞　souterrain en charge
压力损失　déperdition de pression; perte de charge (compression)
压力条件　condition de pression
压力调节器　régulateur de pression
压力图　diagramme de pression
压力系数　coefficient de pression
压力下降　baisse (chute) de pression
压力线　ligne de pression
压力要求　exigence de pression
压力增大　accroissement de pression
压力值　valeur pressiométrique
压力中心　centre de pression

压力作用　action(effet) de pression
压路机　compacteur;compresseur;rouleau compresseur;rouleau de cylindrage;rouleau presseur;rouleau-compresseur
压路机导轮　roue directrice de cylindre(rouleau)
压路机滚筒　cylindre de rouleau compresseur
压路机滚筒刷　balai de rouleau
压路机后轮　roue arrière du rouleau de cylindrage
压路机前滚筒　rouleau avant
压路机前轮　roue avant de cylindre(rouleau)
压平　aplanissement;aplatissement
压平处理　traitement d'aplanissement
压气爆破　tir pneumatique
压气灌浆　injection à air comprimé
压气掘凿机　excavateur à air comprimé
压气喷射　injection pneumatique;injection sous pression
压气喷射砂浆　mortier à injection sous pression
压气千斤顶　vérin à air comprimé;vérin pneumatique
压气式摊铺　répandage sous pression d'air
压曲模数　module de flambage
压曲长度　longueur de flambage
压入式风机　ventilateur à conduite de refoulement;ventilateur à refoulement;ventilateur foulant
压入式通风　aérage positif;aérage soufflant
压实　compactage;compaction;compressage
压实标准　critère de compactage
压实不足　insuffisance de compactage
压实充填　compactage des remblais
压实度　degré de compactage;état de compression
压实度测定　détermination de degré de compactage
压实度允许值　tolérance de compacité
压实堆石体　enrochements compactés
压实方法　mode(méthode) de compactage
压实厚度　épaisseur compactée
压实混凝土　béton serré
压实机械　machine de compactage
压实基层　base compactée
压实检测　mesure de compactage
压实力　effort de compactage
压实力分布检查　contrôle de répartition de l'effort de compactage
压实率　taux de compactage
压实面积　surface compactée
压实能量值　valeur de l'énergie de compactage
压实强度　intensité(résistance) de compactage(compression)
压实曲线　courbe(courbure) de compactage
压实试验　épreuve(essai,test) de compactage
压实水平　niveau de compression
压实填土　remblai cylindré
压实土体积　volume de sol compacté
压实系数　coefficient de compacité;facteur de compactage
压实质量　qualité de compactage
压碎力　effort(force) d'écrasement
压碎强度　résistance sous pression apicale
压碎试验　essai(test) d'écrasement(fragmentation)
压缩　compression
压缩比　compression volumétrique;rapport(taux) de compression
压缩变形　déformation de pression
压缩波　ondes de compression
压缩车钩　attelage de compression;crochet à air comprimé
压缩成本　compression des coûts
压缩程度　degré de compression
压缩带　zone comprimée
压缩费用　compression des charges
压缩功率　puissance de pression
压缩荷载　charge de compression
压缩机　appareil de compression;compresseur;machine à compression
压缩机房　local de compresseur
压缩机气门　soupape de compresseur d'air
压缩极限　limite de compression
压缩开支　compression des dépenses
压缩空气　air comprimé
压缩空气供给　alimentation en air comprimé
压缩空气管道　canalisation d'air
压缩空气软管　boyau d'air comprimé
压缩空气站　centrale d'air comprimé
压缩空气钻机　perforatrice à air comprimé
压缩力　effort de contraction;force de compression
压缩裂缝　fissure de compression
压缩模数　module de compressibilité(compression)
压缩气体　gaz comprimé

压缩曲线 courbe(courbure) de compression
压缩时间 temps de compression
压缩试验 essai(test) de compression
压缩损失 perte par compression
压缩弹簧 serrage de ressort
压缩弹性 élasticité de compression
压缩投资 compression des investissements
压缩图 graphique de compression
压缩系数 coefficient(facteur) de compressibilité(compression)
压缩线 ligne de compression
压缩压力 pression de serrage
压缩仪试验 test à compression-mètre
压缩应力 contrainte de compression
压缩预算 compression budgétaire
压缩指数 indice de compression
压型门 porte profilée
压应力 contrainte de pression
压油润滑 lubrification forcée
压载物 masse d'alourdissement
压载箱 caisse(coffre) à lest; caisse(coffre) de lestage
压制地沥青块 asphalte comprimé
押运车辆 véhicule convoyé
押运间 cabine d'escorte
押运员 convoyeur
鸭嘴钳 pince à bec mince allongé
牙轮辊 rouleau denté
哑炮 tir défaillant(raté)
亚光漆 peinture mate
亚甲蓝试验 essai(test) au bleu de méthylène; essai(test) au bleu de méthylène
亚甲蓝数值 valeur au bleu de méthylène
亚麻布 toile de lin
亚黏土 argile courte
亚欧铁路 chemin de fer Asie-Europe
亚欧铁路相互连接 interconnexion de chemin de fer Asie-Europe
亚太经合组织 Coopération Economique de la Zone Asie-Pacifique

yan

咽喉 gorge
咽喉区 goulot; région(zone) de gorge(goulot)
咽喉通道 gorge de passage
咽喉通道通过能力 capacité de passage à la gorge
烟雾传感器 capteur(senseur) de fumée
烟雾散发 émanation de fumée
烟雾探测 détection de fumée
烟雾探测器 détecteur de fumée
烟雾探测系统 système de détection de fumées
淹没区 aire d'ennoyage
淹水区 aire de crue
延长 allongement; prolongation; prolongement; prorogation
延长报价有效期 prorogation de validité des offres
延长长度 allongement de longueur
延长到发线 allongement de voie d'arrivée et de départ
延长道岔长度 allongement de longueur d'aiguille
延长电气化线路 allongement de voie électrifiée
延长工期 prolongation de délai d'exécution
延长合同 reconduction de contrat
延长合同有效期 prolongation de validité du contrat
延长交路 allongement d'itinéraire d'acheminement
延长连挂长度 allongement de longueur d'attelage
延长列车编组长度 allongement de longueur de formation de train
延长坡道长度 allongement de longueur de pente
延长曲线段 allongement de voie en courbe
延长隧道长度 allongement de longueur de tunnel
延长限度 limite d'allongement
延长协定 reconduction d'accord
延长运行路线 allongement d'itinéraire de circulation
延长运营线长度 allongement de longueur de ligne exploitée
延长站台长度 allongement de longueur de quai
延长正线长度 allongement de longueur de voie principale
延迟作用 action retardée; action différée
延发爆破 tir à retard
延发控制爆破 tir contrôlé
延发雷管 amorce à intervalle
延米 mètre linéaire
延期 ajournement; délai supplémentaire

延期偿付　moratoire
延期付款利息　intérêt moratoire
延期期限　délai d'ajournement
延期通知　avis de prorogation de délai
延期折旧　amortissement différé
延期支付　paiement retardé
延伸　prolongement
延伸率　pourcentage d'allongement
延伸曲线　courbe d'allongement
延时　retard en temps
延时断路器　interrupteur à action différée
延时继电器　relais temporisé
延时开关　interrupteur à action retardée
延误工期日罚款金额
　　pénalité journalière de retard
延误利息　intérêt de retard
延误时间　temps de rétard
延性　ductilité
严峻时刻　heure grave
严厉措施　mesures drastiques
严重度系数　coefficient d'importance
严重损坏　avarie grave
岩崩　éboulement des roches
岩壁　paroi rocheuse
岩层　banc de roche;banc rocheux;couche rocheuse;strate rocheuse
岩层鉴定　identification de couche rocheuse
岩层掘进　creusement au rocher
岩层露头情况勘查
　　reconnaissance d'affleurements
岩层系构探测
　　reconnaissance de formation rocheuse
岩层钻探　forage en roche
岩床　lit de roche
岩洞　caverne
岩方　masse de roches
岩方爆破　pétardage de roches
岩方工程　dérochement-enrochement
岩方回填　remblais en matériaux rocheux
岩方加固　consolidation des rochers
岩方开挖
　　creusement rocheux;excavation de rocher
岩方区　zone rocheuse
岩方数量　quantité de roche
岩方追加费用　plus-value de terrain rocheux
岩缝　crevasse de rocher
岩滑　glissement de roche
岩基　batholite;fond rocheux
岩浆岩　roche magmatique

岩块　bloc rocheux
岩沥青　asphalte de roche;asphalte naturel
岩料　matériau rocheux
岩棉　laine de roche
岩面锚固　ancrage de parement rocheux
岩溶地貌　relief calcaire
岩溶景观　paysage karstique
岩溶区　zone karstique;région karstique
岩乳　agarice
岩石　roc;roche;rocher
岩石崩塌
　　chute(écroulement,effondrement) de roches
岩石崩塌地点　lieu de chute de roches
岩石崩塌位置
　　position d'écroulement de rocher
岩石边坡
　　talus en terrain rocheux;talus rocheux
岩石标本　échantillon de roche
岩石表层　manteau de roche
岩石层　couche de roche
岩石场地基坑　fouille en terrain rocheux
岩石底层　substratum rocheux
岩石地带　terrain rocheux
岩石地基钻探　forage en terrain rocheux
岩石顶板　couverture rocheuse
岩石洞穴　alvéole
岩石堆　dépôt rocheux
岩石分化　dégradation de rocher
岩石分类　classification de roches
岩石分析　analyse pétrographique
岩石风化　altération de roche;altération superficielle de roches;décomposition de rochers
岩石基础　fondation en roche
岩石开挖　déroctage
岩石块　massif rocheux
岩石类型　nature(type) de roche
岩石路肩　accotement de roche
岩石锚定　boulonnage de roches
岩石锚杆支护　boulonnage de roches
岩石锚固　ancrage de roches
岩石密度　compacité de roche
岩石面　surface rocheuse
岩石破碎机　brise-roche;briseur de roche
岩石蚀变　altération de roche
岩石试验　essai(test) des roches
岩石碎块　fragment de roche
岩石隧道　tunnel au(en) roche
岩石隧洞　galerie au rocher

岩石特性　nature pétrographique; caractère lithologique
岩石特征　caractéristique de roche
岩石填方　remblai rocheux
岩石挖方　déblai de terre rocheux; déblai rocheux; dérochement
岩石挖方区域　zone de déblais rocheux
岩石挖方探测　reconnaissance de déblais rocheux
岩石挖掘机　excavateur à roche
岩石学　lithologie
岩石压力　poussée de roches
岩石硬度　dureté(résistance) de roche
岩石炸药　explosif de roche
岩石坠落警示标志　signe de chute de roche
岩体　roche en masse
岩体结构　structure de roche
岩土　sol rocheux
岩土工程　travaux géotechniques
岩土工程师　géotechnicien
岩土力学　mécanique de sol rocheux
岩屑　débris de rocher; détritus
岩屑崩塌　avalanche de pierres
岩屑锥　cône de débris
岩芯　carotte
岩芯采集器　carotteuse
岩芯采取率　pourcentage de prélèvement
岩芯管　carottier; tube carottier; tube de carottage
岩芯盒　boîte de carottes
岩芯卡片　fiche de carottes
岩芯剖面图　coupe de carotte
岩芯取样　carottage; échantillon de carotte; opération de carottage; prélèvement de l'échantillon carotté
岩芯声测试验　carottage sonique
岩芯试块　éprouvette(essai, test) de carotte
岩芯试样分析　analyse de carotte
岩芯提取器　carottier
岩芯箱　caisse(case) de carottage
岩芯样　échantillon carotté
岩芯照片　photo de carotte
岩芯钻机　sondeuse à carottes
岩芯钻进　forage carottant; forage carotté
岩芯钻进机　foreuse à carottes
岩芯钻探　carottage; sondage carottant(carotté)
岩芯钻探施工　réalisation de sondage carotté
岩芯钻头　arrache-carotte
岩性　caractère lithologique
岩性结构　structure lithologique
岩性资料　données lithologiques
岩性钻探剖面(图)　coupe lithologique de sondage
沿岸公路　route de rivage
沿公路铁路　voie ferrée longeant la route
沿海地区　région(zone) côtière(littorale)
沿海港　port côtier
沿海平原　plaine côtière(littorale)
沿海线　ligne côtière(littorale)
沿海运河　canal côtier
沿河路基　assiette riveraine
沿江地区　région(zone) riveraine
沿途景观　paysage de parcours
沿途零担车　wagon collecteur
沿线建筑限界　gabarit de construction le long de voie
沿线景观绿化　plantation paysagère le long de voie
沿线居民安全　sécurité des riverains
沿线绿化　boisement(reboisement) au long de voie
沿线绿化带　ceinture verte au long de voie
沿线情况调查　enquête auprès des riverains
沿线散放钢轨　étalement de rails au long de voie
沿线散放轨枕　étalement de traverses au long de voie
沿线散放扣件　étalement de pièces attachées au long de voie
沿线设施　installations au long du tracé
研究成果　résultat de recherche
研究范围　domaine de recherche
研究工作　travail de recherche
研究降水量　étude des précipitations
研究阶段　étape de recherche
研究实验室　laboratoire de recherches
研究试验　essai(test) de recherche
研究小组　équipe de recherche
研究中心　centre de recherche
研磨　abrasion
研磨粉　poudre abrasive
研磨料　produit abrasif
研磨装置　équipement(matériel) de broyage
研磨钻孔　perce d'abrasion
盐水　eau salée
盐酸　acide chlorhydrique
盐酸炸药　explosif au chlorate

盐岩 roche saline
盐渍土 sol salin(saumâtre);terre saline
檐槽 gouttière
檐沟 chéneau
檐口 corniche
演变趋势 tendance d'évolution
验槽 vérification de fond de fouille
验讫章 estampille
验收 réception
验收报告 procès-verbal de réception; rapport de réception
验收标准 norme de réception
验收程序 procédure de réception
验收方式 mode de réception
验收公差 tolérance de réception
验收规范 spécifications de la réception
验收检查 contrôle de réception
验收阶段 étape de réception
验收界限 limite de réception
验收期 période de réception
验收试验 épreuve(essai,test)de réception
验收速度 vitesse de réception
验收条件 condition de réception
验收许可 autorisation de réception
验收证书 acte d'agréage;acte(certificat)de réception
验收质量标准 norme de qualité de réception
验收资料 document de réception
验算 calcul de vérification
验证 constatation
堰 digue
堰塞湖 lac de barrage
燕尾接头 assemblage à queue d'aronde

yang

扬尘 émanation(émission)de poussière; poussière volante
扬尘控制 contrôle de poussière
扬尘危害 nuisance de poussière
扬程 hauteur d'élévation
扬声器 haut-parleur
羊角碾 rouleau à pied dameur
羊角起钉钳 pince à enlever les clous
羊蹄压路机滚筒 tambour de rouleau à pieds de mouton
羊足碾 rouleau à pied de mouton
阳光照射作用 action de soleil
阳极角 angle d'anode
阳角 angle positif(saillant)

阳离子乳化沥青 émulsion cationique
阳离子添加剂 additif cationique
仰采(侧台阶)工作面 gradin renversé
仰拱 arc de fondation;arc renversé;contre-voûte;voûte renversée
仰拱基础 radier en voûte renversée
仰拱结构 structure de contre-voûte
仰角 angle d'altitude;angle de cabrage
仰视图 vue de bas en haut;vue de dessous
养护 cure
养护薄膜 membrane de cure
养护标准 norme d'entretien
养护材料 produit de cure
养护产品 produit d'entretien
养护车 véhicule d'entretien
养护程序 procédure de cure
养护定额 quota d'entretien
养护方法 procédé d'entretien
养护费用 prix d'entretien
养护工区 section de maintenance
养护机械 machine d'entretien
养护计划 plan d'entretien
养护计划更新 actualisation de plan d'entretien
养护技术 technique d'entretien
养护检查 visite d'entretien
养护期 période de cure
养护设备 équipement d'entretien
养护室 chambre de cure
养护条件 condition de conservation
养护温度 température de cure
养护用水 eau de conservation
养护指南 guide d'entretien
养护质量 qualité d'entretien
养护周期 cycle d'entretien(cure)
养护作业 campagne(opération)d'entretien
养老保险 assurance vieillesse
养路安全 sécurité d'entretien de voie
养路段 division d'entretien
养路工班 brigade de cantonniers
养路工区 canton de maintenance de voie; division d'entretien;section de maintenance de voie;service d'entretien de la voie
养路工人 cantonnier
养路机械化 mécanisation pour entretien de voie
养路小车 lori
养路用平地机 auto-patrol
养路组织 organisation d'entretien de voie

氧化反应　réaction d'oxydation
氧化剂　agent oxydant；produit oxydant
氧化沥青　asphalte oxydé
氧化铝　alumine
氧化速度　vitesse d'oxydation
氧化铁　oxyde de fer
氧化物　oxyde
氧化锌　oxyde de zinc
氧化作用　action oxydante
氧气切割　oxycoupage
氧气压力表　manomètre à oxygène
氧气站　station d'oxygène
样板　calibre de forme；gabarit
样板工程　travaux modèles
样板路段　section de modèle；section exemplaire
样本　échantillon；spécimen
样件　pièce d'épreuve
样品　modèle
样品存放　stockage des échantillons
样品目录　catalogue d'échantillons
样品运输　transport des échantillons

yao

腰箍　chaînage général
腰坡线　ligne de berge
腰坡整修　reprofilage de risberme
邀请函　lettre d'invitation
摇摆式拌和机　mélangeur oscillatoire
摇摆振动　vibration basculante
摇表（兆欧表）　méga-ohmmètre
摇动筛　crible à bascule
摇动台结构　structure de plateforme danseuse
摇动台装置　organe de plateforme danseuse
摇篮形操作台　berceau de manutention
摇头运动　mouvement de balance de tête
摇枕　organe de suspension centrale de bogie；traverse danseuse
摇枕吊杆　pendule de traverse danseuse
摇枕吊销　pivot suspendu de traverse danseuse
摇枕吊轴　essieu suspendu de traverse danseuse
摇枕吊座　logement de suspension de traverse danseuse
摇枕减振器　amortissement central；amortisseur de support central du bogie；amortisseur de traverse danseuse；ressort de traverse danseuse
摇枕弹簧减振器　amortisseur de traverse du bogie
摇枕弹簧装置　organe à ressort de traverse centrale；organe à ressort de traverse danseuse de bogie
摇枕悬挂　suspension de traverse danseuse
摇枕转向架　bogie de type balance
遥测　télémesure；mesure à distance
遥控　commande（contrôle，manœuvre）à distance；télécommande；téléguidage
遥控操纵杆　joystick de contrôle à distance
遥控方式　mode de commande à distance
遥控技术　technique de commande à distance
遥控栏木　barrière commandée à distance
遥控设备　équipement de commande（contrôle）à distance
遥控仪器　appareil de télécommande
遥信分区　canton surveillé à distance
药物溶液　solution pharmaceutique
要道制度　système de demande d'itinéraire
要价　prix demandé
要求参加　demande de participation
要求精度　précision requise
要求赔偿　demande d'indemnité
要求条件　condition requise
要求停车　demande d'arrêt du train
要求外汇类型　type de devise demandée
要素　élément
钥匙路签　bâton pilote à clé
钥匙路签器　coffre de bâton pilote à clé

ye

冶金产品　produit sidérurgique
野外测量　levé direct sur terrain
野外调查　enquête de terrain
野外工作　travail sur terrain
业务电话　téléphone de service
业务范围　champ（domaine，sphère）d'activité
业务负责人　responsable de l'affaire
业务管理　gestion des activités
业务活动　activité professionnelle
业务结构示意图　organigramme de l'affaire
业务类型　type d'activités

业主　maître d'ouvrage
业主答疑文件　réponse d'éclaircissement du maître d'ouvrage
业主代表　délégué(représentant) de maître d'ouvrage
业主地址　adresse de maître d'ouvrage
业主对工程质量的评价　appréciation du maître d'ouvrage sur la qualité d'exécution
业主风险　risque du maître de l'ouvrage
业主监理办公室　bureau de contrôle；bureau de contrôle et de suivi
业主批准　agrément de maître d'ouvrage
业主强制要求　énoncé des exigences du maître de l'ouvrage
业主人员　personnel du maître de l'ouvrage
业主设备　équipement du maître de l'ouvrage
业主要求　exigence de maître de l'ouvrage
业主义务　obligations de maître d'ouvrage
业主证明　attestation de maître d'ouvrage
业主指令　instruction du maître de l'ouvrage
叶轮　roue à palettes
叶片式搅拌机　agitateur à ailettes
叶式交叉　croisement(intersection) en feuille de trèfle
页岩　argile feuilletée；schiste
页岩柏油　goudron de schiste
页岩沥青　bitume shell
页岩黏土　argile argilite
夜班　équipe(poste) de nuit
夜班补助　allocation de nuit
夜间行驶　circulation nocturne；conduite de nuit
夜间交通　trafic de nuit；trafic nocturne
夜间列车　train de nuit
夜间施工　exécution(travail) nocturne；travail de nuit
夜间信号　signal de nuit
夜间信号设施　signalisation nocturne
夜间巡逻　ronde de nuit；roulage nocturne
夜间照明　éclairage nocturne
液道　passage de fluide
液罐车　auto-citerne
液罐卡车　camion-citerne
液化　liquéfaction
液化气体铁路罐车　wagon-citerne à gaz liquéfié
液化气体铁路罐车密封性　étanchéité de wagon-citerne à gaz liquéfié
液化气体铁路罐车容积检定规程　règlements de vérification du volume de wagon-citerne à gaz liquéfié
液化系数　coefficient de liquidité
液晶电视　écran à cristaux liquides
液力　force hydraulique
液力传动内燃机车　locomotive diesel à transmission hydraulique
液面　niveau liquide
液面控制　contrôle de niveau liquide
液态　état liquide
液态柏油　goudron fluide
液态沥青　asphalte liquide
液体　fluide；liquide；substance liquide
液体比重测定　mesure hydrométrique
液体比重分析　analyse aréométrique
液体储罐　réservoir liquide
液体罐车　véhicule-citerne pour liquides
液体货物　marchandise liquide
液体垃圾　déchets liquides
液体垃圾清理　purge de déchets liquides
液体垃圾收集　collecte des déchets liquides
液体沥青　bitume fluidifié(fluxé，liquide)
液体流动性　fluidité de liquide
液体黏度　viscosité de liquide
液体排放治理　traitement des effluents
液体燃料　combustible liquide
液体水泥砂浆　mortier de ciment liquide
液体运输　transport de liquide
液体炸药　explosif liquide
液位　niveau liquide
液位显示装置　dispositif d'indication du niveau de liquide
液限　limite de liquidité；limite liquide
液性指数　indice de liquidité
液压　pression hydraulique
液压扳手　clé hydraulique
液压操作　opération hydraulique
液压侧铲推土机　angledozer hydraulique
液压铲　pelle hydraulique
液压衬砌台车　jumbo hydraulique pour revêtement
液压传动　transmission hydraulique
液压锤　marteau hydraulique
液压捣固车　bourreuse hydraulique
液压盾构机　bouclier hydraulique

液压钢筋弯折机　cintreuse hydraulique
液压机　presse hydraulique
液压减振器　amortisseur hydraulique
液压减振装置
　　dispositif amortisseur hydraulique
液压控制　contrôle hydraulique
液压联轴节　accouplement hydraulique
液压旁承　lissoir hydraulique
液压破碎锤　brise-roche hydraulique
液压破碎机　broyeur hydraulique
液压千斤顶　cric(vérin)hydraulique
液压驱动　entraînement hydraulique
液压上升　montée de pression hydraulique
液压设备　équipement hydraulique
液压升高　élévation de pression hydraulique
液压升降台　pont élévateur hydraulique
液压试验　épreuve(essai,test)hydraulique
液压推土机　bulldozer hydraulique
液压挖掘机
　　excavateur hydraulique;hydropelle
液压挖土机　pelle à commande hydraulique
液压系统　système hydraulique
液压蓄力器　accumulateur hydraulique
液压旋转凿岩台车
　　jumbo de perforation rotative hydraulique
液压凿岩机　perforateur hydraulique
液压支护　soutènement hydraulique
液压制动　freinage hydraulique
液压制动器　frein hydraulique
液压转辙机　appareil d'aiguille hydraulique
液压装载机　chargeur(chargeuse)hydraulique
液压装置　dispositif hydraulique
液压钻进　perforation hydraulique
液压钻孔　forage hydraulique;
　　forage par pression hydraulique
液压钻孔台车　jumbo hydraulique

yi

一、二类土界定试验　essai(test)de rippabilité
一般管理条款　clause administrative générale
一般规定　prescriptions générales
一般和特殊细则　Cahier des Prescriptions
　　Générales et Spéciales(CPGS)
一般环境　environnement général
一般机车交路　itinéraire d'acheminement
　　ordinaire de locomotive
一般跨度　travée courante
一般路基　plateforme médiocre(ordinaire)
一般黏土　argile commune

一般土质　sol moyen
一般要求　exigence générale
一般最小半径　rayon minimum ordinaire
一车皮　wagonnée
一次爆破　sautage(tir)primaire
一等车厢　voiture de première classe
一等客车　voiture à voyageurs de 1ère classe
一等座椅车　voiture à sièges de 1ère classe
一贯工作　travail de routine
一号位车端　bout No1 de wagon
一级处理　traitement primaire
一级公路(宽大于10.5m)
　　route de très bonne viabilité;route de
　　première classe
一级铁路　chemin de fer de 1ère classe
一级维护作业
　　opération de maintenance de niveau 1
一览表　tableau synoptique
一体构架转向架　bogie à châssis monobloc
一体化　intégration
一体化措施建议
　　proposition de mesures d'intégration
一体化动力试验
　　essai(test)dynamique d'intégration
一体化控制盒　boîte de contrôle intégral
一体化趋势　tendance de l'intégration
一体式扶梯　échelle intégrée
一系弹簧悬挂　suspension à ressort primaire
一线维护
　　entretien en ligne;entretien sur place
一氧化碳　monoxyde de carbone
一氧化碳探测仪
　　détecteur de l'oxyde de carbone
一站式服务　service à guichet unique
一致性　conformité;uniformité
一组列车总组挂数量　parc global de rames
医疗废弃物污染
　　pollution des résidus médicaux
仪表盘　panneau de bord;tableau d'appareil;
　　tableau de bord
仪器　appareil;instrument
仪器保养　entretien des appareils
仪器标定　étalonnage des appareils
仪器校准　réglage(étalonnage)de l'appareil
仪器校准工作
　　opération d'étalonnage des appareils
仪器精密度　précision de l'appareil
仪器可靠性　fiabilité de l'appareil
仪器刻度　gamme(graduation)de l'appareil

仪器质量　qualité de l'appareil
移车塔　transbordeur
移车台　plateforme de transbordement；
　　　plateforme roulante；transbordeur
移出(区段)轮轴　essieux sortants
移动电焊机　machine à souder mobile
移动发电机组　groupe électrogène mobile
移动幅度　marge de déplacement
移动控制　contrôle de déplacement
移动式吊车　grue mobile
移动式分隔栏　barrière mobile
移动式拱架　cintre roulant
移动式脚手架　échafaud roulant à coulisse；
　　　échafaudage mobile
移动式料仓　silo ambulant(transportable)
移动式破碎机　concasseur à percussion
移动式千斤顶　cric(vérin) mobile
移动式钻探机　sondeuse type mobile
移动速度　vitesse de déplacement
移动锁定　verrouillage de déplacement
移动台车　chariot mobile
移动通信系统
　　　système de communication mobile
移动位置　position de déplacement
移动信号　signal mobile
移动硬盘　disque mobile
移动硬盘存储器　mémoire de disque mobile
移动站　station mobile
移动照明灯　lampe mobile
移动支架　appui mobile
移动支架式架梁
　　　pose sur châssis mobile de poutres du pont
移动终端　terminal mobile
移动状态　état de déplacement
移交　passation
移交方式　mode de remise(transfert)
移交计划　planning de transfert
移交文件　document de transfert
移梁存放　déplacement et dépôt des poutres
移民局　administration d'immigration
移位　translation
移位测量　mesure de déplacement
移位场　champ de déplacement
移位观测　observation de déplacement
移位图　diagramme de déplacement
移位现象　phénomène de déplacement
移植　transplantation
遗产　patrimoine
遗产保护区　site patrimonial

乙方　cocontractant
乙方错误　défaut de service cocontractant
乙方代表　représentant de cocontractant
乙方负责检查
　　　contrôle à la charge de l'entrepreneur
乙方过失　défaut de service cocontractant
乙炔　acétylène；éthyne
乙炔压力表　manomètre d'acétylène
乙炔站　station d'acétylène
乙酸　acide acétique
已创建进路　itinéraire établi
已勘探面积　aire explorée
已凝固混凝土表面剥离试验　essai(test)
　　　d'écaillage des surfaces de béton durci
已铺路面道路　route revêtue
已完工程　travaux réalisés
已完工程防护
　　　protection de l'ouvrage exécuté
已完工程金额　montant de travaux réalisés
已完工程量表
　　　relevé de quantité de travaux effectués
已完工程水准测量
　　　nivellement de l'ouvrage terminé
已完工工程文件
　　　document des ouvrages exécutés
已完工作内容　prestations réalisées
已占用车道　voie occupée
已占用道岔　aiguille occupée
已知点　point connu
已知坐标　coordonnées(ordonnées) connues
以大写金额为准　montant en lettres fera foi
以单价为准　prix unitaire fera foi
以厘米计尺寸　dimension en centimètre
以米/小时计算的平均行驶速度　vitesse
　　　moyenne d'avancement en mètre/heure
以太网　ethernet；réseau Ethernet
以挖作填　déblai mis en remblai
以挖作填工程
　　　terrassement de déblais-remblais
以挖作填施工　exécution de déblai-remblai
椅子扶手　accoudoir
义务　engagement；obligation
义务劳动　travail bénévole
议标　gré à gré；appel d'offres gré à gré
议标程序
　　　procédure de négociation gré à gré
议标缔约方式　mode de passation gré à gré
议标合同　contrat(marché) gré à gré
议标价　prix gré à gré

议定价格　prix convenu
议定书　protocole
异步电动机　moteur asynchrone
异步电机机车
　　locomotive à moteur asynchrone
异步控制系统
　　système de contrôle asynchrone
异常断层　faille anormale
异常情况　situation anormale
异常现象　phénomène anormal
异侧复式道岔　aiguille double bilatérale;
　　aiguille double de deux côtés
异径管　manchon conique
异频单工　simplex de fréquence différente
异响　bruit anormal
异形螺母　écrou à forme spéciale
异型轨　rail hétéroclite
异型接头　joint spécial
易爆品　marchandise explosive
易爆品运输
　　transport des marchandises explosives
易爆岩石　roche facile à sauter
易采岩石　roche facile à exploiter
易腐货物　marchandise périssable
易货贸易　commerce par échanges
易破碎岩石　roche facile à briser
易燃材料　matériau inflammable
易燃货物　marchandise inflammable
易燃货物运输
　　transport des marchandises inflammables
易燃品　produit inflammable
易燃品库　entrepôt des matières inflammables
易燃物　substance inflammable
易燃液体　liquide inflammable
易受冲刷场地　terrain affouillable
易碎方解石　calcite friable
易碎货物　marchandise fragile
易碎货物运输
　　transport des marchandises fragiles
易碎性　friabilité
易碎性系数　coefficient de friabilité
易碎岩体　roche friable
易损件　pièce d'usure;pièce fragile
易轧岩石　roche facile à concasser
易钻岩石　roche facile à forer
意外拆卸　démontage accidentel
意外车祸险　assurance accidents causés par
　　les véhicules automobiles
意外风险　risque imprévu

意外工伤险
　　assurance contre les accidents de travail
意外故障　avarie accidentelle
意外开启　ouverture accidentelle
意外伤害险　assurance contre les accidents
意外事故　accident imprévu
意外事件　cas imprévisible;cas imprévu
意外准备金　fonds de prévoyance
溢出　écoulement
溢出面　nappe déversante
溢洪坝　digue de crête à sauter
溢洪道　déversoir;passe déversoir
溢流坝　barrage à trop-plein
溢流管　conduite de trop-plein
溢流口　déversoir;trop-plein
溢流式重力坝　barrage-poids déversoir
溢流堰
　　seuil de débordement;seuil de trop-plein
溢水坝　barrage-déversoir
溢水道　canal de fuite
溢水沟　canal trop-plein
翼板　aile
翼轨　rail d'aile
翼墙　aile de mur;mur en aile;mur en retour
　　d'équerre
翼形螺母　écrou à forme papillon
翼形桥台　aboutement(culée)à l'aile;
　　aboutement de mur en aile
翼缘宽度　largeur d'aile

yin

因粗心造成的小数点错误
　　erreur grossière de virgule
因施工线路封闭
　　blocage de voie pour exécution
因事故停车　arrêt accidentel
因素　facteur
因脱轨造成列车倾覆　renversement de train à
　　cause du déraillement
因维护线路封闭
　　blocage de voie pour entretien
阴沟　égout
阴沟箅子盖板　grille d'égout
阴沟集水孔　bouche d'égout;bouche-avaloir
阴沟检查孔　regard d'égout
阴沟口　bétoire
阴角　angle négatif;angle rentrant
音量放大　amplification de son
音量调节　réglage de volume

音频　fréquence audible
音速　vitesse sonique
音响报警器　alarme sonore
音响和视觉信号　signalisation sonore et visuelle
音响系统　système de sonorisation
音响信号　signal acoustique
音响子系统　sous-système de sonorisation
音障　mur sonique
音质检查　contrôle acoustique
银行代码　code de banque
银行担保　caution bancaire
银行担保　garantie bancaire
银行短期贷款利率　taux d'intérêt bancaire de crédits à court terme
银行对账单　extrait de compte; relevé de compte
银行借贷　prêt bancaire
银行开户　ouverture de compte bancaire
银行牌价　cote de la banque
银行手续费　commission de banque
银行贴现　escompte bancaire
银行信贷　crédit bancaire
银行账户　compte bancaire
银行证明　attestation bancaire
银行支票　chèque bancaire
银行转账　virement bancaire
银团　consortium de banques
引导　guidage; pilote
引导参数　paramètre directeur
引导方式　mode de guidage
引导方向　direction de guidage
引导牌　plaque de guidage
引导信号　signal de direction; signal pilote
引导桩　pilote-pieu
引道　approche; chemin d'accès
引道标志　signe d'approche
引道长度　longueur d'approche
引道尽头　fin d'approche
引道开挖　creusement d'approche
引道路肩　accotement d'approche
引道挖方　creusement d'approche
引进　introduction
引进先进技术　introduction de techniques avancées
引力定律　loi de l'attraction
引力范围　gravisphère
引力区域　gravisphère
引坡　rampe d'approche

引桥　approche de pont; pont d'accès; pont d'approche
引渠　canal d'accès
引燃管式机车　locomotive à ignitron
引入车道　ligne d'accès
引入电缆　câble d'amenée
引入口检查井　chambre de tirage à l'entrée
引入线　fil d'amenée; ligne amenée
引入资金　introduction de fonds
引水　adduction d'eau
引水沟　fossé d'arrivée d'eau
引水管　canalisation d'adduction d'eau; tuyau d'amenée d'eau
引水桥　pont-aqueduc; pont-canal
引水区　zone de captage d'eau
引水渠　aqueduc; canal adducteur; canal d'amenée d'eau
引水隧道　tunnel d'amenée d'eau
引水隧洞　tunnel de prise d'eau
引水堰　digue de dérivation
引线　amorce; ligne d'approche
引用标准　norme citée
饮水喷头　fontaine d'eau potable
饮用水　eau buvable; eau potable
饮用水处理　traitement des eaux potables
饮用水供应　alimentation en eau potable
饮用水源　source d'eau potable
饮用水质量　qualité de l'eau potable
隐蔽部分　partie couverte
隐蔽工程　construction cachée; ouvrage caché (couvert, dissimulé, enterré); travaux cachés (couverts, enterrés)
隐蔽工程验收　réception des ouvrages cachés (dissimulés, couverts, enterrés); réception des travaux cachés (dissimulés, couverts, enterrés)
隐蔽管网　réseau caché
隐蔽缺陷　défaut caché
隐蔽装置　installations dissimulées
印花税　droit de timbre
印刷电路　circuit imprimé
印章　cachet

ying

应力　contrainte; effort
应力比　rapport de contrainte
应力测量　mesure de contraintes
应力场　champ de contraintes
应力传递　transmission de contrainte

应力范围　gamme d'effort(contrainte)
应力放散　libération de contrainte
应力分布
　　distribution(répartition) de contraintes
应力分解　résolution de contrainte
应力分析　analyse de contrainte
应力极限　limite d'effort(contrainte)
应力计算　calcul des efforts(contraintes)
应力流　flux de contraintes
应力模量　module de contraintes
应力强度　résistance aux efforts
应力曲线　courbe(courbure) de contraintes
应力释放
　　relâchement(libération) de contrainte
应力图　diagramme des efforts(contraintes);
　　graphique de contraintes
应力系数　coefficient d'efforts(contraintes)
应力系统　système de contrainte
应力下降　abaissement de l'effort
应力线　ligne de contraintes
应力—应变曲线
　　courbe de contrainte-déformation
应力增大　accumulation de contrainte
英标钢轨　rail standard britannique
英寸　pouce
英国式道岔　aiguille anglaise
英国式浮桥　pont de tonneaux à l'anglaise
英国式隧道支撑法　boisage anglais
英吉利海峡海底隧道　tunnel sous la Manche
英里　mile
迎风河岸　rive du vent
迎面辙尖　aiguille en pointe
迎面辙尖定向
　　orientation de l'aiguille en pointe
迎辙岔尖　pointe de croisement
荧光磁粉探伤机　détecteur à fluorescence de
　　la poudre magnétique
荧光灯　lampe fluorescente
荧光灯管　tube fluorescent
盈亏相抵
　　compensation entre les gains et les pertes
盈亏账　compte des résultats
营地　base-vie
营地安置计划
　　planning de mise en place de base-vie
营地安置时间
　　temps d'installation de base-vie
营地板房　baraquement de base-vie
营地分布　répartition de bases-vie

营地分区　zonation de base-vie
营地探照灯　projecteur de base-vie
营地位置　position de base-vie
营地整洁　propreté de base-vie
营业地址　domicile commercial
营业额　chiffre d'affaires
营业税
　　impôt(taxe) sur le chiffre d'affaires
营业厅　hall d'exploitation
营业证书　licence d'entreprise
营业执照　patente
营业执照登记
　　immatriculation au registre du commerce
营帐　guitoune
赢利活动　activité lucrative
赢利项目　projet rentable
影线　hachure
影响　impact;influence;répercussion
影响半径　rayon d'influence
影响地区　zone d'influence
影响范围　domaine d'influence;portée
　　d'impact;sphère d'influence
影响环境因素评估
　　évaluation des effets sur l'environnement
影响面　surface d'influence
影响面积　aire d'influence
影响系数　coefficient d'influence
影响线纵坐标
　　ordonnée(coordonnée) de ligne d'influence
影响因素　facteur d'influence
应变分解　résolution de déformation
应变图　graphique de déformation
应答鸣笛　sirène de réponse de l'appel
应答器　répondeur;transpondeur
应答器地面电子单元　LEU de répondeur;
　　unité électronique du sol de répondeur
应急柴油发电机组
　　groupe électrogène diesel de secours
应急出口　sortie de secours
应急发电机　génératrice de secours
应急方案　solution d'urgence
应急服务的通信
　　communication pour les services de secours
应急贯通巷道
　　galerie de jonction d'urgence
应急呼叫系统　système d'appel de secours
应急计划　plan d'urgence
应急模式　mode d'urgence
应急入口　accès de secours

应急通信　communication de secours
应急系统　système de secours
应急照明　éclairage de secours
应用标准　norme d'application
应用标准检查
　　contrôle de norme d'application
应用范围
　　champ d'application;gamme d'utilisation
应用合同　marché d'application
应用设备　équipement d'application
应用应力　contrainte appliquée
应用指标　indice d'application
硬地沥青
　　asphalte dur;bitume asphaltique dur
硬度　dureté
硬度测量　mesure de dureté
硬度试验　essai(test) de dureté
硬度提高　accroissement de dureté
硬度系数　coefficient de dureté
硬度值　valeur de dureté
硬度指数　indice de dureté
硬钢　acier dur
硬横跨　portique rigide
硬化　durcissement;endurcissement
硬化剂　agent durcissant
硬化阶段　phase de durcissement
硬化时间　durée de durcissement
硬化水泥　ciment solide
硬结层　forme durcie
硬金属　métal dur
硬沥青　bitume dur(solide)
硬沥青涂料　enrobage au bitume dur
硬路基　assiette dure(forte);plateforme dure
硬路肩　accotement(épaulement) dur
硬路面　revêtement dur
硬路面公路　route à revêtement dur
硬木　bois de fer
硬泥　vase dure
硬黏土　argile durcie(dure,raide)
硬盘　disque dur
硬盘存储器　mémoire de disque dur
硬石灰岩　calcaire dur
硬水　eau dure
硬土　sol dur
硬土填方　remblai dur
硬卧车　wagon-lits dur
硬岩碎石道砟
　　ballast de pierres cassées en roche dure
硬质材料　matériau dur
硬质合金　alliage dur
硬质聚氯乙烯管道
　　tuyau en polychlorure de vinyle rigide
硬质纤维板
　　plaque rigide en fibres de bois comprimées
硬质岩石　roche dure
硬质黏土　argile à silex;argile solide
硬座车
　　voiture à sièges durs;wagon à banquettes

yong

佣金　commission;commission de l'intermédiaire
拥堵地区　région embouteillée
拥挤地区　région engorgée
壅水水位　plan accumulé;niveau de retenue
永磁电机　moteur à magnétisme permanent
永磁同步电机　moteur électrique synchrone à aimant permanent;moteur synchrone à aimant permanent;moteur synchrone à magnétisme permanent
永磁直流电机　moteur à courant continu à magnétisme permanent
永久保留　réservation permanente
永久变形　déformation éternelle(permanente)
永久沉降　abaissement permanent
永久衬砌　revêtement permanent
永久堆放场地　aire de dépôt définitif
永久改道　déviation définitive
永久荷载
　　charge constante;charge permanente
永久基准点　repère permanent
永久建筑　ouvrage définitif
永久进口　importation permanente
永久锚杆　tirant d'ancrage permanent
永久挠度　flèche permanente
永久线性变化　variation linéaire permanente
永久性工程　travaux permanents
永久性含水区　zone à eau permanente
永久性挖方　déblai permanent
永久占用　occupation définitive
永久张力　tension permanente
永久支护　soutènement(support) permanent
永久支架　soutènement définitif
永久支座　appui permanent
永久资产　actif permanent
永久作用　action permanente
涌入　afflux
涌水　jaillissement d'eau

用餐工间休息　pause-repas
用钉加固　clouage
用粉笔标记　marque à la craie
用腐殖土铺盖　revêtement en terre végétale
用腐殖土铺盖边坡
　　revêtement de talus en terre végétale
用高压水枪清洗　nettoyage au jet hydraulique à très haute pression
用户接口　interface d'usagers
用户使用费　coût aux usagers
用化学溶剂清除标志线　effacement de marquage par solvant chimique
用集装箱运输　containérisation
用沥青料填充　remplissage en asphalte
用量　quantité utilisée
用料数量
　　quantité de matériaux à mettre en œuvre
用木楔楔住　calage en bois
用喷丸方式清除标志线
　　effacement de marquage par grenaillage
用砂浆填充　remplissage au mortier
用石灰处理　traitement à la chaux
用石灰改良土壤
　　amélioration de sol à la chaux
用水量　dosage en eau
用水泥处理　traitement au ciment
用弹胶沥青料填充
　　remplissage en bitume élastomère
用涂料进行防水处理
　　imperméabilisation par enduit
用钻头钻探　sondage au foret

you

优化　optimisation
优化参数　paramètre optimal
优化处理　traitement optimal
优化方案　variante
优化方案建议书
　　proposition de variante optimale
优化阶段　étape d'optimisation
优化控制　contrôle optimal
优化设计　conception(étude) d'optimisation
优化线路走向　optimisation de tracé de voies
优化原则　principe d'optimisation
优惠　bonification
优惠贷款　prêt préférentiel
优惠待遇　traitement préférentiel
优惠幅度
　　marge de préférence;marge préférentielle
优惠借贷　prêt concessionnel
优惠条件　condition avantageuse
优惠制　régime de faveur
优先　préférence
优先车道　voie à priorité de circulation; voie préférentielle
优先程序　programme de priorité
优先放行　mise en circulation prioritaire
优先进路　itinéraire prioritaire
优先控制　contrôle prioritaire
优先区域　zone prioritaire
优先权　priorité;privilège
优先权确定　définition des priorités
优先使用　préférence d'emploi;utilisation préférentielle
优先使用权　priorité d'utilisation
优先使用挖方材料　utilisation préférentielle de matériaux issus des déblais
优先顺序　ordre de priorité
优先项目　projet prioritaire
优先项目清单　liste de projets prioritaires
优先信号　signal de priorité
优先选择　préférence de choix
优质材料　matériau de qualité
优质产品　produit de qualité
优质钢
　　acier de qualité supérieure;acier raffiné
优质集料　agrégat de qualité
优质碳素钢
　　acier à carbone de haute qualité
优质碳素结构钢
　　acier structurel au carbon de haute qualité
邮包　sac de paquets-poste
邮车　voiture postale;wagon-poste
邮戳　cachet de poste
邮政编码　code postal
邮政地址　adresse postale
邮政列车　train-poste
邮政支票　chèque postal
油泵　pompe à huile
油表　jaugeur de combustible
油槽　rainure de graissage
油层　gisement d'huile
油灯　lampe à huile
油管　canalisation d'huile
油罐　citerne;réservoir à l'huile;tank de carburant
油罐车　camion-citerne;pneu-citerne
油罐拖车　remorque-citerne

Y

油环抛油润滑　lubrification par bague
油灰　mastic；plastic
油灰沥青　asphalte mastic
油基清漆　vernis à l'huile
油价波动　fluctuation de prix de pétrole
油井　puits de pétrole；puits pétrolière
油库　entrepôt à combustible liquide；
　　réservoir à l'huile；réservoir d'hydrocarbure；
　　soute à combustibles liquides
油码头　quai à pétrole
油母页岩　pierre d'asphalte
油漆层　couche de peinture
油漆车间　atelier de peinture
油漆工程　travaux de peinture
油漆黏着力　adhérence de peinture
油漆质量　qualité de peinture
油溶性涂料　peinture à l'essence
油筛　filtre à huile
油石　pierre à huile
油水分离　ségrégation de l'huile et de l'eau
油水分离池　bassin de déshuilage
油水分离装置　séparateur de hydrocarbures
油田　champ de pétrole；champ pétrolifère
油温　température de l'huile
油温感应器
　　senseur de température de l'huile
油温冷却盘管
　　serpentin de refroidissement d'huile
油温盘管冷却器
　　refroidisseur d'huile à serpentins
油温升高　élévation de température de l'huile
油温下降
　　abaissement de température de l'huile
油箱　boîte à huile
油箱容积　capacité de réservoir de carburant
油性黏土　argile onctueuse
油压　pression de l'huile
油压减振器　amortisseur à huile
油压千斤顶　vérin d'huile
油压上升　montée de pression de l'huile
油压升高　élévation de pression de l'huile
油页岩　schiste bitumineux
油毡　chape souple hydrofuge；feutre bitumé
　　（bitumineux）
油毡防水　chape souple
油毡防水层　couche étanche en feutre bitumé
油站加油工　pompiste
油脂　graisse；matière grasse
游标尺　vernier；échelle à vernier

游标卡尺　calibre vernier
游间　jeu de mouvement
游览车　voiture d'excursion
游览列车　train d'excursion
游离石灰含量　teneur en chaux libre
游离电流　courant vagabond
游离水　eau gravifique；eau libre
游艇　yacht
友好协商解决　solution à l'amiable
有步骤工作　travail systématique
有插柱货车　wagon à ranchers
有偿获得　acquisition à titre onéreux
有担保信贷　crédit cautionné
有毒弃物　déchets toxiques
有毒弃物清理　purge de déchets toxiques
有毒弃物收集　collecte des déchets toxiques
有分车带公路　route séparée
有缝轨道　voie avec joints de rail
有缝线路　voie éclissée
有盖板地沟　caniveau avec couverture
有盖货车　wagon à couvercle；wagon couvert
有功电流　courant watté
有关部门　organisme intéressé
有关当局　autorité intéressée
有害材料　matériau nocif
有害沉降　tassement détrimental
有害反应　réaction nuisible
有害空间　espace nuisible
有害垃圾　déchets dangereux
有害气体　gaz nocif（nuisible）
有害物质　substance nuisible
有害作用　action nocive；effet nuisible
有机玻璃　plexiglas；verre organique
有机材料　matériau organique
有机涂层　revêtement organique
有机土　argile organique；sol humifié
　　（organique）；terre organique
有机物　substance（matière）organique
有机物质含量
　　teneur en matières organiques
有交通指挥道路
　　route à circulation réglementée
有棱角集料　agrégat angulaire
有利时期　période favorable
有棚车站　gare à abri couvert
有棚站台　quai couvert
有篷载重汽车　camion bâché
有缺陷工程
　　ouvrage défectueux；travaux viciés

有色玻璃　glace colorée(teintée);verre coloré(teinté)
有色混凝土　béton coloré
有色金属　métal non-ferreux
有色黏土　argile colorée
有刷直流电机　moteur à courant continu avec brosse
有条件承诺　engagement conditionnel
有条件承运　admission au transport sous certaines conditions
有息贷款　prêt à intérêt
有限拍卖　adjudication restreinte
有限责任　responsabilité limitée
有限招标　adjudication restreinte;appel d'offres limité(restreint)
有线电视　télédistribution;télévision par câbles
有效　validation
有效半径　rayon effectif(utile)
有效参数　paramètre effectif
有效长度　longueur effective(utile)
有效尺寸　dimension effective
有效措施　mesures efficaces
有效担保　garantie effective
有效电压　tension effective(efficace)
有效范围　domaine de validité
有效防护　protection effective
有效负载　charge utile
有效高度　hauteur effective(efficace,utile)
有效功率　puissance active(effective,utile)
有效合同　contrat valide
有效荷载　charge active;charge disponible
有效降雨　pluie efficace
有效截面　section active(effective,efficace,utile)
有效截止期　expiration de validité
有效跨度　portée utile(effective,efficace)
有效宽度　largeur effective(efficace,utile)
有效宽度不足　insuffisance de largeur effective
有效密度　densité efficace
有效面积　aire effective;surface active(effective,utile)
有效期　délai(durée,période) de validité
有效强度　intensité efficace
有效容积　volume effectif
有效容量　capacité effective
有效深度　profondeur effective
有效时间　temps effectif(efficace,utile)

有效收据　quittance valable
有效速度　vitesse efficace
有效推力　poussée utile
有效系数　coefficient d'efficience
有效性　validité
有效性争议　contestation de la validité
有效压力　pression effective
有效应力　contrainte effective
有效预应力　précontrainte effective
有效值　valeur effective
有效重量　poids utile
有效阻力　résistance effective(efficace,utile)
有形界面　interface physique
有形资产　actif corporel(matériel);biens corporels
有用功　travail utile
有约束力文件　acte contraignant
有闸门引水渠　aqueduc à vanne
有砟轨道　voie ballastée;voie de rails ballastée
有砟轨道结构　structure de voie ballastée
有砟轨道路基设计　conception d'assise de voie ferrée avec ballast;étude de l'assise de voie ballastée
有栅栏平交道口　passage à niveau avec barrières
右岸　rive droite
右侧行驶　marche à droite
右侧路缘带　bande de bordure droite
右洞　tunnel droit
右拐弯　virage à droite
右护坡梯台　risberme de talus droit
右开道岔　aiguille à ouverture droite;branchement à déviation à droite;branchement à droite
右路缘带　bande de droite
右隧道　tunnel droit
诱导灯　lampe de guidage
釉面砖　brique émaillée(vernissée)

yu

迂回道路　route indirecte
迂回进路　itinéraire détourné
迂回坑道　galerie de contournement
迂回路径　itinéraire de contournement
迂回线　ligne(voie) de contournement;ligne(voie) détournée
迂回运输　transport contournable
淤积　alluvionnement;dépôt de limon

淤泥　bourbe; vase de fond
淤泥层　couche limon
淤泥黏土　argile vaseuse
淤泥砂　sable vaseux
淤塞　envasement
余电　excès d'électricité; excèdent de l'énergie électrique; surplus de l'électricité
余额　reliquat; solde; surplus
余量　marge
余温　température résiduelle
鱼尾(夹)板　éclisse; éclisse de raccord; éclisse de rail; queue-de-morue
鱼尾板绝缘　isolation de l'éclisse
鱼尾板孔　trou d'éclisse
鱼尾板连接　raccordement à l'éclisse
鱼尾板螺栓　boulon à vis de l'éclisse; boulon d'éclisse
鱼尾板松动　relâchement de l'éclisse
鱼尾板涂油　graissage de l'éclisse
鱼尾钻头　trépan à deux lames
渔港　port de pêche
逾期递交的标书　offre tardive
与会人员名单　liste de présents de réunion
与牵引设备连接　connexion aux équipements de traction
与现有线路连接　raccordement à la voie existante
与岩石锚固　ancrage scellé au rocher
与原文相符的副本　copie conforme(C/C)
雨后沉积砂质土　terre battante
雨季　période(saison) de pluie; saison pluvieuse
雨季施工工程　travaux en saison de pluie
雨量　précipitation; quantité de pluie (précipitations)
雨量表　udomètre
雨量测定法　pluviométrie
雨量记录资料　données pluviométriques
雨量数据收集　collecte des données pluviométriques
雨量站　station d'enregistrement de pluie
雨量指数　indice pluvial
雨棚　abri de pluie
雨棚工程　travaux de couverts
雨棚工程验收　réception des travaux de couverts
雨篷　tente
雨期　durée(période) de précipitations
雨声　bruit de pluie

雨水　eau de pluie; eau pluviale
雨水箅子　grille de pluie
雨水池　bassin d'eau de pluie
雨水冲刷　érosion de pluie
雨水冲刷作用　action de pluie
雨水出水口　sortie d'évacuation des eaux pluviales
雨水沟　caniveau d'écoulement des eaux pluviales; caniveau de pluie; rigole de pluie; rigole de ruissellement pluvial
雨水管　conduit d'eau de pluie; tuyau de pluie; canalisation des eaux de pluies
雨水管网　réseau d'eaux pluviales; système de conduit des eaux pluviales
雨水浸入　intrusion de pluie
雨水井　puits de pluie
雨水径流　ruissellement pluvial
雨水口　entrée d'eau de pluie
雨水落水洞　avaloir de pluie
雨水落水管　descente d'eau pluviale; tuyau de descente d'eau pluviale
雨水排放　évacuation d'eau pluviale
雨水排放系统　réseau d'évacuation des eaux pluviales
雨水下水道　égout des eaux de pluie; égout pluvial
雨天　temps pluvieux
语音传输　transmission de voix
语音通话记录子系统　sous-système d'enregistrement des communications vocales
预安装　pré-montage
预拌　pré-mélange
预拌法　méthode pré-mélangée
预拌混凝土　béton pré-mélangé
预拌集料　agrégat pré-mélangé
预报　prédiction
预备性条款　dispositions préliminaires
预测　prévision
预测方法　méthode de prévision
预测交通量　volume de trafic prévu
预测交通需求　prévision de demande de trafic
预成型　préformage
预处理　pré-traitement
预处理池　bassin de pré-traitement
预创建线路　itinéraire préétabli
预订包厢　réservation de compartiment
预订车皮　réservation de wagon fret
预订货　commande anticipée

| 预定 réservation
| 预定尺寸 pré-dimensionnement
| 预定尺寸程序 programme de pré-dimensionnement
| 预定负载 charge prévue
| 预定速度 vitesse préfixée
| 预防 précaution; prévention
| 预防安全计划 plan de prévention et de sécurité
| 预防车流积压 prévention d'accumulation de flux de trafic
| 预防措施 mesures de précaution
| 预防检修 réparation éventuelle
| 预防事故 précaution de l'accident
| 预防性措施 mesures préventives
| 预防性维护 entretien préventif; maintenance préventive
| 预防原则 principe de prévention
| 预付款 avance; acompte
| 预付款返还担保格式 modèle de garantie de restitution d'avance
| 预付款限额 plafonnement des avances
| 预告 avis préalable
| 预告标 indicateur d'avertissement
| 预告标志 signe d'avertissement
| 预告信号 signal avancé; signal d'annonce
| 预告信号机 signal avertisseur
| 预计沉降 tassement prévisible
| 预计工程完工日期 date prévue de fin des travaux
| 预计计划 plan préétabli; plan prévisionnel
| 预计进度计划 planning prévisionnel
| 预计期限 durée prévisible
| 预计速度 vitesse prévue
| 预计造价 prévision de coût de construction
| 预加固 pré-renforcement
| 预加应力 contrainte préalable
| 预加载 prétention
| 预加载地区 zone de pré-chargement
| 预检 pré-contrôle
| 预载钢轨 pré-découpage de rail
| 预警 pré-avertissement
| 预警标志牌 pancarte d'avertissement
| 预警方式 mode d'avertissement
| 预警设备 équipement d'avertissement
| 预警信号装置 dispositif de pré-signalisation
| 预警装置 dispositif avertisseur; dispositif préalable d'alerte
| 预开发 pré-exploitation

| 预可行性研究 étude de faisabilité préliminaire; étude de préfaisabilité
| 预留槽 rainure réservée
| 预留场地 terrain réservé
| 预留车道 voie réservée
| 预留沉降 tassement réservé
| 预留窗口时间 réservation de planche horaire
| 预留道床宽度 réservation de largeur de la plateforme de voie
| 预留复线宽度 réservation de largeur de ligne à double voie
| 预留钢筋 acier (fer, barre) en attente; acier laissé en attente; barre laissée en attente
| 预留股道 réservation de voies
| 预留管 tube de réservation
| 预留交通量 trafic retenu
| 预留接口 réservation de l'interface
| 预留筋 armature en attente
| 预留孔 trou réservé
| 预留施工天窗 réservation de planche travaux
| 预留时间 temps réservé
| 预留双线路界宽度 réservation foncière à deux voies
| 预留套管 fourreau de réservation
| 预留位置 réservation de place
| 预留线路走廊 réservation de couloir de tracé
| 预埋管 tuyau noyé; tuyau pré-enterré
| 预埋件 élément encastré (enfoncé, noyé); pièce enfoncée (incorporée, noyée)
| 预埋件位置 position de pièces incorporées
| 预埋木砖 taquet préalablement encastré
| 预碾压 pré-compactage
| 预排进路 préparation des itinéraires
| 预培训 préformation
| 预配 pré-assemblage
| 预期利润 bénéfice (profit) espéré
| 预切割 pré-découpage
| 预清理 pré-nettoyage
| 预热 chauffage préalable; pré-chauffage
| 预热设备 appareil de préchauffage
| 预热站 poste de préchauffage
| 预热装置 dispositif de préchauffage
| 预筛 pré-criblage
| 预筛道砟 pré-criblage de ballast
| 预设钻孔 sondage pilote
| 预施应力法 méthode de précontrainte
| 预算编制 établissement de budget
| 预算赤字 déficit budgétaire

预算定额　quota de budget
预算法案　loi de budget
预算结余　surplus budgétaire
预算控制　contrôle de budget
预算款　affectation budgétaire
预算年度　année budgétaire
预算收入　recette budgétaire
预算调整　ajustement budgétaire
预算追加额度　additif budgétaire
预算资金　fonds budgétaire
预提利润税
　　impôt sur les bénéfices prélevés(IBP)
预先标桩　piquetage préalable
预先处理　traitement préalable(préliminaire)
预先催告　mise en demeure préalable
预先划线　pré-marquage
预先勘测　reconnaissance préalable
预先控制　contrôle préalable
预先批准　agrément préalable
预先筛分　criblage préalable
预先通知　préavis
预先通知期限　délai de préavis
预先许可　accord préalable
预先装配场地
　　parc(aire, site, chantier) de pré-montage
预削边坡　pré-découpage de talus
预选　présélection
预压　pré-compression
预压法　méthode à pression pré-chargée;
　　méthode pré-chargée
预压力　pré-compression
预应力
　　effort(force) de précontrainte;précontrainte
预应力分布　distribution de précontrainte
预应力分析　analyse de précontrainte
预应力杆件　barre précontrainte
预应力钢绞线　câble de précontrainte
预应力钢筋　acier de précontrainte;acier
　　dur précontraint;acier précontraint;armature
　　passive(précontrainte, prétendue)
预应力钢筋混凝土工程
　　ouvrage en béton armé précontraint
预应力钢缆
　　câble de précontrainte;câble précontraint
预应力钢索灌注浆
　　coulis pour câble de précontrainte
预应力工程　travaux précontraints
预应力工程师　ingénieur de précontrainte
预应力构件　élément de précontrainte;
　　pièce précontrainte;unité en précontraint
预应力管　conduit de précontrainte
预应力管道压浆
　　injection des gaines de précontrainte
预应力轨枕板
　　traverse monobloc précontrainte
预应力混凝土　béton précontraint
预应力混凝土板　dalle précontrainte
预应力混凝土钢绞线布置图
　　plan de câblage de béton précontraint
预应力混凝土工程
　　ouvrage(travaux) en béton précontraint
预应力混凝土构件
　　élément en béton précontraint
预应力混凝土管
　　tube(tuyau) en béton précontraint
预应力混凝土轨枕
　　traverse en béton précontraint
预应力混凝土技术
　　technique de béton précontraint
预应力混凝土结构
　　construction en béton précontraint
预应力混凝土连续箱梁　poutre caissonnée
　　continue en béton précontraint
预应力混凝土梁板铁路桥　pont rail de type
　　tablier à poutres en béton précontraint
预应力混凝土桥　pont en béton précontraint
预应力混凝土斜拉桥
　　pont à haubans en béton précontraint
预应力混凝土桩　pieu en béton précontraint
预应力结构　construction précontrainte
预应力连续梁　poutre continue précontrainte
预应力连续实腹板桥面
　　tablier en dalle pleine continue précontrainte
预应力梁　poutre précontrainte
预应力梁钢绞线
　　toron d'acier pour poutre précontrainte
预应力梁检测
　　auscultation de poutres précontraintes
预应力梁绞线套管
　　gaine de poutre précontrainte
预应力锚杆　tirant d'ancrage précontraint
预应力锚头　ancrage de précontrainte
预应力桥　pont précontraint
预应力设备　dispositif de précontrainte
预应力施工场地　aire de précontrainte
预应力施工负责人
　　chargé de mise à la précontrainte
预应力隧道　tunnel précontraint

预应力系统　système de précontrainte
预应力小组　groupe de précontrainte
预应力张拉工艺　art de pré-tension
预应力整体轨枕
　　traverse monobloc précontrainte
预应力组合梁桥
　　pont à poutres mixtes précontraintes
预约服务　service de réservation
预占线　ligne préoccupée
预张拉　prétention
预振　pré-vibration
预支　pré-paiement
预支工资　avance sur le salaire
预制　préfabrication
预制 T 梁　préfabrication de poutre en T
预制板
　　dalle préfabriquée；panneau préfabriqué
预制厂　usine de préfabrication
预制场地　terrain de préfabrication
预制场入口　accès de l'aire de préfabrication
预制车间　atelier de préfabrication
预制打入桩　pieu battu préfabriqué
预制底板　radier préfabriqué
预制钢筋混凝土　béton armé préfabriqué
预制钢筋混凝土板
　　dalle en béton armé préfabriquée
预制钢筋混凝土桩
　　pieu en béton armé préfabriqué
预制沟槽　fossé préfabriqué
预制构件　élément coulé d'avance；élément de construction préfabriquée；élément préfabriqué；préfabriqué
预制构件结构
　　construction en éléments préfabriqués
预制构件模板　coffrage de l'élément de construction préfabriquée
预制构件桥　pont préfabriqué
预制构件制作
　　fabrication des éléments préfabriqués
预制构造　structure préfabriquée
预制管　tube（tuyau）préfabriqué
预制管涵　ponceau tubulaire préfabriqué
预制涵顶进施工　exécution de poussage des dalots ou des cadres préfabriqués
预制混凝土　béton manufacturé（préfabriqué）；béton pré-manufacturé
预制混凝土板　dalle en béton préfabriquée；plaque en béton préfabriqué
预制混凝土低路缘石
　　bordure basse ancrée en béton préfabriqué
预制混凝土高路缘石
　　bordure haute en béton préfabriqué
预制混凝土隔离墩
　　séparateur en béton préfabriqué
预制混凝土构件
　　préfabrication des éléments en béton
预制混凝土管
　　tube（tuyau）en béton préfabriqué
预制混凝土涵洞
　　aqueduc（ponceau）en béton préfabriqué
预制混凝土集水管
　　tube collecteur préfabriqué en béton
预制混凝土梁振捣器
　　vibrateur de poutres à béton préfabriquées
预制混凝土箱涵　dalot en béton préfabriqué
预制混凝土桩　pieu en béton préfabriqué
预制检查井　regard préfabriqué
预制件
　　pièce préfabriquée；élément préfabriqué
预制件安装
　　montage des éléments préfabriqués
预制件安装设备
　　moyens de pose des éléments préfabriqués
预制件场　chantier de préfabrication
预制件叠放
　　étagement（dépôt）des éléments préfabriqués
预制件构造物
　　ouvrage en éléments préfabriqués
预制件排水沟
　　fossé avec éléments préfabriqués
预制件批次　série des éléments
预制件拼装结构
　　structure en éléments préfabriqués
预制脚手架　échafaudage préfabriqué
预制结构　construction préfabriquée
预制进度　avancement de préfabrication
预制块　bloc préfabriqué
预制块挡土墙
　　mur de soutènement en éléments préfabriqués
预制梁
　　poutre préfabriquée；préfabrication de poutres
预制梁配筋　ferraillage de poutre préfabriquée
预制梁平面布置示意图
　　schéma en plan de poutre préfabriquée
预制梁允许误差
　　tolérance de poutre préfabriquée
预制路缘挡水　bourrelet préfabriqué
预制路缘石　bordure préfabriquée

预制落水管　descente d'eau préfabriquée
预制模板　coffrage de préfabrication
预制排水沟　caniveau en éléments préfabriqués
预制排水管　drain préfabriqué ; tube d'évacuation préfabriqué
预制排水口　corniche préfabriquée
预制上挠　flèche négative préfabriquée
预制设备　équipement (matériel, moyens) de préfabrication
预制施工　exécution de préfabrication
预制水泥板　panneau aggloméré au ciment
预制箱梁　poutre-caisson préfabriquée ; préfabrication de poutre à caisson
预制小排水沟　cunette préfabriquée
预制小组　groupe de préfabrication
预制许可　autorisation de préfabrication
预制压顶　chapeau préfabriqué ; chaperon préfabriqué
预制圆管　buse préfabriquée
预制柱　colonne préfabriquée
预制桩　pieu préfabriqué
预装　pré-assemblage
预钻孔　avant-trou

yuan

原材料　matière première
原参数　paramètre générique
原产地标记　marque d'origine
原地面　sol naturel
原点　point initial ; point d'origine
原动轴　arbre primaire
原钢　acier brut ; acier naturel
原含水层　nappe aquifère primitive
原合同　contrat initial
原理　principe
原理图　plan (schéma) de principe
原料　produit cru ; matières premières
原料场　parc de matières premières
原料分配　répartition de matières premières
原料库　entrepôt des matières premières ; silo à matière crue
原料消耗　consommation de matières premières
原路基　assiette (plateforme) initiale
原煤　charbon de brut
原木　bois en grume ; grume ; rondin
原木运输道路　route grumière
原木运输卡车　camion grumier
原生板岩　schiste primitif
原生地沥青　asphalte original
原生黄土　lœss primaire
原生态系统　écosystème initial
原生土　sol brut ; sol in situ ; sol primaire ; terre originale
原生岩石　roche primitive ; roche protogène
原始尺寸　dimension initiale
原始发票　facture originale
原始记录　enregistrement vierge
原始结构　structure primitive
原始景观　site vierge
原始数据　données originales ; données brutes
原始位置　position originale
原始信号　signal d'origine
原始游间　jeu initial
原始状况　situation initiale
原始资本　capital d'apport ; capital initial
原土　sol naturel
原土路基　assiette originale
原文　texte original
原状土样　éprouvette intacte
原状样品　échantillon intact
原子能　énergie atomique
原子能发电厂　centrale atomique
圆材　rondin
圆锉　lime queue-de-rat
圆钢　acier circulaire ; barre d'acier
圆钢筋　acier (fer) rond ; armature ronde ; barre d'acier rond
圆钢锚杆　ancrage en fers ronds
圆拱涵　ponceau à plein cintre
圆管　buse ; buse (tube) circulaire
圆管涵　ponceau en buse
圆管涵尺寸　dimension de buse
圆管涵端墙　tête de buse
圆管桥　pont en tubes
圆规　compas
圆弧(拱)　arc (arche) circulaire
圆弧形　arc de cercle
圆弧长　longueur de l'arc de cercle
圆滑　arrondissement
圆环筛　crible annulaire
圆角　angle arrondi
圆角集料　agrégat arrondi (rond, roulé)
圆角碎石料　granulats roulés
圆截面　profil (section) circulaire
圆截面空心轴　essieu vide en profil circulaire
圆截面实心轴　essieu plein en profil circulaire

圆井　puits rond
圆锯　scie circulaire
圆孔　trou circulaire; trou rond
圆孔筛
　　crible à trous ronds; tamis à mailles rondes
圆口钳　pince à bec rond
圆砾　grave ronde
圆砾石　caillou roulé; galet arrondi(roulé);
　　gravier rond
圆砾岩　poudingue
圆粒道砟清理　purge de ballast rond
圆粒砂　sable arrondi(roulé)
圆卵石　caillou roulé
圆木　bois rond; rondin
圆木桩　pieu en rondins de bois
圆盘车钩连接器　tamponnement
圆盘盖板　tampon
圆盘减速器　réducteur à disque
圆盘犁　charrue à disque
圆盘摩擦离合器
　　accouplement à disque de friction
圆盘筛　crible à disque; crible circulaire
圆盘式车钩　attelage à tampon
圆盘式装载机　chargeuse à disque
圆盘信号　signal à disque
圆盘制动　freinage à disque
圆盘制动方式　mode de freinage à disque
圆刨　rabot circulaire
圆曲率半径　rayon de courbure circulaire
圆曲线　courbe(courbure) circulaire
圆曲线半径　rayon de courbe circulaire
圆曲线超高值
　　valeur de dévers de courbure circulaire
圆曲线最小半径
　　rayon minimal de courbe circulaire
圆石　pierre arrondie
圆铁　fer rond
圆筒碾磨机　tambour Alsing
圆筒形沉箱　caisson cylindrique
圆筒形模具　moule cylindrique
圆头螺钉　vis à tête ronde
圆头铆钉　rivet à tête ronde
圆形　forme circulaire(ronde)
圆形标志牌　panneau circulaire
圆形槽　gueule-de-loup
圆形机车库　remise circulaire; rotonde
圆形基础　fondation(semelle) circulaire
圆形集水管　collecteur circulaire
圆形检查井　regard circulaire

圆形排水沟　drain cylindrique
圆形竖井　puits circulaire
圆形碎石料　granulats ronds
圆形隧洞　tunnel rond
圆形污水道　égout circulaire
圆形支座　appui circulaire
圆形柱
　　poteau à section circulaire; poteau cylindrique
圆眼网筛　tamis à mailles
圆周　circonférence
圆周速度　vitesse périphérique
圆周运动　mouvement circulaire
圆柱　colonne
圆柱面　surface cylindrique
圆柱磨头　pierre cylindre
圆柱桥墩　pile cylindrique
圆柱体　cylindre; volume cylindrique
圆柱体试件　échantillon cylindrique
圆柱投影　projection cylindrique
圆柱形　forme cylindre
圆柱形支座　appui cylindrique
圆柱轴　arbre cylindrique
圆柱桩　pieu cylindrique
圆柱坐标　coordonnées cylindriques
圆锥　cône circulaire
圆锥贯入法　méthode par cône de pénétration
圆锥贯入试验
　　essai(test) de pénétration au cône
圆锥贯入阻力　résistance au cône
圆锥滚珠轴承　roulement conique à billes
圆锥磨头　outil à polir
圆锥碎石机　broyeur à cône
圆锥投影　projection conique
圆锥销　goupille conique
圆锥形　conicité
圆锥形车体　caisse conique
圆嘴钳　pince à mâchoire ronde; pince ronde
援助性质　nature d'assistance
远程定位　positionnement à distance
远程供电　alimentation en énergie à distance
远程供电方式
　　mode d'alimentation en énergie à distance
远程监视　surveillance à distance
远程监视数据
　　données de surveillance à distance
远程接入　accès à distance
远程警报系统　système d'alarme à distance
远程控制　contrôle(manœuvre) à distance
远程控制道岔　aiguille manœuvrée à distance

Y

远程控制功能　fonction de commande à distance
远程控制中心　centre de commande à distance
远程锁闭　verrouillage à distance
远程下载　téléchargement
远程显示　téléaffichage
远程线路接口　interface de ligne à distance
远程信息传输及控制系统　système de messagerie et contrôle à distance(SMC)
远程诊断　diagnostic à distance
远程终端　terminal à distance
远距电子监控　télésurveillance
远距离操作　opération(manœuvre) à distance
远距离传输　télétransmission
远距离传送　transmission à distance
远距离观测　observation à distance
远距离控制　téléguidage;contrôle(manœuvre) à distance
远距离探测　télédétection
远距离运输　trafic(transport) à grande distance

yue

约定术语　terme convenu
约束　contrainte
月报表　relevé mensuel
月报告　rapport mensuel
月变化　variation mensuelle
月度计划　plan mensuel
月度运输计划　plan de transport mensuel
月工程结账单　situation mensuelle
月工程量　volume mensuel de travaux
月工资　salaire mensuel
月计划　programme mensuel
月检　inspection mensuelle
月结账单　décompte mensuel
月进度　avancement mensuel
月决算平衡表　balance mensuelle
月开支金额　montant de dépenses mensuelles
月平均日交通量　trafic journalier moyen par mois(TJMM)
月平均温度　température moyenne mensuelle
月平均值　moyenne mensuelle
月生产进度报告　rapport mensuel d'avancement des travaux
月台　quai de la gare
月台挑棚　marquise de quai
月牙板　coulisse

月支付　paiement mensuel
月最大日交通量　trafic journalier maximum par mois(TJMM)
越区供电　alimentation outrepassant la zone; alimentation transzonale
越区供电调度　régulation d'alimentation transzonale
越区供电方式　mode d'alimentation transzonale
越区供电能力　capacité d'alimentation transzonale
越行　dépassement
越行站　gare de dépassement

yun

云母片岩　micaschiste;schiste micacé
云母砂岩　grès micacé
匀速　vitesse constante(uniforme,unique)
匀速试验　essai(test) de vitesse uniforme
匀速运动　mouvement uniforme
允许超载　surcharge admissible
允许车辆摘挂　autorisation de dételage de wagons
允许沉降　tassement admissible
允许沉降差　différence admissible de tassement
允许沉降值　valeur admissible de tassement
允许出站　autorisation de sortie de gare
允许掉头换挂　autorisation de retournement et réattelage
允许公差　tolérance acceptable(admissible)
允许机车折返　autorisation de retournement de locomotive
允许进入　autorisation d'entrée
允许进站　autorisation d'entrée en gare
允许磨损量　tolérance d'usure
允许挠度　déflexion permissive; flèche admissible(tolérée); tolérance de flèche
允许浓度　concentration permissive
允许偏差　tolérance d'erreur
允许前方站停车　autorisation d'arrêt à la station en avant
允许曲线　courbe(courbure) admissible
允许深度　profondeur admissible
允许时间差　tolérance de temps
允许实施　autorisation d'application
允许使用　autorisation d'utilisation
允许收缩量　retrait admissible

允许双机牵引 autorisation de traction à deux locomotives
允许速度 vitesse acceptable(admissible, autorisée)
允许通过 autorisation de passage; passage admissible
允许途中停车 autorisation d'arrêt en cours de circulation
允许误差 écart(erreur) admissible (permissive); limite de tolérance
允许限度 limite permissive
允许压力 pression admissible
允许暂停施工 autorisation d'arrêt provisoire de l'exécution
允许振动极限 seuil de vibration admissible
允许中断交通 autorisation d'arrêt de trafic
允许中间站停车 autorisation d'arrêt à la gare intermédiaire
陨石 météorite
运单 déclaration d'expédition
运到现场 transport à pied d'œuvre
运动参数 paramètre de mouvement
运动方向 sens de mouvement
运动规律 régularité de mouvement
运动轨迹曲率半径 rayon de courbure de trajectoire
运动时间 temps de mouvement
运动速度 vitesse de mouvement
运动状态 état du mouvement
运费 fret; prix(tarif) de transport
运费表 barème des prix de transport
运费金额 montant de frais de transport
运费清单 bordereau de factage
运费上涨 montée de tarif du transport
运费调整时间 temps de réglage de prix de transport
运费下降 abaissement de frais de transport
运费下调 baisse de prix de transport
运费折扣 rabais de fret
运轨 transport des rails
运轨车 wagon à rails; wagon porte-rails
运轨枕 transport de traverses
运河 canal
运距 distance de transport
运距调整 réglage(ajustement) de distance du transport
运力饱和 saturation de capacité du transport
运梁 transport des poutres
运梁便道 piste de transport des poutres

运梁车 wagon plat pour transport des poutres
运梁挂车 remorque aux poutres
运粮车 wagon-silo
运量 quantité(volume) de transport
运量流失 perte de flux de transport
运量调整 réglage(ajustement) de transport
运量下降 abaissement de quantité de transport
运量增加 accroissement de transport
运量组成 constitution de volume de transport
运料岔线 voie de service pour transport des matériaux
运马车 wagon-écurie
运煤车 wagon à charbon
运输 transport
运输安全 sécurité de transport
运输保险 assurance contre les risques de transport
运输便道 piste de desserte
运输车 véhicule de transport
运输成本 coût de revient de transport; coût de transport
运输承包人 entrepreneur de transport
运输代理 agent de transport
运输(代理)行 agence de transport
运输单据 bon(bulletin) de transport
运输调度 régulation de trafic
运输调度岗 poste de régulateur de trafic
运输调度工程师 ingénieur de trafic
运输调度控制中心 centre de commande et de contrôle de trafic
运输吨量 tonnage de transport
运输多样化 diversification de transport
运输方案比较 comparaison de plans du transport
运输方式 mode de transport
运输繁忙线路 ligne à gros trafic
运输费 frais de transport
运输费用控制 contrôle des coûts de transport
运输风险管理 gestion de risque de transport
运输干线 artère de transport
运输高峰 pointe de trafic(transport)
运输工具 moyens de transport
运输公司 entreprise(société) de transport
运输规定 consignes de transport
运输集中调度 commande de trafic centralisée (CTC); régulation de trafic centralisée
运输集装箱 conteneur de transport
运输计划 plan de transport

运输计划更新　actualisation du plan de transport
运输交路　itinéraire de transport
运输缆车索道缆索　câble transporteur
运输流量　afflux(flux) de transport
运输能力　capacité de transport
运输平巷　galerie d'extraction(transport)
运输凭证　titre du transport
运输期限　délai(durée) de transport
运输器材　matériel de transport
运输潜力　potentiel de transport
运输全险　assurance de transport tous risques
运输任务　tâche de transport
运输任务分配　attribution de tâche de transport
运输设备　dispositif(engin, équipement) de trafic(transport)
运输设备周转　rotation de matériel du transport
运输时间　temps de transport
运输事故　accident de transport
运输速度　vitesse de transport
运输条件　condition de transport
运输条件恶化　détérioration de condition de transport
运输通道　allée de circulation(desserte, roulage);corridor(couloir) de transport
运输统计　statistique de transport
运输途中损坏　avarie en cours de transport
运输网　réseau de transport
运输系统　système de transport
运输系统试运行　marche à blanc de système de transport
运输系统有效性试验　essai(test) de validation du système de transport
运输线　ligne(voie) de transport
运输效率　efficacité de transport
运输需求　besoin de transport
运输需求分析　analyse de demande du transport
运输许可　autorisation de transport
运输压力　pression du transport
运输压力上升　montée de pression du transport
运输研究　recherche de transport
运输噪声　bruit de transport
运输证明　attestation de transport
运输政策计划　programme de politiques de transport

运输至使用地点　transport jusqu'au lieu d'emploi
运输中搅拌　malaxage en route
运输中心　centre de transport
运输中造成的损失　dommage au cours de transport
运输转运　transfert de transport; transbordement de marchandises
运输走廊　corridor(couloir) de transport
运输走廊不连续　discontinuation du corridor (couloir) de transport
运输作业　opération de transport
运数单据　document de transport
运送轨排　transport de châssis de voie
运送混凝土　roulage de béton
运送数量　nombre de masse transportée
运调集控中心计算机　ordinateur de centre de commande de trafic centralisé
运土　transport de terres
运卸道砟　transport et déchargement de ballast
运行　fonctionnement;marche
运行参数　paramètre de fonctionnement
运行超速　survitesse de circulation
运行成本　coût de fonctionnement
运行费用　frais de fonctionnement
运行风速　vitesse du vent en circulation
运行功能　fonction de circulation
运行管理　gestion de circulation
运行管理方式　mode de gestion de circulation
运行加速　accélération de circulation
运行检查　visite en marche
运行可靠性　fiabilité de circulation
运行列车监控　surveillance de train en marche(STEM)
运行路线　itinéraire de circulation
运行模式　mode de fonctionnement
运行能力　capacité de roulement
运行平稳性测试　essai(test) de stabilité de marche
运行区段(区间)　section de circulation
运行曲线　courbe(courbure) de circulation
运行设备　équipement roulant
运行时间　heures de fonctionnement
运行示意图　schéma de circulation
运行试验　épreuve(essai, test) de fonctionnement;essai(test) de marche
运行速度　vitesse de course(marche)
运行调整措施　mesures d'ajustement de circulation

运行铁路　chemin de fer en circulation
运行统计数据
　　données statistiques de circulation
运行图　diagramme de mouvement
运行维护管理中心　centre de gestion de
　　circulation et maintenance
运行位置　position de fonctionnement
运行线路创建程序　procédure de création
　　d'itinéraire de circulation
运行与维护子系统
　　sous-système de circulation et d'entretien
运行秩序显示
　　indication d'ordre de fonctionnement
运行中断计划
　　plan d'interception de circulation
运行状态
　　état de circulation(marche);état en marche
运行准点　ponctualité de trafic
运行阻力　résistance de circulation
运行阻力系数
　　coefficient de résistance de circulation
运营安全　sécurité d'exploitation
运营安全操作规程
　　règlement de sécurité d'exploitation
运营报告　rapport d'exploitation
运营参数　paramètre de l'exploitation
运营操作规程
　　règlement général d'exploitation
运营成本
　　prix de revient(coût) de l'exploitation
运营方式　mode d'exploitation
运营费　dépense(frais)d'exploitation
运营费用
　　coût d'exploitation;coût opérationnel
运营费用控制
　　contrôle des coûts d'exploitation
运营辅助系统
　　système d'aide à l'exploitation(SAE)
运营负责人岗位
　　poste de dirigeant opérationnel
运营工程师　ingénieur d'exploitation
运营固定设施设计　conception des
　　installations fixes d'exploitation
运营管理　gestion d'exploitation
运营管理方式
　　mode de gestion d'exploitation
运营规范　règles d'exploitation
运营规则　règlement d'exploitation
运营计划　plan(programme)d'exploitation
运营记录器　registre d'exploitation
运营监督　surveillance de l'exploitation
运营监视　supervision de l'exploitation
运营阶段
　　étape(période,phase)d'exploitation
运营开发　développement d'exploitation
运营控制中心
　　centre de contrôle de l'exploitation
运营控制中心指令　instruction de centre
　　de contrôle de l'exploitation
运营路段　section en service
运营模式　mode d'exploitation
运营能力　capacité d'exploitation
运营人员　agent(personnel)d'exploitation
运营商　exploitant;opérateur
运营设备　équipement d'exploitation
运营设备图
　　plan des équipements d'exploitation
运营设施　installations d'exploitation
运营时间　heure(temps)d'exploitation
运营收入　recette d'exploitation
运营速度　vitesse d'exploitation
运营隧道　tunnel en exploitation
运营体系　système d'exploitation
运营铁路　chemin de fer en exploitation
运营网　réseau d'exploitation
运营维护　maintenance de l'exploitation
运营线长度　longueur de ligne exploitée
运营线路　ligne exploitée
运营线路上施工安全规程　règles de sécurité
　　de travaux sur voie en exploitation
运营效率　efficacité d'exploitation
运营优先权　privilège d'exploitation
运营中心　centre d'exploitation
运营周期　cycle d'exploitation
运营资料　document d'exploitation
运营资料编制
　　élaboration des dossiers d'exploitation
运用机车　locomotive en service
运用软件　logiciel d'application
运用软件程序　programme de logiciel
　　d'application
运载汽车用挂车　remorque de transport
　　des voitures
运枕车　lori;voiture de transport de traverses
运至工程地点
　　transport à pied d'œuvre de l'ouvrage
运至施工现场
　　transport au lieu de mise en œuvre

Y

运至现场　amenée à pied d'œuvre
运转　fonctionnement
运转方式　mode de fonctionnement
运转功率　puissance de fonctionnement
运转阶段　phase de fonctionnement
运转时间　temps de fonctionnement
运转时间累积功能　fonction de cumul du temps de fonctionnement
运转效率　efficience de fonctionnement
运转需要　besoin de fonctionnement
运装腐蚀性介质的罐车　wagon-citerne à fluide corrosif
运装汽车拖车　remorque porte-voiture
运作系统　système de fonctionnement

Y

Z

za

匝道控制　contrôle de voie d'accès
匝道通行能力　capacité de voie d'accès
杂费　frais accessoires；frais divers
杂砂岩　calcaire mélangé；grès mélangé
杂填土　sol de remblai mélangé
杂质　impureté；matière étrangère

zai

灾害　calamité；sinistre
灾害地质学　géologie catastrophique
灾害救援　secours de sinistre
灾区　région sinistrée
载波　ondes porteuses
载波电话　téléphone à onde porteuse
载波电流　courant porteur
载波频率　fréquence porteuse
载重　poids en charge
载重车　camion automobile；véhicule de chargement；véhicule en charge
载重车靠右行驶　poids lourd à droite
载重能力　capacité de charge
再保险　réassurance
再出口　réexportation
再次上线　remise sur voie
再次维修　remise de réparation
再发运　réexpédition
再更新　réactualisation；remise à jour
再利用　réemploi；réutilisation
再利用挖方　déblai à réutiliser
再膨胀　regonflement
再生岩　roche régénérée
再生制动　freinage par récupération
再用轨　rail réutilisé
在本项目上任职时间　durée de présence sur le projet

在册人数　effectif inscrit
在岗人员　personnel de service
在工厂验收　réception en usine
在轨枕枕木间铺道砟　ballastage des cases entre les traverses
在建道路　route en construction
在建工程　construction en cours
在建路段　section en cours de réalisation
在建施工线路　ligne en construction
在坡道上启动　démarrage en rampe
在途列车　train en parcours
在途列车数量　nombre de trains en parcours
在现有道路走廊中插入一条线路　insertion d'une voie dans le corridor existant
在线路轨道坑上维护作业　opération de maintenance sur fosse de voie
在线停车制动　freinage d'immobilisation en ligne
在线维护　maintenance en ligne
在线修理　réparation en ligne
在线作业　opération en ligne
在枕木端头间隙处铺道砟　ballastage dans les espaces de tête de traverses

zan

暂定标准　norme provisoire
暂定金额　montant provisoire
暂付款　acompte provisionnel
暂行标准　standard temporaire
暂记账户　compte d'attente
暂时拉力　tension temporaire
暂停期　terme suspensif
暂停生产　suspension de production

暂停施工　arrêt provisoire de l'exécution

zang

脏污道床　lit de ballast pollué

zao

凿井　avaleresse
凿井位置　emplacement de puits
凿毛　bouchardage; grattage
凿石　bouchardage
凿石锤　boucharde
凿石工　bouchardeur
凿岩　perforation au rocher
凿岩班　équipe de forage
凿岩长度　longueur de forage
凿岩尺寸　dimension de forage
凿岩吊盘　pont foreur
凿岩断面　section battue
凿岩工班　marteau-poste
凿岩机　engin percutant; foreuse; perforateur à roches; perforateur; perforatrice de roc (roche); perforatrice; sondeuse pour abattage
凿岩机支柱　affût-colonne
凿岩架台　échafaudage de forage
凿岩设备　matériel de perforation
凿岩台车　chariot de forage(sondage, perforation); chariot foreur; jumbo; chariot-perforatrice; jumbo de forage; pantofore; plateforme mobile de forage; poste de jumbo
凿岩台车司机　cariste
凿岩支臂　bras de forage
凿岩支架　affût
凿岩组　équipe(groupe) de perforation
凿子　ciseau; ébarboir
早期回填土　remblai ancien
早强混凝土　béton à haute résistance initiale
早强水泥　ciment à résistance initial
早熟剂　accélérateur précoce
皂土　bentonite
皂土灌注　injection de bentonite
造价　prix de construction
造价费用　coût de construction
造价分析　analyse de coûts de construction
造价分析文件　document de l'étude analytique des coûts
造价分析研究　étude analytique des coûts
造林　boisement; reboisement
造型处理　traitement de formation
噪声测定　mesure de bruit
噪声度　degré de bruit
噪声防治　prévention de bruit
噪声干扰　interférence(perturbation) de bruit; influence de bruit
噪声级　niveau de bruit
噪声控制　contrôle de bruit
噪声控制要求　critère de contrôle de bruit
噪声扩散　émanation de bruit
噪声来源　source de bruit
噪声强度　intensité de bruit
噪声区　zone de bruit
噪声危害　nuisance acoustique; nuisance de bruit
噪声污染　pollution acoustique; nuisance sonore; pollution de bruit
噪声系数　coefficient de bruit
噪声限值　valeur limite de bruit
噪声因素　facteur de bruit
噪声影响　impact acoustique; impact de bruit
噪声指数　chiffre(indice) de bruit

ze

责任　responsabilité
责任事故　accident de responsabilité
责任有限公司　société à responsabilité limitée(SARL)
责任制　régime(système) de responsabilité

zeng

增稠剂　agent épaississant
增加比率　rapport d'agrandissement
增加车道　dédoublement de voie
增加费用　surcoût
增加工程　travaux supplémentaires
增加工程数量　augmentation de quantité de travaux
增加数量　quantité augmentée
增加重量　accroissement de poids
增强塑料　plastique renforcé
增湿剂　agent humectant(mouillant)
增塑剂　agent de plastification
增压　surcompression
增压泵　pompe de compression
增压发动机　moteur surcomprimé
增压管　tuyau de refoulement
增长　accroissement; croissance
增长率　taux de croissance

增长模式　modèle de croissance
增长潜力　potentiel de croissance
增值　plus-value;valorisation
增值税　taxe à la valeur ajoutée(TVA);taxe sur la valeur ajoutée
增值税发票　facture de TVA
憎水集料　agrégat hydrophobe
憎水性　nature hydrophobe
赠款余额　reliquat de don octroyé

zha

扎丝　fil d'attache
渣土　terre de déchets
轧钢　acier laminé
轧钢车间　atelier de laminage
轧钢轮　roue laminée
轧机的轧辊　cylindre de laminoir
轧票　poinçonnage de billet
轧石厂　usine de concassage
轧石机配料器　distributeur de concasseur de pierres
轧石平台　plateforme de concassage
轧碎　concassage;détritage
轧碎机　déliteur
轧碎集料　agrégat concassé;agrégat de concassage
轧碎矿渣　laitier concassé
轧碎砂　sable concassé
轧制产品　produit laminé
轧制钢材　laminage;laminé
闸刀开关　interrupteur à couteau
闸片　lame de frein
闸瓦　mâchoire de frein;sabot de frein;sabot
闸瓦插销　clavette de sabot
闸瓦间隙自动调整器　régulateur automatique de jeu de sabots
闸瓦摩擦力　force de frottement du sabot de frein
闸瓦销　goupille de sabot
闸瓦销环　bague de goupille de sabot
闸瓦制动　freinage à sabot
闸瓦制动方式　mode de freinage à sabot
砟床捣固　bourrage du lit de ballast
砟底　bas de ballast
砟顶　sommet de ballast
砟肩　accotement de ballast
砟肩宽度　largeur d'accotement ballasté
砟面平整度　planéité de surface de ballast
砟耙　râteau à ballast

砟石堆　amas de ballast
砟石方量　volume de ballast
砟石棱角性　angularité de ballast
砟石破碎度　fragmentation de ballast
砟石摊铺机　répartiteur de ballast
砟石形状　forme de ballasts
栅板筛　crible avec grille à fissures
栅栏　clôture de protection;échalier;grille
栅栏墙　clôture en lattis
炸药　dynamite;explosif;matière explosive
炸药储存　dépôt des explosifs
炸药存放　stockage des explosifs
炸药分布　répartition de l'explosif
炸药供应　fourniture d'explosif
炸药获取　acquisition des explosifs
炸药获取证明　certificat d'acquisition d'explosifs
炸药开采　extraction à l'explosif
炸药库　dépôt des explosifs;dynamitière;entrepôt des explosifs
炸药类型　nature(type)de l'explosif
炸药使用规程　prescriptions d'emploi des explosifs
炸药数量　quantité d'explosifs
炸药消耗　consommation de l'explosif
炸药运输　transport des explosifs

zhai

摘车　désaccouplement des rames;désaccouplement des wagons;dételage des wagons
摘车方式　mode de désaccouplement des wagons;mode de dételage des wagons
摘车速度　vitesse de dételage
摘车作业　manœuvre(opération)de dételage des wagons
摘钩　décrochage d'attelage;dételage des wagons;dételage
摘钩车辆　wagon dételé
摘钩作业　opération de dételage
摘挂列车　train de ramassage;train dételé
摘开　décrochage
摘要　extrait;sommaire
窄轨　voie étroite
窄轨距　écartement étroite
窄轨铁路　chemin de fer à voie étroite;voie ferrée étroite
窄轨铁路线　ligne à voie étroite
窄基础　base étroite

Z

窄路肩　accotement étroit
债权管理局　administration créditrice
债权人　créditeur
债务管理局　administration débitrice
债务争议　litige de créance(dette)

zhan

展开长度　longueur développée
展开面　surface développée
展览厅　salle d'exposition
展期　ajournement;reconduction
占比　pourcentage d'occupation
占道分配　assignation de l'occupation de voie
占地　emprise
占地边线验收　réception de limites d'emprise
占地标界　borne d'emprise
占地范围　limite d'emprise
占地范围变化　variation de limite d'emprise
占地密度　coefficient d'emprise au sol
占地面积
　　superficie couverte;surface de terrain occupé
占地平面图　plan d'emprise
占地图　plan d'occupation du terrain
占线　ligne occupée
占线表示　indication d'occupation de ligne
占线释放　mise en liberté de voie occupée
占线信号　signal occupé
占用　occupation
占用场地　occupation de terrain
占用场地清理　dégagement d'emprise
占用率　coefficient(taux) d'occupation
占用区域　zone d'emprise;zone occupée
占用时间　occupation de temps
占用信息　informations d'occupation
占有率　taux d'occupation
栈桥　pont sur chevalets
栈桥码头　appontement
战略伙伴　partenaire stratégique
站场　chantier-gare
站场布置
　　aménagement(disposition) de chantier-gare
站场布置顺序
　　ordre de distribution de chantier-gare
站场布置形式
　　forme de disposition de chantier-gare
站场定位　positionnement de chantier-gare
站场范围　étendue de chantier-gare
站场分布　répartition de chantier-gare
站场分区　zonation de chantier-gare
站场工程　travaux de chantier-gare
站场股道分配
　　attribution de voies de chantier-gare
站场监视　surveillance de chantier-gare
站场跨距
　　espacement de travée de chantier-gare
站场宽度　largeur de chantier-gare
站场宽度不足
　　insuffisance de largeur de chantier-gare
站场扩展　extension de chantier-gare
站场门形架　portique de chantier-gare
站场面积　superficie(surface) de chantier-gare
站场模型　maquette(modèle) de chantier-gare
站场排水
　　assainissement(drainage) de chantier-gare
站场排水系统
　　système de drainage de chantier-gare
站场平面布置图
　　plan de disposition de chantier-gare
站场平面图　plan de chantier-gare
站场清理　dégagement de chantier-gare
站场情况　circonstance de chantier-gare
站场区　zone de chantier-gare
站场设备　équipement de chantier-gare
站场图　dessin de chantier-gare
站场驼峰　dos d'âne de chantier-gare
站场位置　position de chantier-gare
站场显示　indication de chantier-gare
站场线　voie de chantier-gare
站场线宽度　largeur de voie de chantier-gare
站场咽喉区　goulot de chantier-gare;
　　région de goulot de chantier-gare
站场咽喉区通过能力　capacité de passage au
　　goulet de chantier et de gare
站场咽喉区位置
　　position de goulet de chantier-gare
站场照明　éclairage de chantier-gare
站场照明灯　réverbère de chantier-gare
站场整洁(度)　propreté de chantier-gare
站场纵列式布置　disposition de chantier-
　　gare en forme de défilade
站到站联锁　enclenchement de poste à poste
站点　point de gare;point de station;
　　repère de station
站点分布　répartition de points de gares
站房工程　travaux de bâtiment-gare
站房工程验收
　　réception des travaux de bâtiment-gare
站房建造　construction des bâtiments de gare

站房结构　structure de bâtiment de la gare
站房设计
　　conception(étude)de bâtiment de gare
站房维修
　　maintenance(réparation)de bâtiment de gare
站房下部结构
　　substructure de bâtiment de la gare
站房养护作业
　　opération d'entretien de bâtiments de gare
站房照明　éclairage de gares et bâtiments
站间行程　parcours entre gares
站间距离　distance entre les gares
站间联络　liaison entre les gares
站间无线电通信
　　radiocommunication entre les gares
站界　limite de gare
站界变化　variation de limite de gare
站界标　borne limite de gare
站距调整　réglage de distance entre les gares
站名表　nomenclature de gares
站牌　panneau de gare
站区　zone de gare
站区监视　surveillance de la gare
站区面积　surface de zone de gare
站区线路入口　accès à la voie de gare
站台
　　embarcadère;quai;plateforme;quai de la gare
站台边缘　rebord de quai
站台长凳　banc de quai
站台长度　longueur de quai
站台地下过道施工
　　exécution de passage de quai souterrain
站台顶棚　abri;couvert de plateforme
站台高度　hauteur de quai
站台广播　annonce de quai
站台和附属工程验收
　　réception des travaux de quai et annexes
站台间地面通道　passage de quai à niveau
站台间地下过道　passage de quai souterrain
站台间距　espacement de quai
站台结构　structure de quai
站台尽头　extrémité de quai
站台宽度　largeur de gare
站台面积　surface de quai
站台棚　abri de gare
站台票　billet de quai
站台入口　accès au quai
站台入口关闭　fermeture de l'accès au quai
站台入口门　porte d'accès au quai
站台设计　conception de quai
站台位置　emplacement(position)de quai
站台形式　forme de quai
站台与列车间隙　joint entre le quai et le train
站台雨棚　abri(couverture)de quai;marquise
　　de gare;toiture(couvert)de quai
站台照明　éclairage de quai
站务室　salle de gare
站线　voie de gare;voie de service
站线长度　longueur de voie de la gare
站线长度计算
　　calcul de longueur de ligne de gare
站线开通　ouverture de voie de gare
站线维修　maintenance de voie de gare
站线卸砟　décharge de ballast sur voie de gare
站线延长　allongement de voie de gare
站修所　poste de réparation de gares
站长　chef de gare
站长办公室　bureau de chef de gare
站址　adresse de gare

zhang

张紧器　raidisseur
张拉　mise en tension
张拉变形　déformation de tension
张拉程序　procédure de tension
张拉荷载　charge à la traction
张拉裂缝　fissure de tension
张拉千斤顶　vérin de tension
张拉前预先核查
　　vérification préliminaire à la mise en tension
张拉顺序　ordre de mise en tension
张拉台座　massif de tension
张拉应力　contrainte de tension
张拉装置　dispositif(système)de tension
张力　effort(force)de tension
张力测定　test tensiométrique
张力极限　limite d'extension
张力强度　intensité de tension
张力区　zone de tension
张力试验　essai(test)de tension
张力下降　abaissement de tension
张力状态　état de tension
张力作用　action de tension
张贴式启事　annonce par affiche
章程　statuts
涨潮　marée haute;marée montante
涨价　augmentation de prix
涨壳式锚杆　ancrage à expansion

涨水　crue
涨水检测　détection de crue
掌握工艺　maîtrise des procédés
掌子面　front
丈量进度　avancement de l'arpentage
账簿　registre de comptabilité
账册　livre
账单　situation
账户　compte
账户号　numéro de compte
帐篷　guitoune; tente
账面利润　bénéfice comptable
账面资金　actif comptable
账目错误　erreur de comptabilité
胀轨　gauchissement de rail; renflement de rail
胀轨跑道　gondolement de voie
胀轨现象　 phénomène de gauchissement de rail
障碍　obstacle
障碍物　objet gênant
障碍物清单　relevé de contraintes
障碍物信号设施　 signalisation de balisage des obstacles
障碍指示标　balise d'obstacles
障风装置　abat-vent

zhao

招标　adjudication; appel d'offres (AO)
招标程序　procédure d'adjudication; procédure d'appel d'offres
招标缔约方式　 mode de passation de l'appel d'offres
招标方式　mode de l'appel d'offres
招标公告　avis d'appel d'offres; communiqué de l'appel d'offre
招标规则　règles d'appel d'offres
招标合同　contrat passé par l'appel d'offres
招标阶段　phasage de l'appel d'offres
招标条件　condition d'appel d'offres
招标文件　document d'adjudication; document d'appel d'offres
招标文件澄清说明　 éclaircissements relatifs au dossier d'appel d'offres
招标文件内容　 consistance de dossiers d'appel d'offres
招标文件组成　 composition de dossiers d'appel d'offres
招标细则领取　retrait du cahier des charges
招标项目的裁定　adjudication

招标作废　appel d'offres infructueux
招工　recrutement des ouvriers
招募劳力　recrutement de la main-d'œuvre
招聘　embauchage; recrutement
招聘方式　mode de recrutement
招聘人员　recrutement du personnel
找平层　couche d'arase; couche de dressage
找坡层　forme de pente
沼气　gaz des marais
沼气输送管　méthanoduc
沼泽　marais; marécage
沼泽沉积　dépôt marécageux
沼泽地　terrain marécageux (palustre); varenne
沼泽地区　région (zone) de marais; région (zone) marécageuse
沼泽泥灰岩　marne de marais
沼泽排水渠　canal de marais
沼泽土　sol de marais; sol marécageux
兆欧　mégohm
兆欧表　mégohmmètre
照明　éclairage
照明标准　critère d'éclairage
照明灯　lampe d'éclairage
照明电路　circuit d'éclairage
照明发电机　dynamo d'éclairage
照明方式　mode d'éclairage
照明控制　commande de l'éclairage
照明控制系统　 système de contrôle d'éclairage
照明强度　intensité d'éclairage
照明设备　 appareil (équipement) d'éclairage
照明设备图　 plan des équipements d'éclairage
照明设计　calcul d'éclairage; conception (étude) de l'éclairage
照明设施　installations d'éclairage
照明图　plan d'éclairage
照明系统　réseau (système) d'éclairage
照明质量　qualité d'éclairage
照明装置　dispositif d'éclairage
照准仪器　alidade
罩　capot; carter; chape; chapiteau
罩面　couche de finissage (finition); revêtement de surface

zhe

遮板　volet

遮盖力　pouvoir opacifiant
遮光板
　　écran pare-brise;écran pare-lumière
遮光帽沿　garde-vue
遮阳板　brise-soleil;écran pare-soleil
折尺　mètre pliant
折叠床　lit pliant
折叠式车顶货车　wagon à toit pliant
折叠式模板　coffrage pliant
折叠式座椅　siège rabattable;strapontin
折返　rebroussement;retournement
折返道岔　aiguille de retournement
折返点　point de rebroussement;
　　point de retournement
折返环路　boucle de retournement
折返区段(区间)　section de rebroussement
折返线　voie de rebroussement;voie de
　　retournement
折返线区间　section de voie de rebroussement
折返站　gare de rebroussement
折减　compensation
折减系数　coefficient de réduction
折角塞门　robinet d'arrêt de frein;robinet de
　　coupe-air;valve à air;valve pneumatique
折旧　amortissement
折旧比率　ratio d'amortissement
折旧处理
　　traitement d'amortissement
折旧方式　modalité d'amortissement
折旧费　frais d'amortissement
折旧计算　calcul des amortissements
折旧金额　montant d'amortissement
折旧率　taux d'amortissement
折旧期
　　durée(période) de l'amortissement
折旧系数
　　coefficient d'amortissement
折扣　rabais
折射　réfraction
折射波　ondes de réfraction
折射光线　rayon réfracté
折射率　indice de réfraction
折射系数　coefficient de réfraction
折弯试验　essai(test) de flexion
折现率　taux d'actualisation
折线　ligne brisée
折线拱　arc brisé
折页门　porte pliante
辙叉　cœur d'aiguille;aiguille

辙叉跟宽　largeur du talon de croisement
辙叉号　numéro d'aiguille de croisement;
　　numéro de croisement
辙叉角　angle de croisement
辙叉磨耗　usure d'aiguille
辙叉心轨　cœur de croisement
辙叉咽喉　gorge de croisement
辙叉翼轨　patte de lièvre;rail coudé
辙叉趾宽　largeur de patte de lièvre;largeur
　　du doigt de croisement
辙轨尖　pointe d'aiguille

zhen

真空泵　pompe à vide
真空断路器　disjoncteur à vide
真空阀　soupape à vide
真空缸　cylindre à vide
真空制动　freinage à vide
真空制动闸　frein à vide
诊断　diagnostic
诊断程序　programme diagnostique
枕床　lit de traverse
枕梁　traverse de pivot
枕木道钉　crampon de traverse en bois
枕木盒　case de traverse
枕木间距　intervalle entre traverses
枕木开槽机　saboteuse de traverse en bois
枕木旷动　oscillation de traverse
枕木塞　bouchon de traverse en bois;taquet de
　　traverse en bois
枕木下欠砟　vide sous traverse
枕木削平　écrêtement de traverse en bois
枕上弹性垫层　couche de forme élastique
　　au-dessus de traverse
枕上压力　pression au-dessus de traverse
振(摆)幅　amplitude d'oscillation
振荡波　ondes oscillatoires
振荡运行　mouvement oscillatoire
振捣
　　pilonnage;vibrage;vibration;bourrage
振捣工艺　technologie de vibration
振捣盘　table vibrante
振捣器　vibrateur
振捣区域　zone de vibration
振动　mouvement de vibration;mouvement
　　vibratoire;oscillation;tremblement;vibration
振动板　vibrateur flottant
振动板压实机械　engin à semelle vibrante
振动变形　déformation de vibration

振动测量装置　dispositif de mesure de vibration
振动沉桩　enfoncement de pieu par vibration；viabrafonçage；vibrofonçage；pieu enfoncé vibrant
振动沉桩机锤　marteau vibrant de battage；marteau vibratoire de battage
振动锤　marteau vibrant；marteau vibratoire
振动打夯机　dame vibrante；vibrateur à damer
振动打桩锤　marteau trépideur
振动打桩机　sonnette vibrante；viabrafonceur；vibro-fonceur
振动法钻进　forage par méthode de vibration
振动负载　contrainte de vibration
振动感应器　senseur de vibration
振动夯　pilon vibrant；vibro-compacteur；vibro-dameur
振动夯实　damage(pilonnage) par vibration
振动夯实机　dameur vibrant
振动荷载　charge vibrante
振动荷载疲劳强度　résistance à la fatigue charge vibrante
振动机械　machine vibrante
振动记录结果　résultat de l'enregistrement de vibration
振动加速　accélération de vibration
振动加速度　vitesse accélérée de vibration
振动控制　contrôle de vibration
振动力　force de vibration
振动轮　roue vibrante
振动频率　fréquence de vibration
振动频率计算　calcul de fréquence de vibration
振动平板压实机　compacteur à plaque vibrante
振动平整器　vibro-finisseur；vibro-finisseuse
振动器　oscillateur
振动器座　logement de vibrateur
振动强度　résistance de vibration
振动切缝机　appareil à couteau vibrant
振动筛　crible à secousse(balourd, percussion)；crible oscillant(trembleur, vibrant, vibreur)；vibro-crible；vibro-tamis
振动筛分机　vibro-trieur
振动式混凝土整面机　régalo-vibro-finisseuse
振动式整平机　vibro-surfaceur
振动试验　essai(test) de vibration；essai vibratoire
振动速度　vitesse de vibration

振动旋转钻机　perforatrice vibra-rotative
振动压路机　compacteur(cylindre) vibrant；roulant-vibrant；rouleau vibrant
振动压实　compactage vibrant
振动压实设备　équipement de compactage par vibration
振动压实试验　essai(test) d'aptitude au compactage par vibration
振动凿岩机　foreuse vibratoire
振动钻进　forage vibrateur
振浮压实法　vibroflottation
振幅　marge de vibration
振实密度　densité de tassement
震幅　amplitude de vibration
震级　niveau sismique
震源　origine(source) séismique

zheng

争端解决　règlement de litige
争端解决机制　mécanisme de règlement des différends
争端仲裁　arbitrage de litige
争议　conflit；contestation；litige
争议方　partie contestante
争议解决条款　clause de règlement des litiges
争执　contentieux
征地　expropriation de terrain
征地拆迁报告　rapport d'expropriation
征地动迁费用　coût d'expropriation des emprises
征地范围　limite d'expropriation
征地范围变化　variation de limite d'expropriation
征地计划　plan d'expropriation
征地清单　inventaire d'expropriation de terrain
征地图　plan d'acquisition du terrain
征地线　ligne d'expropriation de terrain
征地准备计划　plan de préparation de l'emprise
征购　expropriation
征税　imposition
征用　expropriation；réquisition
征用通知　déclaration d'utilité publique
征用土地　réquisition de terrain
蒸发　évaporation
蒸发变干　assèchement par évaporation
蒸发量　capacité d'évaporation
蒸发率　taux d'évaporation

蒸发面积	surface de vaporisation
蒸发损失	perte à la vaporisation
蒸发温度	température d'évaporation
蒸馏	distillation
蒸馏水	eau dessalée; eau distillée
蒸汽锤	marteau-pilon à vapeur; mouton à vapeur
蒸汽打桩锤	marteau de battage à vapeur; mouton automoteur à vapeur
蒸汽打桩机	bélier (sonnette) à vapeur
蒸汽打桩设备	équipement de battage à vapeur
蒸汽干管	conduite principale de vapeur
蒸汽缸	cylindre à vapeur
蒸汽锅炉	chaudière à vapeur
蒸汽机车	locomotive à vapeur
蒸汽机车牵引	traction de locomotive à vapeur
蒸汽机车制造厂	usine de fabrication de locomotive à vapeur
蒸汽牵引	traction à vapeur
蒸汽牵引模式	mode de traction à vapeur
蒸汽软管	flexible à vapeur
蒸汽双轮压路机	rouleau tandem à vapeur
蒸汽洗涤	nettoyage à vapeur
蒸汽压	pression de vapeur
蒸汽压路机	rouleau à vapeur
蒸汽养护	cure à la vapeur; cure étuvée; étuvage
蒸汽养护混凝土	béton conservé à la vapeur
蒸汽养护机	machine à vapeur de cure
蒸汽养护室	chambre à vapeur
蒸汽养生炉	vaporisateur
蒸压(加气)混凝土	béton autoclave
蒸压混凝土	béton traité à l'autoclave; béton traité à la vapeur
蒸压混凝土制品	produit en béton traité à l'autoclave
蒸压试验	essai (test) d'autoclave
蒸养混凝土	béton étuvé
整板式道床	lit de voie en dalle monolithique
整备机车	locomotive en préparation
整备重量	poids en pleine de charge
整备作业	opération préparatoire
整车	ensemble de wagon; wagon complet
整车动力试验	essai dynamique d'intégration
整车试验	essai de wagon complet
整车运价	tarif de wagons complets
整车运输	transport de wagon complet
整车装载	chargement par wagon complet
整道作业	opération d'aménagement de la voie; opération de mise en forme de voie
整合度	degré d'intégration
整合规划	plan d'intégration
整理	arrangement; mise en ordre
整理道床	aménagement du lit de ballast
整列运输	transport de rame de wagons
整流变压器	transformateur redresseur
整流器	redresseur
整流所	poste de redressement de courant
整流罩	carénage
整平	aplatissage; arasement; lissure; planage
整平板	règle de finisseur
整平层	couche d'égalisation
整平刮板	lame
整平机	machine à niveler
整平施工	mise en œuvre de l'arase
整套设备	kit complet
整体	ensemble; monobloc; partie intégrante
整体安装模板	coffrage monobloc
整体板	plaque intégrale
整体(板)梁公路桥	pont-route à tablier monolithique
整体沉箱	caisson monolithique
整体道床	lit de ballast monolithique; plateforme monolithe de voie
整体道床浇筑	coulage de lit de voie monolithique
整体道床施工	exécution du lit de ballast monolithique
整体轨枕	traverse monobloc (monolithe)
整体轨枕轨道	voie de traverse monobloc
整体混凝土	béton monolithe
整体浇筑混凝土	béton coulé en masse
整体结构	structure monolithique
整体面层	revêtement monolithique
整体式衬砌	revêtement intégral
整体式承重结构	structure portante monobloc
整体式挡土墙	mur de soutènement monolithique
整体式道床	lit monobloc de voie de rails; monobloc du lit de ballast
整体式钢筋混凝土轨枕	traverse en béton armé monobloc
整体式钢筋混凝土轨枕轨道	voie de traverse en béton armé monobloc
整体式钢筋混凝土结构	monobloc en béton armé

整体式构造　construction monolithique
整体式混凝土台基　massif bétonné monolithe
整体式基础板　semelle monolithe
整体式路基　assiette monolithe
整体式路缘石　bordure intégrale（monolithe）
整体式桥台　aboutement intégral；culée intégrale
整体验收　réception d'ensemble
整体重力式挡土墙　mur poids monolithe
整系统一体化试验　essais d'intégration de l'ensemble des systèmes
整形　mise en forme；remise en forme；reprofilage
整形车配砟　distribution de ballast par voiture regarnisseuse
整形作业　opération de mise en forme；opération de profilage
整修道口　aménagement de passage à niveau
整治　aménagement
整治方案　schéma d'aménagement
整治工程　travaux d'aménagement
整治计划　programme d'aménagement
整治项目　projet d'aménagement
整铸辙叉　croisement monobloc
整装零担车　wagon complet en détail
正本　original
正本为准　original fera foi
正铲　pelle en butte
正铲挖土机　pelle équipée en butte
正常方向　sens normal
正常高　altitude normale
正常高水位　niveau maximum normal
正常含水率　humidité normale
正常行驶　circulation normale
正常进路　itinéraire normal
正常坡度　pente régulière
正常情况　situation normale
正常速度　vitesse normale
正常位置　position normale
正常温度　température normale
正常现象　phénomène normal
正常限定值　valeur limite normale
正常压力　pression normale
正常状态　état normal
正点列车　train conforme à l'horaire
正点运行　circulation ponctuelle
正电　électricité positive
正断层　faille directe；faille normale
正方向　sens direct

正方向进路　itinéraire de sens direct
正方形集水井　puisard carré
正方形截面　section carrée
正高　altitude orthométrique
正拱　arc droit
正后电位　potentiel post-positif
正火钢　acier normalisé
正极　électrode positive
正交直线　droites orthogonales
正角　angle positif
正截面　section frontale；section normale
正宽　largeur frontale
正馈线　feeder positif
正力矩钢筋　armature de moment positif
正立面　façade principale
正立面图　élévation principale；vue de façade；vue de face；vue frontale
正面　façade；face frontale；face vue；front
正面铲斗装载机　chargeur à benne frontale
正面冲击　choc frontal
正面盾构　bouclier frontal
正面焊缝　soudure frontale
正面经验　expérience positive
正面相撞　collision frontale
正面效应　effet positif
正面影响　influence positive
正面作用　impact positif
正平面　plan de front
正射影像图　orthophotoplan
正施工线路　voie en construction
正式代表　délégué officiel
正式合同　contrat formel
正式授权代表　représentant dûment mandaté
正式授予合同通知　notification de l'attribution définitive de marché
正视图　face vue
正态曲线　courbure normale
正梯形　trapèze régulier
正投影　projection orthogonale
正弯矩　moment de flexion positif；moment fléchissant positif；moment positif
正位　position positive
正位道岔　aiguille en position normale
正弦波　ondes sinusoïdales
正弦波解调器　modulateur d'ondes sinusoïdales
正线　voie directe
正线布置　disposition de voie principale
正线长度　longueur de voie principale

正线长度变化　variation de longueur de voie principale
正线长度计算　calcul de longueur de voie principale
正线轨道　voie de ligne principale
正线轨道几何形态　géométrie de voie principale
正线轨道几何形态允许偏差　erreur admissible de géométrie de la voie principale
正线轨道类型　type de voie de ligne principale
正线机车　locomotive de ligne principale
正线基本轨　contre-aiguille de voie principale
正线速度　vitesse de ligne principale
正向位移　déplacement positif
正心拱　arc de bras axial
正压　pression positive
正在实施工程　travaux en cours d'exécution
正在运营线路　voie en exploitation
正增长　accroissement positif
正直线　voie principale directe
证明　attestation;constat;justification
证明报告　rapport justificatif
证明书　attestation
证券资产　actif titre
证书　certificat;lettre;titre
证书持有人　titulaire de certificat
政府间协议　accord intergouvernemental
政府监管工程　travaux en régie
政府性质担保　garantie de nature gouvernementale
政治风险　risque politique

zhi

之形道路　route en zigzag
之字形曲线　zigzag
支撑　aisselier;appui;étai;étaiement;étançonnement;jambe de force;soutènement;support
支撑安装　installation de soutènement
支撑变形　déformation d'appui
支撑拆除　désétaiement
支撑方式　mode d'appui;mode de soutènement
支撑防护　protection de support
支撑钢筋　barre de soutènement
支撑功能　fonction de support
支撑构件　élément de support
支撑辊　rouleau d'appui
支撑基坑　fouille étrésillonnée
支撑加固　consolidation des appuis
支撑架　charpente de chevalement
支撑角　angle d'appui
支撑绝缘子　isolateur de support
支撑开挖　creusement(excavation)avec support
支撑块　massif d'appui
支撑类型　type d'appui
支撑力　force d'appui
支撑力矩　moment de support
支撑力下降　abaissement de support
支撑摩擦　frottement des appuis
支撑强度　résistance de soutènement
支撑墙　bajoyer;contre-mur;mur d'appui
支撑缺陷　défaut de support
支撑设备　équipement d'étaiement
支撑式桥台　aboutement type supportant;culée supportante
支撑塔架　pylône de support
支撑台基　massif de support
支撑托架　corbeau d'appui
支撑挖掘　excavation avec boisage
支撑系统　système de support
支撑桩　pied d'éléphant;pieu d'appui(soutènement,support)
支撑作用　action d'appui
支承　pivot;appui;support
支承板　plaque portante;tableau d'appui
支承点　point de support
支承点间距　écartement des appuis
支承垫块　bossage d'appui;sabot d'appui
支承杆　barre d'appui
支承结构　structure d'appui
支承截面　section d'appui
支承块　masse d'appui
支承面　face(surface)d'appui;surface d'assise(portée,support)
支承塔架　pylône de soutien
支承压力　charge aux appuis;pression d'appui
支承移动　déplacement de l'appui
支承应力　contrainte d'appui
支承桩　pieu porteur
支承装置　organe de support
支承锥形架　pyramide de soutien(support)
支承阻力　résistance d'appui
支持力度不够　insuffisance de soutien
支持条件　condition de soutien

支持文件	document de soutien
支出清单	relevé de dépenses
支出预算	budget des dépenses
支挡防护	protection de soutènement
支挡结构	structure de soutènement
支点	point d'appui
支点反力	réaction sur le support
支点力矩	moment d'appui
支点式千斤顶	vérin à châssis
支点位置	position d'appui
支顶架	sommier de solivure
支墩坝	barrage à fermettes
支付	déboursement; paiement
支付程序	procédure de paiement
支付工资	paiement de salaire
支付金额	montant de paiement
支付能力	capacité de paiement
支付能力调查	enquête de capacité de paiement
支付期限	délai de paiement
支付条件	condition de règlement
支付条款	clause de paiement
支付争议	contestation de paiement
支付状况	état de paiement
支杆	bras
支沟	éperon
支管	conduite d'embranchement; tuyau de branchement; branchement de tuyaux
支管直径	diamètre de branchement
支护	appui; étayage; soutènement
支护板墙	paroi de soutènement
支护搭建	construction des appuis
支护方式	mode de soutènement
支护工程	ouvrage (travaux) de soutènement
支护设计	conception (étude) d'appui
支护设施	moyens de soutènement
支护下沉	affaissement de soutènement
支架承载力	portance de soutènement
支架梁	poutre d'appui
支架式凿岩机	foreuse à jambes
支架弹簧	ressort de support
支架现浇梁桥	pont à poutres coulées sur place
支流	affluent; défluent
支路	branche; route de branchement
支配权	droit de disposition
支票户	compte de chèque
支索	hauban
支线	branche; embranchement; ligne de branchement; ramification; voie de branchement; voie secondaire
支线长度	longueur de voie de branchement
支线入口	accès de voie de branchement
支线速度	vitesse de ligne de branchement
支轴	pivot
支柱	colonne de soutènement (soutien, support); colonne; étai; étançon; jambe; pilier de support; pilier; soutènement; soutènement par buttes
支柱侧面限界	limite latérale de poteau
支柱绝缘子	isolateur à fût massif
支座	aboutement de support; appareil d'appui; cadre d'appui; culée; palier; sommier d'appui
支座安装	montage d'appui
支座板平面高差	dénivellation de support
支座垫板	plaque d'appui de support
支座垫石	bossage d'appui
支座反力	réaction d'appui; résistance d'appui
支座更换	changement des appareils d'appui
支座类型	type d'appui
支座旁承	lissoir d'appui
支座旁承荷载	charge de lissoir d'appui
支座施工	construction des appuis
支座下部垫块	bossage inférieur pour appareil d'appui
支座下沉	affaissement (tassement) des appuis
支座中心线	axe de support
支座轴线	axe de l'appui
织物	tissu
执行	application; mise en vigueur
执行标准	critère d'application
执行程序	procédure d'application; programme exécutif
执行法律条款	application des dispositions de la loi
执行方式	modalité d'application
执行规定	prescriptions applicables
执行行车指令	application de l'ordre de circulation
执行力	pouvoir exécutif; capacité d'application
执行委员会	comité exécutif
执行信号	signal d'exécution
执行指令	exécution des instructions
执照	licence; permis
直尺	mètre droit

直达货物列车　train direct de marchandises
直达列车　train direct
直达列车车流　flux de trains directs
直达列车平均行驶速度
　　vitesse moyenne de circulation du train direct
直达旅客快车　train direct de voyageurs
直达旅客快车数量
　　nombre de trains directs de voyageurs
直达线　ligne directe
直达运输　trafic direct
直道岔　aiguille droite
直钢筋　armature droite
直股　branche directe
直观检查　contrôle visuel
直轨　rail droit
直轨机　appareil à dresser le rail
直轨器　dresseuse de rail
直尖轨　aiguille droite
直交　perpendicularité
直角　angle droit
直角交叉　changement en croix; croisement
　　à angle droit; intersection à angle droit
直角器　équerre d'arpenteur
直角三角形　triangle rectangle
直角信号灯架　potence de signal
直角信号架方向指示信号
　　signalisation directionnelle sur potence
直角形支架　potence
直角型支架信号　signal en potence
直角坐标
　　coordonnées (ordonnées) cartésiennes
直角坐标仪　coordinatographe orthogonal
直脚羊蹄滚筒　tambour avec pieds effilés
直脚羊足碾　rouleau à pied de mouton
　　type à fouloirs effilés
直接测量　mesure directe
直接传输　transmission directe
直接费　frais (coût) direct
直接观测　observation directe
直接荷载　charge directe
直接开支　dépense directe
直接磨耗　usure directe
直接耦合　accouplement direct
直接税　impôt direct; taxe directe
直接税法　code des impôts directs
直接损失
　　dommage direct; perte directe
直接投资　investissement direct
直接压力　compression directe

直接应力　contrainte directe
直接运输　transport direct
直接找平　nivellement direct
直接折旧　amortissement direct
直接作用　action directe; effet direct
直径　diamètre
直立式路缘石　bordure verticale
直连式坡道　rampe à connection directe
直梁桥　pont à poutres droites
直流电　courant continu
直流电焊机
　　machine à souder à courant continu
直流电机　moteur à courant continu
直流电机功率
　　puissance de moteur à courant continu
直流电机驱动
　　entraînement de moteur à courant continu
直流电压　tension de courant continu
直流发电机　dynamo à courant continu;
　　dynamo-électrique; génératrice à
　　courant continu
直流轨道电路
　　circuit de voie à courant continu
直流机车
　　locomotive à courant continu
直流机车牵引
　　traction de locomotive à courant continu
直流继电器　relais à courant continu
直流牵引　traction à courant continu
直流牵引电机
　　moteur de traction à courant continu
直流牵引模式
　　mode de traction à courant continu
直流受电弓　pantographe à courant continu
直流通风　aérage direct
直流无刷电机
　　moteur à courant continu sans brosse
直通交路
　　itinéraire d'acheminement direct
直通进路　itinéraire direct
直通列车　train direct
直通式　passage direct
直通线　voie directe
直线
　　alignement droit; droite; ligne droite
直线测量　mesure de ligne droite
直线插入段　alignement intercalaire
直线尺寸　dimension linéaire
直线道岔　aiguille de ligne droite

直线度　linéarité
直线段　section de voie directe; tronçon de voie en alignement; tronçon rectiligne; voie en alignement
直线段长度　longueur de ligne droite
直线段入口　accès de voie en alignement
直线放大　amplification linéaire
直线感应电机　moteur à induction linéaire
直线轨道　alignement droit; voie en alignement
直线轨道调　dressage de voie en alignement
直线行程　avance linéaire; trajet de voie en alignement
直线行驶　conduite en ligne droite; marche en ligne droite
直线横坐标　abscisse rectiligne
直线进线　embranchement droit
直线距离　distance en ligne droite
直线坡　pente de ligne droite
直线起点　début d'alignement
直线桥　pont droit
直线速度　vitesse de ligne directe
直线铁路　chemin de fer en ligne droite
直线图形　figure rectiligne
直线位置道岔　aiguille en position droite
直线形交路　itinéraire d'alignement
直线运动　mouvement rectiligne
直线辙岔　aiguille de ligne droite
直线制动距离　distance d'arrêt en alignement
直线走向　tracé direct
直线走向设计　étude de tracé direct
直线坐标　coordonnées rectilignes
直向尖轨长度　longueur d'aiguille droite
值班表　roulement de service; tableau de service
值班人员　homme (agent) de poste; personnel de garde
值班室　permanence; salle de service
职场经验　expérience professionnelle
职工考勤记录　pointage du personnel
职位名称　dénomination de poste
职业道德　professionnalisme
职业规则　règles de profession
职业化　professionnalisation
职业技能　compétence professionnelle
职业健康和安全　santé et sécurité au travail
职业介绍所　agence de placement
职业培训　formation professionnelle
职业培训中心　centre de formation professionnelle
职业实习　stage professionnel
职业研修证书　brevet d'études professionnelles
职业证书　certificat d'aptitude professionnelle (CAP)
职员　employé
植被　manteau végétal
植被保护　protection de végétation
植被边沟　fossé végétalisé
植被恢复　restauration de couvert végétal
植草　enherbement
植草边沟　fossé enherbé
植草边坡　talus gazonné; talus herbé
植草排水沟　cunette engazonnée (enherbée)
植草皮　gazonnement; plantation d'herbe
植草坪　engazonnement
植草坡　talus engazonné
植树　boisement
植物　plantation; végétation
植物类型　type de végétation
止车挡块　taquet d'arrêt
止车信号　signal de taquet d'arrêt
止车一体化静态试验　essai d'intégration statique sans mouvement de train
止冲挡标志牌　panneau d'heurtoir
止冲器　heurtoir
止挡　butée
止点　point d'arrêt
止动能力　capacité d'arrêt
止回阀　vanne de non-retour; clapet anti-retour
止轮器　butée d'arrêt
止水带　bande hydrophile
止水胶带　joint water stop
止水条　baguette d'étanchéité
止销　ergot
纸书文件　document en papier
指标　indice
指标变化　variation des indices
指标上升　élévation de l'indice
指导文件　document de guide
指导原则　principe directeur
指点标　balise repère
指定　désignation
指定分包商　désignation de sous-traitant; sous-traitant désigné
指定供应商　fournisseur désigné

指定生产商　désignation de producteur
指挥部　direction
指挥车辆　véhicule de commandement
指令　directive；instruction；ordre
指令传送方式　mode de transfert des ordres
指令话筒　transmetteur d'ordres
指令器　transmetteur d'ordres
指令确认　confirmation d'instruction
指南　guide；manuel
指南针　boussole
指南针定位　positionnement de boussole
指示灯　feux d'indication；lampe d'indication
指示牌　panneau d'indication；
　　plaque indicatrice
指示器　indicateur；appareil indicateur
指示图　diagramme indicateur
指示信号
　　signal indicateur；signalisation d'indication
指数　indice
指数调整　indexation；réglage des indices
指数下降　abaissement des indices
指向柱　colonne de direction；
　　poteau indicateur
制　régime；système
制裁　sanction
制成品　objet fabriqué；produit fini
制订　élaboration
制订验工计价单
　　établissement d'attachement
制订比选方案　élaboration des variantes
制订行车计划
　　établissement du plan de circulation
制定规章　réglementation
制定优先建设项目
　　établissement des priorités de construction
制动抱死　blocage de frein
制动灯　feux de freinage
制动防抱死装置
　　dispositif anti-blocage de frein
制动减速　décélération de freinage
制动距离不足
　　insuffisance de distance de freinage
制动块　patin de frein；sabot de friction
制动配件　accessoires de freinage
制动片　plaquette de frein
制动片厚度
　　épaisseur de plaquette de frein
制动失灵　défaillance de freinage
制动失灵现象　phénomène de perte de frein

制动视距　distance de visibilité d'arrêt
制动手柄　manivelle de frein
制动闸　frein d'arrêt
制动连接管
　　tuyau d'accouplement de frein
制动连接管软化　ramollissement de tuyau
　　d'accouplement de frein
制动部件　pièce de frein
制动车辆推力
　　poussée de wagons causée par le freinage
制动冲击　attaque(choc)de freinage
制动电机　moteur de frein
制动阀　valve de freinage
制动方式　mode de freinage
制动风管　conduite de frein
制动风管连接器　accouplement de frein
制动缸　cylindre de frein
制动功率
　　puissance au frein；puissance de freinage
制动惯性力　force d'inertie de freinage
制动荷载　charge de freinage
制动检查　visite de frein
制动接触　contact de freinage
制动接触器　contacteur de freinage
制动警示信号　avertissement de freinage
制动距离　distance de freinage；distance
　　d'action de frein；parcours de freinage；
　　chemin de freinage
制动可靠性　fiabilité de freinage
制动控制　contrôle de freinage
制动块
　　cale(patin)d'arrêt；patin de frein
制动拉杆　manette de frein
制动力　effort de frein(freinage)；force
　　de freinage
制动力矩　moment de freinage
制动连接器　coupleur de freinage
制动联锁　asservissement de frein
制动链　chaîne de freinage
制动梁　traverse de freinage
制动率
　　coefficient(rapport，taux)de freinage
制动命令　ordre de freinage
制动摩擦片　garniture de frein
制动盘　disque de frein
制动盘间隙　jeu de disque de frein
制动频率　fréquence de freinage
制动器　frein
制动软管　flexible de frein

制动软管连接
 accouplement de boyau de freinage
制动软管连接器 coupleur de boyau de
 freinage; raccord de boyau d'accouplement
 de freinage; raccord de boyau flexible
 de frein
制动软管连接套件 kit de coupleur de boyau
 d'accouplement de freinage
制动设备 équipement de freinage
制动试验 épreuve(essai, test) de freinage
制动踏板 pédale de frein
制动蹄 mâchoire de frein
制动铁鞋 sabot d'arrêt; sabot d'enrayage
制动位置 position de freinage
制动系统 système de freinage
制动系统测试
 essais(test) de système de freinage
制动效率 efficacité de freinage
制动信号 signal de freinage
制动性能 performance de freinage
制动性能测试
 essai(test) de performance de freinage
制动压力 pression de frein
制动压力升高 élévation de pression de frein
制动要求 exigence de freinage
制动轴 essieu de freinage
制动主管 conduite principale de freinage
制动转换 transformation de freinage
制动装置 dispositif(organe) de freinage
制动装置构件
 composants de dispositif de freinage
制动纵向作用力
 effort longitudinal de freinage
制动阻力 résistance de freinage
制动作用 action de frein(freinage)
制度管理 gestion de système
制冷机组 groupe frigorifique
制冷加热设备 équipement de réfrigération
 et de réchauffement
制冷设备 équipement(matériel) frigorifique;
 installations de refroidissement
制冷系统 système frigorifique
制冷循环 cycle de réfrigération
制冷装置
 dispositif(équipement) de réfroidissement
制梁 fabrication de poutres
制梁场 aire de préfabrication de poutres
制模车间 atelier de préparation des moules
制图 dessin
制图板 planche à dessin
制图费 frais de plans
制图软件 logiciel de cartographie
制图软件程序
 programme de logiciel de cartographie
制造标准
 critère(norme, standard) de fabrication
制造标准化 standardisation(normalisation)
 dans la fabrication
制造参数 paramètre de fabrication
制造长度 longueur de fabrication
制造厂 usine de fabrication
制造方法 procédé de fabrication
制造费用 coût(frais) de fabrication
制造工艺 technologie de fabrication
制造公差 tolérance de fabrication
制造技术 technique de fabrication
制造阶段 période de fabrication
制造轮廓线 ligne de contour de fabrication
制造年代 année de fabrication
制造品 produit manufacturé
制造缺陷 défaut(vice) de fabrication
制造商资质 qualification de fabricant
制造设备
 équipement(matériel) de fabrication
制造序列代码 code de série de fabrication
制造验收 réception de fabrication
制造要求 exigence de fabrication
制造业 industrie de fabrication
制造一体化 intégration de fabrication
制造质量 qualité de fabrication
制砖 briquetage
制砖机 machine à parpaing
制砖黏土 argile de brique
制作 confection; fabrication; façonnage
制作缺陷 défaut(vice) de fabrication
质保负责人
 responsable d'assurance-qualité
质保期 délai de garantie
质保责任
 responsabilité d'assurance de qualité
质变 changement qualitatif
质量 masse; qualité
质量保证 assurance de qualité
质量保证计划 plan d'Assurance-Qualité
质量保证计划内容 consistance de PAQ
质量保证计划组织方案 rganisation de Plan
 d'Assurance-Qualité; schéma organisationnel
 du plan d'assurance-qualité(SOPAQ)

质量保证金　caution de garantie
质量保证体系　système d'assurance qualité;
　　système de certification de qualité
质量标准　critère(norme) de qualité
质量参数　paramètre qualitatif
质量差别　différence de qualité
质量差距　écart de qualité
质量担保　garantie de qualité
质量等级　classe(degré) de qualité
质量调查　enquête de qualité
质量分析　analyse de qualité
质量风险控制　contrôle de risque de qualité
质量负责人　chargé(responsable) de qualité
质量改进　amélioration de qualité
质量改正措施　mesures correctives de qualité
质量跟踪　suivi de qualité
质量工程师　ingénieur-qualité
质量管理　gestion(ménagement) de qualité
质量管理方式　mode de gestion de qualité
质量管理系统
　　système de management de qualité
质量管理信息系统
　　système informatique pour l'aménagement
　　de qualité
质量规定　prescriptions de qualité
质量合格　qualité acceptable
质量计划　plan de qualité
质量监督　surveillance de qualité
质量监督机构
　　organisation de contrôles de qualité
质量检查　contrôle de qualité
质量检查部门
　　cellule de contrôle chargée de qualité
质量检查组织计划
　　plan d'organisation de contrôle de qualité
质量检验　inspection(test) de qualité
质量检验标签　étiquette de qualité
质量鉴定
　　appréciation(identification) de qualité
质量鉴定报告　rapport d'expertise de qualité
质量竞争　concurrence de qualité
质量控制　contrôle de qualité
质量密度　densité massique
质量目标　objectif de qualité
质量评估　évaluation de qualité
质量评估报告
　　rapport d'évaluation de qualité
质量缺陷　défaut(vice) de qualité
质量缺陷调查　enquête de vice de qualité
质量认证　certification de qualité
质量设计　étude de qualité
质量审核　audit de qualité
质量试验　essai(test) de qualité
质量手册　manuel de qualité
质量守恒　conservation de la masse
质量守恒定律
　　loi de conservation de la masse
质量水平　niveau de qualité
质量速度　vitesse massique
质量损失　perte de masse
质量特性　caractéristique de qualité
质量条款　clause de qualité
质量维护　maintien de qualité
质量下降　baisse de qualité
质量效应　effet de masse
质量要求　exigence de qualité;qualité exigée
质量一般　qualité médiocre
质量证明　certificat de qualité
质量指标　indice de qualité
质量中心　centre de qualité
治理费用　frais d'aménagement
秩序混乱　perturbation de l'ordre
窒息性毒气　gaz asphyxiant
蛭石混凝土　béton vermiculite
智能交通系统
　　système intelligent de circulation
智能卡　carte à puce
智能路由器　routeur intellectuel
智能运输系统
　　système de transport intellectuel
置换率　taux de remplacement

zhong

中比例尺图　carte à échelle moyenne
中标承包商　entrepreneur adjudicataire
中标概率
　　probabilité d'attribution du marché
中标公司　société retenue au marché
中标函　lettre d'acceptation
中标企业　entreprise retenue du marché
中标通知　notification d'acceptation
　　du marché;notification de marché
中标投标人
　　soumissionnaire retenu le marché
中标证明　attestation de retenue de marché
中部土堤　berme centrale
中部土台　berme centrale
中承桥　pont à tablier intermédiaire

中承式桥面　tablier intermédiaire du pont
中导坑开挖法　méthode d'excavation de stross; méthode d'excavation de galerie médiane
中等道路　route intermédiaire
中等交通量　circulation modérée
中等颗粒　grain moyen
中点　point central
中断　interception; interruption; suspension
中断合同　rupture de contrat
中断交通　arrêt(interception, interruption) de circulation(trafic)
中断使用　interruption de service
中断信号　signal d'interruption
中断运行　interception de circulation
中断运行时间　heure d'interception de circulation
中断运营　interruption d'exploitation
中断指令　interruption de l'instruction(ordre)
中吨位载重卡车　camion de charge moyenne
中墩　pile centrale
中非国家经济共同体　Communauté Economique des Etats de l'Afrique Centrale(CEEAC)
中腹板　plaque centrale
中腹板底缘　bord inférieur de plaque centrale
中钢板　tôle moyenne
中骨料　granulats moyens
中骨料混凝土　béton à grains moyens
中国标准　norme chinoise
中国规范转换法国规范标准　conversion des normes chinoises en normes françaises
中国国家标准化管理委员会　Administration de normalisation de Chine; Commission de l'administration publique de normalisation de Chine
中国列车运行控制系统　Chinese Train Control System (CTCS); système chinois de contrôle de circulation des trains
中国松　sapin de Chine
中国铁道科学研究院　Académie chinoise des sciences ferroviaires
中合金钢　acier moyennement allié
中和池　bassin d'homogénéisation
中和法　méthode de neutralisation
中和区　zone neutre
中和轴　axe neutre
中厚层　couche moyenne
中环(路)　ceinture intermédiaire
中集料混凝土　béton d'agrégat moyen
中继雷管　détonateur intermédiaire; détonateur secondaire
中继通信　communication relayée
中继站　relais; station(poste) de relais
中间闭塞区段　canton intermédiaire
中间层　couche intermédiaire
中间车厢　wagon intermédiaire
中间尺寸　dimension intermédiaire
中间带　bande centrale
中间地带　région(zone) intermédiaire
中间分车带　terre-plein médian
中间分隔栏　barrière intermédiaire
中间拱　arc intermédiaire
中间横撑　entretoise intermédiaire
中间桥墩　pile intermédiaire(médiane)
中间驱动车　automotrice intermédiaire
中间人　intermédiaire
中间位置　position médiane
中间站　gare d'escale; gare (station) intermédiaire
中间站台　quai intermédiaire
中间站停车　arrêt à la gare intermédiaire
中间支座　appui intermédiaire
中间值　valeur intermédiaire
中间轴　arbre intermédiaire
中间柱　poteau intermédiaire
中控门　porte de contrôle central
中控台　console de commande centrale; panneau (pupitre) de contrôle central
中跨　travée centrale(intermédiaire)
中立区　zone neutre
中砾石　gravier moyen
中粒砂　sable à grains moyens
中梁　longeron(longrine) intermédiaire; poutre centrale
中梁负荷　charge de longrine intermédiaire
中梁旁弯　courbure latérale de longrine intermédiaire; flexion latérale de poutre centrale
中梁弯沉　déflexion de longeron intermédiaire
中门　porte centrale
中密度压实　compactage moyen
中密实　consolidation moyenne

中模　coffrage central
中凝稀释沥青
　　bitume fluidifié à séchage moyen
中欧班列
　　train de marchandises Chine-Europe
中欧集装箱班列
　　train express de conteneurs Chine-Europe
中欧集装箱班列数量　nombre de trains express de conteneurs Chine-Europe
中期决算表　bilan intermédiaire
中期投资　investissement à moyen terme
中期信贷　crédit à moyen terme
中弱膨胀土　sol gonflant moyen-faible
中砂　sable moyen
中数　moyenne
中水　eau traitée
中速(率)　vitesse intermédiaire
中碎石　pierre moyenne
中台阶　gradin médian
中碳钢　acier à carbone moyen;acier à teneur moyenne en carbone;acier mi-dur
中途返回　retour en mi-chemin
中途停车　arrêt intermédiaire;arrêt d'escale
中途停车站　gare d'arrêt;escale
中途站　gare(station) de passage;escale
中误差　écart moyen quadratique
中细砾石　gravillon moyen
中线　ligne de centre;ligne neutre;médiatrice
中线板　plaque centrale
中线桩
　　jalon(pieu) de l'axe;pieu de ligne centrale
中心　centre
中心岛　île centrale
中心电台　radiostation central
中心对称　symétrie centrale
中心规　règle à centrer
中心荷载　charge centrale
中心给水式凿岩机
　　perforateur à injection centrale
中心距　distance centrale;entraxe
中心开挖法　méthode d'excavation centrale
中心力　force centrale
中心连接器　attelage central
中心盘　plaque centrale
中心盘集中荷载
　　charge centralisée de plaque central
中心偏移　décentrage
中心弯矩　moment de flexion au milieu
中心线　axe;ligne centrale(médiane)

中心线高度　hauteur de l'axe
中心销　pivot central
中心销间距　entraxe des pivots
中心悬挂　suspension centrale
中心悬挂转向架　bogie à suspension centrale
中心支撑　appui médian
中心支承　appui central
中心支点　appui central;point d'appui central
中心支柱　support central
中心桩　pieu central
中型机车　locomotrice
中型载重卡车　camion de moyenne capacité
中型凿岩机　perforateur moyen
中性层　couche neutre
中性土　sol neutre
中性岩　roche intermédiaire(neutre)
中性轴　axe neutre
中修　entretien(réparation) intermédiaire
中修(车辆)段
　　dépôt de réparation intermédiaire
中修周期
　　cycle de réparation intermédiaire
中压　moyenne tension
中压/低压变电站
　　poste de transformation MT/BT
中压电缆　câble moyenne tension
中压供电所　poste d'alimentation MT
中压开关　interrupteur MT
中压配电盘　tableau moyenne tension
中压设备
　　installations à moyenne tension
中央(并列)式通风　aérage en boucle
中央车道　voie centrale
中央大厅　hall central
中央导坑　galerie centrale
中央导坑法　méthode à galerie centrale
中央调度室　poste central de régulation
中央断面(隧道施工)　abattage montant
中央分隔带护栏
　　barrière de terre-plein central
中央分隔线　ligne de séparation centrale
中央服务器　serveur central
中央隔离带植草　enherbement de TPC
中央过道　couloir central
中央缓冲器　amortisseur central
中央火车站　gare centrale
中央减振器　amortissement central
中央控制　contrôle central
中央控制屏　tableau central de commande

Z

中央控制系统　système de contrôle central
中央牵引连接装置
　　organe de connexion de traction centrale
中央式通风　aérage central
中央型岔心　cœur de croisement central
中央远程显示系统
　　système central de téléaffichage redondé
中央站台　quai central
中硬岩石　roche mi-dure
中游　cours moyen
中雨　pluie moyenne
中砟　ballast moyen
中止　interruption;cession
中止交货　suspension de livraison
中止交货原因
　　cause de suspension de livraison
中轴　essieu médian
中轴线　axe central
中转仓库　entrepôt de transit
中转货物　marchandise de transit
中转货物运输
　　transport des marchandises de transit
中转列车　train de transit
中转列车数量　nombre de trains de transit
中转时间　temps de transit
中转站　gare de transit
终点　point d'arrivée;point terminal
终点区　zone de destination
终点位置　position de destination
终点站　gare d'extrémité;gare terminus;
　　station de destination;terminal;terminus
终端盒　boîte terminale
终端控制室　cabinet terminal
终端软件　logiciel de terminal
终端设备　équipement de terminal;
　　terminal;unité terminale
终截面　section d'about
终凝　fin de prise;prise finale
终速　vitesse finale
终压　compactage définitif(final)
终压力　pression finale
终值　valeur finale
种类　espèce;nature;sorte
种灌木　plantation d'arbrisseaux
种树　plantation d'arbres
种小灌木　plantation d'arbustes
种小树　plantation de baliveaux
种幼苗　plantation de baliveaux
种植　plantation

种植分区　zonation de plantation
种植和饲养区　zone de culture et d'élevage
种植物赔偿费　compensation des plantes
仲裁　arbitrage
仲裁部门　organisme d'arbitrage
仲裁机构　organisation d'arbitrage
仲裁人　arbitre
仲裁条件　condition d'arbitrage
仲裁条款
　　clause compromissoire;clause d'arbitrage
仲裁委员会　comité(commission) d'arbitrage
仲裁协议　accord d'arbitrage
重车　poids lourd
重车编组
　　composition de train à charge lourde
重车车辆　véhicule de charge lourde
重车道　voie de poids lourds
重车道牵引力不足　insuffisance de
　　traction sur la voie de poids lourds
重车流变化
　　variation de flux de wagons lourds
重车调整　ajustement de train à charge lourde
重车运行　circulation en charge
重车轴　essieu de wagon lourd
重大事故　accident grave
重度　poids volumétrique(volumique)
重工业　industrie lourde
重骨料　agrégat lourd
重轨道岔　aiguille de rail lourd
重合金　alliage lourd
重荷载　charge lourde
重混凝土　béton de limonite
重货物　marchandise lourde
重货物运输
　　transport des marchandises lourdes
重集料　granulats lourds
重金属污染　pollution de métal lourd
重晶石粉　sulfate de baryum
重力　force de gravité;force de pesanteur;
　　gravité
重力坝　barrage à gravité;barrage-poids
重力拌和　mélange par gravité
重力测定　gravimétrie
重力场　champ de gravité
重力沉井基础　fondation par havage
重力沉箱法　havage
重力锤　marteau à gravité;mouton sec
重力分布　distribution de gravité
重力分析　analyse de gravité

重力灌注　remplissage par gravité
重力加速度
　　accélération de gravité; vitesse de gravité
重力勘探　étude gravimétrique;
　　prospection gravimétrique(gravitaire)
重力排水　drainage à gravité
重力排水系统
　　système d'assainissement gravitaire
重力设计　conception gravimétrique
重力实心坝　barrage-poids massif
重力式打桩锤　mouton sec
重力式挡土墙　mur de soutènement à gravité;
　　mur de soutènement de poids; mur poids;
　　mur poids massif
重力式挡土墙基础　semelle pesante
重力式墩台　butée à gravité
重力式搅拌机　malaxeur à chute libre;
　　mélangeur par gravitation
重力式墙　mur à gravité
重力式桥墩　pile à gravité; pile de pont en
　　gravité; pile gravitaire
重力式桥台　aboutement(culée) à gravité;
　　aboutement(culée) de poids
重力式卸车　déchargement par gravité
重力线　ligne de gravité
重力罩面
　　masque poids; revêtement de gravité
重力作用
　　action de gravité; effet de gravitation
重沥青　asphalte lourd
重量　poids
重量百分比　pourcentage en poids
重量比　rapport en poids; rapport pondéral
重量差别　différence de poids
重量单位　unité de masse(poids)
重量法　méthode gravimétrique
重量范围　marge de poids
重量分配　répartition de poids
重量分析　analyse pondérale
重量负荷表
　　devis de poids; tableau de charge de poids
重量公差　tolérance de poids
重量功率比　rapport poids-puissance
重量核对　vérification de poids
重量混合比　proportion de mélange en poids
重量配比　dosage en poids
重量配料法　dosage pondéral
重量损失　perte de poids
重列车　train lourd
重列车开行数
　　chiffre de circulation des trains en charge
重难点工程　travaux clés
重黏土　argile lourde; sol argileux lourd
重水　eau lourde
重心　centre de gravité
重心高度　hauteur de centre de gravité
重心图　abaque de centrage
重心移位　déplacement de centre de gravité
重心轴　axe de gravité
重型车辆　véhicule-poids lourds; wagon lourd
重型车辆行驶区
　　zone de circulation pour les poids lourds
重型盾构　bouclier lourd
重型覆盖　couverture lourde
重型轨　rail lourd
重型轨道　voie de rails lourds
重型轨道车　draisine lourde
重型混合作业车　bourreuse mixte
重型货车　wagon à marchandises lourd
重型机车　locomotive lourde
重型机车牵引　traction de locomotive lourde
重型机械作业车
　　bourreuse mécanique lourde
重型基础　fondation lourde
重型结构　construction(structure) lourde
重型卡车　camion lourd
重型轮胎压路机　rouleau pneumatique lourd
重型汽车　fardeaux-lourds
重型汽车用四柱塞式升降台
　　pont élévateur à quatre vérins pour poids
　　lourds
重型设备　équipement(matériel) lourd
重型设备液压捣固
　　bourrage lourd hydrauliques
重型维护设备
　　équipement lourd de maintenance
重型压路机　compacteur(rouleau) lourd
重型预制　préfabrication lourde
重型预制模板
　　coffrage de préfabrication lourde
重型载重卡车
　　camion de modèle lourd; camion poids-lourd
重型凿岩机　marteau(perforateur) lourd;
　　sondeuse-perforatrice
重型钻机　foreuse lourde
重要提示　remarque importante
重要项目　projet important
重油　mazout

重油机车　locomotive à chauffe au mazout
重油机车牵引
　　traction de locomotive à chauffe au mazout
重载　poids lourd
重载车辆　wagon de charges lourdes
重载货车
　　wagon pour transport de charges lourdes
重载列车　train à charge lourde
重载列车试验
　　essai(test)de train à charge lourde
重载列车数量
　　nombre de trains à charge lourde
重载牵引　traction de charge lourde
重载牵引试验
　　essai(test)de traction de charge lourde
重载铁路　chemin de fer à charge lourde
重质沥青　bitume lourd
重轴列车　train à grande charge d'essieu

zhou

周边流　flux périphérique
周长　périmètre
周工作进度计划
　　planning hebdomadaire d'activité
周进度　avancement hebdomadaire
周末交通　trafic de week-end
周期　cycle
周期表　table(tableau)périodique
周期范围　limite de cycle
周期荷载　charge de période
周期量　quantité périodique
周期时间　temps de cycle
周期误差　erreur cyclique
周期下沉　affaissement périodique
周期现象　phénomène périodique
周期性检修　maintenance cyclique
　　(périodique);révision à cycle;révision
　　(cyclique,périodique)
周期性径流　écoulement périodique
周期性排水　drainage périodique
周期性修理　réparation périodique
周期运动　mouvement périodique
周围摩擦　frottement périphérique
周转　roulement;rotation
周转轨　rail de récurrence(rotation)
周转率　taux de rotation
周转期　période(durée)de rotation
周转时间
　　heure(temps)de rotation(roulement)

轴　arbre;axe;essieu
轴衬　baguage
轴承　coussinet;palier;roulement
轴承钢　acier à roulement
轴承滚柱　galet de roulement
轴承径向游间　jeu radial de roulement
轴承密封　étanchéité de roulement à billes
轴承润滑脂　graisse de roulement
轴承寿命　vie de roulement
轴承温度　température de roulement
轴承游间　jeu de roulement à billes
轴承支座　support de roulement
轴承轴向游间　jeu axial de roulement
轴承转动速度
　　vitesse de rotation de roulement à billes
轴当量　équivalent de l'essieu
轴对称　symétrie axiale
轴封装置　garniture
轴公里　essieu-kilomètre
轴荷分布　répartition de poids sur essieux
轴荷载转移　déplacement de masse d'essieu
轴肩　collet d'essieu
轴检　inspection d'essieu
轴检标记　marque d'inspection d'essieu
轴颈　fusée
轴颈防尘板座　collet de fusée
轴颈温度　température de fusée
轴颈中心距　entraxe des fusées
轴距　distance d'essieux;empattement des
　　essieux;empattement;entraxe
轴链　chaîne d'arbre
轴列式
　　arrangement des essieux;formule d'essieux
轴流式风机　ventilateur aérodyne;ventilateur
　　à hélice;ventilateur à écoulement axial;
　　ventilateur à flux axial;ventilateur axial
轴身　corps d'essieu
轴筒　fourreau
轴头温度　température de tête de pivot
轴温　température d'essieu
轴温过热报警
　　alarme de surchauffage de boîte d'essieu
轴温探测器
　　détecteur de température de fusée d'essieu
轴温探测系统　système de détection
　　de température de fusée d'essieu
轴温下降
　　abaissement de température d'essieu
轴线　axe;ligne axiale

轴线长度　longueur de l'axe
轴线校正　correction de l'axe
轴线调整　ajustement des axes
轴线向量　vecteur axial
轴线桩　piquet d'axe
轴箱　boîte d'essieu
轴箱承台　plateau de boîte d'essieux
轴箱导框式定位　positionnement de boîte d'essieu type de cadre de guidage
轴箱定位　positionnement de boîte d'essieu
轴箱定位方式
　　mode de positionnement de boîte d'essieu
轴箱定位装置　dispositif de positionnement de boîte d'essieu
轴箱发热和制动抱死探测器　détecteur de boîtes chaudes et de freins bloqués
轴箱发热和制动抱死探测系统　système de détection de boîte chaude et de frein bloqué
轴箱盖板　couvercle de boîte d'essieu
轴箱固定定位
　　positionnement fixe de boîte d'essieu
轴箱过热显示
　　indication de surchauffe de boîte d'essieu
轴箱加速度　accélération de boîte d'essieu
轴箱减振器　amortisseur à boîte d'essieu
轴箱冷却　refroidissement de boîte d'essieu
轴箱松动　relâchement de boîte d'essieu
轴箱弹簧　ressort de boîte d'essieu
轴箱弹簧支座
　　appui de ressort de boîte d'essieu
轴箱弹簧支座安装　montage d'appui de ressort de boîte d'essieu
轴箱弹性定位
　　positionnement élastique de boîte d'essieu
轴箱探测系统
　　système de détection de boîte d'essieu
轴箱体　corps de boîte d'essieu
轴箱托架　support de boîte d'essieu
轴箱温度　température de boîte d'essieu
轴箱温度变化
　　changement de température de boîte d'essieu
轴箱修理　réparation de boîte d'essieu
轴箱悬架　suspension de boîte d'essieu
轴箱轴承　coussinet de boîte d'essieu
轴箱装置　organe de boîte d'essieu
轴向超载　surcharge axiale
轴向超载线路下沉
　　tassement de voie dû à la surcharge axiale
轴向棱角　angularité axiale

轴向力　effort axial; force axiale
轴向平面　plan axial
轴向剖面　section axiale
轴向收缩　retrait dans la direction axiale
轴向位移　déplacement axial
轴向应力　contrainte axiale
轴销　goupille d'essieu; pivot d'essieu
轴销底座　embase de pivot d'essieu
轴心抗压力　résistance à l'écrasement axial
轴压　charge(compression, pression) axiale
轴压感应器　senseur de charge d'essieux
轴压检查　vérification de charge axiale
轴压力试验　essai(test) de compression axiale
轴压上升　montée de pression axiale
轴载　charge axiale; charge sur essieu
轴载参数　paramètre de charge d'essieux
轴载裕量　surplus de charge axiale
轴重　charge à l'essieu; charge(poids) par essieu
轴重调整　réglage de poids par essieu

zhu

竹笼　gabion en bambou
竹模板　coffrage en planche de bambou
逐层碾压法
　　méthode compactée couche par couche
逐渐加热　chauffage progressif
逐跨施工
　　exécution des travaux travée par travée
逐跨施工法　construction travée par travée
逐项予以批准　approbation au cas par cas
主坝　barrage principal
主拌和站　centrale principale
主变电站　sous-station principale
主变压器　transformateur principal
主变压器电阻器
　　résistor de transformateur principal
主柴油发电机组
　　groupe électrogène diesel principal
主车道　voie principale(VP)
主车钩　attelage principal
主车架　châssis principal
主导线(测量)　polygonale principale
主导语言　langue dominante
主等高线　courbe de niveau maîtresse
主点三角测量
　　triangulation à points principaux
主电路接地
　　mise à la terre de circuit principal

主动安全　sécurité active
主动控制　contrôle actif
主动轮　roue motrice
主动轮轴销　axe d'essieu moteur
主动锚固　ancrage actif
主动与被动安全计划
　　plan de sécurité active et passive
主动轴　essieu moteur;arbre de commande
主断路器　disjoncteur(sectionneur,
　　interrupteur)principal
主发电机　génératrice principale
主风管连接器
　　coupleur de conduite d'air principal
主服务器　serveur principal
主干沟　fossé principal
主钢筋　armature principale
主拱　arche maîtresse
主供水管道
　　canalisation principale d'adduction d'eau
主观判断　jugement absolu
主管　tuyau principal
主管部门　organisme compétent
主管当局　autorité compétente
主管道　canalisation principale
主管定压
　　pression nominale de conduite principale
主管定压上升　montée de pression nominale
　　de conduite principale
主管行政部门
　　service administratif compétent
主管运输工程师
　　ingénieur principal en transport
主合同　contrat principal
主机　ordinateur central
主筋梁　longeron en barres
主进气口　entrée d'air principale
主进站道岔　aiguille principale d'entrée
主井　puits central;puits principal
主井框　cadre d'appui
主距　distance principale
主坑道　galerie maîtresse
主控程序　programme directeur;procédure de
　　conduite pricipale
主控器　contrôleur principal
主控站　poste maître
主控制点网　réseau de points d'appui;réseau
　　de points de contrôle principaux
主跨　portée principale;travée principale
主肋　nervure maîtresse

主力　force principale
主梁　longeron;longeron principal;poutre
　　maîtresse;poutre principale
主梁布置　disposition de poutre maîtresse
主梁翼缘　membrure de longeron principal
主梁应力计算
　　calcul de contrainte de poutre maîtresse
主梁内力计算
　　calcul de force interne de poutre maîtresse
主排水　drainage principal
主配电板　tableau principal de distribution
主牵引机车　locomotive de traction
　　principale;motrice de traction principale
主牵引机车功率
　　puissance de motrice de traction principale
主牵引机车交换
　　échange de locomotive de traction principale
主切线　tangente principale
主燃气机　turbine principale
主任工程师　ingénieur dirigeant
主入口　entrée principale
主绳　câble tête
主水管　conduite d'eau principale
主体　corps
主体工程　gros-œuvre;travaux de gros œuvre
主体结构　structure principale
主通风　aérage principal
主弯矩　moment primaire
主网　réseau principal
主下水道　drain principal
主线　ligne principale
主线控制　contrôle de ligne principale
主线桥梁　pont de ligne principale
主巷　galerie principale
主信号　signal principal
主信号设备　signalisation principale
主压力管　conduite principale de pression
主压应力
　　contrainte de compression principale
主要材料表　tableau de principaux matériaux
主要参数　paramètre principal
主要尺寸　dimension principale
主要出入口　accès principal
主要导线桩　borne de polygonale principales
主要工程量　quantité principale de travaux
主要工作　activités clés
主要构件　pièce principale
主要行驶方向　sens de circulation principale
主要荷载　charge principale

主要技术指标表
　　tableau de principaux indices techniques
主要交叉口　intersection(jonction) principale;
　　carrefour principal
主要交通　trafic principal
主要交通流量　flux de trafic principal
主要结构　structure primaire
主要进出工地便道布置
　　aménagement des accès généraux
主要类型　espèce dominante
主要连接线　bretelle principale
主要码头　quai principal
主要图根测量
　　cheminement graphique principal
主要系统　système principal
主要线路　itinéraire principal; ligne principale
主要站台　quai principal
主业　activité principale
主营　activité principale
主应力　contrainte principale; effort principal
主应力坐标系　système de coordonnés de
　　contrainte principale
主站　gare(station) principale
主轴　axe principal
助理　adjoint; assistant
助理工程师　aide-ingénieur; ingénieur
　　assistant; sous-ingénieur
助理会计　aide-comptable
助手　assistant
住房津贴　allocation de logement
住宅建设　construction de logement
住宅区　zone de résidence
贮存池　bassin d'entreposage
贮存期　délai de dépôt
贮浆池　bassin de dépôt de pâte
注册　enregistrement;
　　immatriculation; inscription
注册处　bureau des inscriptions
注册工程师　ingénieur enregistré
注册号码　numéro de registre
注册商标　marque déposée; marque déposée
　　enregistrée; marque enregistrée
注册手续　formalité d'enregistrement
注册文件　document d'enregistrement
注册资本　capital de registre
注浆　coulis d'injection; remplissage de coulis
注浆法掘进　creusement par cimentation
注浆钻孔　forage d'injection de coulis
注气　injection de gaz
注入　injection
注入混凝土　injection de béton
注释　commentaire; note descriptive; note
注释说明　nota descriptif
注水　injection d'eau
注水口　orifice d'entrée d'eau
注水试验　essai(test) d'injection d'eau
注油柱　poteau d'injection de carburant
驻车　stationnement
驻车要求　exigence de stationnement
驻车制动　freinage de stationnement
驻车制动器　frein de stationnement
驻地工程师　ingénieur résident
驻水区域排水　drain en zone courante
柱　colonne; pilier; poteau
柱承基础板　radier fondé sur pieux
柱顶　tête de poteau
柱顶弯矩
　　moment fléchissant en tête de poteau
柱端头　about de poteau
柱断面　section de poteau
柱分布　distribution de poteaux
柱杆架设　implantation de poteaux
柱高　hauteur de poteau
柱基础　fondation de colonnes
柱基座
　　socle de colonne; naissance de colonne
柱间距　espacement des colonnes;
　　écart entre les poteaux
柱脚　pied d'étançon(colonne, mât, poteau)
柱裂缝　fissure de poteau
柱模板　coffrage de colonne(poteau)
柱排列　disposition de colonnes
柱身　corps de poteau; fût
柱式桥墩　butée en colonne
柱式桥台　aboutement(culée) de colonnes
柱式图解　histogramme
柱头　chapiteau; tête de colonne
柱网　réseau de poteaux
柱型　type de colonne(poteau)
柱桩　pieu à colonne
柱状图　diagramme en bâtons
柱纵向弯曲　déflexion de colonne
柱座　socle de poteau
铸钢　acier coulé(fondu); acier de fonte;
　　fonte d'acier
铸钢车轮　roue en acier fondu
铸钢件　pièce coulée en acier
铸工工厂　moulerie

铸件　pièce coulée(moulée);pièce de fonderie
铸件肥边打磨
　　lissage(meulage) d'extrudage de fonte
铸铝　aluminium moulé
铸模　moulage;moule à fonte
铸铁　fer de fonte;fer fondu;fonte de moulage
　　(affinage);fonte
铸铁箅子　grille en acier fondu;grille en fonte
铸铁车间　atelier de fonte
铸铁拱架　cintre en fonte
铸铁管　tube(tuyau)en fonte
铸铁滚筒　rouleau en fonte
铸铁集水管　collecteur en fonte
铸铁检查井盖板　couvercle de regard en fonte
铸铁框　cadre en fonte
铸铁梁桥　pont à poutres en fonte
铸铁泄水管　tuyau de décharge en fonte
铸铁(圆形)井盖　tampon en fonte
铸铁圆柱　colonne en fonte
铸造车间
　　atelier de fonderie(moulage);fonderie
铸造肥边　extrudage de fonte
铸造合金　alliage de fonderie
筑堤坝　endiguement
筑堤工程　endiguement
筑堤沟　canal en remblai
筑路骨料采集场
　　carrière de matériaux de viabilité
筑路机械　engin de construction routière;
　　engin routier;machine routière
筑路肩　construction de l'accotement
筑路设备　équipement de
　　construction routière;matériel de voirie
筑路用碎石　macadam routier

zhua

抓臂式装载机　chargeuse à bras ramasseur
抓斗　benne preneuse;benne à griffe
抓斗机　râteau à blocs
抓斗式电动桥式起重机
　　pont électrique à grappin preneur
抓斗式挖土机　excavateur à benne preneuse;
　　excavateur à grappin;excavateur à griffes
抓斗装运机　chargeuse-benne
抓岩机　râteau à blocs
爪　patte
爪形车钩　attelage à griffe
爪形工具　griffe
爪形离合器　accouplement à clabots(griffes)

zhuan

专家　expert;spécialiste
专家工程师　ingénieur expert
专家鉴定评估　évaluation par expertise
专家结论　conclusion de l'expert
专家人员　effectif des experts
专家身份　qualité de l'expert
专家委员会　comité d'experts
专家咨询　consultation d'expert
专家组　équipe(groupe)des experts
专利代理人　agent de brevets
专利权　droit de brevet
专利特许权　privilège exclusif
专利证　brevet
专列　train spécial
专列优先　priorité de train spécial
专门抵押　hypothèque spéciale
专门规定　prescriptions spécifiques
专门化　spécialisation
专门检查　contrôle spécial
专属经济区　zone économique exclusive
专线　ligne spéciale
专项检查　contrôle spécial
专项设计
　　conception(étude)spécifique
专业　spécialité
专业词汇　terminologie
专业大修队
　　équipe spécialisée de réparation générale
专业等级证明
　　certificat de classification professionnelle
专业调查
　　investigation(reconnaissance)spécifique
专业队　équipe professionnelle(spécialisée)
专业服务　service professionnel
专业工程师　ingénieur professionnel
专业工人　main-d'œuvre spécialisée
专业公司
　　entreprise(firme,société)spécialisée
专业合格证书　brevet professionnel
专业化　spécialisation
专业化程度　degré de spécialisation
专业化趋势　tendance de spécialisation
专业化施工
　　spécialisation de l'exécution des travaux
专业技术组　groupe technique spécialisée
专业名称　désignation de spécialité
专业能力　capacité professionnelle

专业能力调查　enquête de capacité professionnelle
专业人员　professionnel
专业软件　logiciel professionnel
专业设备　équipement professionnel
专业水准　niveau professionnel
专业小组　équipe de spécialité
专业性选拔　sélection professionnelle
专业业务税　taxe d'activité professionnelle
专业证书　brevet de spécialité
专业知识　connaissances professionnelles
专业资质　qualification professionnelle
专业资质证明　certificat de qualification professionnelle
专业组织　groupement professionnel; organisation spécialisée
专用车道　voie exclusive
专用道路　chemin de desserte; chemin privé
专用工具　outil spécial
专用行政条款　Cahier des Clauses Administratives Particulières(CCAP)
专用货车　wagon spécial
专用技术条款　Cahier des Clauses Techniques Particulières(CCTP)
专用铁路　chemin de fer spécial
专用线　chemin d'accès; embranchement particulier; ligne privée; voie de desserte; voie privée
砖　brique
砖厂　briqueterie
砖墩　pilier en briques
砖拱　arc en briques
砖拱顶　voûte en briques
砖构涵洞　ponceau en briques
砖混结构　structure de briques et de béton
砖块路面　pavage en briques
砖路　route à revêtement de briques
砖坯　brique crue
砖砌道路　route de briques
砖砌排水沟　caniveau maçonné
砖砌污水道　égout en briques
砖墙　mur en briques
砖石铺砌边沟　fossé pavé
砖瓦窑　four à brique
砖压顶　couronnement en briques
转包商　sous-entrepreneur
转臂起重机　derrick
转臂桥式吊车　pont à flèche orientable
转臂式定位　positionnement à rotation de bras
转变车道　changement de voie de circulation
转变点　point de transformation
转变速度　vitesse de transformation
转车盘锁闭　verrouillage de plaque tournante
转车台　plaque tournante; plateforme tournante
转车台滚轮　galet de plaque tournante
转车台转向　retournement à plaque tournante
转车台转向支承　crapaudine de plaque tournante
转动　roulement
转动部分　partie tournante
转杆式闸机　porte-tourniquet
转轨作业设备　équipement de changement de voie
转换　commutation; transformation; transition
转换插座　transducteur de prise de courant
转换差　écart de conversion
转换断层　faille transformée
转换计算　calcul de transformation
转换开关　commutateur; interrupteur inverseur
转换器　commutateur
转换器接触点　point de contact de commutateur
转换系数　coefficient de conversion
转换值　valeur de commutation
转基因产品　produit transgénique
转角　angle de rotation
转口　transit
转口港　port de transit
转炉钢　acier au convertisseur
转盘　rond-point
转盘道岔　aiguille de plaque tournante
转让　dévolution; transfert
转让协议　accord sur les transferts
转速　compte-tours; tachymètre
转体架桥法　construction de pont par méthode de pivotement; installation à méthode rotative; montage à méthode rotative; pose à méthode rotative
转筒筛　crible rotatif
转弯　virage
转弯半径　rayon de braquage(déviation, virage)
转弯标志　signe de virage
转弯车道　voie tournante
转弯角　angle de virage
转弯宽度　ampleur(largeur) de virage

转弯线　ligne de virage
转弯性能
　　capacité de détour(tournage, virage)
转向　retournement
转向车道　triangle de raccordement; voie de retournement(virage)
转向渡线速度
　　vitesse de franchissement en voie déviée
转向架　bogie
转向架侧架
　　châssis latéral de bogie; flanc de bogie
转向架侧梁　longeron de bogie
转向架侧梁弯沉
　　déflexion de longeron de bogie
转向架拆卸　démontage de bogie
转向架底座　embase de bogie; siège de bogie; châssis de bogie
转向架底座高度　hauteur de châssis de bogie
转向架电机　moteur de bogie
转向架电机座　logement de moteur de bogie
转向架对角线　diagonale de bogies
转向架分类　classification de bogies
转向架构架　châssis de bogie
转向架构件　composants de bogie
转向架构造　structure de bogie
转向架固定轴距
　　distance fixe des essieux de bogie
转向架荷载　charge de bogie
转向架换装所　poste à changer des bogies
转向架检查　visite de bogie
转向架类型　type de bogies
转向架连接　connexion de bogie
转向架落轮坑　fosse d'essieux de bogie
转向架旁承　lissoir de bogie
转向架旁承荷载　charge de lissoir de bogie
转向架缺陷　défaut(vice) de bogie
转向架润滑脂　graisse de bogie
转向架设计　étude de bogie
转向架式机车　locomotive à bogie
转向架损坏
　　destruction(détérioration) de bogie
转向架弹簧　ressort de bogie
转向架通常技术条件
　　spécifications techniques générales des bogies
转向架托架　support de bogie
转向架维修　maintenance de bogie
转向架稳定性　stabilité de bogie
转向架下心盘
　　plaque centrale inférieure de bogie
转向架心盘　crapaudine de pivot de bogie; crapaudine de bogie
转向架心盘荷载
　　charge de crapaudine de bogie
转向架修理　réparation de bogie
转向架支承　crapaudine de bogie
转向架支承底座
　　embase de crapaudine de bogie
转向架支承装置　organe de support de bogie
转向架支承座　crapaudine de pivot de bogie
转向架支轴　pivot de bogie
转向架支轴涂油　graissage de pivot de bogie
转向架中心距　entraxe des bogies
转向架中央悬挂装置
　　organe de suspension centrale de bogie
转向架轴承　roulement de bogie
转向架轴颈　fusée de bogie
转向架轴距　distance entre pivots de bogies; écartement des pivots de bogies; empattement de bogie
转向架轴距长度　longueur de pivot de bogie
转向架组成　composition de bogie
转向箭头标志　flèche de rabattement
转向量　amplitude de braquage
转向线　triangle de raccordement; voie déviée; voie de virage(déviation)
转向枕木　traverse pivotante
转移速度　vitesse de transfert
转移系数　coefficient de transfert
转椅　siège pivotant
转运费　droit de transbordement
转运栈桥　passerelle de transbordement
转账　virement; virement de compte
转账通知　avis de virement
转账支票　chèque de virement
转辙　aiguillage
转辙杆　tringle de manœuvre d'aiguille
转辙机　appareil de commande d'aiguille; moteur d'aiguille; moteur de commande d'aiguille
转辙机电路　circuit de moteur d'aiguille
转辙角　angle de l'aiguille; triangle de bifurcation
转辙器　aiguille
转辙器防爬铁撑
　　anticheminant ferré de l'aiguille
转辙器跟　talon d'aiguille
转辙设备试验
　　essai(test) de l'équipement d'aiguille

转轴装置　vireur d'essieux
转装　transbordement
转租　sous-bail
转子除雪车　chasse-neige à turbine
转子感应电机　moteur de bobine inductrice

zhuang

桩　pieu
桩承底脚　semelle fondé sur pieux
桩承载能力　capacité de pieu
桩锤　dame
桩锤下落高度　hauteur de chute de mouton
桩锤重量　poids de mouton
桩顶　chaperon de pieu
桩顶面　surface de tête du pieu
桩定位　localisation de pieu
桩分布　distribution (répartition) de pieux
桩箍　virole de pieu
桩贯入深度
　profondeur de pénétration de pieu
桩号　jalon de distance cumulée; numéro de pieu
桩荷载　charge de pieux
桩基　fondation sur piliers; pilotis
桩基承台　semelle de pieux
桩基承台下沉
　tassement de semelle des pieux
桩基础　fondation pour poteaux; fondation sur pieux
桩基挡土墙　mur de soutènement en pieux
桩基定位　implantation de pieux
桩基施工　exécution de pieux
桩基施工方法　mode d'exécution de pieux
桩基下沉　affaissement de pieux
桩基岩芯取样　carottage de pieux
桩尖　pointe de pieu
桩间距　intervalle de pieux
桩脚(尖)　pied de pieu
桩距　écartement (espacement) des pieux
桩抗沉　refus de pieu
桩类型　type de pieux
桩埋深　niveau d'enfoncement de pieu
桩锚固　ancrage de pieu
桩帽　avant-pieu; capuchon; chapeau de pieu; semelle de pieux
桩密度　densité de pieux
桩排　file de pieux; rangée de pieux
桩墙　mur en pieux
桩群找平线　arasement de poteaux

桩式墩　pile en pilotis
桩式桥　pont de pilotis
桩式桥墩　butée en pieux
桩式桥台　aboutement (culée) en pieux
桩台　aboutement (culée) en pilotis
桩套　embout
桩头　tête de pieu
桩头清理　décapage de tête de pieux
桩图　dessin de pieux
桩围堰　batardeau à pilotis
桩位　emplacement (position) de pieux
桩止点　refus de pieu
装备集成　intégration des équipements
装财务标的信封　pli de l'offre financière
装车　embarquement; chargement à bord
装车铲　pelle de chargement
装车场　chantier de chargement
装车场地　emplacement de chargement
装车场照明
　éclairage de chantier de chargement
装车单据　document d'embarquement
装车机　pelle-chargeuse; pelleteur; pelleteuse
装车计划　plan de chargement
装车期限　délai de chargement
装车任务分配
　attribution de tâche de chargement
装车数量　nombre (quantité) de chargement
装车统计　statistique de chargement
装车线　voie de chargement
装车线长度
　longueur de voie de chargement
装车延误　retard de chargement
装车要求　exigence de chargement
装车指令　ordre de chargement
装车作业　manœuvre de chargement
装道砟　embarquement de ballasts
装货　embarquement de marchandises
装货口　trappe de chargement
装货口活门
　porte de trappe de chargement
装货类型　type de chargement
装货码头　quai d'embarquement
装货期限　délai de planche au chargement
装货清单　bordereau de chargement
装货区　aire d'embarquement; aire de chargement
装货托架　plateau de chargement
装机容量　puissance équipée
装技术标的信封　pli de l'offre technique

装梁　chargement(embarquement) de poutres
装料斗　benne à chargement; godet chargeur; trémie de chargement
装料机　chargeur; chargeuse
装料设备　moyens(équipement, matériel) de chargement
装料箱　caisse de chargement
装料站　poste de chargement
装配　opération d'assemblage; montage
装配场地　parc(aire, site) de montage
装配车间　atelier d'assemblage(montage)
装配工地　chantier de montage
装配流水线　chaîne de montage
装配式衬砌　revêtement préfabriqué
装配式简支梁　poutre posée à l'assemblage
装配图　dessin(plan) d'assemblage
装配型桥梁　poutre de l'assemblage
装石料箱　caisse de pierres
装饰材料　matériau de décoration
装饰工程　travaux de décoration
装卸　manutention
装卸车记录　enregistrement de chargements/déchargements
装/卸车站台　plateforme de chargement/déchargement
装卸费　frais de chargement et déchargement
装卸货物　manutention de marchandises
装卸机械化　mécanisation pour chargement et déchargement
装卸计划　programme de chargement et déchargement
装卸进度　avancement de chargement et déchargement
装卸码头　appontement de chargement; quai de manutention
装卸设备　engin(équipement, matériel) de manutention
装卸时间　temps de chargement et déchargement
装卸线　voie de débord
装卸栈桥　appontement de chargement/déchargement
装卸站台　quai de chargement/déchargement; quai de manutention
装卸作业　chargement et déchargement
装修车间　atelier de finissage
装岩机　chargeuse au rocher
装运代理人　commissionnaire-chargeur
装运单　liste de chargement

装运道砟　chargement et transport de ballast
装运轨排　chargement et transport de châssis de voie
装载　chargement; mise en charge
装载不足　insuffisance de chargement
装载地点　lieu de chargement
装载机　chargeur; chargeuse; machine de chargement; pelle chargeuse
装载机械　engin de chargement
装载加固装置　dispositif de renforcement des charges
装载量　capacité de chargement
装载率　pourcentage de chargement
装载任务　tâche de chargement
装载设备　équipement(matériel) de chargement
装载顺序　ordre de chargement
装载速度　vitesse de chargement
装载系数　coefficient de chargement
装载限界　gabarit d'encombrement; gabarit de chargement
装载裕量　surplus(marge) de chargement
装载证明　certificat de chargement
装载装置　dispositif de chargement
装载作业　opération de chargement
装载作业程序　programme d'opération de chargement
装砟机　chargeur de ballast; chargeuse de ballast
装置　appareil; dispositif; organe
状况监视　surveillance de l'état
状态图　diagramme d'état
撞击　choc; impact
撞击点　point de choc

zhui

追赶　rattrapage
追赶行程　rattrapage du trajet de circulation
追加额　plus-value
追加费用　coût additionnel; dépense additionnelle
追加开支　dépense supplémentaire
追加条款　clause additionnelle
追加协议　accord additionnel
追加预算　budget additionnel(supplémentaire)
锥　cône
锥柄麻花钻　mèche à torse de foreuse
锥度　degré de cône

锥度规　calibre de conicité
锥尖阻力　résistance de pointe
锥面　surface conique
锥面垫圈　rondelle Belleville
锥坡　pente conique
锥坡六角形预制块防护
　renforcement de perrés préfabriqués au niveau de talus conique
锥体　cône
锥体坍落度试验
　affaissement au cône d'Abrams
锥形　forme conique
锥形护坡　berme conique；pente conique de protection；risberme conique
锥形基础　semelle conique
锥形料仓　silo conique
锥形料堆　cône d'éboulis
锥形踏面　surface conique de roulement
锥形体　pyramide
锥形土堆　pyramide de terre
锥形罩道路照明灯
　réverbère à luminaire tronconique
锥形桩　pieu conique
坠石　chute de pierres
坠石地点　lieu de chute de pierres

zhun

准备程序　procédure de préparation
准备工作　préparatif
准备阶段　étape(période, phase) de préparation；phasage préparatoire
准备金　fonds de réserve
准备进路　préparation des itinéraires
准备期　période(délai, durée) de préparation
准备时间　temps de préparation
准备试样　préparation d'échantillons
准备速度　vitesse de préparation
准点　ponctualité
准点列车　train ponctuel
准点列车数量　nombre de trains ponctuels
准点率　taux à l'heure ponctuelle
准确尺寸　dimension exacte
准确度　degré de précision
准市场经济　économie de quasi-marché
准许材料使用
　agrément d'utilisation de matériaux
准许料场开发
　agrément d'exploitation de gisement
准则　critère
准直仪　collimateur

zhuo

浊水　eau impure
琢石　pierre taillée

zi

咨询　consultation
咨询方式　modalité de consultation
咨询服务　service consultatif
咨询工程师　ingénieur-conseil
咨询公司　société de consultation
咨询合同　contrat de consultation
咨询会议　réunion consultative
咨询机构　organisme consultatif
咨询通知　avis de consultation
咨询委员会
　comité consultatif；commission consultative
咨询文件　document consultatif
资本公司　société de capitaux
资本配置　affectation de capital
资本循环　cycle de capital
资本运作　fonctionnement des capitaux
资产　actif；bien
资产负债表　bilan
资产负债平衡表
　balance de l'actif et du passif
资产经营　exploitation des actifs
资产评估　évaluation des actifs
资产清查　vérification sur inventaire
资产清算表　bilan de la faillite
资格　qualification；éligibilité
资格分析　analyse de candidature
资格确定　détermination de qualification
资格审查　examen de candidature (qualification, éligibilité)
资格声明　déclaration de qualification
资格预审　pré-qualification de candidature；pré-qualification
资格预审通知
　avis de présélection(préqualification)
资格证明　certificat de qualification
资金筹措　mobilisation de fonds
资金抵押　hypothèque en capitaux；nantissement de fonds

资金分配　distribution de fonds
资金积累　accumulation de fonds
资金来源　origine de financement ; provenance de fonds ; source financière
资金流动　circulation de capitaux
资金流量　flux monétaire
资金调拨　affectation de fonds
资金调整　ajustement de capital
资金需求　besoin de capitaux
资金用途　affectation de fonds
资金制约　contrainte financière
资金周转　roulement de fonds
资金周转率　taux de rotation de fonds
资金转移　transfert de fonds
资料编制　élaboration (établissement) des dossiers
资料不足　insuffisance de dossiers
资料分析　analyse de documents
资料室　salle de documentation
资料收集　collection de documents
资料完整性　intégrité de documents
资料移交　passation de dossiers
资料移交计划　programme de passation de dossiers
资深工程师　ingénieur qualifié
资审调查表　questionnaire de pré-qualification (présélection)
资源　ressource
资源保护区　zone de conservation de ressources
资源不足　insuffisance de ressources
资源勘查　recherche de ressources
资源配置　affectation de ressources
资质等级证明　certificat de qualification et de classification professionnelle
资质检查　vérification de qualification
资质文件　document de qualification
资质证明　attestation de qualification
子公司　filiale
子计划　sous-planning
子系统　sous-système
紫铜　cuivre rouge
紫外线　rayons ultraviolets
紫外线辐射　radiation ultraviolette
自备车辆　wagon privé
自闭电路　circuit auto-fermé
自闭线圈　bobine auto-fermée
自筹资金　autofinancement
自导向转向架　bogie de guidage automatique

自动保护　auto-protection ; protection automatique
自动保护电路　circuit de protection automatique
自动保护感应器　senseur de protection automatique
自动保护开关柜　coffret de disjoncteurs
自动保护装置　protecteur automatique
自动保护作用　fonction de protection automatique
自动报警功能　fonction d'alarme automatique
自动闭塞　blocage (block) automatique
自动闭塞解锁　désenclenchement de blocage automatique
自动闭塞区段　section (tronçon) de block automatique
自动闭塞区间　canton auto-bloqué ; section de block automatique
自动闭塞系统　block-système
自动闭塞系统解锁　désenclenchement de block-système
自动闭塞线路　ligne en blocage automatique
自动变换显示　indication de changement automatique
自动操作　manœuvre (opération, fonctionnement) automatique
自动侧卸翻车　benne automotrice à pans inclinés
自动冲洗　rinçage automatique
自动导航　autoguidage
自动电焊机　soudeuse électrique automatique
自动断路器　disjoncteur
自动翻斗　benne automatique
自动扶梯　escalier roulant
自动跟踪　suivi automatique
自动跟踪和监视功能　fonction de suivi et de surveillance automatique
自动关闭　fermeture automatique
自动焊接　soudage automatique
自动焊接机　soudeuse automatique
自动衡器　bascule automatique
自动化　automatisation
自动化编组站　poste de triage automatique
自动化驼峰　bosse (butte) automatique
自动化系统　système automatique
自动恢复功能　fonction de rétablissement automatique
自动回叫　rappel automatique

自动计数	comptage automatique
自动计算	calcul automatique
自动记录温度计	thermomètre enregistreur
自动记录仪	auto-scripteur
自动驾驶	conduite automatique
自动驾驶模式	mode de conduite automatique
自动监督	auto-surveillance
自动监视	surveillance automatique
自动检测	auto-détection; détection automatique
自动检测方式	mode de détection automatique
自动检测系统	système de détection automatique
自动交换机	autocommutateur
自动绞车	camion-treuil
自动校正	autocorrection
自动解除	déblocage automatique
自动开关	interrupteur automatique
自动控制	autocommande; autocontrôle; contrôle automatique
自动控制道岔	aiguille manœuvrée automatiquement
自动控制方式	mode de commande automatique
自动控制功能	fonction de commande automatique
自动控制系统	système de contrôle automatique
自动连接车钩	attelage automatique
自动列车	train automatique
自动排水路基	plateforme autodrainante
自动铺砂车	auto-sableuse
自动切割	coupage automatique
自动识别	identification automatique
自动视距水准仪	niveau automatique
自动收费站	poste de péage automatique
自动售票机	distributeur automatique des billets (DAB); distributeur automatique des tickets (DAT)
自动锁闭	verrouillage automatique
自动探测器	détecteur automatique
自动探测系统	système automatique de détection
自动调节	réglage (régulation, ajustement) automatique
自动调节设备	équipement auto-réglable
自动调节装置	appareils tendeurs automatiques
自动调整装置	dispositif auto-réglable
自动停车	arrêt automatique
自动通风装置	appareil automatique de ventilation
自动显示	indication automatique
自动限时解锁	déblocage automatique à temps
自动信道选择	sélection automatique de canal
自动信号	signal (signalisation) automatique
自动寻找	recherche automatique
自动巡路平地机	auto-patrol
自动压路机	compacteur automoteur
自动咬合式挂钩	attelage automatique à mâchoires
自动仪器	appareil automatique
自动运转	fonctionnement automatique
自动制动阀	valve de freinage automatique
自动制动装置	dispositif de freinage automatique
自动转换器	commutateur automatique
自动转辙机	aiguille automatique
自动装卸汽车	auto-chargeur
自动装卸设备	auto-chargement
自动装载机	chargeuse automatique
自动钻井机	auto-fonceuse
自翻车	wagon basculant
自攻螺钉	vis parker
自攻锚固栓	boulon d'ancrage auto-perforant
自检	contrôle intérieur (interne); inspection automatique
自检功能	fonction de détection automatique
自控	contrôle intérieur (interne); contrôle automatique
自控设备	équipement d'auto-contrôle
自流充填	remblai coulé
自流含水层	nappe artésienne
自锚	auto-ancrage
自然保护区	réserve naturelle; zone de réserve naturelle
自然场地	terrain naturel
自然沉落	subsidence naturelle
自然地面标高	cote de niveau du sol naturel; niveau du terrain naturel
自然风	vent naturel
自然干燥	séchage naturel
自然含水量	teneur naturelle en eau
自然交通量	trafic naturel
自然景观	paysage naturel

自然老化　vieillissement naturel
自然排水　drainage(écoulement) naturel
自然坡度　pente naturelle
自然日　jour calendaire
自然湿度　humidité naturelle
自然条件　condition naturelle
自然通风　aérage naturel;aération(ventilation) naturelle
自然通风方式　mode de ventilation naturelle
自然稳定边坡　talus stable naturel
自然现象　phénomène naturel
自然选择　sélection naturelle
自然循环　circulation naturelle
自然养护　conservation à l'air
自然遗产　patrimoine naturel
自然硬结　durcissement naturel
自然灾害　calamité naturelle
自然灾害保险　assurance catastrophes naturelles
自然灾害风险　risque naturel
自然植被　végétation naturelle
自然状态　état naturel
自然资源　ressources naturelles
自身速度　vitesse propre
自卸卡车　camion à benne;camion à déversement;camion basculant;camion auto-déchargeur
自行车道　piste cyclable;trottoir cyclable
自行车专用车道　voie de bicyclettes
自行车专用道路　route pour cyclistes
自行导向　guidage de sens automatique
自行式铲运机(刮土机)　décapeuse automotrice
自行式单轮压路机　rouleau monoroue à moteur
自行式道路清扫机　engin de nettoiement automobile
自行式吊车架梁　pose à grue automatique de poutres du pont
自行式轮胎压路机　rouleau à pneus automoteur;rouleau compacteur à pneumatique automoteur
自行式平地机　niveleuse automotrice;niveleuse motorisée
自行式洒布机　répandeuse automotrice
自行式土方机械　engin de terrassement automoteur
自行式压路机　rouleau automoteur;rouleau moteur;rouleau motorisé

自行式凿岩台车　perforatrice automotrice
自行式装备　équipement(matériel) automoteur
自行式装卸设备　équipement(matériel) automobile de manutention
自行式钻机　affût automatique
自行式钻孔台车　jumbo automoteur
自由车流　flux libre
自由沉降　tassement libre
自由港　port franc
自由过境　transit libre
自由交通流　flux libre de trafic
自由竞争　concurrence libre
自由跨度　portée libre
自由流水隧洞　souterrain à écoulement libre
自由贸易　commerce libre
自由贸易区　zone de libre-échange;zone libre(ZL);zone franche
自由面　surface libre
自由拍卖　adjudication libre
自由膨胀率　taux de gonflement libre
自由水面暗渠　aqueduc couvert à plan d'eau libre
自由外汇　devise libre
自由下落高度　hauteur de chute libre
自由向量　vecteur libre
自由压力　pression libre
自由振动　vibration libre
自由职业　profession libérale
自由轴　essieu indépendant
自由转动　rotation libre
自有设备　équipement en propre
自有设备数量　quantité de matériels propres
自有资金　capital propre
自愿拍卖　adjudication volontaire
自振　vibration automatique
自振频率　fréquence de vibration automatique
自治港　port autonome
自重　charge de gravité;poids mort; poids propre
自重系数　coefficient de poids propre
自助餐车　gril-express
自助行李寄存处　consigne à libre-service
自装斗式矿车　chargeuse-benne

zong

综合报告　rapport synthétique
综合单价　prix global à l'unité
综合调查　enquête synthétique

综合地质剖面(图) coupe générale
综合工区 section de maintenance intégrée
综合检测车组 rame à détection intégrée
综合经验 expérience générale
综合控制 contrôle synthétique
综合图 plan de synthèse
综合维修 maintenance intégrée; réparation générale(intégrale)
综合维修段 dépôt de maintenance intégrée
综合性设计 conception(étude)synthétique
综合养路机械 machine intégrée à entretien de voie
综合作用 action combinée
总表 tableau général
总部 siège social
总部地址 adresse de siège social
总部管理费 frais généraux du siège social
总部人员 personnel au siège social
总产值 production globale; valeur globale de production
总长度 longueur totale
总成 ensemble
总承包 forfait global
总承包商 entrepreneur de forfaitaire
总得分 note globale
总地质图 carte géologique générale
总吨位 jauge brute
总吨位费率 tarif de jauge brut
总额 montant total; somme globale(totale)
总费用 coût global
总高度 hauteur totale
总工程师 ingénieur en chef
总工程师室 service d'ingénieur en chef
总功率 puissance totale
总荷载 charge totale
总计划 programme général
总价 prix global(total)
总价包干合同 marché forfaitaire
总价合同 contrat de prix total
总检查计划 plan général de contrôle
总建筑师 architecte en chef
总结账单 décompte général
总跨度 ouverture totale
总跨径 travée globale(totale)
总宽度 largeur totale
总面积 surface totale
总目录 nomenclature générale
总挠度 flèche totale
总平面图 plan d'ensemble; plan de masse;
vue générale en plan
总容量 volume total
总生产量 volume de production
总生产率 rendement global
总收入 recette brute
总数量 quantité totale
总衰耗 atténuation générale
总说明 description générale
总体布置 disposition d'ensemble
总体布置图 plan d'aménagement général
总体计划 programme d'ensemble
总体进度计划 planning d'ensemble
总体开采计划 plan général d'exploitation
总体设计 conception(étude)d'ensemble; conception(étude)générale
总体图 dessin(plan)d'ensemble
总体稳定 équilibre général; stabilité générale
总体稳定性核实 vérification à la stabilité globale
总投资 investissement total
总图 plan général; vue d'ensemble
总推力 poussée totale
总效率 rendement global
总议定书 acte général
总运输量 trafic brut total
总造价 coût total
总则 dispositions générales; principes généraux
总重 poids global(total)
总重大列车 train à grand poids total
总质量 masse totale
纵波 ondes longitudinales
纵波速度 vitesse d'ondes longitudinales
纵断层 faille longitudinale
纵断面(图) coupe en long; section longitudinale; profil en long; profil longitudinal; plan de profil en long; vue en profil
纵断面检查 contrôle de profil en long
纵断面类型 type de profil en long
纵断面连接最小容许半径 rayon admissible en raccordement de profil en long
纵断面轮廓 contour de profil en long
纵断面坡度 pente de profil en long
纵断面设计 conception(étude)de profil en long
纵断面特征 caractéristique de profil en long
纵断面线路 tracé de profil en long

纵断面线路最小半径
    rayon minimum de tracé du profil en long
纵断面研究　recherche de profil en long
纵断面应力　contrainte de profil en long
纵断面最大坡度
    pente maximale de profil en long
纵辅梁　poutre longitudinale secondaire
纵沟　caniveau longitudinal
纵谷　vallée longitudinale
纵行　colonne
纵横断面统计表
    relevé de profils en long et en travers
纵肋　nervure longitudinale
纵梁　longeron；longrine；longrine（membrure，poutre）longitudinale；poutre de rive；sommier longitudinal；travon
纵梁负荷　charge de longrine
纵梁弯沉　déflexion de longrine
纵列　file
纵列布置　disposition à défilade
纵列高压线铁塔
    file de pylônes de fil à haute tension
纵列式　arrangement en forme de passage；arrangement longitudinal
纵列式车站　gare en forme longitudinale
纵列式货物站台　quai en alignement
纵列式枢纽　nœud disposé en défilé
纵列式站台　quai longitudinal
纵列铁塔　file de pylônes
纵面图　vue longitudinale
纵面线形　alignement vertical
纵坡　pente longitudinale
纵坡测量　mesure de pente longitudinale
纵坡长度　longueur de pente longitudinale
纵坡处理　traitement de pente longitudinale
纵坡临界长度　longueur critique de pente
纵坡限制　limite de pente longitudinale
纵坡折减
    compensation de pente longitudinale
纵剖面（图）　coupe longitudinale；profil en long；profil longitudinal；vue en coupe longitudinale
纵倾　angle d'assiette
纵弯试验　essai（test）de flambage
纵向　sens longitudinal
纵向暗缝　joint aveugle longitudinal
纵向变形　déformation longitudinale
纵向布置　disposition longitudinale
纵向冲击　choc longitudinal
纵向定线　alignement longitudinal
纵向分布　distribution longitudinale
纵向干线　artère longitudinale
纵向刚度　rigidité longitudinale
纵向钢筋　acier longitudinal；armature（barre）longitudinale
纵向轨枕
    longrine de traverse；traverse longitudinale
纵向涵洞　aqueduc longitudinal；dalot（ponceau）longitudinal
纵向加劲肋　raidisseur longitudinal
纵向接缝　joint longitudinal
纵向控制　contrôle longitudinal
纵向宽度　largeur longitudinale
纵向拉杆　tirant longitudinal
纵向力　force longitudinale
纵向力矩　moment longitudinal
纵向力系数　coefficient de force longitudinale
纵向连接　liaison longitudinale；raccordement longitudinal
纵向连接曲线　courbe（courbure）de raccordement de profil en long
纵向连接弯道
    courbe de raccordement de profil en long
纵向联锁杆
    barre d'enclenchement longitudinale
纵向裂缝
    crevasse（fissuration，fissure）longitudinale
纵向挠曲　déflexion longitudinale
纵向排水
    assainissement（drainage）longitudinal
纵向排水沟　drain（fossé）longitudinal
纵向平衡　équilibrage longitudinal
纵向平巷　galerie longitudinale
纵向铺设道砟　colonne ballastée
纵向齐平　nivellement longitudinal
纵向倾斜　déclivité longitudinale
纵向式通风　ventilation（aération）longitudinal
纵向收缩　contraction longitudinale
纵向速度　vitesse longitudinale
纵向调整　réglage longitudinal
纵向铁路线群　file de faisceau de voies
纵向推力　poussée longitudinale
纵向弯曲　flambement
纵向弯曲系数
    coefficient de flambement longitudinal
纵向弯曲应力　contrainte（effort）de flambage
纵向位移　déplacement longitudinal

纵向稳定性　stabilité longitudinale
纵向误差　erreur longitudinale
纵向压力　compression longitudinale
纵向压曲力　force de flambement
纵向压缩试验
　　essai(test)de compression longitudinale
纵向延伸　allongement longitudinal
纵向应力
　　contrainte longitudinale;effort longitudinal
纵向预应力　précontrainte longitudinale
纵向运动　mouvement longitudinal
纵向运行
　　circulation en défilé;circulation longitudinale
纵向支撑
　　appui(contreventement,support)longitudinal
纵向中心线　axe longitudinal
纵向主钢筋　armature maîtresse longitudinale
纵向阻力　résistance longitudinale
纵行程　course longitudinale
纵轴　axe(arbre)longitudinal
纵轴线　axe longitudinal
纵坐标　ordonnée longitudinale.
纵坐标轴　axe des ordonnées;axe Y

zou

走板　passerelle
走廊　corridor;galerie;couloir
走私　fraude
走向控制　contrôle de tracé
走向线
　　alignement de direction;ligne de direction
走行部分　partie roulante
走行部驱动转向架
　　bogie moteur de partie roulante
走行件　pièce de roulement
走行件涂油
　　graissage des pièces de roulement
走行开关　commutateur de roulement
走行装置　organe de roulement

zu

租借合同　contrat de louage
租金　bail
租赁费　frais de location
租赁合同　contrat de bail;contrat de location
租赁期　durée de location
租赁设备　équipement loué
租用设备数量　quantité de matériels loués
租约　bail

足尺　échelle en vraie grandeur
足尺大样图　détail en grandeur
足尺模型　modèle en vrai grandeur
足够经验　expérience suffisante
阻断能力　pouvoir de coupure
阻抗　impédance;résistance
阻力　effort résistant;force de résistance;
　　résistance
阻力矩　moment de résistance
阻力曲线　courbe(courbure)de résistance
阻力图　diagramme de résistance
阻力系数　coefficient de résistance
阻率勘探
　　prospection par mesure de la résistivité
阻尼曲线　courbe d'affaiblissement;courbure
　　d'amortissement
阻尼系数
　　coefficient(rapport)d'amortissement
阻尼振荡　oscillation amortie
阻尼装置　organe d'amortissement
阻燃材料　matériau ignifuge
阻燃强度　résistance à la flamme
阻塞　encombrement
阻止通行　barrage
组成　composition;constitution
组成部分
　　partie composante(constituante,intégral)
组合　combinaison;constitution
组合单元　unité de formation
组合道岔　aiguille combinée
组合电路　circuit combiné
组合断面　section combinée(composée)
组合分析　analyse combinatoire
组合钢梁桥
　　pont à poutres métalliques participants
组合拱　arc assemblé(composé)
组合构件　élément d'assemblage
组合荷载　charge composée;charge combinée
组合基础　fondation combinée
组合交叉　croisement assemblé
组合结构　structure composite
组合截面　section assemblée
组合进路　itinéraires combinés
组合梁
　　poutre assemblée(combinée,composée,
　　rapportée)
组合梁桥　pont à poutres mixtes
组合列车　train combiné
组合平拱梁　poutre à voussoirs

组合墙　mur combiné
组合桥　pont combiné
组合设计
　　conception composite；étude de composition
组合式板桥　pont à dalle participante
组合式立体交叉　croisement différent composé；échangeurs composés
组合式桥台
　　aboutement composé；culée composée
组合式转向架　bogie combiné
组合弯曲　flexion composée
组合系统　système composé
组合罩面　revêtement mixte
组合辙叉　cœur d'aiguille combinée；croisement assemblé
组合柱
　　colonne combinée（composée，composite）
组合桩　pieux assemblés（composés）
组呼叫　appel en groupe
组件　composant；éléments constitutifs
组列长度　longueur de rame de train
组列调整　réglage de formation de rame
组列位置交换　transposition de formation de rame des wagons
组织乘务交路　organisation d'itinéraire d'acheminement de l'équipe de conduite
组织反方向行车
　　organisation de circulation inverse des trains
组织方案　plan d'organisation
组织方式　mode d'organisation
组织货流
　　organisation de flux de marchandises
组织机构　structure d'organisation
组织机构图　organigramme
组织紧交路运行
　　organisation de circulation serrée
组织列车合并运行
　　organisation de circulation combinée de trains
组织排水　assainissement organisé
组织设计　organisation des études
组织委员会　comité d'organisation
组织现场踏勘　organisation de visite du site
组织养护　organisation d'entretien
组织运输　organisation de transport
组织运输生产
　　organisation de production et de transport
组织运营　organisation d'exploitation
组装　assemblage
组装长度　longueur d'assemblage
组装钢轨扣件
　　assemblage des attaches de rails
组装轨节　chaîne de rail assemblée
组装阶段　étape d'assemblage
组装流水线　chaîne d'assemblage
组装图　plan d'assemblage

zuan

钻　foret；perceuse
钻臂　bras de forage
钻臂台车
　　perforatrice（perforateur）robotisée
钻采岩芯　carotte de sondage
钻场　chantier de forage
钻车　jumbo
钻床　perceuse
钻杆　tige de battage（fleuret，forage，foret，perçage，sondage，sonde）
钻杆架　train de tiges
钻杆柱　colonne de forage
钻杆钻进　forage à tige
钻工　perceur
钻机　appareil de forage；engin de foration；foreuse；machine à forer；machine de forage；machine foreuse；perforateur
钻机安装　montage de l'appareil de forage
钻机车　chariot porte-perforation
钻机钢缆　câble de forage
钻机泥浆泵　pompe à boue pour sondeuse
钻机取样　carottage mécanique
钻架　derrick de forage
钻进方法　méthode de perforation
钻进进度　avancement de forage
钻进速度　vitesse de forage
钻井　forage de puits；forage；puits foré；trépanage
钻井底压力　pression de fond de sondage
钻井工艺　art de foreur
钻井机　sondeuse pour forage des puits
钻井记录　log de sondage
钻井平台　plateforme de forage
钻井平台修整
　　aménagement de plateforme de forage
钻井剖面　coupe de forage
钻井设备　moyens de forage
钻井塔架　pylône de forage
钻孔　forage；orifice de sondage；perçage；percement；perforage；perforation；trépanage；trou de forage（sondage）

钻孔泵　pompe de forage
钻孔标高　cote de sondage
钻孔布置　répartition de forage
钻孔布置图　plan de forage
钻孔测量　mesure de sondage
钻孔车间　atelier de perçage
钻孔冲锤　engin percutant
钻孔底部　base de forage；fond de sondage
钻孔地质剖面（图）
　　coupe géologique de forage
钻孔定位　positionnement de forage
钻孔封堵　scellement de trous de forage
钻孔灌注桩超声波检测管
　　tube d'auscultation pour pieux forés
钻孔机　machine à percer
钻孔机索　câble de perforatrice
钻孔机械　engin de forage（perforation）
钻孔检查　vérification de perforation
钻孔阶段　étape de forage
钻孔截面图　plan de section de forage
钻孔泥浆　fluide（boue）de forage
钻孔偏斜　déviation de forage；déviation de trou de forage
钻孔偏移测定仪　appareil de mesure d'inclination de trous de forage
钻孔清理　curage de forage
钻孔设备　équipement de perforation
钻孔深度　course（profondeur）de perçage
钻孔施工　exécution de forage
钻孔试验　essai（test）de forage（perçage）
钻孔速度　vitesse de perforation
钻孔台车　perforatrice sur wagonnette
钻孔套管　tube d'enfoncement；tube de forage；tube de revêtement de forage
钻孔图　schéma de forage
钻孔挖方　déblai de forage
钻孔位置　position de forage（sondage）
钻孔位置校正
　　correction de position de forage
钻孔斜度　inclination de trous de forage
钻孔用黏土泥浆　boue de forage à l'argile
钻孔直径　diamètre de forage
钻孔柱状图
　　colonnes stratigraphiques；coupe de forage
钻孔桩　pieu foré；pieu perforé
钻取试样　découpage de carottes cylindriques
钻取岩芯　découpage de carottes cylindriques
钻取圆柱体样芯
　　carotte cylindrique de sondage

钻深井　forage à grande profondeur
钻塔　tour de forage（sondage）
钻台　plateau de forage
钻探　forage（sondage）d'exploration；
　　（prospection，exploration，recherche）par sondage；prospection de sondage
钻探报告　rapport de sondage
钻探长度　longueur de sondage
钻探场地　campagne de forage
钻探点　point de forage
钻探方法　méthode de forage
钻探费用　frais de forage
钻探工程　travaux de forage（perforation）
钻探工程师　ingénieur de forage
钻探工作　campagnie de forage
钻探公司　entreprise de forage
钻探机　machine à perforer；sondeuse d'exploration
钻探记录　protocole de sondage
钻探技术　technique de forage（sondage）
钻探检查　contrôle de sondage
钻探井　puits de forage（sondage）
钻探扩孔机　foreuse-défonceuse
钻探泥浆　boue de forage
钻探平台　plateforme de sondage
钻探取样法　méthode de carottage
钻探人员　personnel de forage
钻探设备　engin de sondage；équipement（matériel）de forage
钻探设计
　　conception（étude）de forage（sondage）
钻探深度　profondeur de forage（sondage）
钻探施工　exécution de sondage
钻探试样　échantillon obtenu par sondage
钻探图　plan de sondage
钻探土质　sondage du sol par forage
钻探位置　emplacement de sondage
钻探许可　autorisation de forage（sondage）
钻探岩芯　carottage de sondage（forage）
钻探用盐水泥浆
　　boue de forage à l'eau salée
钻探资料　document de forage（sondage）
钻探组　équipe（groupe）de forage
钻套　tuyau de sondage
钻头　mèche à forer；mèche；perce；sonde；trépan
钻岩机
　　marteau de forage；marteau perforateur

zui

最初尺寸　dimension initiale
最初设计　étude préliminaire
最初状态　état initial
最大半径　rayon maximal
最大差异　écart maximal
最大长度　longueur maximum
最大超高　dévers maximal
最大尺寸　cote maximum
最大范围　limite maximale
最大服务车流量　volume de service maximum
最大幅度　amplitude maximum
最大高度　hauteur maximale
最大功率　puissance maximum
最大供给量　admission maximum
最大含水量　capacité en eau maximum; teneur en eau maximum
最大行程　course(parcours, trajet) maximum
最大荷载　charge maximum
最大洪水　crue maximum
最大厚度　épaisseur maximale
最大计算荷载　charge maximale de calcul
最大间隔　intervalle maximale
最大降雨量　précipitations maximum
最大交通流量　flux de circulation maximum; trafic maximum de circulation
最大跨度　portée maximum
最大跨中弯矩　moment fléchissant maximal au milieu de poutre
最大粒径　granularité maximale
最大流量　débit de pointe; écoulement de pointe; pointe de débit
最大轮压　charge maximum de roue; pression maximale de roue
最大挠度　flèche maximale
最大能量　capacité maximale
最大频率　fréquence maximale
最大坡度　pente(rampe) maximale
最大倾斜度　déclivité maximale
最大曲率　courbure maximum
最大容许负荷　charge maximum admissible
最大水流量　débit d'eau maximum
最大速度　pointe de vitesse; vitesse maximale
最大弯矩　moment fléchissant maximal
最大弯矩值　valeur maximale de moment
最大弯曲半径　rayon de courbure maximale
最大误差　écart extrême; erreur maximum; tolérance maximale
最大限度　limite maximale
最大相对湿度　humidité relative maximale
最大小时交通量　volume de trafic horaire maximum
最大压力　pression maximale
最大应力　contrainte extrême
最大允许值　valeur maximale admise
最大运行速度　vitesse maximale de circulation(marche)
最大张力　tension maximale
最大支座弯矩　moment fléchissant maximal à l'appui
最大直径　diamètre maximal
最大值　valeur maximale
最大重量　poids maximum
最低得分　note minimale
最低范围　limite minimale
最低费用　minimum de frais
最低工资线　seuil minimum de salaire
最低价格　prix de seuil; prix plancher
最低利润　profit minimum
最低水位　niveau minimum
最低温度　température minimale
最低限度　minimisation; limite inférieure
最低蓄水位　niveau minimum de retenue
最低值　minimum
最低重量　poids minimum
最高得分　note maximale
最高洪水位　niveau de crue maximum; niveau maximal de crue
最高价格　prix maximum; prix plafond
最高利润　profit maximum
最高利益　intérêt supérieur
最高水位　niveau d'eau le plus haut
最高速度　vitesse de pointe
最高温度　température maximale
最高效率　rendement maximum
最高壅水位　niveau maximum de retenue
最后期限　terme de rigueur
最后修整　réglage final
最后验收通过　passe finale; avis favorable pour la réception définitive
最后议定书　protocole final
最后找平　nivellement de finissage
最佳比　rapport optimum
最佳标　offre la mieux disante
最佳比值　proportion optimum
最佳补偿　compensation optimum

最佳长度　longueur optimale
最佳程序　programme optimal
最佳含量　teneur optimale
最佳含水量　taux optimum d'humidité; teneur en eau optimum
最佳含水率　humidité optimum
最佳荷载　charge optimum
最佳混合比　dosage parfait(optimum)
最佳级配　gradation optimum; granularité optimale; granulométrie optimum
最佳解决办法　solution optimale
最佳距离　distance optimale
最佳路线　voie optimale
最佳密度　densité optimum
最佳水平　niveau optimal
最佳速度　vitesse optimale; vitesse optimum
最佳温度　température optimale
最佳效果　effet optimum
最佳性能　performance optimale
最佳值　valeur optimale
最佳周期　cycle optimal
最佳阻尼　amortissement optimal
最小半径　rayon minimal
最小差异　écart minimal
最小超高平面半径　rayon en plan au dévers minimal
最小尺寸　cote minimum
最小风险　minimum de risques
最小负荷　charge minimum
最小高度　hauteur minimale
最小功率　puissance minimum
最小洪水位　niveau de crue minimum
最小厚度　épaisseur minimale
最小抗压等级　catégorie minimale de résistance en compression
最小粒径　granularité minimale
最小量　minimum
最小挠度　flèche minimale
最小频率　fréquence minimale
最小坡度　pente(rampe) minimale
最小曲线半径　rayon de courbure minimale; rayon minimum de courbe
最小容许半径　rayon admissible rayon minimum admissible
最小设计值　valeur minimale du projet
最小水平曲线半径　rayon minimum de courbe horizontale
最小速度　vitesse minimale
最小误差　erreur minimum; tolérance minimale
最小限度　limite minimale
最小相对湿度　humidité relative minimale
最小压力　pression minimale
最小运行速度　vitesse minimale de marche
最小直径　diamètre minimal
最小值　valeur minimale
最小转弯半径　rayon minimal de déviation; rayon de braquage minimal
最终报告　rapport définitif
最终沉降　affaissement final; tassement définitif
最终衬砌　revêtement final
最终尺寸　cote définitive; dimension finale
最终定位　localisation définitive; positionnement final
最终堆放　dépôt définitif
最终结果　résultat définitif(final)
最终结账单　décompte définitif(final)
最终进口　importation définitive
最终批准　agrément définitif; approbation finale
最终评定　évaluation finale; définitive
最终筛分　criblage final
最终设计　conception finale; étude définitive
最终设计　étude finale(définitive)
最终调整　réglage définitif
最终线路走向设计　étude définitive du tracé
最终形状　forme finale
最终验收　réception définitive
最终验收方式　mode de réception définitive
最终移交方式　mode de remise définitive
最终月结账单　décompte mensuel définitif

zun

遵守操作规程　respect du mode opératoire
遵守法律　respect de loi
遵守工期　respect du délai
遵守合同　respect du contrat
遵守合同工期　respect du délai contractuel

zuo

左岸　rive gauche
左侧行驶　marche à gauche
左侧路缘带　bande de bordure gauche
左洞　tunnel gauche
左拐弯　virage à gauche

左护坡梯台　risberme de talus gauche
左开道岔　aiguille à ouverture gauche；
　　branchement à déviation à gauche；
　　branchement à gauche
左路缘带　bande de bordure gauche
左隧道　tunnel gauche
左右摆动
　　mouvement de lacet；oscillation de lacet
左右摆动幅度
　　amplitude d'oscillation de lacet
作业　manœuvre；opération
作业班人员　homme d'équipe
作业半径　rayon de manœuvre
作业标记　marque d'opération
作业标准化　normalisation d'opération
作业次数　nombre d'opérations
作业点　point de travail
作业点数量　nombre de points d'activité
作业方式　modalité de manœuvre(opération)
作业分组　division de travail en groupes
作业高度　hauteur de travail
作业机车　locomotive de manœuvre
作业机车折返
　　retournement de locomotive de manœuvre
作业机械　engin d'opération
作业计划
　　plan de manœuvre；plan opérationnel
作业计划更新
　　actualisation de plan de manœuvre
作业开始　début du travail
作业面积　aire d'opération
作业清单　liste des opérations
作业区　secteur d'opération
作业区间相互干扰
　　interférence entre les sections de travail
作业速度　vitesse de l'opération
作业条件　condition d'opération
作业温度　température d'opération
作业现场交通管制　contrôle de circulation
　　sur le chantier de construction
作业线路　itinéraire de manœuvre du train
作业周期　cycle d'activité
作业状态显示
　　indication d'état de l'opération

作业准备　préparation de travail
作业组周转　rotation des équipes de travail
作用半径　rayon d'action(opération)
作用范围　sphère d'action
作用方式　mode d'action
作用荷载　charge appliquée；charge d'action
作用力　force appliquée；force d'action
作用力下降　affaissement de l'effort
作用面　face(surface)d'action
作用期　période d'action
作用区　zone d'action
作用时间　temps d'action
作用线　ligne d'action
作用效应　effet d'action
坐标　coordonnées
坐标闭合　fermeture des coordonnées
坐标闭合差
　　écart de fermeture des coordonnées
坐标测量　levé de coordonnées
坐标测量高差
　　dénivelée de levé de coordonnées
坐标尺寸　dimension de cordonnées
坐标法　méthode de coordonnées
坐标格网　carroyage
坐标计算　calcul des coordonnées
坐标角　angle des coordonnées
坐标校正　correction de coordonnée
坐标控制　contrôle des coordonnées
坐标清单　liste des coordonnées
坐标图　plan de coordonnées
坐标系　système de coordonnés
坐标线　ligne de coordonnées
坐标原点　origine des coordonnée
坐标值　valeurs des coordonnées
坐标轴　axes de coordonnées
坐标轴系　système d'axes coordonnés
坐标转换　transformation de coordonnées
座石　socle
座位舒适性　confort de siège
座位数
　　nombre de places assises；nombre de sièges
座椅　siège
做标记　marquage；repérage